Spezielle Wirtschaftslehre

für Industriekaufleute

von

Björn Flader

Wolf-Dieter Rückwart

Matthias Schuh

Felizitas Schuh-Terhardt

Manfred Zindel

unter Mitarbeit der Verlagsredaktion

Winklers

61011

1. Auflage, 2013
Druck 1, Herstellungsjahr 2013

Westermann Schroedel Diesterweg
Schöningh Winklers GmbH
Postfach 33 20, 38023 Braunschweig
service@winklers.de
www.winklers.de

Redaktion: Norbert Knur, Braunschweig
Lektorat: Gerlinde Heitmann, Stuttgart
Druck: westermann druck GmbH, Braunschweig

ISBN 978-3-8045-**6101**-4

Auf verschiedenen Seiten dieses Buches befinden sich Verweise (Links) auf Internetadressen.

Haftungshinweis: Trotz sorgfältiger inhaltlicher Kontrolle wird die Haftung für die Inhalte der externen Seiten ausgeschlossen. Für den Inhalt dieser externen Seiten sind ausschließlich deren Betreiber verantwortlich. Sollten Sie bei dem angegebenen Inhalt des Anbieters dieser Seite auf kostenpflichtige, illegale oder anstößige Inhalte treffen, so bedauern wir dies ausdrücklich und bitten Sie, uns umgehend per E-Mail davon in Kenntnis zu setzen, damit beim Nachdruck der Verweis gelöscht wird.

Vorwort

Das Lehrbuch *Spezielle Wirtschaftslehre* deckt die schulischen und prüfungsrelevanten Inhalte zum Fach **Geschäftsprozesse** (Lernfelder 2, 5, 6, 7, 10) sowie zum Bereich Investition und Finanzierung (Lernfeld 11) ab. Dabei folgt es den Vorgaben des aktuellen KMK-Rahmenlehrplans und des AKA-Stoffkatalogs (2009).

Das Lehrbuch eignet sich für ein selbstständiges Nachvollziehen betriebswirtschaftlicher Zusammenhänge sowie für das Festigen der im Unterricht erarbeiteten Lerninhalte. Darüber hinaus ist eine intensive und selbstständige Vorbereitung auf Klassenarbeiten und Prüfungen mit diesem Lehrbuch sehr gut möglich.

Die Grundfunktionen von Industriebetrieben (Teile B bis D) werden auf der Grundlage des innerbetrieblichen und überbetrieblichen Wertschöpfungsgedankens entlang der Supply Chain betont.

Es ergibt sich entsprechend der folgende Aufbau des Lehrbuches:

A **Umfeld, Aufbau und Steuerung eines Unternehmens**
›Lernfeld 2: Marktorientierte Geschäftsprozesse eines Industriebetriebes erfassen

B **Beschaffungsprozesse**
›Lernfeld 6: Beschaffungsprozesse planen, steuern und kontrollieren

C **Leistungserstellungsprozesse**
›Lernfeld 5: Leistungserstellungsprozesse planen, steuern und kontrollieren

D **Absatzprozesse**
›Lernfeld 10: Absatzprozesse planen, steuern und kontrollieren

E **Personalwirtschaft**
›Lernfeld 7: Personalwirtschaftliche Aufgaben wahrnehmen

F **Investition und Finanzierung**
›Lernfeld 11: Investitions- und Finanzierungsprozesse planen

Die *Spezielle Wirtschaftslehre* bietet für die Lernenden im Unterricht und bei der Nachbereitung zu Hause

- **kompakte und aktuelle Sachdarstellungen**, die den Lehrplanvorgaben entsprechen,
- verschiedene **themengerechte Darstellungsformen** (Schaubilder, Tabellen), die die Anschaulichkeit unterstützen sowie das Nachvollziehen komplexer wirtschaftlicher Zusammenhänge erleichtern,
- **viele Beispiele und auflockernde Elemente**, welche die Lesbarkeit erleichtern, die Inhalte anschaulich darstellen und den Praxisbezug herstellen, sowie
- einen Fundus **unterschiedlich komplexer und prüfungsrelevanter Aufgabenstellungen**, die kapitelbezogen und kapitelübergreifend angeordnet sind und unterschiedliche Anforderungen an die Lernenden stellen.

Die Spezielle Wirtschaftslehre dient zugleich als **Nachschlagewerk** für die Erarbeitung neuer Lerninhalte **im Rahmen eines handlungsorientierten Unterrichts**, der durch das von den Autoren angebotene, strukturgleiche **Arbeitsbuch** zur Speziellen Wirtschaftslehre unterstützt werden kann (ISBN 978-3-8045-**6104**-5).

Für Verbesserungsvorschläge und Anregungen sind Autoren und Verlag stets dankbar.

Autoren und Verlag
Frühjahr 2013

Inhalt

A Umfeld, Aufbau und Steuerung eines Unternehmens 9

›Lernfeld 2: Marktorientierte Geschäftsprozesse eines Industriebetriebes erfassen

1 Zielsystem der Unternehmung auf sich wandelnden Märkten ... 9
1.1 Orientierung am Markt und an Interessengruppen ... 10
1.1.1 Marktausrichtung ... 10
1.1.2 Ausrichtung an Interessengruppen ... 11
1.2 Unternehmensziele formulieren und umsetzen ... 13
1.2.1 Unternehmensphilosophie und Unternehmenskultur ... 13
1.2.2 Unternehmensstrategien und Unternehmensziele ... 14
1.2.3 Corporate Identity-Konzept ... 20
1.3 Shareholder- und Stakeholder-Konzept ... 22

2 Wertschöpfung im Leistungserstellungsprozess ... 27
2.1 Leistungserstellung in Industrieunternehmen ... 28
2.1.1 Betriebliche Produktionsfaktoren als Kosten ... 28
2.1.2 Erzeugnisse, Dienstleistungen und Handelswaren als Leistungen ... 30
2.1.3 Kombination der Produktionsfaktoren nach dem Ökonomischen Prinzip ... 32
2.1.4 Funktionsweise von Unternehmen für die Leistungserstellung ... 34
2.2 Wertschöpfung durch Leistungserstellung ... 38

3 Controlling zur Unternehmenssteuerung ... 44
3.1 Ziele und Aufgaben des Controllings ... 44
3.2 Strategisches Controlling am Beispiel Benchmarking ... 48
3.3 Operatives Controlling am Beispiel betrieblicher Kennzahlen ... 50

4 Unternehmensorganisation zur Zielerreichung ... 58
4.1 Klassische Organisation ... 58
4.2 Prozessorientierte Organisation ... 67
4.2.1 Begründung der Prozessorientierung ... 67
4.2.2 Charakterisierung von Geschäftsprozessen ... 68
4.2.3 Darstellung von Prozessen ... 70
4.2.4 Prozessoptimierung ... 74

B Beschaffungsprozesse 78

›Lernfeld 6: Beschaffungsprozesse planen, steuern und kontrollieren

1 Stellung der Beschaffung im Wertschöpfungsprozess ... 78
1.1 Aufgaben und Ziele der Materialwirtschaft ... 78
1.2 Einkaufsorganisation ... 81
1.3 Beschaffungsstrategien ... 82
1.4 Internetgestützte Beschaffungssysteme ... 86
1.4.1 Bedeutung von E-Business für den Geschäftsverkehr ... 86
1.4.2 E-Procurement als Teil des E-Business ... 87
1.4.3 Supply Chain-Management ... 92

2 Beschaffungsplanung ... 97
2.1 Materialbedarfsplanung ... 97
2.2 Bedarfsmengenplanung ... 102
2.2.1 Ermittlung der Bedarfsmengen ... 102
2.2.2 Optimale Bestellmenge ... 103
2.2.3 Fremdbezug oder Eigenfertigung (buy or make) ... 106
2.3 Zeitliche Beschaffungsplanung ... 110
2.4 Bereitstellungsprinzipien sowie ABC- und XYZ-Analyse ... 114
2.4.1 Bereitstellungsprinzipien ... 114
2.4.2 ABC-Analyse und XYZ-Analyse ... 116
2.5 Bezugsquellenermittlung ... 120

3 Rechtliche Aspekte bei der Beschaffungsdurchführung ... 128
3.1 Rechtliche Gegebenheiten für Handelsgeschäfte ... 128
3.1.1 Zustandekommen von Kaufverträgen ... 128
3.1.2 Rechtliche Wirkung von Willenserklärungen am Beispiel unbestellter Ware ... 132
3.2 Inhalte des Kaufvertrages ... 137
3.2.1 Erfüllungsort, Gefahrübergang und Gerichtsstand ... 137
3.2.2 Lieferungsbedingungen ... 138
3.2.3 Zahlungsbedingungen ... 144
Exkurs: Ratenkauf ... 146
3.2.4 Eigentumsvorbehalt ... 148
3.2.5 Allgemeine Geschäftsbedingungen ... 149
3.3 Kaufvertragsarten ... 151
3.4 Vertragsstörungen seitens des Verkäufers ... 153
3.4.1 Schlechtleistung (Mangelhafte Lieferung) ... 153
3.4.2 Nicht-Rechtzeitig-Lieferung (Lieferungsverzug) ... 156

4 Bereitstellung der Materialien durch die Materiallogistik ... 165
4.1 Materiallogistik als Teil der Logistik ... 165
4.2 Transport als Grundprozess ... 170
4.3 Lagerung als Grundprozess ... 172
4.3.1 Aufgaben und Organisation der Lagerhaltung ... 172
4.3.2 Wareneingang ... 175
4.3.3 Bedien- und Lagerbereich ... 176
4.3.4 Kommissionierung und Warenausgang ... 179
4.3.5 Lagerbestandsmanagement ... 180
4.4 Eigen- oder Fremdlagerung ... 184

5 Beschaffungskontrolle ... 188
5.1 Zielsetzungen und Aufgaben der Beschaffungskontrolle ... 188
5.2 Instrumente und Messgrößen des Beschaffungskontrolle ... 190

C Leistungserstellungsprozesse 196

› Lernfeld 5: Leistungserstellungsprozesse planen, steuern und kontrollieren

1 Das Produktions- und Absatzprogramm eines Industriebetriebes ... 196
1.1 Leistungserstellung im Wertschöpfungsprozess ... 196
1.2 Aufgaben und Ziele der Produktion ... 199
1.3 Produktentwicklung als Basis für marktgerechte Leistungserstellung ... 202
1.3.1 Phasen der Produktentwicklung ... 202
1.3.2 Rechtliche Anforderungen im Zuge der Produktentwicklung ... 205
1.4 Leistungserstellung und Umweltschutz ... 208
1.4.1 Umweltbelastungen und Umweltbewusstsein ... 208
1.4.2 Additiver Umweltschutz in Unternehmen ... 210
1.4.3 Integrierter Umweltschutz in Unternehmen ... 211
1.4.4 Umweltmanagementsysteme ... 215
1.5 Produktions- und Absatzprogramm festlegen ... 218

2 Die langfristig angelegte Produktionsplanung als Grundlage der Prozesssteuerung in der Produktionswirtschaft ... 223
2.1 Produktionsplanung und Produktionssteuerung ... 223
2.1.1 Produktionsplanung – langfristig angelegte, produktbezogene Entscheidungen ... 223
2.1.2 Produktionssteuerung – kurzfristig angelegte, kundenauftragsbezogene Entscheidungen ... 224
2.1.3 Produktionsplanung und -steuerung in ERP-Systemen und CIM ... 225
2.2 Break-even-Analyse als Planungshilfe ... 227
2.3 Langfristig angelegte Materialbedarfs- und Kapazitätsplanung ... 231
2.4 Fertigungsverfahren ... 234
2.4.1 Fertigungstypen ... 234
2.4.2 Fertigungsorganisation ... 239

2.4.3 Komplexe Fertigungskonzepte ... 243
2.5 Zeitplanung ... 250
2.6 Dokumente in der Produktionsplanung ... 256
2.6.1 Produktzeichnungen ... 256
2.6.2 Stücklisten ... 256
2.6.3 Arbeitspläne ... 258

3 Fertigungsaufträge als Auslöser der kurzfristigen, auftragsbezogenen Produktionssteuerung ... 266
3.1 Terminplanung anstehender Fertigungsaufträge ... 267
3.1.1 Balkendiagramm ... 267
3.1.2 Netzplan ... 269
3.2 Kurzfristig angelegte Kapazitätsplanung ... 276
3.2.1 Optimale Losgröße – Die Ermittlung einer kostenoptimalen Fertigungsmenge ... 276
Exkurs: Herleitung der Andler'schen Formel ... 278
3.2.2 Kostenoptimaler Beschäftigungsgrad ... 279
3.2.3 Maschinenbelegungsplan ... 285
3.2.4 Auftragsfreigabe ... 287
3.3 Optimales Fertigungsprogramm ... 292
3.4 Möglichkeiten der Kapazitätsabstimmung ... 295
3.5 Flexible Fertigungssteuerung am Beispiel des Kanban-Verfahrens ... 297

4 Produktionskontrolle ... 306
4.1 Aufgaben und Probleme der Produktionskontrolle ... 306
4.2 Qualitätssicherungssysteme ... 310
4.2.1 Qualitätsmanagement ... 310
4.2.2 Instrumente zur Qualitätssicherung und -steigerung ... 312
4.2.3 Ganzheitliche Qualitätsmanagementkonzepte ... 315
4.3 Qualitätskosten ... 322

5 Leistungserstellung rationalisieren ... 325
5.1 Ursachen und Ziele von Rationalisierung ... 325
5.2 Einzelmaßnahmen der Rationalisierung ... 328
5.2.1 Rationalisierung bei den Produktionsfaktoren ... 328
5.2.2 Rationalisierung des Fertigungsablaufs ... 329
5.2.3 Standardisierung und Spezialisierung ... 331
5.3 Ganzheitliche Konzepte der Rationalisierung ... 336
5.4 Kennzahlen zur Messung des Rationalisierungserfolges ... 340

D Absatzprozesse 344

› Lernfeld 10: Absatzprozesse planen, steuern und kontrollieren

1 Marketing im Wertschöpfungsprozess ... 344
1.1 Marketing – wesentlich mehr als nur verkaufen ... 344
1.2 Die Marktforschung ... 349
1.3 Hilfsmittel für den gezielten Einsatz von Marketinginstrumenten ... 355
1.3.1 Produktlebenszyklus ... 355
1.3.2 Portfolio-Analyse und Portfolio-Matrix ... 356
1.3.3 Positionierungsanalyse ... 359

2 Instrumente des Marketings ... 366
2.1 Produktpolitik ... 366
2.2 Preis- und Konditionenpolitik ... 373
2.2.1 Ansätze der Verkaufspreisbildung ... 373
2.2.2 Preisstrategien in Abhängigkeit von der Unternehmensstrategie ... 379
2.2.3 Konditionenpolitik ... 380
2.3 Distributionspolitik ... 384
2.3.1 Direkter Absatz ... 384
2.3.2 Indirekter Absatz ... 389

2.4 **Kommunikationspolitik** ... 395
Exkurs: Was ist erlaubt? – Die Grenzen der Werbung ... 402
2.5 **Servicepolitik** ... 405
2.6 **Marketingmix** ... 407

3 **Absatzprozesse steuern** ... 412
3.1 **Die Auftragsabwicklung** ... 412
3.2 **Möglichkeiten der Zahlungssicherung im Außenhandel** ... 414
3.2.1 Dokumenteninkasso ... 414
3.2.2 Dokumentenakkreditiv ... 415
3.3 **Das Kundenmanagement** ... 420
3.4 **Vertragsstörungen seitens des Käufers** ... 423
3.4.1 Annahmeverzug ... 423
3.4.2 Nicht-Rechtzeitig-Zahlung (Zahlungsverzug) ... 424
3.5 **Logistische Absatzprozesse** ... 427
3.5.1 Einordnung in den Logistikprozess ... 427
3.5.2 Distributionslogistik ... 428
3.5.3 Entsorgungslogistik ... 434

4 **Marketingkontrolle** ... 442
4.1 **Operative Marketingkontrolle** ... 442
4.2 **Strategische Marketingkontrolle** ... 446

E Personalwirtschaft 448

› Lernfeld 7: Personalwirtschaftliche Aufgaben wahrnehmen

1 **Personalwirtschaft und Personalmanagement als Unterstützungsprozesse** ... 448

2 **Personalplanung** ... 452
2.1 **Personalbedarfsplanung** ... 452
2.2 **Personaleinsatzplanung und Arbeitszeitgestaltung** ... 457

3 **Personalbeschaffung und Personalauswahl** ... 463
3.1 **Möglichkeiten der Personalbeschaffung** ... 465
3.1.1 Interne Stellenausschreibungen und Personalumsetzungen ... 466
3.1.2 Externe Beschaffungswege ... 467
3.2 **Bewerbung und Personalauswahlverfahren** ... 469
3.3 **Im Personalbereich zu beachtende Vorschriften und Beteiligungsrechte** ... 477
3.4 **Ausfertigung des Arbeitsvertrages** ... 480

4 **Bewertung und Entlohnung der Arbeitsleistung** ... 483
4.1 **Arbeitswertstudien und Lohngruppen als Grundlage einer Entlohnung** ... 483
Exkurs: Ein neuer Weg: Entgelt-Rahmen-Abkommen (ERA) ... 485
4.2 **Zeitlohn und Leistungslohn im Vergleich** ... 491
4.2.1 Zeitlohn und Gehalt ... 491
4.2.2 Grundlagen einer leistungsbezogenen Entlohnung ... 492
4.3 **Personalentlohnung – Vom Bruttolohn zur Nettoauszahlung** ... 497

5 **Beendigung von Arbeitsverhältnissen** ... 505
5.1 **Kündigungsgründe und Kündigungsarten** ... 505
5.2 **Kündigungsschutz und die Rolle des Betriebsrates bei Kündigungen** ... 513

6 **Personalführung und Personalentwicklung** ... 517
6.1 **Vom Unternehmensleitbild zum Führungsleitbild** ... 517
6.2 **Führungsstile** ... 519
6.3 **Führungsmethoden und Führungsinstrumente** ... 523
6.4 **Personalentwicklung** ... 526

7 **Personalinformationssysteme und Personalcontrolling** ... 530

F Investition und Finanzierung 536

›Lernfeld 11: Investitions- und Finanzierungsprozesse planen

1 Betriebswirtschaftliche Grundlagen 536
1.1 Modell der betrieblichen Prozesse 537
1.2 Begriffe „Finanzierung“ und „Investition“ 538
1.3 Kreislauf der finanziellen Mittel 539
1.4 Kapitalbeschaffung als Innen- und Außenfinanzierung 540

2 Investitionsplanung und Investitionsrechnung 542
2.1 Investitionsanlässe 542
2.2 Statische Verfahren der Investitionsrechnung 546
2.2.1 Kostenvergleichsrechnung 547
2.2.2 Gewinnvergleichsrechnung 549
2.2.3 Rentabilitätsvergleichsrechnung 550
2.2.4 Amortisationsvergleichsrechnung 552

3 Finanzplanung 557
3.1 Kapitalbedarfsplanung 558
3.1.1 Kapitalbedarf zur Grundfinanzierung 560
3.1.2 Ermittlung des Umlaufkapitalbedarfs 561
3.2 Finanz- und Liquiditätsplanung 567

4 Die Innenfinanzierung mit Hilfe selbst erwirtschafteter Mittel 570
4.1 Selbstfinanzierung aus einbehaltenen Gewinnen 571
4.2 Stille Rücklagen als verdeckte Form der Selbstfinanzierung 574
4.3 Rückstellungen werden zur Finanzierung von Investitionen verwendet 575
4.4 Finanzierung aus Abschreibungsrückflüssen 576
4.5 Finanzierung aus Vermögensumschichtungen 578

5 Außenfinanzierung 579
5.1 Beteiligungsfinanzierung 580
5.1.1 Beteiligung an Einzelunternehmen 581
5.1.2 Beteiligung an Personengesellschaften 581
5.1.3 Beteiligung an Kapitalgesellschaften 581
5.2 Kreditfinanzierung 584
5.2.1 Voraussetzungen für die Kreditfinanzierung 584
5.2.2 Kurzfristige Kreditarten 586
5.2.3 Mittel- und langfristige Kreditarten 589
5.2.4 Leasing und Factoring als Sonderformen der Finanzierung 591
5.3 Kreditsicherheiten 599
5.3.1 Bürgschaft 600
5.3.2 Verpfändung 602
5.3.3 Sicherungsübereignung 604
5.3.4 Grundschuld und Hypothek 605
5.3.5 Zession 607

6 Vorgehen bei Zahlungsunfähigkeit und Überschuldung 611

Sachwortverzeichnis 618
Bildquellenverzeichnis 624

A

Umfeld, Aufbau und Steuerung eines Unternehmens

Lernfeld 2
Marktorientierte Geschäftsprozesse eines Industriebetriebes erfassen

1 Zielsystem der Unternehmung auf sich wandelnden Märkten

Einführung

Industrieunternehmen sind in der Regel über mehrere Jahrzehnte gewachsene Organisationen, die durch bedeutende technische Entwicklungen, neue Produktfelder, Unternehmenserweiterungen usw. geprägt werden. Diese Veränderungs- und Erneuerungsprozesse werden von Veränderungen im Unternehmensumfeld begleitet. Beispiele für Herausforderungen der vergangenen 25 Jahre sind:

- Globale Unsicherheiten durch politische Veränderungen (z. B. EU-Osterweiterung, Irak-/Afghanistan-Krieg, Anschlag auf das World-Trade-Center)
- Abschwung der Weltwirtschaft (z. B. Finanzkrise 2009, Euro-Krise 2011)
- Durchdringung aller (beruflichen und privaten) Lebensbereiche durch das Internet
- Wirtschaftsboom in Asien
- Klimawandel und Wende in der Energiepolitik

Beispiel

Die Heidtkötter KG, ein global agierender Premiumhersteller von Büromöbeln, muss die Büromöbel an die neuen Informations- und Kommunikationssysteme und an die gewachsenen Umweltanforderungen anpassen:

Früher mussten die Bürotische auf die Ablage von Akten und Schreibmaschinen ausgerichtet werden, heute wollen Kunden Lösungen für die Integration von Informations- und Kommunikationsmedien (z. B. Computer, Telefon).

Die Leitung der Heidtkötter KG muss aufgrund der Veränderungen im Unternehmensumfeld eigene Zielsetzungen formulieren und diese durch geeignete Maßnahmen verfolgen, um die eigene Wettbewerbsfähigkeit zu sichern.

Im folgenden Kapitel werden zunächst die Herausforderungen aufgrund der Märkte und der gewachsenen Ansprüche der Interessengruppen am Unternehmen vorgestellt, um darauf aufbauend die Konsequenzen für das Zielsystem der Unternehmung abzuleiten. Auf der Basis begrifflicher Grundlagen (z. B. Zieldefinition, Unterscheidungskriterien von Zielen) widmet sich der Schwerpunkt des Kapitels der Zielbildung im Unternehmen (Wie und welche Ziele werden formuliert? Wer ist für die Zielformulierung zuständig?).

Zudem wird erläutert, wie das Zielsystem kommuniziert und umgesetzt wird (z. B. mithilfe einer Unternehmensphilosophie oder eines Corporate Identity-Konzeptes) und durch welche grundlegenden Konzepte die Zielsysteme in der Unternehmenspraxis bestimmt werden (Shareholder-/Stakeholder-Konzept).

1.1 Orientierung am Markt und an Interessengruppen

1.1.1 Marktausrichtung

Markt

Industrieunternehmen[1] erzeugen Leistungen (= Produkte und Dienstleistungen), um diese am Markt abzusetzen. Als **Markt** wird der Ort definiert, an dem Angebot und Nachfrage für eine bestimmte Leistung zusammentreffen. In Betrachtung der Verhältnisse zwischen Angebots- und Nachfragemenge lassen sich zwei grundsätzliche Marktkonstellationen unterscheiden:

Verkäufermarkt und **Käufermarkt**

Verkäufermarkt	**Käufermarkt**
Angebot < Nachfrage	Angebot > Nachfrage
Verkäufer (= Anbieter) haben die Marktmacht. Sie können hohe Preise durchsetzen. Nachfrager (= Kunden) können kaum Produktanforderungen formulieren. Sie interessieren nur als Abnehmer der Erzeugnisse.	Käufer (= Nachfrager) haben die Marktmacht. Sie sorgen für einen intensiven Preis-, Qualitäts- und Innovationswettbewerb der Verkäufer. Die Kundenbedürfnisse bzw. durch Nachfrager formulierten Produktanforderungen werden intensiv erforscht und umgesetzt.
Beispiel	**Beispiel**
Aufgrund von Regulierungen (Absprachen der erdölfördernden Länder) können die Verkäufer von Mineralöl (Tankstellenbetreiber) den Benzinpreis bestimmen.	Beim Schuh- oder Textilkauf haben die Käufer Marktmacht, weil das verfügbare Angebot die Nachfrage deutlich übersteigt.

Während aufgrund der großen Unterversorgung vieler Bevölkerungsschichten in der Nachkriegszeit der 1950er-Jahre Verkäufermärkte dominierten, überwiegen heute aufgrund der Überversorgung nahezu aller Bevölkerungsschichten Käufermärkte.

Faktoren für Käufermärkte

Wichtige **Faktoren für die Entwicklung von Käufermärkten** und die damit verbundene Zunahme der Wettbewerbsintensität sind:

Technischer Fortschritt	Technische Entwicklungen beschleunigen und standardisieren Produktionsprozesse, sodass die Erzeugnisse kostengünstiger angeboten werden können (z. B. Massenproduktion). Insbesondere neue Kommunikations- und Informationssysteme (z. B. Internet und Intranet) fördern den schnelleren Austausch von Informationen, wodurch die Angebotsmenge und Angebotsvielfalt gesteigert werden kann.
(Zusätzliche) Existenzgründer	Die Unterversorgung der Nachfrager bei einem hohen Preisniveau beflügelt inländische Unternehmer, zusätzlich als Anbieter am Markt aufzutreten. Dies steigert die Konkurrenz der Wettbewerber.
Globalisierung	Das weltweite Zusammenwachsen von Märkten, Gesellschaften und Kulturen durch neue Informations- und Kommunikationstechniken sowie den Abbau von Handelsbeschränkungen (z. B. Reduzierung von Zöllen) schafft zusätzliche ausländische Anbieter am Markt.
„Aufgeklärter" Kunde	Kunden gelten u. a. durch vielfältige Informationsquellen (z. B. Internet, Fachzeitschriften und Verbraucherschutzorganisationen) als aufgeklärt. Sie verfügen weitgehend über Markttransparenz: Vor Kaufentscheidungen informieren sich die Nachfrager über das verfügbare Produktangebot. Sie vergleichen Preise und Leistungen und entscheiden sich für das beste Preis-Leistungs-Verhältnis.

Käufermärkte verschärfen den Wettbewerb. Dadurch werden Innovationen immer schneller am Markt eingeführt. Produkte veralten rascher. Industrieunternehmen müssen sich konsequent durch Kundenorientierung und Konkurrenzorientierung am Markt ausrichten, um die eigene Wettbewerbsfähigkeit zu sichern bzw. zu verbessern:

1 In diesem Werk werden die Begriffe „Unternehmen", „Unternehmung" und „Betrieb" synonym verwendet. Genau genommen wird in der Betriebswirtschaft als Unternehmen/Unternehmung eine rechtlich selbstständige Wirtschaftseinheit und ein Betrieb als rechtlich unselbstständige Produktionsstätte beschrieben.

Kundenwünsche müssen beim Endabnehmer aufgespürt bzw. vorhergesehen werden, damit sie durch die Leistungserstellung rechtzeitig am Markt verfügbar gemacht werden können. Zudem müssen Entwicklungen der Konkurrenz beobachtet und auf diese reagiert werden.

Beispiel

Innovationen bei Apple zwischen 1978 und 2010

1978	Unternehmensgründung
1984	Erster Macintosh-Computer
1991	Erstes Power-Book
1998	**Erster iMac**
2001	Erster iPod
2007	Erstes iPhone
2010	Erstes iPad

1.1.2 Ausrichtung an Interessengruppen

Soziotechnisches System

Das unternehmerische Handeln richtet sich nicht nur nach dem Markt, sondern berücksichtigt die weiteren Ansprüche der Interessengruppen, denn Unternehmen sind **soziotechnische Systeme**. Sie bestehen aus einer Gruppe von Menschen und einer Menge von technologischen Einheiten (Fertigungsanlagen, Computersysteme usw.), die nach festgelegten Regeln miteinander organisiert sind. Sie müssen bei der Unternehmensführung bedacht werden, damit die marktgerechte Leistungserstellung gewährleistet werden kann. Wichtige interne und externe Interessengruppen im Wertschöpfungsprozess werden nachfolgend zusammenfassend vorgestellt.

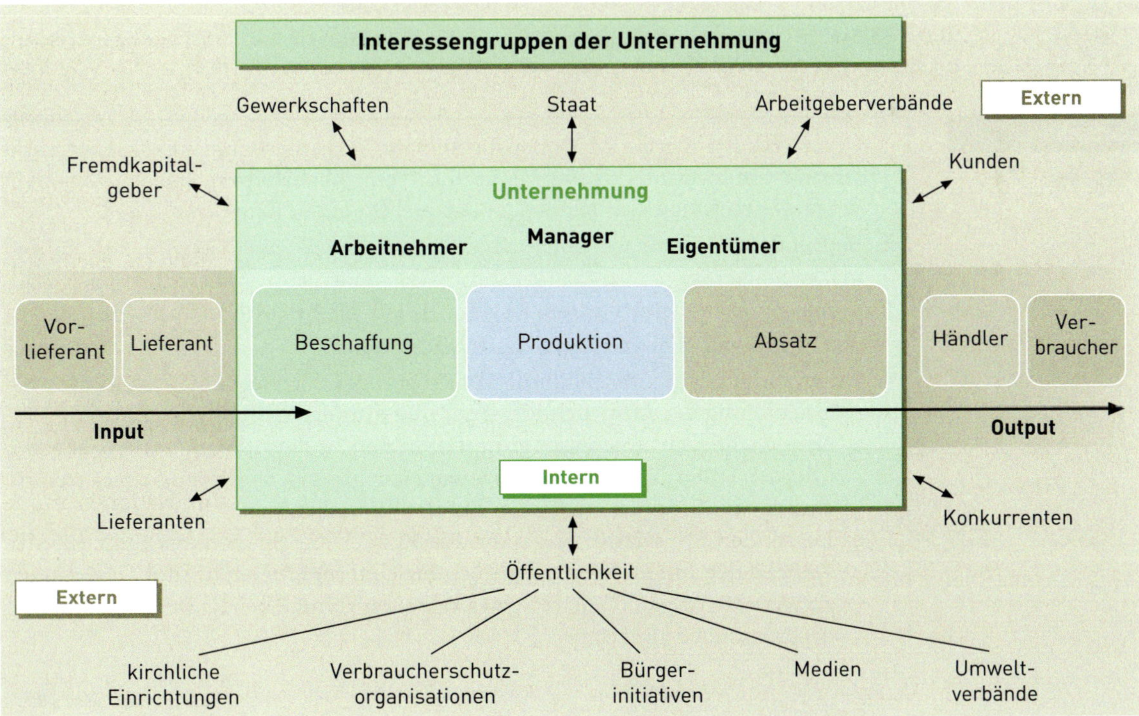

		Interessengruppe	Forderungen gegenüber der Unternehmung
intern	Shareholder	Eigentümer ...	streben hohe Gewinne an, um eine angemessene Verzinsung des eingesetzten Kapitals zu erzielen und in den Fortbestand bzw. die Weiterentwicklung des Unternehmens investieren zu können.[1]
	Stakeholder	Manager ...	fordern ein ihrer Verantwortung angemessenes Gehalt und streben nach Entscheidungsmacht, Einfluss auf die Unternehmensführung und stehen dabei nicht selten in Konkurrenz zueinander.
		Arbeitnehmer ...	fordern sichere Arbeitsplätze mit gerechter Entlohnung und guten Arbeitsbedingungen. Sie wollen bei der ökonomischen, personellen und sozialen Entwicklung des Unternehmens mitbestimmen.
extern		Staat ...	erwartet gesetzestreue und aktive Mitarbeit bei der Gestaltung der wirtschaftlichen Rahmenbedingungen. Konkret will der Staat z. B., dass das Unternehmen Steuern abführt, Umweltvorschriften einhält und Arbeits- und Ausbildungsplätze schafft bzw. erhält.
		Kunden ...	fordern ein Preis-Leistungs-Verhältnis, das sich durch angemessene Preise bei einer hohen Qualität der Leistung beschreiben lässt. Die Leistung wird gesundheits- und umweltfreundlich erbracht und enthält in zunehmendem Maße Serviceleistungen (z. B. 24h-Hotline).
		Konkurrenten ...	fordern einen fairen Wettbewerb, prägen das marktübliche Leistungsangebot mit, an dem sich das Unternehmen ausrichten muss (Verkaufspreise, Produktqualität, Lieferzeiten und Zahlungsbedingungen).
		Lieferanten ...	fordern möglichst hohe Bezugspreise bei stabilen Geschäftsbeziehungen (z. B. hohe Zahlungsmoral, Vertragstreue).
		Arbeitgeberverbände ...	fordern Kommunikation der Unternehmensinteressen und vertreten diese einheitlich gegenüber dem Staat, den Gewerkschaften und der Öffentlichkeit. Sie fördern ein positives Image der Unternehmung und fordern die Einhaltung gemeinsam verabredeter Grundsätze (z. B. keine Kinderarbeit).
		Gewerkschaften ...	fordern Mitbestimmungsmöglichkeiten für Arbeitnehmer und vertreten deren Interessen. Sie fordern die Einhaltung von Tarifverträgen und Betriebsvereinbarungen und unterstützen ggf. die Organe der Mitarbeitervertretung.
		Fremdkapitalgeber ...	fordern die Einhaltung der Vertragsbedingungen und somit die Zins- und Tilgungszahlungen gemäß Vertrag. Sie wünschen sich eine Unternehmensführung, die den Fortbestand des Unternehmens sichert, damit der Vertrag vom Unternehmen auch erfüllt werden kann.
		Öffentlichkeit ...	fordert Einhaltung der Gesetze, sichere Arbeitsplätze und ein den moralischen Vorstellungen entsprechendes unternehmerisches Verhalten.

Aufgaben

› Kap. 1.1

1. Unterscheiden Sie die Marktkonstellationen Verkäufermarkt und Käufermarkt anhand von zwei Merkmalen. Führen Sie ein (historisches) Beispiel für einen Verkäufermarkt und ein (aktuelles) Beispiel für einen Käufermarkt an.
2. Begründen Sie, warum heutzutage Unternehmen überwiegend auf Käufermärkten agieren.
3. Erläutern Sie, warum Unternehmen sich am Markt ausrichten müssen, damit ihre Wettbewerbsfähigkeit gesichert werden kann.
4. Unternehmerische Entscheidungen erfolgen bei der Heidtkötter KG unter Berücksichtigung der Ansprüche interner und externer Interessengruppen.
   a) Nennen Sie sechs Interessengruppen, ordnen Sie diese dem internen oder dem externen Unternehmensbereich zu und formulieren Sie die konkreten Ansprüche, die die Gruppen an die Heidtkötter KG stellen.
   b) Begründen Sie, warum es für die Heidtkötter KG geboten erscheint, die Ansprüche der Interessengruppen bei der Unternehmensführung angemessen zu berücksichtigen. Welche Schwierigkeiten können bei der Berücksichtigung der Ansprüche auftreten?

1 Eigentümer von Einzelunternehmen und Personengesellschaften bestreiten zudem aus dem Gewinn ihren Lebensunterhalt.

1.2 Unternehmensziele formulieren und umsetzen

1.2.1 Unternehmensphilosophie und Unternehmenskultur

Um die Wettbewerbsfähigkeit zu erhalten, müssen sich Unternehmen laufend an veränderte Bedingungen anpassen. Diese werden durch die Formulierung von Ansprüchen der Interessengruppen an das Unternehmen herangetragen (siehe Kap. 1.1.2). Unternehmen positionieren sich heutzutage mithilfe von schriftlich fixierten Unternehmensphilosophien (Leitbilder) zu den Ansprüchen der Interessengruppen.

Unternehmensphilosophie

Die **Unternehmensphilosophie** stellt eine anzustrebende, intern und extern beobachtbare Ausrichtung des Unternehmens an festgelegten Wertvorstellungen, Normen (Verhaltensregeln) und Symbolen (Kennzeichen) dar. Sie enthält zudem grundsätzliche Absichtserklärungen sowie eine allgemeine Beschreibung des Unternehmenszwecks und der Tätigkeitsfelder des Unternehmens.

Beispiel

Unternehmensphilosophie der Franz Kniep GmbH (Hausgerätehersteller)

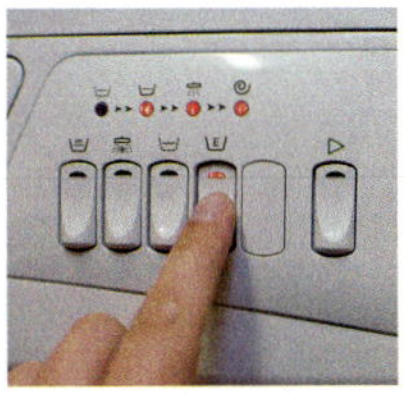

Globale Ansichten: Vorausdenken bewegt uns. Es hat das Unternehmen erfolgreich gemacht, es sorgt dafür, dass Kniep mit immer neuen Ideen und Produkten den Menschen das Leben durch die Herstellung von Hausgeräten angenehmer und leichter machen kann. Vorausdenken bedeutet für uns auch, unsere Verantwortung gegenüber der Umwelt, der Gesellschaft, den Kunden und den Mitarbeitern ernst zu nehmen. Als weltweit tätiges Unternehmen haben wir nicht nur Einfluss darauf, wie wir und die nachfolgenden Generationen leben werden. Wir haben auch die Pflicht, uns diesen Herausforderungen täglich neu zu stellen.

Nachhaltigkeit und soziales Verantwortungsbewusstsein: Wirtschaft findet längst nicht mehr im Verborgenen statt. Wer auch langfristig Erfolg haben will, muss sein Handeln stärker an den verschiedenen gesellschaftlichen Interessen ausrichten. Wir nehmen die berechtigten Bedürfnisse und Erwartungen Dritter – ethischer, sozialer, ökologischer oder ökonomischer Art – ernst, integrieren sie in unternehmerische Entscheidungsprozesse und leben sie in der täglichen Praxis. Die Umweltverträglichkeit der Leistungserstellung von der Rohstoffgewinnung bis zum Endkunden ist uns wichtig. Entlang dieses Wertschöpfungsprozesses ist für uns die Einhaltung der Menschenrechte im Unternehmen und bei unseren Lieferanten wesentlich.

Kundenorientierung: Unsere Kunden entscheiden über den Erfolg unserer Produkte und damit über die Zukunft des Unternehmens. Sie fordern von uns eine qualitativ hochwertige, technologisch anspruchsvolle Leistung zu wettbewerbsfähigen Preisen und treiben uns damit zu immer neuen Höchstleistungen an. Nur ein im Markt erfolgreiches, profitables Unternehmen kann seiner Verantwortung gegenüber allen Interessengruppen auf Dauer gerecht werden.

Die Welt ist unser Markt: Das Denken und Handeln in weltweiten Zusammenhängen ist Grundvoraussetzung für den künftigen Erfolg. Heute sind wir ein internationales Unternehmen mit einer starken Position in Europa und Nordamerika. In Zukunft wollen wir mit unseren Aktivitäten gezielt in den Märkten von morgen expandieren: Südostasien, Lateinamerika, Mittel- und Osteuropa. Hier zeichnet sich ein großes Wachstumspotenzial ab, das wir durch unsere Kompetenz und unsere guten Kundenbeziehungen systematisch erschließen können.

Die Unternehmensphilosophie (bzw. ein Leitbild) dient als wichtige Grundlage für die konkrete Formulierung von Unternehmenszielen (siehe Kap. 1.2.2), denn die Unternehmensphilosophie beschreibt den angestrebten Soll-Zustand des Unternehmens, also das, was das Unternehmen sein möchte und wie es von der Umwelt wahrgenommen werden möchte.

Unternehmenskultur

Der Soll-Zustand ist von dem Ist-Zustand des Unternehmens zu unterscheiden. Der Ist-Zustand des Unternehmens ist die umgesetzte **Unternehmenskultur**. Die Unternehmenskultur umfasst die aktuell tatsächlich gelebten Werte, Normen und Überzeugungen in einem Unternehmen. Aufgrund veränderter Ansprüche der Interessengruppen kann eine Anpassung der Unternehmenskultur z. B. in folgenden Bereichen erforderlich sein:

- Marktauftritt der Unternehmung (z. B. Beziehungen zu Lieferanten, Kunden, Konkurrenten)
- Unternehmensführung (z. B. Führungsstil der Unternehmensleitung, Betriebsklima, Unternehmensorganisation)
- Öffentliche Wahrnehmung (z. B. Berichterstattung in den Medien, gesellschaftliches Engagement des Unternehmens, Unternehmensimage)

Beispiel

Öffentliche Wahrnehmung

„Dem Sportartikelhersteller Adidas wird seit Jahren vorgeworfen in Billiglohnländern wie Bangladesch und Indonesien mit Zulieferbetrieben zu arbeiten, die ihren Arbeitern Niedriglöhne zahlen, die nicht zum Überleben einer vierköpfigen Familie ausreichen. Um dieser Wahrnehmung in der Öffentlichkeit entgegenzuwirken, hat Adidas z. B. Verhaltensnormen für Zulieferer verabschiedet und beteiligt sich an einem Hilfsfonds für Billiglöhner."

Quelle: www.spiegel.de, abgerufen am 13.10.2012

1.2.2 Unternehmensstrategien und Unternehmensziele

In der Unternehmensphilosophie sind Aussagen enthalten, aus denen sich Ziele ableiten lassen. Gleichzeitig entsteht die Unternehmensphilosophie auch in Abhängigkeit der abgeleiteten Ziele. In der Wechselwirkung von Unternehmensphilosophie und Zielen erarbeitet die Unternehmensführung daher eine sogenannte Unternehmensstrategie.

Unternehmensstrategie

Die **Unternehmensstrategie** dokumentiert die langfristigen Planungen des Unternehmens zur Positionierung auf den Märkten, mit denen das Unternehmen seinen Fortbestand sichert und ausbauen kann. Es werden konkrete Aussagen z. B. zum Unternehmenswachstum und zur Ertragskraft des Unternehmens gemacht. Es sind aber auch qualitative Aussagen (z. B. zur Kundenzufriedenheit) enthalten, die mit Hilfe von Zielsetzungen messbar gemacht werden müssen. Durch die Unternehmensstrategie konkretisiert das Unternehmen die überwiegend qualitativen Aussagen der Unternehmensphilosophie und bringt diese mit den überwiegend quantitativen Zielen (z. B. Erhöhung des Marktanteils auf 25 %) in Verbindung.

Beispiel

Die Audi AG möchte weltweit Kunden begeistern und misst dies u. a. durch das kontinuierliche Wachstum. Das Unternehmen möchte im Jahr 2015 1,5 Mio. Fahrzeuge gegenüber 1,3 Mio. Fahrzeugen im Jahr 2011 verkaufen.

Zielsystem

In einem Unternehmen gibt es ein ganzes Bündel an Zielsetzungen, die gleichzeitig verfolgt werden und i. d. R. miteinander in Beziehung stehen. Man spricht daher auch von einem **Zielsystem**. Es resultiert auch aus den unterschiedlichen Vorstellungen der Interessengruppen. Das Zielsystem übernimmt die Aufgabe, die Unternehmensphilosophie und die Unternehmensstrategie mit Hilfe quantitativer Größen zu konkretisieren, damit die Zielerreichung (und damit der Übergang der Unternehmensphilosophie zur Unternehmenskultur) überprüft werden kann.

Ziel

Ein **Ziel** ist ein künftig von Entscheidungsträgern angestrebter Zustand. Es besteht immer aus einer konkreten Inhaltskomponente (IK), einer Verhaltenskomponente (VK) sowie einer konkreten Zeitvorgabe (ZV). Aus den Zielen werden Maßnahmen abgeleitet, die ein Erreichen der Ziele ermöglichen sollen.

Beispiel

Ziel	Maßnahmen
Bis zum Ablauf des Geschäftsjahres 01 (ZV) werden die Stückkosten für die Herstellung von Bürotischen (IK) gegenüber dem Vorjahr um 5 % gesenkt (VK).	▪ günstigeren Lieferanten suchen (Bezugspreis senken) ▪ Energieverbrauch senken ▪ Mitarbeiter entlassen bei gleichbleibender Ausbringungsmenge ▪ Organisation der Fertigung umstellen

Damit der Grad der Zielerreichung überprüft werden kann, muss das Ziel SMART[1] formuliert werden:

		Ziele müssen ...
S	Spezifisch	... so präzise wie möglich und widerspruchsfrei formuliert sein.
M	Messbar	... durch v. a. quantifizierbare Größen messbar sein.
A	Anspruchsvoll	... von den Adressaten als Herausforderung empfunden werden.
R	Realistisch	... von den Adressaten erreicht werden können und dürfen nicht über- oder unterfordern.
T	Terminierbar	... eine eindeutig bestimmbare Zeitvorgabe enthalten, bis wann das Ziel erreicht werden soll.

1 SMART steht für „**S**pecific **M**easurable **A**ccepted **R**ealistic **T**imely".

Beispiel

Zielformulierungen für Zielvereinbarungen in einem Callcenter

	falsch	richtig
S	*Ihre Arbeit im Callcenter muss gut sein.*	*Sie müssen pro Woche 120 Telefonate führen und bei diesen 120 Telefonaten mindestens 30 Neukunden anrufen.*
M	*Sie müssen mehr Vertragsabschlüsse mit Neukunden schaffen.*	*Sie müssen drei Vertragsabschlüsse mit Neukunden pro Woche realisieren.*
A	*Aufgrund Ihrer guten Kommunikationsfähigkeit müssen Sie die dreifache Leistung eines „normalen“ Mitarbeiters im Callcenter schaffen.*	*Aufgrund Ihrer guten Kommunikationsfähigkeit erwarte ich sechs Vertragsabschlüsse mit Neukunden pro Woche. Wenn Sie das erreichen, bekommen Sie den doppelten Provisionssatz.*
R	*Bis morgen Mittag erwarte ich eine Aufstellung über Ihre Telefonate und Vertragsabschlüsse der vergangenen drei Jahre.*	*Heute in zwei Wochen um 12 Uhr erwarte ich eine Präsentation über die Telefonate und Vertragsabschlüsse des vergangenen Quartals.*
T	*In nächster Zeit erwarte ich so viele Vertragsabschlüsse wie möglich.*	*Im Monat Mai 20.. erwarte ich 10 % mehr Vertragsabschlüsse gegenüber dem Vormonat.*

Bei der Formulierung von Zielen ist u. a. darauf zu achten, dass die Merkmale qualitativer Ziele quantifizierbar (= in Zahlen ausgedrückt) formuliert werden.

Qualitative und quantitative Merkmale von Zielen

Qualitative Merkmale	Quantitative Merkmale
Die Merkmalsausprägungen werden durch einen verbalen, wertenden Ausdruck beschrieben (gut/schlecht oder zufrieden/unzufrieden).	Die Merkmalsausprägungen werden durch Zahlen beschrieben.
Beispiel	**Beispiel**
Die Heidtkötter KG will durch das Leistungsangebot zufriedene Kunden.	Die Heidtkötter KG misst die Kundenzufriedenheit über folgende Kennzahlen: **Reklamationsquote in %** = Anzahl der Reklamationen / Anzahl der Auslieferungen **Marktanteilsentwicklung in %** = (MA Berichtsjahr – MA Vorperiode) in % / MA in % der Vorperiode (MA = Marktanteil)

Die folgende Abbildung zeigt, welche Kriterien für eine Systematisierung von Zielen eines Zielsystems wichtig sind.

Systematisierung von Unternehmenszielen

610116

I. Ziele nach dem Inhalt: Sachziele und Formalziele

Unternehmensziele werden häufig nach Sach- und Formalzielen differenziert: Sachziele einer Unternehmung definieren, **was** hergestellt werden soll, und Formalziele bestimmen, **unter welchen Bedingungen** hergestellt werden soll.

Sachziel und **Formalziel**

Sachziel	Formalziel
Erstellung bedarfsdeckender und nachfragewirksamer Leistungen (Unternehmenszweck): ■ Herstellung bestimmter Güter ■ Bereitstellung von Dienstleistungen	allgemeine Grundsätze, an denen das Unternehmen sein Handeln ausrichtet: ■ Ökonomische Ziele ■ Soziale Ziele ■ Ökologische Ziele
Beispiele für die Heidtkötter KG	**Beispiele** für die Heidtkötter KG
– Herstellung qualitativ hochwertiger Büromöbel – Finanzierungsangebote für den Handel beim Bezug von Büromöbeln der Heidtkötter KG	– Gewinnmaximierung – Karriereplanung der Mitarbeiter – Umweltschonende Produktion
→ Die Sachziele bestimmen das Leistungsprogramm des Unternehmens und sind die Voraussetzung zur Erreichung der Formalziele.	→ Die Formalziele bestimmen die (Rahmen-) Bedingungen, unter denen das Sachziel verfolgt werden soll.
Was?	**Unter welchen Bedingungen?**

Einteilung von Unternehmen nach Sachziel

Da die Sachziele den Unternehmenszweck beschreiben, kann klassischerweise eine Einteilung in folgende Unternehmensarten erfolgen:

Sachleistungsunternehmen	Dienstleistungsunternehmen
Erstellung von körperlichen Gütern aus festen, flüssigen oder gasförmigen Stoffen (Sachgüter): ■ Industriebetriebe (Gewinnung, Verarbeitung und Veredelung von Werkstoffen und Gütern) ■ Handwerksbetriebe ■ Land- und Forstwirtschaftsbetriebe ■ Fischereibetriebe	Erstellung von Handlungen, durch die ein nicht körperlicher Wert oder Nutzen entsteht (Dienstleistungen): ■ Handelsbetriebe ■ Kreditinstitute ■ Versicherungen ■ Logistikdienstleister ■ Verkehrsbetriebe ■ Kommunikationsbetriebe ■ Sonstige Dienstleistungsbetriebe

Heutzutage kann häufig nicht mehr von reinen Sachleistungsbetrieben gesprochen werden. Denn auch Sachleistungsbetriebe bieten zunehmend Dienstleistungen an (z. B. Finanzierungsangebote, Logistikdienstleistungen, Versicherungsangebote), um Kundenbedürfnisse zu erfüllen und sich von Konkurrenten abzugrenzen.

Formalziele

Formalziele geben die (Rahmen-)Bedingungen für die Verfolgung der Sachziele einer Unternehmung vor. Sie bleiben auch bestehen, wenn der Unternehmenszweck verändert wird.

Beispiel

Ein Unternehmen verfolgt das Formalziel der Gewinnmaximierung. Dieses Ziel hat es bis vor drei Jahren durch den Handel mit Elektronikartikeln erreicht. Aufgrund der wachsenden Konkurrenz musste das Unternehmen damals jedoch den Warenhandel einstellen. Seither konzentriert es sich auf die Immobilienverwaltung. Trotz dieser Veränderung des Sachziels besteht auch weiterhin das Formalziel der Gewinnmaximierung.

Dimensionen von Formalzielen

Formalziele werden in folgenden Dimensionen formuliert:

Ökonomische Ziele	Soziale Ziele	Ökologische Ziele
Sie beziehen sich i. d. R. auf die Steigerung der Unternehmenswerte.	Sie beziehen sich i. d. R. auf die Übernahme sozialer Verantwortung.	Sie beziehen sich auf die Übernahme von Verantwortung gegenüber der Umwelt.
■ Gewinnmaximierung ■ Kostenminimierung ■ Erlösmaximierung ■ hohe Produktivität ■ hohe Wirtschaftlichkeit ■ hohe Rentabilität ■ hohe Liquidität	■ Arbeitsplatzsicherheit ■ positives Betriebsklima ■ gerechte Entlohnung ■ Gewinnbeteiligung ■ Mitbestimmung	■ umweltverträgliche Produkte ■ Vermeidung von Abfall und Emissionen ■ Einhaltung von Umweltgesetzen

II. Ziele nach der Fristigkeit: Kurzfristige und langfristige Ziele

Langfristige Ziele und **kurzfristige Ziele**

Die Entscheidungen der Unternehmensführung sind von unterschiedlichem zeitlichen Horizont, da sowohl langfristige (= strategische), mittelfristige (= taktische) und kurzfristige (= operative) Ziele verfolgt werden müssen. Langfristige Ziele legen die generelle Ausrichtung des Unternehmens fest. Mittelfristige Ziele sind das Bindeglied zwischen lang- und kurzfristigen Zielen. Sie konkretisieren strategische Ziele unter Berücksichtigung mittelfristiger Entwicklungen. Infolgedessen können kurzfristige Ziele formuliert werden, die mittelfristige Ziele und folglich auch langfristige Ziele erreichen helfen.

Hierarchie	**strategisch**	**taktisch/strukturell**	**operativ**
Zeithorizont	langfristig (über 4 bis 10 Jahre)	mittelfristig (1 bis 4, evtl. 5 Jahre)	kurzfristig (bis max. 1 Jahr)

Beispiel

Ein Marathonläufer legt vor dem Start als langfristiges Ziel fest, die Ziellinie nach spätestens 3:00 Std. zu überlaufen. Um dieses strategische Ziel zu erreichen, legt er aufgrund seiner Erfahrungen/Erwartungen (Ermüdung, ansteigende Außentemperaturen) mittelfristige, taktische Ziele fest: 10 km nach 0:41 Std., Halbmarathon nach 1:29 Std., 30 km nach 2:04 Std. Um diese mittelfristigen Ziele zu erreichen, ist sein kurzfristiges, operatives Ziel, jeden nächsten km in 4:14 Min. zu laufen.

Überträgt man dieses Beispiel auf die Produktionsprogrammplanung eines Büromöbelherstellers, so können unter zeitlichem Gesichtspunkt folgende Abgrenzungen vorgenommen werden:

- Auf strategischer Ebene (langfristig) wurde festgelegt, in welchen Produktfeldern (z. B. Bürotische, Bürostühle) in welcher Art und Weise (z. B. Designermöbel) produziert werden soll.
- Auf taktischer/struktureller Ebene (mittelfristig) werden die z. T. qualitativen, strategischen Ziele unter Berücksichtigung mittelfristiger Prognosen konkretisiert und messbar gemacht (z. B.: monatlich erwarteter Bedarf an Bürotischen 1 000 Stück).
- Auf operativer Ebene (kurzfristig) muss die Unternehmensführung entscheiden, welche Produkte und Produktionsmengen der langfristig festgelegten Produktfelder nun konkret produziert werden sollen (z. B. 500 Bürotische, 2 000 Bürostühle).

610118

III. Ziele nach der Rangordnung: Ober- und Unterziele

Oberziele und **Unterziele**

Unternehmensziele sind häufig voneinander abhängig. Dies kann aufgrund zeitlicher Gesichtspunkte gegeben sein (siehe Einteilung nach Fristigkeit), aber auch aufgrund ihrer sachlich-formalen Zusammengehörigkeit. Ordnet man die Ziele nach ihrer sachlich-formalen Zusammengehörigkeit, wird zwischen Ober- und Unterzielen unterschieden.

Das Oberziel einer Unternehmung wird i. d. R. langfristig verfolgt. Es ist häufig nicht eindeutig messbar, weil es qualitative Größen enthält. Um das Oberziel zu erreichen, müssen kurzfristige, operationale Unterziele formuliert werden. Es wird dann versucht, durch das Erreichen der Unterziele, das Oberziel zu erreichen.

Beispiel

Oberziel der Heidtkötter KG:	Marktführerschaft im Segment „Umweltfreundliche Büromöbel"
Unterziele der Heidtkötter KG:	Umsatzsteigerung um 20 % im Segment „Umweltfreundliche Büromöbel" im kommenden Geschäftsjahr
	Kostensenkung um 10 % im Segment „Umweltfreundliche Büromöbel" im kommenden Geschäftsjahr
	Reduzierung des CO_2-Ausstoßes um 20 % bei der Herstellung umweltfreundlicher Büromöbel im kommenden Geschäftsjahr

IV. Ziele nach der Beziehung: Harmonie, Neutralität, Konflikt

Das Zielsystem der Unternehmung enthält Ziele, die aufgrund sachlich-formaler, zeitlicher oder hierarchischer[1] Kriterien miteinander in Beziehung stehen. Es werden vor allem folgende Zielbeziehungen unterschieden.

Zielbeziehungen

Zielharmonie	Zielneutralität	Zielkonflikt
Die Ziele unterstützen sich gegenseitig. Die Zielerreichung des einen Ziels wirkt sich positiv auf die Zielerreichung des anderen Ziels aus und umgekehrt.	Die Ziele sind unabhängig voneinander. Die Zielerreichung des einen Ziels hat keinen Einfluss auf die Zielerreichung des anderen Ziels und umgekehrt.	Die Ziele behindern sich gegenseitig. Die Zielerreichung des einen Ziels führt zur Zielverfehlung des anderen Ziels und umgekehrt.
Beispiel	**Beispiel**	**Beispiel**
Wird der Umsatz gesteigert, so wird i. d. R. auch der Marktanteil gehalten/gesteigert.	Beschlossen wird die Senkung des CO_2-Ausstoßes (verbesserter Umweltschutz) und die Ausweitung des gesellschaftlichen Engagements (Gründung eines Werksclubs für Fußball).	Investitionen in teure, umweltschonende Fertigungstechnologien führen zur Verfehlung des Kostenziels „Fertigungskosten um 8 % senken".

1 hierarchisch = der Rangfolge nach

1.2.3 Corporate Identity-Konzept

Die Verwirklichung der Unternehmensphilosophie, also die Überführung des Leitbildes in die Unternehmenskultur, ist in Unternehmen ein fortwährender Prozess, der in der Regel durch ein Corporate Identity-Konzept unterstützt wird.

Corporate Identity (CI)

Unter **Corporate Identity** (CI) wird das übereinstimmende Denken und Handeln bezüglich der Unternehmensnormen und -werte sowohl der Mitarbeiter als auch der Unternehmensleitung verstanden, und zwar innerhalb (nach innen) und außerhalb (nach außen) des Unternehmens (Unternehmensidentität).

Ein CI-Konzept ist eine Strategie, mit der die in der Unternehmensphilosophie formulierten Wertvorstellungen und Normen nach innen und nach außen transportiert und sichtbar gemacht werden sollen.

Ein CI-Konzept setzt sich aus drei Hauptinstrumenten zusammen:

Corporate Identity-Konzept

		Corporate Design	Corporate Behaviour	Corporate Communication
Beschreibung		visuelles Erscheinungsbild des Unternehmens nach einheitlichen Gestaltungsrichtlinien in sämtlichen für Mitarbeiter und Kunden sichtbaren Bereichen der Unternehmung	Verhalten der Mitglieder des Unternehmens nach gemeinsam festgelegten Verhaltensgrundsätzen	unternehmensweite Verständigung auf einheitliche Kommunikationsgrundsätze und Maßnahmen zu deren Etablierung innerhalb und außerhalb des Unternehmens
Ansatzpunkte	**innen**	Wertschätzung der Mitarbeiter durch die Zuweisung unterschiedlicher Ausstattungsmerkmale des Arbeitsplatzes sowie der Art der Gestaltung der öffentlichen Räume	Führungsleitsätze, die den Führungs- und Kooperationsstil beeinflussen sollen	institutionalisierte Kommunikation über Hausmitteilungen, Informationsveranstaltungen, Betriebsversammlungen oder über ein „Schwarzes Brett" usw.
		Beispiel	**Beispiel**	**Beispiel**
		Arbeitskleidung nach Hierarchie, einheitliche Gestaltung der Empfangshalle, Kantine, Pausenräume usw.	Betriebsfeste, Rituale (z. B. „Freud- und Leidkasse")	Hausmitteilungen, „Schwarzes Brett", Infoveranstaltungen
	außen	Vermittlung nach einheitlichen Kriterien (z. B. Aufmerksamkeits- und Signalwirkung, Informations- und Erinnerungswert)	einheitliches Auftreten gegenüber Bezugsgruppen des Unternehmens (Kunden, Lieferanten, Behörden usw.)	einheitliche, prägnante Werbung, Verkaufsförderung, Public Relations (Öffentlichkeitsarbeit) und Sponsoring. Durch einen Slogan wird das Leitbild in einem kurzen, prägnanten Satz gebündelt.
		Beispiel	**Beispiel**	**Beispiel**
		– einheitliches Logo – einheitliches Produktdesign usw.	– Regulierung von Reklamationen (Kulanz) – Lieferverzögerungen von mehr als drei Tagen werden mit einem Warengutschein entschuldigt – Beschwerdemanagement	– Motto/Slogan – Pressemitteilungen

610120

Ziel eines CI-Konzeptes ist es, ein einheitlich wahrnehmenbares, unverwechselbares Unternehmensbild (Unternehmensimage) zu schaffen, das die Ansprüche der Interessengruppen angemessen spiegelt und von allen akzeptiert und gelebt wird. Ein derart erfolgreiches Corporate Identity-Konzept leistet einen wesentlichen Beitrag zur emotionalen Bindung der verschiedenen Interessengruppen an das Unternehmen.

Ziel

Die Funktion eines Corporate Identity-Konzeptes innerhalb des Zielsystems der Unternehmung fasst nachfolgende Abbildung zusammen.

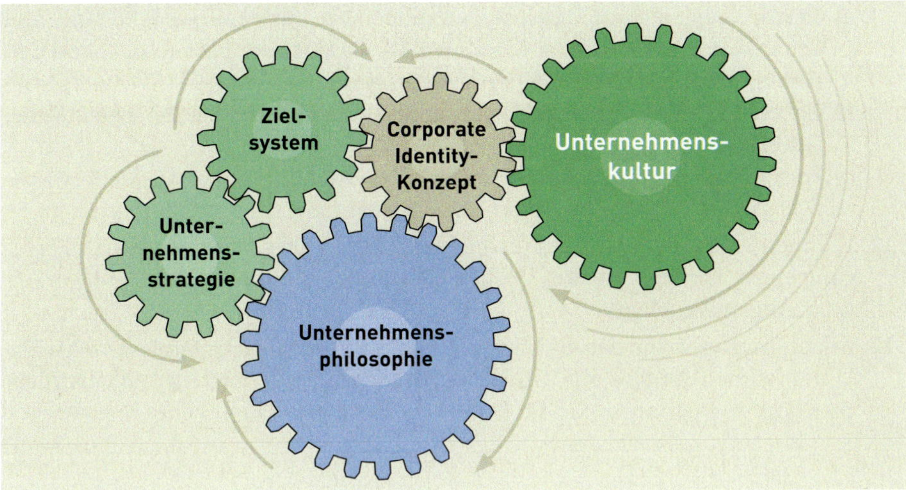

Aufgaben

› Kap. 1.2

1. Erklären Sie kurz die Bestandteile und die Bedeutung einer Unternehmensphilosophie. Grenzen Sie die Unternehmensphilosophie von der Unternehmenskultur ab.
2. Beschreiben Sie interne und externe Auswirkungen der Unternehmensphilosophie (am Beispiel der Franz Kniep GmbH, siehe S. 13) auf das Unternehmen selbst, auf die Mitarbeiter, auf die Kunden und die Lieferanten.
3. Definieren Sie, was unter Unternehmensstrategie zu verstehen ist und beschreiben Sie am Beispiel der „Unternehmensstrategie 2020" der Audi AG (siehe S. 15) den Zusammenhang zwischen Unternehmensstrategie und Zielsystem der Unternehmung.
4. Erläutern Sie, was allgemein ein (SMART-es) Ziel ist und warum die Zielformulierung SMART erfolgen sollte. Worin unterscheiden sich Ziele von Maßnahmen?
5. Unterscheiden Sie zwischen Sachzielen und Formalzielen der Unternehmung und führen Sie jeweils zwei Beispiele an.
6. Lesen Sie die Unternehmensphilosophie der Franz Kniep GmbH (siehe S. 13) und markieren Sie formulierte Ziele, auch wenn diese nicht SMART formuliert sind. Ordnen Sie die gefundenen Ziele nach Sachzielen und Formalzielen (soziale, ökonomische und ökologische).
7. Interpretieren Sie folgende Aussage von Seneca[1]: *„Wer den Hafen nicht kennt, in den er segeln will, für den ist kein Wind der richtige."* Was bedeutet dies für die Unternehmensführung?
8. Unterscheiden Sie zwischen Ober- und Unterziel und führen Sie ein Beispiel an.
9. Erläutern Sie anhand der Unternehmensphilosophie der Franz Kniep GmbH (siehe S. 13), welches langfristige Formalziel (Oberziel) die Franz Kniep GmbH mit der Erreichung von Unterzielen anstrebt.

→

1 Lucius Annaeus Seneca, römischer Philosoph, Dramatiker, Naturforscher und Staatsmann (4 v. Chr.–65 n. Chr.)

10. Oftmals herrscht bei der Erreichung von Formalzielen ein Zielkonflikt. Nennen Sie mindestens vier Formalzielpaare mit Zielkonkurrenz.

11. Die Franz Kniep GmbH ist ein weltbekannter Hausgerätehersteller im Premiumsegment (siehe Unternehmensphilosophie auf S. 13). Im Sortiment sind alle denkbaren Hausgeräte zu finden. Insbesondere bei Großgeräten (Waschvollautomaten, Wäschetrockner, Kühlschränke, Elektroherde usw.) behauptet man seit Jahrzehnten die Marktführerschaft. Unter Einsatz eines Unternehmensberaters wird derzeit das Corporate Identity-Konzept überarbeitet.

a) Beschreiben Sie stichpunktartig, was allgemein unter Corporate Identity und den Instrumenten Corporate Design (CD), Corporate Behaviour (CB) und Corporate Communication (CC) verstanden wird.

b) Geben Sie jeweils zwei Beispiele für CD, CB und CC bei der Franz Kniep GmbH an.

c) Formulieren Sie drei Argumente, inwieweit durch ein Corporate Identity-Konzept die Erreichung der Unternehmensziele unterstützt werden kann.

› **Recherche**

12. Erkundigen Sie sich in Ihrem Ausbildungsbetrieb über Maßnahmen zur Förderung einer Corporate Identity. Stellen Sie Ihre Ergebnisse auch anhand von Anschauungsmaterial vor.

13. Erläutern Sie anhand der Abbildung auf Seite 21 die Zusammenhänge zwischen Unternehmensphilosophie, Unternehmensstrategie, Zielsystem und Unternehmenskultur. Begründen Sie die Funktion eines Corporate Identity-Konzeptes.

1.3 Shareholder- und Stakeholder-Konzept

Das Zielsystem der Unternehmung muss aufgrund der Veränderungen innerhalb und außerhalb des Unternehmens laufend angepasst werden. Bei der Berücksichtigung der Veränderungen im Zielsystem können ganz unterschiedliche Prioritäten gesetzt werden. Aktuell werden zwei Grundkonzepte diskutiert, die das Spannungsverhältnis zwischen den Interessen der Unternehmenseigentümer und den weiteren Interessengruppen (siehe Kap. 1.1.2) aufzeigen:

	Shareholder-Konzept	Stakeholder-Konzept
Perspektive der Zielformulierung	Unternehmenseigentümer (Anteilseigner)	Anteilseigner und alle weiteren Interessengruppen
Prioritäten im Zielsystem	Gewinnmaximierung, Wertsteigerung des Unternehmens	Gewinnmaximierung unter Berücksichtigung sozialer und ökologischer Verantwortung sowie gesellschaftlicher Akzeptanz

Shareholder-Konzept

Das **Shareholder-Konzept** unterstellt, dass das gesamte unternehmerische Handeln auf die Interessen der Anteilseigner (Shareholder) auszurichten ist, weil sie das Kapital zur Verfügung stellen und das Verlustrisiko alleine tragen. Eigenkapitalgeber verfolgen ein finanzielles Interesse. Sie fordern einen maximalen Zuwachs des zur Verfügung gestellten Kapitals. Dieser entsteht durch den Unternehmenserfolg (Gewinn), auf den die Eigentümer Anspruch haben.

Gewinn

Der **Gewinn** wird durch die Finanzbuchhaltung (FiBu) und die Kosten- und Leistungsrechnung (KLR) ermittelt. Aufgrund unterschiedlicher Bewertungen (insbesondere durch die Berücksichtigung kalkulatorischer Größen) ist die Höhe des Gewinns aus der FiBu und der KLR in der Regel unterschiedlich hoch und wird deshalb auch unterschiedlich bezeichnet.

› Rechnungswesen

Finanzbuchhaltung	Kosten- und Leistungsrechnung
Unternehmensgewinn = Erträge – Aufwendungen	Betriebsgewinn = Leistungen – Kosten[1]

Das Zielsystem der Unternehmung ist auf die Gewinnmaximierung auszurichten und alle Entscheidungen sind unter dieser Vorgabe zielerfüllend zu treffen.

Stakeholder-Konzept

Im Kontrast zum Shareholder-Konzept steht das **Stakeholder-Konzept**. Es ist aus der Kritik an dem „reinen" Gewinnstreben der Shareholder hervorgegangen. Neben den Eigentümern sind weitere Interessengruppen (= Stakeholder) des soziotechnischen Systems „Unternehmen" zu berücksichtigen, weil auch sie einen Beitrag zur Steigerung der Unternehmenswerte leisten. Die nachfolgende Übersicht zeigt dies beispielhaft.

	Interessengruppe	Beitrag zum Unternehmen (u. a.)
intern	Eigentümer	Eigenkapital zur Finanzierung; Know-how bei aktiver Geschäftsführung
	Manager	Know-how zur Unternehmensführung
	Arbeitnehmer	Arbeitsleistung zur Leistungserstellung
extern	Staat	Rechtssicherheit, u. U. Förderung durch Subventionen, Infrastruktur
	Kunden	Umsatzerlöse durch Kauf der Güter, Rückmeldungen zu Produktentwicklungen
	Konkurrenten	Innovationen, Leistungsanreiz
	Lieferanten	qualitativ hochwertige Werkstoffe und Montageteile
	Arbeitgeberverbände	Interessenausgleich innerhalb der Branche und gegenüber den Gewerkschaften
	Gewerkschaften	Motivationssteigerung der Arbeitnehmer, weil Interessen stärker durchgesetzt werden können
	Fremdkapitalgeber	Fremdkapital
	Öffentlichkeit	Umweltgüter, Überwachungsfunktion, um über Fehlentwicklungen aufzuklären (z. B. Umgang mit Atommüll)

Die unterschiedlichen Interessengruppen mit ihren berechtigten Ansprüchen sind bei der Etablierung des Zielsystems im Unternehmen angemessen zu berücksichtigen. Jedes Unternehmen muss daher eine gesamtwirtschaftliche Perspektive einnehmen, bei der das Oberziel Gewinnmaximierung um ökologische und soziale Ziele (siehe Kap. 1.2.2) zu ergänzen ist. Dadurch werden nicht nur die Interessen von ausschließlich einer wichtigen Interessengruppe, sondern auch die aller weiteren Stakeholder bedient, sodass die geschaffenen Unternehmenswerte gerechter auf die Leistungserbringer verteilt werden.

Vorteile

Die Befürworter des Stakeholder-Gedankens sehen folgende Vorteile ihres Konzepts:

- gerechtere Einkommens- und Vermögensverteilung durch höheres Lohnniveau bei den Arbeitnehmern,
- bessere Güterversorgung der Kunden, da deren Ansprüche Berücksichtigung finden,
- Umweltschutz durch schonendere Produktionsweisen,
- Einhaltung von Menschenrechtskonventionen (z. B. keine Kinderarbeit),
- Übernahme gesellschaftlicher Verantwortung und damit Schutz und Förderung der Staatsverfassung (z. B. durch ordentliche Steuerzahlungen).

1 zur Definition von Leistungen und Kosten siehe Teil A, Kap. 2.1

Probleme

Eine konsequente Umsetzung des Stakeholder-Konzeptes wird dadurch erschwert, dass die Ansprüche der Stakeholder zum Teil konkurrieren. Häufig ist in der Unternehmenspraxis daher das Shareholder-Konzept etabliert.

Wie in Kapitel 1.2 dargestellt, reagieren Unternehmen auf die Veränderungen des Umfeldes und der Ansprüche der Interessengruppen durch die Formulierung von Unternehmensphilosophien bzw. Leitbildern, mit deren Hilfe dann gesamtwirtschaftliche Ziele langfristig Einzug in die Unternehmensführung erhalten.

Beispiel

Lieferanten fordern möglichst hohe Bezugspreise und stabile Geschäftsbeziehungen, während Kunden ein gutes Preis-Leistungs-Verhältnis wünschen.

Aufgaben

› Kap. 1.3

1. Erläutern Sie in Grundzügen das Shareholder-Konzept und das Stakeholder-Konzept (Ziele und Merkmale).
2. Führen Sie je drei typische Unterziele im Shareholder- und im Stakeholder-Konzept an.
3. Nennen Sie typische Interessengruppen und deren Ansprüche gegenüber dem Unternehmen und deren Leistungen für das Unternehmen.
4. Begründen Sie, warum das Shareholder-Konzept in Unternehmen dominiert.
5. Das nachfolgende Interview thematisiert den Beitrag der Mitarbeiter für den Unternehmenserfolg in Abgrenzung zum Shareholder-Konzept.
   a) Sammeln Sie die im Text genannten Ansprüche, die die Mitarbeiter gegenüber dem Unternehmen haben.
   b) Erläutern Sie die Rolle von Mitarbeitern im Zielsystem des Shareholder-Konzeptes.
   c) Begründen Sie mithilfe des Textes, warum die Berücksichtigung der Mitarbeiterinteressen eine sinnvolle Ergänzung des Shareholder-Konzeptes darstellt.

„Der Mensch muss wieder im Mittelpunkt stehen"
Ein guter Umgang rechnet sich:
Glückliche Mitarbeiter sind motivierter, produktiver und loyaler

Herr Ruckriegel, viele Betriebe kämpfen mit den Folgen der Krise. Bleibt da Zeit, sich auch noch um das Glück der Mitarbeiter zu kümmern?
Diese Zeit sollte man sich nehmen, denn glückliche Mitarbeiter rechnen sich für ein Unternehmen. Wer mit seinem Beruf zufrieden ist, geht darin auf und sieht ihn nicht nur als Broterwerb an. Zufriedene Beschäftigte sind motivierter, kreativer, loyaler und produktiver. Auch den Kunden gegenüber treten sie anders auf – im Grunde also eine Win-Win-Situation für alle. Leider ist das durch den Shareholder-[...]-Ansatz der letzten 30 Jahren ziemlich aus dem Blickfeld gerückt. Inzwischen hat aber auch die Managementlehre erkannt, dass der Mensch wieder stärker im Mittelpunkt stehen muss.

Gibt es ein Patentrezept für eine glückliche Belegschaft? Oder sind das viele kleine Bausteine?
Ein wichtiger Punkt ist die oft zitierte Work-Life-Balance, die Vereinbarkeit von Privatleben und Beruf. Geht beides Hand in Hand, stellt sich automatisch Zufriedenheit ein. Um das zu erreichen, gibt es viele Wege, etwa Teilzeit-, Gleitzeit- oder Telearbeit. Aber zum Beispiel auch die Möglichkeit, Auszeiten zu nehmen, etwa im Rahmen eines Sabbaticals oder für die Pflege von Angehörigen. Dabei ist Familienfreundlichkeit kein Almosen des Arbeitgebers. Schon heute sind in vielen Bereichen qualifizierte Fachkräfte knapp, der demographische Wandel wird das noch verstärken. Familienfreundliche Arbeitsbedingungen sind ein wichtiger Wettbewerbsfaktor.

Welche Rolle spielen Vorgesetzte?
Eine sehr wichtige. Wer sich von seinem Chef ernst genommen und gefördert fühlt, ist natürlich zufriedener. Vorgesetze sollten Interesse am Wohlergehen ihrer Mitarbeiter zeigen, sie in Entscheidungsprozesse einbinden und sie fair behandeln. Auch die persönliche Förderung, etwa durch Mentoring oder Weiterbildung, spielt eine große Rolle. Nicht zu vergessen die Vorbildfunktion, die Vorgesetzte haben. Leider sieht die Realität in deutschen Unter-

nehmen anders aus. Führungskräfte werden von vielen Beschäftigten zwar als aufgabenorientiert und technisch versiert eingestuft, gleichzeitig aber als wenig inspirierend und sozial inkompetent. Eine internationale Studie zum Führungsverhalten hat 2007 gezeigt: Deutsche Manager legen im Vergleich zu anderen Nationen sehr viel weniger Wert auf Zwischenmenschliches wie Fairness, Umsicht und Höflichkeit. [...]

Was macht noch glücklich im Job?

Ein dritter Aspekt ist die Gestaltung der Arbeitsinhalte. Wir alle wissen, wie die Zeit verfliegt, wenn wir einer fesselnden Beschäftigung nachgehen. Forscher nennen das Flow-Effekt: der Zustand, in dem Menschen in ihrer Tätigkeit aufgehen. Um das zu erreichen, müssen die Fähigkeiten und Talente des einzelnen zur Geltung kommen können. Er muss das Gefühl haben, dass seine Arbeit für andere von Bedeutung ist. Das kann zum Beispiel der Fall sein, wenn er ein nützliches Produkt herstellt. Oder wenn er sich mit seinem Unternehmen identifiziert, etwa weil der Betrieb gesellschaftlich engagiert ist. Und ein Mitarbeiter muss sich als Teil eines Teams empfinden, nicht bloß als kleines Rädchen im Getriebe.

Klingt gut, aber ist das in vielen Berufen nicht etwas viel verlangt?

Früher glaubte man tatsächlich, dass sich dieser Flow-Effekt nur bei bestimmten Berufen einstelle, etwa bei Priestern oder Professoren, die sich zu ihrer Arbeit berufen fühlen. Neuere Studien zeigen aber, dass das nicht stimmt. In den USA hat man zum Beispiel Untersuchungen mit Reinigungskräften in Krankenhäusern gemacht. Dabei kam heraus: Diejenigen, die den Job nur als Gelderwerb sahen, waren unzufriedener als diejenigen, die sich als Teil eines Teams fühlten, das Menschen wieder gesund macht. Letztere nahmen sich zum Beispiel auch Zeit dafür, mit den Patienten zu sprechen oder deren Zimmer ein wenig zu verschönern.

Glücksforscher **Karlheinz Ruckriegel** ist Professor am
Fachbereich Betriebswirtschaft der Georg-Simon-Ohm-Hochschule Nürnberg.
Das Gespräch führte Silke Zorn.

Quelle: www.tagesspiegel.de, abgerufen am 27.06.10

6. Die Miele AG arbeitet wie viele große Konzerne an der umfassenden Integration der Ansprüche der Stakeholder in die Unternehmensführung. Aufgrund einer Mitarbeiterbefragung (2009/10) wollte die Unternehmensführung erfahren, welche Ansprüche der Stakeholder für die Mitarbeiter besonders wichtig sind.
Interpretieren Sie das Ergebnis und begründen Sie, warum Unternehmen zunehmend die Integration der Ansprüche der Stakeholder in die Unternehmensführung vorantreiben.

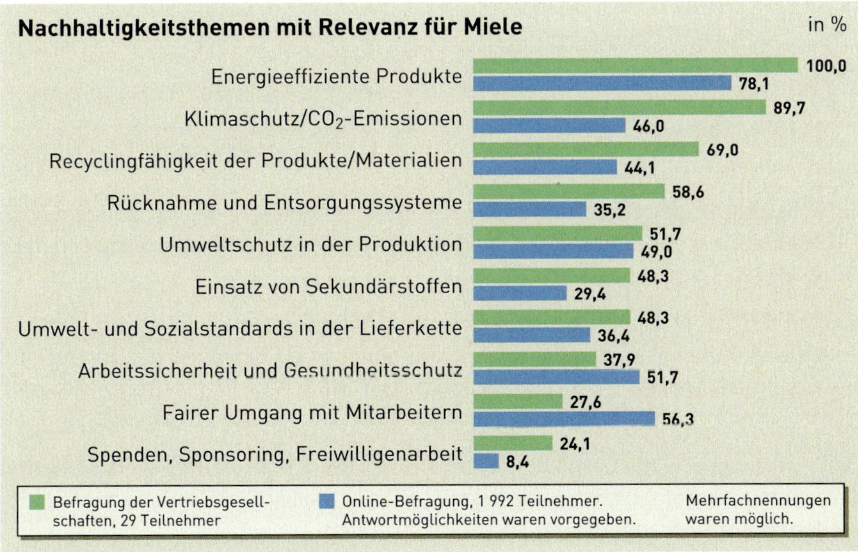

Quelle: www.miele-nachhaltigkeit.de/international/de/nachhaltigkeit/2934.htm, abgerufen am 29.03.2012

7. Nennen Sie Ansätze des Stakeholder-Konzeptes, die in der Unternehmensphilosophie der Franz Kniep GmbH enthalten sind (siehe S. 13).

Wiederholungsaufgaben

› Kap. 1

› Recherche

1. Bringen Sie die Unternehmensphilosophie bzw. das Leitbild Ihres Ausbildungsbetriebs zur kommenden Unterrichtsstunde mit.

a) Vergleichen Sie die Unternehmensphilosophien bzw. Leitbilder, indem Sie Gemeinsamkeiten und Unterschiede herausstellen.

b) Ordnen Sie die Aussagen differenziert nach Gemeinsamkeiten und Unterschieden den folgenden Oberbegriffen zu:
Kunden, Markt, Mitarbeiter, Umwelt, Innovation, Unternehmenserfolg

c) Diskutieren Sie, welche Aussage im Leitbild eines Unternehmens in der Regel oberste Priorität besitzt.

2. Beschreiben Sie das Sachziel Ihres Ausbildungsbetriebes und ordnen Sie das Unternehmen der Einteilung in Sachleistungsunternehmen und Dienstleistungsunternehmen zu (siehe S. 17).

3. In welcher Beziehung stehen Sachziele und Formalziele zueinander? Ergänzen Sie die fehlenden Begriffe.

Das Sachziel ist die ______ , um überhaupt ein Formalziel erreichen zu können.

Das Formalziel ist die ______ , unter der das Sachziel erreicht werden soll.

4. Entscheiden Sie bei den folgenden Zielsetzungen aus unterschiedlichen Unternehmensbereichen, ob es sich jeweils um ein Sachziel oder um ein Formalziel handelt.

a) *Tische produzieren*
b) *Patienten behandeln*
c) *Kosten minimieren*
d) *Autos reparieren*
e) *hohe Umsätze erzielen*
f) *Marktanteile vergrößern*
g) *umweltschonend produzieren*
h) *Arbeitsplätze sichern*
i) *Güter transportieren*
j) *Haare schneiden*
k) *Gewinn maximieren*
l) *Kredite gewähren*

5. Nennen Sie ein Sachziel der folgenden Unternehmen/Gewerbetreibenden.

a) *Bank*
b) *Versicherung*
c) *Kiosk*
d) *Rechtsanwaltskanzlei*
e) *Spedition*
f) *Friseur*
g) *Industriebetrieb*
h) *Busunternehmen*
i) *Bauingenieur*
j) *Versandhandel*
k) *Landwirt*

6. Zielkonflikte betreffen auch die Zielformulierungen z. B. der Funktionsbereiche Beschaffung, Produktion und Absatz. Geben Sie jeweils ein funktionsübergreifendes Zielkonfliktpaar an.

› Recherche

7. Nennen Sie drei überregional bekannte Unternehmen, die über ein Corporate Identity-Konzept verfügen. Führen Sie zugehörige Beispiele der Instrumente „Corporate Design“, „Corporate Behaviour“ und „Corporate Communication“ an.

8. Begründen Sie, inwieweit der Wandel im Unternehmensumfeld ein Unternehmen zunehmend dazu bewegen kann, stärker soziale und ökologische Ziele bei der Unternehmensführung zu berücksichtigen.

610126

2 Wertschöpfung im Leistungserstellungsprozess

Einführung

Der zentrale Prozess innerhalb des Unternehmens ist der Leistungserstellungsprozess. Er vollzieht sich grob in den Phasen Beschaffung, Produktion und Absatz: Industrieunternehmen beschaffen sogenannte betriebliche Produktionsfaktoren (Input), die innerhalb der Produktion miteinander kombiniert werden (Throughput), um neue betriebliche Leistungen entstehen zu lassen (Output). Damit wird eine Wertschöpfung angestrebt, die so hoch ist, dass davon alle entstandenen Kosten für die eingesetzten Produktionsfaktoren beglichen werden können und ein angemessener Gewinn erwirtschaftet werden kann.

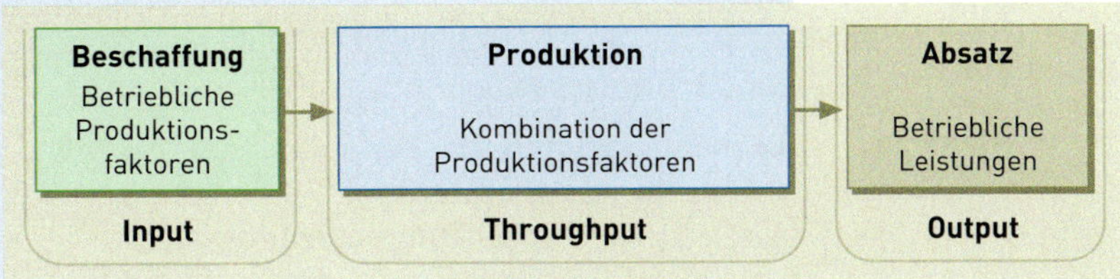

Beispiel

Heidtkötter KG: Wertschöpfung durch die Herstellung des Bürostuhls *ongis*

Beschaffung | Produktion | Absatz

Im ersten Teil dieses Kapitels wird allgemein die Leistungserstellung durch den Leistungsfluss im Industrieunternehmen behandelt. Kern ist die Darstellung der mengenmäßigen Beziehungen (Güterfluss) und der wertmäßigen Beziehungen (Wertefluss) innerhalb des Leistungserstellungsprozesses. Hierzu werden betriebliche Produktionsfaktoren und betriebliche Leistungen mengen- und wertmäßig beschrieben. Daran anknüpfend wird die Minimalkostenkombination der Produktionsfaktoren als Ausdruck wirtschaftlichen Handelns nach dem Ökonomischen Prinzip vorgestellt. Abschließend wird der Leistungserstellungsprozess in die gesamte Funktionsweise von Industrieunternehmen eingebettet gezeigt. Hierzu wird ein Unternehmensmodell erläutert, aus dem die Aufgabenbereiche von Unternehmen und deren Beziehungen zueinander und zur Umwelt hervorgehen.

Im zweiten Teil wird die durch die Leistungserstellung erwirkte unternehmensbezogene Wertschöpfung erläutert und berechnet.

2.1 Leistungserstellung in Industrieunternehmen

2.1.1 Betriebliche Produktionsfaktoren als Kosten

Industrieunternehmen

Produktionsfaktoren

Industrieunternehmen stellen unfertige Erzeugnisse (z. B. Baugruppen) und fertige Erzeugnisse (z. B. Autos oder Waschmaschinen) sowie zunehmend auch Dienstleistungen (z. B. Finanzierungsangebote für den Kauf der erstellten Leistungen) bereit. Für die Leistungserstellung ist der Einsatz von **Produktionsfaktoren** erforderlich, da sich die Leistungserstellung durch die Kombination von Produktionsfaktoren vollzieht.[1] Bei den betrieblichen Produktionsfaktoren ist zwischen den Elementarfaktoren für die Produktion und dem dispositiven Faktor zu unterscheiden.

Elementarfaktoren

Elementarfaktoren sind die produktiven Faktoren „Werkstoffe“, „Betriebsmittel“ und „Menschliche Arbeitsleistung“. Sie stellen grundlegende Bestandteile des Prozesses der betrieblichen Leistungserstellung dar.

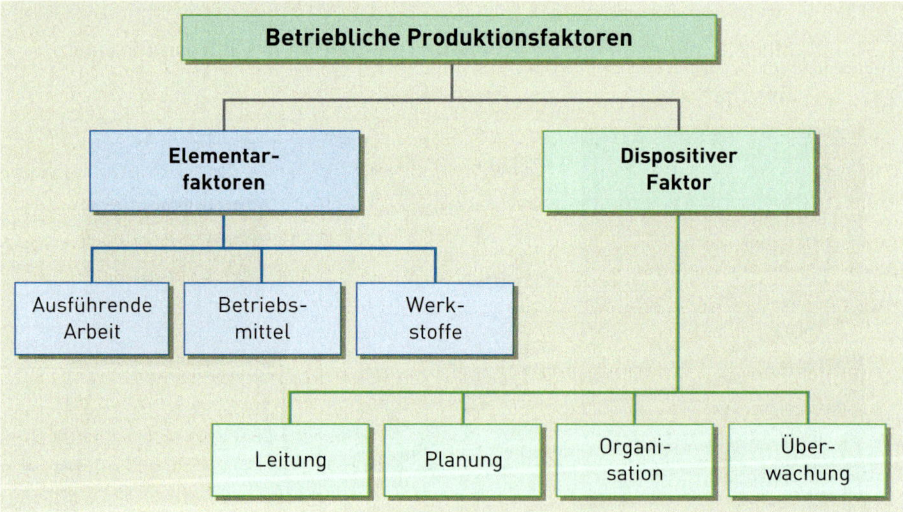

Werkstoffe

Werkstoffe sind alle Roh-, Hilfs- und Betriebsstoffe sowie Fertigteile, die für die Herstellung von Erzeugnissen benötigt werden. Sie werden für den Produktionsprozess eingesetzt, indem sie verarbeitet, bearbeitet oder eingebaut werden.

Rohstoffe

- **Rohstoffe** (Grundstoffe) sind Hauptbestandteile der fertigen Erzeugnisse. Sie werden direkt der Natur entnommen (z. B. Schafwolle, Zuckerrüben, Eisenerz) oder als unfertige Erzeugnisse (z. B. Profilstahl, Garn, Tuch) von anderen Unternehmen geliefert.

Hilfsstoffe

- **Hilfsstoffe** (Ergänzungsstoffe) sind aufgrund des geringen Wert- und/oder Mengenanteils Nebenbestandteile der fertigen Erzeugnisse (z. B. Schrauben bei einer Waschmaschine, Leim bei einem Klavier).

Betriebsstoffe

- **Betriebsstoffe** sind kein Bestandteil der fertigen Erzeugnisse. Sie gehen nicht in das Produkt ein, sondern ermöglichen die Durchführung der Fertigung (z. B. Energie, Schmieröl, Kühlflüssigkeit).

1 Betriebliche (Betriebswirtschaftliche) Produktionsfaktoren sind von volkswirtschaftlichen Produktionsfaktoren zu unterscheiden. Betriebliche Produktionsfaktoren dienen dem Vollzug des Leistungsprozesses, volkswirtschaftliche Produktionsfaktoren hingegen zeigen den Ursprung der Einkommenserzielung, nämlich Boden (Miete, Pacht), Arbeit (Gehalt, Lohn, Ausbildungsvergütung) und Kapital (Zinsen, Dividende).

- **Fertigteile** (Montageteile, Fremdbauteile) werden von anderen Unternehmen (Zulieferern) bezogen und ohne Ver- oder Bearbeitung in das herzustellende Erzeugnis eingebaut (z. B. Schlösser, Lampen, Batterien). Häufig handelt es sich um Spezialteile, deren Herstellung im eigenen Betrieb technisch nicht möglich oder unwirtschaftlich ist.[1]

Fertigteile

Eine exakte Abgrenzung zwischen den Werkstoffarten ist nicht für alle Unternehmen allgemeingültig, sondern wird maßgeblich durch den Verbrauchszweck bestimmt.

Beispiel

Werkstoff Schmieröl

Verbrauchszweck	Werkstoffart
Ölen einer Maschine	Öl als Betriebsstoff
Ölfüllung im Erzeugnis „Motor"	Öl als Hilfsstoff
Herstellung von Kunststoff	Öl als Rohstoff

Betriebsmittel

Betriebsmittel gewährleisten die Betriebsbereitschaft eines Unternehmens und umfassen die gesamte technische Ausrüstung: Grundstücke und Gebäude, Maschinen (z. B. Stanze) und maschinelle Anlagen (z. B. Fließbänder), Werkzeuge, Transportfahrzeuge (z. B. Gabelstapler), Verkehrsmittel (Pkw, Lkw usw.) sowie Gegenstände der Büroausstattung.

ausführende Arbeit

Der Produktionsfaktor **Arbeit** meint schließlich die primär ausführende körperliche und/oder geistige Tätigkeit, die in unmittelbarem Zusammenhang mit der Leistungserstellung steht (z. B. Technische Zeichner, Mechatroniker, Sachbearbeiter Einkauf).

dispositive Arbeit/ dispositiver Faktor

Der **dispositive**[2] **Faktor** umschreibt die Tätigkeiten der Unternehmensführung (dispositive Arbeit): Er leitet, plant, organisiert und überwacht die Kombination der Elementarfaktoren im Hinblick auf die Unternehmensziele.

Beispiel

Aufgrund der guten Auftragslage plant die Flartz GmbH (Drahthersteller) eine Ausweitung der Produktionskapazitäten. Der Geschäftsführer Paul Hartz hat deshalb drei neue Drahtzugmaschinen beschafft und acht Leiharbeiter angestellt. Gemeinsam mit dem Betriebsleiter plant Paul Hartz nun den Personaleinsatz für die kommende Woche.

Dispositive Arbeit wird durch die Eigentümer und/oder Geschäftsführer sowie die leitenden Angestellten (Management) wahrgenommen. Zu den Hauptaufgaben des dispositiven Faktors unter Berücksichtigung der Unternehmensphilosophie zählen:

- Bestimmung der Unternehmensziele,
- Festlegung der Maßnahmen zur Zielerreichung (Planung und Entscheidung),
- Organisation und Koordination der betrieblichen Teilbereiche durch Delegation von Aufgaben und Entscheidungsbefugnissen (Realisierung),
- Kontrolle der Zielerreichung (Überprüfen der Planvorgaben durch Vergleich mit tatsächlichen Werten).

Bei der Aufgabenerfüllung wird die Unternehmensführung in der Regel durch das Controlling unterstützt, das unter Einsatz des Management-Regelkreises Instrumente zur Entscheidungsvorbereitung für die Unternehmensführung entwickelt und umsetzt.

› Teil A, Kap. 3 Controlling

1 Von den hier angesprochenen Fertigteilen sind Handelswaren zu unterscheiden. Handelswaren sind Erzeugnisse, die gekauft und unverändert weiterverkauft werden. Sie ergänzen das Leistungsangebot des Industrieunternehmens.

2 Disposition: Anordnung, Gliederung, Verfügung

Input Die betrieblichen Produktionsfaktoren sind im Leistungserstellungsprozess der **Input**, der mengenmäßig oder wertmäßig dargestellt werden kann:

Mengenmäßiger Input	**Wertmäßiger Input**
Der Input für die Produktion kann in Mengeneinheiten (ME) für eine bestimmte Menge an Leistungen angegeben werden.	Der Input für die Produktion kann in Geldeinheiten (z. B. Euro) für einen bestimmten Wert an Leistungen angegeben werden. Es gilt: Inputwert je Produktionsfaktor = ME je Faktor · Faktorpreis je ME
vereinfachte **Beispiele**	vereinfachte **Beispiele**
1 000 Arbeitsstunden der Arbeitskräfte	1 000 AStd. · 40,00 €/AStd. = 40.000,00 €
1 000 kg Stahl	1 000 kg · 17,00 €/kg = 17.000,00 €
1 000 Festmeter Holz	1 000 Fm · 29,00 €/Fm = 29.000,00 €
10 000 Schrauben	10 000 S. · 0,029 €/S. = 290,00 €
100 l Leim	100 l · 10,00 €/l = 1.000,00 €
1 Sägemaschine	Anschaffungswert · 1/10 (Nutzungsdauer)[1] = 100.000,00 €

› Teil A, Kap. 2.2 Güter-/Werteflüsse

Der Input ist Teil des Güterflusses (mengenmäßiger Input) und Teil des Werteflusses (wertmäßiger Input) der Leistungserstellung und wird durch die Beschaffung bereitgestellt. Da sich die unterschiedlichen Mengeneinheiten (z. B. Stück, l, m) in der Regel nicht sinnvoll addieren lassen, wird eine Bewertung des Mengengerüstes mit den Faktorpreisen (z. B. 10,00 € je Liter Leim) vorgenommen. Der Faktoreinsatz kann dadurch einheitlich als gesamter Inputwert in Geldeinheiten angegeben werden.

Kosten Aus Sicht der Kosten- und Leistungsrechnung stellt der Inputwert der betrieblichen Produktionsfaktoren Kosten dar: **Kosten** sind betriebliche Aufwendungen, die im Rahmen der geplanten Leistungserstellung anfallen. Unter betrieblichen Aufwendungen wird der gesamte Werteverzehr an Produktionsfaktoren während einer Abrechnungsperiode verstanden. Sie werden in der Finanzbuchhaltung erfasst und fließen in gleicher oder anderer Höhe als Kosten in die Kosten- und Leistungsrechnung.

› Rechnungswesen

2.1.2 Erzeugnisse, Dienstleistungen und Handelswaren als Leistungen

Betriebliche Leistungen **Betriebliche Leistungen** sind das Ergebnis der geplanten Kombination der betrieblichen Produktionsfaktoren in einem bestimmten Zeitabschnitt und in einer bestimmten Ausbringungsmenge.

	Beschreibung	**Beispiele**
Unfertige Erzeugnisse	Materielle (= körperlich fassbare) Gegenstände, die gelagert werden können und noch für die weitere Produktion bestimmt sind.	Karosserie beim Auto, Felgen beim Fahrrad
Fertige Erzeugnisse	Materielle (= körperlich fassbare) Gegenstände, die gelagert werden können und für den Verkauf bestimmt sind.	Autos, Möbelstücke, Nahrungsmittel, Seifen, Laugen, Montageteile
Dienstleistungen	Immaterielle (= körperlich nicht fassbare) Leistungen, die nicht gelagert werden können.	Finanzierungsangebot für eine Rechnung, Vermittlung von Versicherungen, Kundenberatung, Logistikdienstleistung usw.
Handelswaren	Bewegliche Gegenstände, die unbearbeitet weiterverkauft werden. Sie ergänzen das Produktionsprogramm zu einem breiteren Absatzprogramm.	Verkauf von fremdbezogener Schuhcreme durch einen Schuhhersteller

1 Die Faktorpreise für die einfließenden Betriebsmittel werden durch den wertmäßigen Verbrauch ihres ursprünglichen Anschaffungswertes über die Nutzungsdauer erfasst. Im Rechnungswesen wird dieser Wert als Abschreibung bezeichnet. › Rechnungswesen

Die betrieblichen Leistungen sind im Leistungserstellungsprozess der **Output**, der mengenmäßig oder wertmäßig dargestellt werden kann:

Output

Mengenmäßiger Output	Wertmäßiger Output
Der Output der Produktion wird in Mengeneinheiten angegeben.	Der Output der Produktion kann in Geldeinheiten (hier Euro) angegeben werden. Es gilt: Outputwert je Produktionsfaktor = Mengeneinheiten je Leistung · Verkaufspreis[1]/Mengeneinheit
Beispiel (Absatzleistungen)	**Beispiel** (Absatzleistungen)
1 000 Bürotische 4 000 Bürostühle 2 000 Büroschränke	1 000 Bürotische · 800,00 €/Tisch = 800.000,00 € 4 000 Bürostühle · 600,00 €/Stuhl = 2.400.000,00 € 2 000 Büroschränke · 1.200,00 €/Schrank = 2.400.000,00 €

Der Output ist Teil des Güterflusses (mengenmäßiger Output) und Teil des Werteflusses (wertmäßiger Output) der Leistungserstellung und wird durch die Produktion bereitgestellt und über den Absatz vertrieben. Die Bewertung des Mengengerüstes erfolgt mit den Verkaufspreisen (bei Absatzleistungen) bzw. den Herstellkosten (bei Lagerleistungen, Privatentnahmen oder aktivierten Eigenleistungen). Die betrieblichen Leistungen können dadurch einheitlich als gesamter Outputwert in Geldeinheiten angegeben werden.

Leistungen sind betriebliche Erträge, die im Rahmen der geplanten Leistungserstellung anfallen. Unter betrieblichen Erträgen wird die gesamte Werteentstehung während einer Abrechnungsperiode verstanden. Sie werden in der Finanzbuchhaltung erfasst und fließen in gleicher Höhe als Leistungen in die Kosten- und Leistungsrechnung.

Leistungen

› Rechnungswesen

Die Kosten- und Leistungsrechnung unterscheidet betriebliche Leistungen für die folgenden Fälle:

Die betriebliche Leistung wird ...		
... verkauft.	**Absatzleistungen**	Umsatzerlöse aus dem Verkauf von fertigen Erzeugnissen, Dienstleistungen oder Handelswaren
... gelagert.	**Lagerleistungen**	Mehrbestände an unfertigen/fertigen Erzeugnissen und Handelswaren, die in der Abrechnungsperiode nicht verkauft werden konnten
... betrieblich genutzt.	**Aktivierte Eigenleistungen**	selbst erstellte Anlagen, die im eigenen Betrieb genutzt werden
... privat genutzt.	**Unentgeltliche Entnahme**	Entnahme von fertigen Erzeugnissen, Dienstleistungen und Handelswaren für private Zwecke ohne finanzielle Gegenleistung

Zusammenfassend gilt:

	Absatzleistungen
+	Lagerleistungen
+	Aktivierte Eigenleistungen
+	Unentgeltliche Entnahme
=	**Betriebliche Leistungen** (unfertige/fertige Erzeugnisse, Dienstleistungen und Handelswaren)

1 Die Bewertung betrieblicher Leistungen erfolgt in dem Beispiel nur für Absatzleistungen und daher mit dem erzielten Verkaufspreis.

2.1.3 Kombination der Produktionsfaktoren nach dem Ökonomischen Prinzip

Leistungsfluss

In der Produktion werden die Produktionsfaktoren eingesetzt (Input), indem sie optimal miteinander kombiniert (Throughput) werden, sodass betriebliche Leistungen (Output) entstehen. Dieser Vorgang ist der Kern der Leistungserstellung und Teil des **Leistungsflusses**, der durch Güterflüsse (mengenmäßig) und Werteflüsse (wertmäßig) beschrieben werden kann.

Ökonomisches Prinzip

Bei der Leistungserstellung wird in der Produktion eine optimale Kombination der Produktionsfaktoren angestrebt, durch die das Oberziel der Unternehmung „Gewinnmaximierung" unterstützt wird. Um Gewinnmaximierung zu erreichen, wird bei der Planung und Organisation der Produktionsprozesse nach dem **Ökonomischen Prinzip** gehandelt: Es wird die Kombination der Produktionsfaktoren so gestaltet, dass zur Zielerreichung entweder der Einsatz der Produktionsfaktoren festgesetzt und die Leistung maximiert wird (Maximalprinzip) oder der Einsatz der Produktionsfaktoren für eine festgesetzte Leistung minimiert wird (Minimalprinzip).

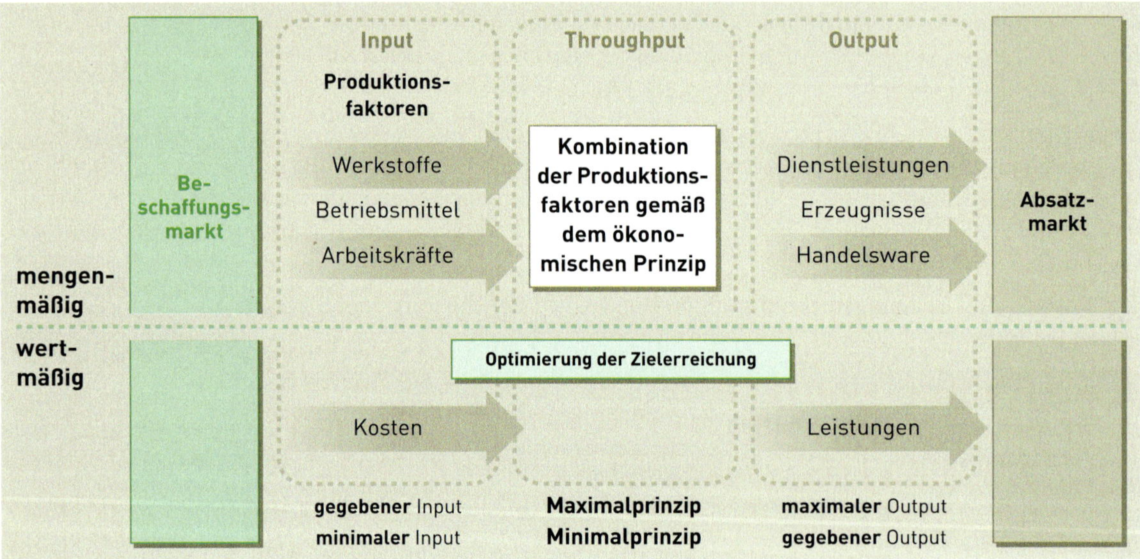

Beispiel

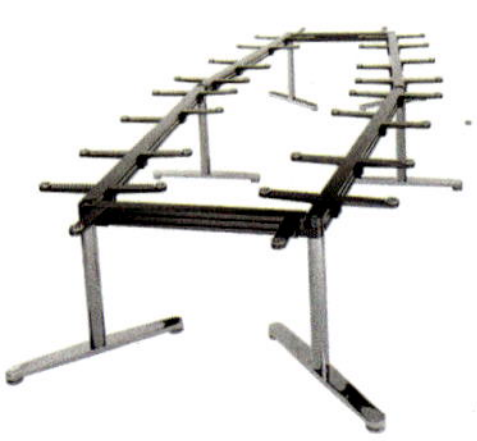

Minimalprinzip		Maximalprinzip
Die Heidtkötter KG versucht, für die Herstellung eines Konferenztisches möglichst wenig Stahlblech zu verwenden.	**mengenmäßig**	Die Heidtkötter KG versucht, unter Einsatz von 10 t Stahlblechen möglichst viele Konferenztische zu fertigen.
Die Heidtkötter KG versucht, 1 Mio. € Leistungen mit geringstmöglichen Kosten für Produktionsfaktoren zu erwirtschaften.	**wertmäßig**	Die Heidtkötter KG versucht, mit 1 Mio. € Kosten für Produktionsfaktoren so viele Leistungen wie möglich zu erwirtschaften.

Minimalkostenkombination

Um wirtschaftliches Handeln in der Produktion gemäß dem Ökonomischen Prinzip zu erreichen und damit die Gewinnmaximierung des Unternehmens zu unterstützen, muss bei den Kosten angesetzt und entsprechend nach dem Minimalprinzip gehandelt werden. Gesucht wird also die Faktorkombination, die für eine bestimmte Leistung die geringsten Kosten verursacht: die **Minimalkostenkombination**. Denn die Höhe der Absatzleistungen, die durch die erzielten Umsatzerlöse charakterisiert werden, hängt im Wesentlichen von den Kaufentscheidungen (und der Zahlungsbereitschaft) der Kunden ab. Hierauf hat die Produktion nur indirekt Einfluss. Kosten für die eingesetzten Produktionsfaktoren kann das Unternehmen hingegen durch die Beschaffung und Veränderung der mengenmäßigen Kombination der Produktionsfaktoren direkt beeinflussen.

Beispiel

Angenommen, ein Unternehmen kann bei der Produktion die gleiche Leistung durch zwei verschiedene Verfahren erzielen, die sich hinsichtlich der Kosten unterscheiden:

	Leistungen	Kosten (in €)	Gewinn (in €)
Verfahren 1	1000	800	200
Verfahren 2	1000	600	400

Verfahren 2 ist kostenminimal, weil es z. B. weniger Ausschuss erzeugt, weniger Energie verbraucht und weniger störanfällig ist. Es ist damit optimal, weil es unter sonst gleichen Bedingungen zu einem höheren Gewinn führt.

Um die Minimalkostenkombination zu bestimmen, muss zunächst geklärt werden, in welcher Beziehung die Produktionsfaktoren zu einer gegebenen Leistung stehen. Es werden zwei grundsätzliche Fälle unterschieden:

Substitutionale und limitationale Produktionsfaktoren

Substitutionale Produktionsfaktoren	Limitationale Produktionsfaktoren
Diese Produktionsfaktoren können sich gegenseitig ersetzen. Ein Mindereinsatz eines Faktors kann durch einen Mehreinsatz eines anderen ausgeglichen werden, um die gleiche Leistung zu erzielen.	Diese Produktionsfaktoren können sich nicht gegenseitig ersetzen. Ihr Einsatzverhältnis ist technisch vorgegeben, um eine bestimmte Leistung zu erzielen.
Beispiel	**Beispiel**
Die Leistung von fünf Arbeitskräften wird durch eine zusätzliche Maschine ersetzt.	Eine Großbäckerei kann die Leistungsmenge im Segment „Brot" nicht erhalten, wenn anstelle von Wasser mehr Mehl eingesetzt wird.

Die Ermittlung der Minimalkostenkombination ist demnach nur bei substitutionalen Produktionsfaktoren sinnvoll. Unterschiedliche Produktionsverfahren bewirken dann unterschiedliche Einsatzverhältnisse der Produktionsfaktoren. Sie führen aufgrund der unterschiedlichen Preise der Produktionsfaktoren zu unterschiedlichen Kosten, bei denen eine bestimmte Kombination kostenminimal ist.

Beispiel

Die Franz Kniep GmbH kann Mikrowellengeräte durch fünf unterschiedliche Verfahren herstellen.

Je 10 Mikrowellengeräte fallen folgende Kosten an:

Produktionsverfahren	Werkstoff- und Betriebsmittelkosten für 10 Mikrowellengeräte (in €)	Arbeitsstunden für 10 Mikrowellengeräte	Kosten je Arbeitsstunde (in €)	Gesamtkosten (in €)
1	480	1	40	520
2	470	1	35	505
3	440	2	35	510
4	410	3	30	500
5	405	4	25	505

Die Minimalkostenkombination liegt bei Produktionsverfahren 4. Die Kombination der Produktionsfaktoren führt mit 500,00 € zu den geringsten Kosten.

2.1.4
Funktionsweise von Unternehmen für die Leistungserstellung

Damit die Leistungserstellung realisiert wird, müssen im Unternehmen Hauptfunktionen und unterstützende Funktionen von der Leitung festgelegt und koordiniert werden.

› Teil A, Kap. 2.1.1 Dispositiver Faktor

Die **Leitung** ist der dispositive Faktor im Unternehmen. Demnach ist die Leitung die Entscheidungsinstanz für die Realisierung der Leistungserstellung.

Hauptfunktionen der Unternehmung

Zu den **Hauptfunktionen** zählen die Beschaffung, die Produktion und der Absatz, weil durch sie die konkreten betrieblichen Leistungen entstehen:

Beschaffung (› Teil B)	**Produktion** (› Teil C)	**Absatz** (› Teil D)
■ Klärung der Bedarfsmengen nach Art, Menge, Zeit ■ Lieferanten ermitteln ■ Angebote für Werkstoffe und Handelswaren einholen (Preisvergleiche) ■ Bestellungen für Werkstoffe und Handelswaren schreiben ■ Liefertermine kontrollieren ■ Eingangsrechnungen kontrollieren	■ Produktfelder festlegen ■ Fertigungsmengen festlegen ■ Arbeitsabläufe und Prozesse gestalten ■ Kapazitäten (Arbeitskräfte, Betriebsmittel planen, aufeinander abstimmen) ■ Fertigungsorganisation ■ Fertigungsauftragsveranlassung und -überwachung ■ Fertigungskontrolle ■ Wartung, Instandhaltung usw. der Betriebsmittel	■ Marktforschung und Markterkundung ■ Marketingstrategie entwickeln ■ Marketinginstrumente einsetzen ■ Auftragsanbahnung und -abwicklung ■ Kundenmanagement

Unterstützende Funktionen der Unternehmung

Unterstützende Funktionen helfen dabei, alle Hauptfunktionen zu erfüllen. Tätigkeiten dieser unterstützenden Funktionen sind:

	Beschreibung	**Tätigkeiten**
Rechnungswesen/ Controlling (› Rechnungswesen)	wertmäßige Erfassung, Überwachung und Auswertung des gesamten Unternehmensgeschehens, insbesondere des Leistungsprozesses	■ Finanzbuchhaltung ■ Jahresabschluss und Bilanzanalyse ■ Kosten- und Leistungsrechnung ■ Statistik und Vergleichsrechnung ■ Planungsrechnung ■ Kennzahlenanalyse
Finanzierung (› Teil F)	Prozesse zur Bereitstellung und Rückzahlung finanzieller Mittel, die für Investitionen benötigt werden	■ Kapitalbedarfsrechnung ■ Investitionsrechnung ■ Kapitalbeschaffung durch Vergleich und Beurteilung von Finanzierungsformen
Personalwirtschaft (› Teil E)	Gesamtheit der Gestaltungs- und Verwaltungsaufgaben im Unternehmen, die sich auf den Produktionsfaktor Arbeit beziehen, damit die Leistungserstellung gewährleistet werden kann	■ Personalbedarfsermittlung ■ Personalauswahl/-einstellung ■ Personaleinsatz ■ Personalführung ■ Personalentwicklung und -beurteilung ■ Entgeltabrechnung durchführen ■ Personalfreisetzung
Logistik/Lager (› Teil B, Kapitel 4)	alle Tätigkeiten, die sich mit physischen Werkstoff- und Informationsflüssen zwischen einzelnen Funktionsbereichen für einen reibungslosen Güterfluss befassen	■ Lagern ■ Transportieren ■ Umschlagen ■ Verpacken
Forschung & Entwicklung (› Teil C, Kapitel 1.3)	alle Tätigkeiten, die darauf abzielen, Kundenanforderungen technisch umzusetzen, um die dauerhafte Wettbewerbsfähigkeit aufrechtzuerhalten	■ Grundlagenforschung/angewandte Forschung ■ Produktentwicklung (Innovationen) ■ Weiterentwicklung der bestehenden Produktpalette

Die Leistungserstellung wird durch vielfältige Informations-, Güter-, Werte- und Geldflüsse erbracht:

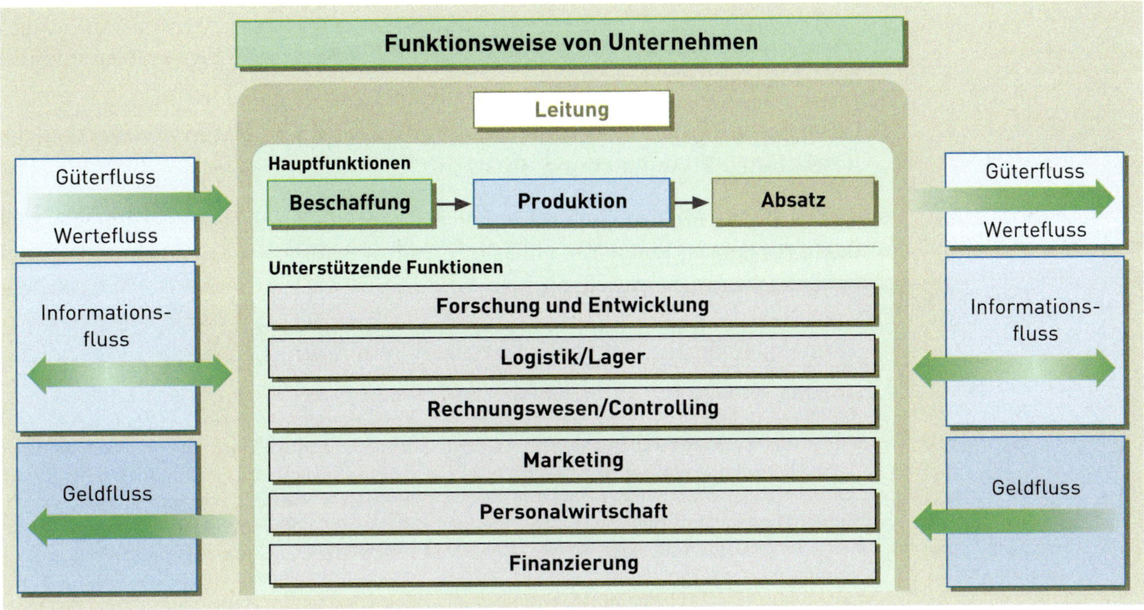

- **Informationsflüsse** entstehen aufgrund der internen Kommunikation zwischen den verschiedenen Funktionsbereichen sowie der externen Kommunikation mit dem Unternehmensumfeld. Sie können aufgrund mündlicher (z. B. Kundengespräch), schriftlicher (z. B. Bestellung beim Lieferanten) oder datentechnischer Übertragung (z. B. Meldung der Bedarfsmengen beim Kauf auf Abruf in der gemeinsamen Datenbank beim Lieferanten) ausgelöst werden. Informationsflüsse bewirken Güter-, Wert- und Geldflüsse und halten diese aufrecht. Daher werden Informationen in Bezug auf den Leistungsprozess in vorauslaufende, begleitende und nachfolgende Informationen unterteilt.

Informationsflüsse

- **Geldflüsse** umfassen die Geldzuflüsse in Form von Zahlungen der Kunden, der Kreditinstitute u. a. an das Unternehmen sowie die Geldabflüsse in Form von Zahlungen des Unternehmens an Lieferanten, Arbeitnehmer, Dienstleistungsunternehmen und staatliche Stellen. Die Zahlungen führen im Unternehmen zu Zahlungseingängen und -ausgängen. Hier ist wichtig, dass das Unternehmen eine ausreichend hohe Zahlungsfähigkeit (Liquidität) sichert, sodass die terminierten Zahlungsausgänge mindestens durch die Zahlungseingänge gedeckt werden können.

Geldflüsse

- **Güterflüsse** betreffen die physische, d. h. körperlich sichtbare Bewegung von Werkstoffen, Handelswaren und fertigen Erzeugnissen. Güterflüsse werden durch Bestandslisten und Kennzahlen mengenmäßig dokumentiert und dadurch sichtbar gemacht. In der Regel werden hierzu EDV-gestützte Lagerverwaltungssysteme eingesetzt. Güterflüsse werden im Wesentlichen durch die Logistik abgewickelt und sind die Voraussetzung für die Leistungserstellung.

Güterflüsse

› Teil B, Kap. 4.1 Logistik

- **Werteflüsse** erfassen alle Werte, die in der Unternehmung vorhanden sind und vor allem durch die Leistungserstellung entstehen. Sie werden durch das Rechnungswesen dokumentiert. Grundlage für die wertmäßige Darstellung der Leistungserstellung sind die mengenmäßigen Güterflüsse (siehe Kap. 2.1.1 bis 2.1.3).

Werteflüsse

› Rechnungswesen

Von besonderem Interesse für betriebswirtschaftliche Entscheidungen sind die Güter- und Werteflüsse. Sie beschreiben die Leistungsebene des Unternehmens und lassen sich unter dem Begriff „Leistungsfluss“ bündeln.

Leistungsflüsse

Aufgaben

› Kap. 2.1

1. Definieren Sie die betriebswirtschaftlichen Produktionsfaktoren und geben Sie jeweils zwei Beispiele für den Büromöbelhersteller Heidtkötter KG an.

2. Unterscheiden Sie zwischen Elementarfaktoren und dem dispositiven Faktor im betrieblichen Leistungsprozess.

3. Geben Sie Beispiele für ausführende Arbeit innerhalb der Unternehmensbereiche Beschaffung, Produktion und Absatz an.

4. Geben Sie die im Text genannten Beispiele für die betriebswirtschaftlichen Produktionsfaktoren Rohstoffe, Hilfsstoffe, Betriebsstoffe, Fertigteile, Betriebsmittel sowie ausführende und dispositive Arbeit an.

Von der Rolle zur Hochzeit: So entsteht ein Auto *Von Torben Klausa, dpa*

Funken sprühen durch die Luft. Es stinkt nach Metall und ist furchtbar laut: Ein Presswerk für Autos ist wirklich kein gemütlicher Ort. Aber zu sehen, wie ein Neuwagen gebaut wird, ist ein echtes Abenteuer. Daraus soll ein Auto werden? Das sieht eher aus wie eine riesige Klopapierrolle aus Metall! „Diesen aufgewickelten Stahl nennt man Coil. Das ist der Grundstoff für jedes Auto", ruft Michael Koch. Er muss fast schreien, denn um ihn herum ist es ziemlich laut.

„Hochzeit in der Automobilindustrie"
(Foto nicht Teil des Artikels)

Michael Koch arbeitet in Köln in der Fabrik des Autobauers Ford. Und dort machen einige Maschinen enormen Krach. Im Presswerk schneidet ein mächtiges Gerät das Blech von der Rolle in kleinere Stücke. Daraus entstehen in einer Presse dann die Einzelteile des Wagens: zum Beispiel Dach, Seitenwände oder Türen.
Aus über 500 Einzelteilen setzen Roboter nun den Rohbau des Autos zusammen. Rohbau heißt das reine Metallgerüst – ohne zusätzliche Dinge wie Motor oder Armaturenbrett. Das alles passiert vollautomatisch: Ein Computer steuert beinahe 1 000 orange Roboterarme. Sie greifen sich die einzelnen Teile und schweißen oder kleben sie zusammen. Dabei fliegen jede Menge Funken. Es riecht ziemlich angebrannt. „Bis zu 1 800 dieser Rohbauten setzen wir hier jeden Tag zusammen", sagt Michael Koch. Aber noch sehen sie ziemlich öde aus. Denn alle haben dieselbe Farbe: stahlgrau. Das ändert sich erst im nächsten Schritt: Dann werden die Metall-Skelette lackiert. Danach laufen sie bunt und glänzend über ein großes Fließband. Entlang dieses Bands stehen Arbeiter und bauen jede Menge Einzelteile in das Auto-Gerippe aus Stahl: von Plastik-Abdeckungen bis zum Brems-System.
Nun fehlt noch ein besonderer Arbeitsschritt, die sogenannte Hochzeit. Denn was nützt ein Auto, das nicht aus eigener Kraft fahren kann? Es fehlt ja noch der Motor! Der wird nun in den Fahrzeugkörper eingebaut. Schließlich sind auch die Reifen und Autositze montiert. Nun naht der große Moment: Ein Mitarbeiter dreht zum ersten Mal den Zündschlüssel, um den Motor zu starten. Hat alles geklappt, fährt das neue Auto noch über eine kurze Teststrecke: Klingt alles normal? Klappert nichts? Dann ist der Neuwagen bereit für seine erste große Reise: ins Autohaus.

Quelle:
www.volksfreund.de, abgerufen am 03.04.2012

› **Recherche**

5. Welche betrieblichen Produktionsfaktoren setzt Ihr Ausbildungsbetrieb ein?

610136

6. Definieren Sie betriebliche Leistungen nach den Kriterien „körperliche Fassbarkeit"/„Bearbeitung" und geben Sie jeweils zwei Beispiele für den Büromöbelhersteller Heidtkötter KG an.

7. In der Kosten- und Leistungsrechnung werden betriebliche Leistungen wertmäßig aufgrund von Absatzleistungen, Lagerleistungen, aktivierten Eigenleistungen und unentgeltlichen Entnahmen erfasst.

   Nennen Sie jeweils Beispiele für die Heidtkötter KG.

8. Definieren Sie, was in der Kosten- und Leistungsrechnung unter Kosten und Leistungen verstanden wird und geben Sie jeweils drei Beispiele für einen Industriebetrieb (Hersteller von Haushaltsgeräten).

9. Begründen Sie, warum ein Unternehmen den Leistungsprozess mengen- und wertmäßig abbilden sollte.

10. Formulieren Sie je zwei Beispiele zum Minimal- und Maximalprinzip für ein Industrieunternehmen und für Sie als Privatperson.

11. Unterscheiden Sie zwischen substitutionalen und limitationalen Produktionsfaktoren und geben Sie jeweils ein Beispiel an.

12. Erklären Sie anhand eines selbst gewählten Beispiels, warum sich das Problem der Minimalkostenkombination bei limitationalen Produktionsfaktoren nicht stellt.

13. In einem kleinen Industriebetrieb sollen pro Monat 50 000 Gläser Konfitüre hergestellt werden. Dazu benötigt der Betrieb mindestens ein neues Betriebsmittel: einen großen Kochkessel. Alle übrigen Tätigkeiten, wie z. B. Etikettier-, Sortier-, Wasch-, Einfüll- oder Verpackungsarbeiten, können von Hand erledigt werden. Es könnten für diese weiteren Arbeiten jedoch auch weitere Betriebsmittel eingesetzt und dafür Arbeitskräfte eingespart werden.

   a) Ermitteln Sie aufgrund der Daten der folgenden Tabelle die Minimalkostenkombination und entscheiden Sie sich begründet für eine bestimmte Faktorkombination.

Kombination	Anzahl der Mitarbeiter	Anzahl der Betriebsmittel
I	30	1
II	16	2
III	11	3
IV	8	4
V	6	5
Kosten je Einheit im Monat	3.000,00 €	15.000,00 €

   b) Ermitteln Sie die Minimalkostenkombination, wenn sich der Preis je Arbeitskraft verdoppelt und sich die Betriebsmittelkosten ebenso um 1.000,00 € je eingesetzter Maschine erhöhen. Entscheiden Sie sich auch in diesem Fall begründet für eine bestimmte Faktorkombination.

   c) Beschreiben Sie grundlegende Probleme, die in der Praxis nach diesem Rechenmodell auftreten können, wenn sich die Faktorpreise ändern.

14. Unterscheiden Sie zwischen Hauptfunktionen und unterstützenden Funktionen im Unternehmen. Geben Sie je zwei Beispiele für die Lotte AG (Automobilhersteller) an.

15. Definieren Sie Informations-, Geld-, Güter- und Werteflüsse im Unternehmen. Formulieren Sie jeweils ein Beispiel für Ihren Ausbildungsbetrieb.

2.2 Wertschöpfung durch Leistungserstellung

Unternehmensbezogene Wertschöpfung

Durch die Leistungserstellung muss das Unternehmen eine Wertschöpfung erzielen, um seine Existenz zu sichern. Denn durch die **unternehmensbezogene Wertschöpfung** können

- die eingesetzten betrieblichen Produktionsfaktoren (Kosten) „bezahlt" und
- nach Abzug der Kosten für die eingesetzten Produktionsfaktoren den Eigentümern Gewinne zugesprochen werden. Dadurch haben die Eigentümer u. a. einen Anreiz, weiter in das Unternehmen zu investieren.

Die Wertschöpfung wird durch den Leistungserstellungsprozess im Unternehmen erzielt. Für die rechnerische Ermittlung der Wertschöpfung ist daher der Leistungsfluss grundlegend, da er den Güter- und Wertefluss im Unternehmen beschreibt.

Beispiel

Tagesproduktion Kinderautos (2 000 Stück)[1]

		Beschaffung	Produktion	Absatz
			Chassis / Räder / Montage / Verpackung	
Güterflüsse durch Gütermengen	**Kunststoffgranulat:** 4 000 kg **Draht:** 1 200 m **Fremdbauteile:** 2 000 Lenkstangen 8 000 Abdeckkappen 2 000 Aufklebersätze 2 000 Kartonagen	→	**Kombination der Produktionsfaktoren:** ■ Chassis mit Blasformmaschine produzieren ■ Räderherstellung ■ Montage der Räder, Achsen an Chassis ■ Verpackung in Kartonage: Kinderauto, Lenkrad, Aufkleber, Bedienungsanleitung, Garantieschein usw.	→ Vertrieb über den Handel: 2 000 Stück pro Tag (Produktionsmenge = Absatzmenge)
Werteflüsse (= Bewertung der Gütermengen)	**Kunststoffgranulat:** 20.000,00 € **Draht:** 1.800,00 € **Fremdbauteile:** Lenkstangen: 4.000,00 € Abdeckkappen: 1.600,00 € Aufklebersätze: 500,00 € Kartonagen: 500,00 €	→		→ Verkaufspreis: 30,00 € · 2 000 Stück
	Gesamtwert 28.400,00 €			**Gesamtwert 60.000,00 €**

Durch die Kombination der Produktionsfaktoren konnte der Gesamtwert der Leistungen mehr als verdoppelt werden.

Die unternehmensbezogene Wertschöpfung wird folgendermaßen bestimmt:

	Beispiel Kinderauto	**Erklärung**
Netto-Umsatzerlöse	60.000,00 €	Alle vom Unternehmen geschaffenen, nach außen abgegebenen Güterwerte. Weitere Leistungen (Lagerleistungen, aktivierte Eigenleistungen, unentgeltliche Entnahmen durch die Eigentümer) werden nicht berücksichtigt.
– Vorleistungen	28.400,00 €	Alle vom Unternehmen von außen empfangenen Güterwerte, die als Vorleistungen (z. B. Werkstoffe, Fremdbauteile) in den Leistungsprozess fließen.
= Wertschöpfung[2]	**31.600,00 €**	

1 Alle Angaben sind fiktiv.
2 Die Definition der betrieblichen Wertschöpfung ist nicht einheitlich. Hier wird nur die durch Veräußerung realisierte Wertschöpfung berücksichtigt. Weitere Leistungen (Lagerleistungen, aktivierte Eigenleistungen und unentgeltliche Entnahmen der Eigentümer) bleiben daher unberücksichtigt.

Wertschöpfung

Wertschöpfung erklärt den Wertzuwachs (= Mehrwert) auf die Vorleistungen durch die Kombination der Produktionsfaktoren.

Beispiel

Die Wertschöpfung der täglichen Produktion von 2 000 Kinderautos in Höhe von 31.600,00 € entspricht nicht dem realisierten Gewinn. Denn von der Wertschöpfung sind noch die Kosten für die neben den Vorleistungen eingesetzten Produktionsfaktoren abzuziehen. Der Restbetrag der Wertschöpfung ist der erwirtschaftete Gewinn:

		im **Beispiel**
Wertschöpfung	für die tägliche Produktion Kinderautos	31.600,00 €
– Personalkosten	Lohn und Gehalt für Arbeiter und Angestellte	8.500,00 €
– Kosten für Betriebsmittel	Abschreibungen für Maschinen, Gebäude usw.	9.400,00 €
– Kosten für Werkstoffe	insbesondere Kapitalbindungskosten für Vorräte	2.000,00 €
= Gewinn		**11.700,00 €**

Wertschöpfung ist also mehr als Gewinn und entsteht durch die für den Kunden nützliche Kombination der Produktionsfaktoren mit den Vorleistungen: Werkstoffe, Betriebsmittel (z. B. Produktionsmaschinen), Fertigteile und Handelswaren werden eingekauft und in der Produktion eingesetzt oder unverändert weiterverkauft, Arbeitskräfte bedienen die Maschinen, verarbeiten die Werkstoffe, montieren die Fertigteile, am Ende ist ein fertiges Produkt entstanden, das in sich alle Werte anteilig vereinigt: den Wert der Werkstoffe (= Vorleistungen), den Wert der Fertigteile (= Vorleistungen), den Wertbeitrag der Maschinen und insbesondere den Wertbeitrag der Arbeitskräfte.

Wegen der Wertschätzung durch die Kunden verkörpert das Produkt sogar einen höheren Wert, als dies die Summe der eingeflossenen Werte ausmacht, sodass auch noch ein Gewinn erwirtschaftet werden kann. Denn die Kunden sind bereit, für das Produkt mehr zu bezahlen, als es nach eingesetzter Arbeitskraft, eingesetzten Maschinen und Werkstoffen „wert" ist. Dieser höhere Verkaufswert (= Leistung) sagt aus, dass das Unternehmen ein nützliches, von den Kunden begehrtes Gut hergestellt hat. Betriebswirtschaftlich – Kosten- und Leistungsrechnung – drückt sich dies im sogenannten Betriebsgewinn aus.

Folgt man der wertmäßigen Abbildung der Leistungserstellung, entsteht Wertschöpfung u. a. durch Kosten, denn aufgrund der obigen Beschreibung gilt:

Beispiel

60.000,00 € Verkaufswert – 28.400,00 € Vorleistungen – 19.900,00 € Kosten = 11.700,00 € Betriebsgewinn für 2 000 Kinderautos

Wertschöpfung = Kosten für Produktionsfaktoren (ohne Vorleistungen) + Gewinn

oder

Wertschöpfung = Werteverzehr + Gewinn

Demnach gilt: Der Einsatz der Produktionsfaktoren (Werteverzehr) führt zu einer Wertschöpfung, die zusätzlich Gewinn erwirtschaftet.

Die „Wertschöpfung" kann kleiner sein als der Werteverzehr. Dies liegt vor, wenn das Unternehmen einen Verlust erwirtschaftet hat. In diesem Fall werden durch die Leistungserstellung Werte „vernichtet".

Unternehmensübergreifende Wertschöpfungskette

Die unternehmensbezogene Wertschöpfung der Leistungsebene entsteht in Wechselwirkung mit den vor- und nachgelagerten Wertschöpfungsstufen, sodass sich heutzutage die Leistungserstellung in sogenannten **unternehmensübergreifenden Wertschöpfungsketten** vollzieht.

Die unternehmensübergreifende Wertschöpfung beschreibt die unternehmensübergreifende Leistungserstellung für den Endkunden durch Güter- und Werteflüsse, die aufgrund der Informationsflüsse entstehen und Geldflüsse nach sich ziehen.

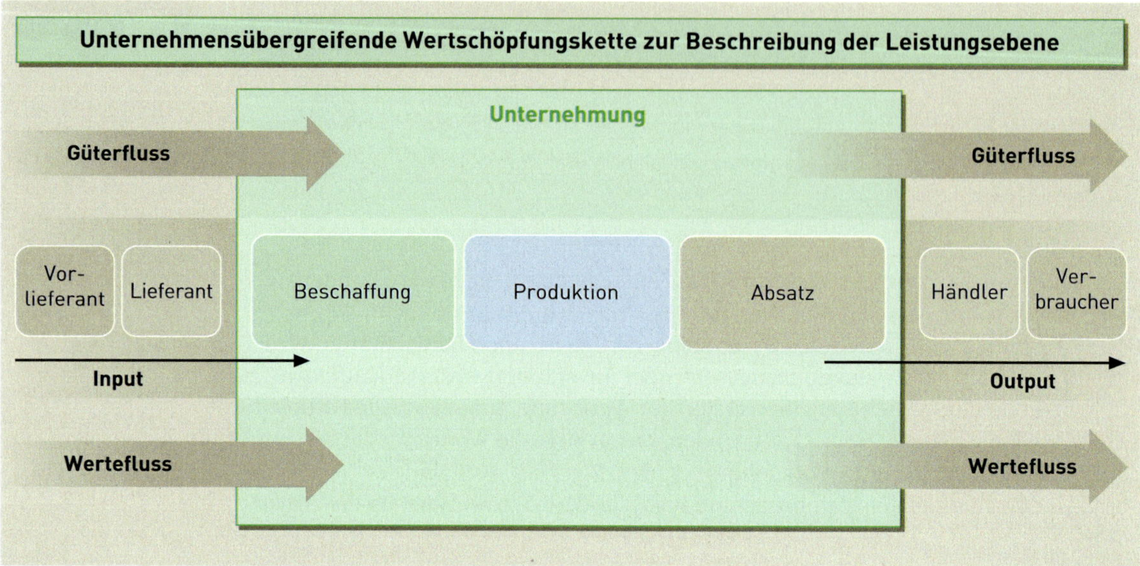

Auslöser des Wertschöpfungsprozesses ist in Industrieunternehmen auf Käufermärkten der Kundenauftrag des Verbrauchers (Informationsfluss), der direkt oder über den Handel an das Unternehmen gerichtet wird. Dann wird durch das Zusammenspiel der betrieblichen Hauptfunktionen und der unterstützenden Funktionen (Informationsflüsse) die Produktion organisiert. Hierzu ist der Informationsaustausch mit den Lieferanten erforderlich (z. B.: Was ist wann in welchen Mengen lieferbar?). Diese Informationsflüsse vollziehen sich in einer unternehmensübergreifenden Wertschöpfungskette bis zurück zur Urerzeugung (d. h. Rohstoffgewinnung). Auf Basis dieser Informationsflüsse wird der Wertschöpfungsprozess erwirkt, indem

- durch die Urerzeugung z. B. Rohstoffe und Energie gewonnen werden,
- durch Vorlieferanten und Lieferanten Vorleistungen (z. B. Werkstoffe, Dienstleistungen) erstellt werden,
- durch die Produktion im Unternehmen die gewünschte Leistung erstellt wird,
- die Verteilung der Leistungen direkt vom Unternehmen oder über den Handel (Groß- und Einzelhandel) an den Endverbraucher erfolgt.

Wertschöpfungsstufen

Die Wertschöpfung vollzieht sich also über mehrere **Wertschöpfungsstufen**. Auf jeder Stufe wird eine Leistungssteigerung (= Mehrwert) erwirkt. Der Mehrwert ist die Wertschöpfung je Wertschöpfungsstufe. Die Entstehung des Mehrwertes einer Wertschöpfungsstufe folgt dem Prinzip der unternehmensbezogenen Wertschöpfung: Die jeweilige Kombination der Produktionsfaktoren führt unter Einsatz der Vorleistungen zu einer Leistung, die mehr wert ist als die Vorleistung.

Die Summe der Wertschöpfungen auf den Wertschöpfungsstufen ergibt die Gesamtleistung der unternehmensübergreifenden Wertschöpfungskette, die der Endkunde abnimmt und als Gegenleistung den Kaufpreis in Höhe der Gesamtleistung bezahlt.

Beispiel

Die Herstellung eines Drehstuhls bei der Heidtkötter KG ist wie folgt in eine unternehmensübergreifende Wertschöpfungskette eingebunden (vereinfachte Darstellung, PF = Produktionsfaktoren):

Vorlieferanten	→	**Lieferanten**	→	**Heidtkötter KG**	→	**Fachhandel**	→	**Endverbraucher**
z. B. Werkstoffgewinnung		z. B. Werkstoffgewinnung		z. B. Produktion des Drehstuhls		z. B. Güterverteilung durch Beratung und Lieferung vor Ort		realisiert
						Wertentstehung durch Kombination der PF	**Wertschöpfung = 75,00 €**	**Kaufpreis = gesamte Wertschöpfung = 750,00 €**
				Wertentstehung durch Kombination der PF	**Wertschöpfung = 275,00 €**	**Vorleistung: 675,00 €**		
		Wertentstehung durch Kombination der PF	**Wertschöpfung = 200,00 €**	**Vorleistung: 400,00 €**				
Wertentstehung durch Kombination der PF	**Wertschöpfung = 200,00 €**	**Vorleistung: 200,00 €**						

Es ist zu erkennen, dass die gesamte Leistung (= 750,00 €) durch viele Stufen erzielt wird, die jeweils einen Anteil an der gesamten Wertschöpfung haben. Die Leistung einer Wertschöpfungsstufe entspricht der Vorleistung der nachgelagerten Wertschöpfungsstufe und endet beim Kunden, der die Gesamtleistung abnimmt.

Supply Chain

Bei der Entwicklung, Gestaltung und Umsetzung unternehmensübergreifender Wertschöpfungsketten kooperieren die beteiligten Unternehmen zunehmend. Es wird ein einheitliches Leistungssystem durch sogenannte **Supply Chains** definiert. Eine Supply Chain ist eine Wertschöpfungskette vom ersten Rohstofflieferanten bis zum Endverbraucher, wobei der Endverbraucher durch seinen Kundenwunsch der Auslöser ist. Alle darin anfallenden Aufgaben werden durchweg als Kunden-Lieferanten-Beziehungen festgelegt. Es ist eine sehr enge Zusammenarbeit zwischen Lieferanten und Abnehmern erforderlich, die sich auf folgende Aspekte erstreckt:

- Aufbau eines gemeinsamen Informations- und Kommunikationsnetzes (z. B. gemeinsame Datenbanken),
- Kooperation zwischen den beteiligten Unternehmen innerhalb der Supply Chain,
- Vertrauen der Beteiligten,
- Transparenz über alle Prozesse.

Probleme

Die Integration in Supply Chains bedeutet für das einzelne Unternehmen, dass nur noch Teilbereiche, die Kernkompetenzen[1], in den Prozess eingebracht werden, um so eine maximale Aufgabenerfüllung und damit Zielerreichung zu ermöglichen. Gibt es zwischen zwei Wertschöpfungsstufen – also zwischen den Kunden-Lieferanten-Beziehungen – „Beziehungsstörungen", d. h., es treten Fehler auf, ist der gesamte Wertschöpfungserfolg gefährdet.

Aufgaben

› Kap. 2.2

1. Erläutern Sie am Beispiel der Herstellung von 2 000 Kinderautos, wie unternehmensbezogene Wertschöpfung entsteht und wie sie rechnerisch ermittelt werden kann.
2. Folgende Abbildung zeigt den unternehmensbezogenen Wertschöpfungsprozess der Heidtkötter KG für die Herstellung eines hochwertigen Konferenztisches. Die unternehmensbezogene Wertschöpfung wird dabei differenziert nach den Hauptfunktionen dargestellt.

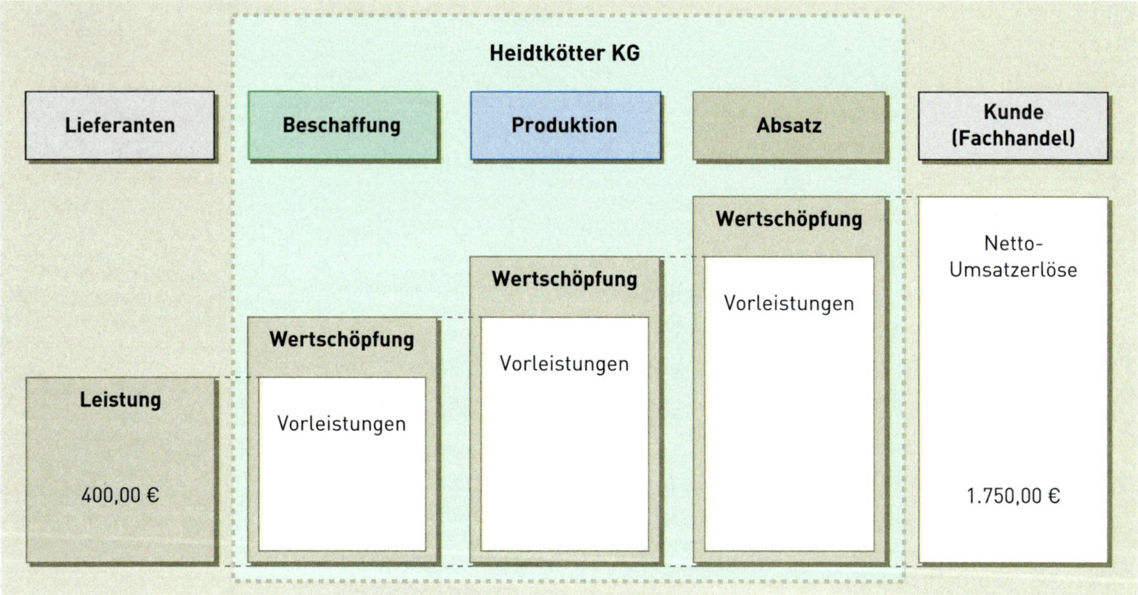

   a) Berechnen Sie die unternehmensbezogene Wertschöpfung der Heidtkötter KG für die Herstellung eines hochwertigen Konferenztisches.
   b) Beschreiben Sie den unternehmensbezogenen Wertschöpfungsprozess der Heidtkötter KG für die Leistungserstellung des Konferenztisches.
   c) Die Abbildung deutet an (grau und weiß hinterlegte Felder), dass durch die Hauptfunktionen Beiträge zur unternehmensbezogenen Wertschöpfung geleistet werden. Geben Sie für jede Hauptfunktion drei konkrete Beispiele an, durch die ein Wertbeitrag erzielt wird.
3. Begründen Sie, inwieweit Kosten zur Wertschöpfung beitragen.
4. › **Recherche** Erläutern Sie, was unter einer unternehmensübergreifenden Wertschöpfungskette verstanden wird. Zeichnen Sie eine unternehmensübergreifende Wertschöpfungskette für ein wichtiges Produkt Ihres Ausbildungsbetriebes und erläutern Sie Ihr Ergebnis der Klasse.
5. Was wird unter einer Supply Chain verstanden? Welche Voraussetzungen müssen erfüllt werden, damit eine Supply Chain erfolgreich gestaltet werden kann?

1 Es wird von einer Kernkompetenz gesprochen, wenn ein Unternehmen über bestimmte Fähigkeiten in einzigartiger Weise verfügt, die sie wertschöpfend im Sinne eines Wettbewerbsvorteils einsetzen kann.

Wiederholungsaufgaben

› Kap. 2

1. Beschreiben Sie, was unter werkstoffintensiven, anlagenintensiven und arbeitsintensiven Unternehmen verstanden wird. Geben Sie Beispiele an.

2. Beurteilen Sie, ob das Handeln nach der Redensart „Mit Kanonen auf Spatzen schießen" das Ökonomische Prinzip erfüllt.

3. Erläutern Sie, was unter der Minimalkostenkombination verstanden wird, und begründen Sie, warum diese als „optimale" Kombination der Produktionsfaktoren bezeichnet wird.

4. Beschreiben Sie unter Zuhilfenahme der Abbildung zum Unternehmensmodell auf Seite 35, wie sich durch das optimale Zusammenspiel der Haupt- und der unterstützenden Funktionen Wertschöpfung im Unternehmen vollzieht.

5. Ein wichtiger Fachhändler der Heidtkötter KG bestellt am 02. Februar für das 2. Quartal folgende Produkte der Heidtkötter KG:

- 600 Drehstühle
- 4 000 Konferenzstühle
- 500 Konferenztische

a) Nennen Sie mindestens vier wichtige Informationsflüsse, die sich an die Bestellung anschließen müssen, damit die Bestellung ordnungsgemäß erfüllt werden kann.

b) Geben Sie konkrete Güter-/Werteflüsse und Geldflüsse an, die sich aufgrund der Bestellung ereignen werden.

c) Begründen Sie die Bedeutung der Informationsflüsse aus dieser Bestellung für die Wertschöpfung.

6. Begründen Sie, warum Unternehmen die Zusammenarbeit bei der unternehmensübergreifenden Wertschöpfung durch die Organisation von Supply Chains intensivieren.

7. Begründen Sie für die nachfolgenden Fälle, ob das ökonomische Prinzip angewendet wird. Bestimmen Sie gegebenenfalls, ob es sich um das Maximal- oder das Minimalprinzip handelt.

a) *Ein Autobauer gestaltet die Fertigungslinie für die Herstellung von Kleinwagen um, sodass bei gleichem Personal und Betriebsmitteleinsatz ein Fahrzeug in einer kürzeren Zeit gefertigt werden kann.*

b) *Für den Zuschnitt der Sitzbezüge für Polstermöbel setzt ein Polstermöbelhersteller eine neue Cutteranlage ein, wodurch der Verschnitt an Stoffen reduziert werden kann.*

c) *Eine Drahtzieherei verwendet statt hochwertigem Draht Billigimporte. Infolgedessen steigt der Ausschuss und es wird die Tagesproduktionsmenge von 50 t feinem Draht nicht mehr erreicht.*

d) *Um Wegezeiten der Mitarbeiter zu reduzieren, installiert ein Stahlproduzent in seiner 800 m langen Fertigungshalle zusätzliche Toiletten (Abstand 100 m statt bislang 400 m).*

8. Stellen Sie die unternehmensübergreifende Wertschöpfungskette für ein konkretes Produkt Ihres Ausbildungsbetriebes grafisch dar.

9. Begründen Sie, inwieweit ein Unternehmen trotz eines qualitativ hochwertigen Produktes im Zuge der Leistungserstellung statt Wertschöpfung „Wertvernichtung" herstellen kann.

3 Controlling zur Unternehmenssteuerung

Einführung

In den vorherigen Kapiteln wurde gezeigt, dass Unternehmen zielorientiert Leistungen erstellen müssen, um eine hinreichend hohe Wertschöpfung zu erzielen, durch die die Wettbewerbsfähigkeit gesichert bzw. gesteigert wird. Das zielorientierte, wirtschaftliche Handeln im Unternehmen wird heutzutage im Wesentlichen durch das Controlling unterstützt.

Beispiel

Bei der Heidtkötter KG wurde aufgrund der wachsenden Konkurrenz eine vorausschauende Unternehmensführung bereits in den 1980er-Jahren immer bedeutender. Die Leitung hat sich dabei nicht nur auf die eigene Intuition verlassen, sondern Entscheidungen auf Basis der Analyse von Daten aus dem Rechnungswesen getroffen. Die Aufgaben- und Entscheidungsfülle der Unternehmensführung führte daher bereits in den 1990er-Jahren zur Einstellung eines Controllers.

Controller sind für die Führung von Unternehmen sehr wichtig geworden. Es lohnt sich, die Hauptanliegen des Controllings näher zu untersuchen. Die Fülle an Konzepten, Aufgabenbereichen und individuellen Unternehmenslösungen erfordert aber auch hier eine Reduktion auf das Wesentliche. Daher erklären wir in diesem Kapitel allgemein die Ziele, die Hauptaufgaben sowie die Bereiche des Controllings und stellen exemplarisch das Benchmarking als strategisches Instrument sowie betriebliche Kennzahlen als operatives Instrument zur Analyse des Wertschöpfungserfolges vor.

3.1 Ziele und Aufgaben des Controllings

Aufgabe des Controllings

Controlling leitet sich aus dem Englischen „to control" ab und darf übersetzt nicht mit Kontrolle gleichgesetzt werden. **Controlling** ist ein funktionsübergreifendes Steuerungskonzept, das Planung, Kontrolle und Analyse grundlegender Werteströme des Unternehmens umfasst und durch das Versorgen der Unternehmensführung (Geschäftsführung, Managementebene) mit Informationen das Erreichen der Unternehmensziele unterstützt.

Ziel des Controllings

Ziel des Controllings ist demzufolge, erforderliche Informationen für die Unternehmensführung und weitere Entscheidungsträger bereitzustellen, damit die Unternehmensziele (z. B. Gewinnmaximierung) und folglich die Wettbewerbsfähigkeit erreicht und gesichert werden können. Hierzu muss das Controlling vor allem auf Basis der Daten aus dem Rechnungswesen (Kosten- und Leistungsrechnung, Finanzbuchhaltung) und geeigneter DV-Systeme bzw. -software (Datenbanken, Tabellenkalkulationsprogramme usw.) Instrumente entwickeln und einsetzen bzw. die Umsetzung überwachen.

Die ermittelten Informationen sind Entscheidungsgrundlage für die Unternehmensführung, im Controlling selbst werden keine Entscheidungen getroffen. Das Controlling begleitet den Entscheidungsprozess der Führungskräfte durch das Entwickeln und Empfehlen von geeigneten einzuleitenden Maßnahmen und überwacht deren Umsetzung.

Sinnbildlich lassen sich die Aufgaben eines Controllers wie folgt beschreiben:

> „Stellen wir uns die Unternehmung als ein Schiff vor, das wirtschaftlichen Erfolg anpeilt. Dann versteht sich der Controller als Navigator, der den Steuermann (= Führung) hierbei unterstützt. Der Navigator verfügt über Instrumente (z. B. Kosten- und Leistungsrechnung, Wirtschaftlichkeitsrechnung), mit deren Hilfe er dem Steuermann Informationen liefert, welche Richtung eingeschlagen werden muss, um das Erfolgsziel zu erreichen. Dies setzt voraus, dass der Navigator die richtigen Instrumente hat."
>
> Horváth & Partner: Das Controllingkonzept, 4. Auflage, München 2000, S. 8

Das Controlling stellt demnach ein Informationssystem dar, dessen Instrumente in der Regel unter Einsatz des Management-Regelkreislaufes auf Basis von Vergangenheitswerten relevante Informationen für zukünftige Entscheidungen aufbereiten.

Management-Regelkreislauf

Der **Management-Regelkreislauf** ist ein Hilfsmittel zur Festlegung und Überprüfung von Zielen. Die Phasen des Regelkreislaufes sind immer gleich. Sie sind je nach Komplexität des Problems unterschiedlich umfangreich. Der Regelkreislauf lässt sich beinahe für jedes beliebige Ziel nutzen. Generell lassen sich drei Phasen unterscheiden, die durch eine vierte Phase zu einem nie endenden Regelkreislauf werden.

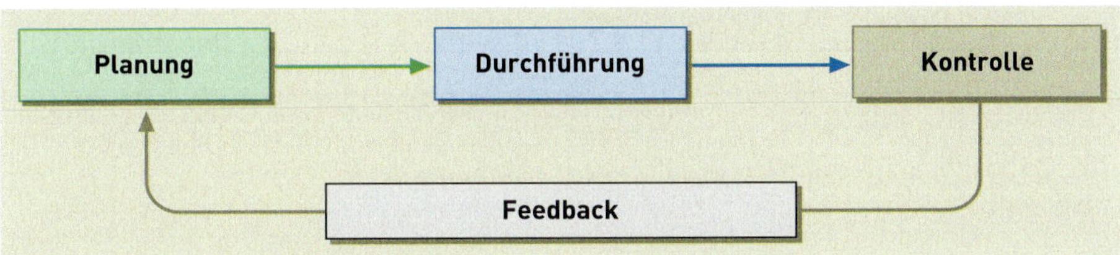

Phase	Beschreibung	Beispiel
Planung	Es wird die Sollgröße für eine Zielsetzung festgelegt.	In der Produktion soll eine Null-Fehler-Produktion erreicht werden.
Durchführung	Es werden Maßnahmen durchgeführt, die zur Erreichung einer in der Planungsphase festgelegten Zielsetzung (Sollgröße) beitragen sollen.	Es werden Totalkontrollen nach jedem Arbeitsschritt durchgeführt.
Kontrolle	Es werden die Ist-Zustände ermittelt, mit den Sollgrößen verglichen (Soll-Ist-Vergleich). Gegebenenfalls wird eine Abweichungsanalyse durchgeführt.	Es wird die Fehlerquote ermittelt. Entspricht die Fehlerquote dem Sollwert (FQ = 0 %), ist alles in Ordnung; wird eine Abweichung festgestellt, werden Ursachen für diese Abweichung ermittelt.
Feedback/ Rückkopplung	Der Planungsphase wird eine Rückmeldung über den Soll-Ist-Vergleich gegeben und gegebenenfalls werden Anpassungsmaßnahmen vorgeschlagen.	Es wurde eine Fehlerquote von 2 % festgestellt, die auf fehlerhaftes Material zurückzuführen ist. Die Empfehlung lautet: Qualitativ hochwertigeres Material beziehen.

Wesentliche Merkmale der Instrumente des Controllings sind, dass durch sie Planwerte (Sollwerte) für zukünftige Ereignisse festgelegt werden können und mit ihrer Hilfe auch das Eintreten in der Realität (Ist-Werte) späterhin überwacht und kontrolliert werden kann (Soll-Ist-Vergleich). Die betreffenden Adressaten erhalten Informationen für ihr Handeln im Vorhinein („So wird es werden" – Sollwerte) und im Nachhinein („So war es" – Ist-Werte), sowie Empfehlungen (Feedback) aufgrund der Abweichungsanalyse infolge von Soll-Ist-Vergleichen.

Merkmale von Controlling-instrumenten

Controllinginstrumente, die diesem Schema folgen, liefern Informationen bezüglich

- der Zielerreichung,
- der Ursachen für die Zielverfehlung aufgrund einer Abweichungsanalyse,
- möglicher Lösungsansätze für eine künftig bessere Zielerreichung durch Empfehlungen über geeignete Korrekturmaßnahmen,
- der Wirksamkeit realisierter Korrekturmaßnahmen des Managements.

Controlling lässt sich nach dem zeitlichen Horizont (kurz-, mittel- und langfristig) betrachten, es wird zwischen strategischem und operativem Controlling unterschieden:

Strategisches und operatives Controlling

langfristige Betrachtung der Unternehmensentwicklung (mind. 5 Jahre)	kurz- bis mittelfristige Betrachtung der Unternehmensentwicklung (1–3 Jahre)
Strategisches Controlling	**Operatives Controlling**
Quantitative und qualitative Messgrößen	Quantitative Messgrößen
Unter Berücksichtigung externer (etwa Markt, Umwelt, Gesetze, Krisen usw.) und interner (etwa Ziele, Produkte, Kostenstruktur, Mitarbeiter usw.) Einflussgrößen werden aus heutiger Sicht Chancen und Risiken der Wettbewerbsfähigkeit des Unternehmens vorausgeplant, um so frühzeitig geeignete Maßnahmen (z. B. Entwicklung neuer Produkte) einzuleiten.	Unter Berücksichtigung mengenmäßiger und wertmäßiger Unternehmensdaten der Vergangenheit, Gegenwart und Zukunft werden Kennzahlen zur kurz- und mittelfristigen Unternehmenssteuerung ermittelt und analysiert.
Beispiele für Instrumente	**Beispiele** für Instrumente
– Stärken-Schwächen-Analyse – Portfolioanalyse – Balanced Scorecard[1] – Benchmarking	– Kennzahlen (z. B. Produktivität, Wirtschaftlichkeit, Liquidität, Cash-flow, Rentabilität) – ABC-Analyse – Break-even-Analyse – Deckungsbeitragsrechnung – Soll-Ist-Vergleiche etwa von Umsatz, Kosten, Gewinn – Budgetierung – Berichtswesen

Aufgabenbereiche des Controllings

Neben dieser Systematisierung des Controllings nach dem zeitlichen Horizont kann auch nach organisatorischen Gesichtspunkten eine Systematisierung nach Aufgabenbereichen erfolgen. So erstreckt sich das Controlling auf fast alle Funktionsbereiche im Unternehmen.

Beschaffungscontrolling	Produktionscontrolling	Marketingcontrolling	Personalcontrolling
Das Beschaffungscontrolling erstellt Informationen über sämtliche Beschaffungsprozesse. Schwerpunkte bilden hierbei die Beschaffungsgüter (z. B. Analyse der Einstandspreise) und der konkrete Beschaffungsprozess (z. B. ABC-Analyse, Bestellabwicklungskosten usw.).	Das Produktionscontrolling befasst sich mit dem Prozess der betrieblichen Leistungserstellung. Es werden Informationen in den Bereichen der Produktionsprogrammplanung (z. B. Ermittlung des optimalen Produktionsprogramms), der Fertigungsplanung und -steuerung sowie der Kontrolle erarbeitet (Analyse von Durchlaufzeiten, Ausschussquoten, Fehlerquoten usw.).	Das Marketingcontrolling erstellt wesentliche Informationen über Aktivitäten der Unternehmung, die auf den Absatzmarkt gerichtet sind. Schwerpunkt bildet die Effektivität und Effizienz des Einsatzes der Marketinginstrumente (Werbung, Produktpolitik usw. im Marketingmix).[2]	Das Personalcontrolling erstellt wesentliche Informationen über die Belegschaft (z. B. Mitarbeiterzahlen, Personalkostenstrukturen). Unverzichtbare Basis für jedes Personalcontrolling ist die Verfügbarkeit eines für die Herstellung von aussagekräftigen Personalstatistiken geeigneten Personaldatenbestandes.

1 Die Balanced Scorecard ist ein Konzept zur strategischen Unternehmensführung, bei dem Ziele für die Finanz-, Kunden-, Prozess- und Lern-/Entwicklungsperspektive formuliert und überprüft werden.
2 Zur Bedeutung des Marketings und der dort eingesetzten Instrumente siehe Teil D, Kap. 1.1

Aufgaben

› Kap. 3.1

1. Erklären Sie, was unter Controlling verstanden wird und welche Ziele und Aufgaben das Controlling im Unternehmen verfolgt.
2. Erläutern Sie durch die bildliche Übertragung der Kombination „Reiseziel, Navigationsgerät und Steuermann“ (siehe nachfolgender Text) die Zusammenarbeit der Unternehmensführung mit der Controllingabteilung.

> Sommerzeit ist Reisezeit! Sollten Sie Ihren wohlverdienten Sommerurlaub an einem Ort verbringen, den Sie mit dem Auto erreichen können, werden Sie im Gegensatz zu früher nur geringe Schwierigkeiten bei der Planung der Reiseroute haben. Galt es früher den Atlas bzw. die Straßenkarte zu studieren und die entsprechenden Eckdaten zu notieren, genügt heute die Eingabe des Reiseziels in ein Navigationsgerät. In der Regel können Sie als Steuermann des Fahrzeugs blind darauf vertrauen, dass das „Navi“ Sie auf dem schnellsten Weg zum gewünschten Bestimmungsort leitet. Einzige Voraussetzung ist, dass Sie aus den Richtungsanweisungen des „Navis“ die richtigen Schlüsse ziehen. So ist es z. B. sehr wichtig, links und rechts unterscheiden zu können! Irrwege des Steuermanns weiß das Navigationsgerät aber zu korrigieren, indem laufend eine Anpassung der Route vorgenommen wird.

3. Bei der Entwicklung und Anwendung von Controllinginstrumenten hat der Management-Regelkreislauf eine überragende Bedeutung. Erläutern Sie dieses Prinzip und seine Bedeutung für das Controlling.
4. Unterscheiden Sie kurz zwischen strategischem und operativem Controlling.
5. Frau Schremser leitet die Controllingabteilung der BFM AG (Fahrradhersteller). Derzeit stellt sie den Bericht über die übliche Geschäftstätigkeit für das dritte Quartal für die Unternehmensleitung zusammen. Dabei hat sie die erforderlichen Verkaufszahlen bereits zusammengetragen:

Absatzmenge	in Stück	I. Quartal		II. Quartal		III. Quartal		IV. Quartal	
		PLAN	IST	PLAN	IST	PLAN	IST	PLAN	IST
	City	5 000	4 900	32 300	20 000	32 300	22 000	20 000	?
	Trekking	2 000	2 200	25 000	32 000	20 000	30 000	5 000	?
	MTB	1 500	1 400	17 500	17 600	14 000	8 000	2 500	?
	Rennräder	200	250	4 000	3 900	4 000	3 000	2 000	?
	E-Bikes	100	120	1 000	1 700	2 000	3 000	1 000	?
	Kinder	500	350	12 000	12 200	14 000	12 900	5 000	?

Durchschnittlicher Verkaufspreis pro Stück	in €	I. Quartal		II. Quartal		III. Quartal		IV. Quartal	
		PLAN	IST	PLAN	IST	PLAN	IST	PLAN	IST
	City	120,00	120,00	120,00	110,00	115,00	120,00	120,00	?
	Trekking	150,00	150,00	150,00	140,00	150,00	150,00	150,00	?
	MTB	250,00	250,00	250,00	250,00	250,00	250,00	250,00	?
	Rennräder	650,00	650,00	650,00	650,00	650,00	650,00	650,00	?
	E-Bikes	1.100,00	1.100,00	1.100,00	900,00	1.100,00	1.100,00	1.100,00	?
	Kinder	80,00	80,00	80,00	80,00	80,00	80,00	80,00	?

a) In dem Bericht werden Plan- und Ist-Werte miteinander verglichen. Ist-Werte sind die tatsächlich eingetretenen Verkaufszahlen; Planwerte sind die im Voraus auf Basis von vergangenen Ist-Werten erwarteten Verkaufszahlen. Welche Konsequenzen haben aktuelle Abweichungen zwischen Plan- und Ist-Werten für die Festlegung zukünftiger Planwerte?

b) Beschreiben Sie die Umsatzentwicklung der einzelnen Produktgruppen der BFM AG und führen Sie jeweils mögliche Ursachen für die Entwicklung an.

c) Empfehlen Sie Frau Schremser weitere Informationsquellen, die sie für die Abweichungsanalyse heranziehen sollte.

d) Ordnen Sie die Tätigkeiten von Frau Schremser dem strategischen oder dem operativen Controlling zu und begründen Sie, welchem Unternehmensbereich die aufbereiteten Informationen dienen.

3.2 Strategisches Controlling am Beispiel Benchmarking

Das Benchmarking wurde Mitte der 1970er-Jahre aufgrund nachhaltiger Wettbewerbsprobleme des amerikanischen Unternehmens Rank Xerox[1] entwickelt. Rank Xerox analysierte die eigene japanische Tochtergesellschaft sowie weitere japanische Konkurrenzunternehmen anhand bestimmter Kriterien. Auf Grundlage der Analyse dieses Wettbewerbsvergleichs wurden Konsequenzen für die eigene betriebliche Strategie gezogen. Das Vorgehen von Rank Xerox machte anschließend in vielen weiteren Unternehmen und Branchen unter dem Namen „Benchmarking" Schule.

Benchmarking

Benchmarking (= Maßstäbe setzen) ist der systematische Vergleich von Unternehmen mit dem Ziel, Verbesserungspotenziale im eigenen Unternehmen zu finden und vom Besten der Branche oder vom besten branchenfremden Unternehmen zu lernen. Benchmarking ist die kontinuierliche Vergleichsanalyse von Produkten, Dienstleistungen, Prozessen und Methoden des eigenen Unternehmens mit den besten Konkurrenten.

Phasen des Benchmarking

In der Phase der Datengewinnung werden anhand empirischer Methoden[2] und in enger Abstimmung mit dem Benchmarking-Partner die erforderlichen Daten erhoben. In der anschließenden Abweichungsanalyse werden die eigenen Prozesse mit denen des Benchmarking-Partners verglichen, um so die Ursachen für die Abweichungen herauszufinden. Das Benchmarking endet mit der Umsetzungsphase, dem sogenannten „best practice", in dem die aufgrund der Abweichungsanalyse entwickelten Maßnahmen eingeführt und auf ihre Erfolgswirksamkeit laufend überprüft werden.

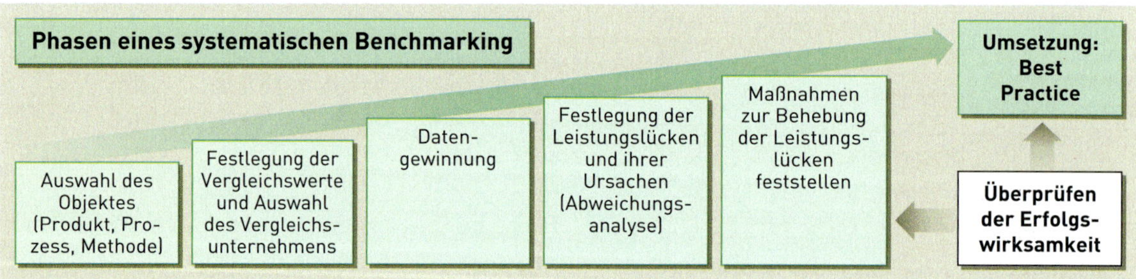

Benchmarking als Controllinginstrument kann intern (Vergleich von Tochterunternehmen, Niederlassungen oder Abteilungen) oder extern (mit branchengleichen oder branchenfremden Unternehmen) durchgeführt werden und bietet entsprechend unterschiedliche Chancen und Risiken.

	Vorteile	Nachteile
Internes Benchmarking	■ guter Datenzugang ■ gute Vergleichbarkeit bei ähnlichen Strukturen	■ nur interne Sicht („Schmoren im eigenen Saft") ■ Wenn alle einen Prozess schlecht machen, bleibt der schlechte Prozess unentdeckt.
Externes Benchmarking (branchengleich)	■ Wettbewerbsposition bestimmbar ■ gute Vergleichbarkeit durch gleiche Marktanforderungen ■ hohe Erfolgsaussichten	■ erweiterte Informationen für Wettbewerber durch Datenaustausch ■ Einholen- statt Überholenmentalität
Externes Benchmarking (branchenfremd)	■ neue Ideen kommen hinzu ■ andere Sichtweisen werden vorgelebt	■ Übertragbarkeit der Ergebnisse teilweise schwierig ■ aufwendige Suche nach Partnern

1 Innerhalb von nur vier Jahren reduzierte sich der Marktanteil von Rank Xerox damals auf dem Kopierermarkt von 80 % auf rund 30 %. Ursache war, dass die Konkurrenz aus Japan und deren schnelle Innovationen völlig ignoriert wurden.

2 Wichtige empirische Methoden sind die Befragung, Beobachtung und Inhaltsanalyse, die auf Basis wissenschaftlicher Erkenntnisse und Erfahrungen fallbezogen konstruiert werden. (› Teil D, Kap. 1.2)

Beispiele

Leiterplatten und Pralinen

Der Vergleich eines Pralinenherstellers mit einem Unternehmen aus der Elektronikbranche dient der Veranschaulichung eines branchenübergreifenden Prozessvergleiches.
Ziel war es, die hohen Rüstzeiten und Ausschussraten des Pralinenherstellers zu reduzieren und den hohen Anteil der manuellen Nachbearbeitung zu minimieren. Als Vergleichsunternehmen wurde ein Unternehmen, das Leiterplatten herstellt, identifiziert. Beide Unternehmen stellen kleine, empfindliche Teile in großen Stückzahlen her und haben Reinheits- bzw. Hygienebestimmungen zu beachten.
Der Vergleich führte im Ergebnis zur Einführung der Festrüstung, die der Vermeidung von Bestückungsfehlern dient. Des Weiteren wurde durch die Übernahme von Softwareprogrammen die Bestückzeit erheblich verbessert.

Arztpraxis und Hotel

Dieser branchenübergreifende Vergleich zeigt, dass sich vermeintlich unterschiedliche Unternehmen hinsichtlich ihrer Leistungsprozesse vergleichen können. Hierbei ist eine orthopädische Gemeinschaftspraxis mit einem 5-Sterne-Hotel in einen Vergleich getreten.
Ziel war es, die Motivation der Praxismitarbeiter zu erhöhen, einen besseren Kommunikationsfluss zu schaffen sowie den Servicegrad für die Patienten deutlich zu verbessern.
Beim Vergleich wurden die ähnlichen Aufgabeninhalte, wie z. B. der Umgang mit dem Kunden und die Präsenz am Arbeitsplatz in beiden Unternehmen gegenübergestellt. Als eines von mehreren Ergebnissen dieses Benchmarking-Projektes nahm die Praxisbelegschaft an den Serviceschulungen des Hotels teil. Beispiele für Verbesserungen in der Arztpraxis sind: Patienten werden persönlich aus dem Wartezimmer abgeholt, eine einheitliche Arbeitsbekleidung im Unternehmen sorgt für eine höhere Identifikation und ein neu eingeführter „Schichtleiter" regelt die Praxisorganisation bei hohem Patientenandrang.

Quelle: www.benchmarkingforum.de, abgerufen am 24.04.2012

Aufgaben

› Kap. 3.2

1. Erklären Sie Benchmarking als strategisches Instrument des Controllings.
2. Erläutern Sie Chancen und Risiken des externen und internen Benchmarking für ein Industrieunternehmen.
3. Der Umsatz der Heidtkötter KG, der über den Online-Shop generiert wird, entwickelte sich anfangs erfreulich. Jedoch verharrt der Anteil am Gesamtumsatz nun seit zwei Jahren bei 15 %. Geschäftsführer Heidtkötter hat daher die Abteilungen Controlling und Marketing zu einem Meeting geladen. Es soll erörtert werden, wie der stagnierenden Situation entgegnet werden kann. Das Marketing berichtet, dass die Gestaltung, die Menüführung des Online-Shops, aber auch die gesamte Abwicklung bis zur Auslieferung und Bezahlung als nicht durchgehend kundenfreundlich bewertet werden. Das Controlling empfiehlt daher, sich systematisch auf dem Markt umzuschauen, um zu erfahren, wie der Marktführer diese Prozesse bei der Einrichtung seines Online-Shops gelöst hat.
   a) Beschreiben Sie die Problemlage bei der Heidtkötter KG und führen Sie Gründe an, warum das Controlling empfiehlt, beim Marktführer die Umsetzung des Online-Shops zu untersuchen. Machen Sie einen Vorschlag, wie die Ergebnisse für die Heidtkötter KG genutzt werden können.
   b) Konkretisieren Sie den Benchmarking-Prozess für die Analyse des Online-Shops beim Marktführer, indem Sie konkrete Tätigkeiten und potenzielle Vergleichswerte bestimmen. Geben Sie eventuelle Schwierigkeiten bei der Konkretisierung an.

3.3 Operatives Controlling am Beispiel betrieblicher Kennzahlen

Im operativen Controlling werden Verfahren eingesetzt, die sich vier Kernbereichen von Controllinginstrumenten zurechnen lassen:

Budgetierung	Kennzahlen	Soll-Ist-Vergleiche	Berichte (Reporting)
Budgetierung ist ein Prozess, bei dem für alle anfallenden Leistungen im Voraus die erwarteten Kosten ermittelt werden. So entsteht ein Gesamtunternehmensbudget, das in die verschiedenen Funktionsbereiche (Beschaffungsbudget, Produktionsbudget usw.) aufgeteilt wird. Die Bereiche dürfen das vorgegebene Budget nicht überschreiten. Mit Hilfe einer fortlaufenden Überwachung wird so ein wichtiger Beitrag zur Kostenkontrolle geliefert.	Kennzahlen sind systematisch aufbereitete Informationen in quantitativen Größen, die durch die Kombination sinnvoller Größen entstehen und häufig zueinander in Abhängigkeit stehen. Kennzahlen geben in kurzer Form Auskunft über komplexe Sachverhalte und werden mit Hilfe von Soll-Ist-Vergleichen, im Branchen- und Zeitvergleich analysiert.	Für relevante Mengen- und Wertgrößen aus den Unternehmensbereichen werden zu festgelegten Zeitpunkten Soll-Ist-Vergleiche angestrebt. Hierbei werden die Sollwerte mit den Ist-Werten verglichen und die Abweichungen einer Abweichungsanalyse unterzogen.	Die gesammelten Informationen in Form von Kennzahlen, Soll-Ist-Vergleichen, Abweichungsanalysen usw. werden für die Unternehmensführung systematisch aufbereitet, um dieser als Entscheidungsgrundlage zu dienen. Das Berichtswesen wird in der Praxis inzwischen häufig wöchentlich, sonst immer monatlich erstellt. Der Fokus liegt dabei auf der Interpretation der Informationen im Hinblick auf das Ergebnisziel.

Diese operativen Controllinginstrumente werden nicht neben-, sondern miteinander verbunden eingesetzt. Insbesondere **Kennzahlen** werden dabei sowohl bei der Budgetierung, bei Soll-Ist-Vergleichen und bei Berichten verwendet. Kennzahlen sind demzufolge **das** Instrument des operativen Controllings. Grundlage der Kennzahlen sind die mit Hilfe des Rechnungswesens ermittelten Mengen- und Wertgrößen (quantitative Daten).

Kennzahlen

Kennzahlen sind systematisch aufbereitete Informationen in quantitativen Größen, die durch die Kombination sinnvoller Größen entstehen. Sie werden häufig in Prozentzahlen ausgedrückt. Durch die Verknüpfung von absoluten Einzelgrößen werden betriebliche Größen vergleichbar gemacht.

Beispiel

Die Porzellanmanufakturen Keramik GmbH und Sauerland KG erwirtschafteten im vergangenen Jahr jeweils einen Gewinn in Höhe von 1 Mio. €. Der Jahresumsatz der Keramik GmbH betrug 16 Mio. € und der Jahresumsatz der Sauerland KG betrug 10 Mio. €.

	Keramik GmbH	Sauerland KG
absolut: Gewinn	1 Mio. €	1 Mio. €
relativ: Umsatzrendite (%)[1]	1 Mio. €/16 Mio. € = 6,25 %	1 Mio. €/10 Mio. € = 10,00 %

Vergleicht man beide Unternehmen absolut anhand der Einzelgröße Gewinn, dann waren beide Unternehmen gleich erfolgreich (jeweils Gewinn = 1 Mio. €). Der absolute Vergleich ist wenig aussagekräftig, weil z. B. nicht deutlich wird, mit welchen Umsatzerlösen der Gewinn erwirtschaftet wurde.

Relativiert man den Gewinn am Jahresumsatz, ermittelt man also die Kennzahl „Umsatzrendite" durch sinnvolle Verknüpfung zweier betrieblicher Größen, zeigt sich ein anderes Bild: Die Umsatzrendite der Sauerland KG war um 3,75 Prozentpunkte größer. Das bedeutet: Die Sauerland KG erwirtschaftete im vergangenen Jahr je ein Euro Umsatz 3,75 Cent mehr Gewinn als die Keramik GmbH.

1 zur Erläuterung der Umsatzrendite siehe Seite 52

Allgemein gilt, dass betriebliche Kennzahlen zur Analyse des Wertschöpfungserfolges einzeln betrachtet nur bedingt aussagekräftig sind. Die Kennzahlen müssen mit weiteren Werten verglichen werden. Wichtige Anhaltspunkte bieten dabei Branchenvergleiche (Durchschnittswert der Branche, Werte des besten Konkurrenten usw.) und Zeitvergleiche (Werte vergangener Geschäftsperioden). Die Controllingabteilung übernimmt dabei die Funktion durch Anwendung des Management-Regelkreises, derartige Vergleiche (Soll-Ist-Vergleich, siehe oben) vorzunehmen und zu analysieren: Die jeweils ermittelten Kennzahlen einer Periode (Ist-Werte) werden mit den Planvorgaben (Sollwerte) verglichen. Die Planvorgaben erstellt das Controlling auf Basis von Vergangenheitswerten unter Berücksichtigung weiterer interner und externer Einflussgrößen aus dem Unternehmensumfeld.

› Teil A, Kap. 1.1.3 und Teil C, Kap. 1.1 Einflussgrößen

Beispiele für **Kennzahlen zur Beurteilung des Wertschöpfungserfolges**

In den weiteren Kapiteln dieses Werkes werden für die Controllingbereiche (z. B. Beschaffungscontrolling) jeweils zahlreiche Beispiele von Kennzahlen eingeführt. Hier folgen nun **allgemein bedeutsame betriebliche Kennzahlen**, die den Wertschöpfungserfolg einer Unternehmung beurteilen helfen. Sie werden aber z. T. auch in den anderen Funktionsbereichen der Unternehmung konkretisiert.

Produktivität

Der Erfolg der Leistungserstellung kann nicht aufgrund der festgestellten Menge an Leistungen (z. B. Herstellung von 5 Mio. Fahrzeugen) bestimmt werden: Die Angabe „5 Mio." sagt für sich (absolut) betrachtet nicht allzuviel aus. Es muss geklärt werden, welche Produktionsfaktoren in welcher Menge eingesetzt wurden, um diese bestimmte Ausbringungsmenge zu erzielen. Die Ausbringungsmenge (hier 5 Mio.) muss also zur Einsatzmenge in Bezug gesetzt (relativiert) werden.

So lässt sich mit der Kennziffer der Produktivität die technische Ergiebigkeit der Produktion feststellen:

$$\textbf{Produktivität} = \frac{\text{Ausbringungsmenge}}{\text{Einsatzmenge}}$$

oder

$$\textbf{Produktivität} = \frac{\text{mengenmäßiger Output}}{\text{mengenmäßiger Input}}$$

Die Betrachtung kann sich dann auf den Einsatz der jeweiligen Produktionsfaktoren richten:

Arbeit	Arbeitsproduktivität	$= \frac{\text{Ausbringungsmenge}}{\text{Anzahl der Arbeitsstunden}}$
	Arbeitsproduktivität	$= \frac{\text{Ausbringungsmenge}}{\text{Anzahl der Mitarbeiter}}$
Betriebsmittel	Kapitalproduktivität	$= \frac{\text{Ausbringungsmenge}}{\text{eingesetztes Kapital}^{1}}$
Werkstoffe	Werkstoffproduktivität	$= \frac{\text{Ausbringungsmenge}}{\text{eingesetzte Werkstoffe}}$

Arbeitsproduktivität

Kapitalproduktivität

Werkstoffproduktivität

Die Produktivität gibt keine Auskunft über die Wirtschaftlichkeit eines Produktionsfaktoreinsatzes. Grundsätzlich kann die Steigerung der Produktivität unwirtschaftlich sein, wenn sie z. B. mit sehr hohen Kostenzuwächsen verbunden ist.

1 Zwar handelt es sich um einen wertmäßigen Betrag, der jedoch als Menge an eingesetzten Geldeinheiten interpretiert wird.

Wirtschaftlichkeit

Um die wirtschaftliche Ergiebigkeit der Leistungserstellung zu messen, müssen der mengenmäßige Input und der mengenmäßige Output jeweils mit ihren Produktionsfaktorpreisen bzw. Verkaufspreisen bewertet werden. Dadurch kann die Wirtschaftlichkeit bestimmt werden, die das Verhältnis zwischen wertmäßig erbrachter Leistung und dem Wert der eingesetzten Produktionsfaktoren anzeigt:

$$\textbf{Wirtschaftlichkeit} = \frac{\text{Leistungen}}{\text{Kosten}} = \frac{\text{Erträge}}{\text{Aufwendungen}}$$

oder:

$$\textbf{Wirtschaftlichkeit} = \frac{\text{wertmäßiger Output}}{\text{wertmäßiger Input}}$$

Rentabilitäten

Um zu ermitteln, wie rentabel eine Unternehmung mit dem eingesetzten Kapital in einem bestimmten Zeitraum (in der Regel ein Geschäftsjahr) wirtschaftet, wird der Gewinn in Beziehung zum durchschnittlich eingesetzten Kapital (Kapitalrentabilität) gesetzt. Das durchschnittlich eingesetzte Kapital ergibt sich wie folgt:

$$\textbf{Ø eingesetztes Kapital} = \frac{\text{AB Kapitaleinsatz} + \text{EB Kapitaleinsatz}}{2}$$

AB = Anfangsbestand EB = Endbestand

Es wird zwischen der Eigenkapital- und der Gesamtkapitalrentabilität unterschieden. Mit Hilfe dieser Rentabilitäten können Gewinne unterschiedlicher Unternehmen miteinander verglichen werden. Zudem wird ein Vergleich mit alternativen Finanzinvestitionen ermöglicht. Schließlich könnte das eingesetzte Kapital auch bei einem Kreditinstitut angelegt und verzinst werden.

Die **Eigenkapitalrentabilität** zeigt aus der Sicht der Eigentümer bzw. der Unternehmer, wie erfolgreich mit ihrem Eigenkapital gewirtschaftet wurde. Sie gibt die Verzinsung des von ihnen eingesetzten Kapitals an. Mit Hilfe der **Gesamtkapitalrentabilität** wird ermittelt, wie erfolgreich eine Unternehmung mit dem gesamten zur Verfügung stehenden Kapital (also Eigen- und Fremdkapital) gewirtschaftet hat.

Eigenkapitalrentabilität

$$\textbf{Eigenkapitalrentabilität (\%)} = \frac{\text{Gewinn} \cdot 100\,\%}{\text{Ø Eigenkapital}}$$

Gesamtkapitalrentabilität

$$\textbf{Gesamtkapitalrentabilität (\%)} = \frac{(\text{Gewinn} + \text{Fremdkapitalzinsen}^{1}) \cdot 100\,\%}{\text{Ø Gesamtkapital}}$$

Die Umsatzrentabilität gibt den prozentualen Anteil des Unternehmensgewinns am Umsatzerlös an.

Umsatzrentabilität

$$\textbf{Umsatzrentabilität (\%) (Gewinnquote)} = \frac{\text{Gewinn} \cdot 100\,\%}{\text{Umsatzerlöse}}$$

Liquidität

Liquidität bezeichnet die Fähigkeit eines Unternehmens, seinen Zahlungsverpflichtungen termingerecht nachzukommen. Laufende Zahlungsverpflichtungen begründen sich aus fälligen Verbindlichkeiten aus Lieferungen und Leistungen, aus Lohn- und Gehaltszahlungen, aus Versicherungszahlungen, aus Steuerzahlungen, aus Zins- und Tilgungszahlungen.

1 Da die Fremdkapitalzinsen den Fremdkapitalgebern als „Preis" für die Überlassung des Kapitals vom Unternehmen gezahlt werden und im betrachteten Zeitraum ebenso wie der ermittelte Gewinn erwirtschaftet wurden, stellen diese aus der Sicht der Gesamtunternehmung einen weiteren Bestandteil des „Gewinns" dar.

610152

Hinreichende Liquidität wird vom Gesetzgeber streng vorgegeben: Bei mangelnder Liquidität droht dem Unternehmen gemäß § 16 Insolvenzordnung der Konkurs oder der gerichtliche Vergleich. Kennzahlen zur Liquidität dienen dazu, die gegenwärtige und zukünftige Zahlungsfähigkeit des Unternehmens darzustellen. Aufgrund der hohen Bedeutsamkeit der Zahlungsfähigkeit für den Fortbestand des Unternehmens existieren eine Vielzahl von Kennzahlen. Diese sind insbesondere dann aussagekräftig, wenn Sie sich auf einen längeren Zeitraum beziehen und auch künftige Zahlungsansprüche und -verpflichtungen berücksichtigen, damit eine vorausschauende Finanzplanung durchgeführt werden kann.

Kennzahlen zur Zahlungsfähigkeit

Im Rahmen der Analyse des Jahresabschlusses werden üblicherweise folgende Kennzahlen ermittelt:

› Rechnungswesen

Liquiditätsgrade

$$\text{Liquidität 1. Grades} = \frac{\text{flüssige Mittel} \cdot 100\,\%}{\text{kurzfristige Verbindlichkeiten}}$$

$$\text{Liquidität 2. Grades} = \frac{(\text{flüssige Mittel} + \text{kurzfristige Forderungen}) \cdot 100\,\%}{\text{kurzfristige Verbindlichkeiten}}$$

$$\text{Liquidität 3. Grades} = \frac{(\text{flüssige Mittel} + \text{kurzfristige Forderungen} + \text{Vorräte}) \cdot 100\,\%}{\text{kurzfristige Verbindlichkeiten}}$$

Liquidität wird entsprechend aus den Verhältnissen von flüssigen Mitteln, kurzfristigen Forderungen und Vorräten zu den kurzfristigen Verbindlichkeiten ermittelt.

Flüssige Mittel	Kasse, Sichtguthaben bei Kreditinstituten, Schecks, Wertpapiere des Umlaufvermögens
Kurzfristige Forderungen	überwiegend Zahlungsansprüche gegenüber Kunden, die in der Regel aus dem Verkauf von Lieferungen und Leistungen erwachsen (max. 1 Jahr)
Vorräte	Werkstoffe, Handelswaren, (un-)fertige Erzeugnisse, die entweder zum Verbrauch oder zur Weiterveräußerung angeschafft oder hergestellt worden sind
Kurzfristige Verbindlichkeiten	überwiegend Zahlungsverpflichtungen gegenüber Lieferanten, die in der Regel aus dem Einkauf von Lieferungen und Leistungen erwachsen (max. 1 Jahr)

Die Liquidität 1. Grades wird auch als **Barliquidität** bezeichnet und sollte einen Wert von ca. 20 % aufweisen. Eingehende flüssige Mittel sollten möglichst schnell zur Bezahlung von kurzfristigen Verbindlichkeiten verwendet werden.

Die Liquidität 2. Grades wird auch **einzugsbedingte Liquidität** genannt und sollte einen Wert von mindestens 100 % erreichen. Liegt die Kennzahl unter diesem Wert, hat das Unternehmen sehr wahrscheinlich Probleme mit der Wertschöpfung und/oder zu geringe Umsatzerlöse.

Die Liquidität 3. Grades gilt als **umsatzbedingte Liquidität** und sollte einen Wert von mindestens 200 % aufweisen (Faustformel).

Die oben vorgestellten Liquiditätskennzahlen sind jedoch nur begrenzt aussagekräftig:

- Die Bilanz gibt nur Auskunft über die Verhältnisse am Bilanzstichtag (Stichtagsliquidität), es können keine Aussagen über die Verhältnisse während des Geschäftsjahres getroffen werden.
- Die Bilanz enthält nicht alle Größen, die Auswirkungen auf die Liquidität haben (z. B. fällige Miete, fällige Lohn- und Gehaltszahlungen).
- In der Bilanz lassen sich keine konkreten Fälligkeitstermine für die Forderungen und Verbindlichkeiten ablesen.

Liquiditätsgrade bieten daher nur einen Richtungswert, deren Aussagekraft steigt, wenn die Werte mehrerer Jahre verglichen werden und die Liquiditätskennzahlen um eine auf die Zukunft gerichtete Finanzplanung ergänzt werden. Finanzpläne zeigen die erwarteten Einzahlungen und Auszahlungen für mehrere künftige Perioden.

› **Teil F, Kap. 3**

› Rechnungswesen

Aufgaben

› Kap. 3.3

1. Beschreiben Sie in der Praxis gängige Kernbereiche von Controllinginstrumenten des operativen Controllings und heben Sie die besondere Bedeutung von Kennzahlen hervor.
2. Erläutern Sie, was allgemein unter einer Kennzahl verstanden wird.
3. Für zwei Industrieunternehmen gelten folgende Werte:

	MCQ GmbH	Knowlex GmbH
produzierte Erzeugnisse	30 000 Stück/Monat	75 000 Stück/Quartal
gewerbliche Mitarbeiter	1 400	1 450
Arbeitsstunden (Monat)	250 000 Std.	300 000 Std.
Kapitaleinsatz für Betriebsmittel (€/Monat)	125.000,00 €	90.000,00 €
Stahlbleche für die Gehäuse (t)	200 t	650 t

a) Ermitteln Sie für beide Unternehmen die Arbeits-, Kapital- und Werkstoffproduktivität.
b) Welches Unternehmen ist im Hinblick auf die technische Ergiebigkeit erfolgreicher und worin liegen die Ursachen des größeren Erfolgs?
c) Führen Sie drei Aspekte an, durch die die MCQ GmbH die Produktivität steigern könnte.
d) Beurteilen Sie den Aussagegehalt der Kennzahl „Produktivität“ zur Beurteilung des Wertschöpfungserfolges eines Unternehmens.

4. Ein Industrieunternehmen hat mit Hilfe eines Ingenieurbüros das Fertigungsverfahren verändert. Hierdurch ergeben sich folgende Unternehmenswerte:

	vor der Umstellung	nach der Umstellung
produzierte Erzeugnisse	80 000	95 000
Produktionskosten/Monat (K)	7.500.000,00 €	8.550.000,00 €
Verkaufserlöse/Stück (p)	100,00 €	100,00 €

a) Ermitteln Sie die Wirtschaftlichkeit vor und nach der Umstellung, wenn jeweils alle produzierten Erzeugnisse auch abgesetzt werden können.
b) Ermitteln Sie die Wirtschaftlichkeit, wenn die produzierten Erzeugnisse nach der Umstellung aufgrund einer konjunkturellen Schwäche nur zu einem Verkaufspreis von 95,00 € je Stück verkauft werden können.
c) Interpretieren Sie Ihre Ergebnisse und beurteilen Sie die Aussagekraft der Kennzahl „Wirtschaftlichkeit“.

5. Noch im Jahr 01 produzierte die Otto GmbH 500 000 Autositzgruppen in 31 200 Arbeitsstunden. Im Jahr 02 konnte die Produktion um 20 000 Stück gesteigert und der Arbeitseinsatz um 900 Stunden gesenkt werden.
a) Berechnen Sie die Arbeitsproduktivität für beide Jahre.
b) Nennen Sie drei Ursachen für die Produktivitätssteigerung.
c) Erläutern Sie, warum trotz steigender Produktivität die Wirtschaftlichkeit der Otto GmbH sinken kann. Welche Konsequenzen ergeben sich für die Otto GmbH bei einem Rückgang der Wirtschaftlichkeit?

6. Ein Süßwarenhersteller weist hinsichtlich seiner Produktivitäten für die Herstellung von Weingummi folgende Grunddaten aus:

	Vorjahr	Berichtsjahr
Faktoreinsatz (€)	280 Mio. €	280 Mio. €
Ausbringungsmenge (t)	220 000 t	235 000 t

Ermitteln Sie die Produktivität für das Vorjahr und das Berichtsjahr (fünf Nachkommastellen) und die prozentuale Steigerung der Produktivität.

7. Erläutern Sie den Zusammenhang (keine Schwankungen der Faktor- und Absatzpreise) zwischen den Kennzahlen Produktivität, Wirtschaftlichkeit, Rentabilität und die Auswirkungen auf Investitionen. Ausgangspunkt: Produktivitätsanstieg.

8. In der Geschäftsführung der Dolfinger GmbH werden die Ergebnisse der Monate November und Dezember verglichen. Im November wurden von Produkt x 3 400 Stück, im Dezember 2 080 Stück produziert. Die Beschäftigtenzahl lag in beiden Monaten unverändert bei 50. Im Monat November wurden 6 800, im Dezember 5 200 Arbeitsstunden geleistet. Der Werkstoffeinsatz lag im November bei 294.100,00 €, im Dezember betrug er 180.960,00 €.
   a) Ermitteln Sie die Produktivität des Arbeits- und des Werkstoffeinsatzes für beide Monate.
   b) Erklären Sie, warum sich im Monat Dezember die Arbeitsstunden vermindern, obwohl die Beschäftigtenzahl unverändert bleibt.
   c) Nennen Sie mögliche Gründe für die abweichenden Produktivitätszahlen bei den Werkstoffen in den Monaten November und Dezember.

9. Folgende Daten wurden der Bilanz und der GuV-Rechnung einer Industrieunternehmung entnommen:

Vorjahr (in T€)		Aktuelles Jahr (in T€)	
EK	1.000 (wie Vor-Vorjahr)	EK	1.100
FK	2.000 (wie Vor-Vorjahr)	FK	3.000
Aufwendungen (davon: Fremdkapitalzinsen 200)	2.700	Aufwendungen (davon: Fremdkapitalzinsen 300)	3.000
Umsatzerlöse	3.000	Umsatzerlöse	3.500

   a) Ermitteln Sie für das Vorjahr und das aktuelle Jahr die Kapitalrentabilitäten und die Wirtschaftlichkeit.
   b) Begründen Sie den allgemeinen Zusammenhang zwischen Rentabilitäten und Wirtschaftlichkeit.

10. Für die Gewährung eines Kredites prüft ein Kreditinstitut mit Hilfe der Strukturbilanz die Liquidität der Braunschweig AG:

Strukturbilanz der Braunschweig AG			
Anlagevermögen	**150.000,00**	**Eigenkapital**	**120.000,00**
Vorräte	40.000,00	Langfr. Verbindlichkeiten	110.000,00
Forderungen	90.000,00	Kurzfr. Verbindlichkeiten	110.000,00
Flüssige Mittel	60.000,00		
Umlaufvermögen	**190.000,00**	**Fremdkapital**	**220.000,00**
Gesamtvermögen	**340.000,00**	**Gesamtkapital**	**340.000,00**

Hinweis: Eine Strukturbilanz gruppiert einzelne Bilanzpositionen (z. B. Anlagevermögen, Fremdkapital).

   a) Ermitteln Sie die Liquiditätsgrade 1 bis 3 und beurteilen Sie die Liquidität der Braunschweig AG.
   b) Warum haben die ermittelten Kennzahlen nur eine begrenzte Aussagekraft zur Beurteilung der Liquidität der Braunschweig AG? Begründen Sie Ihre Meinung anhand von drei Merkmalen.
   c) Schlagen Sie der Hausbank eine weitere Möglichkeit vor, mit der die Liquidität der Braunschweig AG besser beurteilt werden kann.
   d) Warum führen Unternehmen Liquiditätsrechnungen (v. a. mit Hilfe von Finanzplänen) durch?

Wiederholungsaufgaben

› Kap. 3

1. Gegeben sind die folgenden Daten der Automobil AG:

Investiertes Eigenkapital	550.000,00 €
Fremdkapital	700.000,00 €
Fremdkapitalzinsen	56.000,00 €
Verkaufserlöse	1.450.000,00 €
Kosten (inklusive FK-Zinsen)	1.255.000,00 €
Unternehmerlohn	120.000,00 €
Risikoprämie	1,5 % vom Umsatz
Eigenkapitalverzinsung (Soll)	8 %

a) Berechnen Sie die folgenden Kennzahlen für das vorliegende Geschäftsjahr: Wirtschaftlichkeit, Eigenkapitalrentabilität, Gesamtkapitalrentabilität, Umsatzrentabilität.

b) Interpretieren Sie jeweils die allgemeine Aussage der Eigenkapital- und der Umsatzrentabilität und erklären Sie zwei weitere Kriterien, die für eine angemessene Interpretation zusätzlich berücksichtigt werden sollten.

2. Analysieren Sie die abgebildeten Grafiken unter folgenden Gesichtspunkten:

a) Beschreiben Sie mit wenigen Worten, welchen Zusammenhang die Grafik für den Automobilherstellermarkt verdeutlichen möchte.

b) Welche Information gewinnt der Betrachter durch die Kennzahl „Umsatzrendite“ von 11,7 % bei BMW?

c) Zu welchen Zwecken werden Umsatzrenditen in Unternehmen ermittelt?

Umsatzrenditen von Automobilkonzernen
2010 und 2011 im Vergleich (in %)

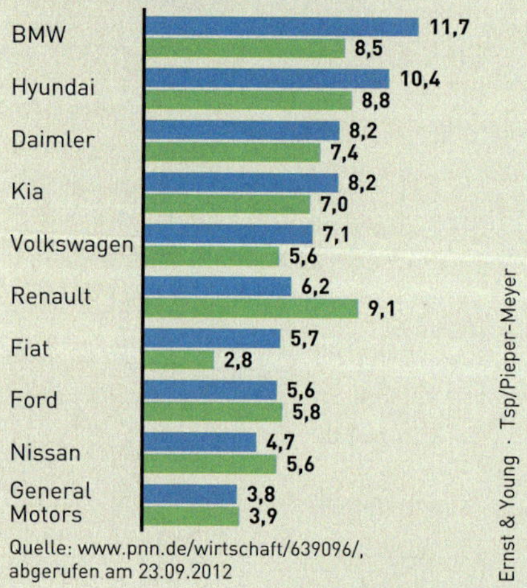

Quelle: www.pnn.de/wirtschaft/639096/, abgerufen am 23.09.2012

Prognose der Verkaufszahlen für 2011
Pkw-Absatz (in Mio. Stück)

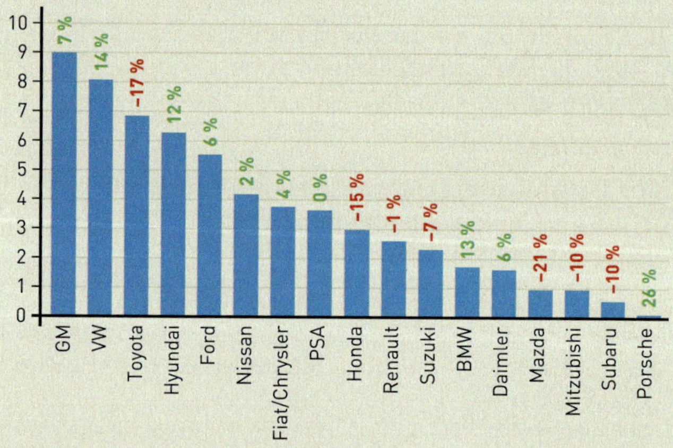

Quelle: www.automobil-produktion.de/uploads/2011/11/absatz_2011_prognose.jpg, abgerufen am 23.09.2012

d) Sammeln Sie mindestens fünf betriebswirtschaftliche Maßnahmen bezogen auf den gesamten Wertschöpfungsprozess (Input, Throughput, Output), die General Motors ergreifen kann, um eine Verbesserung der Umsatzrendite zu erzielen.

3. Erläutern Sie, unter welchen Bedingungen die Wirtschaftlichkeit trotz steigender (sinkender) Produktivität sinkt (steigt).

4. Geschäftsinhaber Hark Dose bietet seiner langjährigen Geschäftsfreundin Antje Böhmer den Einstieg in die Hark Dose KG an. Herrn Dose schwebt vor, dass Antje Böhmer Einlagen einbringt (zusätzliches Eigenkapital) und damit Miteigentümerin des Unternehmens wird. Zur Entscheidungsvorbereitung bittet Frau Böhmer um Einblicke in die wirtschaftliche Situation des Unternehmens. Die Controllingabteilung bereitet daher auf Grundlage nachfolgender Daten wichtige betriebliche Kennzahlen auf:

Aufbereitete Bilanz der Hark Dose KG – Geschäftsjahr 01			(in T€)
Anlagevermögen	**480**	**Eigenkapital**	**960**
Vorräte	660	Langfr. Verbindlichkeiten	400
Forderungen	340	Kurzfr. Verbindlichkeiten	240
Flüssige Mittel	120		
Umlaufvermögen	**1.120**	**Fremdkapital**	**640**
Gesamtvermögen	**1.600**	**Gesamtkapital**	**1.600**

	Geschäftsjahr 01 (1. Halbjahr)	**Geschäftsjahr 01** (2. Halbjahr)
abgesetzte Erzeugnisse	220 000	280 000
Mitarbeiter	380	420
Gesamtkosten/Quartal	3.820.000,00 €	4.470.000,00 €
davon: Zinskosten	*80.000,00 €*	*80.000,00 €*
davon: Werkstoffkosten	*2.000.000,00 €*	*2.600.000,00 €*
Verkaufserlöse/Stück (p)	40	35

Hinweise:
- Eigen- und Fremdkapital wiesen im Vorjahr die gleichen Werte auf.
- Zur Ermittlung halbjähriger Rentabilitäten ist das Ergebnis zu halbieren, weil die gegebene Formel die Rendite pro Jahr angibt.

a) Ermitteln Sie folgende betriebliche Kennzahlen für beide Halbjahre und für das Geschäftsjahr insgesamt: Werkstoffproduktivität (drei Nachkommastellen), Arbeitsproduktivität (auf volle Stück runden), Wirtschaftlichkeit (zwei Nachkommastellen), Kapitalrentabilitäten (zwei Nachkommastellen), Liquiditätsgrade 1 bis 3.

b) Analysieren Sie die wirtschaftliche Situation der Hark Dose KG aufgrund der berechneten Kennzahlen. Empfehlen Sie Frau Böhmer den Einstieg in das Unternehmen?

c) Welche Schwächen hat die Analyse der wirtschaftlichen Situation der Hark Dose KG, wenn dafür nur die obigen Kennzahlen zugrunde gelegt werden?

5. Für den Vertrieb der Elementebau Harxbüttel KG soll das Controlling eine Umsatzabweichungsanalyse durchführen. Der Controller Hannes Scholl hat für das abgelaufene Geschäftsjahr folgende Plan- und Istwerte zusammengestellt:

	geplante Absatzmenge (Stück)	**geplanter Ø Verkaufspreis (€)**	**tatsächliche Absatzmenge (Stück)**	**erzielter Ø Verkaufspreis (€)**
Holzfenster	2 900	1.600,00	1 900	1.500,00
Alufenster	6 000	1.400,00	6 200	1.450,00
Kunststofffenster	15 000	1.200,00	19 500	1.160,00
Haustüren	3 500	7.500,00	4 000	6.500,00

a) Ermitteln Sie die geplanten und die tatsächlichen Umsätze (Gesamtumsatz und nach Produktgruppen).

b) Erstellen Sie eine Umsatzabweichungsanalyse für die Gesamtabweichung (in €), die Preisabweichungen (in €/Stück) und die Mengenabweichungen (Stück) und interpretieren Sie Ihr Ergebnis.

c) Führen Sie je Produktgruppe mindestens zwei Ursachen an, die zu den Abweichungen geführt haben können.

4 Unternehmensorganisation zur Zielerreichung

Einführung

Aufgabe der Unternehmensorganisation ist es, alle Teilaufgaben zu ermitteln und diese aufeinander abzustimmen. Das Ergebnis dieses Prozesses ist die Organisationsstruktur, die aufgrund interner und externer Einflüsse im Zeitablauf Veränderungen unterworfen ist. In der jüngeren Vergangenheit haben insbesondere die Marktbedingungen (Käufermärkte) zu einer neuen Sichtweise der Unternehmensorganisation geführt. Vor allem klassische Organisationsstrukturen werden vor große Herausforderungen gestellt, weil diese sich nur schwerfällig an die neuen Bedingungen anpassen können.

Beispiel

Die Heidtkötter KG produziert derzeit in vier Produktbereichen (Bürostühle, Bürotische, Konferenzsysteme und Sonderlösungen), die mit Handelswaren das Absatzprogramm ergänzen. Die Hauptaufgabe des Unternehmens (das Sachziel) besteht also in der Herstellung von Büromöbeln. Um dieses Sachziel zu erreichen, müssen sehr viele und sehr unterschiedliche Teilaufgaben (z. B. Einkaufen von Holz, Stahl, Kunststoff, Bezugsstoff u. a., Zuschnitt der Hölzer, Zuschnitt der Stoffe, Montage der Bürostühle, Rechnungserstellung, Angebotserstellung usw.) von Mitarbeitern und Maschinen des Unternehmens im Sinne des Kundenwunsches erfüllt werden.

Dieses Kapitel nähert sich den Aufgaben der Unternehmensorganisation auf zwei Wegen: Zunächst wird die klassische Organisation vorgestellt, um wichtige Grundbegriffe einzuführen (z. B. Aufbau-/Ablauforganisation, Stelle, Organigramm, Weisungssysteme). Anschließend wird die prozessorientierte Organisation als neue Sichtweise begründet. Danach erfolgt eine Charakterisierung von Geschäftsprozessen, deren Darstellung mit Hilfe von z. B. ereignisgesteuerten Prozessketten, sowie eine Darlegung für Möglichkeiten zur Prozessoptimierung.

4.1 Klassische Organisation

Die Organisation eines Unternehmens ist eine künstlich geschaffene Ordnung, die für eine gewisse Dauer besteht und die ein zielgerichtetes, wirtschaftliches Handeln erst ermöglicht. Jedes Unternehmen benötigt eine Organisation, um die betrieblichen Produktionsfaktoren optimal zu kombinieren und eine reibungslose Leistungserstellung zu ermöglichen.

Organisation

Unter einer **Organisation** wird das planvolle und zielorientierte Zusammenwirken organisatorischer Einheiten zur Zielerreichung verstanden, sodass sich eine unternehmensindividuelle Organisationsstruktur ergibt. Sie wird durch organisatorische Hilfsmittel (z. B. Organigramm, Arbeitsablaufkarte) dargestellt und ergibt sich aufgrund der zielorientierten Ordnung durch Aufbau- und Ablauforganisation.

Aufbauorganisation	Ablauforganisation
Aufgaben zu organisatorischen Einheiten bündeln (Stellen, Abteilungen)	Arbeitsprozesse nach zeitlichen, funktionalen und räumlichen Gesichtspunkten aufeinander abstimmen
Schaffen von Strukturen	**Gestaltung von Prozessen innerhalb der Struktur**

Aufbauorganisation

Im Rahmen der **Aufbauorganisation** erfolgt mit Hilfe der **Aufgabenanalyse** (= Zerlegung des Sachziels in kleinste Teilaufgaben), der **Aufgabensynthese** (= Zusammenfassung der gedanklich gegliederten Teilaufgaben zu Aufgabenbereichen) und der **Besetzung** der Aufgabenbereiche mit entsprechenden **Aufgabenträgern** die Bildung organisatorischer Einheiten. Aufgabenträger sind sowohl Mitarbeiter als auch technische Hilfsmittel (Maschinen, PC, ...).

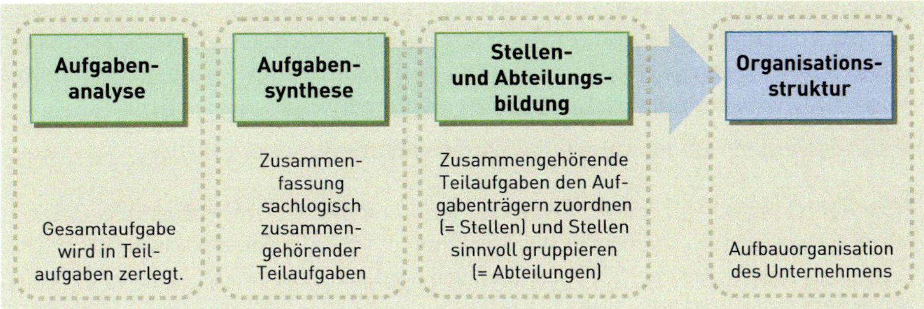

Stelle

Die kleinste organisatorische Einheit wird **Stelle** genannt. Sie bündelt so viele Teilaufgaben, wie sie von einem Aufgabenträger in der vorgegebenen Arbeitszeit (z. B. 39 Std./Woche) normalerweise erfüllt werden können. Eine Stelle ist unabhängig von einem bestimmten Stelleninhaber, sie kann durch wechselnde Personen oder auch Maschinen besetzt werden. Die konkrete Umschreibung der Teilaufgaben einer Stelle wird in der Stellenbeschreibung erläutert.

Beispiel

Stellenbeschreibung der Heidtkötter KG

Heidtkötter KG	**Stellenbeschreibung**
Stellenbezeichnung	Controller
Stellenart	Stabstelle
Einordnung in Unternehmenshierarchie	
Direkter Vorgesetzter	Geschäftsführer
Fachberater	Abteilungsleiter
Weisungsbefugnis	keine
Stellenziel	Unterstützung der Unternehmensleitung bei der Planung, Steuerung und Kontrolle der betrieblichen Geschäftsprozesse sowie die Beurteilung der Leistungserbringung unter Wirtschaftlichkeits- und Qualitätskriterien
Aufgaben und Kompetenzen	
Teilaufgaben	■ Erstellen und Pflege eines aussagekräftigen Informations- und Berichtssystems ■ Erstellen von Soll-Ist-Vergleichen und aussagekräftigen Abweichungsanalysen bezogen auf die Finanz- und Liquiditätslage einzelner Bereiche sowie des gesamten Unternehmens ■ Ausarbeiten von Vorschlägen zur Gegensteuerung bei Planabweichungen ■ Informieren der Geschäftsführung bei gravierenden Planabweichungen ■ Mitwirken bei der Formulierung langfristiger Unternehmensziele ■ Erarbeiten/Einführen innovativer Techniken/Maßnahmen zur Kostenkontrolle
Kompetenzen	■ Einsicht in alle Datenbestände des Unternehmens ■ Berechtigung, die Mitarbeit von Bereichsleitern zur eigenen Entlastung einzufordern
Anforderungen	■ Allgemeine Hochschulreife und Studium der Betriebswirtschaftslehre ■ mehrjährige Berufserfahrung im Bereich Kostenrechnung ■ teamfähig ■ kooperativ ■ psychisch belastbar ■ flexibel ■ selbstständig ■ zuverlässig

In einer **Stellenbeschreibung** werden alle wichtigen Inhalte/Tatbestände einer Stelle personenunabhängig schriftlich festgehalten. Es geht dabei um die Einordnung der Stelle in die Unternehmenshierarchie, alle von der Stelle zu erledigenden Teilaufgaben sowie die zu erfüllenden Anforderungen, die an den Stelleninhaber gestellt werden. Weiterhin können Kriterien zur Leistungsbewertung sowie die Mitarbeit in bestimmten Projekten dort aufgeführt sein.

Die Stellenbeschreibung sollte nicht auf Dauer gültig sein, da dies zu einer Erstarrung des Systems (Überorganisation) führen würde. Aus diesem Grunde soll die Stellenbeschreibung in festgesetzten Zeitabständen überprüft und eventuell veränderten wirtschaftlichen oder organisatorischen Bedingungen angepasst werden.

Stellenarten

Je nach Aufgabenstellung werden drei Arten von Stellen unterschieden:

Stellenarten	**Instanzen**	**Stabsstellen**	**Ausführungsstellen**
Aufgaben	Führungsaufgaben	Hilfsaufgaben	Ausführungsaufgaben
Inhalt der Aufgaben	Leiten, Entscheiden, Kontrollieren, Anweisungen geben	Beraten: Vor- und Zuarbeit für Instanzen	Ausführen von Arbeiten nach Anweisung
Besetzung	Spezialisten: ▪ Unternehmensleitung ▪ Management	Spezialisten: ▪ Recht ▪ EDV	Sachbearbeiter, Facharbeiter, Hilfsarbeiter, Auszubildende

Werden gleichartige Teilaufgaben in einer Stelle zusammengefasst, entspricht dies dem Prinzip der **Zentralisation**. Bei einer Aufteilung gleichartiger Aufgaben auf mehrere Stellen handelt es sich um eine **Dezentralisation** von Aufgaben.

Abteilung

Anschließend werden die gebildeten Stellen sinnvoll zu **Abteilungen** gruppiert. Sie beschreiben organisatorische Einheiten, die nach folgenden Prinzipien gebildet werden:

Gliederungsprinzipien für die Organisationen

	Verrichtungsprinzip	**Objektprinzip**	
		Objekt	**Region**
Beschreibung:	Die Aufgaben innerhalb der organisatorischen Einheit werden nach **Tätigkeitsarten (Funktionen)** gegliedert, z. B. Einkaufen, Lagern, Herstellen, Verkaufen, Verwalten, ... → WAS wird getan?	Die Aufgaben innerhalb der organisatorischen Einheit werden nach dem zugehörigen **Produkt (Objekt)** gegliedert, z. B. Rennrad, Mountainbike, Citybike, ... → WORAN wird gearbeitet?	Die Aufgaben innerhalb der organisatorischen Einheit werden nach **Absatzmärkten (Gebieten, Kunden)** gegliedert, z. B. Deutschland West, Süd, Nord, Ost, Europa, ... → WER wird versorgt?
Grafische Darstellung:	Unternehmensleitung → Einkauf, Produktion, Verkauf	Unternehmensleitung → Rennrad, Citybike, Mountainbike	Unternehmensleitung Deutschland → West, Süd, Nord, Ost

Organigramm

Leitungssystem

Aufgrund der Bildung dieser organisatorischen Einheiten entsteht eine innere Unternehmensstruktur, deren grafische Darstellung das **Organigramm** ist. Innerhalb der entstandenen Organisationsstruktur ist wichtig, wer wem Anweisungen geben darf. Dazu wird ein **Leitungssystem** (= Weisungssystem) erstellt, das die Anordnungsbeziehungen von übergeordneten zu untergeordneten Stellen (Hierarchie) festlegt.

Leitungsspanne

Die Anzahl der einem Vorgesetzten direkt unterstellten Mitarbeiter wird als **Leitungsspanne** bezeichnet. Je kleiner die Leitungsspanne, desto größer ist die Anzahl der Stufen der Betriebshierarchie (= **Instanzentiefe**) und desto geringer ist die Anzahl der Instanzen auf einer Stufe der Betriebshierarchie (= **Instanzenbreite**).

Es lassen sich folgende vier Formen von Leitungssystemen (siehe I. bis IV.) unterscheiden:

I. Einliniensystem

Eine untergeordnete Stelle erhält jeweils direkt von einer vorgesetzten Stelle ihre Anweisungen. Damit ist ein Dienstweg für Anweisungen und Kontrollinformationen vorgegeben. Horizontalen Verbindungen entfallen auf dem langen, vertikalen Dienstweg.

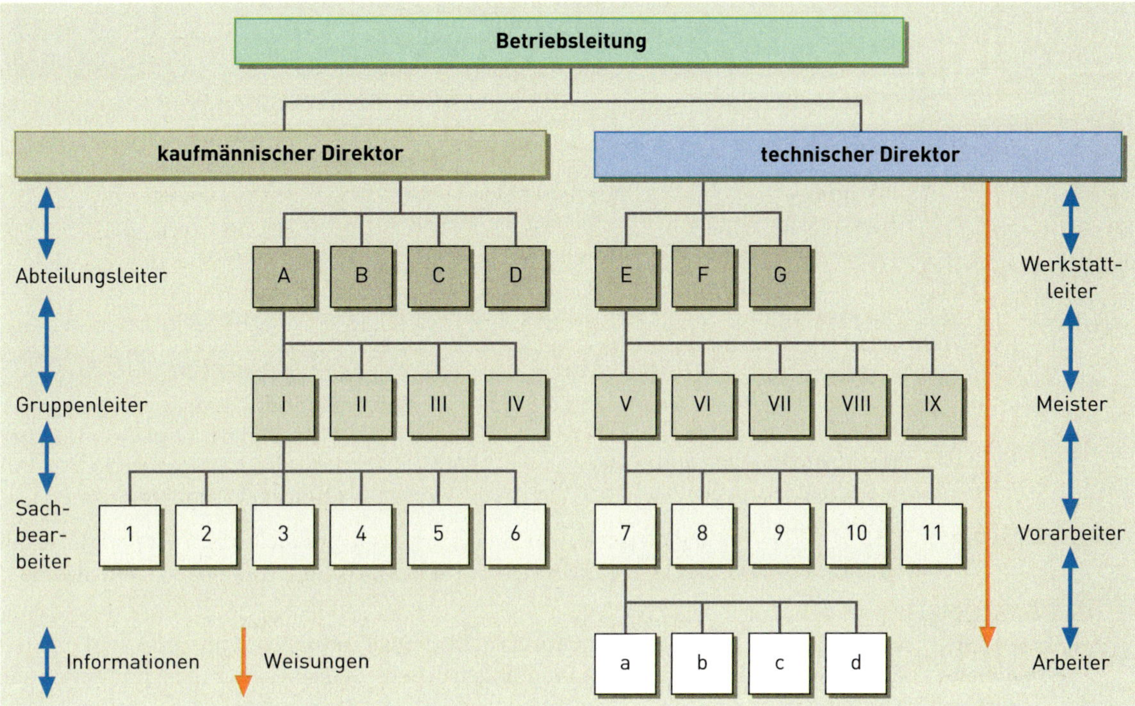

Dieses System findet seine Anwendung vorwiegend in Kleinbetrieben.

Vorteile	Nachteile
■ keine Weisungskonflikte ■ klare Zuständigkeiten/Zuständigkeitsabgrenzung ■ übersichtliches System ■ gute Kontrollmöglichkeit ■ Anweisungen dürfen nur innerhalb des eigenen Funktionsbereichs gegeben werden.	■ lange Informationswege und langsame Übermittlung ■ Informationsverluste/-verfälschung ■ Gefahr der Überorganisation ■ fehlende Spezialisierung der Führungskräfte ■ keine Verständigung zwischen gleichgeordneten Instanzen ■ Schwerfälligkeit (Zeitverzögerung) ■ Überlastung der Vorgesetzten in sachlicher und quantitativer Hinsicht

II. Mehrliniensystem

Dieses Leitungssystem geht davon aus, dass sehr komplexe Aufgabenbereiche aufgeteilt werden können und die entstehenden kleineren Teilaufgaben von entsprechenden Spezialisten („Meister") mit Weisungsbefugnis bearbeitet werden sollen. Eine untergeordnete Stelle erhält von mehreren nach sachlichen Gesichtspunkten gebildeten und mit qualifizierten Personen besetzten Führungsstellen Weisungen und berichtet dorthin zurück. Vorgesetzte verschiedener Funktionen haben unmittelbares fachliches Weisungsrecht. Die Einheitlichkeit der Auftragsvergabe wird zugunsten des Prinzips des kürzesten Weges ersetzt.

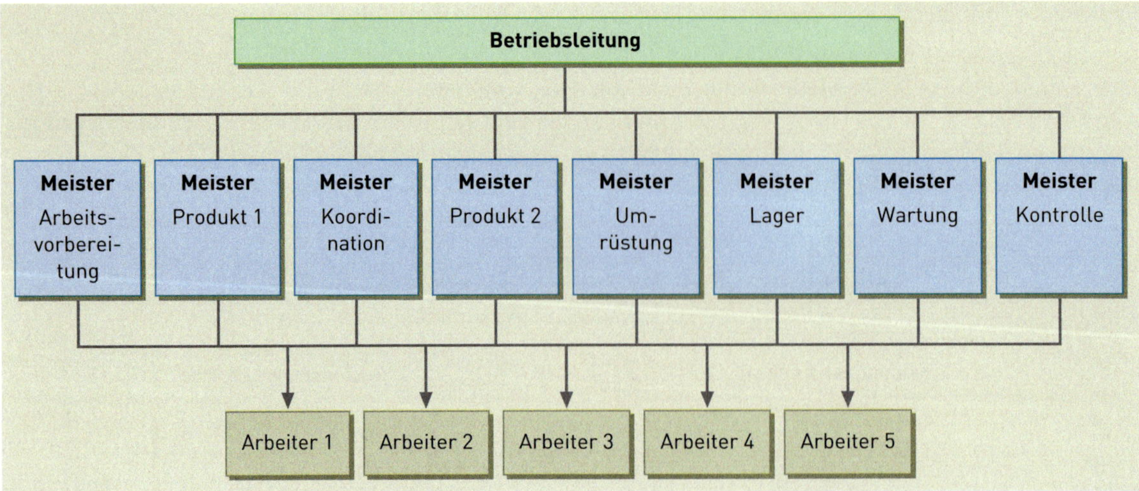

Die Anwendung erfolgt allenfalls noch in betrieblichen Teilbereichen.

Vorteile	Nachteile
■ kurze Wege im System ■ schnelle Übermittlung von Weisungen ■ geringe Informationsverluste ■ Spezialisierung der Führungskräfte ■ Förderung innovativer Leistungen ■ Entlastung der Vorgesetzten ■ horizontale Absprachen möglich	■ Weisungskonflikte/Verantwortung unklar ■ Kompetenzüberschneidungen ■ Unübersichtlichkeit des Systems ■ Komplexität bei wachsender Anzahl der Stellen ■ Kontrollprobleme ■ Koordinations-/Kommunikationsprobleme

III. Stabliniensystem

Dieses System basiert auf der Grundstruktur des Einliniensystems und wird ergänzt durch Stabsstellen bzw. Stabsabteilungen. Diese Stabsstellen haben nur beratende Funktionen und besitzen kein Weisungsrecht. Die Stabsstellen

- übernehmen Beratungs- und Unterstützungsaufgaben für die Instanzen,
- treffen keine Entscheidungen über die von ihnen erarbeiteten und vorgeschlagenen Problemlösungen,
- besitzen keine Anordnungsbefugnisse gegenüber Instanzen,
- besitzen Beratungsverantwortung (sachlich richtige Beratung) und Informationsrecht bei allen Instanzen,
- erfüllen Beratungs-, Planungs- und Forschungsaufgaben sowie Entlastung der Instanzen von Routinearbeiten.

Beispiele

Typische Stabsstellen:

Vorstandsassistent, Rechtsabteilung, Steuerabteilung, Marketingabteilung, Organisationsabteilung, PR (Abteilung für Öffentlichkeitsarbeit)

Dieses Leitungssystem nutzt die Kenntnisse von Spezialisten zur Entlastung der Vorgesetzten, ohne das Prinzip der Einheit der Auftragserteilung aufzugeben.

610162

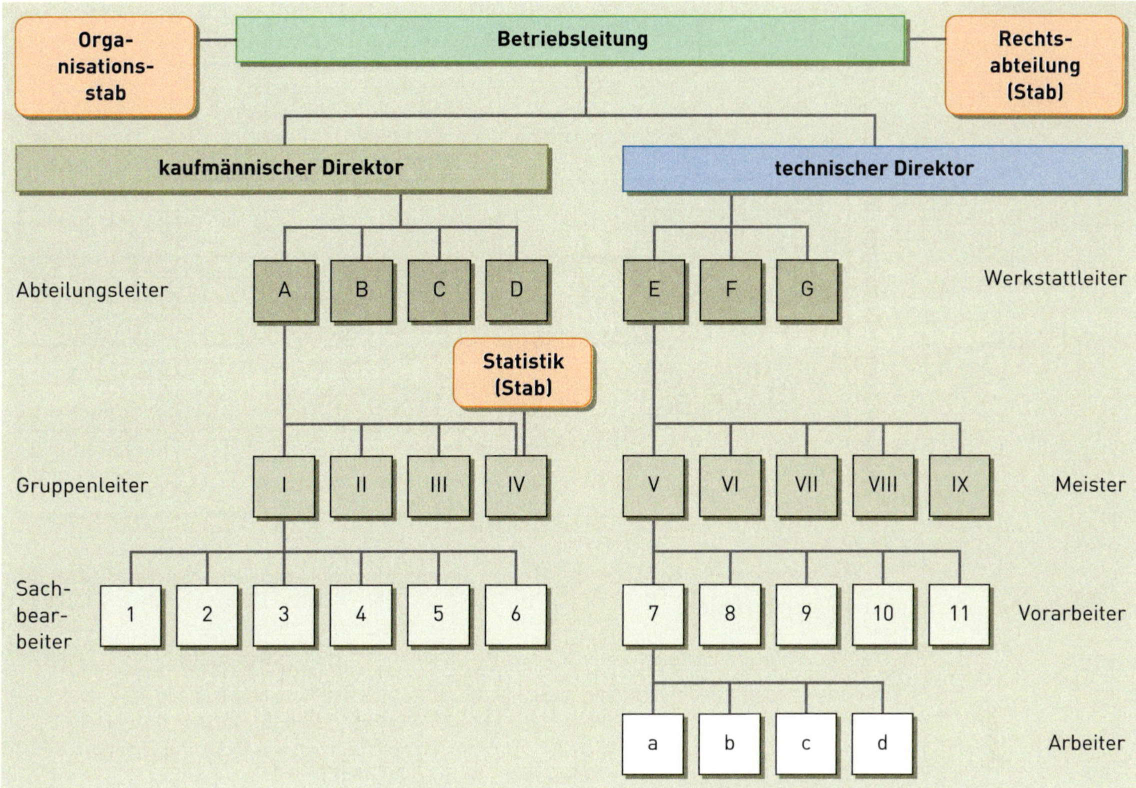

Ein Stabliniensystem ist bis auf die Einbindung von Stabsstellen üblicherweise wie ein **Einliniensystem** organisiert. Das Stabliniensystem ist in Großbetrieben sehr verbreitet.

Vorteile	Nachteile
■ Klarheit des Dienstweges (Einheit der Auftragserteilung) des Einliniensystems bleibt erhalten ■ bessere Qualität der Entscheidungen ■ eindeutige und geringere Menge an Verständigungsvorgängen ■ Förderung innovativer Leistungen der Instanzen ■ Entlastung der Instanzen, die nun mehr Zeit für ihre Führungsaufgaben haben ■ verbesserter Einsatz der Mitarbeiter entsprechend ihrer Eignung für Stabs- oder Instanzenaufgaben	■ Verlust der Durchsichtigkeit von Entscheidungen ■ lange Kommunikationswege ■ Streitigkeiten zwischen Beratern (Stab) und weisungsberechtigten Stellen ■ Betonung des hierarchischen Systems ■ „Verbeugung" unterer Instanzen vor der Fachkompetenz der Stabsspezialisten ■ hohe Personalkosten für hochqualifizierte Mitarbeiter in den Stabsstellen ■ Gefahr, dass sich zu viele (und zu große) Stabsstellen/-abteilungen angliedern

IV. Matrixorganisation

Bei der Matrix-Organisation liegt die gleichzeitige Anwendung des Verrichtungs- und des Objektprinzips auf der zweiten Hierarchieebene vor. Da sowohl der Produkt- als auch der Funktionsmanager entscheidungsberechtigt ist, entstehen zwei sich überschneidende Kompetenzsysteme mit einem Zwang zur Einigung. Für jede Entscheidung liegt eine Doppelverantwortung vor.

Die grafische Darstellung erfolgt in Form einer Matrix, bestehend aus Spalten und Zeilen.

→

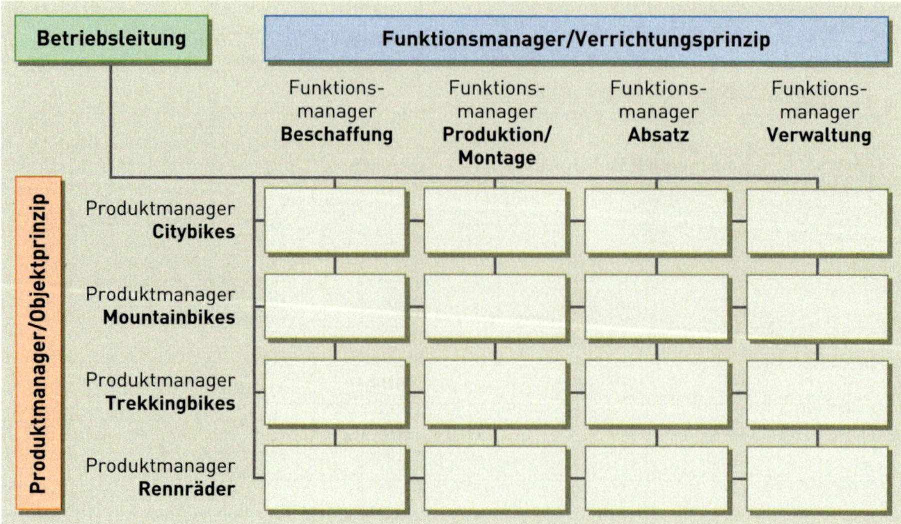

Die Matrixorganisation ist in deutschen Unternehmen aufgrund der Konfliktgefahr eher selten zu finden.

Vorteile	Nachteile
▪ bessere Problemlösung durch kombinierten Einsatz verschiedener Fachspezialisten ▪ Motivation durch Teamarbeit ▪ Entlastung der Unternehmensleitung ▪ höhere Flexibilität bei Marktveränderungen	▪ Gefahr der Abschiebung von Verantwortung mit Auswirkungen auf das Arbeitsklima ▪ Entscheidungsverzögerung (Zwang zur Einigung) ▪ hoher Kommunikationsbedarf ▪ Problem der Zuständigkeitsabgrenzung

Mischform: **Spartenorganisation**

Eine weitere Form der Unternehmensstruktur stellt die **Spartenorganisation** dar. Es handelt sich dabei um eine Divisionalorganisation, da auf der zweiten Hierarchieebene verschiedene Sparten (= produkt-/objektbezogene Geschäftsbereiche = Divisionen) für gleiche Produkte oder Produktgruppen gebildet werden. Auf der nächsten Ebene entstehen häufig funktionsorientierte Bereiche, die nach dem Einliniensystem strukturiert sind. In vielen Fällen werden Verantwortungs- und Entscheidungsbereiche von der Geschäftsleitung an die Spartenleitungen übertragen. Es entstehen so wirtschaftlich weitgehend selbstständige Unternehmensbereiche, die über alle Beschaffungs-, Produktions-, Absatz- und Finanzierungsmaßnahmen innerhalb eines vorgegebenen Rahmens entscheiden können und für die erwirtschafteten Gewinne oder Verluste die volle Verantwortung übernehmen müssen (= Profitcenter).

Profitcenter

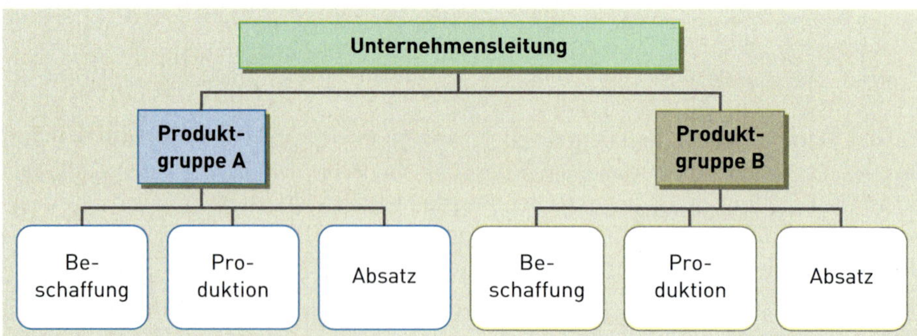

Die Spartenorganisation findet in Großbetrieben mit breiter Produktpalette Anwendung.

Ablauforganisation

Auf Basis der Organisationsstruktur erfolgt anschließend im Zuge der **Ablauforganisation** die konkrete Gestaltung der Arbeitsprozesse bei Anwendung des Ökonomischen Prinzips. Der Arbeitsablauf muss hinsichtlich der Kriterien Funktion, Zeit und Raum festgelegt werden:

funktionaler Arbeitsablauf	zeitlicher Arbeitsablauf	räumlicher Arbeitsablauf
logische Reihenfolge der Teilaufgaben	Reihenfolge und Dauer der Teilaufgaben	lokale Anordnung der Teilaufgaben und Stellen

Die Koordination und Abbildung der Ablauforganisation wird umso schwieriger,

- je mehr Teilaufgaben und je mehr Stellen vorhanden sind,
- je größer die räumliche Trennung der Teilaufgaben und der Stellen ist und
- je kürzer die Zeitvorgabe für die Erledigung der Gesamtaufgabe ist.

Um die Beherrschbarkeit und die optimale Gestaltung der Arbeitsabläufe planen, steuern und kontrollieren zu können, werden verschiedene Darstellungsformen verwendet:

- Ablauf- und Balkendiagramm (siehe Teil C, Kap. 3.1.1, S. 267)
- Netzplan-Technik (siehe Teil C, Kap. 3.1.2, S. 269)
- Ereignisgesteuerte Prozessketten (siehe Kap. 4.2, S. 70)

Aufgaben

› Kap. 4.1

1. Erläutern Sie, was unter Organisation verstanden wird und unterscheiden Sie zwischen Aufbauorganisation und Ablauforganisation.
2. Erklären Sie die schrittweise Bildung organisatorischer Einheiten und erläutern Sie in diesem Zusammenhang die Begriffe „Aufgabenanalyse“ und „Aufgabensynthese“.
3. Unterscheiden Sie drei Stellenarten, erläutern Sie deren Aufgaben und nennen Sie je Stellenart ein Beispiel aus der betrieblichen Praxis.
4. Beschreiben Sie, was organisatorisch unter einer Stelle und einer Stellenbeschreibung verstanden wird und führen Sie Inhalte einer Stellenbeschreibung an.
5. Führen Sie auf Basis der betrieblichen Aufgabenanalyse (s. u.) für die Abteilung „Beschaffung“ eine Aufgabensynthese durch, bei der Sie die Stellenbildung vornehmen und die gebildeten Stellen bezeichnen (Beispiel: Stelle Einkäufer).

Ergebnis der betrieblichen Aufgabenanalyse (keine zeit-/sachlogische Reihenfolge):	
1. Drucken der Bestellung	11. Verpackung prüfen
2. Werkstoffprüfung	12. Bestelldaten eingeben
3. Werkstoffe einlagern	13. Eingangsrechnung prüfen
4. Eingehende Werkstoffe prüfen	14. Einkaufsverhandlungen führen
5. Werkstofflieferung mit Bestelldaten vergleichen	15. Bestellungen schreiben
6. Liefertermine überwachen	16. Angebote einholen und vergleichen
7. Bedarfsanforderung prüfen	17. Lagerbestand prüfen
8. Werkstoffe für die Fertigung bereitstellen	18. Bezugsquellen ermitteln
9. Werkstoffbedarf feststellen	19. Werkstoffe auslagern
10. Bedarfsanforderung erstellen	20. Lieferanten bewerten

6. Nachfolgend ist das Organigramm der Franz Kniep GmbH abgebildet:

→

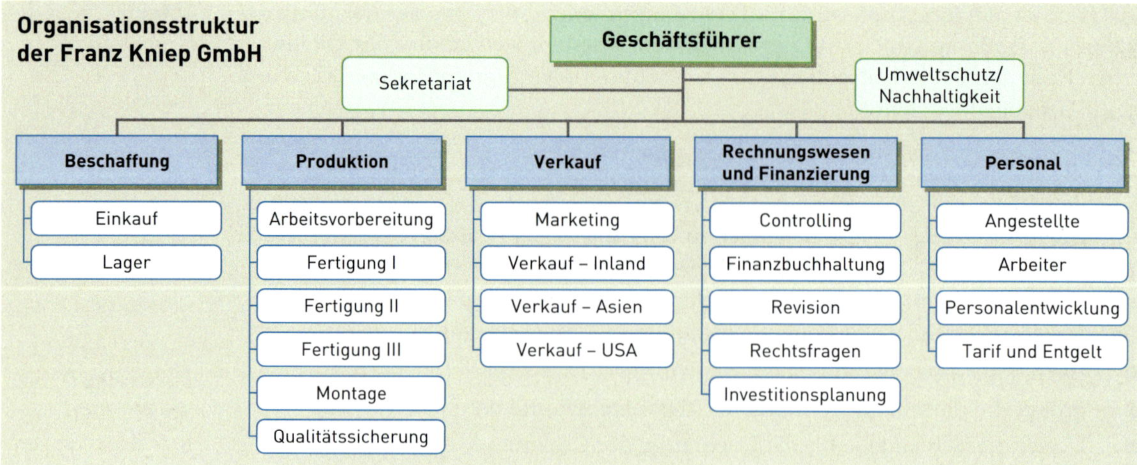

a) Beschreiben Sie kurz, was unter einem Organigramm verstanden wird.
b) Erklären Sie das Verrichtungs- und Objektprinzip bei der Bildung der organisatorischen Einheiten (Stellen, Abteilungen) im Unternehmen. Ordnen Sie das angewendete Gliederungsprinzip der Franz Kniep GmbH zu.
c) Erläutern Sie, was durch das Leitungssystem festgelegt wird und nennen Sie das Leitungssystem der Franz Kniep GmbH.
d) Nennen Sie Vor- und Nachteile des gewählten Leitungssystems der Franz Kniep GmbH. Geben Sie Beispiele an.

7. Ein Chemieunternehmen ist in die Hauptaufgaben „Entwicklung“, „Beschaffung“, „Produktion“ und „Absatz“ gegliedert. Alle Hauptaufgaben sind ihrerseits jeweils in die Teilaufgaben Kunststoffe, Pharma und Pflanzenschutz unterteilt.
a) Zeichnen Sie den organisatorischen Aufbau dieses Chemieunternehmens.
b) Nach welchem Merkmal sind die Aufgaben auf der 2. bzw. auf der 3. organisatorischen Rangebene gegliedert?
c) Nennen Sie ein weiteres Merkmal, nach dem eine Unternehmung gegliedert werden kann.

8. Ein Industrieunternehmen diskutiert zwecks Reorganisation verschiedene Weisungssysteme. Erläutern Sie in arbeitsteiliger Gruppenarbeit je ein Weisungssystem (Einliniensystem, Mehrliniensystem, Stabliniensystem, Matrixorganisation) anhand folgender Arbeitsaufträge:
a) Bearbeiten Sie die Besonderheiten des von Ihnen gewählten Weisungssystems.
b) Beurteilen Sie das Weisungssystem, indem Sie aus den Bewertungen (s. u.) zutreffende Aspekte auswählen.

Bewertungen von Weisungssystemen:

1. Befehlsweg ist oft zu lang
2. Inkompetenz von Vorgesetzten in Spezialfragen möglich
3. Gefahr von Kompetenzüberschneidung
4. Entscheidungen/Weisungen hängen von Verständigungsbereitschaft ab
5. eindeutige Kompetenzabgrenzung
6. gute Kontrollmöglichkeit durch den Vorgesetzten
7. Kompetenzen sind schwierig abzugrenzen
8. gute Übersichtlichkeit der Unternehmensorganisation
9. schwerfällig, besonders in größeren Betrieben mangelnde Flexibilität
10. starke Belastung der Instanzen (nimmt mit steigendem Rang zu)
11. Instanzen können sich spezialisieren
12. höhere Personalkosten für qualifizierte Mitarbeiter entstehen
13. kurze Dienstwege können genutzt werden
14. Weisungskonflikte sind möglich
15. unklare Verantwortlichkeiten der Instanzen lassen im Einzelfall „Ausreden“ zu
16. untergeordnete Stellen können durch mehrere Weisungszuständigkeiten verunsichert werden (Dringlichkeit, Reihenfolge der Erledigung der Anweisungen)
17. Teamarbeit wird betont
18. Organisation ist unübersichtlich
19. es besteht großer Kommunikationsbedarf
20. Entscheidungen der Instanzen werden durch die Arbeit qualifizierter und fachlich spezialisierter Mitarbeiter fundierter/sicherer
21. Problemlösung wird durch die Zusammenarbeit verschiedener Fachspezialisten verbessert
22. obere Leitungsorgane werden entlastet
23. Entscheidungsprozess ist zeitaufwendig

610166

4.2 Prozessorientierte Organisation

4.2.1 Begründung der Prozessorientierung

Die vielfältigen Veränderungen des Unternehmensumfeldes, die durch die Interessengruppen extern und intern an das Unternehmen herangetragen werden (siehe Kap. 1.1), verlangen Organisationsstrukturen, durch die die Marktanforderungen erfüllt werden können. Derzeit lassen sich Marktanforderungen unter dem Vorrang der Kundenorientierung v. a. in folgendem Zieldreieck bündeln:

Zieldreieck der Kundenorientierung

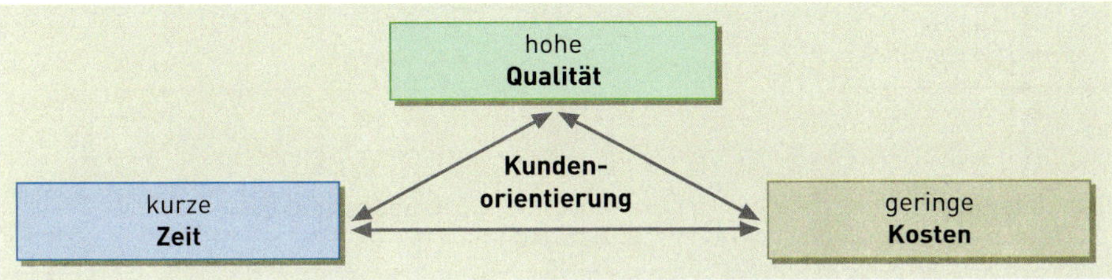

Mängel klassischer Organisation

Klassische Organisationsstrukturen (siehe Kap. 4.1) werden durch das Zieldreieck überfordert, denn an ihnen werden folgende Aspekte bemängelt:

- Die Gliederung der Teilaufgaben erfolgt i. d. R. aufgrund der betrieblichen Funktionen, sodass gleiche Tätigkeiten, gleichen Abteilungen zugewiesen werden. Die Aufgaben werden im Hinblick auf das Abteilungsziel und nicht auf das Gesamtziel ausgerichtet. Abteilungen arbeiten dadurch u. U. gegeneinander und nicht für das Gesamtergebnis (Abteilungsdenken).
- Es werden abteilungsbezogene Einzelaufgaben zu Stellen zusammengefasst, bei denen für den Stelleninhaber die Bedeutung für das Gesamtergebnis nicht deutlich wird. Dadurch werden u. U. überflüssige Tätigkeiten nicht sichtbar und die Motivation des Stelleninhabers sinkt, weil er nicht weiß, wofür er etwas erledigt (sinkende Qualität).
- Aufgrund der i. d. R. abteilungsbezogenen Weisungsbefugnis entstehen
  - lange Befehlswege (hoher Zeitbedarf für Entscheidungen),
  - viele Schnittstellen[1], die zu Informationsverlusten führen (sinkende Qualität).

Prozessorientierte Organisation

Zur Überwindung dieser Mängel setzen Unternehmen zunehmend auf eine **prozessorientierte Organisationsstruktur**. Bei dieser modernen Organisationsform wird der gesamte Wertschöpfungsprozess von der Beschaffung der Produktionsfaktoren bis zur Verteilung der Leistungen an den Ort des Bedarfs durch einen oder mehrere Prozessverantwortliche in den Blick genommen.

Merkmale

Wesentliche Merkmale einer prozessorientierten Organisation sind:

- vollständige Abbildung der Prozesse vom Lieferanten bis zum Endverbraucher,
- Definition der Teilprozesse als Kunden- und Lieferantenbeziehungen, wodurch für jeden Kunden nur ein Lieferant (Ansprechpartner) zuständig ist,
- abteilungsübergreifende Prozessverantwortung, d. h. abteilungsübergreifende Weisungsbefugnis für einen/mehrere Prozessverantwortliche(n),
- Ziel der permanenten Prozessoptimierung.

1 Eine Schnittstelle ist gegeben, wenn ein Vorgang zwischen mindestens zwei Stellen (abteilungsbezogen/abteilungsübergreifend) weitergegeben wird. Beispiel: Im Zuge der Wareneingangskontrolle gibt der Einkäufer eine Bestellkopie an das Lager. Die Bestellkopie wird nach der Kontrolle zusammen mit dem Lieferschein an den Einkauf zurückgegeben.

Vorteile

Mit einer derartig gestalteten prozessorientierten Organisation werden folgende Vorteile verbunden:

- Schnelle Reaktionsmöglichkeiten innerhalb des Prozesses entstehen, weil durch den Prozessverantwortlichen der gesamte Prozess betrachtet wird.
- Teilaufgaben werden besser erledigt und unnütze Teilaufgaben entfallen, weil sichtbar wird, wofür gearbeitet wird (Prozessdenken).
- Es entwickelt sich ein ausgeprägtes Kosten-Nutzen-Denken, weil an jeder Stelle im Prozess die Kundenanforderungen bekannt sind und durch flachere Hierarchien den Mitarbeitern mehr Verantwortung übertragen wird.

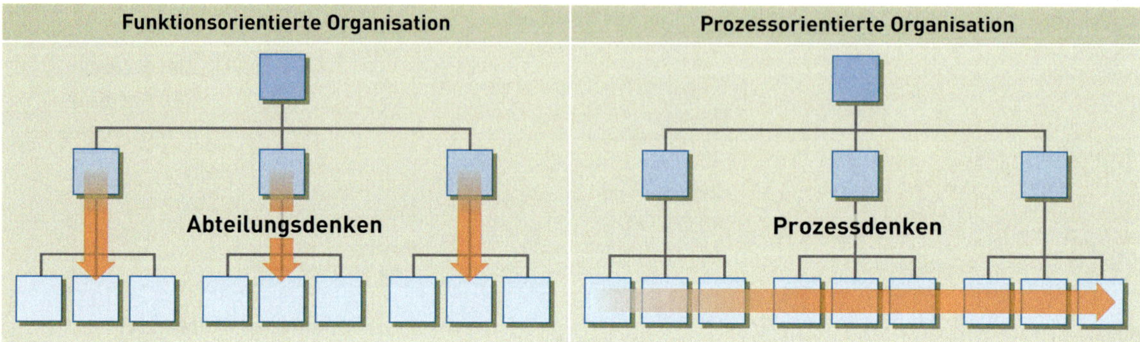

4.2.2 Charakterisierung von Geschäftsprozessen

Prozess

Allgemein ist ein **Prozess** eine Abfolge von Handlungen/Aktivitäten (z. B. Bearbeiten), durch die Input (z. B. betriebliche Produktionsfaktoren) zu Output (z. B. Erzeugnisse, Kaufvertrag mit dem Kunden usw.) umgewandelt wird.

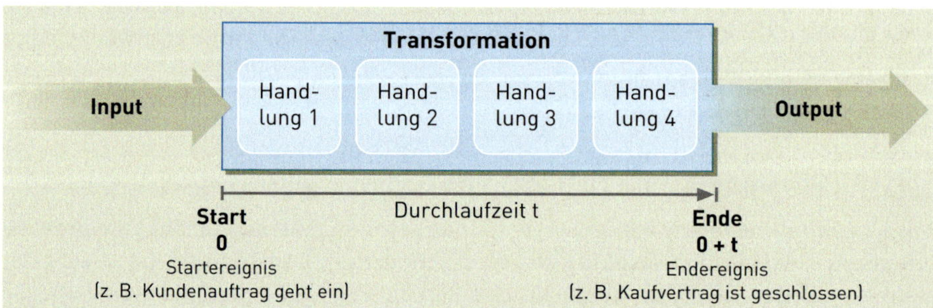

Merkmale

- Ein Prozess bewirkt eine Transformation des Inputs zum Output durch eine zusammenhängende Folge von Handlungen durch einen Prozessor (Mensch, Maschine).
- Ein Prozess wird durch ein Startereignis (z. B.: Kundenauftrag geht ein) ausgelöst und durch ein Endereignis (z. B.: Kaufvertrag ist geschlossen) abgeschlossen.
- Die Prozessdauer vom Start bis zum Ende wird als Durchlaufzeit bezeichnet.

Ein Prozess ist in der Regel nur ein Teil vom Gesamtprozess, d. h. das Prozessergebnis (Output) wird zum Input eines/mehrerer nachfolgender Prozesse. Hierdurch können Prozessketten (z. B. eine Supply Chain, siehe Kap. 2.2) oder gar Prozessnetzwerke entwickelt werden. Länge (Anzahl der Handlungen in einem Prozess), Breite (Anzahl der Varianten bei der Abfolge des Prozesses) und Tiefe (Aufgliederung der Handlungen in der Hierarchie) der Prozesse werden durch die Aufgabenkomplexität bestimmt.

610168

Prozessdimensionen

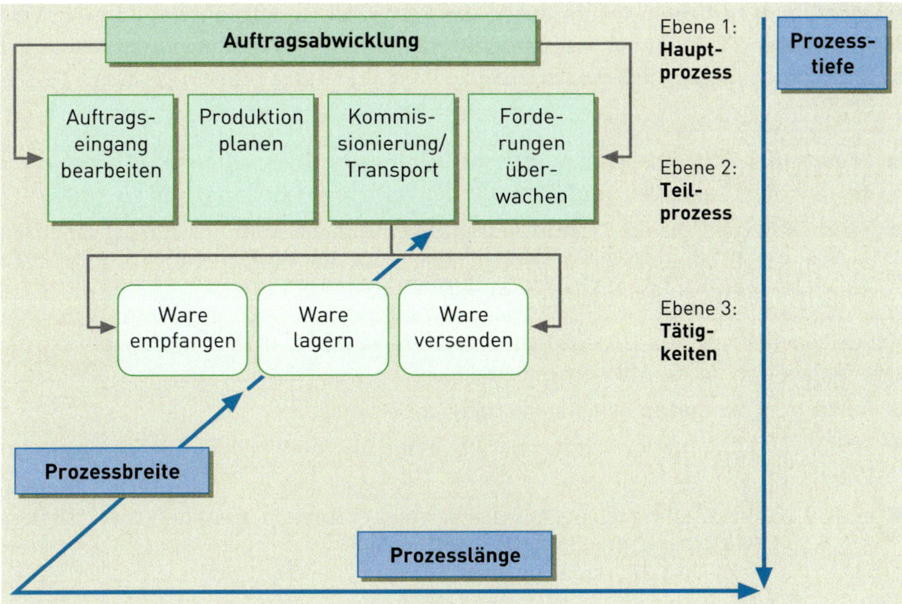

Prozesse lassen sich nahezu für alle Lebenslagen beschreiben, bei denen wiederholende Tätigkeiten auftreten, die zu einem gewünschten Ergebnis führen sollen (z. B. Prozess „Morgendliches Frühstück" zu Hause, „Kassenprüfung" im Verein).

Geschäftsprozess

Überträgt man das Konzept auf Unternehmen, so wird von Geschäftsprozessen gesprochen. Ein **Geschäftsprozess** lässt sich wie folgt charakterisieren:

- Logisch zusammenhängende Folge von Tätigkeiten,
- (relativ) regelmäßige Wiederholung derartiger Prozesse im Unternehmen,
- Prozessauslösung durch den Kunden,
- Abarbeitung erfolgt durch einen Prozessor (Mensch oder Maschine) und bewirkt Wertschöpfung,
- Prozessdefinition erfolgt unternehmensintern und/oder unternehmensübergreifend.

Je nach der Bedeutung der Geschäftsprozesse für den betrieblichen Gesamtprozess werden Kern- und Unterstützungsprozesse unterschieden.

Kernprozesse

Kernprozesse definieren die Kernkompetenz des Unternehmens, sodass sich das Unternehmen Alleinstellungsmerkmale[1] am Markt erarbeitet. Sie haben daher für das Unternehmen strategische Wichtigkeit.

Kernprozesse

- tragen direkt zur Wertschöpfung bei, weil sie die Hauptleistung des Unternehmens und für die Kunden den Hauptnutzen bereitstellen,
- sind von anderen Unternehmen nicht imitierbar und nicht substituierbar, weil das Unternehmen die Transformation, d. h. die Abfolge der Handlungen, auf einmalige Weise vollziehen kann,
- können in ihren Ergebnissen anhand eindeutiger Kriterien (z. B. Produkteigenschaften) beschrieben werden,
- dienen der Leistungserbringung und lassen sich daher in Beschaffungs-, Innovations-, Leistungserstellungs- und Absatzprozesse differenzieren.

---

1 Ein Alleinstellungsmerkmal ist eine einzigartige Eigenschaft eines Unternehmens oder eines Produktes, die vom Markt wahrgenommen wird.

Unterstützungsprozesse

Unterstützungsprozesse helfen dabei, die Kernprozesse abzuwickeln. Sie steigern nicht direkt den Kundennutzen, sondern unterstützen den reibungslosen Ablauf der Kernprozesse, sodass die Kernprozesse die Wertschöpfung erzielen können.

Unterstützungsprozesse sind

- Managementprozesse, sie betreffen die Leitung des Unternehmens, d. h. vor allem die Planung, Steuerung und Kontrolle der Leistungserstellung, und sie sind
- Serviceprozesse, die die Leistungserstellung durch die Koordination der einzusetzenden Produktionsfaktoren ermöglichen (z. B. Betreuung des Personals, Wartung/Instandhaltung der Betriebsmittel).

Probleme

Bei der Etablierung von Geschäftsprozessen in die traditionelle Organisationsstruktur ergeben sich häufig Umsetzungsprobleme:

- umfangreiche, undurchsichtige betriebliche Realität,
- eine Vielzahl zu berücksichtigender Elemente und notwendiger Anpassungen im Zeitablauf,
- eine Vielzahl Schnittstellen (Austausch eines Vorgangs zwischen zwei Stellen) durch den Ablauf des Prozesses über viele Stellen.

4.2.3 Darstellung von Prozessen

Geschäftsprozessmodellierung

Um eine Etablierung von Geschäftsprozessen im Unternehmen zu fördern, sollten die Geschäftsprozesse und deren Integration in den Gesamtprozess anschaulich aufbereitet werden. Folgende Zielsetzungen werden mit der Darstellung von Geschäftsprozessen (Geschäftsprozessmodellierung) verfolgt:

- das genaue Beschreiben von Geschäftsprozessen (Dokumentation)
- das Verstehen der Geschäftsprozesse (Analyse)
- das Planen von Geschäftsprozessen (Planung des Faktoreinsatzes)
- das Einwirken auf Geschäftsprozesse (Steuerung und Überwachung)
- das neue Erstellen von Geschäftsprozessen (Organisation und Reorganisation)
- die automatische Ausführung von Geschäftsprozessen (Automatisierung)
- eine einfache Kontrolle der Prozesse (Überwachung)

In der Praxis werden für die Geschäftsprozessmodellierung unterschiedliche Methoden angewandt[1]:

- die Ereignisgesteuerte Prozesskette (EPK)
- die erweiterte Ereignisgesteuerte Prozesskette (eEPK)
- das Vorgangskettendiagramm (VKD)

Ereignisgesteuerte Prozesskette (EPK)

Die **Ereignisgesteuerte Prozesskette (EPK)** ist ein Modell zur grafischen Darstellung von Geschäftsprozessen/Arbeitsprozessen. Sie legt Ablaufreihenfolgen fest und beschreibt Prozesse (zusammenhängende, zielorientierte Aktivitäten und Ergebnisse), indem sie unterschiedliche Elemente, deren Bedeutung und Verknüpfungsmöglichkeiten formal festgelegt sind, verwendet.

1 Zu den folgenden Ausführungen finden Sie hilfreiche Internetquellen mithilfe verschiedener Suchmaschinen, z. B. unter den Stichworten „EPK-Modellierung", „erweiterte EPK" oder „Vorgangskettendiagramm".

Eine EPK besteht aus folgenden Elementen:

Knoten eines Graphen			Kanten eines Graphen
Ereignis	**Funktion**	**Verknüpfungsoperatoren (Junktoren)**	**Verbindungspfeile**
■ passive Komponente, die Aktivitäten auslöst ■ Auslöser von Funktionen und deren Ergebnis (Zustand)	■ aktive Komponente, die etwas durchführt ■ hat Entscheidungskompetenz über den weiteren Ablauf ■ kann weiter unterteilt (spezifiziert) werden	■ logische Verbindung der Grundelemente Ereignis und Funktion ■ Durch die Zuordnung von Ereignissen und Funktionen entsteht ein zusammenhängender Aufgaben- bzw. Funktionsablauf.	■ Verbindung zwischen Ereignissen, Funktionen und Junktoren
Symbol: **ER* ist eingegangen**	Symbol: **ER* prüfen**	Symbol/Verknüpfung: **entweder/oder** ⊗ **AND (und)** ∧ **OR (oder)** ∨	Symbol/ Bedeutung: - - - - - - - - ► logische Abhängigkeit zwischen Ereignis und Funktion
Beispiel: ■ Lieferantendatei ist ergänzt ■ Angebot ist eingetroffen ■ Eingangsrechnung (ER) ist gebucht	Beispiel: ■ Angebotsbearbeitung → Annahme, Vergleich, Berechnung	■ disjunktive Verknüpfung (entweder/oder [XOR] → X): Gesamtaussage ist wahr, wenn genau eine Aussage wahr ist → Folgeprozesse schließen sich gegenseitig aus ■ konjunktive Verknüpfung (und [AND] → ∧): Gesamtaussage ist wahr, wenn beide Aussagen wahr sind → Folgeprozesse laufen parallel ■ adjunktive Verknüpfung (oder [OR] → v) Gesamtaussage ist wahr, wenn mindestens eine Aussage wahr ist → Folgeprozess kann, muss aber nicht einer bestimmten Tätigkeit folgen	**ER* ist eingegangen** ↓ **ER* prüfen**

* Eingangsrechnung

Grundregeln

Folgende Grundregeln sind bei der Erstellung einer EPK zu beachten:

- Die Kanten verbinden zwei Elemente unterschiedlichen Typs (Ereignisse und Funktionen wechseln sich ab); nur die Junktoren (= Verknüpfungsoperatoren) verzweigen.
- Junktoren dürfen miteinander verbunden werden.
- Eingänge und Ausgänge eines Junktors sind jeweils von einem Typ (Ereignis oder Funktion).
- Ereignisse und Funktionen dürfen nur einen Eingang und nur einen Ausgang haben; lediglich Junktoren können mehrere Eingänge oder Ausgänge (nicht beides) haben.
- Einem Ereignis darf kein „XOR“ und „OR“ folgen, da es als passives Element keine Entscheidungskompetenz besitzt.
- Eine EPK beginnt und endet immer mit mindestens einem Ereignis.

erweiterte EPK (eEPK)

Werden die in den EPK dargestellten Prozesse um Organisations-/Funktionseinheiten sowie um Informationsträger erweitert, handelt es sich um eine **erweiterte Ereignisgesteuerte Prozesskette (eEPK)**. Hier werden die Elemente der Ablauforganisation mit zusätzlichen Informationen der Aufbauorganisation (z. B. ausführende Stellen, verwendete Daten/Dokumente) sowie der Informationstechnik (z. B. erzeugte Dateien) ergänzt. Der Weg der Informationsträger sowie der Arbeitsablauf können über mehrere Stellen/Organisationseinheiten verfolgt werden.

Folgende Elemente können ergänzt auftreten:

Ergänzungsmöglichkeiten einer EPK zu einer eEPK			
Stelle/ Organisationseinheit	**Informationsträger**	**Informations-/ Materialfluss**	**Zuordnung der Organisationseinheit**
■ ausführende Stelle/organisatorische Einheit oder auch eine bestimmte Person innerhalb der Aufbauorganisation ■ trägt die Verantwortung für die jeweiligen Tätigkeiten	■ die Zuordnung von Informationsträgern ermöglicht eine ablaufgerechte Dokumentation ■ Informationsträger können sein: Belege, Datenbanken	■ dokumentiert den Informationsfluss	■ Zuordnung der ausführenden Organisationseinheit zu Funktionen
Einkauf	Bestellung	→	—

Beispiel

In der Verkaufsabteilung ist eine Kundenanfrage eingetroffen. Diese wird umgehend in der Kundendatei erfasst. Anschließend muss geprüft werden, ob der Betrieb das erforderliche Know-how und die technische Fertigungsfähigkeit besitzt, um das Erzeugnis zu fertigen. Sind diese Voraussetzungen erfüllt, kann ein Angebot geschrieben werden.

Diese erweiterte Ereignisgesteuerte Prozesskette (eEPK) wurde erstellt:

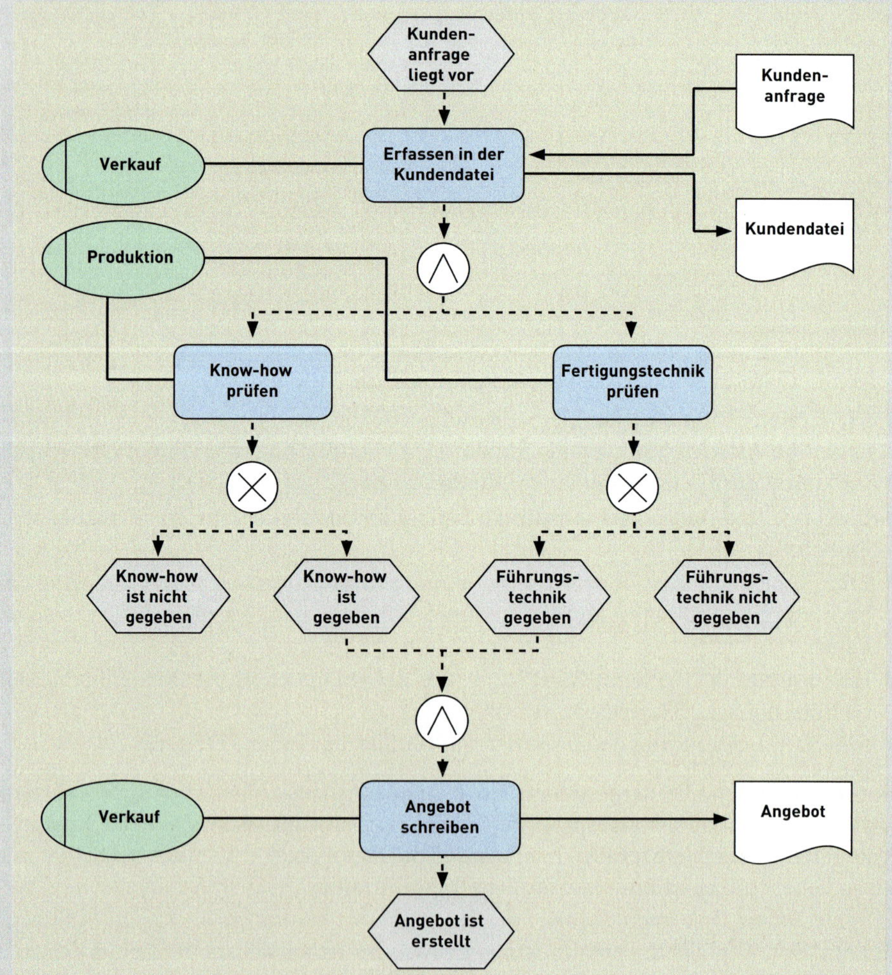

Ereignisgesteuerte Prozessketten dienen der Darstellung, Analyse, Optimierung und Modellierung von Geschäftsprozessen, der Veranschaulichung innerhalb der Prozesskostenrechnung sowie der Konfiguration von Standardsoftware[1].

Vorgangskettendiagramm (VKD)

Das **Vorgangskettendiagramm (VKD)** ist ein Modell zur übersichtlichen Darstellung von Geschäftsprozessen und findet insbesondere Anwendung bei der detaillierten Darstellung von Teilprozessen und der Beschreibung von Arbeitsabläufen. In der Darstellung ähnelt es der erweiterten Ereignisgesteuerten Prozesskette (eEPK) und zeichnet sich aus durch eine spaltenweise Sortierung der verschiedenen Elemente. Diese Sortierung (Struktur) ermöglicht eine schnelle Erkennung von Organisationsbrüchen (Wechsel der Funktionseinheit), von Systembrüchen (Wechsel der Anwendersoftware) oder von Datenbrüchen (Wechsel des Datenträgers oder Datenformats). Nachteile bestehen in einem hohen Platzbedarf auf der Zeichnungsfläche, insbesondere bei alternativen und parallelen Prozessabläufen.

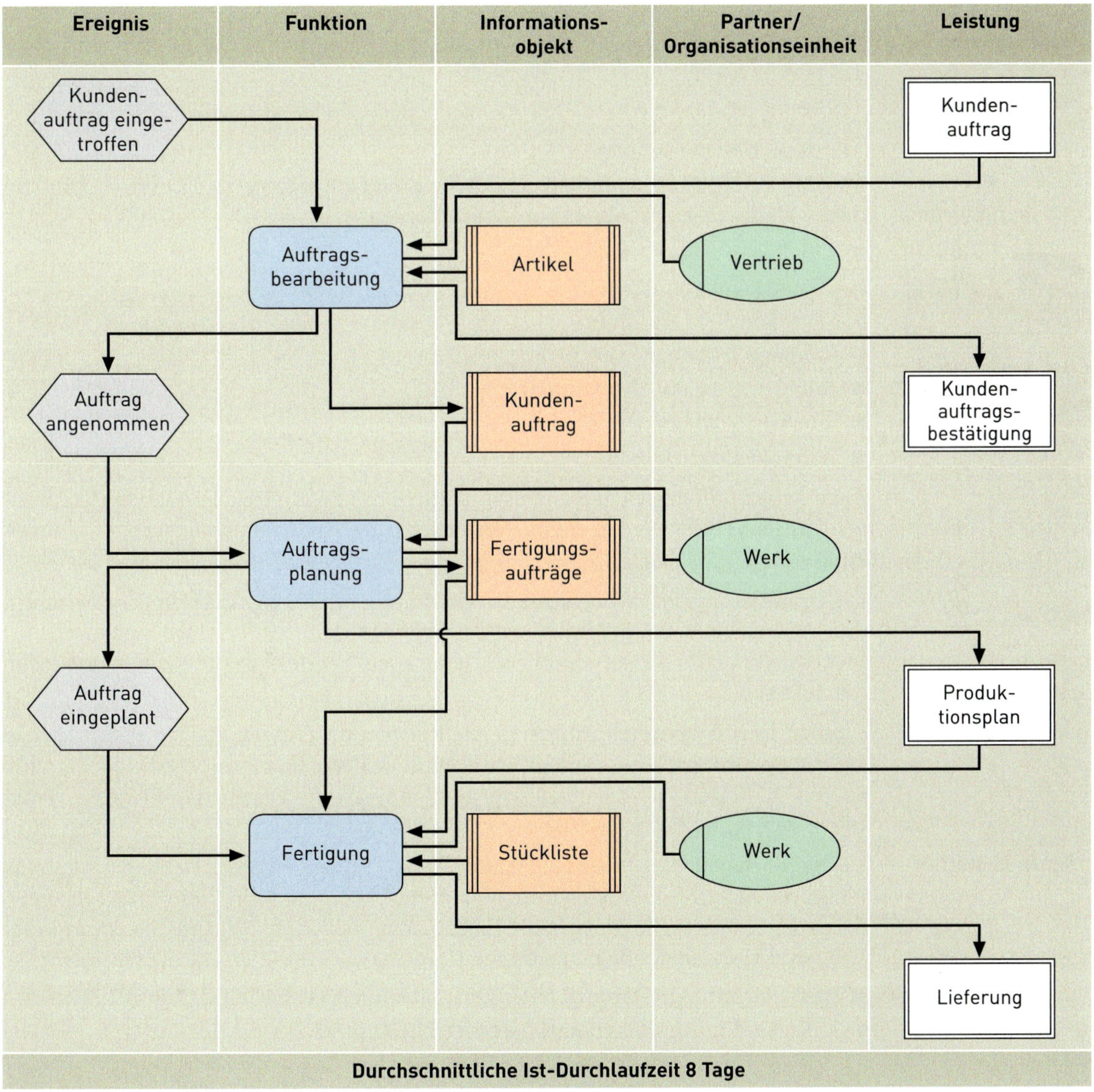

Quelle: Scheer, A.-W.: Modellierungsmethoden, Metamodelle, Anwendungen, 3. Aufl., Springer, Berlin u. a. 1998, S. 16

1 Softwareanbieter wie SAP verwenden EPK für die Dokumentation von Programmabläufen.

4.2.4 Prozessoptimierung

Prozessoptimierung wurde bereits in Teil A, Kap. 4.2.1 als wesentliches Merkmal einer prozessorientierten Organisation genannt. Um dem Ziel der Optimierung von Geschäftsprozessen im Industrieunternehmen nachzukommen, wird daher ein umfassendes Prozessmanagement im Unternehmen eingeführt, das durch das Controlling unterstützt wird.

Prozessmanagement

Entsprechend dem Management-Regelkreis (siehe Teil A, Kap. 3.1) vollziehen sich innerhalb des Prozessmanagements folgende Hauptaufgaben:

Prozessplanung	Die Gesamtaufgaben werden in Prozesse überführt. Es werden Prozessketten oder Prozessnetzwerke geplant, die sich in Kern- und Unterstützungsprozesse aufteilen.
Prozesssteuerung	Die durch die Prozessplanung gedachte prozessorientierte Organisation wird im Unternehmen umgesetzt.
Prozesskontrolle	Beispielsweise mit Hilfe geeigneter Kennzahlen des Controllings wird die Effizienz der prozessorientierten Organisation kontrolliert.
Prozessoptimierung	Auf Basis einer Abweichungsanalyse werden mögliche Schwächen der prozessorientierten Organisation aufgedeckt und Verbesserungsmaßnahmen eingeleitet.

Prozessoptimierung

Im Zuge einer **Prozessoptimierung** werden durch die eingesetzten Controllinginstrumente häufig folgende Ansatzpunkte empfohlen:

- Tätigkeiten zusammenfassen
- Schnittstellen reduzieren
- Selbstkontrolle einführen
- unnötige Transporte vermeiden
- Teilprozesse parallel ausführen
- unnötige Prozesse streichen
- Teilprozesse auslagern

Allen Ansatzpunkten ist gemein, dass dadurch das Zieldreieck der Marktanforderungen besser erfüllt werden kann: Kostensenkung – Qualitätssteigerung – Zeitverkürzung!

Die Optimierung der Prozessstruktur wird häufig mit EDV-gestützten Verarbeitungsprogrammen, z. B. ARIS-Toolset[1], angestrebt. Diese können verschiedene Modelle für Prozessnetzwerke/-ketten simulieren oder auch Vergleiche mit Referenzmodellen durchführen.

Darüber hinaus kommen zahlreiche Methoden zum Einsatz, die den Mitarbeiter in den Optimierungsprozess integrieren. Diese sollen einerseits Schwachstellen aufdecken (z. B. Schwachstellenanalyse) und andererseits bestehende Prozesse weiter verbessern (z. B. PDCA-Zyklus).

Schwachstellenanalyse

Die **Schwachstellenanalyse** ist ein Ansatz, um in Prozessen unzureichend funktionierende Handlungen und Beziehungen aufzudecken, um dann diese Schwachstellen durch geeignete Maßnahmen zu beheben. Eine Schwachstellenanalyse kann unter Einsatz zahlreicher Methoden erfolgen:

- Brainstorming im Rahmen eines Qualitätszirkels (siehe Teil C, Kap. 4.2.2)
- Ursache-Wirkungsdiagramm (siehe Teil C, Kap. 4.2.2)

1 ARIS steht für **Ar**chitektur **i**ntegrierter Informations**s**ysteme. Es ist eine Konzeption zur computergestützten Modellierung und Dokumentation von Geschäftsprozessen. Mit Hilfe verschiedener Tools (dt. Werkzeuge) werden Geschäftsprozesse aus vier Sichten beschrieben: Organisationssicht, Datensicht, Steuerungssicht und Funktionssicht.

- FMEA-Analyse (siehe Teil C, Kap. 4.2.2)
- Kennzahlentechnik (siehe Kap. 3.2, Seite 50)
- Checklisten (Soll-Vorgaben werden mit Ist-Werten verglichen)

PDCA-Zyklus

Der **PDCA-Zyklus** ist ein bewährtes Instrument für eine strukturierte, einfache Einführung und Umsetzung von z. B. organisatorischen Innovationen, die laufend fortentwickelt werden sollen. Der PDCA-Zyklus stellt vor allem die Mitarbeiter mit ihrer exakten Kenntnis am Arbeitsplatz in den Mittelpunkt der Planung.

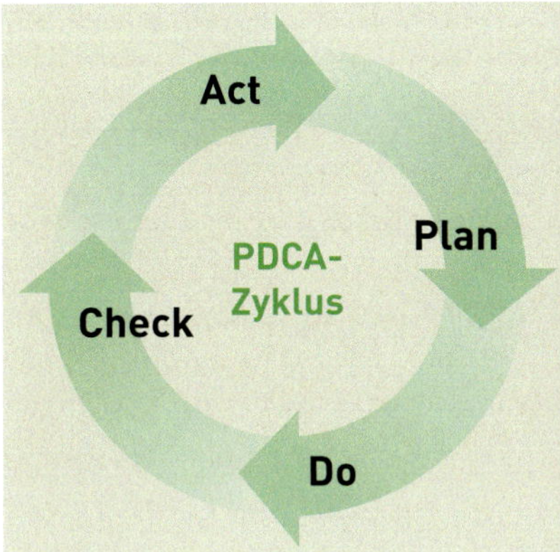

1	**Plan**	Problem identifizieren und analysieren
2	**Do**	Lösungen entwickeln und in einer Testphase realisieren
3	**Check**	Ergebnisse überprüfen: Haben sich Verbesserungen eingestellt?
4	**Act**	Lösungen standardisieren und kontinuierlich verbessern
...		
1	Plan	

1. Schritt: Plan – Probleme identifizieren und analysieren

Die Einführung neuer Prozesse setzt eine detaillierte Planung voraus. Dazu gehört es, festzulegen,

- wer beteiligt sein soll,
- wie lange die Umsetzung dauern soll,
- wie die Umsetzung durchgeführt werden soll und
- was das Ziel dieser Umsetzung ist.

2. Schritt: Do – Lösungen entwickeln und einem Test unterziehen

Die neuen Prozesse werden auf Basis der Besprechungen mit den Mitarbeitern vor Ort konkretisiert und getestet. Es geht darum, Erfahrungen mit den neuen Prozessen zu sammeln, um die weitere Umsetzung durchzuführen bzw. zu verbessern.

3. Schritt: Check – Ergebnisse überprüfen

In diesem Schritt wird der Erfolg überprüft. Der zuvor realisierte Prozessablauf wird bei Erfolg für die Umsetzung als Standard freigegeben.

4. Schritt: Act – Lösungen standardisieren und kontinuierlich verbessern

Im letzten Schritt werden die (verbesserten) Prozesse als Standard dokumentiert, eingeführt und fortlaufend auf Einhaltung überprüft. Hiermit sind u. U. große Investitionen verbunden, weil komplexere Arbeitsabläufe und Prozesse neu organisiert werden müssen.

Im Anschluss an die Verbesserung des Prozesses beginnt der PDCA-Zyklus von Neuem, sodass in einem neuen Durchlauf der jetzt gültige Standard weiter verbessert werden kann.

Aufgaben

› Kap. 4.2

1. Erläutern Sie, warum Industrieunternehmen ihre Aufgaben zunehmend prozessorientiert organisieren.
2. Beschreiben Sie kurz wesentliche Merkmale der prozessorientierten Organisation und führen Sie Vorteile gegenüber traditioneller Organisationsformen an.
3. Definieren Sie, was allgemein unter einem Prozess verstanden wird. Geben Sie wichtige Merkmale von Prozessen an.
4. In Industrieunternehmen wird in der Regel nicht von Prozessen, sondern von Geschäftsprozessen gesprochen. Erklären Sie, was ein Geschäftsprozess ist und unterscheiden Sie dabei zwischen Kern- und Unterstützungsprozessen.
5. Beschreiben Sie kurz die Darstellungsmethoden „EPK", „eEPK" und „Vorgangskettendiagramm".
6. Erklären Sie, was bei einer EPK unter Knoten und Kanten eines Graphen zu verstehen ist.

7. Bei der Hoffmann GmbH (Fensterbauer) wird die Beschaffungsdurchführung im Anschluss an die Beschaffungsplanung i. d. R. durch eine Bedarfsanforderung des Lagers ausgelöst. Der Einkäufer überprüft, akzeptiert oder korrigiert diese Bedarfsanforderung u. a. hinsichtlich möglicher Lieferanten, Mindestabnahmemengen, Sonderkonditionen, Preisnachlässen, Lieferfristen, Art, Menge und Qualität der geforderten Materialien sowie bestehender Lieferantenverträge. Gibt es in den internen Quellen einen zuverlässigen Lieferanten, mit dem bereits gute Geschäftsbeziehungen bestehen, wird eine Bestellung erstellt und die Lieferung der Ware beim Stammlieferanten ausgelöst.
   a) Erstellen Sie mit Hilfe der Methode „erweiterte Ereignisgesteuerte Prozesskette" den o. g. Teilprozess der Beschaffungsdurchführung (Darstellung von der Bedarfsanforderung bis zur Erstellung der Bestellung an den Stammlieferanten).
   b) Beschreiben Sie den Nutzen, der aus Ihrer Arbeit für die Hoffmann GmbH entsteht.
   c) Führen Sie den o. g. Beschaffungsprozess bis zur Kontrolle der eintreffenden Lieferung in der Warenannahme fort. Berücksichtigen Sie dabei, dass in den internen Quellen kein geeigneter Lieferant für die erforderlichen Materialien gefunden wurde.
8. Begründen Sie, warum die Optimierung der Prozesse bei der prozessorientierten Organisation so wichtig ist.
9. Nennen Sie Ansatzpunkte für die Optimierung von Prozessen und geben Sie konkrete Beispiele für die Heidtkötter KG (Büromöbelhersteller) an.
10. Erläutern Sie kurz das Vorgehen der Instrumente „Schwachstellenanalyse" und „PDCA-Zyklus" beim Bemühen um Prozessoptimierung.

Wiederholungsaufgaben

› Kap. 4

1. Erstellen Sie das Organigramm eines Automobilherstellers, der auf der zweiten Hierarchieebene nach dem Objektprinzip und auf der dritten Ebene nach dem Verrichtungsprinzip gegliedert ist.
   a) Erläutern Sie Vor- und Nachteile dieser Gliederung und erklären Sie die Begriffe „Spartenorganisation" sowie „Profitcenter".
   b) Beschreiben Sie zwei weitere Möglichkeiten, wie dieser Automobilhersteller organisiert werden könnte, und nennen Sie jeweils drei Vorteile sowie drei Nachteile dieser Organisationsformen.
2. Erläutern Sie jeweils vier Vorteile einer Stellenbeschreibung für den Mitarbeiter bzw. die Unternehmensleitung.

3. Die Kölner Fahrrad-Manufaktur KFM wurde nach dem Gliederungsmerkmal „Verrichtung“ organisiert.

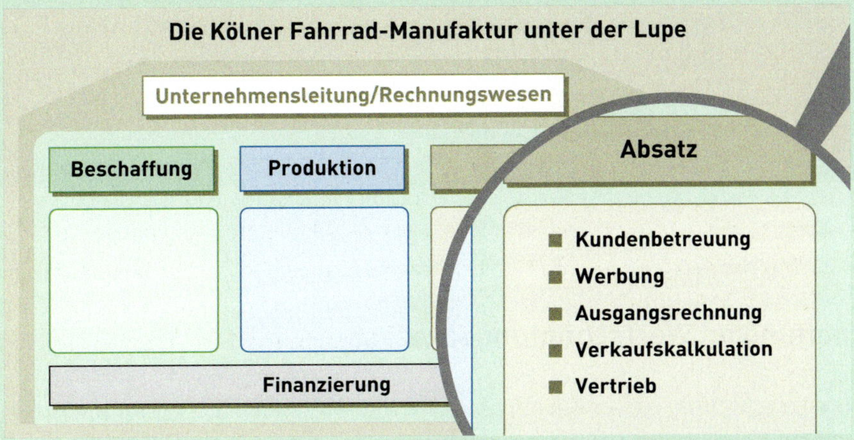

a) Nehmen Sie die einzelnen Hauptabteilungen des Unternehmens unter die Lupe. Ordnen Sie diesen in dem obigen Unternehmensmodell die einzelnen Teilaufgaben schriftlich zu, die dort jeweils ausgeführt werden.

b) Zeigen Sie anhand zweier selbst gewählter Funktionsbereiche, in welcher Weise diese zusammenarbeiten, um die angestrebten Unternehmensziele erreichen zu können.

4. Erstellen Sie zu folgender Prozessbeschreibung (Urlaubsantrag) eine Ereignisgesteuerte Prozesskette (EPK):

Nachdem ein Bedürfnis nach Urlaub entstanden ist, wird ein Urlaubsantrag ausgefüllt, der vom Vorgesetzten genehmigt werden muss. Wird der Antrag abgelehnt, erhält der Mitarbeiter keinen Urlaub und wird darüber informiert. Wird der Antrag genehmigt, muss der Mitarbeiter informiert und die Urlaubskartei aktualisiert werden.

5. Welche der folgenden Strukturen sind nicht erlaubt? Bitte begründen Sie. (E = Ereignis; F = Funktion)

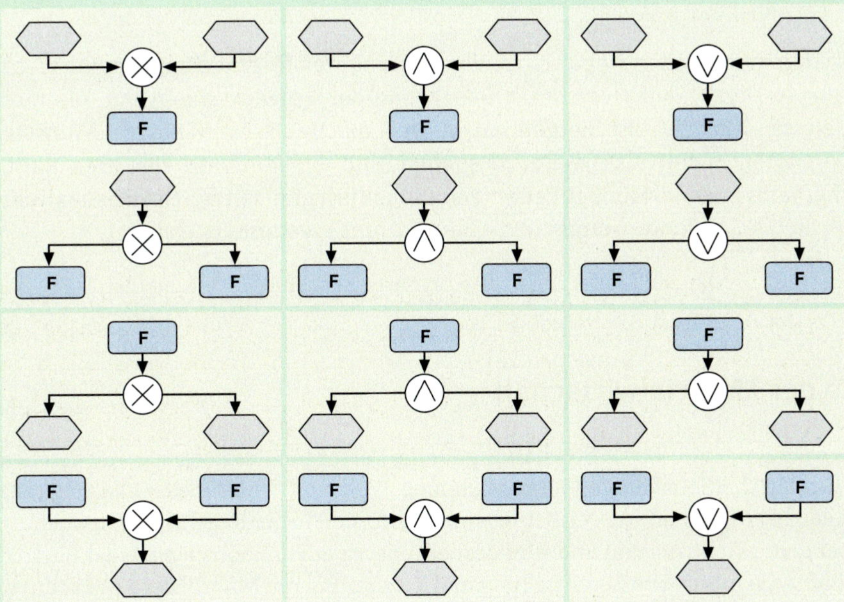

B

Beschaffungsprozesse

Lernfeld 6
Beschaffungsprozesse planen, steuern und kontrollieren

1
Stellung der Beschaffung im Wertschöpfungsprozess

Einführung

Die Beschaffung ist ein Kernprozess im Industriebetrieb. Sie hält die Produktion im Rahmen der Leistungserstellung aufrecht, denn die Beschaffung stellt die erforderlichen betrieblichen Produktionsfaktoren bereit.
Der Wandel zu Käufermärkten und die Entwicklung moderner Informations- und Kommunikationssysteme stellen traditionell ausgerichtete Beschaffungsabteilungen vor neue Herausforderungen, nicht selten müssen die Beschaffungsstrukturen angepasst werden. Dies betrifft nicht nur die Organisation der Beschaffung, sondern auch die Strategien zur Auswahl der Lieferanten und die Zusammenarbeit mit diesen.

Beispiel

Die Heidtkötter KG hat bis in die 1970er-Jahre alle Lieferanten regional aus Ostwestfalen gewählt. Im Zuge der Globalisierung wurde diese Strategie zunehmend aufgeweicht. Während vor allem Holz und Stahl nach wie vor von regionalen Lieferanten bezogen werden, kommen die Stoffbezüge aus Asien. Für die Zusammenarbeit mit Lieferanten wird zunehmend ein internetbasiertes Beschaffungssystem etabliert. Neben Büromaterial können inzwischen auch Hilfs- und Betriebsstoffe über einen zentral für das gesamte Unternehmen im Intranet vorliegenden Produktkatalog direkt bestellt werden.

Gegenstand dieses Kapitels ist die Stellung der Beschaffung im Wertschöpfungsprozess, und zwar unter Beachtung der Entwicklungen auf den globalisierten Märkten. Im Folgenden werden auf Basis einer auf die Werkstoffe verengten Sichtweise Ziele, Aufgaben und Zielkonflikte der Beschaffung thematisiert und Möglichkeiten zur Einkaufsorganisation, für Beschaffungsstrategien und internetgestützte Beschaffungssysteme betrachtet.

1.1
Aufgaben und Ziele der Materialwirtschaft

› Teil F Finanzierung

› Teil E Personalbeschaffung

Im weiteren Sinne ist die Beschaffung für die Versorgung des Betriebs mit den betrieblichen Produktionsfaktoren (Betriebsmittel, Werkstoffe, Mitarbeiter/Arbeitskraft) zuständig. Die Beschaffung der Betriebsmittel erfordert in der Regel auch Entscheidungen über deren Finanzierung und wird deshalb eher dem Funktionsbereich der Finanzwirtschaft zugeordnet. Die Bereitstellung und Versorgung mit Mitarbeitern (= Produktionsfaktor Arbeit) übernimmt der Unternehmensbereich Personalwirtschaft.

610178

In diesem Teil des Lehrbuches werden die Prozesse der Bereitstellung der benötigten Werkstoffe (= Materialwirtschaft) dargestellt. Die **Materialwirtschaft** umfasst die Teilbereiche Beschaffung/Einkauf und Materiallogistik. Die Aufgaben der Materialwirtschaft werden zunehmend nicht mehr allein innerbetrieblich gelöst, sondern in eine überbetriebliche Supply Chain (Wertschöpfungskette) prozessbezogen integriert.

Materialwirtschaft

› Kap. 1.4.3 Supply Chain

Materialwirtschaft
Hauptaufgabe: Bereitstellung der Materialien für die Produktion

Beschaffung (Einkauf)

Planung
- Bedarfsplanung **Was?**
- Mengenplanung **Wie viel?**
- Zeitplanung **Wann?**
- Kostenplanung **Wie teuer?**
- Bezugsquellenermittlung **Woher?**

Durchführung
- Anfragen schreiben
- Angebotsvergleich
- Lieferantenauswahl
- Verhandlungen
- Bestellung
- Vertragsabschluss

Kontrolle

Soll-Ist-Vergleiche bei:
- Wareneingangskontrolle
- Rechnungskontrolle
- Terminkontrolle
- Wirtschaftlichkeitskontrolle
- Lieferantenbeurteilung

Materiallogistik

Transport

Wahl geeigneter
- Transportmittel
- Transporthilfsmittel
- Transportwege

Lagerung
- Lagerbestandsführung
- Lagerorganisation

Verpackung
- Transportgüter mit Schutzmaterialien umhüllen

Umschlagen
- Transportgüter
  - portionieren
  - sortieren
  - sammeln
  - auflösen

Die **Hauptaufgabe** der Materialwirtschaft ist die Materialbereitstellung für die Produktion

- in der richtigen Art und Qualität,
- in der richtigen Menge,
- in der richtigen Zeit und
- am richtigen Ort.

Hauptaufgabe der Materialwirtschaft

Dieses **Sachziel** der Materialwirtschaft, das auch als „hohe Lieferbereitschaft" bezeichnet werden kann, wird durch **Formalziele** der Materialwirtschaft ergänzt, die aus dem Zielsystem der Unternehmung abgeleitet sind:

- Umweltschutz (Einhaltung von Umweltgesetzen, Berücksichtigung des Klimawandels) und
- Kostenminimierung (zur Unterstützung des Unternehmensziels Gewinnmaximierung).

Ziele der Materialwirtschaft

› Teil C, Kap. 1.4 Umweltschutz

In der Materialwirtschaft entstehen folgende **Kosten**:

Kosten in der Materialwirtschaft		
Beschaffungskosten	**Lagerhaltungskosten**	**Fehlmengenkosten**[1]
■ Kosten für eingehende Werkstoffe (Einstandspreis/Bezugspreis) ■ Bestellkosten (Personal- und Sachkosten für innerbetriebliche Prozesse) ■ Bezugskosten (Transport, Verpackung, Versicherung usw.)	■ Kapitalbindungskosten (Zinskosten für das gebundene Kapital) ■ Kosten der Lagereinrichtung ■ Kosten der Lagerverwaltung (Lagerbestandsführung) ■ Kosten des Lagerrisikos (Schwund, Verderb, obsoletes Material[2], Versicherungsbeiträge)	■ Stillstandkosten und Kosten für Neuanläufe ■ Zusatzkosten für die Beschaffung teureren Ersatzmaterials ■ entgangene Gewinne ■ Konventionalstrafen ■ Auftragsverluste

1 Fehlmengenkosten entstehen, wenn der Materialbedarf der Fertigung nicht gedeckt werden kann.
2 obsoletes Material = funktionsfähiges, aufgrund technischer Entwicklung veraltetes Material

› Teil A, Kap. 2.1.3 Ökonomisches Prinzip

Zielkonflikte

Die unterschiedlichen Ziele der Materialwirtschaft führen zu Zielkonflikten. Bei der Aufgabenerfüllung stehen daher Optimierungslösungen gemäß dem Ökonomischen Prinzip im Vordergrund. So wird ein möglichst hoher Zielerreichungsgrad des folgenden Zieldreiecks angestrebt:

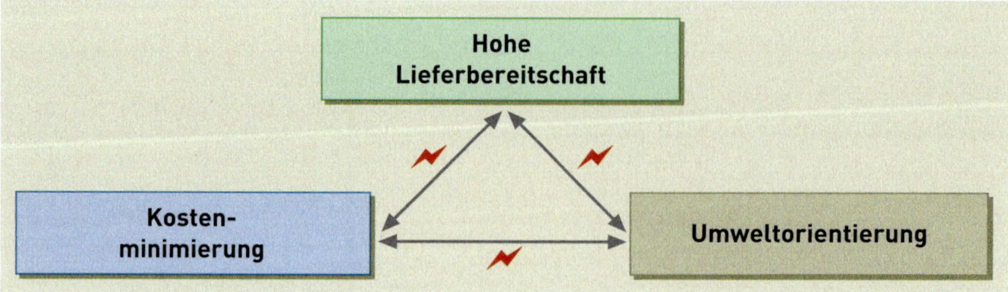

Beispiel

Die Heidtkötter KG möchte den Bezug des Bürostuhls *ongis* aus ökologisch abbaubaren Rohstoffen fertigen. Die Stoffe, die dazu vorgesehen sind, werden nur in Spanien produziert. Bislang kauft die Heidtkötter KG diese Bezugstoffe in Garbsen (bei Hannover) zu einem um 20 % günstigeren Bezugspreis gegenüber dem Preis des neuen Stoffes. Bei Lieferungen aus Spanien muss mit einer um vier Tage verlängerten Lieferzeit gerechnet werden.

Ziel	Folgen
Umwelt-orientierung	Umweltfreundlicherer Rohstoffeinsatz führt zum Anstieg der Umweltqualität. Jedoch verlängern sich die Transportwege, wodurch die Kosten steigen und der positive Umwelteffekt eventuell aufgelöst wird.
Hohe Liefer-bereitschaft	Aufgrund des neuen Rohstoffs verlängert sich die Lieferzeit. Die Lieferbereitschaft sinkt; es sei denn, dass die Bevorratung erhöht wird. Hierdurch steigen jedoch die Kapitalbindungskosten.
Kosten-minimierung	Längere Transportwege, höhere Bezugspreise und eventuell höhere Bevorratung bewirken einen Kostenanstieg.

› Kap. 2.2.2 Optimale Bestellmenge

Eine mögliche Lösung:
Die Heidtkötter KG bezieht eine optimale Bestellmenge, die die veränderten Kostenfaktoren berücksichtigt.

Aufgaben

› Kap. 1.1

› Recherche (zu Aufgabe 1)

1. Unterscheiden Sie mit Hilfe eines Beispiels aus Ihrem Ausbildungsbetrieb zwischen Beschaffung und Materialwirtschaft.
2. Sammeln Sie möglichst konkrete Ziele und Aufgaben der Materialwirtschaft und ordnen Sie diese den Teilbereichen der Materialwirtschaft zu.
3. Beschreiben Sie die Bedeutung der Materialwirtschaft für den Wertschöpfungserfolg eines Unternehmens. Greifen Sie dabei auch auf Erfahrungen aus Ihrem Ausbildungsbetrieb zurück.
4. Beschreiben Sie Zielkonflikte, die sich bei der Aufgabenerfüllung in der Beschaffung ergeben können.
5. Der Vorstand eines weltweit tätigen Automobilherstellers behauptet: *„Wir müssen die von der Materialwirtschaft abhängigen Kosten senken. Denn in der Materialwirtschaft liegt der halbe Gewinn!“*
   a) Erläutern und begründen Sie diese Aussage.
   b) Nennen Sie konkrete von der Materialwirtschaft abhängige Kosten.

1.2
Einkaufsorganisation

Der Einkauf ist Teil der Materialwirtschaft und vorwiegend für die Beschaffungsplanung, -durchführung und -kontrolle zuständig. Jedes Unternehmen muss eine optimale Einkaufsorganisation festlegen, die die Ziele der Materialwirtschaft am besten unterstützt.

› Teil A, Kap. 4 Organisation

Generell sind für die Festlegung der Einkaufsorganisation folgende Aspekte relevant:

- Produktions- und Absatzprogramm und damit die Anzahl verschiedener Materialien
- Anzahl möglicher bzw. verschiedener Lieferanten
- Unternehmensziele und Ziele der Materialwirtschaft
- Einkaufsgebiete
- Unternehmensgröße und Verhandlungsposition (Marktstellung, Bestellmengen, Bestellzeitpunkte)
- Beschaffungsstrategien (Single Sourcing, Multiple Sourcing usw., siehe Kap. 1.3)
- Realisierung internetgestützter Beschaffungssysteme (siehe Kap. 1.4)

Unter Beachtung dieser Aspekte wird die Einkaufsorganisation nach innen und nach außen festgelegt.

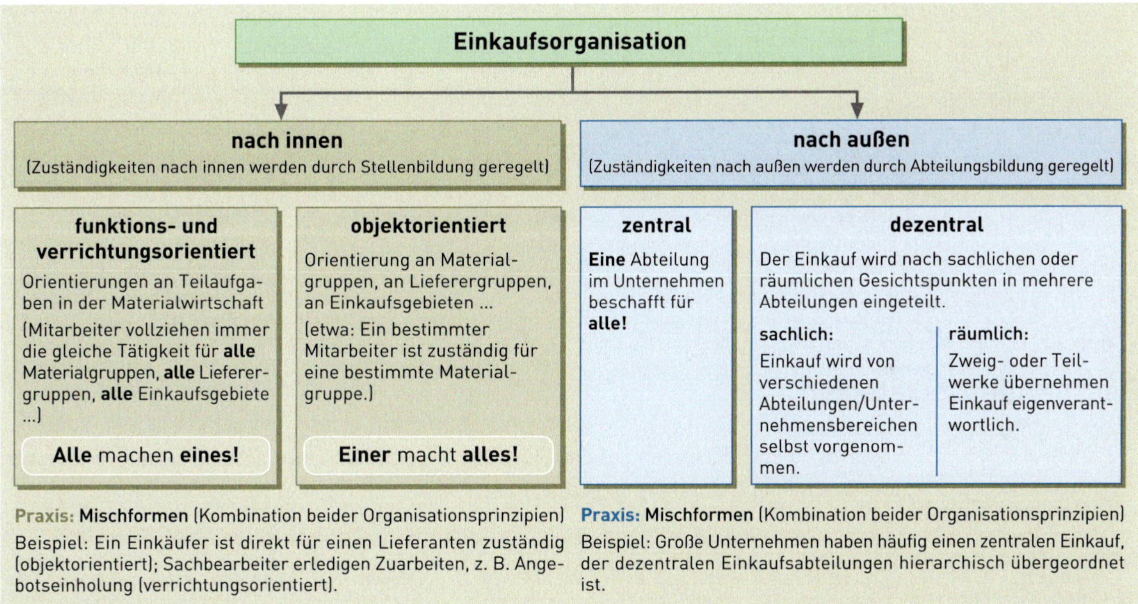

Aufgaben

› Kap. 1.2

1. Beschreiben Sie wesentliche Aspekte, durch die die Struktur des Einkaufs bestimmt wird.
2. Führen Sie Vor- und Nachteile der Varianten der inneren und äußeren Einkaufsorganisation an.
3. Ordnen Sie die Einkaufsorganisation Ihres Ausbildungsbetriebes der inneren und äußeren Einkaufsorganisation zu. › Recherche
4. Die Ernst GmbH ist ein Hersteller für den Ladenbau des Einzelhandels und fertigt deutschlandweit an sechs Standorten jeweils das gesamte Produktionsprogramm. Derzeit erfolgt ein dezentraler Einkauf an jedem Standort.

→

Aufgrund des allgemeinen Kostendrucks wird erwogen, einen Zentraleinkauf am Stammwerk in Altena (Westfalen) einzurichten.

a) Unterscheiden Sie zwischen dezentralem und zentralem Einkauf.
b) Führen Sie Vor- und Nachteile eines zentralen Einkaufs an.
c) Begründen Sie, ob für die Ernst GmbH ein zentraler Einkauf sinnvoll erscheint.

5. Beschreiben Sie, welche Art von Einkaufsorganisation bei der Rüdiger Hilkenkamp GmbH & Co. KG vorliegt.

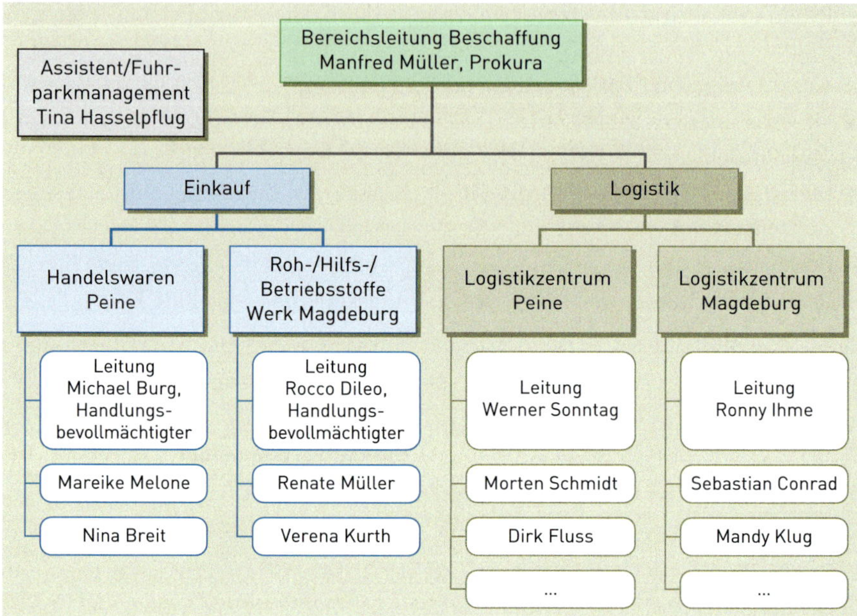

1.3 Beschaffungsstrategien

Vielfältige Veränderungen auf den Absatzmärkten haben zu starken Veränderungen auf den Beschaffungsmärkten geführt.

Markttrends als Herausforderungen für die Beschaffungsabteilung					
Reduzierung der Fertigungstiefe	verkürzte Produktlebenszyklen	Fusionen und Übernahmen	Marktsättigung	Outsourcing	hoher Materialkostenanteil

› Teil A, Kap. 2.2 Supply Chain

In der Beschaffung als Teil des Wertschöpfungsprozesses werden heute „partnerschaftliche" Beschaffungsstrukturen (Supply Chains) angestrebt, da oft nur so dem Qualitäts-, Kosten-, Zeit- und Innovationsdruck standgehalten werden kann.

In traditionellen wie in modernen Beschaffungsabteilungen orientieren sich die Strukturen an bestimmten Gesichtspunkten. Aufgrund dieser Gesichtspunkte fällt die Entscheidung für ein bestimmtes Beschaffungskonzept, das auch als Sourcing-Konzept[1] bezeichnet wird. Die folgende Übersicht stellt die verschiedenen **Sourcing-Konzepte** einander vergleichend gegenüber.

1 „Sourcing" ist der englische Begriff für Beschaffung und leitet sich ab von *source* = Quelle, Herkunft.

Gesichtspunkte	Sourcing-Konzept	Ausprägungen
Anzahl der Lieferer	**Lieferantenkonzept** Die Beschaffung von Fremdbezugsteilen kann grundsätzlich über einen oder viele Lieferanten erfolgen.	■ eine Bezugsquelle (Single Sourcing/Auftragsverdichtung) ■ viele Bezugsquellen (Multiple Sourcing/Auftragsstreuung)
Komplexität des Beschaffungsgutes	**Objektkonzept** Die Beschaffung von Fremdbezugsteilen kann für jedes Einzelteil oder im Zuge einer Verringerung der Fertigungstiefe in Baugruppen bzw. Modulen erfolgen.	■ Einzelteile beschaffen (Unit Sourcing) ■ Baugruppen/Module beschaffen (Modular Sourcing)
Art der zeitlichen Bereitstellung	**Zeitkonzept** Die Beschaffung von Fremdbezugsteilen kann nach der Beschaffungszeit unterschieden werden.	■ Vorratsbeschaffung ■ Einzelbeschaffung im Bedarfsfall ■ Just-in-time-Beschaffung
Größe des Beschaffungsraumes	**Arealkonzept** Die Beschaffung von Fremdbezugsteilen kann nur durch lokal ansässige Lieferanten erfolgen.	■ regional begrenzte Bezugsquellen (Local Sourcing) ■ weltweite Bezugsquellen (Global Sourcing)

Industrieunternehmen verfolgen nicht nur ein Sourcing-Konzept, sondern setzen je nach Priorität der Gesichtspunkte mehrere Sourcing-Konzepte ein. Unter Berücksichtigung der oben skizzierten Herausforderungen werden zunehmend folgende Konzepte kombiniert:

- Single Sourcing: langfristig angelegte, partnerschaftliche Beziehungen mit nur wenigen Lieferanten,
- Modular Sourcing: Beschaffung von Modulen,
- Just-in-time-Beschaffung: fertigungssynchrone Beschaffung,
- Global Sourcing mit lokaler Beschaffung: produktionsnahe Ansiedlung einer unter Umständen weltweiten Bezugsquelle (Just-in-time-Lager).

Für eine langfristige, partnerschaftliche Lieferantenbeziehung müssen viele Aspekte geklärt werden:

Einkaufsrichtlinien

Die vielfältigen Anforderungen an die Gestaltung partnerschaftlicher Beziehungen im Wertschöpfungsprozess veranlassen Unternehmen zunehmend, neue Lieferanten mit Hilfe eindeutig definierter **Einkaufsrichtlinien** auszuwählen bzw. sie mit diesen zu konfrontieren. Noch vor dem ersten Kontakt können sich potenzielle Lieferanten über die Einkaufsrichtlinien oder -leitlinien ihrer möglichen Kunden informieren.

Je größer das Unternehmen ist, desto konkreter sind seine Einkaufsrichtlinien ausgestaltet. Relevante Aspekte in Einkaufsrichtlinien sind:

- Ziele des Einkaufs (in Zusammenhang mit der Unternehmensphilosophie),
- Grundsätze der Zusammenarbeit (Vorstellungen über das Geschäftsgebaren),
- Aspekte der Lieferantenbeurteilung (Kriterien wie Know-how, Qualität, Zuverlässigkeit, Flexibilität, Preis, Bewertungsmodell usw.),
- Zielvereinbarungen und Bedeutung von Rahmenverträgen,
- Bedeutung internationaler Normen und Standards (z. B. Einhalten von Menschenrechten, nachhaltige Ressourcenverwendung).

Beispiel

Einkaufsrichtlinien/-leitlinien der Firma Robatherm GmbH & Co. KG[1]

Einkauf – Unsere Leitlinien
Durch die Orientierung an Wachstum und Werten bestimmt sich unser Ziel der nachhaltigen Steigerung des Unternehmenserfolgs.

Kundenzufriedenheit
Hierbei orientieren sich unsere Einkaufsziele an den Anforderungen und der Zufriedenheit unserer Kunden. Bei deren Umsetzung arbeiten wir mit den Organisationseinheiten bereichsübergreifend, um die mittelfristig beste Kombination aus Funktion, Lieferung, Termintreue und Preis zu gewährleisten. Die Erreichung der Qualitätsziele ist dabei unabdingbare Voraussetzung, verbunden mit dem Bestreben nach Optimierung unseres Supply Chain-Managements.

Qualitätsverantwortung
Wir sind für die Qualität beim Fremdbezug verantwortlich und verfolgen die Null-Fehler-Zielsetzung bei Zukaufteilen, Sach- und Dienstleistungen. Bei der Umsetzung der Qualitätsziele arbeiten wir eng mit anderen Organisationseinheiten in unserem Unternehmen zusammen.

Lieferantenentwicklung
Wir benötigen leistungsfähige und innovative Lieferanten für Waren und Dienstleistungen, mit denen wir offen, fair und langfristig zusammenarbeiten. Wir achten unsere Lieferanten als selbstständige Unternehmer, und wir betreiben eine aktive Lieferantenentwicklung.

Fairness und Transparenz
Einkaufsentscheidungen treffen wir ausschließlich unter sachlichen und nachvollziehbaren Kriterien. Bei der Auswahl von Lieferanten, bei der Umsetzung von Zielen und der Bewertung von Lieferantenleistungen stimmen wir uns intern ab und gehen nach einheitlichen Kriterien und Verfahren vor.
Um allen Beteiligten die für dieses Ziel notwendige Unabhängigkeit zu erhalten, verzichten wir grundsätzlich auf alle Formen der Vorteilsnahme.

Internationalität
Wir schaffen für unser Unternehmen Wettbewerbsvorteile durch eine international ausgerichtete, systematische Einkaufsmarktbearbeitung.

Umweltverantwortung
Umweltfragen sind uns wichtig. Wir berücksichtigen diese bei der Stoffauswahl hinsichtlich Recycling und Entsorgung, bei der Verpackung und beim Transport.

Ständige Verbesserung
Wir arbeiten an der ständigen Verbesserung der Strukturen und Abläufe im Einkauf selbst und im gesamten Beschaffungsprozess. Differenzierte SCM-Strategien und Best-Practice-Lösungen bilden die Grundlage für unsere Arbeit.

aus: www.robatherm.de/deutsch/file/unternehmen/un_leitlinien.htm, abgerufen am 22.04.2008

1 spezialisiert auf die Entwicklung, die Produktion und den Vertrieb individueller raumlufttechnischer Geräte

Aufgaben

› Kap. 1.3

1. Beschreiben Sie mindestens drei Veränderungen auf den Beschaffungs- und Absatzmärkten, die neue Beschaffungsstrukturen in Industrieunternehmen erforderlich machen.

2. Beschreiben Sie mögliche Beschaffungsstrategien für die Heidtkötter KG zur Beschaffung des Bildschirms für den *communicTable* (Konferenztisch mit integriertem Touchscreen) unter Beachtung folgender Merkmale:
   - Anzahl der Lieferanten
   - Komplexität des Beschaffungsgutes
   - Art der Beschaffung/Bereitstellung
   - Größe des Beschaffungsraumes

3. Sammeln Sie Argumente, die aus Sicht eines Unternehmens für die Umsetzung der verschiedenen Sourcing-Konzepte sprechen.

4. Erörtern Sie, inwiefern Kombinationen der unterschiedlichen Beschaffungsstrategien denkbar sind. Gehen Sie dabei darauf ein, ob sich die Strategien ergänzen, behindern oder gar nicht beeinflussen.

5. Begründen Sie, warum zwischen Lieferant und Auftraggeber heutzutage eine partnerschaftliche Zusammenarbeit im Leistungserstellungsprozess angestrebt wird. Nennen Sie Aspekte einer partnerschaftlichen Zusammenarbeit zwischen Lieferant und Auftraggeber.

6. Erläutern Sie die Bedeutung von Einkaufsrichtlinien für den Beschaffungsprozess, ihren Zusammenhang zum Leitbild eines Unternehmens und erläutern Sie auch, welche Konflikte sich zum Beispiel bei dem Einsatz des „Global Sourcing" gegenüber dem Leitbild der Unternehmung ergeben können.

7. Die Siemens AG veröffentlicht auf ihrer Homepage einen *Code of Conduct* für Lieferanten:

Grundsätze des Code of Conduct für Siemens Lieferanten

Siemens will in allen Ländern als integraler Bestandteil der nationalen Gesellschaft und Volkswirtschaft wahrgenommen werden. Bei der großen Verschiedenheit der jeweiligen Rahmenbedingungen in den 177 Ländern stellt diese Maxime der Siemens Geschäftspolitik eine große Herausforderung für die tägliche Praxis dar und wurde in den Grundsätzen des Code of Conduct für Siemens Lieferanten berücksichtigt.

Der Code of Conduct für Siemens Lieferanten beruht im Wesentlichen auf den Prinzipien des Global Compact der Vereinten Nationen und der Internationalen Arbeitsorganisation und spiegelt sich in unseren Siemens „Business Conduct Guidelines" wider, die für alle Siemens Mitarbeiter verbindlich sind.

Die Inhalte des Code of Conduct für Siemens Lieferanten sind:
- Einhaltung der Gesetze
- Verbot von Korruption und Bestechung
- Achtung der Grundrechte der Mitarbeiter
- Verbot von Kinderarbeit
- Gesundheit und Sicherheit der Mitarbeiter
- Umweltschutz
- Lieferkette

Quelle: www.siemens.com, abgerufen am 06.07.2012

a) Welche Ansprüche gegenüber Lieferanten formuliert die Siemens AG im *Code of Conduct*?

b) Führen Sie Gründe an, warum die Siemens AG von Lieferanten die Einhaltung dieser Ansprüche fordert.

1.4
Internetgestützte Beschaffungssysteme

1.4.1
Bedeutung von E-Business für den Geschäftsverkehr

E-Business E-Business ist der elektronische Geschäftsverkehr mit Hilfe elektronischer Informations-, Kommunikations- und Anwendungsplattformen (Internet, Extranet, Intranet). Trotz des jungen Alters der neuen Informations- und Kommunikationstechnologien hat sich die Beschaffung bzw. der Verkauf von Materialien, Gütern und Dienstleistungen als wichtiges Anwendungsgebiet für das E-Business etabliert.

Mittlerweile existiert eine Vielzahl unterschiedlicher E-Business-Lösungen für vielfältige unternehmerische Aufgaben. Die begriffliche und inhaltliche Abgrenzung dieser Lösungen ist nicht ganz einfach, weil die Konzepte und Instrumente häufig miteinander verknüpft sind bzw. ineinandergreifen. Ausgehend vom Wertschöpfungsprozess kann aus der Sicht eines Unternehmens folgende Systematisierung vorgenommen werden:

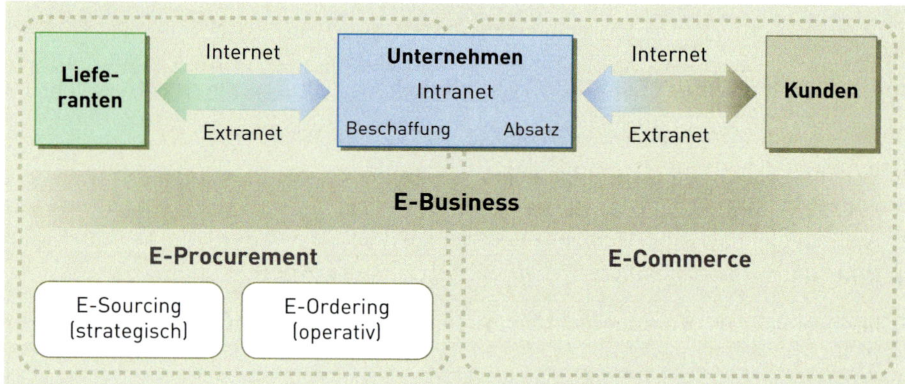

E-Commerce umfasst elektronische Handelsprozesse auf der Absatzseite, **E-Procurement** (siehe Kap. 1.4.2) hingegen elektronische Handelsprozesse auf der Beschaffungsseite. Die Prozesse werden über **Netzwerke** (Internet, Extranet und Intranet) abgewickelt. Diese Netzwerke unterscheiden sich durch die Zugänglichkeit für die Anwender. Während das **Internet** weltweit für jeden frei verfügbar ist, stehen Intranets und Extranets jeweils nur einem begrenzten Adressatenkreis offen. Ein **Intranet** ist auf den Kreis der Beschäftigten des Unternehmens begrenzt, ein **Extranet** hingegen ist für jeden autorisierten Nutzer zugänglich, der sich via Passwort anmeldet.

Vorteile Das E-Business hat sich rasant entwickelt, weil es allen Beteiligten eine Vielzahl von Vorteilen bietet:

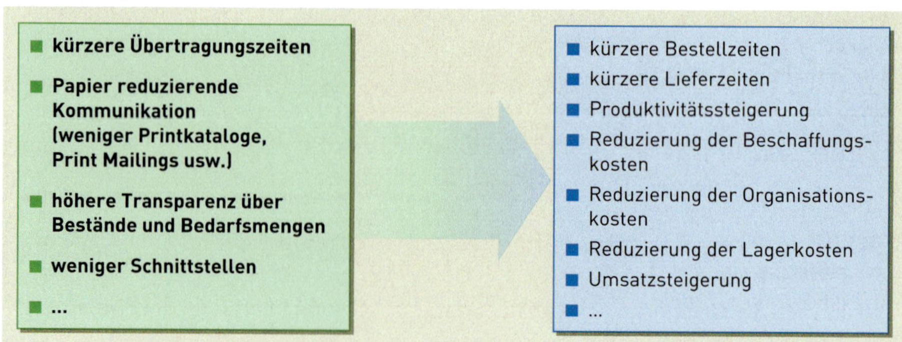

610186

Die Ausgestaltung von E-Business-Lösungen wird wesentlich von den beteiligten Akteuren Unternehmen (Business), Endverbraucher (Consumer) und Staat (Government) bestimmt:

Akteur	Business	Consumer	Government
Business	B2B	B2C	B2G
Consumer	C2B	C2C	C2G
Government	G2B	G2C	G2G

B2B = Business to Business; B2C = Business to Consumer; B2G = Business to Government (übrige Abkürzungen analog)

Je nachdem, welche Stellung das Unternehmen im Wertschöpfungsprozess einnimmt (Zulieferbetrieb, Handelsbetrieb), unterscheiden sich die Akteure und die zugehörigen E-Business-Lösungen. Während im Beschaffungsbereich die B2B-Geschäftsbeziehungen überwiegen, sind im E-Commerce vor allem B2C-Geschäftsbeziehungen zu finden. Auch die Beschaffungsvorgänge bei öffentlich-rechtlichen Einrichtungen werden zunehmend elektronisch abgewickelt.

1.4.2 E-Procurement als Teil des E-Business

Die Ablösung traditioneller Verfahrensweisen durch elektronische Beschaffungssysteme hat u. a. folgende Gründe:

- Rationalisierungspotenziale in der Produktion sind weitestgehend ausgeschöpft.
- Auf den globalisierten Märkten herrscht eine große Konkurrenz.
- Kunden, Mitarbeiter und Lieferanten verlangen Prozessvereinfachungen.

Konkrete Folgen des Einsatzes elektronischer Hilfsmittel für die Einkaufsorganisation sind:

- ein geringerer Verwaltungsaufwand, da beispielsweise Bestelldaten nicht mehr manuell auf Belegen in Papierform erfasst, sondern nur noch einmal in eine elektronische Datenbank eingegeben und sodann elektronisch gespeichert werden;
- geringere Einstandspreise, weil beispielsweise Einzelbestellungen automatisch zu Sammelbestellungen zusammengefasst werden können;
- geringere Beschaffungskosten durch automatisierte und transparentere Prozesse.

Beispiel

Das Controlling eines Elektronikherstellers hat folgende Daten für die Umsetzung von E-Procurement in der Einkaufsabteilung erhoben:

Kosten bei traditionellem Einkauf		Kosten bei Einsatz von E-Procurement	
Porto	1.825,00 €	Technologiekosten	75.500,00 €
Verwaltung	41.500,00 €	Verwaltung	22.000,00 €
Einkaufskosten (0,75 % des Einkaufswertes)	255.000,00 €	Einkaufskosten (0,10 % des Einkaufswertes)	34.000,00 €
Gesamtkosten	298.325,00 €	Gesamtkosten	131.500,00 €

Einsparpotenzial = 298.325,00 € – 131.500,00 € = 166.825,00 €

E-Procurement

In diesem Buch ist E-Procurement der Oberbegriff für sämtliche E-Business-Lösungen im Beschaffungsbereich. E-Procurement wird also mit E-Beschaffungssystemen bzw. mit dem elektronischen Einkauf (E-Purchasing) gleichgesetzt[1]. E-Procurement umfasst somit den Einsatz von Informations- und Kommunikationstechnologien zur

1 engl. *procurement* = Beschaffung, engl. *purchasing* = Einkauf

Unterstützung und Integration von Beschaffungsprozessen im Hinblick auf die Optimierung des Beschaffungsprozesses und des Beschaffungsgutes (Material, Handelsware). Es zielt darauf ab, die manuelle Anbahnung, Vereinbarung, Abwicklung und Kontrolle von Geschäftsabschlüssen in der Beschaffung unter Einsatz vieler verschiedener Medien (Papier, Telefon, Fax, E-Mail) durch die einmalige Eingabe aller relevanten Informationen in ein entsprechendes EDV-System zu ersetzen. Nach der Eingabe sind die Informationen bei allen Beteiligten (Mitarbeiter, Unternehmenslieferanten) verfügbar.

Instrumente

Da Unternehmen häufig unterschiedliche Datenverarbeitungssysteme einsetzen, müssen für den unternehmensübergreifenden Geschäftsverkehr E-Procurement-Instrumente mit einheitlichen Datenformaten entwickelt werden. Idealerweise werden die E-Procurement-Instrumente so programmiert, dass sie mit dem im Unternehmen vorhandenen **Enterprise-Resource-Planning-System (ERP-System)** verbunden werden können. Ein ERP-System wie beispielsweise *Oracle* ist eine komplexe Anwendungssoftware, bei der nach Möglichkeit alle wichtigen Geschäftsprozesse des Unternehmens über Datenbanken geplant, gesteuert und kontrolliert werden. Somit müssen Daten nur einmal erfasst werden und sind anschließend für alle anderen Geschäftsprozesse direkt verfügbar.

ERP-Systeme

Beispiel

Sobald im Vertrieb ein Kundenauftrag elektronisch erfasst worden ist, werden Material-, Informations- und Werteflüsse in den anderen Unternehmensbereichen direkt ausgelöst:
- Die Beschaffung erhält nach einer Überprüfung des Lagerbestands automatisch eine Bestellanforderung für fehlende Teile.
- Im Rechnungswesen werden automatisch die Ausgangsrechnung und der Buchhaltungsvorgang vorbereitet.
- Im Versand werden automatisch die Versandpapiere erstellt.

Ein ERP-System bündelt im Idealfall die elektronischen Instrumente in Bezug auf Beschaffungsgut und Beschaffungsprozess:

Instrumente des E-Procurement

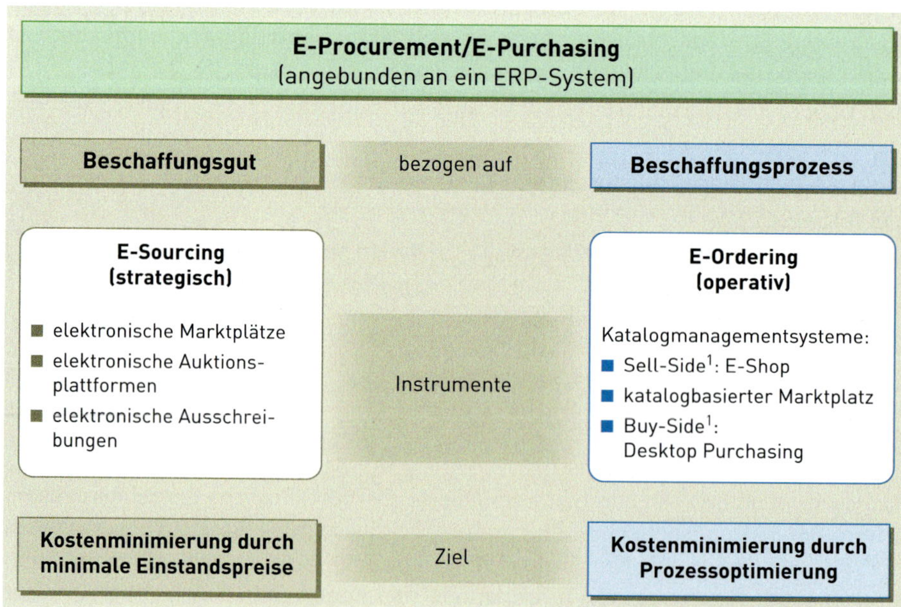

1 engl. *to sell* = verkaufen, engl. *to buy* = kaufen

Das **E-Sourcing** unterstützt die **strategische Beschaffung**. E-Sourcing bezeichnet die Suche und Auswahl von Lieferanten, mit denen Geschäftsbeziehungen zur Versorgung des Unternehmens mit C-Gütern (standardisierte Artikel, genügend Lieferanten) eingegangen werden sollen. Dagegen unterstützt das **E-Ordering** die **operative Beschaffung**, da es hier um E-Business-Lösungen für die Abwicklung von Bestellungen zwischen Unternehmen und Lieferanten geht.

E-Sourcing (siehe I.)

E-Ordering (siehe II.)

Während beim E-Sourcing die Anbahnung einer Geschäftsbeziehung und die Vereinbarungen zur Lieferung eines bestimmten Gutes und der entsprechenden Konditionen (z. B. Preis, Qualität) im Vordergrund stehen, wird mit dem E-Ordering die Gestalt des Prozesses zwischen Lieferant und Unternehmen näher festgelegt.

I. Instrumente des E-Sourcings

Elektronischer Marktplatz

Ein **elektronischer Marktplatz** ist eine Internetplattform, auf der mehrere Anbieter (Lieferanten) und mehrere Nachfrager (Einkäufer) eines Produkts aufeinandertreffen. Anbieter lassen sich dort anhand ihres Produktspektrums, ihrer Lieferfähigkeit und weiterer Eigenschaften wie aus einem Verzeichnis über eine Suchmaschine ermitteln. Grundsätzlich unterscheidet man zwischen horizontalen (branchenübergreifenden) und vertikalen (branchenspezifischen) Marktplätzen.

Vorteile

Elektronische Marktplätze bieten der Beschaffung die folgenden Vorteile:

- Die Leistungen und Angebotspreise der verschiedenen Lieferanten sind besser vergleichbar.
- Zusätzliche Informationen über die Lieferanten sind verfügbar.
- Neue Lieferanten können schneller aufgespürt werden.
- Da die Marktplätze rund um die Uhr geöffnet sind, können die Teilnehmer unabhängig von regionalen Zeitunterschieden Geschäfte anbahnen und abschließen.

Elektronische Ausschreibung

Eine **elektronische Ausschreibung** dient der Vergabe eines Auftrags im Wettbewerb und unterstützt die traditionelle Ausschreibung durch elektronische Medien. Traditionelle Ausschreibungen waren aufgrund von gesetzlichen Vorschriften insbesondere bei der öffentlichen Auftragsvergabe lange Zeit vorherrschend. Der Informationsaustausch – beispielsweise die Bestellung der Ausschreibungsunterlagen und die Darlegung des Angebots – erfolgte vorwiegend mit Hilfe von Dokumenten in Papierform. Hauptmerkmal einer elektronischen Ausschreibung ist der Informationsaustausch über eine Ausschreibungs- bzw. Vergabeplattform.

Ablauf

Üblicherweise verläuft eine elektronische Ausschreibung und Auftragsvergabe nach dem folgenden Muster:

1. Die Beschaffungsstelle erstellt **Ausschreibungsunterlagen** (Material, Qualität, Menge, Preisvorstellung und weitere Merkmale des Bedarfs) und veröffentlicht diese auf der elektronischen Plattform.
2. Potenzielle Bieter recherchieren auf der Plattform und holen sich dort die Ausschreibungsunterlagen, sofern diese für sie von Interesse sind, als PDF-Datei oder mit Hilfe einer speziellen Software direkt in die unternehmenseigene Datenbank.
3. Die Bieter versenden ihre **Angebote** an die Vergabestelle.
4. Nach Ablauf der Abgabefrist entscheidet die Beschaffungsstelle über die Vergabe.
5. Die Beschaffungsstelle gibt die **Vergabeentscheidung** auf der Plattform bekannt.
6. Der **Auftrag** wird erteilt.

Vorteile

Elektronische Ausschreibungen bieten der Beschaffung die folgenden Vorteile:

- Prozessvereinfachung durch EDV-Einsatz anstelle von manueller Verwaltung,
- Identifikation neuer Geschäftspartner mit Hilfe des neuen Mediums (auf das überregional oder auch weltweit zugegriffen werden kann),
- leichte und schnelle Information der potenziellen Lieferanten,
- vereinfachte Auswertung durch Transparenz über laufende Ausschreibungen und Tools für die Auswertung der Angebote,
- einfachere Marktanalysen und Marktrecherchen.

Elektronische Auktion

Im Fall einer **elektronischen Auktion** schreibt die Beschaffungsstelle ihren Bedarf über einen Auktionator im Internet aus. Dabei formuliert sie die konkreten Kriterien (Art, Qualität, Menge, Konditionen) und Modalitäten (zeitlicher Rahmen, Regeln der Auktion). Interessierte Lieferanten geben Gebote ab, Zuschlag erhält der Lieferant mit dem günstigsten Preis, der die Vorgaben der Ausschreibung erfüllt. Der Auktionator überwacht den Verlauf der Auktion und achtet darauf, dass die geltenden Regeln eingehalten werden. Da der Lieferant, der das niedrigste Gebot abgegeben hat, den Zuschlag erhält, wird diese Auktionsart auch als „Reverse Auction“ (umgekehrte Auktion) bezeichnet.

Vorteile

Elektronische Auktionen bieten der Beschaffung die folgenden Vorteile:

- Aufwendige Preisverhandlungen entfallen.
- Die Einkaufskosten werden durch die kürzere und effizientere Verhandlungsphase gesenkt.
- Die Lieferanten können leicht und schnell informiert werden.
- Zeitgesteuerte Einkaufsprozesse erleichtern die Planung.
- Auktionsplattformen bieten umfangreiche Statistiken, sind einfach zu bedienen.

Nachteil

Ein Problem des Einsatzes von E-Sourcing-Instrumenten besteht darin, dass sie aufgrund der technischen Unsicherheiten beim Datenaustausch missbraucht werden können. Daher wird bei der Kommunikation zwischen Beschaffungsstelle und Lieferant zunehmend eine digitale Signatur eingesetzt. Durch sie wird sichergestellt, dass die übertragenen Daten echt, unverfälscht und vertraulich für den Empfänger sind. Wesentliche Merkmale einer digitalen Signatur sind die Verschlüsselung im Zuge der Datenübertragung sowie die Vergabe elektronischer Zeitstempel und einer elektronischen Unterschrift für die Transparenz des Prozessverlaufs.

Digitale Signatur

II. Instrumente des E-Orderings

Zentrale Produktkataloge

Der Kern von E-Business-Lösungen für den Beschaffungsprozess im Rahmen von dauerhaften Geschäftsbeziehungen sind zentrale Produktkataloge, die entweder beim Lieferanten (Sell-Side), beim Unternehmen (Buy-Side) oder bei einer neutralen dritten Stelle (katalogbasierter Marktplatz) abgelegt sind. Aufbau und Funktionsweise ähneln einem Online-Shop für Endverbraucher (z. B. www.amazon.de).

Die Kataloge enthalten alle Produkte und Informationen, die das Unternehmen bei einem oder mehreren Lieferanten immer wieder bestellt. Ist die Einkaufsorganisation weitgehend dezentralisiert, können die einzelnen Mitarbeiter Standardartikel (etwa Büromaterial) direkt online über Intranet oder Internet bestellen. Der Bestellvorgang, die Lieferung und die Zahlungsabwicklung werden automatisch zu den im Rahmenvertrag vereinbarten Konditionen abgewickelt. Manuelle und an Papier gebundene Informationsprozesse entfallen weitgehend.

Das Ausmaß der Kostenreduzierung hängt im Wesentlichen davon ab, wer für die Wartung und Pflege der Inhalte des Produktkatalogs und der Abläufe im Zuge von Bestellungen zuständig ist. Dies ist in der Regel derjenige, bei dem der Produktkatalog abgelegt ist. Es werden drei Arten von Produktkatalogen unterschieden:

Lieferantenzentrierter Produktkatalog	Neutral abgelegter Produktkatalog	Unternehmenszentrierter Produktkatalog
Sell-Side: E-Shop	katalogbasierter Marktplatz	Buy-Side: Desktop Purchasing
■ Der Lieferant verantwortet, pflegt und wartet die Inhalte des Produktkataloges. ■ Inhalte und Gestaltung sind mit dem Unternehmen (Kunden) vereinbart (Rahmenvertrag über Artikel, Preise, Informationen, Layout). ■ Zugang besteht nur für registrierte Benutzer nach Eingabe von Benutzername und persönlichem Passwort. ■ Der Katalog bildet einen Ausschnitt des gesamten Online-Shops des Lieferanten ab.	■ Ein drittes Unternehmen verantwortet, pflegt und wartet die Inhalte des Produktkataloges. ■ Inhalte und Gestaltung sind mit dem Unternehmen (Kunden) vereinbart (Rahmenvertrag über Artikel, Preise, Informationen, Layout). ■ Der Zugang ist öffentlich oder nur für registrierte Benutzer nach Eingabe von Benutzernamen und persönlichem Passwort. ■ Es sind verschiedene Produkte vieler Lieferanten enthalten.	■ Das beschaffende Unternehmen verantwortet, pflegt und wartet die Inhalte des Produktkataloges. ■ Der Katalog wird vom beschaffenden Unternehmen zusammengestellt und gestaltet (Artikel, Preise, Informationen, Layout). ■ Er ist nicht öffentlich zugänglich und nur über das Intranet des Unternehmens erreichbar. ■ In der Regel wird nur ein Produktkatalog für das Intranet entwickelt, in dem alle Lieferanten mit ihren Produktangeboten verzeichnet werden.
Vorteile für die Beschaffung: ■ Verwaltungskosten für Wartung und Pflege der Inhalte des Katalogs entfallen. ■ geringe Such- und Informationskosten	**Vorteile** für die Beschaffung: ■ Verwaltungskosten für Wartung und Pflege der Inhalte des Katalogs entfallen. ■ geringe Such- und Informationskosten ■ Zugriff auf eine im Verhältnis zu anderen Produktkatalogen breitere Palette von gut vergleichbaren Produkten	**Vorteile** für die Beschaffung: ■ geringe Such- und Informationskosten ■ einfacher Vergleich der Lieferantenangebote ■ Integration in die IT-Betriebs- und Anwendungssysteme (Beschleunigung des Beschaffungsprozesses)
Nachteile für die Beschaffung: ■ Pro Lieferant muss ein Produktkatalog eingerichtet werden. ■ Die Vergleichbarkeit der Lieferanten wird erschwert.	**Nachteile** für die Beschaffung: ■ Gebühren für die Teilnahme am Marktplatz sowie die Pflege und Wartung des Marktplatzes durch den Betreiber ■ Der Produktkatalog kann nicht an die unternehmenseigene IT-Software angebunden werden.	**Nachteil** für die Beschaffung: ■ Verwaltungskosten für Wartung und Pflege der Inhalte des Katalogs
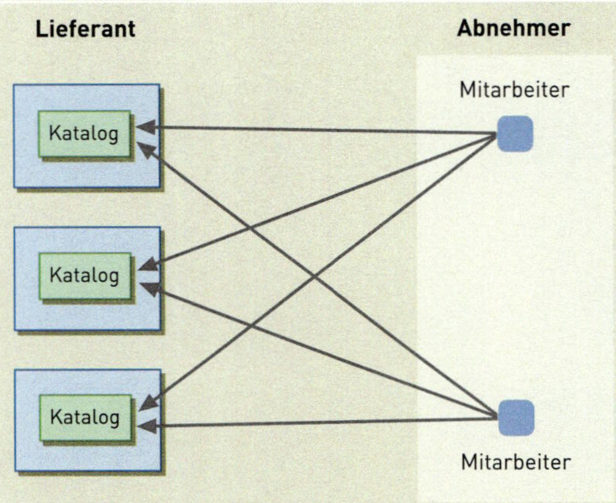	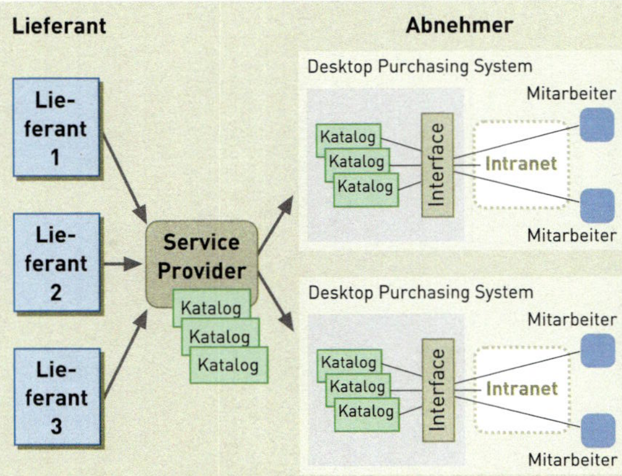	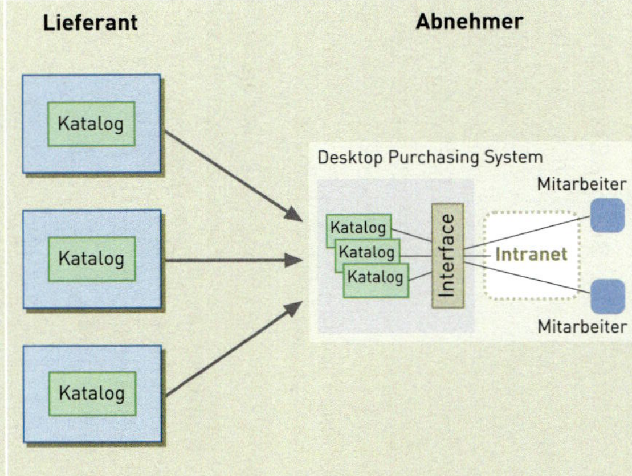
Quelle: Prof. Dr. Rüdiger Zarnekow, TU Berlin	Quelle: Prof. Dr. Rüdiger Zarnekow, TU Berlin	Quelle: Prof. Dr. Rüdiger Zarnekow, TU Berlin

1.4.3 Supply Chain-Management

Im Zuge der Entstehung der neuen Informations- und Kommunikationstechnologien sowie der wachsenden Koordinationsanforderungen aufgrund der Globalisierung und des gestiegenen Wettbewerbs (Käufermärkte) hat sich in den 1980er-Jahren in den USA das **Supply Chain-Management (SCM)** entwickelt. Ähnlich wie bei den sich neu entwickelnden E-Business-Lösungen kommt dabei unternehmensübergreifenden Netzwerken eine besondere Bedeutung zu.

Das Konzept des SCM ist wesentlich komplexer und umfangreicher als andere internetgestützte Beschaffungssysteme im Hinblick auf ihre technischen und organisatorischen Anforderungen.

Komplexität verschiedener E-Business-Instrumente

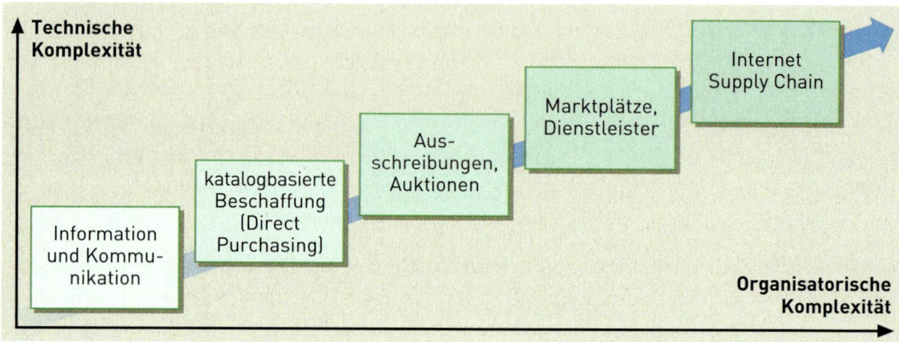

Quelle: Prof. Dr. Rüdiger Zarnekow, TU Berlin

Im Gegensatz zum E-Procurement geht das SCM über das computergestützte Bestellwesen hinaus und hat sämtliche Geschäftsprozesse zwischen Lieferanten, Unternehmen und Kunden im Blick.

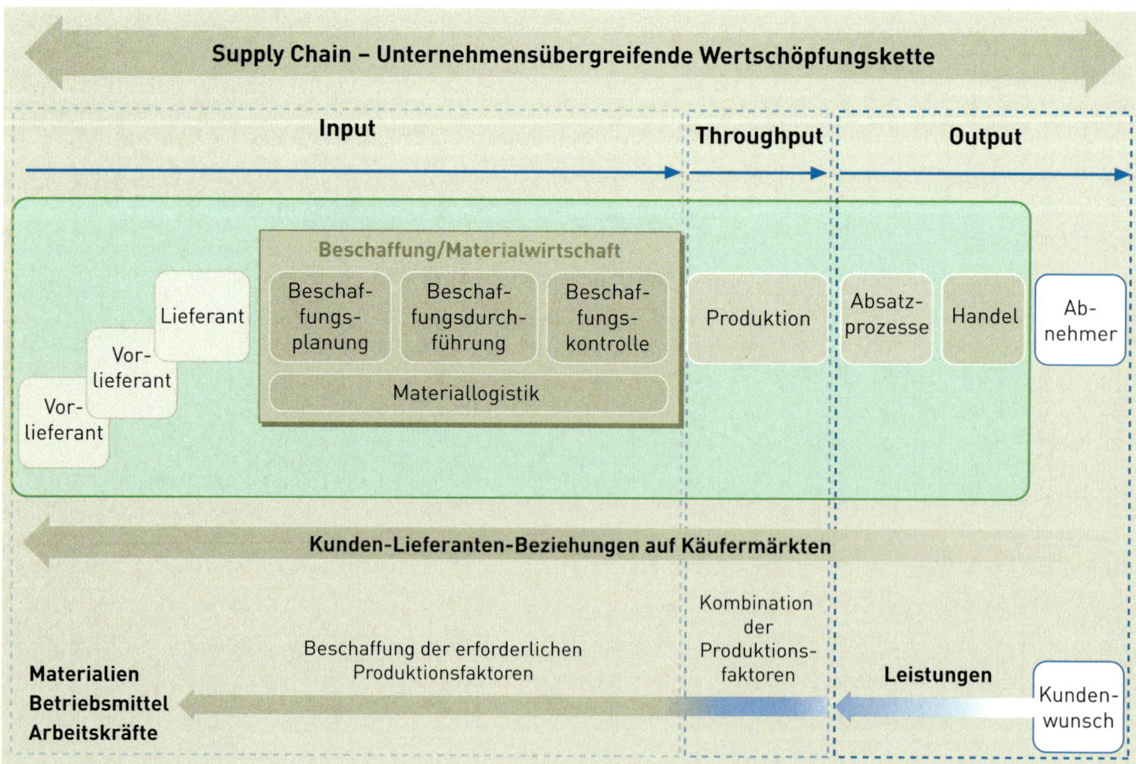

610192

Es wird ein einheitliches Leistungssystem durch sogenannte Supply Chains definiert. Eine **Supply Chain** ist eine Wertschöpfungskette vom ersten Rohstofflieferanten bis zum Endverbraucher. Alle darin anfallenden Aufgaben werden durchweg als Kunden-Lieferanten-Beziehungen festgelegt. Die Wertschöpfungskette wird dabei immer durch den Endverbraucher ausgelöst und über Kunden-Lieferanten-Beziehungen bis zum Ursprung der Supply Chain abgewickelt. Die Integration in Supply Chains bedeutet für das einzelne Unternehmen, dass nur noch Teilbereiche in den Prozess eingebracht werden müssen.

Supply Chain

› Teil A, Kap. 2.2

Vorteile von Supply Chains sind:

Vorteile

- Fehlmengen und Sicherheitsbestände auf einzelnen Wertschöpfungsstufen können reduziert werden, weil durch gemeinsame Datenbanken der tatsächliche Bedarf transparent ist.
- Bestellverhalten und Bedarfsprognosen können sich an den transparenten Bedarfsmengen orientieren. Dadurch sinken Lagerbestände und damit die Kapitalbindung. Traditionell richtete sich das Bestellverhalten eines Einkäufers nach der Preisgestaltung des Lieferanten (z. B. Ausnutzen von Mengenrabatten oder Vermeidung von Mindermengenzuschlägen) oder dem Bestellverhalten der direkten Kunden (Auftragsmenge des Kunden = Bestellmenge des Einkäufers), weil keine tatsächlichen Bedarfsmengen im Prozess bekannt waren.

Das entscheidende Hilfsmittel zur Realisierung dieses Ansatzes ist die computergesteuerte Vernetzung aller beteiligten Unternehmen. Dafür müssen die ERP-Systeme der beteiligten Unternehmen aufeinander bezogen, koordiniert und optimiert werden. So können Rationalisierungspotenziale entlang der Lieferkette über mehrere Zwischenstufen genutzt werden.

Ziele

Ziel der Gestaltung von Supply Chains ist die Sicherstellung der Versorgung entlang der Wertschöpfungskette bei minimaler Lagerhaltung (möglichst geringer Kapitalbindung). Mit Hilfe der Transparenz über alle Informations-, Material- und Geldflüsse können kürzere Durchlaufzeiten, geringere Kosten und eine höhere Qualität der Leistungen realisiert werden.

Supply Chain-Management

Supply Chain-Management umfasst die unternehmensübergreifende Koordination von Informations-, Material- und Geldflüssen entlang der (unternehmensübergreifenden) Wertschöpfungskette. Wesentliche Aspekte sind die Planung, Steuerung und Kontrolle der Bestände, der Durchlaufzeiten, der Kapazitätsauslastung und der entstehenden Kosten.

Das Supply Chain-Management „ersetzt“ Lagerbestände durch Informationen. Alle relevanten Daten sind nach ihrer einmaligen Eingabe in das Datennetzwerk über das Internet auf allen weiteren Wertschöpfungsstufen sichtbar, und somit werden automatisch weitere Prozesse ausgelöst. Aufgrund des gemeinsamen Datennetzwerks (höhere Transparenz) kann die Vorhersagegenauigkeit der Materialflüsse auf allen Wertschöpfungsstufen deutlich gesteigert werden.

Vorteile

Durch Optimierung der Wertschöpfungskette mit Hilfe eines Supply Chain-Managements ergeben sich bedeutende **Vorteile**:

Kostenvorteile	Zeitvorteile	Qualitätsvorteile
Für Kunden und Lieferanten verringern sich Verwaltungsaufwand (Sachbearbeitung) und Kapitalbindung (geringere Lagerbestände).	Auf jeder Prozessstufe sinkt die Wiederbeschaffungszeit, da Informationen direkt nach der Eingabe synchron transparent sind.	Schnittstellen werden reduziert. Dadurch sinkt die Fehleranfälligkeit der Prozesse.

Voraussetzungen

Supply Chain-Management ist nur dann erfolgreich, wenn eine Reihe von **Voraussetzungen** erfüllt sind:

Vertrauen	Ein gemeinsames Datennetzwerk bringt es mit sich, dass auch vertrauliche Daten ausgetauscht werden. Kein Unternehmen darf die Befürchtung haben, dass ein Missbrauch stattfinden könnte.
Geringe Zahl von Lieferanten	Aufgrund der hohen technischen und organisatorischen Anforderungen sollte die Komplexität dadurch begrenzt werden, dass nur eine geringe Zahl von Lieferanten beauftragt wird. Mit diesen sollte eine langfristige, strategische Zusammenarbeit angestrebt werden, damit sich die hohen Anfangsinvestitionen lohnen.
Win-Win-Situationen	Alle beteiligten Unternehmen müssen von der Einführung eines SCM profitieren und dies auch erwarten. Keiner der Beteiligten darf sich zulasten eines anderen „ausgenutzt" fühlen.
Gemeinsames Datennetzwerk	Eine schnelle und reibungslose Auftragsabwicklung wird durch ein umfassendes gemeinsames Datennetzwerk realisiert, das Schnittstellen minimiert, da ▪ alle Daten elektronisch erfasst werden, ▪ der Geschäftsverkehr beleglos erfolgt, ▪ Lieferanten als registrierte Nutzer mit Zugangsberechtigung auf Kundenrechner zugreifen können und ▪ die Rechnungserstellung vereinfacht wird.
Transparenz	Alle beteiligten Unternehmen verfügen zur gleichen Zeit über die gleichen Informationen.
Gemeinsames Qualitätsmanagement	Es werden gemeinsam Qualitätsstandards definiert und so können Zeit und Kosten für Nacharbeiten vermieden werden.

Probleme in der Praxis

Abschließend sei jedoch angemerkt, dass sich in der Praxis auch Schwierigkeiten aus dem Widerstreit zwischen Kooperation und Wettbewerb der Mitglieder untereinander ergeben können:
Einerseits bleiben die Mitglieder selbstständig agierende Wirtschaftseinheiten, die auf eine optimale (kostengünstige) Ausrichtung ihrer internen Strukturen achten müssen. Andererseits verpflichten sie sich zur Kooperation untereinander und geben Entscheidungskompetenzen ab, beispielsweise durch die Notwendigkeit einer einheitlichen Konfiguration von Prozessen. Daraus können **Reibungsverluste** resultieren, da die Effektivität der gesamten Kette letztlich von ihrem schwächsten Glied abhängt.

Die Arbeitsteilung und die Bindungen zwischen den Unternehmen können zu **Abhängigkeiten** von einem dominierenden Partner führen. Eine starke Abhängigkeit besteht beispielsweise in den Zulieferketten der Automobilindustrie. Hier legen Automobilhersteller nicht nur Wert auf die zeitpunktgenaue Lieferung (Just-in-Time-Lieferung), sondern oft binden sie die Zulieferer auch räumlich an sich, um die kontinuierliche Leistungserstellung in den Fertigungslinien zu sichern und Kosten zu minimieren (= logistische Koppelung der Produktionsprozesse).

Aufgaben

› Kap. 1.4

1. Beschreiben Sie, was unter E-Business, E-Procurement und E-Commerce im Vergleich zur klassischen Kommunikation im Geschäftsleben verstanden wird.
2. Unterscheiden Sie zwischen Internet, Extranet und Intranet.
3. Ein Fahrradhersteller erwägt die Einführung eines E-Procurement, da er sich davon geringere Kosten, kürzere Durchlaufzeiten und eine gesteigerte Qualität verspricht.
   a) Geben Sie konkrete Beispiele, wie durch E-Procurement die Kosten gesenkt, die Durchlaufzeiten verkürzt und die Qualität gesteigert werden kann.
   b) Führen Sie Gründe dafür an, weshalb die angestrebten Verbesserungen möglicherweise nicht eingetreten sind.
4. Sammeln Sie Vor- und Nachteile für den Geschäftsverkehr, die aus Sicht eines Fahrradherstellers, seiner Lieferanten und seiner Kunden allgemein mit E-Business verbunden werden.

5. Beschreiben Sie, was unter E-Procurement, E-Sourcing und E-Ordering sowie einem Enterprise-Resource-Planning-System allgemein verstanden wird.
6. Bereiten Sie (wahlweise) einen Kurzvortrag zu den folgenden Möglichkeiten des E-Procurement vor:
   a) Elektronische Marktplätze
   b) Elektronische Auktionsplattformen und elektronische Ausschreibungen
   c) Katalogmanagementsysteme

   Ihr Kurzvortrag sollte nicht länger als 5 bis 10 Minuten dauern, mediengestützt sein und folgende Aspekte enthalten: Grundsätzliche Merkmale, Beurteilung aus Sicht des Lieferanten und des Unternehmens.
7. Folgende Übersicht des Fahrradherstellers BFM AG ist gegeben:

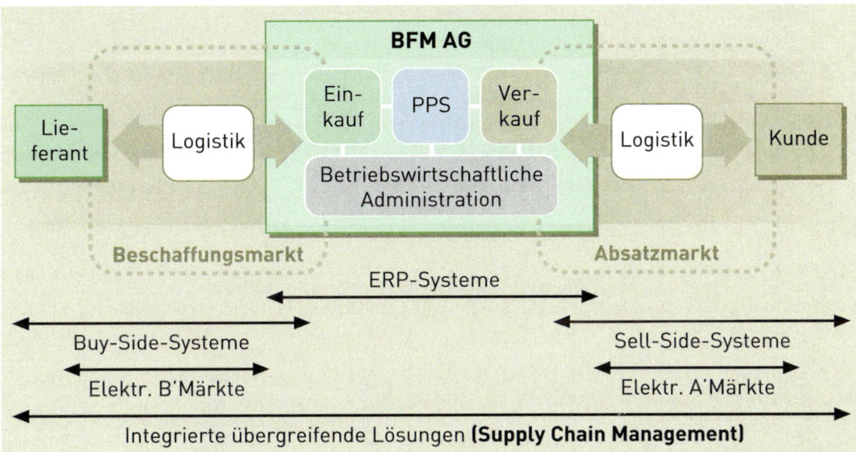

angelehnt an Abb. von Prof. Dr. Rüdiger Zarnekow, TU Berlin

   a) Beschreiben Sie die Abbildung und erklären Sie, welche Idee die BFM AG mit Hilfe des Supply Chain-Managements verfolgt.
   b) Nennen Sie Gründe, warum die BFM AG eine Fortentwicklung internetgestützter Beschaffungssysteme hin zu einem Supply Chain-Management anstrebt, welche Ziele damit verfolgt werden und welche Probleme auftreten können.
8. Bereiten Sie einen Kurzvortrag vor, der das Konzept des Supply Chain-Managements verdeutlicht. Folgende Aspekte sollten angesprochen werden: Grundsätzliche Merkmale, Ziele, Voraussetzungen bei beteiligten Akteuren, Beurteilung aus Sicht der beteiligten Unternehmen.

Wiederholungsaufgaben

› Kap. 1

1. Ein großer Automobilhersteller hat einen Sportwagenhersteller übernommen. Es wird erwogen, den Einkauf am Stammsitz des Automobilherstellers in Berlin zu zentrieren und gleichzeitig das Supply Chain-Management auf den Sportwagenhersteller zu übertragen.
   a) Beschreiben Sie drei Vorteile und drei Nachteile eines Zentraleinkaufs.
   b) Nennen Sie wesentliche Merkmale des Supply Chain-Managements und grenzen Sie dieses Konzept von anderen internetbasierten Beschaffungssystemen ab.
   c) Erläutern Sie die Ziele, die der Automobilhersteller mit dem Einsatz von Supply Chain-Management verfolgt.
2. Interpretieren Sie nachfolgende Übersichten und begründen Sie, für welche Güter (A, B, C) eine elektronische Beschaffung lohnenswert erscheint. Worin liegen die Vorteile des E-Procurements?

→

Durchschnittlicher Aufwand pro Beschaffungsprozess (Büro- und Verbrauchsgüter):

Bearbeitung: 162 Minuten
Durchlaufzeit: 16 Tage
Kosten: 90,00 €

Bedarfsidentifikation	15 Min.
Bedarfsmeldung	15 Min.
Budgetkontrolle/Genehmigung	5 Min.
Buchhaltung	7 Min.
Bedarfsfreigabe	3 Min.
Marktsondierung	15 Min.
Angebotsanalyse	20 Min.
Bestellung	10 Min.
Wareneingangskontrolle	15 Min.
Transport zum Besteller	25 Min.
Rechnungsbuchung	10 Min.
Rechnungsprüfung	17 Min.
Zahlungsanweisung	5 Min.

Fraunhofer FAQ Stuttgart

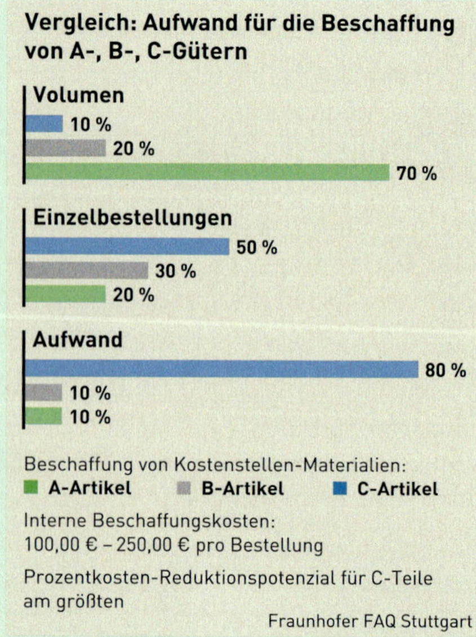

Quelle: e-facts Nr. 4, 02/2006, S. 2–3

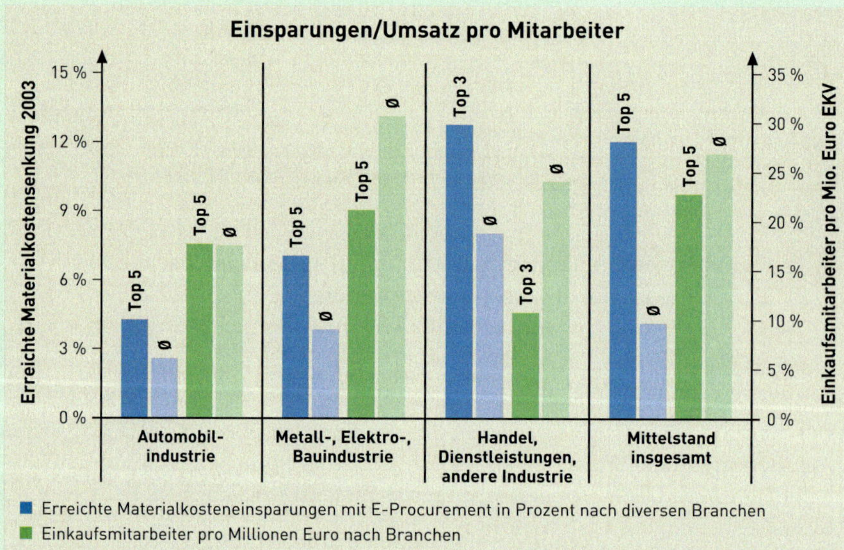

Quelle: technik+Einkauf 3/2005, S. 11

3. Erläutern Sie die Bedeutung einer Supply Chain und eines Supply Chain-Managers.

4. Im Zuge der Prozessoptimierung innerhalb der Beschaffung eines mittelständischen Unternehmens soll ein internetbasiertes Katalogmanagementsystem etabliert werden. Während der Abteilungsleiter einen unternehmenszentrierten Produktkatalog bevorzugt, plädieren die Sachbearbeiter im Einkauf für einen lieferantenzentrierten Produktkatalog.

a) Erläutern Sie allgemein, was unter einem internetbasierten Katalogmanagementsystem verstanden wird. Stellen Sie den lieferantenzentrierten und den unternehmenszentrierten Produktkatalog vergleichend gegenüber.

b) Sammeln Sie Vorteile der genannten Produktkataloge und begründen Sie, welche Variante Ihres Erachtens gewählt werden sollte.

2 Beschaffungsplanung

Einführung

Die Beschaffung der zur Produktion erforderlichen Werkstoffe und Fremdbauteile sowie der Handelswaren, die das Produktionsprogramm ergänzen, sollte optimal geplant werden. Alle erforderlichen Produktionsfaktoren sollen zur richtigen Zeit in der richtigen Menge am richtigen Ort zur Verfügung stehen. Ziel ist dabei auch, die im Rahmen des Beschaffungsprozesses entstehenden Kosten, z. B. für den Beschaffungsvorgang oder für die Kapitalbindung, möglichst gering zu halten.

Beispiel

Ein Unternehmen aus Asien bestellt bei der Heidtkötter KG 120 Stück des neu entwickelten *communicTable*, lieferbar in vier Monaten. Die Heidtkötter KG freut sich über den Auftrag, möchte ihn unbedingt annehmen, hat aber zurzeit nur noch 10 % der erforderlichen Monitore, die in den Tisch eingelassen werden, auf Lager. Selbst fertigen kann sie die Monitore nicht, sie muss sich nun eventuell sogar nach einem weiteren Lieferanten für die Monitore umsehen, der rasch liefern kann und dessen Monitore die passende Qualität haben. Der Auftrag kann nur dann angenommen werden, wenn alle Kapazitäten verfügbar sind. Der Kunde möchte in einem Drittel der Tische zusätzlich Einheiten aus Lautsprechern und Mikrofonen – eine zusätzliche Herausforderung für die Konstrukteure, denn diesem Kundenwunsch wird der *communicTable* bisher nicht gerecht.

In diesem Kapitel erhalten Sie einen Einblick in die anfallenden Entscheidungen innerhalb der Beschaffungsplanung sowie deren Abhängigkeiten zueinander. So geht es an dieser Stelle um die Entscheidung, selbst zu fertigen oder zuzukaufen, um die zeitliche Planung der Beschaffung, um die optimalen Mengen sowie die Auswahl von passenden Lieferanten.

2.1 Materialbedarfsplanung

Bestimmungsgrößen des Materialbedarfs

Bei der **Bedarfsplanung** („Was?") geht es um die Ermittlung des Materialbedarfs zur Aufrechterhaltung und Sicherung der Leistungserstellung für einen festgelegten Zeitraum. Der Materialbedarf umfasst alle Materialien, die zur Herstellung von Erzeugnissen oder zur Versorgung des Absatzmarktes in bestimmten Perioden benötigt werden. Entscheidende Kriterien sind dabei die Art und die Anzahl der Materialien sowie deren Qualität.

Der **Materialbedarf** ergibt sich aus dem Produktionsprogramm. Das Nachfrageverhalten der Kunden, die Verfahren der Fertigung, die im Unternehmen gewählte Fertigungstiefe sowie rechtliche Vorschriften (z. B. im Bereich des Umweltschutzes) beeinflussen den Materialbedarf.

Es wird zwischen Primär-, Sekundär- und Tertiärbedarf unterschieden.

Abgrenzung der Materialbedarfsarten:		
Primärbedarf	**Sekundärbedarf**	**Tertiärbedarf**
■ Bedarf an **Endprodukten**, die von den Kunden beim Unternehmen nachgefragt werden, ■ Bedarf, der in den Absatz- und Produktionsplänen festgelegt ist, ■ außer den hergestellten Endprodukten können dies auch **Handelswaren** und **Ersatzteile** sein.	■ ergibt sich aus dem Primärbedarf, ■ Summe aller Einzelteile **(Rohstoffe)** sowie **fertigen Einbauteile/ Montageteile**, die zur Fertigung des Primärbedarfs benötigt werden, ■ kann je Erzeugniseinheit und je Periode für das gesamte Fertigungsprogramm ermittelt werden.	■ umfasst den Bedarf an **Hilfs-** und **Betriebsstoffen**, die nicht direkter Bestandteil des Endproduktes sind, die aber zur Durchführung der betrieblichen Aufgaben erforderlich sind, ■ wird vorwiegend periodenbezogen ermittelt.
Zusatzbedarf: ungeplanter Bedarf, der als Zusatz zum Sekundärbedarf benötigt wird (z. B. Bedarf für **Ausschuss, Schwund**)		

Beispiel

Auszug aus der Bedarfsplanung der Heidtkötter KG:

Bedarfsarten	Materialien	Beispiele Heidtkötter KG
Primärbedarf	verkaufsfähige Produkte: **Fertigerzeugnisse, Handelswaren, Ersatzteile**	Konferenzstuhl *feli*, *communicTable*, Seminartisch *björn*, Strahler *castor*
Sekundärbedarf	Rohstoffe: **Hauptbestandteile des Endprodukts**	Edelhölzer, Stahl
	fertige Einbauteile: **fremdbezogene Montageteile**	Touchscreen, Kabel, Stecker, Kunststoffbauteile
Tertiärbedarf	Hilfsstoffe: **Nebenbestandteile des Endprodukts**	Schrauben, Unterlegscheiben, Gummifüße
	Betriebsstoffe: **kein Produktbestandteil, aber erforderlich für den Fertigungsprozess**	Strom, Gas, Diesel, Fette, Öle

Der **Primärbedarf** spiegelt das **Absatzprogramm** eines Unternehmens wider und gibt an, welche selbst erstellten Erzeugnisse zusammen mit ergänzenden Handelswaren an die Kunden verkauft werden sollen.

Die Entscheidung über das, was selbst erstellt und abgesetzt werden soll, kann durch drei Anlässe ausgelöst oder beeinflusst werden:

- Es geht ein konkreter Kundenauftrag ein.
- Die Anforderungen am Markt verändern sich, der Markt wünscht etwas Neues, oder das Unternehmen hat bei einem Produkt sicher geglaubte Marktanteile an einen Konkurrenten verloren.
- Das Unternehmen ist innovativ und entwickelt aus eigenem Antrieb ein neues Produkt.

› Teil C

Um fertigungsgerechte und funktionsfähige Endprodukte zu erstellen, werden zuerst Konstruktionszeichnungen angefertigt.

Konstruktionszeichnungen und Erzeugnisstruktur

Mit Hilfe der **Konstruktionszeichnungen** wird eine **Erzeugnisstruktur** des verkaufsfähigen Endprodukts (Primärbedarf) erstellt. Aus dieser Erzeugnisstruktur werden je nach Bedarf unterschiedliche Stücklisten erstellt, die konkret darüber Auskunft geben, welche Einzelteile und Baugruppen in welchen Mengen zur Fertigung des Erzeugnisses erforderlich sind.

Mengenübersichtsstückliste

Eine solche Stückliste ist z. B. eine **Mengenübersichtsstückliste**. Sie zeigt eine Aufstellung der Baugruppen und Einzelteile, die im Erzeugnis vorkommen, mit deren Mengen. Mit Hilfe solcher Listen können für ein bestimmtes Produktionsprogramm oder für konkrete Kundenaufträge sowohl die Arten des Bedarfs als auch die jeweiligen Bedarfsmengen genau festgestellt werden. Der Aufbau des Endprodukts ist aus diesen Listen nicht erkennbar.

Beispiel

Die Kölner Fahrrad-Manufaktur plant ein neues Rennrad. Aus den Konstruktionszeichnungen wird folgende Erzeugnisstruktur erstellt:

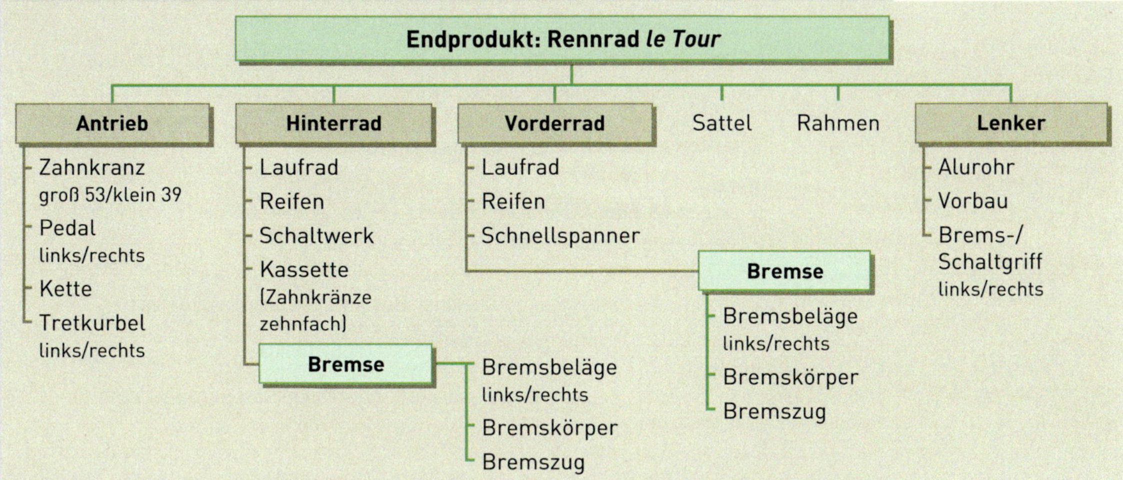

Aus dieser Erzeugnisstruktur wird folgende Mengenübersichtsstückliste erstellt:

Mengenübersichtsstückliste					
Teile	**Stückzahl**	**Teile**	**Stückzahl**	**Teile**	**Stückzahl**
Antrieb	1	Zahnkranz groß	1	Schnellspanner	1
Hinterrad	1	Zahnkranz klein	1	Bremsbelag	4
Vorderrad	1	Kette	1	Bremskörper	2
Lenker	1	Tretkurbel	2	Bremszug	2
Bremse	2	Laufrad	2	Alurohr	1
Sattel	1	Reifen	2	Vorbau	1
Rahmen	1	Schaltwerk	1	Brems-/Schaltgriff	2
Pedal	2	Kassette	1		

Baukastenstückliste

Eine **Baukastenstückliste** enthält alle Einzelteile einer Baugruppe bis zur nächst niedrigeren Fertigungsstufe. Der Aufbau des Enderzeugnisses ist durch Zusammenfügen aller Baukastenstücklisten zu erkennen.

Diese Art von Stückliste findet Verwendung bei sehr komplexen Fertigerzeugnissen oder dann, wenn die in der Stückliste abgebildete Baugruppe in mehreren verschiedenen Fertigerzeugnissen benötigt wird.

Teileverwendungsnachweis

Beim **Teileverwendungsnachweis** geht man umgekehrt vor und hat nicht das Endprodukt als Ausgangspunkt, sondern eine einzelne Materialart. Hier werden alle Baugruppen und Fertigerzeugnisse aufgeführt, in denen das jeweilige Einzelteil enthalten ist.

Beispiel

Teileverwendungsnachweis für ET 126 (Schalthebel Lenker)					
Baugruppe/Produkt	**Menge**	**Baugruppe/Produkt**	**Menge**	**Baugruppe/Produkt**	**Menge**
Rennrad *le tour*	3	Mountainbike *billy*	2	Lenker *cross*	3
Rennrad *eddy*	2	Mountainbike MB 3	3	Lenker *comfort*	3
Rennrad *signum*	2	Mountainbike MB 1	2	Lenker *go fast*	2
Rennrad *calypso*	2	Citybike *runner*	1	Vorbau *racer*	1

Die folgende Übersicht zeigt noch einmal anschaulich die Vorgehensweise bei der Bedarfsermittlung sowie die zu berücksichtigenden Größen:

Forschung und Entwicklung/Konstruktion[1]
(= fertigungsgerechte und funktionsfähige Gestaltung der Produkte)
↓

Erstellung von Konstruktionszeichnungen		
Produkt (Citybike *runner*) ↓	→	**Gesamtzeichnung:** zeigt maßstäblich das Fertigerzeugnis im gesamten Aufbau sowie seine Zusammensetzung aus Baugruppen und der von Baugruppen unabhängigen Einzelteile
Baugruppe (Hinterrad) ↓	→	**Baugruppenzeichnung:** zeigt maßstäblich die Lage und Form der zu einer Baugruppe zusammengefassten Einzelteile
Einzelteil (Schutzblech) ↓	→	**Einzelteilzeichnung:** zeigt maßstäblich ein oder mehrere Einzelteile ohne räumliche Zuordnung zu anderen Einzelteilen oder Baugruppen

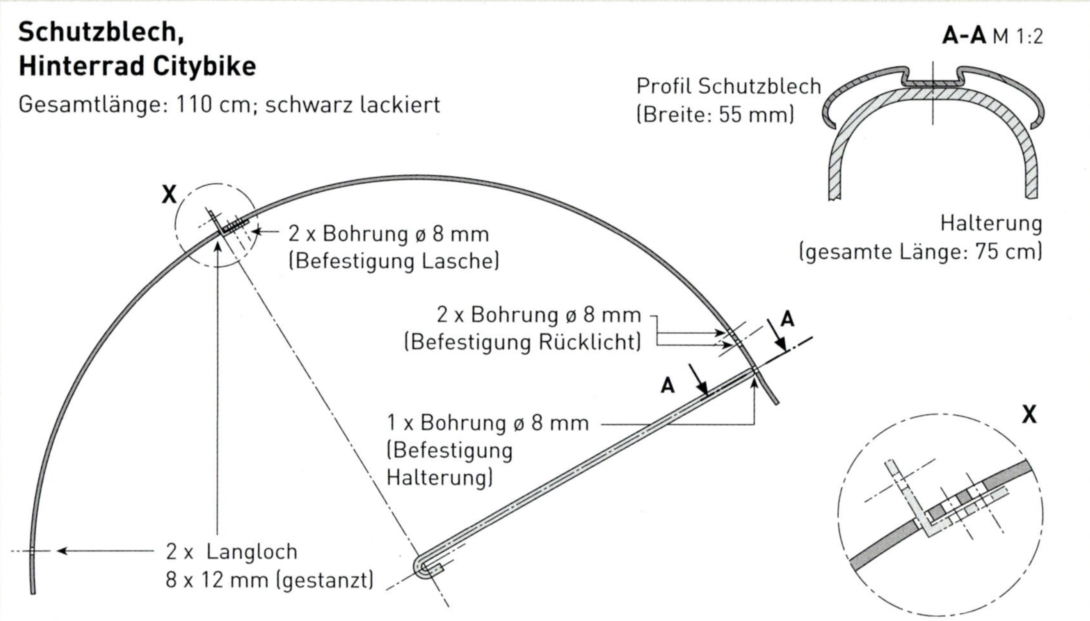

↓ **Anordnung der Teile**	→	**Explosionszeichnung**[2] **(= Anordnungsplan):** zeigt Einzelteile und Baugruppen räumlich zueinander, sodass sich ihre Anordnung erkennen lässt (nicht unbedingt in allen Details und maßstäblich); Verwendung: Montage, Demontage, Ersatzteilbeschaffung, Dokumentation

↓
Entwicklung der Erzeugnisstruktur
↓
Erstellung der Stücklisten und der Teileverwendungsnachweise

---
1 siehe Teil C, Kap. 1.3.1
2 Eine Explosionszeichnung zeigt eine komplexe Baugruppe perspektivisch und in ihre Einzelteile zerlegt.

Aufgaben

›Kap. 2.1

1. Unterscheiden Sie unter Verwendung eines selbst gewählten Beispiels die Begriffe „Primärbedarf", „Sekundärbedarf" sowie „Tertiärbedarf".
2. Erläutern Sie, inwiefern der Primärbedarf das Absatzprogramm eines Unternehmens widerspiegelt.
3. Unterscheiden Sie zwischen Mengenübersichtsstückliste und Teileverwendungsnachweis.
4. Ein Fertigerzeugnis hat folgende Erzeugnisstruktur (Buchstaben kennzeichnen Baugruppen/Montageteile; T/Ziffern kennzeichnen Einzelteile):

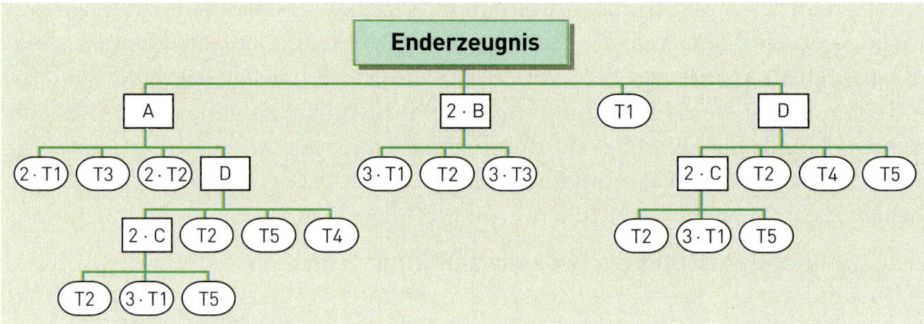

a) Erstellen Sie für die oben abgebildete Erzeugnisstruktur eine Mengenübersichtsstückliste sowie eine Baukastenstückliste für die Baugruppe D.

b) Erläutern Sie den Nutzen einer Mengenübersichtsstückliste für die Materialbeschaffung.

5. Für die Fertigung eines Konferenztisches (E1) hat die Konstruktionsabteilung der Heidtkötter KG folgende Strukturstückliste erstellt:

Fertigungsstufe	Teile-Nr.	Stückzahl
1	G1	1
2	T1	4
2	T2	1
1	T1	3
1	G2	1
2	T4	1
2	T1	1
2	G1	2
3	T1	8
3	T2	2
1	T3	3

a) Stellen Sie für das Erzeugnis „Konferenztisch" (E1) die Erzeugnisstruktur grafisch dar.

b) Erstellen Sie mit Hilfe der Erzeugnisstruktur die erforderlichen Baukastenstücklisten.

c) Erstellen Sie die Mengenübersichtsstückliste für E1.

6. Beschreiben Sie mit Hilfe eines selbst gewählten Beispiels Zielsetzungen einer Explosionszeichnung.

2.2 Bedarfsmengenplanung

2.2.1 Ermittlung der Bedarfsmengen

Mengenplanung

Ausgangspunkte der **Mengenplanung** („Wie viel?“) sind Fertigungsaufträge, die innerhalb bestimmter Liefertermine zu erfüllen sind. Auch können es Fertigungsaufträge einer periodenbezogenen Produktionsprogrammplanung für einen anonymen Absatzmarkt sein, die eine Produktion auf Lager (Lageraufträge) erforderlich machen. Bei Lageraufträgen dienen Erfahrungswerte, Verbrauchsstatistiken sowie vorsichtige Schätzungen als Grundlage für die erforderlichen **Mengenentscheidungen**. Aus den konkreten Auftragsmengen der Kundenaufträge und den Fertigungsaufträgen für den anonymen Markt werden Produktionsmengen (Bedarfsmengen) für die Enderzeugnisse abgeleitet. Diese bilden den Bruttoprimärbedarf, der durch die Berücksichtigung eventuell vorhandener Lagerbestände an Fertigerzeugnissen korrigiert den Nettoprimärbedarf ergibt (siehe auch Schema auf der folgenden Seite).

Brutto-/Netto-primärbedarf

Programmorientierte Bedarfsermittlung

Bei der **programmorientierten Bedarfsermittlung** werden die für ein bestimmtes Produktionsprogramm oder für bestimmte Kundenaufträge benötigten Materialmengen über die Auflösung von Stücklisten genau festgestellt. In der Praxis erfolgen diese Stücklistenauflösungen mit Hilfe von PPS-Systemen[1]. Das programmorientierte Verfahren führt zu sehr genauen Ergebnissen, ist jedoch vergleichsweise kostenintensiv.[2]

Brutto-/Netto-sekundärbedarf

Über die Auflösung von Stücklisten und der gleichzeitigen Berücksichtigung eines eventuell erforderlichen Zusatzbedarfs wird aus dem Nettoprimärbedarf der **Bruttosekundärbedarf** an Rohstoffen sowie fertigen Einbauteilen ermittelt. Unter weiterer Berücksichtigung der Lagerbestände an Werkstoffen (inklusive eventuell vorgegebener Sicherheitsbestände), ausstehender Fertigungsaufträge, Reservierungen für andere Aufträge und noch offener, später eingehender Bestellungen erfolgt die Berechnung des **Nettosekundärbedarfs**. Diese Berechnung setzt eine gewissenhafte Lagerbestandsführung[3] voraus, die alle Lagerzugänge und -abgänge genau erfasst und dokumentiert.

Bedarfs-, Beschaffungs-, Bestellmenge

Folgende Begrifflichkeiten werden im Rahmen der Bedarfsmengenermittlung unterschieden:

Bedarfsmenge	Beschaffungsmenge	Bestellmenge
Bruttoprimärbedarf: Bedarf an Enderzeugnissen, ausgehend vom Produktionsprogramm	der aus dem Nettoprimärbedarf an Endprodukten abgeleitete Bruttosekundärbedarf bei Rohstoffen oder Bruttotertiärbedarf bei Hilfs- und Betriebsstoffen → **Ergebnis der Bruttobedarfsermittlung**	kann aus Fertigungsaufträgen (eigene Herstellung) oder aus Bestellungen (Fremdbezug) befriedigt werden → **Ergebnis der Nettobedarfsermittlung**

1 Produktionsplanungs- und -steuerungssystem; siehe Teil C, Kap. 2.1
2 Bei der Entscheidung zwischen der programm- und der verbrauchsorientierten Bedarfsermittlung ist die ABC-Analyse (siehe Kap. 2.4) ein hilfreiches Instrument.
3 siehe Kap. 4.3

Zur **Ermittlung der Bestellmenge** kann folgendes Schema angewendet werden:

Vorzeichen	Bedarfsermittlung bezogen auf die Endprodukte		
	Bruttoprimärbedarf (Fertigerzeugnisse)		**[Bedarfsmenge]**
–	Lagerbestand (Fertigerzeugnisse)		
=	**Nettoprimärbedarf** (Fertigerzeugnisse)		
	Bedarfsermittlung über Stücklistenauflösung		
	Sekundärbedarf (für einen konkreten Kundenauftrag)		
+	Zusatzbedarf (für Ausschuss, Schwund, Ersatzteile usw.)		
=	**Bruttosekundärbedarf**		**[Beschaffungsmenge]**
–	Lagerbestand (an Teilen des Sekundärbedarfs)		
+	Reservierungen für andere Kundenaufträge		
+	Sicherheitsbestand (Mindestbestand, Eiserne Reserve)		
–	Bestellrückstände (offene Bestellungen)		
–	Werkstattaufträge (bestehende Fertigungsaufträge)		
=	**Nettosekundärbedarf**		**[Beschaffungsmenge/Bestellmenge]**
Entscheidung:	Eigenfertigung → make?	**oder**	Fremdbezug → buy?
	Losgröße		Bestellmenge

Verbrauchsorientierte Bedarfsermittlung

Bei der **verbrauchsorientierten Bedarfsermittlung** orientiert sich die Ermittlung des Nettosekundärbedarfs an den Verbrauchswerten der Vergangenheit. Auf Basis mathematischer Berechnungsmethoden[1] werden Trends und Prognosen erstellt, die wiederum in Grafiken anschaulich dargestellt werden können. Der Vorteil dieses Verfahrens liegt in seinem geringen Aufwand. Es führt jedoch insbesondere bei stark schwankenden Vergangenheitswerten zu ungenauen Ergebnissen.

Subjektive Bedarfsermittlung

Die **subjektive Bedarfsermittlung** erfolgt durch Schätzwerte, die auf dem Verbrauch ähnlicher Materialien beruhen oder sich auf Expertenmeinungen stützen.

2.2.2 Optimale Bestellmenge

Betrachtet man die aufgrund bestimmter Mengenentscheidungen unterschiedlichen Entwicklungen der Lagerhaltungskosten und der Beschaffungskosten[2], liegt das Dilemma der Bestellmengenplanung klar auf der Hand: Bei kleinen Bestellmengen verringern sich die Lagerhaltungskosten, insbesondere die Kapitalbindungskosten. Die Beschaffungskosten steigen jedoch aufgrund entgangener Mengenrabatte und höherer Bezugskosten stark an. Große Bestellmengen verursachen hohe Lagerhaltungskosten (Kapitalbindungskosten), verringern jedoch die Beschaffungskosten.

1 In der Praxis werden häufig die Methode des gleitenden Mittelwertes sowie die Methode der exponentiellen Glättung verwendet.

2 Beschaffungskosten entstehen u. a. für die eingegangene Ware (Einkaufskosten), für Personal- und Sachkosten innerbetrieblicher Prozesse (Bestellkosten) sowie für Transport, Verpackung und Versicherung (Bezugskosten).

Den hier geschilderten Sachverhalt bezeichnet man auch als „Dilemma der Bestellmengenplanung“.

Dilemma der Bestellmengenplanung		
↓ Beschaffungskosten ↓ ←	große Bestellmengen je Bestellung in längeren Zeitabständen	→ ↑ Lagerhaltungskosten ↑
↑ Beschaffungskosten ↑ ←	kleine Bestellmengen je Bestellung in kürzeren Zeitabständen	→ ↓ Lagerhaltungskosten ↓
	eine mögliche Lösung:	
Ermittlung der Bestellmenge mit den geringsten Gesamtkosten aus Beschaffungskosten + Lagerhaltungskosten → **Modell der optimalen Bestellmenge**		

Beispiel

Die Heidtkötter KG bezieht Laminat als Handelsware von einem Lieferanten in Dieburg zu einem Einstandspreis von 10,50 € pro m². Die Bedarfsermittlung ergibt einen Jahresbedarf von 18 000 m². Bisher wurde der Jahresbedarf in einer Lieferung beschafft und anschließend gelagert. Die Lagerkosten werden mit 12 % des Listenpreises des jeweiligen durchschnittlichen Lagerbestandes (= 50 % der jeweiligen Bestellmenge) kalkuliert. Pro Bestellung fallen Kosten in Höhe von 20,00 € an. Der gesamte Jahresbedarf soll nun auf mehrere Bestellungen und damit auf kleinere Bestellmengen aufgeteilt werden.

Wie häufig sollte die zuständige Einkäuferin der Heidtkötter KG bestellen?

Folgende Ergebnisse werden tabellarisch für verschiedene Bestellmengen ermittelt:

Anzahl der Bestellungen	Bestell-menge	durchschnittlicher Lagerbestand		Lagerhaltungs-kosten	Bestell-kosten	Gesamt-kosten
Anzahl	m²	m²	€	€	€	€
1	18 000	9 000	94.500,00	11.340,00	20,00	11.360,00
4	4 500	2 250	23.625,00	2.835,00	80,00	2.915,00
8	2 250	1 125	11.812,50	1.417,50	160,00	1.577,50
18	1 000	500	5.250,00	630,00	360,00	990,00
25	720	360	3.780,00	453,60	500,00	953,60
30	600	300	3.150,00	378,00	600,00	978,00
36	500	250	2.625,00	315,00	720,00	1.035,00
40	450	225	2.362,50	283,50	800,00	1.083,50

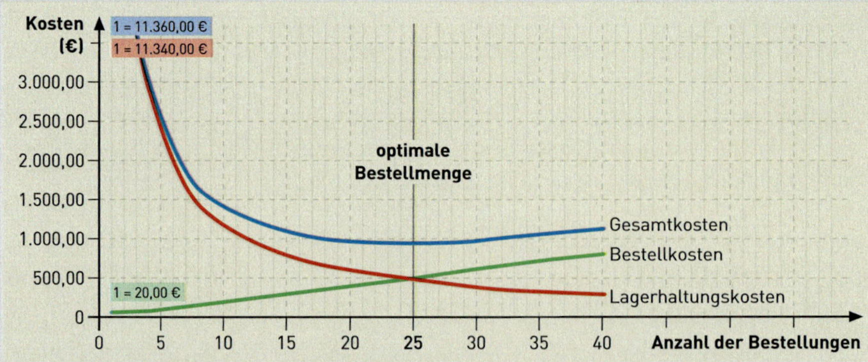

Optimale Bestellmenge

Die **optimale Bestellmenge** liegt bei 720 m². Bei dieser Menge ist die Summe aus Lagerhaltungskosten und Bestellkosten (= Gesamtkosten) am niedrigsten (953,60 €). Die Einkäuferin sollte also 25 Mal pro Jahr jeweils 720 m² bestellen.

Etwas genauer als mit einer solchen tabellarischen Ermittlung kann die optimale Bestellmenge auch mit Hilfe folgender Formel berechnet werden:

$$\text{Optimale Bestellmenge} = \sqrt{\frac{200 \cdot \text{Jahresbedarf} \cdot \text{Bestellkosten pro Bestellung}}{\text{Einstandspreis pro Stück} \cdot \text{Lagerhaltungskostensatz}}}$$

(Lagerhaltungskostensatz = Lagerkostensatz + Lagerzinssatz)

Der Lagerhaltungskostensatz ist ein Prozentsatz, der in dieser Formel als reiner Zahlenwert eingesetzt wird, z. B. 10,5.

Beispiel (Forts.)

Die optimale Bestellmenge berechnet sich wie folgt:

$$\sqrt{\frac{200 \cdot \text{Jahresbedarf} \cdot \text{Bestellkosten pro Bestellung}}{\text{Einstandspreis pro Stück} \cdot \text{Lagerhaltungskostensatz}}} = \sqrt{\frac{200 \cdot 18\,000 \cdot 20{,}00}{10{,}50 \cdot 12}} = 755{,}93$$

Das Ergebnis der exakten Ermittlung (755,93 m²; 23,81 Bestellungen) ist in der Praxis so nicht umsetzbar, der ermittelte Wert ist nicht ganzzahlig. Dennoch ist eine rechnerische Kontrolle des tabellarisch ermittelten Ergebnisses (siehe oben) sinnvoll.

Abweichen von der optimalen Bestellmenge

In der betrieblichen Praxis gibt es viele Gründe, von der errechneten optimalen Bestellmenge abzuweichen:

■ Beschaffungsmarkt	Lieferschwierigkeiten des Lieferanten, Saisonartikel, fixe Verpackungseinheiten, Lieferant gibt Mindestabnahmemengen vor
■ Absatzmarkt	Saisonartikel, Konjunktur (Nachfrageverhalten), Trends
■ Lagerung	Produkte sind nur beschränkt lagerfähig, keine ausreichende Lagerkapazität
■ Finanzierung	Liquiditätsprobleme, punktuell sehr starke finanzielle Belastung

› Kap. 2.4 A-Güter

Die Planung und Ermittlung der optimalen Bestellmenge ist ein sehr kostenintensiver Prozess, der allenfalls bei A-Gütern ökonomisch sinnvoll ist.

Das Modell[1] der optimalen Bestellmenge trifft in der Praxis auf große Schwierigkeiten, da es von einer Vielzahl von Voraussetzungen ausgeht, die in der Realität so nicht gegeben sind. Beispiele für Modellannahmen, die nicht der betriebswirtschaftlichen Realität entsprechen (müssen), sind:

Modellannahmen

Modellannahmen	Betriebswirtschaftliche Realität
gleichbleibende Bestellmengen, konstanter Jahresbedarf	abhängig von der Produktionsprogrammplanung und der Nachfrage
gleichbleibender Einstandspreis unabhängig von Menge und Zeitpunkt	Mengenrabatte, schwankende Bezugskosten, Preisschwankungen
linearer Verlauf der Lagerkosten, gleichmäßiger Lagerabgang	Preisschwankungen bewirken unterschiedliche Lagerkosten und führen zu einem nicht linearen Kostenverlauf
Lagerkosten sind nicht nur mengenabhängig	z. B. Versicherungskosten sind wertabhängig
gleichmäßiger (linearer) Lagerverbrauch (durchschnittlicher Lagerbestand = 50 % der Bestellmenge)	unrealistisch, da der Verbrauch abhängig von der Fertigungsplanung und/oder dem unregelmäßigen Nachfrageverhalten der Kunden ist

1 Ein Modell beinhaltet immer eine Reduzierung der Wirklichkeit. Um Erklärungszusammenhänge überhaupt zu ermöglichen, werden Modellannahmen getroffen, die (bewusst) von der Realität abweichen.

2.2.3
Fremdbezug oder Eigenfertigung (buy or make)

Fremdbezug oder **Eigenfertigung**

Eine Alternative zur externen Beschaffung (Fremdbezug) der zur Produktion benötigten Werkstoffe und Montageteile oder auch der das Produktionsprogramm ergänzenden Handelswaren ist die Herstellung im eigenen Betrieb (Eigenfertigung).

Die Entscheidungen für das eine oder das andere Vorgehen haben langfristigen/strategischen Charakter, da dabei insbesondere technische Sachzwänge (Fertigungstechnologien), Know-how, Fertigungskapazitäten, Investitionsvermögen sowie Abhängigkeiten auf dem Beschaffungsmarkt eine große Rolle spielen und es nicht lediglich um die Ausnutzung kurzfristiger Kostenvorteile und freier Kapazitäten geht. Unter Umständen können auch gemeinsam mit dem Lieferanten Forschungs- und Entwicklungsleistungen erbracht werden, welche die Struktur und das Programm der Eigenfertigung genauso wie das Auslagern von Prozessen der Wertschöpfung verändern.

	Fremdbezug	Eigenfertigung
Vorteile	■ Lieferant verfügt über eine innovative Forschung und Entwicklung ■ Spezialisierung des Lieferanten in der Fertigung ■ eventuell Abschluss langfristiger und damit günstiger Verträge mit dem Lieferanten möglich ■ eventuell Vereinbarung einer Just-in-time-Anlieferung möglich	■ Unabhängigkeit von Lieferanten sowie von Entwicklungen auf dem Beschaffungsmarkt ■ Festlegung eigener Qualitätsstandards, Überprüfung, eventuell Anpassung
Nachteile	■ Unregelmäßigkeiten auf dem Beschaffungsmarkt ■ Problem, einen zuverlässigen und qualitativ hochwertigen Lieferanten zu finden ■ Abhängigkeit von einzelnen Lieferanten	■ höhere Kapitalbindung ■ (zusätzlicher) Raumbedarf für Betriebsmittel und Lagerung ■ Absatzmarktschwankungen führen zu Problemen in der Kapazitätsauslastung und zu Kostenremanenz[1] ■ hoher Finanzierungsbedarf für anfallende Investitionen ■ eventuell müssen Know-how und/oder Rechte beschafft werden

Fremdbezug erfolgt bei Handelswaren (Ergänzung des eigenen Erzeugnisprogramms) und tendenziell bei kompletten Einbau- bzw. Montageteilen, bei Hilfs- und Betriebsstoffen (z. B. Fette, Lacke, Energie) sowie bei hochwertigen Investitionsgütern (Betriebsmittel, Werkzeuge).

Aufgaben

› Kap. 2.2

1. Für ein bestimmtes Endprodukt eines Industrieunternehmens aus der Elektrobranche ist kurzfristig ein Kundenauftrag über 400 Stück eingegangen. Vom Montageteil E, das im eigenen Betrieb hergestellt wird, werden am nächsten Arbeitstag 50 Stück fertiggestellt. Die anderen Baugruppen werden fremdbezogen. Aus Erfahrungswerten ist bekannt, dass mit einem Ausschuss von 0,5 % je Baugruppe gerechnet werden muss. 20 Endprodukte, 200 Stück der Baugruppe E sowie 450 Stück des Einzelteils T2 liegen zurzeit noch auf Lager.

   Das Endprodukt hat folgende Erzeugnisstruktur (Buchstaben kennzeichnen Baugruppen/Montageteile; T/Ziffern kennzeichnen Einzelteile):

1 zur Kostenremanenz siehe Teil C, Kap. 3.2.2 und 3.4

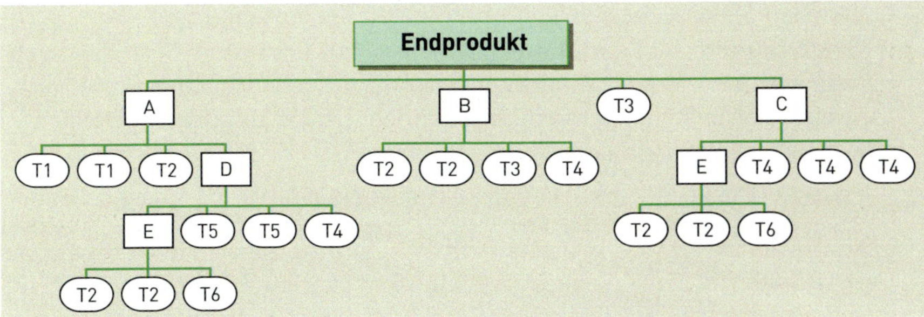

a) Erstellen Sie ausgehend von der hier abgebildeten Erzeugnisstruktur eine Mengenübersichtsstückliste sowie eine Baukastenstückliste für die Baugruppe E.

b) Erläutern Sie den Nutzen einer Mengenübersichtsstückliste bzw. einer Baukastenstückliste für die Tätigkeiten im Rahmen der Beschaffungsplanung.

c) Erläutern Sie den Zusammenhang zwischen Stücklisten und der Kostenermittlung für das entsprechende Endprodukt.

d) Ermitteln Sie sowohl den Bruttoprimärbedarf als auch den Nettoprimärbedarf für den Kundenauftrag.

e) Berechnen Sie den Brutto- sowie den Nettosekundärbedarf für die Baugruppe E und das Einzelteil T2. Beachten Sie, dass diese Berechnung vom in Aufgabenstellung d) ermittelten Nettoprimärbedarf ausgeht.

f) Unterscheiden Sie zwischen den Begriffen „Bedarfsmenge", „Beschaffungsmenge" und „Bestellmenge" und ordnen Sie diese Begriffe den Ergebnissen aus d) und e) zu.

2. Beurteilen Sie die unterschiedlichen Bedarfsermittlungsverfahren anhand der in der Tabelle vorgegebenen Kriterien. Bei diesem Vergleich geht es um die Angabe von Tendenzen, nicht um analytische Aussagen.

Bedarfsermittlungsverfahren:	**verbrauchsorientiert**	**programmorientiert**
Art der Ermittlung:	Verbrauchsstatistiken; ggf. Sicherheitszuschläge	Stücklistenauflösung; ggf. Sicherheitszuschläge
Genauigkeit:		
Ermittlungskosten:		
Gefahr von Über- bzw. Fehlbeständen:		
entstehende Lagerkosten:		
Anwendungsgebiete: ■ Rohstoffe ■ Fertige Einbauteile ■ Hilfsstoffe ■ Betriebsstoffe		

3. a) Beschreiben Sie die Vorgehensweise bei der Ermittlung des Netto(sekundär)-bedarfs ausgehend von der Stücklistenauflösung.

b) Welche Art der Bedarfsermittlung haben Sie hier beschrieben?

4. Die Lederwarengroßhandlung Marion Hensel e. Kffr. in Köln hat einen Jahresbedarf an Ledergürteln von 600 Stück. Sie bezieht diese Gürtel von der Lederwarenfabrik Lederwaren Kerber GmbH in Aachen zu einem Einstandspreis (frei Haus, einschließlich Verpackung) von 10,00 € pro Gürtel.

Die fixen (mengenunabhängigen) Kosten betragen je Bestellung 10,00 €. Der durchschnittliche Lagerbestand liegt bei 50 % der jeweils bestellten Menge. Die Lagerkosten betragen 11 % des Wertes des durchschnittlichen Lagerbestandes zum Einkaufspreis.

→

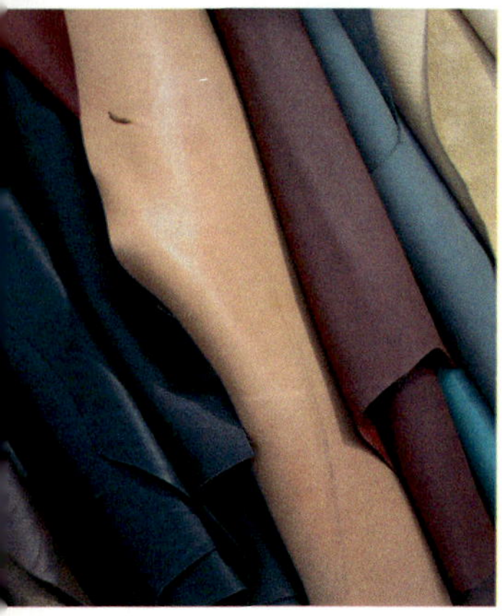

a) Erstellen Sie eine Tabelle (s. u.) und tragen Sie dort die Lager-, Bestell- sowie Gesamtkosten ein. Es wird unterstellt, dass nur bestimmte Bestellmengen infrage kommen. Tragen Sie anschließend die unterschiedlichen Kostenverläufe in ein Koordinatensystem ein. Bezeichnen Sie die Y-Achse mit „Kosten", die X-Achse mit „Bestellmenge".

Bestellungen	Bestellmenge	Bestellkosten gesamt	durchschnittlicher Lagerbestand		Lagerkosten	Gesamtkosten
Anzahl	Stück	€	Stück	€	€	€
	50					
	100					
	200					
	300					
	600					

b) Vergleichen Sie die Tabellenspalten „Bestellkosten gesamt", „Lagerkosten" sowie „Gesamtkosten" mit den entsprechenden Kostenverläufen im Koordinatensystem. Was stellen Sie fest?

c) Wie groß ist die kostenoptimale Bestellmenge, wie oft muss Frau Hensel bestellen?

d) Aus welchen Gründen würde die Lederwarengroßhandlung eventuell von der so ermittelten optimalen Bestellmenge abweichen?

e) Bei dieser Art der Betrachtung des Problems der optimalen Bestellmenge handelt es sich um eine „Modellbetrachtung". Ein Modell dient üblicherweise dazu, die Realität in reduzierter (vereinfachter) Form abzubilden und komplexe Erklärungszusammenhänge zu vereinfachen. Welche Voraussetzungen/Berechnungsgrößen dieses Modells der optimalen Bestellmenge entsprechen nicht der wirtschaftlichen Realität? Bitte begründen Sie.

5. Eine Industrieunternehmung zieht in Erwägung, ein Einbauteil, das sie bisher fremdbezogen hat, nun selbst herzustellen. Dieses Einbauteil wird in ein Endprodukt montiert, das in den letzten Jahren einen konstanten Absatz von 155 Stück aufwies. Folgende Informationen stehen zur Verfügung:

Eigenfertigung: Fixkosten 1.000,00 € (für anteilige Miete, Wartung der Maschinen), variable Kosten pro Stück 7,00 €

Fremdbezug: Einstandspreis pro Stück 20,00 €

a) Führen Sie mit Hilfe einer selbst erstellten Tabelle eine Kostenvergleichsrechnung durch und entscheiden Sie sich für Fremdbezug oder Eigenfertigung. Stellen Sie anschließend Ihre Lösung grafisch dar.

	Eigenfertigung				Fremdbezug		Entscheidung
Menge	Fixkosten	variable Kosten	Gesamtkosten	Stückkosten	Bezugspreis pro Stück	Bezugspreis gesamt	buy or make
50							
100							
150							
200							
250							
300							
400							

b) Ermitteln Sie rechnerisch die Produktionsmenge, bei der die Kosten der Eigenfertigung und die Kosten des Fremdbezugs gleich hoch sind.

c) Welche Kriterien sollten außer den Kosten bei der Entscheidung „buy or make" berücksichtigt werden?

d) Lösen Sie die Teilaufgabe a) mit Hilfe eines Tabellenkalkulationsprogramms.

6. Beschreiben Sie Voraussetzungen und Gründe, die ein Umsteigen von Fremdbezug auf Eigenfertigung nahelegen.

7. Der Möbelhersteller Winkler KG produziert Schränke, Tische und Stühle im mittleren Preissegment. Zur Herstellung dieser Produkte benötigt der Betrieb 28 800 m² Spanplatten pro Geschäftsjahr. Diese Spanplatten wurden bisher einmal im Jahr in der erforderlichen Menge fremdbezogen. Der Einstandspreis beträgt 5,00 € pro m². Die Lagerkosten betragen 15 % des durchschnittlichen Lagerwertes. Für den Bestellvorgang fallen 130,00 € Bestellkosten an.

   Die neue Einkaufsleiterin, Frau Zembold, überlegt, im neuen Geschäftsjahr den erforderlichen Jahresbedarf in mehreren Bestellungen zu beschaffen.

   a) Geben Sie ihr mit Hilfe der folgenden Tabelle eine Entscheidungshilfe.

Bestell-menge (in m²)	durchschnittl. Lagerbestand		Lagerkosten	Anzahl der Bestellungen	Bestellkosten	Gesamtkosten
	Menge (in m²)	Wert (in €)	(in €)		(in €)	(in €)
800						
1 200						
2 400						
3 600						
7 200						
14 400						
28 800						

   b) Welche konkrete Empfehlung geben Sie Frau Zembold? Begründen Sie bitte.

   c) Bestätigen Sie Ihre Empfehlung, indem Sie die optimale Bestellmenge rechnerisch ermitteln.

8. Eine Industrieunternehmung denkt darüber nach, ein Montageteil, das sie bisher fremdbezogen hat, nun selbst herzustellen. Folgende Informationen stehen zur Verfügung:

   Der Jahresbedarf liegt zurzeit bei ca. 286 Stück. Bisher wurde dieser Jahresbedarf bei einem Lieferanten zu einem Einstandspreis von 15,00 € pro Stück fremdbezogen. Die Produktion kalkuliert bei Eigenfertigung mit folgenden Kosten:

   Fixkosten (für anteilige Miete, Wartung und Abschreibung): 2.175,00 €
   variable Stückkosten: 7,50 €

   a) Führen Sie mit Hilfe der folgenden Tabelle eine Kostenvergleichsrechnung durch und entscheiden sie sich begründet für Fremdbezug oder Eigenfertigung.

	Eigenfertigung				Fremdbezug		Entscheidung
Menge	Fixkosten (Kf in €)	var. Kosten (Kv in €)	Gesamtkosten (K in €)	Stückkosten (k in €)	Bezugspreis (pro Stück in €)	Bezugspreis (gesamt in €)	make or buy
150							
200							
250							
300							
350							
400							

   b) Stellen Sie Ihre Lösung in einem Koordinatensystem grafisch dar.

   c) Ermitteln Sie rechnerisch die Absatzmenge, bis zu der die Bestellkosten günstiger sind als die Kosten der Eigenfertigung.

2.3 Zeitliche Beschaffungsplanung

Das Ziel der Beschaffungszeitplanung ist die Materialbereitstellung für die Fertigung **zur richtigen Zeit** in einer bestimmten (richtigen) Menge. Dabei können zwei verschiedene Verfahren unterschieden werden:

I. Bestellpunktverfahren

Beim **Bestellpunktverfahren** wird der Lagerbestand nach jeder Warenentnahme überprüft, um festzustellen, ob der Meldebestand erreicht ist. Dabei ist der Meldebestand diejenige Lagermenge, die erforderlich ist, um den Bedarf der Beschaffungszeit bis zum Eintreffen der neuen Lieferung inklusive eines festgelegten Sicherheitsbestandes abzudecken. Zur Absicherung gegenüber unvorhersehbaren Lieferproblemen wird ein Mindestbestand[1] festgelegt, der unter normalen Umständen niemals angegriffen werden sollte. Im Idealfall kommt die neue Lieferung dann, wenn der Mindestbestand gerade erreicht ist, und füllt das Lager auf den Höchstbestand auf.

Mindestbestand

Höchstbestand

Meldebestand

Der Meldebestand errechnet sich wie folgt:

Meldebestand = Mindestbestand + durchschnittlicher Tagesverbrauch · Beschaffungszeit

Die Beschaffungszeit umfasst den Zeitraum von der Bedarfsauslösung bis zum Eintreffen der Lieferung im Lager und begründet sich aus Erfahrungswerten.

Beispiel

Zur Produktion der Konferenzstühle *feli* benötigt die Heidtkötter KG zwei Hartkunststoff-Schalen als Rückenlehne, die sie von einem Hersteller in München fremdbezieht. Die Beschaffungszeit beträgt erfahrungsgemäß fünf Tage. Die Produktionsprogrammplanung sieht vor, dass täglich 30 Konferenzstühle montiert werden. Der Einkauf hat einen Mindestbestand an Hartkunststoff-Schalen für 120 Stühle festgelegt. Die optimale Bestellmenge liegt bei 720 Schalen.

Bestellpunktverfahren

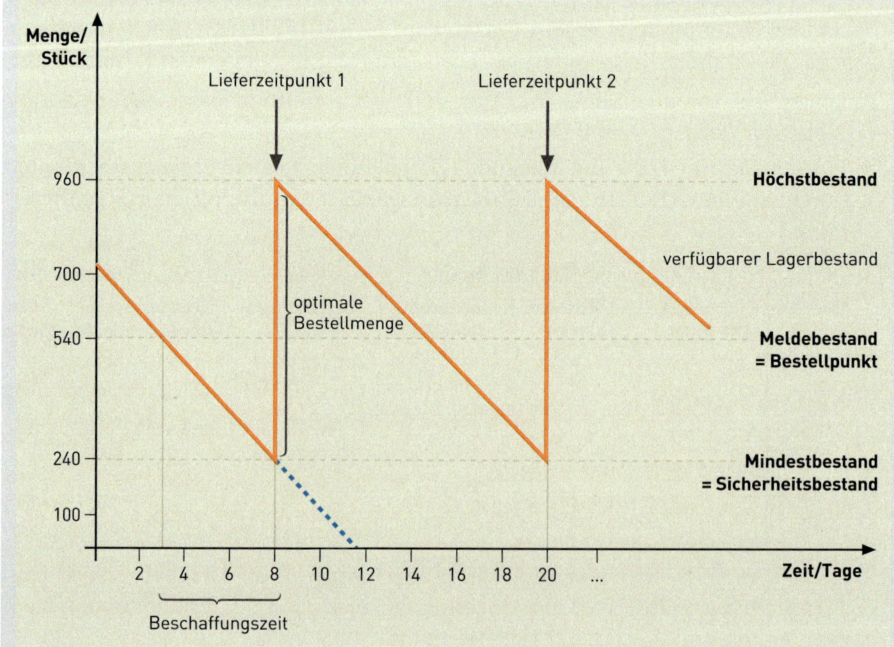

1 Synonyme sind: Sicherheitsbestand, Eiserner Bestand, Eiserne Reserve

Mindestbestand **240 Stück**	=	aufgrund von Erfahrungswerten festgelegter Sicherheitsbestand
Meldebestand	=	Mindestbestand + durchschnittlicher Tagesverbrauch · Beschaffungszeit
540 Stück	=	240 Stück + 60 Stück · 5 Tage
Höchstbestand	=	Mindestbestand + optimale Bestellmenge
960 Stück	=	240 Stück + 720 Stück

Ausgehend von einem verfügbaren Lagerbestand von 720 Stück wird schon nach drei Tagen der Meldebestand erreicht. Wird die Bestellung nun sofort durchgeführt, wird die Lieferung nach weiteren fünf Tagen im Lager eintreffen, und zwar genau zu dem Zeitpunkt, zu dem der Mindestbestand erreicht ist. Nach Einlagerung dieser (optimalen) Bestellmenge ist der Höchstbestand erreicht.

Das Bestellpunktverfahren wird häufig in Verbindung mit der programmorientierten Bedarfsermittlung angewendet und setzt voraus, dass der aktuelle Lagerbestand ständig überprüft wird, um bei Erreichen des Meldebestands eine neue Bestellung auszulösen. Ein Einsatz von EDV ist dringend erforderlich.

II. Bestellrhythmusverfahren

Beim **Bestellrhythmusverfahren** erfolgt die Bestellung unabhängig vom aktuellen Lagerbestand in festen Intervallen. Das Verfahren setzt voraus, dass über längere Zeitperioden mit einem konstanten Lagerabgang kalkuliert werden kann, sodass eine möglichst realistische und genaue Bedarfsvorhersage getroffen werden kann. Bleibt der tatsächliche Verbrauch hinter der Bedarfsvorhersage zurück, führt dieses Verfahren zu überhöhten Lagerbeständen, die wiederum zu Kosten- und Kapazitätsproblemen führen können. Liegt der Verbrauch über der Bedarfsvorhersage, kann es zu Fehlmengen kommen, die Produktions- und Absatzprobleme zur Folge haben.

Folgende Grafik stellt das Bestellrhythmusverfahren mit konstanten Zeitabständen dar. In diesem Fall ergänzt die neue Lieferung den aktuellen Lagerbestand bis zum Höchstbestand. Möglich ist auch die Lieferung konstanter Liefermengen.

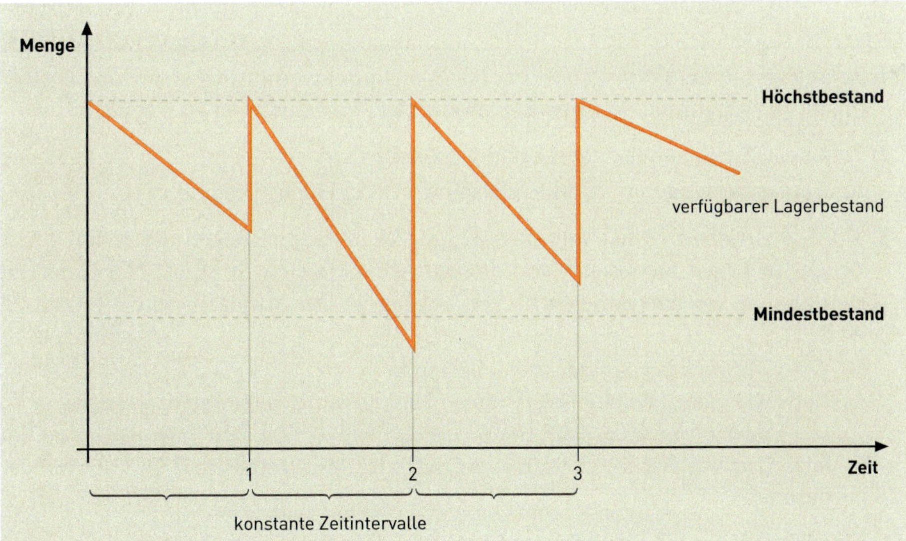

Vergleichend werden im Folgenden die beiden Bestellsysteme mit ihren jeweiligen Vor- und Nachteilen einander gegenübergestellt:

Vergleich

Bestellsysteme	
Bestellpunktverfahren Bestellung wird veranlasst, wenn der Lagerbestand eine bestimmte Höhe erreicht hat (Meldebestand = Bestellpunkt) → **Mengensteuerung**	**Bestellrhythmusverfahren** Bestellungen werden in festen, regelmäßigen Zeitabständen unabhängig vom aktuellen Lagerbestand veranlasst → **Terminsteuerung**
Vorteile ■ niedrige Mindestbestände aufgrund ständiger Bestandskontrollen ■ hohe Aufmerksamkeit auf Bestandsverlauf, dadurch Vermeidung von Fehlmengen	**Vorteile** ■ geringer Verwaltungsaufwand ■ Lagerbestandsüberprüfungen in festen Zeitabständen ■ weniger Bestellvorgänge erforderlich → Verwendung von Kapazitäten für weitere Aufgaben ■ gegebenenfalls Ausnutzung von Mengenrabatten, da größere Bestellmengen ■ geringere Anforderungen an Bestandskontrolle
Nachteile ■ ständige Überprüfung des Lagerbestands, da veränderliche Termine ■ kostenintensiv und aufwendig ■ Probleme bei Schwankungen des Bedarfs im Saisonverlauf, der Bezugspreise, der Beschaffungszeiten ■ bei unregelmäßigem Bedarfsverlauf häufige Bestellungen	**Nachteile** ■ ungenau, daher größere Mindestbestände ■ große Gefahr hoher Fehlmengen, da größere Zeiträume überbrückt werden müssen ■ anfällig bei Bedarfsschwankungen und Schwankungen in der Beschaffungszeit

Aufgaben

› Kap. 2.3

1. Erläutern Sie die Funktionsweise des Bestellpunktverfahrens sowie des Bestellrhythmusverfahrens. Nennen Sie jeweils zwei Vor- und zwei Nachteile.

2. Erläutern Sie folgende Lagerbestandsgrößen:
   a) Mindestbestand b) Meldebestand c) Höchstbestand

3. Ein Industriebetrieb hat von einer Handelsware noch einen Bestand von 1 512 Stück auf Lager. Er verkauft von diesem Artikel täglich 24 Stück. Die Lieferzeit beträgt drei Wochen zu je sechs Verkaufstagen. Der Mindestbestand beträgt 72 Stück.
   a) Wie viel Stück beträgt der Meldebestand?
   b) Nach wie vielen Wochen muss diese Handelsware nachbestellt werden?
   c) Der Lieferant ist zukünftig in der Lage, diese Artikel fünf Tage früher zu liefern. Um wie viel Stück verringern sich der Mindestbestand und der Meldebestand?

4. Ein Fahrradhersteller in Köln hat Fahrradtaschen in sein Absatzprogramm aufgenommen, um sein Leistungsangebot zu erweitern. Der durchschnittliche Absatz der Fahrradtaschen beträgt pro Tag ca. 25 Stück. Der aktuelle Lagerbestand liegt bei 500 Stück. Nach 20 Tagen bestellt die Einkäuferin, Frau Guerrero, neue Taschen. Da der Hersteller der Fahrradtaschen in Spanien sitzt, beträgt die Lieferzeit von der Bestellung bis zum Eintreffen der Ware in Köln fünf Arbeitstage.

a) Warum ist es wichtig, insbesondere über die Zeitplanung innerhalb der Beschaffung intensiv nachzudenken?
b) Stellen Sie die aktuelle Entwicklung des Lagerbestandes der Fahrradtaschen in einem Koordinatensystem grafisch dar und tragen Sie den Liefertermin ein. Skalieren Sie die Y-Achse mit 0 bis 800 Stück, die X-Achse mit 0 bis 22 Tagen.
c) Wie groß ist der Bedarf an Fahrradtaschen für die Beschaffungszeit? Markieren Sie die Beschaffungszeit ausgehend vom ursprünglichen Bestellzeitpunkt farbig im Koordinatensystem auf der X-Achse.
d) Bei welchem Lagerbestand (= Meldebestand) und wann (= Bestellzeitpunkt) sollte Frau Guerrero bestellen, damit die Lieferung rechtzeitig eintrifft? (Voraussetzung: Lieferung und Absatz erfolgen wie erwartet.) Tragen Sie den ermittelten Bestellzeitpunkt im Koordinatensystem ein.
e) Unmittelbar nachdem der Bestellzeitpunkt erreicht ist, sendet Frau Guerrero sofort per E-Mail eine Bestellung über neue Fahrradtaschen an den Hersteller in Spanien. Aufgrund technischer Probleme in der Fertigung kann der Lieferant nicht sofort liefern, sodass die Taschen erst sieben Tage nach der Bestellung in Köln eintreffen.
   Welche Folgen könnten die Fertigungsprobleme des Lieferanten in Spanien für den Fahrradhersteller in Köln haben?
f) Der Fahrradhersteller will für solche unvorhersehbaren Ereignisse einen zusätzlichen, für weitere zwei Arbeitstage ausreichenden Bestand auf Lager halten (= Mindestbestand). Bei welchem Lagerbestand und wann muss Frau Guerrero künftig bestellen?
g) Stellen Sie die Entwicklung des Lagerbestandes, den neuen Bestellzeitpunkt sowie den Mindest- und den neuen Meldebestand in einem Koordinatensystem grafisch dar (siehe Koordinatensystem zu Teilaufgabe b)) und ermitteln Sie, wann Frau Guerrero bestellen muss, wenn der aktuelle Lagerbestand 800 Fahrradtaschen beträgt.
h) Unterbreiten Sie einen Vorschlag dazu, wie die Beschaffungszeitplanung (Festlegung von Bestell- und/oder Lieferzeitpunkt) für die erforderlichen Hilfsstoffe (z. B. Schrauben, Unterlegscheiben) mit möglichst geringem Aufwand durchgeführt werden könnte.
i) Beschreiben Sie jeweils zwei Vorteile und zwei Nachteile der beiden Bestellsysteme (Bestellpunktsystem und Bestellrhythmussystem), die jeweils für den Fahrradhersteller entstehen könnten.

5. Die Firma Daniel Brand verbraucht arbeitstäglich 10 Stahlfassungen zur Herstellung von automatischen Bohrfuttern. Der jährliche Bedarf liegt bei 3 600 Stück. Die Lieferzeit pro Bestellung beträgt 15 Tage. Der Mindestbestand (Eiserner Bestand) wurde auf 50 Stück festgelegt, der aktuelle Lagerbestand liegt bei 350 Stück.
   a) Ermitteln Sie den Meldebestand.
   b) Zeichnen Sie, ausgehend vom aktuellen Lagerbestand, die Bestände (bzw. Bestandsveränderungen) für eine Bestellmenge von 300 Stück in ein Koordinatensystem.
   c) Nach wie vielen Tagen muss erneut bestellt werden? Zeichnen Sie den Bestellzeitpunkt in das Koordinatensystem ein.
   d) Wann trifft die Lieferung ein und welcher Bestand wird nach Eingang der Lieferung erreicht?
   e) Die Bestellmenge wurde auf 400 Stück erhöht. Wie wirkt sich diese Erhöhung auf die Lagerkosten aus?

2.4 Bereitstellungsprinzipien sowie ABC- und XYZ-Analyse

2.4.1 Bereitstellungsprinzipien

Eine wirtschaftliche Bedarfsdeckung ist eng verbunden mit der Wahl einer meist langfristig festgelegten Bereitstellungsart. Grundsätzlich stehen drei unterschiedliche Bereitstellungsprinzipien (siehe I. bis III.) zur Auswahl:

I. Vorratsbeschaffung

Bei der **Vorratsbeschaffung** werden große Mengen auf Lager gelegt, um jederzeit einen flexiblen Zugriff auf die erforderlichen Materialien zu gewährleisten.

Beispiel

Unternehmen aus der Schuhproduktion legen häufig große Lederlager unter bestimmten klimatischen Bedingungen an, weil bestimmte Chargen nicht ganzjährig verfügbar sind, die sie aber benötigen, um ganzjährig angemessen auf die hohen Qualitätsanforderungen der Kunden zu reagieren.

II. Auftrags-/Einzelbeschaffung

Bei der **Auftrags-/Einzelbeschaffung** werden die erforderlichen Materialien in Abhängigkeit von Kunden- oder Fertigungsaufträgen – unter Umständen mit Berücksichtigung festgelegter Sicherheitsbestände – beschafft.

Beispiel

So könnte die Heidtkötter KG die für den *communicTable* benötigten Bildschirme beschaffen, nachdem eine bestimmte Anzahl an Kundenaufträgen eingegangen ist. Eventuell ist auch eine Beschaffung nach jedem einzelnen Kunden- oder Fertigungsauftrag möglich.

Voraussetzung für die Realisierung dieses Bereitstellungsprinzips sind zuverlässige und flexible Lieferanten. Eventuell kann ein Kauf auf Abruf auf der Basis langfristiger Verträge vereinbart werden.

III. Just-in-time-Beschaffung

Die **Just-in-time-Beschaffung** betrifft sowohl die externen (Lieferant – Unternehmen) als auch die internen[1] (vorgelagerte – nachgelagerte Fertigungsstufe) Beschaffungs- und Bereitstellungsprozesse für die erforderlichen Werkstoffe bzw. Montageteile. Im Folgenden werden die externen Aspekte der Just-in-time-Beschaffung in der Supply Chain kurz erläutert.

Zielsetzung

Weil aufgrund unterschiedlicher Kundenwünsche immer mehr Varianten eines Produktes angeboten werden müssen und somit auch die Vielfalt der benötigten Materialien zunimmt, ist eine Bevorratung aller benötigten Materialien kaum mehr möglich. Die Just-in-time-Anlieferung meint die gerade noch rechtzeitige Anlieferung der benötigten Materialien an die Verbrauchsorte der Fertigung. Sie führt zu einer Synchronisation von Liefer- und Verbrauchsrhythmus, die angelieferten Materialien gelangen sofort, also ohne weitere Liegezeiten, in den Produktionsprozess. Lagerbestände sollen nach Möglichkeit gar nicht erst entstehen[2] und die Durchlaufzeiten in der Produktion sind so kurz wie möglich zu halten. Das Ziel des Just-in-time-Prinzips ist die Kostenoptimierung in der logistischen Kette des Beschaffungsprozesses und damit die Minimierung der Lagervorräte und Lagerkosten. Anwendung findet das Konzept meist in Branchen, die durch ein einheitliches Produktionsprogramm und eine hohe Produktionsmenge gekennzeichnet sind, wie z. B. die Automobilindustrie.

1 Intern kann das Just-in-time-Konzept auch als Prinzip der Fertigungssteuerung umgesetzt werden. Die Festlegung auf dieses Bereitstellungsprinzip erfolgt im Rahmen der Produktionsplanung.
2 Einen Lagerbestand von Null anzustreben, ist nicht immer sinnvoll, da dann kein Sicherheitsbestand vorhanden wäre, der z. B. bei eventuellen Lieferschwierigkeiten den Fertigungsprozess sichern soll.

Nicht selten führt das Just-in-time-Konzept zur Ansiedlung der Zulieferbetriebe in unmittelbarer Nähe des Abnehmers, um die Länge der erforderlichen Transportstrecken zu reduzieren (sogenannte „Lieferantenparks").

Voraussetzungen

Voraussetzungen für das zielgerichtete Umsetzen des Just-in-time-Konzeptes sind eine vertragliche Bindung sowie eine intensive Abstimmung und Vernetzung zwischen Lieferer und Abnehmer. Die Lieferanten müssen unter Umständen ihre Produktion an die Bedürfnisse des Abnehmers anpassen. Ebenso bedarf es einer computergesteuerten Auftragsbearbeitung sowie der Nutzung moderner Informations- und Kommunikationstechniken zum ständigen Informationsaustausch zwischen den beteiligten Unternehmen (Lieferer, Spediteur, Abnehmer).

Insbesondere die Zuverlässigkeit des Lieferanten bezüglich Qualität der Ware und Termintreue ist für die Umsetzung dieses Konzepts wichtig. So standen z. B. die Fließbänder bei Ford in Köln einige Tage still, als ein Zulieferer von Türschlössern nicht vertragsgemäß just-in-time liefern konnten.

Nachteile

Sowohl für den Abnehmer als auch für den Zulieferer ist das Konzept nicht frei von **Risiken**:

Abnehmer	Zulieferer
■ lohnt erst bei regelmäßigen (hohen) Verbrauchsmengen mit hoher Wertigkeit ■ eventuell werden zur Umsetzung (zu viele) organisatorische Veränderungen im Fertigungsablauf nötig ■ hoher Aufwand für die Sicherung einer ständigen Kommunikation mit dem Zulieferer ■ Abhängigkeit von einem Zulieferer (Single sourcing) möglich ■ Risiko von Fertigungsausfällen bedingt durch Fertigungsprobleme beim Zulieferer oder Verkehrsbehinderungen ■ Ausschussrisiko, da keine eigene Qualitätskontrolle stattfindet ■ eventuell werden Rückrufaktionen und Nachbesserungen erforderlich, damit verbunden kommt es zu Imageschaden für das eigene Unternehmen	■ Abhängigkeit vom Auftraggeber; kann zu einer sehr starken Spezialisierung führen; keine Risikostreuung möglich ■ ständige Lieferbereitschaft und Flexibilität wird erwartet ■ hohe Konventionalstrafen bei Nichteinhalten von Lieferterminen ■ Kosten der Qualitätskontrolle und Lagerhaltung ■ ständiger Kommunikationsaustausch erforderlich ■ eventuell Zwang zur Ansiedlung in der Nähe des Abnehmers

Folgendes Beispiel zeigt deutlich die Nachteile des Just-in-time-Prinzips insbesondere für die Abnehmer:

Beispiel

Die Hitachi Automotive Japan stellt Luftstrommesser her, die die Luftzufuhr für den Motor regeln. Diese kleinen Teile sind für die Automobilherstellung zwingend erforderlich. Viele führende Automobilhersteller (z. B. Toyota, General Motors, Citroën, Peugeot) werden von Hitachi Automotive mit diesem Luftstrommesser just-in-time beliefert. Am 12.03.2011 wurde das Werk von Hitachi Automotive durch ein Erdbeben sehr stark beschädigt, und da auch noch der Strom für zwei Wochen ausfiel, stand die Produktion über zwei Wochen still. Dies führte dazu, dass die Kunden von Hitachi Automotive ihrerseits die Autoherstellung zurückfahren mussten.

(vgl. taz vom 29.03.2011)

Unbedingt zu beachten ist auch, dass die Auswirkungen des Just-in-time-Konzeptes auf die Umwelt bedenkenswert sind, da insbesondere immer wiederkehrende kleine Liefermengen, also eine Verlegung von Lagerbereichen auf die Straße, zu einer Erhöhung des Gesamtverkehrsaufkommens führen.

2.4.2
ABC-Analyse und XYZ-Analyse

Die Wahl zwischen den in Kapitel 2.4.1 beschriebenen Bereitstellungsprinzipien sowie eine grundsätzliche Ausrichtung der im Rahmen der Beschaffung anfallenden Tätigkeiten bedürfen einer langfristigen Entscheidung unter betriebswirtschaftlichen, insbesondere an Kosten orientierten Kriterien. Bei der Komplexität und Vielfältigkeit der Beschaffungstätigkeiten ist es ökonomisch sinnvoll, Schwerpunkte bezogen auf die Intensität der Tätigkeiten zu setzen. So kann z. B. die Bedarfsmengenplanung sehr aufwendig (programmorientiert → genaue Ergebnisse) und damit auch sehr kostenintensiv oder auch oberflächlich (verbrauchsorientiert → ungenaue Ergebnisse), verbunden mit erheblich weniger Kosten durchgeführt werden.

Wertigkeit zu beschaffender Materialien

Bei der Vielzahl der benötigten Werkstoffe, Montageteile und Handelswaren stellt sich auch die Frage, wo im Rahmen der Bedarfsplanung im Einkauf Möglichkeiten einer ökonomisch sinnvollen Schwerpunktsetzung vorhanden sind. Die für die Produktion zu beschaffenden Werkstoffe unterscheiden sich in der benötigten Menge sowie im Bezugspreis (Wert).

Beispiel

Bei der Heidtkötter KG werden teure Edelhölzer und Stahlrohre ebenso gebraucht wie preiswerte Sechskantschrauben, Federringe oder Einschraubmuttern benötigt. Die Bedarfsmengenplanung bezüglich der teuren Rohstoffe sollte gründlicher erfolgen als die bezüglich der preiswerten Schrauben und Muttern.

Auch die Bereitstellungsprinzipien sollten in Abhängigkeit von Bedarfsmengen und Bedarfswerten gewählt werden.

Die Wertigkeit der Materialien spielt insbesondere für die Lagerhaltung eine große Rolle, da die im Lager gebundenen Werte entscheidend die Höhe der Kapitalbindungskosten bestimmen. Eine gründliche und intensive Bedarfs(mengen)planung muss also insbesondere für Materialien erfolgen, die eine hohe Wertigkeit aufweisen. Demnach ist es sinnvoll, die Materialien nach ihrem Wert in Gruppen einzuteilen, um die vorhandenen zeitlichen und quantitativen Kapazitäten in erster Linie den „wertvollsten" Materialien zu widmen.

ABC-Analyse

Eine Einteilung in Gruppen kann mit Hilfe der **ABC-Analyse** durchgeführt werden. Sie ist eine Methode, die verschiedene Materialien nach ihren Verbrauchswerten in die Gruppen A, B und C einteilt. Zunächst wird den Materialien aufgrund ihres anteiligen Verbrauchswertes ein Rang zugeordnet. Dann erfolgt durch die Kumulation[1] der errechneten Anteile am Gesamtverbrauchswert der gelagerten Materialien eine Kategorisierung in die Gruppen. Auffallend ist, dass häufig die Materialien mit den höchsten Verbrauchswerten nur mit einem geringen Mengenanteil in der Herstellung bzw. Montage der Enderzeugnisse benötigt werden.

Kategorienbildung

Folgende Kategorienbildung ist möglich, wobei die Grenzen der einzelnen Gruppen von jedem Unternehmen individuell festgelegt werden:

Kategorie	Wertanteil am Gesamtwert	Mengenanteil an der Gesamtmenge
A	75–85 %	10–20 %
B	10–20 %	30–50 %
C	5–10 %	40–50 %

1 kumulieren = anhäufen, aufaddieren

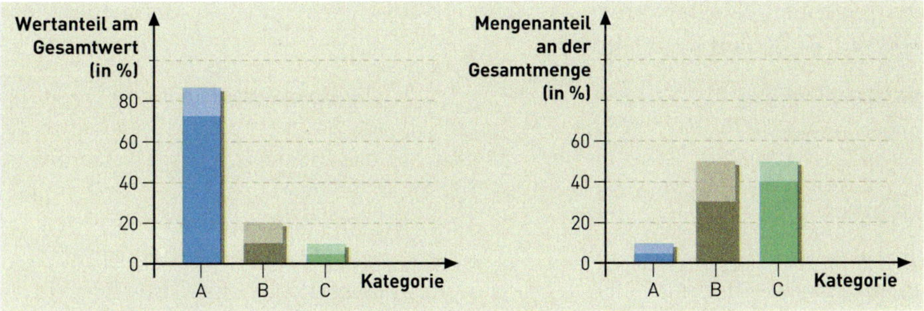

Beispiel

Ein Industriebetrieb benötigt für einen bestimmten Zeitraum folgende Materialien[1] in den angegebenen Mengen:

Material	Verbrauchs-menge in Stück (m)	Preis pro Stück in € (p)	Verbrauchs-wert in € (Vw)	%-Anteil am Gesamt-verbrauch	%-Anteil am Gesamt-wert	Rang
			$Vw = m \cdot p$	$= \frac{100 \cdot m}{61\,000}$	$= \frac{100 \cdot Vw}{728.000,00}$	
M 100	8 000	43,00	344.000,00	13,11	47,24	1
M 200	29 000	3,27	94.830,00	47,54	13,02	3
M 300	14 000	1,75	24.500,00	22,95	3,36	4
M 400	5 000	2,15	10.750,00	8,20	1,48	6
M 500	1 500	9,52	14.280,00	2,46	1,96	5
M 600	3 500	68,54	239.890,00	5,74	32,94	2
Summe:	61 000		728.250,00	100,00	100,00	

Vorgehensweise

Zunächst werden die prozentualen Anteile der Materialien am Gesamtwert sowie an der Gesamtmenge ermittelt. Anschließend wird nach dem Kriterium „prozentualer Anteil am Gesamtwert“ eine Rangfolge der Materialien festgelegt. Die Kategorisierung erfolgt nun dadurch, dass entsprechend der Rangfolge die Verbrauchswertanteile kumuliert und die Materialien nach den oben angegebenen Prozentsätzen den Kategorien zugeordnet werden.

Kumulation der Verbrauchswertanteile					Mengenanteil
M 100 + M 600	→	47,24 % + 32,94 % = 80,18 %	→	Kategorie A	18,85 %
M 200 + M 300	→	13,02 % + 3,36 % = 16,38 %	→	Kategorie B	70,49 %
M 500 + M 400	→	1,96 % + 1,48 % = 3,44 %	→	Kategorie C	10,66 %

Konsequenzen

Mit Hilfe der ABC-Analyse werden in diesem Beispiel die sechs Materialien in die Kategorien A-Güter, B-Güter und C-Güter unterschieden:

18,85 % der Materialien haben einen Verbrauchswertanteil von 80,18 %. Für diese Materialien (A-Güter) sollte eine intensive und genaue Bedarfsmengenermittlung (→ programmorientiert) durchgeführt werden.

Die geringste Bedeutung haben die C-Güter, für die eine kostensparende, oberflächliche Bedarfsmengenermittlung (→ verbrauchsorientiert) ausreicht.

Bei den B-Gütern muss individuell über eine tendenzielle Zuordnung (zu A- oder C-Gütern) entschieden werden, welches Verfahren zum Einsatz kommt.

1 Zur Vereinfachung gehen wir hier bewusst von nur sechs Materialien aus.

Konsequenzen für A- bzw. C-Güter

Der folgenden Tabelle können Sie weitere ökonomisch sinnvolle Maßnahmen für A- bzw. C-Materialien entnehmen.

A-Güter/Materialien	C-Güter/Materialien
■ intensive Bedarfsermittlung und genaue – Planung der Bestell- und Lagermengen, – Überwachung der Lagerbestände, insbesondere der Mindest- und Meldebestände, – Bestandsführung und strenge Kontrolle von Materialentnahmen sowie intensive Kostenanalysen betreiben; ■ Minimierung und exakte Festlegung der Mindestlagerbestände ■ evtl. langfristige Verträge mit Lieferanten abschließen (Kauf auf Abruf oder Einführung des Just-in-time-Konzepts) ■ sorgfältige und intensive Beschaffungsmarktforschung sowie Nutzung zahlreicher Informationsquellen ■ Durchsetzen günstiger Preise, Liefer- und Zahlungsbedingungen (intensive Preisverhandlungen) ■ bedarfsabhängige Beschaffung in sehr kurzen Zeitintervallen ■ Ausnutzung von Skontofristen ■ permanente Inventur	■ vereinfachte – Beschaffungsmarktforschung – Bedarfsermittlung – Bestellabwicklung – Stichprobeninventur ■ Abbau kostenintensiver Bestandskontrollen ■ geringer Aufwand in der Bestandsführung ■ Beschaffung in größeren Mengen und Zeitintervallen ■ Beschaffung in kostenoptimalen Losgrößen oder Bestellmengen ■ Abruf nicht zentral durch den Einkauf, sondern durch den jeweiligen Bedarfsträger ■ Selbstbedienung bei der Materialentnahme (Handlager)

XYZ-Analyse

Die Zielsetzung der **XYZ-Analyse** besteht darin, die Verbrauchsregelmäßigkeit der einzelnen Materialien zu bestimmen und damit eine Vorhersagegenauigkeit des Verbrauchs zu ermitteln.

Unter Verwendung dieses Kriteriums entstehen folgende Kategorien:

Kategorie	Verbrauch	Vorhersagegenauigkeit	Beispiele
X	relativ konstant und gleichförmig mit gelegentlichen (seltenen) Schwankungen	hoch → gute Planbarkeit	Holzplatten, Gummifüße
Y	unregelmäßig, verursacht durch marktbedingte oder saisonale Schwankungen	geringer → mittlere Planbarkeit	Lackierungen je nach aktuellem Trend; Bezüge je nach Jahreszeit
Z	sehr unregelmäßig	kaum kalkulierbar → schlechte Planbarkeit	Ersatzteile, Sonderlackierungen

Verfahren zur Einschätzung der Vorhersagegenauigkeit

Die Einschätzung der Verbrauchsvorhersagegenauigkeit kann mit Hilfe folgender Verfahren erfolgen:

- Erfahrungswerte aus vergangenen Geschäftsjahren
- Heranziehen der Ergebnisse vergangener programmorientierter Bedarfsermittlungsverfahren (Stücklistenauflösung)
- Ermittlung mit Hilfe statistischer Berechnungen

Häufig wird die XYZ-Analyse **in Kombination mit der ABC-Analyse** durchgeführt, um breitere Aussagen als Grundlage für eine optimale Materialbedarfsdeckung zu erhalten.

kombinierte ABC-/XYZ-Analyse

Mögliche tendenzielle Konsequenzen einer kombinierten ABC-/XYZ-Analyse für eine wirtschaftliche Bedarfsdeckung sind in folgender Tabelle zusammengefasst:

Kategorien	X	Y	Z
A	fertigungssynchron (Just-in-time)	Vorratsbeschaffung/Just-in-time	Einzelbeschaffung im Bedarfsfall
B	fertigungssynchron (Just-in-time)	Vorratsbeschaffung	Einzelbeschaffung im Bedarfsfall
C	fertigungssynchron (Just-in-time)/ Vorratsbeschaffung	Vorratsbeschaffung	Einzelbeschaffung im Bedarfsfall

Im Rahmen der Lagerbestandsplanung ist bei Materialien mit geringen Verbrauchsschwankungen (X-Materialien) sowie hohen Wertanteilen (A-Materialien) ein geringerer Mindestbestand zu verwirklichen, um aufgrund der hohen Vorhersagegenauigkeit die Kapitalbindungskosten zu senken. Unterliegt der Verbrauch jedoch sehr hohen Schwankungen und ist der Wertanteil relativ gering, sollte ein höherer Sicherheitsbestand realisiert werden, um die eigene Lieferfähigkeit zu gewährleisten.

Aufgaben

› Kap. 2.4

1. Erläutern Sie jeweils die Zielsetzungen der ABC-Analyse sowie der XYZ-Analyse.

2. Welche Art der Bedarfsdeckung (Bedarfsdeckungsstrategie) würden Sie für folgende Materialien bevorzugen?

   (1) fertigungssynchrone Beschaffung, (2) Vorratsbeschaffung, (3) Einzelbeschaffung

   a) *Material mit sporadischem Verbrauch und geringem Wertanteil*
   b) *Material mit hohem Wertanteil und sporadischem Verbrauch*
   c) *Material mit konstantem Verbrauch und hohem Wertanteil*
   d) *Material mit geringem Wertanteil und konstantem Verbrauch*

3. Beschreiben Sie für die folgenden Kategorien einer durchgeführten ABC-XYZ-Analyse jeweils drei grundsätzliche Folgerungen für den Einkauf:

   AX-Materialien, AZ-Materialien, CX-Materialien, CZ-Materialien

4. Ordnen Sie den Aussagen a) bis e) die folgenden Materialien zu:

   (1) A-Materialien, (2) B-Materialien, (3) C-Materialien

   a) *Materialien, bei denen ein aufwendiges Verfahren der Bedarfsermittlung gerechtfertigt ist*
   b) *Materialien mit einem Wertanteil von 18 % und einem Mengenanteil von 16 %*
   c) *Materialien mit einem fast ausgeglichenen Wert- und Mengenverhältnis*
   d) *Materialien mit einem relativ hohen Wertanteil und einem geringen Mengenanteil*
   e) *Materialien, bei denen ein einfaches und kostengünstiges Verfahren der Bedarfsermittlung ausreicht*

5. Ein Industrieunternehmen benötigt zur Herstellung seiner Fertigerzeugnisse zehn verschiedene Materialien. Die Organisation, Planung, Durchführung und Kontrolle von Beschaffung und Lagerung dieser Materialien verursacht hohe Kosten.

   a) Um diese Kosten möglichst gering zu halten und die Tätigkeiten des Einkaufs ökonomisch auszurichten, werden Sie beauftragt, eine ABC-Analyse durchzuführen. Für die Zuordnung in die Kategorien A, B und C hat die Geschäftsführung folgende Wertanteile festgelegt:

      A-Materialien: 75 %,

      B-Materialien: 16 % und

      C-Materialien: 9 %

Materialnummer	Verbrauchsmenge	Preis pro Stück	Materialnummer	Verbrauchsmenge	Preis pro Stück
101	400	70,00 €	106	700	4,00 €
102	1 100	2,50 €	107	350	260,00 €
103	300	400,00 €	108	1 500	5,00 €
104	400	60,00 €	109	150	800,00 €
105	500	25,00 €	110	600	22,00 €

   b) Ermitteln Sie pro Materialgruppe das Wert-Mengen-Verhältnis und interpretieren Sie die Ergebnisse.

6. Beschreiben Sie jeweils drei Konsequenzen, die sich nach einer durchgeführten ABC-Analyse hinsichtlich der A-Güter und C-Güter für den Einkauf ergeben.

7. Erläutern Sie die Materialbeschaffung nach dem Just-in-time-Konzept und nennen Sie jeweils zwei Vorteile dieses Konzepts für den Zulieferer und den Abnehmer.

2.5 Bezugsquellenermittlung

Ziel der **Bezugsquellenermittlung** ist das Finden von geeigneten, zuverlässigen und möglichst preiswerten Lieferanten. Um dieses Ziel zu erreichen, kann man sich interner und externer Quellen bedienen:

interne Quellen

Häufig bestehen schon Geschäftsbeziehungen mit zuverlässigen Lieferanten, die Erfahrungen mit diesen sind **intern** detailliert in einer Lieferantendatei gesammelt. Grundlagen für den Aufbau und die Fortführung dieser Datei sind Berichte von Mitarbeitern der Abteilungen Vertrieb bzw. Verkauf, Gespräche mit Vertretern und Reisenden sowie die Dokumentation von Beanstandungen und Materialprüfungen.

externe Quellen

Zur Information über neue Lieferanten werden häufig externe Informationsquellen wie z. B. Branchenbücher *(ABC der dt. Wirtschaft; Wer liefert was?)*, die *Gelben Seiten*, Kataloge, Geschäftsfreunde, Markt- und Börsenberichte, Fachzeitschriften, Wirtschaftsberichte von Kammern und Verbänden, Zeitungen, Internetauftritte, Test- oder Messeberichte herangezogen. Die Methoden der Marktforschung[1] sind sowohl für den Absatzmarkt wie auch für den Beschaffungsmarkt geeignet.

Grundlagen einer optimalen Materialbeschaffung

Um eigene Beschaffungsrisiken und Innovationsmöglichkeiten vernünftig und rechtzeitig abschätzen zu können, sollten u. a. folgende Informationen bekannt sein:

- **Informationen über die zu beschaffenden Güter bzw. Materialien:**
  - physikalische und technische Eigenschaften
  - Möglichkeiten der Entsorgung, Wiederverwendung oder des Recyclings
  - alternative Materialien (Substitutionsgüter)
  - Qualitätsanforderungen
  - Lagerfähigkeit

- **Informationen über die potenziellen Lieferanten:**
  - Image, Zuverlässigkeit, Zertifikate
  - eigene Forschung und Entwicklung
  - Bereitschaft zu einer gemeinsamen Forschungs- und Entwicklungsarbeit
  - Lieferant für mehrere der benötigten Materialien?
  - Lieferungs- und Zahlungsbedingungen
  - Lage bzw. Nähe zum eigenen Standort
  - Serviceleistungen, Gewährleistungsfristen, Kundendienst, Beratungsqualität
  - eigens durchgeführte zuverlässige Qualitätskontrollen?
  - Bereitstellung weiterer Dienstleistungen (Installation, Wartung, Finanzierung usw.)
  - Möglichkeit für Umsetzung des Just-in-time-Konzepts
  - langfristige Lieferverträge mit Lieferung auf Abruf möglich?
  - Berücksichtigung von Umweltschutzvorgaben und -maßnahmen
  - Vorlieferanten

quantitativer Angebotsvergleich

Informationen zu diesen Entscheidungskriterien können dazu beitragen, im Rahmen eines Angebotsvergleichs den „richtigen“ Lieferanten zu ermitteln. Beim **Angebotsvergleich** werden die verschiedenen Angebote mithilfe der avisierten Preisnachlässe und der zu zahlenden Bezugskosten (quantitative Kriterien[2]) verglichen. Der **Einstandspreis/Bezugspreis** wird wie folgt ermittelt:

1 zu den Methoden der (Absatz-)Marktforschung siehe Teil D, Kap. 1.2
2 Quantitative (= mengenmäßige) Kriterien sind in Zahlen ausgedrückt (z. B. Preis, Preisnachlässe, Bezugskosten), sie können mit Hilfe einfacher Rechenoperationen verglichen werden.

Beispiel

	Beispiel				Bemerkungen
Listenpreis (netto)	LEP =		1.000,00 €	100 %	**Listeneinkaufspreis (LEP)**
– Liefererrabatt	– 20 % Rabatt		200,00 €	20 %	prozentual bezogen auf den Listen(einkaufs)preis
= Zieleinkaufspreis		100 %	800,00 €	80 %	**ZEP**
– Liefererskonto	– 3 % Skonto	3 %	24,00 €		prozentual bezogen auf den Zieleinkaufspreis
+ Einkaufsprovision	+ 1 % Provision	1 %	8,00 €		
= Bareinkaufspreis		98 %	784,00 €		**BEP**
+ Bezugskosten	+ Transportkosten		42,38 €		alle Aufwendungen für Beförderung, Verpackung, Versicherung, Zölle
	+ Verpackungskosten		12,50 €		
= Einstandspreis/ Bezugspreis			**838,88 €**		Dieser Preis beinhaltet die bis zur Entgegennahme der Lieferung entstehenden Aufwendungen.

Der Angebotsvergleich wird mit den Nettowerten durchgeführt, da die Umsatzsteuer für das Unternehmen einen sogenannten „durchlaufenden Posten" darstellt.

› Rechnungswesen

quantitative und qualitative Vergleichskriterien

Es ist nicht immer sinnvoll, den Lieferanten mit dem niedrigsten Einstandspreis zu wählen. Ein niedriger Bezugspreis nützt nichts, wenn die Termintreue schlecht ist, die Qualität der Materialien nicht in Ordnung ist oder sogar falsche Materialien geliefert werden. Daher sollten qualitative Kriterien[1] mit in die Entscheidungsfindung einbezogen werden. Diese Kriterien, z. B. Qualität, Zuverlässigkeit, Termintreue, Kulanzverhalten, liegen nicht als Zahlenwerte vor und sind daher nicht untereinander oder auch mit quantitativen Kriterien vergleichbar.

Nutzwertanalyse

Um qualitative Kriterien quantifizierbar und besser vergleichbar zu machen, wird die **Nutzwertanalyse** eingesetzt. Sie unterstützt die Ermittlung eines begründeten Gesamturteils. Für die Anwendung der Nutzwertanalyse muss festgelegt werden, welche Wichtigkeit ein bestimmtes qualitatives Kriterium für ein Unternehmen hat.

Beispiel

Bezogen auf einen bestimmten qualitativen Angebotsvergleich könnte das Ergebnis einer Nutzwertanalyse[2] wie folgt aussehen:

Entscheidungswerttabelle (Nutzwertanalyse)							
qual. Angebotsvergleich		**Lieferant 1**		**Lieferant 2**		**Lieferant 3**	
Entscheidungskriterien zur Lieferantenbewertung	**Wichtigkeit (W)** ganz wichtiges Kriterium = 8 Punkte unwichtiges Kriterium = 1 Punkt	**Nutzen der Faktoren (B)** sehr hoch = 3 Punkte kein Nutzen = 0 Punkte	**gewichteter Nutzen (G = W · B)**	**Nutzen der Faktoren (B)** sehr hoch = 3 Punkte kein Nutzen = 0 Punkte	**gewichteter Nutzen (G = W · B)**	**Nutzen der Faktoren (B)** sehr hoch = 3 Punkte kein Nutzen = 0 Punkte	**gewichteter Nutzen (G = W · B)**
Einstandspreis	8	3	24	2	16	1	8
Lieferzeit	8	3	24	3	24	1	8
Qualität	7	2	14	3	21	3	21
Reklamationen	6	1	6	2	12	1	6
Zuverlässigkeit	7	3	21	2	14	1	7
Umweltschutz	6	0	0	3	18	3	18
Serviceleistung	4	2	8	2	8	1	4
Summen			**97**		**113**		**72**

1 Qualitative (hinsichtlich Wert, Güte) Kriterien können nicht ohne Weiteres in Zahlen ausgedrückt werden (vgl. quantitative Kriterien).

2 Dieses Instrument wird ebenso in anderen Entscheidungssituationen verwendet (z. B. in der Investitionsplanung, der Personalbeschaffung oder in der Produktentwicklung).

Hier wird sich das beschaffende Unternehmen für den Lieferanten 2 (113 Punkte) entscheiden, obwohl dieser nicht den günstigsten Bezugspreis bietet. Das Unternehmen könnte erneut mit dem Lieferanten 2 in intensive Verhandlungen bezüglich der angebotenen Zahlungsbedingungen und Preisstellung eintreten, damit der Lieferant dem Unternehmen hier entgegenkommt.

Nachteil

Sowohl die Auswahl der in die Entscheidung einbezogenen qualitativen Kriterien als auch deren Gewichtung und die Einschätzungen bezüglich ihrer Erfüllung sind individuell unterschiedlich, also subjektiv. Das Problem der Subjektivität ist meist kaum auszuschalten. Dennoch ermöglicht die Anwendung der Nutzwertanalyse die Vergleichbarkeit unterschiedlicher Kriterien.

Aufgaben

› Kap. 2.5

1. Nennen Sie fünf interne und fünf externe Informationsquellen, die bei der Bezugsquellenermittlung von Bedeutung sind.
2. a) Die Heidtkötter KG benötigt zur Renovierung ihrer Büroräume einen Holzboden für ca. 195 m². Führen Sie mit Hilfe der folgenden Angebote einen Angebotsvergleich durch und entscheiden Sie sich für einen der Lieferanten.

Angebot 1

Interieur Martinez GmbH

Angebot Nr. 4711

Sehr geehrte Damen und Herren,

wir danken Ihnen für Ihr Interesse an unseren Artikeln und unterbreiten Ihnen folgendes Angebot:

hochwertiger, umweltfreundlich hergestellter Holzboden; Schiffsbodenmuster; Buche natur oder geölt;
Art. Nr. 2010 zu 39,35 € je m²

Wir gewähren folgenden Mengenrabatt:

Liefermenge ab:	50 m²	100 m²	200 m²	300 m²
Mengenrabatt:	5 %	10 %	20 %	25 %

Die Preise verstehen sich zuzüglich der jeweils gültigen gesetzlichen Umsatzsteuer.
Unsere Rechnungen sind 30 Tage nach Lieferungseingang netto Kasse oder nach 10 Tagen mit 2 % Skonto zu begleichen.
Die Lieferung erfolgt sofort nach Bestellung. Für den Versand des Artikels berechnen wir 2 % vom Warenwert[1] der Lieferung.

Wir bitten um Ihre Bestellung, deren sorgfältige und prompte Erledigung wir Ihnen im Voraus zusichern.

Mit freundlichen Grüßen
Interieur Martinez GmbH
i. A. Martinez

1 Die Zuordnung des Begriffs „Warenwert" ist in der betriebswirtschaftlichen Literatur nicht einheitlich. Am häufigsten wird der Zieleinkaufspreis (= Listeneinkaufspreis abzüglich Rabatt) als Warenwert (= „Wert der Ware") bezeichnet.

Angebot 2

Holzboden Peter Körfer OHG

Holzboden Peter Körfer • Schwarzwald 61 • 94481 Grafenau

Heidtkötter KG
Gütersloher Straße 111
33647 Bielefeld

Ihre Zeichen	Ihre Nachricht vom	Unsere Zeichen	Tel.: 8552-38	Grafenau,
EK-AS	15.10.20..	VK-DKö	Frau D. Körfer	19.10.20..

Angebot Nr. 2511

Sehr geehrte Damen und Herren,

vielen Dank für Ihr Interesse an unserem Holzbodensortiment. Gerne unterbreiten wir Ihnen folgendes Angebot:

Holzboden Buche lackiert; Schiffsboden
Lackierung mit umweltfreundlichem Verfahren durchgeführt;
Listenverkaufspreis 35,85 € je m^2, abzüglich 10 % (ab 100 m^2) oder 15 % (ab 200 m^2) Rabatt

Die Preise verstehen sich zuzüglich der jeweils gültigen gesetzlichen Umsatzsteuer.
Die Zahlung ist innerhalb von 30 Tagen zu leisten. Bei Zahlung innerhalb von 10 Tagen gewähren wir 2 % Skonto.
Die Lieferung erfolgt per Lkw unmittelbar nach Bestellung. Für Verpackung und Transport berechnen wir pro 10 m^2 eine Pauschale von 7,50 €.

Auf Wunsch senden wir Ihnen gerne einige Muster.

Wir freuen uns darauf, bald Ihren Auftrag entgegennehmen zu können.

Mit freundlichen Grüßen
Holzboden Peter Körfer OHG

Dorit Körfer
i. A. Dorit Körfer

b) Nennen Sie vier Kriterien, die Ihre nach dem Angebotsvergleich getroffene Entscheidung verändern könnten.

3. Erläutern Sie die Zielsetzung der Nutzwertanalyse sowie die Probleme, die bei der Durchführung von Nutzwertanalysen entstehen.

4. Begründen Sie, warum bei der Bezugskalkulation zunächst der Lieferantenrabatt und dann erst der Lieferantenskonto in Abzug gebracht wird.

5. Die Holztechnik GmbH, ein Büromöbelhersteller in Neuss, benötigt für einen Großauftrag 5 000 m² furnierte Pressspanplatten. Nach Anfragen an bereits bekannte Lieferanten erhält sie die auf den folgenden Seiten gezeigten Angebote 1 bis 3:

- Angebot 1 von der *Becker & Sohn GmbH*
- Angebot 2 von der *Dalheim GmbH*
- Angebot 3 von der *Kaiser GmbH*

a) Führen Sie einen Angebotsvergleich durch und entscheiden Sie sich für einen Lieferanten.

→

Angebot 1

Becker & Sohn OHG

Angebot Nr. 2158/05

Sehr geehrte Frau Sander,

für Ihre Anfrage bedanken wir uns sehr. Wie bieten Ihnen anhand unseres aktuellen Katalogs und der zurzeit gültigen Preisliste verbindlich an:

Spanplatte, Stärke 25 mm, verschiedene Größenzuschnitte möglich, auch 1,80 m × 0,80 m,

Güteklasse A, beidseitig furniert, Naturfurnier, Kiefer, Emissionsklasse E 1, 9,48 € pro m^2

Die Transportkosten betragen 0,16 €/m^2. Ab einer Bestellmenge von 1 000 m^2 bieten wir 5 % Rabatt auf den Nettowarenwert. Darüber hinaus gewähren wir bei Zahlung innerhalb von 10 Tagen 3 % Skonto, sonst bitten wir um Zahlungsausgleich innerhalb 30 Tagen netto.

Da wir das Holz ständig auf Lager haben, können wir eine kurzfristige Lieferung in Aussicht stellen.

Aufgrund langjähriger guter Zusammenarbeit würden wir uns sehr über Ihren Auftrag freuen.

Mit freundlichen Grüßen
Becker & Sohn OHG

Angebot 2

Dalheim GmbH

Holz ist Leben ... Leben mit Holz

Angebot Nr. 2120/A

Sehr geehrte Frau Sander,

bezüglich Ihrer Anfrage können wir Ihnen folgendes Angebot unterbreiten:

Spanplatte, 25 mm Stärke, Standardgröße (1,80 m × 0,80 m), Güteklasse A, beidseits furniert, Kiefer, 9,67 € pro m^2

Bei den angebotenen Spanplatten handelt es sich um beste Qualität der Emissionsklasse E1.

Für eine exakte Verarbeitung garantieren wir. Ab einer Bestellmenge von 2 000 m^2 gewähren wir Ihnen einen Sonderrabatt von 8 % des Nettopreises. Die Lieferung der Spanplatten erfolgt sofort frei Haus.

Unsere Zahlungsbedingungen lauten: 10 Tage 2 % Skonto oder 30 Tage netto.

Wir würden uns sehr freuen, Sie wieder zu unseren Kunden zählen zu dürfen.

Mit freundlichen Grüßen

Dalheim GmbH

i. V. *Treue Beirich*

Angebot 3

Kaiser GmbH Dortmund

Angebot Nr. A3267-0305

Sehr geehrte Frau Sander,

bezüglich Ihrer Anfrage können wir Ihnen folgendes Angebot unterbreiten:

Spanplatte, 25 mm Stärke, (1,80 m × 0,80 m) alle Größen lieferbar, Güteklasse A, beidseitig furniert, Kiefer, 9,11 € pro m²

Bei den angebotenen Spanplatten handelt es sich um beste Verarbeitung. Für die Einhaltung der Qualitätsstandards (Emissionsklasse E1) garantieren wir.

Ab einer Bestellmenge von 3 000 m² können wir Ihnen einen Sonderrabatt von 10 % des Nettopreises gewähren. Die Lieferung erfolgt zum vereinbarten Zeitpunkt frei Haus. Unsere Zahlungsbedingungen lauten: 10 Tage 2 % Skonto oder 30 Tage netto.

Über eine weitere gute Zusammenarbeit würden wir uns sehr freuen.

Mit freundlichen Grüßen
Kaiser GmbH
i. V. Marga Siedler

b) Aus betriebswirtschaftlicher Sicht gibt es viele Gründe, die dazu führen, dass Materialien nicht beim preiswertesten Anbieter gekauft werden. Nennen Sie Kriterien, die außer dem Einstandspreis bei der Lieferantenauswahl berücksichtigt werden sollten.

c) Führen Sie mit Hilfe der folgenden Informationen aus der Lieferantendatei sowie der unten abgebildeten Tabellenstruktur eine Nutzwertanalyse durch. Entscheiden Sie sich begründet für einen der drei Lieferanten.

Becker & Sohn OHG
Die Becker & Sohn OHG ist langjähriger Lieferant. Bisher gab es keinerlei Terminverzögerungen. Die Firma genießt aufgrund der überdurchschnittlichen Qualität als Hersteller für Spanplatten einen sehr guten Ruf. Die Einbaufähigkeit der Spanplatten ist optimal. Die Qualität der Oberflächen spricht insbesondere den Kundenstamm mit gehobenem Einkommen an. Beanstandungen im Bereich der Umweltauswirkungen konnten nicht festgestellt werden. Die Auftragsabwicklung läuft im Allgemeinen gut. Bei berechtigten Reklamationen erfolgt eine kurzfristige und problemlose Abrechnung.

Dalheim GmbH
Die Dalheim GmbH liefert seit Jahren problemlos und termingerecht. Die Spanplatten haben durch exakte Einhaltung der Maße eine hervorragende Einbaufähigkeit. Die Spanplatten sind von guter Qualität, die den Ansprüchen der Kunden, bezüglich Oberfläche und Haltbarkeit genügen. Die Produkte entsprechen in jeder Hinsicht den ökologischen Anforderungen. Die Dalheim GmbH ist zertifiziert und mit einem Umweltpreis ausgezeichnet worden. Die Abwicklung der Bestellungen verläuft teilweise mit einigen Nachfragen. Auch Reklamationen werden nur schleppend behandelt.

Kaiser GmbH Spanplattenfabrik
Der Hersteller ist uns als preisgünstiger, aber nicht immer termingerechter Lieferer bekannt. Mit Lieferverzögerungen ist zu rechnen. Die Qualität bei einfachen Spanplatten ohne Furnier entspricht bisher den Ansprüchen. Aber schon in der Vergangenheit entstanden bezüglich des Einbaus durch ungenaue Maße einige Probleme. Die Oberflächen entsprachen bisher den Anforderungen. Ökologische Aspekte werden bei der Produktion beachtet, sind aber nicht die Stärke der Spanplattenfabrik. Die Zusammenarbeit ist positiv, Bestellungen und Reklamationen werden großzügig und schnell bearbeitet.

Nutzwertanalyse							
	Lieferanten:	Becker & Sohn OHG		Dalheim GmbH		Kaiser GmbH	
1	2	3	4	3	4	3	4
Kriterien ↓	**Gewichtungsfaktor** G = 1 bis 10	**Punktwert** P = 0 bis 3	**gewichteter Punktwert** G · P	**Punktwert** P = 0 bis 3	**gewichteter Punktwert** G · P	**Punktwert** P = 0 bis 3	**gewichteter Punktwert** G · P

Wiederholungsaufgaben

› Kap. 2

1. Ein Industriebetrieb bestellt einen Teil seiner Materialien nach dem Bestellpunktverfahren.
In welchen der folgenden Fälle handelt er nach diesem Verfahren?
Die Bestellung erfolgt:
a) zu einem Zeitpunkt, in dem die Beschaffungspreise am günstigsten sind.
b) in zeitlich kontinuierlichen Abständen.
c) bei Erreichen eines zuvor festgelegten Mindestbestands.
d) bei Erreichen des Meldebestands.
e) bei Erreichen eines Lagerbestands, der für den Beschaffungszeitraum ausreicht und zusätzlich den Mindestbestand beinhaltet.
f) bei Erreichen eines Lagerbestands, der für den Beschaffungszeitraum ausreicht.

2. Ordnen Sie folgende Begriffe den Zahlen in der unten stehenden Abbildung zu:
a) *Mindestbestand* b) *Beschaffungszeitraum* c) *(optimale) Bestellmenge*
d) *Lieferzeitpunkt* e) *Bestellzeitpunkt* f) *Verlauf des Lagerbestandes*
g) *Höchstbestand* h) *Meldebestand*

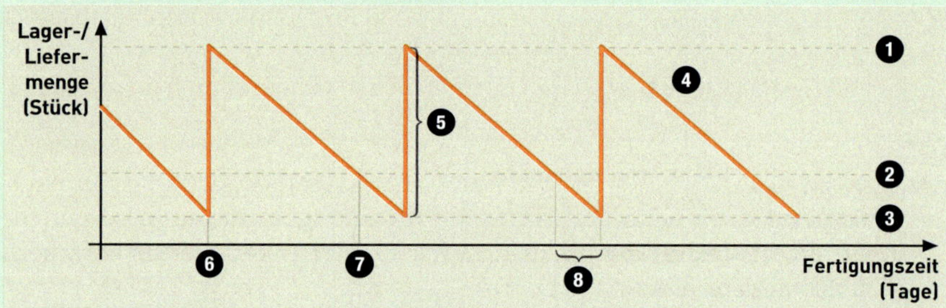

3. Sie unterbreiten den Vorschlag, den gesamten Jahresbedarf eines Montageteiles in größeren Mengen einzukaufen. Welche Argumente stützen Ihren Vorschlag?
a) *Die Bestellkosten pro Stück sind geringer.*
b) *Die Transportkosten pro Lieferung sind geringer.*
c) *Die Lagerkosten lassen sich senken.*
d) *Die gesamten Beschaffungskosten für den Jahresbedarf sind geringer.*
e) *Die Kapitalbindungskosten nehmen ab.*

4. Ein Industriebetrieb stellt Möbel, insbesondere Holzkleiderschränke her. Welche der folgenden Aussagen zu den unterschiedlichen Bedarfsarten sind richtig?
a) *Der Sekundärbedarf wird aus dem Tertiärbedarf abgeleitet.*
b) *Der Tertiärbedarf ist der Materialbedarf z. B. an Holzbrettern.*
c) *Der Sekundärbedarf ist der Bedarf z. B. an montagefähigen Schlössern.*
d) *Der Primärbedarf ist die Summe aus Sekundärbedarf und Tertiärbedarf.*
e) *Der Sekundärbedarf ergibt sich aus dem Primärbedarf.*
f) *Der Primärbedarf ist der Bruttobedarf an erforderlichen Montageteilen (z. B. Schlösser).*
g) *Der Tertiärbedarf umfasst den Bedarf an Hilfs- und Betriebsstoffen.*

5. Ein Industriebetrieb legt aus Sicherheitsgründen für bestimmte Materialien einen Sicherheitsbestand fest. In welcher Situation wird dieser unterschritten?
a) *Wenn die Beschaffungszeit verkürzt wird.*
b) *Wenn im Verkauf gerade ein zusätzlicher Kundenauftrag eingegangen ist.*
c) *Wenn die Lagerkapazität durch eine neue Lagerhalle erhöht wurde.*
d) *Wenn die Fertigung mehr Erzeugnisse herstellt als geplant, ohne den Einkauf zu informieren.*
e) *Wenn der Meldebestand erhöht worden ist.*

6. Ein Hersteller von Kickboards montiert täglich 50 Gelenkbolzen. Bei einer Beschaffungszeit von sieben Tagen betrug der Meldebestand 460 Stück. Bei einem neuen Lieferanten beträgt die Beschaffungszeit fünf Tage, sodass der Mindestbestand um 10 Stück reduziert wurde.
Wie viel Stück beträgt der neue Meldebestand?

7. Ein Industriebetrieb erhält für ein bestimmtes Erzeugnis (E) einen Kundenauftrag über 350 Stück. Dieses Erzeugnis weist folgende Erzeugnisstruktur auf:

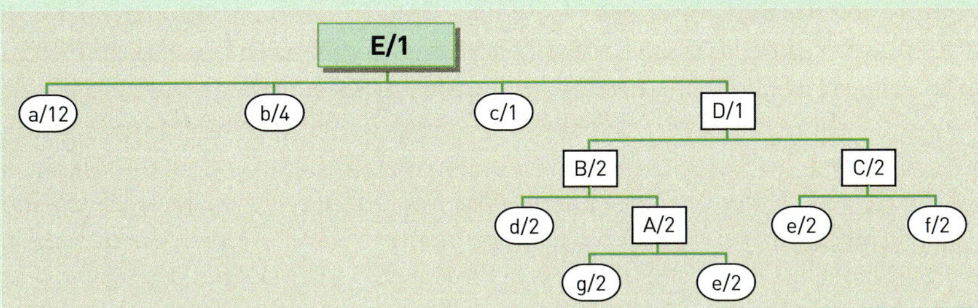

Großbuchstabe = Bauteil; Kleinbuchstabe = Einzelteil; Zahlen = Mengenangabe

Aus der Kostenrechnung liegen folgende Daten vor:

Einzelteil	Stückkosten	Einzelteil	Stückkosten	Einzelteil	Stückkosten
a	0,02 €	d	8,00 €	g	3,20 €
b	0,40 €	e	0,20 €		
c	20,00 €	f	3,60 €		

a) Ermitteln Sie die Anzahl der erforderlichen Einzelteile pro Erzeugnis.
b) Berechnen Sie die Materialeinzelkosten für ein Erzeugnis.
c) Ermitteln Sie die Materialeinzelkosten für den eingegangenen Kundenauftrag.

8. Grenzen Sie die Bereitstellungsprinzipien Einzelbeschaffung, Vorratsbeschaffung sowie Just-in-time-Beschaffung voneinander ab und nennen Sie jeweils ein Beispiel.

9. In einem Industriebetrieb stieg der Lagerbestand für Rohstoffe im zweiten Geschäftsjahr um 20 % im Vergleich zum Vorjahr. Durch Veränderungen in der Rohstoffbeschaffung gelang es im dritten Jahr, den Lagerbestand um 8 % auf 7 176 Stück zu senken.
Wie hoch war der Lagerbestand im ersten Geschäftsjahr?

10. Ein Hersteller von Kaffeevollautomaten benötigt für die Versendung seiner Erzeugnisse entsprechende Spezialverpackungen, die von einem Lieferanten fremdbezogen werden. Der Bedarf orientiert sich an der Fertigungsmenge. Folgende Informationen liegen vor:

Fertigungsmenge pro Tag:	15 Stück
Beschaffungszeit für die Spezialverpackung:	14 Arbeitstage
Arbeitstage pro Monat:	20 Tage je 8 Arbeitsstunden
Mindestbestand:	4 Tagesproduktionen
Vertriebsmitarbeiter pro Arbeitstag:	4 Mitarbeiter

a) Ermitteln Sie den Sicherheitsbestand der Spezialverpackungen in Stück.
b) Wie hoch ist der Meldebestand für die Spezialverpackungen?
c) Beschreiben Sie zwei Gründe, die einen Sicherheitsbestand an Spezialverpackungen erforderlich machen.
d) Erläutern Sie, welche Auswirkungen eine Verringerung des täglichen Bedarfs auf den Melde- und den Mindestbestand hat.

3
Rechtliche Aspekte bei der Beschaffungsdurchführung

Einführung

Die Beschaffungsdurchführung schließt sich nahtlos an die Beschaffungsplanung an und wiederholt sich in sehr kurzen Zeitabständen, manchmal sogar täglich. Ausgelöst werden Beschaffungsprozesse unter anderem durch das Zustandekommen von Kaufverträgen, die für den Verkäufer wie für den Käufer Rechte und Pflichten festlegen. Das Zustandekommen von Kaufverträgen setzt voraus, dass zahlreiche vom Gesetzgeber geschaffene Bestimmungen erfüllt sind. Die Inhalte von Kaufverträgen werden individuell ausgehandelt. Fehlen diese vertraglichen Festlegungen, treten gesetzliche Vorgaben ein. Viele Unternehmen formulieren eigene Allgemeine Geschäftsbedingungen (AGB), die das Zustandekommen und die Abwicklung von Kaufverträgen im alltäglichen Geschäftsleben vereinfachen.

Beispiel

Die Heidtkötter KG fragt bei einem Lieferanten nach, ob er die Monitore mit entsprechend beschriebenen Eigenschaften für die Montage des *communicTable* herstellen und liefern kann. Der Lieferant wird ein konkretes Angebot an die Heidtkötter KG senden, das u. a. Angaben zum Preis, zum Lieferzeitpunkt, zu den Transport- und Verpackungskosten sowie den Zahlungsbedingungen enthält. Die Heidtkötter KG entscheidet, ob sie diese Bedingungen akzeptiert oder ob sie eigene Vorstellungen äußert. Bei einer Einigung auf bestimmte vertragliche Festlegungen sind anschließend beide Vertragspartner an diese gebunden.

Nachfolgend erläutern wir die Voraussetzungen für das Zustandekommen von Kaufverträgen sowie die Vertragsinhalte, die zu einer möglichst reibungslosen Abwicklung von Geschäften vereinbart und festgelegt werden sollten, und an die sowohl Käufer als auch Verkäufer rechtlich gebunden sind. Bei der Darstellung der unterschiedlichen Arten von Kaufverträgen werden Besonderheiten für Verbraucher auf der Käuferseite berücksichtigt. Die mangelhafte und die nicht rechtzeitige Lieferung stehen im Vordergrund bei der Erläuterung zu den Kaufvertragsstörungen auf der Beschaffungsseite.

3.1
Rechtliche Gegebenheiten für Handelsgeschäfte

3.1.1
Zustandekommen von Kaufverträgen

In der Unternehmenspraxis dominieren Verträge, insbesondere Kaufverträge, das tägliche Handeln der Akteure, sodass wir im Folgenden anhand des Kaufvertrags die rechtlichen Möglichkeiten und Grenzen, das Zustandekommen und die Inhalte eines Kaufvertrags darstellen wollen.

Damit zwischen zwei Vertragspartnern ein Kaufvertrag rechtswirksam zustande kommt, müssen drei Bedingungen erfüllt werden:

1. Bedingung	2. Bedingung	3. Bedingung
Rechtsfähigkeit (§§ 1 ff. BGB)	**Geschäftsfähigkeit** (§§ 104 ff. BGB)	**zwei übereinstimmende Willenserklärungen** (§§ 433 ff. BGB)

6101128

Rechtsfähig zu sein bedeutet, Träger von Rechten und Pflichten zu sein. Jeder Mensch ist mit seiner Geburt rechtsfähig. Die volle Geschäftsfähigkeit, also die Fähigkeit, Rechtsgeschäfte wirksam vornehmen zu können, erfordert die Volljährigkeit und eine geistige Gesundheit, die die freie Willensbestimmung ermöglicht. Zwischen der fehlenden und der vollen Geschäftsfähigkeit liegt die beschränkte Geschäftsfähigkeit von Personen, die das siebte Lebensjahr vollendet haben.[1]

Die Willenserklärungen (siehe die 3. Bedingung) können formfrei erfolgen, und zwar mündlich, fernmündlich, schriftlich oder durch sogenanntes „schlüssiges Handeln“. Aus Gründen der Beweissicherheit werden die meisten Willenserklärungen aber schriftlich formuliert.

Antrag und Annahme

Ein rechtswirksamer Vertrag entsteht, wenn **Antrag** (1. Willenserklärung) und **Annahme** (2. Willenserklärung) widerspruchsfrei übereinstimmen. Je nach Initiative der Vertragspartner (Käufer oder Verkäufer) kommt dies unterschiedlich zustande:

Variante 1	Variante 2	Variante 3
1. Antrag: Angebot	1. Antrag: Bestellung	1. Antrag: Lieferung
Verkäufer → **Käufer** / **Verkäufer** ← **Käufer**	**Verkäufer** ← **Käufer** / **Verkäufer** → **Käufer**	**Verkäufer** → **Käufer** / **Verkäufer** ← **Käufer**
2. Annahme: Bestellung	2. Annahme: Auftragsbestätigung oder Lieferung	2. Annahme: Schweigen (dauerhafter Geschäftspartner)

Verpflichtungsgeschäft

Durch jedes dieser drei Beispiele entsteht ein Kaufvertrag nach § 433 BGB, das heißt, es entsteht ein **Verpflichtungsgeschäft**:

Verkäufer		Käufer
verpflichtet sich, 1. die Sache rechtzeitig und mangelfrei zu übergeben, 2. dem Käufer Eigentum an der Sache zu verschaffen.	**Verpflichtungs-geschäft**	verpflichtet sich, 1. die Sache ordnungsgemäß anzunehmen, 2. den Kaufpreis rechtzeitig zu bezahlen.

Das Verpflichtungsgeschäft ist ein Schuldverhältnis. Beide Vertragspartner „schulden“ eine Verpflichtung, die sie zu erfüllen haben. Zweifelt einer der Vertragspartner an der Rechtswirksamkeit des Verpflichtungsgeschäfts, das heißt, mindestens eine der Bedingungen Rechtsfähigkeit, Geschäftsfähigkeit und zwei übereinstimmende Willenserklärungen ist gestört, dann können die Vertragspartner das Verpflichtungsgeschäft anfechten bzw. die Nichtigkeit erwirken.

Erfüllungsgeschäft

Das Verpflichtungsgeschäft ist rechtlich vom Erfüllungsgeschäft zu trennen.[2] Durch das **Erfüllungsgeschäft** erfüllen die Vertragspartner ihre geschuldeten Pflichten, sodass das Schuldverhältnis zwischen den Vertragspartnern erlischt:

Verkäufer	Käufer
erfüllt seine Pflicht, indem er 1. dem Käufer die Sache mangelfrei übergibt **und** 2. ihm das Eigentum an der Sache verschafft.	erfüllt seine Pflicht, indem er 1. die Sache ordnungsgemäß annimmt **und** 2. den Kaufpreis rechtzeitig bezahlt.

› Teil B, Kap. 3.4

Bei Störungen im Schuldverhältnis, das heißt bei Kaufvertragsstörungen wie Schlechtleistung oder Nicht-Rechtzeitig-Lieferung, stehen dem Käufer Rücktritts- und Schadenersatzrechte zu. Sofern der Käufer Verbraucher und der Käufer Unternehmer ist, bestehen für den Käufer weitergehende Widerrufs- und Rückgaberechte.[3]

1 Zur Rechtsfähigkeit, Geschäftsfähigkeit und zu den Grundlagen der Willenserklärungen siehe Lehrbuch zur Allgemeinen Wirtschaftslehre bzw. Wirtschafts- und Sozialkunde.
2 Das Verpflichtungs- und das Erfüllungsgeschäft können zeitgleich oder zeitlich getrennt erfolgen.
3 Ebenso können auf der Absatzseite Störungen durch Nicht-Rechtzeitig-Zahlung oder Annahmeverzug nachträglich rechtlich eingefordert werden; siehe auch Teil D in diesem Buch.

Angebote und Annahmen sind Willenserklärungen. Entscheidend für eine Willenserklärung ist, dass sie vom Gegenüber als solche verstanden wird und dass sie den Rechtsbindungswillen des Erklärenden zum Ausdruck bringt.

Anfrage

Häufig geht einem Angebot die Anfrage eines Interessenten (potenzieller Käufer) voraus. Eine **Anfrage** ist immer an eine bestimmte Person oder eine Unternehmung gerichtet und kann (fern-)mündlich oder schriftlich erfolgen. Bei einer Anfrage handelt es sich um eine rechtsunverbindliche Erkundigung zur Anbahnung eines möglichen Kaufvertrags. Je nach Motiv des Einkäufers kann es sich dabei um eine allgemeine oder eine spezifische Anfrage handeln:

allgemeine Anfrage	spezifische Anfrage
Für eine Lieferantenbeurteilung bzw. zur Anbahnung einer neuen Geschäftsbeziehung werden allgemeine Informationen (z. B. durch Muster, Preislisten, Kataloge, Lieferungs- und Zahlungsbedingungen, Vertreterbesuche) über die lieferbaren Materialien und Konditionen angefragt.	Für einen Angebotsvergleich werden spezifische Informationen über die Konditionen (Preis, Menge, Liefertermin, Lieferungs- und Zahlungsbedingungen) für eine bekannte Bedarfsmenge (konkretes Material) angefragt.

Um die vom Verkäufer gewünschten Informationen zu erhalten, sollte eine Anfrage folgende Aspekte beinhalten:

- Anlass der Anfrage,
- Beschreibung des gewünschten Materials und Verwendungszwecks (z. B. Weiterverarbeitung; es sind technische Daten und Dokumente beizufügen),
- voraussichtliche Bedarfsmenge,
- Bedarfszeitpunkt,
- Darlegung eigener Einkaufsrichtlinien,
- Aufforderung zur Abgabe eines verbindlichen Angebots bis zu einem bestimmten Termin bzw. innerhalb einer bestimmten Frist.

Anpreisung und Angebot

Angebote[1] gehören zum alltäglichen Geschäftsverkehr. Sie richten sich an einen konkreten Verhandlungspartner, werden mit dem Willen, sich zu den angebotenen Konditionen vertraglich zu binden abgegeben, und sind deshalb von **Anpreisungen** zu unterscheiden, die sich an eine unbestimmte Anzahl von Interessenten richten. Dass dann nicht mit allen Interessenten ein Vertrag zustande kommen kann, leuchtet unmittelbar ein. Angebote sind rechtsverbindlich. Anpreisungen sind rechtsunverbindlich, sie sollen mögliche Vertragspartner zur Abgabe einer Willenserklärung (z. B. in Form einer Bestellung) animieren.

	Anpreisung	Angebot
Beispiel	Die Heidtkötter KG wirbt in einer Fachzeitschrift für den innovativen *communicTable*.	Die Heidtkötter KG sendet der Büromöbel Steil KG ein Angebot über zwei *communicTable* im Gesamtwert von 2.990,00 €.
Zielgruppe	Allgemeinheit	bestimmte Person bzw. Unternehmung
Form der Äußerung	Katalog, Prospekt, Zeitungsanzeige, Schaufenster	frei (schriftlich, mündlich)
Rechtliche Wirkung	unverbindliche Aufforderung zur Abgabe eines Antrages	Antrag = verbindlich

Bindungsfristen

Die Person oder Unternehmung, an die das Angebot gerichtet ist, kann sich nicht darauf verlassen, dass das unterbreitete Angebot zeitlich unbegrenzt und inhaltlich uneingeschränkt (z. B. bei Menge, Preis, Lieferungsbedingungen) gilt. Der Gesetzgeber ermöglicht es Anbietern, die Rechtsverbindlichkeit eines Angebotes zeitlich durch **Bindungsfristen** (§§ 147 ff. BGB) sowie inhaltlich durch sogenannte Freizeichnungsklauseln (§ 146 BGB) einzuschränken.

1 Zu den Inhalten von Angeboten siehe Kapitel 3.2. Dort werden die Inhalte von Kaufverträgen beschrieben, die sich mit den Inhalten des Angebotes decken.

6101130

Ein unter Anwesenden (persönlich oder telefonisch) abgegebenes Angebot kann nur sofort angenommen werden. Unter Abwesenden (per Brief, E-Mail usw.) kann die Annahme nur solange erfolgen, wie sie der Anbieter unter regelmäßigen Umständen erwarten darf (§ 147 BGB). Angebote müssen demnach auf mindestens gleich schnellem Wege angenommen werden, wie sie abgegeben wurden. Darüber hinaus kann im Angebot ein Datum benannt werden, bis zu dem das Angebot gilt (§ 148 BGB).

Freizeichnungsklausel

Durch **Freizeichnungsklauseln** wird das Angebot inhaltlich teilweise oder vollständig unverbindlich. Handelsübliche Formulierungen wie *„freibleibend"* (alle Inhalte sind unverbindlich), *„solange der Vorrat reicht"* (Menge ist unverbindlich) oder *„Preisänderungen vorbehalten"* (Preis ist unverbindlich) sind typische Beispiele für Freizeichnungsklauseln. In diesen Fällen stellt die Bestellung in Bezug auf das Angebot einen Antrag dar, der erst durch eine Auftragsbestätigung oder eine Lieferung des Anbieters zum Vertragsabschluss führt.

Rechtsverbindlichkeit von Angeboten	
Bindungsfristen	**Freizeichnungsklauseln**
▪ Vertragsschluss durch Annahme innerhalb der Bindungsfrist, die von der Art der Übermittlung der Willenserklärung abhängig ist; mündliche oder telefonische Angebote: solange das Gespräch dauert ▪ Angebotsbriefe: ungefähr eine Woche ▪ Angebote per Fax und E-Mail: 24 Stunden ▪ Angebote mit vertraglichem Datum/Frist: bis zum Ablauf des Datums/der Frist	Rechtsverbindlichkeit eines Angebots kann inhaltlich ganz oder teilweise ausgeschlossen werden, z. B. ▪ *„Preisänderungen vorbehalten"* Preis ist unverbindlich ▪ *„solange der Vorrat reicht"* Menge ist unverbindlich ▪ *„freibleibend", „unverbindlich", „ohne Obligio"* alle Inhalte sind unverbindlich

Bestellung

Die Annahme eines Angebots erfolgt in der Regel durch eine **Bestellung.** Eine Bestellung ist eine formfreie Willenserklärung des Käufers für eine bestimmte Sache und zu bestimmten Bedingungen. Sie ist eine rechtsverbindliche Willenserklärung des Käufers gegenüber einer bestimmten Person oder Personengruppe. Wenn sie widerspruchsfrei und rechtzeitig infolge eines Angebots erfolgt, ist sie rechtlich als 2. Willenserklärung (Annahme) zu werten. Ist die Bestellung die 1. Willenserklärung zwischen zwei Vertragspartnern, dann ist sie der Antrag. Für den Käufer gelten die gleichen Bindungsfristen für seine Bestellung wie für den Verkäufer bei der Abgabe seiner Willenserklärung.

§§ Gesetzestexte aus dem BGB

§ 130 [Wirksamwerden der Willenserklärung]
(1) Eine Willenserklärung, die einem anderen gegenüber abzugeben ist, wird, wenn sie in dessen Abwesenheit abgegeben wird, in dem Zeitpunkt wirksam, in welchem sie ihm zugeht. Sie wird nicht wirksam, wenn dem anderen vorher oder gleichzeitig ein Widerruf zugeht.
(2) Auf die Wirksamkeit der Willenserklärung ist es ohne Einfluss, wenn der Erklärende nach der Abgabe stirbt oder geschäftsunfähig wird.
(3) Diese Vorschriften finden auch dann Anwendung, wenn die Willenserklärung einer Behörde gegenüber abzugeben ist.

§ 145 [Antragsbindung]
Wer einem anderen die Schließung eines Vertrages anträgt, ist an den Antrag gebunden, es sei denn, dass er die Gebundenheit ausgeschlossen hat.

§ 146 [Erlöschen eines Antrages]
Der Antrag erlischt, wenn er dem Antragenden gegenüber abgelehnt oder wenn er nicht diesem gegenüber nach §§ 147 bis 149 rechtzeitig angenommen wird.

§ 147 [Frist der Antragsannahme]
(1) Der einem Anwesenden gemachte Antrag kann nur sofort angenommen werden. Dies gilt auch von einem mittels Fernsprechers von Person zu Person gemachten Antrag.
(2) Der einem Abwesenden gemachte Antrag kann nur bis zu dem Zeitpunkt angenommen werden, in welchem der Antragende den Eingang der Antwort unter regelmäßigen Umständen erwarten darf.

→

§ 148 [Frist]
Hat der Antragende für die Annahme des Antrags eine Frist bestimmt, so kann die Annahme nur innerhalb der Frist erfolgen.

§ 149 [Verspätet zugegangene Annahmeerklärung]
Ist eine dem Antragenden verspätet zugegangene Annahmeerklärung dergestalt abgesendet worden, dass sie bei regelmäßiger Beförderung ihm rechtzeitig zugegangen sein würde, und musste der Antragende dies erkennen, so hat er die Verspätung dem Annehmenden unverzüglich nach dem Empfang der Erklärung anzuzeigen, sofern es nicht schon vorher geschehen ist. Verzögert er die Absendung der Anzeige, so gilt die Annahme als nicht verspätet.

§ 150 [Abgeänderte und verspätete Antragsannahme]
(1) Die verspätete Annahme eines Antrags gilt als neuer Antrag.
(2) Eine Annahme unter Erweiterungen, Einschränkungen und sonstigen Änderungen gilt als Ablehnung verbunden mit einem neuen Antrag.

§ 151 [Annahme ohne Erklärung gegenüber dem Antragenden]
Der Vertrag kommt durch die Annahme des Antrags zustande, ohne dass die Annahme dem Antragenden gegenüber erklärt zu werden braucht, wenn eine solche Erklärung nach der Verkehrssitte nicht zu erwarten ist oder der Antragende auf sie verzichtet hat. Der Zeitpunkt, in welchem der Antrag erlischt, bestimmt sich nach dem aus dem Antrag oder den Umständen zu entnehmenden Willen des Antragenden.

Auftragsbestätigung

Formuliert der Käufer einen Antrag (weil Abweichungen zwischen Angebot und Bestellung bestehen oder die Bestellung die erste Willenserklärung ist), ist eine Auftragsbestätigung des Verkäufers erforderlich, damit ein Vertrag zustande kommt. Eine **Auftragsbestätigung** ist eine formfreie Willenserklärung des Verkäufers, die vorausgegangene Bestellung zu den genannten Bedingungen anzunehmen. Eine Auftragsbestätigung ist demnach die Mitteilung über die Annahme eines Auftrags zu den genannten Konditionen (Menge, Preis, Termin, Lieferungs- und Zahlungsbedingungen). Bei dauerhaften Geschäftsbeziehungen und/oder kurzen Lieferzeiten ersetzt die direkte Lieferung häufig die Auftragsbestätigung. Die Lieferung zu den genannten Konditionen der Bestellung ist rechtlich eine Willenserklärung in Form des schlüssigen Handelns. Weicht die Lieferung von der Bestellung ab, so ist die Lieferung ein neuer Antrag (§ 151 BGB).

Für die Fristen gilt das oben Gesagte: Die Annahme, hier die Auftragsbestätigung, unter Anwesenden muss sofort und unter Abwesenden bis zu dem Zeitpunkt erfolgen, wie der Besteller unter regelmäßigen Umständen eine Annahme erwarten darf (§ 147 BGB). Ansonsten ist der Käufer nicht mehr rechtsverbindlich an seine Bestellung gebunden und es kommt bei verspäteter Auftragsbestätigung oder Lieferung kein Kaufvertrag zustande. Gleiches gilt, wenn die Auftragsbestätigung oder Lieferung von der Bestellung abweicht (§ 146 BGB). Eine verspätete oder inhaltlich von der Bestellung abweichende Auftragsbestätigung ist ein neues Vertragsangebot (Antrag).

Bestätigungsschreiben

Im Geschäftsverkehr setzen Unternehmen untereinander auch sogenannte kaufmännische **Bestätigungsschreiben** ein, um die (teilweise mündlichen) Vertragsverhandlungen zu fixieren. Häufig wird bei jeder Bestellung (auch wenn ein Angebot vorausgegangen war) ein Bestätigungsschreiben verschickt. Schweigt der Geschäftspartner auf dieses Schreiben, so gilt dieses Schweigen als Annahme.

3.1.2 Rechtliche Wirkung von Willenserklärungen am Beispiel unbestellter Ware

Kaufvertrag bei Zusendung unbestellter Ware

Eine rechtliche Besonderheit für das Zustandekommen eines Kaufvertrages ergibt sich bei der Zusendung unbestellter Materialien bzw. Ware. Für die rechtliche Wertung der Willenserklärungen sind der rechtliche Status und die bisherige Geschäftsbeziehung der potenziellen Vertragspartner entscheidend. Der rechtliche Status definiert die heranzuziehende Rechtsquelle und damit den Umfang der rechtlichen

Einschränkungen. Handelt es sich um einen „bürgerlichen Kauf", bei dem beide Vertragspartner als Privatpersonen handeln, greifen die Vorschriften des BGB. Liegt dagegen ein „einseitiger Handelskauf"[1] vor (eine Privatperson, ein Kaufmann), finden sowohl die Vorschriften des BGB als auch des HGB Anwendung. Bei einem „zweiseitigen Handelskauf" sind beide Vertragspartner Kaufleute, sodass insbesondere die Regelungen des HGB Anwendung finden.

Die Zusendung unbestellter Ware an eine Privatperson verstößt gegen das Gesetz gegen unlauteren Wettbewerb (UWG). Es liegt daher kein Angebot des Lieferers vor, das rechtlich als Antrag zu bewerten wäre. Daher kann beim Verbrauchsgüterkauf kein rechtswirksamer Kaufvertrag zustande kommen. Der Gesetzgeber schützt hier den Verbraucher in besonderer Weise und sieht in der Annahme der Ware kein schlüssiges Handeln im Sinne einer Willenserklärung. Die Privatperson kann mit der Ware anschließend machen, was sie will (gebrauchen, verbrauchen, entsorgen).

Bei einem zweiseitigen Handelsgeschäft (zwei Kaufleute) ist die Wertung der Handlungen des Abnehmers von der bisherigen Geschäftsbeziehung abhängig. Die Zusendung unbestellter Ware an einen Unternehmer ohne bisherige Geschäftsbeziehung ist hingegen ein Angebot des Lieferers und rechtlich als Antrag zu bewerten. Um einen rechtswirksamen Kaufvertrag zu schließen, bedarf es noch der Annahme durch den Vertragspartner. Lehnt der Unternehmer hingegen das Angebot ab, so muss das Unternehmen die Ware sachgerecht aufbewahren, aber nicht zurücksenden.

Anders verhält es sich bei dauerhaften Geschäftsbeziehungen. Die Annahme einer Ware erfolgt durch Stillschweigen bzw. schlüssiges Handeln. Der Kaufvertrag kommt zustande. Wenn der Abnehmer die Lieferung nicht annehmen möchte, muss er dem Lieferanten unverzüglich eine Nachricht zukommen lassen und die Ware bis zur Abholung bzw. Rücksendung sachgerecht aufbewahren.

Aufgaben

› Kap. 3.1

1. Ein Einkäufer der Heidtkötter KG will einen Restposten Wildbuchehölzer im Wert von 15.000,00 € inkl. USt von der Giese GmbH erwerben. Es wird ein Besichtigungstermin vereinbart, daran anschließend einigen sich beide über den Kaufpreis und die Abholung per Spedition in der darauffolgenden Woche.

a) Welche Voraussetzungen müssen erfüllt sein, damit beide Vertragspartner einen rechtswirksamen Vertrag geschlossen haben?

b) Angenommen, es ist ein Kaufvertrag zustande gekommen. Welche Pflichten entstehen daraus für die Vertragspartner und zu welchem Zeitpunkt sind die Pflichten erfüllt?

2. Obwohl die Mühle Harxbüttel GmbH für eine Lieferung Mehl bereits einen Kaufvertrag mit einem Backwarenhersteller geschlossen hat (Abholung am nächsten Tag), verkauft der Vertriebsmitarbeiter der Mühle Harxbüttel GmbH die Mehllieferung am gleichen Tag in bar an einen Konditor, der die Lieferung umgehend verlädt und vom Hof fährt.

Erörtern Sie mit Hilfe des BGB, ob zwischen der Mühle Harxbüttel GmbH und dem Backwarenhersteller ein gültiger Kaufvertrag zustande gekommen ist.

Welche Konsequenzen ergeben sich aus dem Kaufvertrag zwischen der Mühle Harxbüttel GmbH und dem Backwarenhersteller?

3. Unterscheiden Sie zwischen Anfrage, Anpreisung und Angebot mit Hilfe eines treffenden Beispiels.

→

1 Ist der Verkäufer ein Kaufmann, so handelt es sich um einen Verbrauchsgüterkauf. Beim Verbrauchsgüterkauf wird der Verbraucher durch die §§ 346 ff. BGB in besonderer Weise geschützt (Gewährleistungsrechte und -fristen).

4. In § 145 BGB ist geregelt, dass die Gebundenheit an den Antrag ausgeschlossen werden kann.
   a) Nennen Sie Vertragsinhalte, die ausgeschlossen werden können (Freizeichnungsklauseln).
   b) Beschreiben Sie Situationen (aus Ihrem Ausbildungsbetrieb), in denen Lieferanten diese Möglichkeiten nutzen.
5. Beschreiben Sie, wie lange der Antrag bei unbefristeten und befristeten Angeboten rechtsverbindlich ist.
6. Führen Sie Gründe an, die ein Erlöschen der Bindung an das Angebot bewirken.
7. Erläutern Sie die rechtlichen Wirkungen der Zusendung unbestellter Ware bei ein- und zweiseitigen Handelsgeschäften.

8. Wer gibt bei folgenden Willenserklärungen den Antrag ab und wer macht die Annahme?
   a) *Ein Lieferer macht einem Fahrradhersteller ein telefonisches Angebot. Der Fahrradhersteller bestellt einen Tag später schriftlich zu den vereinbarten Bedingungen.*
   b) *Ein Textilhersteller macht einem Kunden ein Angebot über 100 Kapuzenjacken zu 30,00 € je Stück. Der Kunde bestellt 100 Kapuzenjacken zu je 25,00 €/Stück.*
   c) *In einem Sportartikelgeschäft sind im Schaufenster Inline-Skates ausgestellt: „Inline-Skates zu 199,00 € in allen Größen vorrätig". Ein Kunde möchte diese Inline-Skates in Größe 44 kaufen. Diese Größe ist jedoch ausverkauft.*
   d) *Ein Fahrradhersteller bietet einem Händler 50 Mountainbikes zu je 490,00 € an. Der Fahrradhändler bestellt vier Wochen später 50 Stück zu den entsprechenden Angebotsbedingungen. Der Großhändler schickt eine Auftragsbestätigung.*
   e) *Ein Hobbygärtner erhält von einem Stahlwarenhändler unbestellt eine Heckenschere zugeschickt. Der Hobbygärtner ist an der Heckenschere nicht interessiert, legt sie verpackt zur Seite und vergisst sie.*
   f) *Ein Reisebüro schickt eine Anfrage über 100 Pakete Kopierpapier an eine Papierfabrik. Der Papierhersteller liefert 100 Pakete Kopierpapier.*
   g) *Eine Schreinerei bestellt bei einem Werkzeugmaschinenhersteller zehn Elektrohobel. Diese werden innerhalb einer Woche geliefert.*
   h) *Ein Hersteller von Bohrmaschinen liefert an seinen Stammkunden 60 Bohrmaschinen. Dieser reagiert nicht auf die Lieferung.*
   i) *Der Einkaufssachbearbeiter bestellt schriftlich 150 Pakete Schrauben verschiedener Größen. Nach einem Gespräch mit dem Lagerfacharbeiter zieht er die Bestellung am nächsten Morgen telefonisch zurück.*
9. Entscheiden Sie für die Fälle a) bis i) der Aufgabe 8, ob jeweils ein Kaufvertrag zustande gekommen ist. Begründen Sie bitte Ihre jeweilige Entscheidung.
10. Wie lautet die richtige Antwort?
   a) Ein Lieferer unterbreitet einem Kunden telefonisch ein Angebot. Wie lange ist der Lieferer an sein Angebot gebunden?
      1. *10 Tage*
      2. *solange das Telefongespräch dauert*
      3. *12 Stunden nach dem Telefongespräch*
      4. *einen Monat*
   b) Der Kaufvertrag kommt zustande durch eine konkludente Handlung ...
      1. *beim lautlosen Bezahlen eines Kastens Mineralwasser, der auf dem Einkaufswagen steht.*
      2. *beim Kauf eines Autos, wenn der Käufer die Autoschlüssel erhält.*
      3. *beim Bezahlen des Fernsehgerätes, das schon zwei Wochen zur Probe läuft.*
      4. *beim Kauf einer Wohnzimmereinrichtung, wenn die Möbel übergeben werden.*

c) Ein Unternehmer schreibt dem Lieferer: *„Schicken Sie mir bitte die neuesten Preislisten.“* Hier handelt es sich um eine ...
   1. *bestimmte Anfrage.*
   2. *rechtlich verbindliche Willenserklärung.*
   3. *rechtlich bindende Einholung eines Angebots.*
   4. *rechtlich nicht verbindliche allgemeine Anfrage.*

d) Das Angebot ist eine Willenserklärung des Verkäufers ...
   1. *an die Allgemeinheit.*
   2. *in Katalogen.*
   3. *in Schaufensterauslagen.*
   4. *an eine bestimmte Person.*

e) Ein unter Abwesenden erteiltes Angebot ist solange verbindlich, ...
   1. *bis der Käufer das Angebot durch eine Bestellung annimmt.*
   2. *bis unter regelmäßigen Umständen vom Käufer eine Antwort erwartet werden kann.*
   3. *bis der Käufer durch eine schlüssige Handlung sein Einverständnis erklärt.*
   4. *bis die Verhandlungen über die strittigen Punkte zum Abschluss gebracht worden sind.*

f) Ein Kunde schreibt seinem Lieferer: *„Bitte schicken Sie mir für die in Ihrer Werbung angeführten Sonderangebote an Deko-Stoffen die Preislisten und die Lieferungsbedingungen.“* Es handelt sich hier um eine ...
   1. *allgemeine Anfrage.*
   2. *bestimmte Anfrage.*
   3. *unverbindliche Bestellung.*
   4. *verbindliche Bestellung.*

g) Im Allgäu-Express steht folgende Kleinanzeige: *„Surfbrett, Windglider-Olympic, Modell 93, kpl., 300,00 €, zu verkaufen, Telefon 08364/4711“.*
   Daraufhin melden sich viele Interessenten. Muss der Verkäufer zu diesem in der Zeitungsanzeige angegebenen Preis verkaufen?
   1. *Ja! Der in der Zeitungsanzeige angegebene Preis ist ein wesentlicher Bestandteil des verbindlichen Angebots.*
   2. *Nein! Die Zeitungsanzeige ist zwar ein verbindliches Angebot, aber der Preis kann entsprechend der Nachfrage beliebig verändert werden.*
   3. *Ja! Nur wenn die Zeitungsanzeige eine Freizeichnungsklausel enthält, ist der Preis beweglich.*
   4. *Nein! Der Verkäufer kann jeden beliebigen Preis verlangen, da die Zeitungsanzeige nur eine rechtlich unverbindliche Anpreisung ist.*

h) Im Schaufenster eines Konfektionsgeschäftes ist ein Modellkleid zu 850,00 € ausgestellt. Die Kundin Frau Schöne will das Kleid sofort kaufen, da es ihr gut gefällt. Kann Frau Schöne darauf bestehen, dass der Verkäufer das Kleid aus dem Schaufenster nimmt?
   1. *Ja! Das im Schaufenster ausgestellte Kleid ist ein verbindliches Angebot, das von Frau Schöne angenommen wurde.*
   2. *Ja! Wenn das Kleid kein verbindliches Angebot sein soll, müsste es als Ausstellungsstück gekennzeichnet sein.*
   3. *Nein! Das ausgestellte Kleid ist kein verbindliches Angebot, sondern eine Aufforderung zum Kauf an jedermann.*
   4. *Nein! Ausgestellte Waren im Schaufenster sind nicht zum Verkauf, sondern zum Anlocken von Kunden bestimmt.*

→

11. Die Textilhersteller Koch OHG, Köln, bietet dem Großhändler REZIR in Neuss 100 modische Jeanshosen (Karotte) in verschiedenen Farben und guter Qualität zum Preis von 25,00 € je Hose an. Der Großhändler bestellt daraufhin 100 Jeanshosen.

Nach Abgabe des Angebots erhält die Koch OHG von ihrem Stofflieferanten die Mitteilung, dass aufgrund gestiegener Herstellungskosten und Baumwollpreise nur zu einem höheren Preis geliefert werden könne. Die Koch OHG teilt daraufhin dem Großhändler REZIR mit, dass sie die Jeanshosen nur noch zum Preis von 30,00 € pro Stück liefern könne. Der Großhändler REZIR ist nicht bereit, 30,00 € pro Jeans zu zahlen.

a) Kann die Koch OHG die Lieferung der Hosen verweigern? (§ 145 BGB)

b) Wie könnte der Textilhersteller bei der Formulierung des Angebots dieses Problem vermeiden? (§ 145 BGB)

c) Der Großhändler REZIR bestellt auf das obige Angebot 800 verschiedenfarbige Jeanshosen (Karotte). Die Koch OHG hat jedoch eine höchstmögliche lieferbare Menge von 500 Stück.

Machen Sie einen Formulierungsvorschlag für das Angebot der Koch OHG.

d) Nach einer Anfrage des Großhändlers REZIR erstellt die Textilhersteller Koch OHG am 29.11. ein schriftliches Angebot über 230 verschiedenfarbige T-Shirts zum Preis von 3,50 € pro Stück. Aufgrund betriebsinterner Probleme möchte die Koch OHG das gesendete Angebot widerrufen. Bis wann ist dies möglich? (§ 130 BGB)

12. Bitte begründen Sie Ihre Antworten zu den folgenden Situationen a) bis d).

a) Die Koch OHG bietet einem Kunden in Düsseldorf modische Strickpullover an.

Das schriftliche Angebot enthält den Zusatz *„Angebot gültig bis zum 30.10."*

Ist dieses Angebot bindend, wenn der Kunde am 01.11. bestellt? (§ 148 BGB)

b) Ein Vertreter der Koch OHG unterbreitet am 06.11. anlässlich eines Kundenbesuches einem Kunden in Dormagen ein Angebot über Unterwäsche. Der Kunde bestellt daraufhin schriftlich am 07.11. verschiedene BH-Modelle.

Muss die Koch OHG diese BHs liefern? (§ 147 (1) BGB)

c) Die Verkaufsabteilung der Koch OHG sendet am 14.11. morgens per Brief ein Angebot ab. Die Bestellung des Kunden geht daraufhin rechtzeitig ein.

Welches Datum würden Sie als rechtzeitig gelten lassen?

d) Auf ein schriftliches Angebot der Koch OHG vom 02.11. bestellt ein Kunde am 19.11. ebenso schriftlich 30 Jeans für 30,00 € pro Stück. Ist die Koch OHG an ihr Angebot gebunden? (§ 147 (2) BGB)

3.2 Inhalte des Kaufvertrages

Da der Kaufvertrag als rechtliche Grundlage die Rechte und Pflichten des Käufers und Verkäufers festlegt, sollten im Vertragswerk möglichst alle Berührungspunkte zwischen den Geschäftspartnern berücksichtigt und festgelegt werden. Für die Aspekte der geschäftlichen Vertragsbeziehung, die nicht explizit im Kaufvertrag vereinbart worden sind, werden die gesetzlichen Regelungen des BGB und des HGB herangezogen.

3.2.1 Erfüllungsort, Gefahrübergang und Gerichtsstand

Erfüllungsort

Der **Erfüllungsort** (Leistungsort) ist der Ort, an dem der Schuldner seine aus dem Verpflichtungsgeschäft entstandene Leistung zu erfüllen hat. Im Rahmen der gesetzlichen Bestimmungen zum **Leistungsort** bestehen für die Warenschuld und die Geldschuld zwei (unterschiedliche) Erfüllungsorte, die im Falle einer vertraglichen Festlegung auf einen Erfüllungsort reduziert werden können.

gesetzliche Regelung	vertragliche Regelung
Der Erfüllungsort ist der Wohn- oder Geschäftssitz des Schuldners (§ 269 BGB). **Warenschuld** = Holschuld (§ 269 Abs. 1 BGB) → Erfüllungsort = Köln **Geldschuld** = Schickschuld (§ 270 BGB) → Erfüllungsort = Neuss (Geld muss rechtzeitig in Neuss abgeschickt werden) Spezialfall: **Versendungskauf** Warenschuld = Schickschuld (§ 447 BGB) → Erfüllungsort = Köln	Der Erfüllungsort kann vertraglich festgelegt werden. 1. Erfüllungsort ist Köln: **Warenschuld** = Holschuld → Erfüllungsort = Köln **Geldschuld** = Bringschuld → Erfüllungsort = Köln (Geld muss rechtzeitig in Köln ankommen) 2. Erfüllungsort ist Neuss: **Warenschuld** = Bringschuld → Erfüllungsort = Neuss **Geldschuld** = Schickschuld → Erfüllungsort = Neuss

Versendungskauf

Beim **Versendungskauf** versendet der Verkäufer auf Verlangen des Käufers die Ware an einen anderen Ort als den Erfüllungsort. Die Gefahr geht dann mit der Übergabe der Ware an die Transportperson auf den Käufer über, sofern der Käufer kein Verbraucher ist.

Gefahrübergang

Dies wirft die generelle Frage auf, wann die Gefahr eines zufälligen Untergangs oder einer zufälligen Verschlechterung auf den jeweils anderen Vertragspartner übergeht. Nach § 270 BGB trägt der Käufer die Gefahr der Geldübermittlung. Die Gefahr geht also erst dann auf den Vertragspartner über, wenn das Geld beim Verkäufer angekommen ist. Der Zeitpunkt des Gefahrübergangs bei der Warenschuld ist davon abhängig, ob sie eine Hol-, Bring- oder Schickschuld ist.

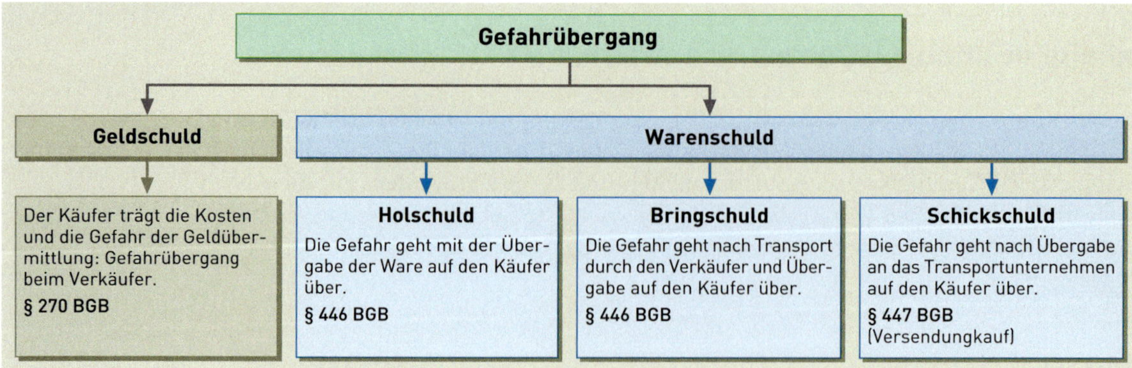

Verbrauchsgüterkauf

Diese Regelungen für den Gefahrübergang gelten nicht, wenn der Verkäufer Unternehmer und der Käufer Verbraucher ist, d. h. beim Verbrauchsgüterkauf. Es handelt sich um einen Verbrauchsgüterkauf, wenn jemand von einem Unternehmer eine bewegliche Sache zum privaten Gebrauch kauft (§ 474 BGB), also auch dann, wenn ein Unternehmer für seinen privaten Haushalt einkauft. Hier geht aufgrund der Regelung des § 474 (2) BGB die Gefahr erst dann auf den Käufer über, wenn ihm die Sache übergeben wurde. Durch die Vorschriften des BGB zum Verbrauchsgüterkauf (§§ 474–479) wird der Endverbraucher besonderes geschützt. Die Schutzwürdigkeit des Verbrauchers ergibt sich aus der schwächeren Position, die er gegenüber dem Unternehmer hat.

Gerichtsstand

Ergeben sich zwischen den Vertragspartnern Streitigkeiten über die Erfüllung der jeweiligen Vertragspflichten, die nur mithilfe der zuständigen Gerichte behoben werden können, findet sich die örtliche Zuständigkeit in der Zivilprozessordnung. In § 29 ZPO ist geregelt, dass der gesetzliche Gerichtsstand immer am gesetzlichen Erfüllungsort ist. Der **Gerichtsstand** ist der Ort, an dem der nichterfüllende Vertragspartner verklagt werden kann. Vertragliche Abweichungen von dieser gesetzliche Regelung können nur unter Kaufleuten vereinbart werden (§§ 29 (2), 38 ZPO). Die sachliche Zuständigkeit richtet sich nach der Höhe des Streitwerts. Ist der Streitwert 5.000,00 € oder höher, ist das Landgericht zuständig, bis zu dieser Grenze das Amtsgericht.

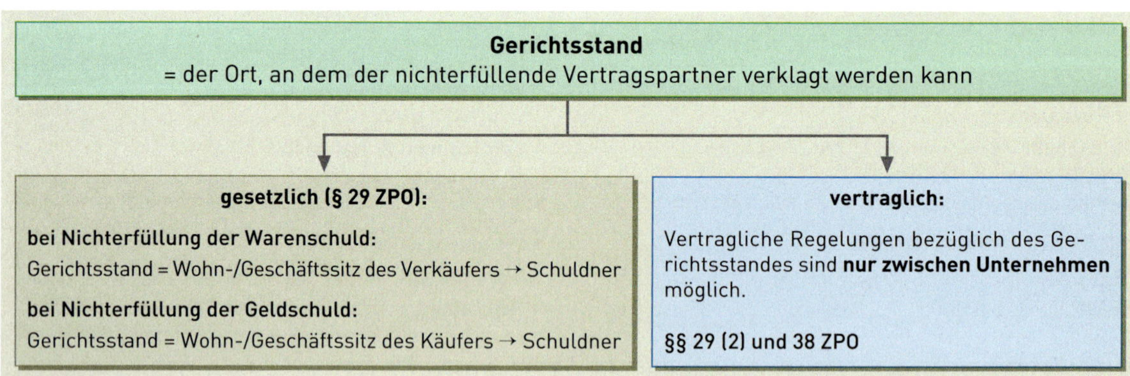

3.2.2 Lieferungsbedingungen

Die Lieferungsbedingungen beinhalten im Wesentlichen Regelungen zu den Beförderungs- und Verpackungskosten sowie Vereinbarungen zu den Lieferterminen. Ist hier nichts vereinbart, hat die Lieferung im Zweifelsfall sofort zu erfolgen.

Lieferungsbedingungen
(gesetzliche Regelungen)

Beförderungskosten
Der **Käufer** trägt die Kosten des Transports ab dem Erfüllungsort.
Warenschulden = Holschulden
§§ 269, 448 BGB

Verpackungskosten
Der **Käufer** trägt die Kosten der Schutz-/Versandverpackung.
§§ 448 BGB, 380 HGB

Liefertermin
Die Lieferung erfolgt **sofort** nach Vertragsabschluss.
§ 271 BGB

Diese gesetzlichen Bestimmungen können von den Geschäftspartnern durch vertragliche Vereinbarungen abgeändert werden.

Beförderungs-/ Transportkosten

Folgende **Beförderungskosten** können im Rahmen des Transports auftreten:

- **Rollgeld** (= Kosten für An- und Abfuhr)
- **Be-/Entladegebühren**
- **Fracht** (= Entgelt für die gewerbliche Beförderung von Gütern)

Nach den gesetzlichen Bestimmungen muss der Verkäufer die verkauften Waren zur Abholung durch den Käufer am Erfüllungsort bereitstellen. Der Käufer trägt die weiteren Transportkosten. Vertraglich können z. B. folgende Regelungen der Beförderungskosten/Transportkosten vereinbart werden:

Vertragliche Regelungen zu den Beförderungskosten

Regelung: **Lieferung**	**Verkäufer**	Anfuhr (Rollgeld)	Versandstation (beladen)	Fracht	Empfangsstation (entladen)	Abfuhr (Rollgeld)	**Käufer**	Erläuterungen
ab Fabrik, ab Lager, ab Werk								Käufer trägt alle Kosten
ab hier, unfrei, ab Bahnhof, ab Versandstation								Verkäufer trägt die Kosten (Rollgeld) bis zur Versandstation (gesetzliche Regelung)
frei Waggon, frei Schiff								Verkäufer trägt die Kosten der Anfuhr und des Beladens
frachtfrei, franko, frei dort, frei Bahnhof, frei Empfangsstation								Käufer trägt lediglich die Kosten des Entladens und der Zufuhr (Rollgeld)
frei Haus, frei Keller, frei Lager								Verkäufer trägt alle Kosten bis ins Haus → im Verkaufspreis einkalkuliert

Für den **internationalen Warenhandel** (Außenhandel) hat die Internationale Handelskammer in Paris (ICC)[1] ein international gültiges Regelwerk über Vertrags- und Lieferbedingungen veröffentlicht. Die 11 Regeln der **Incoterms** (International Commercial Terms = Internationale Handelsklauseln) legen auf einfache Weise Regeln und Bedingungen für die technische Durchführung der Beförderung fest und werden von nationalen Gerichten akzeptiert, sodass die Incoterms weltweit Anwendung finden.

Incoterms

1 Mehr Informationen zur ICC finden Sie unter folgender Internetadresse: www.icc-deutschland.de.

Seit dem 1. Januar 2011 sind die Incoterms 2010[1] in Kraft. Sie sind nach Transportarten wie folgt gegliedert:

Incoterms-Klauseln	Bedeutung	Ausfuhr-abfertigung	Einfuhr-abfertigung	Gefahrübergang: Der Verkäufer trägt das Risiko des zufälligen Untergangs bis …	Kostenverteilung: Der Verkäufer trägt die Kosten …	Ortsangabe
Allgemeine Klauseln für **alle Transportarten**						
EXW (ex works)	ab Werk; ab Lager am benannten Lieferort	Käufer	Käufer	er die Ware am benannten Lieferort bereitgestellt hat; ohne Verladen auf das Transportmittel.	bis zur Bereitstellung am benannten Lieferort; ohne Verladen auf das Transportmittel.	Lieferort
FCA (free carrier)	frei Frachtführer am benannten Lieferort (Übergabe an den ersten Frachtführer); Käufer zahlt den Haupttransport	Verkäufer	Käufer	die Ware auf das vom Käufer bereitgestellte Transportmittel verladen worden ist, sofern der benannte Ort beim Verkäufer liegt.	bis die Ware auf das vom Käufer bereitgestellte Transportmittel verladen worden ist, sofern der benannte Ort beim Verkäufer liegt.	Lieferort
CPT (carriage paid to)	frachtfrei/ Fracht bezahlt bis zum benannten Bestimmungsort; Verkäufer zahlt den Haupttransport	Verkäufer	Käufer	zur Übergabe der Ware an den Frachtführer am Lieferort.	des Transports bis zum benannten Bestimmungsort und evtl. für die Entladung (je nach vertraglicher Vereinbarung).	Liefer- und Bestimmungsort
CIP (carriage and insurance paid to)	frachtfrei/ Fracht bezahlt und versichert bis zum benannten Bestimmungsort; Verkäufer zahlt den Haupttransport	Verkäufer	Käufer	zur Übergabe der Ware an den Frachtführer am Lieferort.	des Transports bis zum benannten Bestimmungsort und evtl. für die Entladung (je nach vertraglicher Vereinbarung); der Verkäufer versichert die Ware vom Gefahrübergang bis zum Bestimmungsort.	Liefer- und Bestimmungsort
DAT (delivered at terminal)	geliefert zum bestimmten Terminal am Bestimmungsort; Verkäufer zahlt den Haupttransport	Verkäufer	Käufer	die Ware am benannten Ort entladen und dem Käufer zur Verfügung gestellt worden ist.	bis die Ware am benannten Ort entladen und dem Käufer zur Verfügung gestellt worden ist.	Bestimmungsort (Terminal, Hafen)
DAP (delivered at place)	geliefert zum benannten Bestimmungsort; Verkäufer zahlt den Haupttransport	Verkäufer	Käufer	die Ware am benannten Ort entladebereit dem Käufer zur Verfügung gestellt worden ist.	bis die Ware am benannten Ort entladebereit dem Käufer zur Verfügung gestellt worden ist.	Bestimmungsort

1 Die zuletzt gültigen 13 Regelungen wurden auf 11 reduziert, DAF, DES, DEQ und DDU wurden entfernt, DAT und DAP ergänzt.

Incoterms-Klauseln	Bedeutung	Ausfuhr-abfertigung	Einfuhr-abfertigung	Gefahrübergang: Der Verkäufer trägt das Risiko des zufälligen Untergangs bis …	Kostenverteilung: Der Verkäufer trägt die Kosten …	Ortsangabe
DDP (delivered duty paid)	verzollt/versteuert geliefert zum benannten Bestimmungsort; Verkäufer zahlt den Haupttransport	Verkäufer	Verkäufer	die Ware am benannten Ort entladebereit dem Käufer zur Verfügung gestellt worden ist.	bis die Ware am benannten Ort entladebereit dem Käufer zur Verfügung gestellt worden ist, inklusive der Kosten für Einfuhrabfertigung, Zölle und Steuern.	Bestimmungsort
Klauseln für den **See- und Binnenschifftransport**						
FAS (free alongside ship)	frei Längsseite Schiff im benannten Verschiffungshafen; Käufer zahlt den Haupttransport	Verkäufer	Käufer	die Ware längsseits des Schiffes im benannten Verschiffungshafen geliefert wurde.	bis die Ware längsseits des Schiffes im benannten Verschiffungshafen geliefert wurde.	Verschiffungshafen
FOS (free on board)	frei an Bord im benannten Verschiffungshafen; Käufer zahlt den Haupttransport	Verkäufer	Käufer	die Ware an Bord des Schiffes im benannten Verschiffungshafen geliefert wurde.	bis die Ware an Bord des Schiffes im benannten Verschiffungshafen geliefert wurde.	Verschiffungshafen
CFR (cost and freight)	Kosten und Fracht bis an Bord im benannten Bestimmungshafen; Verkäufer zahlt den Haupttransport	Verkäufer	Käufer	die Ware an Bord des Schiffes im benannten Verschiffungshafen geliefert wurde.	des Transports zum benannten Bestimmungshafen und evtl. für die Entladung (je nach vertraglicher Vereinbarung).	Verschiffungs- und Bestimmungshafen
CIF (cost insurance and freight)	Kosten, Versicherung und Fracht bis an Bord im benannten Bestimmungshafen; Verkäufer zahlt den Haupttransport	Verkäufer	Käufer	die Ware an Bord des Schiffes im benannten Verschiffungshafen geliefert wurde.	des Transports zum benannten Bestimmungshafen und evtl. für die Entladung (je nach vertraglicher Vereinbarung); der Verkäufer versichert die Ware vom Gefahrübergang bis zum Bestimmungshafen.	Verschiffungs- und Bestimmungshafen

Beispiele

EXW = ex works = ab Werk (Abholklausel)	Der Käufer muss die Ware beim Verkäufer auf eigene Kosten abholen und selbst versichern. Der Verkäufer muss die Ware lediglich auf dem eigenen Werksgelände zur Abholung bereitstellen.
FOB = free on board = frei an Bord	Im Verschiffungshafen gehen an der Reling des Schiffes die Transportkosten sowie -risiken vom Verkäufer auf den Käufer über. Der Verkäufer muss die Ware für den Export freimachen (die Ausfuhrzollmodalitäten erledigen).
CFR = cost and freight = Kosten und Fracht	Der Verkäufer übernimmt die Kosten bis zum Bestimmungshafen und macht die Ware für die Ausfuhr frei. Die Transportrisiken gehen aber bereits im Verschiffungshafen an der Ladekante des Schiffes (Schiffsreling) auf den Käufer über (siehe FOB).
DDP = delivered duty paid = geliefert verzollt (Ankunftsklausel)	Der Käufer trägt lediglich die Kosten des Abladens. Der Verkäufer trägt alle Kosten einschließlich der Einfuhrabgaben des Bestimmungslandes sowie die Risiken bis zum Bestimmungsort.

Bei einer vertraglichen Festlegung sind stets die entsprechenden Ortsangaben zu machen. Die Incoterms 2010 ersetzen nicht die Incoterms 2000, sodass bei einer vertraglichen Vereinbarung die jeweils vereinbarte Fassung angegeben werden muss (z. B. *FCA Gütersloher Str. 111, 33647 Bielefeld, Deutschland; ICC-Incoterms 2010)*. Bei der vertraglichen Vereinbarung sogenannter „Zwei-Punkte-Klauseln“ (C-Klauseln) sollten stets zwei Ortsangaben gemacht werden (z. B. *CPT Downingstreet No. 11, London, England ab Gütersloher Str. 111, 33647 Bielefeld, Deutschland; ICC-Incoterms 2010)*.

Verpackungskosten

Abweichend von der gesetzlichen Regelung können zur Übernahme der **Verpackungskosten** auch vertragliche Vereinbarungen getroffen werden. In diesem Zusammenhang ist eine Differenzierung der folgenden Begrifflichkeiten hilfreich:

- **Nettogewicht:** Reingewicht der Ware
- **Tara:** Verpackungsgewicht
- **Bruttogewicht:** Gesamtgewicht; Rohgewicht

Bruttogewicht = Nettogewicht + Tara

Die Regelungen bezüglich der Verpackungskosten werden häufig verbunden mit der Preisstellung „Preis netto“ bzw. „Preis brutto“ und können der folgenden Tabelle entnommen werden:

Verpackungskostenregelungen		Beispiel
Vertragsklausel	**Bedeutung/Erklärung**	**210 kg brutto; 200 kg netto** **1 kg Ware kostet 5,00 €** **1.** Wer ist Eigentümer der Verpackung? **2.** Wie viel zahlt der Käufer für die gesamte Lieferung?
Preis netto, einschließlich Verpackung	■ Grundlage für Preisberechnung: **Nettogewicht** ■ Verpackungskosten werden nicht berechnet; der Käufer zahlt das Nettogewicht	**1. Käufer** **2.** 200 kg zu 5,00 € = 1.000,00 €
Preis netto, ausschließlich Verpackung (gesetzliche Regelung)	■ Grundlage für Preisberechnung: **Nettogewicht** ■ Verpackungskosten werden **zusätzlich** berechnet, meist mit Selbstkostenpreis ■ Käufer zahlt Nettogewicht und Verpackungskosten (40,00 €)	**1.** bei Rücksendung und Gutschrift: Verkäufer; **keine Rücksendung: Käufer** **2.** 200 kg zu 5,00 € = 1.000,00 € + Verpackungskosten 40,00 € = 1.040,00 €

Verpackungskostenregelungen		Beispiel
Preis brutto, einschließlich Verpackung (bfn = brutto für netto)	■ Grundlage für Preisberechnung: **Bruttogewicht** ■ Verpackungsgewicht (Tara) wird zum gleichen Preis berechnet wie das Reingewicht (Netto) der Ware, Käufer zahlt Nettogewicht + Tara	**1. Käufer** 2. 200 kg · 5,00 € = 1.000,00 € + 10 kg · 5,00 € = 50,00 € = 210 kg · 5,00 € = 1.050,00 €
Preis brutto, ausschließlich Verpackung	■ Grundlage für Preisberechnung: **Bruttogewicht** Verpackung wird doppelt berechnet: ■ Verpackungsmaterial zum Warenpreis (Tara) + ■ **zusätzlich** Verpackungskostenzuschlag; bei wertvollem Verpackungsmaterial: zurücksenden ■ Käufer zahlt Reingewicht + Tara + Verpackungskosten	**1. bei Rücksendung und Gutschrift: Verkäufer; keine Rücksendung: Käufer** 2. 200 kg · 5,00 € = 1.000,00 € + 10 kg · 5,00 € = 50,00 € + Verpackungskosten = 40,00 € = 1.090,00 €
Verpackung leihweise	Verpackung wird leihweise vom Verkäufer zur Verfügung gestellt Käufer zahlt das Nettogewicht	**1. Verkäufer** 2. 200 kg · 5,00 € = 1.000,00 €
Käufer stellt die Verpackung zur Verfügung	**Käufer zahlt die Verpackung**	**1. Käufer** 2. 200 kg · 5,00 € = 1.000,00 €

Liefertermin

Die gesetzliche Regelung bezüglich des Liefertermins sieht vor, dass die **Lieferung sofort** nach Vertragsabschluss zu erfolgen hat (§ 271 BGB). Abweichend von dieser gesetzlichen Regelung können individuelle vertragliche Vereinbarungen getroffen werden:

- Soll die Lieferung zu einem späteren Zeitpunkt erfolgen, handelt es sich um einen Terminkauf. *(Terminkauf)*
- Wird der Lieferzeitpunkt stundengenau bzw. taggenau mit der Zusatzklausel *fix/fest* bestimmt, handelt es sich um einen Fixkauf (§ 376 HGB), bei dem im Falle einer Nicht-Rechtzeitig-Lieferung nicht gemahnt werden muss. *(Fixkauf)*
- Beim Kauf auf Abruf wird die bestellte Menge in Teillieferungen zu unterschiedlichen Lieferterminen zugestellt oder abgeholt. *(Kauf auf Abruf)*

Liefertermin

Sofortkauf	Terminkauf	Fixkauf	Kauf auf Abruf
Lieferung unverzüglich nach Bestellung (gesetzliche Regelung nach § 271 Abs. 1 BGB)	Lieferung zu einem späteren Zeitpunkt oder innerhalb eines Zeitraums (§ 271 Abs. 2 BGB)	Lieferung zum genau bestimmten Zeitpunkt → erfordert Fixklausel (§ 376 HGB)	Lieferung von Teilmengen einer größeren Menge zu verschiedenen Zeitpunkten → Mitteilung des Käufers
„Lieferung sofort"	„in 2 Wochen" „innerhalb 6 Wochen" „26. Kalenderwoche"	„am 20.10... fix/fest" „02.11., 13:00 Uhr fix"	„Lieferung nach Mitteilung" „Lieferung auf Abruf"

§§ Gesetzestexte aus dem BGB

§ 271 [Leistungszeit]
(1) Ist eine Zeit für die Leistung weder bestimmt noch aus den Umständen zu entnehmen, so kann der Gläubiger die Leistung sofort verlangen, der Schuldner sie sofort bewirken.
(2) Ist eine Zeit bestimmt, so ist im Zweifel anzunehmen, dass der Gläubiger die Leistung nicht vor dieser Zeit verlangen, der Schuldner aber sie vorher bewirken kann.

§ 448 [Kosten der Übergabe und vergleichbare Kosten]
(1) Der Verkäufer trägt die Kosten der Übergabe der Sache, der Käufer die Kosten der Abnahme und der Versendung der Sache nach einem anderen Ort als dem Erfüllungsort.

3.2.3 Zahlungsbedingungen

Die gesetzliche Regelung (§ 271 BGB) sieht vor, dass der Verkäufer die sofortige Zahlung des Kaufpreises bei eigener Leistung verlangen kann (Zahlung Zug um Zug). Die Kosten und die Gefahr der Geldübermittlung trägt der Käufer (§ 270 BGB).

Vertraglich können folgende **Zahlungsbedingungen** vereinbart werden:

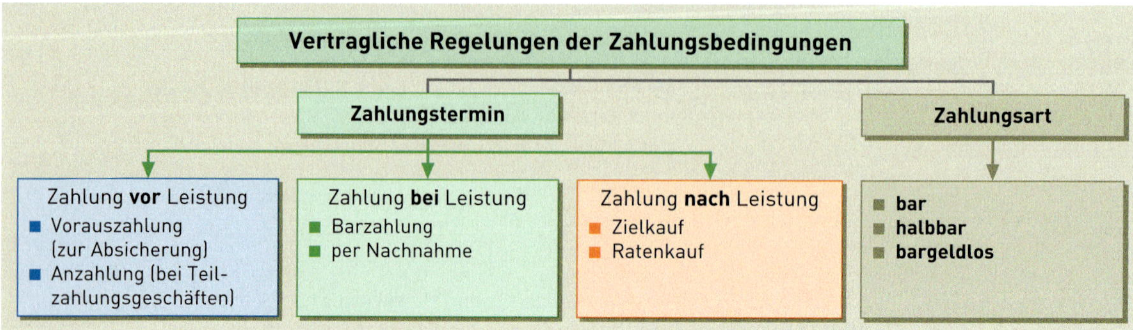

Zahlung **vor** Leistung: Vorauszahlungen bzw. Anzahlungen werden häufig bei Neukunden oder bei Kunden gefordert, mit deren Zahlungsverhalten bereits schlechte Erfahrungen gemacht wurden. Diese Zahlungsbedingungen sind weiterhin üblich bei Großaufträgen (z. B. im Schiffsbau, Straßenbau, Hausbau), die aufgrund eines lang andauernden Herstellungsprozesses einen hohen Finanzierungsbedarf mit sich bringen. Bei der Zahlung mit Anzahlung kann ein Teilbetrag schon bei Auftragserteilung, ein weiterer Teilbetrag bei der ersten Lieferung und weitere Teilbeträge nach der Lieferung zu festgelegten Terminen gefordert bzw. geleistet werden.

Zahlung **bei** Leistung: Diese Zahlungsbedingung entspricht der gesetzlichen Regelung „Zahlung Zug um Zug". Die Zahlung erfolgt sofort im Anschluss bzw. gleichzeitig mit der Leistung des Warenschuldners.

Zielkauf

Zahlung **nach** Leistung: Bei einer vertraglich vereinbarten Zahlung nach der Leistung handelt es sich um einen **Zielkauf**. Die Zahlung muss erst später, spätestens aber bis zu einem festgelegten Zeitpunkt (z. B. 30 oder 40 Tage nach Rechnungsdatum) erfolgen. Durch die Gewährung dieses Zahlungsziels erhält der Käufer von seinem Lieferanten/Verkäufer einen Lieferantenkredit. Während dieser Zeit kann der Käufer die gelieferten Produkte weiter verkaufen und so die liquiden Mittel beschaffen, um die noch ausstehende Rechnung zu begleichen.

Preisnachlässe

Sehr häufig werden in den Zahlungsbedingungen **Preisnachlässe** gewährt, um im Konkurrenzkampf (Stamm-)Kunden zu gewinnen und somit die Absatzzahlen und Marktanteile zu erhöhen. Diese Preisnachlässe werden bei der internen Kalkulation des Listenverkaufspreises berücksichtigt.

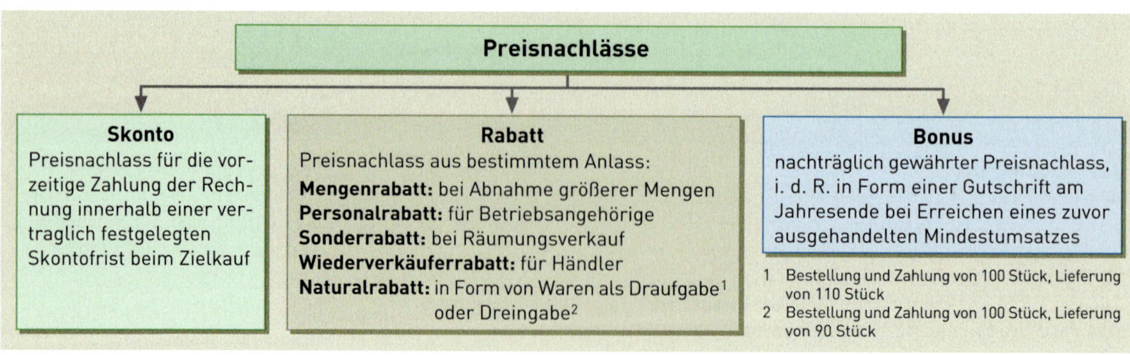

1 Bestellung und Zahlung von 100 Stück, Lieferung von 110 Stück
2 Bestellung und Zahlung von 100 Stück, Lieferung von 90 Stück

Skonto

Die Gewährung eines prozentualen Skontoabzugs ist mit einer vorzeitigen Zahlung der Rechnung vor Ablauf des gewährten Zahlungsziels verbunden. Bei vorzeitiger Zahlung innerhalb von 10 bis 14 Tagen (Skontozeitraum) kann der Kunde üblicherweise Skonto in Höhe von 2 % bis 4 % des Rechnungspreises abziehen. Diese Skontogewährung ist bereits im Listenverkaufspreis einkalkuliert. Sie verfolgt die Absicht, den Käufer zur Zahlung vor Ablauf des Zielzeitraums unter Abzug von Skonto zu bewegen, um die eigene Liquidität zu erhalten bzw. zu verbessern. Die Sicherung dieses Lieferantenkredits erfolgt in der Regel über den Eigentumsvorbehalt (siehe Kapitel 3.2.4).

Wird der Skontozeitraum überschritten, ist der gewährte Lieferantenkredit einer der teuersten Kredite überhaupt. Sind am Ende des Skontozeitraums nicht genügend liquide Mittel vorhanden, um die Rechnung unter Abzug von Skonto zu zahlen, sollte der Käufer zur Inanspruchnahme des Skontos kurzfristig einen Kredit bei seiner Bank beanspruchen.

Folgende Vergleichsrechnung wird dies verdeutlichen:

Beispiel

Eine Eingangsrechnung (Rechnungsdatum: 18. Januar 20..) der Heidtkötter KG weist folgende Beträge aus:

	Nettowarenwert	**7.500,00 €**
19 %	**Umsatzsteuer**	**1.425,00 €**
	Rechnungsbetrag	**8.925,00 €**

Die Zahlungsbedingung lautet:
„Bei Zahlung innerhalb 10 Tagen nach Rechnungsdatum 2 % Skonto, sonst 30 Tage netto Kasse. Die Ware bleibt bis zur vollständigen Zahlung unser Eigentum."

Die Heidtkötter KG verfügt zurzeit nicht über ausreichende liquide Mittel, um die Rechnung am Ende des Skontozeitraums zu zahlen. Ausstehende Kundenforderungen werden erst in einem Monat fällig.

Um Skonto in Anspruch zu nehmen, könnte die Heidtkötter KG ihr Kontokorrentkonto bei ihrer Hausbank zu einem Sollzinssatz von 12,5 % p. a. überziehen.

Soll die Heidtkötter KG auf die Inanspruchnahme des Skontos verzichten oder soll sie zur Inanspruchnahme ihr Kontokorrentkonto überziehen?

Zunächst stellen wir die Zahlungsbedingung mit Hilfe eines Zeitstrahls grafisch dar:

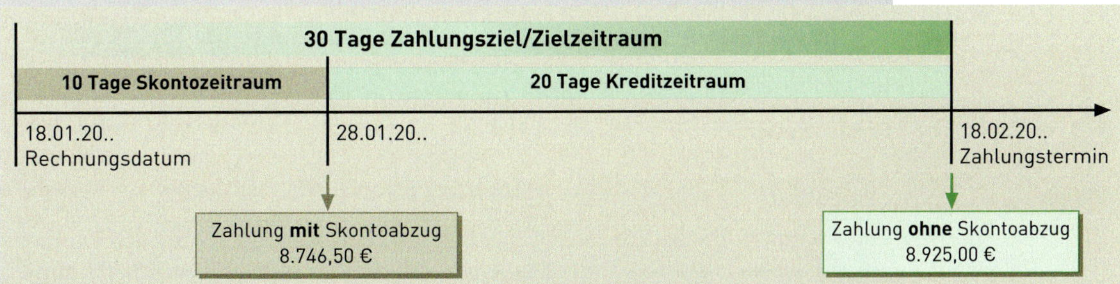

Da bei Inanspruchnahme von Skonto erst am 10. Tag gezahlt werden muss, verbleibt ein Kreditzeitraum, für den das Kontokorrentkonto überzogen werden muss, von 20 Tagen.

Zielzeitraum (30 T) – Skontozeitraum (10 T) = **kostenpflichtiger Kreditzeitraum (20 T)**

Folgende Vergleichsrechnung wird von Frau Golombeck, der Sachbearbeiterin Kreditoren der Heidtkötter KG, durchgeführt. Zunächst wandelt sie den auf den Kreditzeitraum bezogenen Skontosatz (= Prozentsatz) in einen Jahreszinssatz (p_{eff}) um und vergleicht diesen mit dem Sollzinssatz der Bank.

Kostenvergleich		
keine Inanspruchnahme von Skonto		**Inanspruchnahme von Skonto**
Kosten des Lieferantenkredits; „entgangener" Skontoertrag: **2 % für 20 Tage** Kreditzeitraum = Zielzeitraum – Skontozeitraum		Kosten des Bankkredits (Überziehungskredit):
20 Tage → 2 % 360 Tage → x % → Umwandlung eines Prozentsatzes (2 %) in einen Jahreszinssatz (36 %)	$x = \frac{2 \cdot 360}{20} = \mathbf{36\ \%\ (p_{eff})}$ ⟷	**12,5 % für 360 Tage** (Jahreszinssatz)
Der **effektive/tatsächliche Zinssatz** (bezogen auf 360 Tage) des Lieferantenkredits (entgangener Skontoertrag) beträgt **36 %**!		
Ergebnis: Das Kontokorrentkonto sollte zur Ausnutzung des Skontos überzogen werden, da der Überziehungszinssatz kleiner ist als der effektive Zinssatz der Skontogewährung.		

Die Berechnung des Effektivzinssatzes (p_{eff}) mit Hilfe des Dreisatzes ermöglicht nur einen Näherungswert, da die Minderung des Kapitals durch Skontoabzug nicht berücksichtigt wird (Überschlagsmethode). Genauer ist daher die Berechnung mit Hilfe der allgemeinen Zinsformel:

$$Z = \frac{K \cdot t \cdot p}{100 \cdot 360} \quad \rightarrow p = \frac{Z \cdot 100 \cdot 360}{K_{Mi} \cdot t} \qquad (Z = \text{Skonto};\ K_{Mi} = K - \text{Skonto})$$

Beispiel

$$p = \frac{178{,}50 \cdot 100 \cdot 360}{8.746{,}50 \cdot 20} = \frac{6.426.000{,}00}{174.930{,}00} = \mathbf{36{,}73\ \%}$$

Als Entscheidungshilfe wird in einem zweiten Schritt der Finanzierungserfolg berechnet:

Ermittlung des Finanzierungserfolgs	
Kosten der Zahlung ohne Inanspruchnahme/ Abzug von Skonto:	Kosten der Überziehung zur Inanspruchnahme von Skonto:
2 % Skonto vom Rechnungsbetrag von 8.925,00 € = **178,50 €**	$Z = \frac{K \cdot p \cdot t}{100 \cdot 360} = \frac{8.746{,}50 \cdot 12{,}5 \cdot 20}{100 \cdot 360} = \mathbf{60{,}74\ €}$
Skontobetrag/Skontoertrag	178,50 €
– Überziehungszinsen	60,74 €
= Finanzierungserfolg	**117,76 €**

Diese Ergebnisse zeigen deutlich: **Die Inanspruchnahme von Skonto lohnt in der Praxis immer!**

Exkurs

Ratenkauf

Ratenkauf

Eine Sonderform des Zielkaufs ist der Ratenkauf, bei dem der Käufer den Kaufpreis in mindestens zwei Teilzahlungen (Raten) begleicht. Eine Rate setzt sich zusammen aus den festgelegten Teilrückzahlungen (Tilgung) und den anfallenden Zinsen. Der Verbraucher (Käufer) geht ein Schuldverhältnis über einen längeren Zeitraum ein und wird als privater Darlehensnehmer durch Regelungen des BGB sowie des Einführungsgesetzes zum BGB geschützt.

Der Kaufvertrag muss **schriftlich** abgeschlossen werden (§ 492 BGB) und den Barzahlungspreis, den Gesamtbetrag aller vom Darlehensnehmer zur Tilgung des Darlehens sowie zur Zahlung der Zinsen und sonstigen Kosten zu entrichtenden Teilzahlungen (Teilzahlungspreis) enthalten. Ebenso müssen der effektive Jahreszinssatz sowie Anzahl, Höhe und Fälligkeit der Raten aus dem schriftlichen Kaufvertrag hervorgehen (Artikel 247, §§ 3 und 6 EGBGB). Innerhalb von zwei Wochen besteht ein **Widerrufsrecht bzw. Rückgaberecht** ohne Angabe von Gründen (§§ 495, 355, 356 BGB). Diese Regelungen gelten nach § 491 BGB jedoch nur für Verträge zwischen einem Unternehmer und einem Verbraucher (**Verbrauchsgüterkauf**).

§§ Gesetzestext aus dem BGB

§ 492 [Schriftform, Vertragsinhalt]

(1) Verbraucherdarlehensverträge sind, soweit nicht eine strengere Form vorgeschrieben ist, schriftlich abzuschließen. [...].

(2) Der Vertrag muss die für den Verbraucherdarlehensvertrag vorgeschriebenen Angaben nach Artikel 247 §§ 6 bis 13 des Einführungsgesetzes zum Bürgerlichen Gesetzbuche enthalten.

§§ Einführungsgesetz zum BGB (EGBGB)

Artikel 247 [Informationspflichten bei Verbraucherdarlehensverträgen, entgeltlichen Finanzierungshilfen und Darlehensvermittlungsverträgen]

§ 3 [Inhalt der vorvertraglichen Information]

(1) Die Unterrichtung vor Vertragsschluss muss folgende Informationen enthalten:

1. den Namen und die Anschrift des Darlehensgebers,
2. die Art des Darlehens,
3. den effektiven Jahreszins,
4. den Nettodarlehensbetrag,
5. den Sollzinssatz,
6. die Vertragslaufzeit,
7. Betrag, Zahl und Fälligkeit der einzelnen Teilzahlungen,
8. den Gesamtbetrag,
9. die Auszahlungsbedingungen,
10. alle sonstigen Kosten, insbesondere in Zusammenhang mit der Auszahlung oder der Verwendung eines Zahlungsauthentifizierungsinstruments, mit dem sowohl Zahlungsvorgänge als auch Abhebungen getätigt werden können, sowie die Bedingungen, unter denen die Kosten angepasst werden können,
11. den Verzugszinssatz und die Art und Weise seiner etwaigen Anpassung sowie gegebenenfalls anfallende Verzugskosten,
12. einen Warnhinweis zu den Folgen ausbleibender Zahlungen,
13. das Bestehen oder Nichtbestehen eines Widerrufsrechts,
14. das Recht des Darlehensnehmers, das Darlehen vorzeitig zurückzuzahlen,

[...]

(2) Gesamtbetrag ist die Summe aus Nettodarlehensbetrag und Gesamtkosten. Nettodarlehensbetrag ist der Höchstbetrag, auf den der Darlehensnehmer aufgrund des Darlehensvertrags Anspruch hat. Die Gesamtkosten und der effektive Jahreszins sind nach § 6 der Preisangabenverordnung zu berechnen.

(3) Der Gesamtbetrag und der effektive Jahreszins sind anhand eines repräsentativen Beispiels zu erläutern. Dabei sind sämtliche in die Berechnung des effektiven Jahreszinses einfließenden Annahmen anzugeben und die vom Darlehensnehmer genannten Wünsche zu einzelnen Vertragsbedingungen zu berücksichtigen. Der Darlehensgeber hat darauf hinzuweisen, dass sich der effektive Jahreszins unter Umständen erhöht, wenn der Verbraucherdarlehensvertrag mehrere Auszahlungsmöglichkeiten mit unterschiedlichen Kosten oder Sollzinssätzen vorsieht und die Berechnung des effektiven Jahreszinses auf der Vermutung beruht, dass die für die Art des Darlehens übliche Auszahlungsmöglichkeit vereinbart werde.

§ 6 [Vertragsinhalt]

(1) Der Verbraucherdarlehensvertrag muss klar und verständlich folgende Angaben enthalten:

1. die in § 3 Abs. 1 Nr. 1 bis 14 und Abs. 4 genannten Angaben,
2. den Namen und die Anschrift des Darlehensnehmers,
3. die für den Darlehensgeber zuständige Aufsichtsbehörde,
4. einen Hinweis auf den Anspruch des Darlehensnehmers auf einen Tilgungsplan nach § 492 Abs. 3 Satz 2 des Bürgerlichen Gesetzbuchs,
5. das einzuhaltende Verfahren bei der Kündigung des Vertrags,
6. sämtliche weitere Vertragsbedingungen.

3.2.4 Eigentumsvorbehalt

Eigentumsvorbehalt

Zielkäufe und die damit verbundenen Kredite an den Käufer werden häufig durch einen Eigentumsvorbehalt gesichert. Dadurch behält sich der Lieferant das **Eigentumsrecht** an einer beweglichen Sache bis zur **vollständigen Zahlung** des Kaufpreises vor: *„Die Ware bleibt bis zur vollständigen Kaufpreiszahlung Eigentum des Verkäufers“*. Der Käufer wird zunächst Besitzer und erst nach vollständiger Zahlung Eigentümer. Folgende Rechte sind mit diesem einfachen Eigentumsvorbehalt, der sich nur auf bewegliche Sachen erstreckt, verbunden:

Rechte des Verkäufers aus **einfachem Eigentumsvorbehalt** bei

Nichtzahlung
Er kann vom Vertrag zurücktreten und die Rückgabe der Ware verlangen. **§ 449 BGB**

Insolvenz
Er kann sein Eigentum aus der Insolvenzmasse herausnehmen (Aussonderungsrecht). **§ 47 InsO**

Pfändung
Anspruch auf Freigabe, falls die Ware durch Dritte gepfändet wurde (Widerspruchsrecht) **§ 771 ZPO**

Diese Rechte aus dem einfachen Eigentumsvorbehalt können nur dann in Anspruch genommen werden, wenn die bewegliche Sache beim Käufer noch in der Form vorhanden ist, wie sie geliefert wurde. Das Eigentum an der beweglichen Sache erlischt, wenn die unter einfachem Eigentumsvorbehalt gelieferte Ware

- von gutgläubigen Dritten erworben wurde (§ 932 BGB),
- verarbeitet, verbraucht oder zerstört wurde (§ 950 BGB),
- mit einem Grundstück fest verbunden wurde (§ 946 BGB) und/oder
- mit einer beweglichen Sache fest verbunden wurde (§§ 947, 948 BGB).

Daher sind in der Praxis neue vertragliche Formen des Eigentumsvorbehalts entwickelt worden (erweiterte Vorbehaltsrechte), die dem Verkäufer besseren Schutz gewähren.

erweiterter Eigentumsvorbehalt (EV)

weitergeleiteter EV
Der Käufer ist befugt, die Vorbehaltsware weiterzuveräußern, ist aber verpflichtet, den bestehenden EV mitzuteilen. Der EV sichert beide Kaufpreisforderungen.

nachgeschalteter EV
Der Käufer darf die Ware nur unter **eigenem Eigentumsvorbehalt** weiterveräußern, wobei sein Käufer nichts über den ersten EV weiß.

verlängerter EV
- Der Käufer darf die Ware verarbeiten; Folge: Er erwirbt das Eigentum am hergestellten Gut (Verarbeitungsklausel).
- Der Käufer darf die Ware veräußern; Folge: Abtreten der Forderung an den Verkäufer (Weiterveräußerungsklausel).

Beispiel

„Der Kunde darf die Ware nur im regelmäßigen Geschäftsverkehr veräußern und weder verpfänden noch zur Sicherheit übereignen. Wird die Ware veräußert oder sonst an Dritte abgegeben, so tritt hiermit der Kunde alle ihm erwachsenen Forderungen/Ansprüche schon jetzt an uns ab. Der Kunde ist verpflichtet, Pfändungen von unter Eigentumsvorbehalt stehenden Waren oder von abgetretenen Forderungen uns sofort anzuzeigen.“

§§ Gesetzestext aus dem BGB

§ 449 [Eigentumsvorbehalt]
(1) Hat sich der Verkäufer einer beweglichen Sache das Eigentum bis zur Zahlung des Kaufpreises vorbehalten, so ist im Zweifel anzunehmen, dass das Eigentum unter der aufschiebenden Bedingung vollständiger Zahlung des Kaufpreises übertragen wird.

3.2.5
Allgemeine Geschäftsbedingungen

Allgemeine Geschäftsbedingungen (AGB)[1] sind standardisierte, vorformulierte Vertragsbedingungen, die das Zustandekommen und die Abwicklung von Kaufverträgen im alltäglichen Geschäftsleben vereinfachen sollen und von einzelnen Vertragspartnern selbst formuliert werden. So müssen nicht alle Inhalte einer Willenserklärung immer wieder neu aufgeführt werden, sondern diese werden mit einem Hinweis auf die AGB zu einem Bestandteil des Kaufvertrags. AGB bieten den Vorteil der Zeit- und Kostenersparnis, beinhalten jedoch den Nachteil, dass Geschäftsrisiken vom Verwender auf den Vertragspartner abgewälzt werden. Diese AGB können insbesondere dann abgelehnt werden, wenn sie den Verwender gegenüber geltender Rechtsprechung bevorteilen. Das BGB (§§ 305 ff. BGB) beinhaltet Regelungen, die die Vertragspartner vor der Verwendung unlauterer AGB schützen sollen:

Regelungen des BGB zu den AGB

- Überraschende und ungewöhnliche Klauseln werden nicht Vertragsbestandteil.
- AGB sind unwirksam, wenn sie den Vertragspartner entgegen den Geboten von „Treu und Glauben" benachteiligen.
- Im Vertrag vereinbarte anders lautende Individualabsprachen haben Vorrang vor den AGB.

Sachverhalte, die in den AGB nicht geregelt sind bzw. sich in den AGB der Vertragspartner unterschiedlich darstellen, regeln die gesetzlichen Vorschriften.

Widersprechen sich die AGB der Vertragspartner, gelten für die Verbraucher die gesetzlichen Regelungen des BGB.

Der Endverbraucher als Käufer wird auch bei den AGB durch die Vorschriften des BGB geschützt, da er in rechtlichen Fragen gegenüber Unternehmen (Verwender/Verkäufer) eher unwissend und unerfahren ist. **Zum Schutze des Verbrauchers** als Käufer gelten deshalb folgende **gesetzliche Regelungen**:

Verbraucherschutz

- AGB werden nur Vertragsbestandteil, wenn
  - seitens des Verwenders ein ausdrücklicher Hinweis auf die AGB erfolgte **und**
  - die andere Vertragspartei die Möglichkeit hatte, diese zur Kenntnis zu nehmen (zumutbare Kenntnisnahme) **und**
  - das Einverständnis des Vertragspartners besteht (§ 305 (2) BGB).
- „Klauseln ohne Wertungsmöglichkeit" sind immer unwirksam, da sie den Vertragspartner auf jeden Fall benachteiligen (§ 309 BGB).

Klauseln ohne Wertungsmöglichkeit können u. a. sein:

- die Erhöhung des Entgelts für Waren oder Leistungen, die innerhalb von vier Monaten nach Vertragsschluss geliefert oder erbracht werden sollen,
- Ausschluss der Verrechnung mit einer unbestrittenen oder rechtskräftig festgestellten Forderung (Aufrechnungsverbot),
- eine Bestimmung, durch die der Verwender von der gesetzlichen Obliegenheit freigestellt wird, den anderen Vertragsteil zu mahnen oder ihm eine Frist für die Leistung oder Nacherfüllung zu setzen (Mahnung, Fristsetzung).

Bei „Klauseln mit Wertungsmöglichkeit" wird zunächst bewertet, ob der Vertragspartner unangemessen benachteiligt wird. Eine Inhaltskontrolle ist daher zwingend erforderlich (§ 308 BGB).

Werden AGB teilweise oder ganz unwirksam, bleiben die übrigen Vertragsbestandteile rechtswirksam und an Stelle der unwirksamen Vertragsbestandteile gelten die gesetzlichen Regelungen. Stellt der Vertrag dennoch eine unzumutbare Benachteiligung dar, ist der gesamte Vertrag unwirksam (§ 306 BGB).

1 häufig bekannt unter „das Kleingedruckte"

Aufgaben

› Kap. 3.2

1. Erläutern Sie mit Hilfe von BGB und HGB die gesetzlichen Regelungen bezüglich
   a) der Transportkosten,
   b) der Verpackungskosten,
   c) des Zeitpunkts der Lieferung.

2. Ordnen Sie den Verpackungsbedingungen eines Angebots
   (1) Preis einschließlich Verpackung,
   (2) Preis ausschließlich Verpackung,
   (3) brutto für netto
   folgende Aussagen zu:
   a) *Im Kaufvertrag ist über die Verpackung nichts vereinbart.*
   b) *Der Preis bezieht sich auf das Reingewicht, die Verpackung wird nicht berechnet.*
   c) *Die Verpackung wird mit gewogen und zum Preis der Ware berechnet.*
   d) *Der Kunde kann die kostenlos überlassene Verpackung verwenden.*
   e) *Der Käufer zahlt das Reingewicht und muss die Verpackung zurückgeben.*

3. Auf Anfrage erhält eine Möbelfabrik Angebote für 20 Kindermatratzen. Bei welchem Lieferer wird die Fabrik bestellen, wenn in der Qualität keine Unterschiede bestehen und der Preis entscheidend ist?
   a) *Preis je Stück 80,00 €, ab Werk, Bezugskosten 230,00 €, Rabatt 5 %*
   b) *Preis je Stück 83,00 €, frei Haus, 2 % Skonto oder 1 Monat Ziel*
   c) *Preis je Stück 85,00 €, frei Bahnhof dort, Rollgeld 30,00 €, 3 Monate Ziel, 3 % Rabatt*
   d) *Preis je Stück 90,00 €, ab Bahnhof hier, Bezugskosten 150,00 €, 3 % Skonto oder 2 Monate Ziel, 10 % Rabatt*

4. Erklären Sie den Begriff „Incoterms“ und beschreiben Sie, welche Regelungen sich hinter den folgenden Abkürzungen verbergen:
   a) EXW, b) FOB und c) CIF

5. Nennen Sie ein Beispiel für die Zahlung vor Lieferung und erläutern Sie dessen betriebswirtschaftliche und praktische Relevanz.

6. Beschreiben Sie drei verschiedene Arten von Preisnachlässen sowie deren Zielsetzungen.

7. Erläutern Sie die praktische Relevanz der Gewährung von Skonto.

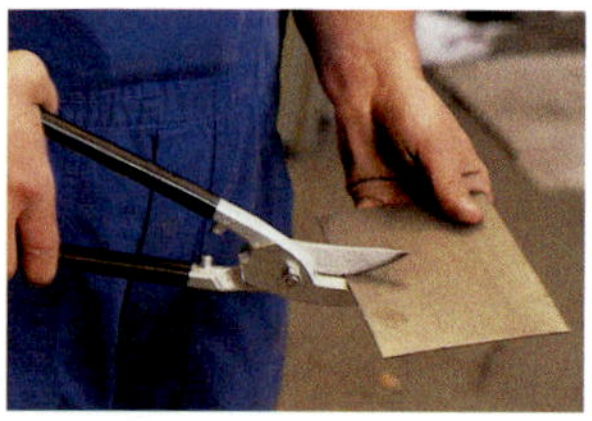

8. Die Karl Wilbers GmbH, Köln, liefert Bleche unter Eigentumsvorbehalt an die Maschinenfabrik Hombach GmbH in Freudenberg. Nach Ablauf der Zahlungsfrist fordert die Karl Wilbers GmbH die gelieferten Bleche zurück. Die Freudenberger Maschinenfabrik hat die Bleche jedoch schon verarbeitet.
   a) Klären Sie die Rechtslage.
   b) Was raten Sie der Karl Wilbers GmbH zur Sicherung ihrer Forderungen?
   c) Formulieren Sie eine entsprechende Vertragsklausel für die Lieferung der Karl Wilbers GmbH.

9. Erläutern Sie die gesetzlichen Vorgaben sowie Gründe für den Schutz des Verbrauchers beim Ratenkauf.

10. Erklären Sie den Begriff „Gerichtsstand“ und erläutern Sie die praktische Bedeutung einer vertraglichen oder gesetzlichen Festlegung des Gerichtsstands.

11. a) Führen Sie typische Vertragsinhalte an, die in AGB geregelt werden können.
    b) Erläutern Sie mindestens zwei Ziele, die ein Industrieunternehmen durch den Einsatz von AGB anstreben könnte.
    c) Erklären Sie Chancen und Risiken, die für die Vertragspartner (Verkäufer und Käufer) durch den Einsatz von AGB entstehen können.

3.3 Kaufvertragsarten

Aufgrund eines bestehenden Schuldverhältnisses (Verpflichtungsgeschäft) kann der Gläubiger vom Schuldner eine bestimmte Leistung fordern. Der Schuldner hat diese Leistung nach Treu und Glauben[1] mit Rücksicht auf die Verkehrssitte zu bewirken (§ 242 BGB).

Festlegungen zu Art, Güte und Beschaffenheit der Sache konkretisieren die zu erbringenden Leistungen und begründen je nach Vereinbarung unterschiedliche **Kaufvertragsarten**:

Kaufvertragsarten

- **Kauf auf Probe[2] (§§ 454, 455 BGB):** Der Käufer kauft eine Sache, die er innerhalb einer vereinbarten Frist nach Lieferung zurückgeben kann (Rückgaberecht).
- **Kauf nach Probe:** Der Käufer kauft eine Sache, die einer früheren, bestimmten Probe bzw. einem Muster entsprechen muss. Die Qualität einer bestimmten, vorangegangenen Lieferung ist verbindlich.
- **Kauf zur Probe:** Der Käufer kauft eine kleinere Probe-/Testmenge. Erfolgt die Leistung zufriedenstellend, stehen Folgeaufträge in Aussicht.
- **Gattungskauf (§§ 243 BGB, 360 HGB):** Ist die Sache nicht näher bezeichnet, sondern nur der Gattung nach bestimmt (mehrfach vorhanden), hat der Verkäufer eine Sache mittlerer Art und Güte zu leisten. Der Käufer kauft eine vertretbare Sache, die im Warenverkehr nach Zahl, Maß oder Gewicht bestimmt wird und von einer Sache der gleichen Gattung problemlos vertreten werden kann.

§§ Gesetzestext aus dem BGB

§ 243 [Gattungsschuld]
(1) Wer eine nur der Gattung nach bestimmte Sache schuldet, hat eine Sache von mittlerer Art und Güte zu leisten.

§§ Gesetzestext aus dem HGB

§ 360
Wird eine nur der Gattung nach bestimmte Ware geschuldet, so ist Handelsgut mittlerer Art und Güte zu leisten.

- **Stückkauf:** Der Käufer kauft eine nicht vertretbare (einmalig vorhandene) Sache, z. B. einen bestimmten Gebrauchtwagen, ein Einzelstück oder ein Modellkleid.
- **Spezifikationskauf (§ 375 HGB):** Der Käufer kauft eine Sache, die zunächst nur der Art nach und in der Menge bestimmt ist. Er hat später innerhalb einer bestimmten Frist die nähere Bestimmung (Spezifikation) festzulegen, wie z.B. genaue Maße. Versäumt er diese Frist, kann der Verkäufer Schadensersatz statt der Leistung verlangen (§§ 280, 281 BGB) oder vom Vertrag zurücktreten (§ 323 BGB) oder eine eigene Bestimmung vornehmen. Diese Bestimmung muss dem Käufer zusammen mit einer Nachfrist mitgeteilt werden, bis zu der der Käufer eine eigene, andersartige Bestimmung festlegen kann. Versäumt er auch diese Frist, kann der Verkäufer die Sache mit eigener Bestimmung liefern.
- **Kauf „wie gesehen“:** Der Käufer kann die Sache vor Vertragsabschluss besichtigen/prüfen, um die Qualität und eventuelle Mängel auszukundschaften. Nach Vertragsabschluss haftet der Verkäufer nicht für anschließend festgestellte Fehler und Qualitätsmängel, es sei denn, diese sind bei einer ordnungsgemäßen Besichtigung ohne Hinzuziehen eines Sachverständigen nicht sichtbar. Diese Kaufvertragsart findet sich häufig beim Gebrauchtwagenkauf (gekauft „wie gesehen und Probe gefahren“).
- **Ramschkauf (Kauf in Bausch und Bogen[3]):** Der Kauf einer bestimmten Sache erfolgt zu einem Pauschalpreis.

1 Verhalten nach „Treu und Glauben“ bedeutet das Verhalten eines redlich und anständig denkenden Menschen. Diese, auch in § 242 BGB zu findende „Generalklausel“ hilft bei Unstimmigkeiten in der Vertragsauslegung. Die Leistung ist nämlich so zu bewirken, wie Treu und Glauben mit Rücksicht auf die Verkehrssitte es erfordern. Hierin drückt sich das ethische Selbstverständnis im Umgang von Vertragspartnern untereinander aus.
2 Synonyme: Kauf auf Besichtigung, Kauf zur Ansicht
3 Redensart: Alles in allem.

Aufgaben

› Kap. 3.3

1. Bei welchem Kauf kann der Käufer eine Ware innerhalb der vereinbarten Frist zurückgeben?

a) *Kauf zur Probe*
b) *Fixkauf*
c) *Kauf nach Probe*
d) *Kauf auf Abruf*
e) *Kauf auf Probe*

2. Ein Möbelhersteller kauft einen Klebstoff, um dessen Qualität prüfen zu können. Um welche Kaufart handelt es sich?

a) *Spezifikationskauf*
b) *Kauf nach Probe*
c) *Kauf zur Probe*
d) *Kauf auf Probe*
e) *Fixgeschäft*
f) *Kauf in Bausch und Bogen*

3. Was ist ein Fixkauf?

a) *Kauf auf Abruf*
b) *Kauf, bei dem die Rechnung erst nach 14 Tagen zu bezahlen ist*
c) *Kauf, bei dem der Liefertermin genau auf den Tag festgelegt wurde*
d) *Kauf, bei dem der Käufer noch einige Angaben zur Kaufsache machen muss*
e) *schneller Kauf*

4. Die Zembold KG bestellt bei einem neuen Lieferanten Kopierpapier, das bis Mitte November geliefert werden soll, da der aktuelle Lagerbestand noch so lange ausreichen wird. Wie wird dieser Kaufvertrag bezeichnet?

a) *Bürgerlicher Kauf*
b) *Fixkauf*
c) *einseitiger Handelskauf*
d) *Terminkauf*
e) *Spezifikationskauf*

5. Das Bauunternehmen Michael Schmidt GmbH aus Köln will für seinen Verwaltungsneubau zwölf neue ergonomische und qualitativ hochwertige Drehstühle anschaffen. Eine Anfrage beantwortet das Frank Näckel Büromöbelhaus mit einem verbindlichen Angebot. Michael Schmidt bestellt zunächst nur einen Drehstuhl entsprechend den Angaben im Angebot, um diesen Drehstuhl in seinem Büro zu testen. Wenn der Stuhl den Anforderungen genügt, will Michael Schmidt weitere Drehstühle zu den angegebenen Konditionen bestellen.

Wie nennt man diese Kaufvertragsart?

a) *Kauf auf Probe*
b) *Kauf nach Probe*
c) *Kauf zur Probe*
d) *Kauf mit Probe*
e) *Kauf auf Abruf*
f) *Kauf zur Mitnahme*

6. Erläutern Sie die Vorgaben des § 375 HGB zum Spezifikationskauf mit Hilfe eines selbst gewählten Beispiels.

3.4 Vertragsstörungen seitens des Verkäufers

Vertragsstörungen, die im Rahmen der Beschaffung von Materialien seitens des Verkäufers auftreten können, sind sehr vielfältig. Die gelieferten Sachen könnten z. B. falscher Art sein, beschädigte Waren enthalten oder zuvor eingereichten Mustern oder zugesicherten Eigenschaften nicht entsprechen. Die gelieferte Menge könnte von der bestellten Menge abweichen oder die Ware könnte durch Rechte Dritter belastet sein. Weiterhin könnte die Ware nicht zu einem zugesagten Liefertermin oder auch gar nicht geliefert werden.

All diese Situationen bedürfen einer Lösung, die den Gläubiger der Warenschuld/Leistung zufriedenstellt und ihn in die gleiche Situation versetzt, als wären diese Mängel nicht aufgetreten. Lösungen können durch Gespräche mit dem Schuldner außergerichtlich oder mit Hilfe der im Gesetz vorgegebenen Regelungen gerichtlich angestrebt werden.

3.4.1 Schlechtleistung (Mangelhafte Lieferung)

Aufgrund des Vertragsabschlusses verpflichtet sich der Verkäufer, eine mangelfreie Sache zu liefern bzw. bereitzustellen. Diese Verpflichtung ist nicht erfüllt, wenn die bereitgestellte Sache **Sachmängel** aufweist. Sachmängel liegen nach § 434 BGB vor, wenn die Sache

Sachmängel

- sich für die nach dem Vertrag vorausgesetzte Verwendung oder sich für die gewöhnliche Verwendung nicht eignet,
- eine Beschaffenheit, die bei Sachen der gleichen Art üblich ist oder nach Art der Sache erwartet werden kann, nicht aufweist,
- eine Eigenschaft, die vom Verkäufer oder Hersteller, oder in der Werbung der Sache zugeschrieben wird, nicht erfüllt,
- durch den Verkäufer oder dessen Erfüllungsgehilfen unsachgemäß montiert wurde,
- eine fehlerhafte Montageanleitung mit sich führt („IKEA-Klausel"),
- in nicht vereinbarter Menge geliefert wird (Zuweniglieferung),
- in der falschen Art geliefert wurde (Falschlieferung).

Bezüglich ihrer Erkennbarkeit können Sachmängel unterschieden werden in:

Erkennbarkeit von Sachmängeln

- **offener Mangel:** ist im Rahmen der Prüfung auf den ersten Blick leicht zu erkennen;
- **versteckter Mangel:** ist auf den ersten Blick nicht sofort erkennbar und stellt sich erst im Laufe der Zeit heraus;
- **arglistig verschwiegener Mangel:** ist dem Verkäufer bekannt, wurde dem Käufer aber nicht mitgeteilt.

Bei einem zweiseitigen Handelskauf muss die Ware unverzüglich, ohne schuldhafte Verzögerung durch den Käufer geprüft werden (§ 377 HGB).

Bei Vorliegen eines Sachmangels hat der Käufer zunächst folgende **Rechte**:

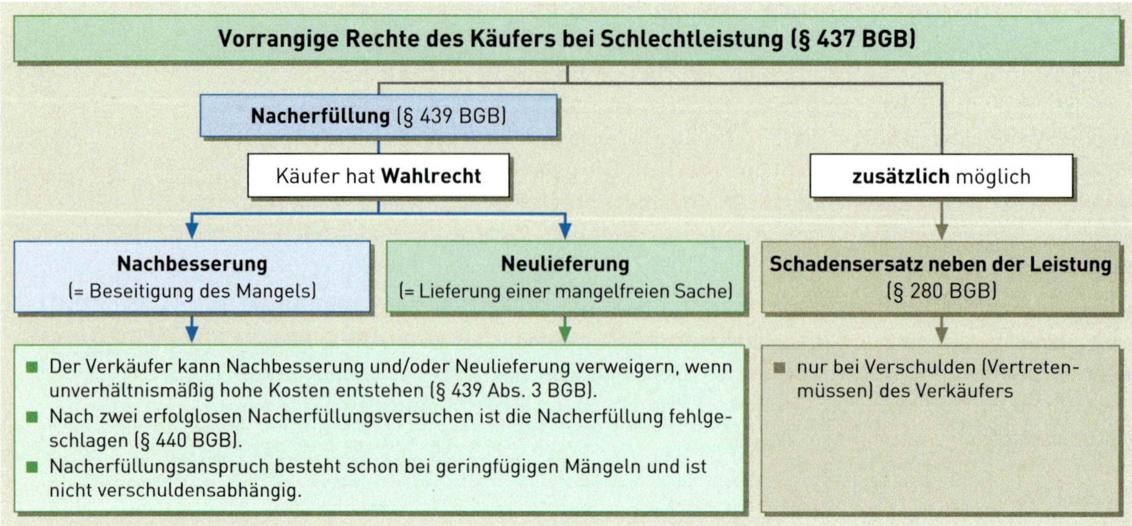

Nach erfolglosem Ablauf einer dem Verkäufer gesetzten, angemessenen Nachfrist zur Nacherfüllung bestehen für den Käufer folgende **nachrangige Rechte**:

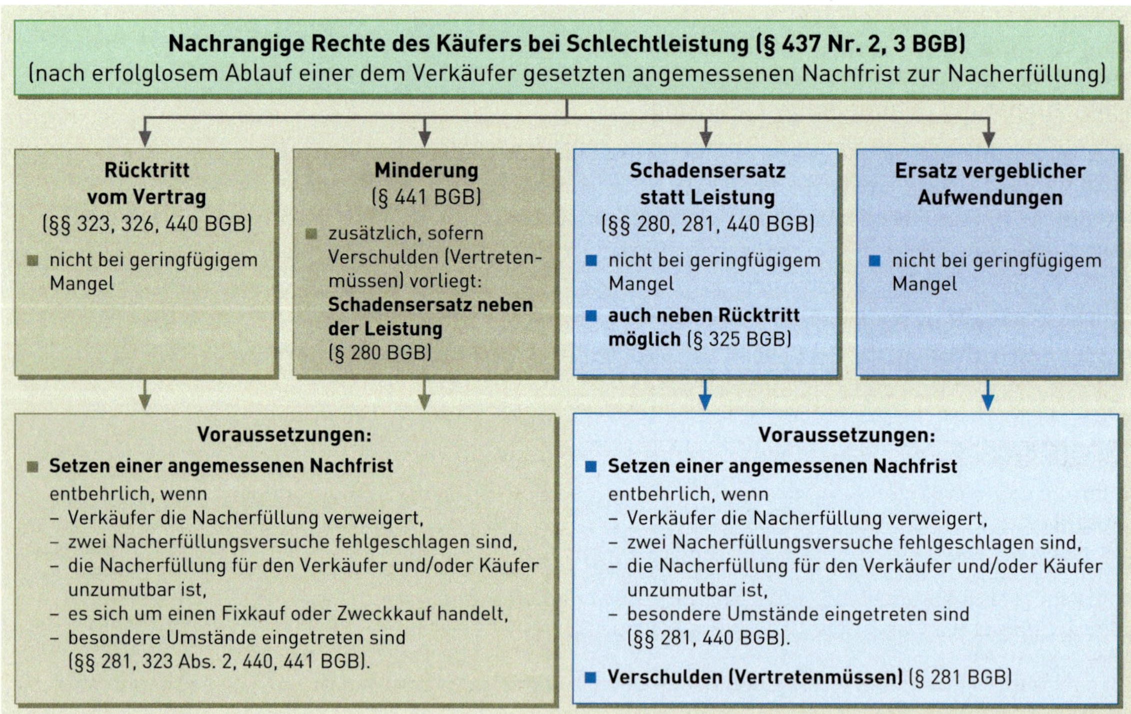

Mängelrüge

Um seine Ansprüche gegenüber dem Verkäufer geltend zu machen, muss der Käufer die Mängel schriftlich in Form einer **Mängelrüge** anzeigen. Unterbleibt diese Anzeige, so gilt die erhaltene Ware als genehmigt und mangelfrei. Ebenso gilt eine Sache als mangelfrei angenommen, wenn sie zum Zeitpunkt des Gefahrübergangs einen offenen Mangel aufweist, dieser aber nicht angezeigt wird. Sollen Schadensersatz statt Leistung oder ein Ersatz vergeblicher Aufwendungen beansprucht werden, muss neben einer Nachfrist das Verschulden des Schuldners vorliegen.

Verjährungsfristen

Die **Verjährungsfristen** bei Mängelansprüchen werden in § 438 BGB wie folgt geregelt:

Allgemeine Gewährleistungsfristen

(Verjährung der Mängelansprüche nach §§ 195, 438 BGB → einseitiger Handelskauf + bürgerlicher Kauf[1])

→ Der Verkäufer kann die Erfüllung der Rechte, die dem Käufer aus Mangelhaftigkeit der Sache zustehen, verweigern, wenn sie verjährt sind (= Verjährungseinrede).

2 Jahre	3 Jahre	5 Jahre	30 Jahre
regelmäßige kaufrechtliche Verjährungsfrist für offene und versteckte Mängel	Frist bei arglistig verschwiegenen Mängeln	Frist bei Bauwerksmängeln	Frist bei einem Mangel, der ■ in einem Recht, das im Grundbuch eingetragen ist, besteht, ■ in einem dinglichen Recht eines Dritten besteht, aufgrund dessen die Herausgabe verlangt werden kann.

Beginn der Verjährung mit Ablieferung (bei Grundstücken/Bauwerken mit Übergabe) der Sache. Bei arglistig verschwiegenen Mängeln am Ende des Jahres, in dem der Käufer den Mangel entdeckt. Unabhängig von der Kenntnis des Käufers verjähren Ansprüche wegen eines arglistig verschwiegenen Mangels spätestens nach 10 Jahren. (§ 199 (3) BGB)

Verjährungsfristen beim zweiseitigen Handelskauf

Die **Verjährungsfristen** beim zweiseitigen Handelskauf regelt das HGB in § 377. Demnach müssen Lieferungen unverzüglich, ohne schuldhafte Verzögerung, geprüft und offene Sachmängel unverzüglich gerügt werden. Versteckte Mängel sind unverzüglich nach Entdeckung binnen zwei Jahren nach Ablieferung anzuzeigen. Hat der Verkäufer den Mangel arglistig verschwiegen, verjährt der Mangel binnen drei Jahren nach Ablieferung. Im Kaufvertrag kann explizit die Gewährleistungsfrist verkürzt bzw. die Gewährleistung ausgeschlossen werden.

Gewährleistungsfrist beim Verbrauchsgüterkauf

Der private Verbraucher ist im Rahmen des Verbrauchsgüterkaufs besonders geschützt. Hier darf die **Gewährleistungsfrist** vertraglich nicht unter zwei Jahre (bei gebrauchten Gütern nicht unter ein Jahr) gekürzt werden (§ 475 (2) BGB). Zeigt die von einem Verbraucher gekaufte Sache innerhalb der ersten sechs Monate nach Gefahrübergang einen Mangel auf, wird davon ausgegangen, dass dieser Mangel bereits bei der Übergabe vorlag und der Endverbraucher kann alle Rechte aus einer Schlechtleistung geltend machen (Umkehr der Beweislast, § 476 BGB).[2]

§§ Gesetzestext aus dem HGB

§ 377

(1) Ist der Kauf für beide Teile ein Handelsgeschäft, so hat der Käufer die Ware unverzüglich nach der Ablieferung durch den Verkäufer, soweit dies nach ordnungsmäßigem Geschäftsgange tunlich ist, zu untersuchen und, wenn sich ein Mangel zeigt, dem Verkäufer unverzüglich Anzeige zu machen.

(2) Unterläßt der Käufer die Anzeige, so gilt die Ware als genehmigt, es sei denn, daß es sich um einen Mangel handelt, der bei der Untersuchung nicht erkennbar war.

(3) Zeigt sich später ein solcher Mangel, so muß die Anzeige unverzüglich nach der Entdeckung gemacht werden; anderenfalls gilt die Ware auch in Ansehung dieses Mangels als genehmigt.

(4) Zur Erhaltung der Rechte des Käufers genügt die rechtzeitige Absendung der Anzeige.

(5) Hat der Verkäufer den Mangel arglistig verschwiegen, so kann er sich auf diese Vorschriften nicht berufen.

§§ Gesetzestext aus dem BGB

§ 475 [Abweichende Vereinbarungen]

(2) Die Verjährung der in § 437 bezeichneten Ansprüche kann vor Mitteilung eines Mangels an den Unternehmer nicht durch Rechtsgeschäft erleichtert werden, wenn die Vereinbarung zu einer Verjährungsfrist ab dem gesetzlichen Verjährungsbeginn von weniger als zwei Jahren, bei gebrauchten Sachen von weniger als einem Jahr führt.

1 Der bürgerliche Kauf kennzeichnet einen Vertragsabschluss zwischen zwei Privatpersonen (Privatkauf).

2 Die Umkehr der Beweislast bedeutet, dass der Verkäufer nachweisen muss, dass der Mangel noch nicht bestanden hat. Ansonsten wird davon ausgegangen, dass die Sache bereits bei Gefahrübergang mangelhaft war.

3.4.2
Nicht-Rechtzeitig-Lieferung (Lieferungsverzug)

Eine weitere Pflicht, die sich für den Verkäufer aus dem Kaufvertrag ergibt, ist die termingerechte Lieferung der geschuldeten Sache. Wird der vereinbarte Liefertermin nicht eingehalten, entstehen unter bestimmten Voraussetzungen für den Gläubiger Rechte aus einer **Nicht-Rechtzeitig-Lieferung**.

Mahnung

Eine fällige **Mahnung** setzt den Lieferer in Verzug, wenn der Liefertermin nicht kalendermäßig bestimmt ist (z. B. Lieferung in ca. zwei Wochen). Dieses in Verzug setzen wird entbehrlich, wenn vertraglich der Liefertermin kalendermäßig bestimmt wurde:

- *Lieferung am 29.11.20..* (Terminkauf)
- *Lieferung am 29.11.20.. fest oder fix* (Fixkauf) → Fixklausel!
- *Brautstrauß:*
  Lieferung am 29.11.20.. 14:00 Uhr an der Kirche (Zweckkauf)

konkrete Schadensberechnung

abstrakte Schadensberechnung

Konventionalstrafe

Bei Inanspruchnahme von Schadensersatzansprüchen ist der Käufer so zu stellen, als hätte er die Leistungen des Verkäufers erhalten. In vielen Fällen ist es problematisch, die Höhe des entstandenen Schadens zu ermitteln. Bei der konkreten Schadensberechnung erfolgt die Ermittlung mit Hilfe von konkreten Unterlagen bzw. Belegen. So können Preisunterschiede und zusätzliche Kosten im Falle eines Deckungskaufes[2] nachgewiesen werden. Schwieriger wird es dann, wenn man die Höhe eines entgangenen Gewinns oder einen aufgrund des Verzugs entstandenen Imageverlust ermitteln muss. In solchen Fällen wird der Schaden aufgrund von Erfahrungswerten geschätzt (abstrakte Schadensberechnung). Um die Schadensberechnung zu erleichtern, werden in der Praxis häufig schon bei Vertragsabschluss bestimmte Vertragsstrafen (Konventionalstrafen) im Falle der Nicht-Rechtzeitig-Lieferung festgelegt.

1 Zum Beispiel: Unmöglichkeit der Leistung; der Schuldner erklärt, dass er auch später nicht liefern kann/wird.
2 Synonym: Ersatzkauf

6101156

Aufgaben

› Kap. 3.4

1. Im Rahmen des Erfüllungsgeschäftes können Mängel unterschiedlichster Art auftreten.
   a) Was verstehen Sie unter dem Begriff „Gewährleistungspflicht"?
   b) Erläutern Sie den Begriff „Rechtsmangel" (§ 435 BGB).
   c) Erläutern Sie unter Zuhilfenahme von Beispielen bitte
   1. offener Mangel, 2. versteckter Mangel, 3. arglistig verschwiegener Mangel.

2. Voraussetzung für die Inanspruchnahme der Rechte aus einer Schlechtleistung ist die Prüf- und Rügepflicht des Käufers.
   a) Erläutern Sie den Begriff „Prüfpflicht". Benennen Sie die Prüffrist bei einem zweiseitigen Handelskauf.
   b) Wann muss bei einem zweiseitigen Handelskauf gerügt werden?
   c) Welche Inhalte sollte eine Mängelrüge enthalten?
   d) Welche Konsequenzen entstehen für den Käufer, wenn er zu spät die Mängel durch Mängelrüge anzeigt?
   e) Erklären Sie den Begriff „Verjährungseinrede".

3. Ein Möbelhersteller hat mit seinem Zulieferer für bestimmte Edelhölzer die Lieferung nach dem Just-in-time-Prinzip vereinbart. Um den Produktionsprozess des Möbelherstellers nicht zu gefährden, muss der Zulieferer zu bestimmten, zuvor festgelegten Terminen liefern. Eine Lieferung bleibt aus und stoppt den Herstellungsprozess.

   Welche(s) Recht(e) empfehlen Sie dem Möbelhersteller? Beachten Sie die entsprechenden Voraussetzungen.

4. Unterscheiden Sie zwischen konkretem Schaden und abstraktem Schaden und erläutern Sie in diesem Zusammenhang den Begriff „Konventionalstrafe".

5. Nachdem der Lieferant für Edelhölzer (siehe Aufgabe 3) nicht geliefert hat, tritt der Möbelhersteller vom Vertrag zurück, da er die Edelhölzer anderweitig zu einem günstigen Preis beschaffen kann. Kann der Möbelhersteller trotz des nicht mehr bestehenden Vertrags einen entstandenen Verzugsschaden vom Lieferanten verlangen? Bitte begründen Sie.

6. Der Lkw eines Glasflaschenherstellers gerät auf dem Weg von Köln nach Düsseldorf in einen Verkehrsunfall, weil ein Pkw die Vorfahrt nicht beachtet. Sämtliche Glasflaschen auf dem Lkw gehen zu Bruch, sodass der vereinbarte Liefertermin nicht eingehalten werden kann. Erfüllungsort für die Warenschuld ist Düsseldorf. Gerät der Glasflaschenhersteller dadurch in Lieferungsverzug?
   (1) Nein. – Er hat die Verspätung nicht zu vertreten.
   (2) Ja. – Obwohl er die Verspätung nicht zu vertreten hat.
   (3) Ja. – Er hat die Verspätung zu vertreten.

7. Für eine Bestellung der Tom Bartels GmbH über 12 t Aluminium wurde der Liefertermin wie folgt vertraglich festgelegt: *„Mittwoch, 12 Juni 20.. fix"*. Durch das Verschulden des Lieferanten trifft das Aluminium erst am 15.06.20.. ein. Wann ist der Lieferant in Verzug geraten?
   (1) *am Mittwoch, dem 12.06.20.., mittags*
   (2) *nach erfolgloser Mahnung*
   (3) *am Donnerstag, dem 13.06.20..*
   (4) *bei Eintreffen der Lieferung am 15.06.20..*
   (5) *nach Ablauf einer gesetzten Nachfrist*
   (6) *Noch am 12.06.20.., aber nur, wenn an der Ware ein Schaden entstanden ist.*

→

8. Während des Fertigungsprozesses stellen die Mitarbeiter an den gelieferten Spanplatten einen versteckten Mangel fest. Wann muss dieser Mangel entsprechend der gesetzlichen Vorgaben gerügt werden?

(1) *unverzüglich nach Entdecken*
(2) *unverzüglich nach Entdecken, innerhalb von drei Monaten nach Lieferung*
(3) *unverzüglich nach Entdecken, innerhalb von sechs Monaten nach Lieferung*
(4) *unverzüglich nach Entdecken, innerhalb von 12 Monaten nach Lieferung*
(5) *unverzüglich nach Entdecken, innerhalb von zwei Jahren nach Lieferung*
(6) *unverzüglich nach Lieferung*

9. Geben Sie für folgende Fälle die beim Wareneingang festzustellende jeweilige Mangelart an. Beschreiben Sie kurz, welche Rechte unter welchen Voraussetzungen die Heidtkötter KG gegenüber den Lieferanten geltend machen kann.

a) *Eine Stofflieferung aus China enthält statt der bestellten 3 000 m Ware nur 2 000 m.*
b) *Statt Wildbuche enthält eine Lieferung Eichenholz.*
c) *Die gelieferten Drehkreuze für Drehstühle enthalten gegenüber früheren, einwandfreien Lieferungen brüchige Schweißnähte.*
d) *Einer Lieferung Rollen fehlen die üblichen Abdeckkappen.*

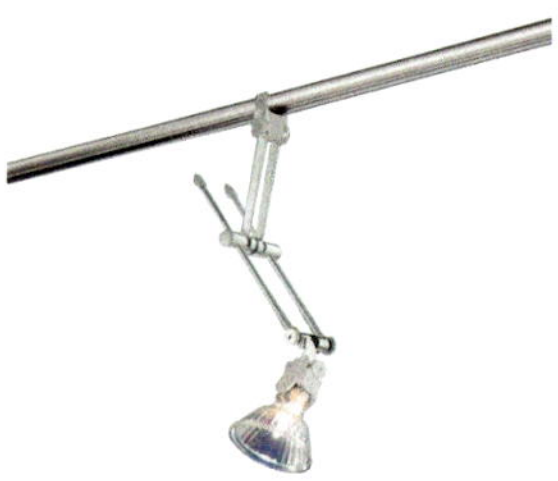

10. Am 30.11. hat die Heidtkötter KG bei ihrem Lieferanten, der Beleuchtungssysteme Schlosser GmbH, 120 hochwertig lackierte Strahler für Niedervolt-Stromschienen zu einem Preis von 50,00 € pro Stück bestellt. Vertraglich vereinbart wurde eine Lieferzeit von sieben Tagen nach Eingang der Bestellung. Die Transportkosten vom Bahnhof Niederfischbach nach Bielefeld betragen 6,5 % des Warenwertes. Am 04.12. erfolgt die Lieferung der Strahler. Die Begleitpapiere stimmen mit der Bestellung überein. Aufgrund kleiner Verpackungsschäden wird eine intensive Wareneingangskontrolle durchgeführt und folgende Mängel werden mit Unterschrift schriftlich festgehalten:

– *10 Strahler sind in den Montierstäben leicht verbogen;*
– *20 Strahler haben tiefe Kratzer und weisen Lackschäden auf.*

a) Begründen Sie, ob hier Sachmängel im Sinne des § 434 BGB vorliegen und benennen Sie die Mangelart nach ihrer Erkennbarkeit.
b) Welche Rechte kann die Heidtkötter KG gegenüber der Beleuchtungssysteme Schlosser GmbH geltend machen und welche Voraussetzungen sind jeweils dabei zu beachten?
c) Welche Fristen muss die Heidtkötter KG bei Feststellung eines Sachmangels berücksichtigen?
d) Was würden Sie der Heidtkötter KG im Falle des Sachmangels konkret empfehlen? Bitte begründen Sie.
e) Begründen Sie, ob die Beleuchtungssysteme Schlosser GmbH die Nacherfüllung verweigern kann (§§ 439, 440 BGB).
f) Aufgrund der Mängel an den Strahlern ist der Heidtkötter KG ein Schaden in Höhe von 150,00 € entstanden. Unter welchen Bedingungen kann die Heidtkötter KG das Recht auf „Schadensersatz statt Leistung" geltend machen? Bitte begründen Sie.

Wiederholungs-
aufgaben

› Kap. 3

1. Die Zembold KG schließt am 05.05. einen Kaufvertrag über einen Laserdrucker mit einem Listenverkaufspreis von 245,00 € ab. Die Lieferung soll am 10.05. unter Eigentumsvorbehalt erfolgen. Die Zahlungsbedingung lautet: *30 Tage netto Kasse.*

Welche der folgenden Aussagen sind richtig?

a) *Die Zembold KG darf den Drucker erst nutzen, wenn der Eigentumsvorbehalt erloschen ist.*

b) *Die Zembold KG wird erst Eigentümer, wenn der Kaufpreis vollständig bezahlt ist.*

c) *Der Eigentumsvorbehalt erlischt bei vertragsgemäßer Lieferung am 10.05.*

d) *Durch die Bezahlung des Druckers am 20.05. unter Abzug von 2 % Skonto erlischt der Eigentumsvorbehalt und die Zembold KG wird rechtmäßiger Eigentümer.*

e) *Die Zembold KG wird erst dann Eigentümer, wenn 291,55 € am 05.06. überwiesen werden.*

f) *Bei pünktlicher Lieferung wird die Zembold KG am 10.05. Besitzer des Druckers.*

g) *Der Eigentumsvorbehalt erlischt in dem Augenblick, wenn der Spediteur die Übergabe des Druckers auf dem Lieferschein per Unterschrift bestätigt.*

h) *Nach Zahlung von 245,00 € am 05.06. wird die Zembold KG Eigentümer des Druckers.*

2. Ein Industrieunternehmen bestellt aufgrund des folgenden Angebots 5 000 verzinkte Stahlschrauben.

Angebot Nr. 29-11

Sehr geehrte Damen und Herren,

wir danken für Ihre Anfrage und bieten an:

5 000 Stück verzinkte Stahlschrauben M 16 × 75 je 100 Stück 46,00 €
Liefertermin: sofort nach Auftragseingang
Lieferung: ab hier, Frachtkostenanteil 12,00 €
Zahlungsbedingungen: 10 Tage 3 % Skonto vom Warenwert der Lieferung
sonst 30 Tage netto Kasse

Wir gewähren Ihnen einen Sonderrabatt von 5 %. Alle Preisangaben zuzüglich 19 % Mehrwertsteuer.

In Erwartung Ihres Auftrags ...

Ermitteln Sie

a) den Rechnungsbetrag,

b) die im Rechnungsbetrag enthaltene Umsatzsteuer,

c) den Überweisungsbetrag bei Zahlung innerhalb von 10 Tagen,

d) den Einstandspreis je 100 Schrauben unter Berücksichtigung von Skonto.

3. Unterscheiden Sie mit Hilfe eines praktischen Beispiels die Zahlungsarten „bar“, „halbbar“ und „bargeldlos“.

4. Lesen Sie folgendes Angebot des Kunststoffherstellers Dietmar Hermsdörfer AG an den Sanitärartikelhersteller Glaser GmbH in Köln. Kennzeichnen Sie anschließend zutreffende Aussagen mit einer (1), nicht zutreffende Aussagen mit einer (9).

→

Angebot über Granulat 29.11.20..

Sehr geehrte Damen und Herren,

wir danken Ihnen für Ihre Anfrage und bieten an:
Granulat nach Ihrer Bestimmung MS 20-10 zu folgenden Konditionen:

Preis pro 100 kg:	465,00 €
Lieferbedingungen:	frachtfrei, bei Selbstabholung vermindert sich der 100-kg-Preis um 15,00 €
Zahlungsbedingungen:	15 Tage 2 %; 30 Tage netto
Mindestabnahme:	6 000 kg
Mengenrabatt:	bis 25 000 kg 3 %; bis 75 000 kg 5 %; bis 100 000 kg 7 %
Liefertermin:	fünf Wochen nach Auftragseingang, da Spezialanfertigung; die Einhaltung des Liefertermins wird garantiert

Wir hoffen, dass Ihnen unser Angebot zusagt und freuen uns auf die Aufnahme guter Geschäftsbeziehungen.

Mit freundlichen Grüßen

a) *Die Dietmar Hermsdörfer AG unterhält bereits Geschäftsbeziehungen mit dem Sanitärartikelhersteller in Köln.*

b) *Der Mengenrabatt von 2 % bezieht sich auf eine Bestellmenge von 1 kg bis 25 000 kg.*

c) *Das Angebot der Dietmar Hermsdörfer AG ist verbindlich.*

d) *Der Angebotspreis für 100 000 kg beträgt bei Selbstabholung durch die Glaser GmbH 418.000,00 €.*

e) *In diesem Angebot geht es um ein Standarderzeugnis.*

f) *Bei einer Bestellmenge von 60 000 kg beträgt der Rechnungsbetrag bei Selbstabholung 305.235,00 €.*

g) *Die vereinbarte Lieferungsbedingung entspricht der gesetzlichen Regelung.*

h) *Die Effektivverzinsung dieser Skontogewährung beträgt 0,083333 %.*

i) *Kommt durch die Bestellung ein Kaufvertrag zustande, handelt es sich um einen Fixkauf.*

5. Wenn in einem zustande gekommenen Kaufvertrag spezifische Angaben zu einzelnen Aspekten fehlen, dann gelten die gesetzlichen Bestimmungen des BGB oder HGB. Ergänzen Sie nachfolgende Satzteile zu einer richtigen Aussage.

a) Enthalten Angebot und Bestellung keine spezifischen Mengenangaben, so gelten diese ...
(1) für jede beliebige handelsübliche Menge.
(2) nur für die zurzeit verfügbare Menge.

b) Ist hinsichtlich der Verpackung nichts vereinbart, so zahlt die Kosten für die Transportverpackung ...
(1) der Verkäufer.
(2) der Käufer.

c) Bestehen keine Vereinbarungen bezüglich der Versandkosten, so sind die Kosten des Messens und Wiegens ...
(1) vom Käufer zu tragen.
(2) vom Verkäufer zu tragen.

d) Ist hinsichtlich der Transportkosten nichts vereinbart, so zahlt die Kosten der Versendung ...
(1) der Käufer.
(2) der Verkäufer.

e) Ist der Liefertermin nicht bestimmt, so kann der Verkäufer ...
(1) sofort liefern.
(2) zu einem beliebigen Zeitpunkt liefern.

f) Ist der Zahlungstermin vertraglich nicht festgelegt, so kann der Verkäufer die Zahlung ...
   (1) nach 30 Tagen verlangen. (2) unmittelbar nach der Lieferung verlangen.

g) Besteht bezüglich des Erfüllungsortes keine vertragliche Vereinbarung, so muss die Warenschuld ...
   (1) beim Käufer erfüllt werden. (2) beim Verkäufer erfüllt werden.

h) Besteht bezüglich des Erfüllungsortes keine vertragliche Vereinbarung, so muss die Geldschuld ...
   (1) beim Käufer erfüllt werden. (2) beim Verkäufer erfüllt werden.

6. Der Industriebetrieb HEYCO GmbH, Bonn, verkauft an einen Wagenbauer in Rüsselsheim Werkzeuge für den Fahrzeugbau. Vertragliche Regelungen bezüglich Leistungsort und Gerichtsstand wurden nicht vereinbart.

a) Wo liegt der Erfüllungsort für die Warenschuld?

b) Wann hat die HEYCO GmbH ihre Lieferverpflichtung erfüllt, wenn als Lieferzeitpunkt die erste Oktoberwoche vereinbart war?

c) Wann hat der Wagenbauer seine Zahlungsverpflichtung erfüllt, wenn als Zahlungstermin 30 Tage nach Rechnungsdatum (29. November) bestimmt war?

d) Nehmen Sie an, die Werkzeuge werden beschädigt. Wer hätte in den folgenden Fällen das Risiko zu tragen?
   1. *Die Werkzeuge werden in Bonn ordnungsgemäß einem Spediteur übergeben.*
   2. *Beim Umladen von Waggon zu Waggon bei der Deutschen Bahn AG kippen die Werkzeuge auf den Bahnsteig.*
   3. *Auf dem Transport vom Güterbahnhof Rüsselsheim zum Firmensitz des Wagenbauers rutschen die Werkzeuge vom Lkw des Rollfuhrunternehmens.*
   4. *Der Lkw des Wagenbauers holt die Werkzeuge vom Güterbahnhof Rüsselsheim ab und stößt mit einer Straßenbahn zusammen.*

e) Betrachten Sie die oben geschilderte Situation nun unter der Vorgabe, dass im Kaufvertrag Folgendes schriftlich festgelegt wurde: *„Erfüllungsort für beide Teile ist Rüsselsheim."*
   Wer ist aufgrund dieser vertraglichen Vereinbarung im Vorteil? (Begründung!)

f) Untersuchen Sie erneut die oben in Teilaufgabe d) bei 1. bis 4. geschilderten Situationen. Welche Ergebnisse ändern sich?

7. Dieter Jacobi aus Köln kauft bei der Breuer OHG in Dormagen einen neuen Rasenmäher. Es werden keine vertraglichen Vereinbarungen bezüglich Erfüllungsort und Gerichtsstand getroffen.

a) Wo werden die Leistungen aus dem Kaufvertrag geschuldet?

b) Wo kann der jeweils nicht erfüllende Vertragspartner verklagt werden?

c) Nach welchem Kriterium richtet sich die sachliche Zuständigkeit der Gerichte?

8. Folgende Belege wechseln zwischen der Kölner Fahrrad-Manufaktur KFM und der Pope & Mauritz KG. Schauen Sie sich bitte diese Belege an und beantworten Sie dann die Fragen a) bis k).

→

Beleg 1

Pope & Mauritz KG

Industriestraße 33–35
40227 Düsseldorf

Pope & Mauritz KG, Industriestr. 33–35, 40227 Düsseldorf

Telefon 0211 45634-0
Telefax 0211 217853

Kölner Fahrrad-Manufaktur
Manfred Barth e. K.
Schanzenstraße 150
51063 Köln

Ihr Zeichen, Ihre Nachricht vom	Unser Zeichen, unsere Nachricht vom	Telefon, Name 0211 45634-	Datum
EK-AR	AS/–	12 A. Schenker	20. Okt. 20..

Angebot über Alurohre

Sehr geehrte Damen und Herren,

wir danken für Ihre Anfrage. Aus unserer Produktpalette bieten wir Ihnen an:

hochwertige, umweltschonend hergestellte Alurohre, zu einem Preis von 40,00 € netto pro laufendem Meter, zuzüglich der aktuellen gesetzlichen Umsatzsteuer.

Abhängig von der bestellten Menge bieten wir folgende Rabattstaffelung:
ab 5 m – 5 % ab 10 m – 8 % ab 15 m – 10 %

Unsere Lieferbedingungen: Lieferung ab Werk (2,00 €/Meter); Preis netto ausschließlich Verpackung (Verpackungskosten 30,00 €).
Unsere Zahlungsbedingungen: 3 % Skonto bei Zahlung innerhalb von 7 Tagen oder 30 Tage netto Kasse.
Die Ware bleibt bis zur vollständigen Zahlung des Kaufpreises unser Eigentum. Im Falle der Verarbeitung der Ware durch den Käufer erhält der Verkäufer das Eigentum am hergestellten Gut. Die Lieferung kann spätestens 7 Tage nach Bestellungseingang erfolgen.

Mit freundlichen Grüßen

Beleg 2

KFM
Kölner Fahrrad-Manufaktur
Manfred Barth e. K.

KFM · Schanzenstraße 150 · 51063 Köln

Telefon
0221 245671-0
Telefax
0221 245671-62
Internet
www.kfm-wvd.de
E-Mail
service@kfm-wvd.de

Pope & Mauritz KG
Industriestraße 33–35
40227 Düsseldorf

Ihr Zeichen, Ihre Bestellung vom	Unser Zeichen, unsere Lieferung vom	Telefon, Name 0221 245671-	Datum
			21.10.20..

Bestellung

Sehr geehrte Damen und Herren,

entsprechend Ihrem Angebot vom 20.10.20.. geben wir in Auftrag:
8 m qualitativ hochwertiges, schadstoffarm hergestelltes Alurohr
Pries: 40,00 € je m abzüglich 5 % Rabatt, zzgl. gesetzl. USt

Die Lieferung sollte bis spätestens 29.10.20.. erfolgen.

Wir bitten um sorgfältige und möglichst prompte Erledigung unseres Auftrags und sehen weiteren Geschäftsbeziehungen positiv entgegen.

Mit freundlichen Grüßen

6101162

a) Die Bestellung geht am 24. Oktober ein. Ist ein Kaufvertrag zustande gekommen? Bitte begründen Sie Ihre Antwort.
b) Falls ein Kaufvertrag zustande gekommen ist:
   1. Bezeichnen Sie die beiden Willenserklärungen, die dem Vertrag zugrunde liegen.
   2. Zu welchen Leistungen verpflichten sich jeweils die Vertragspartner?
c) Wo und wann sind diese zu erbringenden Leistungen erfüllt? Begründen Sie bitte auch hier.
d) Erläutern Sie die gesetzliche Regelung bezüglich des Zeitpunktes, wann die jeweilige Leistung zu erbringen ist.
e) Wo geht die Gefahr des zufälligen Untergangs auf den jeweiligen Gläubiger der Leistung über? Bitte begründen Sie.
f) Gehen Sie davon aus, dass der zugesicherte Liefertermin nicht eingehalten wird. Wo und bei welchem Gericht könnte die KFM ihren Lieferanten verklagen?
g) Wo könnten Pope & Mauritz ihre Rechte geltend machen, falls die KFM ihren Leistungen nicht nachkommt?
h) Erläutern Sie die im Vertrag vereinbarten Lieferungsbedingungen. Wie hoch sind die Kosten und wer trägt diese Kosten bezüglich
   1. der Beförderung,
   2. der Verpackung?
i) Erläutern Sie die im Vertrag vereinbarten Zahlungsbedingungen unter Verwendung einer anschaulichen Grafik (Zeitstrahl). Verwenden Sie bei der Darstellung die Begriffe „Zielzeitraum“, „Skontozeitraum“ sowie „Kreditzeitraum“.
j) Da die KFM zurzeit nicht liquide ist (ausstehende Forderungen fließen erst in einem Monat ins Unternehmen), könnte sie den Skonto nur in Anspruch nehmen, wenn sie das Kontokorrentkonto bei ihrer Hausbank überzieht. Für die Überziehung müssten Zinsen in Höhe von 13,5 % p. a. gezahlt werden. Soll die KFM den gewährten Skonto in Anspruch nehmen? Ermitteln Sie den Effektivzinssatz der Skontogewährung und einen eventuell entstehenden Finanzierungserfolg.
k) Erläutern Sie, warum die Gewährung von Skonto im Geschäftsalltag üblich ist und warum der gewährte Lieferantenkredit so teuer ist.

9. Ein Industriebetrieb bezieht Rohstoffe im Bruttogewicht von 1 030 kg. Die Verpackung wiegt 35 kg. Die Vereinbarung hinsichtlich der Verpackungskosten lautet *„bfn“*. Die Rohstoffe kosten je kg Nettogewicht 2,85 €. Der Lieferer gewährt 5 % Rabatt und bei einer Zahlung innerhalb 14 Tagen 2 % Skonto. Die Fracht beträgt 6,20 € je angefangene 100 kg Nettogewicht und das Rollgeld 19,05 €.
Wie hoch ist der Einstandspreis dieser Lieferung?

10. Welche Gütebezeichnungen werden bei landwirtschaftlichen Erzeugnissen wie Eiern, Kartoffeln oder Milch verwendet?
a) Typen
b) Standards
c) Proben
d) Handelsklassen

Nutzen Sie zur Abgrenzung der Begriffe sowie zur Lösung dieser Aufgabe das Internet.

› Recherche

11. Ermitteln Sie mit Hilfe der unten stehenden Informationen die Beförderungskosten für den Käufer, wenn er folgende Lieferungsbedingungen akzeptiert hat:
a) Die ausgewiesenen Preise verstehen sich *„frei Waggon“*.
b) Wir liefern ausschließlich *„ab hier“*.
c) Die Lieferung erfolgt *„franko“*.

→

d) Rechnen Sie mit einer Preisstellung *„ab Werk"*.

e) Unsere Lieferungsbedingung lautet *„frei Lager"*.

f) Die Berechnung der Transportkosten erfolgt nach der gesetzlichen Regelung.

Verkäufer	Beförderungskosten					Käufer
	Anfuhr	Verladung	Fracht	Entladung	Zufuhr	
Kosten der Anfuhr		98,00 €		Entladekosten		32,00 €
Verladekosten		40,00 €		Kosten der Zufuhr		100,00 €
Fracht		280,00 €				

12. Folgende Vorgaben sind elementare Bestimmungen des BGB zu den AGB. Erklären Sie diese Vorgaben mit eigenen Worten.

a) Voraussetzungen für die Gültigkeit Allgemeiner Geschäftsbedingungen
→ ausdrücklicher Hinweis
→ Möglichkeit zur zumutbaren Kenntnisnahme
→ Einverständnis des Vertragspartners

b) Widersprechen sich die AGB zweier Vertragspartner, greifen in den strittigen Punkten die gesetzlichen Bestimmungen des BGB.

c) Der Vertrag bleibt gültig, auch wenn einzelne Regelungen der AGB ungültig sind.

d) Die Individualabrede hat Vorrang vor den Klauseln der AGB.

13. In einem Kreditvertrag von Josh Bartels mit der Sparkasse Musterberg wurde vereinbart, dass der Kredit jederzeit ohne Angabe von Gründen gekündigt werden kann. Die AGB der Sparkasse enthält jedoch folgende Klausel:

„Werden Zinsen oder sonstige wesentliche Entgelte erhöht, kann der Kunde die davon betroffene Geschäftsbeziehung innerhalb eines Monats seit Bekanntgabe mit sofortiger Wirkung kündigen."

a) Welche Vereinbarung ist gültig? Bitte begründen Sie.

Ein paar Wochen nach Abschluss des Kreditvertrages erhält Josh Bartels per Post ein Päckchen mit einer Sondermünze. Bei erneutem Lesen der AGB stellt er fest, dass er sich ungewollt dazu verpflichtet hat, zweimal jährlich eine solche Münze zu erwerben.

b) Hätte Josh Bartels bei Vertragsabschluss das Kleingedruckte besser lesen sollen?

c) Josh Bartels ist über diese Verkaufsmasche so verärgert, dass er am liebsten den ganzen Vertrag ungültig machen möchte. Wie sehen seine Chancen dazu aus?

14. Der Textileinzelhändler Niko Schuh aus Köln-Lövenich hat mit seinem Jeanslieferanten am 12.06.20.. einen Kaufvertrag über 100 Bluejeans abgeschlossen. Die Lieferung der Jeanshosen soll am 02.10.20.. erfolgen. Bei Lieferung teilt der Lieferant mit, dass sich aufgrund steigender Baumwollpreise der Preis für die Jeanshosen erhöht hat.

Als Niko Schuh sich weigert, den erhöhten Preis zu zahlen, verweist sein Lieferant auf die AGB:

„Treten bis zur Lieferung der Sachen Preiserhöhungen auf, so gehen diese zu Lasten des Kunden."

Nehmen Sie schriftlich Stellung zu dieser Situation.

4
Bereitstellung der Materialien durch die Materiallogistik

Einführung

Die physische, also die körperliche Bereitstellung der Materialien ist eine der spannendsten Aufgaben im Industriebetrieb. Es kommt darauf an, dass Materialien zur richtigen Zeit am richtigen Ort in der richtigen Menge und richtigen Qualität vorhanden sind. Nur so können aus Rohstoffen fertige Erzeugnisse werden. Alle kaufmännischen und technischen Planungen fließen hier zusammen. Der scharfe Wettbewerb sorgt für einen enormen Zeit- und Kostendruck. Daher zielen Entscheidungen immer darauf, den Materialfluss zu optimieren.

Beispiel

Bei der Heidtkötter KG ist das nicht anders. Derzeit wird eine Umstrukturierung der Materialwirtschaft angestrebt, die u. a. eine eigene Abteilung Materiallogistik vorsieht und die Etablierung eines vollständig durch den Einsatz von EDV gestützten Lagerverwaltungssystems forcieren soll. Das Unternehmen erhofft sich Verkürzungen der Durchlaufzeiten, Qualitätssteigerungen und die Senkung von Lagerkosten.

Das vorliegende Kapitel führt Sie in die Grundlagen der Materiallogistik ein. Nach einer kurzen Einordnung (Ziele und Aufgaben) der Materiallogistik als Teil der Logistik werden die Grundprozesse Transport und Lagerung mit den für angehende Industriekaufleute relevanten Aspekten vorgestellt. Der Fokus der Darstellungen liegt dabei auf den logistischen Maßnahmen, die die Erreichung des Zieldreiecks der Materialwirtschaft unterstützen.

4.1
Materiallogistik als Teil der Logistik

Logistik

Unter **Logistik** werden alle Tätigkeiten gefasst, die sich mit physischen Material- und Informationsflüssen zwischen einzelnen Aufgabenträgern innerhalb des Wertschöpfungsprozesses befassen. Damit ist die Logistik die Verknüpfung zwischen den Aufgabenbereichen von der Beschaffung der Materialien, über den Einsatz der Materialien bei der Erstellung zum Endprodukt bis zur Produktverwendung beim Endabnehmer. Im Vordergrund stehen hierbei also die Materialverteilung bzw. die Produktverteilung. Der Kern der Logistik ist die Erfüllung folgender **Aufgaben** entlang des Logistikprozesses:

Aufgaben

Lagern	Transportieren	Umschlagen	Verpacken
alle Vorgänge der Lagerhaltung im Sinne eines Puffers zwischen Liefer- und Empfangsstelle	Raum- oder Ortsveränderung von Materialien und Produkten unter Einsatz von Transportmitteln und Transporthilfsmitteln	Handhaben, Zusammenfassen, Auflösen oder Sortieren von Materialien und Produkten zu Lade-/Transport-/Lagereinheiten	Umhüllen eines Materials bzw. Produktes zum sachgemäßen Schutz im Logistikprozess

Diese Aufgaben können sowohl innerbetrieblich durch eine eigene Abteilung als auch überbetrieblich durch Logistikunternehmen (Speditionen) bewerkstelligt werden. Die **Unternehmenslogistik** besteht aus den Teilbereichen der Beschaffungs-, Produktions- und Distributionslogistik, während die Entsorgungslogistik entlang des Güterflusses auch noch den Verwender und Lieferanten von Materialien und Produkten einbezieht.

Unternehmens-logistik

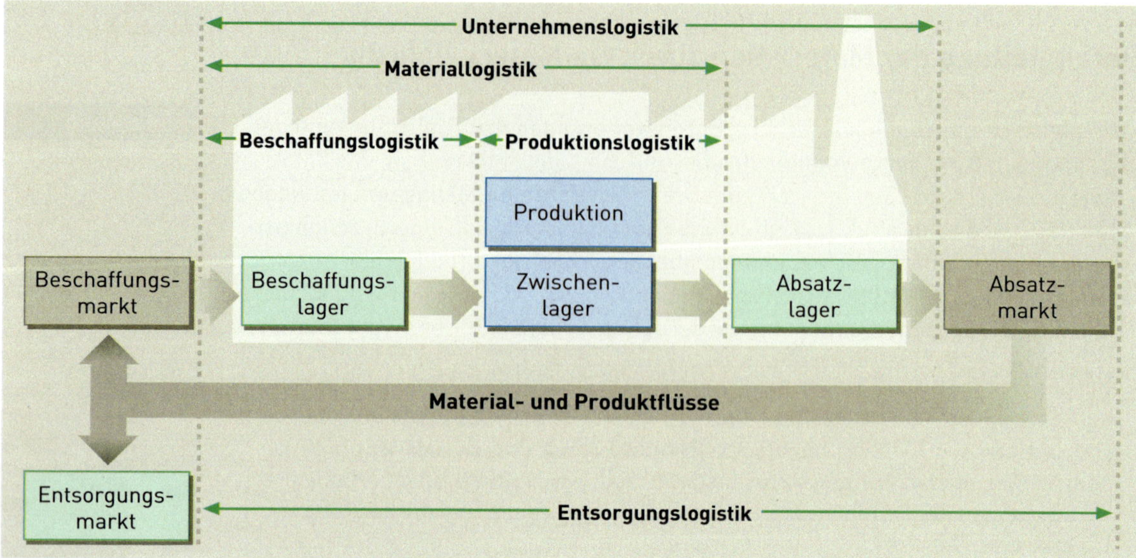

Materiallogistik

› Teil D, Kap. 3.5.2 Absatzlogistik

An dieser Stelle erfolgt eine Beschränkung der Logistik auf die **Materiallogistik**, die sich aus der Beschaffungs- und der Produktionslogistik zusammensetzt. Während die Beschaffungslogistik den Materialfluss vom Beschaffungsmarkt bis zum Beschaffungslager sicherstellt, gewährleistet die Produktionslogistik die Materialflüsse innerhalb des Produktionsprozesses, d. h. vom Beschaffungslager bis zum Absatzlager. Die Distributionslogistik, die sich um die Verteilung der Produkte an den Absatzmarkt kümmert, und die Entsorgungslogistik, die sich als unternehmensübergreifende Aufgabe um Flüsse der Sekundärrohstoffe[1] und Abfälle bemüht, werden in Teil D dieses Buches thematisiert.

Ziele der Materiallogistik

Materiallogistik verfolgt den Zweck, die körperliche Materialbereitstellung für die Leistungserstellung in der richtigen Qualität, in der richtigen Menge, am richtigen Ort und in der richtigen Zeit unter Beachtung der Kostenminimierung zu gewährleisten.

Käufermärkte definieren auch die Aufgabenwahrnehmung in der Materiallogistik: Herrschte früher eine Versorgungsmentalität, liegt heute eher eine Besorgungsmentalität für den Absatzmarkt vor. Der Kunde ist „König" und definiert, welche Erzeugnisse und damit Materialien zu besorgen sind. Dabei sind die Wünsche variantenreich und obliegen immer kürzeren Lieferzeiten sowie einem höheren Kostendruck. Aufgrund dessen hat sich aus der klassischen Lagerhaltung und Materialwirtschaft (Versorgung durch Bevorratung) die Materiallogistik entwickelt. Sie bemüht sich darum, Materialflüsse zu optimieren, um das in Teil B in Kapitel 1.1 aufgeführte Zieldreieck der Materialwirtschaft optimal zu erfüllen. Im Vordergrund steht die Materialflussoptimierung, d. h. die optimale Gestaltung aller Material- und Informationsflüsse, sodass die Ziele der Beschaffung und der Produktion erfüllt werden können.

Materialfluss-optimierung als Ziel

Materialflussoptimierung ist erforderlich, weil die Entscheidungen der einzelnen Logistikaufgaben unter Umständen zueinander in Konflikt stehen. So kann es sein, dass in Bezug auf die Gesamtkosten eine Entscheidung, die einerseits zu Kostensenkungen führt, in einem anderen Aufgabenbereich Kostensteigerungen bewirkt. Hierdurch ist auf den ersten Blick nicht erkennbar, ob die Gesamtkosten sinken oder steigen.

1 Ein Sekundärrohstoff ist ein durch Recycling (Teil C, Kap. 1.4.3) wiedergewonnener Rohstoff. Die meisten Produkte können durch Recyclingverfahren wieder in den Produktionsprozess zurückgeführt werden.

6101166

Beispiel

Kostenkonflikte in der Materiallogistik

Kostensenkungen in einzelnen Bereichen	*können*	**Kostensteigerungen in anderen Bereichen bewirken**
Transport Zusammenfassung von Transportmengen, um Transportwege zu reduzieren	←- - - - - - - - -→	**Lagerbestände** Anstieg der Lagermengen durch größere Liefermengen und geringere Lieferhäufigkeit
Verpackung Einsatz von weniger und qualitativ minderwertigem Verpackungsmaterial	←- - - - - - - - -→ Gesamtkosten	**Transportschäden** geringerer Schutz durch Verpackung führt zu stärkeren Schäden an den Materialien
Einkauf größere Bestellmengen, um Mengenrabatte auszunutzen	←- - - - - - - - -→	**Lagerbestände** Anstieg der Lagermengen durch größere Liefermengen und geringere Lieferhäufigkeit
Kundenservice hohe Lieferbereitschaft und Ersatzteilservice in Kundennähe	←- - - - - - - - -→	**Dezentrale Außenlager** Vorratshaltung von Materialien, Produkten und Ersatzteilen an vielen Standorten erhöht die Lagerbestände
Lagerhaltung niedrige Bestände, z. B. durch Einzelbeschaffung und Just-in-time-Beschaffung	←- - - - - - - - -→	**Produktion** Stillstandzeiten der Maschinen durch Fehlmengen, wenn Lieferungen ausfallen

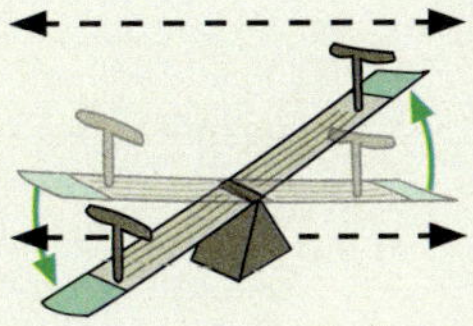

Die Beispiele zeigen, dass die Gegenläufigkeit der Kostenverläufe in Abhängigkeit von einer Entscheidungsgröße die Ermittlung der Gesamtkosten erfordert, damit eine optimale Entscheidung getroffen werden kann, bei der die Gesamtkosten am geringsten sind. Dieses Entscheidungsproblem haben wir bereits bei der Ermittlung der optimalen Bestellmenge kennengelernt.

› Kap. 2.2 Optimale Bestellmenge

Aufgaben der Materiallogistik

Die Materiallogistik umfasst alle **Aufgaben**, die sich mit der räumlichen, zeitlichen und mengenmäßigen Veränderung der Materialien innerhalb der Beschaffung (Beschaffungslogistik) und der Produktion (Produktionslogistik) befassen.

Der **Aufgabenumfang** wird von zahlreichen **Einflussgrößen** bestimmt:

- Transport- bzw. Lagergut (Art, Volumen, Sicherheit, Empfindlichkeit)
- Unternehmensgröße
- Breite und Tiefe des Produktionsprogramms
- Lebensdauer des Produktionsprogramms
- Fertigungstiefe
- Art der Fertigungsverfahren und des Fertigungslayouts
- eingesetzte Bereitstellungsprinzipien (etwa auf Vorrat oder just-in-time)
- vorhandene Transportwege und Infrastruktur
- Umweltfreundlichkeit
- Förderungsintensität (Umschlaghäufigkeit der Materialien)
- externe Bestimmungen (z. B. Vorgaben durch Gesetze)

Zentrale **Aufgaben der Materiallogistik** sind[1]:

	Beschaffungslogistik	**Produktionslogistik**
Aufgaben	Sicherstellung der Material- und Informationsflüsse **vom Beschaffungsmarkt bis zum Ende des Beschaffungslagers**	Sicherstellung der Material- und Informationsflüsse **vom Ende des Beschaffungslagers bis zum Beginn des Absatzlagers**
Lagerung	■ zeitliche Veränderung der Materialien von der Einlagerung bis zur Auslagerung (Lagerbestandsführung) ■ Ein- und Auslagerungsvorgänge im Eingangslager ■ Wareneingangsbuchung ■ Festlegen der Lagerart, der Lagerorganisation und Lagereinrichtung	■ zeitliche Veränderung der Materialien, halbfertigen Erzeugnisse und Endprodukte in den Zwischenlagern und im Endproduktlager ■ Organisation der Lagermenge, Lagerart, Lagerorganisation und -einrichtung in Abhängigkeit vom Fertigungsverfahren
Transport	■ räumliche Veränderung der Materialien vom Lieferanten bis zum Eingangslager ■ Wahl des Transportweges ■ Festlegen des Transportmittels	■ räumliche Veränderung der Materialien, halbfertigen Erzeugnisse und Endprodukte von den Produktionsstätten, Zwischenlagern bis zum Endproduktlager ■ Organisation des innerbetrieblichen Transports in Abhängigkeit vom Fertigungsverfahren
Umschlag (Bündeln, Verteilen, Sortieren)	■ mengenmäßige Veränderung der Materialien vom Lieferanten bis zur Einlagerung ■ Veränderung der Ladeeinheiten auf dem Transportweg ■ Liefermenge wird in Teillosen (entsprechend dem Fertigungslos) eingelagert	■ mengenmäßige Veränderung der Materialien, der halbfertigen Erzeugnisse und Endprodukte an den einzelnen Fertigungsstufen ■ Veränderung der Ladeeinheiten an den Produktionsstufen bzw. Zwischenlagern ■ Liefermenge wird in Teillosen (entsprechend dem Fertigungslos) eingelagert
Verpackung	■ Umhüllen der Materialien zum Schutz beim Transport ■ Koordination der Verpackung entsprechend der Lagerart und -organisation	■ Umhüllen der Materialien zum Schutz beim Transport ■ Koordination der Verpackung entsprechend der Produktions- und Lagerbedürfnisse

Aufgrund dieser vielfältigen und komplexen Aufgaben streben Unternehmen die Entwicklung gemeinsamer Konzepte entlang des Wertschöpfungsprozesses mit allen am Materialfluss beteiligten Unternehmen an (Supply Chain, siehe Teil B, Kap. 1.4.3). Von großer Bedeutung ist dabei ein Grundsatz der Logistik:

Grundsatz der Logistik

Ladeeinheit = Verpackungseinheit = Transporteinheit = Fertigungseinheit = Lagereinheit

Wird der Grundsatz der Logistik erfüllt, sparen die beteiligten Unternehmen Zeit und Kosten. Denn es werden Umschläge bei der Be- und Entladung von Transportmitteln oder beim Lagern vermieden. Die Ausgestaltung der vereinbarten Einheit wird vor allem von dem Transport- bzw. Lagergut[2] geprägt. Bezüglich der physikalischen Eigenschaften werden unterschieden:

feste Güter		**flüssige Güter**			**gasförmige Güter**	
Schüttgut	Stückgut	unbeständige Flüssigkeiten	beständige Flüssigkeiten	halbflüssige Massen	hoch komprimiert	niedrig komprimiert

Die folgenden Ausführungen beziehen sich auf ein Stückgut.

1 Die Möglichkeiten der Gestaltung des Transports (siehe Teil B, Kap. 4.2) und der Lagerung (siehe Teil B, Kap. 4.3) werden im Folgenden genauer vorgestellt. Der Umschlag und die Verpackung werden hingegen in Teil D in Kap. 3.5 im Zusammenhang der Distributions- und Entsorgungslogistik erörtert.

2 In der Praxis werden folgende Begriffspaare synonym eingesetzt: Transportgut = Lagergut, Transporthilfsmittel = Lagerhilfsmittel

Die gemeinsame Koordination der Materiallogistik ist ein wesentliches Merkmal des Supply Chain-Managements. Es erfolgt eine unternehmensübergreifende Koordination in den folgenden Bereichen:

› Teil C, Kap. 1.4.1 Supply Chain-Management

- einheitliche Transporthilfsmittel und einheitliche Lagerhilfsmittel (etwa DB-Palette oder Euro-Palette),
- Installierung eines standardisierten und umweltorientierten Verpackungssystems (etwa Mehrwegverpackungen),
- Festlegung der Bereitstellungsprinzipien und Transportmittel,
- gemeinsame Datenbank zur Sicherung der Informationsflüsse,
- gemeinsame Organisation der Materialflüsse durch fertigungsgerechte Verpackungseinheiten (kleine Lieferlose).

Umschläge und zusätzliche Verpackungsvorgänge entfallen, weil alle eingesetzten Transportmittel usw. auf die Einheit abgestimmt werden. Transportzeiten können in erheblichem Umfang reduziert, Materialbestände deutlich verringert und die Lieferzeiten verkürzt werden. Die Beachtung des Umweltschutzes führt dazu, dass in der Praxis geeignete Verpackungen entworfen werden müssen, die mehrweggeeignet sind. Darüber hinaus sind zusätzlich auch Abläufe für Transport und Lagerung der Leerbehälter zu entwickeln, denn der zusätzliche Platzbedarf der Leerbehälter verursacht Lagerkosten. Zudem werden auf den Transportmitteln durch die Leerbehälter Transportmengen gebunden. In der Praxis haben sich deshalb standardisierte Transporthilfsmittel durchgesetzt, die platzsparend (einrollen, falten, knicken) gelagert und transportiert werden können.

Beispiel

Daimler Benz gibt etwa den Lieferanten je nach Produktgruppe unterschiedliche Verpackungen vor (z. B. blaue, rote oder graue Behälter), die allesamt eine bestimmte fertigungsgerechte Verpackungseinheit enthalten.

Kennzeichen eines modernen Lagers

Ein modernes Lager ist durch folgende Merkmale gekennzeichnet:

- überwiegend Regallagerung mit dem Trend zum Hochregal (Lagergüter werden „regalfähig" gemacht, also in der Regel auf Paletten umgepackt),
- (teil- bis voll-)automatische Regalbediengeräte,
- (teil- bis voll-)automatische innerbetriebliche Transportsysteme,
- Ladeeinheit entspricht der Lagereinheit,
- EDV-gestütztes Lagerverwaltungssystem (nahezu beleglos über Strichcode).

Aufgaben

› Kap. 4.1

1. Beschreiben Sie das Schaubild auf Seite 166 und erläutern Sie die Stellung der Materiallogistik im Wertschöpfungsprozess.
2. Beschreiben Sie konkrete Materialflüsse innerhalb der Materiallogistik, die bei der Heidtkötter KG (Büromöbelhersteller) anfallen.
3. In einem Industrieunternehmen gibt es Probleme bei der Zusammenarbeit der Bereiche Einkauf, Lager und Versand. Führen Sie mögliche Entscheidungen des Einkaufs an, die im Lager zu Problemen und damit zu einem Anstieg der Gesamtkosten geführt haben könnten.
4. Beschreiben Sie, warum es generell erforderlich ist, Materialflüsse zu optimieren, und welche Rolle dabei die Materiallogistik übernimmt.
5. Erklären Sie, was der Grundsatz der Logistik besagt und führen Sie Gründe an, warum in heutigen Zeiten der Grundsatz der Logistik für die Wettbewerbsfähigkeit so wichtig ist.
6. Begründen Sie, warum das Supply Chain-Management besonders geeignet ist, damit der Grundsatz der Logistik erfüllt wird.

4.2 Transport als Grundprozess

Der **Transport** innerhalb des Logistikprozesses erfolgt **über- und innerbetrieblich**:

Überbetrieblicher Transport		Innerbetrieblicher Transport	
zwischen Lieferant und Abnehmer	Lieferant → Abnehmer	zwischen Aufgabenbereichen	Eingangslager → Fertigung; Lager → Montage
zwischen Standort A und Standort B	Werk A → Werk B	innerhalb eines Aufgabenbereiches	Zuschneiden → Montage
		zwischen Arbeitsplätzen innerhalb eines Aufgabenbereiches	Montage 1 → Montage 2
		am Arbeitsplatz	→ Montage 1 →

Anforderungen zur Transportkostenminimierung

Die Gestaltung des Transports, d. h., die Kombination von Transportgut (Material, Produkte), Transportmittel (z. B. Lkw), Transporthilfsmittel (z. B. DB-Palette) und Transportweg (z. B. Straße), strebt nach einer Transportkostenminimierung. Um dieser Zielsetzung gerecht zu werden, sind u. a. folgende Anforderungen zu erfüllen:

- optimale Nutzung des Transportmittels (Vermeidung von Leertransporten und Stillstandzeiten),
- Reduzierung der Transportzeiten (zügige Auftragserledigung, hohe Geschwindigkeit des Transportmittels, optimale Transportkapazitäten je Transportvorgang),
- hohe Flexibilität in Bezug auf Transportgut und betriebliche Veränderungen,
- hohe Transparenz bezüglich der Informationen zwischen allen Instanzen,
- maximale Termintreue und Zuverlässigkeit.

Die Berücksichtigung dieser Anforderungen muss durch die geeignete Wahl des Transportmittels und des Transportweges gewährleistet werden.

› Teil D, Kap. 3.5.2 Verkehrsträger

Die zielgerichtete Nutzung der überbetrieblichen Transportinfrastruktur (Verkehrsträger) zur Unterstützung der Material- und Güterflussoptimierung wird in Teil D in Kapitel 3.5.2 dargestellt.

Innerbetrieblicher Materialfluss

Zur Sicherstellung des innerbetrieblichen Materialflusses gibt es folgende Möglichkeiten:

Innerbetriebliche Transportmittel

Stetigförderer
Beispiel für eine Umlaufkette

alle Transportmittel, mit denen Güter auf einem festgelegten und gleichbleibenden Weg bewegt werden; die Beförderung kann dabei flurfrei oder flurgebunden erfolgen:

flurfrei	flurgebunden
Transportmittel ist an der Decke angebracht	Transportmittel ist am Boden angebracht
■ Umlaufketten ■ Schaukelförderer	■ Förderbänder ■ Mitnehmerketten ■ Rollenbahnen ■ Unterflur-Schleppkettenförderer

Unstetigförderer Beispiele bei der Heidtkötter KG  Stapler	alle Transportmittel, mit denen Güter auf wechselndem Weg befördert werden; die Transportmittel werden nach vertikaler und horizontaler Beförderungsrichtung unterteilt: **vertikal**: Hubförderer ■ Kräne ■ Aufzug **horizontal**: Flurförderfahrzeuge ■ Grubenbahnen ■ Schlepper ■ Anhängewagen ■ Stapler ■ Hubwagen („Ameise")
Regalbediengeräte Beispiele bei der Heidtkötter KG  Hochregalstapler	Transportmittel zur Ein- und Auslagerung von Regalen: ■ Hochregalstapler ■ Kommissionierstapler ■ Regalförderfahrzeuge

Transporthilfsmittel

Zu transportierende Güter sollen nach Möglichkeit nicht zu häufig umgeschlagen werden, also das Transportmittel oder den Transportbehälter wechseln, denn hier entstehen zusätzliche Kosten. Um diese zu vermeiden, setzt man Transporthilfsmittel ein.

Beispiele

Transporthilfsmittel sind DB- und Euro-Paletten, Gitterboxen, Behälter (Ein- und Mehrweg), Fässer, Flaschen, Kanister, Säcke, Beutel, Kästen, Container usw.

Funktionen von Transporthilfsmitteln

- Lagerfunktion
- Informationsträger/-funktion
- erzeugt Transportfähigkeit, Verpackungsfunktion
- Schutz vor Einflussnahme, Diebstahl, Schäden
- Rationalisierungsfunktion

Die Gestaltung der Transporthilfsmittel wird im Wesentlichen durch die Eigenschaften des Transportgutes und die Transporteinheit bestimmt. Darüber hinaus gewinnen aber auch zunehmend wirtschaftliche, produktionstechnische und umweltorientierte Faktoren an Bedeutung.

Aufgaben

› Kap. 4.2

1. Sammeln Sie Beispiele für innerbetriebliche Transportwege, Transportmittel, Transporthilfsmittel. Nutzen Sie gegebenenfalls auch Beispiele aus Ihrem Ausbildungsbetrieb.
2. Nennen Sie Probleme beim Transport, die zu steigenden Transportkosten führen können, und empfehlen Sie Maßnahmen, die zu einer Senkung der Transportkosten beitragen können.
3. Beschreiben Sie den Prozess des innerbetrieblichen Transports für ein frei gewähltes Beispiel bei der Heidtkötter KG (Büromöbelhersteller).

4.3 Lagerung als Grundprozess

4.3.1 Aufgaben und Organisation der Lagerhaltung

Lagerhaltung

Lagerhaltung meint alle Tätigkeiten, die Lagerbestände im Sinne einer Optimierung beeinflussen. Lagerbestände sind dabei vor allem zeitliche und mengenmäßige Puffer zwischen einzelnen Wertschöpfungsstufen entlang des inner- und überbetrieblichen Wertschöpfungsprozesses.

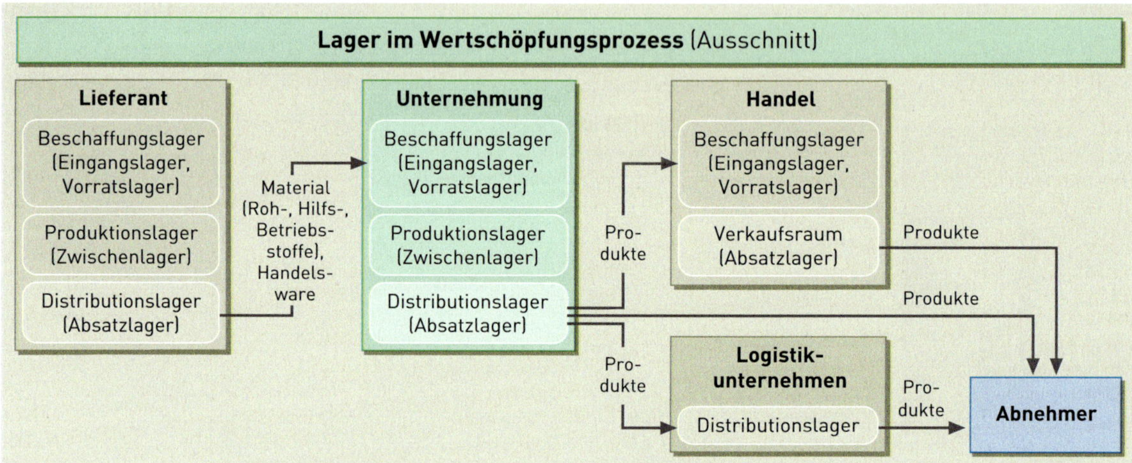

Diese beispielhafte Darstellung zeigt, dass sich die Lagergüter[1] entlang des Wertschöpfungsprozesses verändern. Für die Entstehung eines Produktes (Stückgut) werden anfangs Roh-, Hilfs- und Betriebsstoffe gelagert, die in weiteren Wertschöpfungsstufen zu halbfertigen Erzeugnissen und schließlich zum Endprodukt werden. Dadurch verändern sich in der Regel auch die Anforderungen an die Lagerung (z. B. die erforderliche Lagerkapazität).

Aufgaben und Funktionen der Lagerhaltung

Durch die Lagerung selbst findet – bis auf die Ausnahme der Veredelung des Produktes durch Lagerung, etwa bei Wein oder Käse – keine Wertschöpfung statt. Dennoch übernimmt das Lager für den Wertschöpfungserfolg wichtige Aufgaben und Funktionen.

Aufgaben/Funktionen des Lagers			
Mengenmäßige Anpassung (Sicherung)	**Zeitliche Anpassung (Puffer)**	**Wertmäßige Anpassung (Preisausgleich/ Spekulation)**	**Qualitative Anpassung (Produktion)**
Erforderliche Mengen für Fertigung und/ oder Absatz entsprechen nicht den Liefermengen bzw. Fertigungslosen. Die Lagerung sichert die Produktion bzw. die Lieferbereitschaft.	Aufgrund unerwarteter Ereignisse (Störungen) kann der Materialfluss stocken. Das Lager kann helfen, Zeitverzögerungen zu überbrücken.	▪ Preisschwankungen auf den Beschaffungsmärkten werden überbrückt. ▪ Große Beschaffungsmengen führen zu Mengenrabatten und zu Einsparungen bei den Bestellkosten.	Die Lagerung ist durch Trocknung, Kühlung, Härtung, Reifung ein Teil des Produktionsprozesses.

1 Zu den verschiedenen Arten von Lagergütern siehe in Teil C, Kap. 4.1 die Systematisierung unterschiedlicher Transportgüter. Die Begriffe „Lagergüter" und „Transportgüter" werden synonym eingesetzt.

Lagerorganisation

Die Erfüllung dieser Funktionen wird durch eine über- und innerbetriebliche **Lagerorganisation** angestrebt. Bei der überbetrieblichen Lagerorganisation wird zwischen zentraler oder dezentraler Lagerung unterschieden. Bei einer zentralen Lagerung werden die Lagergüter an einem Ort gelagert und von diesem Ort ausgehend für die Empfänger (Fertigung, andere Betriebsbereiche, andere Werke) bereitgestellt. Dagegen werden bei der dezentralen Lagerung die Lagergüter an mehreren Orten gelagert.

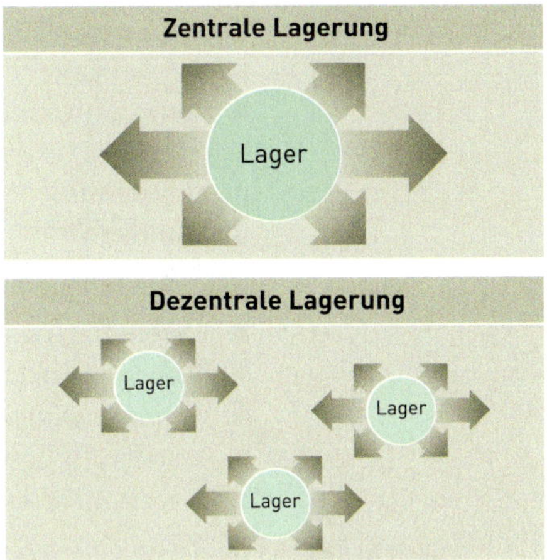

Ursächlich hierfür sind unterschiedliche Produktionsstätten, besondere Lageranforderungen der Lagergüter, das Produktionsprogramm, das Fertigungsverfahren, die Betriebsgröße. Die Entscheidung über die Organisation der Lagerung ist langfristig zu fällen und sollte an die jeweilige Betriebssituation angepasst sein. Für die jeweilige Lagerorganisation spielen folgende Vorteile eine entscheidende Rolle (die Vorteile der einen Organisationsform sind mit den Nachteilen der anderen Organisationsform gleichzusetzen):

Vorteile der ...	
... zentralen Lagerung	**... dezentralen Lagerung**
■ leichtere Bestandskontrolle und damit geringerer Verwaltungsaufwand ■ Vermeidung von Doppellagerungen ■ geringere Mindestbestände (geringere Kapitalbindung) ■ höhere Kapazitätsauslastung des Lagerraums und der vorhandenen Lagereinrichtung ■ geringerer Personalbedarf ■ keine Umlagerungen zwischen zwei Lagerstandorten zum Ausgleich von Beständen	■ spezifische Lageranforderungen können meist besser berücksichtigt werden ■ schnellere Bereitstellung der Materialien für die einzelnen Verbrauchsstellen ■ kürzere Transportwege ■ bessere Abstimmung zwischen Lager und Fertigung ■ geringere Lagerrisiken, weil das Material an verschiedenen Orten lagert

In der Praxis finden sich häufig Kombinationen von zentraler und dezentraler Lagerung. In einem zentralen Hauptlager werden Lagergüter vorgehalten, die alle Empfänger immer wieder benötigen. In dezentralen Nebenlagern werden Lagergüter gelagert, die nur in diesen Bereichen gebraucht werden. Die Steuerung zwischen Haupt- und Nebenlagern erfolgt im Hauptlager unter Einsatz eines EDV-gestützten Lagerverwaltungssystems (s. u.).

Die innerbetriebliche Lagerorganisation erfolgt **verrichtungs- oder objektorientiert**. Innerhalb der objektorientierten Organisation (nach Materialarten) fallen ebenfalls alle Verrichtungen/Tätigkeiten (etwa Waren annehmen, Waren bewegen, Waren kommissionieren und ausgeben) an. Deshalb werden hier die Tätigkeiten bei verrichtungsorientierter Organisation genauer vorgestellt. Beispielhaft ist ein Lager entlang des Materialflusses wie folgt aufgebaut:[1]

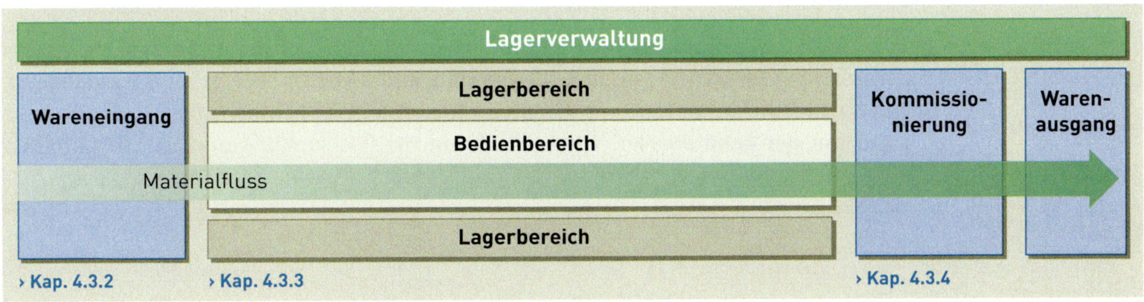

1 Zu beachten ist, dass in der Praxis viele völlig unterschiedliche Anordnungen existieren, sodass die hier gezeigte nur ein Beispiel ist.

Je komplexer das Lager, was stark vom Produktionsprogramm abhängt, umso schwerer fällt es, einen Überblick über Lagerorte und Lagergüter zu behalten. Negative Folgen könnten sein, dass Lagergüter verloren gehen oder hohe Bestände vorgehalten werden, weil die Lagergüter nicht mehr auffindbar sind. Darüber hinaus erhöht sich die Verweildauer einzelner Lagergüter, da Zeit durch Suchen, Verschieben usw. verloren geht. Aufgrund dessen wird das Lager in der Regel zentral, EDV-gestützt und **belegorientiert** verwaltet. Auf diese Weise werden die Bestände und Bestandsveränderungen dokumentiert, die auch für andere Abteilungen (Fertigung, Einkauf, Vertrieb, Rechnungswesen) von großer Bedeutung sind.

Wichtige Belege (heute überwiegend rechnergestützt) sind:

- Wareneingangsbücher
- Materialentnahmescheine und Materialrückgabescheine
- Wareneingangsmeldungen
- Bestellanforderungen (Banf)
- Lagerfachkarten (Zugänge, Abgänge, Bestand)

Strichcode

Moderne Lagerverwaltungen werden zunehmend zur „belegfreien" Zone. Der Materialfluss wird über **Strichcodes** und **Scanner** erfasst und direkt in das Lagerverwaltungssystem eingespeist. Die Lagerkarte ist nun eine Maske im entsprechenden Lagerverwaltungssystem.

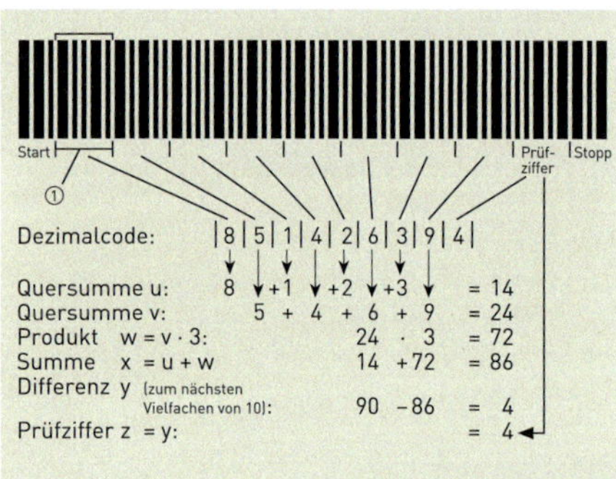

Strichcodes (oder Barcodes) sind parallele, verschieden breite Striche, die optoelektronisch mittels Scanner maschinell gelesen und elektronisch verarbeitet werden.

Die Striche sind jeweils Dezimalziffern zugeordnet, die wiederum jeweils eine bestimmte Information darstellen. Die Abbildung zeigt etwa den Code 2/5 5 Striche Industrie (Industriebarcode).

In der Lagerverwaltung werden auf Strichcodes folgende Informationen gespeichert:

- Lagerplatznummer (Lagerort)
- Lagermenge
- Artikelnummer (Eigner, Lieferant)
- Artikelbezeichnung
- Lieferant
- sonstiges

Auf diese Weise herrscht für den gesamten Materialfluss innerhalb des Lagers Transparenz über relevante Informationen. Hierdurch kann ein wichtiger Beitrag zum Ziel der Materialbestandsoptimierung geleistet werden, da die Verweildauer und die Lagermenge deutlich reduziert und damit Lagerkosten gesenkt werden können.

Im Zuge des Supply Chain-Managements werden die Strichcodes inzwischen für den gesamten Materialfluss von den Lieferanten und Abnehmern gemeinsam definiert, sodass über die gesamte Supply Chain der Materialfluss sichtbar wird. Dieser Prozess kann mit der Sendungsverfolgungsfunktion bei Postsendungen oder Einschreiben verglichen werden.

1 Kommissionierung ist das Zusammenstellen von unterschiedlichen Materialien/Gütern für einen konkreten Auftrag.

4.3.2 Wareneingang

Zur Unterstützung des Materialflusses sind im Zuge des Wareneingangs folgende Tätigkeiten erforderlich:

Wareneingang annehmen (Transportannahme)	■ Papiere annehmen und überprüfen (Lieferschein mit Bestelldurchschlag vergleichen, Frachtbrief) ■ Anzahl/Gewicht der Versandstücke und Verpackung auf Schäden überprüfen ■ Mängel der Versandverpackungen auf Begleitschein dokumentieren und bestätigen lassen ■ Warenannahme „unter Vorbehalt" durch Unterschrift bestätigen
Wareneingang prüfen (Transportannahme)	■ Lieferung unverzüglich auspacken und überprüfen (Vollkontrolle, Stichprobenkontrolle); ggf. Sperrlagerung vorbereiten, da Teile der Lieferung weitergeleitet werden ■ Mängel dokumentieren und dem Einkauf bzw. dem Rechnungswesen melden ■ Wareneingangsanzeige erstellen
Wareneingang erfassen	■ Mängelfreie Lieferung für die Lagerung kennzeichnen: formlose Beschriftung, Vergabe einer Lagernummer ■ Wareneingang im EDV-Lagerverwaltungssystem buchen bzw. Lagerkartei fortschreiben
Wareneingang portionieren	■ Transport- bzw. Ladeeinheit für die Lagereinheit portionieren ■ ggf. in vorgesehene Behälter umschichten ■ bei EDV-Erfassung: Etiketten oder Strichcode drucken und an Behälter anbringen ■ Lagergüter zur Bedienzone befördern

Eine präzise Ausführung der Tätigkeiten im Wareneingang ist besonders wichtig, weil bereits hier eine Kontrollfunktion für den weiteren Wertschöpfungsprozess wahrgenommen wird.

Zudem werden die Mängel in der Regel nicht durch den Prüfer im Wareneingang an den Verursacher gemeldet, sondern hierfür sind andere Stellen zuständig. Hier ist ein „richtiger" und exakter Informationsaustausch von besonderer Bedeutung. Durch die Entwicklung von Datenbanksystemen, wie etwa SAP/R3, konnten hier enorme Fortschritte gemacht werden. Bei derartigen Datenbanksystemen sind direkt nach der Eingabe im Wareneingang die Informationen für alle anderen Stellen sichtbar.

4.3.3 Bedien- und Lagerbereich

Zur Sicherung des Materialflusses fallen in der Bedien- und Lagerzone im Wesentlichen folgende Tätigkeiten an:

Tätigkeiten

Bedienvorgänge	Lagervorgänge
Damit die Lagergüter an den vorgesehenen Lagerort gelangen, müssen die Regalbediengeräte durch Arbeitskräfte bedient werden.	Die Lagergüter werden an ihren Lagerorten ein- bzw. ausgelagert und die Lagervorgänge auf Belegen dokumentiert (z. B. Materialentnahmescheine) bzw. bei EDV-Erfassung gescannt.

Art und Umfang der menschlichen Tätigkeiten bei den Bedien- und Lagervorgängen werden durch das angewandte Lagerprinzip und die Lagereinrichtung bzw. -technik bestimmt.

Lagerprinzipien

Unter **Lagerprinzipien** versteht man die Art der Lagerplatzzuordnung der Lagergüter im Lager. Man unterscheidet dabei den festen oder den freien Lagerplatz für Lagergüter:

Festplatzsystem	Freiplatzsystem (chaotische Lagerung)
Jedem Lagergut wird ein dauerhafter Lagerplatz zugeordnet. Die entsprechende Lagerfläche wird nur mit dem zugeordneten Lagergut bestückt. **ein Lagergut = ein ständiger Lagerplatz** ▪ Personal kennt den Lagerplatz (Zugriffssicherheit bei EDV-Ausfall) ▪ Lagerung kann nach Umschlaghäufigkeit gestaltet werden, um Transportwege zu verkürzen ▪ nicht optimale Nutzung der Lagerkapazität, da Über- und Unterbelegungen eintreten	Jedes Lagergut kann an jeder Stelle der Lagerzone eingelagert werden, sofern die entsprechende Kapazität gerade verfügbar ist. **ein Lagergut = wechselnde Lagerplätze** ▪ erhöhte Ausnutzung der Lagerkapazität ▪ Einsparung von Umlagerungen bei FiFo-Prinzip ▪ Einsatz eines EDV-Lagerverwaltungssystems unentbehrlich ▪ Personal kennt in der Regel Lagerplatz nicht (EDV-Ausfall = Zugriffsausfall)

Festplatzsystem

Grundlage für die Anwendung der Lagerprinzipien ist die Einteilung der gesamten Lagerfläche in **Lagerplätze**. Die Lagerplätze wiederum müssen, ähnlich wie für Häuser einer Straße in einem Wohnort, adressiert werden. Beim **Festplatzsystem** könnte man dies rein theoretisch durch die Artikelbezeichnung realisieren. Da jedoch i. d. R. zu viele Artikel in verschiedenen Varianten vorgehalten werden, ist es einfacher, über Lagerplatznummern die Kennzeichnung vorzunehmen. Bei beiden Systemen muss die Adressierung der Lagerplätze über Lagerplatznummern erfolgen. Die Lagerplatznummer besteht i. d. R. aus Ziffern, kann aber auch Buchstaben enthalten. Der Umfang der Lagerplatznummer wird durch die Lagereinrichtung bzw. -technik bestimmt.

Beispiel

Lagerplatznummer

Zusammensetzung einer Lagerplatznummer

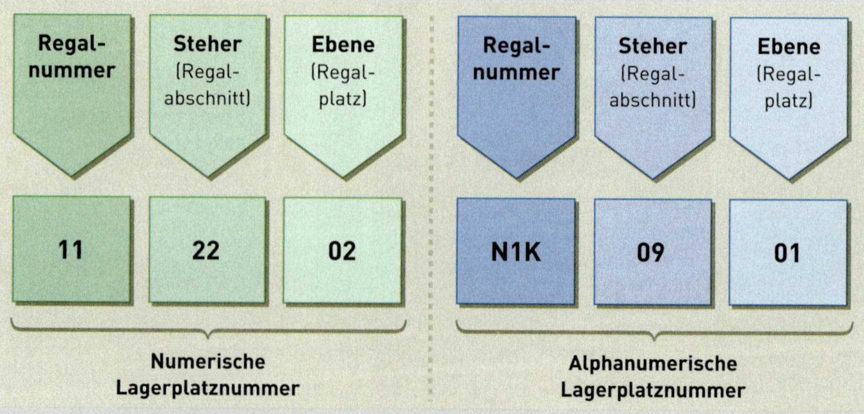

6101176

Freiplatzsystem

Die Einführung eines **Freiplatzsystems** geht häufig mit einer umfassenden Automatisierung des Lagers einher. Die Lagereinrichtung bzw. eingesetzte Lagertechnik ist dann häufig so gestaltet, dass nur noch von zentralen Steuerungsstellen die Regalbediengeräte gesteuert oder gar nur Aufträge eingespeist werden. Die Regalbediengeräte nehmen die Ein- und Auslagerungen eigenständig vor. Die Lagergüter werden zur Ausgabe automatisch befördert. Die Systeme sind so programmiert, dass sie für die Ein- und Auslagerungen die Bestückung der Lagerplätze so gestalten, dass

- Transportwege möglichst gering gehalten werden (Fördernähe: einzulagernde Artikel neben auszulagernden Artikeln);
- eine gleichmäßige Verteilung der Lagergüter auf die Lagerplätze erfolgt;
- die Umschlaghäufigkeit der Lagergüter berücksichtigt wird (häufig benötigte Lagergüter werden in der Nähe des Warenausgangs gelagert);
- das FiFo-Prinzip (First-in-First-out) eingehalten wird (Schutz vor Schwund, Verderb und Veralterung).

Der Automatisierungsgrad des Lagerbereichs hängt im Wesentlichen von den Lagergütern und der Umschlaghäufigkeit der Lagergüter ab, da ein hoher Investitionsaufwand erforderlich ist.

Lagereinrichtung bzw. Lagertechnik

Zur Lagereinrichtung bzw. Lagertechnik zählen alle Gegenstände und Vorrichtungen, die zur Lagerung der Lagergüter beitragen. Das sind die Lagertypen, die Lagerhilfsmittel, die innerbetrieblichen Transportmittel und die Sicherheitseinrichtungen.

Die Ausgestaltung der Lagereinrichtung bzw. der Lagertechnik wird durch die vorhandenen Lagerräume bzw. Lagerkapazität, das Lagerprinzip, die Eigenschaften des Lagergutes sowie weiterer Einflussgrößen (› Teil B, Kap. 4.1) bestimmt. Bezüglich des Lagergutes sind außer physikalischen Eigenschaften auch arbeitsschutzrechtliche Vorschriften von großer Bedeutung.

Wegen der zunehmenden Automatisierung und aufgrund arbeitsschutzrechtlicher Vorschriften sind Schutzmaßnahmen vor den Lagergütern (z. B. Gesundheitsgefährdung durch giftige Stoffe oder schwere Lasten) anzubringen. Darüber hinaus ist nun auch auf den Schutz der Arbeitskräfte im Umgang mit den technischen Geräten sowie aufgrund automatisierter Transportwege zu achten. Sicherheitsmaßnahmen sind etwa die Markierung von Sicherheitsabständen zu den Bediengeräten, Transportwegen sowie das Tragen von Schutzkleidung usw.

Aufgrund der zunehmenden Automatisierung treten organisatorische Hilfsmittel wie Packhilfsmittel (Klebe-Abroller, Messer usw.), Karteikästen, Büroeinrichtungsgegenstände, Büromaterial, Lagerfachkarten usw., Waagen und Zählgeräte immer mehr in den Hintergrund. Dagegen finden sich jetzt immer mehr computertechnische Hilfsmittel wie Barcodeleser oder EDV-Anlagen.

→

Folgende Lagertypen können unterschieden werden:

Lagertyp	Beschreibung	Einsatz
Tanklager	Lagergut wird in Tanks außerhalb des Gebäudes über- oder unterirdisch gelagert	Flüssigkeiten, verflüssigte Gase, Schüttgüter
Silolager	Lagergut wird in Silos außerhalb des Gebäudes überirdisch gelagert; Beschickung erfolgt von oben, die Entnahme meist von unten (FiFo-Prinzip[1])	Schüttgüter (z. B. Getreide, Mehl, Zement usw.)
Boden- und Blocklagerung	Lagergut wird unter Einsatz von Lagerhilfsmitteln (z. B. Paletten) in Reihen oder Blöcken unter freiem Himmel, überdacht oder in einem Gebäude gelagert	gleichartige Lagergüter, palettierte Lagergüter im Versandlager
Regallager	Lagergut wird unter Einsatz von Lagerhilfsmitteln und Regalbediengeräten in Regalen eingelagert; Varianten:	Stückgüter, z. T. Schüttgüter, z. T. Flüssigkeiten (Fässerregale)

- nach der **Gestaltung der Lagerplätze:**

Fachboden-/ Schubfachregal	Lagerung auf geschlossenem Fachboden über mehrere Ebenen oder in geschlossenen Schubfächern.
Kassettenregal	Lagerung in Kassetten; das Lagergut wird der Länge nach eingelagert.
Palettenregal	Lagerung erfolgt auf Querstreben ohne Boden über mehrere Ebenen. Die Abstände sind gemäß der Paletten genormt.
Durchlauf-regallager	Lagerung mit separater Ein- und Auslagerung, i. d. R. über Schwerkraft oder Antrieb sichergestellt. (Beispiel: McDonalds Produkt-Bevorratung)

Palettenregal

- nach der **Beweglichkeit der Regale:**

(Feste) Hochregale	Lagerung erfolgt gemäß aller denkbaren Regalvarianten mit bis zu 45 m Bauhöhe. Die Bedienung erfolgt über z. T. vollautomatische Regalbediengeräte.
Umlaufregal	Lagerung an einem umlaufenden Fördersystem (horizontal oder vertikal) Beispiel: Gepäckausgabe am Flughafen
Verschieberegal	Lagerung erfolgt gemäß aller denkbaren Regalvarianten, wobei einzelne Regalreihen verschiebbar sind, um so Bedienzonen zu reduzieren und Lagerfläche zu maximieren.

Verschieberegal

1 FiFo = First in – First out, das am frühesten eingelagerte Gut wird als erstes wieder ausgelagert; LiFo = Last in – First out, das als letztes eingelagerte Gut wird als erstes wieder ausgelagert.

4.3.4 Kommissionierung und Warenausgang

Je nach Unternehmensgröße werden die Kommissionierung und der Warenausgang von einer Stelle durchgeführt. Die Tätigkeiten der Kommissionierung und des Warenausgangs unterscheiden sich nach der Stellung im Wertschöpfungsprozess. An dieser Stelle werden die Tätigkeiten für den Lagerausgang von Materialien oder halbfertigen Erzeugnissen beschrieben.

Auslöser eines Warenausgangs bzw. einer Kommissionierung ist die Bestellanforderung einer nachgelagerten Prozessstelle.

Beispiel

Für die Produktion einer Serie von Kinderautos fordert die Montage aus dem Zentrallager 50 Chassis, 100 Abdeckklappen, 50 Lenkstangen und 50 Aufklebersätze an.

Kommissionierung

Die Bestellanforderung (Banf) enthält zwingend die gewünschten Lagergüter und die benötigte Menge mit dem gewünschten Liefertermin. Aufgrund dieses Auftrags durch die Bestellanforderung kann die Kommissionierung beginnen. **Kommissionieren** ist das Zusammenstellen verschiedener Lagergüter für einen Auftrag (Inhalt der Bestellanforderung). Je nach Automatisierungsgrad kann die Kommissionierung aufgrund von zwei Prinzipien erfolgen:

Holprinzip
Bringprinzip

Holprinzip	Bringprinzip
Mann zur Ware	**Ware zum Mann**
Der Kommissionierer bewegt sich mit Transportmitteln in der Bedienzone und entnimmt die benötigten Artikel den Lagerplätzen.	Die Lagergüter werden vom Lagerplatz zur Kommissionierzone gebracht. Der Kommissionierer entnimmt die erforderlichen Lagergüter, danach wird der Restbestand zum Lagerplatz zurückgebracht.
■ einfache Lagertechnik ausreichend ■ Parallelarbeit möglich ■ lange Transportwege ■ Sichtkontrolle bei Materialentnahme	■ automatische Transportsysteme nötig ■ erhöhter Platzbedarf in der Kommissionierzone ■ hoher Umschlag erforderlich, da hohe Investitionskosten für Automaten

Bei beiden Prinzipien bestehen die Hauptaufgaben darin, die aufgrund der Banf (Bestellanforderung) erstellte Kommissionierliste mit der zusammengestellten Ware zu vergleichen und die entsprechenden Lagerentnahmen zu verbuchen. Im Bringprinzip liegen für den Mitarbeiter die Vorteile, dass er die Auslagervorgänge körperlich nicht durchführen muss und die Zusammenstellung der Materialien durch das EDV-System gesteuert wird. Die Lagerbewegungen werden bei beiden Prinzipien heutzutage in der Regel beleglos über Strichcode und Scanner erfasst. Früher musste eine Entnahme auf Materialentnahmescheinen und den Lagerfachkarten dokumentiert werden. Die Entwicklungen im EDV-Bereich haben so zu einer deutlich kürzeren Kommissionierzeit beigetragen.

Warenausgang

Im Anschluss an die Kommissionierung kann der Auftrag nun zur Warenausgabe weitergeleitet werden. Hier erfolgt häufig nochmals eine Überprüfung der Kommissionsware mit der Bestellanforderung bzw. Kommissionierliste. Im Zuge dessen wird auch ein Ausgabebeleg (Lieferschein) erstellt. Sollten Materialien nicht lieferbar sein, werden diese gesondert vermerkt und der voraussichtliche Liefertermin wird angegeben. Bei der Materialausgabe bestätigt der Empfänger die Lieferung. Dies erfolgt häufig ebenfalls durch das Scannen von Strichcodes (Kostenstellen werden ebenfalls über Strichcodes erfasst).

4.3.5 Lagerbestandsmanagement

Das Lagerbestandsmanagement übernimmt die Aufgaben der Lagerbestandsplanung, -führung und -kontrolle (-überwachung).

	intern	extern
Anforderung an das Lagerbestandsmanagement	Kostenminimierung bei hoher Lieferbereitschaft	§§ 238 ff. HGB Inventur, Grundsätze ordnungsmäßiger Buchführung, Aufbewahrungspflicht
Ziele	Lagerkosten sind zu minimieren!	Bestände und Bestandsveränderungen sind lückenlos zu erfassen und zu dokumentieren!

Interne Anforderungen

Lagerkosten

Die interne Anforderung bewirkt, dass für die einzelnen Lagergüter die optimalen Lagerbestände bestimmt werden, bei denen eine hohe Lieferbereitschaft gesichert wird und die Lagerkosten minimiert werden. Bereits in Kapitel 1 von Teil B dieses Buches wurden die Lagerkosten angesprochen. Demnach entstehen Lagerkosten für folgende Aspekte und bringen für die Lagerverwaltung folgende Aufgaben mit sich, die zielführend (Minimierung der Lagerkosten) zu gestalten sind:

Bestandteile von Lagerkosten	Aufgaben
Kapitalbindungskosten für die Lagerbestände (Zinskosten für das gebundene Kapital)	optimale Lagerbestände der einzelnen Lagergüter bestimmen (Lagerdauer, Lagermenge, Bestellmenge festlegen)
Kosten der Lagereinrichtung (Lagerraum, Lagertechnik, Transportmittel usw.)	Aufbau- und Ablauforganisation des Lagers festlegen. Entscheidungen über Lagertyp, Lagertechnik, innerbetriebliche Transportmittel usw. fällen
Kosten der Lagerverwaltung (Lagerbestandsführung, Lagerpersonal)	effiziente Gestaltung der Informationsflüsse durch Einsatz von Belegen bzw. EDV-Lagerverwaltungssystemen. Personaleinsatzplanung für Ein- und Auslagerungsvorgänge und das Lagermanagement.
Kosten des Lagerrisikos (Schwund, Verderb, obsoletes[1] Material)	optimale Lagerbestände der einzelnen Lagergüter bestimmen (Lagerdauer, Lagermenge, Bestellmenge festlegen)

Die Bestimmung optimaler Lagerbestände ist dabei von überragender Bedeutung, da zu hohe oder zu niedrige Bestände[2] folgende Probleme mit sich bringen können:

Nachteile eines zu hohen Lagerbestandes	Nachteile eines zu niedrigen Lagerbestandes
▪ hohe Kapitalbindungskosten (Zinsaufwendungen) ▪ höherer Bestellaufwand durch häufiges Bestellen ▪ Liquiditätseinschränkung ▪ Gefahr von Bestandsverlust (u. a. durch obsoletes Material) ▪ höherer Aufwand für Pflege, Wartung ▪ hoher Lagerverwaltungsaufwand	▪ Verzicht auf Einkaufsvorteile (Rabatte) ▪ Verzicht auf Kostenvorteile bei Preissteigerungen ▪ Gefährdung der Produktionsbereitschaft (Leerkosten) ▪ Gefährdung der eigenen Termintreue (Konventionalstrafe)

Lagerkennziffern

Im Zentrum der Tätigkeiten des Lagerbestandsmanagements stehen steuernde Maßnahmen, die kurzfristig und langfristig zur Senkung der Lagerkosten beitragen können. Um den Erfolg der eingeleiteten Maßnahmen zu messen, besteht eine wichtige Aufgabe der Lagerverwaltung darin, die Bestandsentwicklungen mit Hilfe geeigneter Lagerkennziffern zu überwachen (kontrollierende Tätigkeiten).

1 obsolet = veraltet, ungebräuchlich
2 Beachten Sie bitte dazu auch Teil B, Kap. 2.3.

Kennziffer und Aussage	Berechnung	Ziel
Durchschnittlicher Lagerbestand (∅ LB) zeigt die durchschnittliche Höhe des Lagerbestandes in einer Periode	bei Monatsinventur (in € oder in Stück): **∅ LB** = (JAB + 12 MEB)/13 liegen keine Monatsendbestände vor: = (JAB + JEB)/2 JAB = Jahresanfangsbestand JEB = Jahresendbestand MEB = Monatsendbestände	Minimierung
Umschlagshäufigkeit (UH) zeigt, wie häufig der ∅ LB in einer Periode umgeschlagen (verbraucht/eingesetzt) wird	$\text{UH} = \frac{\text{Wareneinsatz}}{\varnothing\ \text{Kapitalbindung}} = \frac{\text{Lagerabgang (Menge)}}{\varnothing\ \text{LB}}$ **Wareneinsatz** = Wert des Lagerabgangs bzw. der für die Leistungserstellung eingesetzten Materialien **∅ Kapitalbindung** = ∅ LB · Einstandspreis	Maximierung
Durchschnittliche Lagerdauer (∅ LD) zeigt die Zeitdauer der Lagerung des durchschnittlichen Lagerbestandes	$\varnothing\ \textbf{LD} = \frac{\text{Tage der Periode}}{\text{UH}}$	Minimierung
Lagerzinsen, Lagerzinssatz zeigt, wie hoch der Zinsverlust (in € und in %) des im Lager gebundenen Kapitals in einer Periode ist	$\textbf{Lagerzins} = \frac{\varnothing\ \text{Kapitalbindung} \cdot \text{Marktzinssatz} \cdot \varnothing\ \text{LD}}{100 \cdot 360}$ $\textbf{Lagerzinssatz} = \frac{\text{Marktzinssatz} \cdot \varnothing\ \text{LD}}{360}$	Minimierung

Bei genauerer Betrachtung fällt auf, dass zwischen den Lagerkennziffern Zusammenhänge erkennbar sind, da teilweise gleiche Größen in den Formeln berücksichtigt werden. Es gilt:

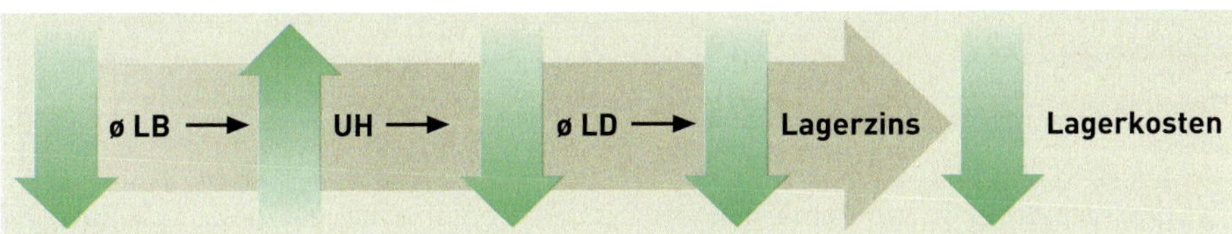

Darüber hinaus werden neben den Kennziffern zur Überwachung der Lagerbestände auch in Bezug auf die Nutzung der Lagerkapazität Kennziffern ermittelt. Unternehmensindividuell werden eine Vielzahl unterschiedlicher Kennziffern ermittelt. Beispielhaft wird hier die Ermittlung eines Lagerplatznutzungsgrades vorgestellt:

$$\frac{\text{Anzahl der genutzten Lagerplätze}}{\text{Anzahl der vorhandenen Lagerplätze}} \cdot 100\,\% = \text{Lagerplatznutzungsgrad in }\%$$

Generell sollte in der Lagerverwaltung eine einmalige Verbesserung der Kennziffern nicht sofort als Erfolg gewertet werden. Vielmehr müssen über Zeit- und/oder Branchenvergleiche die Entwicklungen kontinuierlich beurteilt werden. Zudem werden in modernen Lagerverwaltungen zu Beginn der Periode Zielgrößen (Sollwerte) vorgegeben, die am Ende der Periode mit den tatsächlichen Werten (Ist-Werte) verglichen werden. Sollten dabei Soll- und Ist-Werte nicht übereinstimmen, können Produktionsstockungen durch Fehlmengen oder höhere Lagerkosten durch Überbestände die Folge sein. In einer anschließenden Abweichungsanalyse müssen Ursachen (etwa nachlässige Lagerarbeit, Schwund, Verderb, Diebstahl, Fehlbuchungen, zu späte Bestellung durch den Einkauf, Nachfrageveränderungen usw.) ermittelt und für die Zukunft abgestellt werden.

Abweichungsanalyse

Aufgaben
› Kap. 4.3

1. Nennen Sie Funktionen und Aufgaben eines Lagers im Industriebetrieb.
2. In einem Industrieunternehmen sind viele Lager an unterschiedlichen Stellen des Wertschöpfungsprozesses gegeben (siehe Abbildung S. 166).
   a) Erläutern Sie jeweils die Funktion dieser Lager.
   b) Beschreiben Sie, welche Lagergüter in einem Industriebetrieb jeweils in den Lagern zu finden sind.
3. Unterscheiden Sie zwischen zentraler und dezentraler Lagerung. Begründen Sie, welche Lagerorganisation bei Ihrem Ausbildungsbetrieb vorliegt.
4. Erklären Sie die Darstellung eines Lagers (siehe Abbildung S. 173) und beschreiben Sie mögliche Tätigkeiten in den dort angegebenen Aufgabenbereichen.
5. Moderne Lagerverwaltungen arbeiten mit Strichcodes. Erläutern Sie das Prinzip und die Vorzüge eines derartigen Lagerverwaltungssystems.
6. Beschreiben Sie Tätigkeiten, die im Wareneingang erledigt werden müssen.
7. Am 05. August sind der Heidtkötter KG per Spedition 10 000 Stück Stuhlrollen in Pappbehältern auf DB-Paletten angeliefert worden. Die Lieferung zeigt Mängel, die auf einem Wareneingangsschein dokumentiert worden sind:

Wareneingangsschein

lfd. Nr.: **01/08-20..** Auftrag: 138-01
Lieferant: Böhmer & Dose GmbH Datum: 05.08.20..

Anzahl	Verpackung	Material/Nr.	Mengeneinheit	Bemerkungen
10	Pappbehälter auf DB-Palette	120052 Stuhlrollen	1 000 Stück	Ein Pappbehälter deutlich beschädigt. Insgesamt ca. 200 Stuhlrollen z. T. total zerstört (rollen nicht, sind eingedrückt). Bei den übrigen Pappbehältern wurden Stichproben an die QS-Abteilung weitergegeben.

Ware angenommen:
05.08.20..
Datum
Manfred Schiewe
Unterschrift

Sperrvermerk QS-Abteilung: R
Bemerkungen QS-Abteilung:

Ware geprüft:
Datum, Unterschrift QS-Abteilung

Ware geprüft und eingelagert:
05.08.20.. Manfred Schiewe
Datum, Unterschrift

   a) Beschreiben Sie Folgen, die sich aus der obigen Situation für die Heidtkötter KG ergeben haben bzw. ergeben können.
   b) Beschreiben Sie, wie sich der Mitarbeiter im Wareneingang und der QS-Mitarbeiter – auch bezüglich der Prüf- und Rügefristen – verhalten müssen.

› **Recherche**

8. Bereiten Sie einen Kurzvortrag über die Organisation des Lagers Ihres Ausbildungsbetriebes vor. Ihr Vortrag sollte folgende Aspekte enthalten:
   - überbetriebliche und innerbetriebliche Lagerorganisation,
   - schematische Darstellung des Lageraufbaus,
   - Arbeitsweise des EDV-Lagerverwaltungssystems,
   - Materialfluss für ein beliebiges Lagergut und die Tätigkeiten im Lager,
   - Lagerprinzip (Festplatzsystem/Freiplatzsystem),
   - Lagertyp (Bodenlagerung, Regallagerung usw.),
   - über- und innerbetriebliche Transportsysteme,
   - Sicherheitseinrichtungen zur Gewährleistung des Arbeitsschutzes.
9. Beschreiben Sie fixe und variable Bestandteile von Lagerkosten und nennen Sie für beide Kosten konkrete Beispiele.

10. Erläutern Sie Probleme, die durch zu hohe und durch zu niedrige Lagerbestände für ein Industrieunternehmen entstehen können.

11. Die Heidtkötter KG möchte die eigenen Lagerkennzahlen für Drehkreuze mit Hubtechnik mit Vorjahres- und Branchenwerten vergleichen. Folgende Daten sind gegeben:

	Vorjahreswerte	Branchenwerte
∅ Lagerbestandswert	200.000,00 €	195.000,00 €
Umschlagshäufigkeit	12-mal/Jahr	14-mal/Jahr
∅ Lagerdauer	30 Tage	24 Tage
Lagerzinsen bei einem Marktzinssatz von 4,00 %	1.012,57 €	525,27 €

Lager-Dispositionskarte									
Teilebezeichnung:	Drehkreuze mit Hub				Jahresbedarf:				14 000 Stück
Teilenummer:	11833				Höchstbestand:				5 000 Stück
Lieferer:	Montage 1				Meldebestand:				800 Stück
Herstellkosten:	150,00 €				Kostenstelle:				127
Datum	**Beleg**	**Zugang**	**Abgang**	**Bestand**	**Datum**	**Beleg**	**Zugang**	**Abgang**	**Bestand**
01.01.				1 000	01.10.	MZS 355	2 000		5 000
16.01.	MZS 301	200		1 200	12.10.	MES 59		1 800	3 200
12.02.	MES 09		700	500	13.10.	MES 63		600	2 600
17.03.	MZS 311	2 000		2 500	29.10.	MES 67		1 200	1 400
05.04.	MES 18		1 000	1 500	02.11.	MES 74		400	1 000
28.04.	MES 22		400	1 100	08.11.	MZS 377	3 300		4 300
02.05.	MZS 329	300		1 400	27.11.	MES 78		1 000	3 300
10.06.	MZS 332	1 000		2 400	03.12.	MES 84		800	2 500
27.06.	MES 47		1 000	1 400	07.12.	MES 87		300	2 200
10.08.	MES 50		300	1 100	15.12.	MES 93		400	1 800
19.09.	MES 56		600	500	23.12.	MZS 380	200		2 000
26.09.	MZS 344	2 500		3 000	30.12.	MES 98		800	1 200

MES = Materialentnahmeschein, MZS = Materialzugangsschein

a) Berechnen Sie die Lagerkennziffern für das laufende Geschäftsjahr für die Drehkreuze mit Hubtechnik und beurteilen Sie das Ergebnis für die Heidtkötter KG im Zeit- und Branchenvergleich.

b) Welche Zielsetzungen sollten bezüglich der Lagerkennziffern angestrebt werden?

c) Erläutern Sie Zusammenhänge zwischen den einzelnen Lagerkennziffern und deren Auswirkungen auf die Entwicklung der Lagerkosten.

12. Die Franz Kniep GmbH bezieht zur Herstellung von Waschmaschinen die Elektronik-Baugruppen fremd. Zur Gewährleistung ständiger Produktionsbereitschaft wird ein Mindestlagerbestand von drei Tagesverbräuchen gehalten.

a) Ermitteln Sie den Mindestlagerbestand an Elektronik-Baugruppen, wenn an insgesamt 225 Arbeitstagen im Jahr 24 750 Waschmaschinen produziert werden sollen und je Waschmaschine eine Elektronik-Baugruppe benötigt wird.

b) Wie viel m³ Lagerraum wird für diesen Mindestlagerbestand benötigt, wenn je fünf Elektronik-Baugruppen in einem Hochregallager 2 m³ in Anspruch nehmen?

c) Berechnen Sie die jährlichen Lagerkosten für den Mindestlagerbestand, wenn für die ersten 100 m³ Lagerraum 40,00 €/m³ pro Monat und für den darüber liegenden Lagerraum 45,00 €/m³ pro Monat entstehen. Der Einstandspreis je Elektronik-Baugruppe beträgt 105,00 €; der Kapitalmarktzins beträgt 4 % p. a.

d) Berechnen Sie die Kosteneinsparung, die sich unter den gegebenen Bedingungen ergeben kann.

4.4
Eigen- oder Fremdlagerung

Bei Rationalisierungsvorhaben in der Materiallogistik kann unmittelbar bei den Aufgaben angesetzt werden. Denkbar sind alle Möglichkeiten, die bei Lagerung, Transport, Umschlag und Verpackung zu Produktivitätszuwächsen und/oder Kostensenkungen beitragen. Eine Möglichkeit ist dabei das Outsourcing von Aufgabenbereichen. Während Transport und Umschlag häufig an Logistikdienstleister vergeben werden, ist ebenso eine Fremdlagerung bei Lieferanten oder anderen Dienstleistern denkbar. Hierbei erfolgt innerhalb des Supply Chain-Managements auch eine Rationalisierung bei Verpackungen, um dem Grundsatz der Logistik (siehe Kap. 4.1) gerecht zu werden.

› Teil C, Kap. 5.2.2 Outsourcing

Kostenvergleich

Als Entscheidungshilfe bezüglich Eigenlagerung oder Fremdlagerung wird häufig ein Kostenvergleich angestellt. Dabei sind die Kosten ähnlich wie bei der Entscheidung über Eigen- und Fremdfertigung gegenüberzustellen. Es wird die kritische Menge in Abhängigkeit von der Lagereinheit (Lagerfläche oder Lagermenge) ermittelt und auf die Unternehmenssituation übertragen.

Kosten der Eigenlagerung	Kosten der Fremdlagerung
Es entstehen variable und fixe Kosten. **Variable Kosten:** ■ Kostensatz je Lagereinheit ■ Kosten für Kapitalbindung je Lagereinheit, Energie usw. **Fixkosten:** bestimmter Betrag in €, Kosten für die Lagereinrichtung und z. T. für die Lagerverwaltung, Abschreibungen	Es entstehen nur variable Kosten (und keine Kosten, wenn keine Lagereinheit in Anspruch genommen wird). **Variable Kosten:** ■ Kostensatz je Lagereinheit ■ Kosten für alle anfallenden Tätigkeiten im Fremdlager und die Unterhaltung des Lagers

Beispiel

Eigenlagerung: Fixkosten: 50.000,00 €; variable Kosten: 5,50 € je Lagereinheit (LE)
Fremdlagerung: variable Kosten: 25,50 € je Lagereinheit (LE)

Kosten der **Eigenlagerung**	Kosten der **Fremdlagerung**
50.000,00 € + 5,50 €/LE · x	25,50 €/LE · LE

$$x = \frac{50.000{,}00\ €}{20{,}00\ \frac{€}{LE}} = 2\,500\ LE$$

oder auch:

$$\begin{aligned} 25{,}5\ LE &= 50.000{,}00\ € + 5{,}5\ LE \\ 20\ LE &= 50.000{,}00\ € \\ LE &= 2\,500 \end{aligned}$$

Die kritische Menge liegt bei 2 500 Lagereinheiten. Ab 2 501 Lagereinheiten lohnt sich aus Kostengesichtspunkten die Eigenlagerung.

weitere Kriterien

Die Entscheidung über Eigen- oder Fremdlagerung wird nicht allein unter Kostengesichtspunkten getroffen. Es werden weitere Kriterien in die Entscheidung einbezogen:

- Die eigene Lagerkapazität reicht nicht aus.
- Der Lieferant/Dienstleister verfügt über mehr Know-how bezüglich der Lagereigenschaften des Lagergutes.
- Die eigenen technischen Möglichkeiten zur Lagerung sind nicht gegeben (z. B. Kühlhäuser).
- Es ist ein besserer Lieferservice bei Fremdvergabe möglich.

- Es folgt ein höheres Maß an Flexibilität, da keine Fixkostenbelastung besteht.
- Erweiterungsinvestitionen in die eigene Lagerkapazität können unterbleiben, wenn zusätzlicher Kapazitätsbedarf nur kurzfristig bzw. saisonal gegeben ist.

Unter Berücksichtigung dieser Aspekte könnte es sein, dass eine Fremdlagerung trotz höherer Kosten wirtschaftlicher ist. Um eine Entscheidung herbeiführen zu können, kann eine Nutzwertanalyse durchgeführt werden.

› Teil B, Kap. 2.5 Nutzwertanalyse

Fremdlagerung

Dass eine Fremdlagerung nicht frei von Nachteilen sein muss, zeigen folgende Aspekte:

- Ein ständiger Informationsfluss muss gewährleistet sein, was zu Aufwand führt.
- Der Dienstleister könnte sich als unzuverlässig erweisen, eventuell nach- bzw. fahrlässig mit dem Lagergut umgehen.
- Der Dienstleister ist nicht immer verfügbar, der Einlagernde ist abhängig vom Dienstleister.
- Die Güter sind nicht sofort greifbar, es kommt zu Zeitverlusten, bevor über ein Gut verfügt werden kann.
- Es entsteht bei Gütern, die für den Verkauf an Kunden bestimmt sind, ein Umweg (vom Unternehmen über den Dienstleister zum Kunden), ein direkter Kontakt zwischen Unternehmen und Kunden entfällt.

Eine Fremdlagerung der Güter kann

- getrennt erfolgen (**Getrenntlagerung**), d. h., die Güter werden nicht mit denen anderer Einlagerer zusammen gelagert, oder
- in **Sammellagerung** erfolgen, was zum Beispiel bei Schüttgütern sinnvoll ist (z. B. bei Baustoffen oder Getreide, bei Öl, bei Chemikalien), die Güter werden also mit denen anderer Einlagerer gemeinsam gelagert und dabei auch vermischt.

Auch möglich ist, dass der Einlagerer nur den Lagerraum mietet (**Mietlagerung**). Dann ist er allerdings auch für die Pflege des Raumes und für den Erhalt der Güter verantwortlich.

Für den Fall der Fremdlagerung wird mit dem Lagerhalter ein Lagervertrag geschlossen. Der Vertrag verpflichtet den Lagerhalter dazu, das Gut ordnungsgemäß zu lagern. Er verpflichtet sich, die Güter nur an Empfangsberechtigte zu übergeben. Bei Verlust oder Beschädigung der Lagergüter haftet der Lagerhalter. Der Einlagernde verpflichtet sich durch den Vertrag zur Zahlung einer im Vertrag vereinbarten Vergütung für die Lagerleistung. Die Entgegennahme der Lagereinheit bescheinigt der Lagerhalter auf dem Lagerschein (§ 475 c–g HGB). **Lagerscheine** sind **Warenwertpapiere**, da sie das Recht auf Herausgabe des eingelagerten Gutes verbriefen. Es werden drei Varianten des Lagerscheins unterschieden:

Lagerscheine

Inhaberlagerschein	Namenslagerschein	Orderlagerschein
Die Herausgabe des eingelagerten Gutes erfolgt an die Person, die den Lagerschein besitzt und vorlegt.	Die Herausgabe des eingelagerten Gutes erfolgt an die namentlich dokumentierte Person auf dem Lagerschein.	Die Herausgabe des eingelagerten Gutes erfolgt an die per Übertragungsvermerk auf der Rückseite namentlich dokumentierte Person (Indossament). Dadurch wird der Eigentumsübertrag bewirkt.

Ein Inhaberlagerschein ist aufgrund der nicht-personifizierten Form sehr risikoreich. Namenslagerschein und Orderlagerschein sind sicherer. Zu bedenken ist, dass ein Indossament nur von einer durch den Staat konzessierten Person vorgenommen werden darf. Dies dient dem Schutz des ursprünglichen Inhabers, da durch das Indossament das Eigentum übertragen wird.

Der Wert eines Lagerscheins erlischt durch Abschreibung. Das heißt, der Lagerhalter vermerkt auf dem Lagerschein die Herausgabe (u. U. eines Teils) des Lagergutes. Der Lagerhalter hat den Abschreibungsvermerk zu unterschreiben.

Abschreibungsvermerk

Aufgaben

› Kap. 4.4

1. Die JKJ Eisenwaren GmbH erwägt, einen Teil des Lagers kurzfristig (6 Monate) bei einem Lagerhalter zu lagern. Die Konditionen lauten: 37,50 € je m³ Lagerraum und pro Monat. Um zu erfahren, welche Lagerkosten je m³ Lagerraum bei der JKJ Eisenwaren GmbH entstehen, sollen folgende Daten je 100 m³ Lagerraum ausgewertet werden:

Kostenbestandteil	
Stromkosten	1.200,00 €/Monat
Heizkosten	1.800,00 €/Monat
Personalkosten Lagerarbeiter (Gehalt)	11.600,00 €/Monat
Abschreibung Lagerinventar	3.500,00 €/Monat
Abschreibung Lagergebäude	6.500,00 €/Monat
Zinsen auf Lagerinventar und -gebäude	5.400,00 €/Monat
Kapitalbindung für Lagerbestände	8 % auf Ø Lagerbestandswert pro Jahr
Versicherungsprämie	2,9589 % auf Ø Lagerbestandswert pro Jahr (auf volle EUR runden)
Ø Lagerbestandswert	68.375,00 €/Jahr

a) Ermitteln Sie rechnerisch den benötigten Lagerraum in m³, ab dem sich die Fremdlagerung lohnen würde.

b) Sammeln Sie neben dem Kostenaspekt weitere Kriterien, die bei der Entscheidung Eigen- oder Fremdlagerung von Bedeutung sind, und führen Sie Vorteile der Fremdlagerung an.

2. Die Franz Kniep GmbH erwägt, die Trommeln für Waschvollautomaten fremdzulagern:

Eigenlagerung:	22.000,00 €	fixe Kosten
	6,00 €	variable Kosten je Stück
Fremdlagerung:	11,50 €	variable Kosten je Stück

Ermitteln Sie die kritische Lagermenge und erläutern Sie, wann eine Eigen- bzw. Fremdlagerung lohnt.

3. Erläutern Sie die rechtliche Bedeutung und die Arten eines Lagerscheins. Wann wird ein Lagerschein ausgestellt und wie wird ein Lagerschein entwertet?

4. Ein Motorradhersteller möchte den Vertrieb der fertiggestellten Motorräder logistisch neu organisieren. Auf einer Tagung mit den regionalen Motorradhändlern wird u. a. diskutiert, wer die Lagerkosten für die Lagerung der fertiggestellten Motorräder bis zur Auslieferung übernimmt. In einer hitzig geführten Debatte betont ein Vertreter der Motorradhändler, dass eine Entscheidung über die Eigen- und Fremdlagerung nicht allein aus Kostensicht zu entscheiden sei.
Jeder regionale Motorradhändler kann mit einem durchschnittlichen Lagerbestand von 50 Motorrädern rechnen. Der Motorradhersteller bietet an, für 60,00 €/Monat je Motorrad die Lagerung zu übernehmen. Sollten die Motorradhändler die Motorräder lagern, entstünden ihnen jeweils durchschnittlich 1.600,00 € monatliche Fixkosten für die zusätzliche Lagerkapazität und 20,00 €/Monat je Motorrad.

a) Ermitteln Sie rechnerisch und zeichnerisch aus Sicht eines Motorradhändlers, ob er die Lagerung der Motorräder übernehmen sollten.

b) Nennen Sie Vorteile aus Sicht der Motorradhändler, die für eine Lagerung bei dem Motorradhersteller oder bei dem Motorradhändler sprechen.

c) Begründen Sie Ihre Entscheidung über Eigen-/Fremdlagerung aus Sicht des Motorradhändlers erneut, wenn in den kommenden Jahren eine Umstellung auf eine fertigungssynchrone Auslieferung der Motorräder an den Kunden ab Werk geplant ist.

Wiederholungsaufgaben

› Kap. 4

› Recherche
(zu Aufgabe 1)

1. Der Einsatz der Strichcode-Technologie wird zunehmend durch die RFID-Technologie ersetzt bzw. ergänzt. Beschreiben Sie die Funktionsweise der RFID-Technologie und führen Sie Vorteile des Einsatzes für die Materiallogistik an.
2. Sammeln Sie Vorteile, die für eine räumliche Trennung oder für eine räumliche Zusammenlegung von Wareneingang und Warenausgang sprechen.
3. Geben Sie mindestens fünf verschiedene Kostenarten für Lagerkosten an.
4. Einem Industrieunternehmen werden Rohstoffe auf insgesamt fünf Paletten geliefert. Nennen Sie fünf Tätigkeiten in einer schlüssigen Reihenfolge, die beim Wareneingang abgewickelt werden müssen.
5. Ein Automobilzulieferer betreibt ein zentrales Hochregallager mit chaotischer Lagerhaltung.
   a) Beschreiben Sie das Prinzip der chaotischen Lagerung und geben Sie Voraussetzungen für die Umsetzung dieses Prinzips an.
   b) Führen Sie Vor- und Nachteile der chaotischen Lagerhaltung gegenüber dem Festplatzsystem an.
   c) Erläutern Sie Vorteile der zentralen gegenüber der dezentralen Lagerung.
6. Zur Ermittlung der Lagerkennzahlen wurden folgende Daten eines Zementherstellers für das abgelaufene Geschäftsjahr zusammengefasst:

Anfangsbestand am 01.01.20..	1 800 t		
Endbestand Januar	2 500 t	Endbestand Juli, August	2 500 t
Endbestand Februar	3 000 t	Endbestand September	1 500 t
Endbestand März, April	2 500 t	Endbestand Oktober	5 000 t
Endbestand Mai	4 000 t	Endbestand November	5 000 t
Endbestand Juni	3 000 t	Endbestand Dezember	3 500 t

   a) Ermitteln Sie den durchschnittlichen Lagerbestand (auf volle t gerundet).
   b) Der durchschnittliche Lagerbestand gilt als zu hoch. Nennen Sie Vergleichsgrößen, die herangezogen wurden, um zu dieser Einschätzung zu gelangen.
   c) Erklären Sie zwei Maßnahmen, wie der durchschnittliche Lagerbestand gesenkt werden kann.
   d) Nennen Sie weitere Lagerkennziffern und berechnen Sie diese. Unterstellen Sie einen Jahresabgang im Lager von 15 000 t, einen Marktzinssatz von 4 % und Herstellkosten von 70,00 € je Tonne.

7. Ein Süßwarenhersteller analysiert die Entwicklung der Lagerbestände für Fruchtgummi der Sorte „Apfelhops“ für das abgelaufene Geschäftsjahr anhand folgender Daten (Anfangsbestand: 2 250 kg):

Angaben in kg	Zugänge	Abgänge	Bestand
Endbestand 1. Quartal	700	1 400	1 550
Endbestand 2. Quartal	1 000	1 800	750
Endbestand 3. Quartal	2 000	2 200	550
Endbestand 4. Quartal	2 500	2 100	950

Herstellkosten = 1,25 €/kg   Marktzinssatz = 4,00 %

   a) Berechnen Sie den durchschnittlichen Lagerbestand, die Umschlagshäufigkeit, die durchschnittliche Lagerdauer und die Lagerzinsen für das abgelaufene Geschäftsjahr für das Fruchtgummi „Apfelhops“.
   b) Interpretieren Sie Ihre Ergebnisse, wenn in den vergangenen Jahren der durchschnittliche Lagerbestand bei ca. 2.000,00 € und die durchschnittliche Lagerdauer bei ca. 90 Tagen lagen.

5 Beschaffungskontrolle

Einführung

Die Bedeutung der Beschaffung für den Unternehmenserfolg hat in den letzten Jahren immer mehr zugenommen. Die technischen Entwicklungen im Bereich der Materialien sowie die Fremdvergabe von Leistungen (Bezug fertiger Einbauteile/Montageteile) haben kontinuierlich zugenommen. Die produzierenden Unternehmen sind immer mehr darauf angewiesen, die Kosten für den Einkauf ihrer Materialien und Handelswaren zu optimieren. Daher haben die Ergebnisse der Beschaffungsleistungen einen immer stärkeren Einfluss auf die Gewinnsituation des Unternehmens.

Beispiel

Die Heidtkötter KG kann den *communicTable* nicht für einen beliebig hohen Preis anbieten. Die Höhe des Gewinns hängt davon ab, ob sie den einzubauenden Touchscreen, aber auch die weiteren Bestandteile preiswert kaufen kann.

Eine möglichst genaue und kontinuierliche Messung und Kontrolle aller Leistungen im Funktionsbereich der Beschaffung ist unerlässlich.

Beschaffungskontrolle

Die **Beschaffungskontrolle** ist ein System von Organisations- und Entscheidungshilfen. Sie kann durch die Bereitstellung von internen und externen Informationen sowie hilfreichen Instrumenten und Kennzahlen die Beschaffung unterstützen und optimieren.

strategisch

Bei der strategischen Beschaffungskontrolle geht es um die Festlegung eines langfristigen Beschaffungskonzeptes. Die zu beschaffenden Materialien und Montageteile müssen in ihrer Art, Qualität sowie bezogen auf Menge und Zeit spezifiziert werden. Die wichtigsten internen und externen Einflussgrößen sind festzustellen und im Hinblick auf ihre zukünftigen Entwicklungen zu analysieren.

operativ

Die operative Beschaffungskontrolle baut auf den Ergebnissen der strategischen Beschaffungsplanung auf. Sie leitet den aus den Kunden- und Fertigungsaufträgen entstehenden Bedarf ab und kontrolliert, welcher Bedarf in welcher Qualität zu welchem Zeitpunkt an welchem Ort zu beschaffen ist.

5.1 Zielsetzungen und Aufgaben der Beschaffungskontrolle

Leistungsfähigkeit der Beschaffungskontrolle

Im Bereich der Zahlungsströme entsteht eine Schnittstelle unterschiedlicher Funktionsbereiche. Für die vertragliche Festlegung der Zahlungsbedingungen ist die Beschaffung zuständig, während die Zahlung der Eingangsrechnungen sowie die Ausnutzung von Skonto in den Bereich des Rechnungswesens fallen. Hier ist eine optimal funktionierende Kooperation dieser Funktionsbereiche erforderlich und zu überwachen, um eine maximale Rendite aus den Beschaffungsprozessen zu erwirtschaften. Funktioniert diese Zusammenarbeit nicht, kann dies zu höheren Kosten für kurzfristige Kredite, entgangenen Skonti, Liquiditätsschwierigkeiten und Imageverlusten bei den Lieferanten führen.

Zielsetzungen der Beschaffungskontrolle

Die **Zielsetzungen der Beschaffungskontrolle** leiten sich u. a. aus den Unternehmenszielen ab und sollen eine Optimierung wirtschaftlicher Ergebnisse im Sinne einer Gewinnmaximierung unterstützen.

Folgende Zielsetzungen können unterschieden werden:
- Minimieren der Kosten im Beschaffungsbereich, verursacht durch die zu beschaffenden Materialien sowie die erforderlichen Beschaffungsprozesse,
- Optimieren der Zusammenarbeit an Schnittstellen zu anderen Unternehmensbereichen und externen Gliedern der Supply Chain (Lieferanten),
- Fokussierung der Tätigkeiten auf die wichtigen Teilprozesse,
- Optimieren der Kooperation mit Lieferanten und Logistikunternehmen, z. B. durch eine Integration der Lieferanten in die Wertschöpfungsprozesse des eigenen Unternehmens,
- rechtzeitiges Aufzeigen von Schwachstellen und deren Behebung,
- Verkürzen der Prozessketten,
- Bündeln der Beschaffungsmengen.

Aufgaben der Beschaffungskontrolle

Aufgrund der angestrebten Zielsetzungen verpflichtet sich die Beschaffungskontrolle einer Vielzahl unterschiedlicher **Aufgaben**:
- Liefern von Daten interner Beschaffungsprozesse sowie externer Informationen,
- Entwickeln von Lagerkennzahlen zur Kontrolle und Optimierung der Lagerbestände und -kosten,
- gezieltes Aufbereiten von Informationen über Beschaffungsmärkte, Lieferanten, Logistik und zu beschaffende Materialien als Grundlage für operative und strategische Entscheidungen im Beschaffungsbereich,
- Festlegen von Messwerten/Kennzahlen zur Kontrolle der Beschaffungsleistungen,
- Bereitstellen hilfreicher Instrumente zur Optimierung der Beschaffungsprozesse,
- Festlegen der optimalen Beschaffungstiefe (Umfang der zu beschaffenden Materialien) in Abhängigkeit von der Fertigungstiefe; Abgleich der Leistungserstellung des Unternehmens mit den Angeboten des Beschaffungsmarktes (buy or make),
- Festsetzen von Bewertungskriterien, die die Güte der Materialien messbar und vergleichbar machen (Messung und Analyse von Materialeigenschaften),
- Prüfen und Sicherstellen der Effektivität von Planung, Steuerung und Kontrolle der Beschaffungsprozesse,
- Optimieren der Beschaffungspreise, Qualitäten und Lagerbestände bei gleichzeitiger Sicherstellung der Fertigung und Ersatzteilbereitstellung,
- Entwickeln und Bereitstellen von Verfahren und Instrumenten zur Effektivitätsmessung der Beschaffungsprozesse und -ergebnisse,
- Durchführen von Wareneingangs-, Rechnungs- und Terminkontrollen,
- Entwickeln von Konzepten für eine effektive Kooperation zwischen Unternehmen und Lieferanten.

Aufgaben

› Kap. 5.1

1. Nehmen Sie Stellung zu folgender Aussage: *„Die Einsparung von Kosten in der Beschaffung erwirtschaftet einen größeren Gewinn als die Erhöhung von Absatzzahlen.“*
2. Erläutern Sie die Bedeutung der Beschaffungskontrolle für die Optimierung der Beschaffungsprozesse.
3. Beschreiben Sie drei Zielsetzungen der Beschaffungskontrolle und nennen Sie jeweils ein konkretes Beispiel aus der Praxis.
4. Unterscheiden Sie zwischen operativen und strategischen Entscheidungen im Beschaffungsbereich und nennen Sie bitte jeweils zwei Beispiele.
5. Nennen Sie beispielhaft zwei Aufgaben der Beschaffungskontrolle, deren Umsetzung eine enge Kooperation zweier Funktionsbereiche erfordern.

5.2 Instrumente und Messgrößen der Beschaffungskontrolle

Instrumente der Beschaffungskontrolle

Die Erkenntnis, dass über eine erhöhte Kostenersparnis ein größerer Gewinn erwirtschaftet werden kann als z. B. über eine Erhöhung der Absatzzahlen, ist nicht neu. Dies führt dazu, dass der Stellenwert der Beschaffungskontrolle für das Erreichen der monetären Unternehmensziele sowie die Anzahl der zur Verfügung stehenden Instrumente/Verfahren der Beschaffungskontrolle stetig zunehmen. Folgende Verfahren werden u. a. in der Praxis angewendet:

› Teil B, Kap. 2.4
- Die **ABC-Analyse**, die **XYZ-Analyse** sowie eine **kombinierte ABC/XYZ-Analyse** werden angewendet, um mit Hilfe verschiedener Kriterien unterschiedliche Kategorien von Materialien zu bilden und dadurch die Bedarfsdeckung und Lagerhaltung unter Kostengesichtspunkten zu optimieren.

› Teil B, Kap. 2.5
- Die Durchführung einer **Nutzwertanalyse** ermöglicht die Berücksichtigung quantitativer und qualitativer Entscheidungskriterien bei der Auswahl von Lieferanten.

› Teil B, Kap. 2.2.2
- Die Berechnung und Orientierung an der **optimalen Bestellmenge** ermöglicht die Reduzierung der Summe aus Lager- und Beschaffungskosten.

› Teil B, Kap. 2.3
- Die Berechnung und stetige Überprüfung der **Lagerbestandsgrößen** (Mindest-, Melde- und Höchstbestand) ermöglicht die Reduzierung der Lagerhaltungskosten, insbesondere der Kapitalbindungskosten.

› Teil B, Kap. 4.3.5
- Die Berechnung von **Lagerkennziffern** und der anschließende Vergleich mit externen Werten bzw. internen Werten der Vorperioden führen zu einer kritischen Würdigung und Optimierung der erforderlichen Lagerhaltung. Folgende Kennziffern können berechnet werden: der durchschnittliche Lagerbestand, die durchschnittliche Kapitalbindung, die Umschlagshäufigkeit, die durchschnittliche Lagerdauer sowie Lagerzinsen und Lagerzinssatz.

› Teil B, Kap. 2.2.3
- Begründete **Entscheidungen für Fremdbezug** (Outsourcing) **oder Eigenfertigung** können abhängig von den jeweils gegebenen, betrieblichen Voraussetzungen zu Kostenersparnissen führen.

› Rechnungswesen
- Der **Vergleich von Istkosten und Normalkosten** im Bereich der Beschaffung dient der Kostenkontrolle und kann aufzeigen, ob die Materialien im Rahmen der Normalkosten beschafft werden konnten.

› Rechnungswesen
- Die Einführung der **Prozesskostenrechnung** im Beschaffungsbereich ermöglicht die Ermittlung der Kosten für bestimmte Teilprozesse sowie eine differenzierte, prozessbezogene Kostenkontrolle (z. B. Kosten pro Lieferantenauswahl).

› Teil A, Kap. 3.2
- Die Durchführung von **Benchmarking** als kontinuierliche Vergleichsanalyse von Leistungen und Prozessen des eigenen Unternehmens mit Branchenführern führt zur Aufdeckung interner Schwachstellen und ermöglicht eine Ableitung von Maßnahmen, um eigene Beschaffungsprozesse zu verbessern und zu optimieren.

› Rechnungswesen
- Mit Hilfe der in der Praxis meist als Vollkostenrechnung durchgeführten **Preisstrukturanalyse** kann das Zustandekommen des Bezugspreises eines Materials untersucht und die Verkaufskalkulation des Lieferanten nachvollzogen werden. Dies ermöglicht eine bessere Beurteilung des Einstandspreises und verbessert die eigene Position in zukünftigen Preisverhandlungen.

› Teil D, Kap. 2.2.1
- Die Orientierung der Selbstkosten an einem vom Kunden vorgegebenen Zielpreis (**target price**) erfordert eine maximale Kostenersparnis schon im Bereich der Beschaffung. Das T**arget costing** beinhaltet insbesondere eine Kosten-/Funktionsanpassung an Markterfordernisse schon während der Produktentwicklungsphase. Ein vom Kunden gewünschter Nutzen darf einen bestimmten Marktpreis nicht übersteigen. Der Erbringer der Leistungen muss darauf achten, dass er durch den vorgegebenen Zielpreis seine eigenen Kosten und den geplanten Gewinn abdeckt.

6101190

- Der **Einsatz verschiedener Portfolios** kann die Sicherheit strategischer Entscheidungen im Beschaffungsbereich erhöhen und ermöglicht über eine Visualisierung differenzierter Sachverhalte das Ableiten zielorientierter Beschaffungsstrategien. Ein Portfolio besteht aus einer zweidimensionalen Matrix, bei der auf der Y-Achse eine vom Unternehmen nicht beeinflussbare Größe (Umweltgegebenheit), auf der X-Achse eine vom Unternehmen beeinflussbare Variable (Unternehmensgröße) abgetragen wird. Je nach Grad der Spezifizierung kann jede Achse in zwei oder mehr Felder/Kategorien eingeteilt werden[1]. In der Betriebswirtschaft werden Portfolios eingesetzt, um mit Hilfe eines systematischen Vorgehens die strategischen Entscheidungen zu unterstützen und zu begründen. Die Ergebnisse können dann problematisch werden, wenn die über die Achsenkriterien hinaus bestehenden Faktoren bei den zu treffenden Entscheidungen nicht berücksichtigt werden.

Beispielhaft wird im Folgenden das Beschaffungsobjekt-Beschaffungsmarkt-Portfolio näher beschrieben.

Beispiel

Beschaffungsobjekt-Beschaffungsmarkt-Portfolio

Beim Beschaffungsobjekt-Beschaffungsmarkt-Portfolio wird auf der Y-Achse die nicht beeinflussbare Wettbewerbsintensität auf dem betrachteten Beschaffungsmarkt bemessen. Die Wettbewerbsintensität ist gekennzeichnet durch Lieferanten gleicher oder ähnlicher Materialien, die die gleichen Kunden versorgen und wird konkretisiert z. B. durch die

- Anzahl der Lieferanten gleicher Größe,
- die Marktwachstumsrate (z. B. hoch, gering, positiv, negativ),
- die Kapitalintensität der Leistungserstellung,
- den Beschäftigungsgrad der einzelnen Wettbewerber.

Auf der X-Achse kann die durch das Unternehmen beeinflussbare Spezifizierbarkeit des Beschaffungsobjektes nach physischen Bestandteilen und/oder Funktionen/Nutzen für den Kunden abgetragen werden.

Die zu beschaffenden Materialien können nun in diese Vier-Felder-Matrix eingeordnet werden und es können entsprechende Empfehlungen für anzustrebende Lieferantenbeziehungen und Aktivitäten abgeleitet werden.

Beschaffungsobjekt-Beschaffungsmarkt-Portfolio		
hohe Wettbewerbsintensität auf dem Beschaffungsmarkt	Marktnahe Beschaffungsstrategien; den Umfang der Marktforschungsaktivitäten bzgl. weiterer Lieferanten erhöhen; verstärkte Suche nach neuen Lieferanten	Die eigene Macht des Unternehmens sollte herausgearbeitet werden und als potenzieller Stammkunde den Lieferanten beeindrucken.
geringe Wettbewerbsintensität auf dem Beschaffungsmarkt	Eine partnerschaftliche Beziehung zwischen Unternehmen und Lieferanten ist empfehlenswert.	Produktorientierte Beschaffungsstrategie; Produktvereinfachung; Forschen nach alternativen Materialien; Streben nach Beschaffungsalternativen
	geringe Spezifizierbarkeit des Beschaffungsobjektes	**hohe Spezifizierbarkeit des Beschaffungsobjektes**

Sourcing-Konzepte

Grundsätzlich ist es für ein Unternehmen hilfreich, die Spezifizierbarkeit des Beschaffungsobjektes sowie den Wettbewerb unter den Lieferanten (Rivalität auf dem Beschaffungsmarkt für bestimmte Beschaffungsobjekte) zu erhöhen, um die eigene Machtstellung zu stabilisieren und auszuweiten. Möglichkeiten zum Erreichen dieser Ziele bestehen in einer Globalisierung der Beschaffungsaktivitäten, in der Akquisition neuer Lieferanten sowie in der Bündelung des Bedarfs zu größeren Mengeneinheiten.

1 Bei dem im Absatzbereich häufig verwendeten Marktwachstum/-anteil-Portfolio (siehe Teil D, Kap. 1.3) werden die Achsen jeweils in zwei Kategorien (niedrig/hoch) unterteilt.

Kennzahlen der Beschaffungskontrolle

Die Bereitstellung von Informationen im Rechnungswesen sowie deren Aufbereitung sind grundlegende Voraussetzung bei der Ermittlung von Kennzahlen zur Kontrolle der Beschaffungsleistungen. Diese zeigen die Entwicklung eigener Beschaffungsprozesse und -ergebnisse bezogen auf festgelegte Zeiträume auf und ermöglichen einen Vergleich mit anderen Unternehmen. Folgende **Kennzahlen** stehen u. a. zur Kostenkontrolle im Beschaffungsbereich zur Verfügung:

- **Kontrolle der Anschaffungskosten (Bezugspreis) bezogen auf ein bestimmtes Beschaffungsobjekt:**

$$\text{Einkaufsergebnis (bestimmtes Material)} = \text{Auftragsvolumen in Mengeneinheiten} \cdot \left(\text{durchschnittlicher Angebotspreis aller Angebote} - \text{tatsächlicher Einkaufspreis}\right)$$

- **Kontrolle der Bestellabwicklungskosten:**

Die Bestellabwicklungskosten beinhalten Kosten der Planung, Vorbereitung, Durchführung und Kontrolle von Bestellungen im Einkauf.

$$\textbf{Kosten einer Bestellung} = \frac{\text{Kosten der Abteilung Einkauf pro Monat}}{\text{Anzahl der Bestellungen pro Monat}}$$

$$\textbf{Bestellwert pro 1,00 € Kosten} = \frac{\text{Gesamtbestellwert pro Monat}}{\text{Kosten der Abteilung Einkauf pro Monat}}$$

$$\textbf{Durchschnittlicher Bestellwert} = \frac{\text{Gesamtbestellwert pro Monat}}{\text{Anzahl der Bestellungen pro Monat}}$$

$$\textbf{Bestellkosten je 100,00 € Bestellwert} = \frac{\text{Bestellkosten pro Monat}}{\frac{\text{Bestellwert pro Monat}}{100}}$$

- **Kontrolle der Lieferantenleistungen:**

$$\textbf{Reklamationsquote} = \frac{\text{Anzahl der Reklamationen}}{\text{Gesamtzahl der Lieferungen}}$$

$$\textbf{Reklamationsquote eines bestimmten Lieferanten} = \frac{\text{Anzahl der Reklamationen}}{\text{Anzahl der Lieferungen eines Lieferanten}}$$

$$\textbf{Verzugsquote} = \frac{\text{Anzahl der verspäteten Lieferungen}}{\text{Gesamtzahl der Lieferungen}}$$

$$\textbf{Lieferbereitschaftsgrad (Servicegrad)} = \frac{\text{Anzahl der vollständig ausgeführten Lieferungen}}{\text{Gesamtzahl der Bestellungen (Lieferungen)}}$$

- **Kontrolle der Liefertermine:**

Beispiel zur Liefertermintreue

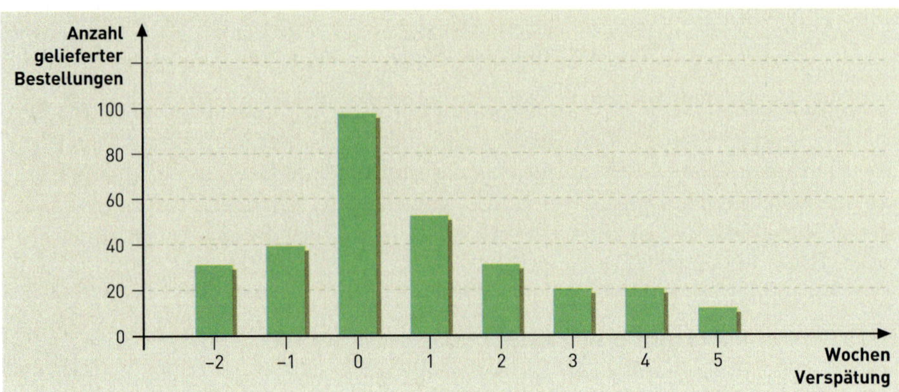

Aufgaben

› Kap. 5.2

1. Ordnen Sie die folgenden Verfahren der Beschaffungskontrolle den unten stehenden Aussagen a) bis f) zu.

(1) Benchmarking, (2) Preisstrukturanalyse, (3) Prozesskostenrechnung, (4) make or buy, (5) Nutzwertanalyse, (6) Vergleich von Ist- und Normalkosten

a) *bestimmt im Wesentlichen die optimale Beschaffungstiefe*
b) *führt als Vergleichsanalyse von Leistungen und Prozessen des eigenen Unternehmens mit Branchenführern zur Aufdeckung interner Schwachstellen*
c) *dient der Kostenkontrolle und kann aufzeigen, ob die Materialien im Rahmen der geplanten Kosten beschafft werden konnten*
d) *ermöglicht eine differenzierte, ablaufbezogene Kostenkontrolle*
e) *ermöglicht die Berücksichtigung quantitativer und qualitativer Entscheidungskriterien*
f) *externe Informationen ermöglichen das Nachvollziehen der Preisbildung des Lieferanten*

2. Die Umstellung auf eine neue Software erfordert bei der Textilfabrik Knickenberg die Anschaffung 25 neuer PC. Nach einer ersten Kontaktaufnahme mit schon bekannten Anbietern liegen folgende Bezugspreise vor:

- Computertechnik Willi Wolters, Gütersloh 48.750,00 €
- Computer und mehr, Freudenberg 50.500,00 €
- Piet Jansen NIKT GmbH, Köln 44.000,00 €
- Computertechnologie Vogelpohl, Lindental 45.500,00 €

Da schon in der Vergangenheit Geschäftsbeziehungen mit allen Lieferanten bestanden, stehen folgende Daten aus der Lieferantendatei zur Verfügung:

Lieferant	Anzahl Lieferungen	Anzahl Reklamationen	verspätete Lieferungen	vollständig ausgeführte Aufträge	gesamter Bestellwert (bislang)	Wert der ausgelieferten Ware
Computertechnik Willi Wolters	12	2	2	9	15.000,00 €	11.750,00 €
Computer und mehr	8	3	2	7	7.600,00 €	6.350,00 €
Piet Jansen NIKT GmbH	14	1	3	12	19.600,00 €	16.200,00 €
Computertechnologie Vogelpohl	10	0	1	8	13.800,00 €	11.740,00 €

a) Ermitteln Sie das Einkaufsergebnis für jeden Lieferanten und beurteilen Sie den Aussagegehalt dieser Kennziffer.
b) Berechnen Sie weitere Kennzahlen zur Kontrolle der bisherigen Lieferantenleistungen.
c) Sprechen Sie eine begründete Empfehlung aus, bei welchem Lieferanten die Textilfabrik Knickenberg die benötigten Rechner bestellen sollte.

3. Erläutern Sie, welchen Beitrag die Nutzwertanalyse aus der Perspektive der Beschaffungskontrolle leistet.

4. Ein Fahrradhersteller benötigt im Geschäftsjahr bei durchschnittlich 22 Arbeitstagen pro Monat insgesamt 39 600 Räder. Die Räder werden jeden Monat in gleich großen Bestellmengen zu einem Stückpreis von 8,50 € von einem Hersteller bezogen. Der Mindestlagerbestand wurde so festgelegt, dass er für zwei Arbeitstage ausreicht. Der Verbrauch erfolgt gleichmäßig.

Berechnen Sie

a) den Tagesverbrauch.
b) den Mindestlagerbestand.
c) die Bestellmenge pro Monat.
d) den durchschnittlichen Lagerbestand.
e) das durchschnittlich im Lager gebundene Kapital.

→

f) den aufgrund der Lagerhaltung verursachten monatlichen Zinsverlust, wenn bei Anlage des Kapitals bei der Hausbank 6,5 % Habenzinsen gezahlt werden.

Erläutern Sie den Nutzen der Ermittlung dieser Kennzahlen für die Beschaffungskontrolle.

5. Der Lieferant eines Industriebetriebes will ab dem 01.10. die Rohstoffpreise um 11,5 % erhöhen. Nach Bekanntgabe dieser Absicht wurde die Beschaffungskontrolle aktiv und hat intensive Verhandlungen mit dem Lieferanten geführt, sodass der bisherige Rabatt von 10 % auf 14 % erhöht wird.

Berechnen Sie die tatsächliche Preiserhöhung in Prozent (auf zwei Nachkommastellen runden).

Wiederholungsaufgaben

› Kap. 5

1. Beschreiben Sie vier grundlegende Aufgaben der Beschaffungskontrolle.

2. Beschreiben Sie den Nutzen einer ABC-Analyse im Hinblick auf die Zielsetzungen der Beschaffungskontrolle.

3. Die Bilanzen eines Industrieunternehmens weisen in zwei aufeinanderfolgenden Jahren folgende Bestände bei Rohstoffen aus:

   31.12.01: 54.840,00 €, 31.12.02: 72.208,00 €

   Die GuV des Jahres 02 weist Rohstoffaufwendungen von 2.922.104,00 € aus.

   a) Ermitteln Sie
      - den durchschnittlichen Lagerbestand,
      - die Umschlagshäufigkeit,
      - die durchschnittliche Lagerdauer (auf eine Stelle nach dem Komma runden),
      - die Kosten der Kapitalbindung pro Monat bei einem Jahreszinssatz von 8,5 %.

   b) Erklären Sie den Einfluss der Umschlagshäufigkeit auf die Kapitalbindungskosten.

   c) Beschreiben Sie zwei Maßnahmen, die die Beschaffungskontrolle zur Erhöhung der Umschlagshäufigkeit einsetzen könnte.

   d) Die Minimierung der Kapitalbindungskosten gehört zu den vorrangigen Zielsetzungen der Beschaffungsplanung und -kontrolle. Ebenso wird eine Minimierung der Beschaffungskosten angestrebt. Erklären Sie, warum diese beiden Ziele nicht gleichzeitig erreicht werden können.

4. Die Beschaffungskontrolle eines Industriebetriebs hat im Vergleich zum Vorjahr einen erhöhten durchschnittlichen Lagerbestand ermittelt.
   Welche der unten genannten Vorgänge könnten die Ursachen sein?

   a) *Die Meldebestände konnten durch schnellere Beschaffungsmöglichkeiten gesenkt werden.*

   b) *Die Lagerumschlagshäufigkeit ist gestiegen.*

   c) *Langfristig wurde die Einführung eines neuen Produkts geplant.*

   d) *Es wurde mit starken Preiserhöhungen auf dem Beschaffungsmarkt gerechnet.*

   e) *Die Kundennachfrage hat deutlich abgenommen.*

5. Unser Lieferant von Elektromotoren teilt uns mit, dass er aufgrund der um 4 % gestiegenen Preise für Einsatzstoffe sowie Lohnerhöhungen von 2 % die Preise für die Motoren um insgesamt 6 % erhöhen muss. Der Jahresbedarf liegt zurzeit bei 1 250 Stück. Nach Vorlage der folgenden GuV-Auszüge unseres Lieferanten sollen Sie die Grundlagen für diese Preiserhöhung prüfen.

Soll	Gewinn- und Verlustrechnung		Haben
Aufwendungen für Rohstoffe	65.200,00 €	Umsatzerlöse	181.200,00 €
Aufwendungen für Hilfsstoffe	14.250,00 €	Mehrbestand an Fertigerzeugnissen	6.845,00 €
Aufwendungen für Betriebsstoffe	3.150,00 €	Zinserträge	955,00 €
Gehälter	18.665,00 €	...	
Löhne	36.400,00 €		
Mietaufwendungen	5.575,00 €		
Zinsaufwendungen	2.596,00 €		
sonstige betriebliche Aufwendungen	9.644,00 €		

a) Ermitteln Sie jeweils den prozentualen Anteil der Einsatzstoffe sowie der Lohnkosten am Gesamtaufwand.

b) Berechnen Sie die mathematisch begründbare Preiserhöhung des Lieferanten.

c) Formulieren Sie ein Argument, das in einer Preisverhandlung mit dem Lieferanten selbst eine Preiserhöhung um 3 % entkräftet.

d) Nennen Sie (neben einer Suche nach einem neuen Lieferanten) weitere Maßnahmen, wie Sie in der Verhandlung mit dem Lieferanten der angestrebten Preiserhöhung finanziell entgegenarbeiten könnten.

e) Nach langen Überlegungen entscheiden Sie sich für die Ermittlung einer neuen Bezugsquelle. Nennen Sie fünf externe Informationsquellen, mit deren Hilfe Sie weitere Lieferanten für Elektromotoren finden können.

f) Nachdem Sie einige potenzielle Lieferanten mit einer Anfrage angeschrieben haben, erhalten Sie zwei Angebote, die Sie mit dem Einstandspreis des bisherigen Lieferanten vergleichen sollen.

	bisheriger Lieferant	evtl. neuer Lieferant A	evtl. neuer Lieferant B
Preis/Stück	28,00 €	25,90 €	29,90 €
Rabatt	10 %	–	15 %
Skonto	2 % innerhalb 14 Tage	3 % innerhalb 30 Tage	3 % innerhalb 7 Tage
Bezugskosten	30,00 € je 25 Stück	4,8 % vom LEP	4,75 % vom ZEP
Liefertermin	14 Tage	sofort	4 Wochen

g) Beschreiben Sie zwei Gründe dafür, nicht beim preiswertesten Lieferanten zu bestellen. Legen Sie sich nun unter Berücksichtigung aller Kriterien auf einen Lieferanten fest.

h) Eine weitere Möglichkeit, die sich uns aufgrund frei gewordener Fertigungskapazitäten stellt, ist es, die Elektromotoren selbst in Eigenfertigung herzustellen (make statt buy). Die Kostenrechnung kalkuliert im Falle der Eigenfertigung mit folgenden Kosten:
- K_f = 10.200,00 €
- Materialkosten pro Stück = 12,65 €
- Löhne pro Stück = 5,25 €

Sollten wir von Fremdbezug auf Eigenfertigung wechseln?
Bitte begründen Sie Ihre Einschätzung.

i) Nennen Sie zwei Voraussetzungen, die gegeben sein müssen, um die Elektromotoren in Eigenfertigung herzustellen.

C

Leistungserstellungsprozesse

Lernfeld 5
Leistungserstellungsprozesse planen, steuern und kontrollieren

1 Das Produktions- und Absatzprogramm eines Industriebetriebes

Einführung

Sein Produktions- und Absatzprogramm legt ein Industriebetrieb nicht willkürlich fest. Art, Menge und Vielfalt der hergestellten und angebotenen Erzeugnisse werden am Markt orientiert bestimmt. Der Markt ist die wichtigste Einflussgröße unter vielen, die sich ständig wandeln. Das Unternehmen kann nur dann dauerhaft wettbewerbsfähig sein, wenn es ihm gelingt, Veränderungen am Markt vorauszusehen und sich entsprechend marktgerecht anzupassen.

Beispiel

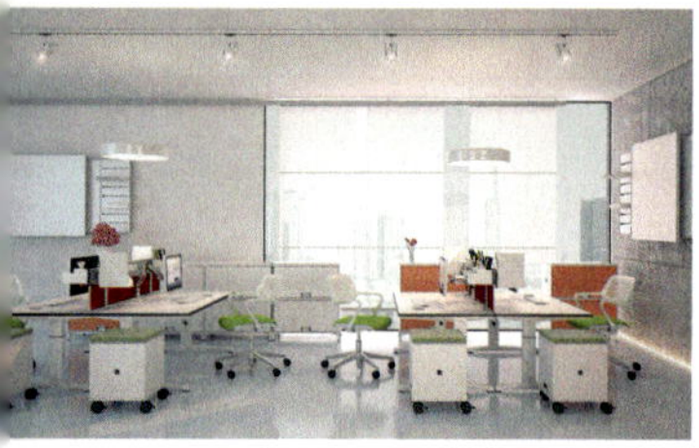

Bei der Heidtkötter KG stellt die richtige Balance zwischen den ökonomischen Erfordernissen, der sozial-ökologischen Verantwortung und einer zukunftsorientierten Gestaltung der Arbeitsbedingungen die größte Herausforderung dar. Denn aufgrund des durch die Globalisierung fallenden Absatzpreises bei steigenden Qualitätsansprüchen der Kunden herrscht ein enormer Kostendruck innerhalb der Leistungserstellung. Dieses ökonomische Erfordernis muss mit z. B. der wachsenden Verantwortung gegenüber der Umwelt (z. B. nachhaltiges Wirtschaften) und den Mitarbeitern (z. B. Vereinbarkeit von Familie und Beruf durch flexible Arbeitszeitmodelle) in Einklang gebracht werden.

Das Kapitel klärt darüber auf, wieso und wie Unternehmen interne und externe Veränderungen beim Produktions- und Absatzprogramm berücksichtigen. Nach der Einordnung der Leistungserstellung in den Wertschöpfungsprozess (Bedeutung, Ziele und Aufgaben der Produktion) werden die Wichtigkeit der Produktentwicklung und die Herausforderungen durch den Umweltschutz herausgearbeitet. Zum Schluss des Kapitels werden die strategischen, taktischen und operativen Entscheidungen für die Festlegung des Produktions- und Absatzprogramms überblickartig beschrieben.

1.1 Leistungserstellung im Wertschöpfungsprozess

Leistungserstellung

Leistungen entstehen durch die Beschaffung (Bereitstellung der Produktionsfaktoren), die Produktion (Kombination der Produktionsfaktoren zu Erzeugnissen und Dienstleistungen) und den Absatz (Verfügbarmachung der Erzeugnisse für den Kunden). Da Industrieunternehmen hauptsächlich materielle Erzeugnisse produzieren, erfolgt an dieser Stelle eine Beschränkung der Leistungserstellung auf die Produktion. Die Beiträge der Beschaffung (Teil B) und des Absatzes (Teil D) zur Leistungserstellung werden an anderer Stelle vorgestellt.

6101196

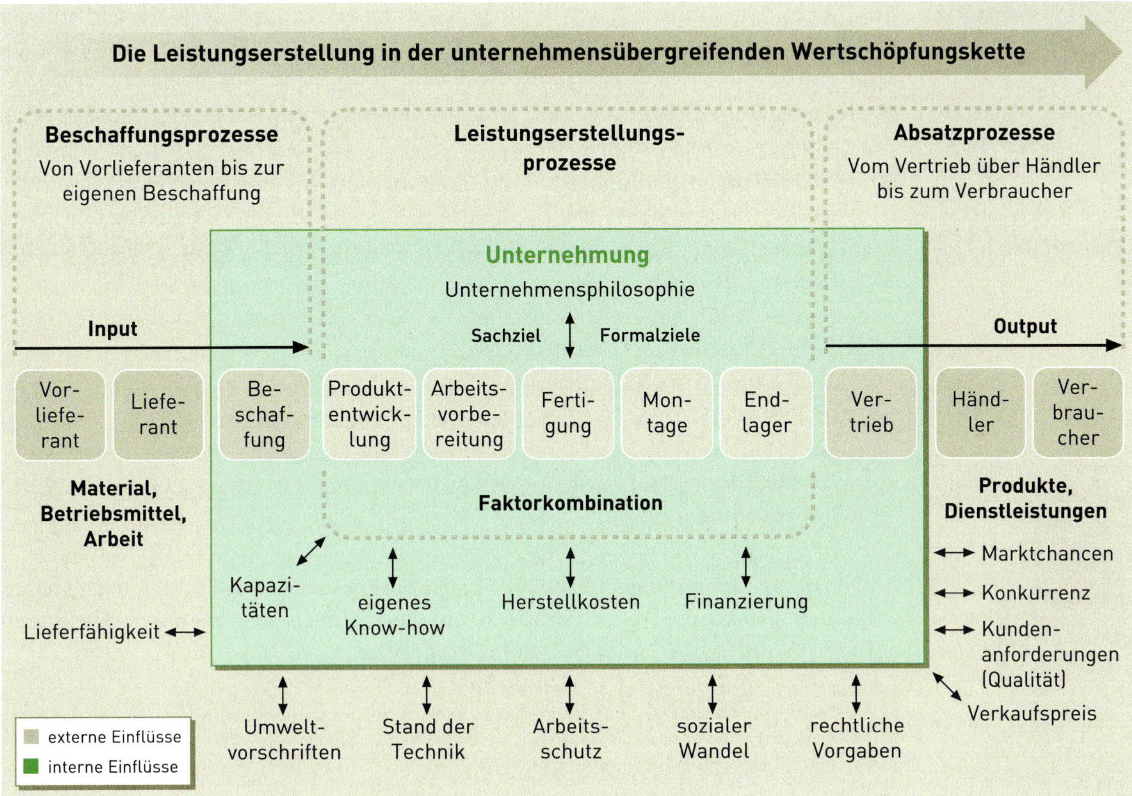

Einflussgrößen auf die Leistungserstellung

Der **Leistungserstellungsprozess** ist – wie die Abbildung zeigt – Kern der unternehmensübergreifenden Wertschöpfungskette. Der Produktionsprozess kann also nicht losgelöst von den weiteren Entscheidungsebenen im Wertschöpfungsprozess betrachtet werden. Will man die Leistungserstellung genau festlegen, müssen Abhängigkeiten von internen und externen Einflussgrößen beachtet werden. Diese Einflussgrößen sind wechselseitig voneinander abhängig und können nur schwer in eine Rangfolge gebracht werden.

Beispiel

Beabsichtigt ein Unternehmen, das sich auf die Herstellung von Plastikbesteck aus Mais (Bioplastik) spezialisiert hat, nun auch Einweggeschirr aus Mais herzustellen, muss geprüft werden, ob folgende Fragen angemessen beantwortet werden können:

interne Einflüsse	externe Einflüsse
▪ Ist das beabsichtigte Erzeugnis mit der Unternehmensphilosophie vereinbar (Sach-/Formalziele, ethisch-soziale Ziele, Werte des Geschäftsinhabers)? ▪ Sind erforderliche Kapazitäten (Personal, Betriebsmittel, Lager usw.) vorhanden? ▪ Verfügen wir über genügend Know-how? ▪ Können erforderliche Investitionen für das Erzeugnis finanziert werden? ▪ Werden die geschätzten Herstellkosten kleiner als der Verkaufspreis sein?	▪ Bestehen für das Erzeugnis Marktchancen? ▪ Wo liegen konkret die Anforderungen des Marktes? ▪ Können wir die Kundenanforderungen erfüllen (Verkaufspreis, Qualität)? ▪ Sind die erforderlichen Materialien lieferbar? ▪ Werden rechtliche Vorgaben eingehalten (Gesundheitsschutz, Verbraucherschutz, Umweltschutz, Arbeitsschutz usw.)? ▪ Ist die Produktion des Erzeugnisses unter gesellschaftlichen Gesichtspunkten vertretbar?

› Teil A, Kap. 1.1 Käufermärkte

Besondere Bedeutung hat der Einfluss durch sich verändernde Marktsituationen.[1] Auf Käufermärkten sind Unternehmen zu einer konsequenten Ausrichtung auf die Kundenwünsche gezwungen, denn diese sind in der Regel die Auslöser für

› Kap. 1.5 Produktionsprogrammplanung

- die langfristige Gestaltung der Leistungserstellungsprozesse (strategische Produktionsprogrammplanung) und
- die kurzfristige Leistungserstellung (operative Produktionsprogrammplanung).

Beispiele

Bei der Heidtkötter KG denkt man nach einer Befragung bei großen Kunden über eine weitere Produktlinie nach: Möbel für Ruhe- bzw. Pausenräume in Unternehmen, die Planung dieser Räume ist als Serviceleistung eingeschlossen (strategische Produktionsprogrammplanung).

Es geht ein Kundenauftrag über 800 Konferenzstühle für ein Kongresszentrum bei der Heidtkötter KG ein. Daraufhin wird in der Fertigungsplanung und -steuerung ein Fertigungsauftrag ausgelöst, durch den die erforderlichen Materialien und Kapazitäten für die Durchführung des Auftrags geplant werden (operative Produktionsprogrammplanung).

Fertigungsaufträge

Auf Basis der langfristigen Produktionsplanung werden die konkreten Leistungserstellungsprozesse je nach Situation auf den Absatzmärkten durch **Fertigungsaufträge** (Kundenaufträge oder Lageraufträge) ausgelöst.

Kundenaufträge	Lageraufträge
Auftragsbezogene Fertigung Auslöser: Kundenbestellungen	Produktion für den anonymen Markt Auslöser: Absatzprognosen
Gründe: ■ individuelle Kundenwünsche ■ kurze Produktlebenszyklen ■ hoher Lagerwert der Erzeugnisse ■ mangelnde Lagerkapazitäten	Gründe: ■ Großserien-/Massenfertigung ■ saisonale Nachfrageschwankungen ■ saisonale Verfügbarkeit von Rohstoffen

↓ **Fertigungsaufträge**

↓ **Leistungserstellung**

Aufgaben

› Kap. 1.1

1. Erläutern Sie mit Hilfe der Abbildung „Unternehmensübergreifende Wertschöpfungskette" die Stellung der Leistungserstellung im Wertschöpfungsprozess.
2. Sammeln und erklären Sie vier interne und vier externe Einflussgrößen auf Leistungserstellungsprozesse in der Wertschöpfungskette Ihres Ausbildungsbetriebes. Bringen Sie die Einflussgrößen in eine Rangfolge und begründen Sie diese.
3. Benennen Sie anhand von vier Einflussgrößen mögliche Ursachen, die zu einer Verschlechterung der Wettbewerbssituation eines Automobilherstellers führen können.
4. Nennen Sie drei konkrete Maßnahmen für die Leistungserstellung eines Industrieunternehmens, die unter Umständen zu einer verbesserten Leistungserstellung beitragen könnten.

1 Viele Industriebetriebe wenden inzwischen das Prinzip des Mass Customization an: Individuelle Kundenanfragen werden erfüllt und trotzdem wird eine Massenfertigung realisiert (siehe Kap. 2.4.1).

1.2 Aufgaben und Ziele der Produktion

Aufgaben der Produktion

Aufgrund der Stellung der Leistungserstellungsprozesse innerhalb der Wertschöpfungskette erwachsen Aufgaben, die zielentsprechend erfüllt werden müssen, damit die Leistungserstellung die Funktion als Kettenglied innerhalb der Wertschöpfung wahrnehmen kann.

Hauptaufgabe der Produktion (= Leistungserstellung materieller Güter) ist daher die Herstellung bedarfsgerechter Produkte (= Sachziel der Unternehmung). Dies gelingt insbesondere dann, wenn

- Kundenanforderungen (richtige Art und richtige Qualität, richtige Menge, richtiger Zeitpunkt, richtiger Preis),
- die in der Unternehmensphilosophie festgelegten Unternehmensziele und
- sonstige Einflüsse (z. B. staatliche Auflagen zum Arbeitsschutz und/oder Umweltschutz) erfüllt werden.

Die Hauptaufgabe eines Industriebetriebes wird durch wesentliche **Teilaufgaben** gemäß dem Management-Regelkreis zur Produktionsplanung, Produktionssteuerung und Produktionskontrolle zielentsprechend konkretisiert:

› Teil A, Kap. 3.1 Management-Regelkreislauf

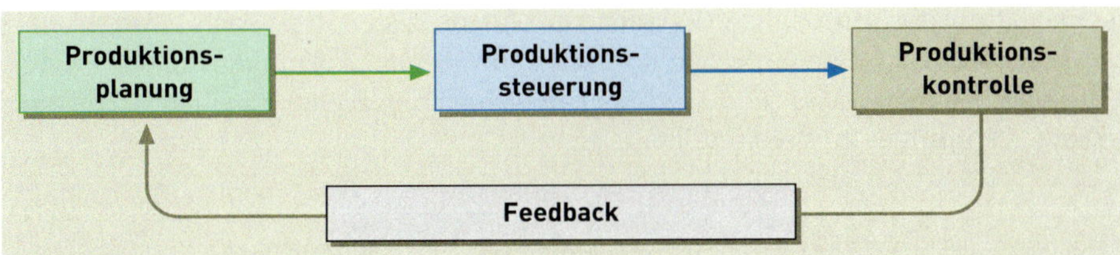

Allgemeine Teilaufgabe	Produktions-planung	Produktions-steuerung	Produktions-kontrolle
Beschreibung	Festlegung der Produktionsziele und -aufgaben sowie der Durchführung ■ Programmplanung: Festlegung des Produktions- und Absatzprogramms nach Art, Menge, Qualität ■ Kapazitätsplanung: Bereitstellung der notwendigen Mittel wie Arbeitskräfte, Betriebsmittel und Material ■ Festlegung des Fertigungsverfahrens (Ablauf/Vollzug der Fertigung)	Umsetzung der Aufgaben durch Fertigungsplanung und -steuerung konkret vorliegender Fertigungsaufträge zur Sicherung einer störungsfreien, in geplanter Weise stattfindenden Fertigung: ■ Sicherung der Fertigungsbereitschaft ■ Veranlassung der Fertigung ■ Überwachung der Fertigung ■ Beseitigung von Störungen	technische und ökonomische Aufgabenkontrolle im Hinblick auf die gesetzten Produktionsziele mittels Soll-Ist-Vergleich; dabei Kontrolle von – Kosten, – Terminen, – Qualität, – Mengen, – Auslastung, – Verbrauch
Konkrete Aufgaben	■ Festlegung der Erzeugnisse nach Art, Menge, Qualität und Kosten ■ Produktentwicklung mittels FuE ■ Produktdokumentation (Konstruktionszeichnungen, Stücklisten usw.) ■ Kapazitätsplanung in Zusammenarbeit mit anderen Unternehmensbereichen (Personal, Beschaffung, Finanzen, Controlling) ■ Entwicklung des Fertigungsverfahrens und -layouts in Abhängigkeit zum Produktionsprogramm und zur Sicherung der erforderlichen Kapazitäten	■ Planung der Fertigungsabläufe nach sachlogischen, zeitlichen und kapazitätsbezogenen Gesichtspunkten: – Ablaufplanung, – Arbeitsplanung, – Zeitplanung und – Bedarfsplanung ■ Fertigungssteuerung durch Auftragsfortschrittskontrolle	■ technisch: Qualitätssicherungsmaßnahmen ■ ökonomisch: Produktionskennzahlen

Ziele der Produktion

› Teil A, Kap. 1.2 Definition von Zielen

Mit Hilfe des Management-Regelkreises werden unternehmensindividuelle Aufgaben als erforderliche Maßnahmen zur Erreichung der Hauptaufgabe und somit des Sachzieles formuliert. Aufgaben können ohne Ziele nicht sinnvoll ergriffen werden. Während Aufgaben Maßnahmen zur Erreichung von Zielen sind, definieren Ziele angestrebte Zustände, die durch die Aufgabenwahrnehmung erreicht werden sollen. Das allgemein beschriebene Sachziel muss daher für eine angemessene Aufgabenwahrnehmung in der Produktion konkretisiert werden, damit die Zielerreichung auch gemessen werden kann (Was heißt nämlich z. B. *„richtige" Menge?*):

Technische Ziele	Ökonomische Ziele	Soziale Ziele	Ökologische Ziele
▪ Null-Fehler-Produktion ▪ Verbessern der Qualitätsstandards ▪ Optimieren des Produktionsablaufs ▪ Innovationen durch Verbessern bestehender und Entwickeln neuer Produkte	▪ Minimieren der Produktionskosten und damit Verbessern der Wirtschaftlichkeit ▪ Minimieren der Lagerhaltungskosten ▪ optimale Kapazitätsauslastung ▪ kurze Durchlaufzeiten, Termintreue	▪ ergonomisch gestaltete Arbeitsplätze ▪ Humanisieren der Arbeitsbedingungen ▪ menschengerechte Arbeit ▪ angenehmes Betriebsklima	▪ umweltverträgliche Produktionsverfahren ▪ Abfälle vermeiden ▪ geringe Schadstoffbelastung ▪ Verwenden umweltverträglicher Werkstoffe

Käufermärkte stellen die Produktion vor hohe Anforderungen, denn die Kunden wollen häufig die bestmögliche Qualität zum für sie besten Preis nach Möglichkeit in der kürzesten Zeit. Das Unternehmen muss dies bei der Formulierung der Produktionsziele bedenken, aber schon zwischen den einzelnen Zielen „Qualität", „Zeit" und „Kosten" kommt es zu Zielkonflikten.

Zieldreieck der Produktion

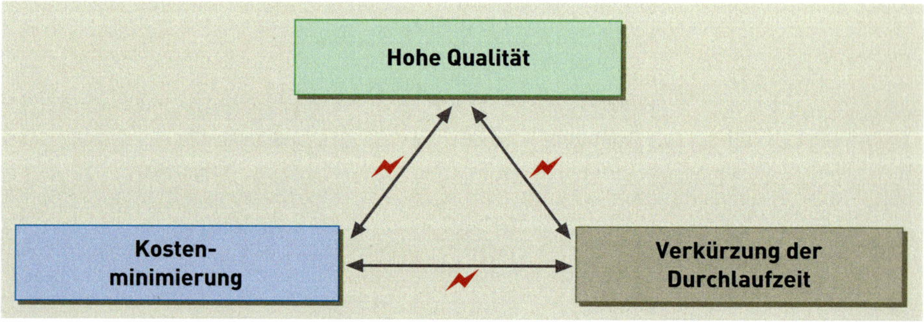

Um den Markterfolg des Unternehmens zu unterstützen, ist aus Sicht der Produktion insbesondere die gleichzeitige Erfüllung des Zieldreiecks anzustreben. Jedoch ist dies praktisch nicht möglich, denn:

Ziel	Zielkonflikt
Hohe Qualität	Die Erzeugung einer hohen Produktqualität erfordert in der Regel den Einsatz hochwertiger Produktionsanlagen, qualifizierter Mitarbeiter, hochwertiger Materialien sowie umfassender Qualitätssicherungsmaßnahmen. Hierdurch steigen die Produktionskosten und die Durchlaufzeit.
Kostenminimierung	Um die Produktionskosten zu minimieren, müssen Einsparungen bei den Produktionsfaktoren Arbeit, Betriebsmittel und Material vorgenommen werden. Hierdurch sinkt in der Regel die Qualität und es steigt infolge erhöhter Störanfälligkeit der Produktionsanlagen sowie erhöhter Fehlerhäufigkeit des schlechter geschulten Personals die Durchlaufzeit.
Verkürzung der Durchlaufzeit	Die Verkürzung der Durchlaufzeit erfordert in der Regel den Einsatz hochwertiger Produktionsanlagen und qualifizierter Mitarbeiter in ausreichender Kapazität. Dies führt zu steigenden Produktionskosten. Darüber hinaus müssen die Produktionsprozesse „unter Zeitdruck" geleistet werden. Dies führt zu Einsparungen u. a. bei Qualitätssicherungsmaßnahmen (z. B. Stichprobenkontrolle statt Vollkontrolle). Dies kann zu einer Verschlechterung der Qualität (evtl. erhöhter Ausschuss) sowie zu höheren Kosten (Reparaturen, Wartung) führen.

Beispiel

Der Automobilmarkt ist weltweit hart umkämpft. Inzwischen liegt ein Käufermarkt vor, die Unternehmen sind gezwungen, in immer kürzerer Zeit neue Modelle auf den Markt zu bringen. Dabei müssen sich die neuen Modelle dadurch auszeichnen, dass sie

- in kürzester Zeit nach Bestellung lieferbar sind (Minimierung der Durchlaufzeit),
- eine höhere Qualität im Vergleich zur Konkurrenz aufweisen (hohe Qualität),
- zu immer günstigeren Verkaufspreisen bzw. bei gleichen Verkaufspreisen mit einer höherwertigeren Ausstattung am Markt angeboten werden (Kostenminimierung durch Preisdruck; Reduzierung der Gewinnspanne).

Unternehmen müssen Lösungsansätze finden, die zumindest einen möglichst hohen Zielerreichungsgrad ermöglichen. In der Realität werden Zielentscheidungen daher nach dem **Ökonomischen Prinzip** getroffen:

Es wird der Produktionsprozess, also die Kombination der Produktionsfaktoren, so gestaltet, dass zur Zielerreichung entweder

› Teil A, Kap. 2 Kombination der Produktionsfaktoren

- der Einsatz der Produktionsfaktoren festgesetzt und die Erzeugnismenge maximiert wird (**Maximalprinzip**) oder
- der Einsatz der Produktionsfaktoren für eine festgesetzte Erzeugnismenge minimiert wird (**Minimalprinzip**).

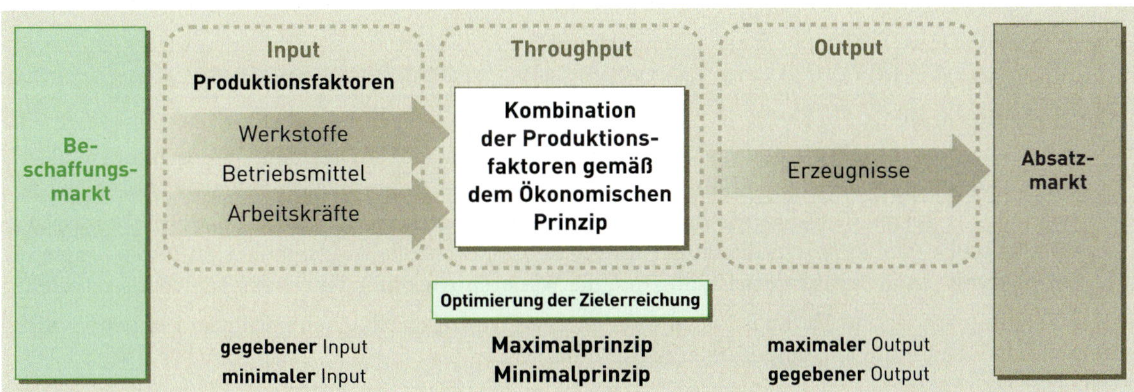

Aufgaben

1. Vergegenwärtigen Sie sich die Unternehmensziele Ihres Ausbildungsbetriebes und leiten Sie die Hauptaufgabe der Leistungserstellung (Sachziel) sowie daraus abzuleitende Produktionsziele (Formalziele) her. Berücksichtigen Sie die Darstellung „Unternehmensübergreifende Wertschöpfungskette" (siehe Teil C, Kap. 1.1). › Kap. 1.2
2. Sammeln Sie drei bestehende Zielkonflikte in der Leistungserstellung und machen Sie einen Vorschlag, wie diese beherrschbar gemacht werden können. › Recherche
3. Beschreiben Sie konkrete Aufgaben der Leistungserstellung in den Phasen des Management-Regelkreislaufs (siehe Teil A, Kap. 3.1). Notieren Sie vier Aufgaben je Phase auf Karten. Bringen Sie hierzu auch Erfahrungen aus Ihrem Ausbildungsbetrieb ein. › Recherche
4. Formulieren Sie konkrete Ursachen für Marktveränderungen, die die Aufgaben und Ziele der Abteilung Produktion in einem Industriebetrieb beeinflussen.

1.3 Produktentwicklung als Basis für marktgerechte Leistungserstellung

1.3.1 Phasen der Produktentwicklung

Alle Produkte verfügen über eine begrenzte Lebensdauer am Markt. Dieser Lebensdauer am Markt, also dem Produktlebenszyklus[1], geht eine Phase der Forschung und Entwicklung voraus (= Entwicklungsphase). Verlauf, Länge und Dauer des Produktlebenszyklus werden durch technische Entwicklungen, rechtliche Vorschriften (z. B. Arbeitsschutz, Produktionssicherheit, Umweltschutz), durch die Bedürfnisstrukturen der Kunden sowie durch die Wettbewerbssituation (Verkäufer- oder Käufermarkt) bestimmt. In Käufermärkten konkurrieren die Hersteller laufend in einem Preis-, Qualitäts- und Innovationswettbewerb.

Wettbewerbssituation auf einem Käufermarkt

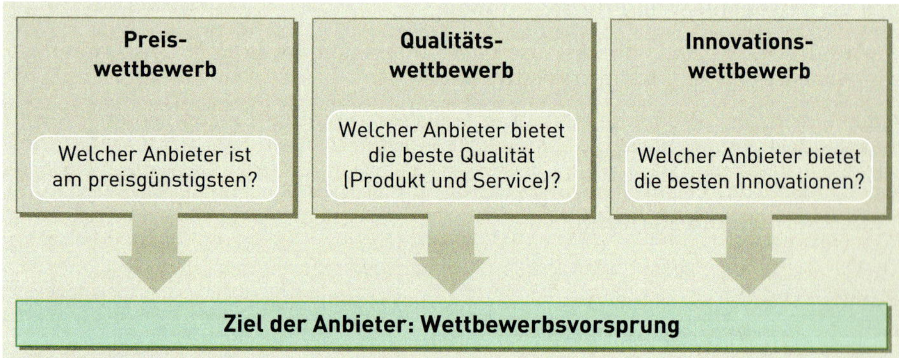

Innovationen

Forschung und Entwicklung

Um die langfristige Wettbewerbsfähigkeit zu sichern, werden Unternehmen u. a. aufgrund der Produktlebenszyklen gezwungen, **Innovationen** zu entwickeln. Nicht zuletzt deshalb unterhalten immer mehr Unternehmen eine eigene Forschungs- und Entwicklungsabteilung (FuE-Abteilung). Zentrale Aufgaben der FuE-Abteilung sind die Produktentwicklung und die Weiterentwicklung der bestehenden Produktpalette.

Bis zur Markteinführung eines neuen Produkts vollziehen sich in der Produktentwicklung folgende Phasen (siehe I. bis V.):

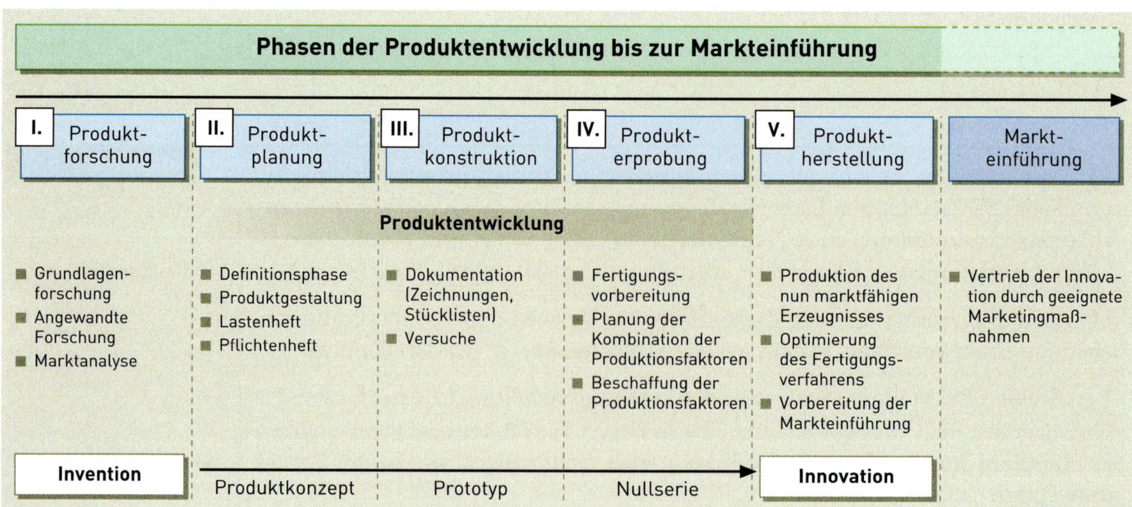

1 zur ausführlichen Darstellung des Produktlebenszyklus siehe Teil D, Kap. 1.3.1

I. Produktforschung

Produktforschung bedeutet Grundlagenforschung und/oder angewandte Forschung, um Erfindungen (Neu- und Weiterentwicklungen) zu generieren bzw. den Stand des Wissens mit den über Marktanalysen zu erhebenden Kundenbedürfnissen in Verbindung zu bringen.

Grundlagenforschung	Angewandte Forschung
Hervorbringen neuer wissenschaftlicher Erkenntnisse zur theoretischen Nutzung durch Universitäten und Forschungsinstitutionen (z. B. Fraunhofer-Gesellschaft)	Anwenden vorhandener wissenschaftlicher Erkenntnisse zur Lösung praktischer Probleme durch unternehmenseigene oder überbetriebliche FuE-Abteilungen
Beispiel	**Beispiel**
Die Lotusblume verfügt über wasserabweisende Eigenschaften, die durch Grundlagenforschung auch bei Gegenständen technisch angewendet werden können (Lotuseffekt).	Mit Hilfe der Erkenntnisse der Grundlagenforschung konnten z. B. schmutzabweisende Textilien entwickelt werden.

Erfinden ist die geistige Fähigkeit, Probleme zu erkennen und eine Lösungsidee dafür anzubieten. Weltbekannte Erfindungen, wie etwa das Gummibärchen, die Jeans oder die Zahnpasta, unterscheiden sich von „privaten" Erfindungen (z. B. Schwenkgrill aus alter Wäschetrommel) dadurch, dass sie bis zur Herstellung eines marktfähigen Produkts verfolgt werden. Werden Lösungsideen unternehmerisch verfolgt und in ein verkaufsfähiges Produkt am Markt umgesetzt, so wird in der Betriebswirtschaft von einer **Invention** gesprochen, die in eine **Innovation** am Markt (= Erfindung) überführt wird. Eine Innovation wird durch Produktforschung „entdeckt" und innerhalb der Produktentwicklung in ein marktfähiges Erzeugnis verwandelt, das am Markt als Innovation verkauft werden kann. Hauptaufgabe der Produktentwicklung ist also die Überführung einer Invention in eine Innovation. Innovationen lassen sich nach Produkt- und Verfahrensinnovationen unterscheiden.

Invention

Innovation

Produktinnovation	Verfahrensinnovation
vermarktungsfähiges Produkt, das am Markt absolut oder relativ neu ist	nicht marktfähiges, absolut oder relativ neues Verfahren zur Erstellung eines marktfähigen Erzeugnisses

II. Produktplanung

Durch die **Produktplanung** wird eine möglichst umfassende und vollständige Aufgabenklärung betrieben, um spätere Ergänzungen und Änderungen auf ein Minimum zu reduzieren (Vermeidung unnötiger Entwicklungskosten). Ein wichtiges Bindeglied zwischen Ideenumsetzung, Kundenwünschen und technischer Machbarkeit bildet das **Lastenheft**. Es definiert das Anforderungsprofil an das Produkt durch Auflistungen von Kunden- und Produktionsanforderungen. Diese sind z. T. widersprüchlich, da unter Umständen gewünschte Eigenschaften technisch nicht umsetzbar sind.

Lastenheft

Beispiel

Beispiel für die Uhr *Swatch*

Produktentwicklung: Lastenheft	
Anforderungen der Kunden	**Anforderungen der Produktion**
▪ Quarzuhr aus Kunststoff, flach, wasserdicht ▪ Anzeige h, min, s mittels Zeiger (analog), Tag und Datum im Fenster des Ziffernblatts ▪ Schnellkorrektur der Datumsanzeige ▪ Wasserdichtigkeit, sehr leichte Auswechselbarkeit der Batterie ▪ Lebensdauer der Batterie: über drei Jahre ▪ hohe Zuverlässigkeit, leicht, angenehm im Tragen ▪ große Robustheit, viele Designervarianten ▪ niedriger Verkaufspreis ▪ „Swiss Made"	▪ geringe Herstellungs-/Montagekosten ▪ kleine Ausschussrate ▪ Vereinfachung der Automatisierung ▪ Angleichung der Montagezeiten ▪ senkrechte Montagerichtung ▪ kein relatives Nachpositionieren Quelle: ECOVIN-Leipzig, Katja Butzmann

Pflichtenheft

Das Lastenheft wird unter Beteiligung der betroffenen Abteilungen in das Pflichtenheft überführt. Dazu werden die technisch und wirtschaftlich nicht machbaren Anforderungen gestrichen. Das **Pflichtenheft** ist dann das widerspruchsfreie, quantitativ formulierte Zielsystem. Es enthält die Produkteigenschaften und Zielvorgaben für den Entwicklungsprozess und bildet die wesentliche Grundlage für die Produktions-, Zeitraum- und Kostenplanung. Es stellt das tatsächliche Leistungsprofil des zu entwickelnden Produkts dar.

Planungsebene	Fragen, die durch das Pflichtenheft beantwortet werden sollen
Produktionsplanung	■ Welche Werkstoffe werden benötigt bzw. können eingesetzt werden? ■ Welche Fertigungsverfahren werden benötigt bzw. müssen entwickelt werden? (Arbeitsablauf- und Prozessgestaltung)
Zeitraumplanung	■ Welche Entwicklungszeiten werden erwartet? ■ Wann müssen die Werkstoffe bereitgestellt werden? ■ Wann müssen die Fertigungsverfahren entwickelt sein? ■ Wann muss die Produktdokumentation erfolgen?
Kostenplanung	■ Welche Entwicklungskosten fallen an? ■ Welche Investitionen in Betriebsmittel und Personal sind erforderlich? ■ Welche Werkstoffpreise müssen kalkuliert werden?

Produktkonzept

Das Ergebnis der Produktplanung ist ein **Produktkonzept**, das grobe Vorstellungen über Art und Funktionen des Produktes formuliert.

III. Produktkonstruktion

Die Phase der **Produktkonstruktion** steht für die Überführung des Pflichtenheftes in Zeichnungen und Stücklisten in der Konstruktionsabteilung durch technische Zeichner.

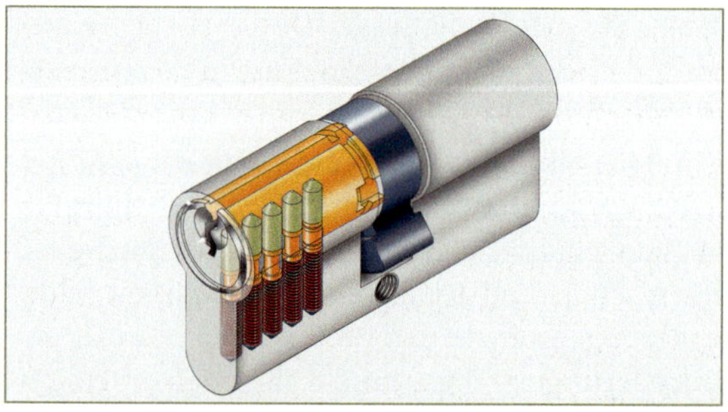

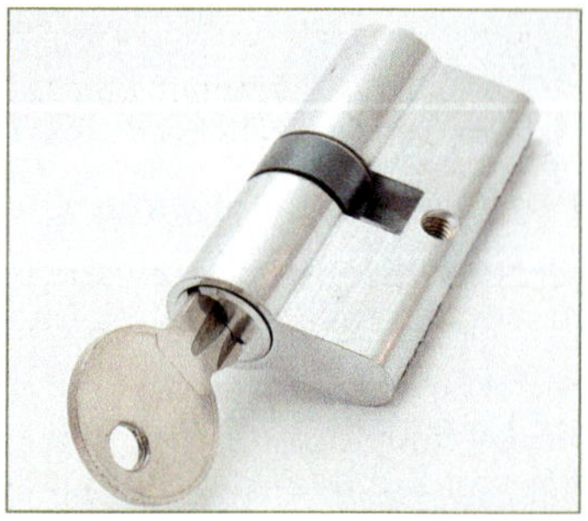

Prototyp

IV. Produkterprobung

Nullserie

Durch Versuche und den Bau eines Prototyps wird das dokumentierte Produktkonzept auf seine Funktionsfähigkeit getestet. Aufgrund einer Ergebnisanalyse werden die erforderlichen Korrekturen vorgenommen und die **Produkterprobung** wird eingeleitet. Für die benötigten Produktionsfaktoren im Wertschöpfungsprozess (Betriebsmittel, Werkstoffe, Arbeitskräfte) wird ein Fertigungsverfahren entwickelt. Es wird auf seine Tauglichkeit getestet, indem eine Nullserie produziert wird: Bis zu einhundert Nullserien-Produkte, die nicht für den Absatzmarkt bestimmt sind, werden hergestellt, um mögliche Verfahrensmängel zu beseitigen. Sobald die Produkte dauerhaft in gewünschter Qualität hergestellt werden können, wird das entwickelte Produkt marktfähig und kann als Innovation produziert werden.

V. Produktherstellung

Ab der Phase der **Produktherstellung** ist die eigentliche Produktentwicklung beendet, wobei prozessbezogen Weiterentwicklungen am Verfahren und am Produkt durchaus erwünscht sein können.

› Teil D Marketing

Die Marktphase wird eingeleitet, in der das Marketing die **Markteinführung** plant und letztlich im Rahmen der Produktdistribution durchführt.

1.3.2 Rechtliche Anforderungen im Zuge der Produktentwicklung

› Teil A, Kap. 1.1.2

Unternehmensentscheidungen werden von der betrieblichen Umwelt beeinflusst. Dabei spielen nicht nur Kundenanforderungen eine große Rolle, sondern rechtliche Rahmenbedingungen wirken in die Unternehmung hinein und gestalten so den Produktentwicklungsprozess mit.

Rechtliche Rahmenbedingungen der Produktentwicklung

prozessbezogen	ergebnisbezogen
Schutzgesetze/Verordnungen	**Gewerbliche Schutzrechte**
Maßnahmen zum Schutz ■ der Beschäftigten (z. B. Arbeitsschutzgesetz), ■ der Umwelt (z. B. Verpackungsverordnung), ■ der Abnehmer/Verbraucher (z. B. Produkthaftungsgesetz, AGB), usw.	■ Patentrecht (Patentgesetz) ■ Geschmacksmusterrecht (Geschmacksmustergesetz) ■ Gebrauchsmusterrecht (Gebrauchsmustergesetz) ■ Markenrecht (Markengesetz)

Schutzgesetze/ Verordnungen

Während des Prozesses der Produktentwicklung muss die FuE-Abteilung vor allem **Schutzgesetze und Verordnungen** beachten, um hohe Folgekosten, die durch nachträgliche Berücksichtigung der gesetzlichen Vorgaben, durch Fehlerkosten oder durch Geldstrafen entstehen können, zu vermeiden. Es müssen Bedürfnisse und Rechte aller Interessengruppen erfüllt werden. So hat die Konstruktion der Güter u. a. derart zu erfolgen, dass das angewandte Fertigungsverfahren die Bestimmungen des Arbeitsschutzes ebenso wie auch die Umweltbestimmungen bei Materialeinsatz und -verarbeitung usw. erfüllt.

Gewerbliche Schutzrechte

Der hohe Investitionsaufwand in Forschung und Entwicklung berechtigt zum Schutz der Ergebnisse vor der Nutzung durch die Konkurrenz. Der Gesetzgeber folgt diesen Forderungen dahingehend, dass er umfassende **gewerbliche Schutzrechte** definiert. Diese ermöglichen es innovativen Unternehmen, technische Verfahren, technische Erzeugnisse, Muster bzw. Modelle sowie Marken für eine festgelegte Schutzfrist und unter Ableistung einer Jahresgebühr ausschließlich herzustellen, zu nutzen und zu vertreiben. Die Schutzrechte an einer geistigen Leistung entstehen in der Regel aufgrund eines Prüfungs- und Erteilungsverfahrens, dem die Eintragung in ein öffentliches Register beim *Deutschen Patent- und Markenamt* bzw. die Bekanntmachung über dieses folgt. Die Unternehmen genießen dann ein **Ausschließlichkeitsrecht**. Hierdurch wird dem jeweiligen Rechteinhaber für eine bestimmte Zeit ein Wettbewerbsvorsprung, der auch durch die allgemeinen Wettbewerbsgesetze (UWG, GWB) nicht aufgehoben werden kann, zuerkannt. Die dem innovativen Unternehmen durch die Forschung und Entwicklung entstandenen Kosten können bei Markterfolg durch eine zeitlich begrenzte Monopolstellung schneller erwirtschaftet werden. Sollten Mitbewerber gegen den Ausschließlichkeitsgrundsatz verstoßen, besteht für den Rechteinhaber auf Antrag die Möglichkeit, Unterlassungs- und Schadensersatzanspruch geltend zu machen sowie ein strafrechtliches Vorgehen aufgrund der gesetzlichen Regelungen einzuleiten (siehe Übersicht auf der folgenden Seite). Geltendes Recht soll die Produktpiraterie einschränken und die Unternehmen zur Produktentwicklung im eigenen Wirtschaftsraum ermuntern.

Ausschließlichkeitsrecht

Gesetze gegen Produktpiraterie

	Patent	Gebrauchsmuster („Kleines Patent")	Geschmacksmuster	Marken
Rechtsquelle	**PatG**	**GebrMG**	**GeschMG**	**MarkenG**
Eintragung	Patentrolle	Gebrauchsmusterrolle	Musterregister	Markenregister
Bekanntmachung	Patentblatt	Patentblatt	Geschmacksmusterblatt	Deutsches Patent- und Markenblatt
Beispiele	Airbag 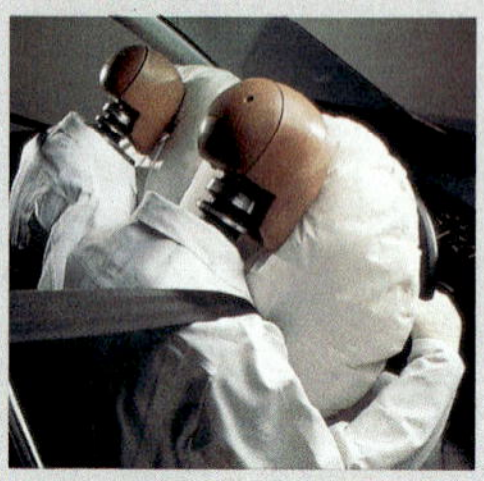	Wäscheklammer 	Steiff-Tiere 	Haribo 
Gegenstand	Erfindungen von technischen Leistungen: ■ Gegenstände ■ Verfahren	Neuerungen an Gegenständen (**nicht** an Verfahren)	Muster: ■ Ausprägung der Produktgestaltung ■ Werbung ■ Design von Einrichtungs- und Gebrauchsgegenständen	Marke = alle Zeichen, insbesondere: ■ Wörter ■ Abbildungen ■ Buchstaben ■ Zahlen
Vergabeanforderungen	Erfindung muss ■ neu sein (technischer Fortschritt), ■ auf erfinderischer Tätigkeit beruhen (überdurchschnittliche Leistung eines Fachmannes), ■ gewerbliche Herstellung und Nutzung muss möglich sein		Muster muss ■ einzigartig sein, ■ eine Eigenart besitzen (individueller Eindruck), ■ auch Schriftzeichen möglich (Corporate Identity)	Marke ■ muss Alleinstellungsmerkmal besitzen, ■ darf nicht durch die Art der Ware bestimmt sein, aufgrund einer technischen Wirkung bestehen und der Ware keinen wesentlichen Wert verleihen
Dauer	5 bis max. 20 Jahre	3 bis max. 10 Jahre	5 bis max. 20 Jahre	unbegrenzt

Die folgende Abbildung zeigt beispielhaft die Möglichkeiten von Schutzrechten am Beispiel der Erfindung eines Telefons:

Mögliche Schutzrechte am Beispiel der Erfindung eines Telefons

Patent	Gebrauchsmuster	Geschmacksmuster	Marke
Telefon kann akustische Signale als Befehle identifizieren (z. B. Wahlwiederholung auslösen).	Telefonhörer kann zu einem Kopfhörer verwandelt werden. Freisprechen wird möglich.	Äußere Gestaltung des Telefons ist eigentümlich und unterscheidet sich deutlich von anderen Telefonen.	Produktname lautet „pronton".

nach: Patentblock/Genossenschaftsverband der Volks- und Raiffeisenbanken, 1993

Aufgaben

› Kap. 1.3

1. Die Geschäftsleitung der Heidtkötter KG verfolgt die Idee, ein völlig neuartiges Tischsystem zu entwickeln, das eine komfortable Integration von interaktiven Computerbildschirmen in die Tischplatten ermöglicht. Eine Projektgruppe soll sich mit der Produktentwicklung auseinandersetzen und erhält dazu folgende Daten, die ein Marktforschungsinstitut ermittelt hat (Nennungen in Prozent der Befragten):

Mängel von Projekttischen	Anforderungen an Projekttische
91 % Bildschirm nimmt zu viel Fläche ein 82 % unbequeme Projektsitzungen (Bildschirm behindert Kommunikation der Projektgruppe) 80 % technische Mängel bei integrativen Lösungen von Bildschirm und Arbeitsfläche 70 % schlechte Sicht auf den Bildschirm 65 % Kabelsalat und Staubanfälligkeit bei unzureichender Pflegemöglichkeit 7 % Sonstige	95 % technisch einfache Integration des Bildschirms in die Arbeitsfläche 87 % ästhetisches Design 81 % Bildschirm ist von allen Tischseiten gut einsehbar 71 % ergonomische Sitzposition 64 % Arbeitsfläche trotz Bildschirm maximal nutzbar 23 % unempfindliche Oberfläche der Arbeitsfläche 9 % Sonstige

a) Welche Funktionsbereiche der Unternehmung sollen Abteilungsmitarbeiter für die Projektgruppe entsenden? Beschreiben Sie deren Aufgaben innerhalb der Projektgruppe.

b) Sammeln Sie Ideen zur konkreten Umsetzung der vom Marktforschungsinstitut erhobenen Kundenanforderungen.

c) Welche Schwierigkeiten können bei der Ideenentwicklung und -verwirklichung betriebsintern auftreten? Formulieren Sie zu einem von Ihnen genannten Problem einen Lösungsvorschlag.

d) Planen Sie das Vorgehen für den Produktentwicklungs- und -entstehungsprozess, indem Sie möglichst konkret Aufgaben der Forschungs- und Entwicklungsabteilung sowie der Arbeitsvorbereitung beschreiben, damit ein marktfähiges Produkt entstehen kann.

2. Formulieren Sie möglichst konkret betriebsexterne Einflüsse, die bei der Produktentwicklung eines neuartigen Smartphones berücksichtigt werden müssen.

3. Untersuchen Sie Produktanforderungen, die bereits bei der Produktentwicklung eines neuartigen Holzzaunes berücksichtigt werden müssen. Strukturieren Sie Ihre Ausführungen unter Berücksichtigung folgender Interessenvertreter: Produktionsleiter, Leiter Lager & Logistik, Vertriebsleiter, Sicherheitsbeauftragter, Vertreter des öffentlichen Umweltamtes.

4. Auf den Produktentwicklungsprozess wirken zahlreiche rechtliche Vorgaben ein.

a) Führen Sie eine Internetrecherche über rechtliche Vorgaben zum Schutz der Arbeitnehmer, Verbraucher und der Umwelt durch und notieren Sie jeweils mindestens drei Gesetze.

› **Recherche**

b) Erörtern Sie, warum eine frühzeitige Berücksichtigung der rechtlichen Anforderungen für die FuE-Abteilung sowie die Entwicklung des Produktlebenszyklus von großer Bedeutung ist. Arbeiten Sie negative Auswirkungen einer Nichtberücksichtigung für die Erreichung der Unternehmensziele heraus.

5. Nehmen Sie zu der Aussage Stellung, dass höhere Entwicklungskosten im heimischen Wirtschaftsraum aufgrund der herrschenden Produktpiraterie in China gerechtfertigt sein können.

6. Erläutern Sie, inwiefern im Zuge der Globalisierung nationale Schutzrechte vor weltweiter Produktpiraterie geschützt werden können und welche Gegenmaßnahmen bei Verstößen eingeleitet werden sollten.

7. Ein Hersteller von Büromaterial hat für Kugelschreiber eine neuartige Tintenbefüllung entwickelt. Wie kann diese Innovation nach deutschem Recht geschützt werden?

1.4 Leistungserstellung und Umweltschutz

1.4.1 Umweltbelastungen und Umweltbewusstsein

Umwelt-belastungen

Die Industrialisierung führt zu starken **Umweltbelastungen**, die insbesondere durch die Produktion verursacht werden, da sie ohne die Nutzung von Umweltressourcen wie Energie, Rohstoffe, Wasser und Fläche nicht stattfinden kann. Einerseits werden Umweltgüter für die Produktion (Input von Rohstoffen, Wasser usw.) entnommen, andererseits unerwünschte Kuppelprodukte[1] (z. B. Gase, Schadstoffe usw.) und Rückstände (z. B. Abfall, Abwässer) an die Umwelt abgegeben.

Umwelt und Industriebetrieb

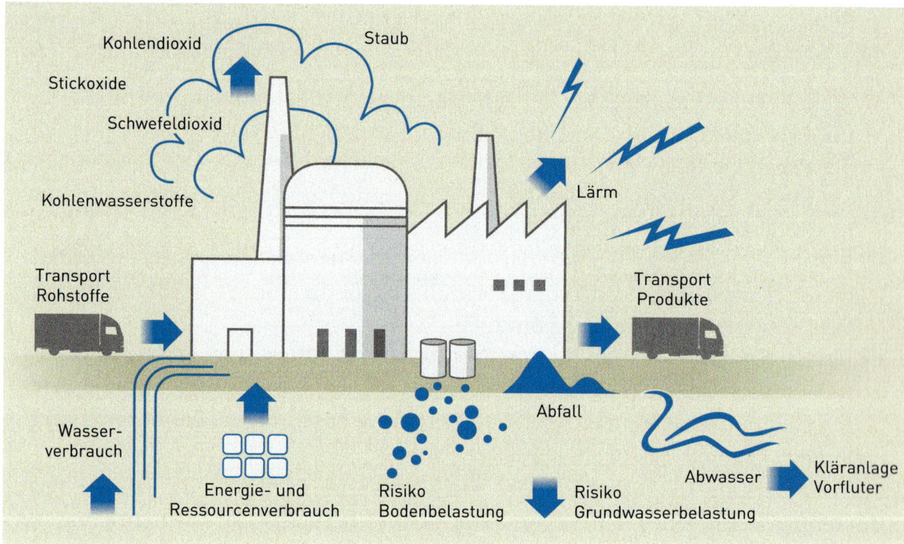

vgl.: Bayerisches Staatsministerium für Landesentwicklung und Umweltfragen u. a.: EMAS – Die neue EG-Öko Audit in der Praxis, München 2001

Bei den Umweltwirkungen wird begrifflich zwischen **Emissionen** und **Immissionen** unterschieden:

Emissionen	Immissionen
Übertritt/Ausstoß von luftverunreinigenden Stoffen (z. B. Schwermetalle), von Geräuschen, von Abwärme usw. (siehe obige Abbildung) durch z. B. Industrieanlagen, Verbrennungsmotoren, Pflanzen, Tiere oder Vulkane	„Auf Menschen, Tiere und Pflanzen, den Boden, das Wasser, die Atmosphäre sowie [...] Sachgüter einwirkende Luftverunreinigungen, Geräusche, Erschütterungen, Licht, Wärme, Strahlen und ähnliche Umwelteinwirkungen" (§ 3 Abs. 2 Bundesimmissionsschutzgesetz)

Seit Mitte der 1970er-Jahre werden negative Umweltwirkungen durch Emissionen und Immissionen immer sichtbarer (z. B. Saurer Regen, Lärm, verschmutzte Flüsse, verseuchter Boden durch Abfälle, Klimawandel usw., siehe obige Abbildung). Ressourcen werden knapper und unsere Umwelt hat nur eine begrenzte Aufnahmekapazität für Rest- und Schadstoffe. Infolgedessen hat sich in den Industriegesellschaften ein stärkeres Umweltbewusstsein etabliert, das sich auch in einem veränderten Verbraucherverhalten widerspiegelt. Auch einzelne Staaten und Staatenbündnisse treten national und international zunehmend als Regulatoren für ein **nachhaltiges Wirtschaften** zum Schutz der Umwelt auf.

1 Kuppelprodukte sind zusätzlich entstehende Produkte aus dem Produktionsvorgang für ein anderes Produkt; siehe auch Teil C, Kap. 2.4.1.

6101208

Nachhaltiges Wirtschaften

Der Gedanke der Nachhaltigkeit hat eine lange Tradition. Schon im 18. Jahrhundert wurde das Prinzip der Nachhaltigkeit zu einer Leitlinie in der Forstwirtschaft. Nachhaltige Bewirtschaftung bedeutete damals, nur so viel Holz zu fällen, wie auch nachwachsen würde. Heute versteht man unter nachhaltiger Entwicklung eine Wirtschaftsweise, die den Bedürfnissen heutiger Generationen entspricht, und zugleich auch die Handlungsspielräume und Lebensgrundlagen künftiger Generationen erhält. Dies erfordert einen schonenden und effizienten Umgang mit den natürlichen Ressourcen. Die Konsequenzen heutigen Handelns für die Zukunft sind also viel stärker zu beachten, als dies gewöhnlich auf den Märkten geschieht. Denn in der Regel handeln Marktteilnehmer eher mit Blick auf kurzfristige Ziele. Die Ausrichtung am Leitbild der Nachhaltigkeit erfordert es daher, die Rahmenbedingungen so zu gestalten, dass auch die langfristigen Wirkungen und Knappheiten berücksichtigt werden [...]. Die Enquete-Kommission des Deutschen Bundestags „Schutz des Menschen und der Umwelt" hat Prinzipien und Handlungsgrundsätze nachhaltigen Wirtschaftens folgendermaßen definiert:

Prinzipien der Nachhaltigkeit

- Die Abbaurate natürlicher Ressourcen soll deren Regenerationsfähigkeit nicht überschreiten (**Regenerationsregel**).
- Nicht erneuerbare Ressourcen sollen nur in dem Umfang genutzt werden, in dem ein gleichwertiger Ersatz – möglicherweise auch in Form höherer Produktivität – geschaffen wird (**Substitutionsregel**).
- Stoffeinträge in die Umwelt sollen sich an deren Belastbarkeit orientieren (**Schadstoffregel**).
- Das Zeitmaß anthropogener Einträge und Eingriffe in die Umwelt muss in ausgewogenem Verhältnis zum Zeitmaß für das Reaktionsvermögen der umweltrelevanten natürlichen Prozesse stehen (**Zeitregel**).
- Gefahren und unvertretbare Risiken für die menschliche Gesundheit durch anthropogene Einwirkungen[1] sind zu vermeiden.

Quelle: Bayerisches Staatsministerium für Landesentwicklung und Umweltfragen u. a.: EMAS – Die neue EG-Öko Audit in der Praxis, München 2001, S. 48 f.

Um dem Ziel „Nachhaltiges Wirtschaften" näher zu kommen, wurden in der Bundesrepublik Deutschland Gesetze und Verordnungen zum Umweltschutz eingeführt und permanent ausgeweitet. Einen Eindruck über die Fülle und Vielfalt gegenwärtiger Regelungen bietet die Übersicht des Bundesumweltministeriums (www.bmu.de):

Einträge	Anzahl	
Verordnungen	165	Die Gesamtzahl der Rechtsvorschriften verteilt sich auf folgende Sachgebiete: ▪ Allgemeiner Umweltschutz ▪ Abfallwirtschaft ▪ Chemikalienrecht ▪ Erneuerbare Energien/Klimaschutz ▪ Gewässerschutz ▪ Immissionsschutz ▪ Kerntechnische Sicherheit und Strahlenschutz ▪ Naturschutz und Landschaftspflege ▪ Sonstiges
Gesetze	82	
Anordnungen	7	
Bekanntmachungen	4	
Durchführungsbestimmung	1	
Rechtsvorschriften gesamt	**259**	Stand: **Januar 2013**

Wichtige Umweltgesetze im Handlungsrahmen von Industriebetrieben sind:

Rechtliche Vorgabe	Zwecksetzung
Bundesimmissionsschutzgesetz (§ 1 BImSchG)	Menschen, Tiere und Pflanzen, der Boden, das Wasser, die Atmosphäre sowie Kultur- und sonstige Sachgüter sollen durch das Gesetz vor schädlichen Umwelteinwirkungen geschützt und dem Entstehen schädlicher Umwelteinwirkungen vorgebeugt werden.
Wasserhaushaltsgesetz (§ 1 WHG)	Durch eine nachhaltige Gewässerbewirtschaftung sollen die Gewässer als Bestandteil des Naturhaushalts, als Lebensgrundlage des Menschen, als Lebensraum für Tiere und Pflanzen sowie als nutzbares Gut geschützt werden.
Abwasserabgabengesetz (AbwAG)	Für das Einleiten von Abwasser in ein Gewässer (siehe Wasserhaushaltsgesetz) ist eine Abgabe zu entrichten (Abwasserabgabe). Sie wird durch die Länder erhoben.
Kreislaufwirtschaftsgesetz (KrWG)	Die Kreislaufwirtschaft soll zur nachhaltigen Verbesserung des Umwelt- und Klimaschutzes sowie der Ressourcenschonung in der Abfallwirtschaft beitragen. Im Zentrum steht eine fünfstufige Abfallhierarchie zur Vermeidung, Verwertung und Beseitigung von Abfällen (siehe S. 211 ff.).
Chemikaliengesetz (ChemG)	Menschen und die Umwelt sollen vor schädlichen Einwirkungen gefährlicher Stoffe und Gemische geschützt werden. Gefährliche Stoffe und Gemische müssen daher gekennzeichnet, abgewendet und ihrem Entstehen muss vorgebeugt werden.

→

1 Eingriffe des Menschen in die Umwelt z. B. durch Siedlungen, Bau von Verkehrswegen, intensive Bodennutzung

Rechtliche Vorgabe	Zwecksetzung
Gefahrstoffverordnung (GefStoffV)	Menschen und die Umwelt sollen vor stoffbedingten Schädigungen geschützt werden. Gefährliche Stoffe sind hinsichtlich ihrer Gefahr einzustufen, zu kennzeichnen und zu verpacken. Außerdem müssen Maßnahmen zum Schutz der Menschen bei Tätigkeiten mit Gefahrstoffen getroffen und Beschränkungen für das Herstellen und Verwenden bestimmter gefährlicher Stoffe, Zubereitungen und Erzeugnisse eingehalten werden.
Verpackungsverordnung (VerpackV)	Auswirkungen von Abfällen aus Verpackungen auf die Umwelt sind zu vermeiden oder zu verringern. Um diese Ziele zu erreichen, soll die Verordnung das Marktverhalten der durch die Verordnung Verpflichteten so regeln, dass die abfallwirtschaftlichen Ziele (siehe Kreislaufwirtschaftsgesetz) erreicht und gleichzeitig die Marktteilnehmer vor unlauterem Wettbewerb geschützt werden.

Infolge der gesetzlichen Normen (z. B. Festlegung von Belastungsobergrenzen bei der Produktion) oder der „künstlichen" Verteuerung der Umweltnutzung (z. B. Verkauf von Zertifikaten, Einführung von Umweltsteuern) haben sich die Leistungserstellungsprozesse in Unternehmen stark verändert. Die anfallenden Umweltbelastungen werden vermehrt umweltgerecht und nicht „gedankenlos" beseitigt (additiver Umweltschutz, siehe unten). Sich u. a. durch das weltweite Wirtschaftswachstum verschärfende Umweltprobleme, wachsendes Umweltbewusstsein der Endverbraucher und striktere Auflagen des Staates bewirken bei immer mehr Unternehmen einen Wandel:

Umweltschutz wird als Wettbewerbsfaktor akzeptiert und in das Zielsystem der Unternehmung aufgenommen. Produkte werden hinsichtlich ihrer Umweltwirkungen von der Rohstoffgewinnung und Herstellung der Materialien über die Produktions-, Nutzungs- sowie Entsorgungsphase betrachtet (ökologischer Produktlebenszyklus durch integrierten Umweltschutz, siehe Kap. 1.4.3).

Um den derart betriebenen Umweltschutz auch nach außen sichtbar zu kommunizieren, lassen immer mehr Unternehmen auf freiwilliger Basis ihr Umweltmanagementsystem zertifizieren. Das erworbene Zertifikat kann dann gegenüber Wettbewerbern unter Umständen als Alleinstellungsmerkmal eingesetzt werden (siehe Kap. 1.4.4).

1.4.2 Additiver Umweltschutz in Unternehmen

Additiver Umweltschutz

Den wachsenden rechtlichen Vorgaben (z. B. Emissionsgrenzen) versuchten Unternehmen zunächst dadurch gerecht zu werden, dass sie im Anschluss an den bereits vorhandenen oder geplanten emissionsverursachenden Produktionsprozess Technologien hinzufügten, die die Einhaltung der rechtlichen Vorgaben möglich machten. Diese Umweltschutztechnologien werden daher auch als „End-of-pipe-Technologien" bezeichnet. Sie werden erst nach Entstehen der Schadstoffe eingesetzt. Hierdurch werden die entstandenen Emissionen reduziert/beseitigt, damit die darauffolgenden Immissionen vermindert bzw. verhindert werden können (nachsorgender Umweltschutz).

nachsorgender Umweltschutz

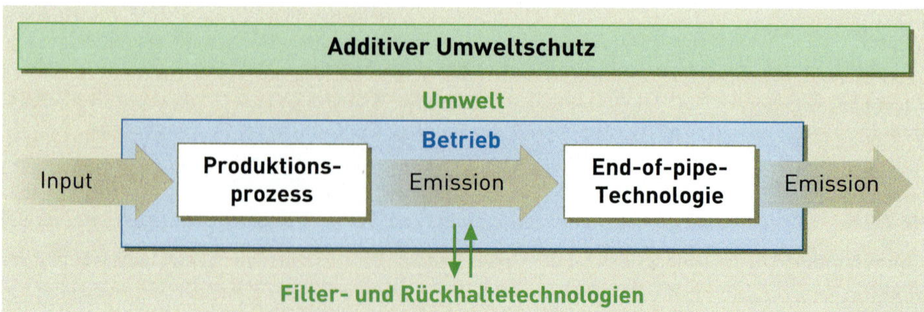

in Anlehnung an: Göllinger, Thomas: Vom Additiven Umweltschutz zum Integrierten Umweltmanagement, IÖB-Arbeitspapier Nr. 20, S. 8, Siegen 1997

Ziele

Die Unternehmen verfolgen bei dieser Art des Umweltschutzes nicht nur das Ziel, rechtliche Minimalvorgaben einzuhalten, sondern sie wollen durch den Einsatz der End-of-pipe-Technologien die Kosten der Umweltnutzung minimal halten. Das heißt, dass Umweltschutz unter dem Vorrang der Gewinnmaximierung erfolgt. Der Schwerpunkt der Umweltschutzbemühungen bezieht sich hier also auf ein unter ökonomischen Gesichtspunkten optimales, das heißt kostenminimales Abfallwirtschaftskonzept.

Beispiele

"End-of-pipe-Technologien"

Verursacher	Emission	Technologie
Großfeuerungsanlagen	Schwefeldioxid	Entschwefelungsanlage
Verbrennungsmotoren	Stickoxide	Katalysator
Abwasser	Schmutzfracht	Kläranlage
Verkehr	Lärm	Lärmschutzwand
Müllverbrennung	Schwermetalle	Filter

Quelle: Göllinger, Thomas: Vom Additiven Umweltschutz zum Integrierten Umweltmanagement, IÖB-Arbeitspapier Nr. 20, S. 8, Siegen 1997

Probleme

Ein derartiger additiver Umweltschutz bringt einige Probleme mit sich:

- Trotz des Bemühens um Beseitigung der Rückstände bleibt meist Sondermüll übrig (z. B. mit Schwermetallen belasteter Klärschlamm).
- Die Beseitigung der Rückstände bei der einen Ressource (z. B. Wasser) führt zu Belastungen bei einer anderen Ressource (z. B. Boden).
- Die End-of-pipe-Technologien verursachen hohe Investitions- und Folgekosten.
- Nachgeschaltete Umwelttechnologien bremsen Innovationen im Bereich umweltschonender Produktionsverfahren.

1.4.3
Integrierter Umweltschutz in Unternehmen

Allein additiver Umweltschutz kann die sich verschärfenden Umweltprobleme (u. a. Treibhauseffekt, Raubbau an natürlichen Ressourcen bedingt durch das weltweite Wirtschaftswachstum) nicht verhindern. Zudem wächst in breiten Bevölkerungsschichten das Umweltbewusstsein (siehe Kap. 1.4.1).

vorsorgender Umweltschutz

Diese Entwicklungen bewirken, dass ein vorsorgender Umweltschutz durch Betrachtung eines ökologischen Produktlebenszyklus angestrebt wird. Im Kern geht es darum, den Input und den Output des gesamten Unternehmens gegenüber der Umwelt für das bestehende und das zukünftige Produktionsprogramm zu erfassen.

Instrumente für die Dokumentation der In- und Outputs liefert ein systematisches Umweltmanagement (z. B. nach der EG-Öko-Audit-VO; siehe Kap. 1.4.4).

Es geht also darum, in Bezug auf den Leistungserstellungsprozess und das fertige Erzeugnis vorbeugende Umweltschutzmaßnahmen zu ergreifen, die **Emissionen vermeiden**.

Kreislaufwirtschaftsgesetz (KrWG)

Der integrierte Umweltschutz im Unternehmen wird durch das **Kreislaufwirtschaftsgesetz (KrWG)** forciert: *„Zweck des Gesetzes ist es, die Kreislaufwirtschaft zur Schonung der natürlichen Ressourcen zu fördern und den Schutz von Mensch und Umwelt bei der Erzeugung und Bewirtschaftung von Abfällen sicherzustellen.“* (§ 1 KrWG)

Auszug aus dem Kreislaufwirtschaftsgesetz (KrWG)

§ 1 [Zweck des Gesetzes]
Zweck des Gesetzes ist es, die Kreislaufwirtschaft zur Schonung der natürlichen Ressourcen zu fördern und den Schutz von Mensch und Umwelt bei der Erzeugung und Bewirtschaftung von Abfällen sicherzustellen.

§ 2 [Geltungsbereich]
(1) Die Vorschriften dieses Gesetzes gelten für
1. die Vermeidung von Abfällen sowie
2. die Verwertung von Abfällen,
3. die Beseitigung von Abfällen und
4. die sonstigen Maßnahmen der Abfallbewirtschaftung.

§ 3 [Begriffsbestimmungen]
(1) Abfälle im Sinne dieses Gesetzes sind alle Stoffe oder Gegenstände, derer sich ihr Besitzer entledigt, entledigen will oder entledigen muss. Abfälle zur Verwertung sind Abfälle, die verwertet werden; Abfälle, die nicht verwertet werden, sind Abfälle zur Beseitigung. [...]

§ 6 [Abfallhierarchie]
(1) Maßnahmen der Vermeidung und der Abfallbewirtschaftung stehen in folgender Rangfolge:
1. Vermeidung,
2. Vorbereitung zur Wiederverwendung,
3. Recycling,
4. sonstige Verwertung, insbesondere energetische Verwertung und Verfüllung,
5. Beseitigung.

(2) Ausgehend von der Rangfolge nach Absatz 1 soll nach Maßgabe der §§ 7 und 8 diejenige Maßnahme Vorrang haben, die den Schutz von Mensch und Umwelt bei der Erzeugung und Bewirtschaftung von Abfällen unter Berücksichtigung des Vorsorge- und Nachhaltigkeitsprinzips am besten gewährleistet. Für die Betrachtung der Auswirkungen auf Mensch und Umwelt nach Satz 1 ist der gesamte Lebenszyklus des Abfalls zugrunde zu legen. Hierbei sind insbesondere zu berücksichtigen
1. die zu erwartenden Emissionen,
2. das Maß der Schonung der natürlichen Ressourcen,
3. die einzusetzende oder zu gewinnende Energie sowie
4. die Anreicherung von Schadstoffen in Erzeugnissen, in Abfällen zur Verwertung oder in daraus gewonnenen Erzeugnissen.

Die technische Möglichkeit, die wirtschaftliche Zumutbarkeit und die sozialen Folgen der Maßnahme sind zu beachten.

§ 23 [Produktverantwortung]
(1) Wer Erzeugnisse entwickelt, herstellt, be- oder verarbeitet oder vertreibt, trägt zur Erfüllung der Ziele der Kreislaufwirtschaft die Produktverantwortung. Erzeugnisse sind möglichst so zu gestalten, dass bei ihrer Herstellung und ihrem Gebrauch das Entstehen von Abfällen vermindert wird und sichergestellt ist, dass die nach ihrem Gebrauch entstandenen Abfälle umweltverträglich verwertet oder beseitigt werden.
(2) Die Produktverantwortung umfasst insbesondere
1. die Entwicklung, die Herstellung und das Inverkehrbringen von Erzeugnissen, die mehrfach verwendbar, technisch langlebig und nach Gebrauch zur ordnungsgemäßen, schadlosen und hochwertigen Verwertung sowie zur umweltverträglichen Beseitigung geeignet sind,
2. den vorrangigen Einsatz von verwertbaren Abfällen oder sekundären Rohstoffen bei der Herstellung von Erzeugnissen,
3. die Kennzeichnung von schadstoffhaltigen Erzeugnissen, um sicherzustellen, dass die nach Gebrauch verbleibenden Abfälle umweltverträglich verwertet oder beseitigt werden,
4. den Hinweis auf Rückgabe-, Wiederverwendungs- und Verwertungsmöglichkeiten oder -pflichten und Pfandregelungen durch Kennzeichnung der Erzeugnisse sowie
5. die Rücknahme der Erzeugnisse und der nach Gebrauch der Erzeugnisse verbleibenden Abfälle sowie deren nachfolgende umweltverträgliche Verwertung oder Beseitigung. [...]

Industrieunternehmen (und dem Handel) werden eindeutig die Produktverantwortung für die entstehenden Umweltbelastungen entlang des ökologischen Produktlebenszyklus zugeschrieben. Besonders wichtig ist daher die Arbeit der FuE-Abteilung. Denn bereits bei der Produktentwicklung müssen die Umweltanforderungen entlang eines **ökologischen Produktlebenszyklus** berücksichtigt werden:

Ökologischer Produktlebenszyklus

Umweltanforderungen und konkrete Maßnahmen für die Produktentwicklung entlang eines ökologischen Produktlebenszyklus		
Gewinnung	Berücksichtigung umweltgerecht gewonnener Ressourcen	▪ minimaler Einsatz von erneuerbaren Primärrohstoffen[1] ▪ Materialien sorgen bei der Gewinnung, Verarbeitung, Lagerung und dem Transport für möglichst wenig Rückstände und Emissionen ▪ möglichst geringer, umweltschonender Verpackungseinsatz ▪ Lieferanten achten selbst auf umweltschonende Herstellung ▪ Materialfluss mittels umweltschonender Transportmittel
Beschaffungsphase	Berücksichtigung einer umweltgerechten Materialbereitstellung	
Produktionsphase	Realisierung einer umweltgerechten Produktion	▪ minimale Emissionen und Verbräuche von (Primär-) Rohstoffen beim Betriebsmitteleinsatz ▪ möglichst geringe Ausschussquote ▪ Beschaffung von Sekundärrohstoffen[2] ▪ minimale Produktionsrückstände und Emissionen ▪ keine Umweltgefährdung bei Zwischenlagerung und Transport
Distributionsphase	Berücksichtigung umweltgerechter Produktverteilung	▪ Materialfluss mittels umweltschonender Transportmittel ▪ keine Umweltgefährdung bei Zwischenlagerung und Transport ▪ umweltfreundliche Verpackung
Nutzungsphase	Ermöglichen einer umweltgerechten Produktnutzung	▪ Langlebigkeit und geringe Störanfälligkeit ▪ Sicherheitsvorkehrungen gegen drohende Umweltbelastungen bei Defekten ▪ Gesundheitsschutz/Naturschutz ▪ geringer Energieverbrauch ▪ Bedienungsanleitungen zur umweltfreundlichen Anwendung ▪ nach Möglichkeit wirtschaftlicher Einsatz erneuerbarer Energien ▪ optimale, umweltschonende Energienutzung ▪ lange Vorhaltung von Ersatzteilen
Entsorgungsphase	Berücksichtigung umweltgerechter Entsorgung	▪ Recyclingfähigkeit ▪ demontagefähige Zusammensetzung des Produktes ▪ Entsorgungsmöglichkeiten ▪ geringe Anteile von Abfallstoffen sowie Verbundmaterialien

1 Primärrohstoff = gewonnener, noch nicht veränderter Rohstoff
2 Sekundärrohstoff = durch Recycling wiedergewonnene Rohstoffe

Abfallhierarchie

Durch das KrWG wird eine **Abfallhierarchie** bei Maßnahmen zur Vermeidung und der Abfallbewirtschaftung entlang eines ökologischen Produktlebenszyklus festgelegt. Sollten sich Abfälle nicht vermeiden lassen, so haben Unternehmen zunächst dem Recycling durch Wiederverwendung (siehe unten) Vorrang vor weiteren Formen des Recyclings einzuräumen. Entsprechend der im Gesetz definierten Abfallhierarchie sind v. a. die energetische Verwertung und Verfüllung sowie abschließend die Beseitigung nachrangig zu wählen. Ausgehend von dieser Rangfolge soll immer diejenige Maßnahme gewählt werden, die den Schutz von Mensch und Umwelt unter Berücksichtigung des Vorsorge- und Nachhaltigkeitsprinzips am besten sichert.

Kreislaufwirtschaftsgesetz

Abfallhierarchie

1. Vermeidung
2. Vorbereitung zur Wiederverwendung
3. Recycling
4. Sonstige Verwertung, insbesondere energetische Verwertung und Verfüllung
5. Beseitigung

Grundsatz (unter Beachtung der Abfallhierarchie):
Vorrang von Maßnahmen, die dem Schutz von Mensch und Umwelt unter Beachtung des Vorsorge- und Nachhaltigkeitsprinzip am besten dienen.

Aufgrund der im Gesetz definierten Prioritäten ergibt sich eine **Kreislaufwirtschaft**: Nicht vermeidbare Abfälle eines ökologischen Produktlebenszyklus, die stofflich verwertet werden, d. h. in den Produktions- und Verbrauchsprozess zurückgeführt werden (Recycling), können in vier Formen für einen nachfolgenden ökologischen Produktlebenszyklus zur Verfügung stehen:

Formen des Recyclings am Beispiel „gebrauchter Autoreifen"

Verwendung oder **Verwertung?**	**Wieder...** Erneut bearbeitetes Material wird für den gleichen Zweck bzw. Produkt genutzt.	**Weiter...** Erneut bearbeitetes Material wird für anderen Zweck bzw. anderes Produkt genutzt.
Verwendung Gestaltung des Materials bleibt nach erneuter Bearbeitung weitgehend erhalten.	**Wiederverwendung** Beispiel: Runderneuerung	**Weiterverwendung** Beispiel: Schaukel
Verwertung Ursprüngliche Gestalt des Materials wird durch erneute Bearbeitung aufgelöst.	**Wiederverwertung** Beispiel: neuer Reifen	**Weiterverwertung** Beispiel: Schuhsohlen

Unter Beachtung der gesetzlichen Vorgaben heißt also Umweltorientierung innerhalb des Produktentwicklungsprozesses, dass bereits von Anfang an ein ökologischer Produktlebenszyklus angestrebt wird, der auf Abfallvermeidung zielt. Bei der Entsorgung nicht vermeidbarer Abfälle wird eine umweltgerechte Verwertung oder Beseitigung berücksichtigt (siehe Teil D, Kap. 3.5.3).

1.4.4 Umweltmanagementsysteme

Umweltmanagementsysteme

Die Entwicklung von Umweltmanagementsystemen ist die konsequente Umsetzung eines integrierten Umweltschutzes. Ein **Umweltmanagementsystem** (UMS) ist das Managementsystem einer Unternehmung zur Umsetzung seiner/der Umweltziele. Mit Hilfe des UMS werden alle umweltbezogenen Aktivitäten geplant, gesteuert, überwacht und verbessert: Das Unternehmen betreibt systematisch und effektiv Umweltschutz. Es nimmt seine Verantwortung für die durch die Leistungserstellung entstandenen Umweltauswirkungen wahr.

Die Ausgestaltung eines UMS unterliegt keinen gesetzlichen Vorschriften. Bei der Entwicklung des UMS können sich Unternehmen an international etablierten Standards (siehe I. und II.) orientieren:

I. DIN EN ISO 14001

Die **DIN EN ISO 14001** ist ein privatwirtschaftlicher, internationaler Standard für das UMS eines Unternehmens. Die in dieser Norm festgehaltenen Anforderungen kann sich das Unternehmen durch interne und externe Überprüfungen (Audits) zertifizieren lassen. Das Zertifikat wird auf freiwilliger Basis vergeben und hat keinen Rechtscharakter.

Die Norm enthält fünf Systemelemente, die auf eine kontinuierliche Verbesserung zielen:

Umweltpolitik	Die Unternehmensleitung formuliert eine Strategie für das Umweltmanagement, die allen Mitarbeitern und Stakeholdern intern und extern bekannt gemacht wird. Die Strategie umfasst u. a. folgende Ziele: ▪ kontinuierliche Verbesserung des Umweltschutzes, ▪ Vermeidung von Umweltbelastungen, ▪ Einhaltung relevanter gesetzlicher Umweltbestimmungen.
Planung	Die Umweltpolitik wird durch Ziele und zugehörige Maßnahmen in einem Umweltprogramm konkretisiert. Wichtige Umweltaspekte und rechtliche Vorschriften werden berücksichtigt.
Verwirklichung und Betrieb	Die Organisation des UMS wird festgelegt, eingeführt und dokumentiert (Strukturen, Abläufe, Verantwortlichkeiten und Kommunikationswege). Es erfolgt eine Dokumentation, u. a. über die erforderlichen personellen, sachlichen und zeitlichen Ressourcen, die erforderlichen Fähigkeiten und notwendigen Schulungen. Ferner werden Aussagen zur Kommunikation, zur Organisation der Dokumentation, zur Ablauflenkung sowie zur Notfallvorsorge und Gefahrenabwehr gemacht.
Überprüfung	Das UMS wird durch Audits (durch interne oder externe Personen) regelmäßig überwacht. Es wird getestet, ob das Umweltmanagementsystem den selbst gesetzten Forderungen sowie den Forderungen der DIN EN ISO 14001 entspricht. Bei Abweichungen müssen Korrektur- oder Vorsorgemaßnahmen ausgelöst werden.
Management-bewertung	Die Unternehmensleitung bewertet das Umweltmanagementsystem in regelmäßigen Abständen, damit die Funktionsfähigkeit des Umweltmanagementsystems dauerhaft sichergestellt ist.

II. EMAS III

EMAS[1] wurde aufgrund der europäischen Verordnung (EG) Nr. 1221/2009 (EMAS III) entwickelt. Unternehmen, die auf freiwilliger Basis ihr UMS gemäß dieser Verordnung überprüfen lassen, sind berechtigt, das EMAS-Logo zu verwenden. EMAS basiert auf der DIN EN ISO 14001, stellt jedoch höhere Anforderungen in folgenden Bereichen:

EMAS GEPRÜFTES UMWELTMANAGEMENT

Einbeziehung der Mitarbeiter	Ein UMS nach EMAS III erkennt das Potenzial der Mitarbeiter zur Verbesserung der Umweltsituation. Mitarbeiter müssen daher am UMS aktiv beteiligt werden, da so Innovationen möglich werden, die zu einer Verbesserung des Umweltschutzes durch das Unternehmen beitragen. Wichtige Instrumente zur Einbeziehung der Mitarbeiter sind: ■ Innerbetriebliche Umweltausschüsse, ■ Umweltprojektgruppen, ■ Umweltbezogenes Vorschlagswesen.
Kommunikation mit der Öffentlichkeit	Unternehmen bemühen sich um maximale Transparenz gegenüber den Stakeholdern. Ein wesentlicher Bestandteil dabei ist die Umwelterklärung. Sie ist eine schriftliche Zusammenfassung der wichtigsten Informationen, Daten und Fakten sowie eine Selbstverpflichtung zur Verbesserung des Umweltschutzes durch das Unternehmen. Umweltgutachter prüfen Wahrheit und Glaubwürdigkeit der Erklärung.
Ständige Verbesserung der Umweltleistung	Unternehmen verpflichten sich zur ständigen Verbesserung ihrer Umweltleistung. Hierzu stellen sie verbindliche Kernindikatoren für Energie- und Ressourcenverbrauch, Abfall, Wasser, Emissionen und biologische Vielfalt auf, die über die gesetzlichen Anforderungen hinausgehen. Laufende interne und externe Umweltprüfungen zeigen, ob die gesetzten Ziele erreicht wurden und weisen Wege zur ökologischen Verbesserung auf.
Einhaltung von Rechtsvorschriften	Die relevanten Umweltschutzvorschriften müssen genannt und deren Einhaltung muss nachgewiesen werden. Der Nachweis erfolgt durch drei Instanzen: 1) Interne Umweltbetriebsprüfungen (Audits), 2) Verifizierung durch einen externen Umweltgutachter, 3) Beteiligung der zuständigen Umweltbehörde vor der Registrierung des UMS nach EMAS III. Sollte der Umweltgutachter Unregelmäßigkeiten feststellen, wird er keine Bestätigung seiner Begutachtungstätigkeiten ausstellen. Das UMS kann dann nicht nach EMAS III zertifiziert werden.

Sowohl die Zertifizierung nach DIN EN ISO 14001 als auch nach EMAS III bringt Vorteile für die Industrieunternehmen:

Vorteile von Umweltmanagementsystemen

Vorteile der Zertifizierung der Umweltmanagementsysteme
Den entstehenden zusätzlichen Kosten der Investitionen in das Umweltmanagementsystem sowie den Kosten der Zertifizierung stehen einige positive Aspekte gegenüber: ■ Ressourcenschonung der Umwelt (z. B. Wasser, Energie, Bodenschätze), ■ Kosteneinsparung durch kontinuierliche Verbesserung des betrieblichen Umweltschutzes und frühzeitige Berücksichtigung des Umweltschutzes im Leistungserstellungsprozess, ■ Reduzierung von Umwelt- und damit Haftungsrisiken, ■ Verbesserung des Unternehmensimages durch Verwendung des Zertifikates (Nachweisbarkeit der Einhaltung der Umweltschutzvorschriften wirkt gegenüber Stakeholdern vertrauensbildend), ■ Steigerung der Mitarbeiterzufriedenheit und damit der Arbeitsproduktivität, da eine Verbesserung der Arbeitsbedingungen mit der Einführung des UMS einhergeht, ■ Erfüllung von Kundenanforderungen (z. B. Voraussetzung der Zertifizierung, um als Lieferant gewählt zu werden), ■ vorausschauende Einhaltung sich verschärfender Umweltschutzvorschriften als Wettbewerbsfaktor gegenüber der Konkurrenz.

1 EMAS steht für engl. *Eco-Management and Audit Scheme.*

6101216

Aufgaben

1. Erläutern Sie am Beispiel Ihres Ausbildungsbetriebes, inwieweit die industrielle Produktion durch Emissionen und Immissionen zu Umweltbelastungen führt. Geben Sie für Emissionen und Immissionen jeweils drei Beispiele an. › Kap. 1.4 › Recherche
2. Beschreiben Sie das Prinzip des nachhaltigen Wirtschaftens. Recherchieren Sie die Bedeutung der Regenerations-, Substitutions-, Schadstoff- und Zeitregel sowie anthropogener Einwirkungen. › Recherche
3. Begründen Sie, warum der Staat zunehmend Umweltvorschriften eingeführt hat. Geben Sie mindestens drei betrieblich relevante Umweltvorschriften an und erläutern Sie die ökonomischen und ökologischen Wirkungen.
4. Unterscheiden Sie zwischen additivem und integriertem Umweltschutz im Industrieunternehmen. Geben Sie jeweils ein Beispiel an.
5. Analysieren Sie Möglichkeiten zur Umweltorientierung im Rahmen des Produktentwicklungsprozesses, insbesondere unter Beachtung der Produktionsphasen gemäß Kreislaufwirtschaftsgesetz.
6. Stellen Sie negative Folgen einer Missachtung der gemäß § 23 KrWG formulierten Produktverantwortung heraus.
7. Skizzieren Sie für ein Produkt Ihres Ausbildungsbetriebes die Berücksichtigung des Kreislaufwirtschaftsgesetzes entlang des Produktlebenslaufs. › Recherche
8. Das Kreislaufwirtschaftsgesetz legt für die Abfallbewirtschaftung eine Abfallhierarchie fest. Erläutern Sie die Abfallhierarchie.
9. Erläutern Sie die vier Recyclingformen anhand eines selbst gewählten Beispiels.
10. Bereiten Sie eine Präsentation zum Umweltmanagement (in Ihrem Ausbildungsbetrieb/in einem Industrieunternehmen) vor. Folgende Aspekte sollen thematisiert werden:
    - Entstehungsursachen,
    - Merkmale nach DIN EN ISO 14001 und/oder EMAS III,
    - Zertifizierung des Umweltmanagementsystems (Verfahren, Vor- und Nachteile),
    - kritische Würdigung der Notwendigkeit eines Umweltmanagementsystems aus Sicht der Unternehmenseigner, der Mitarbeiter, der Kunden, der Lieferanten und der Konkurrenten.
11. Beschreiben Sie die Zusammenhänge der Darstellung zu den fünf Systemelementen nach DIN EN ISO 14001 und nennen Sie Vorteile für die Heidtkötter KG, die durch das abgebildete Zertifikat entstehen können.

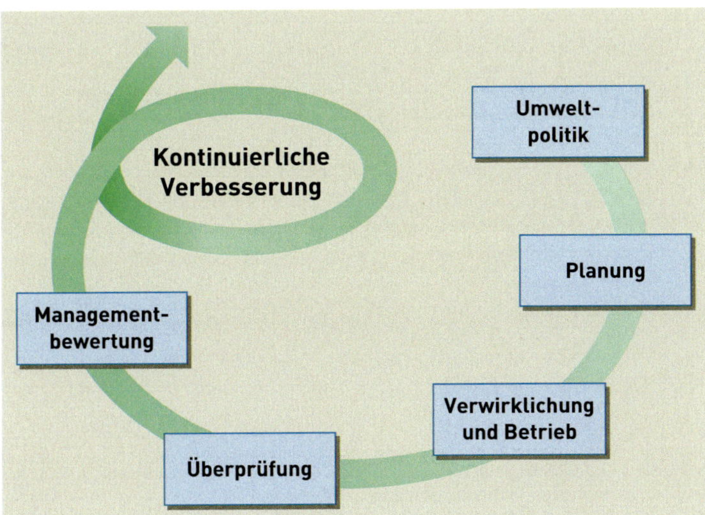

TÜV CERT

ZERTIFIKAT

TÜV CERT-Zertifizierungsstelle
der TÜV Rheinland Industrie Service GmbH

bescheinigt gemäß TÜV CERT-Verfahren,
dass das Unternehmen

Büromöbelfabrik Heidtkötter KG
Gütersloher Straße 111 · 33647 Bielefeld

für den Geltungsbereich
Produktion und Vertrieb
von Büromöbeln

ein Umweltmanagementsystem eingeführt hat
und anwendet.
Durch ein Audit, Bericht-Nr. 85066
wurde der Nachweis erbracht, dass die Forderungen der
DIN EN ISO 9001:2000
erfüllt sind. Dieses Zertifikat ist gültig bis 20..-11-15
Zertifikat-Registrier-Nr. 09 125 85066

Düsseldorf, 20..-07-16 TÜVRheinland® TÜV CERT-Zertifizierungsstelle der TÜV Rheinland Industrie Service GmbH

(eigene Darstellung, kein Original)

1.5
Produktions- und Absatzprogramm festlegen

Im Zuge der Festlegung und der Fertigung des Produktions- und Absatzprogramms besteht eine Hierarchie, d. h. eine Rangordnung zwischen den Entscheidungen. Erst infolge der strategischen Entscheidungen können taktisch-strukturelle Entscheidungen und infolgedessen operative Entscheidungen getroffen werden. Aufgrund der Komplexität erfolgen die wechselseitigen Entscheidungen mit Hilfe eines rechnergestützten Produktionsplanungs- und -steuerungssystems (PPS).

› Teil C, Kap. 2.1

Entscheidungen im Zuge der Produktionsprogrammplanung nach Hierarchie und Zeithorizont

Hierarchie	I. strategisch	II. taktisch-strukturell	III. operativ
Zeithorizont	langfristig (über 4–5 bis 10 Jahre)	mittelfristig (1 bis 4–5 Jahre)	kurzfristig (bis max. 1 Jahr)
Entscheidungen	Produktfelder	▪ erwarteter Primärbedarf ▪ Kapazitätsbereitstellung ▪ Strategie zur Anpassung an Absatzschwankungen	tatsächliches Fertigungsprogramm
Beispiel Heidtkötter KG	Angebot von Designermöbeln für das Büro	erwartete Primärbedarfe: 1 000 Banksysteme 1 500 Tische 2 000 Bürostühle	Fertigungsaufträge: Banksysteme: 500 bis 30.06.; 500 bis 31.12. Tische: 1 000 bis 31.05.; 500 bis 31.12. Bürostühle: 1 000 bis 31.03.; 1 000 bis 31.12.

I. Strategische Produktionsprogrammplanung

Die **strategische Produktionsprogrammplanung** legt aufgrund der Markterfordernisse[1], der Unternehmensziele und weiterer Einflüsse (z. B. Stand der Technik) die Produktfelder fest. Die Entscheidungen über die Produktfelder können dabei je nach Programmbreite und Programmtiefe in zwei Extremstrategien münden: die Universalistenstrategie oder die Spezialistenstrategie.

Programmtiefe und Programmbreite

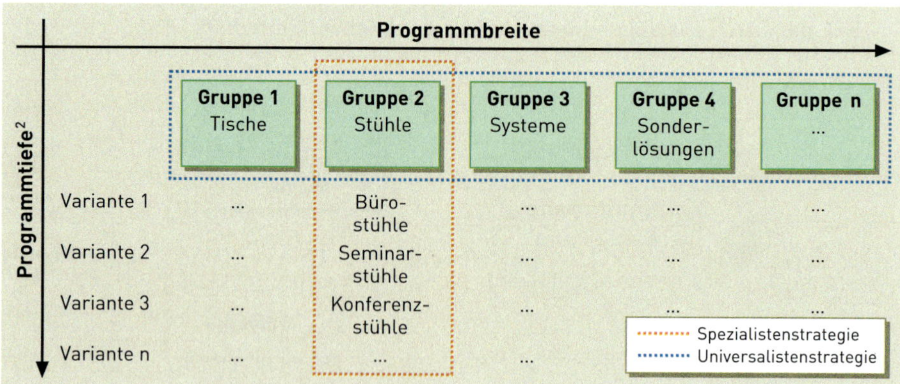

1 Für die Einschätzung der Marktchancen betreiben Unternehmen Marktforschung (siehe Teil D, Kap. 1.2).
2 Programmtiefe ist strikt von Fertigungstiefe zu unterscheiden. Die Fertigungstiefe bezieht sich auf den eigenen Herstellungsanteil des Betriebes (Fertigungsstufen) an der gesamten Wertschöpfung. Siehe hierzu Teil B, Kap. 2.2.3

Bei einer Universalistenstrategie liegt ein sehr breites und flaches Programm vor. Das heißt, dass eine Vielzahl unterschiedlicher Produktgruppen, jedoch nur eine oder wenige Varianten innerhalb einer Produktgruppe angeboten werden.
Bei der Spezialistenstrategie hingegen liegt ein schmales und tiefes Programm vor. Dies bedeutet, dass nur eine oder wenige Produktgruppen, jedoch viele Varianten innerhalb der Produktgruppe angeboten werden.

Universalistenstrategie

Spezialistenstrategie

Die strategischen Entscheidungen der Unternehmen in Richtung Spezialistenstrategie oder Universalistenstrategie werden von zahlreichen Argumenten gelenkt.

breites Programm

Argumente	
für ein **breites** Programm	**gegen** ein **breites** Programm
■ Risikostreuung bei Nachfrageausfall ■ einzelne Produktgruppen ergänzen sich (Komplementärgüter) ■ größerer Kundenkreis wird angesprochen (Umsatzerhöhung) ■ Abschöpfen des Markenimages ■ höhere Flexibilität bei Nachfrageausfall von Produktgruppen (Kapazitätsanpassungen) ■ ggf. Fixkostendegression ■ technische Gegebenheiten erzeugen automatisch mehrere Produktgruppen	■ erhöhte Lagerbestände ■ Konkurrenz im eigenen Unternehmen bei Substitutionsgütern ■ erhöhte Rüstkosten und verlängerte Durchlaufzeiten ■ komplexere Fertigungsplanung und -steuerung ■ komplexere Kostenrechnung ■ höherer Preis als bei einem Spezialisten, da geringere Bestellmengen und aufwendigere Fertigung

tiefes Programm

Argumente	
für ein **tiefes** Programm	**gegen** ein **tiefes** Programm
■ Fixkostendegression ■ weniger Umrüstungen an Maschinen ■ technisches Know-how wird ständig weiterentwickelt ■ Mengenrabatt durch große Bestellmengen ■ höhere Wettbewerbsfähigkeit, da Kostenvorteile zu geringen Verkaufspreisen führen	■ Konkurrenz der Produkte zueinander (Substitutionsgüter) ■ hohe Abhängigkeit von einer Produktgruppe/Branche ■ Variantenvielfalt zwingt zu erhöhter Lagerhaltung (z. B. für Ersatzteile)

II. Taktisch-strukturelle Produktionsprogrammplanung

Die **taktisch-strukturelle Produktionsprogrammplanung** ermittelt aufgrund von Absatzprognosen und erwarteten Kundenaufträgen den voraussichtlichen Primärbedarf[1] an Erzeugnissen. Somit wird das konkrete Produktions- und Absatzprogramm bestimmt. Darauf aufbauend werden die Fertigungsverfahren und die Fertigungsmengen ermittelt sowie erforderliche Kapazitäten (Betriebsmittel, Personal, Material) bereitgestellt. Im Zuge dessen muss entschieden werden, ob die Produkte für den Absatzmarkt bestimmt sind und durch den eigenen Betrieb hergestellt oder durch einen externen Produzenten bereitgestellt werden sollen. Entsprechend wird zwischen Produktions- und Absatzprogramm unterschieden.

Erzeugnisse für **Eigenbedarf und Absatz**	legt Art und Menge der Erzeugnisse fest, die in einem bestimmten Zeitraum tatsächlich vom eigenen Betrieb gefertigt werden; hierunter zu fassen sind der Eigenbedarf (z. B. Werkzeuge, Spezialmaschinen, Betriebsstoffe) und die für den Absatz bestimmten Erzeugnisse.	**Produktionsprogramm**
Erzeugnisse für den **Absatz und Handelswaren**	legt fest, welche Erzeugnisse und Handelswaren in welchen Mengen, in oder zu einer bestimmten Zeit verkauft werden sollen. Handelswaren sind fremdbezogene, absatzfähige Erzeugnisse zur Komplettierung des eigenen Sortiments.	**Absatzprogramm**

1 Primärbedarf = Menge an Erzeugnissen für einen bestimmten Auftrag (› Teil B, Kap. 2.1)

Das Produktions- und Absatzprogramm kann je nach Branche und Unternehmensausrichtung übereinstimmen oder unterschiedlich sein:

Produktionsprogramm = Absatzprogramm	**Produktionsprogramm ≠ Absatzprogramm**	
i. d. R. bei Einproduktunternehmen, deren **Produkte nicht lagerfähig** sind	Nicht alle hergestellten Erzeugnisse sind für den Absatz, sondern auch für den **Eigenbedarf** bestimmt.	Das Absatzprogramm enthält **fremdbezogene Handelswaren**.
Beispiel: Energieunternehmen (Strom), Baubranche (Frischbeton)	Mögliche Gründe: ■ Anbieter für bestimmte Erzeugnisse fehlen ■ eigenes Know-how und Qualität ■ mangelnde Absatzfähigkeit	Mögliche Gründe: ■ Mangel an Patenten oder Lizenzen zur Herstellung der Handelsware ■ fehlendes Know-how ■ mangelnde Kapazitäten ■ geringere Bezugskosten gegenüber eigenen Produktionskosten ■ Komplettierung des Sortiments

Nach Festlegung der erwarteten Primärbedarfe müssen innerhalb der taktisch-strukturellen Produktionsprogrammplanung die Kapazitäten bereitgestellt werden. Dies geschieht in enger Abstimmung mit der operativen Produktionsprogrammplanung. Aufgrund der dort gebildeten Fertigungsaufträge und aufgrund des u. a. von Absatzprognosen bestimmten Primärbedarfs können durch Absatzschwankungen in der Realität unerwartete Lagerbestände auftreten, da die Fertigungsmenge von der Absatzmenge abweicht. Unternehmen stehen in solch einer Situation vor dem Problem, Lagerbestände in Kauf zu nehmen oder die Kapazitäten laufend anzupassen.

III. Operative Produktionsprogrammplanung

Fertigungsaufträge

Die **operative Produktionsprogrammplanung** definiert innerhalb der vorhandenen Kapazitäten (Betriebsmittel, Personal, Material) das tatsächlich zu erstellende Fertigungsprogramm auf Basis von Fertigungsaufträgen nach Art, Qualität, Menge und Zeit. Bei ausreichender Kapazität werden alle Fertigungsaufträge ausgeführt, die zu einer Verbesserung des Betriebsergebnisses beitragen. Sollten Kapazitätsengpässe auftreten, muss das (optimale) Produktionsprogramm ermittelt werden, bei dem der Gewinn maximiert werden kann.

Aufgaben

› Kap. 1.5

1. Unterscheiden Sie mit Hilfe eines geeigneten Beispiels zwischen strategischer, taktisch-struktureller und operativer Produktionsprogrammplanung.

› **Recherche**

2. Unterscheiden Sie anhand des Produktionsprogramms Ihres Ausbildungsbetriebes zwischen Programmbreite und Programmtiefe. Führen Sie mindestens drei Vor- und Nachteile an,
   a) die für eine Verbreiterung des Programms sprechen,
   b) die für eine Vertiefung des Programms sprechen.
3. Erläutern Sie, warum Produktions- und Absatzprogramm in der Praxis in der Regel nicht übereinstimmen.

Wiederholungsaufgaben

› **Kap. 1**

› **Recherche**

1. Erkundigen Sie sich in Ihrem Ausbildungsbetrieb über die Entwicklung der Zusammensetzung des Produktions- und Absatzprogramms. Zeichnen Sie die Entwicklung an wichtigen Eckdaten nach und führen Sie bedeutende Einflussgrößen und Ursachen für die Entwicklung an.
2. Formulieren Sie anhand eines geeigneten Beispiels den Unterschied zwischen einer Aufgabe und einem Ziel mit Hilfe des Management-Regelkreislaufs.
3. Erläutern Sie je vier Ziele und Zielkonflikte der Leistungserstellung.
4. Stellen Sie mit Hilfe eines geeigneten Beispiels die Bedeutung des Ökonomischen Prinzips für die Zielerreichung in der Leistungserstellung dar.
5. Betrachten Sie die nachfolgende Abbildung und erläutern Sie folgende Aspekte:
   a) Erläutern Sie aus der Sicht des Kunden die Hauptaussage des Kreislaufs.
   b) Erarbeiten Sie die Funktion der Produktentwicklung für das Produktergebnis.
   c) Führen Sie Maßnahmen an, wie die offensichtliche Fehlentwicklung hätte vermieden werden können.

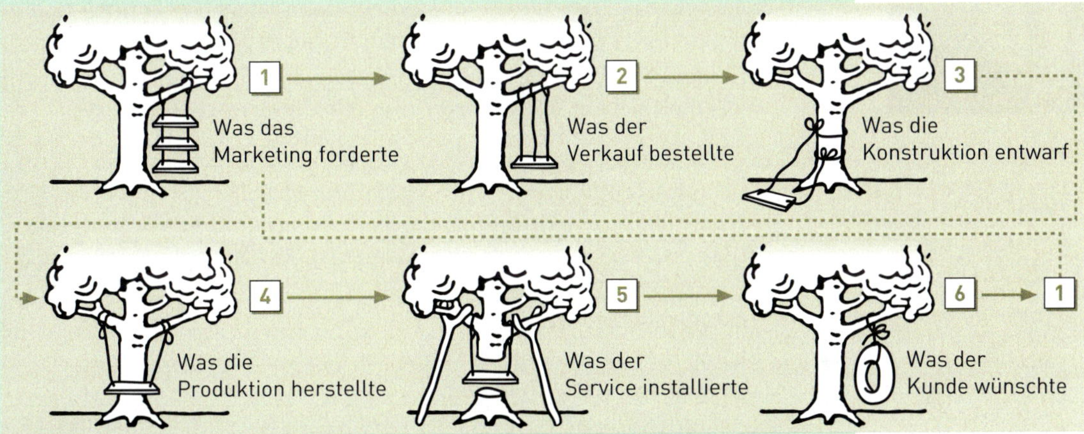

› **Recherche**

6. Informieren Sie sich im Internet unter www.dell.com über die Entstehungsgeschichte von Dell-Computer und skizzieren Sie unter Verwendung der Fachbegriffe den Weg einer Invention zur Innovation. Erläutern Sie im Zuge dessen betriebswirtschaftliche Voraussetzungen zur Realisierung einer Erfindung.
7. Erläutern Sie die Funktionen von Lastenheft und Pflichtenheft im Rahmen des Produktentwicklungsprozesses sowie deren Unterschiede.
8. Erläutern Sie den Unterschied zwischen Prototyp und Nullserie.
9. Entscheiden Sie, ob die angegebenen Schutzrechte für das jeweilige Beispiel infrage kommen und begründen Sie Ihre Entscheidung.
   a) Patent   b) Gebrauchsmuster   c) Geschmacksmuster   d) Marke
   Beispiele: *Teebeutel, Kaffeefilter, Spiel von Ravensburger „Scotland Yard“, Corona Bierflasche*
10. Beurteilen Sie Chancen und Risiken der Forschung und Entwicklung in Zeiten der Globalisierung.
11. Sammeln Sie aktuelle Zeitungsartikel zum Problem der Produktpiraterie. Bringen Sie mindestens ein Beispiel mit und erläutern Sie, wie sich betroffene Unternehmen gegen die Nachahmung wehren.

› **Recherche**

→

12. Die Franz Kniep GmbH ist ein weltweit tätiger Hausgerätehersteller für private und gewerbliche Zwecke. Das Unternehmen will im 3. Quartal 01 einen neuen Behältertyp aus recycelfähigem Kunststoff auf den Markt bringen. Dieser Behältertyp zum Backen, Kochen und Bevorraten von Nahrungsmitteln wird neuerdings auch in der Nahrungsmittelindustrie eingesetzt, mit der bislang keine Geschäftsbeziehungen bestanden haben.

a) Erläutern Sie, welche Möglichkeiten die Franz Kniep GmbH hat, das neue Erzeugnis vor Nachahmungen in der Bundesrepublik schützen zu lassen.

b) Führen Sie zwei wirtschaftliche Vorteile an, die die Franz Kniep GmbH durch den für den neuen Behältertyp eingetragenen Rechtsschutz hat.

13. Bei der Franz Kniep GmbH werden derzeit neue Waschvollautomaten unter Beachtung strengster Umweltvorschriften entwickelt. Heute findet ein abteilungsübergreifendes Meeting statt. Die beteiligten Abteilungen sind: Forschung und Entwicklung, Controlling, Arbeitsvorbereitung (mit technischen Zeichnern), Marketing/Vertrieb.

a) Beschreiben Sie, welche Interessenkonflikte zwischen den beteiligten Abteilungen im Zuge der Produktentwicklung entstehen können und geben Sie eine Empfehlung zum Umgang mit diesen Konflikten.

b) Erläutern Sie folgende Recyclingstrategien und führen Sie jeweils ein generelles Beispiel an: Weiterverwertung, Wiederverwendung.

14. Die Franz Kniep GmbH produziert den Wäschetrockner „extra dry" im 5. Jahr seit der Markteinführung. Trotz Marktführerschaft haben sich die Umsatzzuwächse deutlich verringert. In der Forschungs- und Entwicklungsabteilung wird daher derzeit fieberhaft an einer neuen Wäschetrocknergeneration gearbeitet. Eine Projektgruppe wird beauftragt, den Entwicklungsprozess bis zur Fertigungsreife zu betreuen.

a) Stellen Sie fest, in welcher Phase des Produktlebenszyklus sich der bisherige Wäschetrockner befindet.

b) Erläutern Sie den Zusammenhang zwischen dem Produktlebenszyklus des bisherigen Wäschetrockners und der neu zu entwickelnden Generation von Wäschetrocknern.

c) Führen Sie fünf Schritte des Planungsprozesses des Projektteams bis zur Fertigungsreife an.

15. Nennen Sie drei ökologische Ziele der Heidtkötter KG (Büromöbelhersteller), die für die Produktion relevant sind.

16. Die Produktion der Heidtkötter KG soll umweltverträglicher gestaltet werden. Führen Sie mindestens vier dazu geeignete Maßnahmen an.

17. Für ein neues Produkt der Petra Giese OHG (Süßwarenhersteller) wird in der Abteilung für Forschung und Entwicklung eine ökologiebewusste Gestaltung und Herstellung angestrebt.

Beschreiben Sie drei Maßnahmen bei der Gestaltung und Herstellung des neuen Produktes, die den genannten Ansprüchen Rechnung tragen.

18. Die Paul Moritz GmbH (Anlagenbauer) strebt eine umweltgerechte Beschaffung im Zuge der Leistungserstellung an. Nennen Sie mindestens jeweils zwei Möglichkeiten aus den Bereichen „Beschaffung", „Produktion" und „Vertrieb", die dieses Ziel unterstützen.

2 Die langfristig angelegte Produktionsplanung als Grundlage der Prozesssteuerung in der Produktionswirtschaft

Einführung

Jedes Unternehmen muss festlegen, welche konkreten Leistungen es für welche Märkte in welcher Qualität erbringen will. Solche Entscheidungen, die bei der Gründung und auch später immer wieder getroffen werden müssen, wirken für einen längeren Zeitraum und lassen sich nur mit hohem Aufwand korrigieren.

Beispiel

Auch die Heidtkötter KG legt fest, welche Produkte sie herstellen will, welche Bestandteile sie dazu selbst erstellt und welche Baugruppen sie von Zulieferern bezieht. Das Produktions- und Absatzprogramm wird im Einklang mit den Anforderungen des Absatzmarktes sowie unter Berücksichtigung eigener Ideen und Vorstellungen festgelegt.

Die Entscheidungsträger der Heidtkötter KG haben sich auf die Herstellung qualitativ hochwertiger Büromöbel im hochpreisigen Segment geeinigt, um sich vom Markt „Mitnahmemöbel" abzuheben. Bestimmte Produkte sollen „in Reihe" gefertigt, andere hingegen Stück für Stück in Werkstätten komplett montiert werden. Um die konkrete betriebliche Umsetzung aller eingehenden Kundenaufträge zu planen, zu steuern und zu kontrollieren, müssen die erforderlichen Kapazitäten bekannt sein. Die Mitarbeiter müssen für jedes Produkt genau wissen, welche Materialien, welche Betriebsmittel und welche Mitarbeiter benötigt werden. Ebenso müssen die zeitlichen und fertigungstechnischen Anforderungen bekannt sein. Die durch die Produktionsplanung ermittelten Daten werden den Mitarbeitern in Dokumenten (Zeichnungen, Stücklisten, Arbeitspläne) zur Verfügung gestellt. Sie bilden die Grundlage für die anschließende kundenauftragsabhängige Produktionssteuerung.

In diesem Kapitel grenzen wir zunächst Produktionsplanung und Produktionssteuerung voneinander ab und beschreiben die Aufgaben von PPS-Systemen. Im Anschluss werden die spezifischen Aufgaben der Produktionsplanung dargestellt.

2.1 Produktionsplanung und Produktionssteuerung

2.1.1 Produktionsplanung – langfristig angelegte, produktbezogene Entscheidungen

Produktionsplanung

Die **Produktionsplanung** umfasst alle **einmalig** auftretenden Planungsaktivitäten, die die fertigungstechnische **Herstellung** eines Endprodukts sichern. Sie erfolgt unabhängig von bestimmten Kundenaufträgen und Terminen und liefert **produktbezogene** Basisinformationen. Die Aufgaben der Produktionsplanung finden primär auf einer strategischen und damit langfristigen (Management-)Ebene statt. Die Ergebnisse der Produktionsplanung bleiben solange unverändert, wie sich nichts am Endprodukt oder am Fertigungsprozess ändert.

In der Produktionsplanung sind folgende **kundenauftragsunabhängige Überlegungen** anzustellen:

- *Was soll hergestellt/geleistet werden?* → Festlegen des Produktionsprogramms
- *Wie soll gearbeitet werden?* → Festlegen der Arbeitsabläufe, der Fertigungsorganisation sowie der technischen Verfahren zur Herstellung eines Erzeugnisses
- *Womit soll gearbeitet werden?* → Bestimmen von Art und Menge der Werkstoffe sowie der benötigten Kapazitäten (Betriebsmittel und Arbeitskräfte)

2.1.2 Produktionssteuerung – kurzfristig angelegte, kundenauftragsbezogene Entscheidungen

Produktionssteuerung

Fertigungsplanung

Fertigungssteuerung

Die **Produktionssteuerung** umfasst alle planenden, koordinierenden und kontrollierenden Aktivitäten, die für die **Abwicklung eines bestimmten Kunden-/Fertigungsauftrags** entsprechend der zugrunde liegenden Produktionsplanung erforderlich sind. Die kurzfristigen planerischen Überlegungen innerhalb der Produktionssteuerung bezüglich Material-, Mengen-, Termin- und Kapazitätsplanung erfolgen im Rahmen der sogenannten **Fertigungsplanung**. Die **Fertigungssteuerung** steuert den Herstellungsprozess entsprechend den Vorgaben der Fertigungsplanung und reagiert bei Störungen bzw. kurzfristig erforderlichen Änderungen, z. B. aufgrund der Bearbeitung zusätzlich eingeplanter, eiliger Aufträge. Die Produktionssteuerung erfolgt also immer in Abhängigkeit eines konkreten Kunden- bzw. Fertigungsauftrags.

In der Fertigungssteuerung sind folgende **kundenauftragsabhängige Fragen** zu beantworten:

- *Welche Erzeugnisteile/Fertigerzeugnisse sollen in welchen Mengen zu welchen Zeitpunkten hergestellt werden?*
- *Wann muss die Produktion veranlasst werden?*
- *Wann müssen die erforderlichen Werkstoffe, Betriebsmittel, Werkzeuge und Arbeitskräfte bereitgestellt werden?*
- *Wie sollen die anstehenden Arbeitsvorgänge termingerecht auf die einzelnen Mitarbeiter und Betriebsmittel verteilt werden, um zugesagte Liefertermine einhalten zu können?*

Die Aufgaben der Produktionssteuerung sind auf der operativen Ebene. Der Funktionsbereich im Unternehmen für diese Aufgaben ist die **Arbeitsvorbereitung**. Die Ergebnisse und somit der Erfolg der Produktionsplanung und -steuerung sind abhängig vom Vorhandensein geeigneter und aktueller Planungsunterlagen. Erforderlich sind insbesondere Informationen, die das Fertigerzeugnis und dessen Komponenten (z. B. Materialarten und -mengen, Qualitätsanforderungen) sowie den Produktionsprozess (Arbeitsabläufe nach Art und Zeitbedarf, erforderliche Kapazitäten, technische Verfahren) möglichst genau beschreiben.

2.1.3 Produktionsplanung und -steuerung in ERP-Systemen und CIM

Folgende Abbildung stellt die einzelnen **Aufgaben der Produktionsplanung und -steuerung (PPS)** übersichtlich zusammen.

Aufgaben im Rahmen der Produktionsplanung und -steuerung (PPS)

Teilgebiete der Produktionsplanung und -steuerung	Funktionen
Produktionsplanung	**Produktionsprogrammplanung** ■ strategische Planung und Festlegung des Produktionsprogramms in Abhängigkeit vom Absatzprogramm sowie von der Wettbewerbs-/Nachfragesituation am Markt; „Was soll hergestellt werden?“
	Mengenplanung ■ Fertigungsmengen sind auch abhängig vom Produktionsprogramm und haben unmittelbaren Einfluss auf die erforderlichen Kapazitäten und deren Auslastung. ■ Materialbedarfsermittlung mithilfe von Stücklisten
	Arbeitsablauf-/Prozessgestaltung ■ Ermittlung und Darstellung der erforderlichen Daten in Form von: – Produktzeichnungen – Stücklisten – Arbeitsplänen – Beschreibungen technischer Verfahren ■ Arbeitsablaufstudien; Reihenfolgeplanung
	Zeit-/Kapazitätsplanung ■ Ermittlung der Vorgabe- und Durchlaufzeit ■ Kapazitätsbedarfsplanung für Mitarbeiter und Betriebsmittel ■ Planung der Fertigungsorganisation
Produktionssteuerung	**Auftragsveranlassung** ■ kurzfristige, auftragsbezogene Fertigungsplanung, Fertigungsprogramm-, Mengen-, Termin- und Kapazitätsplanung ■ Erstellung auftragsbezogener Fertigungsdokumente ■ Durchlaufterminierung ■ Kapazitätsabgleich
	Auftragsüberwachung ■ Kontrolle des Fertigungsfortschritts ■ Festlegung und Umsetzung von Prioritätsregeln (insbesondere bei Kapazitätsengpässen) ■ Mengen-, Termin-, Qualitätsüberwachung

Durch die erhöhte Komplexität der in der PPS verwendeten Daten und ihre Verflechtung mit den vor- und nachgelagerten Aufgaben der Beschaffung und des Vertriebs sind heute integrierte **Softwaresysteme** im Einsatz, die sämtliche Funktionen im Unternehmen abbilden. Man bezeichnet solche Systeme deshalb auch als **ERP-Systeme**, wobei ERP für „Enterprise-Resource-Planning“ oder „Unternehmensressourcenplanung“ steht. ERP unterstützt sämtliche Geschäftsprozesse eines Unternehmens und geht damit über die Prozesse der Produktionsplanung und -steuerung hinaus.

Viele Softwarehersteller bieten PPS-/ERP-Software in integrierbaren Einzelmodulen an:

- ein **Basismodul** (Benutzerverwaltung mit Zugriffssteuerung, Lagerverwaltung/Bestandsführung),
- ein **Vertriebsmodul** (Angebote, Auftragsverwaltung, Terminüberwachung, Lieferscheine, Rechnungen),
- ein **Beschaffungsmodul** (Anfragen, Disposition, Bestellungen, Terminüberwachung, Wareneingang),
- ein **Produktionsmodul** (Arbeitspläne, Kapazitäten, Mitarbeiter, Disposition, Fertigungsplanung, Kapazitätsbelastung, Auftragszeiterfassung),
- ein BDE-Modul (für die Online-Betriebsdatenerfassung/Auftragszeiterfassung),
- Dokumentenausdrucke mit Barcode (z. B. Lieferscheine, Warenanhänger, Fertigungsaufträge).

Die ERP-Software ist eine komplexe Anwendungssoftware, die zur Optimierung des Ressourceneinsatzes die betrieblichen Vorgänge aller Funktionsbereiche integriert. Oft wird webbasierte Software eingesetzt, um einen externen Zugriff durch Lieferanten oder Kunden zu ermöglichen und den gesamten Wertschöpfungsprozess zu vereinfachen und zu beschleunigen. Um die Investitionskosten zu reduzieren, ist die Einführung eines branchenspezifischen ERP-Systems mit einem geringeren Funktionalitätsgrad möglich. Die größten ERP-Softwareanbieter in Deutschland waren 2011 SAP, Microsoft, Infor, Oracle.

CIM

Bildet ein Softwaresystem die betriebswirtschaftliche PPS-Sicht und die fertigungstechnischen Komponenten von der Forschung und Entwicklung bis zur rechnergestützten Steuerung und Überwachung der im Fertigungsprozess eingesetzten Maschinen inklusive der Qualitätssicherung auf der Grundlage einer einheitlichen Datenbasis ab, so bezeichnet man dies als **CIM**, **Computer Integrated Manufacturing**. Diese einheitliche Datenbasis wird mit Hilfe der Betriebsdatenerfassung hergestellt. CIM wird in Teil C dieses Buches in Kapitel 2.4.3 im Zusammenhang mit den komplexen Fertigungskonzepten behandelt.

Aufgaben

› Kap. 2.1

1. Nehmen Sie Stellung zu folgender Aussage:
   „In der Produktionsplanung wird der Bedarf an erforderlichen Produktionsfaktoren bezogen auf eine Einheit des herzustellenden Fertigerzeugnisses festgelegt."
2. Erläutern Sie die wesentlichen Unterschiede zwischen den Aufgaben der Produktionsplanung und den Aufgaben der Produktionssteuerung.
3. Ordnen Sie folgende Aussagen der Produktionsplanung (1) oder der Produktionssteuerung (2) zu.
   a) *Erstellung auftragsbezogener Fertigungsdokumente*
   b) *Terminplanung in Abhängigkeit von eingehenden Kundenaufträgen*
   c) *Erstellung des Basisarbeitsplanes*
   d) *Materialbedarfsermittlung mit Hilfe von Stücklisten*
   e) *Kontrolle des Fertigungsfortschritts*
   f) *Produktionsprogrammplanung*
   g) *Fertigungsprogrammplanung*
4. Nennen Sie vier Ziele der Produktionssteuerung.
5. Die Fertigungsplanung der Leistungserstellung im Rahmen der Produktionssteuerung wird durch alltäglich auftretende Störungen erschwert. Diese Störungen treten als
   a) arbeitsbedingte Störungen,
   b) anlagenbedingte Störungen,
   c) materialbedingte Störungen,
   d) dispositionsbedingte Störungen auf.
   Nennen Sie jeweils zwei Beispiele für diese unterschiedlichen Störungsarten.

6101226

2.2
Break-even-Analyse als Planungshilfe

Der langfristigen Produktionsprogrammplanung wird eine bestimmte Absatzmenge zugrunde gelegt. Ob diese Menge auch abgesetzt werden kann, hängt unter anderem vom Preis der Produkte ab. Multipliziert man die absetzbare Menge mit dem erzielbaren Verkaufspreis, erhält man die Umsatzerlöse für ein Produkt. Wichtig für die Entscheidung über ein langfristiges Produktionsprogramm ist, dass die damit erzielten Umsatzerlöse mindestens die durch die Produktion entstehendenen Kosten (Gesamtkosten) dieser Produkte decken.

Gewinnschwelle/ Break-even-Point

Die **Gewinnschwelle** (der **Break-even-Point**) gibt genau die Absatzmenge an, bei der die gesamten Kosten (K) gerade durch die Umsatzerlöse gedeckt werden. Jede Einheit, die über diese Gewinnschwellen-/Break-even-Menge hinaus abgesetzt wird, erwirtschaftet einen Gewinn. Der erzielbare Gewinn pro Einheit errechnet sich aus der Differenz zwischen dem Erlös pro Stück (Verkaufspreis = p) und den Kosten pro Stück (Stückkosten = k). Die gesamten Stückkosten (k) setzen sich aus den fixen Kosten pro Stück (k_f) und den variablen Kosten pro Stück (k_v) zusammen.

→ $k = k_f + k_v$

Aufgrund zunehmender Automatisierung sowie vergleichsweise geringer Material- und Lohnkosten ist der Anteil der fixen Stückkosten an den gesamten Stückkosten relativ hoch. So muss häufig eine große Ausbringungsmenge abgesetzt werden, um die Gewinnschwelle zu erreichen. Es ist daher stets zu überprüfen, ob die ermittelte Break-even-Menge zum kalkulierten Verkaufspreis abgesetzt und mit den gegebenen Kapazitäten in einer geforderten Qualität gefertigt werden kann.

Berechnung

Die Break-even-Menge X wird ermittelt, indem man die in einem bestimmten Zeitraum (z. B. in einem Monat) erhaltenen Gesamterlöse (E) gleich den entstandenen Gesamtkosten (K) setzt:

$$\begin{aligned}
\text{Erlöse (E)} &= \text{Kosten (K)} \\
E = p \cdot X &= K = K_f + k_v{}^{1} \cdot X \qquad (k_v \cdot X = K_v) \\
p \cdot X &= K_f + k_v \cdot X \\
(p - k_v) \cdot X &= K_f \\
X &= \frac{K_f}{(p - k_v)}
\end{aligned}$$

E = gesamte Umsatzerlöse im Zeitraum	K_v = gesamte variable Kosten
p = Erlös pro Stück (Verkaufspreis)	k_v = variable Kosten pro Stück
K = Gesamtkosten	X = Absatzmenge, hier = Gewinnschwellenmenge
K_f = gesamte anteilige Fixkosten	

Beispiel

Die Heidtkötter KG hat im Rahmen ihrer Produktpolitik bei einem bestehenden Produkt Farbe, technische Funktionen und Qualität verändert. Dieses veränderte Produkt ersetzt das bisherige und verursacht Fixkosten (K_f) in Höhe von 15.000,00 €. Die variablen Stückkosten (für Material- und Lohnkosten) betragen 120,00 €. Die pro Monat maximal herzustellende Ausbringungsmenge liegt bei 600 Stück. Der Markteinstieg soll mit einem Verkaufspreis von 150,00 € erfolgen.

Welche Stückzahl muss die Heidtkötter KG nach der Produktvariation verkaufen, um die gesamten Kosten zu decken?

→

1 Es wird davon ausgegangen, dass die variablen Stückkosten (k_v) konstant sind, sodass sich ein linearer Kostenverlauf ergibt (K steht immer für die gesamten Kosten, k für die Stückkosten). Konstante variable Stückkosten führen zu proportionalen variablen Gesamtkosten, sie verändern sich prozentual im gleichen Verhältnis wie die hergestellte Menge.

Berechnung

$$
\begin{aligned}
\text{Erlöse (E)} &= \text{Kosten (K)} \\
E = 150{,}00\ € \cdot X &= 15.000{,}00\ € + 120{,}00\ € \cdot X \\
150{,}00\ € \cdot X &= 15.000{,}00\ € + 120{,}00\ € \cdot X \\
(150{,}00\ € - 120{,}00\ €) \cdot X &= 15.000{,}00\ € \\
X &= \frac{15.000{,}00\ €}{30{,}00\ €} \longrightarrow \mathbf{X = 500\ Stück}
\end{aligned}
$$

Im Beispiel ist bei einer Verkaufsmenge von 500 Stück die Gewinnschwelle erreicht. Die gesamten Kosten (fixe und variable) werden durch die Verkaufserlöse gedeckt. Der pro Monat maximal erzielbare Gewinn entsteht bei einer Produktion bis zur Kapazitätsgrenze von 600 Stück und beträgt 3.000,00 € (150,00 € · 600 – 120,00 € · 600 – 15.000,00 € = 3.000,00 €). Dieser Gewinn kann nur dann erreicht werden, wenn die hergestellte Menge auch tatsächlich am Markt abgesetzt werden kann. Liegt die prognostizierte Absatzmenge langfristig über der Gewinnschwelle, sollte das Unternehmen das Produkt auf dem Markt anbieten.

Folgende Grafik zeigt die Verläufe der variablen, fixen sowie gesamten Stückkosten für das obige Beispiel. Auch sind der Stückerlös und die Entwicklung des Gewinns pro Stück zu erkennen. Bei einer Ausbringungsmenge von 500 Stück schneidet der Funktionsgraph der Stückerlöse den der gesamten Stückkosten. In diesem Schnittpunkt liegt der Break-even-Point (die Gewinnschwelle). Es ist der Punkt, in dem die Gewinnfunktion den Wert Null annimmt und ihr Graph die Y-Achse schneidet.

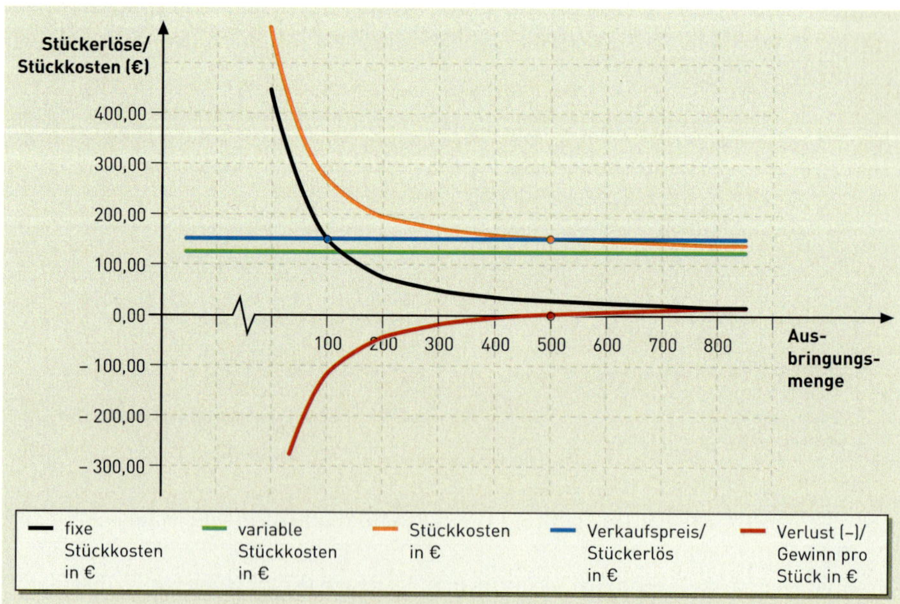

Aufgaben

› Kap. 2.2

1. Auf dem Absatzmarkt für Schreibtische steht die Heidtkötter KG im Wettbewerb mit zwei weiteren etablierten Anbietern. Um deren Preisstellung zu unterbieten, reduziert die Heidtkötter KG den bisherigen Verkaufspreis ihres Schreibtischs *elegance* (bisher 580,00 €) um 10 %. Die Kapazitätsgrenze liegt bei 45 Schreibtischen pro Monat.

   Herr Sippel, Controller der Heidtkötter KG, ist skeptisch, ob der neue Verkaufspreis ausreicht, um die angestrebten Gewinne zu realisieren.

Auf die folgenden Kosten kann zurückgegriffen werden:

– Metallrahmen	76,00 €
– erforderliche Glasplatten	60,00 €
– sonstige Materialien (Hilfsstoffe)	25,00 €
– Mitarbeiter in der Fertigung	225,00 €
– Mittel zur abschließenden Reinigung der Schreibtische	3,00 €

Pro Monat entstehen zusätzlich diese Kosten:

– anteilige Energiekosten	87,00 €
– Mitarbeiter in der Verwaltung (anteilige Gehälter)	1.875,00 €
– Abschreibungen für Betriebsmittel (anteilig)	980,00 €
– anteilige Zinskosten	383,00 €

a) Errechnen Sie für die Absatzmengen 10, 15, 20, 25, 30, 35, 40 und 50 Stück den entsprechenden Gewinn und ermitteln Sie jeweils die Ausbringungsmenge, bei der die Gewinnschwelle erreicht wird.

b) Um die Kosten- bzw. Erlösentwicklung anschaulich zu präsentieren, stellen Sie die Gesamtkosten, Fixkosten, variablen Kosten und die Erlöse pro Monat grafisch dar. Tragen Sie anschließend in dieser Grafik den Break-even-Point sowie die Verlust- (rot) und Gewinnzone (grün) farbig ein.

c) Welche Auswirkung hat die Preisminderung auf den Break-even-Point?

d) Ermitteln Sie rechnerisch die Gewinnschwelle vor der Minderung des Verkaufspreises.

e) Ermitteln Sie den maximal möglichen Gewinn pro Monat
1. vor der Preisminderung, 2. nach der Preisminderung.

f) Herr Sippel meint, dass der Verkaufspreis erhöht werden sollte, damit die Kosten gedeckt sind und ein höherer Gewinn erzielt wird. Nehmen Sie schriftlich Stellung zu dieser Meinung.

2. Folgende Grafik zeigt jeweils den typischen Verlauf der linearen Gesamtkostenkurve sowie der Gesamterlöskurve. Im Schnittpunkt beider Kurven befindet sich der Break-even-Point/die Gewinnschwelle.

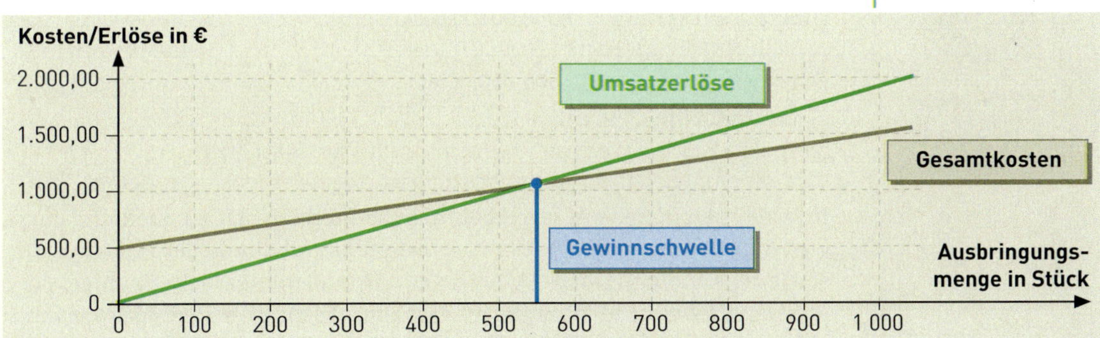

Beschreiben Sie die Auswirkungen der folgenden Kosten-/Preisänderung auf den Verlauf der Gesamtkosten bzw. der Gesamterlöse sowie auf den Break-even-Point/die Gewinnschwelle. Die unveränderten Variablen bleiben jeweils konstant.

a) Erhöhung der Fixkosten
b) Erhöhung der variablen Kosten
c) Erhöhung des Verkaufspreises
d) Senkung der Fixkosten
e) Senkung der variablen Kosten
f) Senkung des Verkaufspreises

3. Die ROLL-O-BLADE GmbH mit Sitz in Köln stellt Schräglagerrollen für Rollerblades her. Aufgrund einer technischen Neuentwicklung sowie zur Stabilisierung der eigenen Marktposition sollen in Zukunft u. a. Leuchtrollen hergestellt werden, die in Sets zu jeweils vier Rollen auf dem Markt verkauft werden sollen. →

Ein Kölner Marktforschungsbüro hat anhand einer Marktanalyse die möglichen Verkaufszahlen ermittelt. Demnach ist bei einem Verkaufspreis von 52,00 € pro Set mit einem Jahresabsatz von ca. 15 000 Sets zu rechnen.

Es soll in ein neues Fertigungsverfahren investiert werden, um im Bereich der Herstellkosten Einsparungen zu realisieren. Vorab sollen Sie nun die infrage kommenden Fertigungsverfahren vergleichen. Der Produktionsleiter stellt Ihnen dazu folgende Daten zur Verfügung:

Verfahren	Fixkosten	variable Kosten pro Set	Beschreibung der Fertigungsverfahren
1	200.000,00 €	34,00 €	hoher Anteil menschlicher Arbeit; geringer Automatisierungsgrad; Kapazitätsgrenze: 20 000 Sets
2	400.000,00 €	18,00 €	maschinell ausgerichtete Fertigung durch Universalmaschinen; Kapazitätsgrenze: 25 000 Sets
3	600.000,00 €	9,00 €	hoher Automatisierungsgrad aufgrund von Spezialmaschinen; Kapazitätsgrenze: 30 000 Sets

a) Berechnen Sie für jedes Fertigungsverfahren die Gesamtkosten und die Kosten pro Set für folgende Absatzmengen im Jahr: 5 000 Sets, 10 000 Sets, 15 000 Sets, 20 000 Sets, 25 000 Sets, 30 000 Sets und 35 000 Sets
Welches ist das kostengünstigste Fertigungsverfahren bezogen auf den ermittelten Jahresabsatz?

b) Zeichnen Sie die Verläufe der Gesamt- und der Stückkosten für jedes Verfahren in jeweils ein Koordinatensystem und interpretieren Sie Ihre Ergebnisse.

c) Ermitteln Sie für die Verfahren 1, 2 und 3 die Fertigungsmengen, für die diese Verfahren jeweils die geringsten Kosten verursachen. Warum ist das so?

d) Ermitteln Sie für jedes Fertigungsverfahren den maximal möglichen Jahresgewinn sowie die Gewinnschwelle.

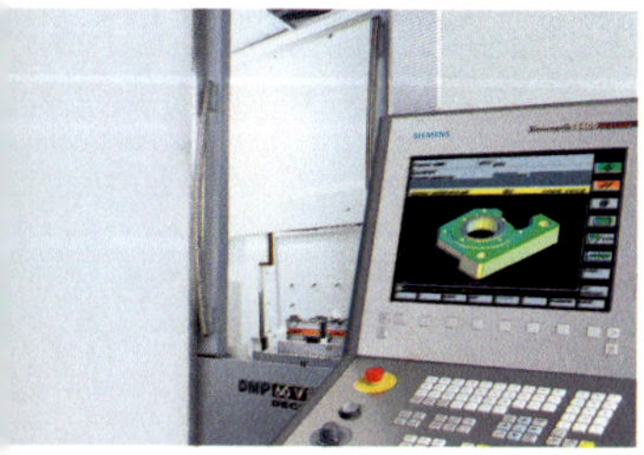

4. Der Absatz eines Herstellers von Werkzeugmaschinen ist im letzten halben Jahr von 1 000 Stück auf 800 Stück zurückgegangen.

Für diesen Zeitraum liegen folgende Daten vor:

Durchschnittspreis:	5.000,00 €/Stück
variable Stückkosten:	3.170,80 €/Stück
Fixkosten:	1.500.000,00 €

a) Ermitteln Sie
   1. den Gewinn/Verlust bei einem Absatz von 800 Stück,
   2. den notwendigen Absatz zur Erreichung des Break-even-Points.

Investitionen in neue Anlagen könnten die Produktivität erhöhen und die variablen Stückkosten um 25,90198 % senken. Eine Erhöhung der Fixkosten um 1/3 sowie die Kündigung eines Mitarbeiters wären allerdings nicht zu umgehen. Eine Marktanalyse brachte das Ergebnis, dass eine gleichzeitige Preissenkung um 10 % eine Absatzerhöhung um 200 Stück bewirken würde.

b) Ermitteln Sie für den Fall einer Umsetzung dieser Investitionen
   1. den Gewinn/Verlust bei einem Absatz von 1 000 Stück,
   2. den erforderlichen Absatz zur Erreichung des Break-even-Points.

c) Erläutern Sie unabhängig von den zuvor durchgeführten Berechnungen drei Aspekte, die eine Entscheidung über die beschriebenen Investitionen beeinflussen können.

5. Sie kalkulieren einen Kundenauftrag über Schuhschränke, die für 45,00 €/Stück verkauft werden sollen. Die variablen Stückkosten betragen 30,00 €. Die fixen Kosten werden mit 75.000,00 € angesetzt. Ermitteln Sie die Menge, bei der die Gewinnschwelle erreicht wird.

2.3 Langfristig angelegte Materialbedarfs- und Kapazitätsplanung

Ein Ergebnis der Fertigungsprozessanalyse besteht in der Ermittlung des qualitativen und des quantitativen Kapazitätsbedarfs. Die Aufgabe der entsprechenden Funktionsbereiche besteht nun darin, diese Kapazitäten langfristig in der erforderlichen Menge und Qualität zu möglichst günstigen Preisen bereitzustellen.

Zuvor muss für **jedes Fertigerzeugnis** des Produktionsprogramms konkret ermittelt werden,

- welche Roh-, Hilfs- und Betriebsstoffe in welcher Menge und Qualität benötigt,
- welche Einzel- bzw. Montageteile in welcher Anzahl über Lieferanten bezogen und
- welche Maschinen, Werkzeuge, Förderanlagen und technische Anlagen zur Herstellung benötigt werden,
- welche Arbeitsabläufe und technischen Verfahren bei der Fertigung anfallen,
- wie viele Mitarbeiter für die Fertigung benötigt werden und
- welche Fähigkeiten und Fertigkeiten diese Mitarbeiter aufweisen müssen.

› Teil B, Kap. 2 Materialbedarfsplanung

Die langfristig angelegte **Materialbedarfsplanung** bei der Herstellung eines verkaufsfähigen Erzeugnisses orientiert sich an den Vorgaben der Konstruktionsabteilung. Die dort angefertigten Zeichnungen bilden die Grundlage für die Erstellung von Stücklisten, die je nach Verwendungszweck alle zu einem Endprodukt zugehörigen Einzelteile und Baugruppen unter Angabe der entsprechenden Menge enthalten. Durch die Auflösung dieser Stücklisten erfolgt in der Materialbedarfsplanung die Ermittlung des Bedarfs an Werkstoffen sowie eventuell fremdbezogenen Montageteilen bzw. Komponenten für jeweils eine Fertigungseinheit eines Endprodukts.

Kapazitätsplanung

Kapazität

Quantitative Kapazität

Bei der **Kapazitätsplanung** geht es um die Ermittlung und Bereitstellung der erforderlichen quantitativen sowie qualitativen Kapazitäten. Die quantitative **Kapazität** ist die Fähigkeit eines Betriebes (eines Funktionsbereiches, einer Maschine, eines Mitarbeiters), innerhalb einer festgelegten Zeiteinheit eine bestimmte Menge an Leistungen (Output) zu erbringen. Gemessen wird sie in Stückzahlen, in Gewichtsgrößen (kg, t), in Raummaßen (cm³, l) oder in Fertigungs- oder Maschinenstunden. Je nach Intensität des Einsatzes können verschiedene quantitative Kapazitätsbegriffe unterschieden werden, die in folgender Übersicht anschaulich zusammengefasst sind.

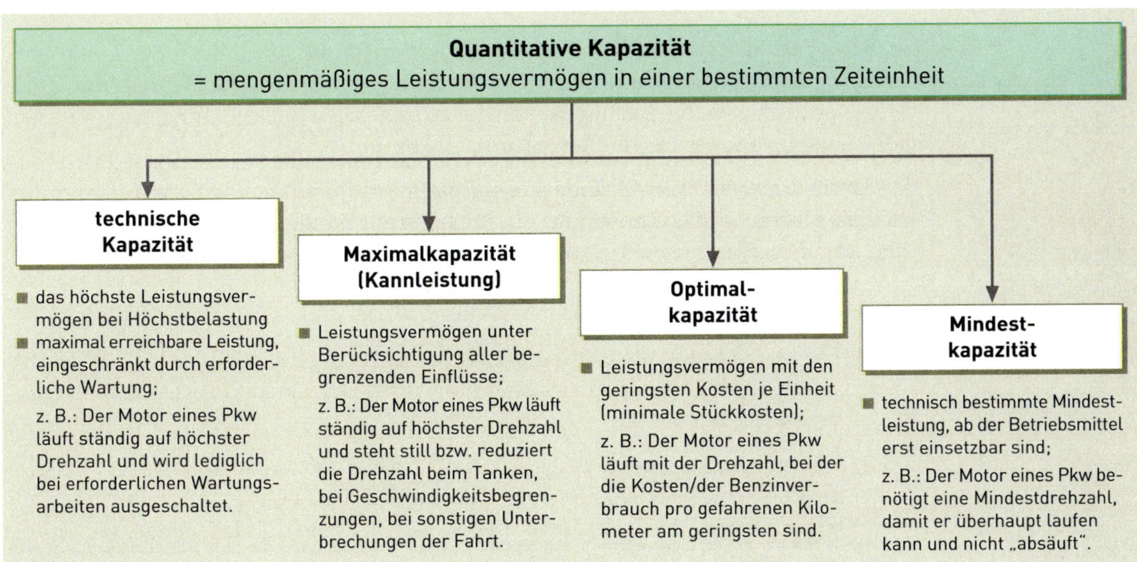

Zielsetzung der Kapazitätsplanung

Eine Zielsetzung der Kapazitätsplanung besteht darin, eine möglichst hohe und kontinuierliche Auslastung der betrieblichen Kapazitäten zu erreichen und zu gewährleisten. Die Investition in Produktionsfaktoren sollte immer unter der Voraussetzung erfolgen, dass die beschafften Kapazitäten ausgelastet sind und keine unnötigen Leerkosten durch „Herumstehen" verursachen. Die Höhe der Auslastung wird durch den sogenannten Beschäftigungsgrad beschrieben und wie folgt ermittelt:

Beschäftigungsgrad

$$\textbf{Beschäftigungsgrad (\%) (Kapazitätsausnutzungsgrad)} = \frac{\text{Ausbringungsmenge (= Istleistung)} \cdot 100\,\%}{\text{Maximalkapazität}}$$

Qualitative Kapazität

Die **qualitative** Kapazität ist dann gegeben, wenn ein Mitarbeiter aufgrund seiner Fähigkeiten, Fertigkeiten und Kenntnisse oder eine Maschine aufgrund ihrer technischen Möglichkeiten in der Lage ist, Leistungen einer bestimmten Art zu erbringen.

Die langfristige Kapazitätsplanung umfasst daher Überlegungen und Entscheidungen zur Betriebsmittel- und Personalplanung, die bereits vor Beginn der Leistungserstellung angestellt werden.

Betriebsmittelplanung

Im Rahmen der langfristigen **Betriebsmittelplanung** wird festgelegt, welche (Automatisierungsgrad) und wie viele Maschinen, Vorrichtungen, Werkzeuge, Transportmittel usw. benötigt werden, um die Herstellung eines Enderzeugnisses über die verschiedenen Fertigungsstufen zu ermöglichen und langfristig zu gewährleisten.

Auch werden in der betriebseigenen Werkzeugmacherei spezielle Maschinenteile und Vorrichtungen manchmal selbst angefertigt[1]. Bei fehlenden qualitativen Kapazitäten oder sehr kostenintensiven Lösungen kann die Fertigung einzelner Einzel- oder Montageteile als Fremdauftrag vergeben werden.

Personalplanung
› Teil E

Die Überlegungen zur **Personalplanung** erfolgen ebenso langfristig und beinhalten auch die Sicherstellung aller zur Leistungserstellung erforderlichen Tätigkeiten in personeller Hinsicht. Dabei geht es um

- quantitative Aspekte (Anzahl der benötigten Mitarbeiter),
- qualitative Aspekte (Qualifikationsprofil/Leistungsfähigkeit der Mitarbeiter),
- räumliche/fertigungstechnische Aspekte (Arbeitsplätze der Mitarbeiter).

Insbesondere die Fragen nach dem Qualifikationsprofil sowie nach der konkreten, fertigungstechnischen Anordnung und Besetzung der Arbeitsplätze durch die Mitarbeiter verdeutlichen die Abhängigkeiten der zu treffenden Entscheidungen im Rahmen der Personalplanung und der Betriebsmittelplanung.

Strebt ein Unternehmen Veränderungen in seinem Produktionsprogramm an, muss es stets prüfen, ob das Know-how, die Mitarbeiter und die Betriebsmittel vorhanden sind, um diese Veränderungen in der Leistungserstellung auch umzusetzen.

1 Dies ist ein Beispiel für Leistungen im Rahmen des Produktionsprogramms, die nicht Bestandteile des Absatzprogramms sind.

6101232

Aufgaben

› Kap. 2.3

1. Unter quantitativen Gesichtspunkten kann zwischen verschiedenen Kapazitätsarten unterschieden werden. Erläutern Sie diese verschiedenen Kapazitätsarten unter Verwendung jeweils eigener Beispiele.

2. Ein Industrieunternehmen arbeitet an 250 Tagen im Jahr in drei Schichten zu je acht Stunden. In einer Produktionsabteilung sind drei Spezialmaschinen aufgestellt worden, mit denen bei voller Belastung je 20 Schräglagerrollen je Stunde gefertigt werden können. Erfahrungsgemäß werden 10 % der verfügbaren Zeit für die Wartung einer Maschine angesetzt. Erfahrungen aus der Vergangenheit zeigen, dass durchschnittlich an 36 Stunden im Jahr wegen Stromausfalls nicht gearbeitet werden kann. Hausinterne Berechnungen haben ergeben, dass die optimale Kapazität bei einem Beschäftigungsgrad von 75 % liegt.

a) Ermitteln Sie die technische Kapazität einer Spezialmaschine pro Jahr.

b) Wie hoch ist die maximale Kapazität einer Spezialmaschine pro Jahr?

c) Ermitteln Sie die optimale Kapazität einer Maschine.

d) Beurteilen Sie folgende Aussage:

„Jegliches Abweichen von der optimalen Kapazität führt zu einer Erhöhung der Stückkosten.“

e) Das Industrieunternehmen stellte im vergangenen Geschäftsjahr mit diesen drei Spezialmaschinen insgesamt 288 600 Schräglagerrollen her. Ermitteln Sie den Beschäftigungsgrad.

3. Erläutern Sie jeweils mit Hilfe von zwei eigenen Beispielen die folgenden Kapazitätsbegriffe:

a) qualitative Kapazität

b) Mindestkapazität

4. Die Kölner Fahrrad-Manufaktur KFM stellt die unterschiedlichen Rahmen für die Montage ihrer Fahrräder selbst her. Ein Schweißautomat ist bei einer täglichen Leistung von 85 Rahmen maximal ausgelastet. In diesem Februar (21 Arbeitstage) wurden 1 535 Stück hergestellt.

a) Ermitteln Sie den Beschäftigungsgrad des Schweißautomaten für den Monat Februar.

b) Wie viele Rahmen müssen im Folgemonat (24 Arbeitstage) hergestellt werden, damit der Schweißautomat zu 90 % ausgelastet wird?

5. Für einen Industriebetrieb liegen folgende Informationen vor:

Maximalkapazität:	300 Stück/Monat
Fixkosten:	49.950,00 €/Monat
variable Kosten:	400,00 €/Stück
Verkaufspreis:	900,00 €/Stück

a) Erläutern Sie die folgenden Begriffe:

1. Maximalkapazität
2. Optimalkapazität
3. Beschäftigungsgrad

b) Ein Auftragsrückgang hat dazu geführt, dass im letzten Monat nur noch 185 Einheiten hergestellt werden konnten. Ermitteln Sie hierzu

1. den entsprechenden Beschäftigungsgrad und
2. die entsprechenden Selbstkosten je Stück.

c) Ist es möglich, im Rahmen der vorhandenen Kapazität einen monatlichen Gewinn von 81.550,00 € zu erwirtschaften? Bitte begründen Sie.

2.4 Fertigungsverfahren

Auf Basis der Festlegungen zum Produktionsprogramm (Was soll hergestellt werden?) muss entschieden werden, mit welchen Betriebsmitteln in welcher räumlichen Anordnung das Unternehmen fertigen will. Diese Entscheidungen bilden wiederum die Grundlage für die sich anschließenden Investitionen in die erforderlichen Betriebsmittel, Werkzeuge, Mitarbeiter, Fertigungs- und Lagerhallen.

Fertigungsverfahren

Unter **Fertigungsverfahren** versteht man die Art, wie die Produktionsfaktoren (Input) kombiniert werden, um die gewünschten Leistungen (Output) unter Beachtung der Wirtschaftlichkeit herzustellen. Die in einem Industriebetrieb eingesetzten Verfahren der Fertigung lassen sich unter anderem nach folgenden Kriterien einteilen:

- Anzahl der Wiederholungen des Fertigungsprozesses (**Fertigungstypen**)
- Anordnung der Betriebsmittel im Fertigungsprozess (**Fertigungsorganisation**)

2.4.1 Fertigungstypen

Je nach der Anzahl der Wiederholungen des gleichen Fertigungsprozesses (Fertigung eines Erzeugnisses der gleichen Art) wird in Einzelfertigung (siehe I.) und Mehrfachfertigung (siehe II.) unterschieden.

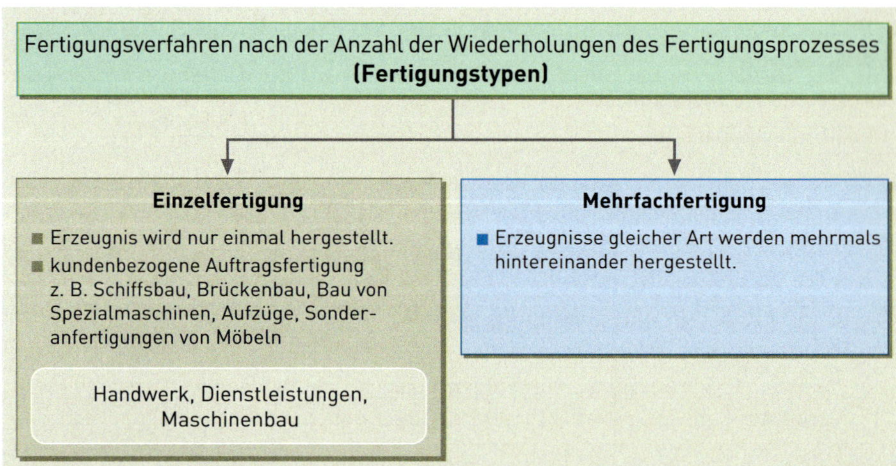

I. Einzelfertigung

Bei der **Einzelfertigung** wird meist nach individuellen Kundenwünschen innerhalb einer bestimmten Zeit ein einzelnes Erzeugnis hergestellt (z. B. ein individueller Schreibtisch über Eck mit bestimmten Zusatzeinrichtungen). Die Kosten je Erzeugnis sind hoch und entstehen aufgrund einer intensiven Arbeitsplanung (Entwicklung, Konstruktion, Kapazitätsplanung, Terminplanung, ...) und Kontrolle. Oft ist die aufwendige Kooperation mit dem Auftraggeber erforderlich, um die Kundenwünsche genau umzusetzen.

Beispiele

Beispiele für **Einzelfertigung**:
- Eine durch einen Brand beschädigte Autobahnbrücke wird abgerissen und zunächst durch eine speziell angefertigte Behelfsbrücke ersetzt. Auch bei dieser Brücke hängen Aufbau und Gestalt von der Tragfähigkeit des Baugrundes ab.
- Zwei Aufzüge für ein neues Bürohaus werden den Anforderungen des Gebäudes und den Wünschen des Eigentümers entsprechend speziell angepasst.

II. Mehrfachfertigung

Bei der **Mehrfachfertigung** werden viele Erzeugnisse der gleichen Art unmittelbar nacheinander hergestellt. Dieser Fertigungstyp steht häufig in Verbindung mit einer kundenanonymen Fertigung auf Lager (Lagerfertigung), kann aber als Umsetzung konkreter Kundenaufträge in der entsprechenden Stückzahl ausgeführt werden. Die Kosten pro Stück sind geringer als bei der Einzelfertigung, da sich die gesamten Produktionskosten, insbesondere die Kosten der Arbeitsplanung und Kontrolle, auf eine größere Stückzahl verteilen.

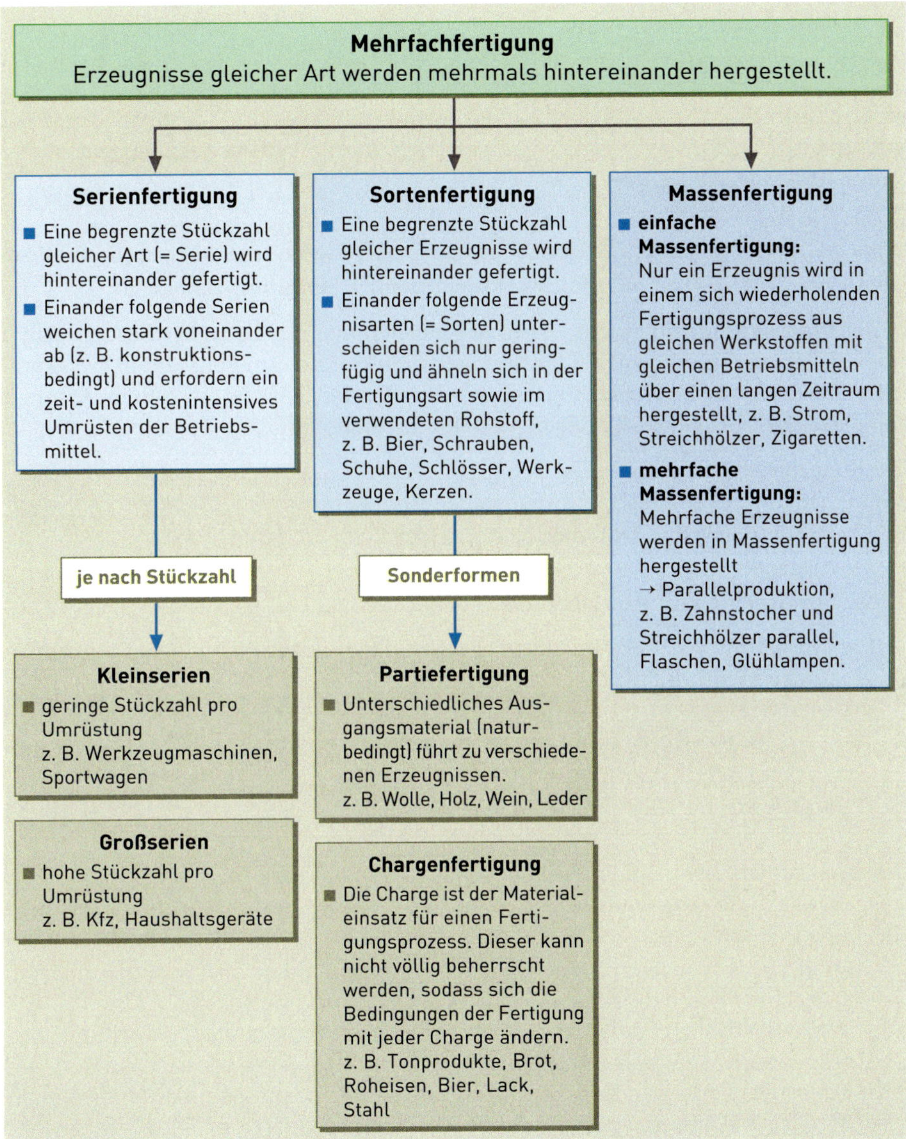

Beispiele

Beispiele für eine **Mehrfachfertigung**:
Sie findet häufig bei der Erstellung von Baukasten- oder Systemlösungen statt. So fertigt die Heidtkötter KG einen bestimmten Rollcontainer in Mehrfachfertigung und integriert diesen in unterschiedlichen Schreibtischen oder komplexen Büroausstattungen. Ebenso werden Regalböden, die in verschiedene Schränke eingebaut werden, in Mehrfachfertigung, d. h. in großen Stückzahlen nacheinander produziert.

Insbesondere die fixen Kosten je Stück verringern sich mit der zunehmenden Anzahl gefertigter Stücke, da sich der gesamte angefallene Fixkostenblock auf eine sehr hohe Stückzahl verteilt (Fixkostendegression).

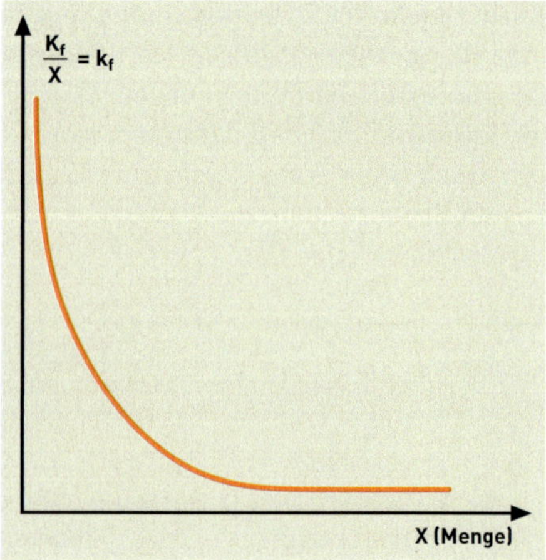

Fixkosten-degression

Fixkostendegression

$$\text{Stückkosten} = \frac{\text{Fixkosten}}{\text{Menge}} + \text{variable Stückkosten}$$

$$k = \frac{K_f}{x} + k_v$$

Gesetz der Massenproduktion

Der Fixkostendegression entsprechend lautet das **Gesetz der Massenproduktion: Die (fixen) Stückkosten nehmen mit zunehmender Fertigungsmenge ab.**

In der Praxis kommt in einem Industrieunternehmen ein einzelner Fertigungstyp allein selten vor. Im Normalfall stehen den eingehenden Kundenaufträgen entsprechend die Einzel- und Mehrfachfertigung nebeneinander. Häufig entsteht im Rahmen einer Mehrfachfertigung eine sogenannte Kuppelproduktion.

Kuppelproduktion

Die **Kuppelproduktion** beschreibt den gewollten oder ungewollten Anfall von Nebenprodukten/Kuppelprodukten während der Fertigung. Haupt- und Nebenprodukte entstehen aus dem gleichen Materialeinsatz im gleichen Fertigungsprozess.

Beispiele

Beispiele für eine **Kuppelproduktion:**
- die Entstehung von Kleie und Grieß bei der Herstellung von Mehl aus Getreide;
- die Entstehung von Zuckerrübensirup bei der Herstellung von Zucker aus Zuckerrüben;
- in einem Sägewerk fallen bei der Herstellung von Brettern Holzspäne sowie Schwarten (äußere Abschnitte, die beim Zusägen eines Stamms entstehen) und Brennholz an.

Die Grenze zwischen Abfallprodukten und Kuppelprodukten ist fließend. So kann beispielsweise die Abwärme eines Kraftwerkes Flüsse umweltschädlich aufheizen oder – die Umwelt schützend – Fernwärme zu Heizzwecken erzeugen. Insbesondere aus Kosten- sowie Umweltgründen streben seit einigen Jahren viele Unternehmen an, wirtschaftlich ungenutzte Kuppelprodukte (z. B. Holz-/Metallspäne, Abraum, Abgase, Abwärme, Abluft, Abwasser) weiter zu verwerten. Durch die Herstellung wirtschaftlich verwertbarer Nebenprodukte reduzieren sich die Kosten der Hauptprodukte um die Erlöse der Nebenprodukte. Ein Problem der Kuppelproduktion besteht darin, dass die Produktionskosten den entstehenden Produkten nicht verursachungsgerecht zugerechnet werden können.

Kuppelkalkulation

Häufig werden die Stückkosten des Hauptprodukts in einer **Kuppelkalkulation** der folgenden Art ermittelt:

$$\textbf{Stückkosten des Hauptproduktes} = \frac{\text{Produktionskosten} - \text{Erlöse der Kuppelprodukte}}{\text{Ausbringungsmenge des Hauptproduktes}}$$

In der folgenden Tabelle werden ausgewählte Fertigungstypen nochmals anhand verschiedener Aspekte verglichen und übersichtlich dargestellt:

Fertigungsverfahren nach der Anzahl der Wiederholungen des Fertigungsprozesses (Fertigungstypen)			
Vergleichsaspekte	**Einzelfertigung**	**Serien-/Sortenfertigung**	**Massenfertigung**
Beschreibung	einmalige Herstellung eines Erzeugnisses	→ Serienfertigung: zeitlich und mengenmäßig begrenzte Herstellung stark unterschiedlicher Serien/Varianten → Sortenfertigung: zeitlich und mengenmäßig begrenzte Herstellung verschiedener Erzeugnisarten aus demselben Grundstoff	zeitlich und mengenmäßig unbegrenzte Herstellung eines Erzeugnisses
Auslöser der Fertigung	Kunden → kundenspezifische Auftragsproduktion	Kleinserien: Kundenaufträge Großserien: anonymer Markt → Lagerfertigung	anonymer Markt → Lagerfertigung mit fixem Produktionsprogramm
Kosten	hohe (fixe) Stückkosten aufgrund intensiver Beratung und Arbeitsplanung (Entwicklung, Konstruktion, Kapazitäts-/Terminplanung)	fallende (fixe) Stückkosten, da insbesondere die Fixkosten auf eine große Anzahl pro Serie/Fertigungslos verteilt werden (Auflagendegression); bei Serienfertigung fallen teilweise hohe Rüstkosten an.	niedrige (fixe) Stückkosten, da die Fixkosten auf eine sehr hohe Stückzahl verteilt werden (Gesetz der Massenproduktion → Fixkostendegression); es fallen keine Rüstkosten an.
Anforderungen an die Mitarbeiter in der Fertigung	Fachkräfte mit sehr guter Qualifikation; teilweise sind handwerkliche, manuelle Fähigkeiten erforderlich → hohe Personalkosten	Facharbeiter und angelernte Hilfskräfte → insgesamt geringere Lohnkosten	überwiegender Einsatz von angelernten Hilfsarbeitern → geringe Lohnkosten
Grad der Automatisierung	Möglichkeiten der Arbeitsteilung und Automatisierung sind stark reduziert; Einsatz von Universalmaschinen und Werkzeugen	höherer Automatisierungsgrad; Einsatz von Spezialmaschinen	z. T. optimale Arbeitsteilung und sehr hoher Automatisierungsgrad; Einsatz von Spezialmaschinen
Kapitalbedarf	Der Kapitalbedarf ist in der Regel geringer, da aufgrund langer Produktionszeiten eine Vorfinanzierung durch den Kunden erfolgt. Es sind keine teuren maschinellen Anlagen bzw. Spezialmaschinen erforderlich.	höherer Kapitalbedarf aufgrund teurer Fertigungsanlagen bzw. Spezialmaschinen	sehr kapitalintensiv aufgrund der Automation und des Einsatzes von Spezialmaschinen; weiterhin entstehen hohe Lagerkosten, insbesondere Kapitalbindungskosten
Fertigungsorganisation[1]	Werkstattfertigung, Gruppenfertigung, teilweise Baustellenfertigung	Reihenfertigung, Gruppenfertigung, teilweise Werkstattfertigung	Reihenfertigung, Fließbandfertigung
Flexibilität bei Marktveränderungen	größere Flexibilität bei Marktveränderungen	bereits anfällig bei Marktschwankungen → evtl. Stilllegung von Fertigungsstraßen, Kurzarbeit, Personalentlassungen	sehr störanfällig bei Nachfragerückgang; Risikoverteilung auf andere Erzeugnisse ist nicht möglich
Beispiele aus der Praxis	häufig im Bereich des Handwerks und der Dienstleistungen; Schiffs-, Brücken-, Hausbau; Spezialmaschinen; Rechtsberatung	Kleinserien: Flugzeuge; Reihenhäuser Großserien: Kfz, Haushaltsgeräte Sortenfertigung: Bier, Bleche, Schrauben	Zement, Streichhölzer, Zigaretten, Strom

1 Zur Fertigungsorganisation siehe das folgende Kapitel 2.4.2.

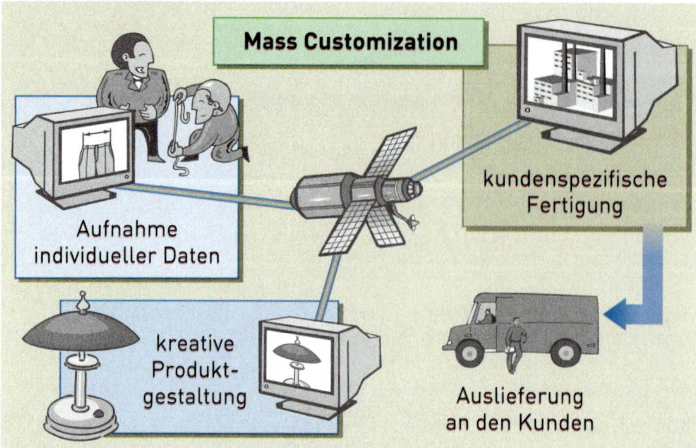

aus: www.4managers.de/themen/mass-customization/, abgerufen am 14.11.2008

Ein Konzept, das kundenindividuelle Produkte mit den Verfahren der Massenfertigung herstellt, ist **Mass Customization**. Damit wird der Marktvorteil kundenindividueller Einzelfertigung mit dem Kostenvorteil standardisierter Massenfertigung verbunden.

Die Fertigungsprozesse werden modularisiert (Lego-Prinzip) und ermöglichen weitgehend die Herstellung nach dem Baukastensystem[1], sodass sich der Kunde selbst, mit Hilfe angebotener Module, das Enderzeugnis zusammenstellt („Customer CoConstruction"). Die Kundenbeziehungen müssen neu definiert werden, um die Kunden vom Nutzen hochwertiger, auf sie zugeschnittener Leistungen zu überzeugen. Für den Hersteller entsteht dadurch eine engere Bindung der Kunden an das Unternehmen und seine Leistungen. Es eröffnen sich ihm völlig neue Absatzmöglichkeiten (neue Märkte).

Beispiel

Der Computer-Hersteller DELL ermöglicht den kundenindividuellen Zusammenbau der Hardwarekomponenten für einen Computer. Die jeweils einfließenden Komponenten sind so konstruiert (z. B. einheitliche Anschlüsse), dass sie in vielen verschiedenen kundenindividuellen Endprodukten integriert werden können. Die Komponenten fließen demnach in viele verschiedene kundenindividuelle Endprodukte. Trotz geringer Stückzahl an kundenindividuellen Endprodukten werden die Komponenten sehr häufig verbaut, sodass sie in Massenfertigung hergestellt werden.

Voraussetzungen

Die Umsetzung von Mass Customization ist an folgende Voraussetzungen geknüpft[2]:

- Es wurden zuvor Arbeitsgruppen geschaffen, die eigenständig und flexibel, aber miteinander vernetzt agieren.
- Eine informationstechnische Unterstützung in folgenden Bereichen ist unerlässlich:
  - kundenindividuelle Konstruktion und (visuelle) Produktkonfiguration
  - Ableitung von Stücklisten und flexiblen Arbeitsplänen aus Produktentwicklungsunterlagen
  - Flexibilisierung der Produktionssteuerung
  - Kooperation der Arbeitsgruppen in der Herstellung
  - Koordination der externen Beziehungen
- Die Umsetzung stellt höhere Anforderungen an die Kommunikationsbeziehungen (intern und extern),
- erfordert einfach zu bedienende, kundengerechte Hilfen zur Produktzusammenstellung und eine
- konsequente Modularisierung der Produkte (Baukastensystem).

1 Bei der Fertigung nach dem Baukastensystem bestehen die Enderzeugnisse aus einzelnen Bausteinen/Bauelementen, die zu unterschiedlichen Arten eines Grundproduktes kombiniert werden können. Aufgrund der Verwendung der einzelnen Bausteine in verschiedenen Endprodukten können diese in großen Mengen gefertigt und die Vorteile großer Fertigungsmengen umgesetzt werden.

2 siehe: www.4managers.de/themen/mass-customization/;
weitere Links zu Mass Customization: www.mass-customization.de, http://nikeid.nike.com

6101238

2.4.2 Fertigungsorganisation

Die räumliche Anordnung und Organisation der Betriebsmittel im Fertigungsprozess kann nach dem **Verrichtungsprinzip** oder nach dem **Fließprinzip** erfolgen.

I. Werkstattfertigung

Verrichtungsprinzip

Bei der **Werkstattfertigung** erfolgt die räumliche Anordnung der Betriebsmittel nach dem **Verrichtungs- bzw. Funktionsprinzip**. Maschinen und Arbeitsplätze mit gleichartigen Funktionen werden in einer fertigungstechnischen Einheit, der Werkstatt, räumlich zusammengefasst. Es befinden sich z. B. alle Drehmaschinen in einer Werkstatt, alle Bohrmaschinen in einer zweiten. Alle Erzeugnisteile, an denen eine Bohrung oder ein Drehvorgang vorgenommen werden soll, müssen zu dieser zweiten Werkstatt transportiert werden. Der Produktionsablauf wird somit durch die erforderlichen Verrichtungen bzw. Tätigkeiten sowie den betrieblichen Standort der daran beteiligten Maschinen bzw. Werkstätten bestimmt.

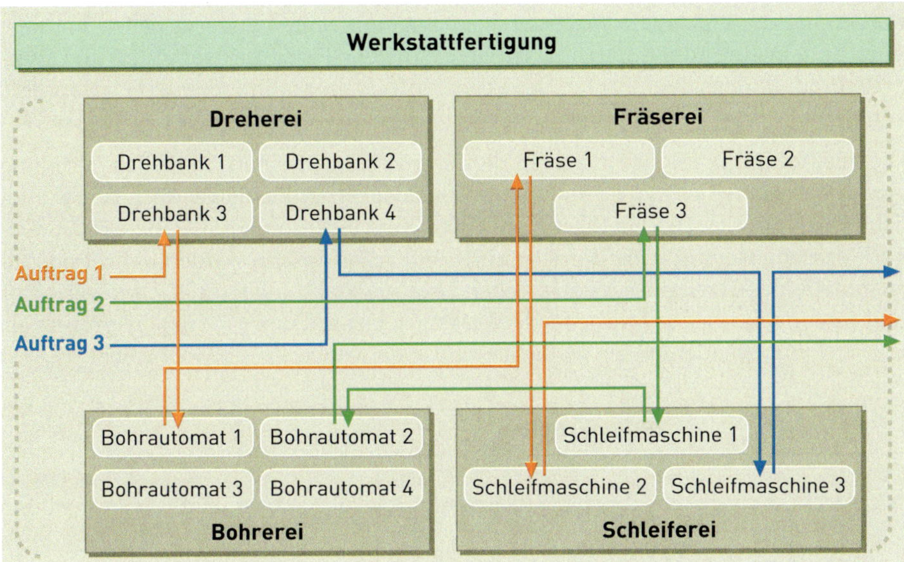

Die Werkstattfertigung findet häufig dann Anwendung, wenn der gesamte betriebliche Produktionsprozess aufgrund eines häufigen Erzeugniswechsels mit unterschiedlichen Arbeitsabläufen nicht in einem standardisierten Arbeitsvorgang erfolgen kann. Sie eignet sich daher insbesondere für eine auftragsorientierte Einzelfertigung bzw. für die Kleinserienfertigung.

Nachteile/ Probleme

Das organisatorische Problem der Werkstattfertigung liegt in der Koordinations- und Abstimmungsvielfalt, insbesondere dann, wenn zahlreiche Kundenaufträge in einer mehrstufigen Produktion bearbeitet werden müssen. Eine optimale Abstimmung der Arbeitsvorgänge kann bei der Auftragsvielfalt, die für eine auftragsorientierte Einzelfertigung typisch ist, häufig nicht erreicht werden. Als Folge bilden sich in den einzelnen Werkstätten Engpässe und Warteschlangen verbunden mit Zwischenlagerung und langen Liegezeiten sowie im Ergebnis systembedingt langen Durchlaufzeiten. Das führt zu hohen Lagerbeständen, die wiederum hohe Kapitalbindungskosten zur Folge haben. Zeitliche Planungspuffer sowie Anpassungen der Fertigungspläne an die tatsächlichen Gegebenheiten sind typisch für die kaum überschaubaren Koordinationszusammenhänge und verursachen eine fehlende Fertigungstransparenz.

Der Einsatz der Werkstattfertigung erfordert in der Regel vielseitig qualifizierte Mitarbeiter, die Handlungs- und Entscheidungsspielräume effektiv nutzen können, um eine hohe Qualität sowie einen geringen Ausschuss zu erzeugen.

Fertigung in Fertigungslosen

Die Werkstattfertigung ist eine Fertigung in Fertigungslosen[1]. Ein Los durchläuft auf langen Transportwegen geschlossen die einzelnen Werkstätten, sodass die einzelnen Teile des Loses vor oder nach ihrer Bearbeitung in den Werkstätten auf den Transport oder die Weiterverarbeitung warten müssen. Daher gelingt es nur bedingt, die Durchlaufzeiten zu minimieren und gleichzeitig eine kostenoptimale Auslastung aller Kapazitäten zu erreichen. Diese Problematik wird im Rahmen der Werkstattfertigung als „Dilemma der Ablaufplanung" bezeichnet.

Dilemma der Ablaufplanung

Vorteile/Vorzüge

Die Werkstattfertigung bietet auch Vorteile: Sie zeichnet sich durch eine sehr hohe Flexibilität und Anpassungsfähigkeit aus. Änderungen im Produktionsprogramm, Störungen im Produktionsablauf, Auftragsspitzen sowie Nachfrageschwankungen oder Engpässe im Bereich des Personal- oder Materialeinsatzes können gut bewältigt werden, da die einzelnen Werkstätten unabhängig voneinander arbeiten können. Auch besteht eine gute Anpassungsfähigkeit an neue Fertigungsverfahren und geänderte Produktionsabläufe. Da in der Regel Universalmaschinen[2] eingesetzt werden, entstehen geringe Investitionskosten verbunden mit relativ geringen Fixkosten.

II. Fließfertigung

Die **Fließfertigung** orientiert sich an den Erfordernissen einer rationellen Fertigung großer Mengen eines einzelnen Erzeugnisses oder einer kleineren Anzahl sehr ähnlicher Erzeugnisse. Die Fließfertigung eignet sich insbesondere für die Großserien- und Massenfertigung[3]. Die Betriebsmittel und Arbeitsplätze werden dem Produktionsprozess des Erzeugnisses entsprechend in einer Reihe angeordnet (Objektprinzip) und verbunden. Das zu bearbeitende Werkstück beginnt den Produktionsprozess als Rohstoff und beendet ihn als Fertigerzeugnis oder verwertbares Montageteil.

Objektprinzip

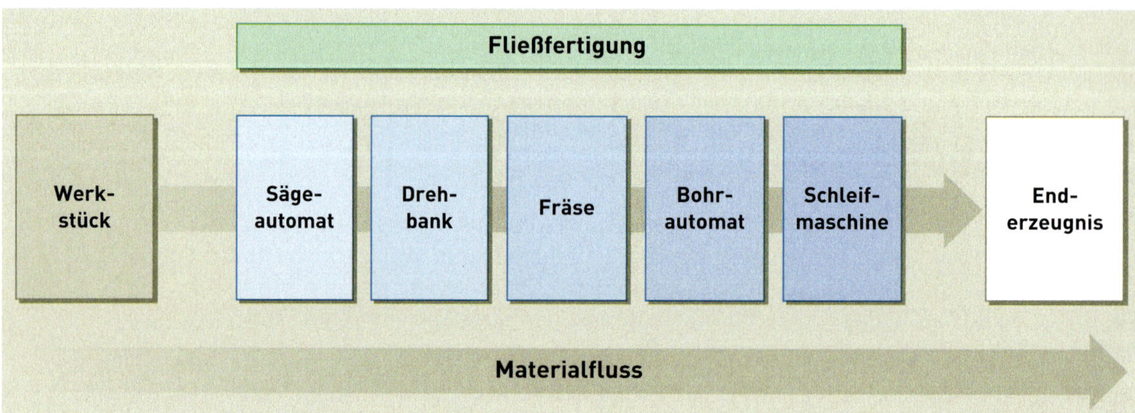

Zeitliche Abstimmung

Die zeitliche Abstimmung der einzelnen Arbeitsgänge für alle Produktionseinheiten erfolgt über ein Förder-/Transportsystem, das einen kontinuierlichen, gleichmäßigen Produktionsfluss ermöglicht. Sie erfolgt dabei entweder durch die jeweilige zeitliche Dauer der technischen Umsetzung (Zwangsablauffertigung) oder durch eine Zerlegung des gesamten Fertigungsprozesses in zeitlich gleiche Arbeitstakte (Taktzeit). Die Dauer eines Arbeitsganges an einem Betriebsmittel oder einem Arbeitsplatz muss gleich der festgelegten Taktzeit sein oder ein ganzes Vielfaches dieser Taktzeit betragen. Die Länge der Taktzeit hängt von der zu fertigenden Soll- bzw. Ausbringungsmenge ab.

Taktzeit

1 Ein (Fertigungs-)Los ist die Fertigungsmenge, die ohne Umrüsten des Betriebsmittels hintereinander hergestellt werden kann.
2 Universalmaschinen sind in der Lage, mehrere unterschiedliche Verrichtungen auszuführen.
3 siehe Teil C, Kap. 2.4.1

Fließbandfertigung

Die **Fließbandfertigung** ist die älteste[1] und häufigste Ausprägung der Fließfertigung. Die zeitliche Steuerung sowie die Einhaltung der vorgegebenen Taktzeit erfolgt über die kontinuierliche oder schrittweise Fortbewegung eines Förder-/Transportbandes.

Reihenfertigung

Eine weitere Ausprägung der Fließfertigung ist die **Reihenfertigung**. Betriebsmittel und Arbeitsplätze sind nach dem Objektprinzip angeordnet, die starre Zeitvorgabe für die einzelnen Arbeitsvorgänge fehlt jedoch, denn es gibt keine festen Taktzeiten. Für die Werkstücke und Zwischenerzeugnisse werden kleine Pufferlager benötigt.

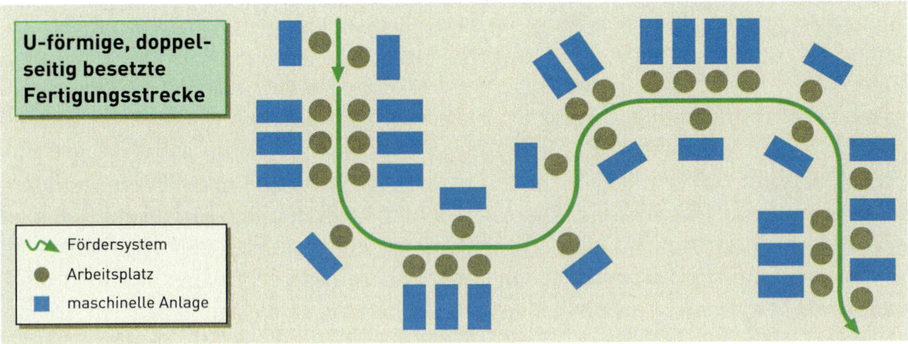

Vorteile der Fließfertigung

Der festgelegte Produktionsablauf, der allen Varianten der Fließfertigung zugrunde liegt, schafft gute Voraussetzungen für Planung, Steuerung und Kontrolle des Material- und Herstellungsflusses. Daher eignet sich die Fließfertigung vor allem für die Bearbeitung großer, gleichartiger Produktionsmengen. Im Vergleich zur Werkstattfertigung sind insbesondere die Durchlaufzeiten kürzer und die dadurch entstehenden Lager- und Kapitalbindungskosten geringer. Einarbeitungs- und Lernerfolge geringer qualifizierter (Hilfs-)Arbeiter sind größer[2] und die Arbeitsgeschwindigkeit ist infolge starker Spezialisierung höher. Der Produktionsprozess ist sehr übersichtlich, sodass Fehlerquellen leicht festzustellen sind. Aufgrund (sehr) hoher Ausbringungsmengen werden die anfallenden Fixkosten[3] auf eine große Stückzahl verteilt (Fixkostendegression bzw. Gesetz der Massenproduktion).

Nachteile

Bei der Fließfertigung ist man gegenüber Veränderungen am Markt weniger flexibel. Die immer häufiger vom Kunden gestellten Anforderungen nach Varianten oder Veränderungen von Produkten erschweren die Auslastung der Anlagen, denn die Umrüstmöglichkeiten sind technisch begrenzt. Ein Umrüsten führt zu einem längeren Stillstand sowie zu hohen Umrüstkosten. Störungen in der Materialversorgung oder im Fertigungssystem verursachen eventuell eine Unterbrechung des gesamten Produktionsprozesses mit teilweise katastrophalen finanziellen Folgen[4], denn die vor- und nachgelagerten Arbeitsschritte sind meist direkt technisch von der gestoppten Stelle abhängig. Hohe Investitionskosten und damit verbunden hohe Fixkosten führen bei einem Rückgang der Kapazitätsauslastung bzw. des Beschäftigungsgrades zu einem Anstieg der Stückkosten[5].

Die Gegenläufigkeit von Produktivität bei Fließfertigung und Flexibilität bei Werkstattfertigung geht durch den Einsatz moderner Computertechnologien (Produktionsautomatisierung) sowie mit der Einführung moderner Informations- und Kommunikationstechniken weiter zurück. Die Werkstattfertigung wird produktiver, die Fließfertigung wird flexibler.

---

1 Die Fließbandfertigung wurde erstmals 1913 in der Automobilproduktion von Henry Ford in Detroit eingesetzt.
2 aufgrund ständiger Wiederholung derselben Arbeitsverrichtungen
3 z. B. für Abschreibungen der Betriebsmittel, Miete von Produktions- oder Lagerflächen, Zinsen für Fremdkapital
4 Im Juni 1998 büßten die Ford-Werke in Köln aufgrund von Lieferschwierigkeiten des Türschlosszulieferers mehr als umgerechnet 50 Mio. € ein. Die Montagebänder standen mehrere Tage still.
5 Umkehrung der Fixkostendegression

III. Gruppenfertigung, Fertigungsinseln

Die **Gruppenfertigung** stellt eine Kombination von Fließ- und Werkstattfertigung dar. Innerhalb dieser Fertigungsorganisation werden Fertigerzeugnisse oder artgleiche Montageteile in teilautonomen Arbeitsgruppen[1] (Fertigungsinseln) getrennt hergestellt. Betriebsmittel und Arbeitsplätze sind zu einer Gruppe zusammengefasst und innerhalb dieser nach dem Fließprinzip angeordnet. Die innerhalb der Arbeitsgruppen tätigen, hochqualifizierten Mitarbeiter können verschiedene Tätigkeiten selbstständig ausführen und sich daher gegenseitig abwechseln und unterstützen. Aufgabe der Gruppe ist die eigenständige und komplette Herstellung von Montageteilen oder Fertigerzeugnissen. Komplett bedeutet, dass alle erforderlichen Arbeitsvorgänge, einschließlich der Programmierung von CNC-Maschinen[2] und der Qualitätssicherung, innerhalb der Arbeitsgruppe erledigt werden. Eigenständig bedeutet, dass alle Aufgaben der Planung und Steuerung sowie die Aufgabenverteilung auf die Gruppenmitglieder von den Mitarbeitern der Fertigungsinseln selbst ausgeführt werden. Die Gruppen erhalten die zu bearbeitenden Kundenaufträge sowie die ungefähren Fertigstellungstermine zur Orientierung. Die Anforderungen an den Einzelnen sind höher, er erlebt alle Arbeitsschritte bis zur Fertigstellung des Endproduktes oder des Montageteiles mit. Er identifiziert sich stärker mit dem Arbeitsergebnis, ist daher eventuell motivierter und bewahrt sich ein anhaltendes Interesse an den abwechslungsreichen Arbeitsvorgängen. Für die einzelnen Gruppenmitglieder kann jedoch ein „Gruppenzwang" entstehen, denn jedes positive oder negative (monetäre) Feedback zur abgelieferten Leistung fällt auf die gesamte Gruppe zurück.

IV. Baustellenfertigung

Bei der **Baustellenfertigung** erfordert die Größe des unbeweglichen Erzeugnisses seine Herstellung an einem festen Ort. Die Produktionsfaktoren werden zur Baustelle transportiert. Vorgänge zur Planung, Steuerung und Kontrolle des Fertigungsprozesses erfolgen teilweise ebenso vor Ort.

In der folgenden Abbildung werden alle oben genannten Fertigungsverfahren nach der Anordnung/Organisation der Betriebsmittel im Fertigungsprozess abschließend anschaulich zusammengefasst:

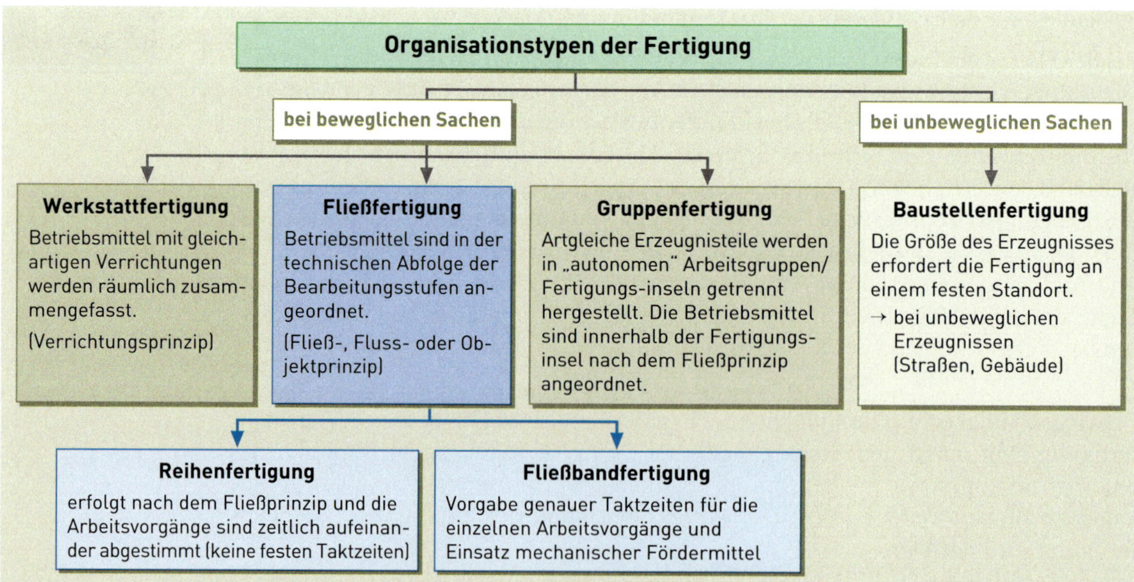

1 Die Fertigung in teilautonomen Gruppen führte das schwedische Automobilunternehmen Volvo in seinen Montagewerken in Kalmar und Uddevalla bereits während der 1980er- und 1990er-Jahre unter sozialwissenschaftlicher Begleitung durch.

2 CNC = *computerized numerical control*; CNC-Maschinen verfügen über einen eigenen, internen Computer zur Steuerung und Speicherung der auszuführenden Werkstoff-/Teilebearbeitung. Diese Computer werden vom Mitarbeiter selbst programmiert.

2.4.3
Komplexe Fertigungskonzepte

Die sich ständig verändernden und anspruchsvoller werdenden Marktanforderungen z. B. hinsichtlich Qualität, kurzer Lieferzeiten oder des Einhaltens angebotener Liefertermine führen ebenso wie die intensive Wettbewerbssituation dazu, dass neue technische Entwicklungen und der Einsatz von EDV-Systemen immer stärker in die betrieblichen Prozesse integriert werden und der Grad der Automatisierung ständig zunimmt. Zuerst wurden in vielen Unternehmen für einzelne Funktionsbereiche mit Hilfe der Automatisierung von (Teil-)Prozessen eigenständige, technische und organisatorische Problemlösungen entwickelt. Fortschritte in der Steuerungstechnik ermöglichten, dass immer häufiger CNC-Maschinen, Industrieroboter, Bearbeitungszentren und automatisierte Transportsysteme sowie flexible Fertigungssysteme eingesetzt wurden. So erhöhte sich die Produktivität und Flexibilität der Leistungserstellung.

Folgende flexible, **automatisierte Fertigungssysteme** werden unterschieden:

- **Bearbeitungszentren**

Bearbeitungszentren

Bearbeitungszentren sind Maschinen, die aufgrund automatisierter Wechseleinrichtungen an einem Werkstück unterschiedliche, aber ähnliche Verrichtungen ohne Umrüsten ausüben können. Es können z. B. Bohren, Gewinde schneiden und Dreharbeiten hintereinander ausgeführt werden.

- **Flexible Fertigungszellen**

Flexible Fertigungszellen

Flexible Fertigungszellen sind einstufige Produktionsanlagen, die aus den Teilkomponenten Bearbeitungssystem, Materialflusssystem (für Werkstücke und Werkzeuge) und Informationssystem bestehen. Aufgrund der Integration dieser Teilsysteme ist eine automatisierte Durchführung mindestens einer Verrichtung an mehreren unterschiedlichen Werkstücken möglich.

- **Flexibles Fertigungssystem**

Flexible Fertigungssysteme

Ein flexibles Fertigungssystem ist eine mehrstufige, flexible, automatisierte Fertigungsanlage, bestehend aus mehreren Bearbeitungssystemen, die über ein automatisches Transportsystem miteinander verbunden sind und das daher eine automatisierte mehrstufige Mehrproduktfertigung ermöglicht.

Bestandteile eines flexiblen Fertigungssystems sind in der Regel:
- Maschinen mit numerischer Steuerung, einem Werkzeugmagazin und mit Aufspanntischen für eine automatisierte Bestückung,
- ein Transportsystem, mit dem die Werkstücke transportiert werden können,
- ein Informationssystem, das Maschinen und Materialflusssysteme steuert und überwacht,
- Arbeitsplätze, an denen Verrichtungen personell ausgeführt werden, die nicht vollautomatisch erledigt werden.

Ein zentraler Rechner, an den alle Systeme angeschlossen sind, steuert und überwacht den Gesamtprozess. Eingesetzt werden diese Systeme für komplexe Fertigungsaufgaben, in der gleichzeitig ungleiche Arbeitsabläufe abgestimmt werden müssen.

Die Flexibilität besteht darin, dass unterschiedliche Werkstücke an den einzelnen Maschinen mit unterschiedlichen Bearbeitungsverfahren hergestellt werden können. Die Reihenfolge der Bearbeitung sowie der Materialfluss lassen sich flexibel gestalten. Eine flexible Ergänzung von weiteren Bearbeitungsmaschinen sowie die Nachrüstung mit „intelligenten" Steuerkomponenten sind ebenso möglich.

Flexible Fertigungsstraßen

Flexible Fertigungsstraßen bzw. Transferstraßen

Flexible Fertigungsstraßen beinhalten mehrstufige, flexible und automatisierte Fertigungssysteme, innerhalb derer mehrere Bearbeitungszentren oder flexible Fertigungszellen, die über ein automatisiertes Transportsystem im Liniensystem miteinander verbunden sind. Dies ermöglicht eine automatische Bearbeitung mehrerer unterschiedlicher Werkstücke, die die Transferstraße auf gleichem Weg durchlaufen. Zum Ausgleich von unterschiedlichen Taktzeiten, Rüstzeiten oder kurzfristigen Störungen an einzelnen Systemkomponenten können Pufferstrecken aufgenommen werden.

Industrieroboter

Eine zunehmende Variantenvielfalt der Produkte aufgrund von Marktbedürfnissen sowie kürzere Durchlaufzeiten mit häufigeren Modellwechseln erfordern einen hohen Grad an Flexibilität und Automatisierung der Fertigungsprozesse. Diesen Anforderungen werden moderne Industrieroboter aufgrund ihrer vielfältigen Einsatzmöglichkeiten immer mehr gerecht.

Industrieroboter

In der europäischen Norm DIN EN 775 wird der Industrieroboter wie folgt definiert: *„Ein Roboter ist ein automatisch gesteuertes, wiederprogrammierbares, vielfach einsetzbares Handhabungsgerät mit mehreren Freiheitsgraden/Bewegungsachsen, das entweder ortsfest oder beweglich in automatisierten Fertigungssystemen eingesetzt wird."*

Industrieroboter sind universell einsetzbare Automaten (insbesondere bei der Fertigung großer Stückzahlen), die sich wiederholende Bewegungen in kurzer Zeit ausführen können. Diese Bewegungen sind bezüglich ihrer Reihenfolge, Wege, Winkel und Geschwindigkeit frei programmierbar. Die Programmierung erfolgt dadurch, dass der Roboter von Hand geführt wird und die vollzogene Bewegung aufzeichnet. Die Steuerung geschieht elektronisch durch Mikroprozessoren. Moderne Roboter können mittels Sensoren (Kamera, Ultraschall, Flächensensor) sehen, hören und fühlen.

Vorteile

Gründe für den Einsatz flexibler, automatisierter Industrieroboter sind:
- geringer werdende Stückzahlen mit hohen Umrüstzeiten und geringer Auslastung konventioneller Betriebsmittel (Leerkosten),
- erhöhte Ansprüche an die Qualität und Funktionalität der Produkte,
- zu hohe Durchlaufzeiten mit zu großen Lagerbeständen und zu hohen Kapitalbindungskosten,
- den Körper belastende, monotone und gesundheitsschädliche Tätigkeiten für die Mitarbeiter,
- Kostendruck auf die Produkte aufgrund der Wettbewerbssituation und der aktuellen Käufermärkte,
- zunehmende Produktdifferenzierung aufgrund geringer Produktlebenszeiten,
- unregelmäßige Auftragseingänge.

Aufgaben

Industrieroboter werden in vielen Bereichen der Fertigung eingesetzt:
- als Handhabungseinrichtung zum Palettieren, Stapeln, Verpacken, Montieren, zum Bestücken der Maschinen sowie zum Entnehmen der Werkstücke,
- als Schweißroboter zum Bahnschweißen, Punktschweißen, Laserstrahlschweißen,
- als Schneidroboter zum Fräsen, Sägen, Wasserstrahl-/Laserstrahlschneiden,
- als Fügeroboter zum Kleben, Abdichten, Druckfügen,
- als Messroboter zum Messen, Prüfen, Testen,
- als Lackierroboter zum Grundieren, Lackieren oder Polieren.

Immer mehr Verrichtungen, wie z. B. das Bearbeiten des Werkstückes, das Wechseln von Werkstücken, Werkzeugen und Vorrichtungen, das Transportieren und Lagern der Werkstücke, das Messen und Kontrollieren sowie die Überwachung der einzelnen Fertigungsschritte, werden von einer computergestützten Steuerung übernommen.

Ebenso werden die Arbeitsschritte in den Bereichen der Forschung und Entwicklung und der Konstruktion mit neuen Technologien und Rechnereinsatz unterstützt. Diese funktionsbereichsspezifischen Einzellösungen[1] werden dadurch optimiert, dass möglichst alle betrieblichen Vorgänge vom Eingang der Kundenaufträge bis zum Vertrieb der Produkte in einem rechnergestützten Gesamtsystem zusammengefügt werden.

CIM

Dieses Gesamtsystem CIM (**CIM = Computer Integrated Manufacturing**) beinhaltet den integrierten EDV-Einsatz in allen Funktionsbereichen, die mit der Fertigung zusammenhängen.

Ziel ist die Zusammenführung aller technischen und betriebswirtschaftlichen Funktionen der Produktherstellung. Diese Zusammenführung wird im sogenannten Y-Modell von A.-W. Scheer veranschaulicht:

- Der linke Ast des Y repräsentiert den betriebswirtschaftlichen Teil, das PPY-System. Die rechte Seite beinhaltet die technischen Komponenten, die sogenannten CA_X-Techniken.
- Die beiden Seiten des Y münden in einem gemeinsamen Ast. Er enthält die Funktionen, bei denen betriebswirtschaftliche (PPS) und technische (CAM) Komponenten ineinander greifen.

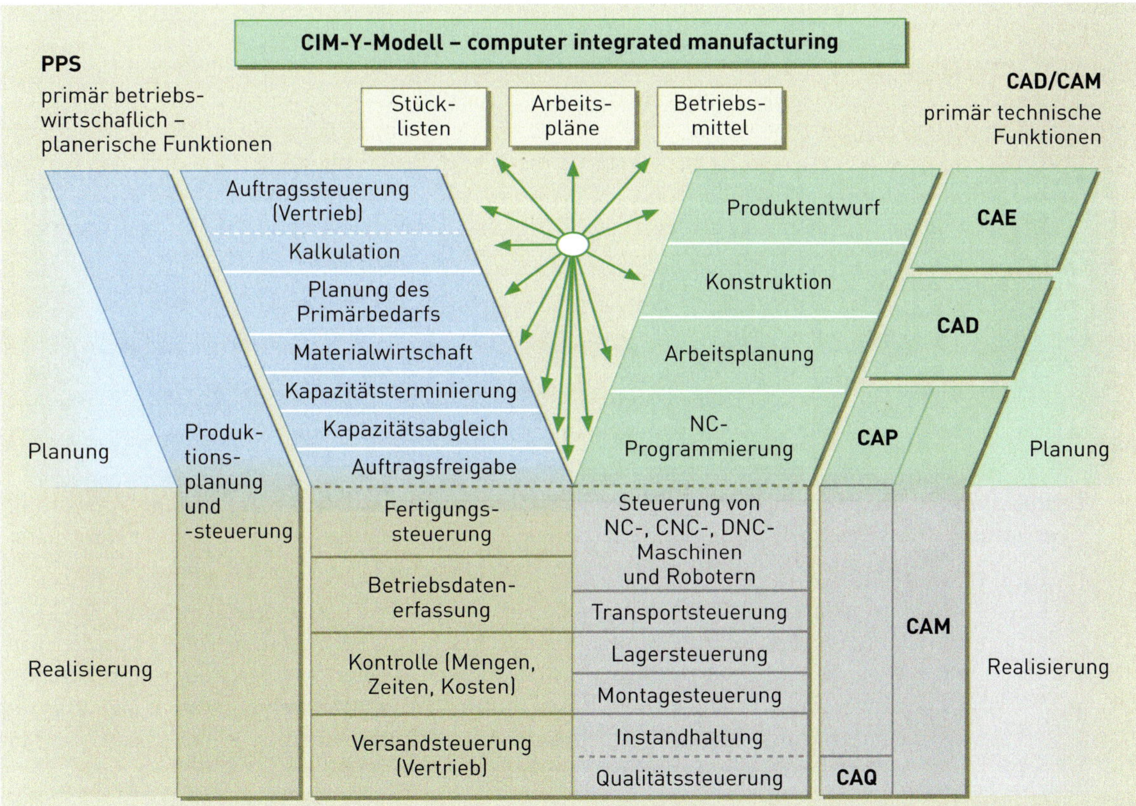

nach: Scheer, A.-W.: Wirtschaftsinformatik: Referenzmodelle für industrielle Geschäftsprozesse. 7. Auflage, Berlin 1997

Die Voraussetzung für CIM ist eine gemeinsame Datenbasis, auf die sämtliche betrieblichen Funktionen zugreifen können: die Grunddatenverwaltung.

1 auch als „Insellösungen“ bezeichnet

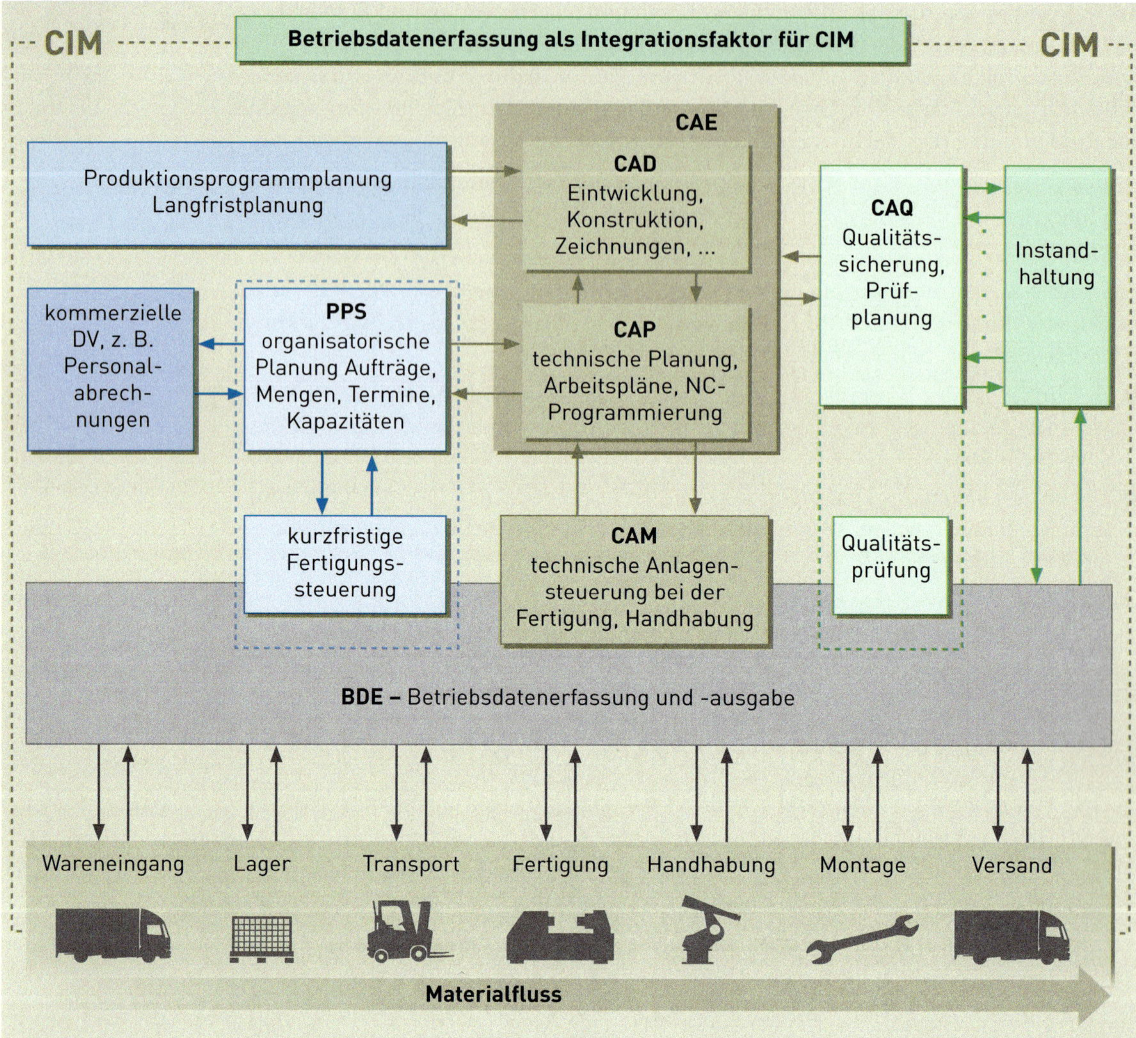

Grunddaten-verwaltung

Im Rahmen der Grunddatenverwaltung geht es um die Erfassung, Verwaltung, Pflege, Speicherung und das Zur-Verfügung-Stellen fertigungsrelevanter Informationen zur Durchführung des Produktionsprozesses.

Grunddaten sind die auftrags-, betriebsmittel-, lager-, personen-, qualitäts- und kostenbezogenen Informationen, die im täglichen Wertschöpfungsprozess immer wieder anfallen. Sie setzen sich aus Stammdaten, die eine geringe Änderungshäufigkeit aufweisen (z. B. Stücklisten, Basisarbeitspläne), und Bewegungsdaten, die aufgrund häufiger Änderungen eine begrenzte Lebensdauer haben (z. B. Lagerbestände, Maschinenlaufzeiten, Fertigungsmengen), zusammen.

Die Produktionsplanung und -steuerung übernimmt die organisatorische, die CA_X-Techniken die technische Optimierung der zur Leistungserstellung erforderlichen Prozesse.

CAx-Techniken

Die folgenden, isoliert funktionsfähigen CAx-Techniken werden miteinander verknüpft:

CAD → rechnergestütztes Zeichnen; Konstruktion (**C**omputer **A**ided **D**esign)

CAP → rechnergestützte Planung von Arbeitsabläufen (**C**omputer **A**ided **P**lanning)

CAE → rechnergestützte Simulation einzelner Fertigungsabläufe (**C**omputer **A**ided **E**ngineering)

CAM → rechnergestützte Steuerung und Überwachung der im Fertigungsablauf eingesetzten, computergesteuerten Betriebsmittel (CNC-Maschinen) (**C**omputer **A**ided **M**anufacturing)

CAQ → rechnergestützte Qualitätssicherung und -kontrolle (**C**omputer **A**ided **Q**uality Assurance)

Voraussetzungen einer erfolgreichen Einführung

Die Voraussetzungen für eine erfolgreiche Einführung von CIM sind umfangreich:
- Der Wunsch zur Einführung sollte aus dem Unternehmen selbst kommen.
- Das Konzept muss von der Unternehmensleitung sowie von allen Mitarbeitern getragen werden.
- Es sollte von (externen) Experten als ein integriertes Gesamtkonzept für ein bestimmtes Unternehmen als Individuallösung geplant werden.
- Es sollte stufenweise mit überschaubaren Kosten und nicht unter Zeitdruck eingeführt werden.
- Ein verantwortliches Team von Mitarbeitern sollte ständig und ausschließlich mit der Einführung und Betreuung des Konzepts beauftragt werden.
- Die Mitarbeiter müssen ständig auf die Anforderungen des Konzepts hin ausgebildet und vorbereitet werden.
- Die zugrunde liegenden Geschäftsprozesse[1] müssen angepasst bzw. neu strukturiert werden.
- Ein lokales Netzwerk (LAN[2]) wird benötigt.

› Teil A, Kap. 4.2.2 Geschäftsprozesse

Vorteile/ Vorzüge

Die Umsetzung von CIM führt zu einer hohen Transparenz der Geschäftsprozesse und ermöglicht das schnelle Erkennen kostenintensiver Schwachstellen im Produktionsablauf. Weiterhin entsteht ein hilfreicher und entlastender, für jeden Funktionsbereich zugänglicher Informations- und Datenpool. Der Informationsfluss vom Kundenauftrag bis zum Vertrieb des Produktes wird beschleunigt und gewährleistet eine höhere Sicherheit für anstehende Entscheidungen. Die Durchlaufzeiten werden verringert, die Lieferzeiten verkürzen sich, Lagerbestände werden abgebaut und eine höhere Kapazitätsauslastung entsteht. Es besteht eine größere Flexibilität bei Marktveränderungen sowie aus Kundensicht eine höhere Zuverlässigkeit der Einhaltung vereinbarter Liefertermine.

Nachteile/ Probleme

Problematisch erscheinen die hohen Investitions- und Betriebskosten, eine schnelle Alterung der Hard- und Software (EDV) und eine hohe Störanfälligkeit des Fertigungsprozesses sowie des gesamten Systems (→ Abhängigkeit). Weiterhin erschweren ein unübersichtliches Softwareangebot und ein hoher Anpassungsaufwand der Software an bestehende Betriebsstrukturen (oder umgekehrt) die Einführung dieser komplexen Fertigungskonzeption.

1 Ein Geschäftsprozess ist die Aneinanderknüpfung erforderlicher, zusammengehörender und sich wiederholender Aufgaben und Tätigkeiten, um festgelegte Unternehmensziele zu erreichen.

2 LAN = engl. *local area network*

Aufgaben

› Kap. 2.4

1. Viele Produkte, insbesondere aus dem Bereich der Unterhaltungselektronik (Fernsehgeräte, CD-Player, CDs), sind in den letzten Jahren entgegen einer allgemeinen Kosten- und Preissteigerung preiswerter geworden.
Versuchen Sie die Preissenkung dieser Produkte, die überwiegend in Massenfertigung hergestellt werden, zu erklären.

2. Vergleichen Sie mit Hilfe folgender Tabelle die Werkstatt- mit der Fließfertigung (tendenzielle Aussagen).

Kriterien	**Werkstattfertigung**	**Fließfertigung**
Organisationsprinzip		
Art der Betriebsmittel		
Anwendung bei Fertigungstyp		
Umsetzung der Fertigungsplanung		
Struktur des Produktionsablaufs		
Kapazitätsauslastung		
Kosten		
Investitionskosten		
Lagerkosten		
Transportkosten		
Lohnkosten		
Zeiten		
Lagerzeiten		
Durchlaufzeiten		
Lieferzeiten		
Arbeitsvorbereitung		
Arbeitnehmer		
Grad der Zufriedenheit		
erforderliche Ausbildung		
Art der Tätigkeiten		
Flexibilität bei		
Marktveränderungen		
Arbeiter-/Maschinenausfall		
Absatz		
Risiko		
Möglichkeit der Produktumstellung		
zeitliche Reihenfolge von Produktion und Auftrag		

3. Erstellen Sie eine tabellarische Übersicht zu den verschiedenen Organisationstypen der Fertigung. Verwenden Sie folgende Aspekte:
- kurze Beschreibung des Organisationstypen
- Hauptmerkmal des Organisationstypen
- Vorteile (Auswahl)
- Nachteile (Auswahl)

4. Beschreiben Sie die Merkmale bzw. Kennzeichen der Sorten-, Partie- sowie Chargenfertigung und nennen Sie jeweils zwei Beispiele.

5. Erläutern Sie Voraussetzungen für eine erfolgreiche Einführung der Gruppenarbeit in den Produktionsprozess eines Industrieunternehmens.

6. Erläutern Sie jeweils drei Zielsetzungen von CIM, differenziert nach
   a) technischen Aspekten
   und
   b) betriebswirtschaftlichen Aspekten.

7. a) Erläutern Sie das im Rahmen der Mehrfachfertigung auftretende Phänomen der Kuppelproduktion und nennen Sie Beispiele.
   b) Beschreiben Sie die dort auftretenden Probleme bezüglich einer verursachungsgerechten Zuordnung der entstehenden Produktionskosten.

8. Erläutern Sie folgende Abbildung zur Integration der Informationsflüsse im Rahmen des CIM-Konzeptes.

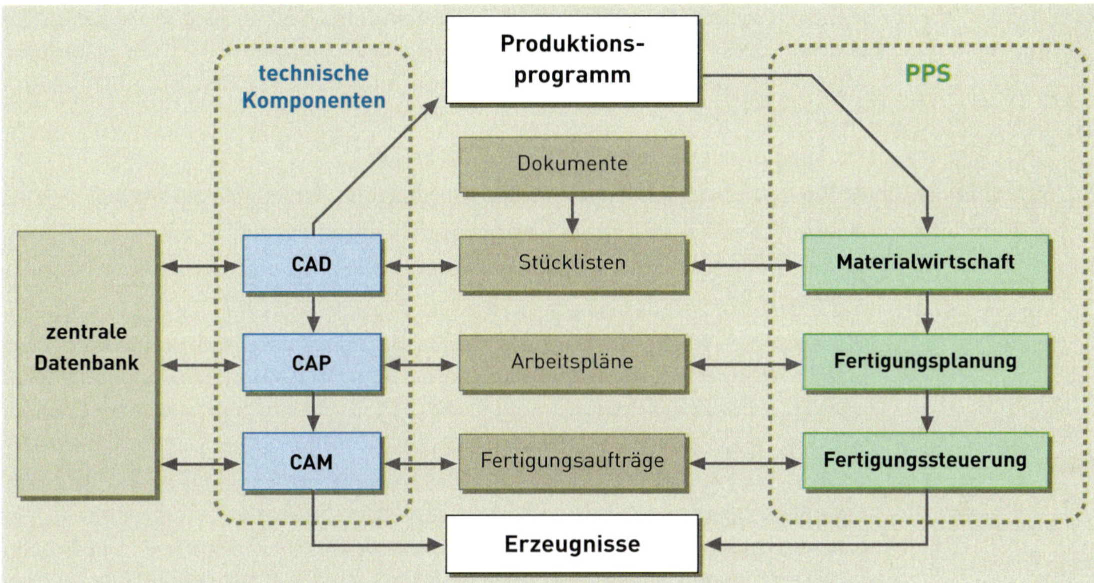

9. a) Unterscheiden Sie zwischen den Fertigungsverfahren Einzelfertigung und Massenfertigung und nennen Sie jeweils ein Beispiel.
   b) Kennzeichnen Sie die Einzel- bzw. Massenfertigung mittels folgender Kriterien:
   Organisationsform der Fertigung; Qualifikation der Mitarbeiter; Stückkosten; Flexibilität bei Nachfrageschwankungen; Auslöser der Fertigung

10. Ein Industrieunternehmen denkt über eine Umstellung der Fertigungsorganisation von der Fließbandfertigung auf die Gruppenfertigung nach.
   a) Beschreiben Sie die Organisationsformen der
      1. Fließbandfertigung,
      2. Gruppenfertigung.
   b) Beschreiben Sie jeweils zwei Argumente, die für einen Wechsel sprechen, aus der Perspektive der
      1. Unternehmensleitung,
      2. Mitarbeiter in der Fertigung.
   c) Zeigen Sie zwei Zielkonflikte auf, die sich aus den unterschiedlichen Interessenlagen ergeben könnten.

2.5 Zeitplanung

Die **Zeit**planung hat die Aufgabe, die zur Herstellung eines Erzeugnisses benötigte Zeit im Rahmen der Produktionsplanung einmalig zu ermitteln. In Abgrenzung dazu beinhaltet die **Termin**planung der Produktionssteuerung die zeitliche Planung konkreter Kundenaufträge. Dabei geht es um die Festlegung von Lieferzeitpunkten oder umgekehrt von Anfangsterminen für die Produktion auf der Grundlage gewünschter Lieferzeitpunkte. Eine möglichst genaue und zuverlässige Zeitplanung ist die Voraussetzung dafür, im Rahmen der Terminplanung in der Produktionssteuerung dem Kunden zugesagte Liefertermine auch einhalten zu können.

Arbeitsablaufstudien

Grundlagen der Zeitplanung sind Arbeitsablaufpläne, die als Ergebnisse sogenannter **Arbeitsablaufstudien** entstehen. Arbeitsablaufstudien nach REFA[1] gliedern den gesamten Fertigungsprozess in einzelne Abschnitte, Vorgänge, Teilvorgänge bis hin zu kleinsten Arbeitselementen und bestimmen deren Reihenfolge. Neben dem eigentlichen Prozess (Arbeitsablauf) wird auch das Zusammenwirken der erforderlichen Mitarbeiter und Betriebsmittel untersucht und die Ursachen für Ablaufstörungen werden ermittelt.

Im Mittelpunkt dieser Studien steht die Frage:

- **Wo** (räumliche Aufeinanderfolge verschiedener Arbeitsplätze) werden
- **wann** (zeitliche/technisch-logische Aufeinanderfolge der Arbeitsschritte) und
- **womit** (Einsatz benötigter Produktionsfaktoren) die erforderlichen Arbeitsschritte verrichtet?

Für einzelne Arbeitsvorgänge des Gesamtprozesses wird eine Reihenfolgeplanung erstellt, die hilfreiche Informationen zum Einsatz der Mitarbeiter und Betriebsmittel enthält. Diese Reihenfolgeplanung findet sich im Basisarbeitsplan wieder (Ziel).

Arbeitszeitstudien

Die Aufgaben der Zeitplanung bestehen nun darin, im Rahmen von **Arbeitszeitstudien** den Zeitbedarf für jeden einzelnen Arbeitsvorgang mit Hilfe von Stoppuhren, automatischen Messgeräten, automatischen Impulsgebern, Zeitaufnahmebögen, Befragungen, Beobachtungen oder Erfahrungswerten zu bestimmen. Die Ergebnisse dieser Tätigkeiten ergeben die zeitliche Einteilung des Arbeitsprozesses.

Alle zur Ausführung eines Arbeitsvorgangs erforderlichen Grundbewegungen (Anfassen, Bringen, Greifen, Fügen, Trennen, Drehen, Bewegen, Loslassen) werden bestimmt und ihr Zeitbedarf wird erfasst.

Ziele dieser Arbeitszeitstudien sind die **Ermittlung der Durchlaufzeit** sowie die **Festlegung von Vorgabezeiten** für den gesamten Fertigungsprozess eines Erzeugnisses. Im Folgenden werden nun die einzelnen **Zeitbedarfe** kurz beschrieben.

Durchlaufzeit

Die Durchlaufzeit ist der Zeitbedarf für die Leistungserstellung vom Beginn des ersten bis zum Abschluss des letzten Bearbeitungsvorgangs. Sie setzt sich aus den in der folgenden Abbildung dargestellten Komponenten zusammen:

1 Der REFA Bundesverband e. V. hat seinen Sitz in Darmstadt und hat satzungsgemäß die Aufgabe der Förderung von Bildung und Wissenschaft der methodischen und arbeitswissenschaftlichen Forschung im Bereich der Arbeitsgestaltung und Betriebsorganisation. Gegründet 1924 in Berlin als „Reichsausschuss für Arbeitszeitermittlung" wurde der Name „REFA" aufgrund seines Bekanntheitsgrades beibehalten.

6101250

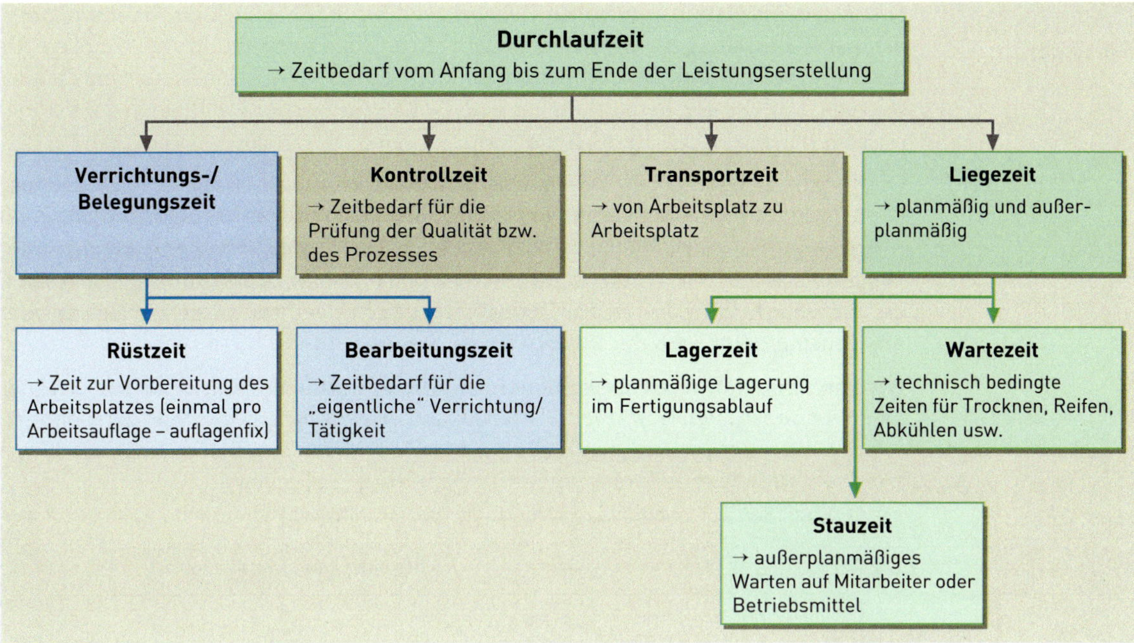

Die Durchlaufzeiten können je Einzelteil, je Baugruppe, je Enderzeugnis, je Arbeitsgang oder auch je Fertigungsauftrag ermittelt werden. Die Durchlaufzeit der Produktionsplanung entspricht der Vorgabezeit (s. u.), die ohne Einschränkung durch Kapazitätsengpässe für die Fertigung eines Produktes benötigt wird.

Der **Zeitbedarf an einem Arbeitsplatz** könnte wie folgt in einzelne **Zeitkomponenten** gegliedert werden:

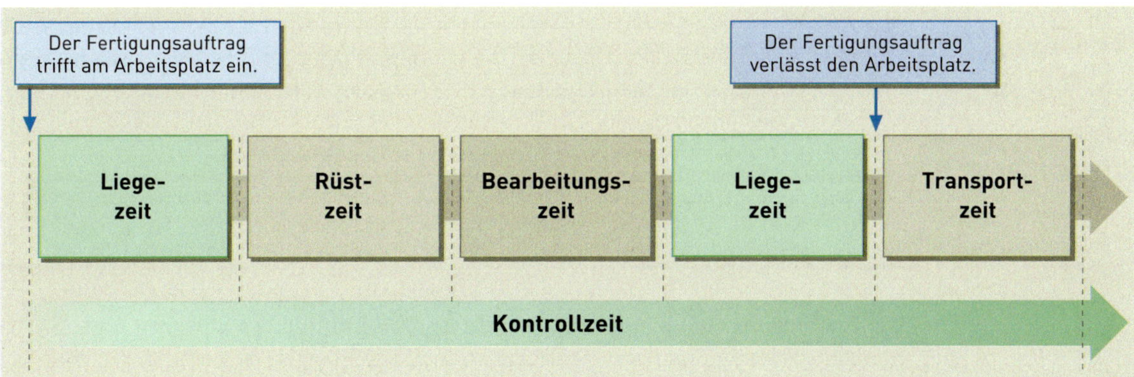

Rüstzeit

Die **Rüstzeit** ist die Zeit zur Vor- und Nachbereitung eines Betriebsmittels oder eines Arbeitsplatzes (Einschalten; evtl. Warmlaufen der Maschine; Herbeiholen, Montage und Demontage von Vorrichtungen/Werkzeugen; Überprüfung der Funktionsbereitschaft) und fällt nur einmal pro Arbeitsauflage[1] an.

Warte-, Liege-, Transportzeiten

Die **Warte-, Liege- und Transportzeiten** sind je nach Fertigungsverfahren, Fertigungsorganisation, Automatisierungsgrad und Art der Prozesssteuerung unterschiedlich lang.

1 Sie wird daher auch als auflagenfix bezeichnet. Die Arbeitsauflage/Auflagengröße/Losgröße ist die Fertigungsmenge eines Erzeugnisses, die ohne Veränderung auf einem Betriebsmittel hergestellt wird.

Durch die Zeitplanung entstehen Zeitvorgaben für jeden einzelnen Arbeitsvorgang, die in das computergesteuerte PPS-System eingegeben werden und als Grundlage für die auftragsorientierte Terminplanung im Rahmen der Produktionssteuerung dienen. Auch die Entlohnung der Mitarbeiter und die Kalkulation der Produkte in der Kostenrechnung beruhen auf diesen Zeitdaten.

Vorgabezeit/ Auftragszeit

Die **Vorgabezeit** ist die Zeit, die ein Arbeiter für die ordnungsgemäße Erledigung einer bestimmten Aufgabe bei „normaler" Leistung/Anstrengung unter durchschnittlichen Arbeitsbedingungen benötigt (= Zeitverbrauch bei Normalleistung). Vorgabezeiten werden nach REFA als Sollzeiten für Arbeitsabläufe bzw. Arbeitsaufträge angesetzt, die von Mitarbeitern und Betriebsmitteln ausgeführt werden. Sie setzen sich aus der Ausführungszeit t_a und der Rüstzeit t_r zusammen.

Die Vorgabezeit umfasst als Auftragszeit folgende Komponenten:

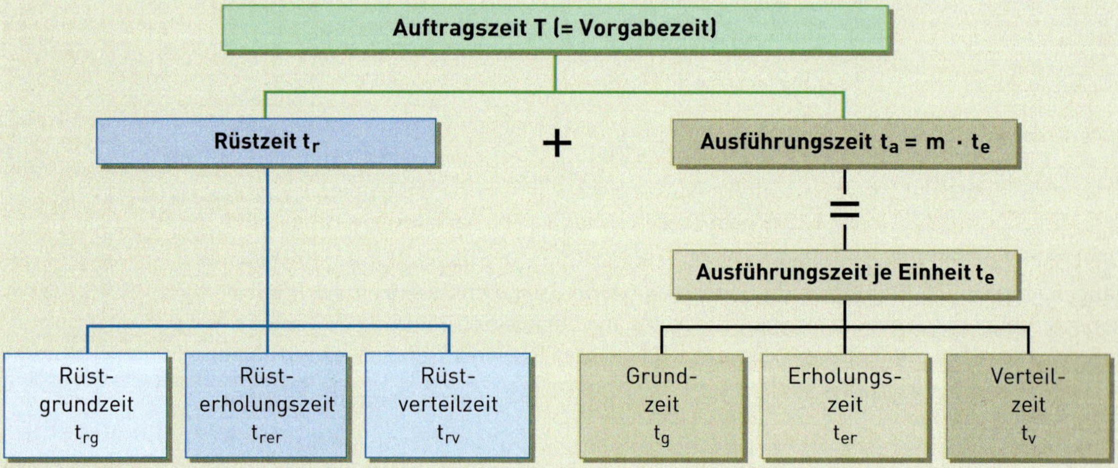

Rüstgrundzeit (t_{rg}):	=	die Zeit, in der das Betriebsmittel vom Mitarbeiter gerüstet (vor- und nachbereitet) wird
Rüsterholungszeit (t_{rer}):	=	die Zeit, die dem Abbau der Ermüdung dient, die durch das Rüsten entstanden ist
Rüstverteilzeit (t_{rv}):	=	die Zeit, die beim Rüsten zusätzlich unplanmäßig durch den Mitarbeiter oder Störungen entsteht
Grundzeit (t_g):	=	die regelmäßig auftretende Zeit, die zur Ausführung/Bearbeitung einer Mengeneinheit benötigt wird
Erholungszeit (t_{er}):	=	die Zeit, die zur Erholung des Menschen (Abbau von Ermüdung und Erneuerung der physischen Arbeitskraft) erforderlich ist; sie kann als prozentualer Zuschlag zur Grundzeit angegeben werden.
Verteilzeit (t_v):	=	die Zeit, die unregelmäßig und zusätzlich zur regelmäßigen Ausführung anfällt. Sie kann sachliche (zusätzliche Aufgaben, technische Störungen) sowie persönliche Ursachen (persönlich bedingte Arbeitsunterbrechung) haben. In der Regel wird die Verteilzeit als prozentualer Zuschlag zur Grundzeit angegeben.

Diese Zeitkomponenten fallen außer den Erholungszeiten ebenso im Rahmen der Belegungszeit für die Betriebsmittel an.

Die Ausführungszeit hängt von der Auftragsgröße m und der Stückzeit t_e ab. Sie ist mengenabhängig und daher auflagenvariabel. Die Rüstzeit fällt einmal pro Auftrag/Auflage an. Sie ist mengenunabhängig und daher auftrags-/auflagenfix. Somit ist die Ermittlung der Rüstzeiten und der Ausführungszeiten pro Einheit bezogen auf die Fertigung eines bestimmten Enderzeugnisses wesentlich und bildet die Grundlage für die Produktions- und Kostenplanung.

Beispiel

Zur Herstellung der Schraubverbindungen der Rollen bei Schreibtischstühlen benötigt die Heidtkötter KG Stahlstifte, die an beiden Enden ein rechtsdrehendes Gewinde aufweisen. Diese werden auf einer Drehbank aus schon entsprechend vorgefertigten 55 mm langen Stahlstiften mit einem Durchmesser von 17 mm gefertigt.

Folgende Arbeitsschritte und Zeiten fallen an. Die Sollzeiten wurden aus einem geschätzten Leistungsgrad (Anstrengung des Arbeiters) und gemessenen Istzeiten ermittelt.

Arbeitsschritte	Sollzeiten (in Minuten)
1. Drehstahl zum Gewinde schneiden, aus dem Handlager nehmen und bereitlegen	1,5
2. Stahlstifte in einer Box bereitstellen	1,0
3. eine weitere Box für Fertigerzeugnisse bereitstellen	1,0
4. Drehstahl in die Maschine einspannen	0,5
5. Stahlstift in das Futter einspannen	0,5
6. Drehbank einschalten	0,3
7. Drehstahl anstellen und Vorschub einstellen	0,5
8. erstes Gewinde schneiden	1,2
9. Drehbank ausschalten und Futter drehen	0,5
10. Drehstahl anstellen und Vorschub einstellen	0,5
11. zweites Gewinde schneiden	1,2
12. Drehbank ausschalten, Stahlstift ausspannen und in die zweite Box ablegen	1,3
13. Drehstahl ausspannen und ins Handlager ablegen	1,5

Da diese Stahlstifte früher fremdbezogen wurden, soll nun im Rahmen der Zeitplanung die Vorgabezeit für die Fertigung eines Stahlstiftes ermittelt werden.

Folgende Zuschlagsätze sind zu berücksichtigen:

Verteilzeit: 10 %   Erholungszeit: 5 %   Rüstverteilzeit: 8 %

Rüstzeit = Rüstgrundzeit + Rüstverteilzeit = 5,5 Min. + 0,44 Min. = **5,94 Min.**
(Vorgänge 1, 2, 3, 4, 13)

Ausführungszeit/Stück = Grundzeit + Verteilzeit + Erholungszeit
= 6,0 Min. + 0,6 Min. + 0,3 Min. = **6,9 Min.**

Vorgabezeit/Stück = Rüstzeit + Ausführungszeit/Stück
= 5,94 Min. + 6,9 Min. = **12,84 Min.**

Auftragszeit

Die **Auftragszeit** umfasst den Zeitbedarf, der für die Fertigung einer bestimmten Menge (Kundenauftrag) erforderlich ist. Diese Zeitermittlung für einzelne Kundenaufträge sowie deren zeitliche Koordination und Zuordnung liegen im Aufgabenbereich der Produktionssteuerung. Dem obigen Schema folgend ist die Höhe der **Vorgabezeit pro Stück** insbesondere abhängig von der Auflagengröße bzw. Fertigungsmenge. Sie fällt umso geringer aus, je größer die Auflagengröße ist, da sich die auflagenfixen Rüstzeiten auf eine größere Fertigungsmenge verteilen.

Vorgabezeit pro Stück

Die **Zeitplanung** der Produktionsplanung ist eng verbunden mit der Arbeitsablaufplanung (Reihenfolgeplanung) und strebt insbesondere die Minimierung der Durchlaufzeiten an.

Die ermittelte, tatsächlich benötigte Zeit zur Ausführung einer Tätigkeit (Istzeit) und die ermittelte, tatsächlich gefertigte Menge pro Zeiteinheit (Istleistung) sind abhängig vom Können und vom Arbeitseinsatz des Mitarbeiters und können z. B. durch Beobachtung festgestellt werden. Das beobachtete Können und der beobachtete Arbeitseinsatz müssen als Leistungsgrad geschätzt und bei der Festlegung der Vor-

Leistungsgrad

gabezeiten (Sollzeiten) berücksichtigt werden. Der **Leistungsgrad** als Faktor zur Umwandlung von Istzeiten in Sollzeiten kann weder gemessen noch errechnet, sondern nur mit Hilfe von Zeitstudien geschätzt werden[1]. Durch die Berücksichtigung des geschätzten Leistungsgrades beim tatsächlich ermittelten Zeitbedarf (Istzeit) ergibt sich die Vorgabezeit (Sollzeit).

Berechnungen

Vorgabezeit = Leistungsgrad (%) · tatsächliche Istzeit

Der Leistungsgrad drückt die tatsächlich erbrachte Leistung (Istleistung) in Prozent zur Normalleistung aus und kann wie folgt berechnet werden:

$$\textbf{Leistungsgrad (\%)} = \frac{\text{tatsächliche Istleistung} \cdot 100\,\%}{\text{Normalleistung}}$$

Beispiel

Während der Beobachtung über vier Stunden im Rahmen einer Zeiterhebung montiert Tom Bartels, Mitarbeiter der Balkhausen Möbel KG, die Stuhlbeinkonstruktion an 40 Schreibtischstühle. Bei normaler Anstrengung und durchschnittlichen Arbeitsbedingungen montiert ein Mitarbeiter in der Montage 16 Stuhlbeinkonstruktionen in zwei Stunden.

Der Leistungsgrad (LG) als prozentuale Größe der tatsächlich gemessenen Istleistung bezogen auf die Normalleistung beträgt 125 %.

Wird dieser Leistungsgrad bei einer Neufestlegung der Vorgabezeit berücksichtigt, ergibt sich für diese Tätigkeit eine Vorgabezeit von 7,5 Minuten pro Stuhlbeinkonstruktion.

$$\textbf{LG (\%)} = \frac{\text{Istleistung} \cdot 100\,\%}{\text{Normalleistung}} = \frac{10\ \text{Stück/h} \cdot 100\,\%}{8\ \text{Stück/h}} = \textbf{125 \%}$$

Vorgabezeit = Leistungsgrad (%) · Istzeit = 125 % · 6 = **7,5 Min./Stück**

1 Zeigte der Mitarbeiter bei Erreichen einer gemessenen Istleistung gerade eine hohe Motivation – oder hatte er eher wenig Lust, ja sogar Probleme mit den Anforderungen?

Aufgaben

› Kap. 2.5

1. Beschreiben Sie an einem selbst gewählten Beispiel, was Sie unter dem Begriff „Rüstzeit“ verstehen.

2. Erläutern Sie die im Zusammenhang mit der Vorgabezeit auftretenden Begriffe.
   a) Grundzeit
   b) Erholungszeit
   c) Verteilzeit
   d) Rüstgrundzeit

3. Für die Durchlaufzeit eines Auftrags auf einer Maschine ergibt sich folgender Zeitbedarf:
   – Rüstzeit: 150 Minuten
   – Bearbeitungszeit: 1 200 Minuten

   Der Gesamtauftrag kann nur in drei gleichen Teilzeiten und Teilmengen zeitversetzt ausgeführt werden, da die Maschine zwischenzeitlich für die Fertigung anderer Produkte beansprucht wird.

   Berechnen Sie bitte
   a) die Durchlaufzeit für eine Teilmenge in Minuten,
   b) die gesamten Lohnkosten des Auftrags bei zeitversetzter Produktion und einem Stundensatz von 56,00 €,
   c) die Mehrkosten im Vergleich zur ungeteilten Fertigung.

4. Berechnen Sie die Auftragszeit/Vorgabezeit für einen Auftrag von 4 000 Stück, wenn die Istzeit eines Arbeiters drei Minuten je Stück beträgt und der Leistungsgrad auf 110 % geschätzt wird. Die Wartezeit je Stück beträgt 0,2 Minuten, die Ausführungserholzeit 10 % der Grundzeit, die Rüstzeit 5 % der Ausführungszeit.

5. Für die Fertigung eines Fahrradrahmens wurden folgende Daten ermittelt:

Verrichtung	Rüstzeit (Min.)	Grundzeit pro Stück (Min.)	Verteilzeitzuschlag (%)	Entgelt je Arbeitsstunde (€)
Schneiden der Rohre auf Länge und Gehrung	60	2	10	60,00
Schweißen des Rahmens	2	10	5	36,00
Lackierung und Kontrolle	5	12	5	36,00

   Ermitteln Sie bitte für eine Fertigungsmenge von 500 Fahrradrahmen
   a) die Auftragszeit in Minuten,
   b) die Kosten je Fahrradrahmen.

6. Nennen Sie fünf unterschiedliche Möglichkeiten zur Reduzierung der Durchlaufzeit.

7. Erläutern Sie drei verschiedene Gründe für das Entstehen von Liegezeiten.

2.6 Dokumente in der Produktionsplanung

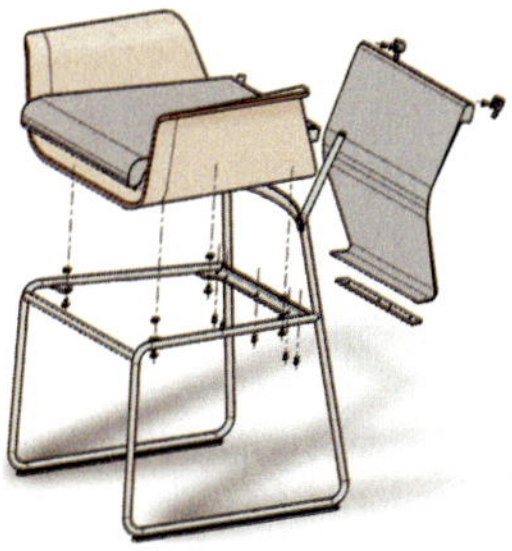

Im Rahmen der je Erzeugnis einmal anfallenden Produktionsplanung werden Dokumente erstellt, die die für die Herstellung der einzelnen Enderzeugnisse und Bauteile erforderlichen Daten enthalten. Diese Dokumente bilden die Grundlage für eine wirtschaftliche und optimale Steuerung der kundenauftragsbezogenen Fertigungsprozesse. Sie enthalten produktbezogene Daten (Materialart, Mengen, Qualität, Aufbau des Produkts usw.) und Daten bezüglich des Fertigungsprozesses (Ort und Zeitdauer der Teilprozesse sowie des Gesamtprozesses der Herstellung, erforderliche Mitarbeiter und Hilfsmittel, Maschinen und Werkzeuge usw.).

Erforderliche Dokumente sind insbesondere die Produktzeichnungen, die Stücklisten sowie die Arbeitspläne[1].

2.6.1 Produktzeichnungen

Zeichnungen

Die Erstellung von **Produktzeichnungen** sowie Stücklisten ist die Grundlage für die Teilefertigung sowie die Montage des Enderzeugnisses. Die in der Konstruktionsabteilung durch technische Zeichner angefertigten Zeichnungen sind ihrerseits die Grundlage zur Erstellung der Stücklisten. In der Regel werden Experten aus den Bereichen Produktion und Arbeitsvorbereitung hinzugezogen, um die spezielle Ausfertigung und Konstruktion des Erzeugnisses auf die Anforderungen in der Teilefertigung und Montage abzustimmen. Die angefertigten Zeichnungen dienen der Teilefertigung als Herstellungsunterlagen und der Montage als Montageanleitungen.

Konstruktionszeichnungen

In der Regel bestehen die Enderzeugnisse aus zahlreichen Montageteilen (Komponenten) und Einzelteilen, die auf unterschiedlichen, aufeinanderfolgenden Fertigungsstufen erstellt und/oder zusammengesetzt werden. Mit Hilfe von **Konstruktionszeichnungen** wird eine Erzeugnisstruktur des verkaufsfähigen Endprodukts beschrieben, aus der je nach Bedarf für das Fertigerzeugnis oder auch für jede Baugruppe entsprechende Stücklisten erstellt werden. Aus ihnen geht hervor, welche Einzelteile in einer Baugruppe oder welche Baugruppen und Einzelteile im Fertigerzeugnis vorkommen.

2.6.2 Stücklisten

Stücklisten

Die **Stückliste** eines Fertigungsgegenstandes ist ein für den jeweiligen Verwendungszweck erstelltes, vollständiges Verzeichnis, das alle zugehörigen Einzelteile und Komponenten unter Angabe der Bezeichnung und Menge enthält. Anhand der Erzeugnisstruktur entsteht die Stückliste, indem man diese „von oben nach unten", d. h. vom Endprodukt bis zu den Baugruppen und Einzelteilen abwärts durchläuft.

Teileverwendungsnachweis

Aus der Antwort auf die (umgekehrte) Frage, in welchem Erzeugnis bzw. in welcher Baugruppe ein bestimmtes Einzelteil vorhanden ist, erhält man den **Teileverwendungsnachweis**.

Abgeleitet aus den Strukturstücklisten werden dort alle Baugruppen und Fertigerzeugnisse aufgeführt, in denen das jeweilige Einzelteil enthalten ist.

1 Weitere hilfreiche Dokumente sind z. B. Betriebsmittelverzeichnisse, Mitarbeiterverzeichnisse, Raum- und Prozesspläne, Werkzeuglisten, Qualitätsprotokolle, Messprotokolle oder Montagevorschriften.

Je nach Verwendung und Zweck der Stücklisten unterscheidet man zwischen

- **Mengenübersichtsstückliste/Mengenstückliste**
  In ihr sind alle Einzelteile und Baugruppen nur einmal unter Angabe der für ein bestimmtes Fertigerzeugnis benötigten Gesamtmenge enthalten.

› Teil B, Kap. 2.1

- **Baukastenstückliste**
  Sie enthält alle Einzelteile einer Baugruppe immer nur bis zur nächst niedrigeren Fertigungsstufe. Der Aufbau des Enderzeugnisses ist nur durch Zusammenfügen aller Baukastenstücklisten zu erkennen. Diese Art von Stückliste findet Verwendung bei sehr komplexen Fertigerzeugnissen bzw. dann, wenn eine Baugruppe identisch in mehreren verschiedenen Fertigerzeugnissen benötigt wird.
- **Strukturstückliste als Konstruktionsstückliste oder Fertigungsstückliste**
  Sie zeigt die Gliederung oder Struktur von Fertigerzeugnissen aufgeteilt in die unterschiedlichen Fertigungsstufen. Dabei können die einzelnen Baugruppen und Einzelteile mehrfach und auf verschiedenen Fertigungsstufen vorkommen. So erscheinen in der unten abgebildeten Erzeugnisstruktur z. B. die Baugruppe C auf den Stufen 2 und 3 oder das Einzelteil T4 auf den Stufen 3 und 4. Die Strukturstückliste gibt folglich einen Überblick darüber, welche Einzelteile oder Baugruppen auf welcher Fertigungsstufe (Ebene) benötigt werden.
  Aus der im Rahmen der **Produktionsplanung** erstellten **Konstruktionsstückliste** leitet die Arbeitsvorbereitung innerhalb der **Produktionssteuerung** die **auftragsbezogene Fertigungsstückliste** ab. Diese dient als Hilfsmittel zur Vorbereitung und Ausführung der Fertigungsaufträge auf allen Produktionsstufen.
- Sogenannte **Variantenstücklisten** werden als variantenbezogene Ergänzungen eingesetzt, wenn verschiedene Varianten eines Grundmodells gefertigt werden. Damit kann die Anzahl der Stücklisten reduziert werden.

Beispiel

Erzeugnisstruktur für das Fertigerzeugnis Bürostuhl *praktika*

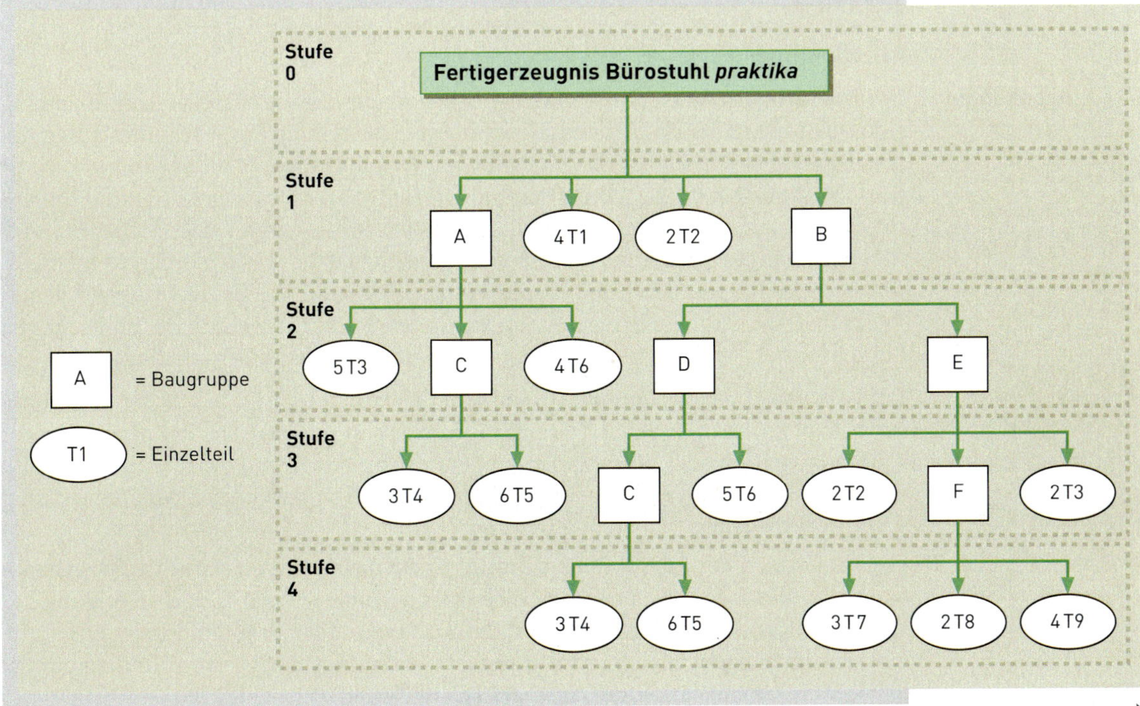

→

Aus der oben abgebildeten Erzeugnisstruktur können Mengenübersichtsstückliste, Strukturstückliste und Baugruppenstücklisten abgeleitetet werden:

Mengenübersichtsstückliste	
Fertigerzeugnis Bürostuhl *praktika*	
Einzelteile/Baugruppen	Menge
A	1
B	1
C	2
D	1
E	1
F	1
T1	4
T2	4
T3	7
T4	6
T5	12
T6	9
T7	3
T8	2
T9	4

Fertigerzeugnis Bürostuhl *praktika*	
Einzelteil/Baugruppe	Menge
A	1
1	4
B	1
2	2

Strukturstückliste				
Fertigerzeugnis Bürostuhl *praktika*				
	Einzelteile/Baugruppen			
	Fertigungsstufe			
Menge	1	2	3	4
1	A			
1		C		
3			T4	
6			T5	
5		T3		
4		T6		
4	T1			
1	B			
1		D		
5			T6	
1			C	
3				T4
6				T5
1		E		
2			T2	
1			F	
2			T3	
3				T7
2				T8
4				T9
2	T2			

Baugruppe A	
Einzelteil/ Baugruppe	Menge
C	1
3	5
6	4

Baugruppe B	
Einzelteil/ Baugruppe	Menge
D	1
E	1

Baugruppe C	
Einzelteil/ Baugruppe	Menge
4	3
5	6

Baugruppe D	
Einzelteil/ Baugruppe	Menge
6	5
C	1

Baugruppe E	
Einzelteil/ Baugruppe	Menge
2	2
F	1
3	2

Baugruppe F	
Einzelteil/ Baugruppe	Menge
7	3
8	2
9	4

2.6.3 Arbeitspläne

Arbeitsplan

Der **Basisarbeitsplan** ist eine von der Arbeitsvorbereitung erstellte, auftragsunabhängige Dokumentation des Arbeitsablaufs für die Herstellung eines bestimmten Fertigerzeugnisses sowie aller seiner Einzelteile und Baugruppen oder Komponenten. Er wird für alle selbst hergestellten Bestandteile der Stücklisten angefertigt und bezieht sich jeweils auf eine Produktionsstufe. Der Arbeitsplan enthält eine Auflistung aller Arbeitsvorgänge in der technisch erforderlichen und/oder wirtschaftlich zweckmäßigen Reihenfolge mit deren jeweiligen Vorgabezeiten für die Bearbeitung sowie den Rüstzeiten, die zur Durchführung notwendig sind. Ebenso werden die notwendigen Betriebsmittel, Werkzeuge und Arbeitsplätze mit ihren Mitarbeitern aufgelistet.

Der Arbeitsplan ist das zentrale Dokument der Fertigung und beinhaltet detaillierte Anweisungen, nach denen der Fertigungsprozess in fertigungstechnischer Hinsicht vollzogen werden soll. Grundlagen zur Erstellung des Arbeitsplans sind Konstruktionszeichnungen, Stücklisten, Maschinen-/Werkzeugverzeichnisse, Mitarbeiterlisten sowie Vorgabezeiten.

Der Arbeitsplan der Produktionsplanung (**Basisarbeitsplan**) ist immer **auftragsunabhängig** und immer bezogen auf **eine** Fertigungseinheit. Unter Berücksichtigung der speziellen Kundenauftragsdaten werden im Rahmen der **Produktionssteuerung** die **auftragsabhängigen**, auf die entsprechenden Fertigungsmengen der Kundenaufträge bezogenen Arbeitspläne (**Auftragsarbeitsplan**) erstellt.

Basisarbeitsplan					
Arbeitsplan Nr.:		**BAP 6379** **Werkstück:**	**Baugruppe Gestell Konferenzstuhl *feli***		
Stückzahl: 1		**Skizze: FT/CK/AR 12/12a**	**Werkstoff: Stahl, Chrom**		
Kosten-stelle	**Reihen-folge**	**Arbeitsvorgang**	**Betriebsmittel**	**t_r**	**t_a**
1110	1	Stahlrohr Ø 20 mm auf 184 cm abschneiden und entgraten	Metallsäge 1	1	2
1110	2	Stahlrohr Ø 18 mm für Querverbindung auf 54 cm abschneiden und entgraten	Metallsäge 1	–	2
1410	3	6 Durchgangsbohrungen Ø 8 mm für Armlehnen in Stahlrohr Ø 20 mm bohren und entgraten	Bohrautomat 1	1	3
1410	4	4 Durchgangsbohrungen Ø 8 mm in Querverbindung (Ø 18 mm) für Sitz bohren und entgraten	Bohrautomat 1	1	2
1420	5	2 Gewinde zur Montage der Baugruppe Wiege in Stahlrohr Ø 20 mm schneiden	Bohrautomat 2	2	3
1420	6	2 Gewinde für Stopper in Stahlrohr Ø 20 mm schneiden	Bohrautomat 2	–	2
1300	7	Stahlrohr Ø 20 mm insgesamt 6 x biegen (80°, 83°, 90°, 90°, 97°, 80°)	Biegemaschine 1	1,5	4,5
1710	8	Querverbindung (Ø 18 mm) einschweißen	manuell (Schweißkabine 1)	1	3
1620	9	4 Gewindestopfen einsetzen	manuell	–	0,5
1510	10	Gestell verchromen und trocknen	Tauchbad 1	3	5
1620	11	4 Gewindestopfen entfernen	manuell	–	0,5

Legende: t_r = Rüstzeit in Min.; t_a = Bearbeitungszeit in Min.

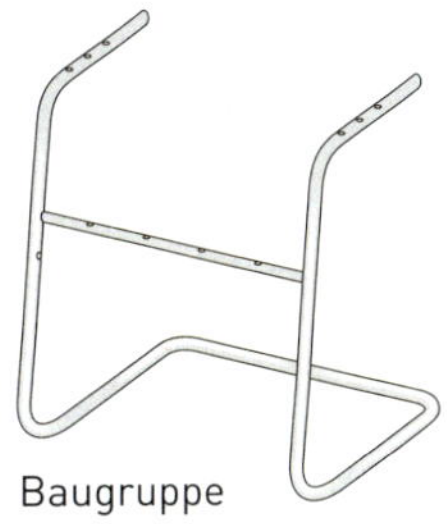

Baugruppe Gestell FT/CK/AR 12

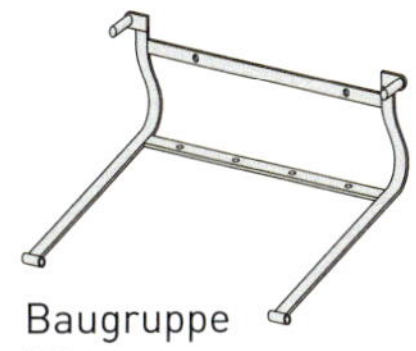

Baugruppe Wiege FT/CK/AR 12 a

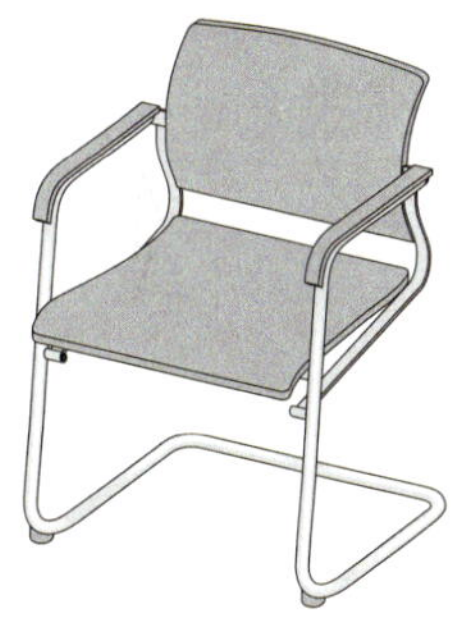

Konferenzstuhl *feli*

Der Arbeitsplan ist somit ein wichtiges Hilfsmittel für den Fertigungsprozess sowie für die Kalkulation der Fertigungskosten. Die mit den proportionalen[1] Kosten bewerteten Arbeitsplanpositionen führen zu den proportional variablen Fertigungskosten, die in der Kostenträgerrechnung in der Summe mit den Fertigungsgemeinkosten und den Materialkosten die Herstellkosten der Erzeugung ergeben.

Aufgaben

› Kap. 2.6

1. Ein Endprodukt weist die folgende Erzeugnisstruktur auf (A, B, C, D, E stehen für Baugruppen/Montageteile; T1, ... T6 stehen für Einzelteile):

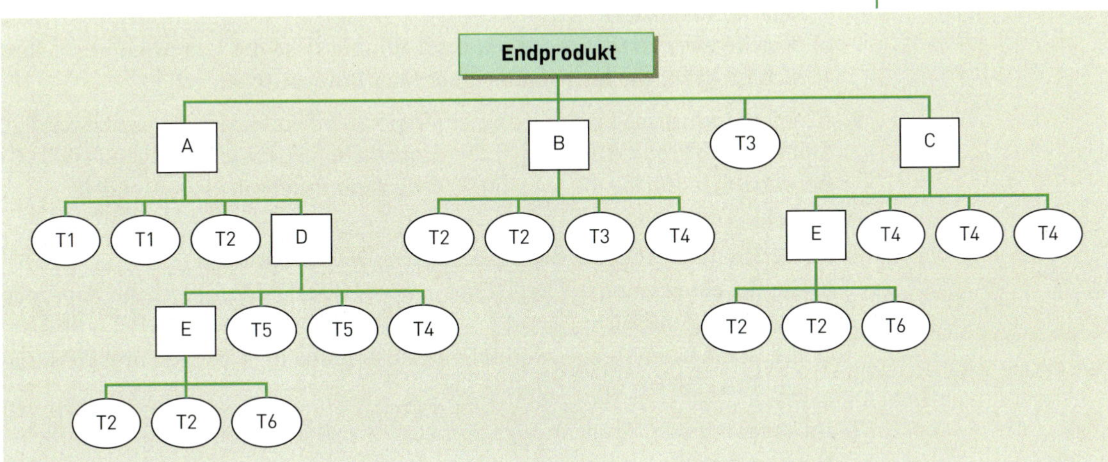

→

1 Die proportionalen Kosten sind variable Kosten, die sich im gleichen Verhältnis wie die Ausbringungsmenge verändern (z. B. Fertigungslöhne (Lohn pro Stück) oder Fertigungsmaterial (mengenabhängige Roh- oder Hilfsstoffe) und entsprechen bei linearem Verlauf der gesamten variablen Kosten den Grenzkosten. Die variablen Stückkosten bleiben bei steigender Ausbringungsmenge immer gleich und bilden den proportionalen Verrechnungssatz.

a) Erstellen Sie ausgehend von der oben abgebildeten Erzeugnisstruktur eine Mengenübersichtsstückliste sowie eine Baukastenstückliste für die Baugruppe E.
b) Beschreiben Sie den Inhalt einer Mengenübersichtsstückliste bzw. einer Baukastenstückliste und erläutern Sie den Nutzen für die Tätigkeiten im Rahmen der Bedarfsplanung.
c) Erstellen Sie die Strukturstückliste und beschreiben Sie deren Inhalte sowie deren Nutzen für die Produktionsplanung und -steuerung.

2. Ein zuverlässig erstellter Arbeitsplan ist eine wichtige Voraussetzung für eine möglichst reibungslose Leistungserstellung.
Nennen Sie bitte
a) drei Voraussetzungen für die Erstellung eines Arbeitsplans.
b) drei Fertigungsbelege, die mit Hilfe von Arbeitsplandaten angefertigt werden.

3. Beschreiben Sie kurz, was Sie unter einem Teileverwendungsnachweis verstehen.

Wiederholungsaufgaben

› Kap. 2

1. Nach der Entwicklung einer Produktinnovation hat ein externes Marktforschungsbüro herausgefunden, dass je Monat ca. 100 000 Stück verkauft werden können. Um diese Marktnachfrage zu befriedigen, muss das Unternehmen in eine neue, teilautomatisierte Spezialmaschine investieren. Leitende Ingenieure haben in Zusammenarbeit mit einem Mitarbeiter der Kostenrechnung für folgende Alternativen die Daten bereitgestellt:

		Maschine Typ A	Maschine Typ B
Kapazität pro Monat	(Stück)	200 000	110 000
Nutzungsdauer	(Jahre)	5	5
Abschreibung		linear	linear
Anschaffungskosten	(€)	1.000.000,00	480.000,00
Instandhaltungskosten pro Jahr	(€)	36.000,00	24.000,00
Personalbedarf		2 Mitarbeiter	4 Mitarbeiter
monatliches Entgelt je Mitarbeiter	(€)	3.980,00	3.260,00
Lohnzusatzkosten	(%)	70	70

a) Ermitteln Sie, welche der beiden Spezialmaschinen kostengünstiger eingesetzt werden kann.
b) Welche zwei Gründe könnten dazu führen, dass die Unternehmensleitung sich nicht für die kostengünstigere Maschine entscheidet?

2. In einem Industriebetrieb wird bei einer monatlichen Maximalkapazität von 1 200 Stück nur ein Produkt hergestellt. Die monatlichen Fixkosten betragen 24.000,00 €. Bei variablen Stückkosten von 30,00 € wird ein Preis von 60,00 € erzielt.
Berechnen Sie bitte
a) die Stückzahl, bei der die Gewinnschwelle erreicht wird.
b) die für einem monatlichen Gewinn von 4.800,00 € erforderliche Kapazitätsauslastung (in %).
c) die Break-even-Menge, wenn die Fixkosten um 10 % steigen und die variablen Stückkosten um 2,00 € sinken.

3. Im vergangenen Abrechnungszeitraum wurden für einen Artikel folgende Daten ermittelt:

Produzierte (und verkaufte) Menge:	208 000 Stück
Umsatzerlöse:	9.152.000,00 €
Fixkosten (K_f):	2.800.000,00 €
variable Kosten (K_v):	5.824.000,00 €

6101260

a) Mit welchem Beschäftigungsgrad arbeitete der Betrieb, wenn die Kapazität je Abrechnungszeitraum 320 000 Stück beträgt?

b) Um wie viel Stück lag im Abrechnungszeitraum die Produktionsmenge über/unter der Gewinnschwelle?

c) Die Unternehmensleitung macht den Vorschlag, eine bessere Kapazitätsauslastung über eine Preissenkung auf 42,00 € je Stück zu versuchen. Auf wie viel Stück verändert sich die Gewinnschwelle?

4. Ein mittelständisches Industrieunternehmen hat aufgrund der bestehenden Marktlage kaum die Chance, die vorhandenen Kapazitäten kurzfristig optimal auszulasten. Halten Sie es in dieser Lage für sinnvoll, die Überkapazitäten abzubauen? Bitte begründen Sie Ihre Meinung.

5. Die wdr-Sport GmbH verkauft Schlittschuhe in unterschiedlichen Ausführungen und Größen. Die dafür angemieteten Verkaufsräume verursachen pro Jahr Mietkosten von 540.000,00 €. Die Gehälter der angestellten Mitarbeiter betragen 1.150.000,00 € im Jahr. Zusätzlich erhalten die Mitarbeiter pro verkauftes Paar eine Provision von 7 % des Verkaufspreises. Weiterhin fallen pro Jahr durchschnittlich 470.000,00 € für Werbung an.

Zurzeit werden 50 000 Paar Schlittschuhe verkauft und damit ein Gewinn von 540.000,00 € erwirtschaftet. Herr Rückwart, der Geschäftsführer der wdr-Sport GmbH, möchte wissen, wie sich mögliche Kostenänderungen oder auch eventuelle Preiserhöhungen auf die wirtschaftliche Situation des Unternehmens auswirken. Der Einkaufspreis liegt bei 122,70 €, der aktuelle Verkaufspreis bei 190,00 € pro Paar.

a) Wie viele Paar Schlittschuhe müssen mindestens verkauft werden, um die entstehenden Gesamtkosten zu decken?

b) Welche konkrete Auswirkung hätte eine Mieterhöhung von 10 % auf den Jahresgewinn?

c) Um wie viel Prozent muss die wdr-Sport GmbH ihren Verkaufspreis erhöhen, wenn zusätzlich zur Mieterhöhung der Einkaufspreis um 10 % steigt und weiterhin ein Gewinn von 540.000,00 € im Jahr erreicht werden soll?

d) Herr Rückwart denkt darüber nach, den Verkaufspreis um 5 % oder um 10 % zu erhöhen. Wie viele Paar Schlittschuhe müsste die wdr-Sport GmbH bei unveränderter Ausgangssituation jeweils verkaufen, um einen Jahresgewinn von 700.000,00 € zu erzielen?

e) Um wie viel Prozent müsste der Verkaufspreis steigen, damit bei unveränderter Ausgangssituation mit der derzeitigen Absatzmenge von 50 000 Paar der angestrebte Gewinn von 700.000,00 € erzielt werden kann?

6. Welche der folgenden Zielsetzungen werden mit dem komplexen Fertigungskonzept CIM verfolgt?

a) *Einsparung von Kosten in allen Funktionsbereichen*

b) *starke Hierarchisierung der Unternehmensstruktur*

c) *gleichzeitige Umsetzung und Optimierung betriebswirtschaftlicher und technischer Prozesse*

d) *zentrale sowie einheitliche Datenerfassung und -bereitstellung*

e) *Förderung der Abhängigkeiten einzelner Funktionsbereiche und Prozesse*

f) *Integration aller betrieblichen Prozesse vom Kundenauftrag bis zur Überprüfung der Zahlungseingänge*

g) *Repräsentation aller technischen Prozesse durch PPS-Systeme*

→

7. a) Erläutern Sie die Aufgaben sowie eine Zielsetzung der Kapazitätsplanung im Rahmen der Produktionsplanung.
b) Unterscheiden Sie zwischen qualitativer und quantitativer Kapazität.
c) Beschreiben Sie die Aufgaben der Betriebsmittelplanung sowie der Personalplanung im Rahmen der langfristigen Kapazitätsplanung.

8. Was ist Zweck der in der Konstruktionsabteilung hergestellten Zeichnungen? Sie dienen
a) *dem Einkauf als Vorlage bei der Erstellung von Bestellungen.*
b) *dem Verkauf als Hilfsmittel zur Gewinnung potenzieller Kunden.*
c) *der Arbeitsvorbereitung als Grundlage bei der Erstellung von Stücklisten.*
d) *der Teilefertigung als Herstellungsunterlagen und der Montage als Montageanleitungen.*
e) *dem Produktionsleiter als Unterlagen bei der Kontrolle des Arbeitsablaufs.*

9. Bei der Fertigung eines Montageteiles fallen jährlich 2.618.880,00 € Fixkosten an. Die variablen (proportionalen) Kosten betragen je 1 000 Stück 1.672,00 €.
a) Wie viel € betragen die Selbstkosten bei einer Produktion von 40 000 Stück je Monat?
b) Wie viel Stück müssen bei unveränderten proportionalen Kosten erzeugt werden, wenn die Selbstkosten künftig nicht mehr als 6.500,00 € je 1 000 Stück betragen dürfen?

Das hergestellte Montageteil wird für einen Verkaufspreis von 9.000,00 € je 1 000 Stück an einen Montagebetrieb verkauft.
c) Bei welcher Menge liegt bei den gegebenen Kostenbedingungen je Monat die Gewinnschwelle?
d) Ermitteln Sie den Jahresgewinn/-verlust bei der aktuellen Ausbringungsmenge von 40 000 Stück pro Monat. Gehen Sie davon aus, dass die komplette Fertigungsmenge verkauft wird.

10. Stellen Sie fest, welche der folgenden Maßnahmen/Ereignisse die Fertigungskapazität (1) erweitern (2) verringern oder (3) nicht beeinflussen.
a) *Der Auftragseingang ist aus konjunkturellen Gründen rückläufig.*
b) *Mit Hilfe von Rationalisierungsmaßnahmen wird der Ausschuss verringert.*
c) *Durch die Optimierung der Losgrößen wird Rüstzeit eingespart.*
d) *Durch Korrekturen der Arbeitsabläufe wird die Durchlaufzeit reduziert.*
e) *Fertigmeldungen werden online weitergegeben.*
f) *Die Anzahl der Kundenaufträge steigt aus konjunkturellen Gründen stark an.*
g) *Ein Fertigungsengpass wird durch eine Neuinvestition beseitigt.*
h) *Der Mehrschichtbetrieb wird aus konjunkturellen Gründen eingestellt.*

11. Auf einer Fertigungsstraße wurde in 12 Arbeitstagen ein Auftrag zur Herstellung von 2 400 Stück ausgeführt. Jeweils 10 Stück wurden in 15 Minuten fertiggestellt. Die Rüstzeit betrug insgesamt 60 Minuten. Für Wartungsarbeiten, die nach der Produktion von jeweils 500 Stück durchgeführt werden mussten, waren jeweils 30 Minuten einzuplanen. Die tägliche Arbeitszeit betrug 480 Minuten, konnte aber maximal nur zu 90 % genutzt werden.
a) Wie viele Minuten wurde die Fertigungsstraße durch den Auftrag belegt?
b) Wie viele Minuten steht die Fertigungsstraße an den 12 Arbeitstagen bei aktueller Kapazitätsauslastung zur Verfügung?
c) Welcher Beschäftigungsgrad wurde bezogen auf die aktuelle Kapazitätsauslastung in den 12 Arbeitstagen erreicht?

12. Ermitteln Sie für einen Kundenauftrag über 40 Stück auf der Grundlage nachfolgender Informationen (bitte die Ergebnisse von a) bis e) nicht runden!)

a) die Rüstgrundzeit,
b) die Rüstzeit (Verteilzuschlag für Rüstzeit: 10 % der Rüstgrundzeit; Zuschlag für die Rüsterholzeit entfällt),
c) die Grundzeit,
d) die Zeit je Einheit (Verteilzuschlag für die Zeit je Einheit: 10 % der Grundzeit; Zuschlag für die Erholungszeit: 5 % der Grundzeit),
e) die Auftragszeit.

Vorgangsnummer	Vorgangsstufen	Sollzeit in Minuten
1	Zeichnung lesen	10,5
2	Werkstück bereitlegen	2,0
3	Spannvorrichtung einstellen	1,5
4	Drehstahl einrichten	1,5
5	Vorschub einstellen	1,5
6	Werkstück in die Vorrichtung spannen	0,2
7	Drehstahl anstellen	0,1
8	Vorschub einschalten	0,1
9	Werkstück ausdrehen	12,0
10	Vorschub ausschalten	0,1
11	Werkstück ausspannen	0,3
12	Werkstück in Sammelbox ablegen	0,3
13	Drehstahl ausspannen und weglegen	0,5

13. Lesen Sie folgende Aussagen und kennzeichnen Sie zutreffende Aussagen mit einer (1) und nicht zutreffende Aussagen mit einer (9).

a) *Die Rüstzeit beinhaltet die Zeit für das Einrichten einer Maschine.*
b) *Die Grundzeit ist die Zeit, die zur Bearbeitung einer Mengeneinheit benötigt wird.*
c) *Die Verteilzeit ist die Zeit, die zum Verteilen der Arbeitsaufträge gebraucht wird.*
d) *Der bei der Zeitaufnahme ermittelte Zeitwert ist auf eine normale Leistung zu beziehen.*
e) *Zu knapp bemessene Vorgabezeiten bewirken eine geringere Auslastung der Betriebsmittel.*
f) *Die Wartezeit ergibt sich aus den erforderlichen Pausen der Mitarbeiter zur Regeneration.*
g) *Die Stauzeit entsteht planmäßig aufgrund fertigungstechnischer Anforderungen.*

14. Die folgenden, in der Arbeitsvorbereitung ermittelten Zeiten sind Angaben in Dezimalminuten.

Die Ausführungszeit beträgt 196,7 Minuten, die Rüstzeit 23,5 Minuten.

Ermitteln Sie die Auftragszeit in Stunden, Minuten und Sekunden. (Bitte die Sekunden ganzzahlig runden!)

15. Die Ausführungszeit für die Endmontage eines Produkts wurde mit 2,8 Minuten je Stück ermittelt. Die Arbeitsvorbereitung rechnet mit einer Ausführungsverteilzeit von 15 %. Ermitteln Sie

a) die Vorgabezeit in Stunden für einen Auftrag von 400 Stück, wenn mit einer Rüstzeit von 32 Minuten zu rechnen ist.

→

b) den Leistungsgrad eines Mitarbeiters, der den Auftrag in 19 Stunden erledigt (auf eine Stelle nach dem Komma runden).

c) den Leistungsgrad eines Mitarbeiters, der den gleichen Kundenauftrag in 23,5 Stunden erledigt (auf eine Stelle nach dem Komma runden).

16. a) Erläutern Sie zwei Zielsetzungen, die mit der Erfassung des Zeitbedarfs aller Arbeitsverrichtungen verfolgt werden.

b) Nennen Sie Hilfsmittel/Methoden, mit deren Hilfe die Erfassung des Zeitbedarfs für jeden einzelnen Arbeitsvorgang erfolgen kann.

› **Recherche**

c) Informieren Sie sich darüber, wie diese Zeiterfassung in Ihrem Ausbildungsbetrieb durchgeführt wird.

17. Ein Industriebetrieb will seine Fertigung auf Fließfertigung umstellen. Welche Nachteile betreffen dabei unmittelbar die Mitarbeiter in der Produktion?

a) *hohe Fixkosten*
b) *hohe Kosten für Wartung und Instandhaltung*
c) *Sinnentleerung und Monotonie*
d) *sehr hohe physische Belastung*
e) *Anfälligkeit gegenüber Ablaufstörungen*
f) *geringere Entlohnung*

18. Die Heidtkötter KG produziert einen Teil ihrer Büromöbel in Kleinserien und möchte auf verschiedenste Kundenaufträge flexibel reagieren können. Welchen Organisationstyp würden Sie der Heidtkötter KG empfehlen?

a) *Reihenfertigung*
b) *Baustellenfertigung*
c) *Fließbandfertigung*
d) *Werkstattfertigung*

19. Der Leistungsgrad ist der Faktor zur Umwandlung von gemessenen Istzeiten in Sollzeiten. Erläutern Sie die Bedeutung des Leistungsgrades für die Berechnung der Vorgabezeiten.

20. Eine konkrete Zielsetzung der Kölner Fahrrad-Manufaktur (KFM) im Funktionsbereich der Leistungserstellung lautet:

„Minimierung der Durchlaufzeiten unter Berücksichtigung einer hohen Produktqualität sowie einer möglichst hohen Kapazitätsauslastung".

Herr Lufen soll die Fertigungsprozesse zur Herstellung und Montage der Mountainbike-Rahmen dahingehend untersuchen, wo Optimierungsmöglichkeiten bestehen könnten und konkrete Maßnahmen zur Verbesserung vorlegen.

Zur Analyse der Fertigung sowie der sich anschließenden Montage der Mountainbike-Rahmen stehen Herrn Lufen folgende Daten zur Verfügung:

Gemessener Zeitbedarf zur Fertigung und Montage der Mountainbike-Rahmen in den letzten 6 Monaten (Durchschnittswerte)

	Transportzeit	Stauzeit	Lagerzeit	Wartezeit	Bearbeitungszeit		
gemessener Zeitbedarf (Istzeit)	Lager – Säge **3 Min.**	Säge **1 Min.**	Säge **0 Min.**	Säge **0 Min.**	sägen auf Länge **2 Min.**	Gehrung sägen **2 Min.**	entgraten **2 Min.**
gemessener Zeitbedarf (Istzeit)	Säge – Schweißautomat **3 Min.**	Schweißautomat **2 Min.**	Schweißautomat **2 Min.**	Schweißautomat **0 Min.**	schweißen **12 Min.**	schleifen **2 Min.**	
gemessener Zeitbedarf (Istzeit)	Schweißautomat – Lackierautomat **4 Min.**	Lackierautomat **3 Min.**	Lackierautomat **3 Min.**	Lackierautomat **0 Min.**	pulverbeschichten **5 Min.**	lackieren **10 Min.**	
gemessener Zeitbedarf (Istzeit)	Lackierautomat – Montageband **3 Min.**	Montageband **4 Min.**	Montageband **1 Min.**	Montageband **4 Min.**	montieren **22 Min.**		

a) 1. Ermitteln Sie für Herrn Lufen zunächst die Durchlaufzeit sowie die einzelnen Zeitkomponenten bei der Fertigung und Montage der Mountainbike-Rahmen.
   2. Berechnen Sie nun die Zeitanteile der Zeitkomponenten „Transportzeiten", „Liegezeiten" sowie „Bearbeitungszeiten" an der Durchlaufzeit in Prozent.

b) 1. Welche Maßnahmen schlagen Sie Herrn Lufen vor, um die oben genannte Zielsetzung zu erreichen? Bitte begründen Sie.
   2. Erläutern Sie, welche weiteren Zielsetzungen im Rahmen der Leistungserstellung der Minimierung der Durchlaufzeit entgegenstehen.

21. Ein Automobilhersteller denkt über einen größeren Einsatz von Industrierobotern nach. Beschreiben Sie Nutzen- und Problemerwartungen aus der Sicht
a) der Unternehmensleitung, b) des Betriebsrates.

22. Welche der folgenden Formeln dient der Ermittlung des Leistungsgrades eines Mitarbeiters in der Fertigung?

a) $\frac{\text{Normalzeit} \cdot 100\,\%}{\text{Istzeit}}$

b) $\frac{\text{Vorgabezeit} \cdot 100\,\%}{\text{Normalleistung}}$

c) $\frac{\text{Istleistung} \cdot 100\,\%}{\text{Istzeit}}$

d) $\frac{\text{normale Kapazität} \cdot 100\,\%}{\text{Istkapazität}}$

23. Die Vorgabezeit für eine Akkordarbeit betrug eine Stunde für 50 Werkstücke. Ein Mitarbeiter schaffte 450 Stück in 7 Stunden 12 Minuten.
Berechnen Sie den Leistungsgrad.

24. Die Ausführungszeit für die Montage einer Armlehne ist mit 1,5 Minuten je Stück ermittelt worden. Die Arbeitsvorbereitung rechnet mit einer Ausführungsverteilzeit von 10 %. Die Rüstzeit beträgt 7,5 Minuten.
Berechnen Sie
a) die Vorgabezeit in Stunden für einen Auftrag von 650 Stück,
b) den Leistungsgrad des Mitarbeiters, wenn der Auftrag in 15 Stunden erledigt wurde.

25. Ordnen Sie folgende Begriffe aus dem Bereich der Zeitplanung den unten stehenden Angaben zu:
(1) Taktzeit
(2) Durchlaufzeit
(3) Vorgabezeit
(4) Verteilzeit

a) *die Soll-Zeit für den Mitarbeiter, um eine bestimmte Verrichtung durchzuführen*
b) *die Zeitdauer, in der jeweils eine Verrichtung beendet sein muss, damit das Fließsystem seine Soll-Mengenleistung erbringen kann*
c) *für Ausfälle von Betriebsmitteln und sonstigen Verzögerungen eingeplante Soll-Zeit*
d) *Summe aller Bearbeitungs-, Transport-, Warte- und Liegezeiten von der Auftragserteilung bis zum Versand*

3 Fertigungsaufträge als Auslöser der kurzfristigen, auftragsbezogenen Produktionssteuerung

Einführung

Nach den Festlegungen zur langfristigen Produktionsplanung stehen die auftragsbezogenen, kurzfristigen Entscheidungen im Rahmen der Produktionssteuerung an. Tag für Tag gehen bei Industrieunternehmen neben den Aufträgen für die Lagerfertigung unterschiedlich umfangreiche Kundenaufträge ein, deren Abwicklung und Fertigung in zeitlicher, mengen- und kapazitätsmäßiger Hinsicht geplant und gesteuert werden müssen.

Die Lagerfertigung sowie das Eintreffen der Kundenaufträge veranlassen die Erstellung von Fertigungsaufträgen, die insbesondere die unterschiedlichen Anforderungen der Kunden (z. B. hinsichtlich Bestellmengen, Lieferzeiten, Varianten) berücksichtigen sollen. Die auftragsbezogenen Fertigungsdokumente sowie eine Durchlaufterminierung unter Berücksichtigung aller internen und externen Fertigungsaufträge müssen erstellt werden. Die Auftragsfreigabe erfolgt nach erfolgreicher Prüfung der Material- und Kapazitätsverfügbarkeit.

Die leitende Fragestellung der Produktionssteuerung könnte wie folgt lauten:
Können alle eingehenden Fertigungsaufträge termingerecht erfüllt werden?

Beispiel

Die Festlegung des wirtschaftlich optimalen Fertigungsprogramms, also der kostenoptimalen Reihenfolge der anstehenden Kundenaufträge, erfolgt bei der Heidtkötter KG primär mit Hilfe der Deckungsbeitragsrechnung. Auch die Entscheidung darüber, ob zum bestehenden Fertigungsprogramm noch kurzfristig weitere Kundenaufträge angenommen werden können, erfolgt nach der Berechnung des Deckungsbeitrags. Ein guter Wert gibt allerdings keine Antwort dazu, ob ein Kundenauftrag überhaupt in der geforderten Zeit realisierbar ist.
Die Heidtkötter KG fertigt den *communicTable* auftragsbezogen. Ein russischer Großkonzern bestellt 21 *communicTable,* Auslieferung in drei Wochen. In russischen Metropolen schießen Bürotürme wie Pilze aus dem Boden, für die Heidtkötter KG wäre der Auftrag ein Einstieg in einen großen Markt. Unter Anstrengungen wäre der Auftrag zu schaffen, allerdings ist der zuständige Fertigungsbereich noch mindestens drei Arbeitstage mit einem anderen Auftrag belegt.

Die Entscheidungen zum Umfang der Fertigungsmengen erfolgen aufgrund intensiver Kapazitätsplanung und der Bestimmung von optimalen Losgrößen.

Die zeitliche Planung (Terminplanung) kann unter Zuhilfenahme von Balkendiagrammen sowie der Netzplantechnik erfolgen. Die zeitliche Steuerung des Einsatzes unterschiedlicher Betriebsmittel erfolgt u. a. durch den Einsatz von Maschinenbelegungsplänen. Die Ergebnisse der Termin- und Kapazitätsplanung bestehen u. a. in der Festlegung zeitlich und kapazitätsmäßig realisierbarer Start- und Endzeitpunkte für alle Fertigungsaufträge. Diese dienen dann als Ausgangsgrößen für die Auftragsfreigabe. Die mit Hilfe von Belastungsübersichten eventuell ermittelten Fertigungsengpässe müssen vor der Auftragsfreigabe korrigiert werden.

Die Auswirkungen unterschiedlicher, mengenmäßiger Anforderungen des Absatzmarktes auf die Fertigungssteuerung können z. B. durch das in Japan entwickelte Kanban-Verfahren effektiv erfüllt werden. Kanban wird als Instrument der flexiblen Fertigungssteuerung eingesetzt.

3.1 Terminplanung anstehender Fertigungsaufträge

Terminplanung

Die Aufgaben der kundenauftragsabhängigen **Terminplanung** im Rahmen der Produktionssteuerung bestehen insbesondere darin,

- zuverlässige, einhaltbare Liefertermine für die Abgabe von Angeboten bzw. Auftragsbestätigungen zu ermitteln oder
- in Abhängigkeit der gewünschten oder vorgegebenen Lieferzeitpunkte den rechtzeitigen Beginn des Fertigungsprozesses zu veranlassen (Auftragsfreigabe).

Vorwärtsterminierung progressiv/fortschreitend

Ausgehend vom geplanten Beginn des Fertigungsprozesses wird bei der **progressiven (fortschreitenden) Terminplanung** (Vorwärtsterminierung) unter Berücksichtigung der einzelnen Bearbeitungszeiten, Wartezeiten und eventuell eingeplanter Pufferzeiten in einer Vorwärtsrechnung der früheste Zeitpunkt der Fertigstellung und damit der frühestmögliche Lieferzeitpunkt festgelegt.

Rückwärtsterminierung retrograd/rückschreitend

Bei der **retrograden (rückschreitenden) Terminplanung** (Rückwärtsterminierung) wird von einem angestrebten oder festgelegten Lieferzeitpunkt ausgegangen. Von diesem Zeitpunkt aus wird unter Berücksichtigung der einzelnen Bearbeitungszeiten, Wartezeiten und eventuell eingeplanter Pufferzeiten in einer Rückwärtsrechnung der späteste Beginn des Fertigungsprozesses (Auftragsfreigabe) ermittelt.

Vor-/Nachteile

Die Vorteile der progressiven Terminierung liegen darin, dass ein geringerer Zeitdruck und damit eine größere Sicherheit bezüglich des selbst festzulegenden Lieferzeitpunkts bestehen. Nachteilig könnte sich diese Vorgehensweise auf die Erhöhung der Liegezeiten (Kapitalbindung) und der Durchlaufzeiten auswirken. Bei der Rückwärtsterminierung werden größere Liegezeiten und damit eine erhöhte Kapitalbindung vermieden. Aufgrund des zugesicherten Lieferzeitpunkts entstehen ein sehr starker Termindruck und die Gefahr, bei Überschreiten des Liefertermins Konventionalstrafen zahlen zu müssen und positives Image sowie Kunden zu verlieren.

Hilfsmittel zur effektiven Durchführung und anschaulichen Darstellung der Terminplanung sind das Balkendiagramm sowie die Netzplantechnik.

3.1.1 Balkendiagramm

Balkendiagramm

Das **Balkendiagramm**[1] ist ein Planungs- und Kontrollinstrument der zeitlichen Ablaufplanung und veranschaulicht die Struktur sowie die zeitliche Abfolge der einzelnen Arbeitsvorgänge. Zunächst erfolgt eine Gliederung des Produktionsprozesses oder des Projekts in einzelne Arbeitsschritte/-vorgänge (Strukturanalyse). Im Rahmen der Arbeitsablaufstudien werden die fertigungstechnischen Abhängigkeiten und somit die Reihenfolge bzw. Parallelitäten dieser einzelnen Arbeitsvorgänge festgelegt. Mit Hilfe von Arbeitszeitstudien, Erfahrungswerten, Expertenbefragungen oder Schätzwerten wird die zeitliche Dauer der einzelnen Vorgänge ermittelt. Diese ermittelten Daten werden in einer **Vorgangsliste** zusammengeführt. Entsprechend der fertigungstechnischen Abhängigkeiten werden die einzelnen Vorgänge nun als Balken, deren Länge die jeweilige Zeitdauer abbildet, in ein Koordinatensystem eingezeichnet. Dieses Koordinatensystem besteht aus einer horizontalen Zeitachse sowie einer vertikalen Achse, auf der die jeweiligen Vorgänge in der Regel entsprechend ihrer Reihenfolge verzeichnet sind. Die Darstellung des Balkendiagramms ist nicht explizit nach bestimmten DIN-Vorschriften genormt.

Vorgangsliste

1 Nach ihrem Entwickler Henry Lawrence Gantt werden Balkendiagramme auch Gantt-Diagramme genannt.

Beispiel

Vorgangsliste:

Von der Konstruktion bis zur Auslieferung an den Kunden *(communicTable)*			
Nr.	**Vorgangsbezeichnung**	**Dauer in Wochen**	**Vorgänge**
1	Erstellung von Produktzeichnungen für Monitor und Tisch	2	–
2	Erstellung von Stücklisten für den Tisch	1	1
3	Ermittlung eines Lieferanten für den erforderlichen Monitor	2	1
4	Fertigung eines Prototypen für den Tisch	2	2
5	Lieferung eines Testmonitors	2	3
6	Herstellung eines Prototypen für den *communicTable*	2	4, 5
7	Testen und Optimieren des hergestellten Prototyps	3	6
8	Endabnahme und Vorbereitung der Fertigung des Tisches	2	7
9	Fertigung des Tisches in Serienfertigung für einen bestimmten Kundenauftrag	2	8
10	Bestellung und Lieferung der erforderlichen Monitore	3	8
11	Montage des *communicTable* entsprechend Kundenauftrag	1	9, 10
12	Erstellung des Lieferscheins zur Auslieferung an den Kunden	1	11
13	Verpacken und Zusammenstellen der Lieferung an den Kunden	1	11
14	Auslieferung an den Kunden	1	12, 13

Balkendiagramm:

Nr.	**Vorgangsbezeichnung**	**Dauer in Wochen**																		
	Woche:	1	2	3	4	5	6	7	8	9	10	11	12	13	14	15	16	17	18	19
1	Erstellen von Produktzeichnungen für Monitor und Tisch	■	■																	
2	Erstellung von Stücklisten für den Tisch			■																
3	Ermittlung eines Lieferanten			■	■															
4	Fertigung eines Prototypen für den Tisch				■	■														
5	Lieferung eines Testmonitors					■	■													
6	Herstellung eines Prototypen für den *communicTable*							■	■											
7	Testen und Optimieren des hergestellten Prototyps									■	■	■								
8	Endabnahme und Vorbereitung der Fertigung des Tisches												■	■						
9	Fertigung des Tisches in Serienfertigung (Kundenauftrag)														■	■				
10	Bestellung und Lieferung der erforderlichen Monitore														■	■	■			
11	Montage des *communicTable* entsprechend Kundenauftrag																	■		
12	Erstellung des Lieferscheins zur Auslieferung an den Kunden																		■	
13	Verpacken und Zusammenstellen der Lieferung an den Kunden																		■	
14	Auslieferung an den Kunden																			■

6101268

Das fertige Balkendiagramm enthält die folgenden Informationen:

- Reihenfolge des Arbeitsablaufs,
- geplante Dauer des gesamten Projekts bzw. des gesamten Fertigungsprozesses (Gesamtdauer; Durchlaufzeit),
- geplante Anfangs- und Endtermine sowie Dauer der einzelnen Vorgänge,
- aktueller Stand zur Kontrolle des Arbeitsablaufs (Soll-Ist-Vergleich).

Vorteile/Vorzüge

Nachteile/Probleme

Die Vorteile des Balkendiagramms liegen in einer sehr guten Anschaulichkeit und Übersichtlichkeit. Die Anwendung ist leicht verständlich und einfach zu erlernen. Es besteht jederzeit eine gute Kontrollmöglichkeit des Arbeitsablaufs. Nachteilig ist der große Änderungsaufwand bei Verschiebungen innerhalb der ablaufbezogenen oder zeitlichen Planung des Prozesses. Bei jeder Veränderung muss ein neues Balkendiagramm erstellt werden. Ebenso sind die Abhängigkeiten der einzelnen Vorgänge untereinander nicht eindeutig zu erkennen.

Anwendung

Die Anwendungsgebiete von Balkendiagrammen erstrecken sich auf die Planung großer/komplexer Projekte und Produktionsprozesse, die Erstellung von Maschinenbelegungsplänen, die Planung und Darstellung von Urlaubszeiten und Personaleinsätzen, die Planung von Fahrzeugeinsätzen sowie von Werbemaßnahmen.

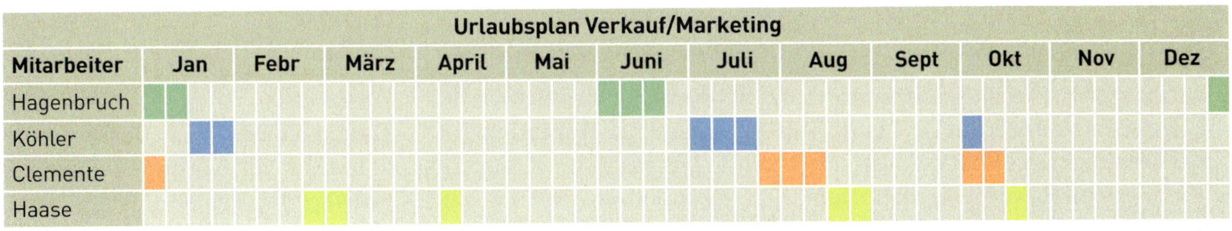

Urlaubsplan der Verkaufsabteilung der Heidtkötter KG als Beispiel für die Anwendung eines Balkendiagramms

3.1.2 Netzplan

Netzplan

Der **Netzplan** ist ebenfalls ein Hilfsmittel zur Planung und Kontrolle von Terminen und Abläufen, insbesondere bei komplexen Fertigungsabläufen und Projekten. Die Darstellung von Netzplänen kann auf verschiedene Arten erfolgen. Wir orientieren uns am Vorgangsknoten-Netzplan, der derzeit am weitesten verbreiteten Darstellungsform in der Netzplantechnik. Gemäß DIN 69900-1 ist der Vorgangsknoten-Netzplan ein Netzplan, bei dem Vorgänge beschrieben und durch Vorgangsknoten dargestellt werden. Jeder einzelne Arbeitsvorgang wird durch einen Vorgangsknoten dargestellt, in den die Informationen der Vorgangsliste sowie die Ergebnisse der Zeitberechnungen eingetragen werden. Mit Hilfe von Pfeilen werden die Vorgänge/Vorgangsknoten, die im Arbeitsablauf unmittelbar aufeinanderfolgen, verbunden, sodass schrittweise ein kompletter Netzplan entsteht.

Vorgangsknoten-Netzplan

Strukturnetzplan

Bei der Erstellung eines Netzplans wird zunächst ein **Strukturnetzplan** angefertigt, in dem die einzelnen Vorgangsknoten in eine logische zeitliche Reihenfolge gebracht und mit Pfeilen verknüpft werden (Strukturanalyse). Dabei werden die Vorgangsnummern, die jeweilige Vorgangsbezeichnung sowie die Bearbeitungszeiten (Dauer) der zuvor erstellten Vorgangsliste entnommen. Wenn anschließend der Strukturplan um die Zeitberechnungen ergänzt wird, ist der Netzplan komplett.

Vorgangsknoten

Die einzelnen Vorgangsknoten haben folgendes Aussehen[1]. →

1 Die verwendeten Abkürzungen und Fachbegriffe werden im Folgenden erklärt.

Ein **Strukturnetzplan** kann wie folgt aussehen:

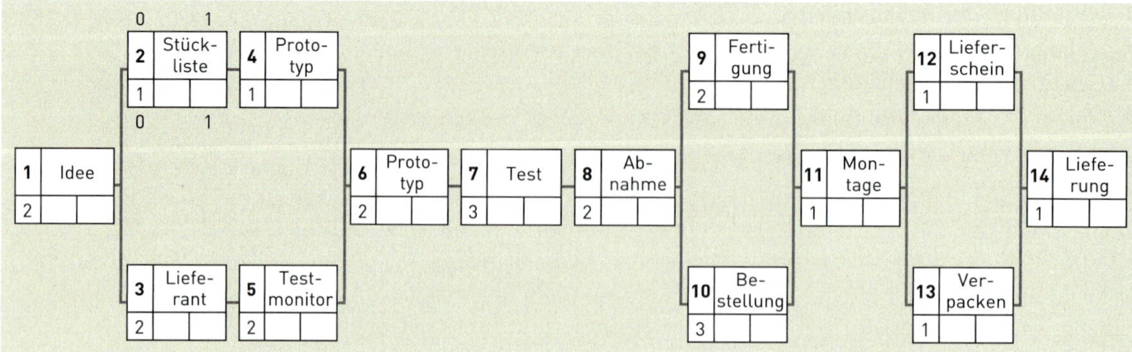

Vorwärtsrechnung

Im Anschluss an die Strukturanalyse erfolgt die Übernahme der Vorgangsdauer aus der Vorgangsliste. Die Zeitberechnung beginnt zunächst mit der **Vorwärtsrechnung**. Ziel ist es, ausgehend vom Projektbeginn die frühesten Zeiten je Vorgang sowie die Gesamtdauer des Projekts (= früheste Endzeit des letzten Vorgangs) zu ermitteln. Die frühesten Zeitpunkte geben an, wann ein Vorgang frühestens beginnen oder beendet sein **kann**.

1. Vorwärtsrechnung

1. Festlegung des Projektbeginns (**FAZ** – **f**rüheste **A**nfangs**z**eit – des 1. Vorgangs)
2. Ermittlung der **f**rühesten **E**nd**z**eit (**FEZ**) des ersten Vorgangs: FAZ + Dauer = FEZ
3. Die berechnete FEZ wird auf alle unmittelbar folgenden Vorgangsknoten als FAZ übertragen. Besitzt ein Nachfolgevorgang mehrere Vorgänger mit abweichenden FEZ, so wird der späteste Endzeitpunkt als FAZ übernommen.
4. Die FEZ des letzten Vorgangs ist identisch mit der Endzeit des gesamten Projekts.
5. Die frühesten Zeitpunkte der Vorwärtsrechnung werden oben auf dem Vorgangsknoten notiert (siehe Abbildung zum Vorgangsknoten auf Seite 269).

Rückwärtsrechnung

Anschließend erfolgt ausgehend vom frühesten Endzeitpunkt des letzten Vorgangs die **Rückwärtsrechnung** zur Ermittlung der spätesten Zeitpunkte. Die spätesten Zeitpunkte geben an, wann ein Vorgang spätestens beginnen oder beendet sein **muss**, ohne dass sich das gesamte Projekt verschiebt. Weiterhin werden diese Zeitpunkte zur Ermittlung möglicher Zeitpuffer benötigt.

2. Rückwärtsrechnung

1. Die FEZ des letzten Vorgangs wird als **SEZ** (**s**päteste **E**nd**z**eit) des letzten Vorgangsknotens übernommen. Dies bedeutet, dass das gesamte Projekt nicht nur zu diesem Zeitpunkt beendet sein kann, sondern auch zu diesem Zeitpunkt beendet sein muss.
2. Ermittlung der jeweils **s**pätesten **A**nfangs**z**eit (**SAZ**) des letzten Vorgangs: SEZ – Dauer = SAZ
3. Die berechnete SAZ wird auf alle unmittelbar vorangehenden Vorgangsknoten als SEZ übertragen. Besitzt ein Vorgänger mehrere Nachfolger mit abweichenden SAZ, so wird die früheste SAZ der Nachfolger als SEZ übernommen.
4. Die SAZ des ersten Vorgangsknotens muss mit der FAZ desselben Vorgangs übereinstimmen.
5. Die spätesten Zeitpunkte der Rückwärtsrechnung werden unter dem Vorgangsknoten notiert (siehe Abbildung Vorgangsknoten).

Pufferzeiten

Im Anschluss an die Rückwärtsrechnung erfolgt die **Berechnung der Pufferzeiten** und damit die Ermittlung der „kritischen Vorgänge" sowie des „kritischen Weges". Bezüglich der Zeitreserven wird zwischen Gesamtpuffer und Freiem Puffer unterschieden.

Gesamtpuffer

Der **Gesamtpuffer** gibt die Zeitreserve an, um die sich ein Vorgang verzögern kann, ohne dass sich die Gesamtdauer des Projekts verschiebt.

3. Gesamtpuffer (GP)

1. Besteht zwischen der frühesten Anfangszeit (FAZ = der Zeitpunkt, wann ein Vorgang frühestens beginnen **kann**) und der spätesten Anfangszeit (SAZ = der Zeitpunkt, wann ein Vorgang frühestens beginnen **muss**, damit die Gesamtdauer nicht verschoben wird) eine zeitliche Differenz, so besitzt dieser Vorgang eine Zeitreserve. Diese Zeitreserve bezieht sich auf die Gesamtdauer des Projekts und wird Gesamtpuffer (GP) genannt.
2. Ermittlung des Gesamtpuffers eines Vorgangs: GP = SAZ – FAZ oder GP = SEZ – FEZ
3. Der Gesamtpuffer (GP) wird im mittleren, unteren Kästchen im Vorgangsknoten notiert (siehe Abbildung Vorgangsknoten).

Freier Puffer

Der **Freie Puffer** bezieht sich auf den nachfolgenden Vorgang und gibt die Zeitreserve an, um die sich ein Vorgang verzögern kann, ohne dass sich die zeitliche Lage seines Nachfolgers verändert.

4. Freier Puffer (FP)

1. Besteht zwischen der frühesten Endzeit (FEZ) eines Vorgangs und der frühesten Anfangszeit (FAZ) des **Nachfolgers** eine zeitliche Differenz, so besitzt dieser Vorgang eine Zeitreserve. Diese Zeitreserve bezieht sich auf die zeitliche Lage des nachfolgenden Knotens und wird Freier Puffer (FP) genannt.
2. Ermittlung des Freien Puffers eines Vorgangs: $FP = FAZ_{Nachfolger} - FEZ$
3. Der Freie Puffer (FP) wird im rechten, unteren Kästchen im Vorgangsknoten notiert (siehe Abbildung Vorgangsknoten).

Kritischer Vorgang/ Kritischer Weg

Alle Vorgänge, die keine Zeitreserven (Puffer) aufweisen, nennt man „kritisch". Die Aneinanderreihung aller kritischen Vorgänge ergibt den kritischen Weg, den zeitlich längsten Weg durch das Projekt. Der **kritische Weg** bestimmt somit die Gesamtdauer des Projekts und jede Verzögerung auf dem kritischen Weg bedeutet eine Verschiebung des geplanten Endtermins. Im folgenden Netzplan entstehen sogar zwei kritische Wege (═══).

Ein **vollständiger Netzplan** kann wie folgt aussehen:

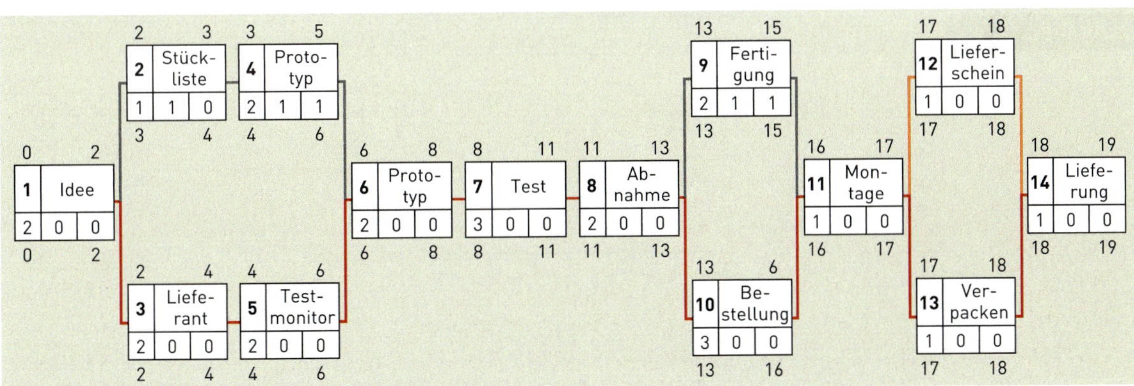

Die Erstellung eines realitätsnahen Netzplans erfordert eine zuverlässige und genaue Bestimmung der einzelnen Vorgangsdauern (Zeitaufnahme). Heute werden Netzpläne überall dort eingesetzt, wo komplexe Projekte oder Fertigungsabläufe geplant und deren Ausführungen zeitnah gesteuert und überwacht werden müssen.

Mit Hilfe der Netzplantechnik gewinnt der gesamte Planungsablauf an Transparenz. Wichtige Entscheidungssituationen sowie Engpässe im Planungsablauf werden sichtbar und können gegebenenfalls durch eine zeitliche Optimierung einzelner Arbeitsschritte oder durch eine Erhöhung des Faktoreinsatzes (z. B. Mitarbeiter oder Betriebsmittel) überbrückt werden.

Planungs- und Kontrollinstrument

Der Netzplan eignet sich nicht nur für die Konzeption einer effektiven Vorgehensweise im Rahmen der Projektplanung, sondern kann ebenso als Kontrollinstrument bei der Abwicklung des Projekts eingesetzt werden, um die Effizienz der gesamten Vorgehensweise zu erhöhen und zu überprüfen.

Vorteile

Die Vorteile eines Netzplanes sind:

- Die einzelnen Teilaufgaben/Vorgänge müssen vollständig und sorgfältig ermittelt werden. Dadurch wird das gesamte Projekt systematisch durchdacht und analysiert.
- Das Projekt wird in seinem sachlogischen Ablauf (Struktur/Reihenfolge) sowie in seinen Anforderungen bezüglich der erforderlichen Kapazitäten (Arbeitskräfte, Betriebsmittel) transparent.
- Die Arbeit am Projekt erfordert und fördert eine intensive Kommunikation und Kooperation der Planungs- und Durchführungsstellen.
- Zeitliche, sachliche und personelle Engpässe werden sichtbar und können unmittelbar gelöst werden.
- Der aktuelle Stand der Projektumsetzung ist verfügbar und kontrollierbar.
- Ähnliche Projekte können mit Hilfe einer zuvor erstellten Lösung innerhalb kurzer Zeit neu geplant und umgesetzt werden.

Aufgaben

› Kap. 3.1

1. Ein Produkt (P) weist folgende Erzeugnisstruktur auf:

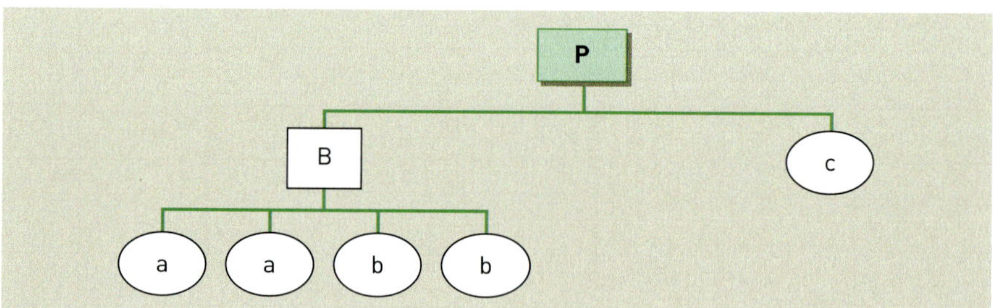

Die Fertigungszeiten für die Herstellung der einzelnen Teile auf den Maschinen M1 bis M5 sind der folgenden Tabelle zu entnehmen:

	M1	M2	M3	M4	M5	Endmontage
a	0,5	–	1,25	0,5	0,75	
b	0,5	–	0,75	0,5	0,5	
c	–	1	–	0,5	0,5	
	Zeitangaben in Minuten					1

Die Fertigung der einzelnen Teile hat auftragsweise an den Maschinen (M1 bis M5) in der oben dargestellten Reihenfolge zu erfolgen. Die Endmontage kann erst beginnen, wenn alle Teile für das Produkt gefertigt wurden. Die Fertigung der einzelnen Teile kann unabhängig voneinander durchgeführt werden.

a) Am 20. Oktober geht eine Bestellung über 120 Produkte ein. Ermitteln Sie den Gesamtbedarf der einzelnen Teile für diesen Auftrag.

b) Ermitteln Sie mit Hilfe eines Zeitrasters den frühestmöglichen Fertigstellungstermin. Am 21.10. kann mit der Fertigung frühestens begonnen werden. Pro Arbeitstag stehen vier Stunden für diesen Auftrag zur Verfügung. Verwenden Sie zur Kennzeichnung der Felder die folgenden Farben: a = gelb; b = rot; c = grün; P/Endmontage = blau.

Stunden																									
	21.10.				22.10.				23.10.				24.10.				25.10.				26.10.				
	1	2	3	4	5	6	7	8	9	10	11	12	13	14	15	16	17	18	19	20	21	22	23	24	25
M1																									
M2																									
M3																									
M4																									
M5																									
EM																									

c) In seiner Bestellung wünscht der Kunde eine Lieferung am 27. Oktober. Wann muss mit der Fertigung spätestens begonnen werden, um diesen gewünschten Liefertermin zu bestätigen? Ermitteln Sie diesen Zeitpunkt mit Hilfe des Zeitrasters aus Arbeitsauftrag b).

2. Folgende Vorgangsliste wurde Ihnen von der Arbeitsvorbereitung übergeben:

Vorgangsliste		
Vorgangsnummer	**Dauer in Tagen**	**Vorgänge**
1	6	–
2	4	4, 5
3	1	2, 7, 9, 10
4	1	1
5	3	1
6	3	8
7	1	6
8	2	1
9	3	8
10	2	4, 5

a) Zeichnen Sie mit Hilfe der Vorgangsliste im Rahmen der zeitlichen Ablaufplanung ein Balkendiagramm und ermitteln Sie die Gesamtdauer des Projekts.

b) Erstellen und berechnen Sie mit Hilfe der Vorgangsliste einen Netzplan und überprüfen Sie die mit Hilfe des Balkendiagramms ermittelte Gesamtdauer des Projekts.

Tipp: Bei der Angabe des Vorgängers in der Vorgangsliste ist es hilfreich, den Netzplan von hinten nach vorne zu erstellen, d. h., mit dem letzten Vorgang zu beginnen.

c) Zeichnen Sie den kritischen Weg in den Netzplan ein.

d) Welche Auswirkungen hat eine Verlängerung der Dauer von Vorgang 4 um zwei Tage?

→

3. In einem Industriebetrieb werden auf drei Maschinen täglich (8-Stunden-Tag) vier verschiedene Aufträge ausgeführt:

Auftrag 1: 3 Stunden M1 → 2 Stunden M3 → 2 Stunden M2
Auftrag 2: 3 Stunden M1 → 3 Stunden M3
Auftrag 3: 2 Stunden M2 → 1 Stunde M3
Auftrag 4: 2 Stunden M3 → 3 Stunden M2 → 1 Stunde M1

a) Zeichnen Sie für die Aufträge jeweils einen Terminplan.
Auftrag 1 + 2: Vorwärtsterminierung; Auftrag 3 + 4: Rückwärtsterminierung

	Arbeitsstunden															
	1	2	3	4	5	6	7	8	9	10	11	12	13	14	15	16
Maschine 1																
Maschine 2																
Maschine 3																

b) Bestimmen Sie die jeweiligen Vorgangszeiten der einzelnen Aufträge.

c) Bestimmen Sie jeweils die frühesten Zeitpunkte (FAZ und FEZ) sowie die spätesten Zeitpunkte (SAZ und SEZ) der einzelnen Aufträge.

d) Ermitteln Sie die Pufferzeiten.

e) Beschreiben Sie allgemein die Vorgehensweise bei der Vorwärts- bzw. Rückwärtsterminierung. Erklären Sie die Vor- und Nachteile der Vorwärts- bzw. Rückwärtsterminierung.

Die folgenden Fragen beziehen sich auf die Beanspruchung der vorhandenen Kapazitäten durch die drei vorliegenden Aufträge:

f) Erstellen Sie für die drei Maschinen M1, M2 und M3 eine Kapazitätsplanung auf Wochenbasis.

g) Berechnen Sie pro Maschine und pro Auftrag die Arbeitszeiten/Belegungszeiten auf Wochenbasis.

h) Ermitteln Sie für die drei Maschinen die Belegungszeiten, die Gesamtkapazität (in Stunden) sowie die jeweiligen freien Kapazitäten (in Stunden) auf Wochenbasis.

i) Im Rahmen der Auftragsfreigabe wird aufgrund der kurzfristigen Maschinenbelegungsplanung festgelegt, welche Aufträge endgültig auf welcher Maschine bearbeitet werden sollen. Auf der Basis der Informationen aus Aufgabe a) wurde folgender Maschinenbelegungsplan erstellt:

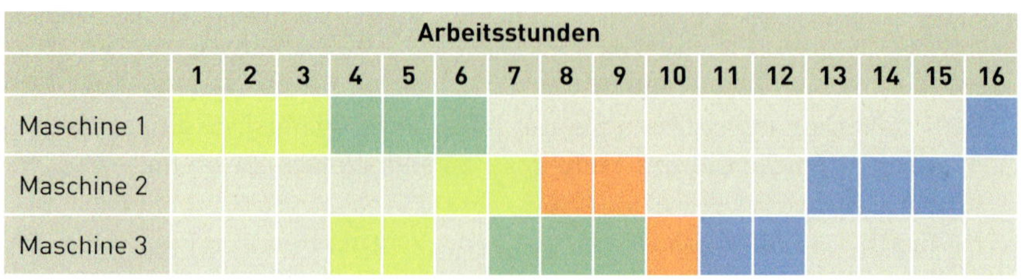

Ermitteln Sie ausgehend von dieser Maschinenbelegung die Stillstandzeiten für die Maschinen M1, M2 und M3. Erstellen Sie einen neuen Maschinenbelegungsplan, der die Stillstandzeiten der Maschinen minimiert.

4. Welche der nachfolgenden Information(en) a) bis h) können Sie folgendem Terminplan entnehmen?

		Dauer in Wochen											
Nr.	**Vorgang** Woche:	1	2	3	4	5	6	7	8	9	10	11	12
1	Materialbeschaffung Tischplatten	■	■	■	■	■	■	■	■				
2	Fertigung der Tischplatten									■			
3	Materialbeschaffung Tischbeine	■	■	■	■								
4	Fertigung der Tischbeine					■							
5	Beschaffung der Hilfsstoffe	■	■	■									
6	Tisch montieren											■	■

a) *Das Material für die Tischplatten könnte aus Kostengründen auch erst zwei Wochen später bestellt werden, ohne dass sich die Gesamtdauer verlängert.*

b) *Die Tischbeine müssen in der fünften Wochen hergestellt werden, damit sich die Montage der Tische nicht verzögert.*

c) *Die Tischbeine werden entsprechend der vorliegenden Terminplanung bis zur Montage fünf Wochen lang gelagert.*

d) *Das Material für die Tischbeine und für die Tischplatten muss zur gleichen Zeit geliefert werden.*

e) *Um den Kundenauftrag fristgerecht zu schaffen, muss das Material für die Tischbeine und die Tischplatten zur gleichen Zeit bestellt werden.*

f) *Die Fertigung der Tischbeine kann sich um zwei Wochen verschieben, ohne dass sich die Gesamtdauer verändert.*

g) *Die Lieferung der Tische erfolgt rechtzeitig, auch wenn die Beschaffung der Hilfsstoffe vier Wochen später erfolgen würde.*

h) *Wir könnten die montierten Tische eine Woche früher liefern, wenn sich die Materialbeschaffung der Tischbeine um eine Woche verkürzt.*

5. Am 20.10. erhält die Heidtkötter KG einen Kundenauftrag über 117 Monitortische. Der vertraglich vereinbarte Liefertermin ist der 09.11., ein Mittwoch. Die Lieferung erfolgt einen Tag nach Fertigstellung des gesamten Auftrags. Die Produktionssteuerung legt den Beginn der Fertigung auf Montag, den 23.10., fest und stellt Ihnen folgende Informationen zur Verfügung:

Informationen aus dem Basisarbeitsplan		
Arbeitsvorgänge	**Rüstzeit** (Min.)	**Ausführungszeit** (Min.)
Aussägen und Veredeln der Tischplatte	2	10
Sägen der Tischbeine auf Länge und Anbringen der Stopper	2	8
Fertigung des Untergestells	3	7
Montage Tischplatte und Untergestell	2	5
Montage des Monitors	4	11
Kontrolle Fertigerzeugnis	2	4

Ermitteln Sie die Auftragszeit für diesen Kundenauftrag und prüfen Sie unter Berücksichtigung der Fünf-Tage-Woche, ob der Liefertermin eingehalten wird.

3.2 Kurzfristig angelegte Kapazitätsplanung

Für die im eigenen Betrieb selbst herzustellenden Teile erstellt die Arbeitsvorbereitung **Fertigungsaufträge**. Dabei sind sämtliche Kundenaufträge für alle Erzeugnisse zu berücksichtigen, in die ein solches Teil eingeht. Dabei stellt sich die Frage nach der Zusammenfassung der einzelnen Fertigungsaufträge auf eine bestimmte Fertigungsmenge. Die Losgröße ist die in einem Fertigungsgang ohne weiteres Umrüsten hergestellte Menge eines bestimmten Teiles. Die Arbeitsvorbereitung berücksichtigt dabei die bei der Fertigung entstehenden unterschiedlichen Kostenarten, wie z. B. Rüst- oder Lagerhaltungskosten. Gerade diese Kostenarten entwickeln sich mengenabhängig gegenläufig und es muss grafisch oder rechnerisch eine kostenoptimale Fertigungslosgröße bestimmt werden.

Losgröße

3.2.1 Optimale Losgröße – Die Ermittlung einer kostenoptimalen Fertigungsmenge

Um die Kapazität bestmöglichst auszulasten und die Rüstkosten so gering wie möglich zu halten, wäre es sinnvoll, die zu fertigende Losgröße möglichst groß festzulegen. Ein Nachteil großer Losgrößen besteht im höheren Lagerbestand für die Teile, die erst später benötigt werden oder für die ein späterer Liefertermin mit dem Kunden vereinbart wurde. Dieser Lagerbestand benötigt nicht nur Lagerplatz, sondern er bindet Kapital, es entstehen zusätzliche Kosten.

Entscheidungsproblem

So ergibt sich das Entscheidungsproblem, dass mit der Zusammenfassung von Fertigungsaufträgen (Erhöhung der Losgröße) zwar die Rüstkosten reduziert, die Lagerkosten für erst später benötigte Teile jedoch erhöht werden. Der Verlauf der losfixen Rüstkosten[1] und der losvariablen Lagerhaltungskosten[2] ist mit zunehmender Losgröße gegenläufig. Die Lösung dieses Problems liegt in der Ermittlung der optimalen Losgröße, bei der die Summe aus Rüst- und Lagerhaltungskosten minimal wird. Dieses Modell der optimalen Losgröße ist vergleichbar mit dem Modell der optimalen Bestellmenge aus der Materialwirtschaft.

› Teil B, Kap. 2.2.2

Optimale Losgröße

Das Problem der optimalen Losgröße tritt insbesondere im Rahmen der Serien- und Sortenfertigung auf.

Beispiel

Die Schraubenfabrik Richter beliefert schon seit vielen Jahren die Heidtkötter KG mit Schrauben und Muttern unterschiedlicher Größe zur Montage ihrer Stühle und Tische. Der Jahresabsatz von M10-Schrauben beträgt insgesamt 80 000 Stück. Arndt Richter überlegt, ob er die Schrauben in einem Fertigungsgang herstellen soll, oder ob er die Gesamtmenge in einzelnen Teilmengen fertigen soll. Im zweiten Fall muss die Maschine pro Teilmenge mit einer entsprechenden Vorrichtung umgerüstet werden. Die so entstehenden Kosten betragen pro Umrüstung 150,00 €. Aufgrund der Lagerung der produzierten Schrauben (Herstellkosten pro Stück = 4,00 €) entstehen Kosten in Höhe von 400,00 € pro 1 000 Stück und Jahr. Der Lagerhaltungskostensatz beträgt 10 %.

In welcher Fertigungsmenge (Losgröße) sollte die Schraubenfabrik Richter nun diese Schrauben herstellen?

1 Die Rüstkosten fallen je Umrüstvorgang unabhängig von der Losgröße in gleicher Höhe an. Daher sind sie losfixe/auflagenfixe Kosten.

2 Die Lagerhaltungskosten verändern sich in Abhängigkeit von der Auflagen-/Losgröße (Menge). Daher sind sie losvariable/auflagenvariable Kosten.

Unter wirtschaftlichen Aspekten ist eine Losgröße anzustreben, bei der die Summe aus Rüstkosten und Lagerhaltungskosten am geringsten ist.

Folgende Tabelle zeigt die Kostenentwicklung bei unterschiedlichen Losgrößen.

Anzahl der Lose	**Losgröße** (Stück; gerundet)	**Rüstkosten** (€)	**Lagermenge** (Stück; gerundet)	**Lagerkosten** (€)	**Gesamtkosten** (€)
	$\frac{\text{Jahresabsatz}}{\text{Anzahl der Lose}}$	Anzahl der Lose · 150,00 €	$\frac{\text{Losgröße}}{2}$	Lagermenge · 0,40 €	Rüstkosten + Lagerkosten
1	80 000	150,00	40 000	16.000,00	16.150,00
8	10 000	1.200,00	5 000	2.000,00	3.200,00
10	8 000	1.500,00	4 000	1.600,00	3.100,00
12	6 667	1.800,00	3 334	1.333,60	3.133,60
14	5 714	2.100,00	2 857	1.142,80	3.242,80

Die tabellarisch ermittelte optimale Losgröße liegt bei 8 000 Stück. Die Fertigung erfolgt dann in 10 Losen. Sowohl in der Tabelle als auch in der folgenden Grafik können Sie die gegenläufige Entwicklung der Rüst- und Lagerkosten bei sich verändernder Losgröße sowie das Minimum der Gesamtkosten erkennen.

Die Kostenentwicklung bei unterschiedlichen Losgrößen kann ebenso grafisch dargestellt werden:

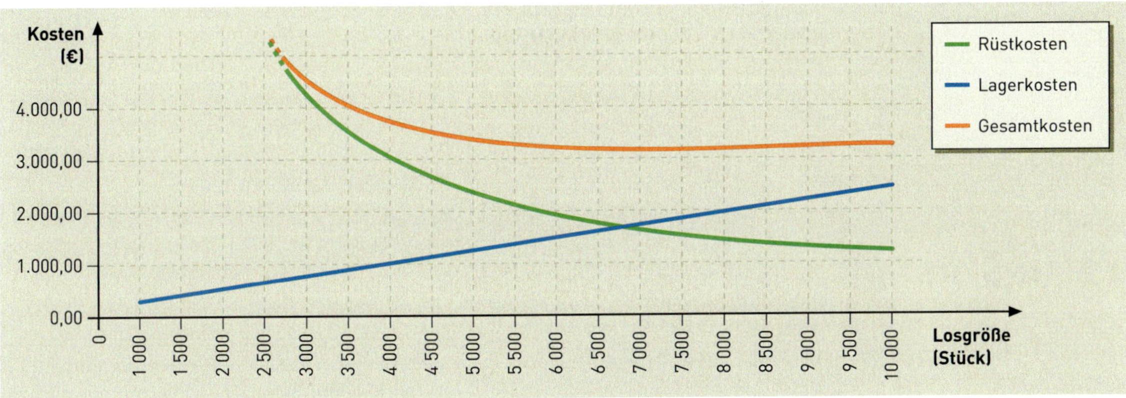

Optimale Losgröße

Etwas genauer als in der tabellarischen oder grafischen Ermittlung kann die optimale Losgröße auch mit Hilfe folgender Formel (Andler'sche Formel) berechnet werden:

$$\textbf{Optimale Losgröße} = \sqrt{\frac{2 \cdot \text{Jahresbedarf} \cdot \text{Rüstkosten pro Umrüstung}}{\text{Herstellkosten pro Stück} \cdot \text{Lagerhaltungskostensatz}}}$$

(Lagerhaltungskostensatz = Lagerkostensatz + Lagerzinssatz)

Für dieses Beispiel berechnet sich die optimale Losgröße wie folgt:

$$\sqrt{\frac{2 \cdot \text{Jahresbedarf} \cdot \text{Rüstkosten pro Umrüstung}}{\text{Herstellkosten pro Stück} \cdot \text{Lagerhaltungskostensatz}}} =$$

$$= \sqrt{\frac{2 \cdot 80\,000 \cdot 150}{4{,}00 \cdot 10\,\%}} = \textbf{7.745,97 St.}$$

Exkurs

Herleitung der Andler'schen Formel

Die optimale Losgröße (LG) liegt bei der Menge, bei der die Rüstkosten (K_R) gleich den Lagerhaltungskosten (K_L) sind: $K_L = K_R$

K_L = (Herstellkosten pro Stück (k_H) · LG/2) · Lagerhaltungskostensatz (LKS)
K_R = (Jahresbedarf [JB]/LG) · Rüstkosten pro Vorgang (k_R)

$$K_L = K_R$$
$$(k_H \cdot LG/2) \cdot (LKS) = (JB/LG) \cdot k_R \quad | \cdot 2$$
$$k_H \cdot LG \cdot LKS = 2 \cdot JB \cdot k_R/LG \quad | \cdot LG$$
$$k_H \cdot LG^2 \cdot LKS = 2 \cdot JB \cdot k_R \quad | / k_H \quad | / LKS$$
$$LG^2 = \frac{2 \cdot JB \cdot k_R}{k_H \cdot LKS} \quad | \sqrt{\ }$$

$$LG = \sqrt{\frac{2 \cdot JB \cdot k_R}{k_H \cdot LKS}} \rightarrow \sqrt{\frac{2 \cdot \text{Jahresbedarf} \cdot \text{Rüstkosten pro Umrüstung}}{\text{Herstellkosten pro Stück} \cdot \text{Lagerhaltungskostensatz}}}$$

Das Modell[1] der optimalen Losgröße trifft in der Praxis auf Schwierigkeiten, da es von einer Vielzahl von Voraussetzungen ausgeht, die in der Realität so nicht gegeben sind.

Modellannahmen und Praxis

Modellannahmen:	Situation in der Praxis:
gleichmäßiger, kontinuierlicher Lagerabgang (durchschnittlicher Lagerbestand = 50 % der Losgröße)	Lagerabgang abhängig von der Nachfrage
Schätzung des Jahresbedarfs bzw. Verwendung von Vergangenheitswerten	unsichere Prognosen, die nicht dem tatsächlichen Jahresbedarf entsprechen
nur variable Lagerhaltungskosten werden erfasst	auch fixe Lagerhaltungskosten fallen an (Versicherung, Strom, Miete)
linearer Verlauf der Lagerhaltungskosten	Preisschwankungen bewirken unterschiedliche Lagerhaltungskosten und führen zu einem nicht linearen Kostenverlauf
Lagerfähigkeit der Produkte und ausreichend vorhandene Lagerkapazität	muss beides in der Realität so nicht gegeben sein
gleichbleibende Löhne, Preise, Zinsen	unterliegen im zeitlichen Jahresablauf teilweise starken Schwankungen
gleichbleibende Losgrößen	starke Schwankungen je nach Auftragslage (Neuberechnung)

Deshalb wird in der Praxis häufig bewusst auf die Fertigung der optimalen Losgröße verzichtet, insbesondere dann, wenn die Absatzmenge im Jahresverlauf starke Schwankungen aufweist (z. B. bei Saisonartikeln). Häufig bezieht sich die Fertigungssteuerung auf einen kürzeren, besser überschaubaren Zeitraum von ein bis zwei Monaten.

Ausschlaggebend für die (zeitliche) Abwicklung der Fertigungsaufträge sind häufig die kürzeste Fertigungszeit, das Eingangsdatum des Kundenauftrags, eine begründete Kundenpriorität (Kunde = Stammkunde) oder auch der früheste Liefertermin.

1 Ein Modell beinhaltet immer eine Reduzierung von Komplexität der Realität. Um Erklärungszusammenhänge überhaupt zu ermöglichen, werden Modellannahmen getroffen, die (bewusst) von der Realität abweichen.

3.2.2 Kostenoptimaler Beschäftigungsgrad

Kapazitätsplanung

Bei der **Kapazitätsplanung** im Rahmen der Produktionssteuerung geht es um eine optimale Verzahnung der einzelnen, aufgrund von Kundenaufträgen und internen Lageraufträgen anfallenden Arbeitsvorgänge. Diese einzelnen Arbeitsgänge können teilweise parallel, teilweise müssen sie jedoch technisch bedingt in einer bestimmten Reihenfolge ablaufen. Bei der Umsetzung dieser komplexen Herstellungs- und Montageprozesse werden unterschiedliche Betriebsmittel und Mitarbeiter eingesetzt. Ziel der Produktionssteuerung ist es, unter den Vorgaben der Auftragslage die Umsetzung einer konstant hohen (maximalen) Auslastung der vorhandenen Kapazitäten zu erreichen, um entstehende Leerkosten zu verringern und den Anteil der Nutzkosten an den fixen Fertigungskosten zu erhöhen. Leerkosten sind Fixkostenbestandteile, die durch Leerlaufzeiten/Nichtbeschäftigung stillstehender Maschinen und Anlagen entstehen (Leerkosten = freie Kapazität · fixe Stückkosten). Nutzkosten sind anteilige Fixkosten, die durch die Fertigung genutzt/gedeckt werden (Nutzkosten = genutzte Kapazität [Beschäftigungsgrad] · fixe Stückkosten [k_f]).

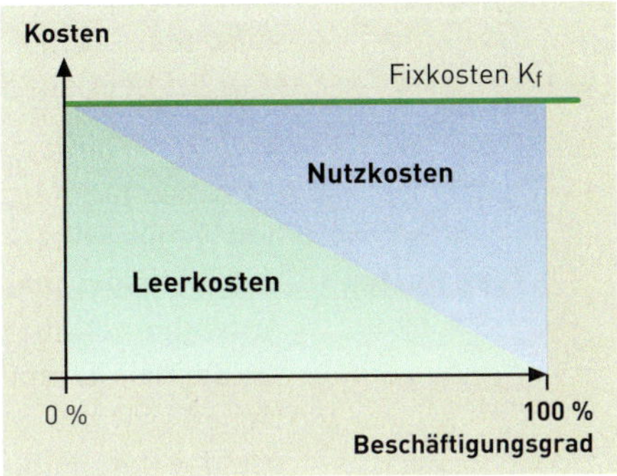

› Teil B, Kap. 2.3 Maximalkapazität

Der Grad dieser Zielerreichung kann mit Hilfe des Beschäftigungs- oder Kapazitätsausnutzungsgrades dokumentiert und überprüft werden. Diese Kennzahl gibt an, wie viel Prozent der zur Verfügung stehenden Maximalkapazität (Kannleistung) ausgenutzt werden. Er dient als Gradmesser für die Kapazitätsausnutzung und wird wie folgt berechnet:

Beschäftigungsgrad

$$\textbf{Beschäftigungsgrad (\%) (Kapazitätsausnutzungsgrad)} = \frac{\text{Ausbringungsmenge (= Istleistung)} \cdot 100\,\%}{\text{Maximalkapazität}}$$

Die tatsächlich erbrachte Leistung (Istleistung) kann von vielen Faktoren abhängen:

- Absatzmarkt/Auftragslage
- Ablauf des Produktionsprozesses
- Krankenstand der Mitarbeiter
- Beschaffungsmarkt
- Maschinenpflege, -schäden
- Energieversorgung
- Leistungsfähigkeit und Motivation der Mitarbeiter
- Art der Maschinen (Universal-/Spezialmaschinen)
- Automatisierungsgrad der Fertigung

Beispiel

Die Heidtkötter KG lackiert die Stuhlbeine für die unterschiedlichen Bürostuhlsysteme u. a. durch den Einsatz eines Lackierautomaten. Dieser Lackierautomat ist bei einer täglichen Leistung von 80 Stuhlbeinen maximal ausgelastet. Im März dieses Jahres (23 Arbeitstage) wurden 1 564 Stuhlbeine lackiert.

Der Beschäftigungsgrad des Lackierautomaten, also die tatsächliche Istleistung im Verhältnis zur theoretisch möglichen Auslastung, lag im März bei 85 %.

$$\frac{1\,564 \cdot 100\,\%}{1\,840} = 85\,\% \quad \text{oder} \quad \frac{68 \cdot 100\,\%}{80} = 85\,\%$$

Die Heidtkötter KG kann mit dieser Auslastung nicht ganz zufrieden sein, da ihre Zielsetzung bei mindestens 90 % Auslastung liegt.

Die Realisierung eines möglichst hohen Beschäftigungsgrades erfordert einen regelmäßigen Abgleich des Planungs-, Steuerungs- und Fertigungsprozesses sowie den Einsatz eines leistungsfähigen, vernetzten Datenverarbeitungssystems. Je nach Kundenauftragslage sowie vorhandener Lagerkapazitäten könnten zusätzliche Eigenaufträge (Lagerfertigung) oder auch Überstunden/Wochenendarbeit eingeplant werden.

Problematisch wird es immer, wenn an einzelnen Betriebsmitteln Kapazitätsengpässe auftreten. Dann sollten bestimmte Verrichtungen kurzfristig fremdgeleistet („outgesourct“) oder auf geeigneten anderen Betriebsmitteln bearbeitet werden.

Ändern sich die erbrachten bzw. zu erbringenden mengenmäßigen Leistungen[1] der vorhandenen Kapazitäten, kann dies Auswirkungen auf die entstehenden Kosten haben. Je nachdem, wie sich Kosten bei einer Änderung der Beschäftigung verhalten, unterscheidet man zwischen fixen und variablen Kosten. **Fixe Kosten** entstehen zur Aufrechterhaltung der Betriebsbereitschaft (z. B. Grundsteuern, Zinsen für investiertes Kapital, Raumkosten, Mieten, Gehälter, Abschreibungen, Verwaltungskosten), beziehen sich auf eine bestimmte Zeiteinheit (z. B. einen Monat) und sind unabhängig von der Beschäftigung bzw. Ausbringungsmenge. Übersteigt die Ausbringungsmenge die vorhandene Maximalkapazität, steigen die Fixkosten sprunghaft an (sprungfixe Kosten), da neue Betriebsmittel oder zusätzliche (Lager-)Räume gekauft oder für einen bestimmten Zeitraum gemietet werden müssen, um die Maximalkapazität zu erhöhen.

Fixe Kosten

Sprungfixe Kosten

Beispiel

Die Kapazitätsgrenze liegt bei 399 Stück. Bei Überschreiten dieser Grenze muss ein zusätzlicher Lagerraum gemietet werden.

Ausbringungsmenge (Stück)	Lagermiete pro Monat (€)	Lagermiete im Monat pro Stück (€)
0	2.000,00	2.000,00
100	2.000,00	20,00
200	2.000,00	10,00
300	2.000,00	6,67
400	4.000,00	10,00
500	4.000,00	8,00

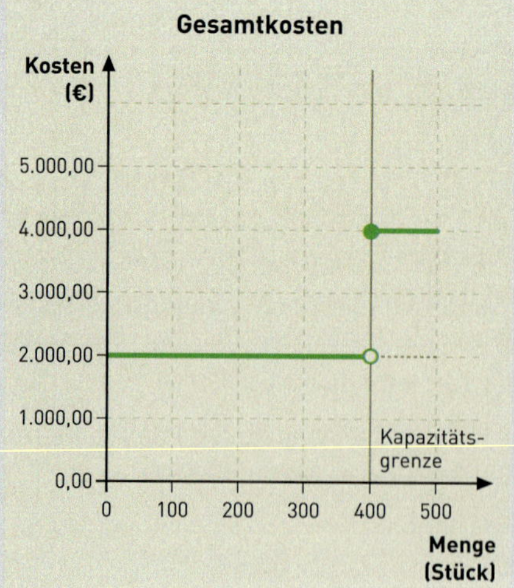

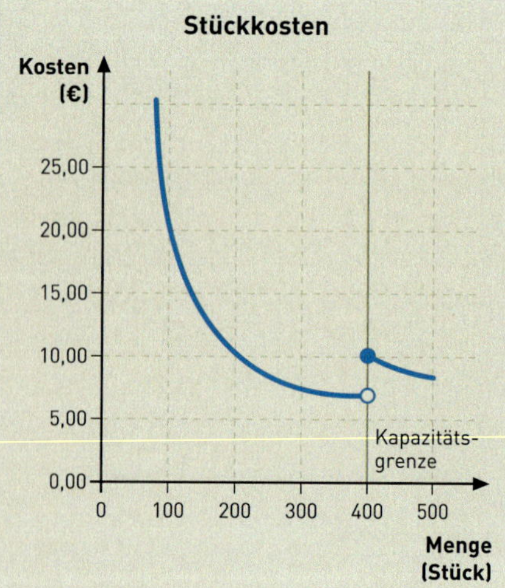

1 Die mengenmäßigen Leistungen = Fertigungsmenge, Ausbringungsmenge, Beschäftigung, Beschäftigungsgrad (%), hergestellte Stückzahl, mengenmäßiger Output

Sowohl an den Werten in der Tabelle als auch an der grafischen Darstellung ist zu erkennen, dass die fixen Gesamtkosten bis zur Kapazitätsgrenze konstant (unabhängig von der Ausbringungsmenge) bleiben und anschließend sprunghaft auf eine neue Höhe ansteigen. Die fixen Stückkosten (Lagermiete pro Stück und Monat) verlaufen bis zur Kapazitätsgrenze degressiv fallend und steigen nach Übertreten der Kapazitätsgrenze ebenso sprunghaft an, um anschließend wieder abzunehmen. Die (fixen) **Stückkosten** nehmen mit zunehmender Ausbringungsmenge ab, weil die konstanten fixen Gesamtkosten („Fixkostenblock“) auf eine größere Ausbringungsmenge verteilt werden. Je größer die Ausbringungsmenge, desto geringer sind die Stückkosten. Dieses Phänomen wird als „Fixkostendegression“ bezeichnet und liegt dem „Gesetz der Massenproduktion“ zugrunde.

Fixkostendegression

$$k = \frac{K_f}{x} + k_v \qquad x = \text{Menge}$$

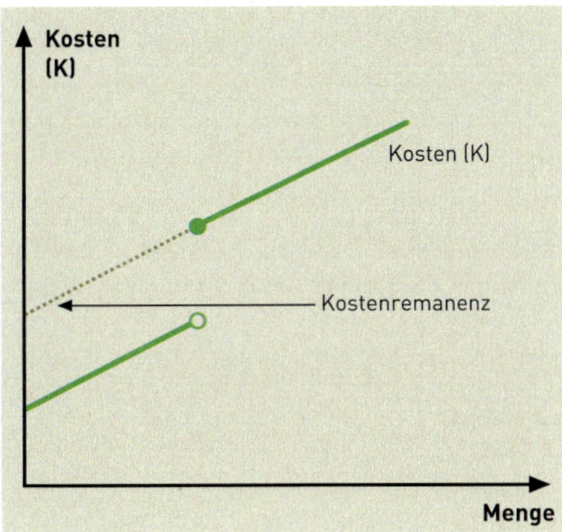

Fällt die Ausbringungsmenge wieder unter die neue, erhöhte Maximalkapazität, können die sprungfixen Kosten nicht gleichzeitig und in gleichem Maße abgebaut werden (Kostenremanenz). So bleiben die fixen Mietkosten für zusätzlich angemietete Räume über die Vertragsdauer bestehen, auch wenn die Fertigungsmenge sinkt. **Kostenremanenz** bezeichnet also den verzögerten Kostenrückgang bei rückläufiger Beschäftigung. Die Kostenanpassung zuvor gestiegener Kosten an eine rückläufige Beschäftigung erfolgt entweder zeitverzögert oder grundsätzlich anders als bei vorheriger Beschäftigungszunahme (z. B. Betriebsgebäude oder Maschinen können kurzfristig weder verkleinert noch verkauft werden; neu eingestellte Mitarbeiter können nicht kurzfristig wieder entlassen werden).

Kostenremanenz

Variable Kosten

Variable Kosten entstehen überwiegend bei der Produktion (z. B. Kosten für Fertigungsmaterial, Akkordlöhne, Sondereinzelkosten der Fertigung, Energiekosten) und ändern sich mit der Beschäftigung/Ausbringungsmenge. Je nach konkretem Kostenverlauf werden die variablen Kosten in proportionale, unterproportionale und überproportionale Kosten unterschieden[1]. Die unterschiedlichen Kostenverläufe zeigen sich auch im Verhältnis von prozentualer Kostenänderung zu prozentualer Beschäftigungsänderung.

Proportionale variable Kosten

Bei **proportionalen variablen Kosten**, d. h., die variablen Stückkosten sind für jedes hergestellte Stück identisch, ändern sich die variablen Gesamtkosten im gleichen Verhältnis wie die Ausbringungsmenge/Beschäftigung. Der Kostenanstieg bleibt gleich, verläuft also linear in Abhängigkeit von der Ausbringungsmenge. Steigt die Beschäftigung z. B. um 10 %, steigen auch die Kosten um 10 %.

1 Des Weiteren gibt es sogenannte „regressive Kosten“. Diese Art von variablen Kosten entwickelt sich entgegengesetzt zur Beschäftigung und kommt in der Praxis kaum vor.

Optimalkapazität = Maximalkapazität

Die Gesamtkosten verlaufen ebenso linear. Die gesamten Stückkosten (Summe aus variablen Stückkosten + fixen Stückkosten) nehmen bei zunehmender Beschäftigung ab, da die variablen Stückkosten konstant sind und die fixen Stückkosten abnehmen. Die minimalen Stückkosten (Betriebsoptimum) liegen an der Kapazitätsgrenze. Optimalkapazität und Maximalkapazität stimmen überein.

Beispiel

Fixkosten 1.000,00 € pro Monat; variable Kosten pro Stück 5,00 €; Kapazitätsgrenze 500 Stück

	Gesamtkosten			Stückkosten		
Menge (Stück)	**variable Gesamtkosten** (€)	**Fixkosten** (€)	**Gesamtkosten** (€)	**variable Stückkosten** (€)	**fixe Stückkosten** (€)	**gesamte Stückkosten** (€)
0	0,00	1.000,00	1.000,00	5,00	1.000,00	1.005,00
100	500,00	1.000,00	1.500,00	5,00	10,00	15,00
200	1.000,00	1.000,00	2.000,00	5,00	5,00	10,00
300	1.500,00	1.000,00	2.500,00	5,00	3,33	8,33
400	2.000,00	1.000,00	3.000,00	5,00	2,50	7,50
500	2.500,00	1.000,00	3.500,00	5,00	2,00	7,00

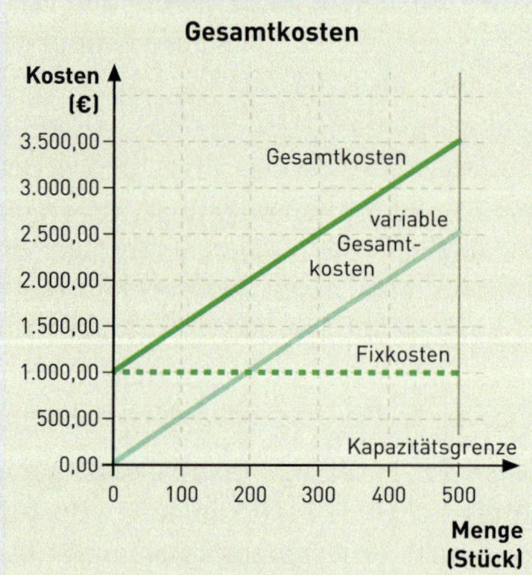

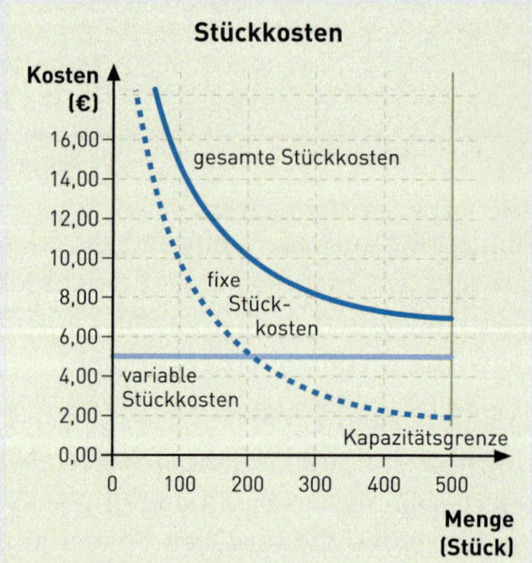

Unterproportionale variable Kosten

Bei **unterproportionalen variablen Kosten** nimmt der Kostenanstieg mit steigender Ausbringungsmenge ab (Kostendegression). Bei diesem **degressiven** Gesamtkostenverlauf steigt die Beschäftigung z. B. um 15 %, die Kosten jedoch nur um 10 %. Diese Art variabler Kosten entsteht z. B. dann, wenn die Einstandspreise pro Stück abnehmen.

Optimalkapazität = Maximalkapazität

Bei unterproportionalen variablen Kosten und somit degressivem Gesamtkostenverlauf steigen die Kosten mit zunehmender Ausbringungsmenge mit abnehmenden Zuwachsraten. Die Zunahme der Gesamtkosten ist umso geringer, je größer die Beschäftigung wird. Die variablen Stückkosten sinken. Da aufgrund der zunehmenden Menge die fixen Stückkosten ebenso abnehmen, müssen auch die gesamten Stückkosten fallen. Das Betriebsoptimum liegt, ebenso wie bei linearem Kostenverlauf, an der Kapazitätsgrenze bei voller Ausnutzung der Maximalkapazität.

6101282

Beispiel

Einkaufsmenge (Stück)	Einstandspreis für Fremdbauteile insgesamt (€)	Einstandspreis pro Fremdbauteil (€)
0	0,00	0,00
100	3.000,00	30,00
200	5.000,00	25,00
300	6.600,00	22,00
400	8.000,00	20,00
500	9.250,00	18,50

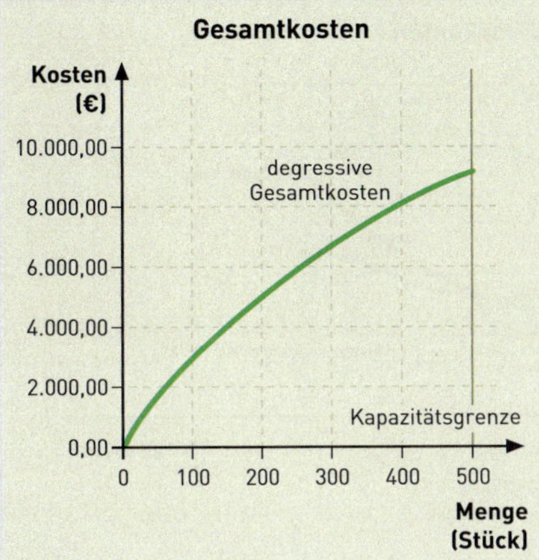

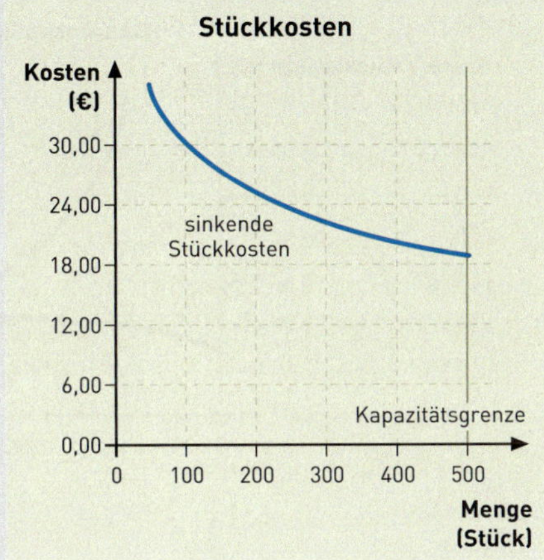

Überproportionale variable Kosten

Bei **überproportionalen variablen Kosten** nimmt der Kostenanstieg mit steigender Ausbringungsmenge zu (Kostenprogression). Bei diesem progressiven Gesamtkostenverlauf steigen die variablen Gesamtkosten stärker als der Beschäftigungsanstieg in Prozent. Diese Art variabler Kosten entsteht z. B. infolge von überproportional steigenden Kosten für Verschleiß/Ausschuss, Reparaturen/Wartung, Energie oder Überstundenzuschläge.

Die variablen Stückkosten steigen bei zunehmender Beschäftigung. Gleichzeitig werden die Fixkosten auf eine größere Stückzahl verteilt. Dies führt zu sinkenden fixen Stückkosten (Fixkostendegression). Diese gegenläufigen Effekte haben zur Folge, dass bei steigender Menge ein Teil der Stückkosten (fixer Bestandteil) abnimmt, der andere Teil (variabler Bestandteil) zunimmt. Bei kleinen Stückzahlen überwiegt der Effekt der Fixkostendegression, sodass die Stückkosten insgesamt zunächst fallen. Ab einer bestimmten (größeren) Beschäftigung wirken sich die zunehmenden variablen Kosten stärker aus als die sinkenden fixen Stückkosten, sodass die Stückkosten insgesamt steigen. Die Stückkostenkurve fällt also zunächst, um dann ab einer bestimmten Menge (Minimum) zu steigen. Diese Menge, bei der die Stückkosten minimal sind (Optimalkapazität, Betriebsoptimum), lässt sich grafisch dadurch ermitteln, dass man eine Linie durch den Ursprung des Koordinatensystems zeichnet, die die Gesamtkostenkurve gerade noch berührt (tangiert)[1]. Unterhalb des Tangentialpunktes kann man auf der X-Achse die Ausbringungsmenge ablesen, bei der die Stückkosten minimal sind. Die Optimalkapazität bei progressivem Kostenverlauf liegt also im Gegensatz zu den anderen Kostenverläufen unterhalb der Kapazitätsgrenze (Maximalkapazität).

Optimalkapazität < Maximalkapazität

1 Diese Linie nennt man Tangente.

Beispiel

Ausbringungs-menge (Stück)	Verschleiß-/Ausschusskosten insgesamt (€)	Verschleiß-/Ausschusskosten pro Stück (€)
0	1.500,00	
100	2.005,00	20,50
200	2.135,00	10,67
300	2.625,00	8,75
400	3.715,00	9,29
500	5.645,00	11,29

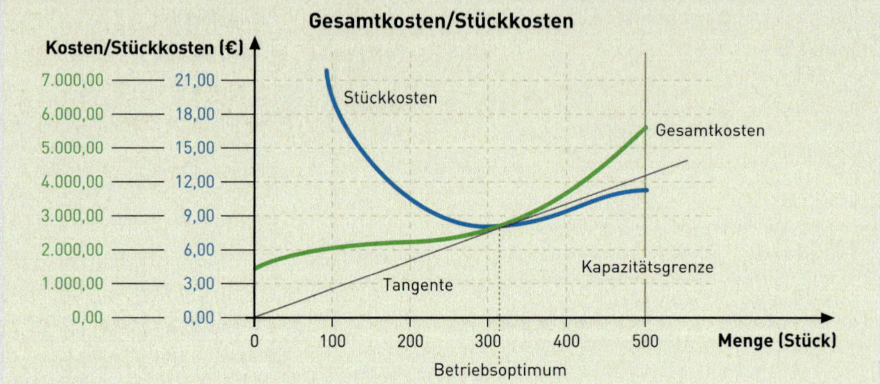

Die aus kostentheoretischer Perspektive anzustrebende Kapazitätsauslastung ist also abhängig von der Art der variablen Kosten. Bei unterproportionalen und proportionalen variablen Kosten liegt das Betriebsoptimum an der Kapazitätsgrenze, bei überproportionalen Kosten darunter.

Auslastung vorhandener Kapazitäten

Das aktuelle Fertigungsprogramm bestimmt die Auslastung der vorhandenen Kapazitäten. Nach Festlegen der erwarteten Primärbedarfe[1] müssen innerhalb der taktischen-strukturellen Produktionsprogrammplanung die Kapazitäten bereitgestellt werden. Dies geschieht in enger Abstimmung mit der Produktionssteuerung. Aufgrund der dort gebildeten Fertigungsaufträge und dem u. a. von Absatzprognosen abhängigen Primärbedarf können durch Absatzschwankungen unerwartete Lagerbestände – und damit hohe Kapitalbindungskosten – auftreten, da die Fertigungsmenge von der Absatzmenge abweicht. Unternehmen stehen in solch einer Situation vor dem Problem, Lagerbestände in Kauf zu nehmen, um kurzfristig jederzeit lieferbereit zu sein, oder die Kapazitäten/die Fertigungsmenge laufend anzupassen.

Strategien zur Anpassung der Fertigungsmenge

Folgende **Strategien** können bei der Festlegung der Fertigungsmenge verfolgt werden:

1.: **Synchronisation**
2.: **Emanzipation**
3.: **Stufenweise Anpassung**

1 Primärbedarf = Bedarf an verkaufsfähigen Erzeugnisse ohne Berücksichtigung von Lagerbeständen oder bereits in der Produktion befindlichen Fertigungsaufträgen; siehe dazu Teil B, Kap. 2.1

Strategien zur Anpassung der Fertigungsmengen an die Absatzmengen	Beschreibung/Beurteilung
1. Synchronisation 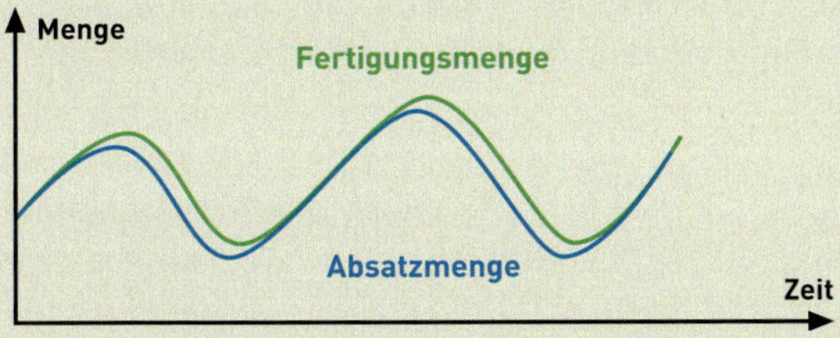	Fertigungsmenge **synchron** zur Absatzmenge → **auftrags-/kundenorientierte Fertigung**
	Die Lagermenge wird relativ gering gehalten, jedoch muss eine relativ hohe Kapazität bereitgestellt werden, damit auch Absatzspitzen befriedigt werden können. Es entstehen hohe Fixkosten für überschüssige Kapazitäten.
2. Emanzipation 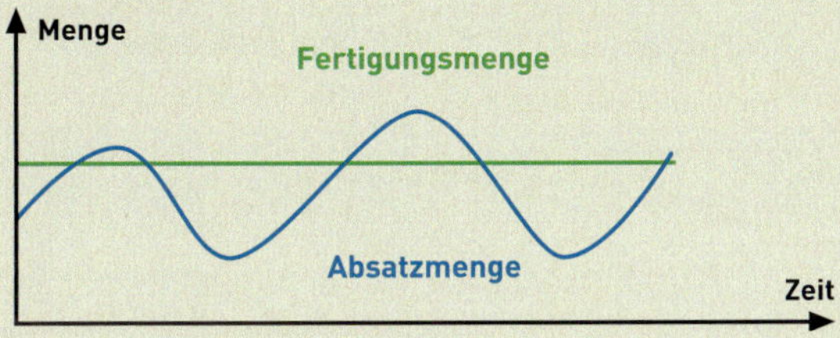	Die Kapazitäten werden gleichmäßig ausgelastet. Die Fertigungsmenge orientiert sich unabhängig von der Entwicklung der Absatzmengen an der optimalen Kapazitätsauslastung – sie **emanzipiert** sich von der Absatzmenge. **kontinuierliche Fertigung** → **Lagerfertigung**
	Die Produktionskosten sinken, da mit der optimalen Kapazität produziert wird. Es kann insgesamt eine geringere Kapazität gewählt werden, da Absatzschwankungen nicht berücksichtigt werden. Jedoch entstehen zeitweise relativ hohe Lagerbestände/Lagerkosten.
3. Stufenweise Anpassung 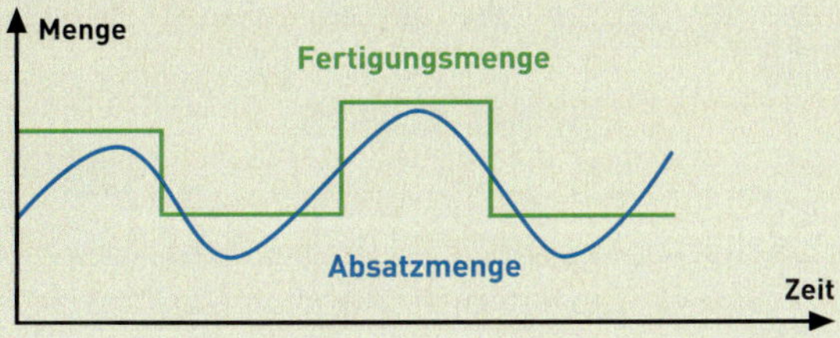	Je nach Entwicklung der Absatzmengen werden die Kapazitäten stufenweise angepasst. Die Fertigungsmenge schwankt entsprechend **stufenweise**. → **auftrags-/kundenorientierte Fertigung**
	Es sollen die Vorteile der Synchronisation und der Emanzipation verwirklicht werden. Es werden weniger Lagerbestände als bei der Emanzipation aufgebaut und es werden geringere Kapazitäten als bei der Synchronisation benötigt.

Operative Produktionsprogrammplanung

Optimales Produktionsprogramm

Die **operative Produktionsprogrammplanung** definiert innerhalb der vorhandenen Kapazitäten (Betriebsmittel, Personal, Material) das tatsächlich zu produzierende Fertigungsprogramm auf Basis von Fertigungsaufträgen nach Art, Qualität, Menge und Zeit. Bei ausreichender Kapazität werden alle Fertigungsaufträge ausgeführt, die zu einer Verbesserung des Betriebsergebnisses führen. Sollten Kapazitätsengpässe auftreten, muss das optimale Produktionsprogramm ermittelt werden, d. h. dasjenige, bei dem der Gewinn maximal wird.

3.2.3 Maschinenbelegungsplan

Terminplanung mit Hilfe von Maschinenbelegungsplänen

Die zeitliche Steuerung und Optimierung des Einsatzes der unterschiedlichen Betriebsmittel erfolgt über die Erstellung von **Maschinenbelegungsplänen**. Hilfsmittel zur Erstellung und Veranschaulichung einer optimalen Maschinenbelegung sind **Balkendiagramme**, in denen den einzelnen benötigten Maschinen die verschiedenen Aufträge in Form von Balken zeitlich zugeordnet werden. Die Länge der Balken entspricht der Dauer des jeweiligen Arbeitsgangs. Start- und Endtermine der einzelnen Vorgänge und Kundenaufträge, Terminüberschreitungen sowie Leer- und Belegungszeiten der einzelnen Maschinen sind sehr schnell zu erkennen. Dies ist die Voraussetzung für eine schnelle und effektive Reaktion der Produktionssteuerung auf kurzfristige Verschiebungen und Planänderungen im Fertigungsablauf der einzelnen Kundenaufträge, insbesondere dann, wenn das Produktionsprogramm aus einer Vielzahl von fertigungstechnisch ähnlichen Enderzeugnissen besteht.

Das Ziel der Maschinenbelegungsplanung ist die optimale Ausnutzung der Betriebsmittel in den einzelnen Produktionsstufen. Die Durchlaufzeiten und Rüstkosten sollen minimiert werden. Belegungsüberschneidungen und Stillstandzeiten der Maschinen sollen aufgezeigt und zugesicherte Liefertermine sollen eingehalten werden, um die Zahlung von Konventionalstrafen für deren Überschreiten sowie einen möglichen Imageverlust möglichst zu vermeiden.

Beispiel

Auf drei Maschinen werden für den betrachteten Zeitraum drei Kundenaufträge bearbeitet, die in der Reihenfolge Auftrag 1 – Auftrag 2 – Auftrag 3 eingegangen sind. Die Produktionsreihenfolge und die benötigte Zeitdauer für die einzelnen Aufträge in den einzelnen Produktionsstufen sind in folgender Tabelle zusammengestellt:

	Produktionsstufe 1	**Produktionsstufe 2**	**Produktionsstufe 3**
Auftrag 1	10 Stunden; Maschine 1	4 Stunden; Maschine 3	8 Stunden; Maschine 2
Auftrag 2	6 Stunden; Maschine 3	8 Stunden; Maschine 2	4 Stunden; Maschine 1
Auftrag 3	8 Stunden; Maschine 2	4 Stunden; Maschine 1	2 Stunden; Maschine 3

Der Maschinenbelegungsplan unter Berücksichtigung der Reihenfolge des Auftragseingangs gestaltet sich wie folgt:

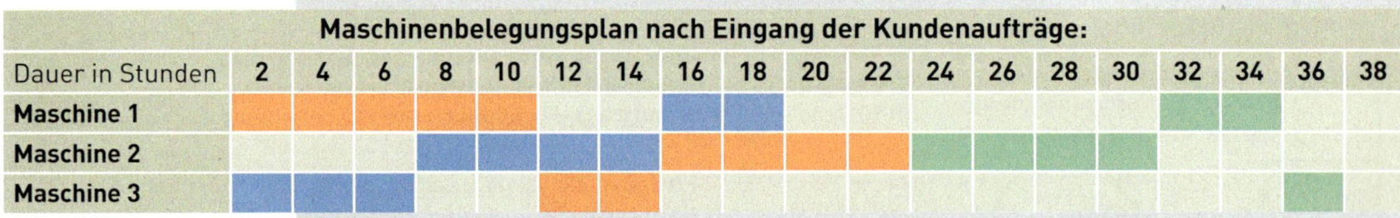

Bei der Umsetzung dieser Maschinenbelegung mit der Auftragsreihenfolge 1 – 2 – 3 entstehen Stillstandzeiten/Leerzeiten von insgesamt 46 Stunden. Die Kapazitätsauslastung ist äußerst mangelhaft geplant und führt zu hohen Stillstandkosten. Unter primärer Berücksichtigung einer möglichst hohen Kapazitätsauslastung könnte die Maschinenbelegung wie folgt erfolgen:

Die Maschinenbelegung mit der Auftragsreihenfolge 1 – 3 – 2 führt zu Stillstandzeiten von nur sechs Stunden und reduziert die Leerkosten auf ein Minimum. Dennoch könnte es Gründe geben (Terminzusagen für Auftrag 1 oder 2, Folgeaufträge des Kunden 1 bei pünktlicher Lieferung usw.), die diese Maschinenbelegung verhindern.

Kriterien für die Planung

Dieses Beispiel deutet an, dass eine Vielzahl von Kriterien bei der Planung der Belegung von Maschinen eine Rolle spielen und dies die Koordination mehrerer Kundenaufträge erschwert. Folgende **Kriterien** sind zu beachten:

- die Größe des Auftragsvolumens,
- die Bedeutung des Kunden für das Unternehmen (Stammkunde/Neukunde),
- die aktuelle Kapazitätsauslastung/Engpasssituation,
- die Zeitpunkte der Auftragseingänge,
- zugesagte Liefertermine (Liefertreue/Termintreue),
- anfallende Stillstandkosten/Leerkosten.

Eine völlig neue Situation ergibt sich für den Fall, dass neue, ökonomisch interessante Kundenaufträge kurzfristig eingeplant werden müssen. Diese Anforderungen sind nur mit Hilfe einer leistungsstarken, funktionsübergreifenden Software zu erfüllen.

3.2.4 Auftragsfreigabe

Ergebnis der Kapazitäts- und Terminplanung ist die Festlegung von zeitlich und kapazitätsmäßig realisierbaren frühestmöglichen und/oder spätestzulässigen Start- und Endterminen, die anschließend als Ausgangsgrößen an die Auftragsfreigabe weitergeleitet werden.

Um diese Aufgaben zu erfüllen, werden drei aufeinanderfolgende Schritte ausgeführt:

1. Kapazitätsterminierung erstellen
2. Belastungsübersichten erstellen
3. Kapazitätsabgleich vornehmen

1. Schritt: **Kapazitätsterminierung**

Im ersten Schritt, der **Kapazitätsterminierung (Durchlaufterminierung)**, werden mit Hilfe der Vorwärts- oder Rückwärtsterminierung realisierbare Start- und Endtermine für die Fertigungsaufträge ermittelt. Dazu werden die Fertigungsaufträge auf den Betriebsmitteln, auf denen sie später bearbeitet werden sollen, „eingelastet".

2. Schritt: **Belastungsübersicht**

Um eine übersichtliche Darstellung der Auslastung der Betriebsmittel zu erhalten, wird im zweiten Schritt eine zeitbezogene **Belastungsübersicht der Kapazitäten** erstellt. Da in der Durchlaufterminierung lediglich die terminliche/zeitliche Umsetzung der Fertigungsaufträge betrachtet wird, können Kapazitätsüber- bzw. -unterlasten entstehen. Durch eine Gegenüberstellung mit den zur Verfügung stehenden Kapazitäten werden diese Engpässe oder Unterlasten sichtbar. Es müssen entsprechend ausgleichende Maßnahmen erfolgen.

3. Schritt: **Kapazitätsabgleich**

Im dritten Schritt, dem **Kapazitätsabgleich**, wird versucht, die Kapazitätsbelastung nach bestimmten Kriterien abzugleichen und zu optimieren. Insbesondere sollten Engpasssituationen (Überschreiten der maximalen Kapazität) vermieden werden.
Folgende Maßnahmen könnten dazu umgesetzt werden:

- Einplanen von Überstunden oder zusätzlichen Schichten,
- bestimmte Arbeitsvorgänge aus dem Engpassbereich herausnehmen und den Maschinen mit freien Kapazitäten zuweisen,
- Intensität der Maschinenleistung im Engpasssektor steigern,
- zeitliche Verlagerung bestimmter Fertigungsmengen auf einen späteren Zeitpunkt.

Auftragsfreigabe

Die abschließende **Auftragsfreigabe** stellt die Verbindung zwischen Planung und Fertigung dar. Sie wählt aus dem gesamten Auftragsbestand die Fertigungsaufträge aus, die in nächster Zeit umzusetzen sind, und bindet die erforderlichen Produktionsfaktoren an diese anstehenden Fertigungsaufträge.

Maßnahmen bei Problemen

Grundsätzlich besteht jedoch die Gefahr, dass vereinbarte oder zugesagte Termine nicht zu halten sind. In diesen Fällen muss die zugrunde liegende Durchlaufzeit (ermittelt im Rahmen der Produktionsplanung) so gekürzt werden, dass der Kundenauftrag doch noch rechtzeitig fertiggestellt werden kann. Folgende Maßnahmen zur Verringerung der Durchlaufzeit sind möglich:

Auflösung von Pufferzeiten

- In der Regel werden bei der Ermittlung der Durchlaufzeiten „großzügige" Liegezeiten (Warte-, Lager- und Stauzeiten) eingeplant, die bei Auftreten von Engpässen als Zeitpuffer genutzt werden können.

Lossplitting

- Die Bearbeitungszeit für einen großen Kundenauftrag kann dadurch verkürzt werden, dass die Fertigungsmenge bzw. Losgröße auf mehrere gleiche Betriebsmittel verteilt und parallel bearbeitet wird (Lossplitting). Durch diese parallele Fertigung von Teillosen reduziert sich nur die Bearbeitungszeit. Die Rüstzeit, die bei einem Los einmalig anfällt, vermehrt sich mit der Anzahl der Teillose. Daher ist Lossplitting nur bei größeren Losen wirtschaftlich sinnvoll.

Überlappung von Arbeitsgängen

- Bei der Überlappung von Arbeitsgängen werden die gebildeten Teillose unmittelbar nach der Bearbeitung an die nächste Maschine weitergegeben, ohne auf die Fertigstellung des gesamten Auftrags zu warten. Damit kann die folgende Fertigungsstufe früher mit ihrer Bearbeitung beginnen. Bei unterschiedlicher Tätigkeitsdauer auf den beiden Fertigungsstufen können dadurch zusätzliche Liegezeiten entstehen.

Aufgaben

› Kap. 3.2

1. Der Jahresbedarf an zu fertigenden Hydraulikzylindern für einen Gabelstapler wurde mit insgesamt 60 000 Stück geplant. Die Lagerkosten pro Stück betragen 55,00 €. Pro Fertigungslos fallen Rüstkosten von 18.000,00 € an.
   a) Berechnen Sie in einer Tabelle die optimale Losgröße bei einer Anzahl der Lose von: 5, 6, 8, 10, 12 und 15.
   b) Beschreiben Sie, wie sich mit steigender Stückzahl pro Los die Rüstkosten pro Stück und die Lagerkosten pro Stück verhalten.
   c) Die Fertigung der Hydraulikzylinder findet nach dem Verrichtungsprinzip (Werkstattfertigung) statt. Beschreiben Sie kurz die Fertigungsorganisation der Werkstattfertigung.
2. In welchen Situationen wird von der optimalen Losgröße abgewichen?

3. Die Druckerei Buschfeld GmbH in Wesseling hat sich auf die Herstellung von Gebrauchsanweisungen und großen Bildkalendern spezialisiert. Sie fertigt u. a. die Gebrauchs- und Umbauanweisungen für die von der KFM neu entwickelten Kinderfahrradanhänger. Die Produktion erfolgt überwiegend nach Kundenaufträgen auf vier Maschinen.
   (Druckmaschine [M1], Falz- und Bindemaschine [M2], Schneidemaschine [M3], Verpackungsmaschine [M4]).
   Für die nächste Woche (24. KW) liegen folgende vier Aufträge vor:

1. Auftrag (Rot)	2. Auftrag (Gelb)
4 Std. Druckmaschine (M1) 6 Std. Falz-/Bindemaschine (M2) 2 Std. Schneidemaschine (M3) 2 Std. Verpackungsmaschine (M4)	8 Std. Schneidemaschine (M3) 4 Std. Verpackungsmaschine (M4)

3. Auftrag (Blau)	4. Auftrag (Grün)
2 Std. Druckmaschine (M1) 4 Std. Falz-/Bindemaschine (M2) 6 Std. Schneidemaschine (M3) 2 Std. Verpackungsmaschine (M4)	6 Std. Falz-/Bindemaschine (M2) 6 Std. Schneidemaschine (M3) 2 Std. Verpackungsmaschine (M4)

   Die Produktionsreihenfolge ist einzuhalten und jeder Auftrag kann erst dann zur nächsten Maschine weitergeleitet werden, wenn er zuvor vollständig abgeschlossen wurde. Die tägliche Arbeitszeit beträgt acht Stunden, Überstunden sind nicht vorgesehen.

a) 1. Erstellen Sie den Maschinenbelegungsplan nach der Auftragsreihenfolge. Folgende Vorlage kann Ihnen dabei helfen.

Maschinenbelegungsplan nach der Auftragsreihenfolge																				
Wochentag (24. KW)	**Montag**				**Dienstag**				**Mittwoch**				**Donnerstag**				**Freitag**			
Dauer in Stunden	**2**	**4**	**6**	**8**	**2**	**4**	**6**	**8**	**2**	**4**	**6**	**8**	**2**	**4**	**6**	**8**	**2**	**4**	**6**	**8**
Maschine 1																				
Maschine 2																				
Maschine 3																				
Maschine 4																				
Summe der Stillstandzeiten: ______________												Summe der Wartezeiten: ______________								
Auftragsreihenfolge:																				

2. Erläutern Sie die Nachteile, die diese Maschinenbelegung mit sich bringt. Ermitteln Sie dazu die entstehenden Stillstandzeiten der Maschinen sowie die Summe der entstehenden Wartezeiten der einzelnen Aufträge.

b) Zwei wichtige Zielsetzungen der Leistungserstellung sind die maximale Kapazitätsauslastung sowie die Minimierung der Durchlaufzeiten.

Erstellen Sie zwei weitere Maschinenbelegungen für die vier Aufträge, sodass

1. eine maximale Kapazitätsauslastung,
2. eine minimale Durchlaufzeit erreicht wird.

Ermitteln Sie auch für diese beiden Maschinenbelegungen die Summen der Stillstandzeiten und der Wartezeiten.

c) Erläutern Sie mit Hilfe der Ergebnisse der letzten beiden Maschinenbelegungspläne das „Dilemma der Ablaufplanung“, nämlich die Zielkonkurrenz zwischen maximaler Kapazitätsauslastung und der Minimierung der Durchlaufzeiten.

4. Die mengenmäßige Anpassung der Fertigungsmenge an den Absatz kann bei der Produktionsplanung in unterschiedlicher Art und Weise erfolgen:

(1) durch Synchronisierung,
(2) durch Emanzipation,
(3) durch das Stufenprinzip.

Ordnen Sie diese Anpassungsmöglichkeiten folgenden Aussagen zu:

a) *Die Fertigungsmenge passt sich den Absatzschwankungen der Saison genau an.*

b) *Durch einen treppenförmigen Auf- und Abbau der Produktionsmenge erfolgt die Fertigung nahezu gleichmäßig zum Absatz.*

c) *Die Fertigungsmenge wird auf einem mittleren Niveau der Absatzmenge konstant gehalten.*

d) *Aufgrund der Anpassung wird eine gleichmäßige Auslastung erreicht, indem der im Absatztief aufgebaute Lagerbestand im Spitzenbedarf wieder eingesetzt wird.*

e) *Eine umfangreiche Lagerhaltung ist nicht notwendig, da die Kapazität des Betriebes an den Absatz angepasst werden muss.*

f) *Die Fertigungsmenge kann kurzfristig entsprechend der Beschäftigungsschwankungen auf- und abgebaut werden und verläuft zeitweilig fast gleichmäßig zur Absatzmenge.*

g) *Dienstleistungsunternehmen mit geringen Fixkosten können sich an Absatzschwankungen schnell anpassen.*

→

5. Beschreiben Sie Möglichkeiten, wie die im Rahmen der Produktionsplanung ermittelte Durchlaufzeit so gekürzt werden kann, dass Kundenaufträge, deren Fertigstellung den garantierten Liefertermin überschreitet, doch noch rechtzeitig fertiggestellt werden.

6. Folgende Grafik zeigt die Entwicklung der Absatzzahlen sowie die Fertigungsmengen für ein bestimmtes Erzeugnis eines Industriebetriebes.

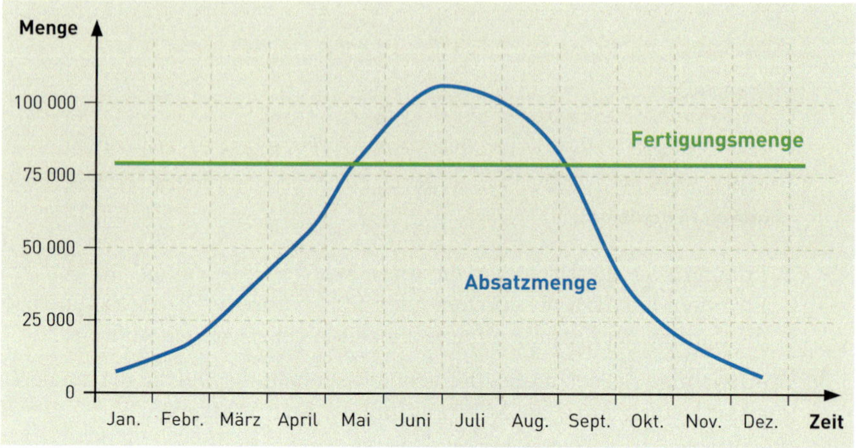

a) Nennen Sie ein Produkt, das diese Absatzentwicklung im Laufe eines Jahres zeigen könnte. Bitte begründen Sie.
b) Welcher Sachverhalt wird in dieser Grafik dargestellt?
c) Beschreiben Sie drei unterschiedliche Möglichkeiten, wie ein Unternehmen mit seiner Fertigungsmenge auf eine solche Absatzentwicklung reagieren könnte.

7. Die Maximalkapazität zur Herstellung eines Schreibtisches beträgt 2 500 Stück pro Monat. Für die Monate Mai bis Juli wurden folgende Beschäftigungsgrade ermittelt:
Mai: 60 %, Juni: 80 %, Juli: 90 %
Bei einer Kapazitätsauslastung von 60 % entstehen 18,00 € fixe Stückkosten. Bei einer Auslastung von 90 % wurden Gesamtkosten von 888.750,00 € ermittelt.
Berechnen Sie
a) die Fixkosten pro Monat,
b) die variablen Stückkosten,
c) die Gesamtkosten für die Monate Juni und Juli.

8. Beschreiben Sie die Aufgaben, die im Rahmen der Produktionssteuerung
a) dem Kapazitätsabgleich und
b) der Auftragsfreigabe zuzuordnen sind.

9. Erläutern Sie drei unterschiedliche Kriterien, nach denen eine Auftragsfreigabe erfolgen kann.

10. Bei einem Beschäftigungsgrad von 80 % werden in der Ziegler KG monatlich 64 000 m Stoff gefertigt und abgesetzt. Die Gesamtkosten betragen 480.000,00 €, die variablen Kosten je m 4,50 €. Der Verkaufspreis je m beträgt 7,90 €.
a) Ermitteln Sie die Maximalkapazität der Ziegler KG.
b) Um wie viel € steigt der Gesamtgewinn bei einer Auslastung der Kapazität von 90 %, wenn alle hergestellten Erzeugnisse verkauft werden können?

11. Welches Hilfsmittel dient der Fertigungssteuerung zur Kapazitätsüberwachung?
  a) Stückliste
  b) Maschinenbelegungsplan
  c) Qualitätsmanagement-Handbuch
  d) Materialentnahmeschein
  e) Ablaufdiagramm

12. Welche der folgenden Aussagen sind richtig? Bitte begründen Sie Ihre Auswahl.
  a) *Bei linearen Gesamtkosten fallen die variablen Stückkosten.*
  b) *Bei einem degressiven Verlauf der Kostenfunktion nehmen die Gesamtkosten mit zunehmender Beschäftigung ab.*
  c) *Bei einem progressiven Verlauf der Gesamtkosten sind die Fixkosten konstant.*
  d) *Bei linearem Verlauf der Gesamtkosten fallen die Stückkosten mit zunehmender Ausbringungsmenge.*
  e) *Bei linearen Gesamtkosten nähern sich die Stückkosten immer mehr dem Wert der variablen Stückkosten.*
  f) *Beim progressiven Kostenverlauf steigen die Gesamtkosten überproportional.*
  g) *Wenn bei degressiven Kosten die Beschäftigung um 10 % steigt, steigen die variablen Kosten um mehr als 10 %.*
  h) *Bei progressiven Gesamtkosten fallen die Stückkosten stetig.*
  i) *Die fixen Stückkosten sinken sowohl bei linearem als auch bei progressivem Gesamtkostenverlauf.*
  j) *Bei progressivem Kostenverlauf haben die Stückkosten ein Minimum vor Erreichen der Kapazitätsgrenze.*
  k) *Bei degressiven Gesamtkosten sinken sowohl die fixen wie auch die variablen Stückkosten.*
  l) *Bei linearen Gesamtkosten liegt das Minimum der Stückkosten an der Kapazitätsgrenze.*
  m) *Bei linearem Gesamtkostenverlauf fallen die variablen Stückkosten.*
  n) *Die fixen Stückkosten nähern sich bei wachsender Beschäftigung immer stärker dem Wert Null, ohne diesen jemals zu erreichen.*
  o) *Bei degressiven Gesamtkosten fallen die Stückkosten zunächst, um anschließend zu steigen.*
  p) *Bei linearen Gesamtkosten liegt die Optimalkapazität unterhalb der Maximalkapazität.*
  q) *Bei progressivem Gesamtkostenverlauf wachsen bei zunehmender Beschäftigung die Gesamtkosten mit abnehmenden Zuwachsraten.*

13. Erläutern Sie den Begriff „Kostenremanenz".

14. a) Welche der folgenden Größen wirken sich auf die Ermittlung der optimalen Losgröße nicht aus?
  (1) Lagerhaltungskosten
  (2) Investitionskosten
  (3) Jahresbedarfsmenge
  (4) Verfügbarer Lagerbestand
  (5) Lager- und Zinssatz
  (6) Rüstkosten
  (7) Anzahl der Mitarbeiter in der Fertigung

  b) Beschreiben Sie Kriterien, die Einfluss auf die Festlegung der Losgröße haben.

3.3 Optimales Fertigungsprogramm

Eine erfolgreiche Unternehmensführung berücksichtigt spätestens seit Bestehen eines wettbewerbsintensiven Käufermarktes das aktuelle Marktgeschehen und diesbezügliche Prognosen. Das Verhalten der Käufer beeinflusst wesentlich die im Betrieb anfallenden betriebswirtschaftlichen Entscheidungen bis hin zur konkreten Produktionssteuerung in Form der Festlegung von Fertigungsmengen oder Fertigungsreihenfolgen bei der Bearbeitung mehrerer Kundenaufträge.

Absoluter Deckungsbeitrag

Kapazitäts-/ Produktionsengpässe

Mit Hilfe der Ermittlung von Deckungsbeiträgen kann der Entscheidungsträger eine Rangfolge der zu fertigenden Aufträge erstellen. Problematisch wird diese Vorgehensweise dann, wenn Kapazitätsengpässe auftreten, d. h., wenn die maximal vorhandenen Kapazitäten nicht ausreichen, die Fertigungsaufträge termingerecht herzustellen. Die aufgrund der Marktnachfrage erforderlichen Stückzahlen können nicht gefertigt werden, die maximale Fertigungsmenge wird durch die zur Verfügung stehende Fertigungszeit des Engpassfaktors bestimmt[1]. In diesem Fall sollte der absolute Deckungsbeitrag pro Stück um die benötigte Fertigungszeit pro Stück am Engpassfaktor relativiert und der Stückdeckungsbeitrag pro Fertigungszeiteinheit (Minute, Stunde) wie folgt ermittelt werden:

Relativer Deckungsbeitrag

$$\textbf{Relativer Deckungsbeitrag (Stückdeckungsbeitrag pro Fertigungszeit)} = \frac{\text{absoluter Deckungsbeitrag pro Stück}}{\text{Fertigungszeit}}$$

Nur durch die Fertigungsreihenfolge nach der Höhe der relativen Deckungsbeiträge lässt sich der maximal erzielbare Gesamtdeckungsbeitrag erreichen.

Beispiel

Der Heidtkötter KG liegen für den Monat Mai u. a. folgende Kundenaufträge vor:

Bürostuhl *ongis*: 200 Stück; Bürostuhl *feli*: 625 Stück;
Bürotisch *signum*: 200 Stück; Bürotisch *elegance*: 250 Stück

Alle vier Produkte durchlaufen die Montage, deren aktuelle Kapazität bei 150 Fertigungsstunden je Monat liegt.

Die zeitliche Beanspruchung der Montagestelle ist je nach Produkt unterschiedlich und beträgt jeweils pro Stück:

Bürostuhl *ongis*: 6 Minuten; Bürostuhl *feli*: 5 Minuten;
Bürotisch *signum*: 11 Minuten; Bürotisch *elegance*: 8 Minuten

Die aktuellen Verkaufserlöse und die anfallenden Kosten wurden von der Abteilung Rechnungswesen in folgender Tabelle zusammengestellt:

	Verkaufserlös pro Stück (€)	variable Kosten pro Stück (€)	Fixkosten insgesamt (€)
Bürostuhl *ongis*	270,00	190,00	7.700,00
Bürostuhl *feli*	220,00	180,00	
Bürotisch *signum*	335,00	275,00	
Bürotisch *elegance*	355,00	235,00	

Zur Festlegung der Fertigungsreihe hat die kaufmännische Leitung, Frau Dr. Keil, die Höhe der (absoluten) Deckungsbeiträge[2] vorgegeben. Diese werden in der folgenden Tabelle ermittelt.

1 Gibt es mehr als einen Engpassfaktor, lässt sich das Problem nur mit Hilfe von entsprechenden Datenverarbeitungsprogrammen lösen.
2 Deckungsbeitrag pro Stück = Verkaufserlös/Verkaufspreis pro Stück – variable Kosten

	Auftragsmenge Mai (Stück)	Verkaufserlös pro Stück (€)	variable Kosten pro Stück (€)	Deckungsbeitrag pro Stück (€)
Bürostuhl *ongis*	200	270,00	190,00	**80,00**
Bürostuhl *feli*	625	220,00	180,00	**40,00**
Bürotisch *signum*	200	335,00	275,00	**60,00**
Bürotisch *elegance*	250	355,00	255,00	**100,00**

Unter Berücksichtigung der absoluten Deckungsbeiträge pro Stück werden zuerst der Bürotisch *elegance*, dann der Bürostuhl *ongis*, dann der Bürotisch *signum* und abschließend der Bürostuhl *feli* gefertigt. Insgesamt werden in der Montage zur Herstellung der Produkte ca. 142[1] Fertigungsstunden benötigt, sodass die vorhandene Maximalkapazität ausreicht und alle Produkte in voller Stückzahl gefertigt werden.

Für den folgenden Monat Juni stehen folgende Kundenaufträge an, die alle die Montage durchlaufen:

Bürostuhl *ongis*: 245 Stück; Bürostuhl *feli*: 685 Stück;
Bürotisch *signum*: 240 Stück; Bürotisch *elegance*: 280 Stück

Da nun die erforderlichen Fertigungsstunden (ca. 163[2] Stunden) die Kapazitätsgrenze der Montage überschreiten, entsteht ein Produktionsengpass und bei der Ermittlung der optimalen Fertigungsreihenfolge muss die zeitliche Beanspruchung der jeweiligen Produkte im Engpassfaktor berücksichtigt werden. Dafür wird der relative Stückdeckungsbeitrag pro Fertigungszeiteinheit (Minute, Stunde) ermittelt.

	Auftragsmenge Juni (Stück)	Verkaufserlös pro Stück (€)	variable Kosten pro Stück (€)	Deckungsbeitrag pro Stück (€)	Fertigungszeit pro Stück (Minuten)	relativer Deckungsbeitrag pro Stück (€)
Bürostuhl *ongis*	245	270,00	190,00	**80,00**	**6**	**13,33**
Bürostuhl *feli*	685	220,00	180,00	**40,00**	**5**	**8,00**
Bürotisch *signum*	240	435,00	275,00	**60,00**	**11**	**5,45**
Bürotisch *elegance*	280	355,00	255,00	**100,00**	**8**	**12,50**

Die umsatzmaximale Fertigungsreihenfolge unter Berücksichtigung der Engpasssituation ist wie folgt: Bürostuhl *ongis*, Bürotisch *elegance*, Bürostuhl *feli*, Bürotisch *signum*. Da die zur Verfügung stehende Maximalkapazität um 775 Minuten überschritten wird, können vom Bürotisch *signum* statt der bestellten 240 Stück lediglich 169 Stück hergestellt werden[3]. Die Heidtkötter KG muss nun überlegen und entscheiden, wie sie mit der Situation umgehen soll.

Folgende Möglichkeiten stehen zur Verfügung:

- den Kunden benachrichtigen und um eine Aufschiebung des Lieferzeitpunktes bitten,
- in einer Sonderschicht die fehlende Menge fertigen,
- Fremdvergabe der fehlenden Stückzahl,
- kurzfristige Erhöhung der Maximalkapazität (Mitarbeiter-/Maschinenstunden erhöhen; Intensität des Faktoreinsatzes erhöhen).

1 $(200 \cdot 6 + 625 \cdot 5 + 200 \cdot 11 + 250 \cdot 8)/60 = 142{,}08$ Stunden
2 $(245 \cdot 6 + 685 \cdot 5 + 240 \cdot 11 + 280 \cdot 8)/60 = 162{,}92$ Stunden
3 $(245 \cdot 6 + 685 \cdot 5 + 280 \cdot 8)/60 = 118{,}91\bar{6}$ Stunden; Rest : $31{,}0833 = 1\,865$ min; $1\,865/11 = 169$

Aufgaben

› Kap. 3.3

1. In einem Industriebetrieb erfolgt die Entscheidung über die umzusetzende Fertigungsreihenfolge mehrerer Kundenaufträge im Rahmen der Produktionssteuerung mit Hilfe der relativen Deckungsbeiträge (Stückdeckungsbeitrag je Fertigungsminute). Folgende Daten werden zur Verfügung gestellt:

Auftrag	Stückzahl	Stückerlös	variable Stückkosten	Bearbeitungszeit im Engpass pro Stück
50857	400	130,00 €	110,00 €	10 Minuten
50858	300	150,00 €	90,00 €	40 Minuten
50859	200	140,00 €	100,00 €	16 Minuten

a) Ermitteln Sie die relativen Deckungsbeiträge.
b) Bestimmen Sie die optimale Fertigungsreihenfolge. Bitte begründen Sie.
c) Nennen Sie Gründe, von der in a) festgelegten Reihenfolge abzuweichen?
d) Ermitteln Sie den maximalen Betriebserfolg bei Fixkosten von 16.425,00 € sowie einer Maximalkapazität im Engpass von 17 200 Fertigungsminuten.

2. Beschreiben Sie, was Sie unter dem Begriff „relativer Deckungsbeitrag" verstehen und beschreiben Sie eine Situation, in der dieser relative Deckungsbeitrag im Rahmen der Fertigungssteuerung benötigt wird.

3. Die Ziegler GmbH stellt vier in den Funktionen unterschiedliche, teilweise programmierbare Taschenrechner her. Folgende Daten liegen Ihnen vor:

	Gerätetyp CA I	Gerätetyp CA II	Gerätetyp CA III	Gerätetyp CA IV
Nettoverkaufspreise	44,00 €	30,75 €	59,00 €	35,60 €
variable Stückkosten	22,10 €	18,50 €	28,60 €	22,20 €
Montagezeiten	5 Minuten	3 Minuten	6 Minuten	4 Minuten
absetzbare Mengen	75 000 Stück	65 000 Stück	40 000 Stück	48 000 Stück

Es wird vorausgesetzt, dass alle absetzbaren Mengen im Rahmen der vorhandenen Kapazität auch hergestellt werden können. Einzige Ausnahme ist die Montageabteilung, die mit monatlich 16 000 Arbeitsstunden den Produktionsengpass bildet. Dies hat zur Folge, dass selbst bei maximaler Auslastung der Montageabteilung nicht alle absetzbaren Taschenrechner hergestellt werden können. Herr Ziegler beabsichtigt daher, die Produktion an den relativen Deckungsbeiträgen auszurichten. Es sollen vorrangig die Taschenrechner hergestellt werden, welche die höheren relativen Deckungsbeiträge erwirtschaften.

a) Ermitteln Sie die relativen Deckungsbeiträge und geben Sie die Rangfolge an, in der die Taschenrechner produziert werden sollen.
b) Bestimmen Sie die Produktionsmenge des rangschwächsten Gerätetyps.
c) Berechnen Sie den Betriebserfolg bei fixen Kosten von 2.815.750,00 €.
d) Mit welchem durchschnittlichen Gewinnzuschlag – bezogen auf die Selbstkosten – kann die Ziegler GmbH kalkulieren?
e) Um alle absetzbaren Mengen auch herstellen zu können, müssten die monatlichen Arbeitsstunden in der Montageabteilung erhöht werden. Dies ist nur durch eine zusätzliche Investition möglich. Diese Investition verursacht je zusätzlicher Montagestunde 150,00 € fixe Kosten. Berechnen Sie, wie hoch die zusätzlichen fixen Kosten wären, wenn alle absetzbaren Rechner produziert würden. Weisen Sie rechnerisch nach, dass sich diese Investition aufgrund eines höheren Betriebsgewinns lohnen würde.
f) Ermitteln Sie je Taschenrechnertyp den Break-even-Point. Gehen Sie davon aus, dass die Fixkosten gleichmäßig auf alle Gerätetypen verteilt werden. Erläutern Sie die Konsequenzen aus den ermittelten Ergebnissen.

3.4 Möglichkeiten der Kapazitätsabstimmung

Der im Rahmen der langfristigen Produktionsplanung festgelegte Kapazitätsbedarf bei Mitarbeitern und Betriebsmitteln reicht nicht immer aus, um Absatzsteigerungen aufzufangen. Bei steigenden Absatzzahlen wird unter Umständen die Kapazitätsgrenze relativ schnell erreicht und gewinnbringende Kundenaufträge können nicht angenommen werden. Daher muss ständig ein **Kapazitätsabgleich** zwischen dem Kapazitätsangebot unter Berücksichtigung der Kapazitätsgrenzen und der vom Markt bestimmten Kapazitätsnachfrage erfolgen.

Kapazitätsabgleich

In der Praxis treten immer wieder Situationen auf, in denen kurzfristig darüber entschieden werden muss, ob ein lukrativer Kundenauftrag trotz Überschreitens der Kapazitätsgrenze angenommen werden kann. Will man diesen Zusatzauftrag nicht fremdvergeben, sondern im Rahmen der eigenen Leistungserstellung selbst fertigen, wird nach Möglichkeiten gesucht, kurzfristig die Kapazitätsgrenze zu erweitern, um den angenommenen Kundenauftrag termingerecht zu erfüllen. Folgende Möglichkeiten sind denkbar:

Möglichkeiten der Kapazitätsanpassung an Beschäftigungsschwankungen

- Die Nutzungsintensität (Arbeitsgeschwindigkeit) der eingesetzten Betriebsmittel und Arbeitskräfte wird bei gleichbleibender Arbeitszeit erhöht.
  → **intensitätsmäßige Anpassung:** Sie wird eher selten eingesetzt, da die optimale Kapazität (Nutzungsintensität) meistens wesentlich kostengünstiger ist als eine erhöhte (hoher Ausschuss, geringere Qualität).

  Intensität

- Die Arbeitszeit wird bei gleichbleibender Arbeitsintensität der eingesetzten Produktionsfaktoren für eine bestimmte Periode erhöht.
  → **zeitliche Anpassung:** Sie führt zu Beschränkungen und zu einer Erhöhung der Kosten durch gesetzliche (und tarifliche) Vorschriften.

  Zeit

- Die Anzahl der eingesetzten Betriebsmittel und Mitarbeiter wird bei gleichbleibenden Arbeitszeiten und gleicher Intensität erhöht.
  → **quantitative Anpassung:** Entstehende (sprung-)fixe Kosten können bei sinkender Beschäftigung nicht adäquat abgebaut werden (Kostenremanenz), d. h., bei rückläufiger Beschäftigung lassen sich die für den Beschäftigungsaufbau entstandenen Kosten nur langsam wieder abbauen. Die Kostenanpassung zuvor gestiegener Kosten an eine rückläufige Beschäftigung erfolgt entweder zeitverzögert oder grundsätzlich anders als bei Beschäftigungszunahme (z. B.: Betriebsgebäude oder Maschinen können kurzfristig weder verkleinert noch verkauft werden; neu eingestellte Mitarbeiter können nicht kurzfristig wieder entlassen werden).

  Quantität

Kurzfristig lassen sich die Kapazitätsgrenzen erweitern, indem bestimmte Verrichtungen (Engpass) durch funktional ähnliche Arbeiten ersetzt werden. Ebenso ist es möglich, bestimmte Verrichtungen von anderen Herstellern durchführen zu lassen (Fremdvergabe).

Kommt es **über einen längeren Zeitraum immer wieder** zu kurzfristigen Kapazitätsengpässen, muss über eine Kapazitätsanpassung in Form einer Erweiterungsinvestition nachgedacht werden.

Erweiterungsinvestition

Aufgaben

› Kap. 3.4

1. Unterscheiden Sie zwischen intensitätsmäßiger, zeitlicher und quantitativer Anpassung der Fertigungskapazität an absatzmarktbedingte Beschäftigungsschwankungen. Verwenden Sie folgende Vergleichskriterien:
Anzahl der Betriebsmittel und Arbeitskräfte, Arbeitszeit je Periode, Nutzungsintensität, Verlauf der Fixkosten, Verlauf der variablen Kosten sowie Probleme bei der Umsetzung.

2. Die marktbedingte Auftragslage fordert von Unternehmen häufig Maßnahmen, um die aktuell vorhandenen Kapazitäten zu verändern.
Welche der unten beschriebenen Maßnahmen führen zu einer (1) Kapazitätserweiterung, (2) Kapazitätsverminderung oder führen (3) weder zu einer Kapazitätserweiterung noch zu einer Kapazitätsverminderung?
   a) *vorübergehende Einführung von Kurzarbeit*
   b) *teilweise Fremdvergabe von Zusatzaufträgen*
   c) *Einführung einer zusätzlichen Schicht in der Fertigung*
   d) *Verkauf einer Fertigungsanlage*
   e) *Verringerung/Abbau von Überstunden*
   f) *Kündigung eines Mitarbeiters*
   g) *Umstellung bei der Entgeltzahlung von Zeitlöhnen auf Akkordlöhne*
   h) *versuchsweise Umstellung von Werkstattfertigung auf Gruppenfertigung*

3. Die Fertigung von Schaltkästen auf einer Universalmaschine verursacht folgende Kosten:

variable Stückkosten:	15,50 €
Fixkosten pro Jahr:	72.000,00 €
Maximalkapazität:	900 Stück

Die Leitung des Funktionsbereiches Fertigung denkt darüber nach, die Fertigung dieser Schaltkästen in Zukunft mit einer Spezialmaschine durchzuführen, die nach ersten Berechnungen folgende Kosten verursacht:

variable Stückkosten:	13,20 €
Fixkosten pro Jahr:	94.080,00 €
Maximalkapazität:	1 200 Stück

Die monatliche Absatzmenge beträgt zurzeit 850 Stück.

Ermitteln Sie die kritische Menge. Geben Sie der Fertigungsleitung eine begründete Empfehlung, ob sie die Spezialmaschine als Ersatzinvestition kaufen soll.

4. Für einen Stammkunden sollen kurzfristig 140 Rennräder produziert werden. Der Rahmen wird von einem Automaten geschweißt (aktueller Beschäftigungsgrad 35 %), dessen Maximalkapazität 800 Rahmen beträgt. Die Selbstkosten pro Rahmen betragen 75,00 €. Der Automat ist belegt, eine Fremdvergabe ist nicht möglich, es entsteht ein Engpass. Der Fertigungsleiter denkt darüber nach, eine intensitätsmäßige oder zeitliche Kapazitätsanpassung an die aktuelle Nachfragesituation vorzunehmen. Ihm stehen diese Daten zur Verfügung:
   - Eine intensitätsmäßige Anpassung führt zu einem zusätzlichen Ausschuss von 0,3 % der insgesamt zu fertigenden Rahmen sowie zur Erhöhung der Wartungskosten um 10,00 €.
   - Eine zeitliche Anpassung erfordert 22 Überstunden eines Mitarbeiters, der mit 9,00 € Grundlohn und einem Zuschlag von 20 % je Überstunde entlohnt wird.

Welche Möglichkeit der Kapazitätsanpassung empfehlen Sie?

3.5 Flexible Fertigungssteuerung am Beispiel des Kanban-Verfahrens

Das Ende der 40er-Jahre des letzten Jahrhunderts bei Toyota in Japan entwickelte **Kanban-Verfahren** (Kanban = Karte, Beleg, Zettel) zur Fertigungssteuerung funktioniert nach dem Pullprinzip („Holprinzip" oder „Zurufprinzip") und orientiert sich ausschließlich am Bedarf der verbrauchenden Stelle im Fertigungsablauf.

Pull-/Holprinzip

Der Produktionsprozess ist in einzelne Fertigungsstufen bzw. -bereiche zerlegt, die über Zwischenlager miteinander verbunden sind. Die im Produktionsprozess nachgelagerte, verbrauchende Fertigungsstufe fordert den Bedarf von der vorgelagerten Stufe an. Die Zwischenlager sind mit Transportbehältern einer bestimmten Größe[1] gefüllt, die bei Bedarf von der verbrauchenden Stelle angefordert werden. Bei Anforderung wird die am Behälter befindliche **Karte (Kanban)** an die vorgelagerte Stelle zurückgeleitet und löst dort einen Fertigungsauftrag aus.

Kanban = Karte

Beispiel

In der Heidtkötter KG greift z. B. die Endmontage der Konferenzstühle auf die benötigten Stuhlbeine in einer Gitterbox (Zwischenlager) zu. Ist eine Gitterbox leer, wird diese zusammen mit der daran befestigten Karte (Kanban) an die vorgelagerte Fertigungsstufe (Tauchbad) zurückgegeben und löst dort das Verchromen neuer Stuhlbeine im Tauchbad aus.

Der Informationsfluss und damit die Fertigungssteuerung erfolgt entgegen dem Materialfluss, ausgehend von der letzten Fertigungsstufe rückwärts bis zur Beschaffung der Rohstoffe beim Lieferanten. Die an die vorgelagerte Stufe zurückgegebenen leeren Kanbanbehälter werden wieder aufgefüllt und mit einer neuen Kanban versehen im Zwischenlager bereitgestellt.

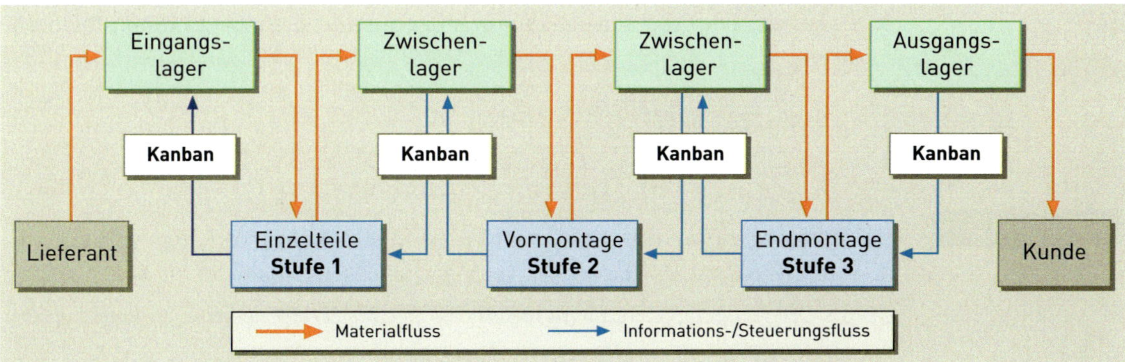

Flexible Fertigungssteuerung nach dem Kanban-Verfahren

Durch die Fertigungssteuerung nach dem Kanban-Verfahren sollen die folgenden **Ziele** erreicht werden:

Zielsetzungen

- nachhaltige Reduzierung der Bestände bestimmter Fertig- und Halbfertigerzeugnisse durch Materialflussoptimierung,
- Reduzierung kostenintensiver Lagerbestände an Rohmaterial und Halbfertigmaterialien,
- Fertigung in kleinen (optimalen) Losgrößen mit minimaler Durchlaufzeit,

→

1 Die Inhaltsmenge des Behälters entspricht häufig einer (optimalen) Losgröße oder einem Vielfachen davon.

- Erhöhung der Flexibilität bei sich ändernden Bedarfsmengen ohne Verlust der Lieferbereitschaft, ohne Erhöhung von Ausschussquoten und ohne Zunahme von Nacharbeit und zusätzlichen Transportvorgängen,
- Verminderung von Ausschuss und Abfällen.

Voraussetzungen

Diese Zielsetzungen sind jedoch nur unter folgenden **Voraussetzungen** zu erreichen:

- hoher Wiederholungsfaktor in der Fertigung (Mehrfachfertigung),
- Einsatz geschulter Mitarbeiter,
- zuverlässige Erstellung hoher Qualität seitens der vorgelagerten Fertigungsstufe,
- räumliche Anordnung der Fertigungsbereiche, die nur wenige Transportvorgänge erfordert,
- ein effektives innerbetriebliches Transportsystem,
- möglichst geringe Bedarfsschwankungen,
- möglichst geringe Rüstkosten sowie freie Kapazitäten,
- der Verbraucher darf nicht mehr Material als nötig und niemals vor Verbrauch des gesamten Inhalts des Transportbehälters anfordern.

Verbesserungen/ Nutzen

Bei Einführung des Kanban-Verfahrens können sich folgende **Verbesserungen** ergeben:

- hohe Qualität aufgrund frühzeitigen Erkennens von Fehlern,
- hohe Motivation der Mitarbeiter durch selbstverantwortliches Handeln,
- große Schnelligkeit und Transparenz der einzelnen Fertigungs- und Transportprozesse,
- dadurch geringer Steuerungsaufwand,
- Reduzierung der Durchlaufzeiten,
- harmonische, aufeinander abgestimmte Zusammenarbeit zwischen den einzelnen Fertigungsstufen,
- Steigerung der Produktivität aufgrund des aufeinander abgestimmten Faktoreinsatzes.

Aufgaben

› Kap. 3.5

1. Welche der folgenden Aussagen treffen auf das Kanban-Verfahren zu?
   a) *Das Kanban-Verfahren erfolgt nach dem Pull-/Holprinzip.*
   b) *Der Fertigungsprozess wird in einzelne Schritte zerlegt, denen je ein Pufferlager zugeordnet wird.*
   c) *Die verbrauchende Fertigungsstufe fordert den Bedarf von der vorgelagerten Stufe an.*
   d) *Der Verbrauchsnachweis erfolgt über Materialentnahmescheine.*
   e) *Eine an die vorgelagerte Stelle zurückgeleitete Kanban löst dort einen Fertigungsauftrag aus.*
   f) *Der Informationsfluss verläuft parallel zum Materialfluss.*
   g) *Das Kanban-Verfahren ist ein Instrument zur Flexibilisierung der Fertigungssteuerung.*
   h) *Das Kanban-Verfahren funktioniert nach dem Bringprinzip.*
2. Erläutern Sie mit Hilfe eines praktischen Beispiels die Funktionsweise des Kanban-Verfahrens.
3. Erläutern Sie Vorteile, die nach Einführung des Kanban-Verfahrens für einen Industriebetrieb entstehen können.

Wiederholungs-
aufgaben

› Kap. 3

1. Welche der folgenden Aussagen zur optimalen Losgröße bei der Fertigung von Fahrradrahmen sind richtig?

Die optimale Losgröße ist die Anzahl an Fahrradrahmen,

a) *bei der der geringste Ausschuss entsteht.*
b) *die innerhalb eines Arbeitstages maximal hergestellt werden kann.*
c) *bei der die Summe aus Rüstkosten und Lagerkosten ein Minimum erreicht.*
d) *bei der die Summe aus variablen und fixen Stückkosten am geringsten ist.*
e) *die ohne Pause hergestellt wird.*
f) *bei der keine Rüstkosten entstehen.*
g) *die mit nur einem Rüstvorgang gefertigt werden kann.*
h) *bei der die Summe aus Bestellkosten und Lagerkosten ein Minimum erreicht.*

2. Der Beschäftigungsgrad liegt bei 80 %, die variablen Kosten entwickeln sich linear.

Welche Information gibt Ihnen diese Aussage?

a) *Die Arbeitsgeschwindigkeit ist noch um 20 % zu steigern.*
b) *Die Ausbringungsmenge liegt 20 % unter der Maximalkapazität.*
c) *Die mögliche Ausbringungsmenge liegt bei 80 %.*
d) *Die optimale Kapazität liegt bei 80 %.*
e) *20 % der Mitarbeiter werden eingespart.*
f) *Bei Steigerung der aktuellen Kapazität um 20 % erreichen wir die Maximalkapazität.*

3. Die Retzmann AG stellt vier unterschiedliche Produkte her, die auf einer automatischen Anlage gefertigt werden. Das Rechnungswesen stellt Ihnen folgende Daten zur Verfügung:

Produkt	Auftragsmenge pro Periode (Stück)	Verkaufspreis je Stück (€)	variable Stückkosten (k_v) (€)	Verpackungszeit je Stück (Min.)
A	80	65,00	53,00	6
B	50	85,00	70,00	15
C	100	70,00	62,00	2
D	60	77,00	57,00	4

Zurzeit besteht kein Fertigungsengpass und es fallen anteilige Fixkosten von 1.960,00 € an.

a) Ermitteln Sie die Reihenfolge, in der die Produkte hergestellt werden sollen.
b) Berechnen Sie das in der Abrechnungsperiode erwirtschaftete Betriebsergebnis.
c) Aufgrund dringend erforderlicher Wartungsarbeiten ergibt sich für die folgende Periode ein Engpass am Fertigungsautomaten. An diesem Automaten stehen insgesamt 1 490 Fertigungsminuten zur Verfügung. Ansonsten bleiben die Daten der Vorperiode erhalten.
Ermitteln Sie nun die Fertigungsreihenfolge unter Berücksichtigung des entstandenen Engpasses.
d) Ermitteln Sie die Fertigungsmenge für jedes Produkt, die aufgrund des Engpasses (siehe c)) und der von Ihnen festgelegten Reihenfolge in dieser Periode umgesetzt werden kann.
e) Berechnen Sie das in dieser Abrechnungsperiode unter Berücksichtigung des Engpasses erreichbare Betriebsergebnis.

→

f) Die Fehlmenge, die aufgrund des Engpasses nicht fertiggestellt werden kann, könnte durch ein fremdes Unternehmen geleistet werden. Der Bezugspreis beträgt 80,00 € pro Stück. Ebenso wäre es möglich, die Fehlmenge in Überstunden im eigenen Betrieb zu fertigen. Dafür fallen pro Fertigungsminute 1,00 € zusätzliche variable Kosten an.
Entscheiden Sie sich für eine dieser Alternativen und begründen Sie Ihre Entscheidung.

4. Welche der folgenden Aussagen treffen auf den Stückdeckungsbeitrag zu?

a) *Der Stückdeckungsbeitrag ergibt sich aus dem Verkaufserlös pro Stück abzüglich der variablen Kosten je Stück.*
b) *Ein Stückdeckungsbeitrag > 0 führt zur Verbesserung des Betriebsergebnisses.*
c) *Ein Stückdeckungsbeitrag = 0 deckt zumindest einen Teil der Fixkosten.*
d) *Ein Stückdeckungsbeitrag < 0 deckt einen Teil der variablen Stückkosten.*
e) *Ein Stückdeckungsbeitrag = 0 leistet keinen Beitrag zur Deckung der Fixkosten.*
f) *Produkte, die einen Verlust erwirtschaften, können dennoch einen positiven Stückdeckungsbeitrag besitzen.*
g) *Ein Stückdeckungsbeitrag = 0 deckt lediglich einen Teil der variablen Stückkosten.*
h) *Ein Produkt mit einem Stückdeckungsbeitrag = 0 sollte aus dem Fertigungsprogramm genommen werden.*
i) *Der Stückdeckungsbeitrag ergibt sich aus dem Verkaufspreis pro Stück abzüglich der Stückkosten.*

5. Für die folgende Abrechnungsperiode rechnet ein Industriebetrieb für ein bestimmtes Montageteil mit einem Absatz von 800 Stück. Berechnen Sie die in der Tabelle fehlenden Werte und bestimmen Sie die optimale Losgröße.

Losgröße (Stück)	Ø Lagerbestand (Stück)	Lagerkosten (€)	Rüstkosten (€)	Gesamtkosten (€)
200	100	400,00	100,00	
160	80			
100	50			
80	40			
50	20			

6. Folgende Vorgangsliste wurde Ihnen von der Arbeitsvorbereitung zur Verfügung gestellt:

Vorgangsliste		
Vorgangsnummer	**Dauer in Tagen**	**Vorgänge**
1	6	–
2	3	1
3	4	1
4	2	1
5	5	2, 3
6	4	3
7	3	3, 4
8	8	4
9	1	5, 6
10	4	7
11	2	8
12	3	9, 10, 11

a) Zeichnen Sie mit Hilfe der Vorgangsliste ein Balkendiagramm und ermitteln Sie die Gesamtdauer des Projekts.

b) Erstellen und berechnen Sie mit Hilfe der Vorgangsliste einen Netzplan und überprüfen Sie die mit Hilfe des Balkendiagramms ermittelte Gesamtdauer des Projekts.

c) Erläutern Sie den Begriff „Kritischer Weg“ und zeichnen Sie diesen in den Netzplan ein.

d) Welche Auswirkungen haben folgende Veränderungen im zeitlichen Ablauf auf die Gesamtdauer bzw. auf den kritischen Weg? Beziehen Sie diese Auswirkungen immer auf den ursprünglichen Netzplan.

1.: Vorgang 2 dauert vier Tage länger als geplant.

2.: Vorgang 8 verkürzt sich um drei Tage.

3.: Vorgang 5 verlängert sich auf sechs Tage.

4.: Vorgang 4 lässt sich an einem Tag erledigen.

7. Beantworten Sie folgende Fragen zu dem unten abgebildeten Netzplanausschnitt.

a) An welchem Tag kann Vorgang 8 frühestens beginnen?

b) An welchem Tag muss Vorgang 5 spätestens beginnen?

c) Wie viele Tage beträgt der Gesamtpuffer von Vorgang 6?

d) Wie viele Tage beträgt der freie Puffer von Vorgang 6?

e) Wie viele Tage beträgt der freie Puffer von Vorgang 5?

f) Wann muss Vorgang 4 spätestens beendet sein?

g) Welche Vorgänge liegen auf dem kritischen Weg durch diesen Netzplanausschnitt?

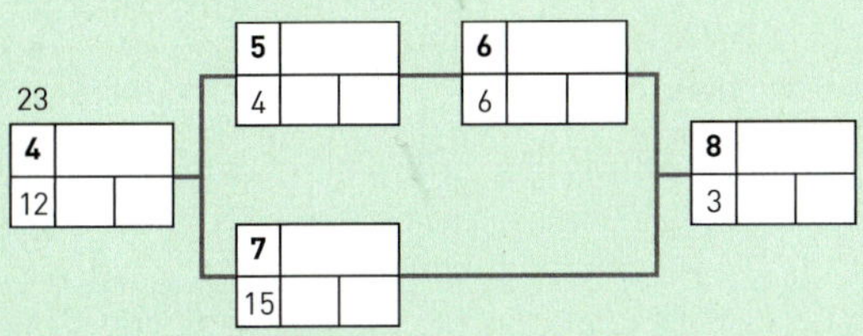

8. Welcher Funktionsbereich ist für die Beseitigung prozessbedingter Engpässe während der Herstellung zuständig?

a) *Terminplanung*

b) *Materialplanung*

c) *Arbeitsvorbereitung*

d) *Fertigungssteuerung*

9. Welche der folgenden Aussagen zur Durchlaufzeit in der Fertigung sind falsch?

Eine Verkürzung der Durchlaufzeiten in der Fertigung

a) *erfordert größere Zwischenlager.*

b) *kann zu einer besseren Auslastung der Kapazitäten führen.*

c) *erhöht die Kapitalbindung.*

d) *erhöht die Produktivität in der Fertigung.*

e) *erleichtert die Arbeitsvorbereitung.*

f) *erfordert eine flexiblere Fertigungssteuerung.*

g) *ist eine wesentliche Zielsetzung der Produktionswirtschaft.*

h) *kann gleichzeitig mit einer Maximierung der Kapazitätsauslastung erreicht werden.*

→

10. Ein bestimmter Prozess zur Fertigung eines Montageteiles kann auf drei unterschiedlichen Maschinen durchgeführt werden.

Folgende Kosten entstehen:

	Rüstkosten	Fertigungskosten je Stück (ohne Rüstkosten)
Maschine 1	200,00 €	0,25 €
Maschine 2	60,00 €	0,30 €
Maschine 3	20,00 €	0,40 €

a) Auf welcher Maschine würden Sie einen Kundenauftrag von 150 Stück fertigen?

b) Auf welcher Maschine würden Sie einen Kundenauftrag von 2 000 Stück fertigen?

c) Bei welcher Auftragsmenge sind die Gesamtkosten der Maschinen 1 und 2 gleich?

d) Warum lohnt sich die Fertigung auf der Maschine 1 anscheinend erst bei relativ hohen Stückzahlen?

11. Über welche Jahreskapazität (in Mio. t) verfügt ein Industrieunternehmen, das bei einem Beschäftigungsgrad von 90 % monatlich 1 000 000 t fertigt?

12. Welche Ergänzung des Satzanfangs ist richtig?

Die Aufgaben der Fertigungsplanung beziehen sich auf

a) *die räumliche und zeitliche Steuerung der Fertigung.*

b) *die Festlegung der Fertigungsabläufe.*

c) *die kundenauftragsbezogene Einsatzplanung der Produktionsfaktoren.*

d) *die Überwachung des Fertigungsprozesses.*

e) *die Festlegung des Produktionsprogramms.*

f) *die Erstellung des Basisarbeitsplans.*

13. Welche Faktoren sind bei der Ermittlung der optimalen Losgröße zu berücksichtigen?

a) *die Rüstzeit*

b) *die Kapitalbindungskosten*

c) *das Fertigungsverfahren*

d) *die Maximalkapazität*

e) *die jährlich zu produzierende Menge*

f) *die Lagerkosten*

14. In der Montageabteilung der Meyer Geräte GmbH soll ein neuer Gerätetyp G100 gefertigt werden, obwohl diese Abteilung bereits mit der bisherigen Produktion von drei anderen Gerätetypen an der Kapazitätsgrenze von 2 500 Stunden/Monat arbeitet. Eine Ausweitung der Kapazität ist kurzfristig nicht möglich, sodass der neue Gerätetyp G100 nur gefertigt werden kann, wenn ein anderer Gerätetyp ganz oder teilweise aus der Montage herausfällt. Die Entscheidung soll sich danach richten, welches Produktionsprogramm den höchsten Deckungsbeitrag insgesamt und damit bei unveränderten fixen Kosten auch den höchsten Gewinn erbringt.

Folgende Daten liegen vor:

Gerätetyp:	G20	G40	G80	G100
Nettoverkaufspreise	46,00 €	62,50 €	72,00 €	81,00 €
variable Stückkosten	28,40 €	36,50 €	39,50 €	42,40 €
Montagezeiten	7,5 Minuten	10 Minuten	12 Minuten	15 Minuten
Produktions-(= Absatz-)Menge	6 000 Stück	5 500 Stück	4 000 Stück	2 500 Stück

Der Controller Dr. Wierichs bereitet die Entscheidung mit Hilfe alternativer Rechnungen vor:

1. Er stellt zunächst fest, wie hoch die Kapazitätsauslastung bei der bisherigen Fertigung der Geräte G20, G40 und G80 ist, und welcher Deckungsbeitrag dabei insgesamt erzielt wird.
2. Danach stellt er eine Rechnung auf, in der die Produktion nach den relativen Deckungsbeiträgen ausgerichtet wird. Das in der Rangfolge schwächste Gerät wird dann nur noch im Rahmen der verbleibenden Reststunden montiert.
3. Schließlich überlegt er, ob die Ertragssituation dadurch verbessert werden kann, dass das in der Rangfolge schwächste Gerät ganz aus der Montage herausgenommen wird. Die verbleibenden Montagestunden sollen dann auf die Herstellung desjenigen Gerätes gelegt werden, das den höchsten relativen Deckungsbeitrag erzielt. Gehen Sie in der Berechnung davon aus, dass die zusätzlich hergestellten Gerätetypen auch abgesetzt werden könnten.

Prüfen Sie die Alternativen und geben Sie eine begründete Empfehlung.

15. Die Margret Terhardt GmbH stellt Regenschirme her, die für 40,00 € verkauft werden. Die Maximalkapazität liegt bei 2 000 Stück pro Monat. Die monatlichen Fixkosten betragen 12.000,00 €, die variablen Stückkosten 30,00 €. Aufgrund der Marktlage werden im Mai 1 400 Stück hergestellt.

a) Ermitteln Sie den Beschäftigungsgrad.

b) Erläutern Sie die Begriffe „Leerkosten“ und „Nutzkosten“.

c) Ermitteln Sie die pro Monat entstehenden Leerkosten für die nicht genutzten Kapazitäten.

d) Berechnen Sie den monatlichen Nutzkostenanteil an den entstandenen Fixkosten in % und Euro.

e) Stellen Sie den Zusammenhang und den Verlauf der Leerkosten sowie Nutzkosten grafisch dar (Y-Achse: Kosten; X-Achse: Beschäftigungsgrad).

f) Ermitteln Sie in einer Tabelle die Gesamtkosten, die Stückkosten, die Nutzkosten sowie die Leerkosten für folgende Beschäftigungsgrade: 0 %, 25 %, 50 %, 70 %, 75 % und 100 %.

Beschreiben Sie die Entwicklung der Nutzkosten und Leerkosten sowie der Stückkosten in Abhängigkeit von Nutz- und Leerkosten.

g) Berechnen Sie den erwirtschafteten Gewinn bzw. Verlust für den Monat Mai.

h) Ermitteln Sie die Gewinnschwelle
   1. rechnerisch und
   2. grafisch.

i) Beschreiben Sie die Auswirkungen folgender Veränderungen jeweils auf die Gesamtkosten-/Erlöskurve sowie auf den Break-even-Point.
   1. Erhöhung der Fixkosten (K_f)
   2. Erhöhung der variablen Kosten (K_v)
   3. Erhöhung des Verkaufspreises (p)
   4. Senkung der Fixkosten (K_f)
   5. Senkung der variablen Kosten (K_v)

→

16. a) Entscheiden Sie für jede der folgenden Kostenarten, ob es sich um fixe oder variable Kosten handelt.

(1) Rohstoffverbrauch, (2) Akkordlohn, (3) lineare Abschreibung, (4) Gehälter, (5) Miete für Lagerhalle, (6) Grundsteuer, (7) Hilfsstoffverbrauch, (8) Ausschuss, (9) Überstundenzuschläge, (10) Zinsen für investiertes Kapital

b) Folgender Kostenverlauf wurde ermittelt:

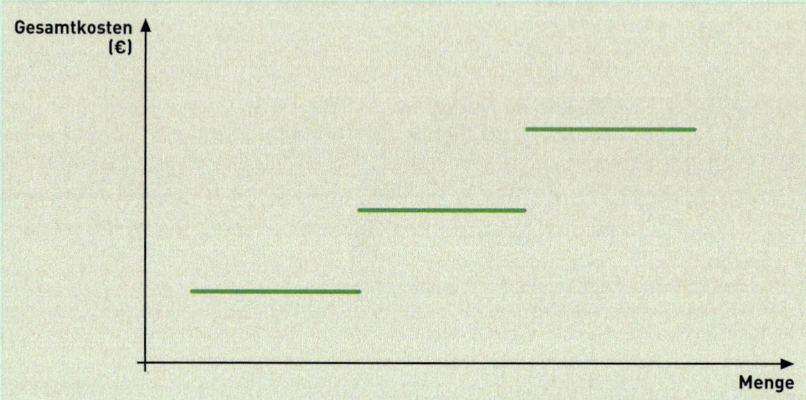

1. Wie werden Kosten mit dem hier gezeigten Verlauf genannt?
2. Erläutern Sie diesen Kostenverlauf mit Hilfe eines Beispiels aus der Praxis.

17. Beurteilen Sie, ob die folgenden Aussagen richtig oder falsch sind.

a) *Die variablen Kosten sind immer proportional.*

b) *Überproportionale variable Kostenverläufe führen zu steigenden variablen Stückkosten.*

c) *Ein linearer Gesamtkostenverlauf führt in der Regel zu sinkenden Stückkosten.*

d) *Unterproportionale variable Kostenverläufe führen immer zu sinkenden Stückkosten.*

e) *Bei einem progressiven Verlauf der Gesamtkosten sind die Fixkosten konstant.*

f) *Bei linearem Gesamtkostenverlauf fallen die variablen Stückkosten.*

18. Ein Kölner Industriebetrieb stellt ein Montageteil her, das folgende Erzeugnisstruktur aufweist:

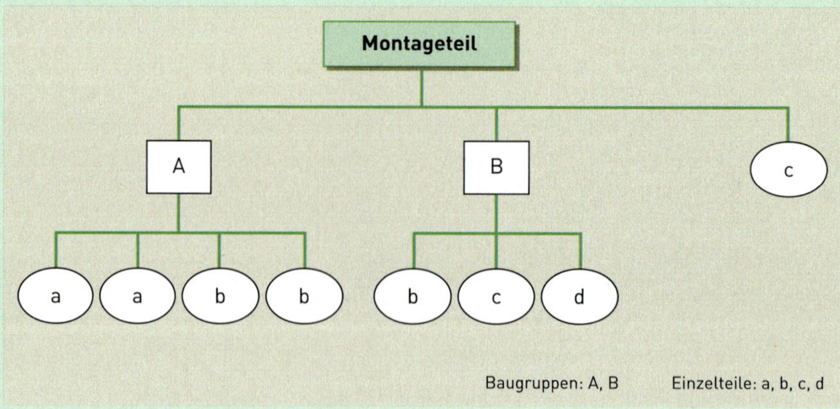

Die Fertigung der Einzelteile erfolgt hintereinander an den Maschinen M 1 bis M 5. Die Endmontage erfolgt erst, wenn alle Einzelteile für das Montageteil gefertigt wurden.

Die Fertigungszeiten zur Erstellung der Einzelteile an den verschiedenen Maschinen sind in folgender Tabelle zusammengefasst:

	M 1	M 2	M 3	M 4	M 5	Montage
A	0,5 Minuten	–	1,5 Minuten	0,5 Minuten	1,0 Minuten	1,0 Minuten
B	0,5 Minuten	–	1,0 Minuten	0,5 Minuten	0,5 Minuten	
C	–	0,5 Minuten	0,5 Minuten	–	0,5 Minuten	
D	–	0,5 Minuten	–	1,0 Minuten	–	

Transport- und Liegezeiten entstehen nicht.

a) Ermitteln Sie mit Hilfe einer Mengenübersichtsstückliste den Bedarf an den jeweiligen Einzelteilen für einen Kundenauftrag über 180 Montageteile.

b) Ermitteln Sie mit Hilfe der progressiven Terminplanung den frühestmöglichen Liefertermin, wenn die Lieferung am Folgetag der Fertigstellung erfolgen kann. Verwenden Sie die entsprechenden Buchstaben zur Kennzeichnung der Felder.

	Stunden																															
	01.08.								02.08.								03.08.								04.08.							
	1	2	3	4	5	6	7	8	9	10	11	12	13	14	15	16	17	18	19	20	21	22	23	24	25	26	27	28	29	30	31	32
M 1																																
M 2																																
M 3																																
M 4																																
M 5																																
Mo																																

c) Wann muss die Fertigung der Einzelteile spätestens beginnen, damit am Morgen des 05.08. der Kundenauftrag verpackt und geliefert werden kann? Verwenden Sie die entsprechenden Buchstaben zur Kennzeichnung der Felder.

19. a) Welche der folgenden Größen wirken sich auf die Ermittlung der optimalen Losgröße nicht aus?

(1) Lagerhaltungskosten, (2) Investitionskosten, (3) Jahresbedarfsmenge, (4) verfügbarer Lagerbestand, (5) Lager- und Zinssatz, (6) Rüstkosten, (7) Anzahl der Mitarbeiter in der Fertigung

b) Beschreiben Sie Kriterien, die Einfluss auf die Festlegung der Losgröße haben.

20. Die Fertigungsplanung der Leistungserstellung im Rahmen der Produktionssteuerung wird durch alltäglich auftretende Störungen erschwert. Diese Störungen treten als

a) arbeitsbedingte Störungen,
b) anlagenbedingte Störungen,
c) materialbedingte Störungen,
d) dispositionsbedingte Störungen auf.

Nennen Sie jeweils zwei Beispiele für diese unterschiedlichen Störungsarten.

4
Produktionskontrolle

Einführung

Produktionskontrolle findet während und nach den Produktionsprozessen statt, damit die Kundenanforderungen umfassend erfüllt werden können. Im Zuge von Produktentwicklungen werden denkbare Produktionskontrollen bereits mitentwickelt. Innerhalb der vielfältigen Aufgaben der Produktionskontrolle dominiert die Qualitätssicherung.

Beispiel

Die Heidtkötter KG äußert bereits im Leitbild, dass Qualität im Vordergrund steht. Die Tragweite der Qualitätsanstrengungen der Heidtkötter KG dokumentiert sich in der Zertifizierung des Qualitätsmanagementsystems.

Eine Systematisierung der Verfahren der Produktionskontrolle lohnt sich. Nachfolgend werden zunächst grundsätzlich die Aufgaben und Probleme der Produktionskontrolle beschrieben und im Hinblick auf „Qualitätsaspekte" verdichtet. Darauf aufbauend werden gängige Konzepte zur Qualitätssicherung und -steigerung vorgestellt und beurteilt. Abschließend werden die gestiegenen Qualitätsanstrengungen einer kostenmäßigen Beurteilung unterzogen: Unter Einsatz des Modells der Qualitätskosten wird geprüft, unter welchen Umständen sich Investitionen in Qualität lohnen können.

4.1
Aufgaben und Probleme der Produktionskontrolle

Unternehmen müssen die vom Markt formulierten Anforderungen möglichst präzise erforschen. In der Produktion werden die Marktanforderungen dann umgesetzt. Ziele müssen marktgerecht definiert, die Produktionsprozesse entsprechend eingeleitet werden. Die **Produktionskontrolle** übernimmt dabei die Funktion der Überwachung, Überprüfung und Analyse der jeweiligen Zielerreichung, bevor die erstellte Leistung mit dem Kunden in Kontakt kommt.

Produktionskontrolle

Produktionskontrolle					
Mengen	Auslastung	Termine	Kosten	Verbrauch	Qualität

Ohne Produktionskontrolle ist die Wettbewerbsfähigkeit auf Dauer in Gefahr:

Produktionsziele	Zielverfehlung	Risiko
Produktionskostenziel	tatsächliche Produktionskosten > geplante Produktionskosten	↑ Verkaufspreise ↓ Absatz
Termineinhaltung	Terminüberschreitungen	Vertragsstrafen, Kundenverlust
Qualitätssicherung	Kunde entdeckt Fehler am ausgelieferten Produkt.	Zusatzkosten (Nacharbeit), Imageverlust
Minimierung des Materialverbrauchs	tatsächlicher Verbrauch > geplanter Verbrauch	↑ Verkaufspreise ↓ Absatz
optimale Kapazitätsauslastung	Abweichung von Optimalkapazität	↑ Produktionskosten ↑ Leerkosten
permanente Lieferfähigkeit	Lieferschwierigkeiten	Imageverlust, Kundenverlust

Die Produktionskontrolle wird dadurch erschwert, dass Marktanforderungen zum Teil in nicht messbaren Größen ausgedrückt werden:

Beispiel

Die Heidtkötter KG soll auftragsbezogen 1 000 Seminartische produzieren, die u. a. folgende Anforderungen erfüllen sollen:

	nicht eindeutig	eindeutig
Marktanforderung	schmale Tischbeine	insgesamt vier Tischbeine
Erklärung	Das Adjektiv „schmal" ist subjektiv interpretierbar. Alles kann schmal sein. (Im Vergleich zum Mount Everest ist ein Elefant ein schmales Tier.)	Die Aussage „vier Tischbeine" ist durch Nachzählen eindeutig überprüfbar.

Die Eigenschaft „schmal" muss also konkretisiert werden, damit das Ergebnis vergleichbar überprüft werden kann (z. B. Durchmesser eines Tischbeins in mm).

Messgrößen der Produktionskontrolle

In Zusammenarbeit mit der Produktionsplanung müssen Messgrößen fixiert werden, die eine anforderungsgerechte Überwachung des Produktionsprozesses ermöglichen. In Bezug auf die oben genannten Aufgaben der Produktionskontrolle können bis auf die Qualitätskontrolle relativ einfach eindeutige Messgrößen benannt werden:

Aufgabe	Messgröße
Kostenkontrolle	Kostenbestandteile in €
Terminkontrolle	konkrete Zeitangaben (Datum)
Verbrauchskontrolle	Verschnitt/Verbrauch ist z. B. in m^2 oder m^3 messbar.
Auslastungskontrolle	Der Beschäftigungsgrad einer Maschine ist etwa über U/min messbar.
Mengenkontrolle	Vergleich von Produktions- und Absatzmengen

DIN EN ISO 8402

In der **Qualitätskontrolle** bestehen Schwierigkeiten bei der Festlegung eindeutiger Messgrößen, weil Qualität subjektiv empfunden wird. Es gibt keine allgemeingültige Vorstellung, was Qualität überhaupt ist. Um einen einheitlichen Sprachgebrauch in der wirtschaftlichen Realität zu fördern, definiert das Deutsche Institut für Normung e. V. daher eine Norm: *Qualität ist die Gesamtheit von Merkmalen einer Einheit bezüglich ihrer Eignung, festgelegte und vorausgesetzte Erfordernisse zu erfüllen.*

Qualität

Auf ein Industrieunternehmen übertragen gilt: **Qualität** ist die Beschaffenheit einer Leistung hinsichtlich ihrer Übereinstimmung mit den gestellten Anforderungen von Kunden, vom Markt, vom Gesetzgeber und vom Unternehmer.

Die gestellten Anforderungen der Abnehmer drücken sich letztlich in Qualitätsmerkmalen aus, die durch das Unternehmen – sofern technisch und wirtschaftlich machbar – umgesetzt werden. Dieser Prozess wird im Wesentlichen durch die Produktentwicklung geleistet, sodass die später wahrgenommenen Qualitätsmerkmale angemessen antizipiert werden müssen.

Beispiel

Die deutsche Automobilindustrie hielt die Entwicklung der Rußpartikelfilter für Dieselfahrzeuge nicht für notwendig. Als die neue Generation von Dieselfahrzeugen marktfähig war, trat eine europäische Richtlinie durch Bundesratsbeschluss in Kraft, die den Einsatz von Rußpartikelfiltern in Dieselfahrzeugen vorschreibt. Dieselfahrzeuge ohne Rußpartikelfilter müssen seither höhere Kfz-Steuern zahlen. Der Absatz deutscher Dieselfahrzeuge brach ein. Die Verbraucher kauften vermehrt französische Fahrzeuge, die serienmäßig über Rußpartikelfilter verfügten. Fabrikate aus Deutschland mussten hingegen gegen Aufpreis nachgerüstet werden, wenn die Halter eine höhere Kfz-Steuer vermeiden wollten. Aufgrund gesetzlicher Vorgaben entsprach das Preis-Leistungs-Verhältnis der deutschen Hersteller also nicht mehr den Marktanforderungen.

Qualitäts-merkmale

Mögliche Dimensionen von **Qualitätsmerkmalen** in Abhängigkeit von der Produktentwicklung, -nutzung und -entsorgung zeigt nachfolgende Übersicht:

Produktentwicklung	Produktnutzung	Produktentsorgung
■ Fehlerfreiheit ■ Präzision ■ Zuverlässigkeit ■ Sicherheit ■ Montierbarkeit ■ Lagerfähigkeit ■ Transportfähigkeit ■ Wartungsfähigkeit ■ Normgerechtigkeit ■ Vorschriftsmäßigkeit	■ Funktionalität ■ Stil/Mode ■ Haltbarkeit ■ Servicegrad ■ Umweltverträglichkeit ■ Zukunftsoffenheit ■ Wertbeständigkeit ■ Vorschriftsmäßigkeit	■ Umweltverträglichkeit ■ Wirtschaftlichkeit ■ Vorschriftsmäßigkeit

Im Zuge des Wandels von Verkäufer- und Käufermärkten veränderte sich auch das Qualitätsverständnis in den Unternehmen:

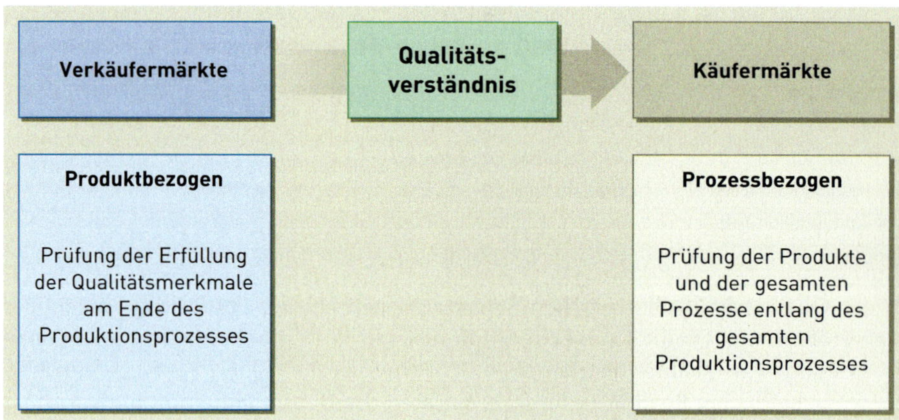

Das veränderte Qualitätsbewusstsein schreibt den Mitarbeitern eine wichtige Funktion zu. Qualität kann nicht geprüft, sondern muss durch Prozessbeherrschung erzeugt werden.

Aufgaben

› Kap. 4.1

1. Sammeln Sie Produktionsziele und leiten Sie entsprechende Aufgaben für die Produktionskontrolle ab.

2. Beschreiben Sie konkrete Beispiele für die Zielverfehlungen der in Aufgabe 1. genannten Produktionsziele und leiten Sie daraus resultierende Risiken für das Unternehmen ab.

3. Beschreiben Sie am Beispiel des Produktes *Smartphone* Ihr Verständnis von Qualität.

4. Erläutern Sie die Hauptaussage des Cartoons.

5. Sammeln Sie Eigenschaften bzw. Bestimmungsmerkmale von Qualität aus der Perspektive der Unternehmung und der Perspektive der Umwelt (Kunden, Gesetzgeber, Konkurrenten).

6. Formulieren Sie Maßnahmen, die zur Produktqualität beitragen.

aus: www.orgenda.de/service/grussrubrik.asp?id=2
(abgerufen am 29.05.2007)

7.

Fit mit Hanteln:
Gute Qualität und richtige Anleitung sind wichtig

Hamburg. In der Fernsehwerbung sieht es kinderleicht aus. Doch Hanteltraining ist weit anspruchsvoller, als mancher denkt. Denn anders als beim Gerätetraining bewegt der Sportler die Gewichte frei, sein Körper hat keine Stütze. [...]
Im Verein oder Fitnessstudio kann man meist eine Reihe unterschiedlicher Hanteln testen. Für den Hausgebrauch bieten sich Kurzhanteln, Aerobic-Hanteln mit Handschlaufen oder Gewichtsmanschetten an. Sie brauchen wenig Lagerplatz und lassen sich vielfältig einsetzen. [...]
Sowohl bei Leihhanteln als auch beim Kauf eigener Geräte gilt: „Die Hand muss den Griff fest umschließen. Der darf nicht rutschig sein, auch wenn die Hände ein bisschen feucht werden“, sagt Helbig. Hilfreich sind Riffelungen oder Perforierungen. Stemper weist auf Sicherheitsaspekte hin: Das Gerät sollte über ein anerkanntes Prüfzeichen verfügen. Das Verschlusssystem der Gewichte muss sich einfach lösen und feststellen lassen. Weder an den Griffen noch an der Stange dürfen unsauber verarbeitete Stellen oder Ränder erkennbar sein.
Für die Trainingsintensität ist das Gewicht maßgeblich. Wer es je nach Übung, Tagesverfassung oder Trainingsfortschritt verändern möchte, ist mit einer oder zwei Hantelstangen und variabel aufsteckbaren Scheibensätzen gut bedient. Gewichtsscheiben sind in Eisen oder auch mit Gummiummantelung zu bekommen. Dieter Welsink vom Deutschen Verband für Physiotherapie empfiehlt, aus praktischen Gründen auf Gummiummantelungen zu setzen: „Sie schonen den Boden und verursachen beim Training eine geringere Lärmentwicklung.“ [...] Ob man im Wohnzimmer, im Schlafraum oder im Keller trainiert, ist egal – Hauptsache, die Umgebung ist sicher. Eine Matte auf dem Fußboden sorgt für sicheren Stand und federt im Notfall eine herunterfallende Hantel oder eine Gewichtsscheibe ab. „Außerdem sollte kein Durchgangsverkehr herrschen“, sagt der Physiotherapeut. „Kleine Kinder haben in der Nähe von Hanteln nichts zu suchen.“ In Hantel- und Scheibenständern sind die Geräte sicher aufbewahrt. [...]

Quelle: www.aachener-zeitung.de, abgerufen am 02.01.2013

Nennen Sie die im Text genannten Qualitätsmerkmale für Hanteln.

4.2 Qualitätssicherungssysteme

4.2.1 Qualitätsmanagement

Qualitäts-management

Ein **Qualitätsmanagement** ermöglicht eine systematische Qualitätskontrolle durch die Teilfunktionen Qualitätsplanung, Qualitätssteuerung, Qualitätskontrolle und durch das Bindeglied Feedback (Rückkopplung) im Sinne einer Qualitätsverbesserung und der Dokumentation.

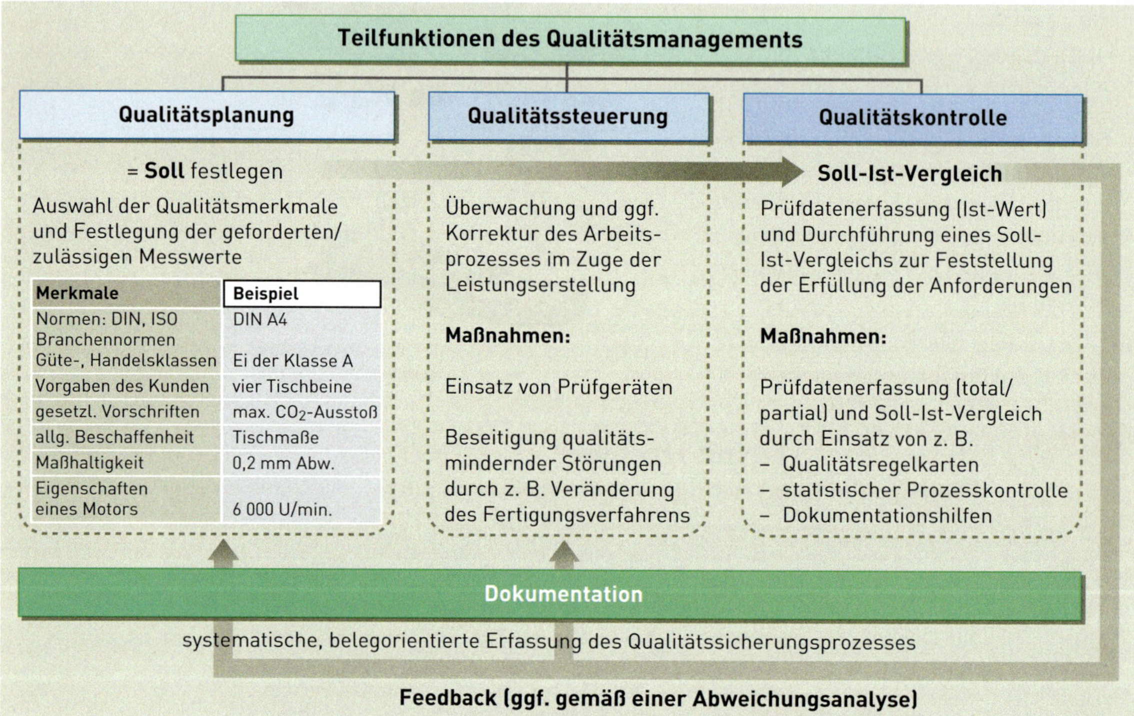

Das Feedback ist im systematischen Qualitätsmanagement besonders wichtig. Es ermöglicht durch den Soll-Ist-Vergleich eine Prozessverbesserung durch Anpassung der Planvorgaben. Der Soll-Ist-Vergleich ist folglich der Ausgangspunkt einer eventuellen **Abweichungsanalyse**, die immer dann erforderlich ist, wenn Soll und Ist nicht übereinstimmen.

Beispiel

Der Zuschnitt einer Cutteranlage für den Bezug von Bürostühlen weist folgende Abweichungen zu unterschiedlichen Messzeitpunkten in der Frühschicht auf:

Messung	Sollwert (Länge x Breite)	Istwert	Abweichung
09:00 Uhr	600 mm x 500 mm	597 mm x 500 mm	– 003 mm x 000 mm
11:00 Uhr	600 mm x 500 mm	596 mm x 500 mm	– 004 mm x 000 mm
13:00 Uhr	600 mm x 500 mm	590 mm x 500 mm	– 010 mm x 000 mm

Die anschließende Abweichungsanalyse liefert folgende Ursachen:
- Zufuhrfehler der Stoffrolle (Verankerung der Stoffrolle nicht richtig fixiert)
- Stoffqualität nicht in Ordnung (Stoff hält der Zugkraft in der Cutteranlage nicht angemessen stand)

Lösung: Stoffrolle ausgewechselt und richtig fixiert

Fehler

Abweichungen führen zur Nichterfüllung von Anforderungen und werden gemäß dem Deutschen Institut für Normung e. V. als **Fehler** bezeichnet (DIN 8402). Die Ursachen für Fehler sind so präzise wie möglich zu ergründen. Qualitätssicherungsinstrumente helfen, die Art und Häufigkeit des Auftretens im Zeitablauf und den Ort des Fehlers zu dokumentieren.

Bei einer Abweichungsanalyse geht es darum, Ursachen für die aufgetretenen Fehler aufzudecken und Maßnahmen zur Fehlerreduzierung bzw. Qualitätssicherung einzuleiten.

Fehlerarten nach dem Grad der Funktionsfähigkeit des Produktes

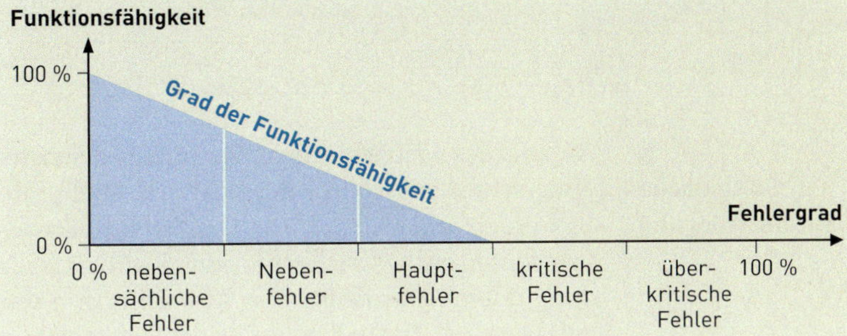

Fehler schränken die Funktionsfähigkeit des Erzeugnisses unterschiedlich stark ein: Nebensächliche Fehler schränken die Funktionsfähigkeit eines Produktes kaum ein. (Beispiel: Ein Fahrrad hat Kratzer im Lack.) Bei Nebenfehlern sinkt bereits der Grad der Funktionsfähigkeit. (Der kleinste Gang am Fahrrad lässt sich nicht einlegen.) Hauptfehler bewirken, dass das Produkt nicht mehr funktioniert, kritische Fehler und überkritische Fehler führen zur Unbrauchbarkeit. Während ein kritischer Fehler von vornherein keinen Gebrauch zulässt (z. B. Pedalbruch beim Fahrrad), kann ein Gebrauch bei einem überkritischen Fehler lebensgefährlich sein (z. B. defekte Bremsen).

Mängel

Jeder Fehler muss behoben werden, bevor das Produkt mit dem Kunden in Kontakt kommt. Oft werden Fehler jedoch erst im Nachhinein vom Kunden entdeckt. Juristisch gesehen werden Fehler dann als **Mängel** bezeichnet, die nach geltendem Kaufvertragsrecht vom Verkäufer zu beheben sind. Zudem können aufgrund des Produkthaftungsgesetzes Ansprüche des Abnehmers gegenüber dem Verkäufer entstehen.

› Teil A, Kap. 3.1 Management-Regelkreis

Neben der Qualitätskontrolle kann der Management-Regelkreis auf die weiteren Aufgaben der Fertigungskontrolle übertragen werden.

Aufgaben	**Beispiele**			
	Gegenstand	**Soll (Plan)**	**Ist**	**Abweichungsanalyse**
Qualitätskontrolle	Qualitätsvorgaben	Zuschnitt der Tischplatten: Abweichung max. +/– 0,2 mm	Überschreitung des Toleranzwertes: Abweichung max. +/– 1,2 mm	Werkzeugbruch an Säge Z2
Kostenkontrolle	Entwicklung der Produktionskosten	Produktionskosten liegen konstant bei 45,00 € pro Stück	Produktionskosten liegen konstant bei 45,00 € pro Stück	keine Abweichung
Terminkontrolle	Liefertermine	A1: KW 28, A2: KW 29, A3: KW 29	A1: KW 28, A2: KW 30, A3: KW 31	A2, A3 durch Lieferengpässe
Verbrauchskontrolle	Materialverbrauch, Verschnitt/Abfälle	Verschnitt max. 0,1 %	Verschnitt 5,0 %	Werkzeugbruch an Säge Z2
Auslastungskontrolle	Beschäftigungsgrad der Kapazitäten	optimale Kapazitätsauslastung, Beschäftigungsgrad 80 %	Beschäftigungsgrad 60 %	Lieferengpässe verhindern optimale Auslastung
Mengenkontrolle	Vergleich von Produktions- und Absatzmengen	Synchronisation (Produktion orientiert sich an Absatz)	Emanzipation (Produktion auf Vorrat)	Fehlplanungen der Absatzmenge durch falsche Prognosen

Die Beispiele zeigen, dass wesentliche Produktionsziele aufgrund externer Einflüsse nicht erreicht werden konnten. Die Produktionskontrolle muss diese Ergebnisse nun an die Produktionsplanung melden, damit Maßnahmen ergriffen werden können, die eine Zielerreichung im nächsten Beobachtungszeitraum ermöglichen.

4.2.2
Instrumente zur Qualitätssicherung und -steigerung

Bedeutende Verfahren/Instrumente zur Qualitätssicherung (siehe im Folgenden I. bis V.) lassen sich anhand folgender Kriterien systematisieren:

Umfang		Wertschöpfungsstufe			Person	
Wie viele Produkte werden geprüft?		Zu welcher Phase der Leistungserstellung wird geprüft?			Wer unternimmt die Prüfung?	
Vollkontrolle	Stichprobenkontrolle	Vorkontrolle	Zwischenkontrolle	Endkontrolle	Selbstkontrolle	Fremdkontrolle

I. Statistische Qualitätssicherung

Anhand des weitverbreiteten Verfahrens der **statistischen Qualitätssicherung** kann der Unterschied zwischen einer Voll- und Stichprobenkontrolle veranschaulicht werden. Es werden unter Einsatz von **Qualitätsregelkarten** Messwerte erhoben. Die Qualitätsregelkarten enthalten den Korridor des Toleranzbereichs um den Sollwert (siehe Abbildung unten). Das heißt, dass Abweichungen um den Sollwert in gewissem Rahmen zulässig sind. Zur Verbesserung der Prozessfähigkeit werden zudem Warngrenzen definiert, um frühzeitig Störungen durch geeignete Gegenmaßnahmen zu begegnen.

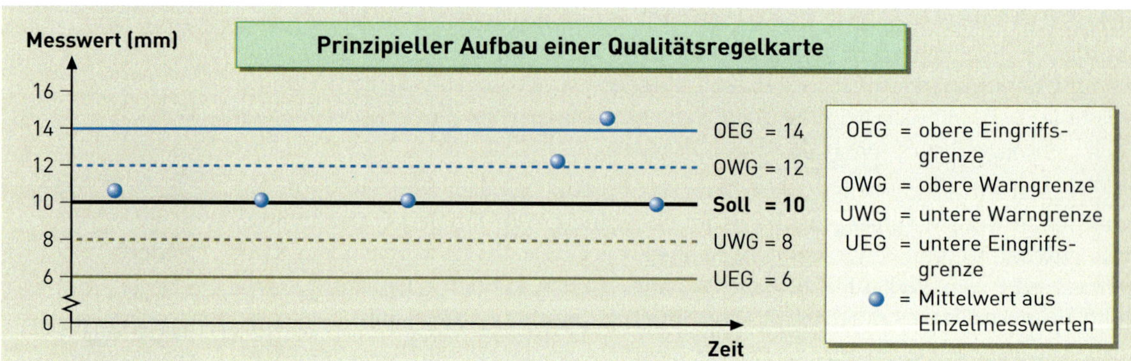

II. Vollkontrolle und Stichprobenkontrolle

Bei der Anwendung einer **Vollkontrolle** wird für jedes gefertigte Erzeugnis ein Messwert erhoben. Bei der **Stichprobenkontrolle** wird hingegen nach einem Zufallsverfahren stichprobenartig kontrolliert. Aus den Abweichungswerten der Stichproben wird dann auf die Grundgesamtheit geschlossen.

Beispiel

Die Heidtkötter KG produziert 100 Hydrauliksysteme für Drehstühle pro Tag. Bei jedem 10. Hydrauliksystem wird ein Messwert erhoben (Stichprobenkontrolle). Die Messergebnisse zeigen, dass von den zehn überprüften Baugruppen zwei fehlerhaft sind. Auf die Tagesproduktion hochgerechnet wird gefolgert, dass insgesamt 20 Hydrauliksysteme Fehler aufweisen.

Das Beispiel deutet an, dass nicht bei allen Produkten „nur“ die Stichprobenkontrolle ausreichend ist. Die Auswahl des Verfahrens erfolgt aufgrund der Produktart und der Marktanforderungen:

Beispiele

Vollkontrolle	Stichprobenkontrolle
■ Fahrzeugbau (z. B. Airbag, Bremsen) ■ Flugzeugbau ■ optische Geräte ■ Militär ■ medizinische Geräte (z. B. Herzschrittmacher)	■ Chemische Industrie ■ Chargenfertigung ■ Massengüter

6101312

III. Quality Function Deployment

Quality Function Deployment (QFD) ist eine zu Beginn der 1970er-Jahre in Japan entwickelte Qualitätsmethode zur Ermittlung der Kundenanforderungen und zu deren direkter Umsetzung in die notwendigen technischen Lösungen. Quality Function Deployment wird als ein vorbeugendes Werkzeug zur Produktdefinition eingesetzt. Der strategische Ansatz ist die Trennung der Kundenanforderungen (Was?) von den technischen Lösungsmerkmalen (Wie?). So werden die Produktmerkmale durch die Entwicklung und die anschließende Auswahl der Betriebsmittel, Methoden und Kontrollmechanismen ausschließlich von den Anforderungen der zukünftigen Kunden bestimmt. Als „Kunde" wird dabei aber nicht nur der Käufer eines Produktes gesehen („externer Kunde", „Käufer"), sondern alle Beteiligten des Umsetzungsprozesses („interner Kunde").

Die Qualitätsmerkmale werden durch Einsatz des sogenannten „House of Quality" messbar. Hierzu werden alle möglichen, verschiedenen technischen Lösungsmöglichkeiten (Produktcharakteristika) mit den Kundenanforderungen intelligent verknüpft und die Beziehungen bewertet. Das Ergebnis ist eine nach Kundenprioritäten ermittelte Produktplanung.

House of Quality

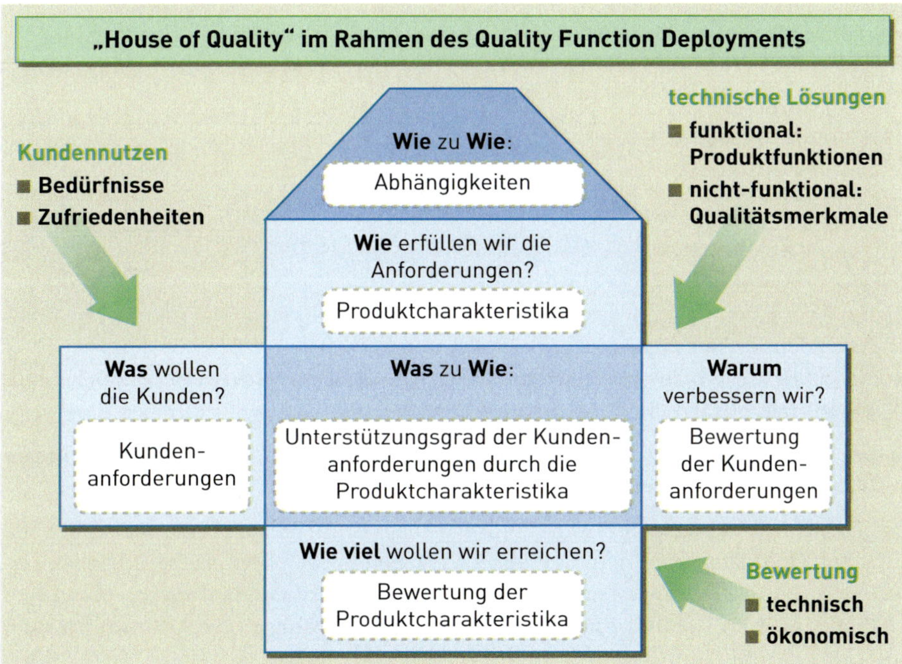

Quelle: www.qfd-ID.de

Die Anwendung von QFD erfordert eine stark teamorientierte Arbeitsweise im Unternehmen, da viele Abteilungen von Beginn an beteiligt werden müssen (FuE, Marketing, Qualitätssicherung usw.). Die Kundenanforderungen werden so für alle Beteiligten von der Entwicklung bis zum Vertrieb durch eine einheitliche Dokumentation transparent. QFD transportiert das Qualitätsverständnis daher besonders eindrucksvoll: Qualität bedeutet Erfüllung von Kundenanforderungen.

IV. Fehlermöglichkeits- und Einflussanalyse

Im Rahmen der Qualitätssicherung folgt die **Fehlermöglichkeits- und Einflussanalyse (FMEA)** dem Grundgedanken einer vorsorgenden Fehlerverhütung anstelle einer nachsorgenden Fehlererkennung und -korrektur. In der Entwicklungsphase werden potenzielle Fehlerursachen identifiziert. Ansonsten anfallende Kontroll- und Fehlerfolgekosten werden in der Produktionsphase oder gar beim Kunden vermieden und die Kosten werden insgesamt gesenkt. Denn: Je später ein Fehler entdeckt wird, desto schwieriger und kostenintensiver ist eine Korrektur.

Zur Ermittlung denkbarer Fehlerursachen wird häufig ein sogenanntes Ursache-Wirkungsdiagramm (siehe unten) erstellt. Es ist möglich, dass schon aufgrund einer erkannten Fehlerursache unmittelbar Hinweise auf mögliche Maßnahmen zur Fehlervermeidung abgeleitet werden können.

Kern der FMEA ist die Risiko-Prioritätszahl (RPZ). Sie ergibt sich anhand der Risikobeurteilung folgender Kriterien:

1. **B**edeutung der Fehlerfolge für den Kunden
2. **A**uftretenswahrscheinlichkeit der Fehlerursache
3. **E**ntdeckungswahrscheinlichkeit (des Fehlers/der Ursache/der Folge)

Die Kriterien werden von einem interdisziplinären Team jeweils mit Zahlenwerten zwischen 1 und 10 unter Berücksichtigung von Bewertungskatalogen eingeschätzt. Die RPZ wird dann wie folgt berechnet:

$$\mathbf{RPZ = B \cdot A \cdot E}$$

Die RPZ liegt immer zwischen 1 und 1 000 (max. 10 · 10 · 10). Durch Vergleich der Fehler mit der RPZ können so Prioritäten für die zu ergreifenden Maßnahmen abgeleitet werden. Die Maßnahmen sind darauf gerichtet,

- die Wahrscheinlichkeit des Auftretens einer Fehlerursache zu reduzieren (z. B. durch den Einbau verbesserter Bauteile) und
- die Entdeckungswahrscheinlichkeit einer potenziellen Fehlerursache zu erhöhen (etwa durch zusätzliche Prüfungen).

Es werden solange Maßnahmen eingesetzt, bis die gewünschten Qualitätsmerkmale des Kunden erfüllt werden.

V. Ursache-Wirkungsdiagramm

Das **Ursache-Wirkungsdiagramm** (Ishikawa-Diagramm) ist ein Hilfsmittel zur Erfassung von Qualitätsproblemen und deren Ursachen (siehe oben). Fehlerursachen lassen sich demnach im Wesentlichen auf die sechs Faktoren Mensch, Maschine, Methode, Material, Management und Mitwelt zurückführen. Die Faktoren werden auch als „Hauptgräten" bezeichnet, die wie bei einem Fisch in weitere Einzelgräten aufgespalten werden können. Es ergibt sich ein typisches Fischgrätenmuster.

Beispiel

Anwendung des Ursache-Wirkungsdiagramms am Beispiel des Bürostuhls *ongis*

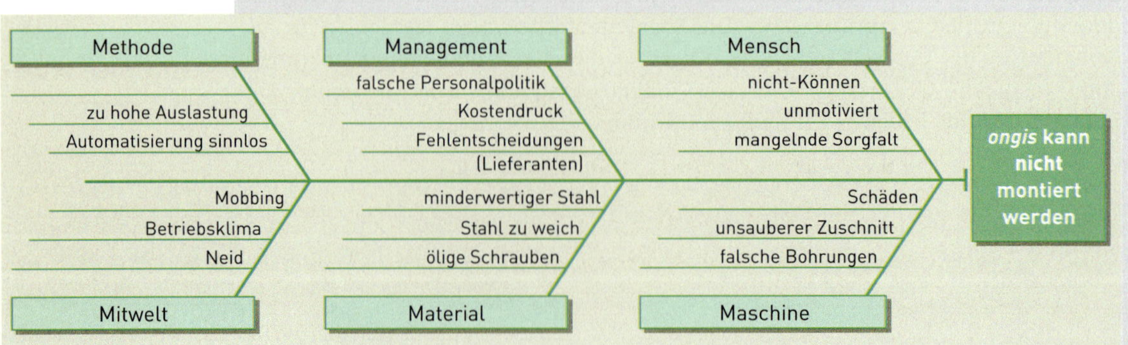

Das Verfahren eignet sich besonders gut zur Problemlösung, weil durch einen gemeinsamen Austausch eine Vielzahl von Ursachen und Abhängigkeiten benannt und anschaulich visualisiert werden können. Ein solches Verfahren folgt einem typischen Problemlösungsprozess:

1. Problem-definition	2. Hauptursachen benennen	3. Einzelursachen ableiten	4. Auswahl und Priorisierung	5. Überprüfung der Qualitätswirkung

Häufig wird das Ursache-Wirkungsdiagramm in Kombination mit weiteren Verfahren zur Qualitätssicherung eingesetzt (etwa FMEA, Qualitätszirkel).

VI. Einbeziehen der Mitarbeiter

Aufgrund der hohen Bedeutung von Qualität und der individuellen Anforderungen an die Qualitätssicherung haben sich in den vergangenen Jahrzehnten weitere Instrumente und Verfahren etabliert. An dieser Stelle nennen wir Beispiele, bei denen der Mitarbeiter in besonderer Weise für die Qualitätssicherung und -verbesserung gewonnen werden soll:

Qualitätszirkel	Betriebliches Vorschlagswesen (BVW)	Qualitätsprämie
Eine kleine Gruppe von Mitarbeitern (etwa 5 bis 10) findet sich freiwillig und abteilungsübergreifend in regelmäßigen Abständen während der Arbeitszeit zusammen. Geleitet durch einen Moderator analysiert sie selbst gewählte Probleme und Schwachstellen aus ihrem Arbeitsbereich. Ausgearbeitete Problemlösungsvorschläge werden bei Effektivität häufig honoriert (Prämie).	Das Ideenpotenzial aller Mitarbeiter in einer Organisation soll genutzt werden. Die besten Verbesserungsvorschläge (Kriterium: Kostensenkung) werden mit einer Prämie bedacht. Das Ziel ist eine Win-win-Situation: Arbeitgeber erzielen eine höhere Qualität zu geringeren Kosten; Arbeitnehmer steigern ihr Einkommen durch Prämien.	Die Qualitätsprämie ist eine Art des Prämienlohns, die zu einer Verbesserung des qualitativen Outputs durch höhere Aufmerksamkeit und Sorgfalt beitragen soll. Voraussetzung ist eine eindeutige Messgröße für Qualität. Ein Beispiel ist die Orientierung der Qualitätsprämie an einer Senkung der Ausschussquote.

4.2.3 Ganzheitliche Qualitätsmanagementkonzepte

Qualitätsmanagementsysteme

Das ausgeprägte Qualitätsbewusstsein der Kunden auf Käufermärkten erfordert eine systematische Qualitätssicherung, an der alle Mitarbeiter des Unternehmens beteiligt werden. Deshalb etablieren sich in immer mehr Unternehmen **Qualitätsmanagementsysteme.** Diese binden alle organisatorischen Einheiten des Unternehmens in ein ganzheitliches Konzept ein und dienen der Qualitätssicherung. Ihr Aufbau ist unternehmensindividuell, allerdings zunehmend branchenabhängig: Abnehmer verlangen u. U. entlang der Wertschöpfungskette den Nachweis eines einheitlichen Qualitätsmanagementsystems, wie etwa die Zertifizierung nach DIN EN ISO 9000 ff., weil sie selbst einem harten Qualitätswettbewerb unterliegen.

DIN EN ISO 9000 ff.

Die Normen der **ISO-9000-Familie** wurden entwickelt, um Unternehmen bei der Entwicklung und Durchführung von Qualitätsmanagementsystemen zu helfen und einen international anerkannten Standard für Qualitätsmanagementkonzepte zu legen. Die DIN-EN-ISO-9000-Familie besteht aus folgenden Kernbereichen:

DIN EN ISO 9000	DIN EN ISO 9001	DIN EN ISO 9004	DIN EN ISO 19011
Grundlagen für Qualitätsmanagementsysteme und Festlegung der Terminologie	Qualitätssicherungskonzept zur Darlegung einer fehlerfreien Produktion	Leitfaden zur Verbesserung der Leistung und des Qualitätsmanagementsystems	Anleitung für das Auditieren[1] von Qualitäts- und Managementsystemen

1 Zur Bedeutung des Audits siehe Abbildung auf Seite 317.

Hauptbestandteile des QM-Systems nach DIN EN ISO 9000 ff.

Gemäß DIN EN ISO 9000 ff. zeichnet sich ein Qualitätsmanagementsystem durch vier Hauptbestandteile aus:

- die Verantwortung der Leitung,
- das Ressourcenmanagement,
- das Prozessmanagement und
- die Messung, Analyse und Verbesserung.

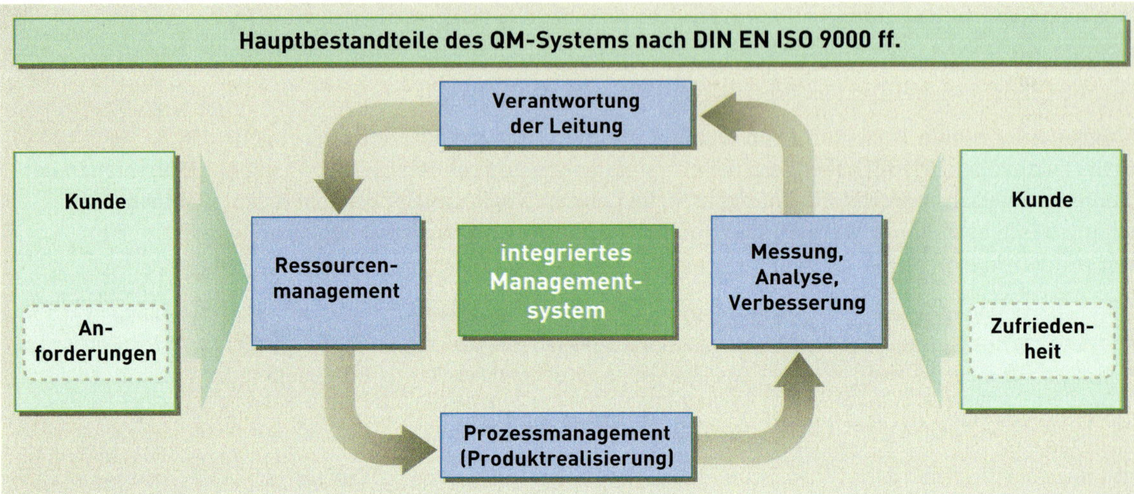

Die generell geforderte Ausgestaltung eines Qualitätsmanagementsystems wird durch die DIN EN ISO 9001 zur Darlegung einer fehlerfreien Produktion konkretisiert. Wie die nachfolgende Abbildung veranschaulicht, sind für die in DIN EN ISO 9000 ff. genannten Hauptbestandteile umfassende Dokumentationen anzufertigen.

Dokumentationen nach DIN EN ISO 9001

nach: www.gsf.de/asse/pics/Homepage_QM_neu.gif, vom 26.06.2007

Unternehmen, die ihr Qualitätsmanagement gemäß der Normen der ISO-9000-Familie organisieren und darüber auch zertifiziert werden wollen, müssen sich von einer zugelassenen Zertifizierungsstelle (etwa TÜV e. V.) in einem **Qualitätsaudit** überprüfen lassen. Die Zertifizierungsstelle überprüft, ob die Strukturen gemäß der Normenreihe erfüllt werden. Bei positiver Einschätzung wird ein Zertifikat mit einer Gültigkeit von drei Jahren ausgestellt, das dem betreffenden Unternehmen bescheinigt, mit dem eingeführten Qualitätsmanagementsystem die Normen der ISO-9000-Familie zu erfüllen. Dabei ist unbedingt zu beachten: Das Zertifikat allein lässt nicht unbedingt den Schluss zu, dass das Produkt qualitativ hochwertig ist. Das Zertifikat zeigt lediglich, dass die Umsetzung der Normen und damit der Strukturen des Qualitätsmanagementsystems kontrolliert wird.

Qualitätsaudit

Qualitätsaudit – Verfahren zur Überwachung und Verbesserung des QM-Systems aufgrund einer unabhängigen, systematischen Untersuchung

Ziele
- Stärken hervorheben
- Schwachstellen aufzeigen
- Verbesserungsmaßnahmen anregen

Ablauf
Einführungsgespräch → Vorprüfung → Befragung/Prüfung → Auditprotokolle → Auditbericht → Abschlussgespräch → Auditfeststellungen → Verbesserungsmaßnahmen

Arten

Systemaudit	Verfahrensaudit	Produktaudit
Beurteilung der einzelnen Elemente eines QM-Systems auf ihre Existenz, Richtigkeit und ihre Anwendung.	Überprüfung aller Prozessschritte und Arbeitsabläufe auf die Zweckmäßigkeit und Einhaltung der Vorschriften.	Stichprobenprüfung von Produkten während und nach der Fertigung auf Einhaltung der Qualitätsvorgaben.

Beispiel

Je nach Wettbewerbssituation müssen Unternehmen abwägen, ob die **Zertifizierung** erforderlich ist:

Argumente für eine Zertifizierung	Argumente gegen eine Zertifizierung
■ Prozesse werden einheitlich dokumentiert und damit transparenter. ■ Abnehmer verlangen das Zertifikat. ■ Abnehmer können auf das QM-System vertrauen und sparen sich Produktüberprüfungen. ■ Es wird Produkthaftungsklagen vorgebeugt, da eine genaue Dokumentation der Produktkonstruktion und -erstellung vorliegt. ■ Abnehmern wird Prozessbeherrschung bewiesen (Wettbewerbsvorteil durch Imageverbesserung).	■ Auf das Unternehmen kommt ein erheblicher Aufwand aufgrund der Schulungen, Dokumentationen, Audits usw. zu. Zertifizierung bewirkt also Kostenanstiege. ■ Mitarbeiter werden von ihren eigentlichen Arbeitsaufgaben abgelenkt, weil sie eine Vielzahl an Bürokratie bewältigen müssen.

TÜV CERT

ZERTIFIKAT

TÜV CERT-Zertifizierungsstelle der TÜV Rheinland Industrie Service GmbH

bescheinigt gemäß TÜV CERT-Verfahren, dass das Unternehmen

Büromöbelfabrik Heidtkötter KG

Gütersloher Straße 111 · 33647 Bielefeld

für den Geltungsbereich

Produktion und Vertrieb von Büromöbeln

ein Qualitätsmanagementsystem eingeführt hat und anwendet.

Durch ein Audit, Bericht-Nr. 85066

wurde der Nachweis erbracht, dass die Forderungen der

DIN EN ISO 9001:2000

erfüllt sind. Dieses Zertifikat ist gültig bis 20..-11-15

Zertifikat-Registrier-Nr. 09 125 85066

Düsseldorf, 20..-07-16 TÜVRheinland® TÜV CERT-Zertifizierungsstelle der TÜV Rheinland Industrie Service GmbH

(eigene Darstellung, kein Original)

I. Total Quality Management (TQM)

Total Quality Management (TQM) ist ein umfassendes, fortwährendes und durchgängiges Qualitätsmanagement, das nicht nur die Produktion, sondern alle Bereiche eines Unternehmens umfasst und durch eine vorausschauende, dokumentierende und organisierende Tätigkeit dauerhafte Qualität sichert und verbessert.

Zu den wesentlichen Prinzipien der TQM-Philosophie zählen:

- **Qualität** orientiert sich am Kunden,
- wird mit den Mitarbeitern aller Bereiche und Ebenen erzielt,
- umfasst mehrere Merkmale, die durch Kriterien operationalisiert werden müssen,
- ist kein Ziel, sondern ein Prozess, der nie zu Ende ist,
- bezieht sich nicht nur auf Produkte, sondern auch auf Dienstleistungen,
- setzt aktives Handeln voraus und muss erarbeitet werden.

In den verschiedenen Modellen geht es immer darum, das Qualitätsmanagement von den technischen Funktionen für die Gewährleistung der Produktqualität auf alle Bereiche der Unternehmensverbesserung auszuweiten.

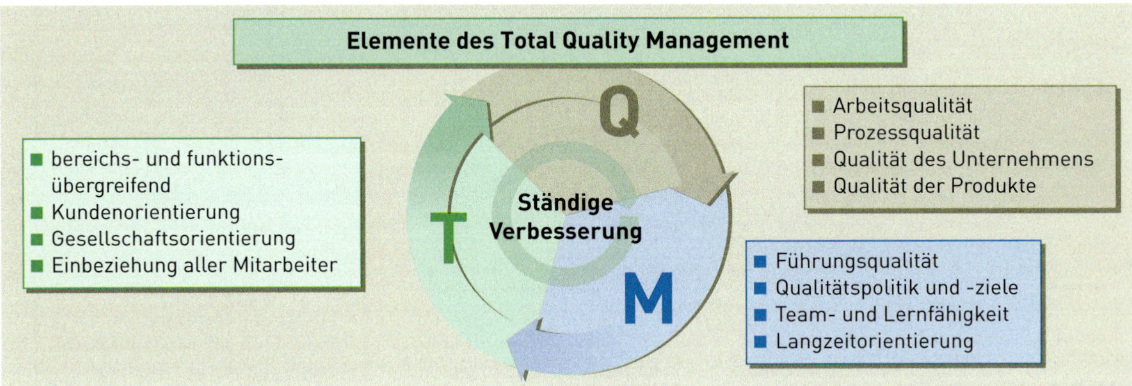

Ziele

Durch TQM wird eine ständige Verbesserung angestrebt. Die Qualitätsverbesserungen sollen sich dabei in allen Instanzen ergeben: sämtliche Abläufe, Arbeitsplätze, Produkte, Kundenbeziehungen usw. unterliegen einem kontinuierlichen Verbesserungsprozess. Verbesserungen werden dabei mithilfe des PDCA-Zyklus eingeleitet und umgesetzt. Total Quality Management hat somit zwei große Zielsetzungen, die sich gegenseitig bedingen:

› Teil A, Kap. 4.2.4 PDCA-Zyklus

1. die Steigerung der Kundenzufriedenheit und
2. die kontinuierliche Verbesserung aller Leistungen und Tätigkeiten im Unternehmen.

II. KVP/Kaizen

Ein **kontinuierlicher Verbesserungsprozess (KVP)** umfasst alle Tätigkeiten zur Weiterentwicklung von Produkten und Prozessen. Das Konzept KVP wurde in Japan entwickelt und wird dort als **Kaizen**[1] bezeichnet. Es bedeutet: eine stetige Folge kleiner Verbesserungen aller betrieblichen Vorgänge unter Einbeziehung der Mitarbeiter, Führungskräfte und der Geschäftsleitung. Ursprung und Motivation bestehen in der Überzeugung, dass jedes System mit Beginn seines Bestehens dem Verfall ausgesetzt ist, wenn es nicht fortlaufend verbessert oder erneuert wird. Es wird unterstellt, dass Unternehmen „lebende“ Systeme sind, deren Leistungen und Prozesse permanenten Veränderungen ausgesetzt sind. Sämtliche Abläufe und Aktivitäten sind deshalb immer wieder neu infrage zu stellen. Dynamische Märkte und kürzere Produktlebenszyklen erfordern die kurzfristige Anpassung der Unternehmensleistungen.

1 Aus dem Japanischen übersetzt: *Kai* = Veränderung, Wandel; *Zen* = zum Besseren → Kaizen = kontinuierliche Verbesserung

Kaizen setzt insbesondere bei den Mitarbeitern an, die mit ihren Fähigkeiten und Fertigkeiten als Potenzial zur Problemlösung betrachtet werden und die Gelegenheit erhalten, betriebliche Prozesse zu gestalten. Insofern werden Ausgaben für die Aus- und Weiterbildung der Mitarbeiter nicht als Kostenfaktor, sondern als Investitionen in die Zukunft gewertet. Denn gut qualifizierte, lernwillige und lernfähige Mitarbeiter, die offen sind für die Veränderungen und diese auch mitgestalten, sind Voraussetzung für eine ständige Weiterentwicklung des Unternehmens. Jeder Mitarbeiter ist aufgefordert, Probleme an seinem Arbeitsplatz sowie innerhalb betrieblicher Arbeitsabläufe zu erkennen, diese weiterzuleiten oder gegebenenfalls Verbesserungsvorschläge zu erstellen. Die Vorschläge werden geprüft und getestet und im Falle einer positiven Bewertung als Standard in die Geschäftsprozesse übernommen. Veränderungen zielen dabei immer auf die kostengünstigste Lösung.

Unabhängig von der Organisationsform der Unternehmen und der eingesetzten KVP-Gremien folgt ein KVP-Prozess prinzipiell dem PDCA-Zyklus. Demnach sind Probleme und deren Lösungen Anfangs- und Endpunkte eines KVP in einem nie endenden Kreislauf.

› Teil A, Kap. 4.2.4 PDCA-Zyklus

Die Zielsetzungen des Kaizen sind vielfältig:

Ziele

Ziele	Maßnahmen
Optimierung der Kundenzufriedenheit	▪ Kosten-/Preissenkung ▪ Gewährleistung von Qualitätsansprüchen ▪ erhöhte Schnelligkeit sowie Einhaltung gewünschter Liefertermine
Mitarbeiter-zufriedenheit	▪ Angebote zur Weiterbildung ▪ garantiertes Mitspracherecht bei Veränderungen im Unternehmen
Verminderung von Verschwendung	▪ Optimierung der Arbeitsabläufe ▪ Schulung der Mitarbeiter

Kaizen muss von einer Innovation unterschieden werden. Kaizen beinhaltet den Drang nach fortlaufender Verbesserung in kleinen Schritten. Unter Innovation werden bedeutende, auffallende Veränderungen verstanden, die häufig hohe (Investitions-)Kosten mit sich bringen. Beispiele für Innovationen sind technologische Neuerungen oder die Einführung neuer Managementkonzepte und Produktionsverfahren. Während die Innovation eine in der Regel technologisch ausgerichtete, unmittelbar spürbare, einmalige Erneuerung bzw. Änderung darstellt, handelt es sich bei Kaizen um einen mitarbeiterorientierten, fortlaufenden, nicht endenden Prozess in kleinen Schritten:

› Teil B, Kap. 1.3 Innovation

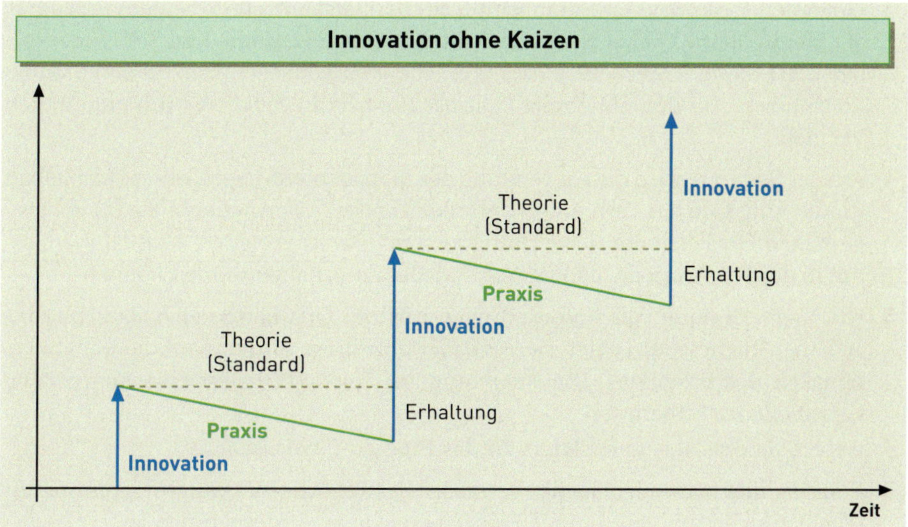

Gerade wegen dieser Unterschiede ergänzen sich diese beiden Konzepte. Wenn die mit einer Innovation gewonnenen Vorgehensweisen (Standards) durch Kaizen nicht mehr zu verbessern sind, sollte eine neue Innovation erfolgen. Innovationen werden also durch Kaizen fortwährend optimiert, bis keine Verbesserung mehr möglich ist. Grafisch lässt sich dieser Zusammenhang wie folgt veranschaulichen:

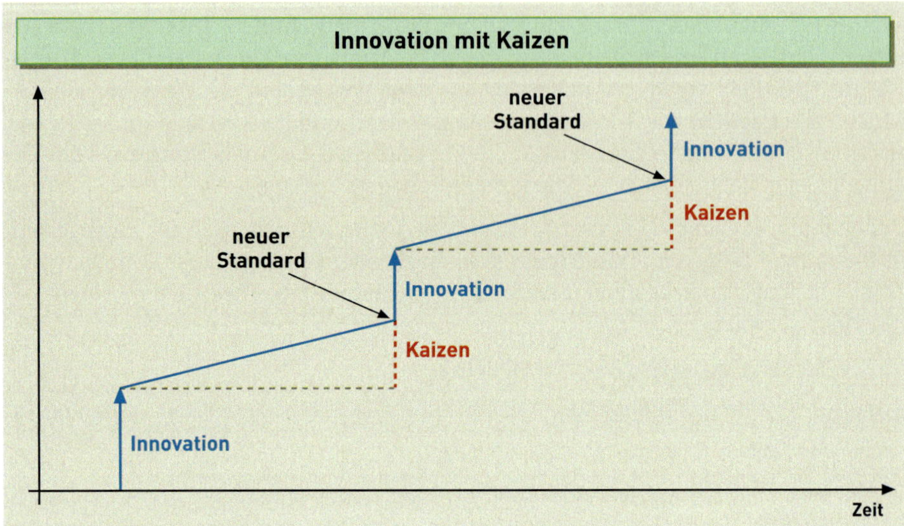

Aufgaben

›Kap. 4.2

1. Systematisches Qualitätsmanagement folgt dem Management-Regelkreis. Erläutern Sie die prinzipielle Struktur. Heben Sie dabei die Funktion des Soll-Ist-Vergleiches hervor.
2. Erläutern Sie die Teilfunktionen des Qualitätsmanagements und führen Sie jeweils ein Beispiel an.
3. Unterstellen Sie, dass eine durchgeführte Qualitätskontrolle bei einem Erzeugnis der Heidtkötter KG eine erhebliche Abweichung gegenüber dem Soll-Wert ergeben hat. Erläutern Sie die sich daraus ergebenden Konsequenzen für den Produktionsprozess, für den Abnehmer (falls das Produkt ausgeliefert wird) und für den Vertrieb.
4. Auf der Seite 311 wird die Anwendung des Management-Regelkreises beispielhaft für die Aufgaben der Fertigungskontrolle dargestellt. Formulieren Sie für die festgestellten Ursachen der Abweichungsanalyse jeweils geeignete Maßnahmen, damit in der Folgeperiode die Planwerte wieder eingehalten werden können.
5. Die Nichterfüllung von Anforderungen wird im Qualitätsbereich als Fehler bezeichnet. Nicht jeder Fehler nimmt dabei unbedingt Einfluss auf die Funktionsfähigkeit des Produktes. Die Abbildung auf Seite 311 liefert eine Abgrenzung verschiedener Fehlerarten.

   Geben Sie Beispiele je Fehlerart für das Produkt *Smartphone* an.
6. Erklären und beurteilen Sie das Verfahren des Ursache-Wirkungsdiagramms zur Qualitätssicherung. Führen Sie Einsatzbereiche im Unternehmen an.

7. Erläutern Sie Aufbau und Funktionsweise einer Qualitätsregelkarte.

8. Bereiten Sie (wahlweise) einen Kurzvortrag zu den folgenden weiteren Verfahren zur Qualitätssicherung bzw. -steigerung vor:
   a) Quality Function Deployment (QFD)
   b) Fehlermöglichkeits- und Einflussanalyse (FMEA)
   c) Qualitätszirkel, Betriebliches Vorschlagswesen, Qualitätsprämie

   Ihr Kurzvortrag sollte folgende Aspekte enthalten:
   – Beschreibung und Einsatzgebiet
   – Beurteilung
   – Beispiel aus Ihrem Ausbildungsbetrieb (oder einem anderen Unternehmen)

› Recherche

9. Ein Industrieunternehmen möchte ein Qualitätsmanagementsystem nach DIN EN ISO 9000 ff. einführen. Erläutern Sie, warum das Unternehmen dies nach außen kommunizieren möchte.

10. Die Außendarstellung der Qualitätsbemühungen will das Industrieunternehmen (siehe Aufgabe 9) mithilfe der Zertifizierung nach der DIN-EN-ISO-9000-Familie unterstützen.
   a) Erklären Sie den Begriff „Zertifizierung".
   b) Führen Sie drei Gründe an, warum sich das Unternehmen zertifizieren lassen möchte.
   c) Welche Voraussetzungen muss das Unternehmen konkret erfüllen, damit das Zertifikat ausgehändigt werden kann?

11. Ein Industrieunternehmen muss sich einem Qualitätsaudit durch eine akkreditierte Zertifizierungsstelle (z. B. TÜV) unterziehen. Gestalten Sie einen Flyer, der alle wesentlichen Informationen über ein Qualitätsaudit (Verfahren, Ablauf, Ziele, Arten) enthält.

12. Führen Sie Gründe an, warum die Mitarbeiter eines Unternehmens gegen die Einführung eines Qualitätsmanagementsystems sein können.

13. Erläutern Sie das jeweils grundlegende Prinzip von Total Quality Management (TQM) und von einem Kontinuierlichen Verbesserungsprozess (KVP)/Kaizen. Führen Sie anhand von Beispielen aus Ihrem Ausbildungsbetrieb an, wie derartige ganzheitliche Konzepte in der Praxis umgesetzt werden.

› Recherche

14. Erklären Sie mithilfe unterschiedlicher Merkmale (z. B. Zielsetzung, Ausrichtung, Vorgehensweise, Voraussetzungen) den Unterschied zwischen Kaizen und Innovation. Begründen Sie, warum sich diese Konzepte dennoch gut ergänzen.

15. Angenommen, ein Industrieunternehmen erfüllt im Rahmen der Zertifizierung die vorgeschriebenen Kriterien nicht.
   a) Nennen Sie drei Ursachen, die zu diesem Umstand geführt haben können.
   b) Erläutern Sie zwei Auswirkungen für das Industrieunternehmen.

16. Überprüfen Sie die folgenden Aussagen zu Kaizen und Innovation und tragen Sie eine (1) ein, wenn die Aussage „Kaizen" charakterisiert, eine (9) ein, wenn die Aussage „Innovation" charakterisiert.

☐ technologischer Durchbruch	☐ ergebnisorientiertes Denken
☐ bestehende Ressourcen besser nutzen	☐ individuelle Arbeit
☐ technologieorientiert	☐ konventionelles Wissen
☐ prozessorientiertes Denken	☐ hohe Mitarbeiterverbundenheit
☐ mitarbeiterorientiert	☐ hohe Investitionen
☐ Gruppenarbeit	☐ niedrige Mitarbeiterverbundenheit

4.3 Qualitätskosten

Um eigene, zugesagte Qualitätsanforderungen dauerhaft zu gewährleisten, müssen Kosten verursachende Kontrollen der Leistungserstellung durchgeführt werden. Da die Betriebsmittel durch hohe Belastungen dem Verschleiß ausgesetzt sind und stark belasteten Mitarbeitern immer wieder mal Fehler unterlaufen, ist es utopisch davon auszugehen, dass bei der Herstellung hochwertiger Gebrauchs- oder Verbrauchsgüter keine Fehler auftreten werden. Dennoch ist jedes Unternehmen bestrebt, das Auftreten von Fehlern und die damit verbundenen Kosten (Fehlerkosten) zu minimieren. Prüfungen und Maßnahmen zur Fehlervermeidung verursachen ebenso zusätzliche Kosten, sodass über die Methoden und die Intensität der durchzuführenden Qualitätssicherung unter Kostengesichtspunkten beraten und entschieden werden muss. Geringe Anstrengungen der Qualitätssicherung führen u. U. zu hohen Fehler(folge-)kosten (z. B. durch Nacharbeit, Ersatzlieferung usw.). Zu viel Kontrolle ist jedoch ebenso mit hohen Kosten verbunden.

Qualitätskosten

Die Summe aller Fehlervermeidungskosten, Prüfkosten und Fehlerkosten ergibt die **Qualitätskosten**.

Fehlervermeidungskosten

- Fehlervermeidungskosten entstehen für alle Maßnahmen zur Vermeidung von Mängeln und Schäden an den Erzeugnissen.

Prüfkosten

- Prüfkosten entstehen für den eigentlichen Prüfvorgang sowie für die dafür erforderlichen Prüfgeräte, Materialien und Mitarbeiter.

Fehler(folge-)kosten

- Fehler(folge-)kosten sind Kosten, die dadurch entstehen, dass Erzeugnisse nicht den in den Dokumentationen festgelegten Qualitätsanforderungen entsprechen. Sie entstehen also infolge einer mangelhaften Produktqualität.

Optimale Fehlerquote

Die Kosten der Fehlervermeidung und Prüfung steigen mit zunehmendem Anspruch an die Qualität. Die Fehlerkosten fallen jedoch mit Erreichen eines sehr hohen Qualitätslevels. Die Entwicklung dieser Kostenarten verläuft entgegengesetzt, sodass das Optimum der anfallenden Qualitätskosten im Minimum der Summe aus Fehlervermeidungs- sowie Prüfkosten und Fehlerkosten liegt. Daher wird an diesem Punkt auch von der **optimalen Fehlerquote** gesprochen.

Beispiel

Aufgeschlüsselt nach Fehlerkosten sowie Fehlervermeidungs- und Prüfkosten schätzte die Heidtkötter KG die angefallenen Qualitätskosten in Abhängigkeit von der Fehlerquote für das Segment „Bürotische“ im Jahr 01 wie folgt ein:

Fehlerquote	0 %	1 %	2 %	3 %	4 %	5 %	6 %	7 %	8 %	9 %
Fehlervermeidungs- und Prüfkosten (in T€)	800	600	450	325	225	150	100	75	60	40
Fehlerkosten (in T€)	0	70	120	180	230	280	320	370	420	470
Qualitätskosten (in T€)	800	670	570	505	455	430	420	445	480	510

In diesem Beispiel wäre die Umsetzung einer Fehlerquote von 6 % wirtschaftlich optimal.

Bei der Herstellung von Sicherheitsprodukten muss auf jeden Fall eine Null-Fehler-Produktion umgesetzt werden. In der Praxis wird jedes Unternehmen eine Null-Fehler-Produktion anstreben, um die Kundenanforderungen zu erfüllen und im harten Wettbewerb auf dem Markt zu bestehen.

6101322

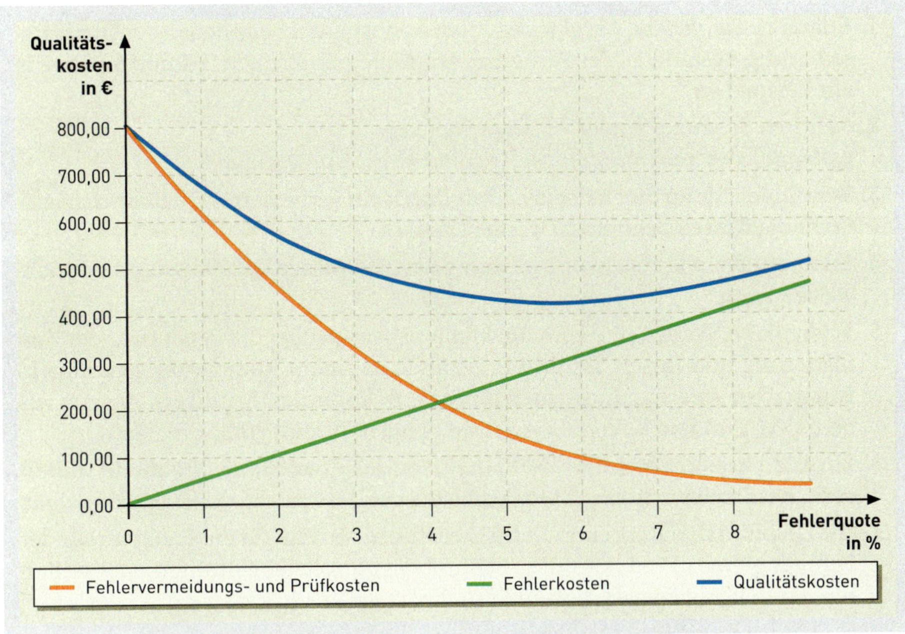

Generell muss bei der Bestimmung der optimalen Fehlerquote die Marktsituation berücksichtigt werden. Ein Unternehmen kann sich z. B. eine Fehlerquote von 6 % gegenüber den Kunden nicht erlauben, wenn der Wettbewerb durch Null-Fehler-Qualität gekennzeichnet ist. Vielmehr muss das Unternehmen seine Qualitätsanstrengungen maximieren und gegebenenfalls die gestiegenen Qualitätskosten in den Angebotspreis einkalkulieren.

Aufgaben

› Kap. 4.3

1. Beschreiben Sie mögliche Konsequenzen der Rückrufaktion für die Porsche AG.

Rückrufaktion bei Porsche
Stuttgart – Der Stuttgarter Autobauer Porsche ruft weltweit etwa 100 000 Exemplare der Cayenne-Baureihe in die Werkstätten zurück. Bei internen Qualitätsuntersuchungen sei festgestellt worden, dass sich die Frontscheinwerfer „in seltenen Fällen" lösen können, teilte der Sportwagenbauer am Freitag mit.

Quelle: www.spiegel.de/auto/aktuell/0,1518,817468,00.html, abgerufen am 03.03.2012

2. Erklären Sie, was unter Qualitätskosten zu verstehen ist. Suchen Sie nach Beispielen für Fehlervermeidungs-, Prüf- und Fehlerkosten.
3. Zeichnen Sie aufgrund nachfolgender Angaben den Verlauf der Fehlervermeidungs- und Prüfkosten sowie der Fehlerkosten in Abhängigkeit von der Fehlerquote. Beschreiben Sie den Kurvenverlauf und führen Sie Gründe für diesen an.

Fehlerquote	0 %	1 %	2 %	3 %	4 %	5 %	6 %	7 %	8 %	9 %
Fehlervermeidungs- und Prüfkosten (in T€)	400	300	100	75	50	20	10	4	3	2,5
Fehlerkosten (in T€)	0	20	60	100	140	180	220	260	300	340

4. Welchen Zusammenhang drückt die optimale Fehlerquote aus?
5. Sammeln Sie Maßnahmen und Möglichkeiten zur Qualitätssteigerung, die zu einer Senkung der Fehlerquote führen können.
6. Führen Sie jeweils drei Produkte an, bei denen eine optimale Fehlerquote angestrebt und bei denen eine optimale Fehlerquote nicht realisiert werden kann. Begründen Sie Ihre Auswahl.

Wiederholungsaufgaben

› Kap. 4

1. Erläutern Sie, welche Aspekte des Produktionsgeschehens neben der Qualitätssicherung Bestandteil der Fertigungskontrolle sein können. Führen Sie jeweils ein Beispiel an.
2. Nehmen Sie zu folgender Aussage Stellung:
   Qualität kann man nicht prüfen, Qualität muss man erzeugen!
3. Begründen Sie an drei Beispielen, wie durch ein verbessertes Qualitätsmanagement die Kosten beeinflusst werden.
4. Erläutern Sie, wie eine Unternehmung einen gewissen Qualitätsstandard nachweisen kann.

› Recherche

5. Erkundigen Sie sich in Ihrem Ausbildungsbetrieb über die Bedeutung der Zertifizierung und fassen Sie Ihre Ergebnisse in einem Kurzvortrag zusammen. Bringen Sie Anschauungsmaterial mit (z. B. Kopie des Zertifikats, Auszug aus dem QM-Handbuch, Verfahrensanweisungen, Audit-Prüfbögen usw.).
6. Ein Industrieunternehmen will langfristig die Qualität der Produkte verbessern. Beschreiben Sie zwei Möglichkeiten zur Steigerung der Produktqualität.
7. Die Qualitätsabteilung eines Industriebetriebes erwägt für die Endkontrolle der Fertigung eines Produktes die Stichprobenkontrolle einzuführen oder weiterhin die Vollkontrolle anzuwenden.
   a) Beschreiben Sie die Vollkontrolle und die Stichprobenkontrolle.
   b) Führen Sie je zwei Vorzüge und zwei Nachteile dieser Arten der Qualitätskontrolle an.
8. Das Qualitätsmanagementhandbuch eines Industriebetriebes sieht die Durchführung eines Audits vor. Erläutern Sie Ziele und Ablauf eines Audits.
9. Führen Sie drei Gründe an, warum Unternehmen zunehmend Qualitätsmanagementhandbücher entwickeln.
10. Angenommen, die Heidtkötter KG erfüllt im Rahmen der Zertifizierung die vorgeschriebenen Kriterien nicht.
    a) Nennen Sie drei Ursachen, die zu diesem Umstand geführt haben können.
    b) Erläutern Sie zwei Auswirkungen für die Heidtkötter KG.
11. Durch die Einrichtung einer Qualitätsabteilung soll in einem Industrieunternehmen nachhaltig die Fehlerquote gesenkt werden. Erläutern Sie zwei Möglichkeiten, wie innerhalb der Produktion ein Beitrag zur Senkung der Fehlerquote geleistet werden kann.
12. Bei der Franz Kniep GmbH (Hausgerätehersteller) wird der „Qualitätssicherung“ u. a. innerhalb der Fertigung ein hoher Stellenwert eingeräumt.
    a) Führen Sie vier Maßnahmen der Fertigung an, durch die die Produktqualität erhalten bzw. gesteigert werden kann.
    b) Erläutern Sie anhand von drei Argumenten, warum die Qualitätssicherung bei der Franz Kniep GmbH so wichtig ist.
    c) Begründen Sie mit drei Argumenten, warum die Franz Kniep GmbH bei dem Wasserstoppsystem am Zulaufschlauch für Waschvollautomaten eine 100 %-Prüfung und keine Stichprobenkontrolle durchführt.
13. Erläutern Sie unter Zuhilfenahme der nachfolgenden Zahlen, was unter der optimalen Fehlerquote verstanden wird.

Fehlerquote	**0 %**	**1 %**	**2 %**	**3 %**	**4 %**	**5 %**	**6 %**	**7 %**	**8 %**	**9 %**
Fehlervermeidungs- und Prüfkosten (in T€)	800	600	450	325	225	150	100	75	60	40
Fehlerkosten (in T€)	0	70	120	180	230	280	320	370	420	470

14. Nennen Sie vier Gründe, von der kostenoptimalen Fehlerquote abzuweichen.

6101324

5
Leistungserstellung rationalisieren

Einführung

Das Motto „Stillstand = Rückschritt" ist in vielen Unternehmen Grundlage des Fortschrittsdenkens. In der Unternehmenspraxis bewirkt dies ein fortwährendes Prüfen der Prozesse und der Entscheidungen, um die Wettbewerbsfähigkeit zu erhalten und/oder zu verbessern. Dieses Bestreben wird heutzutage häufig mit dem Begriff der Rationalisierung gleichgesetzt bzw. in Verbindung gebracht.

Beispiel

Das Rationalisierungsstreben bei der Heidtkötter KG lässt sich z. B. an folgenden (u. a. geplanten) Maßnahmen ablesen:
- Erwerb einer neuen, vollautomatischen Cutteranlage, durch die zwei Mitarbeiter freigesetzt werden konnten.
- Modularisierung der Büroschränke und -tische, wodurch gleiche Teile und Baugruppen zu vielfältigen, unterschiedlichen Endprodukten kombiniert werden können. Die Heidtkötter KG erreicht dadurch je Teil/je Baugruppe hohe Stückzahlen.
- Zur Lohnkostensenkung wird eine Produktionsverlagerung ins Ausland erwogen.

Dass Rationalisierung in Unternehmen zum Normalfall geworden ist, lässt sich auf viele Ursachen zurückführen, die aus dem Unternehmen selbst erwachsen oder aus dem Umfeld an das Unternehmen herangetragen werden können.

Das nachfolgende Kapitel widmet sich systematisch den Zielen, Ursachen und Möglichkeiten zur Rationalisierung in Industrieunternehmen. Aufgrund der vielfältigen Entwicklungen können nicht alle Maßnahmen erläutert werden. Vielmehr werden entlang des Wertschöpfungsprozesses gängige Einzelmaßnahmen und ganzheitliche Konzepte vorgestellt und beurteilt.

5.1
Ursachen und Ziele von Rationalisierung

Unternehmerisches Handeln muss sich aufgrund unternehmensinterner und -externer Anlässe an den permanenten Veränderungen der Umwelt orientieren:

› Teil C, Kap. 1.1 Einflüsse auf den Wertschöpfungsprozess

externe Anlässe	interne Anlässe
■ Technischer Fortschritt ■ verschärfter Wettbewerb (Globalisierung) ■ wachsende Kundenanforderungen (qualitätsbewusster, preisbewusster) ■ verschärfte gesetzliche Auflagen (z. B. beim Umweltschutz)	■ Optimierung der Fertigungsabläufe ■ Materialprobleme (Ausschuss, Fehlteile) ■ unzureichende Mitarbeiterqualifikation ■ zu lange Durchlaufzeiten ■ geringe Betriebsmittelproduktivität

Das Verhalten wird durch rationale[1] Handlungen bestimmt, d. h. ein an Zielen orientiertes, Vernunft geleitetes, methodisches Handeln, das eine maximale Zielerreichung trotz der Veränderungen ermöglicht. Möchte ein Unternehmen z. B. die gesetzten Unternehmensziele (z. B. Gewinnmaximierung) erreichen oder gar über-

1 rational = vernünftig, von der Vernunft bestimmt

treffen, müssen die eigenen Gegebenheiten (Fertigungsverfahren, Kapazitäten usw.) den veränderten Rahmenbedingungen zielentsprechend angepasst werden. Genau dieses für den Unternehmer so alltägliche Streben wird als Rationalisierung bezeichnet:

Rationalisierung

Rationalisierung ist die zweckmäßige Gestaltung von Arbeitsvorgängen mit dem Ziel eines verbesserten Verhältnisses zwischen Input und Output gemäß dem Ökonomischen Prinzip[1]. Rationale Maßnahmen berücksichtigen ökonomische, technische, soziale sowie ökologische Erkenntnisse und bewirken so eine Verbesserung der betrieblichen Verhältnisse.

Das Verhältnis zwischen Input und Output kann betriebswirtschaftlich entweder mengen- oder kostenmäßig durch Kennzahlen ausgedrückt werden. Eine Rationalisierung liegt dann vor, wenn eine ergriffene Maßnahme zu einer Verbesserung des Mengen- und/oder Kostenverhältnisses geführt hat.

Rationalisierungsziele		Mögliche Ansatzpunkte (ceteris paribus)[2]		
		Input		Output
mengenmäßig	Produktivität steigern	Einsparung von Produktionsfaktoren	oder	Erhöhung der Ausbringungsmenge
wertmäßig	Wirtschaftlichkeit steigern	Kostensenkung	oder	Ertragssteigerung
	Rentabilität steigern	Kostensenkung, Verringerung des Kapitaleinsatzes	oder	Ertragssteigerung

Um die Ziele der Rationalisierung zu erreichen, ergreifen Unternehmen bezogen auf den Wertschöpfungsprozess **Maßnahmen** von unterschiedlichem Umfang.

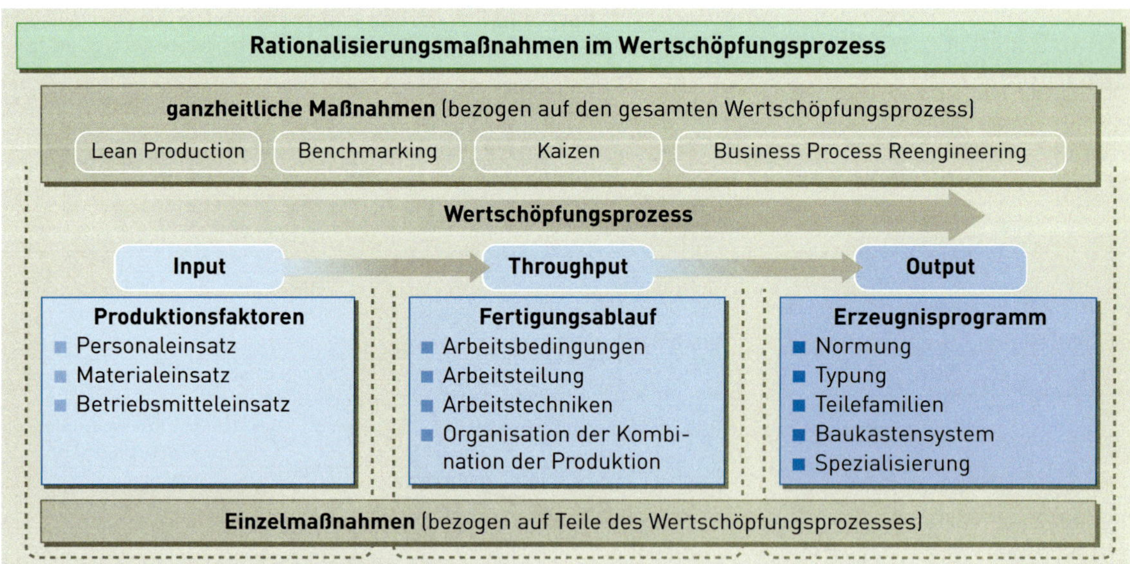

Eine Trennung der Maßnahmen in einzelne Bereiche des Wertschöpfungsprozesses ist nur theoretisch möglich. In der Realität strahlen die Rationalisierungsmaßnahmen auch in andere Bereiche des Wertschöpfungsprozesses hinein. Dies wird besonders bei den Maßnahmen in Bezug auf das Produktions- und Absatzprogramm ersichtlich. Ein verändertes Produkt zieht in der Regel auch veränderte Produktions- und Beschaffungsprozesse nach sich.

1 zum Ökonomischen Prinzip siehe Teil A, Kap. 2.1.3
2 ceteris paribus = unter sonst gleichen Bedingungen

Aufgaben

› Kap. 5.1

1. Interpretieren Sie die Ergebnisse des Branchenvergleichs und erläutern Sie drei interne und drei externe Ursachen, die zu der gegebenen Situation geführt haben können.

Kennzahlen 01	Heidtkötter KG	Branchendurchschnitt
Arbeitsproduktivität	2,63 Stück/Std.	3,30 Stück/Std.
Kapitalproduktivität	0,0047 Stück/€	0,0070 Stück/€
Wirtschaftlichkeit	0,93	1,09

› **Recherche**

2. Erläutern Sie mit eigenen Worten, was Ihrer Ansicht nach unter „Rationalisierung“ zu verstehen ist und führen Sie mögliche Beispiele aus Ihrem Ausbildungsbetrieb an.

3. Beschreiben Sie Ziele, die mit Rationalisierungen verfolgt werden.

4. Nennen und beschreiben Sie Rationalisierungsmaßnahmen entlang des Produktionsprozesses eines Industrieunternehmens.

   Zur Verwirklichung von Rationalisierungsvorhaben hat der REFA[1] ein Lösungsschema empfohlen:

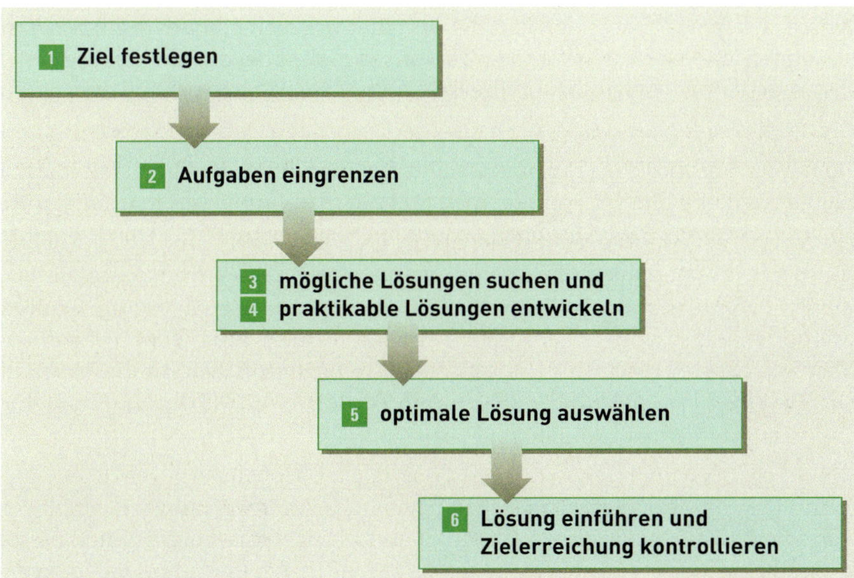

   Rationalisierungen können mithilfe dieses Schemas systematisch entwickelt, umgesetzt und überprüft werden.

5. Konkretisieren Sie die einzelnen Schritte des REFA-Schemas für Rationalisierungsvorhaben bei einem Hausgerätehersteller.

6. Industrieunternehmen rationalisieren zunehmend in der Verwaltung.

   Beschreiben Sie zwei Rationalisierungsmaßnahmen in der Verwaltung und führen Sie je zwei Vorteile und zwei Nachteile dieser Maßnahmen aus Sicht der Unternehmung, der Mitarbeiter und der Kunden an.

1 REFA Bundesverband e. V., Verband für Arbeitsgestaltung, Betriebsorganisation und Unternehmensentwicklung

5.2
Einzelmaßnahmen der Rationalisierung

5.2.1
Rationalisierung bei den Produktionsfaktoren

Ausgangspunkt von Rationalisierungsmaßnahmen bei Produktionsfaktoren ist deren **unwirtschaftlicher Einsatz** für die Leistungserstellung. Folgende Beispiele bieten einen Einblick:

Material	Betriebsmittel	Personal
■ hoher Materialverbrauch durch mindere Qualität (Ausschuss) ■ Bezug von Fertigteilen, die wir aufgrund freier Kapazitäten ebenfalls herstellen könnten	■ Einsatz technisch veralteter Anlagen ■ hohe Störanfälligkeit der Anlagen ■ geringe Flexibilität bei wachsender Variantenvielfalt	■ unqualifiziertes Personal bei veränderten Anforderungen ■ Überbesetzung ■ unmotiviertes Personal ■ zu hohe Personalkosten im Vergleich zur Konkurrenz

Unternehmen streben danach, derartige unwirtschaftliche Situationen möglichst schnell durch **Gegenmaßnahmen** zu beheben. Ziel ist die Konzentration auf die Kernprozesse, d. h. jene Prozessbereiche, die das Unternehmen besonders gut beherrscht und dadurch am Markt auch Wettbewerbsvorteile gegenüber der Konkurrenz erzielen kann. Andere unwirtschaftliche Prozesse könnten zum Beispiel durch Outsourcing[1] gelöst werden.

Rationalisierungsmaßnahmen in Bezug auf die Produktionsfaktoren sind in der Realität sehr vielfältig und sehr von internen und externen Einflussgrößen auf den Wertschöpfungsprozess abhängig. Sehen wir uns die oben genannten Beispiele erneut an:

› Teil C

- Im Bereich **Material** könnte zu einer Verbesserung der Wirtschaftlichkeit beigetragen werden, wenn outgesourcte Fertigteile wieder in Eigenfertigung hergestellt werden. Voraussetzung ist aber eine kostengünstigere Produktion bei vorhandenen Kapazitäten. Auch ist denkbar, dass neue Bezugsquellen für die Materialien ausfindig gemacht oder die Qualitätsanforderungen direkt beim Lieferanten vereinbart und überprüft werden.

› Teil D

- Im Bereich **Personal** verbessert sich die Wirtschaftlichkeit bei gegebenem Output, wenn bestimmte Unternehmensbereiche outgesourct werden (z. B. Facility Management). Das senkt die Personalkosten. Auch kann unqualifiziertes Personal durch Schulungen auf neue Anforderungen vorbereitet werden, um so zu einer erhöhten Produktivität beizutragen. Zudem wäre es möglich, das Personal bei einer Überbesetzung aus betrieblichen Gründen zu entlassen oder aufgrund neuer Arbeitswertstudien die Aufgabengebiete neu zuzuordnen.

› Teil F

- Beim Produktionsfaktor **Betriebsmittel** ist die Leistungsfähigkeit entscheidend: Neue Betriebsmittel sind alten Anlagen durch eine höhere Leistungsfähigkeit, geringere Störanfälligkeit und höhere Flexibilität sowie Präzision überlegen. Allerdings scheuen Unternehmen die u. U. auftretenden höheren Kosten aufgrund des höheren Investitionsaufwands, der über Abschreibungen in die Preiskalkulation Einzug findet. Grundlage jeder Rationalisierungsmaßnahme bei Betriebsmitteln ist daher der Kostenvergleich zwischen der bestehenden und der potenziell neuen Fertigungsanlage.

1 zum Outsourcing siehe Teil C, Kap. 5.2.2

Beispiel

Für die Herstellung von Konferenztischen erwägt die Heidtkötter KG den Kauf einer neuen Fertigungsanlage. Die Controllingabteilung hat aufgrund des Angebots eines Maschinenbauers und eigener Erhebungen folgende Kostenstrukturen zusammengestellt:

	fixe Kosten	variable Kosten (je 2 500 Stück)
neue Fertigungsanlage	300.000,00 €	125.000,00 €
alte Fertigungsanlage	100.000,00 €	175.000,00 €

Zuletzt konnte die Heidtkötter KG 12 000 Konferenztische produzieren und absetzen.

Um zu ermitteln, welche Fertigungsanlage kostengünstiger ist, sind die jeweils anfallenden Kosten einander gegenüberzustellen:

alte Fertigungsanlage = **neue** Fertigungsanlage

$$100.000,00\,€ + \frac{175.000,00\,€}{2\,500\text{ Stück}} \cdot x = 300.000,00\,€ + \frac{125.000,00\,€}{2\,500\text{ Stück}} \cdot x \quad \Big| -100.000,00\,€$$

$$20,00\,\frac{€}{\text{Stück}} \cdot x = 200.000,00\,€ \quad \Big| : 20,00\,€/\text{Stück}$$

$$x = 10\,000\text{ Stück}$$

Ab einer Produktions- und Absatzmenge von 10 001 Stück lohnt die Beschaffung der neuen Fertigungsanlage. Da die Heidtkötter KG zuletzt pro Quartal 12 000 Konferenztische absetzen konnte, lohnt sich also unter Kostenkriterien der Bezug der neuen Fertigungsanlage. Ob jedoch auch ein Rationalisierungserfolg erfüllt wird, ist anhand weiterer Kennzahlen zu ermitteln.

5.2.2 Rationalisierung des Fertigungsablaufs

Die Rationalisierungsmaßnahmen im Bereich des Fertigungsablaufs sind vielfältig. Generell wird die gesamte Kombination der Produktionsfaktoren überdacht. Sowohl die Arbeitsleistung, die eingesetzten Fertigungsverfahren und die Materialflüsse werden immer wieder optimiert.

Bei der Rationalisierung von Fertigungsverfahren wird durch leistungsfähigere Fertigungsanlagen ein Produktivitätsanstieg angestrebt.

Der technische Fortschritt hat in den vergangenen Jahrzehnten eine zunehmende Automatisierung eingeleitet: Neue Fertigungsanlagen haben Tätigkeiten übernommen, die sonst von Menschen erledigt worden sind. So kam es zu einem erheblichen Personalabbau industrieller Arbeitskräfte. Auch die Anforderungen für die verbliebenen Arbeitskräfte sind einem erheblichen Wandel unterlegen. Standen früher eher sich wiederholende Ausführungen im Vordergrund, übernehmen heute die Arbeitskräfte in der Produktion immer häufiger auch planerische und kontrollierende Tätigkeiten.

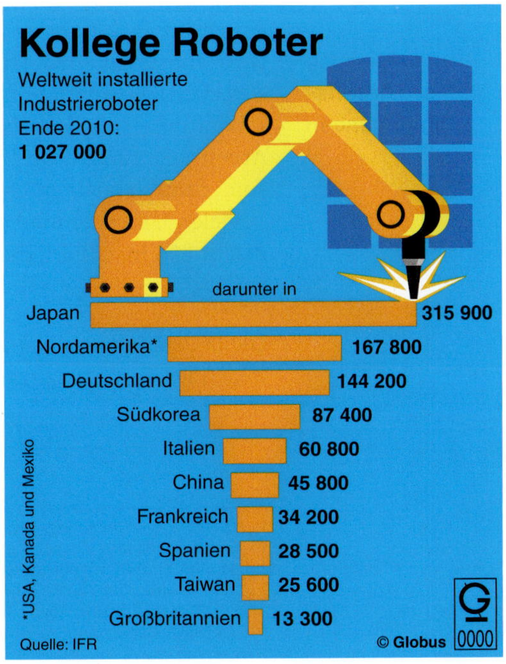

Arbeitsteilung

Der Automatisierungsprozess wird von einer fortschreitenden **Arbeitsteilung** begleitet. Anfallende Tätigkeiten werden auf mehrere Arbeitsschritte und Personen aufgeteilt. Die Summe der aufgeteilten Tätigkeiten ergibt schließlich die Gesamtleistung, die für den einzelnen Arbeiter in der Regel nicht ersichtlich ist. Es werden Produktivitätssteigerungen und Kostenvorteile angestrebt, da die Arbeitskräfte die gleiche Aufgabe häufig wiederholen.[1] Die Aufteilung der anfallenden Aufgaben kann entweder als Mengen- oder als Artteilung vorgenommen werden.

Mengenteilung	Artteilung
Gesamtaufgabe wird in gleiche Teilaufgaben auf mehrere Personen aufgeteilt	Gesamtaufgabe wird in verschiedene Teilaufgaben zerlegt, die zeitlich hintereinander anfallen (Spezialisierung der Mitarbeiter)
Beispiel	**Beispiel**
Die Herstellung von 500 Konferenztischen erfolgt durch 20 Mitarbeiter gleichzeitig.	Bei der Herstellung der 500 Konferenztische schneiden 5 Mitarbeiter die Tischfläche, 5 Mitarbeiter produzieren die Beine, 5 Mitarbeiter montieren und 5 Mitarbeiter verpacken.

Arbeitszerlegung

Die artmäßige Arbeitsteilung wird auch als **Arbeitszerlegung** bezeichnet und führt noch zu weiteren positiven Rationalisierungseffekten:

Vorteile

- Umrüstungen an Maschinen und die Transportwege zwischen den Arbeitsplätzen werden reduziert.
- Automatisierte Verfahren können eingesetzt werden (Produktivitätssteigerung).
- Arbeitskräfte können entsprechend ihren Fähigkeiten anforderungsgerecht eingesetzt werden.

Nachteile

Es gibt jedoch auch erhebliche Nachteile: Arbeitszerlegung führt zu monotonen Tätigkeiten und einseitigen körperlichen Belastungen. Beides trägt zur Demotivation bei, die sich in geringerer Arbeitsleistung, erhöhten Fehlzeiten und einem höheren Krankenstand ausdrückt.

Humanisierung der Arbeitsbedingungen

Die wachsende Kritik an der „mechanistischen" Betrachtung des Produktionsfaktors Arbeit im Taylorismus[2], wie die oben beschriebene Arbeitsteilung auch bezeichnet wird, führte zu einer **Humanisierung der Arbeitsbedingungen**. Es ist erkannt worden, dass der Produktionsfaktor Arbeit einen völlig anderen Stellenwert für den Wertschöpfungserfolg hat als die Produktionsfaktoren Material und Betriebsmittel. Das Arbeitsschutzrecht und weitere soziale Maßnahmen, die innerbetrieblich geregelt sind, führten zu deutlich verbesserten Arbeitsbedingungen. Darüber hinaus wurden in vielen Unternehmen (insbesondere in der Automobilindustrie) neue Arbeitsorganisationen installiert, die zur Leistungssteigerung motivieren sollen (Produktivitätsanstieg).

Die bedeutendsten Prinzipien neuer Arbeitsorganisationen stellt die Tabelle auf der folgenden Seite zusammen.

1 Dieser Zusammenhang, der auch als „Erfahrungskurve" bezeichnet wird, konnte empirisch im Jahre 1966 durch die Boston Consulting Group belegt werden. Er gilt bis heute als sehr realitätsnah. Die Studie besagt, dass bei einer Verdopplung des Outputs mit einem Rückgang der Stückkosten von 20 bis 30 % zu rechnen ist.

2 Taylorismus: Geht zurück auf den Ökonomen Frederick Taylor, der wissenschaftlich begründet die Effizienz der Betriebsführung durch die Zerlegung der Arbeit in immer kleinere Schritte einführte (Fließfertigung in Taktzeit). Wegen der großen Erfolge wurde zu Beginn der 1920er-Jahre auch von der „1. Automobilrevolution" gesprochen.

Prinzipien der Arbeitsorganisation zur Humanisierung der Arbeitsbedingungen			
Arbeitsplatzwechsel (Job rotation)	**Arbeitserweiterung (Job enlargement)**	**Arbeitsanreicherung (Job enrichment)**	**(teil-)autonome Gruppenarbeit**
Mitarbeiter tauschen regelmäßig ihre Arbeitsplätze mit unterschiedlichem Anforderungsniveau.	Gleichartige, nacheinander folgende Tätigkeiten werden für einen Mitarbeiter zusammengefasst.	Einer Arbeitskraft werden verschiedenartige, zusammengehörende, anspruchsvollere Tätigkeiten zugewiesen.	Größere Teilaufgaben werden einer Gruppe zugewiesen, die in Umfang und Anforderung selbstständig auf die Gruppenmitglieder aufgeteilt werden.

Als weitere Möglichkeiten zur Optimierung der Fertigungsabläufe sei an dieser Stelle das bereits in Teil B, Kap. 4.2.2 angesprochene Qualitätsmanagement erwähnt. Hier stehen die Fertigungsabläufe immer wieder neu auf dem Prüfstand. Ziel ist es, durch Einsparung von Ressourcen und Zeiten die Wirtschaftlichkeit und die Produktivität zu erhöhen.

Outsourcing

Seit der Öffnung der Märkte nach Osteuropa mit Beginn der 1990er-Jahre setzen Unternehmen auf das **Outsourcing** von Unternehmensbereichen bzw. -aufgaben an Drittunternehmen zu günstigeren, vertraglich festgelegten Bedingungen.

Beispiel

Die Heidtkötter KG ist für ein außergewöhnliches Design im Segment „Konferenzräume" bekannt. Sie sollte daher bei Rationalisierungsmaßnahmen niemals die Entwicklung des Designs an andere Unternehmen outsourcen. Dagegen ist denkbar, dass die Heidtkötter KG das Facility Management[1] an einen Dienstleister vergibt. Hierdurch könnten Personalkosten gespart werden, die nur indirekt mit der Leistungserstellung zu tun haben und daher nicht direkt zur Wertschöpfung beitragen.

Die ausgelagerten Wertschöpfungsstufen kaufen Unternehmen also fremd zu geringeren Kosten wieder ein. Sie können sich somit besser auf ihre Kernprozesse konzentrieren und schaffen so die Basis für eine bessere Produktivität, Wirtschaftlichkeit und Rentabilität im Unternehmen.

Vorteile des Outsourcing	Nachteile des Outsourcing
■ Kostenvorteile ■ Leistungsverbesserung ■ Flexibilität, da Beschäftigungsrisiko beim Lieferanten ■ neuester technischer Stand wird eingesetzt (externer Spezialist)	■ Abhängigkeit vom Lieferanten (Planungs- und Qualitätsrisiken, Know-how-Verlust) ■ Schnittstellen-Verluste durch ein zusätzliches Informationssystem

5.2.3 Standardisierung und Spezialisierung

Die Gestaltung des Produktionsprogramms bestimmt im Wesentlichen den Aufbau der Kapazitäten, die eingesetzten Fertigungsverfahren, den Personaleinsatz usw. In Abhängigkeit von der Vielfalt des Produktionsprogramms (Variantenvielfalt) wird die Produktionsplanung und -steuerung zunehmend schwieriger:

Konsequenzen von Variantenvielfalt

- hohe Kapitalbindungskosten (viele Teile sind im Umlauf und werden vorgelagert),
- lange Durchlaufzeiten (Anlagen müssen häufig umgerüstet werden),
- unübersichtliches Produktionsprogramm durch die Vielfalt der Variantenkombinationen,
- hohe Stückkosten (es wird in kleinen Losen produziert),
- Qualitätsprobleme (Mitarbeiter stellen die einzelnen Varianten nicht häufig her),
- hohe Anforderungen an das rechnergestützte PPS-System und die Logistik.

1 Facility Management umfasst die Verwaltung und Bewirtschaftung von Gebäuden, Anlagen und Einrichtungen.

Standardisierung und **Spezialisierungung**

Um die Probleme zu lösen, werden einerseits flexible Fertigungssysteme und CIM eingesetzt, andererseits Standardisierung und Spezialisierung des Produktionsprogramms angestrebt. Standardisierung und Spezialisierung sorgen für eine Vereinheitlichung der Teile, Baugruppen und Erzeugnisse sowie eine Beschränkung auf weniger Varianten der Endprodukte. Dadurch werden die Variantenvielfalt reduziert und die Fertigungsabläufe vereinfacht.

Die Möglichkeiten der **Standardisierung** und **Spezialisierung** werden nun dargestellt (siehe I. bis V.) und abschließend einer Beurteilung unterzogen.

I. Normung

Unter **Normung** wird die planmäßige, durch eine Interessengemeinschaft gemeinschaftlich durchgeführte (technische) Vereinheitlichung von materiellen Gegenständen (Einzelteilen, Werkstoffen) und immateriellen Gegenständen (Verfahren) zum Nutzen der Allgemeinheit verstanden. Es geht um die Vereinheitlichung von Formen, Abmessungen, Größen, Farben, Qualitäten, Bestandteilen, Bezeichnungen sowie um die Festlegung von Verhaltensweisen oder Verfahrensgrundsätzen.

Beispiele

DIN-A4-Papier, DIN 5008 zur Gestaltung von Geschäftsbriefen, Norm für die Größen von Kaffeefiltern, Konfektionsgrößen von Kleidung, Steckdosen und Stecker, Batteriegrößen, CD, DVD

Die Festlegung von Normen erfordert eine demokratische Legitimation und die Mitarbeit sowie das Engagement aller interessierten Kreise (Industrie, Handwerk, Forschung, Handel, Verbraucher, Prüfinstitute, öffentliche Hand). Vielfach bewirkt die Normung bestimmter Erzeugnisse die Normung weiterer Erzeugnisse (etwa Stecker und Steckdose).

Normenarten

Je nach Geltungsbereich werden folgende Normen unterschieden:

Geltungsbereich	Erläuterungen
Internationale Normen (ISO, EN)	■ Empfehlungen mit weltweiter Gültigkeit zur Förderung des internationalen Austausches von Gütern und Dienstleistungen ■ Zuständigkeit: ISO-Normen: International Organisation for Standardization EN-Normen: Comité Européen de Normalisation (CEN)
Nationale Normen (DIN)	■ für den heimischen Wirtschaftsraum geltende Empfehlungen, die von ca. 1 670 Mitgliedsunternehmen getragen werden und durch Gesetze und Verordnungen für alle verbindlich werden können ■ Zuständigkeit: Deutscher Normenausschuss (DNA)
Verbandsnormen (z. B. VDA[1])	■ Richtlinien und Empfehlungen einzelner Fachverbände, die für alle Verbandsmitglieder verbindlich gelten
Werksnormen	■ geringster Geltungsbereich, da nur für bestimmte Unternehmen ■ häufig enger Bezug zu DIN-Normen (gegenseitige Ableitung)

Vorteile

Normung soll helfen, Handelshemmnisse abzubauen, den Austausch von Waren, technischen Lösungen sowie Dienstleistungen zu fördern und eine allgemeine, grundlegende Verständigung zu gewährleisten. Außerdem sollen Grundsätze der Sicherheit und des Umweltschutzes sowie eine stetige Qualitätsverbesserung gewährleistet werden.

Für die Industrie besitzen folgende Festlegungen eine besondere Relevanz:

- Abmessungsnormen (Gewinde, Papierformate, Spurweiten usw.)
- Stoffnormen (Beschaffenheit, Eigenschaften, Qualitäten bei Werk-/Baustoffen)
- Planungsnormen (Vereinheitlichung von Grundsätzen für die Planung von Gebäuden, Straßen usw.)
- Verfahrensnormen (Festlegung der Arbeitsverfahren zur Erzeugnisfertigung)
- Sicherheitsnormen (Festlegung von Verfahren, Regeln, Einrichtungen, die auf die Sicherheit sowie den Schutz von Gesundheit, Leben und Sachwerten ausgerichtet sind)
- Prüfnormen (einheitliche Maßstäbe bei Prüfungen und Messungen)

1 VDA = Verband der Automobilindustrie

II. Typung

Bei der **Typung** geht es um die Vereinheitlichung von zusammengesetzten Erzeugnissen/Endprodukten (Halbfertig- und Fertigerzeugnisse) hinsichtlich Art, Form, Größe, Ausstattung, Funktionsumfang oder Ausführung. Typen sind gleichartige Erzeugnisse, die sich in Einzelteilen unterscheiden können. Es handelt sich also um eine gezielte Variation verschiedener Merkmale des gleichen Basisproduktes. Die Zielsetzung der Typung besteht insbesondere darin, durch eine vom Absatzmarkt gewünschte Variation bestimmter Basisprodukte die Kosten in den Bereichen der Logistik, der Fertigung (Übergang zu Großserienfertigung) und des Absatzes zu senken (Fixkostendegression) und gleichzeitig möglichst viele Kundenwünsche zu befriedigen. Daher stehen insbesondere wirtschaftliche Interessen im Vordergrund.

Ziel

Beispiele

Elektrogeräte wie Staubsauger, Bügeleisen, Trockenrasierer, Fernseher, Autos

Die Typung kann sowohl innerbetrieblich als auch überbetrieblich erfolgen. Im Rahmen der innerbetrieblichen Typung geht es häufig um die Umsetzung eines Baukastensystems, bei dem unterschiedliche Fertigerzeugnisse (Typen) aus gleichen Bauelementen hergestellt werden. Die Bausteine sind mehrseitig verwendbar, sodass jede Kombination eine bestimmte Variation des Basisproduktes ergibt. Bei der überbetrieblichen Typung entstehen eine intensive Kooperation branchengleicher Unternehmen[1] sowie Arbeitsgemeinschaften, die von Fachverbänden gefordert und gefördert werden. Ebenso fordern Großkunden zur überbetrieblichen Typung auf.

III. Baukastensysteme

Beim **Baukastensystem** wird eine Vereinheitlichung der Endprodukte in Bezug auf die Verwendung von Teilen und Baugruppen angestrebt. Für verschiedene Erzeugnisse werden die gleichen Baugruppen verwendet. Durch die unterschiedliche Kombination der Baugruppen entsteht jeweils eine spezielle Art des Grunderzeugnisses. Baukastensysteme gelten als konsequente Anwendung der Normung und der Typung innerhalb der Produktion. Es werden genormte Einzelteile zu Baugruppen zusammengefasst, die wiederum in unterschiedlicher Kombination zu Enderzeugnissen zusammengesetzt werden.

Beispiele

Möbelindustrie:	Küchenmöbel
Automobilindustrie:	in unterschiedlichen Autotypen eingesetzter Motor
Elektroindustrie:	Trockenrasierer

Ziel

Die Anwendung von Baukastensystemen verfolgt die Zielsetzung, möglichst viele Kundenwünsche befriedigen zu können, ohne die Fertigungsverfahren umstellen zu müssen. Als Managementstrategie wird dieses Vorgehen auch als Mass Customization bezeichnet.

› Teil C, Kap. 2.4.1 Mass Customization

IV. Teilefamilien

Als **Teilefamilien** werden Bauteile zusammengefasst, die üblicherweise ähnliche geometrische Formen aufweisen, sich aber in einer bestimmten Anzahl von Parametern voneinander unterscheiden (z. B. durch ihre Abmessungen). Eine Teilefamilie kann deshalb das gleiche Fertigungsverfahren durchlaufen, es müssen lediglich kleinere Umrüstungen an den Maschinen vorgenommen werden.

Beispiel

Die Heidtkötter KG produziert Konferenztische in gleicher Dicke der Tischplatte und in unterschiedlicher Länge und Breite (100 × 100, 100 × 140, 100 × 180, 80 × 100, 80 × 140, 80 × 180). Das Fertigungslayout kann immer gleich bleiben. Lediglich die Säge muss auf die unterschiedlichen Längen und Breiten überprüft werden.

Ziel

Durch den Einsatz von Teilefamilien soll vor allem die Durchlaufzeit verkürzt und damit die Produktivität erhöht werden.

1 z. B. sehr enge Zusammenarbeit von VW und dem Hersteller von Autoradios Blaupunkt

V. Spezialisierung

Ziel

Bei der **Spezialisierung** handelt es sich um eine Beschränkung des Fertigungsprogramms auf wenige Arten von Erzeugnissen. Eine Spezialisierung kann durch Absprachen zwischen Unternehmen desselben Wirtschaftszweiges erfolgen. Sie führt zu einer zwischenbetrieblichen Arbeitsteilung. Ziel ist es, durch die Beschränkung der Erzeugnisse und Varianten die anfallenden Kosten stark zu reduzieren, da die wenigen Erzeugnisse in sehr hohen Stückzahlen produziert werden (Fixkostendegression).

Beurteilung der Standardisierung und Spezialisierung	
Vorteile	**Nachteile**
■ Senkung der Beschaffungskosten (größere Bestellmengen, geringerer Aufwand durch weniger unterschiedliche Teile) ■ Senkung der Lagerhaltungskosten (weniger Verwaltungsaufwand, da weniger unterschiedliche Teile) ■ Verkürzung der Durchlaufzeiten → höhere Produktivität (weniger Umrüstungen, kürzere Lagerdauer) ■ Vereinfachung der Kalkulation ■ Vereinfachung der Konstruktion, da Erfahrungswerte vorliegen und Normteile in viele Produkte eingehen können ■ Fixkostendegression ■ höhere Produktqualität (Erfahrungskurve) ■ höhere Servicequalität (Versorgungssicherheit bei Ersatzteilen und der Kundendienst hat bessere Kenntnisse, da weniger Teile) ■ höhere Sicherheit durch genormte Teile und Verfahren ■ Flexibilität durch vielseitige Einsetzbarkeit der Normteile ■ Baukastensystem: Befriedigung individueller Kundenwünsche ■ geringerer Bedarf an Werkzeugen, Vorrichtungen, Maschinen sowie qualifizierten Mitarbeitern	■ Beschränkung der Auswahlmöglichkeiten des Käufers ■ Anfälligkeit bei Veränderungen der Kundenwünsche ■ Typung/Spezialisierung: Fehlentscheidungen bei der Festlegung des Produktionsprogramms ■ Spezialisierung: hohes Absatzrisiko durch Konjunkturschwankungen, Veränderungen von Moden, Trends und technischem Fortschritt, da geringe Flexibilität

Aufgaben

› Kap. 5.2

1. Führen Sie für die Produktionsfaktoren Material, Personal und Betriebsmittel Aspekte an, die bei einem Industrieunternehmen zu einer schlechten Wirtschaftlichkeit (W = 0,87) beigetragen haben können.
2. Beschreiben Sie möglichst konkret Maßnahmen bei den Produktionsfaktoren Material, Personal und Betriebsmittel, die eine Verbesserung der Produktivität, Wirtschaftlichkeit und Rentabilität bewirken können.
3. Ein Industrieunternehmen erwägt folgende Rationalisierungsmaßnahmen in Bezug auf den Fertigungsablauf:
   - Intensivierung der Fließfertigung
   - Freisetzung von drei Mitarbeitern infolge der Anschaffung einer neuen Fertigungsanlage
   - Einführung von Gruppenarbeit in der Montage
   - Outsourcing der Herstellung von wichtigen Baugruppen

   Beschreiben Sie möglichst konkret, inwiefern durch die Maßnahmen jeweils ein Beitrag zu den Rationalisierungszielen „Steigerung der Produktivität" und „Steigerung der Wirtschaftlichkeit" erwirkt werden kann.
4. Die Fließfertigung steht in engem Zusammenhang mit der Arbeitsteilung und Arbeitszerlegung.
   a) Was wird unter Arbeitsteilung, was unter Arbeitszerlegung verstanden?

b) Führen Sie Vor- und Nachteile aus der Sicht einer Industrieunternehmung und der Arbeitnehmer an, die durch eine derartige Arbeitsorganisation auftreten können.

c) Im Bereich der Montage wird die Gruppenfertigung angestrebt. Sie gilt als eine Form der Humanisierung der Arbeitsbedingungen. Vergleichen Sie beurteilend die Gruppenfertigung mit der Fließfertigung.

d) Sammeln Sie Argumente, die zu einer Humanisierung der Arbeitsbedingungen geführt haben.

5. Erläutern Sie das Konzept „Outsourcing“ und beurteilen Sie die Konsequenzen, die sich für ein Industrieunternehmen bei einer Anwendung einstellen könnten. Berücksichtigen Sie bei Ihren Ausführungen den nachfolgenden Artikel.

Sprachprobleme bremsen Outsourcing

Die Auslagerung von Geschäftsaktivitäten nach Osteuropa gewinnt deutlich an Zustimmung. Rund drei Viertel der deutschen Unternehmen befürworten Outsourcing-Projekte in östlichen Nachbarstaaten wie Polen oder Tschechien.
Erst danach folgen Indien (28 Prozent) und Asien ohne China (17 Prozent). Das ist das Ergebnis der aktuellen Studie „Erfolgsmodell Outsourcing 2011“ von Steria Mummert Consulting in Zusammenarbeit mit dem IMWF Institut für Management- und Wirtschaftsforschung.
Bei der Auslagerung von Geschäftsprozessen (BPO) bevorzugen 65 Prozent der Unternehmen den Standort Deutschland (Onshore), 19 Prozent sind für das benachbarte Osteuropa (Nearshore) und nur drei Prozent für Offshore-Länder (Indien, China oder Brasilien). BPO in Osteuropa zu betreiben, ist besonders in der Branche Transport und Logistik (25 Prozent) und bei Banken und der IT-Branche (je 24 Prozent) attraktiv.
Beim Infrastruktur-Outsourcing steht Osteuropa bei IT-Unternehmen (30 Prozent), Banken (28 Prozent), dem verarbeitenden Gewerbe (28 Prozent) sowie Transport und Logistik (25 Prozent) überdurchschnittlich hoch im Kurs.
Der größte Hinderungsgrund für Near- und Offshoring sind Bedenken wegen der Datensicherheit. Das geben drei Viertel der Unternehmen an. Probleme mit der Sprache Englisch nennen 62 Prozent. Genauso viele sehen auch Probleme darin, dass umfassende Dokumentationen und Anwendungen nur auf Deutsch vorliegen und folglich von Nearshore- oder Offshore-Mitarbeitern des Dienstleisters nur bedingt verstanden werden können.
„Gerade viele kleinere Unternehmen sind auf den deutschen Markt fixiert und suchen in Osteuropa nach deutschsprachigen Dienstleistern“, sagt Dr. Stefan Schlöhmer, Outsourcing-Experte von Steria Mummert Consulting. „In Offshore-Ländern ist dagegen Englisch als internationale Geschäftssprache üblich.“

Quelle: www.automotiveit.eu/sprachprobleme-bremsen-outsourcing/management/id-0032416, erschienen am 14.02.2012

6. Erkundigen Sie sich in Ihrem Ausbildungsbetrieb über aktuelle Bemühungen zur Optimierung des Fertigungsablaufs. Berichten Sie in der Klasse möglichst konkret,

› Recherche

a) welche Bedeutung die Arbeitsteilung für den Wertschöpfungsprozess hat,

b) welche Maßnahmen zur Humanisierung der Arbeitsbedingungen ergriffen werden,

c) inwiefern Outsourcing eine Rolle spielt oder gespielt hat.

7. Beschreiben Sie stichpunktartig für folgende Einzelmaßnahmen zur Rationalisierung, was unter der jeweiligen Einzelmaßnahme zu verstehen ist und wodurch die gewünschten Rationalisierungseffekte eintreten sollen. Führen Sie ein konkretes Umsetzungsbeispiel für ein Industrieunternehmen (Hausgerätehersteller) an.

a) Normung

b) Typung

c) Baukastensysteme

d) Teilefamilie

e) Spezialisierung

8. Erläutern Sie positive und negative Auswirkungen von Standardisierung und Spezialisierung aus folgenden Perspektiven: Geschäftsführung, Mitarbeiter, Kunden.

5.3 Ganzheitliche Konzepte der Rationalisierung

Aufgrund der Wettbewerbssituation verschärfen Industriebetriebe ihre Rationalisierungsbemühungen. Einzelmaßnahmen greifen dabei oft nicht mehr weit genug, der gesamte Wertschöpfungsprozess und das gesamte Unternehmen müssen in einem ganzheitlichen Rationalisierungskonzept betrachtet werden.

Ziele ganzheitlicher Rationalisierungskonzepte

Qualitätsverbesserung	Kostenminimierung	Kundenorientierung	Förderung der Mitarbeiterpotenziale	Laufende Prozessverbesserung

In den vergangenen Jahren wurde eine Vielzahl unterschiedlicher Konzepte in Industriebetrieben entwickelt, um die genannten Ziele zu verwirklichen. Triebfeder waren dabei häufig japanische Unternehmen (z. B. Toyota). Nachfolgend werden beispielhaft Konzepte vorgestellt, die gegenwärtig große Verbreitung bei Rationalisierungsvorhaben gefunden haben (siehe I. bis III.).

I. Lean Production/ Lean Management

Das Konzept der **Lean Production** bzw. des **Lean Managements** wurde in Japan in der Automobilindustrie (vor allem bei Toyota[1]) entwickelt, um den wachsenden Kundenanforderungen gerecht zu werden. Auf Basis der Erkenntnis, dass alle Unternehmensprozesse „aufgebläht" sind und daher nur „träge" auf Veränderungen reagieren, wurde ein Konzept entwickelt, bei dem alle Produktionsprozesse (Lean Production) und später auch alle Unternehmensprozesse (Lean Management) verschlankt (engl.: *lean*) werden. Ziel ist die Vermeidung jeglicher Verschwendung von Ressourcen durch die konsequente Ausrichtung am Kunden. Die gesamte Wertschöpfungskette mit allen Beteiligten (die Kunden, Lieferanten, Gewerkschaften, Kapitalgeber, der Gesetzgeber, die Führungskräfte und Mitarbeiter) wird in ein neues Selbstverständnis überführt.

Lean-Gebäude

Folgende Übersicht zeigt wesentliche Ansatzpunkte:

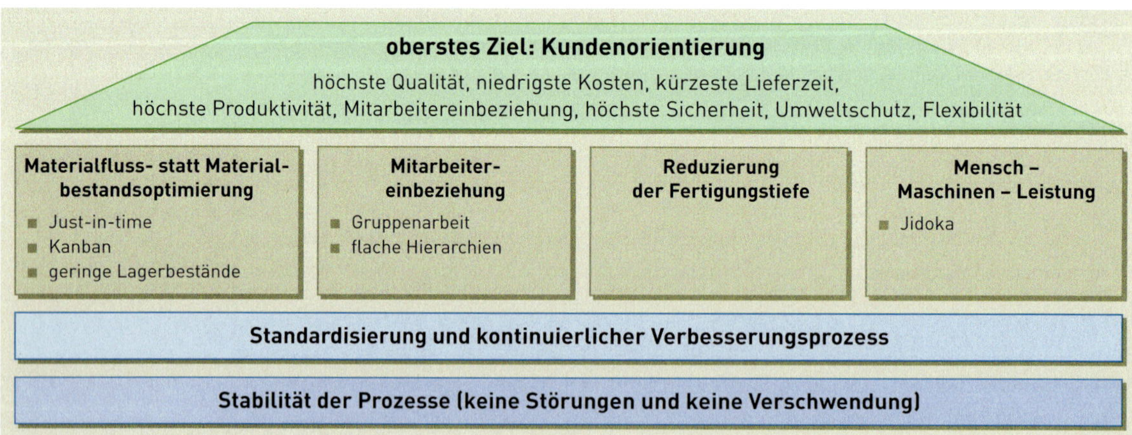

Grundlage der Organisationsstruktur ist die Stabilität der Prozesse, die ohne Störungen und ohne Verschwendungen laufen. Grundlagen für das Vermeiden von Verschwendungen sind der KVP sowie Standardisierungen des Produktionsprogramms. Um Verbesserungsprozesse zu ermöglichen, werden in Qualitätszirkeln nicht Schuldige für Fehler, sondern Lösungen gesucht. Die Prozesse werden immer wieder überdacht und es wird ein Simultaneous engineering[2] angestrebt.

› Kap. 4.2.3 Kaizen
› Kap. 5.2.3 Standardisierung

1 Lean Production wird auch deshalb als „Toyotismus" und „2. Automobilrevolution" angesehen. Die Bezeichnung spielt auf die „1. Automobilrevolution" bzw. den Begriff „Taylorismus" an.

2 Simultaneous Engineering (dt. gleichzeitige Entwicklung); Grundgedanke des Verfahrens ist die zeitliche Überlappung von eigentlich nacheinander folgenden Arbeitsabläufen. Dadurch können die Durchlaufzeiten in erheblichem Umfang reduziert werden.

Auf der Grundlage der Stabilität werden die Säulen im Lean-Gebäude gestellt. Im Zentrum steht dabei die Mitarbeiter-Einbeziehung u. a. durch flache Hierarchien und Gruppenarbeit. Mitarbeiter bilden das Humankapital des Unternehmens und sind entsprechend an Entscheidungen eigenverantwortlich zu beteiligen. Die Gruppenleistungen werden überdurchschnittlich entlohnt. Die Verantwortung und die Motivation für die Prozesse und damit die Leistungsbereitschaft der Mitarbeiter werden gesteigert.

Zentrum des Lean-Gebäudes

Darüber hinaus werden die Produktionsprozesse neu gestaltet. Statt einer Bestandsorientierung erfolgt eine Prozessorientierung, die nach dem Hol-Prinzip organisiert wird. Es werden Kunden-Lieferanten-Beziehungen aufgebaut, bei denen nur dann ein Materialfluss erfolgt, wenn ein Bedarf beim Kunden vorhanden ist. Lagerbestände werden reduziert, Überproduktionen vermieden. Es werden das Just-in-time-Prinzip und auch Kanban verwirklicht.

› Teil C, Kap. 3.5 Kanban
› Teil B, Kap. 2.4.1 Just-in-time-Prinzip

Die Maschinen laufen ohne Stopps und Störungen. Automation ist intelligent nach dem Prinzip des Jidoka[1] realisiert. Die Fertigungstiefe wird auf das ökonomisch sinnvolle Maß reduziert, es wird nur das selbst produziert, was das Unternehmen am besten kann.

Alle Maßnahmen und alle Beteiligten bekennen sich zum obersten Ziel: die Kundenorientierung, das „Dach des Lean-Gebäudes". Kundenorientierung ist dadurch gekennzeichnet, dass höchste Qualität, niedrigste Kosten, kürzeste Zeit, höchste Produktivität, die Einbeziehung der Mitarbeiter, der Sicherheit, der Umwelt und eine Flexibilität bei allen Entscheidungen berücksichtigt werden.

Dach des Lean-Gebäudes

Die Einführung von Lean Production bzw. Lean Management kann folgende Wirkungen haben, die als Argumente für oder gegen das Konzept heranzuziehen sind:

Bewertung

pro	contra
▪ kürzere Durchlaufzeiten ▪ höhere Produktivität ▪ höhere Wirtschaftlichkeit ▪ höhere Qualität ▪ bessere Qualifizierung der Mitarbeiter ▪ Arbeitsbereicherung ▪ höhere Arbeitszufriedenheit	▪ Mitarbeiterentlassungen ▪ Stress durch Prozessdruck ▪ geringere Flexibilität (durch Just-in-time) ▪ Mobbing gegen schwache Gruppenmitglieder ▪ höhere Fluktuation

II. Business Process Reengineering (BPR)/ Geschäftsprozessoptimierung

Business Process Reengineering (BPR) ist das radikale Neugestalten wesentlicher Geschäftsprozesse (Kernprozesse) im Sinne des Kunden. Ziel ist, eine erhebliche Verbesserung in den Bereichen Zeit, Kosten, Qualität und Service durch Veränderung der Aufbau- und Ablauforganisation zu erreichen.

Das Vorgehen ist bewusst radikal. Im extremsten Fall werden die Prozesse und das gesamte Unternehmen auf dem „weißen Papier" neu gedacht (Leitende Frage: Wie müsste das Unternehmen ausgehend von den Marktanforderungen und dem technischen Fortschritt organisiert werden?). Diese Sichtweise unterscheidet sich grundsätzlich von einer reinen Optimierung der Ablauforganisation eines Unternehmens, die zumeist innerhalb von Abteilungs- und Bereichsgrenzen stattfinden kann und die bestehende Aufbauorganisation weitgehend unverändert lässt. Die Priorität der Lösungsentwicklung liegt zunächst darauf, festzustellen, was ein Unternehmen für Prozesse erbringen muss. Erst danach wird gefragt, wie das Unternehmen die Prozesse zu lösen hat. Die Ideenentwicklung orientiert sich immer an der Praxis und findet nicht aufgrund theoretischer Überlegungen statt. Es geht um die beste Prozessgestaltung für das individuelle Unternehmen und dessen Stellung am Markt.

1 Jidoka (dt. autonome Automation) meint, dass Automaten in der Lage sind, sich selbst auf Fehler zu überprüfen und zu korrigieren, ohne dass menschlicher Einsatz erforderlich ist.

Der Mitarbeiter wird in die Prozessstruktur als Prozessverantwortlicher eingebunden. Statt Abteilungsleiter werden Prozessverantwortliche definiert, sodass eine vertikale in eine horizontale Organisation umgewandelt wird. Denn als Hauptursache für mangelnde Wettbewerbsfähigkeit von Unternehmen wird die Arbeitsteilung angesehen, da durch Schnittstellen Wartezeiten, Abstimmungsprobleme und Missverständnisse entstehen.

Typische Phasen des Business Process Reengineering

	Phase	Schlagworte
1	Bestimmung der wettbewerbskritischen Geschäftsprozesse	▪ Kundenorientierung ▪ Benchmarking ▪ frühzeitige Mitarbeitereinbindung
2	Durchführung der Prozessanalyse (Ist-Analyse)	▪ externe Berater ▪ Schwachstellenkonzentrierung ▪ Bestandsaufnahme der Ablauf- und Aufbauorganisation ▪ Bestimmung von Durchlauf- und Lieferzeiten ▪ Prozesskosten
3	Erstellung einer Soll-Struktur des Geschäftsprozesses	▪ flexible, auf die Unternehmensstruktur zugeschnittene Prozesse ▪ vereinfachte Abläufe
4	Umsetzen der Soll-Struktur	▪ interne Unternehmensleistung ▪ Change Management
5	Überprüfung auf Zielerreichung	▪ eventuell neuer Durchlauf

Ziel → marktwirksam kundennah ⟷ rationell ressourcensparend

nach: www.economics.phil.uni-erlangen.de/.../abb3.gif vom 10.07.2007

Beurteilung

Aufgrund seiner Radikalität wird das Business Process Reengineering als Rationalisierungsansatz durchaus kritisch gesehen:

Pro	Contra
▪ Kundenorientierung ▪ Einsatz neuer Informations- und Kommunikationstechniken ▪ Prozessorientierung ▪ verbesserte Zielerreichung (kürzere Durchlaufzeiten, sinkende Kosten, höhere Qualität) ▪ ganzheitliches Konzept	▪ funktionierende Strukturen werden eventuell zerstört ▪ Widerstände bei den Mitarbeitern ▪ hohes Erfolgsrisiko, da kaum Erfahrungswerte über neue Prozesse vorliegen ▪ lange Dauer der Umsetzung

III. Benchmarking

Beim **Benchmarking** werden aus den Ergebnissen eines Vergleichs von abgrenzbaren Unternehmenseinheiten oder mit Wettbewerbern Konsequenzen für die eigene betriebliche Strategie gezogen.
Eine ausführliche Darstellung finden Sie in Teil A, Kap. 3.2.

Sonstige Konzepte entlang des Wertschöpfungsprozesses

Ein innerbetriebliches Total Quality Management bietet aufgrund des KVP-Ansatzes gute Möglichkeiten für Rationalisierungsvorhaben. Überbetriebliche Rationalisierungsansätze werden zunehmend durch die intensiveren Vernetzungen zwischen Unternehmen (z. B. aufgrund von Just-in-time) möglich. In Industriebetrieben wird daher in Supply Chains gedacht, die unternehmensübergreifend u. a. computergesteuert geplant, gesteuert und kontrolliert werden. Es wird auch vom sogenannten Supply Chain-Management gesprochen, bei dem sich alle beteiligten Unternehmen dem Wertschöpfungsprozess sowohl vorgelagerter wie auch nachgelagerter Wertschöpfungsstufen verpflichtet fühlen. Es werden durchweg Kunden-Lieferanten-Beziehungen definiert, die sich allesamt den Prinzipien einer Lean Production unterordnen. Die innerhalb der Unternehmung angestrebte Integration aller Unternehmensbereiche in einer zentralen Datenbank (CIM) wird im Supply Chain-Management also noch um weitere Unternehmen erweitert und entsprechend komplexer. Durch die computergesteuerte Vernetzung des gesamten Wertschöpfungsprozesses werden Verschwendungen, Zeitverluste, Qualitätsprobleme und Kostenprobleme vermieden.

› Teil B, Kap. 4 Supply Chain-Management

Aufgaben

› Kap. 5.3

1. Erläutern Sie die Ziele ganzheitlicher Rationalisierungskonzepte.
2. Erstellen Sie eine Mindmap über das Konzept „Lean Production/Lean Management“.
3. Beschreiben Sie konkrete Maßnahmen, wie die dargestellten Verschwendungen in einem Industrieunternehmen vermieden werden könnten.

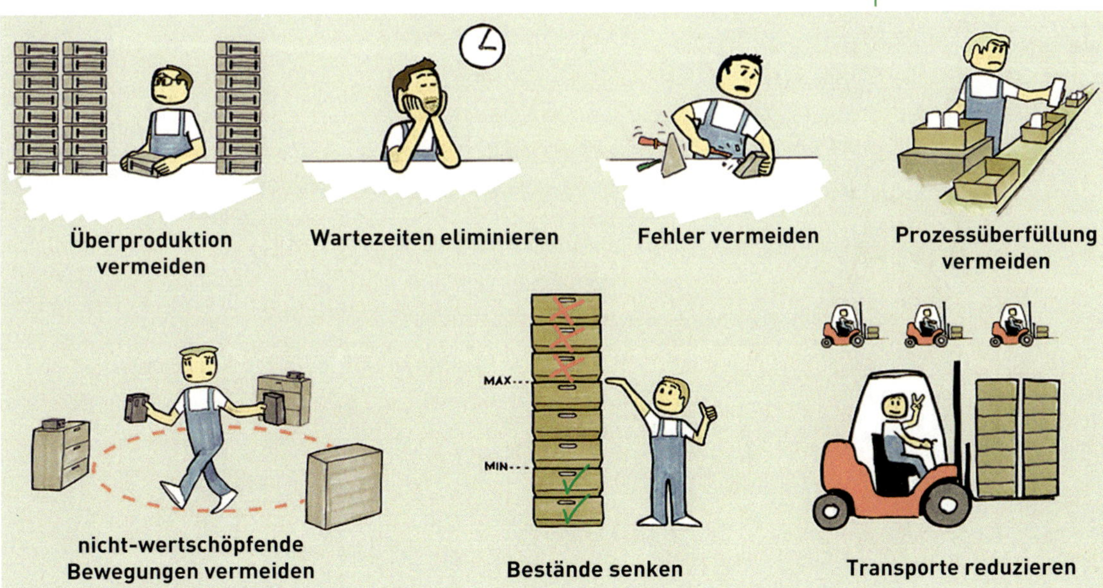

4. Bereiten Sie (wahlweise) einen Kurzvortrag zu den folgenden weiteren ganzheitlichen Konzepten der Rationalisierung vor:
   a) Business Process Reengineering oder
   b) Benchmarking

   Ihr Kurzvortrag sollte folgende Aspekte enthalten:
   - Entstehungsgeschichte, Beschreibung und Hauptaspekte
   - Einordnung in die übrigen Rationalisierungsansätze
   - Einsatzgebiete in der Realität

5.4 Kennzahlen zur Messung des Rationalisierungserfolges

Kennzahlen

Der Erfolg von Rationalisierungsmaßnahmen wird anhand von **Kennzahlen** überprüft. Zur Überprüfung des Rationalisierungserfolges innerhalb der Produktion sind insbesondere folgende Kennzahlen wichtig:[1]

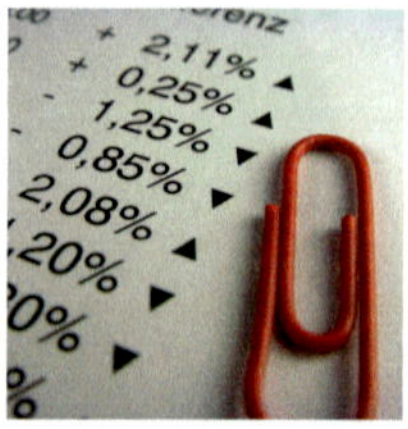

Produktivität	Verhältnis vom mengenmäßigen Ertrag (Output gemessen in Stück, kg usw.) und mengenmäßigem Einsatz von Produktionsfaktoren (Input gemessen in Arbeitsstunden, Betriebsmittel- und Werkstoffeinheiten)
Wirtschaftlichkeit	Verhältnis zwischen wertmäßig erbrachter Leistung zum Wert der eingesetzten Produktionsfaktoren (Kosten)
Rentabilitäten	Verhältnis von erwirtschaftetem Gewinn zum eingesetzten Kapital oder zu den erzielten Umsatzerlösen in Prozent

spezifische Kennzahlen

Die beschriebenen Kennzahlen sind je nach gewählter Rationalisierungsmaßnahme noch zu allgemein und müssen entsprechend für die Produktion konkretisiert werden. Dabei sind Kennzahlen der Produktionsplanung, -steuerung und -kontrolle anwendbar. Hierzu zählen etwa die Durchlaufzeit, die Kapazitätsauslastung, die Ausschussquote, die Fehlerquote usw.

Die Berücksichtigung weiterer Kennzahlen ist auch deshalb geboten, weil Zielkonflikte zwischen Rationalisierungszielen auftreten können. So ist denkbar, dass Rationalisierungsmaßnahmen zu einer „unwirtschaftlichen" Produktivitätssteigerung führen.

Beispiel

Um wandelnden Marktanforderungen gerecht zu werden, beschließt die Heidtkötter KG eine Rationalisierung im Wareneingang für die Fertigung von Büroschränken. Um die Produktivität zu erhöhen, wird in der Wareneingangskontrolle ein neues Prüfgerät eingesetzt, das in einer Vollkontrolle sämtliche eingehenden Materialien untersucht. Das Investitionsvolumen beträgt 100.000,00 € und führt zu Abschreibungen in Höhe von 6.000,00 €. Es müssen durch die neue Qualitätssicherung insgesamt 200 m³ Holz (Wert: 3.000,00 €) weniger beschafft werden. Der Output bleibt unverändert.

Im Übrigen gelten folgende Bedingungen:

	Produktivität	**Wirtschaftlichkeit**
vor der Rationalisierung: Output: 1 200 Schränke, VP (pro Stück): 899,00 € Input: 1 000 m³ Holz, HK (pro Stück): 850,00 €	$P = \frac{1\,200 \text{ St.}}{1\,000 \text{ m}^2} = 1{,}20 \frac{\text{St.}}{\text{m}^2}$	$W = \frac{1\,200 \text{ St.} \cdot 899{,}00 \frac{€}{\text{St.}}}{1\,200 \text{ St.} \cdot 850{,}00 \frac{€}{\text{St.}}} = 1{,}06$
nach der Rationalisierung: Output: 1 200 Schränke, VP (pro Stück): 899,00 € Input: 800 m³ Holz, HK (pro Stück): 860,00 €	$P = \frac{1\,200 \text{ St.}}{800 \text{ m}^2} = 1{,}50 \frac{\text{St.}}{\text{m}^2}$	$W = \frac{1\,200 \text{ St.} \cdot 899{,}00 \frac{€}{\text{St.}}}{1\,200 \text{ St.} \cdot 860{,}00 \frac{€}{\text{St.}}} = 1{,}05$

VP = Verkaufspreise, HK = Herstellkosten, P = Produktivität, W = Wirtschaftlichkeit

Obwohl die Rationalisierung zu einer Produktivitätssteigerung von 25 % geführt hat, ist die Wirtschaftlichkeit gesunken. Dies ist darauf zurückzuführen, dass die durch die zusätzliche Qualitätssicherung entstandenen Kosten für Abschreibungen nicht durch die Materialkosteneinsparung kompensiert werden konnten.

1 zu der ausführlichen Darstellung und Bedeutung von Kennzahlen siehe Teil A, Kap. 3.1

6101340

Aufgaben

› Kap. 5.4

1. Als Komplementär hat Klaus M. Heidtkötter das Controlling damit beauftragt, ein quartalsbezogenes Reporting (= Berichtswesen) zu erstellen, aus dem die Erfolgsentwicklung hervorgeht. Konkret soll die Erfolgswirksamkeit der Anschaffung eines neuen Schweißpunktautomaten durch Kennzahlen ermittelt werden.

Folgende Daten liegen dem Controlling für das vergangene Quartal vor:

	alter Schweißautomat	neuer Schweißautomat
Produktions-/Absatzmenge (pro Quartal in Stück)	2 500	3 000
durchschnittlicher Kapitaleinsatz	50.000,00 €	55.000,00 €
Arbeitszeit pro Mitarbeiter (pro Jahr)	1 600 Std.	1 700 Std.
Anzahl Mitarbeiter	4	3
Kosten für Kostenstelle Schweißautomat (pro Quartal)	350.000,00 €	415.000,00 €
Nettoverkaufspreis, davon Anteil für die Kostenstelle Schweißautomat:	950,00 € 15 %	950,00 € 13 %

a) Ermitteln Sie die Kennzahlen für den Stand vor und nach der Rationalisierung.

b) Beurteilen Sie die Kennzahlen im Hinblick auf die Einkommenssituation des Komplementär Klaus M. Heidtkötter.

c) Schätzen Sie die Aussagekraft der Kennzahlen zur Beurteilung des Rationalisierungserfolges ein und nennen Sie gegebenenfalls zusätzliche Informationen, die Ihnen für eine objektive Einschätzung der Lage hilfreich erscheinen.

2. Franz Kniep möchte als Eigenkapitalgeber der Franz Kniep GmbH wissen, inwieweit sich die Etablierung eines ganzheitlichen Rationalisierungskonzepts im Unternehmen gelohnt hat.

Folgende Daten liegen vor:

Angaben pro Monat	vor der Rationalisierung	nach der Rationalisierung
produzierte Erzeugnisse (Stück)	60 000	73 500
Produktionskosten (K)	55.350.000,00 €	63.900.000,00 €
Verkaufserlöse/Stück (p)	1.050,00 €	1.050,00 €
durchschnittlich eingesetztes Eigenkapital	26.000.000,00 €	27.000.000,00 €
durchschnittlich eingesetztes Fremdkapital	50.000.000,00 €	51.000.000,00 €
FK-Zinsen	250.000,00 €	255.000,00 €
Anzahl der Mitarbeiter	200	190

a) Ermitteln Sie die Kennzahlen für den Stand vor und nach der Rationalisierung.

b) Interpretieren Sie Ihre Ergebnisse aus der Sicht von Franz Kniep und aus Sicht der Mitarbeiter der Franz Kniep GmbH.

Wiederholungsaufgaben

› Kap. 5

1. Für die Herstellung der Schalter „Blinki LR“ erwägt die Grundkötter KG (Automobilzulieferer) den Kauf einer neuen Fertigungsanlage. Die Controllingabteilung hat aufgrund des Angebots des Maschinenbauers und eigener Erhebungen folgende Kostenstrukturen zusammengestellt.

	Anschaffungskosten (Nutzungsdauer: 6 Jahre)	verbrauchsabhängige Energiekosten	zurechenbare Lohnkosten
alte Fertigungsanlage	1.500.000,00 €	7.000,00 €/10 000 Stück	3.000,00 €/10 000 Stück
neue Fertigungsanlage	1.800.000,00 €	3.500,00 €/10 000 Stück	1.500,00 €/10 000 Stück

Zuletzt konnte die Grundkötter KG pro Jahr 97000 Schalter „Blinki LR“ produzieren und absetzen. In künftigen Perioden wird mit einem Absatzwachstum von mindestens 10 % gerechnet.

Ermitteln Sie, ab welcher Produktionsmenge ein Bezug der neuen Fertigungsanlage lohnt.

2. Erläutern Sie jeweils das Prinzip und die denkbaren Einsatzbereiche für die folgenden Veränderungen der Arbeitsbedingungen: Job Rotation, Job Enlargement, Job Enrichment, Gruppenarbeit.

3. Erläutern Sie Unterschiede und Gemeinsamkeiten zwischen Normung und Typung.

4. Unterscheiden Sie zwischen internationalen Normen, nationalen Normen, Verbandsnormen und Werksnormen.

› Recherche

5. Erkundungsauftrag: Untersuchen Sie in Ihrem Ausbildungsbetrieb folgende Aspekte und berichten Sie in der Klasse:
   a) Inwiefern wurden in den vergangenen Jahren in Ihrem Ausbildungsbetrieb Standardisierungen oder Spezialisierungen durchgeführt? Bringen Sie bitte Belege mit.
   b) Welche Maßnahmen wurden eingesetzt, um unterschiedliche Interessen (z. B. Geschäftsführung, Kunden, Mitarbeiter) dabei in Einklang zu bringen?

6. Diskutieren Sie positive und negative Auswirkungen von Rationalisierungsmaßnahmen für folgende Aspekte: Produktionsprogramm, Produktionsergebnis, Produktionskosten, Arbeitnehmer, Verbraucher, Volkswirtschaft.

7. Benchmarking ist in verschiedenen Formen umsetzbar. Beim internen Benchmarking werden Prozesse, konkrete Arbeitsabläufe oder Funktionseinheiten innerhalb eines Unternehmens (z. B. auch in verschiedenen Niederlassungen) miteinander verglichen. Externes Benchmarking wird mit Partnern durchgeführt, die außerhalb des Unternehmens stehen. Dies können Wettbewerber, aber auch branchenfremde Unternehmen sein.

   Erläutern Sie jeweils zwei Vorteile und zwei Nachteile für die Durchführung eines Benchmarking mit
   a) anderen Funktionsbereichen (internes Benchmarking),
   b) direkten Konkurrenten/Wettbewerbern,
   c) branchenfremden Unternehmen.

8. Eine Maßnahme im Rahmen des Business Process Reengineerings (BPR) besteht in der Umschulung bisheriger Spezialisten in neue Generalisten.

   Erläutern Sie die Ursachen und Zielsetzungen dieser Personalmaßnahme.

9. Bereiten Sie einen Kurzvortrag zum Konzept des Supply Chain-Managements vor, aus dem folgende Aspekte hervorgehen: Entstehungsursachen, Prinzip und Konzept, Einsatzgebiete, Beurteilung.

10. Eine Blech-Schneidemaschine der Franz Kniep GmbH, die pro Jahr variable Kosten in Höhe von 330.000,00 € verursacht, stellt bei 2 400 Arbeitsstunden 60 000 Werkstücke her. Die Fixkosten belaufen sich auf 30.000,00 € pro Jahr. Die alte Schneidemaschine konnte lediglich 53 000 Werkstücke produzieren. Sie verursachte 300.000,00 € variable Kosten und 24.000,00 € Fixkosten. Die Werkstücke haben einen Wert von 6,50 € pro Stück.

a) Berechnen Sie geeignete Kennzahlen zur Beurteilung des Rationalisierungserfolges und interpretieren Sie Ihr Ergebnis.

b) Berechnen Sie die prozentuale Veränderung der Wirtschaftlichkeit und erläutern Sie mögliche Ursachen für die Veränderung.

11. Die Franz Kniep GmbH fertigte mit 2 000 Mitarbeitern 12 000 Waschmaschinen vom Typ *Ultra* im Stammwerk Nachrodt-Wiblingwerde im Mai 01.

Im Juni 01 wurden unter sonst gleichen Bedingungen 12 600 Maschinen produziert. Die geleisteten Arbeitsstunden beliefen sich auf 180 pro Mitarbeiter im Mai bzw. 170 im Juni. Der Kapitaleinsatz für die Betriebsmittel belief sich in beiden Monaten auf 450.000,00 €.

a) Ermitteln Sie die Arbeits- und die Kapitalproduktivität für die Monate Mai und Juni 01.

b) Berechnen Sie jeweils die prozentuale Veränderung der Produktivitäten und erläutern Sie mögliche Ursachen für die Veränderung.

12. Gleichförmige Arbeit wird häufig von den Mitarbeitern als monoton empfunden.

a) Nennen Sie vier Folgen, die sich für die Arbeitskräfte ergeben können.

b) Erläutern Sie drei wirksame Maßnahmen der Unternehmensleitung gegen Monotonie.

13. Zur Rationalisierung der Fertigung erwägt ein Industrieunternehmen, eine leistungsfähigere Maschine anzuschaffen. Es stehen hierzu zwei Angebote zur Disposition:

	Alternative I	Alternative II
Anschaffungskosten	400.000,00 €	450.000,00 €
Nutzungsdauer	8 Jahre	10 Jahre
Kapazität pro Jahr	18 000 Stück	23 000 Stück
Kalkulationszinssatz	6 %	6 %
variable Kosten pro Stück	29,00 €	27,00 €
sonstige fixe Kosten pro Monat	425,00 €	600,00 €

a) Ermitteln Sie die Kosten pro Stück je Alternative und den prozentualen Kostenvorteil der günstigeren Alternative. Welche Maschine sollte bei einer Fertigungsmenge von 1 400 Stück pro Monat unter Kostengesichtspunkten angeschafft werden?

b) Führen Sie mindestens drei Gründe an, warum sich das Industrieunternehmen für die Alternative mit den höheren Stückkosten entscheiden könnte.

c) Aufgrund von Finanzierungsschwierigkeiten sieht das Industrieunternehmen von der Anschaffung der leistungsfähigeren Maschine ab. Erläutern Sie drei andere Rationalisierungsmaßnahmen in der Fertigung, durch die die Produktivität erhöht werden kann.

D

Absatzprozesse

Lernfeld 10
Absatzprozesse planen, steuern und kontrollieren

1 Marketing im Wertschöpfungsprozess

Einführung

Die Entscheidungen, die ein Industrieunternehmen treffen muss, und deren konkrete Umsetzungen im Wertschöpfungsprozess werden maßgeblich vom Absatzmarkt angestoßen bzw. eingefordert. Die Orientierung unternehmensinterner Entscheidungen an externen Gegebenheiten der Märkte erfordert eine intensive Auseinandersetzung mit den aktuellen Marktvorgaben. Dazu werden Marketingkonzepte entwickelt, die bei möglichen Kunden neue Bedürfnisse wecken, das Unternehmen positiv gegenüber Konkurrenzunternehmen abgrenzen und maßgeblich die zukünftige Marktentwicklung beeinflussen und steuern. Dieses aktive Einwirken auf Marktstrukturen und Marktentwicklungen ist nur möglich, wenn aktiv Marketing betrieben wird und die dazu erforderlichen Informationen mit Hilfe der Marktforschung beschafft werden können.

Beispiel

Die Heidtkötter KG richtet ihr gesamtes Marketingkonzept für Bürostühle auf deren außergewöhnliches Design und die ergonomischen Eigenschaften der Produkte aus. Dadurch werden einerseits die mit Hilfe der Marktforschung ermittelten Kundenanforderungen (zunehmende Ansprüche an Design und ein stärkeres Gesundheitsbewusstsein) bedient, andererseits werden bei potenziellen Neukunden Bedürfnisse nach gutem Design ihres Büromöbels und nach gesundheitsförderndem Sitzen geweckt.

Nachfolgend werden grundlegend für den Funktionsbereich „Absatz" die Zusammenhänge zwischen einem Marketingkonzept (Ziele und Überblick über Marketinginstrumente), der Marktforschung und ihrer unterschiedlichen Methoden sowie der Instrumente zur Analyse der Marktstellung des Unternehmens und seiner Produkte (z. B. Portfolioanalyse, Produktlebenszyklus) herausgearbeitet.

1.1 Marketing – wesentlich mehr als nur verkaufen

Marktsituation

Seit einigen Jahrzehnten sind die Absatzmärkte der Unternehmen in Deutschland durch die Merkmale eines Käufermarktes gekennzeichnet. Der Nachfrager fordert heute sehr gute Qualität und kauft dabei preisbewusst ein, da die Nachfrage nahezu gesättigt ist und der Verbraucher nahezu alles Vorstellbare[1] kaufen kann, was er als

1 ... und Unvorstellbare. In den Vereinigten Staaten wurde am 21.06.2004 der erste private Flug in der SpaceShipOne in den Weltraum gestartet. Mehr dazu siehe www.spaceclub.de, www.virgingalactic.com.

wünschenswert erachtet. Die Konkurrenz der Unternehmen um die Nachfrager auf den Absatzmärkten wird immer größer und intensiver, die Marktmacht liegt letztlich beim Käufer.

Ebenso hat die technische Entwicklung verstärkt dazu geführt, dass sich die angebotenen Produktqualitäten immer weniger unterscheiden, sodass nicht mehr nur die Qualität der Produkte entscheidend für den Kauf ist, sondern Aspekte wie Serviceleistungen, Garantieleistungen, Kundenbetreuung, Kundenzufriedenheit, Verhalten bei auftretenden (Vertrags-)Problemen, Wartungs- und Reparaturdienste usw. stärker in den Vordergrund rücken.

Es geht also nicht mehr nur um den Verkauf der (hergestellten) Leistungen, sondern vielmehr um ein systematisches, auf alle Kundenbedürfnisse hin ausgerichtetes aktives absatzorientiertes Handeln der Unternehmen.

Beispiel

Die Heidtkötter KG hat inzwischen ein umfassendes After-Sales-Programm am Markt etabliert. Es berücksichtigt vornehmlich die Kundenanforderungen „Langlebigkeit der Produkte" und „Umweltschonung". Zur Erreichung einer hohen Kundenzufriedenheit werden folgende Service-Bausteine auf Kundenwunsch erfüllt:

Servicevereinbarung	Instandsetzung	Generalüberholung	Produktrücknahme zur Entsorgung
periodische Überprüfung der Produkte (dreimal in den ersten fünf Jahren), um auf eventuelle Reparaturen hinzuweisen	Instandsetzung gemäß Reparaturliste mit einheitlichen Kostenvoranschlägen; Reparatur auch bis zu zwei Jahre nach Produktionseinstellung eines Produktes	Im Stammwerk in Bielefeld werden gemäß Kostenvoranschlag Produkte runderneuert oder sogar auf den neuesten technischen Stand aktualisiert.	Produktrücknahme altgedienter Produkte und umweltgerechte Entsorgung: Wertstoffe werden getrennt und überwiegend recycelt.

Marketing

Insbesondere geht es darum, bestehende Kundenwünsche zu erfüllen sowie beim potenziellen Kunden neue Bedürfnisse zu erzeugen und auf kreative sowie gewinnbringende Art die Absatzmärkte aktiv zu gestalten, neue Absatzmärkte zu erschließen und seine eigenen Leistungen systematisch zu vermarkten (= **Marketing**).

Heribert Meffert, Wirtschaftswissenschaftler und Marketingexperte, definiert Marketing wie folgt: *Marketing bedeutet Planung, Koordination und Kontrolle aller auf die aktuellen und potenziellen Märkte ausgerichteten Unternehmensaktivitäten.*[1]

Diese Definition bezieht sich auf **alle** Unternehmensaktivitäten. Sie bezieht sowohl die Bearbeitung bestehender bzw. aktueller als auch die zukünftiger bzw. potenzieller Märkte in den Aufgabenbereich des Marketings ein. Das Unternehmen richtet seine Aktivitäten und Entscheidungen an den Anforderungen der Märkte aus.

Orientiert am **Management-Regelkreis** umfasst der Marketingprozess vier Schritte: › Teil A, Kap. 3.1

1.	**Marketingplanung**	Festlegen von Marketingzielen und -konzepten
2.	**Marketing-durchführung**	Einsatz der zur Verfügung stehenden Marketinginstrumente[2], um die Marketingziele und -konzepte erreichen zu können, die Bedarfsdeckung zu optimieren und den Markt aktiv zu erschließen/zu gestalten/zu erhalten
3.	**Marketingkontrolle**	Überprüfung der Zielerreichung sowie der eingesetzten Instrumente und Abweichungsanalyse, um Vorgaben für die künftige Marketingplanung abzuleiten[3]
4.	**Feedback**	Rückmeldung an die Marketingplanung zur Festlegung neuer Marketingziele

Zur (Fort-)Entwicklung aller Marketingprozesse muss durch das Marketing zunächst das eigene Leistungsprogramm (Absatzprogramm) definiert werden.

1 Meffert, Heribert: Marketing. Grundlagen marktorientierter Unternehmensführung, 9. Auflage, Wiesbaden, 2000, S. 8
2 siehe Teil D, Kap. 2
3 siehe Teil D, Kap. 4

Erfolgreiches Marketing erfüllt folgende Funktionen:

Funktionen des Marketings

Kunden-orientierung	Dies ist die **Orientierung an den Problemen und Bedürfnissen des Kunden** und nicht an den Produkten bzw. der Produktion.
Wettbewerbs-orientierung	Die Produkte und Dienstleistungen müssen **sich von denen der Konkurrenz unterscheiden**, um die Gefahr der Austauschbarkeit zu reduzieren.
Gesellschafts-orientierung	Neben ökonomischen Aspekten soll die **gesellschaftliche Verantwortung** berücksichtigt und ein nachhaltiges wirtschaftliches Handeln gegenüber Mensch, Gesellschaft und vor allem Umwelt angestrebt werden.

Marketingziele

Die **Marketingziele** müssen auf die Unternehmensziele abgestimmt werden. Die Unternehmen verfolgen unterschiedliche Ziele, die vor allem von der Unternehmensgröße, dem Konkurrenzverhalten, den Bedürfnissen der Kunden, den spezifischen Marktgegebenheiten, den Unternehmensressourcen sowie von (wirtschafts-)ethischen Einstellungen des Unternehmens abhängen.

Einen Überblick über mögliche Marketingzielsetzungen bietet folgende Übersicht:

Marketingziele

Zielsetzungen im Rahmen des Sachziels (ausgerichtet auf die angebotenen Leistungen)

Den Kundenwünschen müssen entsprechen:
- die Produkte
- Aufmachung, Verpackung, Präsentation und Verwendung
- Service-, Garantieleistungen sowie Wartungs- und Reparaturdienste

ökonomische Zielsetzungen (ausgerichtet auf den ökonomischen Erfolg)
- Erreichen festgesetzter Umsatzzahlen
- Erhöhen von Marktanteilen
- Erhöhen des Gewinns
- Erschließen neuer Märkte
- Minimieren der Kosten

psychografische Zielsetzungen (ausgerichtet auf das Kundenverhalten)
- Verbessern des Images, bezogen auf die Produkte und das Unternehmen
- Erhöhen der Zahl an Stammkunden (Kundentreue)
- Verbessern der Kundenpflege/-betreuung
- Setzen von Präferenzen für eigene Produkte beim Kunden
- Verbessern der Kunden-/Produktinformationen

Einflussgrößen der **Marktauswahl**

Jedes Unternehmen muss entscheiden, ob es seine Leistungen innerhalb des bisherigen Absatzmarktes erbringen will oder ob neue Absatzmärkte erschlossen werden sollen. Auch ist festzulegen, ob das bestehende Leistungsprogramm beibehalten wird oder ob neue Leistungen oder Leistungen in veränderter Form angeboten werden sollen. Auf welchen Märkten ein Unternehmen tätig ist, hängt von den Unternehmenszielen und dem Leistungsangebot ab.

Beispiele

Der Automobilhersteller Peugeot stellt außer Kraftfahrzeugen auch hochwertige Fahrräder und Pfeffermühlen her, um sein positives, mit Qualität verbundenes Image auf weitere Marktsegmente zu übertragen.

Ein Automobilhersteller aus Südkorea kann nicht nur in seinem Heimatmarkt tätig sein, wenn er hohe Absatzzahlen erreichen will. Dafür muss er in den großen Märkten in Europa und Amerika, eventuell auch in Indien oder China tätig werden. Ob er aber tatsächlich überall dort auftreten kann, hängt von weiteren Faktoren ab, wie z. B. der Unternehmensgröße, seiner Finanzkraft, der Konkurrenzsituation oder auch von Einflüssen wie staatlichen Zutrittsbeschränkungen, Umweltauflagen oder staatlichen Förderprogrammen.

Marktsegmentierung

Auch aufgrund der Globalisierung werden die Absatzmärkte für Industrieunternehmen immer größer und zahlreicher. Absatzmärkte mit ihrer Vielzahl an Nachfragern werden nach bestimmten Kriterien in Teilmärkte (Marktsegmente) mit relativ homogenen Käufergruppen aufgeteilt (**Marktsegmentierung**). Eine solche Strukturierung kann nach Alter, Geschlecht, Wohnort, Familienstand, Einkommen, Einstellungen, Lebensstil, Markenbewusstsein, Freizeitinteressen usw. erfolgen.

Beispiel

Ein Getränkehersteller unterteilt den Markt in drei homogene Teilmärkte: Handel (Wiederverkäufer), Konsumenten und Gastronomie. Diese Einteilung nutzt der Getränkehersteller, um nach einer weiteren Marktsegmentierung eine gezielte Marktbearbeitung der Teilmärkte zu betreiben.

Der Segmentierung des Teilmarktes „Konsumenten" liegen folgende Kriterien zugrunde:

Kriterien	homogene Segmente	Begründung
Sozioökonomie	Männer mittleren Alters Frauen/junge Männer	Das Hauptgetränk wird vor allem von Männern mittleren Alters (29 bis 49 Jahre) verzehrt. Die Ableitungen vom Hauptgetränk (Mischgetränke) werden von Frauen und jungen Männern (17 bis 28 Jahre) getrunken.
Kaufverhalten	Alltagskonsumenten Feierkonsumenten	Es lassen sich Alltags- und Feierkonsumenten unterscheiden. Alltagskonsumenten verzehren täglich das Produkt und sind Stammkunden. Feierkonsumenten kaufen die Getränke anlassbezogen (Feiertage, Feste).
Region	Markt Nord Markt Süd	Umsatzbezogen gibt es ein starkes Nord-Süd-Gefälle. Der Norden ist der Stammmarkt des Unternehmens (hoher Umsatz, hoher Marktanteil). Im Süden werden aufgrund der regionalen Konkurrenzsituation deutlich geringere Umsätze erreicht (geringer Umsatz, geringer Marktanteil).

Das Festlegen von Marktsegmenten muss gut überlegt sein, da eine kurzfristige Anpassung der Einteilung aus wirtschaftlicher Sicht nicht sinnvoll bzw. mit hohen Kosten verbunden ist. Daher werden vor Bildung der Marktsegmente durch die Marktforschung Informationen über das Marktgeschehen im Markt und in den Teilmärkten bereitgestellt. Diese betreffen insbesondere

- die Konkurrenzsituation,
- die besonderen Ansprüche der potenziellen Kunden sowie
- die Entwicklung des gesamten Absatzmarktes.

Marketinginstrumente

Die Marktsegmente müssen bearbeitet werden. Die dazu erforderlichen absatzpolitischen Instrumente zur Optimierung der Bedarfsdeckung bzw. zur aktiven Gestaltung der Absatzmarktbedingungen sind sehr vielfältig.

Das **Marketinginstrumentarium** umfasst folgende fünf Gruppen von Werkzeugen[1], die durch folgende Fragen gekennzeichnet werden können:

→ **Produktpolitik:** *Welche und wie viele Leistungen sollen wann angeboten werden?* › Kap. 2.1

→ **Preis-/Konditionenpolitik:** *Wie viel Umsatz soll für welche Leistungen wann und in welcher Form erzielt werden?* › Kap. 2.2

→ **Distributionspolitik:** *Wo sollen welche Leistungen an wen und auf welchen Wegen wann vertrieben werden?* › Kap. 2.3

→ **Kommunikationspolitik:** *Wer soll durch welche Informationen und auf welchen Wegen wann und wie beeinflusst werden?* › Kap. 2.4

→ **Servicepolitik:** *Durch welche zusätzlichen Leistungen will man sich von der Konkurrenz abheben und welche Alleinstellungsmerkmale will man verbreiten?* › Kap. 2.5

1 siehe Teil D, Kap. 2

Aufgaben

› Kap. 1.1

1. Erläutern Sie Unterschiede zwischen Käufermarkt und Verkäufermarkt und beschreiben Sie jeweils die Konsequenzen hinsichtlich der Notwendigkeit einer Marketingkonzeption.

2. Unterscheiden Sie zwischen ökonomischen und psychografischen Marketingzielsetzungen und nennen Sie jeweils drei Beispiele.

3. Erläutern Sie, was Sie unter dem Begriff „Marketing" verstehen.

4. Begründen Sie, warum das Marketing auf die Unternehmensziele ausgerichtet werden sollte.

5. Nehmen Sie Stellung zu folgender Aussage: *„Eine wichtige Grundlage zur Erstellung eines Marketingkonzepts ist die Festlegung des eigenen Leistungsprogramms."*

6. Beschreiben Sie Informationen, die Sie zur Erstellung eines Marketingkonzepts dringend benötigen.

7. Beschreiben Sie Situationen, in denen ein Unternehmen ein neues Absatzkonzept (= Marketingkonzept) entwickeln sollte.

8. Beschreiben Sie Gründe dafür, dass sich mit der Planung eines Marketingkonzepts die Erfolgschancen eines Unternehmens erheblich erhöhen.

9. Erläutern Sie die Forderung: *„Unternehmensführung muss vom Markt her gesteuert werden."*

10. Marketingmaßnahmen müssen geplant werden. Legen Sie die richtige Reihenfolge der Einzelaktivitäten fest:
a) *Kontrolle der Marketingergebnisse*
b) *Analyse der Marktsituation*
c) *Abstimmen der Marketinginstrumente*
d) *Bestimmen der Marketingziele*
e) *Definition der Marketingstrategie*
f) *Bestimmen der Marketinginstrumente*

11. Die Heidtkötter KG plant die Einführung eines neuen Multifunktionstisches.
a) Welche absatzpolitischen Überlegungen sind nun notwendig?
b) Welche Ziele sollen/können durch diese Überlegungen erreicht werden?

12. a) Erläutern Sie den Begriff „Marktsegment" und beschreiben Sie den Prozess der Marktsegmentierung mit eigenen Worten.
b) Erläutern Sie „Marktsegmentierung" anhand folgender Beispielmärkte:

Markt	Kriterium der Marktsegmentierung	jeweilige Produktausrichtung
Automobile		
Körperpflegemittel		

13. *„Entscheidungen bezüglich der Marktsegmentierung sind strategische, langfristige Entscheidungen".*

Erläutern Sie Gründe für die Richtigkeit dieser Aussage.

14. Beschreiben Sie Ursachen, die dafür verantwortlich sind, dass der realtypische Verlauf des Produktlebenszyklus häufig vom idealtypischen Verlauf abweicht.

1.2
Die Marktforschung

Häufige Marktveränderungen, bedingt durch Änderungen in den Einstellungen der Konsumenten, dem Umweltbewusstsein, dem Einkommen der Kunden oder durch allgemein wirtschaftliche oder gesetzliche Veränderungen erfordern eine ständige und möglichst hilfreiche Erkundung aller Märkte. Die Aufgabe der **Absatzmarktforschung** besteht darin, möglichst zuverlässige und aktuelle Daten bezüglich der Absatzmärkte des Unternehmens zu beschaffen, die dann als Grundlage zur Formulierung möglicher Markt- und/oder Absatzprognosen dienen.

Absatzmarktforschung

Bezogen auf das Verständnis der speziellen Bemühungen der Marktforschung bringt uns die Klärung der folgenden Begrifflichkeiten einen Schritt weiter.

Grundbegriffe

- **Marktforschung:** systematische („professionelle") Beschaffung von Informationen als Grundlage absatz-/beschaffungspolitischer Entscheidungen mit Hilfe wissenschaftlicher Methoden; wird selbst oder durch ein Marktforschungsinstitut durchgeführt.
- **Bedarfsforschung:** gezielte Untersuchung der aktuellen sowie potenziellen Nachfrager bezüglich ihres Konsumverhaltens, ihrer Bedürfnisse und Kaufkraft.
- **Konkurrenzforschung:** systematische Erforschung der Entwicklungen der Branche sowie des Verhaltens der Konkurrenten auf dem Absatzmarkt; es werden Daten über aktuelle und mögliche Konkurrenten und deren Marketingstrategien und Konkurrenzprodukte, deren Besonderheiten und Qualität erhoben oder das Unternehmen begibt sich auf die Suche nach Trendsettern.
- **Absatzforschung:** Erforschung des eigenen Images, der eigenen Stellung am Markt sowie der Wirkung der eingesetzten Marketinginstrumente; Abfragen der Reaktionen der (potenziellen) Kunden auf eigene Marketingmaßnahmen wie z. B. die Veränderung an Produkten und Leistungen, den Einsatz von umweltschonenden Fertigungstechniken und -materialien, Veränderungen in der Preisstellung oder den Zahlungsbedingungen, ein neues Angebot zusätzlicher Serviceleistungen usw.
- **Markterkundung:** unsystematisches Sammeln von Absatzmarktinformationen (Gespräche mit Kunden und Vertriebspersonal, Nutzen von Fachzeitschriften, Testheften, Messebesuchen, „mal hören, mal schauen" usw.)
- **Marktanalyse:** Untersuchung des Absatzmarktes zu einem bestimmten Zeitpunkt zu einem bestimmten Zweck (**Zeitpunkt-Analyse**), eventuell zur Produkteinführung, Produktdifferenzierung; in der Regel unter Anwendung der Methoden „Beobachtung" und „Befragung".
- **Marktbeobachtung:** Datenerhebung über einen längeren Zeitraum mit der Zielsetzung, ständig über die Entwicklungen und Veränderungen auf den Märkten informiert zu sein (**Zeitraum-Analyse**), eventuell zur Beobachtung der Entwicklung neu eingeführter Produkte; in der Regel unter Anwendung eines Panels (siehe S. 351).
- **Marktprognose:** Einschätzung und Vorausberechnung zukünftiger Marktentwicklungen; diese Trendvorhersage ergibt sich aus der Interpretation der durchgeführten Marktbeobachtungen sowie Marktanalysen; dient als Grundlage für absatzpolitische bzw. beschaffungspolitische Entscheidungen und für den Einsatz der Marketinginstrumente; unter Umständen ergibt sich eine konkrete Absatzprognose über die Höhe der zukünftigen Absatzmengen.

- **Demoskopische Marktforschung:** Untersuchung der Verhaltensweisen und der Einstellungen der Marktteilnehmer als Ursache für das Geschehen auf den Märkten; folgende Fragen könnten von einem Unternehmen (Rennrad-Hersteller) gestellt werden:
  - *Welche Personen würden das Produkt kaufen? (Alter, Geschlecht, Beruf, Familienstand, ...)*
  - *Welches Sportbewusstsein haben die Nachfrager?*
  - *Verfolgen die Nachfrager ein besonderes Gesundheitsideal?*
  - *Wie wirken Großveranstaltungen (z. B. die Tour de France) auf das Kaufverhalten?*
- **Ökoskopische Marktforschung:** Untersuchung „objektiver", in Zahlen messbarer Marktgrößen (Umsätze, Preise, Marktanteile, Anzahl der Produkte/Anbieter innerhalb der Branche usw.); folgende Fragen könnten gestellt werden:
  - *Wie ist die Konkurrenzsituation bezogen auf das Produkt?*
  - *Welche Konkurrenzprodukte (= Substitutionsgüter) sind am Markt zu finden?*
  - *Wie hoch sind die Preise der Konkurrenten?*
  - *Wie ist die Marktstellung des Unternehmens bzw. die Marktstellung des Produkts einzuordnen?*
  - *Wie ist die wirtschaftliche Situation des gesamten Wirtschaftszweigs?*

Die oben bereits erwähnte Beschaffung von Marktdaten im Rahmen der Marktforschung kann mit Hilfe folgender Methoden durchgeführt werden:

Methoden der Marktforschung

Primärforschung (= Feldforschung)
- erstmalige Ermittlung bisher nicht bekannter Marktdaten

- **Befragung**
  - Kundenbefragung
  - Haushaltsbefragung
  - Telefonbefragung
  - Expertenbefragung
  - Panel
- **Beobachtung**
- **Warentest**
- **Testmarkt**

Vorteile
- Daten stehen schnell zur Verfügung
- die erhobenen Daten sind zielorientiert und zweckgebunden
- aktueller Datenbestand

Nachteile
- Abhängigkeit der Qualität von der Gestaltung und Durchführung der Erhebung
- sehr teuer

Sekundärforschung (= Schreibtischforschung)
- Auswertung bereits vorhandener Quellen/Marktdaten

- **betriebsintern**
  - Umsatzzahlen (Buchhaltung)
  - Vertreterberichte
  - Preislisten
- **betriebsextern**
  - Veröffentlichungen (Statistisches Bundesamt, Wirtschaftszeitungen, IHK, wissenschaftliche Institute)
  - Fachmessen, Testhefte
  - Preislisten von Konkurrenten
  - Kataloge
  - Bilanz, Geschäftsbericht
  - Marktforschungsinstitute
  - Fernsehen

Vorteile
- geringe Kosten, da die Daten bereits vorliegen
- evtl. sehr umfangreiche Datenbestände

Nachteile
- fehlende Aktualität und ungenaue Daten
- fehlende Differenziertheit und Detailliertheit
- fehlende Zweckgebundenheit
- aktuellere Daten liegen unter Umständen nur zu bestimmten Zeiten im Jahr vor (Jahresende, Messezeit)

Befragung

Fragebögen

Befragungen werden in der Datenerhebung sehr häufig eingesetzt. Sie können schriftlich in Form von **Fragebögen** durchgeführt werden. Diese werden an Personen einer zuvor definierten Zielgruppe versendet, mit der Bitte, sie auszufüllen und bis zu einem bestimmten Termin zurückzusenden. Damit die Befragten alle Fragen ohne zusätzliche Hilfe verstehen und beantworten können, muss der Fragebogen sehr präzise formuliert bzw. erstellt werden. Problematisch sind beim Einsatz dieses Instruments die geringen Rücklaufquoten per Post oder Internet, sodass als Anreiz häufig die Teilnahme an Gewinnspielen oder Verlosungen angeboten wird.

Interview

Befragungen können auch in einem persönlichen Gespräch (**Interview**) als Kunden-, Passanten- oder Expertenbefragung oder per Telefonat durchgeführt werden. Der Interviewer kann die gestellten Fragen bei Bedarf erklären und alle Reaktionen der Befragten beobachten. Die Gefahr bei persönlichen Befragungen besteht darin, dass der Interviewer die Befragten bewusst oder unbewusst beeinflussen kann.

Panel

Bei der Durchführung eines **Panels** geht es um die mehrfache Befragung einer gleichbleibenden, abgegrenzten Personengruppe über einen längeren Zeitraum. Ein Panel dient der Erfassung möglicher Verhaltens- und Einstellungsänderungen, die sich auf die Nachfrage auswirken könnten.

Beobachtung

Bei der **Beobachtung** geht es darum, einen potenziellen Kunden bei seinem (Einkaufs-)Verhalten im Geschäft, vor Ständen oder Schaufenstern und bei der Wahrnehmung von Werbebotschaften unbemerkt, eventuell unter Zuhilfenahme neuer Technologien, zu beobachten.

Markttest

Im Rahmen eines **Markttests** wird auf einem Testmarkt den Personen ein (neues) Produkt zur Verfügung gestellt und nach ihren Einschätzungen und Einstellungen zu unterschiedlichen Aspekten (Qualität, Nutzen, Geschmack, Verpackung, Preis usw.) gefragt. Ziel ist es festzustellen, wie das Produkt vom Markt angenommen wird und welche absatzpolitischen Instrumente für die Einführung auf dem Gesamtmarkt hilfreich sind. Bei einem **Testmarkt**[1] wird die Ware auf einem räumlich begrenzten Teilmarkt, der in seiner Struktur und dem Verhalten der Marktteilnehmer[2] dem Gesamtmarkt sehr ähnlich ist, eingeführt. Der Vorteil: Bei geringem wirtschaftlichen Risiko kommt man auf dem Testmarkt der Realität sehr nahe.

Testmarkt

In der Regel werden die hier beschriebenen Methoden der Marktforschung von spezialisierten Marktforschungsunternehmen gemeinsam mit dem Auftraggeber geplant, erstellt, dann durchgeführt, ausgewertet und die erarbeiteten Ergebnisse werden präsentiert.

Warentest

Ein Unternehmen kann seine Leistungen auch von neutralen Organisationen anhand bestimmter Merkmale/Kriterien testen und bewerten lassen. Dieser **Warentest** umfasst den Vergleich einer repräsentativen Auswahl von Produkten bzw. Leistungen, die einem gemeinsamen Grundnutzen dienen, und ermöglicht die Positionierung eigener Leistungen.
Aufgrund zusammenwachsender Märkte werden europaweit verfügbare Waren gemeinschaftlich an gemeinsamen Standards getestet (Gemeinschaftstests). 1990 erfolgte ein Zusammenschluss internationaler Testorganisationen zur *International Consumer Research and Testing Ltd.* (ICRT[3]), die europaweite Gemeinschaftstests durchführt. Weitere Tests finden Unternehmen und Verbraucher in entsprechenden Fachzeitschriften, z. B. *AutoMotorSport, STEREO, ComputerBILD, Öko-Test.* Viele Unternehmen arbeiten mit diesen Testorganisationen zusammen, um ihre Glaubwürdigkeit zu stützen bzw. zu erhöhen.

Marktgrößen

Die mit Hilfe der oben beschriebenen Methoden und Instrumente der Marktforschung ermittelten aktuellen und zuverlässigen Daten bezüglich der Absatzmärkte eines Unternehmens dienen der Formulierung möglicher Absatzprognosen sowie als Grundlage für den Einsatz (kostenintensiver) Marketinginstrumente zur Erweiterung eigener Marktanteile. Hilfreich sind quantitative Marktanalysen zur **Erfassung mengen- und wertmäßiger Größen aktueller und potenzieller Absatzmärkte**.

1 Die Orte Haßloch (Rheinland-Pfalz) und Bremen werden aktuell als Testmärkte für die Bundesrepublik Deutschland genutzt.
2 ähnliche Käuferstruktur (Alter, Ausbildung, Einkommen), Vertriebsstruktur (Groß-/Einzelhandel), Medienstruktur (Internetnutzung), Konkurrenzstruktur (Produkte und Unternehmen)
3 weitere Informationen siehe www.international-testing.org

Folgende **Marktgrößen** werden unterschieden:

Marktpotenzial = theoretische Nachfrage

- Das **Marktpotenzial** entspricht der Gesamtheit aller absetzbaren Mengen eines bestimmten Produkts auf einem bestimmten (Teil-)Markt innerhalb eines bestimmten Zeitraums. Es legt die maximale, theoretisch mögliche Aufnahmefähigkeit des Marktes für ein bestimmtes Produkt fest und entspricht bei Berücksichtigung der Kaufkraft der theoretischen Nachfrage. Mit Hilfe von Marktpotenzialanalysen versuchen die Unternehmen, diese maximale Aufnahmefähigkeit und mögliche Einflussfaktoren auf den potenziellen Markt zu ermitteln.

  Die Berechnung des Marktpotenzials kann nach dieser Formel erfolgen:

  Marktpotenzial[1] =
  Anzahl potenzieller Nachfrager · zu erwartende durchschnittliche Ausgaben

Beispiel

Trends und Lebenszyklusphasen beeinflussen das Marktpotenzial. Auch wenn fast jeder Jugendliche und Erwachsene in Deutschland ein Handy besitzt, scheint das Marktpotenzial für Smartphones noch lange nicht ausgeschöpft zu sein. Smartphones liegen im Trend und befinden sich in der späten Wachstumsphase des Produktlebenszyklus (siehe folgendes Kapitel). Die Marketingaktivitäten aller am Markt tätigen Unternehmen könnten das Marktpotenzial erweitern.

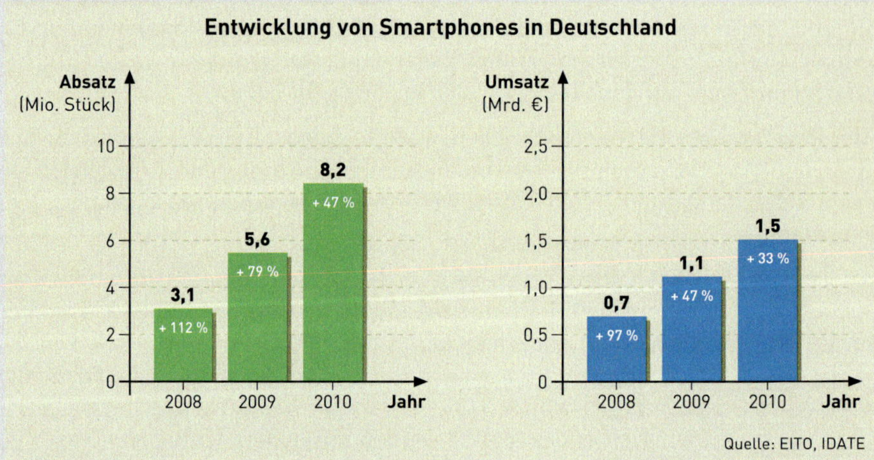

Erfasste Marktpotenziale können bei vielen, insbesondere strategischen Entscheidungen eine Hilfe darstellen:

- Potenzielle Märkte für Produktinnovationen sollten schon vor Beginn einer Forschungs- und Entwicklungsphase zur Ermittlung von Marktchancen einer Marktpotenzialanalyse unterworfen werden.
- Die Bewertung von Ideen, Entwicklungen und Erfindungen sowie die Entscheidungen, die nun weiter verfolgt werden sollen (Screening), können aufgrund erfasster Marktpotenziale gestützt werden.
- Bei der Festlegung von Produktionsstandorten sowie Verkaufsgebieten (regionale Absatzmärkte) können ermittelte Marktpotenziale als Entscheidungskriterium verwendet werden.

Marktvolumen

- Das **Marktvolumen** gibt Auskunft über die von allen Unternehmen tatsächlich abgesetzte Menge. Es ist Teil des Marktpotenzials und wird in Mengen- oder Wertgrößen angegeben.

1 für ein bestimmtes Produkt auf einem bestimmten Markt in einem bestimmten Zeitraum

Absatzpotenzial

- Das **Absatzpotenzial** ist der Teil des Marktvolumens, der bei Ausnutzung aller Verkaufschancen eines Unternehmens im Idealfall umgesetzt werden könnte, also der maximal mögliche Absatz bzw. Umsatz eines Anbieters. Er beruht auf Einschätzungen zum Kundenverhalten. Das Absatzpotenzial ist eine (begründet) geschätzte, theoretische Größe.

Absatzvolumen

Marktanteil

- Das **Absatzvolumen** ist die von einem Unternehmen tatsächlich verkaufte Menge eines Produkts. Wie die anderen Marktgrößen kann auch das Absatzvolumen mengen- oder wertmäßig angegeben werden. Mit Hilfe des Absatzvolumens kann der **Marktanteil**[1] eines Unternehmens wie folgt bestimmt werden:

$$\textbf{Marktanteil eines Unternehmens (\%)} = \frac{\textbf{Absatzvolumen} \cdot \textbf{100 \%}}{\textbf{Marktvolumen}}$$

Folgende Grafik fasst die beschriebenen Marktgrößen anschaulich zusammen:

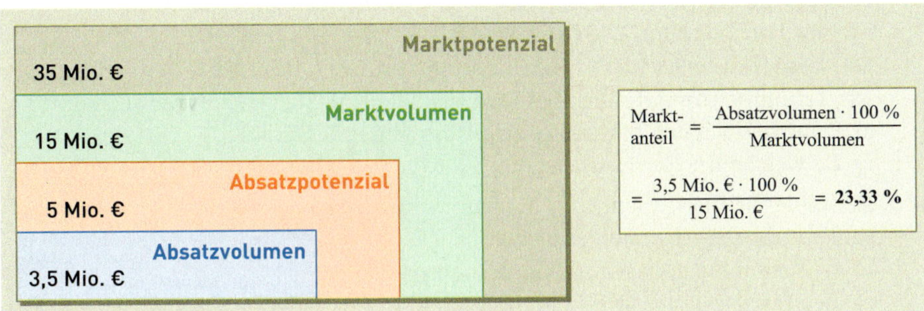

Aufgaben

› Kap. 1.2

1. Erläutern Sie die Zielsetzung und die Vorgehensweise bei der Durchführung eines Panels.

› **Recherche**

2. a) Erläutern Sie die Vorgehensweise bei der Durchführung eines Testmarktes und suchen Sie mit Hilfe des Internets nach einem Beispiel für einen typischen Testmarkt in Deutschland.
   b) Erläutern Sie die Probleme bei der Durchführung eines Testmarkts.

3. Die Aufgaben der Marktforschung können von einem spezialisierten Funktionsbereich des eigenen Unternehmens übernommen oder auch an renommierte Marktforschungsinstitute übergeben werden. Nennen Sie jeweils Vor- und Nachteile für die Durchführung der Marktforschung
   a) durch die Marketingabteilung des eigenen Unternehmens,
   b) durch ein (externes) Marktforschungsunternehmen.
4. Welche Voraussetzungen stellen Sie an eine realitätsnahe Marktprognose?
5. Unterscheiden Sie zwischen demoskopischer und ökoskopischer Marktforschung und stellen Sie jeweils den Nutzen für das Unternehmen heraus.
6. Beschreiben Sie Ihr Verständnis folgender Begriffe aus dem Marketing:
   a) *Marktforschung* b) *Markterkundung* c) *Marktanalyse*
   d) *Marktbeobachtung* e) *Marktprognose*
7. a) Grenzen Sie Primärforschung und Sekundärforschung voneinander ab und nennen Sie jeweils Vor- und Nachteile dieser Vorgehensweisen.
   b) Beschreiben Sie Situationen aus der betrieblichen Praxis, in denen jeweils die eine oder die andere Marktforschungsmethode sinnvoll erscheint.

→

1 Anteil eines Unternehmens am gesamten Marktvolumen für ein bestimmtes Produkt in Prozent

c) Nennen Sie drei Methoden, die in der Primärforschung eingesetzt werden.
d) Nennen Sie sechs mögliche Informationsquellen der Sekundärforschung.

8. Ordnen Sie folgende Beispiele der Primär- oder Sekundärforschung zu und konkretisieren Sie jeweils die methodische Vorgehensweise.
a) *In einer Fußgängerzone werden Passanten zum Angebot der ansässigen Einzelhändler befragt.*
b) *Eine bestimmte Anzahl von Einwohnern der Stadt Neuss wird im Abstand von einem Vierteljahr zu ihren Einkaufsgewohnheiten befragt.*

9. Warum ist es erforderlich, über möglichst viele aktuelle Informationen über den Absatzmarkt und dessen Entwicklungen zu verfügen?

10. Unterscheiden Sie zwischen Warentest und Markttest.

11. Nach welchen Kriterien sollte ein Testmarkt ausgewählt werden?

12. Die Maschinenöl GmbH verkaufte im vergangenen Geschäftsjahr Motoren- und Getriebeöle im Wert von 250 Mio. €. Die Konkurrenzunternehmen verkauften im gleichen Zeitraum Öle für 450 Mio. €.
Die betriebsinterne Marketingabteilung vermutet, dass bei Ausnutzung aller Marketinginstrumente Öle für 1 Mrd. € auf dem Markt verkauft werden könnten.
a) Ermitteln Sie den Marktanteil der Maschinenöl GmbH.
b) Zu welchem Prozentsatz ist das Marktpotenzial bereits ausgeschöpft?

13. Beispiele für Instrumente der Marktforschung sind ...
a) *die Preis- und Distributionspolitik.*
b) *die Kommunikations- und Distributionspolitik.*
c) *die Marktbeobachtung und Marktanalyse.*
d) *die Marktpolitik und Marktprognose.*

14. Charakterisieren Sie die Art und Weise der Marktforschung durch die GfK in Haßloch, indem Sie mit Hilfe des Textes belegen,
a) warum die Marktuntersuchungen in Haßloch Marktforschungen sind,
b) welche Aufgaben und Ziele der Marktforschung durch die Vorgehensweise der GfK angesprochen werden,
c) welche Forschungsgebiete betroffen sind,
d) welche Methode der Informationsgewinnung eingesetzt wird.

Die Königin der Durchschnittlichkeit
von Mirjam Mohr, 17.04.06, 21:43 Uhr

Frankfurt – Dank des Holiday-Parks ist das Großdorf Haßloch über die Grenzen der Pfalz hinaus bekannt. Weniger bekannt ist dagegen, dass die 20 000-Einwohner-Gemeinde als „Königin der Durchschnittlichkeit" eine Vorreiterfunktion für Deutschland hat: Seit 20 Jahren testen alle großen Markenartikler wie Tchibo, Ferrero oder Coca-Cola in Haßloch ihre neuen Produkte, bevor sie sie auf den Markt werfen – oder eben auch nicht, wenn die Haßlocher keinen Gefallen daran finden.
Wenn Wolfgang Schulte oder seine Frau fernsehen, sehen sie auch Werbung, die im Rest der Republik nicht über die Bildschirme flimmert. Gehen sie dann zum Einkaufen, ist ihre GfK-Identifikationskarte immer mit dabei: Darauf ist eine Haushaltsnummer vermerkt, die die Scannerkasse lesen kann. Wenn Schultes die Kasse passiert haben, weiß die Gesellschaft für Konsumforschung (GfK), was sie gekauft haben – darunter können auch Produkte sein, die im Rest Deutschlands noch nicht in den Läden stehen. „Das bekommen wir aber gar nicht mit, wir wissen nicht, welche der Produkte in den Regalen es sonst nicht gibt", so Schulte.
3 000 der rund 10 000 Haushalte in Haßloch beteiligen sich am „GfK Behaviorscan". Die Menschen in diesen 3 000 Haushalten entsprechen in ihrer soziodemographischen Struktur – also etwa Durchschnittseinkommen, -haushaltsgröße und -kinderzahl – dem Bundesschnitt, [...].
Dass die Testpersonen nicht nur Produkte kaufen können, die es eigentlich noch gar nicht gibt, sondern auch die passenden Werbespots sehen können, ermöglicht das „Targetable TV": Eine spezielle TV-Box erlaubt es der GfK, die Spezialspots in das Kabelsystem der Teilnehmer einzuspeisen.
„Wir stellen uns zur Verfügung, um ein statistisches Bild über das Kaufverhalten zu liefern", sagt Wolfgang Schulte seine Teilnahme an dem inzwischen 20 Jahre alten Projekt. Für ihre Teilnahme erhalten die Testbürger von der GfK einen Zuschuss zur Kabelgebühr und kostenlos eine Programmzeitschrift.
Die GfK interessiere weniger, was der Teilnehmer kaufe, sondern wie das Kaufverhalten von Gruppen über einen längeren Zeitraum aussehe, [...]. Rund die Hälfte der Testprodukte komme dann ohne Veränderung in den Handel, der Rest muss nachbearbeitet werden oder kommt nie auf den Markt.

Quelle: Kölnische Rundschau vom 18.04.2006

6101354

1.3 Hilfsmittel für den gezielten Einsatz von Marketinginstrumenten

Wichtige Hilfsmittel bei der Einschätzung der Marktstellung sind der Produktlebenszyklus, die Portfolio-Analyse und die Positionierungsanalyse.

1.3.1 Produktlebenszyklus

Ein „Produktleben" lässt sich u. a. nach dem Kriterium „Umsatz" idealtypisch in die fünf Phasen[1] „Einführung", „Wachstum", „Reife", „Sättigung" und „Degeneration" einteilen. Ihnen geht die Phase der Produktentwicklung voraus, in der nur Kosten, aber keine Umsätze entstehen. Die zeitliche Länge der Phasen ist nicht festgelegt. Somit sind Beginn und Ende der einzelnen Phasen nicht immer eindeutig bestimmbar.

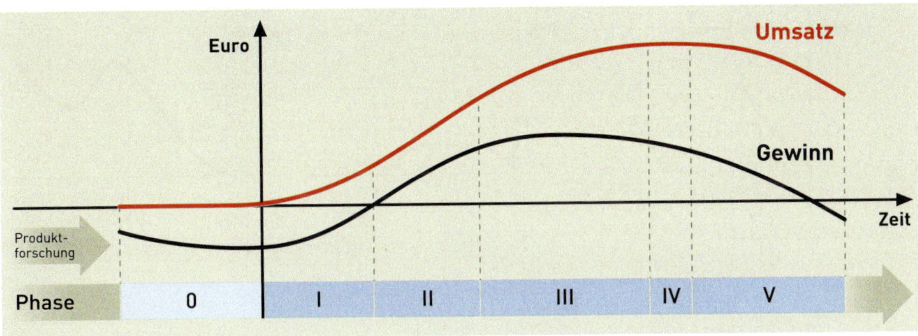

Produktlebens-
zyklus

Der hier abgebildete Lebenszyklus ist nur ein möglicher, idealtypischer Verlauf. In der Realität gibt es eine Vielzahl unterschiedlicher Verläufe.

Phasen			Beschreibung	Kosten, Umsatz, Gewinn
Produktlebenszyklus	0	Entwicklung	Ausgehend von der Produktidee (= Invention) wird eine marktfähige Innovation geschaffen.	Es entstehen nur Kosten und keine Umsätze, sodass insgesamt ein Verlust erzielt wird.
	I	Einführung	Das neue Produkt wird am Markt eingeführt. Der Markterfolg ist aufgrund der geringen Bekanntheit kaum ausgeprägt. Werbemaßnahmen sollen die Bekanntheit erhöhen.	Die Kosten, insbesondere für Herstellung und Werbemaßnahmen, übersteigen zunächst die nur langsam wachsenden Umsätze (Verlust). Die Phase endet, wenn die Gewinnschwelle[2] erreicht ist.
	II	Wachstum	Immer mehr Abnehmer entschließen sich zu einem Kauf. Zudem kaufen einige Abnehmer aufgrund ihrer Zufriedenheit das neue Produkt zum wiederholten Male.	Aufgrund des starken Wachstums wirkt sich die Fixkostendegression[3] positiv auf die Gewinnentwicklung aus. Die Phase endet, wenn die Wachstumsraten des Umsatzes zu sinken beginnen.
	III	Reife	Das Produkt hat sich am Markt etabliert. Zwar steigt die Absatzmenge noch weiter, die Wachstumsrate aber nimmt deutlich ab.	Steigende Absatzzahlen bewirken weitere Stückkostensenkungen. Das Gewinnmaximum wird erreicht. Durch die zunehmende Kapazitätsauslastung steigen die variablen Kosten überproportional, sodass die Gewinne nach einer Zeit wieder fallen. Die Phase endet im Umsatzmaximum.
	IV	Sättigung	Das Marktvolumen ist nun komplett abgeschöpft. Weitere Expansionen sind nicht möglich.	Einsetzender Preisverfall führt zu Umsatz- und Gewinnrückgang. Zudem steigen die Kosten, da in Produktveränderungen (Variation, Differenzierung)[4] investiert wird.
	V	Degeneration	Die Abnehmer wenden sich von dem Produkt trotz zusätzlicher Marketingmaßnahmen ab, weil sie von den Produkteigenschaften nicht mehr überzeugt sind; z. B., weil das Produkt technisch überholt ist.	Die Umsätze und die Gewinne fallen sehr stark. Ab einem gewissen Zeitpunkt werden nur noch Verluste erwirtschaftet. Spätestens zu diesem Zeitpunkt sollte das Produkt vom Markt genommen werden (Produktelimination).

1 Häufig ist auch eine Einteilung in vier Phasen zu finden. Hier werden Reife- und Marktsättigungsphase zu einer Phase (Marktsättigung) vereint.
2 zur Ermittlung der Gewinnschwelle siehe Teil C, Kap. 2.1
3 zur Bedeutung der Fixkostendegression siehe Teil C, Kap. 2.3.1
4 siehe Teil D, Kap. 2.1

Innerhalb der unterschiedlichen Lebensphasen wird die Umsatzentwicklung durch entsprechende Marketingmaßnahmen gestützt und gefördert. Besonders die letzte Phase (Degenerationsphase) ist für das Marketing die interessanteste, denn durch die Umsetzung „richtiger" Maßnahmen kann der Abschwung eventuell aufgehalten werden oder eine Umsatzsteigerung herbeigeführt werden (= Relaunch)[1].

Die Art des Produktes mit seinem individuellen Nutzen, die eingesetzten Marketingmaßnahmen, der technische Fortschritt, sich ständig ändernde Einstellungen und Trends der Kunden sowie weitere Faktoren können den Verlauf des (idealtypischen) Produktlebenszyklus verändern. Solche realtypische (tatsächliche) Verläufe können dann wie folgt aussehen:

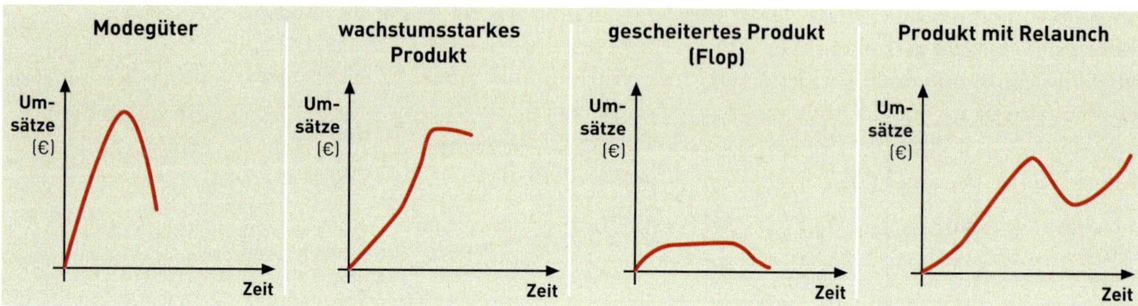

1.3.2
Portfolio-Analyse und Portfolio-Matrix

Die **Portfolio-Analyse** ist ein Instrument der strategischen Unternehmensführung. Sie dient dazu, in der langfristig orientierten Produktionsprogrammplanung ein ausgewogenes Absatzprogramm zu etablieren:

Portfolio-Matrix

In einer von der **B**oston **C**onsulting **G**roup entwickelten Vier-Felder-Matrix (auch BCG-Matrix genannt) wird an der X-Achse der vom Unternehmen beeinflussbare (relative) Marktanteil (in %) eines Produkts und auf der Y-Achse das vom Unternehmen nicht beeinflussbare Marktwachstum (in %) dargestellt.

relativer Marktanteil

Da die vollständigen Marktdaten selten komplett vorliegen und nur mit viel Aufwand und Schwierigkeiten zu erheben sind, greift man in der Praxis häufig auf die relativen Marktanteile zurück. Der **relative Marktanteil** gibt an, wie hoch der Anteil des eigenen absoluten Marktanteils bezogen auf den absoluten Marktanteil des größten Konkurrenten auf dem (Teil-)Markt ist. Die Berechnung kann in Mengeneinheiten (Absatz) oder Werteinheiten (Umsatz) geschehen. Sie zeigt auf einen bestimmten Zeitpunkt bezogen die Stärke eines Unternehmens oder im Zeitablauf die Entwicklung im untersuchten (Teil-)Markt. Der relative Marktanteil kann auch auf ermittelte Durchschnittswerte (Absatz/Umsatz) des gesamten (Teil-)Marktes bezogen werden:

$$\text{relativer Marktanteil} = \frac{\text{eigener Absatz (Menge)}}{\text{Absatz des größten Konkurrenten (Menge)}}$$

oder

$$\text{relativer Marktanteil} = \frac{\text{eigener Umsatz (Wert)}}{\text{Umsatz des größten Konkurrenten (Wert)}}$$

1 Ein Relaunch wird in der Regel durch eine Preissenkung oder eine Veränderung des Produktes erreicht.

Beispiel

Der relative Marktanteil der Heidtkötter KG im Bereich Bürostühle (Jahr 01) ergibt sich durch den Vergleich mit dem stärksten Konkurrenten, der *Stühle für Alles GmbH*, wie folgt:

Umsatz der *Heidtkötter KG* (Bürostühle)	12.500.000,00 €
Umsatz der *Stühle für Alles GmbH* (Bürostühle)	8.000.000,00 €

$$\text{relativer Marktanteil} = \frac{12.500.000{,}00\ €}{8.000.000{,}00\ €} = 1{,}5625$$

Ein relativer Marktanteil von 1,5625 sagt aus, dass der Umsatz des eigenen Unternehmens im Bereich Bürostühle etwas mehr als eineinhalb Mal so groß ist wie der des stärksten Konkurrenten.

Bei einem relativen Marktanteil größer als 1,0 ist das Unternehmen in diesem Bereich Marktführer, weil alle Konkurrenten gegenüber dem Unternehmen jeweils einen geringeren Umsatz erreicht haben.

Marktwachstum

Das **Marktwachstum** ist Ausdruck dafür, wie attraktiv ein Markt für die Unternehmen ist. Es wird als prozentuale Veränderung der Umsatzzahlen des Marktes in einem bestimmten Zeitraum dargestellt und kennzeichnet somit eine positive oder eine negative Entwicklung.

$$\textbf{Marktwachstum (\%)} = \left(\frac{\text{Umsatz alt} - \text{Umsatz neu}}{\text{Umsatz neu}}\right) \cdot 100$$

Die Abgrenzung zwischen den Feldern des Marktanteils-Marktwachstums-Portfolios (Portfolio-Matrix) ist nicht vorgegeben, sondern muss von jedem Unternehmen selbst festgelegt werden.

Portfolio-/ BCG-Matrix[1]

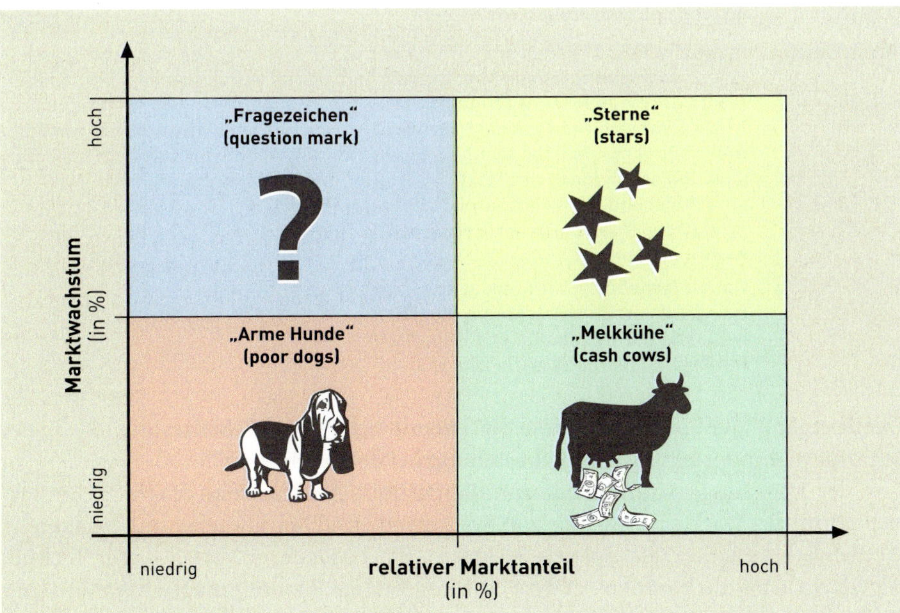

1 häufig auch als BCG-Matrix (nach dem Konzept der Boston Consulting Group) bezeichnet

Quadranten	Merkmale und Maßnahmen	Beispiele für die Heidtkötter KG
 **Fragezeichen**	In diesem Feld befinden sich Produkte mit einem **geringen relativen Marktanteil** und einem **hohen Marktwachstum**. In der Regel sind es Produktinnovationen, die neu am Markt eingeführt werden. Aufgrund ihres geringen Umsatzes werden meist keine Gewinne erzielt. Das Unternehmen wird versuchen, durch eine **Offensivstrategie** die Marktanteile zu erhöhen.	Der *communicTable* ist eine neuartige Produktinnovation. Der in den Tisch integrierte Touchscreen eröffnet neue Möglichkeiten für ein modernes Konferenzsetting.
 **Sterne**	In diesem Feld befinden sich Produkte mit einem **hohen relativen Marktanteil** und einem **hohen Marktwachstum**. In der Regel sind es Produkte, die sich am Markt durchgesetzt haben und aufgrund ihres hohen Umsatzes Gewinne erwirtschaften. Das Unternehmen wird versuchen, durch eine **Investitionsstrategie** die Marktanteile zu halten bzw. zu erhöhen.	Die Bürostühle *siri* sind als Marktführer in der 2. Generation und befinden sich aufgrund der Entwicklung zu modernen Konferenzräumen in einem Wachstumsmarkt.
 **Melkkühe**	In diesem Feld befinden sich Produkte mit einem **hohen relativen Marktanteil** und einem **geringen Marktwachstum**. In der Regel sind es Produkte, die schon lange auf einem jetzt gesättigten Markt platziert sind. Aufgrund ihres hohen Bekanntheitsgrades und der ausgereiften Produktionsweise werden Gewinne erwirtschaftet. Das Unternehmen wird versuchen, durch eine **Abschöpfungsstrategie** die Marktanteile zu halten bzw. zu sichern und Gewinne so lange abzuschöpfen, wie es geht.	Die Konferenzsysteme mit ihrem schlichten, klassischen Design sind schon lange am Markt und werden von zahlreichen Banken, Großunternehmen und öffentlichen Institutionen seit Jahren nachgefragt.
 **Arme Hunde**	In diesem Feld befinden sich Produkte mit einem **geringen relativen Marktanteil** und einem **geringen Marktwachstum**. In der Regel sind es Produkte, die nicht mehr auf dem neuesten technischen Stand sind und schon lange am Markt platziert sind. Aufgrund hochwertigerer Nachfolgeprodukte werden sie in der Regel nicht mehr nachgefragt. Das Unternehmen wird versuchen, durch eine **Desinvestitionsstrategie** die Restbestände abzuverkaufen und Kapazitäten für Nachfolgeprodukte frei zu machen.	Die Bürotische der Serie *sekretariat* wurden insbesondere für die Integration von Röhrenbildschirmen konzipiert. Sie werden mit Ablauf des Geschäftsjahres vom Markt genommen.

Vorteile

Damit ergänzt die Portfolio-Analyse die Theorie des Produktlebenszyklus. Sie bietet der Unternehmensleitung eine Hilfestellung bei der Festlegung der Absatzstrategien bzw. der Marketinginstrumente. Denn die Portfolio-Analyse zeigt durch die Berücksichtigung des Marktes (Vergleich mit Konkurrenz und Marktwachstum) die aktuelle **Wettbewerbssituation** der eigenen Produkte. Ein besonderer Vorteil dieser Technik liegt darin, dass die Portfolio-Analyse eine langfristige Planung programmpolitischer Maßnahmen unterstützt. Dabei wird ein Ausgleich zwischen Finanzierung und Investierung/Innovation insofern angestrebt, als dass alte, etablierte Produkte die neuen finanziell unterstützen müssen, bis diese selbst kräftig genug sind. Dies bedeutet, dass ein Unternehmen, das über genügend „Fragezeichen", „Sterne" und „Melkkühe" verfügt, auch „Arme Hunde" kurzfristig verkraften kann.

1.3.3
Positionierungsanalyse

Positionierung

Die **Positionierung**[1] beinhaltet im Marketing das gezielte Herausarbeiten der Vorzüge und Schwächen der eigenen Leistungen im Empfinden der tatsächlichen und potenziellen Kunden im Vergleich zu den Leistungen anderer (Konkurrenz-)Unternehmen anhand bestimmter Beurteilungskriterien. Es geht also um die Abbildung eines Meinungsbildes zu einer bestimmten betrieblichen Leistung in einem „subjektiven" Marktmodell.

Positionierungskreuz

Die Darstellung der durch die Marktforschung ermittelten Kundeneinschätzungen erfolgt in einem **Positionierungskreuz**. Dabei dienen zwei Beurteilungskriterien in ihren entgegengesetzten Ausprägungen als Koordinatenachsen einer Vierfeldermatrix (siehe Beispiel unten). In dieser Matrix werden die emotionalen Assoziationen[2] zur eigenen Leistung, zu den Leistungen der Konkurrenzunternehmen und eine bei der Datenerhebung gewünschte „Idealleistung" eingetragen[3]. Das Unternehmen kann nun erkennen, wie einzelne Leistungseigenschaften von den Kunden eingeschätzt werden und welche Leistungen als gleichwertig empfunden werden. Deutlich wird dabei auch, welche Unterschiede zwischen den einzelnen, am Markt angebotenen Leistungen bestehen und wo eine Idealleistung seitens der Kunden bezüglich der ausgewählten Beurteilungskriterien im Positionierungskreuz anzusiedeln ist.

Vorteile

Dem Unternehmen dient die Positionierungsanalyse als Soll-Ist-Vergleich der Kundenwahrnehmung und -einschätzung einzelner Leistungsmerkmale wie z. B. Preis, Qualität, Nutzen oder Image. Aus der Positionierungsanalyse entstehen Planungsüberlegungen hinsichtlich eines effektiven Einsatzes unterschiedlicher Marketingmaßnahmen. Auch können bisher nicht gekannte Marktnischen entdeckt werden. Die Positionierungsanalyse ist ein gutes Hilfsmittel, das Bestreben eines Unternehmens nach „Alleinstellung" zu unterstützen.

Beispiel

Positionierungsanalyse: Bürotische

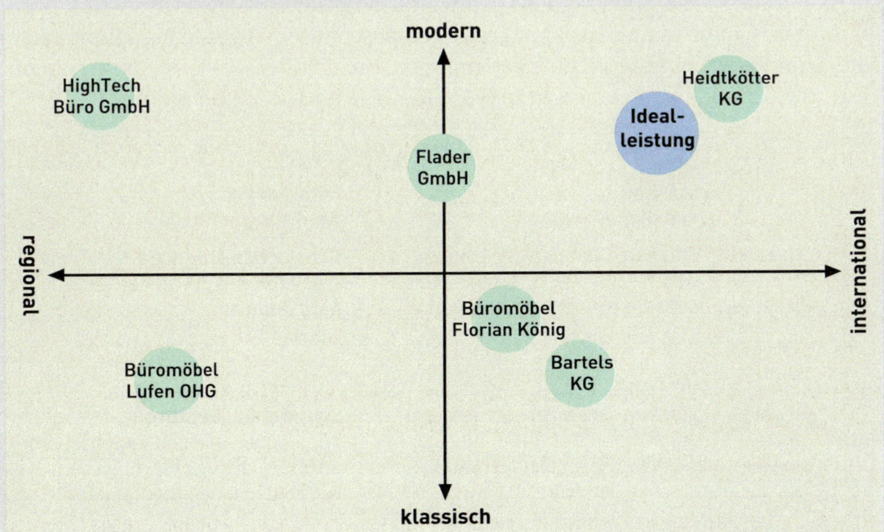

1 Zu weiteren Informationen und Beispielen bezüglich der Positionierungsanalyse siehe: www.marketing-trommsdorff.de; www.nuernbergk.de/pdf/position.pdf; www.teialehrbuch.de/kostenlose-kurse/marketing/pics/mo71.html
2 gedankliche Verknüpfungen
3 Im Prinzip geht es um einen Soll-Ist-Vergleich einzelner Leistungsattribute.

Analyseinstrumente im Marketing

In folgender Tabelle finden Sie einen **Vergleich** der beschriebenen Instrumente zur Analyse von Marktforschungsdaten:

Instrumente/ Vergleichskriterien	**Produktlebens-zyklus**	**Portfolio-Analyse**	**Positionierungs-analyse**
zeitlicher Rahmen	zeitraumbezogen	zeitpunktbezogen	zeitpunktbezogen
Betrachtungs-gegenstand	ökonomische Größen	ökonomische Größen	Einstellungen/Assoziationen
Untersuchungs-gegenstand	eine Leistung/ein Produkt	alle Leistungen/Produkte	eine Leistung/ein Produkt
Informations-grundlage	Informationen aus dem Rechnungswesen	Informationen aus dem Rechnungswesen und bestehenden externen Quellen	Informationen durch Primärforschung (Kundenbefragung)
Berücksichtigung von Fremdleistungen/ Fremdprodukten	kein Vergleich mit Fremdleistungen oder Fremdprodukten	kein Vergleich mit Fremdleistungen oder Fremdprodukten	Vergleich mit Leistungen oder Produkten anderer Unternehmen
Zweck/Zielsetzung	leitet Maßnahmen aus der jeweiligen Lebensphase ab	leitet Maßnahmen aus der aktuellen Quadrantenzugehörigkeit ab	leitet Maßnahmen aus der aktuellen Zugehörigkeit zum Einschätzungsquadranten ab
Beispiel	In der Einführungsphase ist Werbung erforderlich.	Fragezeichen sollten beobachtet und zwecks Erweiterung des Marktanteils gefördert werden.	Bei schlechter Einschätzung ist das Produkt zu verändern oder auch durch Werbung zu fördern.

Weitere Instrumente zur Beurteilung des eigenen Unternehmens (Ist-Analyse), möglicher Entwicklungschancen und daraus konkret ableitbarer Marketingstrategien sind die Potenzialanalyse sowie die SWOT-Analyse:

Potenzialanalyse

- Das Ziel der **Potenzialanalyse** besteht darin, Entwicklungspotenziale des Unternehmens zu bewerten sowie Absatz- und Umsatzmöglichkeiten zu erkennen und umzusetzen.

SWOT-Analyse

- Bei der **SWOT-Analyse**[1] geht es um die Gegenüberstellung unternehmensinterner, beeinflussbarer Stärken und Schwächen und unternehmensexterner, kaum beeinflussbarer Chancen und Risiken. Die Ergebnisse dieser Gegenüberstellung bilden die Grundlage für strategische Überlegungen, um die Chancen und Stärken zu nutzen sowie die Risiken zu beschränken und die Schwächen zu beseitigen.

		interne Analyse	
		Stärken des Unternehmens:	**Schwächen** des Unternehmens:
externe Analyse	**Chancen** für die Umwelt:	**Stärken-Chancen-Strategien:** Welche Chancen passen zu den Stärken des Unternehmens?	**Schwächen-Chancen-Strategien:** Wie können Schwächen abgebaut und damit Chancen genutzt werden?
externe Analyse	**Gefahren** für die Umwelt:	**Stärken-Gefahren-Strategien:** Wie können Gefahren mit Hilfe der Stärken entschärft werden?	**Schwächen-Gefahren-Strategien:** Wie können wir uns dagegen verteidigen, dass Schwächen zum Ziel von Bedrohungen werden?

1 SWOT → S = Strengths/Stärken; W = Weaknesses/Schwächen; O = Opportunities/Chancen; T = Threats/Gefahren. Weitere Informationen zur SWOT-Analyse finden Sie hier: www.wpelz.de/ress/swot.pdf; www.marketing.ch/wissen/marketingkonzept/SWOT-Analyse.asp

Aufgaben

› Kap. 1.3

1. Das folgende Koordinatensystem zeigt den idealtypischen Verlauf des Produktlebenszyklus einer Handelsware.
   a) Vervollständigen Sie mit Hilfe dieser Darstellung die unten stehende Tabelle. Verwenden Sie Tendenzen („hoch“, „gering“ usw.) und begründen Sie bitte.

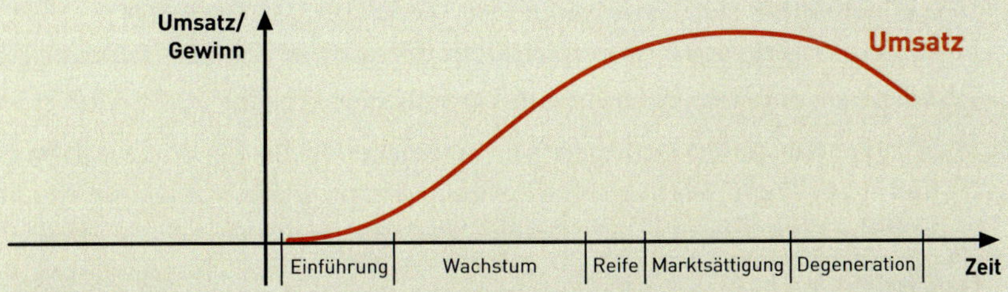

Kriterien	Einführung	Wachstum	Reife/Sättigung	Degeneration
Kosten				
Umsatz				
Gewinn				
Konkurrenz-verhalten				
Die **Dauer** der Phase ist abhängig von:				

   b) Wie ist der ungefähre Verlauf einer Gewinnkurve für dieses Beispiel? Bitte begründen Sie.

2. Erläutern Sie, warum während der Markteinführungsphase trotz wachsender Umsätze Verluste erwirtschaftet werden.

3. Ein Industrieunternehmen bietet in unterschiedlichen Geschäftsfeldern die Produkte A, B und C an.
   a) Ordnen Sie die Produkte A, B und C mit Hilfe der folgenden Informationen in das Schema der Portfolio-Matrix ein. Achten Sie darauf, dass hier aufgrund der vorliegenden Daten die Einordnung nach den Kriterien „relatives Marktwachstum“ sowie „relativer Marktanteil“ erfolgt.
   b) Welche absatzpolitischen Maßnahmen sollte die Unternehmung für die einzelnen Produkte ergreifen? Begründen Sie bitte.
   c) In welchen Produktlebenszyklusphasen befinden sich die drei Produkte zurzeit (9/04)?

Produkt A	relatives Marktwachstum: 21 %			
Zeit	**9/01**	**9/02**	**9/03**	**9/04**
eigener Umsatz (in €)	32 Mio.	36 Mio.	40 Mio.	45 Mio.
Umsatz des größten Konkurrenten (in €)	80 Mio.	95 Mio.	110 Mio.	125 Mio.

Produkt B	relatives Marktwachstum: 4 %			
Zeit	**9/98**	**9/00**	**9/02**	**9/04**
eigener Umsatz (in €)	130 Mio.	131 Mio.	132 Mio.	131 Mio.
Umsatz des größten Konkurrenten (in €)	45 Mio.	46 Mio.	48 Mio.	48 Mio.

Produkt C	relatives Marktwachstum: 23 %			
Zeit	**9/01**	**9/02**	**9/03**	**9/04**
eigener Umsatz (in €)	80 Mio.	150 Mio.	220 Mio.	300 Mio.
Umsatz des größten Konkurrenten (in €)	60 Mio.	65 Mio.	71 Mio.	78 Mio.

→

4. Erläutern Sie den Begriff „Relaunch“ und beschreiben Sie anhand eines selbst gewählten Beispiels, wie dieser Effekt erreicht werden könnte.

5. Erläutern Sie mit Hilfe von Produktbeispielen die Besonderheiten des Lebenszyklus eines Produktes,
a) das als „Flop“ am Markt gescheitert ist,
b) das sich schon seit „Ewigkeiten“ am Markt hält,
c) dessen Degeneration mit verstärktem Einsatz von Werbung verhindert wurde.

Erstellen Sie zur Veranschaulichung jeweils eine Grafik.

6. a) Entscheiden und begründen Sie, in welcher Phase des Produktlebenszyklus und in welchem Segment der Portfolio-Matrix sich das folgende Produkt zurzeit (06/12) befindet:

Produkt A	(seit 04/09 auf dem Markt)			
Zeitpunkt	**06/09**	**06/10**	**06/11**	**06/12**
Umsatz des Unternehmens (in Tausend Stück)	400	650	1 000	1 600
Gesamtumsatz aller Anbieter (in Tausend Stück)	4 200	5 000	5 400	5 700

b) Was bedeutet ein relativer Marktanteil von 1,0 (als Vergleichsbasis dient der größte Konkurrent am Markt)?
c) Welche Schwierigkeiten ergeben sich bei der Ermittlung des relativen Marktanteils?

7. Beschreiben Sie den betriebswirtschaftlichen Nutzen, den ein Unternehmen aus der Erstellung eines Produktlebenszyklus sowie einer Portfolio-Matrix ziehen kann.

8. Die Bartels Textil GmbH möchte ihr Sortiment erweitern und plant, neue Pullover und Sweatshirts auf den Bekleidungsmarkt zu bringen. Aus diesem Anlass erstellt ein Marktforschungsbüro folgende Positionierungsanalyse über die aktuellen Produkte auf dem deutschen Bekleidungsmarkt im Teilsegment Pullover/Sweatshirt.

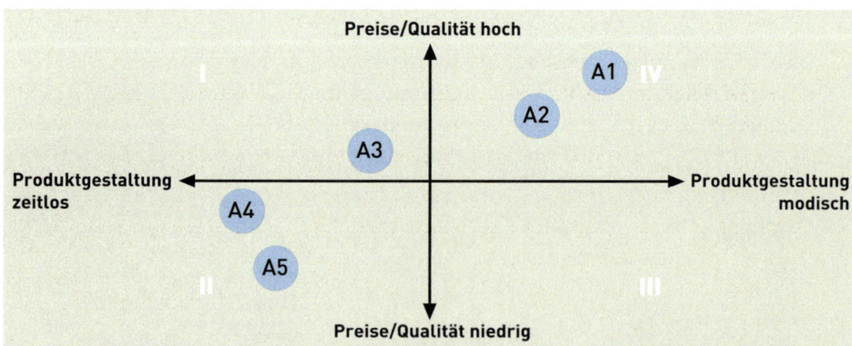

A1 bis A5 sind weitere Anbieter im Marktsegment.

a) Welche Informationen können Sie der hier gezeigten Positionierungsanalyse entnehmen?
b) Was empfehlen Sie der Bartels Textil GmbH bezüglich des Einstiegs mit neuen Pullovern und Sweatshirts in diesem Marktsegment? Bitte begründen Sie.

9. a) Erläutern Sie Sinn und Zweck der Durchführung von Positionierungsanalysen.
b) Beschreiben Sie in diesem Zusammenhang die Funktion eines Positionierungskreuzes.
c) Welche Konsequenzen können einer durchgeführten Positionierungsanalyse folgen?

10. Ein Industrieunternehmen plant, ein älteres Produkt (AP) durch ein neues Produkt (NP) zu ersetzen. Die Marktpositionierung im entsprechenden Marktsegment kann der folgenden Abbildung entnommen werden.
Konkurrenzprodukte sind mit K1, K2 und K3 gekennzeichnet. Eine Kundenbefragung hat ergeben, dass die Eigenschaften des Idealprodukts (IP) von den Verbrauchern als optimal empfunden werden.

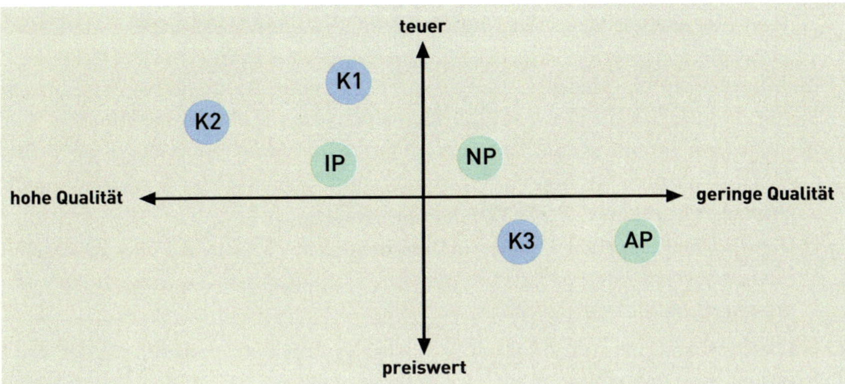

a) Erläutern Sie die durch das neue Produkt geplante Veränderung der Produktpositionierung.
b) Beschreiben Sie zwei Gründe und zwei Risiken für diese geplante Neupositionierung.
c) Erklären Sie den Begriff „Idealprodukt" und erläutern Sie die Bedeutung des Idealprodukts für die Positionierung des neuen Produkts.

11. Eine Marktstudie eines Marktforschungsinstituts liefert für eine Produktgruppe eines Industrieunternehmens folgende Entwicklung:

Umsatzzahlen seit Markteinführung											
Zeit	**01/01**	**07/01**	**01/02**	**07/02**	**01/03**	**07/03**	**01/04**	**07/04**	**01/05**	**07/05**	**01/06**
Umsatz (in T€)	30	60	120	200	260	265	250	220	180	120	90
Gesamtkosten (in T€)	90	120	150	160	170	180	180	165	165	140	120

Diese Entwicklung soll in der Abteilungssitzung dem Geschäftsleiter tabellarisch und grafisch vorgestellt und die Ursachen für die jeweilige Entwicklung diskutiert werden.

a) Analysieren Sie die Umsatz- und Gewinnentwicklung der Produktgruppe, indem Sie die Umsatz- und Gewinnentwicklung im Zeitablauf grafisch darstellen und in sinnvolle Zeitabschnitte einteilen. Bezeichnen Sie anschließend diese Zeitabschnitte mit den entsprechenden Fachbegriffen.
b) Führen Sie Gründe für den Verlauf der Umsatz- und der Gewinnkurve in den einzelnen Phasen an.
c) Welche Konsequenzen ergeben sich aus den Verläufen von Umsatz und Gewinn?

12. Erläutern Sie den Begriff „Marktsegmentierung" und nennen Sie drei Kriterien, einen Markt zu segmentieren. Erläutern Sie zwei Vorteile, die sich für eine Unternehmung aus der Marktsegmentierung ergeben können.

13. Nennen und beschreiben Sie kurz die Felder der Portfolio-Matrix.

14. Ordnen Sie die Phasen des Produktlebenszyklus den Feldern der Portfolio-Matrix zu.

15. Beschreiben Sie drei Unterschiede zwischen dem Konzept des Produktlebenszyklus und dem Konzept der Portfolio-Matrix.

Wiederholungsaufgaben

› Kap. 1

1. Um welche konkrete Methode und welche Art der Marktforschung handelt es sich in den folgenden Fällen?

a) *In einem Supermarkt wird beobachtet, wie die Kunden auf eine neue Getränkeverpackung reagieren.*

b) *Ein Industrieunternehmen wertet seine Gewinn- und Verlustrechnung aus.*

c) *Mitarbeiter eines Marktforschungsbüros befragen Passanten zu der nun abgeschlossenen Neugestaltung der Einkaufszone und zu den dort ansässigen Einzelhandelsgeschäften.*

d) *Mitarbeiter eines Marktforschungsbüros befragen im Auftrag eines Einkaufscenters alle drei Monate die gleichen Haushalte nach ihren Einkaufsgewohnheiten.*

e) *Auf einem Testmarkt wird Personen ein (neues) Produkt zur Verfügung gestellt und es wird nach ihren Einschätzungen zu unterschiedlichen Aspekten (Qualität, Nutzen, Geschmack, Preis, Verpackung) gefragt.*

f) *Ein Büromöbelhersteller informiert sich in einer Fachzeitschrift über Testergebnisse zu unterschiedlichen Schreibtischstühlen. Die Ergebnisse wurden von einer unabhängigen Institution ermittelt.*

2. Handelt es sich bei den folgenden Beispielen um betriebsinterne oder um betriebsexterne Daten?

a) *Bericht eines Außendienstmitarbeiters*

b) *Materialverbrauchsstatistik*

c) *IHK-Berichte zur Ausbildungssituation bei Industriekaufleuten*

d) *Umweltbilanz des Unternehmens*

e) *Katalog eines Mitbewerbers*

f) *Umsatzstatistiken*

3. Erläutern Sie drei Funktionen des Marketings.

4. Ordnen Sie unten stehende Zielsetzungen folgenden Zielkategorien zu:
(1) Sachziele, (2) ökonomische Ziele, (3) psychografische Ziele

a) *Anbieten von Garantieleistungen*

b) *Verbesserung des Unternehmensimages*

c) *Erschließen neuer Märkte*

d) *Gewinnen von Marktanteilen*

e) *Intensivierung der Kundenbetreuung*

f) *Reduzierung der Vertriebskosten um 8 %*

g) *Erreichen vorgegebener Absatzmengen*

h) *Verbesserung erforderlicher Gebrauchsanweisungen*

i) *Verbesserung der Kundenkommunikation*

j) *Erweiterung des Produktnutzens durch Materialveränderungen am Produkt*

5. a) Erläutern Sie, warum ein Unternehmen, das aufgrund einer zunehmenden Globalisierung Umsatzeinbußen auf dem Gesamtmarkt hinnehmen muss, mit Hilfe einer betriebsintern festgelegten Marktsegmentierung wieder zur wirtschaftlichen Stabilität gelangen könnte.

b) Welche Kriterien könnte das Unternehmen zur Segmentierung des Gesamtmarktes heranziehen?

c) Welche Informationen sind erforderlich, um eine bestimmte Segmentierung vorzunehmen?

6. Unter Marketing versteht man was genau?

a) *Eine stark an Hierarchien orientierte Unternehmensführung.*

b) *Die Bereitstellung der Materialien für die Fertigung.*

c) *Eine marktorientierte Führung des Unternehmens.*

d) *Die Ausrichtung der Unternehmensaktivitäten auf die Vorgaben des Staates.*

7. Die Heidtkötter KG führt eine einmalige Kundenbefragung durch, um die Bedürfnisse und Kaufgewohnheiten bezüglich einfacher Schreibtischausrüstungen zu ermitteln. Es handelt sich hier um ...
a) *eine Marktanalyse.*
b) *eine Marktbeobachtung.*
c) *eine Marktprognose.*
d) *eine Aufgabe der Marktforschung.*
e) *einen Tätigkeitsbereich der Kommunikationspolitik.*

8. Die Marktbeobachtung ist ...
a) *zeitpunktbezogen.*
b) *zeitraumbezogen.*
c) *zukunftsbezogen.*
d) *vergangenheitsbezogen.*

9. Die Heidtkötter KG konnte im letzten Geschäftsjahr 7 800 Schreibtische verkaufen. Der größte Konkurrent, die Tom Bartels Büroausstattung GmbH, hat im gleichen Geschäftsjahr 11 700 Tische abgesetzt. Das Marktvolumen betrug 39 000 Tische. Im kommenden Jahr wird damit gerechnet, dass das Marktvolumen auf 43 000 Tische steigen wird.
a) Ermitteln Sie den Marktanteil der Heidtkötter KG.
b) Ermitteln Sie den Marktanteil der Tom Bartels Büroausstattung GmbH.
c) Ermitteln Sie das prognostizierte Marktwachstum.

10. Ein Büromöbelhersteller konnte im letzten Jahr 7 500 Bürostühle in der Region Köln/Düsseldorf absetzen. Der größte Konkurrent hatte einen Absatz von 10 200 Bürostühlen. Die restlichen Mitbewerber verkauften zusammen 18 900 Bürostühle. Insgesamt hätte dieser Regionalmarkt noch 12 % mehr Bürostühle aufnehmen können.
a) Berechnen Sie das Marktvolumen in Stück.
b) Wie hoch ist der Marktanteil der Heidtkötter KG?
c) Ermitteln Sie das Marktpotenzial in Stück.

11. Die FuE-Abteilung eines Industrieunternehmens hat ein neuartiges Produkt entwickelt, mit dem neue Kunden gewonnen und ein neues Marktsegment erschlossen werden kann.
a) Vor der Entwicklung des Produkts wurde eine Marktsegmentierung vorgenommen. Erläutern Sie drei Zielsetzungen, die damit verfolgt werden.
b) Nennen Sie sechs Marketingzielsetzungen, die bei dieser Sortimentserweiterung angestrebt werden.

12. In einem Industriebetrieb liegen für ein bestimmtes Produkt folgende Angaben vor:

		Jahr 01	Jahr 02	Abweichung
Marktdaten	**Absatzmenge** (Stück)	262 500	275 000	4,76 %
	Kundenanzahl	525	520	– 0,95 %
	Marktvolumen (Stück)	5 400 000	5 238 000	– 3,00 %
Umsatz	**Umsatz** (€)	3.281.250,00	3.217.500,00	– 1,94 %
Anteil an den Gesamtkosten	**Werbekosten**	2,0 %	2,5 %	
	Vertriebskosten	7,0 %	8,0 %	

a) Ermitteln Sie für die Jahre 01 und 02
– den durchschnittlichen Absatz je Kunde,
– den jeweiligen Marktanteil (in %),
– den durchschnittlichen Preis pro Stück (in €)
und berechnen Sie für jede dieser drei Angaben die Abweichung in %.
b) Berechnen Sie die Abweichungen der Werbe- und der Vertriebskosten in %.
c) Nehmen Sie Stellung zur Entwicklung des Unternehmens am Markt.

2 Instrumente des Marketings

Einführung

Beim Marketing geht es nicht nur darum, bestehende Kundenwünsche zu ermitteln, damit diese möglichst gut erfüllt werden können, sondern es geht vielmehr um eine aktive Einflussnahme auf die vorzufindenden Absatzmarktbedingungen durch eine systematische Vermarktung der eigenen Leistungen. Das kann zur Folge haben, dass völlig neue Absatzmärkte entstehen, an die bisher noch niemand im Unternehmen gedacht hat.

Beispiel

Ziel der Heidtkötter KG bleibt, mit der Innovation des *communicTable* einen bisher nicht existierenden Markt für neue „Kommunikationsmöbel" zu generieren, um dort zunächst als einziger Anbieter aufzutreten. Weiterhin bietet die Heidtkötter KG Leistungen im Segment „Sonderlösungen" an, um sich durch kundenorientierte, auf spezielle Wünsche eingehende Systemlösungen von anderen Büromöbelherstellern abzuheben.

Langfristige, das Absatzprogramm bestimmende Entscheidungen, wie sie das Beispiel oben aufzeigt, können nur getroffen werden, wenn die dafür erforderlichen, aktuellen Informationen vorhanden sind und das Umsetzen der Entscheidungen anschließend durch entsprechende Marketingmaßnahmen unterstützt wird.

Die Instrumente des Marketings werden eingeteilt in die Produktpolitik, die Preispolitik, die Distributionspolitik, die Kommunikationspolitik sowie die Servicepolitik. Sie begleiten die einzelnen Produkte eines Unternehmens während ihres gesamten Lebenszyklus in unterschiedlicher Zusammensetzung und Intensität. In den folgenden Unterkapiteln werden die verschiedenen Marketinginstrumente und deren Möglichkeiten zur aktiven Einflussnahme auf die Absatzmärkte beschrieben.

2.1 Produktpolitik

Produktpolitik

Im Rahmen der **Produktpolitik** geht es um die Festlegung der Qualität, die äußere Gestaltung sowie den Nutzen eines Produktes im Hinblick auf die Erfüllung der von den Kunden gestellten Anforderungen. Grundsätzlich lässt sich der Kundennutzen in zwei Kategorien einteilen:

Grundnutzen/ Zusatznutzen

	Beschreibung	Beispiele	
Grundnutzen	eigentliche Funktion oder Hauptaufgabe des Produktes	Pkw: Küchenmaschine: Brille:	Transport von Gegenständen Hilfe beim Zubereiten von Lebensmitteln Sehhilfe
Zusatznutzen	weitere Funktionen oder Aufgaben, die über den Grundnutzen hinaus entstehen können	Pkw: Küchenmaschine: Brille:	Musik hören während der Fahrt außergewöhnliches Design (z. B. „retro") Styling

Der Zusatznutzen dient der Abgrenzung von Konkurrenzprodukten und ist häufig kaufentscheidend. Grund- und Zusatznutzen müssen auf die Wünsche der Zielgruppe abgestimmt sein oder bei den potenziellen Kunden neue Bedürfnisse hervorrufen.

Vom Zusatznutzen ist die Zusatzleistung abzugrenzen. Bei dieser geht es um Leistungen zum Produkt, etwa die Montage oder das Gewähren von Garantien.

Produktpolitische Maßnahmen sind aufgrund der sich ändernden Markt- und Konkurrenzsituation ständig zu prüfen. Bestehende Produkte müssen verbessert, neue Produkte entwickelt und am Markt eingeführt werden, „Ladenhüter“ müssen vom Markt genommen werden.

Aus Sicht des Marketings eines Industrieunternehmens stehen folgende produktpolitische Maßnahmen zur Verfügung:

Maßnahmen der Produktpolitik

Produktinnovation
- Einführung eines neuen Produkts, das neue Bedürfnisse weckt

Produktdiversifikation
- Aufnahme sortimentsferner Produkte (neue Produktlinie)

Produktvariation
- Veränderung eines bestehenden Produkts (Farbe, Form, Qualität, Technik, Name, Verpackung, Zusatznutzen)

Das veränderte Produkt ersetzt das bisherige Produkt.

Produktdifferenzierung
- Entwicklung einer Variante des bestehenden Produkts (verschiedene Größen, Duftnoten, Verpackungen)

Beide Produkte existieren nebeneinander.

Produktelimination
- Herausnahme eines Produkts aus dem Absatz-/Produktionsprogramm

Produktinnovation

› Teil C, Kap. 1.3 Produktentwicklung

Wird ein neues Produkt entwickelt oder ein bestehendes Produkt derart verändert, dass bei potenziellen Kunden erst ein Bedürfnis nach der Entwicklung oder Veränderung hervorgerufen werden soll, spricht man von einer **Produktinnovation**. Diese sind erforderlich, um neue Marktchancen zu eröffnen und den immer kürzeren Produktlebenszyklen zu begegnen.

Beispiele

Eine Produktinnovation im Mobilfunkbereich war die Entwicklung des Smartphones (Steuerung über Touchscreens). Davor war es üblich, mit dem Mobiltelefon zu kommunizieren und mit einem elektronischen Organizer seine Termine zu verwalten. Im Automobilbereich ist die Entwicklung der SUVs (Sport Utility Vehicle, z. B. der *Cayenne* von Porsche) zu nennen.

Beide Produktinnovationen haben beim Kunden völlig neue Bedürfnisse geweckt und es sind neue Märkte entstanden.

Produktmodifikation

Produktmodifikationen (Produktdifferenzierung, Produktvariation) sind Veränderungen an bestehenden Produkten.

Produktdifferenzierung

Bei der **Produktdifferenzierung** werden gleichzeitig mehrere unterschiedliche Varianten eines Produkts gefertigt. Neben dem eigentlichen Produkt werden zusätzliche „Ableger“ angeboten.

Beispiel

Der VW GOLF wird als Limousine, als Kombi oder als Cabrio angeboten.

Markenprodukt

No-Name-Produkt

Eine Form der Produktdifferenzierung liegt auch vor, wenn nahezu identische Produkte als Marken- und als No-Name-Produkt verkauft werden: Ein als Markenartikel angebotenes Produkt wird lediglich in der äußeren Gestaltung, Aufmachung und seinem Produktnamen verändert und über andere Vertriebswege als No-Name-Produkt verkauft. So stellt z. B. Casio hochwertige Markenkeyboards her und veräußert diese im Fachhandel unter dem Namen *Casio*. Keyboards mit „identischem Innenleben" werden in der äußeren Gestaltung sowie Aufmachung verändert und als No-Name-Produkt unter dem Namen *Easytone-Keyboard* in Musikgeschäften und Warenhäusern angeboten. Die Markenartikel werden zu einem wesentlich höheren Preis als die No-Name-Produkte angeboten.

Weitere Beispiele für diese Form der Produktdifferenzierung finden sich auf vielen Märkten[1]: z. B. Waschmittel (*Persil ↔ denk mit*), Lebensmittel (*Müller – Reine Buttermilch ↔ milfina – Reine Buttermilch*)

Produktvariation

Bei der **Produktvariation** wird das bestehende Produkt so stark verändert, dass ein neues Produkt entsteht, welches das bestehende ersetzt.

Beispiel

Der VW GOLF VI (Mitte) wurde Ende 2012 durch den VW Golf VII ersetzt.

Produkt-diversifikation

Die **Produktdiversifikation** beinhaltet die Aufnahme bisher sortimentsfremder Produkte in das aktuelle Absatz- und Produktionsprogramm. Streng genommen ist die Produktdiversifikation ein Instrument der Sortimentspolitik, da sie das Sortiment[2] des Unternehmens erweitert.

horizontal

Bei der horizontalen Produktdiversifikation werden Produkte in das Sortiment aufgenommen, die auf der gleichen Fertigungsstufe wie das bisherige Programm liegen.

Beispiel

Brauereien bieten neben Bier auch Mineralwasser und Apfelsäfte an.
Peugeot stellt außer Automobile auch Fahrräder sowie Salz- und Pfeffermühlen her.

vertikal

Werden Produkte aufgenommen, die dem aktuellen Produktionsprogramm vor- oder nachgelagert sind, handelt es sich um eine **vertikale Diversifikation**.

Beispiel

Die Heidtkötter KG stellt zuvor fremdbezogene Spanplatten nun auch selbst her. Diese werden anschließend verkauft oder zur weiteren Verarbeitung verwendet.

lateral

Werden Produkte in das Absatzprogramm aufgenommen, die nichts mit dem ursprünglichen Programm zu tun haben, spricht man von **lateraler Diversifikation**.

Beispiel

Ein Tabakkonzern hat auch Bekleidung im Absatzprogramm.

1 Eine Liste von Produkten und deren Preise finden Sie unter www.vzhh.de.
2 „Sortiment" ist ein Begriff aus dem Handel. Wir verzichten hier auch auf die Verwendung des Begriffes „Sortimentspolitik". Das Sortiment umfasst all das, was ein Händler seinen Kunden zum Kauf anbietet, also Warengruppen bzw. Produktgruppen. Im Industrieunternehmen ist dies das Absatzprogramm.

Eine extreme Form der Produktdiversifikation ist die Herstellung des *Smart* durch die Daimler AG. Aufgrund veränderter Einstellungen (stärkeres Umweltbewusstsein, geringere Ausgaben für Pkw) sowie Bedürfnislage (kleiner, sicherer und komfortabler Pkw für Einkaufs- und Innenstadtverkehr) potenzieller Automobilkäufer entwickelte die Daimler AG einen Kleinwagen im unteren Preissegment. Da dieser Kleinwagen nicht in das bisherige Sortiment (Pkw der Oberklasse und gehobenen Mittelklasse) und zum Kundenstamm der Marke *Mercedes* passte, wurde für dieses neue Produkt sogar eine neue Firmierung („Smart" statt Mercedes) gewählt.

Produktelimination

Die **Produktelimination** ist die Herausnahme eines Produkts aus dem aktuellen Absatzprogramm. Dies geschieht häufig am Ende des Produktlebenszyklus (Degenerationsphase), manchmal aber auch früher und ist durch ein verändertes Konsumverhalten oder technischen Fortschritt begründet.

Beispiel

Durch die Entwicklung der digitalen Fotospeicherung haben namhafte Hersteller von Fotoapparaten Kleinbildkameras mit Kleinbildfilmen vom Markt genommen.

Produktgestaltung

Zusätzlich zu den einzelnen Maßnahmen der Produktpolitik ist die **Produktgestaltung** von besonderer Bedeutung. Sie umfasst

- Qualität (Funktionsfähigkeit, Langlebigkeit, Wartungsfreundlichkeit, Umweltverträglichkeit, ...),
- Aufmachung (Größe, Form, Farbe, Erscheinungsbild, ...),
- (Verkaufs-)Verpackung (umweltfreundlich, werbewirksam, ...) sowie
- Markierung (Name, Schriftzug, Logo, ...) des Produkts

und dient der Abgrenzung zu Konkurrenzprodukten.

Markenpolitik

Eine Form der Abgrenzung von den Produkten der Mitbewerber ist die Vergabe bzw. der Aufbau einer Marke. Die **Markenpolitik** wird daher häufig auch der Produktpolitik zugeordnet. Markenpolitik bedeutet, eine rechtlich geschützte Marke[1] (ein Produkt oder eine Dienstleistung) im Markt zu platzieren, zu gestalten und zu pflegen.

Marke

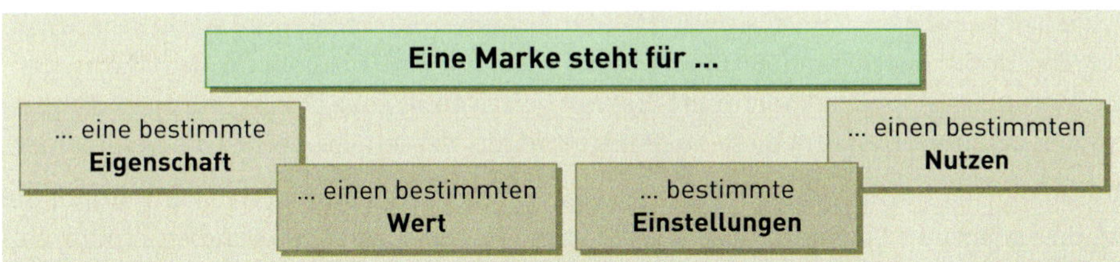

Mit einer Marke verbinden die Nachfrager positive, Nutzen stiftende Eigenschaften. Eine Marke erzeugt nach Möglichkeit eine positive Emotion oder Vorstellung, die das Unternehmen bzw. das Produkt klar kennzeichnet und von Konkurrenten oder deren Produkten abhebt.

§§ Markengesetz

§ 3 Als Marke schutzfähige Zeichen (MarkenG)

(1) Als Marke können alle Zeichen, insbesondere Wörter einschließlich Personennamen, Abbildungen, Buchstaben, Zahlen, Hörzeichen, dreidimensionale Gestaltungen einschließlich der Form einer Ware oder ihrer Verpackung sowie sonstige Aufmachungen einschließlich Farben und Farbzusammenstellungen geschützt werden, die geeignet sind, Waren oder Dienstleistungen eines Unternehmens von denjenigen anderer Unternehmen zu unterscheiden.

(2) Dem Schutz als Marke nicht zugänglich sind Zeichen, die ausschließlich aus einer Form bestehen,

1. die durch die Art der Ware selbst bedingt ist,
2. die zur Erreichung einer technischen Wirkung erforderlich ist oder
3 die der Ware einen wesentlichen Wert verleiht.

1 Der rechtliche Hintergrund für den Schutz von Marken wurde bereits in Teil C in Kapitel 1.3.2 erläutert.

Marken müssen mit viel Geld, Zeit, Nachdruck und Kontinuität aufgebaut werden.

Insbesondere die mit einer Marke verbundene Qualitätsvorstellung der Nachfrager entwickelt sich zu einer abgrenzenden, haftend bleibenden Werbeinformation und fördert das Image des gesamten Unternehmens. Im Idealfall wird aus einem Markennamen sogar die Bezeichnung für eine bestimmte Produktgruppe (z. B. *Tempo* als Bezeichnung für Papiertaschentücher; *Pampers* für Windeln, *Zewa* für Küchentücher).

Beispiele

Markenzeichen:

Markenarten

Unterschieden werden können Marken z. B. bezogen auf den Anbieter: Herstellermarken (z. B. *Nivea, Coca Cola*), Handelsmarken (z. B. *Privileg, IKEA*), Lizenzmarken (z. B. *Boss*) und Dienstleistungsmarken (z. B. *TUI, Allianz, Steigenberger*).

Markenstrategien sind langfristig angelegt. Wenn sie gelingen, führt das zu hohem wirtschaftlichen Erfolg, denn mit einer Marke verbindet der Kunde Merkmale, die unabhängig vom eigentlichen Produkt Gültigkeit haben.

Beispiel

Der Markenname *Mercedes-Benz* signalisiert die Eigenschaften „solide" „qualitativ hochwertig" usw., steht für einen bestimmten Wert (Zuverlässigkeit), trägt als Nutzen den Fahrkomfort und die Haltbarkeit in sich und ist mit der Einstellung des „gesellschaftlich besser Gestellten", des „gut Verdienenden" verbunden. Häufig entsteht durch diese Marke ein besonderes „Status-Symbol".

Markentreue

Marken unterliegen häufig nicht mehr dem idealtypischen Verlauf des Produktlebenszyklus, der davon ausgeht, dass ein Produkt irgendwann wieder vom Markt verschwindet bzw. durch ein neueres Produkt ersetzt wird. Die Erklärung dafür liegt darin, dass die Marke „im Kopf der Abnehmer" fest mit positiven Eigenschaften und einem hohen Nutzen verbunden ist und diese zu Stammkunden werden, die der Marke treu bleiben.

Lizenzmarke

Das Risiko, dass mit dem Aufbau einer eigenen Marke verbunden ist, kann durch die schon erwähnten **Lizenzmarken** aufgehoben werden. Lizenzen erlauben einem Unternehmen, einen fremden Markennamen mit den eigenen Produkten zu verbinden. Der Lizenzgeber erhält dafür eine Lizenzgebühr als Umsatzbeteiligung oder Fixum. Mit der Lizenz erhält man das Recht, den Markennamen oder das entsprechende Symbol zu nutzen. So gibt es z. B. *Porsche-Brillen* oder Schuhe von *Hilfiger*.

Markenschutz

Die Schutzdauer der Marke beträgt ab dem Tag der Anmeldung 10 Jahre und kann gegen Zahlung einer Gebühr (750,00 €) beliebig oft um weitere 10 Jahre verlängert werden[1]. Der Markenschutz erlischt, wenn die Gebühr nicht rechtzeitig entrichtet wird, wenn das Recht nicht genutzt wird oder wenn die Marke zu einem allgemeinen Gattungsprodukt „verkommt".

Produkthaftung

Bei allen produktpolitischen Maßnahmen, also im Zusammenhang mit der Entwicklung und Veränderung von Produkten – mit Ausnahme von deren Elimination –, muss der Hersteller berücksichtigen, dass die Produkte der **Produkthaftung** unterliegen, sofern sie überwiegend für die private Nutzung bestimmt und angeschafft werden.

1 § 47 (1) – (3) Markengesetz

Der Hersteller haftet dann für (Folge-)Schäden, die durch die Nutzung seiner Produkte entstehen. Die Regelungen des Produkthaftungsgesetzes (ProdHaftG) gelten neben den Ansprüchen aus dem BGB (z. B. Gewährleistungs- und Schadensersatzansprüche). Der § 1 ProdHaftG beinhaltet eine verschuldensunabhängige Gefährdungshaftung. Dies bedeutet, dass der Hersteller auch dann haftet, wenn er weder vorsätzlich noch fahrlässig gehandelt hat. Weil er ein Produkt in den Verkehr brachte, das Schaden an den Rechtsgütern anderer verursachte, schuf er eine Gefahr, für die er haften muss. Das bedeutet, der Hersteller haftet bei einer Körperverletzung, Tötung oder einer Sachbeschädigung, die bei bestimmungsgemäßem Gebrauch eines Produktes durch einen Produktfehler an einer anderen Sache hervorgerufen wird.

Haftung und Beweislast

Haftungsgründe ergeben sich gemäß Produkthaftungsgesetz aufgrund folgender Fehlertypen:

Beispiel

Fehlerarten	Beschreibung	Beispiele
Konstruktionsfehler	Fehler eines Produktes, der auf fehlerhafter Produktplanung bzw. -konzeption beruht und zu einem Schaden beim Benutzer führt.	Die Messer einer Cutteranlage schneiden nicht an den eingestellten Stellen, sondern schneiden zu schmale und damit unbrauchbare Stücke.
Fabrikationsfehler	Fehler, der in der Herstellung begründet liegt und nicht alle Produkte betrifft, z. B. eine bestimmte Charge mit minderwertigen Materialien.	Bei einem Konferenzstuhl wurden die Schweißnähte für den Eisenrahmen fehlerhaft produziert geschweißt. In der Folge bricht die Rückenlehne bereits bei kurzzeitiger Inanspruchnahme.
Instruktionsfehler (Anleitungsfehler)	Fehler eines Produktes, der durch eine unzureichende Betriebsanleitung oder durch mangelnde Warnhinweise entsteht.	Aufgrund einer fehlerhaften Bedienungsanleitung für die Endmontage von Drehstühlen mit Hubtechnik wird die Hydraulik der Hubtechnik außer Kraft gesetzt, sodass bei der Montage der Drehstuhl plötzlich in die Höhe schnellt. Körperverletzungen bei der Montage sind daher wahrscheinlich.

In diesen Fällen kann der unmittelbar oder mittelbar Geschädigte Ansprüche aus dem Produkthaftungsgesetz geltend machen. Es haftet der Hersteller, der das Produkt erstellt hat, der Zulieferer, wenn es sich um ein fehlerhaftes Teil des Produktes handelt, der Händler, wenn er das Produkt mit seinem Namen oder Zeichen versehen hat, oder der Lieferant, wenn der Hersteller nicht mehr feststellbar ist. Ein Geschädigter kann sich aussuchen, an wen er sich wendet, und z. B. den Zahlungskräftigsten in Haftung nehmen.

Ansprüche

Die Ansprüche aus dem Produkthaftungsgesetz (ProdHaftG) sind auf 85 Mio. € begrenzt, soweit es sich um Personenschäden handelt. Bei Sachschäden (an anderen Sachen) liegt keine Begrenzung vor, allerdings sind gemäß § 11 ProdHaftG Schäden bis zu 500,00 € vom Geschädigten selbst zu tragen. Da der Hersteller verschuldensunabhängig haftet, muss der Geschädigte lediglich nachweisen, dass das Produkt seinen Schaden verursacht hat. Falls es entlastende Umstände gibt, z. B. eine Mitschuld des Geschädigten wegen unsachgemäßer Handhabung, muss diese der Hersteller selbst nachweisen.

Es gilt die regelmäßige Verjährungsfrist von drei Jahren ab dem Zeitpunkt, zu dem der Geschädigte von dem Schaden oder dem Fehler Kenntnis erlangt hat. Eine Haftung ist ausgeschlossen, wenn das Produkt länger als zehn Jahre auf dem Markt verkauft wird. Allerdings ist auch ausgeschlossen, dass die Produkthaftung vertraglich beschränkt wird. Hier greift der Staat durch die Gesetzgebung lenkend in die Vertragsfreiheit ein, um wie auch beim Verbrauchsgüterkauf den schwächeren Vertragspartner besonders zu schützen.

Ausschluss

Aufgaben

› Kap. 2.1

1. a) Erläutern Sie, was man unter einer Marke versteht.
   b) Beschreiben Sie fünf Vorteile, die ein Nutzer mit Markenprodukten verbindet.

2. Viele Unternehmen vollziehen im Rahmen ihrer Sortimentspolitik eine Produktdiversifikation.
   a) Erläutern Sie kurz, was unter „Produktdiversifikation" zu verstehen ist.
   b) Unterscheiden Sie mit Hilfe von selbst gewählten Beispielen zwischen zwei Arten von Produktdiversifikation.
   c) Nennen Sie fünf Zielsetzungen, die ein Industrieunternehmen mit der Umsetzung einer Produktdiversifikation verfolgt.

3. Beschreiben Sie kurz folgende produktpolitischen Maßnahmen und geben Sie jeweils ein konkretes Beispiel an:
   a) *Produktinnovation,*
   b) *Produktdifferenzierung,*
   c) *Produktvariation,*
   d) *Produktdiversifikation,*
   e) *Produktelimination,*
   f) *Produktgestaltung.*

4. Ordnen Sie den Phasen des Produktlebenszyklus geeignete produktpolitische Maßnahmen zu.

5. Sammeln Sie Gründe für die Produktvariation und die Produktelimination eines Produktes aus dem Absatzprogramm eines Unternehmens.

6. Unterscheiden Sie mit Hilfe von Beispielen zwischen Grundnutzen und Zusatznutzen und grenzen Sie davon den Begriff „Zusatzleistung" ab.

7. Ein Büromöbelhersteller verkauft seit zwölf Jahren einen luftdruckgefederten Bürostuhl unter dem Markennamen „real-soft". Trotz umgesetzter Marketingmaßnahmen ist der Marktanteil von 10 % auf nur noch 4 % gefallen, der Umsatz ist sehr stark zurückgegangen. Ein in der Forschung und Entwicklung weiterentwickelter Nachfolgestuhl wird bereits auf dem Markt angeboten und hat einen Marktanteil von 1,5 % erreicht. Zurzeit zögert der Produktmanager noch mit der Herausnahme des „real-soft" aus dem Produktions- und Absatzprogramm des Unternehmens.
   a) Erläutern Sie zwei Gründe, warum der Produktmanager noch mit der Produktelimination zögert.
   b) Beschreiben Sie Anzeichen, die grundsätzlich eine Produktelimination nahelegen.
   c) Erläutern Sie einen Nachteil, der aufgrund einer verfrühten Produktelimination für das Unternehmen entstehen könnte.
   d) Benennen Sie die Produktlebenszyklusphase, in der sich der Bürostuhl „real-soft" derzeit befindet. Bitte begründen Sie.

8. Markenpolitik: Viele Hersteller vertreiben ihre Produkte als Marke im Fachhandel und als No-Name-Artikel bei einem Discounter. Dies gilt zum Beispiel auch für den Süßwarenhersteller Storck.

Marke	No-Name

   a) Welche Vor- und Nachteile hat das Unternehmen Storck durch diese Markenpolitik?
   b) Welche Vor- und Nachteile haben die Verbraucher durch die Markenpolitik von Storck?

2.2 Preis- und Konditionenpolitik

2.2.1 Ansätze der Verkaufspreisbildung

Preis- und Konditionenpolitik

Im Rahmen der **Preis- und Konditionenpolitik** geht es insbesondere um die Festlegung des Verkaufspreises und der Verkaufskonditionen für die am Markt angebotenen Leistungen. Eine hohe Preissetzung mit dem Ziel, die Umsatzerlöse und damit die Gewinne zu steigern, kann dazu führen, dass die Kunden die Produkte nicht mehr kaufen und zu den Wettbewerbern „überlaufen". Dies kann einen Imageverlust und einen Wettbewerbsnachteil auslösen, der schwierig zu beheben ist. Liegt der Preis sehr niedrig, sind möglicherweise die Kosten nicht mehr gedeckt. Niedrige Preise werden häufig mit minderwertiger Qualität[1] verbunden, was ebenso zu einem Imageschaden führen kann.

Die Entscheidungen im Rahmen der Preis- und Konditionenpolitik sollten in Kenntnis der eigenen Kosten und Marktverhältnisse getroffen werden, um langfristig einen möglichst hohen Gewinn zu erzielen.

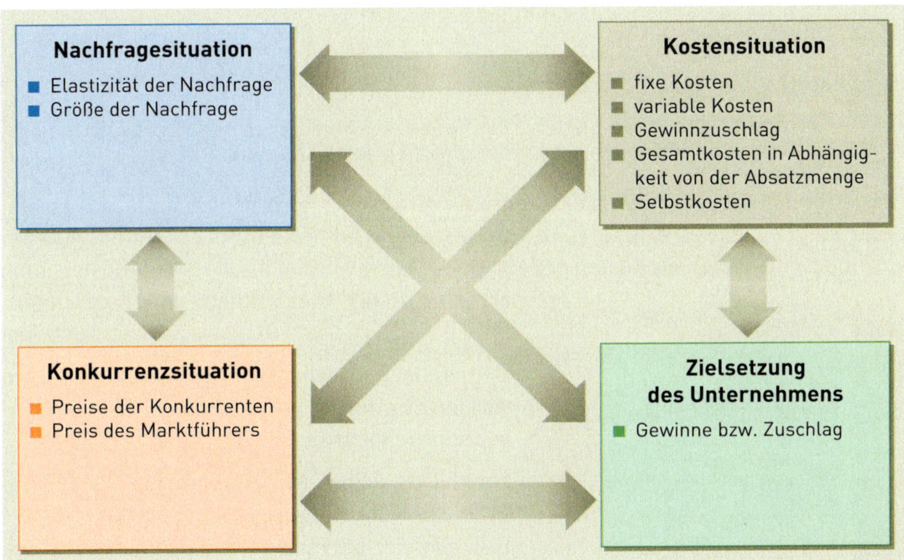

Bei der Preisbildung müssen die verschiedenen Einflussfaktoren gemeinsam berücksichtigt werden.

Methoden der Preisbildung

Die einzelnen **Methoden der Preisbildung** können wie folgt beschrieben werden:

I. Kostenorientierte Preissetzung

Preissetzung auf Vollkostenbasis

In diesem Fall orientiert sich die Preissetzung an den Selbstkosten je Verkaufseinheit, die in der Kostenträgerrechnung auf Vollkostenbasis ermittelt werden. Die Selbstkosten umfassen alle bis zum Verkauf anfallenden Kosten. Sie werden als „langfristige Preisuntergrenze" bezeichnet und bilden die Ausgangsgröße der Verkaufskalkulation. Mit Hilfe der Verkaufskalkulation werden zuzüglich zu den Selbstkosten ein Gewinnzuschlag und mögliche kundenabhängige Verkaufskonditionen berücksichtigt. Fraglich ist häufig, ob die aktuelle Marktlage die Durchsetzung des so ermittelten Preises zulässt.

1 *„Was nichts kostet, taugt auch nichts!"* (= „Billigware")

Beispiel

Verkaufskalkulation der Heidtkötter KG für den *communicTable*:
Das Ergebnis der Kostenträgerrechnung ergibt Selbstkosten in Höhe von 3.960,00 €.
Die Geschäftsführung gibt folgende Kalkulationsgrößen vor:

Gewinnzuschlag: 12 %, Kundenskonto: 3 %, Kundenrabatt: 5 %

Da die technische Neuerung *communicTable* einer Kundeneinführung bedarf, erfolgt der Vertrieb zunächst über Reisende, die eine Provision von 5 % erhalten. Die Verkaufskalkulation hat folgendes Aussehen:

	Selbstkosten (SK)	3.960,00 €
+	Gewinnzuschlag	475,20 €
=	**Barverkaufspreis** (BVP)	4.435,20 €
+	Kundenskonto	144,63 €
+	Vertriebsprovision	241,04 €
=	**Zielverkaufspreis** (ZVP)	4.820,87 €
+	Kundenrabatt	253,73 €
=	**Listenverkaufspreis = Angebotspreis**	5.074,60 €

Eine kostenorientierte Preissetzung führt zu einem Listenverkaufspreis von 5.074,60 € pro Tisch.

Zwei Aspekte sind nun zu hinterfragen:

1. *Sind die Nachfrager bereit, diesen Preis zu zahlen?*
2. *Wie hoch sind die Preise der Konkurrenzprodukte mit ähnlichem Nutzen?*

Preissetzung auf Teilkostenbasis

Bei der Preisfestlegung auf Teilkostenbasis wird zwischen variablen und fixen Kosten unterschieden. **Kurzfristig**, d. h. in vorübergehend absatzschwachen Zeiten, müssen zumindest die **variablen Kosten** gedeckt sein. Daher werden die variablen Kosten auch als „kurzfristige Preisuntergrenze“ bezeichnet: ($k_V = p \rightarrow db = p - k_V = 0$).

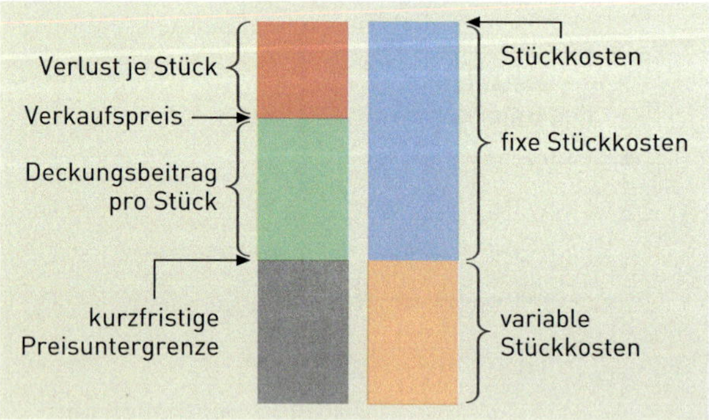

Bei jedem Preis oberhalb der variablen Kosten werden zumindest kleine Teile der fixen Kosten gedeckt (= positiver Deckungsbeitrag).

Langfristig sollten durch den am Markt erzielten Preis die **Selbstkosten** gedeckt sein. Ist dies der Fall, erwirtschaftet das Unternehmen zwar keinen Gewinn, aber zumindest können die zurechenbaren variablen und fixen Kosten gedeckt werden.

In der Praxis finden sich häufig sogenannte „Mischkalkulationen“, bei denen sich die unterschiedlichen Preissetzungen bei verschiedenen Produkten bzw. Leistungen ausgleichen.

II. Konkurrenzorientierte Preissetzung

Das Verhalten der Konkurrenten beeinflusst die eigene Preissetzung je nach Marktstellung des eigenen Unternehmens unterschiedlich stark:

- Bei einer großen Marktmacht kann der Preis selbst gesetzt werden und die Konkurrenten müssen sich an dieser Preissetzung orientieren.
- Liegt jedoch der häufigere Fall vor, dass die eigene Marktmacht eher gering ist, muss sich ein Unternehmen unter Umständen an der Preissetzung der Konkurrenten orientieren. Eine eigene, unabhängige Preisbildung ist dann nicht möglich. Das

Unternehmen muss bei Preissenkungen der Konkurrenten mitziehen, da ansonsten die Kunden zu den preiswerteren Anbietern abwandern.

Die Bedingungen für eine konkurrenzorientierte Preissetzung sind insbesondere dann gegeben, wenn die Nachfrager wegen nur weniger Anbieter und Produkte eine sehr gute Markttransparenz besitzen.

Grundsätzlich bestehen verschiedene Möglichkeiten, die eigene Preisfestlegung an den Preisen der Konkurrenz zu orientieren: Im einfachsten Fall wird ein **Durchschnittspreis** aus den Preisen der Konkurrenten ermittelt und für die eigene Preissetzung übernommen. Es besteht aber auch die Möglichkeit, sich am **Preis des Marktführers** auszurichten. Dieser hat einen angemessen kalkulierten und im Markt akzeptierten Preis für das Produkt gefunden. Je nach Zielsetzung und Positionierung im Markt kann man den Marktführer unterbieten, um Marktanteile zu gewinnen oder um Qualitäts- oder Imagenachteile des eigenen Produktes zu berücksichtigen. Umgekehrt kann man den Markt- und Preisführer konsequent überbieten, um sich von ihm mit dem eigenen Produkt abzuheben.

Preissetzung mit Durchschnittspreisen

Orientierung am Marktführer

unabhängige Preissetzung

Eine derartige Orientierung am Marktpreis hat Konsequenzen für die Verkaufskalkulation im Unternehmen mit Hilfe der Kostenrechnung. Ausgehend vom Zielpreis muss die Kostenrechnung ermitteln, welche Kosten anfallen dürfen, damit der Marktpreis angeboten werden kann. Zur Ermittlung der *allowable costs* (= erlaubte Kosten) wird das **Target costing (Zielkostenrechnung)** eingesetzt:
Vom angestrebten Verkaufspreis wird ein angemessener Gewinnanteil abgezogen, sodass sich die *allowable costs* ergeben, die aufgrund interner/externer Einflüsse prozentual korrigiert werden. Das Ergebnis sind dann die *target costs* (= Zielkosten). Die Zielkosten werden den in der Vergangenheit erreichten *drifting costs* (= Produktstandardkosten) gegenübergestellt. Die resultierende Abweichung, die sich häufig dadurch charakterisieren lässt, dass die *drifting costs* die *target costs* übersteigen, wird als *target gap* (= Ziellücke) bezeichnet.

Preissetzung mit Target costing

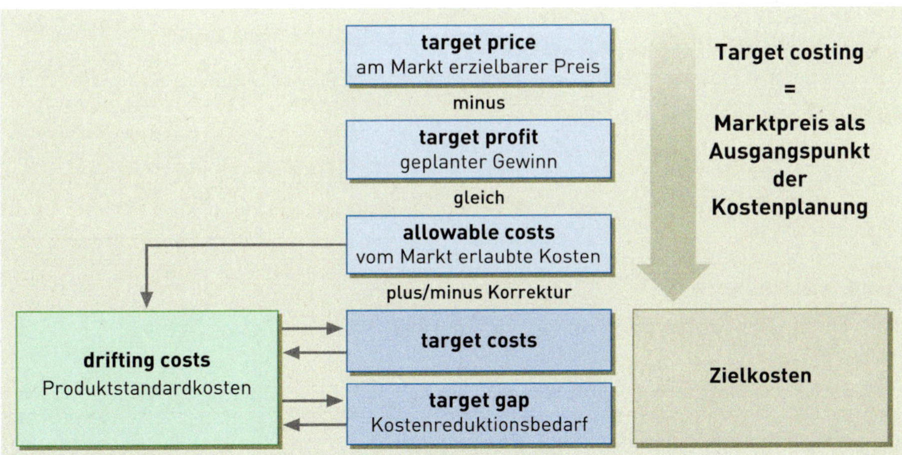

Ist der am Marktpreis orientierte Preis aufgrund der Kostensituation nicht zu erreichen, müssen die Kosten oder der gewünschte Gewinnzuschlag oder auch beide gesenkt werden. Bestehen keine Kostensenkungspotenziale und ist eine Senkung des Gewinnzuschlags keine akzeptable Strategie, wird das Produkt erst gar nicht auf den Markt gebracht bzw. es wird vom Markt genommen.

III. Nachfrageorientierte Preissetzung

Entscheidend ist letztlich die Frage, ob ein an den Kosten oder der Konkurrenz orientierter Verkaufspreis von den Kunden akzeptiert wird. So könnte der Preis, den die

Akzeptanz des Preises durch den Kunden

Kunden zu zahlen bereit sind, als Preisobergrenze festgelegt werden. Aufgrund der starken Marktmacht preisbewusster Verbraucher kann sich die Preissetzung an den Nachfragereaktionen der Verbraucher auf Preissetzungen oder Preisänderungen orientieren. In der Regel ist die Nachfrage (bei normalem Käuferverhalten) bei Preissenkungen steigend, bei Preiserhöhungen rückläufig. Die **Preiselastizität der Nachfrage** gibt an, wie stark die Nachfrage nach einem Produkt auf eine Preisänderung reagiert. Sie ist definiert als Absolutbetrag der prozentualen (= relativen) Veränderung der nachgefragten Menge eines Produktes im Verhältnis zur prozentualen (= relativen) Veränderung des Preises dieses Produktes:

Preiselastizität der Nachfrage

$$\textbf{Preiselastizität } (\eta_{x,p}) = \left| \frac{\frac{(M2 - M1) \cdot 100}{M1}}{\frac{(P2 - P1) \cdot 100}{P1}} \right| = \left| \frac{\text{relative Mengenänderung in \%}}{\text{relative Preisänderung in \%}} \right| = \frac{\text{Wirkung}}{\text{Ursache}}$$

M1 = Menge vor der Preisänderung
M2 = Menge nach der Preisänderung
P1 = Preis vor der Preisänderung
P2 = Preis nach der Preisänderung

Für die Preiselastizität wird der Betrag des Quotienten genommen, die Elastizität ist also immer positiv.

Preis-Absatz-Funktion

$\eta_{x,p}$ **> 1**, so ist die Nachfrage **elastisch**;

eine Preisänderung um einen bestimmten Prozentsatz bewirkt eine prozentual größere Mengenänderung.

- Bei normalem Kaufverhalten bewirken steigende Preise stärker (überproportional) fallende Absatzmengen.
- Fallende Preise bewirken stärker (überproportional) steigende Absatzmengen.
- Die prozentuale Mengenänderung ist größer als die prozentuale Preisänderung.

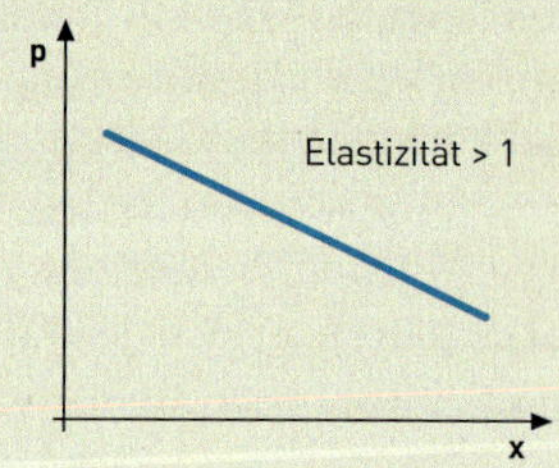

$\eta_{x,p}$ **= 1**, so ist die Nachfrage **isoelastisch**;

eine 1-prozentige Preisänderung bewirkt eine 1-prozentige Mengenänderung.

- Die prozentuale Mengenänderung ist gleich der prozentualen Preisänderung.

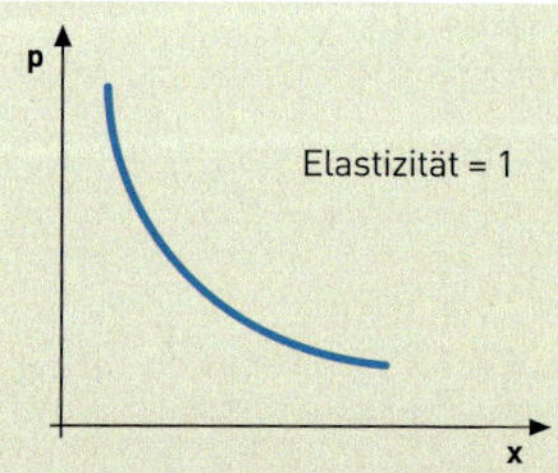

$\eta_{x,p}$ **< 1**, so ist die Nachfrage **unelastisch**;

eine Preisänderung um einen bestimmten Prozentsatz bewirkt eine Mengenänderung um einen geringeren Prozentsatz.

- Steigende Preise bewirken geringer (unterproportional) steigende oder fallende Absatzmengen.
- Fallende Preise bewirken geringer (unterproportional) steigende oder fallende Absatzmengen.
- Die prozentuale Mengenänderung ist kleiner als die prozentuale Preisänderung.

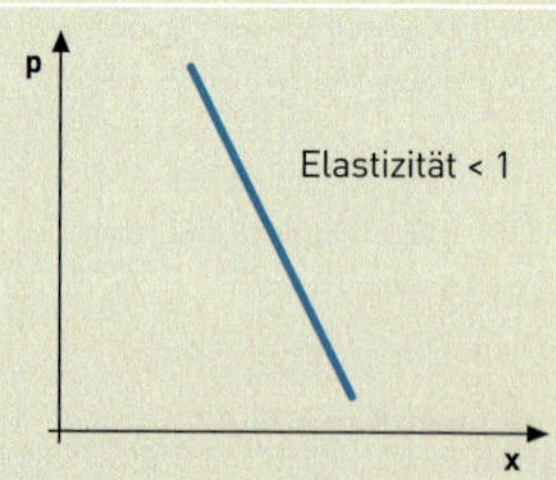

$\eta_{x,p}$ **= 0**, so ist die Nachfrage **vollkommen unelastisch**;

eine Preisänderung hat keine Mengenänderung zur Folge;
die Nachfrager reagieren überhaupt nicht auf eine Preisänderung.

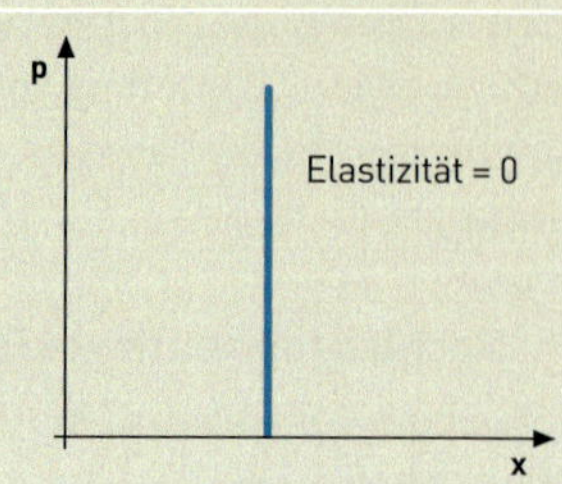

Beispiel

Der Verkaufspreis eines Produktes steigt von p1 = 50,00 € auf p2 = 55,00 €. Diese Preissteigerung um 5,00 € (10 %) bewirkt einen Nachfragerückgang von M1 = 150 Stück auf M2 = 120 Stück. Dieser Rückgang beträgt folglich 30 Stück (20 %).

Die Preiselastizität für dieses Beispiel ist elastisch:

$$\textbf{Preiselastizität} = \left| \frac{\frac{120-150}{150}}{\frac{55-50}{50}} \right| \quad \text{oder} \quad = \left| \frac{-20\,\%}{10\,\%} \right| = 2$$

Bei Kenntnis der Art und Stärke der Preiselastizität der Nachfrage eines Produkts kann das Unternehmen die Konsequenzen von Preisveränderungen für die Nachfrageentwicklung abschätzen und Preisänderungen gezielt einsetzen.

Aufgrund von fehlender Markttransparenz, bestehender Kundenpräferenzen, Kundenbindung, räumlicher Entfernung zu Konkurrenten oder bestehender Heterogenität von Konkurrenzprodukten gibt es ein bestimmtes Preisintervall, in dem der Verkäufer den Preis variieren kann, ohne dass eine große Veränderung in der Absatzmenge zu spüren ist. Dieses Phänomen führt zu einer **doppelt geknickten Preis-Absatz-Funktion**[1] die sich in drei Bereiche aufteilt. Es gibt in dieser Funktion einen mittleren, „monopolistischen" Bereich, in dem Preisveränderungen kaum zu Absatzmengenveränderungen führen[2], sowie einen oberen und unteren „polypolistischen" Bereich, in dem jeweils schon geringe Preisveränderungen große, spürbare Veränderungen der Absatzmenge verursachen. Der mittlere, monopolistische Bereich wird eingefasst von einer Preisober- bzw. Preisuntergrenze, bei deren Überschreiten überproportional viele Kunden zur Konkurrenz abwandern (Preis hoch) oder bei deren Unterschreiten Kunden von der Konkurrenz kommen (Preis niedrig).

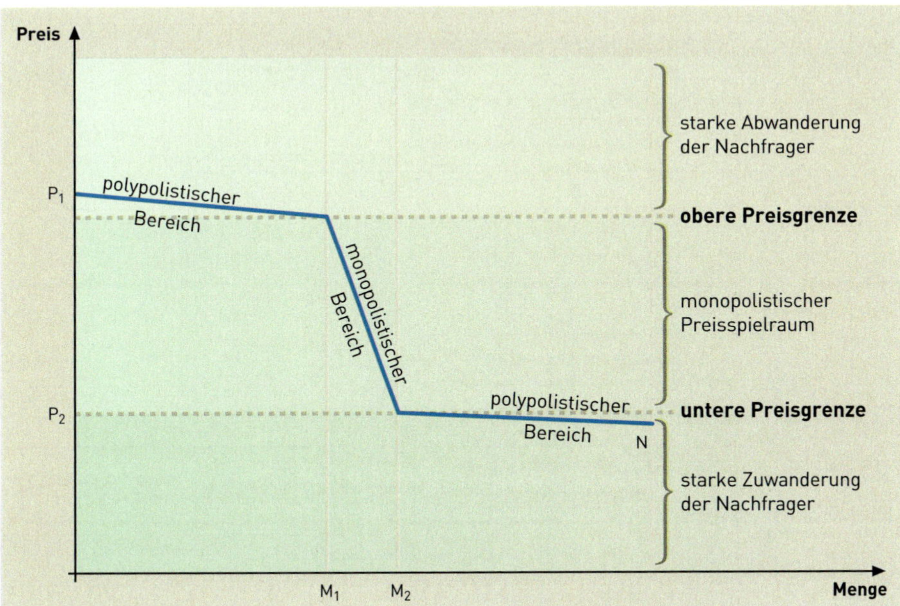

1 Die Preis-Absatz-Funktion zeigt an, welche Menge eines Produktes das anbietende Unternehmen in Abhängigkeit vom Verkaufspreis absetzen kann.
2 Hier besteht eine unelastische Reaktion der Nachfrage auf Preisveränderungen.

Beispiel

Ein treuer Stammkunde, der bisher vereinzelte Preiserhöhungen akzeptiert hat, wandert ab einem bestimmten Verkaufspreis zur Konkurrenz ab.

Problematisch ist die empirische Feststellung von Preisober- bzw. Preisuntergrenzen. Denn wenn Kunden abgewandert sind, kann das nicht immer nur allein auf die Preissetzung zurückgeführt werden.

Preisdifferenzierung

Der Preis, der für ein Produkt verlangt wird, muss nicht immer und überall gleich sein. Zerlegt man den Gesamtmarkt eines Produktes in Teilmärkte, können auf diesen Teilmärkten **die gleichen Produkte bzw. Leistungen zu unterschiedlichen Preisen** angeboten werden (**Preisdifferenzierung**).

Folgende Übersicht zeigt unterschiedliche Arten von Preisdifferenzierung:

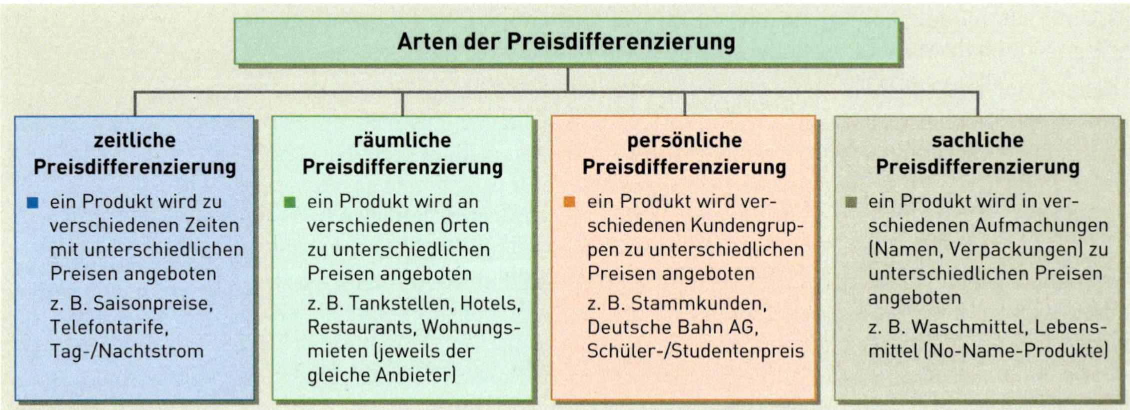

Folgende Grafik fasst die **Faktoren der Preisbildung** nochmals zusammen:

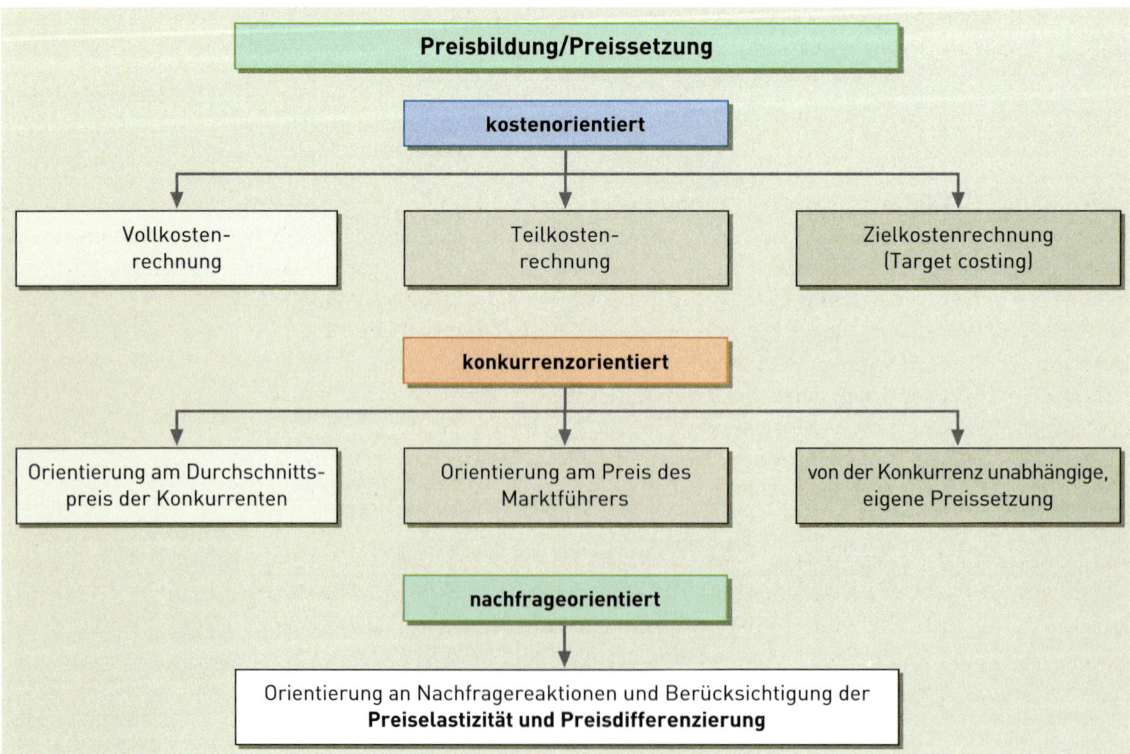

2.2.2
Preisstrategien in Abhängigkeit von der Unternehmensstrategie

Preisstrategien

Insbesondere durch die verfolgte Unternehmensstrategie (u. a. auch bei der Einführung neuer Produkte auf bestimmten Teilmärkten) bestehen unterschiedliche Strategien zur Festlegung der Preise.

Hochpreisstrategie

Bei der **Hochpreisstrategie** (Premiumstrategie) werden hohe Preise festgelegt, die vom Abnehmer mit einem hohen Nutzen verbunden werden. Der hohe Nutzen kann sich in der Produktqualität, dem Image oder anderen Faktoren zeigen und rechtfertigt den hohen Preis. Markenprodukte (Herstellermarken) sind typische Produkte, die sich im Hochpreissegment befinden.

Beispiele

	Branche		Branche
Apple	Kommunikations- und Unterhaltungselektronik	*BMW*	Fahrzeugbau
		Gardena	Gartengeräte
Miele	Haushaltsgeräte	*Lloyd*	Schuhe

Niedrigpreisstrategie

Typisch für die **Niedrigpreisstrategie** ist, dass die eigenen Verkaufspreise immer etwas niedriger liegen als die Preise der anderen Anbieter. Manchmal wird dieser Eindruck durch die Werbung nur hervorgerufen, obwohl nicht für alle Produkte eines Unternehmens eine Niedrigpreisstrategie verfolgt wird. Der Preis ist hierbei das wichtigste Verkaufsargument und die Kunden kaufen mit einer diesem niedrigen Preis entsprechenden Erwartungshaltung. Der niedrige Preis wird durch verschiedene Maßnahmen möglich: Produktion in Niedriglohnländern, Kosteneinsparungen bei Service- und Beratungsleistungen oder Einsparungen durch Nutzung günstiger Materialien.

Beispiele

	Branche		Branche
Medion	Kommunikations- und Unterhaltungselektronik	*Dacia*	Fahrzeugbau
		TorQ	Gartengeräte
Severin	Haushaltsgeräte	*Venice*	Schuhe

Marktabschöpfungsstrategie

Bei der **Marktabschöpfungsstrategie (Skimmingstrategie)** wird ein Produkt zunächst mit einem hohen Preis am Markt eingeführt. Dieser wird dann im Zeitverlauf schrittweise gesenkt, um weitere Käuferschichten zu erschließen. Diese Strategie wird häufig bei technischen Neuerungen durchgeführt, für die sich zunächst nur eine kleine Käuferschicht interessiert, die auch bereit ist, den anfänglich hohen Preis zu zahlen. Eine breitere Masse an Käufern wird erst durch sukzessive[2] Preissenkungen erreicht. Der Vorteil der Strategie liegt darin, dass mit dem hohen Einstiegspreis die Innovationskosten des Produktes schnell wieder hereingeholt werden können. Allerdings besteht die Gefahr, dass der hohe Preis die Konkurrenz anlockt und zur günstigeren Nachahmung anregt. Ist das Produkt rechtlich geschützt[1], so ist dieses Risiko geringer.

Beispiel

Ab dem Jahr 2005 lösten die LCD- und Plasma-Fernseher zunehmend die klassischen Bildröhrengeräte ab. Anfangs kosteten die LCD- und Plasma-Fernseher über 2.000,00 €. Mit jeder folgenden Produktgeneration wurden die Preise weiter gesenkt. Heute sind vergleichbare Geräte bereits für ca. 700,00 € erhältlich.

1 vgl. Teil B, Kap. 1.3.3
2 sukzessive = schrittweise, allmählich

Marktdurchdringungsstrategie

Die **Marktdurchdringungsstrategie (Penetrationsstrategie)** eignet sich insbesondere dann, wenn man rasch Marktanteile erobern und einen großen Kundenstamm ansprechen möchte. Das Produkt wird bewusst mit einem niedrigen Preis in den Markt eingeführt. Eine Kostendegression wird aufgrund der hohen Absatzmenge schnell ermöglicht. Der niedrige Preis kann im Laufe der Zeit erhöht werden, wenn Marktanteile gewonnen und gesichert sind, und es die Konkurrenzsituation zulässt. Problematisch kann sich die Wirkung dieser Strategie erweisen, wenn der niedrige Einführungspreis aus Kundensicht auf eine geringe Qualität der Ware oder „2. Wahl“ schließen lässt. Sollten diese Probleme auftreten, können die Investitionskosten nur langsam amortisiert und der Markt nur in kleinen Schritten erschlossen werden.

Beispiel

Produktinnovationen von Salzgebäckherstellern werden häufig über die Penetrationsstrategie zum „Probierpreis“ am Markt etabliert.

2.2.3 Konditionenpolitik

Konditionenpolitik

Im Rahmen der Konditionenpolitik geht es um die Festlegung der **Verkaufsbedingungen**, die das Nachfrageverhalten nachhaltig beeinflussen können. Mögliche Konditionen bestehen in der Gewährung von Preisnachlässen (Rabatte, mengenabhängige Rabattstaffeln, Skonti, Boni) und Zahlungszielen (Lieferantenkredite), der Übernahme von Kosten (für Verpackung, Beförderung, Versicherung), der zusätzlichen Leistung von Wartungsarbeiten oder Garantieleistungen und der Festlegung von Mindestabnahmemengen und Mindermengenzuschlägen.

Beispiel

Auszug aus den AGB der *Büromarkt Bartsch KG* in Braunschweig zu den Versandkosten:

Die Lieferung erfolgt grundsätzlich frei Haus.
Folgende Kosten fallen pro Auftrag und Lieferadresse außerhalb von Braunschweig an:

	ohne MwSt.	**inkl. MwSt.**
Verpackungspauschale	2,99 €	**3,56 €**

Folgende Kosten können optional je nach Auftrag anfallen:

	ohne MwSt.	**inkl. MwSt.**
Mindermengenzuschlag für Aufträge unter 30,00 € ohne USt/**35,70 € mit USt**	4,00 €	**4,76 €**
Nachnahmegebühr pro Auftrag	8,99 €	**10,70 €**
Inselzuschlag pro Paket bei folgenden PLZ-Gebieten: 18565, 25849, 25863, 25869, 25938, 25939, 25946, 25980–25999, 26465, 26474, 26486, 26548, 26571, 26579, 26757, 27498, 27499	9,99 €	**11,89 €**
Treppentransporte separat auf Anfrage		

Aufgaben

› Kap. 2.2

1. Ergänzen Sie folgenden Satzanfang:
Die Preiselastizität der Nachfrage ergibt sich aus ...

a) *dem Verhältnis der relativen Veränderung der Nachfragemenge zur relativen Preisänderung.*
b) *der absoluten Mengenänderung dividiert durch die absolute Preisänderung.*
c) *der Summe der relativen Preisänderung plus der relativen Mengenänderung.*
d) *der prozentualen Mengenänderung dividiert durch die prozentuale Preisänderung.*
e) *der Division der prozentualen Preisänderung durch die prozentuale Änderung der Nachfragemenge.*
f) *dem Umkehrbruch von Preisänderung und Änderung der Nachfragemenge.*

2. a) Berechnen Sie die Preiselastizität der Nachfrage für folgendes Beispiel:
Der Verkaufspreis eines Päckchens Kaugummi steigt von 2,00 € auf 2,20 €. Dies hat zur Folge, dass die nachgefragte Menge von zehn auf acht Päckchen zurückgeht.

b) Welche der folgenden Aussagen sind (bezogen auf das Beispiel) richtig?

1. *Die Preiselastizität ist elastisch.*
2. *Die Preiselastizität ist unelastisch.*
3. *Die prozentuale Mengenänderung ist kleiner als die prozentuale Preisänderung.*
4. *Die prozentuale Mengenänderung ist größer als die prozentuale Preisänderung.*
5. *Eine Preisänderung von 1 % verringert die Nachfragemenge um 2 %.*
6. *Eine Preisänderung von 2 % reduziert die nachgefragte Menge um 1 %.*
7. *Die Nachfragemenge reagiert relativ stark auf die Preisänderung.*
8. *Die Nachfragemenge reagiert nicht sehr stark auf die Preisänderung.*

3. Die Fertigung eines Markenartikels verursacht folgende Kosten:
variable Stückkosten: 6,50 €; anteilige Fixkosten: 5,5 Mio. € pro Jahr
Bei einem Stückpreis von 15,50 € können im Jahr 650 000 Stück verkauft werden.

a) Ermitteln Sie den Jahresgewinn.

Die Verkaufsleitung denkt darüber nach, den Verkaufspreis um 8 % zu senken.

b) Wie viel Stück müssen verkauft werden, um einen Jahresgewinn von 420.000,00 € zu erwirtschaften?
c) Erläutern Sie drei Argumente, die gegen die vorgesehene Preissenkung sprechen.

4. Beschreiben Sie das Verfahren des *Target costing*, indem Sie Einsatzgebiete (Marktsituation) und wesentliche Merkmale beschreiben und die Zusammenhänge zwischen Marktpreis, *allowable costs, drifting costs* und Kostenreduzierungsbedarf grafisch darstellen.

5. Erläutern Sie die Bedeutung der Zielkosten und führen Sie drei Maßnahmen der Leistungserstellung an, durch die die Zielkosten erreicht werden können.

6. Formulieren Sie für die Heidtkötter KG jeweils ein konkretes Beispiel für die Arten der Preisdifferenzierung.

7. Bei der Einführung eines neuen Produkts stellt sich für die Stahl AG die Frage nach einer optimalen Preisstrategie. Nennen Sie je drei Gründe, die für eine Niedrigpreisstrategie und für eine Hochpreisstrategie sprechen.

8. Eine aktuelle Marktstudie hat ergeben, dass der Markt für die Markteinführung eines Konferenzstuhls lediglich einen Angebotspreis von 450,00 € (netto) je Stück zulässt.

→

Folgende Rahmendaten stellt die Controlling-Abteilung bereit:

3 % Skonto, 15 % Rabatt, 4 % Vertriebsprovision, 15 % Gewinnzuschlag.

a) Ermitteln Sie ausgehend vom Angebotspreis (netto) die zulässigen Selbstkosten für den Konferenzstuhl. (Bitte geben Sie die Rechenwege an.)

b) Machen Sie konkrete Vorschläge, wie die Heidtkötter KG den zulässigen Angebotspreis anbieten kann, wenn die Selbstkosten nicht unter 320,00 € liegen können.

c) Begründen Sie, welcher Vorschlag aus Sicht des Marketings am geeignetsten erscheint.

9. Ein Unternehmer hat den Listenverkaufspreis eines Artikels mit netto 22,08 € neu ausgezeichnet, nachdem der bisherige Listenverkaufspreis um einen Teuerungszuschlag von 5 % angehoben wurde. Wie viel € betrug der Verkaufspreis vor der Preiserhöhung?

10. Ein Waschmaschinenhersteller kann eine neue Waschmaschine aus Konkurrenzgründen höchstens für 976,75 € auf den Markt bringen. Die Kalkulationssätze lauten:

Gewinn 16,67 %, Skonto 2,5 %, Rabatt 14 %, Vertreterprovision 7 %.

a) Wie hoch dürfen die Selbstkosten je Waschmaschine maximal sein, damit die Gewinnvorgaben eingehalten werden können?

b) Wie hoch dürfen die Selbstkosten maximal sein, wenn zusätzlich 2 % Skonto und 10 % Einführungsrabatt gewährt werden?

11. Ein Hersteller von Warenkörben kann aufgrund der Marktsituation seinen Warenkorb „Deluxe“ für 148,00 € (LVP) anbieten. Bislang war es üblich, bei der Kalkulation der zulässigen Selbstkosten von 15 % Gewinn, 3 % Skonto, 10 % Rabatt, 7 % Vertreterprovision auszugehen.

Berechnen Sie die Selbstkosten je Warenkorb „Deluxe“.

12. Der Absatz eines Rasierapparates, der zum Preis von 124,00 € verkauft wird, ist erheblich zurückgegangen. Es wird überlegt, ob nicht der Preis um 25,00 € gesenkt werden sollte. Infolgedessen wird mit einer Mengenzunahme von 50 % gerechnet.

Es gelten folgende weitere Daten: bisheriger Absatz 250 000 Stück, variable Kosten 90,00 €/Stück, fixe Kosten 2.500.000,00 €, geplanter Gewinn = 10 %.

a) Weisen Sie anhand der Berechnung der Preiselastizität der Nachfrage nach, dass die Nachfrager preiselastisch reagieren.

b) Ermitteln Sie den Gewinn vor und nach der Preissenkung und begründen Sie, ob die Preissenkung sinnvoll ist.

c) Wie würden Sie entscheiden, wenn die Absatzzunahme unter sonst gleichen Bedingungen bei 25 % liegen würde?

13. Unternehmungen differenzieren ihre Preise häufig. Ordnen Sie nachfolgende Beispiele den Arten der Preisdifferenzierung zu.

a) *Studenten bekommen Rabatt bei Theaterkarten.*

b) *Sommerkleidung wird im September günstiger.*

c) *Der gleiche Burger einer Fastfood-Kette kostet in China weniger als in Deutschland.*

d) *Markenhersteller bieten ihre Produkte auch als No-Name-Produkte beim Discounter an.*

14. Ein Betrieb setzt monatlich 2 000 Stück eines Produktes zu einem Preis von 12.000,00 € je Stück ab. Nach einer Preissenkung um 20 % steigt der Absatz auf monatlich 3 000 Stück. Die variablen Stückkosten betragen 5.000,00 €/Stück.

a) Ermitteln Sie die Preiselastizität der Nachfrage und ordnen Sie zu, ob es sich um eine elastische oder um eine unelastische Nachfrage handelt.

b) Berechnen Sie die Höhe der variablen Stückkosten, bei der sich die obige Preissenkung lohnen würde und begründen Sie, ob für die vorliegende Situation die Preissenkung durchgeführt werden sollte.

15. In Verkaufsverhandlungen mit einem Großabnehmer für die Produkte 1 und 2 hat sich herausgestellt, dass für das Produkt 1 nur ein Nettoverkaufserlös von 1.500,00 € erzielt werden kann.

Vorkalkulation	Produkt 1
Nettoverkaufspreis	2.000,00 €
variable Stückkosten	1.700,00 €
Gesamtkosten pro Stück	2.000,00 €

Begründen Sie, ob der Auftrag mit dem Großabnehmer eingegangen werden sollte.

16. Die Hartz AG plant die Neueinführung eines energiesparsamen Kaffeevollautomaten. Im Rahmen der kostenorientierten Preispolitik soll der Listenverkaufspreis kalkuliert werden.

Folgende Angaben sind gegeben:

Selbstkosten:	570,00 €	Gewinnzuschlag:	10 %
Kundenskonto:	3 %	Vertreterprovision:	3 %
Kundenrabatt:	15 %		

a) Berechnen Sie unter Verwendung des Kalkulationsschemas den Netto-Listenverkaufspreis.

b) Erläutern Sie, bei welchem Preis die langfristige Preisuntergrenze liegt.

c) Aufgrund der gegebenen Marktsituation wird erwogen, eine marktorientierte Preisbildung mit Hilfe des Target costing anzuwenden. Stellen Sie die Vorgehensweise des Target costing zur Preisfestsetzung dar und erläutern Sie die Zielsetzung des Target costing.

17. Eine Industrieunternehmung bietet ein Produkt zu 80,00 € je Stück an. Die variablen Kosten betragen 53,00 €. Zu diesem Preis werden pro Monat 170 Stück verkauft. Nach einer Preissenkung von 20 % erwartet das Unternehmen eine Absatzsteigerung um 85 Stück je Monat.

a) Berechnen Sie die Preiselastizität.

b) Ermitteln Sie die Veränderung des Deckungsbeitrages insgesamt in €.

c) Erläutern Sie zwei mögliche Reaktionen der Mitbewerber unter der Voraussetzung, dass ein Angebotsoligopol mit relativ homogener Produktstruktur vorliegt.

18. Eine Unternehmung beabsichtigt, ein System zeitlicher Preisdifferenzierung einzuführen.

Erläutern Sie

a) diese Maßnahme anhand eines Beispiels,

b) drei Ziele einer zeitlichen Preisdifferenzierung.

2.3 Distributionspolitik

Distributionspolitik

Distribution beinhaltet alle Absatzprozesse, die zwischen dem Hersteller und den Händlern bis zum Endabnehmer stattfinden. Im Rahmen der **Distributionspolitik** wird festgelegt, wie und durch wen, also über welche Absatz-/Distributionswege und welche Absatzmittler und Absatzhelfer die Produkte bzw. Leistungen zum Käufer gelangen. Die Qualität dieser Entscheidungen hat u. a. Konsequenzen für die entstehenden Vertriebskosten sowie auf die Zufriedenheit der Kunden.

Absatzwege

Bei der rechtlichen Organisation der Güterverteilung kann grundsätzlich zwischen direktem und indirektem **Absatzweg** unterschieden werden:

- Beim direkten (werkseigenen) Absatzweg übernimmt das Unternehmen selbst die Verteilung der Produkte.
- Beim indirekten Absatzweg werden zur Distribution der Leistungen selbstständige Kaufleute zwischengeschaltet. Diese organisieren dann die Verteilung der Produkte anstelle des Verkäufers.

2.3.1 Direkter Absatz

direkter Absatz

Der **direkte Absatz** kann mit Hilfe eigener Vertriebsmitarbeiter/Verkäufer, Verkaufsniederlassungen oder Handlungsreisenden geschehen. Die Verkaufsniederlassungen bieten den Vorteil, sowohl mit Mitarbeitern als auch mit den Produkten selbst beim Käufer vor Ort zu sein. Ebenso ist es möglich, durch Außendienstmitarbeiter die Nähe zum Kunden herzustellen. Diese fest angestellten Mitarbeiter (**Handlungsreisende** [Reisende], siehe HGB §§ 54 ff.) sind aufgrund eines Arbeits- oder Dienstvertrages zu folgenden Handlungen verpflichtet:

Handlungsreisende

Pflichten/Rechte

- **Vermittlungsvollmacht:** Kaufverträge für den Arbeitgeber vermitteln;
- **Abschlussvollmacht:** Kaufverträge für den Arbeitgeber abschließen; der Reisende schließt die Verträge in fremdem Namen für fremde Rechnung;
- **Bemühungspflicht:** permanent um Vertragsabschlüsse bemühen;
- **Benachrichtigungspflicht:** seinen Arbeitgeber über die Vertragsabschlüsse informieren;
- **Verschwiegenheitspflicht:** keine Unternehmensdaten an unberechtigte Dritte weitergeben;
- **Wettbewerbsverbot:** nicht für andere Unternehmen der gleichen Branche Konkurrenzangebote unterbreiten;
- **Kundenbetreuung:** sich um die ihm anvertrauten Kunden bemühen, die Kreditwürdigkeit überwachen, bei Streitigkeiten vermitteln, Markt und Konkurrenz beobachten, Mängelrügen und bei vorliegender Inkassovollmacht Zahlungen entgegennehmen;
- **Dokumentation:** in kurzen Zeitabständen Reiseberichte schreiben, die seine wesentlichen Erfahrungen und Beobachtungen wiedergeben.

Der Reisende selbst hat das Recht auf die Überlassung notwendiger Unterlagen sowie ein Benachrichtigungsrecht bei Annahme, Änderung oder Ablehnung vermittelter Geschäfte. Als Vergütungsansprüche bestehen ein monatliches Fixum, die Vergütung der ausgelegten Spesen (Nachweise), eine Vermittlungs-/Abschlussprovision sowie eventuell eine Inkassoprovision[1].

1 Die Inkassoberechtigung gewährt eine Vollmacht für den Einzug von Forderungen.

Beispiel

Vergütung eines Handlungsreisenden

monatliches Fixum:	2.500,00 €;
Vermittlungs-/Abschlussprovision:	5 % vom Monatsumsatz
Umsatz für den Monat Mai:	40.000,00 €
Entgelt für den Monat Mai:	2.500,00 € + (40.000,00 € · 0,05) = 4.500,00 €

Folgende Grafiken veranschaulichen die Distribution von Leistungen über den Handlungsreisenden:

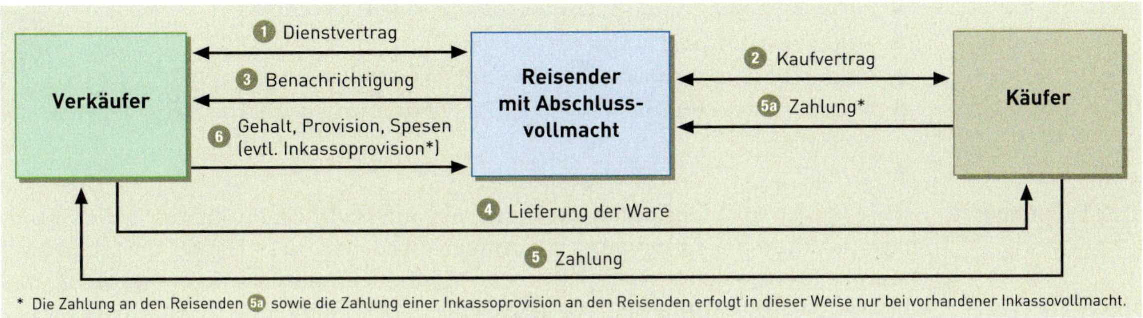

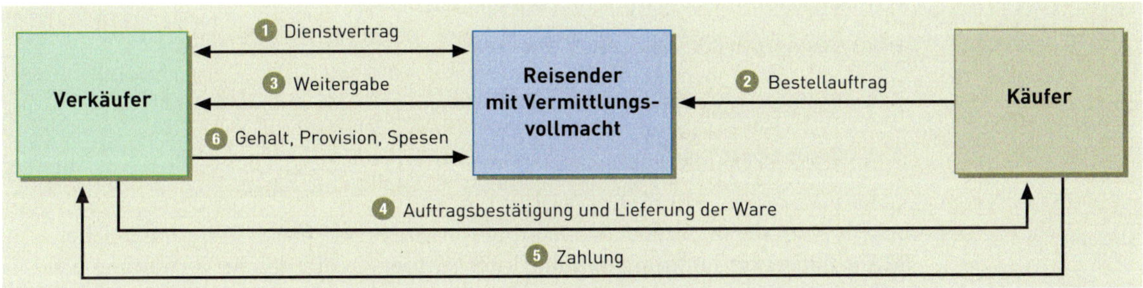

Vorteile/Nachteil von Handlungsreisenden

Vorteile und Nachteil der Distribution per Handlungsreisenden aus Sicht des Unternehmens sind:

Vorteile für das Unternehmen	Nachteil für das Unternehmen
■ sehr enger, direkter Kontakt zu den Kunden ■ Konzentration seiner Tätigkeit auf den Absatz eines Unternehmens ■ hohe Identifikation mit dem Unternehmen ■ ist weisungsgebunden und daher flexibel einsetzbar ■ entwickelt aufgrund seiner Erfahrungen hervorragende Markt- und Produktkenntnisse ■ Erstellung einer internen Datenbank aufgrund qualitativ guter Reiseberichte ist möglich	■ insbesondere bei geringerer Zahl von Abschlüssen sehr teuer (wegen des monatlichen Fixums)

Die direkten Absatzwege haben den Vorteil, dass die Handelsspanne[1] im Unternehmen verbleibt und der Stückgewinn höher ist, bzw. die Produkte zu einem geringeren Preis verkauft werden können.

Die unternehmenseigenen Absatzorgane sind fest in die Unternehmensorganisation eingebunden, unterliegen den Weisungen der Unternehmensleitung und sind rechtlich sowie wirtschaftlich vom Unternehmen abhängig.

1 Die Handelsspanne ist der Unterschied zwischen dem Listenverkaufspreis (LVP) und dem Einstandspreis (EP) im Verhältnis zum Listenverkaufspreis in Prozent: Handelsspanne (%) = (LVP – EP) · 100 % / LVP

Entscheidungsfaktoren bezüglich der Wahl des Vertriebswegs

Die Entscheidung für den einen oder den anderen Vertriebsweg und die damit verbundenen Konsequenzen (z. B. Kosten, Notwendigkeit von Schulungen, rechtliche Bestimmungen, ...) ist von vielen Faktoren abhängig und erfordert eine Antwort u. a. auf folgende **Fragestellungen**:

- *Welche Produkte müssen verteilt werden?*
- *Sind diese Produkte in ihrem Ge- und Verbrauch erklärungsbedürftig?*
- *Gibt es konkrete mediale Hilfestellungen für die Ingebrauchnahme?*
- *Gibt es bei der Nutzung bestimmte Risiken, auf die geachtet werden muss?*
- *Wie hoch ist die Zahl der potenziellen Kunden?*
- *Auf welchen räumlichen Bereich verteilen sich diese Kunden?*
- *Welche Konkurrenten sind am Markt tätig?*
- *Welche Produkte werden von den Konkurrenten am Markt angeboten?*
- *Welche rechtlichen Bestimmungen müssen beim Einsatz indirekter Absatzwege beachtet werden?*
- ...

E-Commerce

Viele Industriebetriebe unterhalten eine Verkaufsplattform im Internet – die Grundlage für Electronic-Commerce[1]. **E-Commerce** bedeutet, dass Handel zwischen zwei räumlich getrennten Vertragspartnern mit Hilfe elektronischer Kommunikation, insbesondere über das Internet, betrieben wird. E-Commerce lässt sich **nach der Art der Vertragspartner** in verschiedene **Bereiche** gliedern:

Bereiche des E-Commerce

B2C = Business to Consumer	**Unternehmen** verkaufen an **Verbraucher** (einseitiger Handelskauf; Verbrauchsgüterkauf)
B2B = Business to Business	**Unternehmen** verkaufen an **Unternehmen** (zweiseitiger Handelskauf)
C2C = Consumer to Consumer	**Verbraucher** verkaufen an **Verbraucher** (bürgerlicher Kauf)

Bezieht man die öffentliche Verwaltung mit ein, ergeben sich weitere Bereiche:
B2A = Business to Administration; **Unternehmen** an **öffentliche Verwaltung** oder
A2B = Administration to Business; **Öffentliche Verwaltung** an **Unternehmen**,

wobei A2B die **Ausschreibung von Aufträgen der öffentlichen Hand im Internet** meint. Auf diese Aufträge können Unternehmen ihre Angebote abgeben und die Verwaltung entscheidet, welches Unternehmen den Auftrag erhält. Spezielle Anbieter stellen im Internet Plattformen in der Organisationsform eines Marktplatzes zur Verfügung. Hier können Aufträge von Anbietern eingestellt und von Nachfragern recherchiert werden (siehe zum Beispiel *www.subreport.de*).

Im Bereich C2C laufen die meisten Online-Geschäfte nicht über private Internetseiten der Verbraucher, sondern über Versteigerungsplattformen (z. B. *www.ebay.de*). Daneben gibt es Marktplätze, auf denen über Online-Kleinanzeigen Angebot und Nachfrage zueinander finden können (z. B. *www.autoscout24.de*).

Im Bereich B2C und B2B ist der Onlineshop als Internetpräsenz eines Unternehmens eine häufig gewählte Verkaufsplattform. Das Warenangebot kann hier aufgeführt werden, der Einkauf erfolgt per Mausklick über einen virtuellen Warenkorb. Der Internetbestellung folgt dann eine Auftragsbestätigung per E-Mail. Somit sind die zwei erforderlichen übereinstimmenden Willenserklärungen zum Vertragsabschluss abgegeben. Es folgt die physische Abwicklung des Geschäfts durch Warentransport und -übergabe und die Zahlung des Kaufpreises über die für Online-Geschäfte typischen Zahlungssysteme wie Lastschriftverfahren, Nachnahme, Zahlung per Überweisung nach Rechnungsstellung sowie die Kreditkartenzahlung.

1 Dieses Thema wird auch in Teil B (Beschaffung) behandelt. E-Commerce betrifft sowohl den Absatz- als auch den Beschaffungsbereich.
Weitere Informationen zur Bedeutung des E-Commerce in der Materialwirtschaft siehe Teil B, Kap. 1.4

Vor-/Nachteile des E-Commerce

Insgesamt bieten Online-Geschäfte für den Käufer und für den Verkäufer eine Reihe von Vorteilen und Nachteilen:

	Verkäufer	Käufer
Vorteile	▪ Umsatzsteigerung durch neuen Vertriebskanal ▪ Gewinnung neuer Kundenschichten ▪ Senkung von Reisekosten, Transaktionskosten ▪ zusätzliche, neue Kommunikation mit Kunden ▪ Verbesserung des Firmenimages ▪ kein realer Verkaufsraum notwendig, Produkte können im Onlineshop betrachtet werden ▪ Verkauf „rund um die Uhr" ist möglich	▪ Einkaufen unabhängig von Öffnungszeiten ist möglich ▪ Einkaufen unabhängig vom Standort des Verkäufers ▪ einfacher Vergleich von Preisen und Warenangeboten ▪ Zeitersparnis durch Zustellung der Ware
Nachteile	▪ je nach Vertragsvereinbarung besteht Unsicherheit bzgl. Bezahlung, insbesondere bei Neukunden ▪ Kosten durch Aufbau einer Internetpräsenz und entsprechender Vertriebsstrukturen im Unternehmen ▪ kann zu Umsatzeinbußen beim physischen Handel, z. B. dem Filialgeschäft, führen ▪ Rücknahmepflicht innerhalb von 14 Tagen, da der Käufer die Ware prüfen darf. Ab einem Warenwert von 40,00 € übernimmt der Verkäufer die Rücksendekosten.	▪ fehlende Möglichkeit zur Begutachtung (Qualitätsüberprüfung) ▪ Unsicherheit bei Bezahlung (Ausspionieren von Bank- und Kreditkartendaten) ▪ Unsicherheit bzgl. der Qualität der Ware ▪ Unsicherheit bei der Zustellung der Ware ▪ Versand erhöht die Kosten der Ware ▪ geringere Beratung aufgrund der eingeschränkten Kommunikationsmöglichkeiten

Sicherheit bei E-Commerce

Das Thema Sicherheit spielt beim Internethandel für beide Vertragspartner eine große Rolle. Hier sind die Bezahlung der Ware durch den Kunden und die mangelfreie Lieferung durch den Verkäufer die wichtigsten Aspekte. Um Qualitätsstandards und auch Transparenz zu gewährleisten, werden vertrauenswürdige Onlineshops mit Gütesiegeln[1] ausgezeichnet.

Fernabsatzrecht

Daneben hat der Gesetzgeber den Verbraucher beim sogenannten Fernabsatz, wozu E-Commerce auch gehört, durch das **Fernabsatzrecht** des Bürgerlichen Gesetzbuches besonders geschützt. Der Vertragsschluss muss unter ausschließlicher Verwendung von Fernkommunikationsmitteln zustande gekommen sein. Dies sind alle Kommunikationsmittel, die zum Abschluss eines Vertrages ohne gleichzeitige Anwesenheit der Vertragspartner eingesetzt werden (E-Mail, Telefonanruf, Fax, Brief, Katalog).

Wichtig ist, dass sich Unternehmer und Verbraucher bis zum Zeitpunkt des Vertragsschlusses nicht persönlich begegnen dürfen. Sowohl die Vertragsanbahnung als auch der Vertragsschluss müssen ausschließlich über Mittel der Fernkommunikationstechnik erfolgen. Ferner gelten die den Verbraucher schützenden Regelungen des BGB nur, wenn das Unternehmen ein für den Fernabsatz organisiertes Vertriebssystem unterhält, das heißt, wenn Ware regelmäßig mittels Fernabsatz vertrieben wird.

Einige wichtige Punkte des Fernabsatzrechtes sind im Folgenden aufgeführt:

- Es gilt nur für Verträge zwischen Unternehmen und Verbrauchern.
- Es gilt nicht für regelmäßige Lieferungen von Lebensmitteln und Gütern des täglichen Bedarfs.
- Verbraucher haben ein Widerrufsrecht, alternativ kann ein Rückgaberecht eingeräumt werden.
- Ein Widerruf muss innerhalb von zwei Wochen erklärt werden, es genügt die rechtzeitige Absendung.
- Der Widerruf ist ohne Angabe von Gründen möglich, muss schriftlich erfolgen und kann durch Rücksendung der Sache ausgedrückt werden.
- Die Widerruffrist beginnt frühestens mit Bekanntgabe des Widerrufsrechts.
- Kosten und Gefahr einer Rücksendung liegen beim Unternehmer. Dies kann vertraglich anders gestaltet werden.
- Ein Widerruf ist bei kundenspezifischen Waren, Zeitungen und Zeitschriften, bei entsiegelten Datenträgern und bei Versteigerungen nicht möglich.

1 Weitere Gütesiegel und entsprechende Informationen finden Sie unter www.internet-guetesiegel.de.

Factory-Outlet-Center

Eine neuere und kontinuierlich wachsende Vertriebsform des direkten Absatzes ist der Verkauf in sogenannten Factory-Outlets („Fabrikverkauf“; ein Hersteller als Anbieter) bzw. **Factory-Outlet-Centern (FOC)**[1], bei der mehrere Hersteller ihre Markenartikel im Schnitt 30 % bis 50 % unter den normalen Verkaufspreisen an einer gemeinsamen Verkaufsstätte direkt an den Endverbraucher verkaufen. FOC werden von einem Betreiber geplant, verwirklicht, organisiert und verwaltet. FOC verfügen über eine Verkaufsfläche von 5 000 bis 10 000 m². Im Durchschnitt enthält ein FOC ca. 70 verschiedene Anbieter aus unterschiedlichen Branchen, insbesondere Bekleidung, Schuhe, Lederwaren, technische Waren, Sportartikel sowie Uhren/Schmuck. Dienstleistungen wie z. B. Gastronomie, Spielplätze oder Kinderbetreuung ergänzen das Angebot, um den Aufenthalt der Käufer so angenehm wie möglich zu gestalten.

Die Hersteller, die am häufigsten in europäischen FOC auftreten, sind u. a. Nike, Puma, Adidas, Benetton, Timberland, Mexx, Levi Strauss oder Calvin Klein. Die Hersteller können ihre Waren unter Ladenpreis anbieten, da Zwischenhändler wegfallen und aufgrund der häufig räumlichen Nähe nur geringe Transportkosten anfallen. Teilweise werden Artikel mit Produktionsfehlern, Überschussware oder Auslaufmodelle angeboten, um Lagerbestände abzubauen.

Beispiel

Über 120 Marken im Fabrikverkauf!

Freuen Sie sich auf eine beeindruckende Produktvielfalt und massives Sparpotenzial: Im PEARL Factory-Outlet, dem exklusiven Fabrikverkauf, sind **über 120 Marken** vertreten! Hier finden Sie alles rund um **PC-Hardware und Software, Druckerpatronen, Foto- & Spezialpapiere, Handys und Zubehör, Unterhaltungselektronik, Werkzeug, Freizeit-Artikel, Wellness, Lifestyle, Büro** und vieles mehr!

Viele Top-Schnäppchen warten auf Sie, zum Teil um bis zu 90 % im Preis gesenkt gegenüber der unverbindlichen Preisempfehlung des Lieferanten bzw. Herstellers.

Jede Woche kommen aufs Neue viele hundert **Versandrückläufer** ins Factory-Outlet – alle nochmals **stark reduziert gegenüber den regulären Katalogpreisen**. Selbstverständlich alle sorgfältig geprüft von unserer Qualitätssicherung und mit voller **24-monatiger Gewährleistung**!

www.pearl.de, abgerufen am 20.08.2012

Shopping-Kanäle

Eine weitere Form, die eigenen Leistungen direkt an den Endverbraucher zu verkaufen, läuft über Werbeveranstaltungen im privaten Fernsehen[2]. Dort wird das Produkt vorgestellt und die Telefonnummer eingeblendet, unter der man das jeweilige Produkt kaufen kann. Zudem erfolgt der Hinweis, dass dieses Produkt nicht im freien Handel erhältlich ist.

1 Fabrikverkaufszentrum, Herstellerdirektverkaufszentrum, Fabrikabsatzzentrum
2 z. B.: time life, QVC, HSE 24, 1-2-3.tv, juwelo, sonnenklar.tv, channel 21

2.3.2 Indirekter Absatz

indirekter Absatz

Der indirekte Absatz erfolgt über **zwischengeschaltete Distributionsorgane**: die Absatzmittler oder die Absatzhelfer.

Absatzmittler

Absatzmittler sind wirtschaftlich und rechtlich selbstständige Unternehmen, die in der Absatzkette des indirekten Vertriebes die Mittlerrolle zwischen Hersteller und Endabnehmer einnehmen. Sie kaufen die Ware vom Hersteller ein und verkaufen sie anschließend weiter an ihre Abnehmer. Die beiden großen Institutionen im Bereich Absatzmittler sind der Großhandel und der Einzelhandel.

Großhändler

- **Großhändler** kaufen Ware in der Regel direkt beim Hersteller in großen Mengen und verkaufen sie an Wiederverkäufer oder an Unternehmen, die die Ware zur Weiterverarbeitung benötigen. Die Hauptaufgaben des Großhandels bestehen darin, Räume durch Warentransport und Zeit durch Warenlagerung zu überbrücken, einen Mengenausgleich zwischen Hersteller und Abnehmer vorzunehmen und auch Märkte zu erschließen.

Beispiel

Metro ist ein führender Großhändler für den Selbstbedienungsgroßhandel. *Eisenvater* ist ein bekannter Fachgroßhändler für Haustechnik.

Einzelhändler

- Der **Einzelhandel** ist in der Kette des indirekten Absatzes der Vertragspartner für den Endabnehmer. Dieser kann sich in den Geschäften des Einzelhandels die Ware ansehen, ausprobieren, sich beraten lassen und Produkte und Preise miteinander vergleichen. Der Einzelhandel lagert die Ware, stellt unterschiedliche Waren zu einem profitablen Sortiment zusammen und präsentiert sich in verschiedenen Betriebsformen[1], vom Fachhandel, Kaufhaus über den Supermarkt bis hin zum Discounter oder Versandhandel.

Beispiel

Karstadt ist ein Warenhaus für den Endverbraucher. *Aldi Nord* ist ein Lebensmitteldiscounter für den Endverbraucher. *Porta* ist ein Möbelhaus für den Endverbraucher.

Vertragshändler

- Eine besondere Form des Einzelhandels bilden die **Vertragshändler**, denn diese sind vertraglich an einen bestimmten Hersteller gebunden und bieten ausschließlich dessen Produkte an. Trotz dieser langfristigen, engen Bindung und der damit verbundenen Kontrolle durch den Hersteller hat auch der Vertragshändler Vorteile, da das Bewerben der Marke vom Hersteller übernommen wird, er nur für seine Region mit verkaufsfördernden Maßnahmen aktiv werden muss, und häufig vom Hersteller ein Gebietsschutz (Garantie für den Alleinvertrieb) in einer bestimmten Region gewährt wird.

Beispiel

Häufig vertreiben Küchenhersteller ihre Küchen zusammen mit Haushaltsgeräten als Vertragshändler nur eines Haushaltsgeräteherstellers. Das *Falke Küchenstudio* in Kiel verkauft Küchen exklusiv nur mit *Miele* Haushaltsgeräten.

Franchising

- Eine weitere Form des indirekten Absatzes ist das 1863 bei *Singer-Nähmaschinen* entwickelte **Franchising**. Franchising ist ein organisiertes Absatzsystem rechtlich selbstständiger Unternehmen auf der Basis eines vertraglichen Dauerschuldver-

1 Betriebsformen sind Klassifikationsmöglichkeiten für Einzelhandelsbetriebe nach unterschiedlichen Kriterien (z. B. Sortiment, Branche, Bedienungsform, ...)

Franchisegeber

hältnisses. Die Leistung des Franchisegebers ist das sogenannte „Franchise-Paket". Es besteht aus einem Beschaffungs-, Absatz- und Organisationskonzept, der Gewährung von Schutzrechten und Gebietsschutz, der Ausbildung und Schulung des Franchisenehmers, eventuell einer kompletten Geschäftsausstattung, der Durchführung von Absatzwerbung, Public Relations sowie der Verpflichtung, den Franchisenehmer ständig zu unterstützen und das Konzept weiter zu entwickeln. Weiterhin stellt der Franchisegeber seine Firma, sein Logo sowie insbesondere seine Produktidee und sein vorhandenes Know-how zur Verfügung.

Beispiel

Bekannte Franchise-Ketten sind z. B. *TUI, OBI, McDonald's, Tchibo, Kamps, Schülerhilfe, Vodafone.* Weitere Informationen zum Franchising: Homepage des Deutschen Franchise-Verbandes www.franchiseverband.de.

Franchisenehmer

Der Franchisenehmer arbeitet im eigenen Namen, für eigene Rechnung und trägt somit das geschäftliche Risiko. Er hat das Recht und die Pflicht, das vertraglich festgelegte Franchise-Paket gegen Entgelt zu nutzen. Er lässt Kontrollen zu und verpflichtet sich zur Zahlung einer einmaligen Eintrittsgebühr, laufender Abgaben (prozentual vom Umsatz) und eventueller Werbegebühren (i. d. R. auch prozentual vom Umsatz). Eine Ausschließlichkeitsbindung an den Franchisegeber ist rechtlich zulässig. Der Franchisegeber darf keine konkreten Preisvorgaben machen, wohl aber Richtpreise angeben.

Vor-/Nachteile des Franchisings

Der große Vorteil des Franchisings liegt in der positiven Wirkung des Zusammenschlusses der beiden Franchise-Partner (Nutzung von Synergieeffekten).

	Franchise-Geber	Franchise-Nehmer
Vorteile	■ schnelle Expansion möglich ■ Finanzierungsvorteile: weniger Eigenkapital als z. B. bei Bildung einer Filiale erforderlich ■ Risikostreuung ■ Erhöhung des Bekanntheitsgrades ■ Multiplizierung des Verkaufskonzepts und schnellere Marktdurchdringung ■ besserer Kundenservice durch die jeweilige Eigeninitiative der Franchisepartner ■ Wachstum des Vertriebssystems durch vereintes Kapital	■ Finanzierungsvorteil: Unterstützung durch den Franchisegeber ■ Kreditinstitute sind aufgrund des bestehenden Konzepts eher zur Kreditvergabe bereit ■ Teilnahme an Know-how, Markenimage, Werbung, Betreuung des Franchisegebers ■ Entlastung bei Entscheidungen bezüglich der Produkt-, Sortiments- und Kommunikationspolitik ■ häufig wird Gebietsschutz garantiert ■ großer Wirkungsgrad im Markt durch Expertenwissen von Geber und Nehmer
Nachteile	■ Risiken bei der Partnerwahl, muss auf die Arbeit des Nehmers bauen ■ bei unzureichender Arbeit oder sogar finanziellen Problemen des Nehmers eventuell Folgen für das Image des Gebers, muss alles kontrollieren	■ trägt das komplette Risiko ■ ist unflexibel, hat keinen Einfluss auf Produktprogramm bzw. Sortiment

Absatzhelfer

Absatzhelfer sind – wie die Absatzmittler – selbstständig im rechtlichen und im wirtschaftlichen Sinne. Im Gegensatz zum Absatzmittler kauft der Absatzhelfer die Ware, die er vertreibt, nicht vom Hersteller ein. Das Eigentum an der Ware geht bei einem Geschäft, das über einen Absatzhelfer läuft, direkt vom Verkäufer (Hersteller) auf den Käufer über. Die wichtigsten Absatzhelfer sind die Handelsvertreter, die Handelsmakler und die Kommissionäre.

Handelsvertreter

Der **Handelsvertreter** (siehe HGB §§ 84 ff.) ist ein selbstständiger Gewerbetreibender und aufgrund eines Agenturvertrags (Vertretervertrag) beauftragt, für ein Unternehmen in fremdem Namen und für fremde Rechnung Geschäfte zu vermitteln (Vermittlungsvollmacht) oder abzuschließen (Abschlussvollmacht). Für den Handelsvertreter

Pflichten/Rechte

bestehen die gleichen Pflichten wie für den Handlungsreisenden. Auch wenn das Wettbewerbsverbot im HGB nicht explizit dargestellt wird, besteht es trotzdem für den Fall, dass durch die Vertretung von Konkurrenten das Interesse des Unternehmens leiden sollte. Neben dem Recht auf Überlassung benötigter Geschäftsunterlagen und dem Benachrichtigungsrecht kann der Handelsvertreter innerhalb eines Jahres nach Beendigung seines Vertragsverhältnisses einen finanziellen Ausgleich dafür verlangen, dass das Unternehmen weiterhin mit den vom Vertreter geworbenen Kunden Geschäfte tätigt (Ausgleichsrecht). Diese Abfindung beträgt höchstens eine Jahresprovision aus dem Durchschnitt der letzten fünf Jahre. Als Entgelt erhält er eine Vermittlungs-/Abschlussprovision, eventuell eine Inkassoprovision[1] und bei Übernahme der Haftung für die Eingänge der Zahlungen eine Delkredereprovision[2].

Beispiel

Vergütung eines Handelsvertreters

Vermittlungs-/Abschlussprovision:	11 % vom Monatsumsatz
Umsatz für den Monat Mai:	40.000,00 €
Entgelt für den Monat Mai:	40.000,00 € · 0,11 = 4.400,00 €

Folgende Grafiken veranschaulichen die Distribution von Leistungen über den Handelsvertreter:

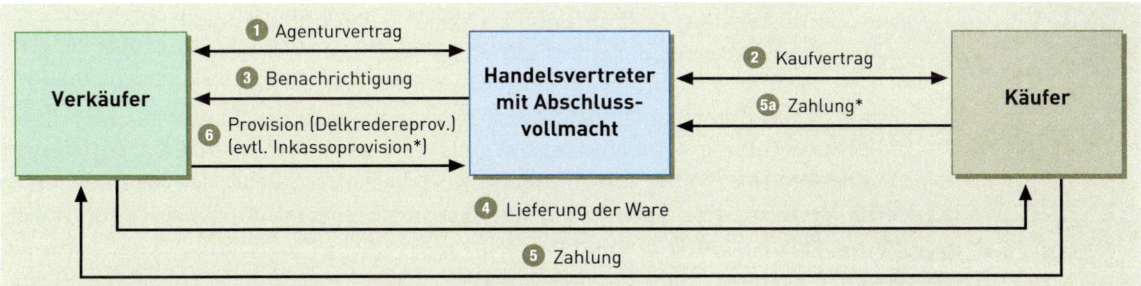

* Die Zahlung 5a erfolgt in dieser Weise nur bei vorhandener Inkassovollmacht.

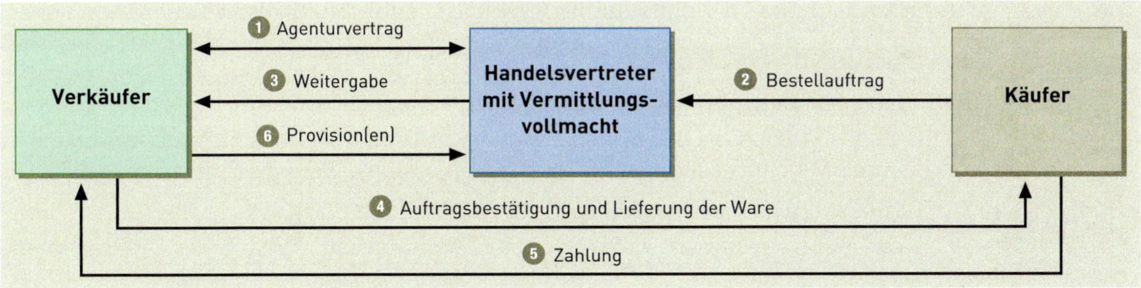

Vorteile/Nachteile

Die Vor- und Nachteile der Distribution per Handelsvertreter können Sie folgender Tabelle entnehmen:

Vorteile für das Unternehmen	Nachteile für das Unternehmen
■ preiswert, da der Vertreter auf Erfolgsbasis tätig ist ■ der Vertreter besitzt in der Regel sehr gute Marktkenntnisse, insbesondere bezogen auf sein Absatzgebiet	■ ein Teil der Arbeitskraft wird in der Regel für andere Unternehmen eingesetzt ■ als selbstständiger Kaufmann kann der Vertreter seine Tätigkeit und Arbeitszeit frei bestimmen

Kommissionär

Der **Kommissionär** (siehe HGB §§ 383 ff.) ist im indirekten Vertriebsweg ständig oder von Fall zu Fall tätig. Er ist selbstständiger Gewerbetreibender und aufgrund eines Kommissionsvertrags beauftragt, für ein Unternehmen (Kommittent) in eigenem

1 Die Inkassoberechtigung gewährt eine Vollmacht für den Einzug von Forderungen.
2 Provision für die Übernahme der Haftung für den Zahlungseingang (= Risikoprovision); das Delkredere ist eine Garantie für die Zahlungsfähigkeit eines Geldschuldners.

Kommissionslager

Namen und für fremde Rechnung Waren zu kaufen oder zu verkaufen. Der Auftraggeber stellt dem Kommissionär Waren zur Verfügung, die in einem vom Auftraggeber zur Verfügung gestellten Lager (Kommissionslager) eingelagert werden.

Folgende Grafik veranschaulicht die Distribution von Leistungen über den Kommissionär:

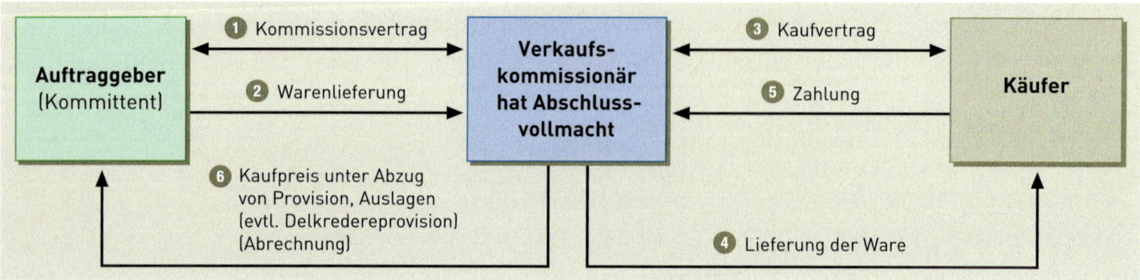

Pflichten/Rechte

Der Kommissionär wird Besitzer, der Kommittent bleibt bis zur Übergabe an einen Käufer der Eigentümer der Ware. In dieser Zeit trägt der Kommissionär die Gefahr der Verschlechterung der Kommissionsware. Da der Kommissionär eine Abschlussvollmacht besitzt, verkauft er die Ware in eigenem Namen, aber auf fremde Rechnung an einen Käufer. Dabei muss er jedoch den Weisungen des Kommittenten (z.B. Preislimits) folgen (Gehorsamspflicht). Er liefert die Ware an den Käufer aus und dieser zahlt den Kaufpreis an ihn. Jedes Kommissionsgeschäft muss korrekt abgerechnet werden. Bei einer Verkaufskommission wird dem Auftraggeber der Kaufpreis unter Abzug der Provision, der eigenen Auslagen sowie einer eventuell bei Haftungsübernahme anfallenden Delkredereprovision übermittelt. Der Kommissionär kann die Waren, sofern sie einen Marktpreis haben, selbst kaufen (Selbsteintrittsrecht) und eventuell ausstehende Forderungen durch ein gesetzliches Pfandrecht sichern.

Der Kommissionär muss für die Ware, die er anbietet, erst dann zahlen, wenn er sie verkauft und den Gegenwert dafür erhalten hat. Somit kann er ohne große Beschaffungskosten ein breites und/oder tiefes Sortiment anbieten. Letztlich ist damit aber auch ein Nachteil für den Kommissionär verbunden, da er einen größeren Gewinnanteil aus dem Geschäft ziehen könnte, wenn er die Ware als Eigentümer verkaufen würde. Verkauft er allerdings nicht den vollständigen Warenbestand, kann er die nicht verkaufte Ware an den Kommittenten zurückgeben.

Vorteile/ Nachteile

Vor- und Nachteile der Distribution per Kommissionär aus Sicht des Unternehmens sind:

Vorteile für das Unternehmen	Nachteile für das Unternehmen
■ sehr gute Marktkenntnisse des Kommissionärs ■ Übernahme der Lagerung und des Risikos durch den Kommissionär	■ sehr teuer, da der Kommittent alle Kosten trägt ■ ebenso trägt der Kommittent das Warenrisiko, da er nicht verkaufte Ware zurücknehmen muss

Handelsmakler

Handelsmakler sind im Gegensatz zu Handelsvertretern nur von Fall zu Fall tätig: Im Mittelpunkt des Verhältnisses beauftragender Unternehmer zu Handelsmakler steht das einzelne Geschäft und nicht der Vertretungsvertrag, der sich auf einen Zeitraum bezieht. Der Makler bringt in der Regel einmalig Angebot und Nachfrage zusammen. Damit ist seine Aufgabe erledigt. Geschäftsgegenstand sind Versicherungen, Waren, Dienstleistungen oder Aktien. Der Makler haftet gegenüber beiden Parteien, die den Vertrag eingegangen sind, für durch sein Verschulden entstandenen Schaden. Der Makler kann von beiden Vertragsparteien eine Provision für die Vermittlung verlangen. Je nach Ausgestaltung des Maklervertrages kann aber auch lediglich eine Käufer- oder eine Verkäuferprovision anfallen.

Key Account Manager

Eine besondere Bedeutung, sowohl im direkten als auch im indirekten Absatz, kommt den **Key Account Managern** zu. Ihre Aufgabe ist die intensive Betreuung von Großkunden, die den wesentlichen Anteil des Umsatzes eines Unternehmens generieren. Die Auswahl dieser Großkunden *(key accounts)* erfolgt häufig mit Hilfe einer Kunden-ABC-Analyse. Die Zufriedenheit der *key accounts* ist die Voraussetzung für das Bestehen langfristiger Geschäftsbeziehungen. Der Key Account Manager[1] bildet die Schnittstelle zwischen Kunden und Unternehmen und verfolgt u. a. folgende Zielsetzungen:

- Identifizieren von Großkunden/*key accounts*,
- Vertreten der spezifischen Interessen und Anforderungen des Kunden im eigenen Unternehmen,
- Vermeiden atmosphärischer Probleme und Reibungsverluste durch die Festlegung klarer Zuständigkeiten,
- Intensivieren und Bewerten der Geschäftsbeziehungen,
- Pflegen der Kommunikationsbeziehungen durch den regelmäßigen Austausch erforderlicher und hilfreicher Informationen,
- Entwickeln kundenspezifischer Marketingmaßnahmen (z. B. Schulungen),
- Verbessern der Wettbewerbssituation des eigenen Unternehmens, insbesondere beim *key account*,
- Kontrollieren der Verkaufserlöse.[2]

Folgende Grafik fasst nochmals die direkten und indirekten Absatzwege und deren Absatzorgane als unterschiedliche Entscheidungsfelder der Distributionspolitik übersichtlich zusammen:

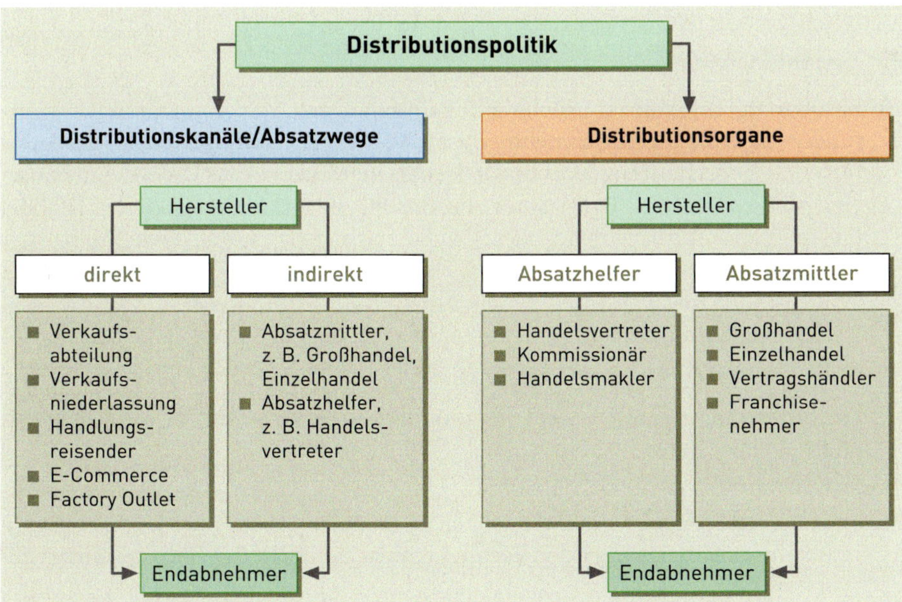

1 Schnittstellenmanager
2 Weitere Informationen zum Key Account Management siehe www.4managers.de/management/themen/key-account-management/; www.business-wissen.de/handbuch/key-account-management/

Aufgaben

› Kap. 2.3

1. Viele Industrieunternehmen der Konsumgüterbranche verkaufen ihre Produkte zusätzlich im Factory Outlet („Fabrikverkauf") an den Konsumenten.
   a) Nennen Sie drei Gründe, die für diesen Fabrikverkauf sprechen.
   b) Beschreiben Sie drei Risiken, die sich aus der Umsetzung des Factory Outlets ergeben.
   c) Wie wird dieser Vertriebsweg bezeichnet?

2. Ein Industrieunternehmen, das auf die Herstellung von Kaffeevollautomaten spezialisiert ist, setzt auf den Vertrieb der Produkte über den Großhandel und über Handelsvertreter im In- und Ausland. Begründen Sie, warum das Industrieunternehmen eine derartige Mehrwegdistribution einsetzt und welche Risiken damit einhergehen.

3. Ein Kosmetikartikelhersteller plant für die hochpreisige, stark rückläufige Produktgruppe „Anti-Stress-Cremes" die Einführung eines Exklusivvertriebs über Apotheken. Bislang erfolgte ein Vertrieb über Drogerieketten. Beurteilen Sie die Erfolgsaussichten für den geplanten Vertriebsweg.

4. Ein Hersteller von Staubsaugern vertreibt seine Produkte bislang über Reisende, die durchschnittlich einen Monatsumsatz von 30.000,00 € erzielen. Aufgrund der schwierigen Lage auf überwiegend gesättigten Absatzmärkten wird nun erwogen, auf Handelsvertreter umzusteigen. Es gelten folgende Daten:

Reisender:	1.800,00 € Fixum pro Monat, 4 % Umsatzprovision
Handelsvertreter:	8 % Umsatzprovision

   a) Ermitteln Sie den kritischen Monatsumsatz und sprechen Sie eine Empfehlung aus, ob das Unternehmen aus Kostensicht Handelsvertreter als Vertriebsweg wählen sollte.
   b) Nennen Sie drei Vorteile von Reisenden gegenüber Handelsvertretern.
   c) Führen Sie drei Probleme an, durch die bei Reisenden ein höherer Umsatz verhindert wird.

5. Ein Armaturenhersteller (Küche und Bad) hat durch Marktforschung herausgefunden, dass die Kunden zunehmend auf hochwertiges Design und hochwertige Materialeigenschaften (z. B. Lotuseffekt) setzen. Daher hat das Unternehmen nun eine völlig neuartige Badarmatur entwickelt, die entweder über den Handel (Händler als Kommissionäre) oder über Sanitärinstallateure als Franchisepartner vertrieben werden sollen.
   a) Begründen Sie, wieso sich das Unternehmen für den Handel als Kommissionäre entscheiden sollte.
   b) Erläutern Sie Vorteile des Vertriebs über Franchise-Partner.

6. Ein Industrieunternehmen möchte seine Produkte auch über das Internet B2B und B2C verkaufen.
   a) Erläutern Sie die beiden Abkürzungen.
   b) Erläutern Sie zwei Vor- und zwei Nachteile des Vertriebs über Internet gegenüber dem Vertrieb über den Fachhandel aus der Sicht des Industrieunternehmens.

7. Erläutern Sie den Ablauf eines Geschäfts mittels Kommissionär. Welche Rechte und welche Pflichten hat der Kommissionär gegenüber dem Kommittent?

2.4 Kommunikationspolitik

Kommunikationspolitik

Die **Kommunikationspolitik** hat die Aufgabe, den Verkauf der angebotenen Leistungen zu unterstützen, indem sie den potenziellen Kunden gezielte Informationen über die Produkte oder das Unternehmen bereitstellt.

Zielsetzungen

Folgende **Zielsetzungen** werden dabei verfolgt:

- den potenziellen Käufer auf das Leistungsangebot des Unternehmens aufmerksam machen,
- den potenziellen Käufer positiv beeinflussen und ein Bedürfnis nach der angebotenen Leistung wecken; d. h. Bedürfnisse aus dem Unterbewusstsein ins Bewusstsein bringen,
- den potenziellen Käufer in seiner Kaufentscheidung beeinflussen,
- die Markteinführung neuer Produkte ermöglichen bzw. unterstützen,
- viele Kunden an die Leistungen des Unternehmens binden (Stammkunden).

Zur Erreichung dieser Zielsetzungen bedient sich die Kommunikationspolitik folgender **Instrumente**, die auf den nächsten Seiten näher beschrieben werden:

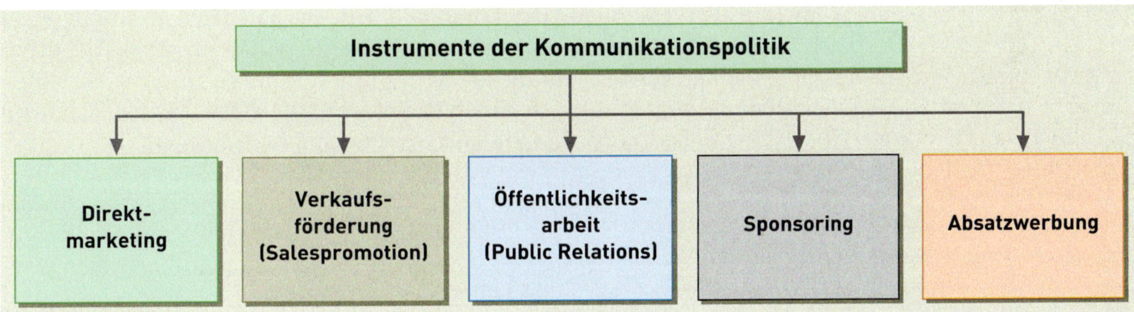

Direktmarketing

Direktmarketing

Hier steht das Bestreben im Vordergrund, die eigenen Leistungen einer ausgesuchten Zielgruppe direkt anzubieten. Dies geschieht häufig über Mailings, Werbebriefe oder Telefonanrufe.

Gut gemachtes Direktmarketing kann von den Kunden aufgrund der persönlichen Ansprache als angenehm empfunden werden. Tritt Direktmarketing in Massen auf, kann es aber auch zur Ablehnung führen.

Bei der Neukundengewinnung gelten gesetzliche Einschränkungen. So ist z. B. die Kaltakquise (Kontaktaufnahme mit Personen, mit denen man bisher in keiner geschäftlichen Beziehung steht) bei Privatpersonen verboten (§ 7 UWG).

Verkaufsförderung (Salespromotion)

Salespromotion

Verkaufsförderung beinhaltet unterschiedliche, meist kurzfristige Maßnahmen, die auf bestimmte Zielgruppen (eigene Vertriebsmitarbeiter, selbstständige Absatzmittler, Handelsbetriebe oder Endverbraucher) zugeschnitten sind und das Ziel verfolgen, den Absatz eines bestimmten Produkts kurzfristig stark zu erhöhen.

Sie wird genutzt, um zum Beispiel ein bestimmtes Produktangebot für eine gewisse Zeit zu fördern oder um dem Absatzrückgang eines Produktes entgegenzuwirken. Dieses Instrument ist nur für einen kurzfristigen Einsatz mit entsprechend vorübergehender Wirkung geeignet.

Denkbare Maßnahmen im Bereich Verkaufsförderung für unterschiedliche Zielgruppen	
eigene Vertriebsmitarbeiter	Aus- und Weiterbildung, gezielte Schulungen, Prämien und Provisionen, Lehrfilme, Modelle und Muster, technische Unterlagen und Handbücher, Brainstormings, Informations- und Argumentationshilfen, Verkaufstraining
selbstständige Absatzmittler/-helfer sowie Handelsbetriebe	Schulungen des Personals, Prospekte und Muster, Informations- und Argumentationshilfen, Ausstellungshilfen, Verkaufswettbewerbe und -prämien, Fachtagungen, Schaufensterdekoration, Sonder- und Aktionsstände, Gestaltung der Verkaufsbereiche
Endverbraucher	kostenlose Warenproben, Informationsbroschüren, Gewinnspiele, Gutscheine, Vorführungen im Verkaufsraum, Einführungspreise, Mindestgebote für die Inzahlungnahme gebrauchter Produkte (Pkw, Kochtöpfe), Finanzierungsangebote

Public Relations

Öffentlichkeitsarbeit (Public Relations)

Öffentlichkeitsarbeit soll indirekt wirken. Imageaufbau und -pflege, Kundenpflege und die Steigerung des Bekanntheitsgrades sind die wichtigsten Ziele der Öffentlichkeitsarbeit. Sie ist gerade für Unternehmen in der Gründungsphase wichtig, da diese neu in den Markt eintreten, in der Öffentlichkeit noch relativ unbekannt sind und sich so einen entsprechenden Bekanntheitsgrad aufbauen müssen.

Eine erfolgreiche Öffentlichkeitsarbeit muss langfristig und systematisch geplant sowie kontinuierlich durchgeführt werden. Die Unternehmen sollten jede Gelegenheit nutzen, nicht in Vergessenheit zu geraten, und bei den (potenziellen) Kunden „im Gespräch" zu bleiben. Public Relations ist nicht direkt auf den Absatz betrieblicher Leistungen gerichtet, sondern auf die Förderung eines positiven Images[1] des Unternehmens. Über das Vorhandensein eines positiven Images wirken auch die anderen Marketingmaßnahmen des Unternehmens glaubwürdig und authentisch.

Maßnahmen der Öffentlichkeitsarbeit sind z. B.:

- Durchführung von Betriebsbesichtigungen oder eines „Tags der offenen Tür"
- Herausgabe von Werks- oder Kundenzeitschriften
- Presseberichte über soziales und kulturelles Engagement
- Förderung von Wissenschaft, Kultur, Umweltschutz
- Förderung regionaler Feste (Brauchtum) und Vereine
- Unterstützung sozial Benachteiligter
- Veröffentlichen von Geschäftsberichten

Beispiel

Tag der offenen Tür – 31. Mai 2008

Bei Carl Zeiss auf Entdeckungsreise gehen

In Jena, der Stadt der Wissenschaft 2008, kann man am Tag der offenen Tür bei Carl Zeiss auf Entdeckungsreise gehen.

Am letzten Sonnabend im Mai sind alle interessierten Besucher eingeladen, auf einem spannenden Rundgang durch das Unternehmen Hightech live zu erleben.

Es wird gezeigt, wie sich Wissenschaft und Industrie gegenseitig voranbringen – und das seit über 160 Jahren.

An über 30 Stationen sind alle Gäste eingeladen, Neues zu erfahren und auch selbst aktiv zu werden.

Quelle: www.zeiss.de, abgerufen am 17.07.2011

Alle Maßnahmen der Öffentlichkeitsarbeit erfordern einen guten Kontakt zur (regionalen) Presse, zu Rundfunk und Fernsehen. In vielen Fällen gleicht ein positives Image, z. B. im Zusammenhang mit der Förderung Benachteiligter oder der Unterstützung regionaler Bürgeraktivitäten, eine höhere Preissetzung oder eine unvermeidbare Belästigung von Anwohnern aus.

1 Image = Ansehen einer Person oder Organisation in der Öffentlichkeit

Sponsoring

Sponsoring

Im Rahmen des **Sponsorings** stellt ein Unternehmen einer Person oder Institution Geld, Sachmittel oder Dienstleistungen zur Verfügung. Als Gegenleistung erbringt der Gesponserte Werbeleistungen wie z. B. Trikotwerbung, Aufstellen von Werbebanden bei Sportveranstaltungen, Abspielen von Werbespots in Spielunterbrechungen, Namen von Sportarenen. Die Ziele des Sponsors (= Förderer) sind insbesondere Imagepflege, Erhöhung des Bekanntheitsgrades, Kontaktpflege sowie die öffentliche Demonstration gesellschaftlicher und sozialer Verantwortung sowie die Identifikation der Mitarbeiter mit dem Unternehmen. Gesponsert werden vor allem die Bereiche Sport, Kultur, Umwelt und Soziales. Ferner wird angestrebt, dass der Betrachter der Werbebotschaft das positive gesellschaftliche Image des Gesponserten auf den Sponsor überträgt.

Beispiel

Die *Postbank AG* ist der Hauptsponsor der Profimannschaft von *Borussia Mönchengladbach.* Stand: 01.01.2013

Absatzwerbung (Werbung)

Werbung

Unter (Absatz-)Werbung versteht man die Information über Produkte sowie die geplante, direkte Beeinflussung von Einstellungen und Verhaltensweisen potenzieller Kunden zur Erreichung absatzpolitischer Zielsetzungen. Werbung dient also dem Hervorrufen bisher verborgener Bedürfnisse, der Gewinnung neuer Käufer, der Markteinführung neuer Produkte, der Erschließung neuer Märkte sowie der Bindung bisheriger Kunden an das Unternehmen mit Hilfe klar herausgestellter Identifikationsmöglichkeiten.

AIDA-Konzept

Werbung soll ...		
... Aufmerksamkeit erregen,	**A**	Attention
... Interesse an den Produkten/Leistungen wecken,	**I**	Interest
... einen Kaufwunsch erzeugen,	**D**	Desire
... eine konkrete Nachfragereaktion (Kaufaktion) bewirken.	**A**	Action

Werbung soll den einzigartigen Vorteil eines Produktes/einer Dienstleistung in eindrucksvoller und einprägsamer Weise mit den richtigen Mitteln (Werbemittel) in der richtigen Häufigkeit (Werbetiming) zum richtigen Zeitpunkt (Werbezeit) bei vertretbaren Kosten (Werbeetat) hervorheben. Dabei sind die Grundsätze der Wirksamkeit, der Wirtschaftlichkeit, der Wahrheit sowie der Originalität und Einprägsamkeit (Klarheit) zu berücksichtigen.

Grundsätze der Werbung

Grundsätze der Werbung			
Wirksamkeit	**Wirtschaftlichkeit**	**Wahrheit**	**Originalität und Einprägsamkeit**
Die mit der Werbung angestrebten Zielsetzungen müssen auch tatsächlich erreicht werden. Werbeziel, Zielgruppe, Streugebiet, Werbeträger und -mittel müssen genau aufeinander abgestimmt sein, damit sie wirksam sind.	Der angestrebte Werbeerfolg und die dafür aufgewendeten finanziellen Mittel müssen in einem „vernünftigen" Verhältnis stehen. Die ökonomischen Prinzipien müssen beachtet werden.	Es müssen sachlich richtige, nicht irreführende sowie den gesetzlichen Bestimmungen entsprechende Aussagen verwendet werden. Gegebene Versprechungen müssen gehalten werden, sonst kann ein Imageverlust entstehen.	Sowohl die Ziele als auch die verwendeten Werbeaussagen müssen klar und verständlich formuliert sein. Die Werbemaßnahme soll so originell sein, dass sie sich von anderen unterscheidet, und so einprägsam sein, dass sie im Gedächtnis haften bleibt.

Werbeplanung

Im Rahmen einer sorgfältig durchzuführenden **Werbeplanung**, welche die auf Seite 397 aufgeführten Grundsätze der Werbung berücksichtigen sollte, sind folgende Elemente zu beachten, die in einem sogenannten **Werbeplan** zusammengefasst werden können. Dabei ist zunächst grundsätzlich festzulegen, ob die geplante Werbekampagne für ein bestimmtes Produkt oder für das Unternehmensimage durchgeführt werden soll.

Inhalte des Werbeplans

- **Werbeziele:** Festlegung konkreter Zielsetzungen bezogen auf die Werbemaßnahme.
- **Zielgruppe (Streukreis):** Welche Zielgruppe soll angesprochen werden, welche Bedürfnisse hat diese Zielgruppe und wann, wie und wo können wir die Zielgruppe am besten erreichen?
- **Werbesubjekt:** Es muss Klarheit darüber herrschen, wer die Werbeaktion(en) in Auftrag gibt. Denkbar wäre eine gemeinsame Werbeaktion zusammen mit anderen Unternehmen (Gemeinschaftswerbung).
- **Werbeobjekt:** Hier muss festgelegt werden, ob ein bestimmtes Produkt oder eine Dienstleistung, die Unternehmung oder die Gesamtheit der betrieblichen Leistungen im Mittelpunkt der Werbeaktion stehen soll.
- **Werbebotschaft/Werbeinhalt:** Hier geht es um die Konkretisierung der in der Werbeaktion zu vermittelnden Inhalte. Dies können sachliche Informationen über das Produkt oder die Unternehmung sein, aber auch die Gefühle eines Menschen ansprechende Inhalte (Freiheit, traumhaft, ... → Suggestivwerbung) sollen das Verhalten des potenziellen Kunden beeinflussen.
- **Werbezeit (Streuzeit):** Weiterhin ist festzulegen, zu welchem Zeitpunkt und wie oft die Werbeaktion erfolgen soll. Dies ist sowohl abhängig von der Zielgruppe (Werbung mit Kindern als Zielgruppe am späten Abend scheint unsinnig) als auch von der Lebensphase des Produkts (Werbung zur Einführung eines Produkts sollte häufig und wuchtig auftreten, Erinnerungswerbung dagegen eher gezielt und vereinzelt).
- **Streugebiet:** Hier erfolgt die Festlegung des geografischen Schwerpunkts der Werbeaktion. So wird z. B. die Heidtkötter KG ihre Werbemaßnahmen primär in der Region Westfalen oder ganz Nordrhein-Westfalen durchführen.
- **Streuweg (Werbeträger und Werbemittel):** Die Ausdrucks- und Darstellungsformen, mit denen die Werbebotschaft über die oben aufgeführten Werbeträger an die Zielgruppe gelangt, werden als **Werbemittel** bezeichnet. Werbemittel können u. a. Gespräche, Spots im Rundfunk, Fernsehen und Kino, Anzeigen, Schaufensterauslagen, Prospekte, Plakate, Verkaufsverpackungen, Werbebriefe, Internetseiten, Pop-ups usw. sein.

  Zu jedem Werbemittel gehört ein Werbeträger. Die Kommunikationsmittel oder Medien, mit denen die Werbebotschaft die Zielgruppe erreichen soll, werden als **Werbeträger** bezeichnet. Zur Verfügung stehen u. a. Tageszeitungen, Internet, Zeitschriften, Fernseh- und Rundfunkanstalten, Personen, Plakatsäulen/-wände, Banden in Sportstätten, Straßenbahnen und Busse, Heißluftballone usw.
- **Werbebudget (Werbeetat):** Die für die Werbeaktion zur Verfügung stehenden finanziellen Mittel. Eine Möglichkeit zur Festlegung der Höhe des Werbebudgets besteht darin, einen bestimmten Prozentsatz des Umsatzes für Werbezwecke einzuplanen.

Werbung wird für die Unternehmen immer wichtiger, um sich von Konkurrenten abzugrenzen, um die Aufmerksamkeit potenzieller Kunden auf sich zu lenken und insbesondere zur Markteinführung neuer Produkte oder zur Erschließung neuer Märkte.

Die Entscheidungen – bezogen auf die verschiedenen Elemente der Werbeplanung – können nicht losgelöst voneinander getroffen werden. Im Gegenteil: die getroffenen Entscheidungen bedingen sich gegenseitig und sollten daher in Abhängigkeit voneinander in einem **Werbeplan** festgelegt werden.

6101398

Beispiel

Der Werbeplan der TUI-Werbung mit Joachim Löw (Imagewerbung/Imagekampagne) könnte u. a. folgende Planungskriterien enthalten:

Werbeplan			
Fragen	**TUI Werbung**	**Werbebegriff**	**Konkretisierung**
Wer wirbt?	Reiseanbieter TUI	Werbesubjekt/Werbender	Einzelwerbung
Wofür wird geworben?	Urlaubsreisen mit TUI (Imagewerbung)	Werbeobjekt	Produktwerbung
Was wird gesagt?	Was heißt leben? Leben ist Urlaub am Meer, in den Bergen, am See ...	Werbebotschaft	emotionale Information u. a. zu Möglichkeiten, seinen verdienten Urlaub erholsam zu verbringen
Wem wird etwas gesagt?	allen potenziellen Urlaubern – insbesondere viel beschäftigten und gestressten Menschen	Streukreis (Zielgruppe)	bestimmte Zielgruppe, die sich jedoch aus unterschiedlichen, individuellen Interessen zusammensetzt
Wann wird geworben?	das ganze Jahr über	Streuzeit	(Vor)Abendprogramm; durchgehend
Wo wird geworben?	bundesweit	Streugebiet	eventuell auch deutschsprachiges Ausland
Womit wird geworben?	Fernsehspot Fernsehanstalten/ Joachim Löw	Streuweg: Werbemittel → Ausdrucks-/ Darstellungsform der Werbebotschaft (wirkt auf die Sinneseindrücke) Werbeträger → Medien, die die Informationen übermitteln (Sachen + Personen)	Werbemittel → gesprochenes Wort verbunden mit einer Handlung Werbeträger → Fernsehen und eine bekannte Persönlichkeit
Warum wird geworben? (Zielsetzung)	Festlegung einer konkreten Zielsetzung (eventuell darstellbar in Zahlen), um einen Werbeerfolg auch tatsächlich nachzuweisen, z. B. Erhöhung des Umsatzes bei Reisebuchungen um 12,5 %		
Wie viel Geld wird ausgegeben?	Festlegung eines Werbeetats, der zur Verfügung steht (Werbebudget) → **prozyklisch:** bei aktuell hohen Gewinnen → hohe Werbeausgaben **antizyklisch:** bei aktuell niedrigen Gewinnen → hohe Werbeausgaben		

Insbesondere große Unternehmen (wie hier z. B. TUI) führen in der Regel Imagekampagnen durch.

Die Vielzahl möglicher Werbemittel und Werbeträger erschwert die Entscheidungen der Werbeplaner. Die Zielsetzung besteht darin, mit dem zur Verfügung stehenden Werbebudget eine möglichst effektive Werbekampagne umzusetzen.

Tausend-Kontakte-Preis

Der sogenannte **Tausend-Kontakte-Preis** (TKP)[1] ermöglicht es, die Werbekosten und die mit der Werbung erreichte Personenzahl zu einer Maßzahl in Beziehung zu setzen. Er gibt an, wie viel Geld eingesetzt werden muss, um 1 000 Kontakte oder Nutzer[2] eines bestimmten Werbeträgers zu erreichen.

$$\textbf{Tausend-Kontakte-Preis (TKP)} = \frac{\textbf{Preis der Werbekampagne} \cdot \textbf{1 000}}{\textbf{Reichweite}}$$

Reichweite = Anzahl der erreichten Nutzer oder Kontakte

1 „Tausenderpreis“
2 je nach Werbeträger: Zuschauer, Zuhörer, Leser

Beispiel

Eine ganzseitige, mehrfarbig gestaltete Anzeige im *Kölner Stadtanzeiger* kostete im letzten Jahr 21.600,00 €. Der *Stadtanzeiger* erreichte bei einer Druckauflage von 650 000 Stück täglich 850 000 Leser.

$$\text{TKP} = \frac{21.600{,}00 \cdot 1\,000}{850\,000} = \mathbf{25{,}41\ €}$$

Es kostete 25,41 €, 1 000 Leser mit dieser Anzeige zu erreichen.

Durch den Tausend-Kontakte-Preis werden die Kosten verschiedener Medien vergleichbar. Allerdings sagt er nichts darüber aus, wie effektiv der Kontakt mit dem Beworbenen über das Medium war. Wenn ein Leser eine ganzseitige Werbeanzeige in der Zeitung einfach überblättert, kommt er mit der Werbung nicht in Kontakt.

Werbeeinnahmen

Dennoch investieren die Unternehmen viel Geld in die Werbung, insbesondere bei der Einführung neuer Produkte am Markt. Die unten stehende Tabelle zeigt, wie sich in Deutschland 2007 bis 2010 die Werbeeinnahmen auf die verschiedenen Werbeträger verteilten[1].

Netto-Werbeeinnahmen erfassbarer Werbeträger in Deutschland in Mio. €

Werbeträger	2007	Prozent	2008	Prozent	2009	Prozent	2010	Prozent
Fernsehen	4.155,82	+ 1,0	4.035,50	– 2,9	3.639,60	– 9,8	**3.953,73**	**+ 8,6**
Tageszeitungen	4.567,40	+ 0,8	4.373,40	– 4,2	3.694,30	– 15,5	**3.637,80**	**– 1,5**
Werbung per Post	3.347,30	+ 0,9	3.291,55	– 1,7	3.080,51	– 6,4	**2.983,78**	**– 3,1**
Anzeigenblätter	1.971,00	+ 1,4	2.008,00	+ 1,9	1.966,00	– 2,1	**2.011,00**	**+ 2,3**
Publikumszeitschriften	1.822,48	– 1,8	1.693,09	– 7,1	1.408,65	– 16,8	**1.450,00**	**+ 2,9**
Verzeichnis-Medien	1.214,33	+ 1,3	1.224,70	+ 0,9	1.184,00	– 3,3	**1.154,60**	**– 2,5**
Online-Angebote	689,00	+ 39,2	754,00	+ 9,4	764,00	+ 1,3	**861,00**	**+ 12,7**
Fachzeitschriften	1.016,00	+ 6,3	1.031,00	+ 1,5	852,00	– 17,4	**860,00***	**+ 1,0**
Außenwerbung	820,37	+ 4,2	805,36	– 1,8	737,51	– 8,4	**766,06**	**+ 3,9**
Hörfunk	743,33	+ 9,2	719,77	– 3,2	678,49	– 5,7	**692,06**	**+ 2,0**
Wochen-/Sonntags-zeitungen	269,70	+ 3,7	265,70	– 1,5	208,30	– 21,6	**217,80**	**+ 4,6**
Zeitungssupplements	89,50	– 0,4	86,80	– 3,0	81,90	– 5,6	**85,80**	**+ 4,8**
Filmtheater	106,20	– 9,6	76,65	– 27,8	71,60	– 6,6	**74,51**	**+ 4,1**
Gesamt	**20.812,43**	**+ 2,3**	**20.365,52**	**– 2,1**	**18.366,86**	**– 9,8**	**18.748,14**	**+ 2,1**

Netto: nach Abzug von Mengen- und Malrabatten sowie Mittlerprovisionen, Skonti, ohne Produktionskosten
* prognostizierter Wert für 2010
Quelle: ZAW-Jahrbuch „Werbung in Deutschland 2011"

Product-Placement

Eine weitere Möglichkeit der Absatzwerbung besteht im sogenannten **Product-Placement**. Dabei werden Produkte bewusst in Fernsehsendungen, Spielfilmszenen oder Bühnenstücken so platziert, dass der Zuschauer sie bewusst oder unbewusst wahrnimmt.

Beispiel

In amerikanischen Serien und Spielfilmen sind häufig Firmen oder Marken „zufällig" zu sehen. Das Foto ist aus dem Bond-Film „Der Morgen stirbt nie".

1 Weitere Informationen zu Werbeumsätzen sowie zu Studien zur Wirkung von Werbekampagnen finden Sie hier: www.zaw.de, www.die-zeitungen.de, www.ard.de, www.vprt.de, www.ip-deutschland.de.

Die unentgeltliche Überlassung von Produkten zur filmischen Nutzung ist in Deutschland erlaubt. Allerdings darf die Grenze zur verbotenen **Schleichwerbung** nicht überschritten werden. Nach § 4 Nr. 3 UWG muss jede Werbemaßnahme so beschaffen sein, dass ihr werbender Charakter erkannt wird. Das ist nicht der Fall, wenn ein Produkt innerhalb einer Fernsehsendung besonders herausgestellt oder für die Einblendung bezahlt wird. Diese Regelung ergibt sich allein aus den deutschen Rechtsnormen[1], eine europaweite einheitliche Regelung steht noch aus.

Schleichwerbung

Der Staat gibt inhaltliche Vorgaben durch das Gesetz gegen unlauteren Wettbewerb (UWG), indem er unlautere Werbemethoden verbietet. Die Zielsetzung ist in § 1 UWG beschrieben:

Gesetz gegen unlauteren Wettbewerb

§§ UWG

§ 1 [Zweck des Gesetzes]
Dieses Gesetz dient dem Schutz der Mitbewerber, der Verbraucherinnen und Verbraucher sowie der sonstigen Marktteilnehmer vor unlauteren geschäftlichen Handlungen. Es schützt zugleich das Interesse der Allgemeinheit an einem unverfälschten Wettbewerb.

Gesetz gegen unlauteren Wettbewerb (UWG)		
§ 5 Irreführende Werbung	**§ 6 Vergleichende Werbung**	**§ 7 Unzumutbare Werbung**
Irreführende Angaben können sich beziehen auf: ▪ die Merkmale der Leistungen (z. B. Art, Beschaffenheit, Menge, Produktionsverfahren, Verfügbarkeit, Verwendungsmöglichkeit, Herkunft), ▪ den Preis sowie den Verkaufsanlass, ▪ die geschäftlichen Verhältnisse des werbenden Unternehmens.	Vergleichende Angaben: ▪ müssen sich auf Produkte für den gleichen Zweck beziehen, ▪ müssen sich auf überprüfbare Eigenschaften oder den Preis beziehen, ▪ dürfen Leistungen und Wertschätzung des Mitbewerbers nicht abwerten, ▪ dürfen nicht zu einer Verwechslung zwischen Werbendem und Mitbewerber oder deren Leistungen führen.	Unzumutbare Belästigungen liegen vor, wenn: ▪ der Empfänger die Werbung erkennbar nicht wünscht, ▪ der Empfänger Werbung per Telefonanruf, E-Mail oder Fax nicht zustimmt, ▪ der Absender elektronischer Werbung nicht erkennbar ist.

Der **Rundfunkstaatsvertrag** (RStV), der sich auf Radio und Fernsehen bezieht, enthält inhaltliche Beschränkungen zum Schutze von Kindern und Jugendlichen, die sich insbesondere auf zeitliche Vorgaben von Werbung sowie die Trennung zwischen Programm und Werbung auswirken.

Rundfunkstaatsvertrag

Verstöße gegen das UWG sowie den RStV können durch die gerichtliche Anordnung von Beseitigung und Unterlassung der Werbung, Ordnungsstrafen, Schadensersatz oder Gewinneinzug geahndet werden.

Diese gesetzlichen Vorgaben können aber den Bürger nicht in allen Lebensbereichen vor Diskriminierung, sexueller Gewalt und Aggressionen in der Werbung schützen. Verbraucher sollen sich auch gegen Werbemethoden und -botschaften wehren können, die den gesetzlichen Vorgaben entsprechen, aber dennoch als kritikwürdig empfunden werden. Die Konfliktregelung in solchen Fällen verfolgt der Deutsche Werberat.

→

1 Zu weiteren Informationen siehe die §§ 15 und 44 des 13. Rundfunkänderungsstaatsvertrags (RÄStV) vom 30.10.2009.

Exkurs

Grenzen der Werbefreiheit

Was ist erlaubt? – Die Grenzen der Werbung

Werbung kann menschliches Verhalten beeinflussen und manipulieren, Trends setzen, zu Wettbewerbsverzerrungen führen, falsche Vorstellungen erzeugen oder sogar beleidigen. Es gibt vielfältige Gründe, der Werbefreiheit Grenzen zu setzen und die in der heutigen Zeit auf uns einprasselnde Werbung in ihren möglichen Auswirkungen zu beobachten, zu kontrollieren und ggfs. abzustellen.

Deutscher Werberat

Werbung unterliegt in Deutschland gesetzlichen und darüber hinaus von der Werbewirtschaft selbst freiwillig festgelegten Regelungen, um eine Akzeptanz bei Unternehmen und Verbrauchern sowie einen fairen Wettbewerb und den Schutz der Endverbraucher zu erreichen. Der Deutsche Werberat hat sich zur Aufgabe gemacht, Werbung auf Inhalte, Aussagen und Gestaltung zu prüfen sowie Missstände aufzudecken und abzustellen.

Arbeitsbilanz Deutscher Werberat

	2010	2009
Anzahl der Einzelbeschwerden	907	584
Betroffene Kampagnen	298	255
Unternehmen stellten die Werbung ein	63	54
Kritisierte Werbung geändert	18	8
Öffentliche Rügen	8	7
Werbekampagnen von Kritik freigesprochen	209	186

Quelle: Deutscher Werberat

Er besteht aus mindestens 10 Mitgliedern, die vom Präsidium des Zentralverbandes der deutschen Werbewirtschaft (ZAW) alle drei Jahre neu gewählt werden. Er hat u. a. Leitlinien entwickelt, die festlegen, was Werbung darf und was nicht. Weiterhin strebt er eine Selbstregulierung der Werbewirtschaft durch unbürokratische, kostenlose, schnelle und flexible Konfliktlösungen für alle Werbestreitfälle[1] an. Im Jahre 2010 wurden gegen 298 Kampagnen Beschwerden eingereicht. In 89 Fällen teilte der Deutsche Werberat die Kritik und wurde, wie obenstehende Tabelle zeigt, entsprechend aktiv.

Beispiel

Die Werbung des italienischen Textilunternehmens *Benetton* bot immer wieder Anlass für Kritik, dass mit „Werbung“ dieser Art gegen die guten Sitten verstoßen wird.

1 zu Fallbeispielen siehe www.werberat.de

Aufgaben

› Kap. 2.4

1. Erläutern Sie fünf Kriterien, die ein Industrieunternehmen bei der Festlegung der Höhe des Werbeetats berücksichtigen sollte.

2. Welche Art der Kommunikationspolitik wird in den verschiedenen Beispielen angesprochen?
   a) *In einer Fernsehserie fährt der Hauptdarsteller einen Mercedes S-Klasse. Das Produkt wird dabei öfter deutlich in Szene gesetzt.*
   b) *Ein Mitarbeiter der Ambra-Cosmetics verteilt am Marktplatz eines größeren Ortes kostenlose Proben des neuen Rasierwassers „Dino“.*
   c) *Mehrere Installateure vermarkten in Lokal-Radiosendungen ihr Hauptprodukt gemeinsam.*
   d) *Ein Internet-Provider wirbt für seine Produkte, indem er lokalen Sportclubs Trainingsanzüge mit werbendem Aufdruck schenkt. Die Vereine erhalten zusätzlich relativ hohe Geldsummen.*

3. Das Unternehmen *Messebau AG* kann mit verschiedenen Fachzeitschriften (A bis F) die Zielgruppe Fahrzeugbauer erreichen. Als Kriterium für die Verteilung des Werbeetats kann der Preis für 1 000 Kontakte (Tausend-Kontakte-Preis) herangezogen werden. Der Tausend-Kontakte-Preis ergibt sich in diesem Fall wie folgt:

$$\textbf{Tausend-Kontakte-Preis} = \frac{\textbf{Preis je Anzeigenseite} \cdot \textbf{1 000}}{\textbf{Leser pro Nummer}}$$

Für Zeitschriften, die infrage kommen, ergeben sich folgende Daten:

Zeitschrift	Preis für 1/1-Seite	Tausender-Preis	Anteil Fertigungstechniker
A	24.000,00 €	32,00 €	80 %
B	28.000,00 €	28,00 €	60 %
C	32.000,00 €	35,00 €	70 %
D	30.000,00 €	30,00 €	80 %
E	40.000,00 €	26,00 €	70 %
F	29.000,00 €	29,00 €	60 %

Sollen von der Zielgruppe Fahrzeugbauer z. B. nur Fertigungstechniker erreicht werden, muss der Anzeigenpreis zielgruppenspezifisch gewichtet werden. Der Preis pro Anzeigenseite wird dann nur auf die Fertigungstechniker bezogen.
   a) Welche Zeitschriften würden Sie wie oft belegen, wenn Sie vom ungewichteten Preis (keine Zielgruppenorientierung) pro 1 000 Leser ausgehen und insgesamt ein Etat von 250.000,00 € zur Verfügung steht? Wie viele Zielpersonen können Sie bei einmaliger Belegung erreichen?
   b) Welche Zeitschriften würden Sie wählen, wenn Sie vom zielgruppenspezifischen Preis von 1 000 Lesern (Fertigungstechniker) ausgehen? Wie viele Fertigungstechniker können Sie bei einmaliger Belegung erreichen?

4. Erläutern Sie die Zielsetzungen der Werbung, die durch die AIDA-Formel ausgedrückt werden.

5. Beschreiben Sie die nachfolgend genannten kommunikationspolitischen Instrumente und geben Sie jeweils ein Beispiel für einen Süßwarenhersteller an: Sales Promotion, Public Relations, Product Placement.

→

6. Industrieunternehmen nutzen zunehmend die Möglichkeiten des Online-Marketings.

a) Welche Gründe bewirken, dass die Unternehmen zunehmend auf die Möglichkeiten des Internets bei der Vermarktung ihrer Produkte zurückgreifen?

b) Das Internet-Marketing wird häufig mit der Einrichtung eines Online-Shops verknüpft. Erklären Sie Merkmale, durch die der Online-Shop wiederholt aufgerufen wird.

7. Ein Maschinenbauunternehmen führt bei der Einführung eines neuen Produktes eine intensive Anzeigenkampagne in den beiden führenden Fachzeitschriften durch. Begründen Sie, warum das Unternehmen Fachzeitschriften dem Fernsehen vorzieht.

8. Nennen Sie wichtige Werbemittel für Industrieunternehmen.

9. Was verstehen Sie unter Absatzwerbung und welches vorrangige Ziel wird mit Absatzwerbung verfolgt?

› **Recherche**

10. Unterscheiden Sie Zielsetzungen von Einführungs-, Expansions- und Erinnerungswerbung und geben Sie für die Heidtkötter KG jeweils ein mögliches Beispiel an.

› **Recherche**

11. Erkundigen Sie sich in Ihrem Ausbildungsbetrieb über den Einsatz absatzpolitischer Instrumente. Erstellen Sie einen Kurzvortrag, in dem Sie die von Ihrem Betrieb eingesetzten absatzpolitischen Instrumente erläutern und anhand von Beispielen veranschaulichen.

12. Der Deutsche Werberat veröffentlicht auf seiner Homepage folgenden Einzelfall aus dem Jahr 2011:

Moralische und ethische Mindestanforderungen

Ein Automobilhersteller warb im Fernsehen mit einem Spot, in dem eine Frau ihrem Sohn ihren neuen Freund präsentierte. Als sie sich kurz zurückzieht, versucht der Mann den Jungen mit einigen Kung-Fu-artigen Bewegungen zu beeindrucken. Nachdem der Junge einen Blick durchs Fenster auf das offenkundig neue, große Auto des Mannes geworfen hat, schlägt er diesem vor, dass er jeden Tag mit dem Wagen von der Schule abgeholt werden und vorne sitzen wolle – falls nicht, könne er das mit seiner Mutter vergessen.

Den Vorwurf der Beschwerdeführer, dass durch diese Szene suggeriert würde, dass Fahrer kleiner, älterer Autos bei Frauen keine Chance hätten und Kinder zu Nötigung und Erpressung angeleitet würden, schloss sich der Werberat nicht an. Die gesamte Szene sei ironisch überzogen, was auch daran zu erkennen sei, dass der Junge entgegen seinem Alter mit übertrieben abgebrühtem Pokerface gezeigt werde.

Quelle: www.werberat.de, abgerufen am 29.06.2012

Beschreiben Sie den Fall mit eigenen Worten und erklären Sie die allgemeinen Hauptaufgaben des Deutschen Werberates.

› **Recherche**

Recherchieren Sie dazu auch auf der Homepage: www.werberat.de.

13. Ein Unternehmensberater schlägt vor, die Markteinführung eines neuen Produktes mit Einführungswerbung zu unterstützen. Erklären Sie vier Aspekte der Werbeplanung, die für den Erfolg der Werbung besonders wichtig sind.

2.5 Servicepolitik

Der Verkaufserfolg hängt in vielen Fällen nicht nur vom Preis und der Qualität der angebotenen Produkte ab. Insbesondere aufgrund der zunehmenden Homogenität der angebotenen Produkte, hoher Markttransparenz sowie eines in vielen Teilmärkten vorzufindenden Käufermarktes hängt die Zufriedenheit der Kunden im hohen Maße von den Dienstleistungen/Nebenleistungen ab, die dem Kunden häufig kostenlos angeboten werden. Alle **Serviceleistungen**, die eine kontinuierliche Inanspruchnahme des Produktnutzens fördern, erhöhen die Kundenzufriedenheit und sind in der Lage, treue Stammkunden zu gewinnen und ein positives Image zu bewirken.

Service-leistungen

Beispiele

Zu diesen Serviceleistungen gehören unter anderem:

- ausführliche, verlässliche und leicht verständliche Produktinformationen
- Wartungsdienst, Reparaturdienst, Ersatzteildienst
- nachvollziehbare Gebrauchsanleitungen, Montageanleitungen
- preiswerte Durchführung von Inspektionen und Funktionsüberprüfungen
- Lehrfilme über den speziellen Nutzen oder die spezielle Art der Inanspruchnahme
- produkt- und prozessbezogene Personalschulungen
- organisatorische Erleichterungen beim Kauf (Kundenkarte, ausreichend Parkplatz, Cafeteria, Kinderbetreuung, Restaurant, Ruhezonen usw.)
- Zustellung von Informations-/Beratungsmaterial
- Erstellung von Finanzierungsalternativen, Ratenkauf, Inzahlungnahme
- regelmäßige Kundenbesuche
- Erweiterung gesetzlich vorgeschriebener Gewährleistungsansprüche
- ein faires, kundenorientiertes Verhalten bei Vertragsstörungen
- Beratungsleistungen
- Leasingangebote
- Versicherung
- Servicehotline
- Rücknahme und Entsorgung von Altgeräten

Häufig ergibt sich gerade aus den **After-Sales-Leistungen**[1] eine ergänzende Wertschöpfungsquelle, etwa durch das Abschließen von Wartungsverträgen, den Verkauf von Ersatzteilen oder durch die Schulung der Mitarbeiter des Kundenunternehmens. Insbesondere Vertragshändler in der Automobilbranche erwirtschaften mit After-sales-Serviceleistungen einen höheren Umsatz als durch den Verkauf der Kraftfahrzeuge.

After-Sales-Leistungen

Beispiel

Der Automobilhersteller BMW bietet z. B. einen „Treue Service“ für (sehr) alte BMW-Modelle:

KOMPLETTPREISANGEBOTE FÜR ÄLTERE BMW AUTOMOBILE.
BMW TREUE SERVICE.

Niemand kennt Ihren BMW so gut wie die Profis bei Ihrem BMW Service Partner. Wir sorgen dafür, dass Ihr BMW dauerhaft fit bleibt und seinen Wert erhält.

BMW Treue Service bietet Ihnen attraktive Service- und Reparaturangebote, maßgeschneidert für die Bedürfnisse Ihres BMW. Die Angebote reichen vom fachgerechten Austausch der Bremsflüssigkeit bis zur umfangreichen Fahrzeuginspektion.

Eine besondere Stellung unter den **Pre-Sales-Leistungen**[2] nehmen die ausführliche Beratung, die Ausarbeitung individueller Vorschläge, das Finanzierungsangebot und die Zahlungsbedingungen eines Unternehmens ein. Hiermit soll dem Kunden der Kauf des Produktes schmackhaft gemacht, erleichtert bzw. erst ermöglicht werden.

Pre-Sales-Leistungen

Beispiel

Automobilhersteller bieten auf ihren Internetseiten sogenannte Konfiguratoren an, damit sich die Kunden individuell ihr Wunschfahrzeug vorab zusammenstellen und anschauen können.
Ebenso bieten sie auf den Internetseiten Werkzeuge zur Berechnung von Finanzierungsangeboten an (siehe etwa www.skoda.de oder www.opel.de).

1 Dienstleistungen nach dem Kauf
2 Dienstleistungen vor dem Kauf

Aufgaben
› Kap. 2.5

1. Erläutern Sie, warum die Bedeutung servicepolitischer Maßnahmen in den letzten Jahren zugenommen hat und beschreiben Sie fünf Leistungen eines Industrieunternehmens, die diesen Maßnahmen zuzuordnen sind.

2. Ein Beispiel für After-Sales-Leistungen:

Mehr After-Sales bei VW Nutzfahrzeuge

Neues Konzept sieht bessere Betreuung der Volkswagen Nutzfahrzeuge-Partner vor
19.12.2008 | Autor: Stephan Richter

Redaktion: Was genau meinen Sie mit Neuausrichtung des After-Sales-Geschäfts?

Peter Tempich: Wir haben die Service-Strategie verändert und das System der Kundenbetreuung neu koordiniert. Durch den Kundenkontakt in der Werkstatt verkaufen wir fast jedes zweite Auto und verdienen gutes Geld. Die Kundenzufriedenheit muss daher in diesem Bereich stimmen. Das Image einer Marke gewinnt immer mehr an Bedeutung – dem wollen wir begegnen. [...]

Warum erfolgt die Neuausrichtung?

Laut unserer Schätzungen hätten wir im vergangenen Jahr bis zu 8 000 Fahrzeuge mehr verkaufen können. Dieses Potenzial fügt sich aus den Kunden zusammen, die sich aufgrund nicht ausreichender Serviceleistungen von unseren Händlern abgewandt haben. Einen weiteren Anteil haben diejenigen, die sich erst gar keinen unserer Transporter anschaffen, da sie schlechte Kritiken über den Service gehört haben. [...] Auch externe Herausforderungen haben uns zu diesem Schritt bewogen: Dazu zählt der Anstieg der verfügbaren Modellvarianten und wachsende Zielgruppen für unsere Fahrzeuge. Genauso sind Deregulierungen wie die GVO, Euro5 und der Designschutz ein Thema. Auch der Marktanteil an Original-Teilen und die damit verbundenen Margen stehen unter erheblichem Druck. Zudem sind die konzerneigenen Synergien rückläufig.

Welche Ziele verfolgen Sie konkret?

Wir wollen verstehen, warum unsere Handelspartner unsere Außendienstmitarbeiter anfordern. Sind die Reparaturleitfäden unverständlich geschrieben oder ist das Personal nicht ausreichend genug geschult? An beiden Punkten wollen wir ansetzen, um uns zu verbessern. Je nach Betriebsgröße besucht ein Außendienstmitarbeiter monatlich bis einmal alle drei Monate einen Betrieb. Wir streben eine ganzheitliche Beratung für den After-Sales-Bereich an.

Welche Maßnahmen führen Sie durch?

Wir haben Deutschland in sieben Regionen und vierzehn Servicebezirke eingeteilt. Der Ruf nach einem festen Ansprechpartner für die Betriebe war sehr groß, daher ist jetzt jedem Servicebezirk ein Mitarbeiter zugeordnet. [...]
Zudem beschäftigen wir vier Betreuer, die sich ausschließlich um unsere Großkunden kümmern. Sie agieren als Schnittstelle zwischen den Nöten und Wünschen der Kunden und dem Handel.
Der Austausch und die Kommunikation sind uns sehr wichtig. Daher finden seit Dezember 2008 erstmals eintägige nationale Servicekonferenzen in Berlin, Hamburg, Aachen und München für unsere 2 150 VW-Partner statt. Der Zuspruch ist sehr groß und wir haben bewusst auf die „Party-Komponente“ verzichtet. Es geht um Informationen. Diese Treffen gibt es mit der „International After-Sales Conference“ (IASC) auch auf internationaler Ebene. [...]

Was haben die VW-Partner zudem noch zu erwarten?

VW Nutzfahrzeuge steht zu seinem Vertriebs- und Service-Partner. Daher möchten wir auch die Netzdichte aufrechterhalten und planen, die Standards für unsere Partner zu reduzieren. [...]
Darüber hinaus wird unseren Service-Partnern der Zugriff auf eine Marketing-Datenbank ermöglicht. So können die Service-Partner aktiv ihren Servicemarkt bearbeiten. Flankierend zu den oben genannten Maßnahmen kümmern wir uns auch um Servicepersonal bei den Werkstätten. Hier bauen wir Trainings auf, die speziell den Bedürfnissen der gewerblichen Kunden Rechnung tragen.

a) Begründen Sie mit Hilfe des Textes, warum bei VW Nutzfahrzeuge zukünftig mehr After-Sales betrieben wird.
b) Welche Ziele verfolgt VW Nutzfahrzeuge durch mehr After-Sales und welche Maßnahmen werden hierzu konkret ergriffen?
c) Formulieren Sie Beispiele Ihres Ausbildungsbetriebes für After-Sales-Services.

3. Unterscheiden Sie zwischen Pre-Sales-Leistungen und After-Sales-Leistungen. Geben Sie jeweils Beispiele an.

4. Die Knowlex GmbH hat Marcus Flader zum neuen Geschäftsführer ernannt. Daher steht ihm ein Dienstwagen bis zu einem Gesamtbetrag von 35.000,00 € zu. Er entscheidet sich für einen Mitsubishi ASX 1800 mit Zubehör. Zur Finanzierung des Fahrzeugs legt der Mitsubishi Vertragshändler folgendes Angebot vor:

Fahrzeugpreis gesamt	30.490,00 €	Laufzeit	36 Monate
Anzahlung	10.000,00 €	Sollzinssatz (gebunden)	2,95 %
Nettodarlehensbetrag	20.490,00 €	laufende monatliche Rate	596,00 €

a) Berechnen Sie die gesamten Kosten für das Fahrzeug und für die Finanzierung.
b) Berechnen Sie den effektiven Jahreszinssatz (= Gesamtkosten der Finanzierung bezogen auf den Finanzierungsbetrag).

6101406

2.6
Marketingmix

Jedes Unternehmen muss darüber entscheiden, wann welche absatzpolitischen Instrumente in welcher Kombination eingesetzt werden, um die an den Unternehmenszielen ausgerichteten Marketingziele zu erreichen.

› Teil D, Kap. 1.1 Marketingziele

Dies kann man sich am einfachsten bei einer Produktinnovation vorstellen. Die Neueinführung eines Produktes ist natürlich mit einer festzulegenden Preisstrategie verknüpft. Es müssen Entscheidungen bezüglich des Vertriebsweges und eine schlüssige Kommunikationsstrategie festgelegt werden. Diese Kombination aus Marketinginstrumenten, die eingesetzt werden, um ein bestimmtes Marketing-Ziel zu erreichen, nennt man **Marketingmix**.

Marketingmix

Neben diesem Mix der Marketinginstrumente gibt es innerhalb der einzelnen Bereiche ebenso die Möglichkeit, verschiedene Maßnahmen zu kombinieren:

Kommunikationsmix	Kombination von Werbung, Verkaufsförderung, Öffentlichkeitsarbeit und Sponsoring
Distributionsmix	Kombination verschiedener Absatzwege, Vertriebsarten, Factory Outlet oder den Einsatz elektronischer Hilfsmittel (Internet)
Produktmix	Produktinnovation, Produktvariation, Produktdiversifikation, Sortimentserweiterung, Produkt als Marken- und No-Name-Produkt anbieten
Servicemix	Wartungsdienst, Reparaturdienst, Ersatzteildienst, Inspektionen und Funktionsüberprüfungen, Servicehotline, kulantes und kundenorientiertes Verhalten bei Vertragsstörungen

Es stellt sich natürlich die Frage, wie die verschiedenen Marketinginstrumente miteinander zu kombinieren sind, um die angestrebten Marketingziele zu erreichen. Zwei Hilfsmittel zur Beantwortung dieser Frage, der Produktlebenszyklus sowie die Portfolio-Matrix, haben Sie bereits in den Kapiteln 1.3.2 und 1.3.3 kennengelernt. Im Folgenden finden Sie zwei Beispiele, wie mit diesen Hilfsmitteln der ideale Einsatz der Marketinginstrumente annäherungsweise festgelegt werden kann.

Beispiel 1

Marketingmaßnahmen und Portfolio-Matrix

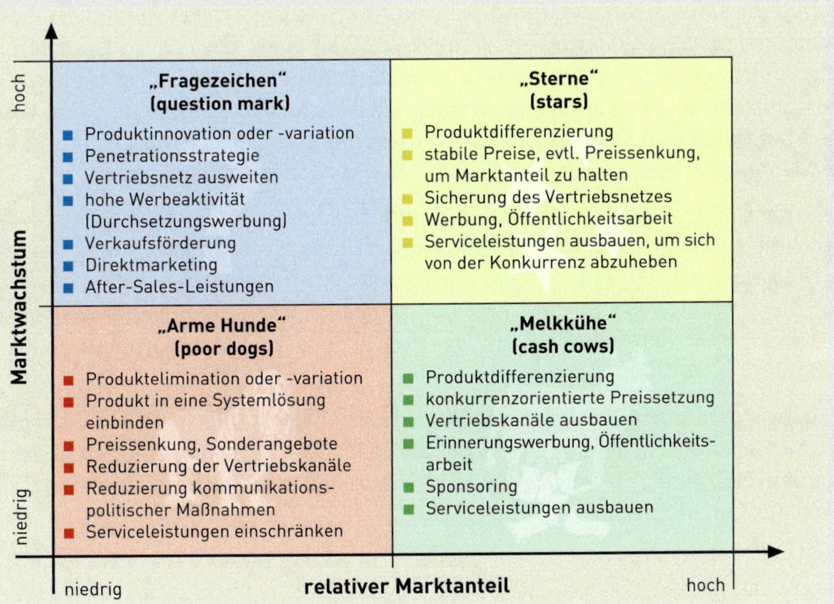

Beispiel 2

Marketingmaßnahmen und Produktlebenszyklus

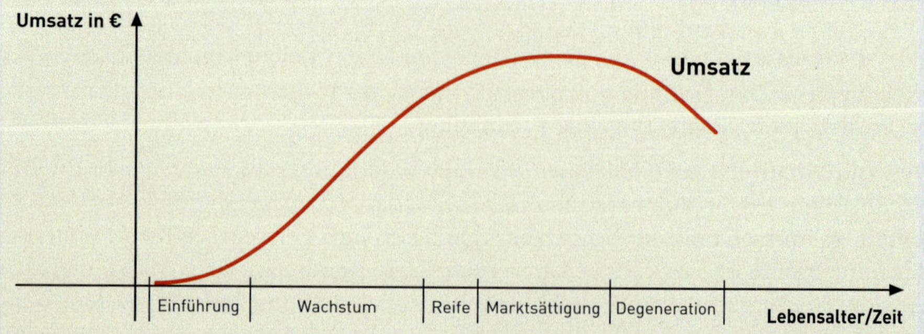

Marketingbereich	Einführungsphase	Wachstumsphase	Reife- und Sättigungsphase	Degenerationsphase
Produktpolitik	**Produktinnovation**		**Produktdifferenzierung**	**Produktvariation, -elimination**
Preispolitik	Preisstrategie festlegen, z. B. Penetrationsstrategie	abhängig von der festgelegten Strategie, evtl. Preise erhöhen, um Umsätze zu steigern	konkurrenzorientierte Preissetzung, um weitere Kunden zu erreichen	Preise reduzieren, Sonderaktionspreise, um Lagerbestände abzubauen
Distributionspolitik	Vertriebswege je nach Produkt und Marktsegment festlegen	Festlegung überprüfen und Nachfragebedürfnisse sicherstellen, Vertriebswege im indirekten Bereich erweitern	Vertriebswege evtl. erweitern und auf Kundenbetreuung fokussieren	Vertrieb auf direkte Vertriebswege oder Discounter reduzieren
Kommunikationspolitik	Einführungswerbung, Verkaufsförderung (Produkt für Erstkäufer bekannt machen)	intensive Durchsetzungswerbung (Produkt für die breite Masse bekannt machen)	Öffentlichkeitsarbeit, Verkaufsförderung, Erinnerungswerbung, Direktmarketing	Maßnahmen auf ein Minimum reduzieren (evtl. Erinnerungswerbung)
Servicepolitik	Serviceangebot festlegen	Festlegung überprüfen und evtl. erweitern	Serviceleistungen erweitern, um sich von der Konkurrenz abzuheben	Leistungen auf ein Minimum reduzieren

Der Einsatz der zur Verfügung stehenden Instrumente sollte bezüglich ihres Einsatzzeitpunktes, ihrer Intensität und Schwerpunktsetzung variiert werden, um sich den ständigen Marktveränderungen anzupassen. Wichtig ist, dass die eingesetzten Instrumente sich hinsichtlich ihrer Wirkung auf die entsprechenden Zielsetzungen nicht widersprechen, sondern ergänzen. Wichtig ist ebenso, dass die (potenziellen) Käufer eine Kontinuität und Stringenz in den Verhaltensweisen, den Marketingtätigkeiten und der Unternehmenspräsentation feststellen und nachvollziehen können.

Marketingstrategie

Der Einsatz des Marketingmix ist in eine vom Unternehmen entwickelte Marketingstrategie zu integrieren. **Marketingstrategien** sind grundsätzliche, langfristig angelegte Konzepte des Unternehmens, die festlegen, auf welchen Absatzmärkten es auf welche Art und Weise mit welchen Leistungen und Zielsetzungen tätig sein will. Sie hat also unmittelbaren Einfluss auf das Produktions- und Absatzprogramm des Unternehmens.

Die Entscheidungen bezüglich des Einsatzes zur Verfügung stehender Marketinginstrumente sind u. a. abhängig von der aktuellen Marktsituation (Nachfrageverhalten, Konkurrenzsituation), den angebotenen Produkten bzw. Leistungen sowie der Finanzkraft des Unternehmens.

Beispiel

Unterschiedliche Schwerpunktbildung
Aldi: Schwerpunkt in der Niedrigpreissetzung und Bewerbung von teilweise saisonabhängigen Randsortimenten (z. B. im Frühsommer: Gartenartikel oder Urlaubsartikel; im Sommer: Schreibwarenartikel für das neue Schuljahr; über das ganze Jahr: Schuhe, Kinderkleidung, aber alles im Niedrigpreissegment).
Apple: Hard- und Software im Hochpreissegment, um die Produktqualität hervorzuheben; Herausstellen der besonders einfachen Bedienbarkeit; iPhone im Gegensatz zu anderen Smart-Phones positiv hervorheben.
Amazon: Schwerpunkt der Marketingstrategie liegt im Bereich der Distributionspolitik; innerhalb sehr kurzer Zeit kann ALLES per Internet bestellt und anschließend geliefert werden; kostenlose Premium-Lieferung bei Zahlung eines festen Jahresbetrags; Service: vom Kunden selbst erstellte Geschenklisten, die online gepflegt werden können.

› Teil D, Kap. 1.3

Hilfsmittel für das Treffen einer Entscheidung zur Marketingstrategie können der Produktlebenszyklus, die Portfolio-Matrix, die SWOT-Analyse, die Potenzialanalyse sowie die Positionsanalyse sein.

erste Ausrichtung des Marketings (**Massenmarketing**)

Die Aufgaben und Zielsetzungen des Marketings unterliegen einem ständigen Wandel, abhängig von den jeweils aktuell anzutreffenden Gegebenheiten der Absatzmärkte (Globalisierung) und der Kundenbedürfnisse. Die ersten Ausrichtungen des Marketings waren auf das Produkt/die Leistung eines Unternehmens bezogen. Das Ziel bestand darin, ein einzigartiges Produkt zu entwickeln, möglichst mit geringen Stückkosten zu fertigen (Massenproduktion) und unter Anwendung einer Massenwerbung an eine möglichst große Kundenzahl zu verkaufen (**Massenmarketing**).

Beispiele

VW Golf, Persil, Meister Proper

Segmentierung (**Segmentmarketing**)
› Teil D, Kap. 1.1

Aufgrund einer höheren Markttransparenz sowie einer spürbaren Sättigung der Nachfrage wurde vielfach eine Segmentierung des Gesamtmarktes in Teilmärkte erforderlich und von den Unternehmen durchgeführt. Zielsetzung dieser Segmentierung war es, die unterschiedlichen Marktsegmente mit speziellen Leistungen zu bedienen und sich somit besser auf spezielle Kundengruppen einzustellen. Die umgesetzten Marketingaktivitäten wurden spezifischer auf die jeweiligen Segmentgegebenheiten abgestimmt (**Segmentmarketing**).

Beispiel

Der Mobilfunkanbieter *O2* setzt je nach Zielgruppe (z. B. Selbstständige, junge Leute) einen unterschiedlichen Marketingmix ein, der sich in der Art der Werbung, der Art der Produkt- und Preispolitik zeigt.

Kunden-orientierung mittels CRM

Heutzutage liegt das Hauptaugenmerk des Marketings auf dem einzelnen Kunden und seinen individuellen Bedürfnissen. Der Kunde bestimmt die Tätigkeiten eines sogenannten **Customer Relationship Managements (CRM)**, das die langfristige Bindung des Kunden an das Unternehmen anstrebt.

Beispiel

Eine Baumarktkette vergibt Kundenkarten. Durch diese werden persönliche Daten und die getätigten Einkäufe erfasst. Aufgrund einer intensiven Interpretation der erhobenen Daten können die Kunden so gezielt nach Produktgruppen durch Mailings und Aktionen angesprochen werden (z. B.: Kunde A erwirbt nur Gartenzubehör, Kunde B erwirbt nur Sanitärartikel. Bei dem Kunden A wird im Mailing auf besondere Angebote für Gartenzubehör hingewiesen. Kunde B erhält spezielle Angebote zum Sanitärbereich).

Aufgaben

› Kap. 2.6

1. Welche der folgenden Hilfsmittel dienen einem effektiven Einsatz der zur Verfügung stehenden Marketinginstrumente?

a) *Produktlebenszyklus* b) *Potenzialanalyse* c) *ABC-Analyse*
d) *SWOT-Analyse* e) *Programmablaufanalyse* f) *Nutzwertanalyse*
g) *BCG-Matrix* h) *Marketinganalyse* i) *Kostenanalyse*

2. Ein Marketingmix ist die Kombination aus Instrumenten ...

a) *der Produkt- und Sortimentspolitik.*
b) *der Wirtschaftspolitik.*
c) *der Preispolitik und der Kommunikationspolitik.*
d) *der Marktforschung.*
e) *der Informationstechnik.*

3. Ordnen Sie folgende Aussagen dem Massenmarketing (1) oder dem CRM (2) zu.

a) *Der Verkauf ist der Beginn einer Kundenbeziehung.*
b) *Der Fokus aller Bemühungen ist auf die Kundenakquisition gerichtet.*
c) *Die Leistungen bestehen aus einer Integration von innovativen Produkten und Dienstleistungen.*
d) *Verkaufspreise werden auf der Basis der Kundentreue differenziert.*
e) *Die Zielsetzung liegt primär in der Generierung von Umsätzen.*
f) *Diese Marketingausrichtung erfordert die Hilfe moderner Kommunikations- und Informationssysteme.*
g) *Das vollzogene Verkaufsgeschäft schließt die Kundenbeziehung erfolgreich ab.*
h) *Die Marketingaktivitäten werden primär durch die Beziehungen zum Kunden bestimmt.*
i) *Die Marketingaktivitäten richten sich primär nach den angebotenen Leistungen und Ressourcen.*

4. Im Rahmen einer Abteilungssitzung der *Hausrat GmbH* soll das aktuelle Marketingkonzept analysiert werden. Es liegt folgende Portfolio-Matrix eines unabhängigen Marktforschungsunternehmens für das Jahr 2011 vor:

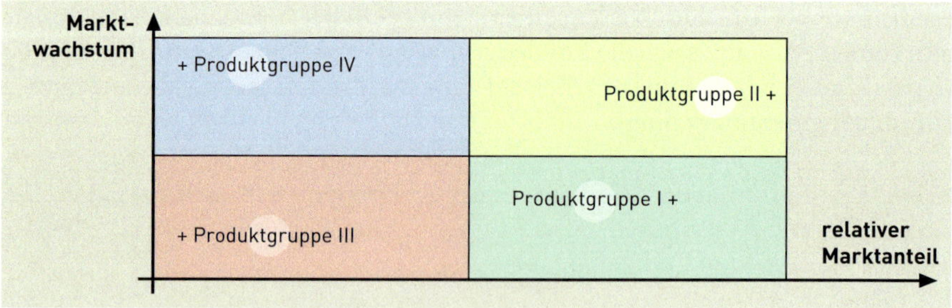

a) Erklären Sie das Instrument Portfolioanalyse und nennen Sie für die einzelnen Produktgruppen der *Hausrat GmbH* das jeweils aktuelle Feld der Portfolio-Matrix.
b) Erläutern Sie für jedes Feld eine konkrete Marketingmaßnahme, die zur Erhaltung oder Verbesserung der Situation eingesetzt werden kann.
c) Ordnen Sie die Phasen des Produktlebenszyklus den Feldern der Portfolio-Matrix zu.
d) Beschreiben Sie drei Unterschiede zwischen dem Konzept des Produktlebenszyklus und dem Konzept der Portfolio-Matrix.
e) Erläutern Sie, welche produktpolitischen und kommunikationspolitischen Maßnahmen die *Hausrat GmbH* aufgrund der vorliegenden Situation für die Produktgruppen ergreifen sollte.

Wiederholungsaufgaben

› Kap. 2

1. Vergleichen Sie das klassische Marketing mit dem Customer Relationship Management (CRM) anhand folgender Merkmale:
   Zielsetzungen, Bedeutung/Rolle des Kunden, Informationen über den Kunden, Art der Produkte/Leistungen, Kommunikationsbeziehungen, Marktverhalten, Art des Vertriebs der Leistungen sowie Verkaufskonditionen

2. Die Stahl AG hat einen Ersatzstoff entwickelt, der technische und ökologische Vorteile gegenüber dem bisherigen Produkt hat. Die Selbstkosten würden bei ca. 3.000,00 € je t liegen. Die Kalkulation basiert auf einer Jahresproduktion von mindestens 85 t.
   a) Erläutern Sie drei Marktinformationen, die die Stahl AG vor Einführung des neuen Produktes mit Hilfe der Marktforschung einholen sollte.
   b) Bei der Einführung des neuen Produkts stellt sich für die Stahl AG die Frage nach einer optimalen Preisstrategie. Nennen Sie je drei Gründe, die für eine Penetrationsstrategie und eine Skimmingstrategie sprechen.
   c) Es wird erwogen, bereits bei der Produkteinführung Marktsegmentierung zu betreiben. Erläutern Sie das Prinzip und zwei Möglichkeiten der Marktsegmentierung.

3. Die Heidtkötter KG erwägt aufgrund der Ergebnisse der Marktforschung, das Produkt „Stehtische" zu unterschiedlichen Preisen anzubieten. Während der Gebietsleiter Süd eine Hochpreispolitik bevorzugt, fordert der Gebietsleiter Ost eine Niedrigpreispolitik.
   a) Erklären Sie die genannten Preisstrategien anhand von zwei Merkmalen.
   b) Beschreiben Sie, was betriebswirtschaftlich unter der Konsumentenrente verstanden wird und nennen Sie zwei Maßnahmen, wie die Konsumentenrente preispolitisch ausgenutzt werden kann.

4. Kunden gelten als die wichtigsten Orientierungspunkte für ein erfolgreiches Marketing. Daher werden im Zuge eines Customer Relationship Managements (CRM) Kundendaten erhoben. Erläutern Sie das Prinzip und die Ziele des CRM und nennen Sie Instrumente für Gewerbe- und Privatkunden.

5. Nennen Sie zwei wesentliche Ziele einer Marketingkonzeption und beschreiben Sie kurz die Instrumente, die innerhalb der Marketingkonzeption Anwendung finden.

6. *Pressemeldung in der Fachzeitschrift HGV-News (Hausgerätevertrieb-News)*

   Siegburg. (AP)
   Gemäß Informationen aus Unternehmenskreisen hat die siegburgische Franz Kniep GmbH den spanischen Hausgerätehersteller TRASTO übernommen. Das Traditionsunternehmen aus Santander ist Marktführer in Spanien und Südamerika. Die Europäische Kommission sowie das Bundeskartellamt werden kein Ermittlungsverfahren anstrengen und somit dem Vorhaben zustimmen. Durch die Übernahme steigt Kniep in die Top 10 der Welthersteller von Hausgeräten auf.
   Geschäftsführer Franz Kniep war noch zu keiner Stellungnahme bereit, jedoch hatte Vertriebsleiter Gerd Albrecht in unserer vergangenen Ausgabe verdeutlicht, dass TRASTO ein geeigneter Partner sei, um sich in Zeiten von Globalisierung und wachsendem Konkurrenzdruck aus Asien am Weltmarkt zu behaupten. Albrecht ließ verlauten, dass den Absatzwegen im Rahmen der Absatzorganisation eine Schlüsselrolle bei einem möglichen Zusammenschluss zukomme. TRASTO vertreibt die Produkte bislang ausschließlich über eigene Verkaufsabteilungen und -niederlassungen. Die Franz Kniep GmbH setzt hingegen auf indirekte Absatzwege über den Groß- und Einzelhandel.

   a) Stellen Sie direkte (indirekte) Absatzwege vor, indem Sie wesentliche Aspekte erklären und Beispiele anführen.
   b) Beurteilen Sie die Geeignetheit der direkten und der indirekten Absatzwege für die Franz Kniep GmbH nach dem Zusammenschluss mit TRASTO, indem Sie Vor- und Nachteile für die Franz Kniep GmbH und die Endverbraucher formulieren.

3 Absatzprozesse steuern

Einführung

Eine Auswirkung effektiver Marketingaktivitäten sollte darin bestehen, dass eine erhöhte Anzahl Kundenanfragen, eventuell gefolgt von Kundenaufträgen, im Unternehmen eingehen.

Kundenanfragen lösen eine Vielzahl von funktionsübergreifenden Prozessen und unternehmensexternen Tätigkeiten aus, die eine optimale, reibungslose Kundenauftragsbearbeitung als Zielsetzung haben. Der Abschluss aller Auftragsprozesse sind die Buchung des Zahlungseingangs sowie die sich anschließenden (After-Sales-)Leistungen des Kundenmanagements zur Erhaltung und Intensivierung der Geschäftsbeziehungen. In diesem Zusammenhang sind die teilweise schon im Rahmen der Kundenakquisition eingesetzten absatzpolitischen Instrumente erforderlich, um aus gewonnenen Neukunden langfristig treue Stammkunden zu machen und somit einen Kundenwert für das Unternehmen zu schaffen.

Beispiel

Auch bei der Heidtkötter KG wird zunächst stets geprüft, ob der anfragende Kunde bereits bekannt ist, ob die Heidtkötter KG die angefragten Leistungen im Absatzprogramm führt, ob Lagerbestände vorhanden sind usw. Anschließend nimmt die Heidtkötter KG Kontakt mit dem (potenziellen) Kunden auf und führt die erforderlichen Prozesse aus, um ein Geschäft erfolgreich zustande zu bringen. Dabei wird die Heidtkötter KG versuchen, alle Kunden durch eine intensive Betreuung und Unterstützung vor dem Zustandekommen des Vertrages und auch insbesondere im Anschluss an das Entstehen der Geschäftsbeziehung an sich zu binden. Aktuell ist man dabei, ein effektives Customer Relationship-Management einzurichten.

Alle Tätigkeiten im Rahmen der Auftragsabwicklung laufen intern in den unterschiedlichen Funktionsbereichen und entlang der Supply Chain ab. Die ohne Störung ablaufende Auftragsabwicklung schließt vorerst mit der Buchung der eingegangenen Zahlung des Kunden ab. Aufgrund der Globalisierung spielt die Zahlungssicherung im Außenhandel eine immer größere Rolle.

Nicht weniger wichtig ist, dass die physische Organisation der Güterverteilung im Zuge der Auftragsabwicklung sichergestellt ist. Diese Aufgabe übernimmt die Distributionslogistik. Aufgrund sich verschärfender gesetzlicher Vorgaben und des gestiegenen Umweltbewusstseins der Kunden gewinnt in diesem Zusammenhang auch die Entsorgungslogistik zunehmend an Bedeutung.

3.1 Die Auftragsabwicklung

Stellt ein potenzieller Neukunde eine Anfrage bezüglich eines Bürostuhls an die Heidtkötter KG, löst dies eine Vielzahl von Prozessen aus, die nun teilweise im Folgenden beschrieben werden:

Zunächst wird eine Kundenüberprüfung durchgeführt, indem die Heidtkötter KG mithilfe externer Auskunfteien[1] die Bonität, das betriebliche Umfeld oder auch die Kundenstruktur des eventuellen Neukunden überprüft. Weiterhin wird geprüft, ob die

1 Auskunfteien sind Unternehmen, die gegen ein Entgelt Informationen (z. B. ein Bonitätsrating) über Unternehmen zur Verfügung stellen; zum Beispiel: SCHUFA (Vereinigung der Schutzgemeinschaft für allgemeine Kreditsicherung), Creditreform.

Heidtkötter KG den angefragten Bürostuhl in ihrem Absatzprogramm führt, selbst herstellt und Lagerbestände vorrätig sind. Sollte die Heidtkötter KG diese Bürostühle selbst fertigen, müssen die Auslastung der zur Verfügung stehenden Kapazitäten, die Fertigungsdauer sowie die Beschaffungsdauer erforderlicher Rohstoffe und Montageteile geprüft werden. Je nach Ergebnis dieser Überprüfungen wird dem Kunden eine Absage oder ein konkretes Angebot unterbreitet, das die angefragten Informationen wie z. B. Preis, Preisnachlässe, Lieferbedingungen und Liefertermin beinhaltet. Die nun anfallenden Tätigkeiten, die auch von den konkreten Vertragsvereinbarungen abhängen, können Sie der folgenden Grafik[1] entnehmen. Für die Heidtkötter KG ist nun wichtig, den zugesagten Liefertermin sowie den Zahlungseingang zu überwachen.

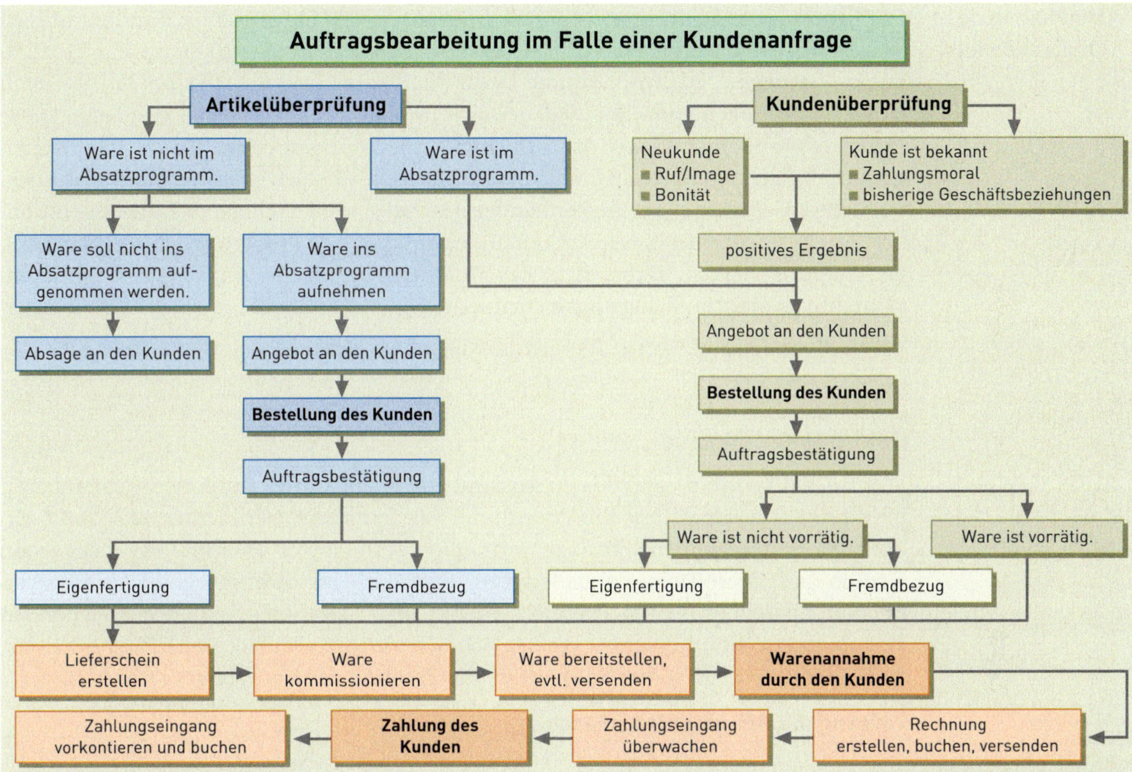

Aufgaben

› Kap. 3.1

1. Erläutern Sie wesentliche Tätigkeiten der Auftragsabwicklung vom Auftragseingang bis zur Auslieferung der Produkte in einer sinnvollen Reihenfolge. Differenzieren Sie dabei zwischen der Bearbeitung bei Neukunden und bei Stammkunden.
2. Erstellen Sie für den Prozess der Auftragsabwicklung Ihres Ausbildungsbetriebes eine Ereignisgesteuerte Prozesskette (EPK). Vergleichen Sie anschließend Ihre Ergebnisse mit Ihrem Tischnachbarn und stellen Sie Gemeinsamkeiten und Unterschiede heraus. › **Recherche**
3. Nennen Sie die Dokumente, die im Rahmen der Auftragsabwicklung (von der Anfrage bis zur Buchung der Ausgangsrechnung) erforderlich sind und erläutern Sie jeweils deren Zweck. Vergleichen Sie Ihre Nennungen mit den in Ihrem Ausbildungsbetrieb eingesetzten Dokumenten. › **Recherche**
4. Listen Sie alle Informationen auf, die in Ihrem Ausbildungsbetrieb für die Auftragsabwicklung erfasst und benötigt werden. Tauschen Sie sich anschließend im Klassenverband darüber aus. › **Recherche**

1 Diese Grafik erhebt keinen Anspruch auf Vollständigkeit.

3.2
Möglichkeiten der Zahlungssicherung im Außenhandel

Unter anderem aufgrund der Globalisierung der Märkte wird der **Außenhandel** für Deutschland immer wichtiger:

Anteil am BIP	2000	2005	2011
Exportquote = (Export/BIP) · 100	29,2 %	35,3 %	41,3 %
Importquote = (Import/BIP) · 100	26,3 %	28,2 %	35,1 %

Quelle: OECD, Statistisches Bundesamt

Bedeutung des Außenhandels

Die **Exportquote** Deutschlands lag nach Angaben des Statistischen Bundesamtes in Wiesbaden im Jahr 2011 bei 41,3 %. Sie ist damit seit dem Jahr 2000 um 12,1 Prozentpunkte gestiegen. Die Importquote Deutschlands lag im Jahr 2011 bei 35,1 %. Auch sie ist im Vergleich zum Jahr 2000 deutlich (um 8,8 Prozentpunkte) gestiegen. Diese Aufwärtsbewegung außenwirtschaftlicher Verflechtungen bringt für die heimischen Unternehmen neue Herausforderungen mit sich, die sich insbesondere in der vertraglichen Gestaltung der Außenhandelsgeschäfte niederschlagen. Denn die besondere Herausforderung dieser Außenhandelsgeschäfte ist die vertragliche Absicherung der Zahlungsrisiken. Dabei sind das **Dokumenteninkasso** und das **Dokumentenakkreditiv** bewährte **Sicherungsinstrumente im Außenhandel**, die im Folgenden erläutert werden.

3.2.1
Dokumenteninkasso

Verkäufer (Exporteur) und der im Ausland ansässige Käufer (Importeur) vereinbaren in ihrem Kaufvertrag, dass die Ware durch den Spediteur/Verfrachter oder durch ein Zolllager nur gegen die Vorlage vertraglich festgelegter Dokumente ausgegeben werden darf. Diese Dokumente beweisen, dass die Ware ordnungsgemäß einem Verfrachter übergeben wurde (Konnossement[1]) und dieser über einen ausreichenden Transportversicherungsschutz verfügt (Versicherungszertifikat). Der Käufer erhält die Dokumente erst von seiner Bank, wenn die Zahlung des Kaufpreises erfolgt ist.

Zahlung mit Dokumenteninkasso

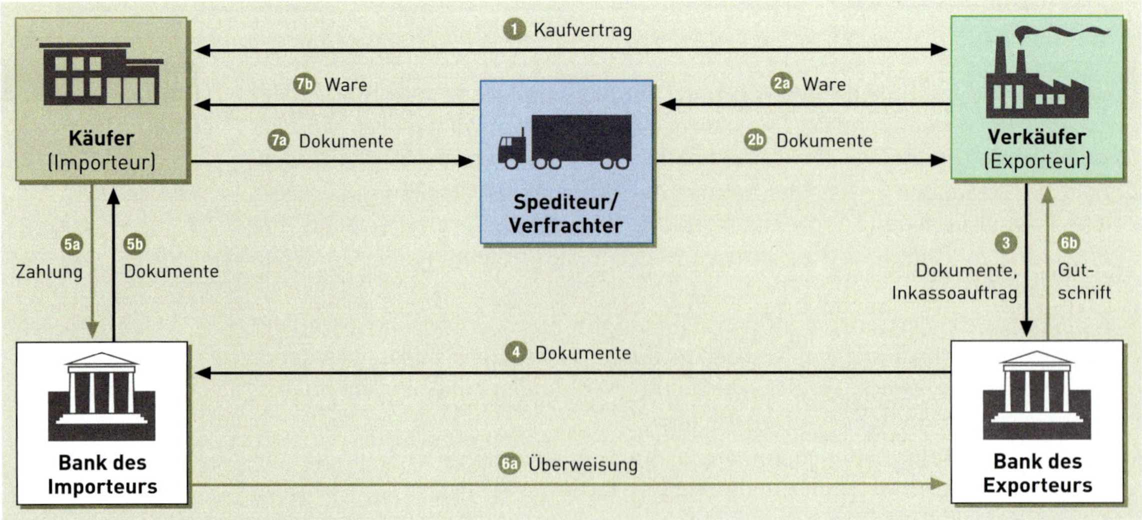

1 Das Konnossement ist ein Warenwertpapier und verbrieft das Eigentum an den im Konnossement aufgeführten Waren.

Ablauf Dokumenteninkasso

1. Verkäufer und Käufer schließen einen Kaufvertrag mit der vertraglichen Festlegung auf die Zahlung mit Dokumenteninkasso *documents against payment (D/P)*, „Zahlung gegen Aushändigung der Dokumente“. Die Art der Dokumente wird im Kaufvertrag exakt bestimmt.
2. Der Exporteur liefert die Ware an den Spediteur aus und erhält dafür die Transportdokumente (z. B. Konnossement *[bill of lading]*).
3. Der Exporteur gibt die Dokumente zusammen mit einem Inkassoauftrag an seine Hausbank.
4. Die Hausbank des Exporteurs sendet die Dokumente an die Bank des Importeurs. Die Dokumente werden durch die Bank nicht überprüft.
5. Nachdem der Importeur gezahlt hat, übergibt ihm seine Bank die Dokumente.
6. Die Bank des Importeurs überweist den Kaufpreis an die Hausbank des Exporteurs, die wiederum den Zahlungseingang dem Exporteur auf seinem Konto gutschreibt.
7. Gegen die Vorlage der Dokumente übergibt der Verfrachter die Ware an den Importeur.

Die Zahlung des Importeurs 5a erfolgt sofort (Dokumente gegen Zahlung [D/P = *documents against payment]*), wenn die Dokumente der Bank vorliegen. Die Ausgabe der Dokumente erfolgt Zug-um-Zug nach Zahlung des Kaufpreises. Der Importeur hat also die Ware bezahlt, bevor er sie gegen Vorlage der Dokumente erhalten hat.

Die Zahlung 5a kann auch durch Akzeptierung eines Wechsels (Tratte) (Dokumente gegen Akzept [D/A = *documents against acceptance]*) erfolgen. In diesem Fall gewährt der Exporteur ein Zahlungsziel.

Vorteil/Nachteile Dokumenteninkasso

Vorteil	Nachteile
■ Der Exporteur bleibt Eigentümer seiner Ware, falls der Importeur nicht bezahlt (keine Aushändigung der Dokumente → keine Aushändigung der Ware).	■ Falls der Importeur nicht zahlt und die Ware im Ausland angekommen ist, muss der Exporteur die nicht bezahlte Ware auf eigene Kosten einlagern, verkaufen oder zurücktransportieren. ■ Bei Herausgabe der Dokumente gegen einen akzeptierten Wechsel besteht das Risiko, dass der Wechsel nicht am Fälligkeitstag eingelöst wird und der Importeur die Ware bereits verwertet oder verkauft hat.

Aufgrund der beschriebenen Risiken (siehe Nachteile) sollte das Dokumenteninkasso nur verwendet werden, wenn

- langfristige, gute Geschäftsbeziehungen zum Käufer im Ausland bestehen,
- die Zahlungsfähigkeit des Käufers gesichert ist sowie
- die wirtschaftlichen und politischen Verhältnisse im Ausland sicher sind.

3.2.2 Dokumentenakkreditiv

Auch beim Dokumentenakkreditiv vereinbaren Verkäufer (Exporteur) und der im Ausland ansässige Käufer (Importeur) in ihrem Kaufvertrag, dass die Ware durch den Spediteur/Verfrachter oder durch ein Zolllager nur gegen Vorlage vertraglich festgelegter Dokumente ausgegeben wird. In diesem Fall verspricht die Bank des Importeurs im Auftrag und für Rechnung des Käufers nach Vorlage und Übergabe vertraglich festgelegter Dokumente (i. d. R. Konnossement, Rechnung des Verkäufers, Versicherungszertifikat) an den Verkäufer/Exporteur den vereinbarten Kaufpreis zu zahlen. Die (eröffnende) Bank des Importeurs geht gegenüber dem Verkäufer ein abstraktes, bedingtes Schuldversprechen ein. „Abstrakt“ heißt, dass die eröffnende Bank ein einseitig verpflichtendes, vom Warengeschäft losgelöstes Leistungsversprechen gegenüber dem Exporteur eingeht. „Bedingt“ bedeutet, dass die Bank zahlen muss, wenn der Exporteur seinen Verpflichtungen aus dem Akkreditiv nachkommt.

Bei einem bestätigten Akkreditiv[1] übernimmt die Hausbank des Verkäufers zusätzlich eine Leistungsverpflichtung.

Zahlung mit Dokumentenakkreditiv

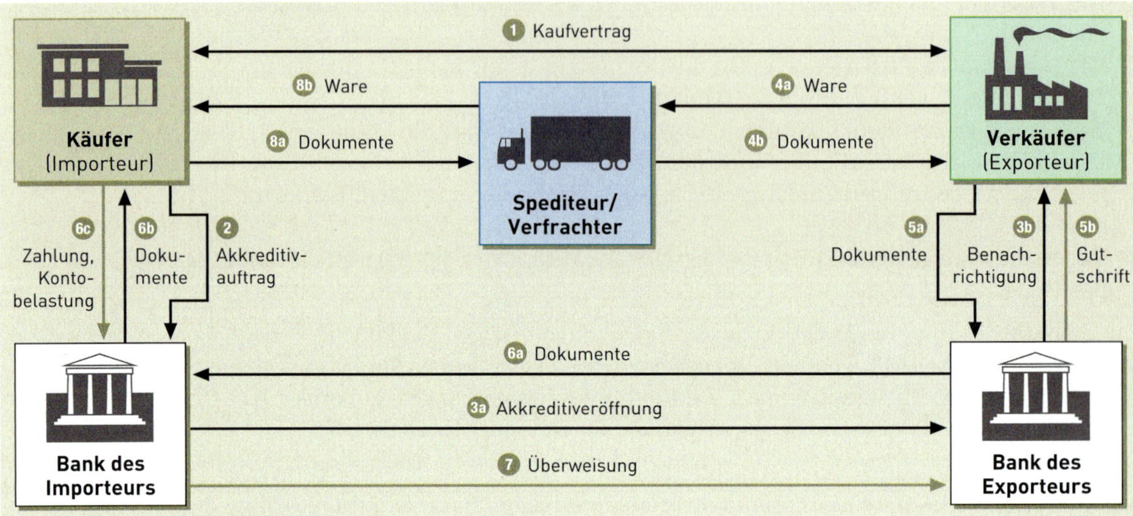

Ablauf Dokumentenakkreditiv

1. Verkäufer und Käufer schließen einen Kaufvertrag mit der vertraglichen Festlegung auf die Zahlung mit Dokumentenakkreditiv. Die Art der Dokumente wird im Kaufvertrag exakt bestimmt.
2. Der Importeur erstellt einen Auftrag zur Akkreditiveröffnung an seine Bank und stellt das Geld zum Rechnungsausgleich bereit.
3. Nach Prüfung des Akkreditivauftrags informiert die Bank des Importeurs die Hausbank des Exporteurs über die Akkreditiveröffnung. Diese benachrichtigt den Exporteur über das eröffnete Akkreditiv.
4. Der Exporteur übergibt die Ware an den Spediteur/Verfrachter und erhält die erforderlichen Dokumente (Konnossement, Rechnung des Verkäufers, Versicherungszertifikat), die den Versand der Ware beweisen.
5. Nach Abgabe der Dokumente bei seiner Hausbank wird dem Exporteur der Kaufpreis auf seinem Konto gutgeschrieben.
6. Die Hausbank des Exporteurs leitet die Dokumente an die Bank des Importeurs. Diese gibt die Dokumente an den Importeur weiter und belastet sein Konto.
7. Nach Abgabe der Dokumente überweist die Bank des Importeurs den Kaufpreis an die Hausbank des Exporteurs.
8. Der Importeur übergibt die Dokumente an den Verfrachter und erhält die Ware.

Vorteil/Nachteile Dokumentenakkreditiv

Vorteil	Nachteile
▪ Es besteht Zahlungssicherheit für den Exporteur, da ein Zahlungsversprechen der Bank des Importeurs (unbestätigtes Akkreditiv) und gegebenenfalls sogar der Bank des Exporteurs (bestätigtes Akkreditiv) vorliegt.	▪ Der Importeur zahlt erst nach Erhalt der Dokumente. ▪ Die Ware kann nicht vor Zahlung des Kaufpreises geprüft werden. ▪ Bei Herausgabe der Dokumente gegen einen akzeptierten Wechsel besteht das Risiko, dass der Wechsel nicht am Fälligkeitstag eingelöst wird und der Importeur die Ware bereits verwertet oder verkauft hat.

1 gegen Zahlung einer Bestätigungsprovision

Das Dokumentenakkreditiv ist eine sehr sichere Zahlungsbedingung und wird häufig bei ersten Geschäften mit neuen, wenig bekannten Kunden im Ausland verwendet.

Folgende Tabelle fasst einige **Zahlungsbedingungen im Außenhandel** zusammen:

	Vorauszahlung	**Anzahlung**	**Dokumentenakkreditiv**	**Kasse gegen Ware**	**Dokumenteninkasso**		**Zielverkauf**
					Dokumente gegen Zahlung	Dokumente gegen Akzept	
englische Bezeichnung	*cash in advance* oder *cash before delivery*	*down payment*	*letter of credit*	*cash on delivery*	*documents against payment*	*documents against acceptance*	*sale on deferred terms* oder *purchase on account*
Kürzel	(CIA) oder (CBD)		(L/C)	(COD)	(D/P)	(D/A)	
Beschreibung	Der komplette Kaufpreis wird vor der Lieferung gezahlt.	Vereinbarte Teilzahlungen erfolgen vor Lieferung.	Der Importeur beauftragt seine Bank bei Erfüllung der Akkreditivbedingungen (u. a. Vorlage der vereinbarten Dokumente) den Kaufpreis zu zahlen (Zahlungsversprechen der Bank des Importeurs).	Die Zahlung erfolgt bei Lieferung Zug-um-Zug per Nachnahme über eingeschaltete Vertrauenspersonen (Bank, Spediteur, Lagerhalter).	Der Exporteur beauftragt seine Hausbank, den Kaufpreis gegen Abgabe vereinbarter Dokumente einzuziehen.	Der Exporteur beauftragt seine Hausbank, den Kaufpreis gegen Abgabe vereinbarter Dokumente einzuziehen. Die Zahlung erfolgt durch Akzeptierung eines Wechsels.	Der Importeur erhält die Ware auf Rechnung mit einem Zahlungsziel, ohne weitere Absicherung.
Anwendung und Bewertung	bei Ausfuhr in politisch/wirtschaftlich unsichere Länder bei neuen, problematischen Kunden	bei neuen Kunden bei kapitalintensiven Großaufträgen Abnahme der Lieferung wird gesichert	bei neuen, nicht gut bekannten Kunden Sicherung des Waren- und Zahlungseingangs Zahlungsversprechen der Bank des Kunden sowie der eigenen Bank (bestätigter Akkreditiv)	Vertrauensverhältnis bei Nachnahme erforderlich Risiko, dass der Importeur die Ware verspätet oder gar nicht annimmt besonders innerhalb der EU	bei Kunden mit länger bestehenden Geschäftsbeziehungen Risiko, dass der Kunde die Dokumente nicht oder verspätet annimmt besonders innerhalb der EU	bei guten Kunden mit länger bestehenden Geschäftsbeziehugen Exporteur gewährt ein durch ein Wechselgeschäft gesichertes Zahlungsziel besonders innerhalb der EU	erfordert ein sehr großes Vertrauensverhältnis nur Kunden mit langjähriger Geschäftsbeziehung besonders innerhalb der EU
Sicherheit	← **sicher**			für den Exporteur			**unsicher** →

weitere Risiken

Über das Zahlungsrisiko hinaus beinhalten Außenhandelsgeschäfte noch weitere Risiken, gegen die sich der Exporteur mithilfe vertraglicher Vereinbarungen absichern kann:

- **Transportrisiko:** Abschließen von Transportversicherungen; genaue Festlegung des Gefahrenübergangs durch die Festlegung von Incoterms
- **Wechselkursrisiko:** Fakturierung der Ausgangsrechnungen in €

› Teil B, Kap. 3.2.2 Incoterms

Aufgaben

› Kap. 3.2

1. Die folgende Grafik zeigt den Verlauf der Zahlung eines Exportgeschäftes per Dokumenteninkasso. Übernehmen Sie die Abbildung und beschriften Sie die Pfeile, indem Sie die Zahlen den unten aufgeführten Aspekten zuordnen.

Zahlung mit Dokumenteninkasso

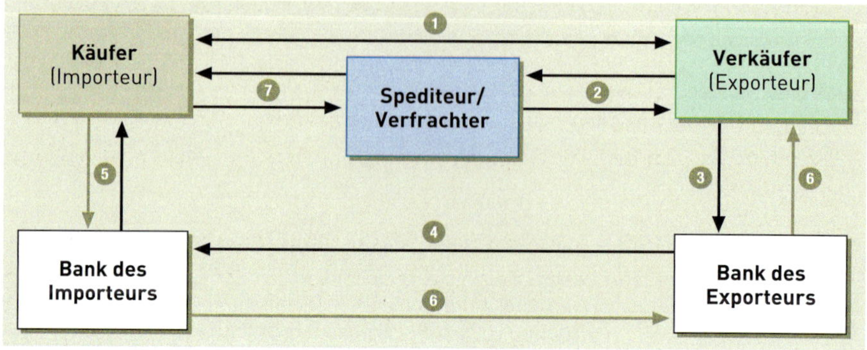

a) *Weitergabe der Dokumente an die Bank des Importeurs*
b) *Überweisung des Kaufpreises an die Bank des Exporteurs, die den Betrag auf dem Konto des Verkäufers gutschreibt*
c) *Bei Lastschrift des Kaufpreises erhält der Käufer die Dokumente von seiner Bank.*
d) *Weitergabe der Dokumente und eines Inkassoauftrags an die Hausbank*
e) *Kaufvertrag*
f) *Vorlage der Dokumente beim Spediteur, der die Ware herausgibt*
g) *Verkäufer liefert Ware an den Spediteur aus und erhält die Dokumente.*

2. Die folgende Grafik zeigt den Verlauf der Zahlung eines Exportgeschäftes per Dokumentenakkreditiv. Übernehmen Sie die Abbildung und beschriften Sie die Pfeile, indem Sie die Zahlen den unten aufgeführten Aspekten zuordnen.

Zahlung mit Dokumentenakkreditiv

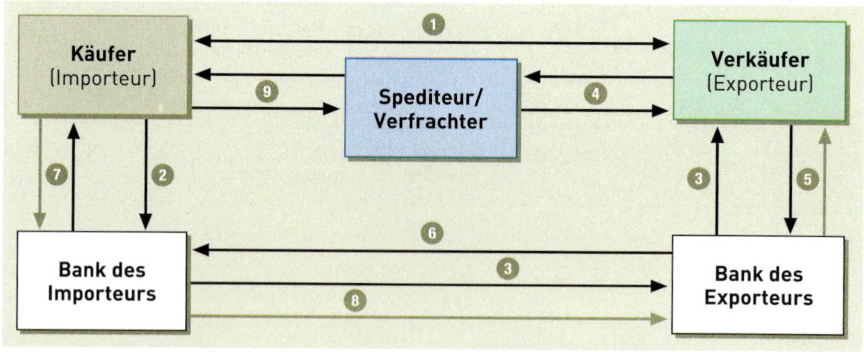

a) *Der Importeur übergibt die Dokumente an den Verfrachter und erhält die Ware.*
b) *Auftrag zur Akkreditiveröffnung und Bereitstellung des Kaufpreises*
c) *Übergabe der Ware an den Verfrachter, der die Dokumente als Nachweis für den Versand herausgibt*
d) *Verkäufer und Käufer schließen einen Kaufvertrag mit der vertraglichen Festlegung auf die Zahlung mit Dokumentenakkreditiv.*
e) *Weitergabe der Dokumente an den Importeur, verbunden mit der Belastung seines Kontos*

6101418

f) *Information über die Akkreditiveröffnung und Benachrichtigung des Verkäufers*
g) *Weitergabe der Dokumente an die Hausbank des Importeurs*
h) *Überweisung des Rechnungsbetrages an die Bank des Exporteurs*
i) *Weitergabe der Dokumente an die Hausbank, die den Rechnungsbetrag gutschreibt*

3. Erläutern Sie den wesentlichen Unterschied zwischen einem Dokumenteninkasso und einem Dokumentenakkreditiv.

4. Beschreiben Sie zwei weitere Risiken, die neben dem Zahlungsrisiko für deutsche Unternehmen im Außenhandelsgeschäft mit asiatischen Importeuren bestehen könnten. Beschreiben Sie jeweils eine entsprechende Form der Risikovermeidung.

5. Welche der folgenden Aussagen zum Dokumentenakkreditiv ist zutreffend?
a) *Das Dokumenteninkasso ist gegenüber dem Dokumentenakkreditiv die sicherere Zahlungsart.*
b) *Für den Importeur besteht beim Dokumentenakkreditiv das Risiko, dass der Exporteur qualitätsmäßig minderwertige Ware liefert oder mit gefälschten Dokumenten den Anschein kontraktgemäßer Lieferung erweckt.*
c) *Das Dokumentenakkreditiv kommt den Interessen des Importeurs stärker entgegen als das Dokumenteninkasso.*
d) *Bei einem unbestätigten Dokumentenakkreditiv besteht zwischen der avisierenden Bank (Bank des Exporteurs) und dem Exporteur ein Zahlungsversprechen.*
e) *Beim Dokumentenakkreditiv gibt die eröffnende Bank ein bedingtes, abstraktes Schuldversprechen gegenüber dem Importeur ab.*

3.3 Das Kundenmanagement

Das Objekt der Begierde eines jeden auf wirtschaftliche Erfolge ausgerichteten Unternehmens ist der Kunde. Aufgrund seiner im Käufermarkt bestehenden Marktmacht bestimmt der Käufer häufig die im Unternehmen anstehenden Entscheidungen. Fast alle Tätigkeiten des Unternehmens sind darauf ausgerichtet, bei potenziellen Kunden (neue) Bedürfnisse zu erzeugen, bestehende Bedürfnisse zu erfüllen, sich von Konkurrenten positiv abzuheben, neue Kunden zu gewinnen[1] und diese so zu „bedienen", dass sie zu treuen Stammkunden werden. Dieses Bestreben ist insbesondere in der Automobilindustrie spürbar. Die Spannbreite angebotener Extras (z. B. Einparkhilfe, sensorgesteuerte Scheibenwisch- und Lichtfunktionen, aufrüstbare Fahrradträger, elektronische Wegfahrsperren, Ausleihe von Fahrrädern im Falle von Reparaturdiensten usw.) wird immer breiter und soll zu Zufriedenheit und Anschlusskäufen führen. Diese Zielsetzung verfolgt das **Kundenmanagement** bzw. **Customer Relationship Management (CRM)**. Es umfasst alle unter Zuhilfenahme moderner Informations- und Kommunikationstechnologien geeigneten Maßnahmen, um die Entstehung, Intensivierung und Verlängerung von Kundenbeziehungen auf- und auszubauen und den entstehenden Kundenbeziehungs-Lebenszyklus langfristig zu beeinflussen. Diese Kundenausrichtung hat zur Folge, dass der **Kunde als „Wertanlage"** betrachtet wird und erfordert eine kundenorientierte Unternehmensstrategie sowie eine Ausrichtung aller Marketingaktivitäten auf den Kunden.

Kundenmanagement

betriebswirtschaftliche Komponente

Dies wird dann gut möglich sein, wenn die Organisation/Struktur des Unternehmens nicht mehr funktionsorientiert ist, sondern sich an den Geschäftsprozessen mit den jeweiligen Kunden orientiert und somit prozessorientiert[2] ausgerichtet ist. Es geht darum, die aktuellen Wünsche eines Kunden zu erfüllen sowie die zukünftigen Bedürfnisse im Voraus zu erahnen, sie dann zufriedenzustellen und den Kunden als einen langfristigen Stammkunden zu halten.

technische Komponente

Neben diesen betriebswirtschaftlichen Aspekten ist die Nutzung aktueller, moderner Informationstechnologien unabdingbar. Eine prozessorientierte Struktur kann durch den **Aufbau eines kundenorientierten Informationssystems** unterstützt werden. Der ständige, zeitlich nahe und schnelle Kontakt zum Kunden wird durch den Einsatz dieser Informationssysteme teilweise erst möglich. Das **CRM** ist demnach ein Managementsystem, das mit Hilfe moderner Kommunikations- und Informationssysteme durch eine enge Zusammenarbeit und die Umsetzung kundenorientierter Geschäftsprozesse beabsichtigt, Kunden auf lange Zeitdauer als treue Stammkunden an das Unternehmen zu binden.

Customer Relationship Management (CRM)

Zielsetzungen

Die Aufgaben der Kundenbindung dienen der Aufrechterhaltung und Intensivierung bestehender Geschäftsbeziehungen und verfolgen die Erfüllung folgender **Werte bzw. Ansprüche beim Kunden**:

- **Zufriedenheit** (z. B. durch hohen Grund-/Zusatznutzen, Qualität der Leistungen und Serviceleistungen)
- **Kulanz** (z. B. Entgegenkommen bei Vertragsverhandlungen oder auftretenden Vertragsstörungen)
- **Vertrauen/Zuverlässigkeit** (z. B. Pünktlichkeit der Lieferung, Vertrauen in die Qualität der Leistungen)
- **Hilfsbereitschaft** (z. B. bei kurzfristigen Bestellungen, Systemlösungen, speziellen Leistungsanforderungen)

1 Kundenakquisition (Kundengewinnung, Kundenakquise)
2 Zur prozessorientierten Unternehmensorganisation siehe Teil A, Kap. 4.2

- **Zusammenarbeit** (z. B. in der Forschung und Entwicklung, gemeinsame Marketingaktionen, Ergänzung in den jeweils eigenen Leistungen für Dritte oder bei entsprechenden Zielsetzungen)

Erst wenn das Unternehmen mit seinen Leistungen einen Kundennutzen stiftet, der den Kundenbedürfnissen entspricht, kann es eine Kundenzufriedenheit und eine dauerhafte Kundenbindung erreichen. Diese Kundenbindung schafft einen Kundenwert (Kundenumsatz) für das Unternehmen, der wiederum den Unternehmenswert steigert.

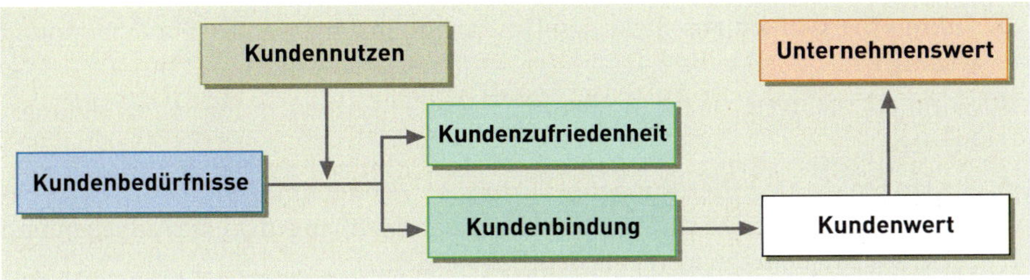

Maßnahmen

Zur Pflege und Bindung der Kunden, deren Bedürfnisse ganz unterschiedlich sind und sich ständig verändern, kann das Kundenmanagement eines Unternehmens eine Vielzahl von Maßnahmen ergreifen:

- Anbieten von individuellen Systemlösungen,
- Integration des Kunden (der Kundenwünsche) bei internen Entscheidungen und Zielsetzungen,
- gemeinsame Tätigkeiten im Rahmen der Forschung und Entwicklung,
- Gewährung umsatzabhängiger Bonus- und Rabattstaffeln,
- Abhängigkeit eines gewährten Kundenskontos von der Intensität der Geschäftsbeziehungen,
- umfangreiches Angebot im Bereich der After-Sales-Leistungen und im Bereich der Servicepolitik,
- intensive und regelmäßige Kommunikation, die auch das Interesse an einer wirtschaftlichen Entwicklung des Kunden zeigt,
- computergestützte Kommunikation, die Prozesse in der Auftragsabwicklung beschleunigt und gegenseitiges Vertrauen schafft,
- computergestützter Kontakt „rund um die Uhr" (z. B. Hotline, Vertragsabschluss über Internet),
- intensiver und entgegenkommender Umgang mit Kundenunzufriedenheit (Beschwerdemanagement).

Die Anzahl und Intensität des Einsatzes dieser Maßnahmen sind sehr kostenintensiv und unterscheiden sich je nach Kunde. Daher führen viele Unternehmen zur Schwerpunktsetzung ihrer Bemühungen eine ABC-Analyse durch. Der Löwenanteil der Kundenmanagementaktivitäten liegt auf den A-Kunden[1], die die umsatzstärksten und langfristigsten Geschäftsbeziehungen zum Unternehmen unterhalten. Insbesondere prozessorientiert organisierte Unternehmen benennen sogenannte Key Account-Manager, die diese Kunden in allen Bereichen der Auftragsabwicklung, der Beratung, einer möglichen Finanzierung bis zu den After-Sales-Leistungen betreuen.

Die Kundenpflege bzw. -bindung ist häufig einfacher und kostengünstiger als eine Kundengewinnung oder -rückgewinnung. Die Kundenrückgewinnung ist auch daher sehr schwierig, weil sich unzufriedene Kunden nicht mehr beschweren und den Grund ihrer Unzufriedenheit nicht mehr mitteilen, sondern aufgrund der vorherrschenden Markttransparenz sofort den Anbieter wechseln.

1 Premiumkunden, Key-Account-Kunden, Großkunden

Aufgaben

› Kap. 3.3

1. Führen Sie Gründe an, warum ein Industrieunternehmen einen Auftrag ablehnt.
2. Ein systematisches Beschwerdemanagement gilt als zentraler Erfolgsfaktor für dauerhafte Kundenbindung.
   a) Nennen und beschreiben Sie zentrale Elemente eines systematischen Beschwerdemanagements.
   b) Begründen Sie, warum ein systematisches Beschwerdemanagement die Kundenbindung unterstützt.
3. Führen Sie Gründe aus Sicht des Unternehmens an, warum Kundenbindung wichtig ist.

› **Recherche**

4. Sammeln Sie Beispiele für Kundenmanagementprozesse in Ihrem Ausbildungsbetrieb.
5. Stellen Sie die Begriffe „Kundenbedürfnisse", „Kundennutzen", „Kundenzufriedenheit" und „Kundenwert" so in einen Zusammenhang, dass die Aufgaben und Ziele des Kundenmanagements deutlich werden.
6. Nennen Sie Ziele und Instrumente des CRM.
7. Nennen Sie Beispiele dazu, wo Sie als Kunde mit Kundenmanagementsystemen bzw. CRM in Berührung kommen.
8. Erläutern Sie die Funktionsweise der im folgenden Artikel beschriebenen „App" für die Verwaltung von Kundenkarten. Sammeln Sie Chancen und Risiken des Einsatzes dieser App aus der Sicht der mitwirkenden Unternehmen und aus der Sicht der Kunden.

So nimmt das Portemonnaie „app": „Stocard" verwaltet Kundenkarten

Quillt Ihre Brieftasche auch über mit Kundenkarten, Payback-Plastik und allerei Kärtchen, die Sie vielleicht nur zweimal im Jahr benötigen? Die kostenlose App Stocard schafft bei genau diesem Problem Abhilfe und bündelt die Karteninformationen auf dem iPhone.

Kennen Sie diesen Moment, wenn man eine App entdeckt hat und sich fragt „Warum gab es das nicht schon früher?". Genau das passiert, wenn man Stocard (iTunes-Link) das erste Mal ausprobiert. Die Funktionsweise der Anwendung ist schnell erklärt: Sie wählen aus einer Datenbank von derzeit über 300 Firmen die Unternehmen bzw. Programme aus, von denen Sie eine Kundenkarte besitzen. Über einen Scanner lesen Sie wahlweise den Barcode der Karte ein oder geben eine Ziffernfolge ein. Voilá! Das war's schon. Die App hat nun die Daten abgespeichert. Beim nächsten Mal an der Kasse wählen Sie einfach aus dem Reiter „Meine Karten" die richtige aus und lassen den Mitarbeiter den Barcode einscannen.

Kostenlos, anonym und unkompliziert

Seit dem Update sind noch mehr Unternehmen mit an Bord, darunter IKEA, ADAC, Europcar, Globetrotter, Shell, Budni, Air Berlin, Karstadt oder auch Sport Scheck. Gut gefällt uns, dass sich die App anonym nutzen lässt und nicht zusätzlich das Anlegen eines weiteren Benutzerkontos verlangt.

Findet sich ein Unternehmen einmal nicht in der Vorauswahl, können Sie es manuell hinzufügen. Unter dem Register „Angebote" listet die Software außerdem Deals, die zu Ihren Kundenkarten passen. Kleiner Wermutstropfen: Es besteht die Möglichkeit, dass einzelne Geschäfte noch mit Scannern arbeiten, die die Barcodes nicht von Smartphone-Display ablesen können. Für diesen Fall gibt die App immer noch die Barcode-Nummer mit aus, die der Kassierer dann händisch eingeben kann.

Fazit: Eine schlichte, intuitiv zu bedienende App, die nichts kostet und Platz im Portemonnaie schafft. Von uns gibt es eine klare Downloadempfehlung!

Quelle: www.m-magazin.net, abgerufen am 25.03.2013

6101422

3.4 Vertragsstörungen seitens des Käufers

Vertragsstörungen, die im Rahmen des Absatzes von Leistungen auftreten, werden in der Regel vom Käufer verursacht, indem er die gelieferte bzw. bereitgestellte Ware nicht annimmt/abholt oder den zu leistenden Kaufpreis nicht oder nur teilweise termingerecht zahlt.

3.4.1 Annahmeverzug

Beim Annahmeverzug nimmt der Gläubiger die erbrachte Leistung des Schuldners nicht an. Diese, in den Bereich des Gläubigerverzugs gehörende Vertragsstörung kommt in der Praxis kaum vor. Dennoch soll der Schuldner für den Fall, dass er seinen Verpflichtungen vertragsgemäß nachkommt, geschützt werden.

Folgende Voraussetzungen müssen für einen Annahmeverzug erfüllt sein (§§ 293, 294, 299 BGB):

- Die Leistung muss fällig sein und der Schuldner muss diese tatsächlich in der richtigen Weise, am richtigen Ort zur richtigen Zeit anbieten.
- Der Gläubiger nimmt die ordnungsgemäß angebotene Leistung nicht an; ein Verschulden des Gläubigers ist unerheblich.

Die Auswirkungen eines Annahmeverzugs sind:

- Die Gefahr eines Untergangs bzw. der Verschlechterung der Ware geht mit der Lieferung/Bereitstellung auf den Gläubiger über.
- Das Recht auf Gegenleistung bleibt unabhängig von einer eventuell möglichen Verschlechterung oder eines Untergangs bestehen (§ 326 BGB).

Die Rechte des Schuldners/Verkäufers bei Annahmeverzug:

Wird die Ware nicht angenommen, kann der Verkäufer sie im eigenen Lager oder auf Kosten und Gefahr des Käufers in einem Lagerhaus hinterlegen (§ 373 HGB). Folgende Rechte stehen anschließend zur Verfügung:

- **Klage auf Abnahme der Ware:** Der Verkäufer muss auch bei Annahmeverzug die Ware weiterhin liefern können. Auf Abnahme der Ware wird der Verkäufer insbesondere dann klagen, wenn es sich bei der Ware um Sonderanfertigungen speziell für den Käufer handelt.
- **Selbsthilfeverkauf:** Der Schuldner kann die Ware durch eine öffentliche Versteigerung weiter verkaufen (Selbsthilfeverkauf). Dem Käufer sind der Ort der Aufbewahrung sowie Ort und Zeitpunkt der Versteigerung mitzuteilen. Weiterhin muss der Selbsthilfeverkauf dem Käufer angedroht und eine Frist zur Abholung der Ware gewährt werden. Das Ergebnis der Versteigerung muss dem Käufer (per Abrechnung) mitgeteilt werden. Die anfallenden Kosten der Versteigerung sowie die Mindereinnahmen trägt der Käufer. Sollte der Erlös aus dem Selbsthilfeverkauf höher sein als die Forderungen des Verkäufers, so muss dieser die Differenz an den (ursprünglichen) Käufer zahlen.
- **Notverkauf:** Leicht verderbliche Ware (z. B. Lebensmittel) kann der Schuldner sofort nach Eintritt des Annahmeverzugs ohne vorherige Benachrichtigung auf Kosten des Käufers verkaufen. Auch hier muss der Käufer über das Ergebnis des Verkaufs informiert werden.

3.4.2 Nicht-Rechtzeitig-Zahlung (Zahlungsverzug)

› Teil B, Kap. 3.4.2

Eine häufige Form des Schuldnerverzugs ist die Nicht-Rechtzeitig-Zahlung. Die Voraussetzungen für das Vorliegen einer Nicht-Rechtzeitig-Zahlung und die daraus entstehenden Rechte des Gläubigers entsprechen im Wesentlichen denjenigen der Nicht-Rechtzeitig-Lieferung. Folgende Rechte kann der Gläubiger/Verkäufer unter entsprechenden Voraussetzungen geltend machen:

Rechte des Verkäufers aus einer Nicht-Rechtzeitig-Zahlung

Rücktritt vom Vertrag	Zahlung verlangen und evtl. Schadensersatz	Schadensersatz statt Leistung	Ersatz vergeblicher Aufwendungen und/oder Schadensersatz statt Leistung
(§ 323 BGB)	(§§ 280, 286, 288 BGB) (Verzugsschaden/-zinsen)	(§ 281 BGB) (Nichterfüllungsschaden)	(§ 284 BGB)
Voraussetzungen: Fälligkeit, Nachfrist	**Voraussetzungen:** Fälligkeit, Verschulden, Mahnung	**Voraussetzungen:** Fälligkeit, Verschulden, Nachfrist	**Voraussetzungen:** Fälligkeit, Verschulden, Nachfrist
entbehrlich, wenn ■ Käufer die Zahlung verweigert, ■ Zahlungstermin kalendermäßig bestimmt ist, ■ besondere Umstände vorliegen.	entbehrlich, wenn ■ Verkäufer die Zahlung verweigert, ■ Zahlungstermin kalendermäßig bestimmt ist, ■ 30 Tage nach Rechnungseingang oder Lieferung vergangen sind (Verbraucher muss in der Rechnung auf diese Folge hingewiesen werden), ■ besondere Gründe vorliegen.	entbehrlich, wenn ■ Käufer die Zahlung verweigert, ■ besondere Gründe vorliegen.	entbehrlich, wenn ■ Käufer die Zahlung verweigert, ■ besondere Gründe vorliegen.

Beide Rechte sind gleichzeitig anwendbar! (§ 325 BGB)

Die vom Schuldner zu entrichtenden Verzugszinsen liegen nach § 288 BGB grundsätzlich 5 % über dem aktuell von der Europäischen Zentralbank (EZB) für ein halbes Jahr festgelegten Basiszinssatz[1]. Bei einem zweiseitigen Handelskauf liegt er 8 % über dem aktuellen Basiszinssatz.

1 Der seit 01.01.2013 festgelegte Basiszinssatz liegt bei – 0,13 %.

Aufgaben

› Kap. 3.4

1. Beurteilen Sie, ob in den folgenden Fällen ein Annahmeverzug vorliegt.

a) Ein Lieferant liefert eine bestellte Warenlieferung zum vereinbarten Termin zum Erfüllungsort. Als er die Ladung abladen will sieht er ein Hinweisschild: *„In dieser Woche aufgrund von Betriebsferien geschlossen."*

b) Die Warenannahme der Möbelgroßhandlung Kumpernaß GmbH in Köln lehnt die Annahme der Lieferung ab, da diese laut Lieferschein an das Zentrallager in Jüchen bestimmt ist.

c) Ein Kunde der Heile GmbH weigert sich, eine Lieferung anzunehmen, da die Bestellung an die Heile GmbH erst gestern per E-Mail abgeschickt wurde. Der Kunde verfügt im Moment nicht über ausreichend Lagerkapazität, da er nicht so nicht mit einer Lieferung gerechnet hat.

2. Welches Recht würden Sie als Verkäufer im Falle eines Annahmeverzugs in Anspruch nehmen? Bitte begründen Sie.

a) Die termingerechte Lieferung einer Spezialmaschine, hergestellt nach den Wünschen des Kunden, wird abgelehnt, da beim Kunden mehrere Großaufträge völlig unerwartet nicht eingegangen sind und er diese Maschine jetzt nicht mehr benötigt.

b) Ein langjähriger Kunde eines Industrieunternehmens lehnt die Annahme einer Lieferung ab, da sie die benötigten Rohstoffe kurzfristig preiswerter beschaffen konnten.

3. Die Textilfabrik Vogelpohl KG, Köln liefert Damenbekleidung an die Großhandlung Behrensmeier GmbH in Erftstadt. Die Großhandlung Behrensmeier erhält die Rechnung am 29.11.20... Wann kommt die Großhandlung in folgenden Fällen in Zahlungsverzug?

a) Keine Vereinbarung bezüglich bestimmter Zahlungsbedingungen. Eine Mahnung wurde nicht versandt.

b) Keine Vereinbarung bezüglich bestimmter Zahlungsbedingungen. Eine Mahnung wurde am 13.12.20.. versandt.

c) Zahlungsbedingung: *Zahlung ab 14.12.20..*

d) Zahlungsbedingung: *Zahlung bis spätestens 18.12.20..*

e) Zahlungsbedingung: *Zahlung innerhalb 10 Tagen nach Rechnungsdatum unter Abzug von 3 % Skonto, ansonsten 40 Tage netto Kasse.*

4. Heute (30.12.01) wurde Ihnen in der Buchhaltung folgende Offene-Posten-Liste zur Bearbeitung vorgelegt:

Offene-Posten-Liste					
Kunde	**Forderung**	**Rechnungs-datum**	**Rechnungs-eingang**	**Zahlungsbedingung**	**Zahlungs-eingang**
Mann GmbH	54.345,00 €	02.11.01	05.11.01	Zahlbar innerhalb von 8 Tagen	noch offen
Amelang Büro KG	45.324,00 €	29.10.01	02.11.01	Überweisung bis zum 20.12.01	noch offen
Pennartz GmbH	1.456,00 €	08.11.01	10.11.01	Mahnung datiert zum 14.12.01	noch offen
Niko Schuh	135,00 €	22.11.01	25.11.01	Lieferung am 27.12.01, Zahlung Zug um Zug	noch offen

a) Begründen Sie, ob die Kunden jeweils im Zahlungsverzug sind.

b) Falls ein Zahlungsverzug vorliegt, ermitteln Sie bitte jeweils die Höhe der Verzugszinsen.

→

5. Im Kaufvertrag wurden keine spezifischen Vereinbarungen zu Liefer- oder Zahlungsbedingungen festgelegt. Die Lieferung der Ware erfolgte am 29.11.01. Die Rechnung lag der Lieferung bei und bisher wurde noch kein Zahlungseingang festgestellt. Mahnungen sind noch nicht erfolgt.

a) Ab welchem Tag gerät der Kunde nach den gesetzlichen Vorgaben in Zahlungsverzug?

b) Welches Recht kann der Verkäufer bei Zahlungsverzug geltend machen, wenn er noch keine Nachfrist gesetzt hat?

6. Prüfen Sie in den folgenden Fällen, ob ein Zahlungsverzug vorliegt. Begründen Sie Ihre Meinung.

a) Die Heidtkötter KG verschickt an einen Kunden (Unternehmer!) eine Rechnung, in der als spätester Zahlungstermin der 03.02.01 vermerkt ist. Am 05.02.01 stellt man fest, dass das Geld noch nicht eingetroffen ist.

b) Die Heidtkötter KG stellt einem Kunden aus Dortmund eine Rechnung aus. Es wird kein Rechnungsdatum eingetragen. Nach 20 Tagen denkt sich Herr Peek aus der Buchhaltung, der auch den Zahlungsverkehr überwacht, dass der Kunde endlich bezahlen muss.

c) Die Heidtkötter KG liefert Ware an einen Privatkunden. Die Rechnung wird mit der Ware versandt und mit dem Hinweis versehen, dass der Kunde sich in Zahlungsverzug befindet, wenn er die Rechnung nicht innerhalb von 30 Tagen bezahlt. Der Kunde hält sich nicht an diese Aufforderung und bezahlt die Rechnung nicht.

d) Die Heidtkötter KG verschickt an einen Kunden (Unternehmer!) eine Rechnung mit einem Zahlungsziel von 10 Tagen ab Rechnungsdatum. Der Kunde bezahlt nicht rechtzeitig. Auf einen Anruf hin begründet er sein Verhalten damit, dass eine Rechnung grundsätzlich erst nach 30 Tagen fällig sein kann.

7. a) Berechnen Sie für das folgende Beispiel die Verzugszinsen, die vom säumigen Kunden neben dem Rechnungsbetrag verlangt werden können:

- Rechnung fällig am 10.03.
- Bezahlung am 25.07.
- Rechnungsbetrag: 4.500,00 €
- Der Kunde ist Kaufmann.
- Basiszinssatz: 3,19 %

b) Berechnen Sie für das folgende Beispiel die Verzugszinsen anhand der folgenden Daten:

- Rechnung fällig am 02.07.
- Bezahlung am 18.12.
- Rechnungsbetrag: 1.350,00 €
- Der Kunde ist Privatmann.
- Basiszinssatz: 3,19 %

3.5 Logistische Absatzprozesse

3.5.1 Einordnung in den Logistikprozess

Bereits in Teil B wurde in Kapitel 4.1 definiert, dass unter **Logistik** alle Tätigkeiten gefasst werden, die sich mit physischen Material- und Informationsflüssen zwischen einzelnen Aufgabenträgern innerhalb des Wertschöpfungsprozesses befassen. Die logistischen Aufgaben (Lagern, Transportieren, Umschlagen, Verpacken) werden durch die Unternehmenslogistik (Teilbereiche Beschaffungs-, Produktions- und Distributionslogistik) und die Entsorgungslogistik wahrgenommen.

› Teil B, Kap. 4.1 Logistik

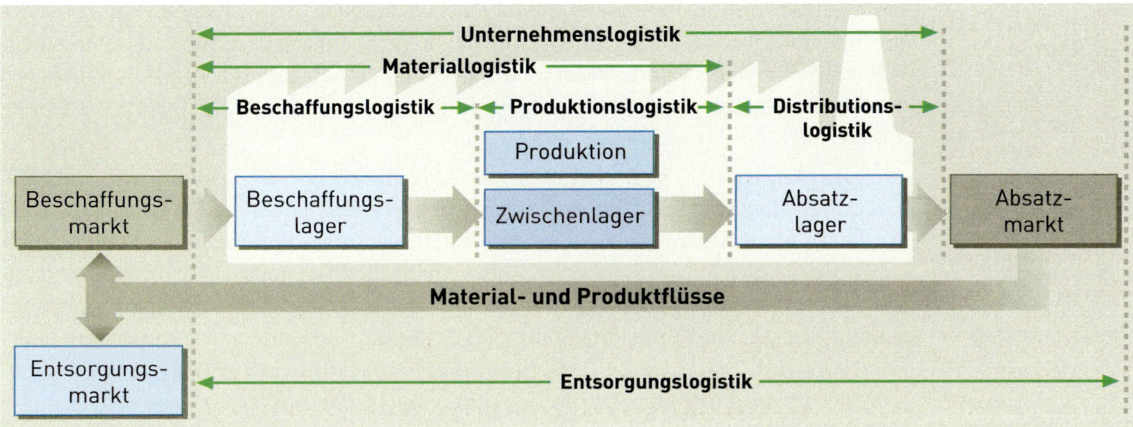

An dieser Stelle erfolgt eine Beschränkung der Logistik auf die **Distributionslogistik** und die **Entsorgungslogistik**, da sie die logistischen Absatzprozesse wesentlich charakterisieren. Logistische Absatzprozesse umfassen alle logistischen Aktivitäten bis zur Auslieferung der fertigen Erzeugnisse beim Kunden, aber auch die Abwicklung der durch den Absatz anfallenden Sekundärrohstoffe[1] und Abfälle, insbesondere durch Verpackungen. Für die Teilbereiche Distributionslogistik und Entsorgungslogistik fallen dementsprechend folgende Aufgaben an:

Distributions- und Entsorgungslogistik

	Distributionslogistik	Entsorgungslogistik
Aufgaben	Sicherstellung der Güter- und Informationsflüsse vom Absatzlager bis zum Endkunden	Sicherstellung der Verwendung, Verwertung und Beseitigung sämtlicher anfallender Sekundärrohstoffe und Abfälle vom Beschaffungsmarkt bis zum Endkunden
Lagerung	■ zeitliche Veränderung der fertigen Erzeugnisse (Lagerbestandsführung) ■ Ein- und Auslagerungsvorgänge im Absatzlager und im Distributionslager ■ Festlegen der Lagerart, der Lagerorganisation und Lagereinrichtung	■ sachgerechte, getrennte Lagerung der Rückstände ■ Ein- und Auslagerungsvorgänge im Entsorgungslager ■ Lagerbestandsführung ■ Festlegen der Lagerart, -organisation und -einrichtung
Transport	■ räumliche Veränderung der Endprodukte vom Absatzlager bis zum Endkunden ■ Organisation des überbetrieblichen Transports (u. a. Tourenplanung) ■ Wahl des Transportweges ■ Festlegen des Transportmittels	■ räumliche Veränderung der Sekundärrohstoffe und Abfälle im gesamten Wertschöpfungsprozess ■ Organisation des innerbetrieblichen und überbetrieblichen Transports ■ Wahl des Transportweges ■ Festlegen des Transportmittels

→

1 Sekundärrohstoffe sind Nebenprodukte und Abfälle von Fertigungsverfahren sowie durch Aufbereitung (Recycling) von Rückständen und Altmaterialien wiedergewonnene Rohstoffe, die in weiteren Fertigungsprozessen zum wiederholten Mal genutzt werden (z. B. Altglas, Altpapier, Altholz, Altkunststoff).

	Distributionslogistik	Entsorgungslogistik
Umschlag (Bündeln, Verteilen, Sortieren)	▪ mengenmäßige Veränderung der fertigen Erzeugnisse (Lagereinheiten festlegen) ▪ Veränderung der Ladeeinheiten auf dem Transportweg	▪ Sortieren der unterschiedlichen Sekundärrohstoffe und Abfälle im Hinblick auf die Verwend- und Verwertbarkeit ▪ Veränderung der Ladeeinheiten an den Produktionsstufen bzw. Zwischenlagern ▪ Verteilen/Bündeln der Sekundärrohstoffe und Abfälle nach Adressaten
Verpackung	▪ Umhüllen der fertigen Erzeugnisse zum Schutz beim Transport ▪ Koordination der Verpackung entsprechend des Gutes sowie der Lagerart und -organisation beim Endkunden	▪ Umhüllen der Sekundärrohstoffe und Abfälle gemäß rechtlicher Vorgaben ▪ Koordination der Verpackung entsprechend der Lager- und Entsorgungsbedürfnisse

Bei der Distributionslogistik ist die logistische Aufgabe „Umschlagen" von besonderer Bedeutung, da u. a. aufgrund der globalen Verflechtung zunehmend unterschiedliche Verkehrswege (Land, Wasser, Luft) gewählt werden müssen. Die Ausführungen zur Distributionslogistik im folgenden Kapitel 3.4.2 sind daher schwerpunktmäßig auf die Aufgabe „Umschlagen" ausgerichtet.

Anzumerken ist, dass sich die Entsorgungslogistik nicht nur auf den physischen Absatzprozess bezieht, sondern dass sie für den gesamten Wertschöpfungsprozess im Hinblick auf die Sekundärrohstoffe und Abfälle verantwortlich zeichnet. Die Thematisierung der Entsorgungslogistik im Zuge logistischer Absatzprozesse erfolgt, weil aufgrund rechtlicher Vorgaben dem Verkäufer in Bezug auf die Verpackungen auch beim Endkunden (also am Ende des Absatzprozesses) eine besondere Verantwortung zugesprochen wird. Daher ist die Entsorgung von Verpackungen eine herausragende Aufgabe der Entsorgungslogistik, die sich durch logistische Absatzprozesse konkret ergeben. Im Mittelpunkt der Ausführungen zur Entsorgungslogistik steht die logistische Aufgabe „Verpacken" im Zusammenhang mit der Einhaltung rechtlicher Vorgaben.

› Teil B, Kap. 4 Beschaffungslogistik, Produktionslogistik

Die weiteren logistischen Hauptaufgaben „Lagern" und „Transportieren" wurden im Zuge der Darstellungen zu den Teilbereichen der Beschaffungs- und der Produktionslogistik im Teil B, Kapitel 4 konkretisiert.

3.5.2 Distributionslogistik

Distributionslogistik

Am Ende des Fertigungsprozesses müssen die hergestellten Erzeugnisse zum Kunden ausgeliefert werden. Diese Aufgabe wird im Wesentlichen durch die **Distributionslogistik** erfüllt. Dafür stehen unterschiedliche Transportmittel bzw. Verkehrsträger zur Verfügung: Bahnverkehr, Schiffsverkehr, Luftfracht sowie Güterkraftverkehr (Pkw, Kleintransporter oder Lkw). Eine Übersicht über die strukturelle Nutzung der Verkehrsträger für das Jahr 2011 in Deutschland bietet folgende Grafik:

Transportmittel/Verkehrsträger

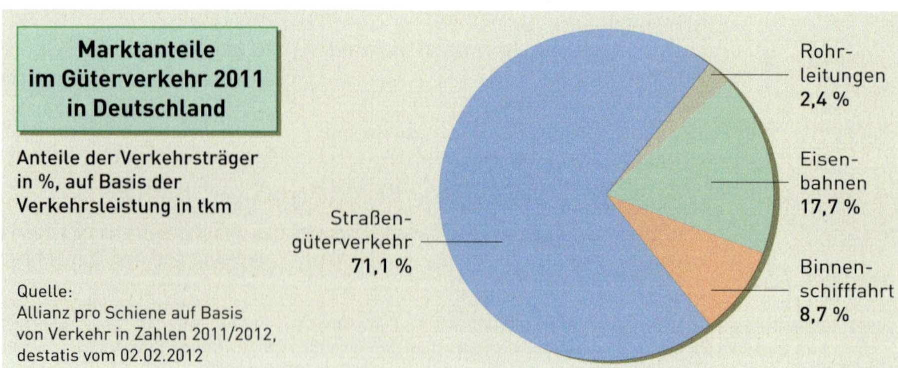

Kriterien für die Wahl des Verkehrsträgers

Die Entscheidung für einen bestimmten Verkehrsträger hängt u. a. von folgenden Faktoren ab:

- Art des zu transportierenden Gutes,
- zu überbrückende Entfernung,
- Art des Verkehrsweges,
- Sicherheit des Transportmittels,
- verfügbare Transportkapazität,
- Kosten des Verkehrsträgers,
- ökologische Belastungen, die mit dem Verkehrsträger verbunden sind,
- Flexibilität des Transportmittels,
- Geschwindigkeit des Transportmittels,
- Regelmäßigkeit des Transportaufkommens,
- Einhaltung gesetzlicher Vorschriften (z. B. Gefahrgutvorschriften).

Allgemein können für die verschiedenen Verkehrsträger folgende Vor- und Nachteile angeführt werden:

Beurteilung der Verkehrsträger

	Vorteile	Nachteile
Bahnverkehr	▪ hohe Termintreue ▪ kostengünstig bei Langstrecken und Massentransporten ▪ keine Sonn- und Feiertagsfahrverbote ▪ hohe Zuverlässigkeit und hohe Sicherheit ▪ relativ umweltfreundlich ▪ vielfältige Transportmöglichkeiten	▪ häufiges Verladen/Umladen an Bahnhöfen (u. U. gebrochener Verkehr) zwingend ▪ zusätzliche Transporte zum Schienennetz und zum Kunden, wenn Betriebe nicht an das Schienennetz gebunden sind
Schiffsverkehr	▪ umweltschonend, da relativ geringe Abgas-/Lärmemission, kaum Wasserbelastungen ▪ große Transportkapazität	▪ lange Transportdauer ▪ beschränkte Wasserwege und geringe Manövrierfähigkeit
Luftfracht	▪ kurze Transportzeiten ▪ auch entlegene Zielorte sind mit Flugzeugen erreichbar	▪ Umweltbelastungen durch Nachtlärm ▪ Umweltbelastungen durch Abgase ▪ kostenintensiv ▪ in der Regel gebrochener Verkehr erforderlich, da Frachtflughäfen mittels Lkw angefahren werden müssen ▪ überlastete Flughäfen und Flugtrassen verlängern Transportzeiten
Güterkraftverkehr	▪ Direktverkehr ohne Umladen/Verladen möglich ▪ engmaschiges Straßennetz ermöglicht Transporte an nahezu jeden Ort ▪ Verkehrsmittel ist flexibel an das Transportvolumen anzupassen ▪ relativ schnelles Transportmittel ▪ geringere Transportkosten bei optimaler Tourenplanung	▪ Unsicherheiten durch Staugefahr, Witterung usw. ▪ Fahrverbote (Sonn- und Feiertage) ▪ Umweltbelastung durch Emissionen und hohen Energieverbrauch ▪ Unfallgefahr ▪ begrenztes Transportvolumen und -gewicht

Fuhrpark/ Dienstleister

Der Transport über die Straße kann mit einem eigenen Fuhrpark oder mit Transportmitteln fremder Transportunternehmen (Logistikdienstleister) erfolgen. Das Führen eines eigenen Fuhrparks ist an finanzielle Mittel, einen erhöhten Platzbedarf sowie an zusätzliche, qualifizierte Mitarbeiter geknüpft. Werden die Transportaufträge an fremde Unternehmen vergeben, stehen der Frachtführer sowie der Spediteur als Vertragspartner zur Verfügung:

Vergleich: Frachtführer/ Spediteur

	Frachtführer	Spediteur
gesetzliche Grundlage	**§§ 407 ff. HGB**	**§§ 453 ff. HGB**
Vertragsart	**Frachtvertrag**	**Speditionsvertrag**
Pflichten	■ Beförderung des Gutes zum Bestimmungsort und dort Ablieferung an den Empfänger ■ Einhaltung der vereinbarten Lieferfrist ■ Haftung für Schäden oder Verlust für die Zeit, in der die Güter in seinem Besitz sind ■ Haftung für verantwortete Verspätungsschäden	■ Besorgung der Versendung eines Gutes durch die Bestimmung des Beförderungsmittels und -weges, die Auswahl der Frachtführer, die Sicherung von Schadensersatzansprüchen im Auftrag des Versenders ■ Ausführung sonstiger vereinbarter Leistungen wie Versicherung, Verpackung, Kennzeichnung, Zollbehandlung der Güter ■ Haftung für Schaden und Verlust der in seinem Besitz befindlichen Güter
Rechte	■ Entgelt für den Transport ■ kann als Transportpapier die Ausstellung eines Frachtbriefes verlangen ■ Verpacken, Verladen und Kennzeichnen der Güter durch den Versender ■ Pfandrecht an den Beförderungsgütern	■ Bezahlung für die Transportbesorgung ■ Selbsteintritt (selbst den Transport als Frachtführer ausführen) ■ Pfandrecht an den Beförderungsgütern

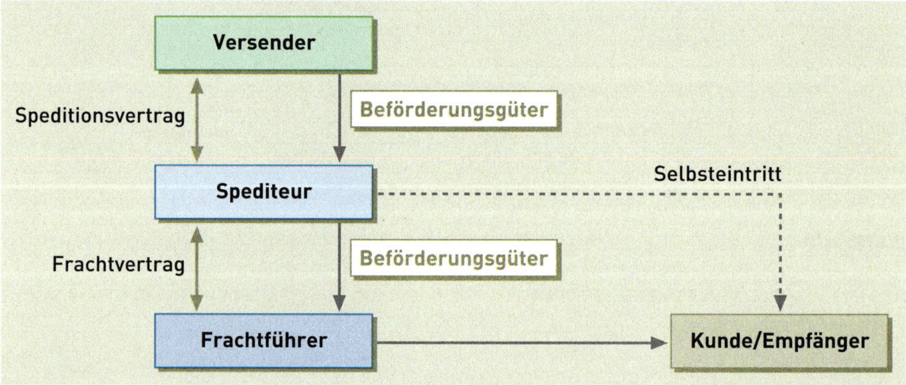

Verpackung

Für den Transport sind die Güter mit einer entsprechenden **Verpackung** zu schützen. Die Sorge dafür trägt der Versender. Der Frachtführer trägt die Verantwortung dafür, dass die Ware auf dem Transportmittel so gesichert wird, dass sie keinen Schaden nimmt bzw. nicht während des Transports andere gefährdet oder schädigt. Grundsätzlich sind bei der Wahl der Verpackung die Vorgaben der Verpackungsordnung zu beachten.

› Teil D, Kap. 3.5.3 Verpackungsverordnung

Aufgrund ihrer Vielfältigkeit spielt die Verpackung für das Marketing in mehrfacher Hinsicht eine Rolle. Wird beispielsweise eine Creme in einer neuen Verpackung präsentiert, kann dies aus transporttechnischen Gründen geschehen (Distributionspolitik), um das Produkt zu modifizieren (Produktpolitik) und für den Verbraucher wieder interessant zu machen oder um bestimmte Informationen an den Konsumenten zu bringen (Kommunikationspolitik).

Umschlag

Bei der Entscheidung über die Auslieferung einer Warenlieferung wird häufig auf mehr als einen Verkehrsträger zurückgegriffen. Aufgrund dessen ist es häufig unumgänglich, beim Wechsel der Verkehrsträger die Warenlieferung umzuschlagen. Wesentliche logistische Tätigkeiten des Umschlags sind:

Tätigkeiten des Umschlags				
Umpacken			Verpacken	Verladen
Sortieren	Trennen	Bündeln		

Das erforderliche Ausmaß des Umschlags wird dabei durch die Vielzahl der unterschiedlichen Transportmittel, die (Un-)Einheitlichkeit der Ladeeinheit und das eingesetzte Logistikkonzept zwischen Lieferant und Abnehmer bestimmt.

Logistikkonzepte

In der Praxis sind folgende Logistikkonzepte üblich:

Sammelgutverkehr		Güterverkehrszentren
Lieferantenorientierter Gebietsspediteur	**Abnehmerorientierter Gebietsspediteur**	**Just-in-time-Lager**
Ein Spediteur fährt für einen bestimmten Kunden die Lieferanten nacheinander an.	Ein Spediteur liefert für einen Lieferanten mehrere Abnehmer nacheinander an.	Mehrere Lieferanten liefern für mehrere Abnehmer an; die Auslieferung an die Abnehmer erfolgt aus dem Just-in-time-Lager.

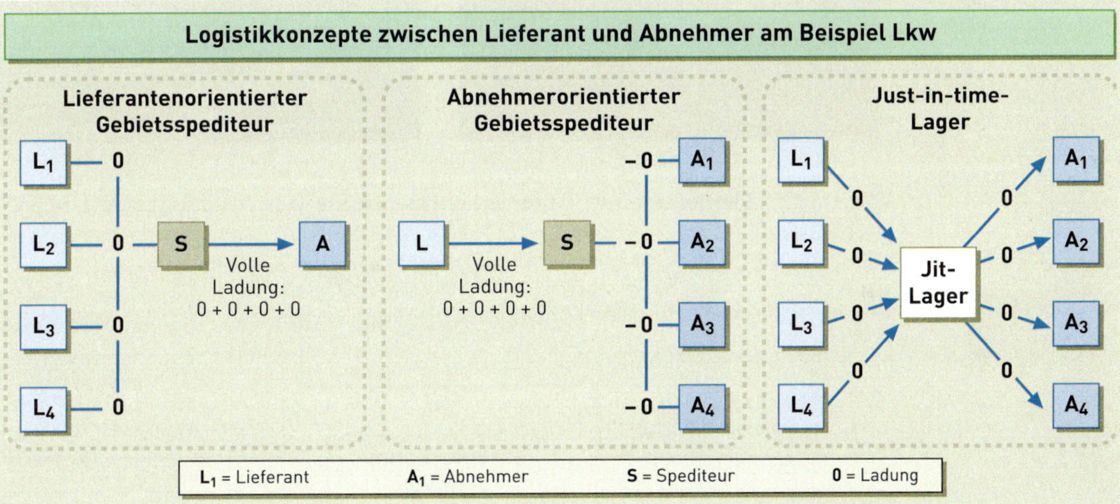

Sammelgutverkehr

Beim **Sammelgutverkehr** werden kleinere Sendungen zu einer Sammelladung zusammengefasst und befördert. Von zentraler Bedeutung sind in diesem Zusammenhang die Umschlagslager des lieferantenorientierten und des abnehmerorientierten Gebietsspediteurs. Denn in dem Umschlagslager des lieferantenorientierten Gebietsspediteurs werden die gelieferten kleineren Sendungen nach Bestimmungsorten sortiert und zu einer Ladeeinheit zusammengefasst. Die jeweilige Ladeeinheit wird dann zum Umschlagslager des abnehmerorientierten Gebietsspediteurs gebracht, der für die Zustellung der kleineren Sendungen vor Ort sorgt.

Vorteile

Für den Versender und die Spedition ergeben sich folgende **Vorteile**:

- Aufgrund der besseren Auslastung der Transportmittel sinken die Beförderungskosten im Vergleich zum Einzelversand.
- In der Regel definieren die Speditionen feste Fahrpläne für das Einsammeln und Ausliefern der Teilladungen, sodass eine hohe Planbarkeit für den Versender besteht.
- Es ergibt sich eine höhere Wettbewerbsfähigkeit durch geringere Beförderungskosten (verbesserte Marktstellung).

Güterverkehrs-zentren

Beim **Güterverkehrszentrum** kommt hinzu, dass nicht nur Lkw, sondern auch weitere Verkehrsträger (z. B. Schiene, Schifffahrt) anliefern, und weitere Dienstleistungsunternehmen (z. B. Werkstätten, Telekommunikationsdienste) sowie Industrie- und Handelsbetriebe angesiedelt sind, die miteinander geschäftlich vernetzt sind.

Beispiel

Einen Eindruck über die Dimensionen eines Güterverkehrszentrums (GVZ) bietet das GVZ Bremen: Das **GVZ Bremen** bietet attraktive Flächen mit einem hohen Synergiepotenzial für die Transport- und Speditionswirtschaft. Das Nutzungskonzept richtet sich darüber hinaus speziell an logistikintensive Produktions- und Großhandelsunternehmen aus dem Bereich der Nahrungs- und Genussmittelindustrie.
- Gründung 1985
- Gesamtfläche ca. 496 ha, davon ca. 220 ha bereits vergeben
- ca. 1,2 Mio. m² Hallenflächen
- größtes Hochregallager Europas
- 150 Unternehmen mit 8 000 Beschäftigten
- Anlage für den kombinierten Ladungsverkehr (KLV)

Wesentliche **Elemente eines Güterverkehrszentrums** fasst nachfolgende Übersicht zusammen:

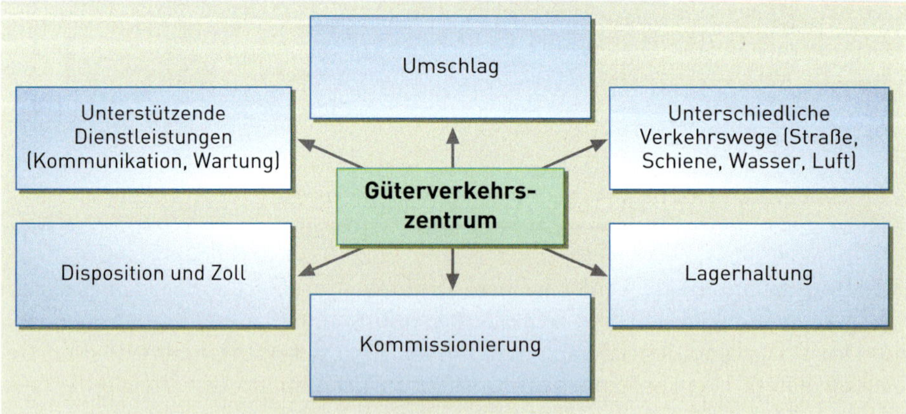

Vorteile

Güterverkehrszentren sind das Nadelöhr der überbetrieblichen und umweltschonenden Materialflussoptimierung:
- vereinfachte Kombination verschiedener Verkehrswege und -träger zum kombinierten Verkehr;
- Teilladungen von Nah- und Fernverkehr können zu größeren (meist wirtschaftlicheren) Ladungen zusammengefasst werden;
- Förderung von Supply Chain-Management, da kooperative Zusammenarbeit vereinfacht wird;
- Entlastung der Straßen und Innenstädte vom Güterverkehr und Förderung der Nutzung umweltfreundlicherer Verkehrsträger (Schiene, Wasserstraße).

Kombinierter und gebrochener Verkehr

Ein Umschlag wird immer dann erforderlich, wenn mehrere Transportmittel im Zuge der Güterverteilung eingesetzt werden. Hierbei ist zwischen gebrochenem und kombiniertem Verkehr zu unterscheiden.

Gebrochener Verkehr liegt vor, wenn die Transportladung in eine andere Ladeeinheit überführt wird und erst dann mit einem anderen Transportmittel befördert werden kann.

Beispiel

Die *Cemex Kies & Splitt GmbH* versendet eine Kiesladung mit der Eisenbahn. Um zu dem Kunden zu gelangen, erfolgt am Güterbahnhof Osnabrück eine Verladung auf Kipplaster. Hierzu müssen vier gefüllte Eisenbahnwaggons auf 15 Kipplaster umgeschlagen werden.

Nachteil

Dem gebrochenen Verkehr obliegt der Nachteil, dass durch den erforderlichen Umschlag die Transportzeit verlängert wird. Im Sinne einer Materialflussoptimierung wird daher der kombinierte Verkehr angestrebt, bei dem der Grundsatz der Logistik gewahrt bleibt.

› Teil B, Kap. 4.1 Grundsatz der Logistik

Ein **kombinierter Verkehr** liegt vor, wenn die Transportladung ohne Auflösung der Ladeeinheit von dem einen auf das andere Transportmittel verladen werden kann.

Beispiel

Eine Ladung Autoteile wird in einem Sattelauflieger per Eisenbahn nach Köln-Eifeltor transportiert. Dort wird der Sattelauflieger an eine Zugmaschine verladen. Das Transportgut wird dann zum Bestimmungsort, den Ford-Werken Köln, gefahren.

Bei einem kombinierten Verkehr mit Eisenbahn und Lkw wird zwischen dem begleiteten und dem unbegleiteten kombinierten Verkehr unterschieden.

begleiteter kombinierter Verkehr	Der gesamte Lkw/Sattelzug (Zugmaschine und Sattelauflieger) wird auf Bahnwaggons befördert.
unbegleiteter kombinierter Verkehr	Nur der Sattelauflieger wird auf Bahnwaggons befördert.

Vorteile/ Nachteile

Der kombinierte Verkehr hat Vor- und Nachteile:

Vorteile	Nachteile
▪ einheitliche Ladeeinheiten beschleunigen den Umschlag zwischen den Verkehrsträgern ▪ kein zusätzliches Beschädigungs- oder Diebstahlrisiko, da kein Umschlag innerhalb der Ladeeinheit ▪ Entlastung der Straße ▪ Haus-Haus-Verkehr wird ermöglicht ▪ schnelle Verbindungen im Fernverkehr	▪ zusätzliche Investitionskosten in die Ladeeinheiten (Container, Wechselbrücken usw.) ▪ zusätzliche Transportwege, weil Umschlagterminals angefahren werden müssen ▪ Wartezeiten in den Terminals durch unpünktliche Züge, Belegung der Krananlage ▪ Abhängigkeit vom Fahrplan der Güterzüge

3.5.3 Entsorgungslogistik

Die **Entsorgungslogistik** hat zur Aufgabe, die Verwendung, Verwertung und Beseitigung sämtlicher anfallender Sekundärrohstoffe und Abfälle vom Beschaffungsmarkt bis zum Absatzmarkt sicherzustellen. Entsorgungslogistik ist demnach eine logistische Aufgabe für den gesamten Wertschöpfungsprozess und somit nicht nur den logistischen Absatzprozessen zuzuordnen.

› Teil C, Kap. 1.4 Umweltmanagement, KrWG

Die Aufgabenerfüllung der Entsorgungslogistik ist eng an das betriebliche Umweltmanagement geknüpft. Entsorgungslogistik und Umweltmanagement haben insbesondere durch das Kreislaufwirtschaftsgesetz (KrWG) Gewicht bekommen, denn hier wird den Herstellern von Erzeugnissen die Produktverantwortung zugeschrieben. Das heißt, dass Hersteller darauf achten sollten,

- technisch **langlebige** und **mehrfach verwendbare Erzeugnisse** zu entwickeln,
- eine **Kennzeichnung** der Erzeugnisse im Hinblick auf die artgerechte Entsorgung vorzunehmen,
- die Erzeugnisse **zurückzunehmen** und **artgerecht zu entsorgen**.

Die Produktverantwortung umfasst das fertige Erzeugnis und den bei der Herstellung, dem Vertrieb und der Nutzung des Erzeugnisses entstehenden Rückstand:

	Beschreibung	Beispiele
Produktionsrückstände	▪ nicht mehr nutzbare Roh-, Hilfs- und Betriebsstoffe	Ausschuss, Schmierstoffe
	▪ alte Betriebsmittel ▪ unerwünschte Kuppelprodukte ▪ Emissionen in Luft, Wasser, Boden	ausgediente Cutteranlage Abwärme der Betriebsmittel schmutziges Kühlwasser
Konsumrückstände	▪ unbrauchbare Produkte	ausgedienter Rasierapparat
Transferrückstände	▪ Transportverpackungen ▪ Umverpackungen	Einwegpalette Wickelfolie

› Teil C, Kap. 1.4 KrWG

Die Beseitigung der Rückstände erfolgt gemäß KrWG. Demnach übernimmt die Entsorgungslogistik folgende physische Aufgaben:

- Verwertung und Aufbereitung der Rückstände, das heißt: **Trennung**, **Verwertung** und **stoffliche Umwandlung**,
- Beseitigung, das heißt: **Deponierung**, **Endlagerung** und **Verbrennung**.

› Teil C, Kap. 1.4 UMS

Der Umgang mit **Produktionsrückständen** wurde in Teil B im Kapitel 1.4 mit Hilfe eines integrierten Umweltmanagementsystems dargestellt, sodass an dieser Stelle auf dieses Kapitel verwiesen wird. Die Beseitigung von **Konsumrückständen** richtet sich nach den jeweils gültigen kommunalen Vorschriften. Eine detaillierte Darstellung würde an dieser Stelle zu weit führen. Eine gute Einführung in die aktuellen Regelungen finden sich auf den Seiten des Bundesumweltministeriums (www.bmu.de).

In Bezug auf logistische Absatzprozesse ist die Entsorgung der **Transferrückstände** von besonderem Interesse. Hier zeigt sich die enge Verknüpfung der Entsorgungslogistik und der Distributionslogistik, da Transferrückstände, also Verpackungen, wesentlich durch die Distributionslogistik bestimmt werden. Verpackungen bestimmen den Austausch von Gütern im gewerblichen und privaten Bereich. Etwa 90 % der Güter werden für den Transfer zum Kunden verpackt. Die Verpackungsarten und -materialien sind dabei ebenso vielfältig wie die Produkte selbst.

Verpackungsbegriffe

Eine Verpackung ist selten einteilig, sondern besteht aus dem **Packmittel** und dem **Packhilfsmittel**. Die Verpackung umschließt das **Packgut** und wird „Packung" genannt. Eine **Packung** ist in der Regel Bestandteil einer größeren Transport- oder Lagereinheit. Hierzu werden die Packungen durch weitere Packhilfsmittel miteinander verbunden.

Beispiel

Die verschiedenen **Verpackungsbegriffe** werden an dem Versand eines Handys von Nokia verdeutlicht:

Packgut 	Das Handy Nokia C5 wird nach seiner Herstellung einzeln in Pappschachteln verpackt.
Packmittel 	Hauptbestandteil der Verpackung ist eine Pappschachtel, die das Handy und die mitgelieferten Zubehörteile sowie die Bedienungsanleitung enthält.
Packhilfsmittel	Das Packhilfsmittel besteht aus gefalteter Pappe und Folie.
Verpackung	Die Verpackung setzt sich aus Packmitteln und Packhilfsmitteln zusammen. Also in diesem Fall aus der Pappschachtel, der gefalteten Pappe und der Folie.
Packung 	Handy und Verpackung bilden zusammen die Packung.
Transporteinheit/ Lagereinheit 	Die Packungen werden in genormten (größeren) Pappschachteln verpackt. Die größeren Pappschachteln werden auf einer Euro-Palette gestapelt und mithilfe von Stretchfolie stabilisiert.

Funktionen von Verpackungen

Im Wertschöpfungsprozess übernehmen Verpackungen folgende Funktionen:

Schutzfunktion	Durch die Verpackung wird das Gut vor der Witterung, Verschmutzung und anderer mechanischer Beanspruchung (z. B. Druck, Stoß, Fall) geschützt. Ebenso kann sie als Diebstahlschutz fungieren, wenn die Verpackung z. B. undurchsichtig ist. Zudem schützt die Verpackung Menschen und Umwelt vor Einflüssen durch das Gut (z. B. Vermeidung von giftigen Gasen).
Lagerfunktion	Durch den Einsatz genormter Verpackungen (z. B. Paletten, Kisten) werden Ein- und Auslagerungsvorgänge rationeller. Zudem wird der Lagerraum besser genutzt, weil die Verpackungen in der Regel eine Stapelung ermöglichen. Dies trägt meist auch zu einer größeren Übersichtlichkeit im Lager bei.
Lade- und Transportfunktion	Durch den Einsatz genormter Verpackungen werden der Umschlag und der gesamte Transport rationalisiert. Durch die bessere Ausnutzung des Transportvolumens wird eine Kostenersparnis erreicht.
Informationsfunktion	Die Verpackung wird genutzt, um Produktinformationen (z. B. Preis, Menge, Name, Inhalte), Hinweise/Warnungen für den Umgang mit dem Transportgut (z. B. „zerbrechlich") mitzuteilen und verschlüsselte Daten (z. B. EAN-/RFID-Code) für die rationelle Bearbeitung des Transportguts zu dokumentieren.
Verkaufsfunktion	Die Verpackung wird als Werbeträger genutzt, sodass das Produkt (wieder-)erkennbar wird. Die Verpackung soll die Kaufentscheidung nach Möglichkeit positiv beeinflussen. Darüber hinaus unterstützt die Verpackung den Verkaufsvorgang, indem das Handling des Kaufgegenstandes erhöht wird (z. B. Tragegriffe, Getränkekisten statt Einzelflaschen). Zum Teil kann durch die Verpackung auch ein Zusatznutzen erreicht werden, der nicht zum Kaufgegenstand zählt (z. B. Senfverpackung als Trinkglas).

Damit die Verpackung die oben genannten Funktionen erfüllen kann, muss die Verpackung den Anforderungen entsprechend ausgewählt und die Ware fachgerecht verpackt werden. Folgende **Arbeitsschritte** sind abzuarbeiten:

Arbeitsschritte beim Verpacken

- Kommissionierung, das heißt, Zusammenstellung der Güter gemäß der Auftragsliste;
- Feststellen des Netto- und Bruttogewichts der Güter und der Packung;
- Auswahl des geeigneten Pack(hilfs)mittels unter Berücksichtigung der Eigenschaften des Gutes, des Volumens und des Gewichts;
- Verpacken des Packgutes gemäß Organisationshandbuch und gemäß eventueller Schutzvorschriften;
- Kennzeichnung der Packungen;
- Verpacken der Packungen zu Lager-/Transporteinheiten; anschließend Kennzeichnung;
- bei Versand an Kunden: Anbringen von Etiketten, Adressen, Begleitpapiertasche usw.;
- Bereitstellung zum Transport.

Beurteilung von Verpackungen

Verpackungen dominieren die Güterverteilung. Dies lässt sich anhand einiger Vorteile begründen. Jedoch bringen Verpackungen auch Nachteile mit sich:

Vorteile/Nachteile

Vorteile	Nachteile
▪ Packgut wird geschützt ▪ Rationalisierung der Logistik ▪ Rationalisierung des Verkaufsvorgangs, da das Packgut besser gehandelt werden kann ▪ Verpackung als Verkaufsargument	▪ zusätzliche Kosten für die Verpackung und die Entsorgung (dadurch auch höherer Verkaufspreis) ▪ „Mogelpackung“ täuscht den Käufer ▪ Einsatz von Umweltressourcen ▪ Belastung der Umwelt durch zusätzliche Transferrückstände

Verpackungsverordnung

Aufgrund der benannten Nachteile zu den Umweltwirkungen von Verpackungen ist die **Verpackungsverordnung** (VerpackV) für die Entsorgungslogistik von besonderer Bedeutung. Die Verpackungsverordnung ist eine Konkretisierung des Kreislaufwirtschaftsgesetzes für Verpackungen. Das Prinzip der Kreislaufwirtschaft wird dadurch auch auf Verpackungen übertragen.

Beispiel

Kreislaufwirtschaft „Verpackung“ am Beispiel von Wellpappe

Recycling-Kreislauf

Wellpappe ist dank des bewährten Sammelsystems eine Kreislaufverpackung.
Fast 97 % der anfallenden Verpackungen werden in Österreich gesammelt und über das Recycling zu neuen Verpackungen verarbeitet.
Auch alle Abfälle bei der Wellpappe-Herstellung und beim Abpacken gelangen zu Wiederverwertung.

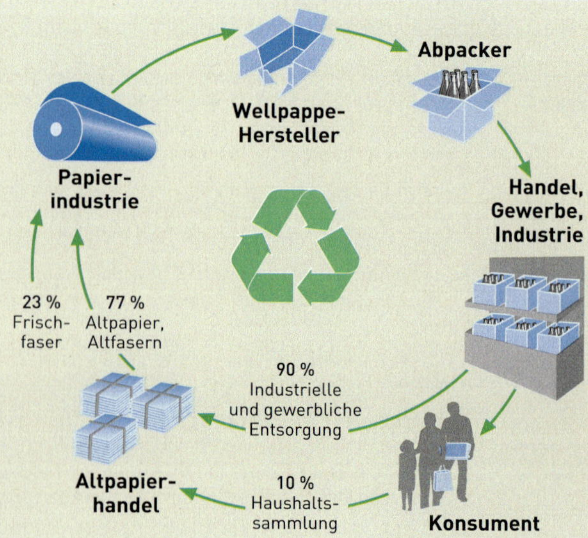

Quelle: www.rm-pack.de, abgerufen am 20.07.2012

In § 1 VerpackV werden die **abfallwirtschaftlichen Ziele des KrWG** auf Verpackungen übertragen:

Ziele

› Teil C, Kap. 1.4 Recycling

1. **Vermeidung hat Vorrang vor dem Recycling von Verpackungen.**
2. **Recycling hat Vorrang vor der Beseitigung von Verpackungen.**

Insgesamt zielt die Verpackungsverordnung auf eine Verringerung der Umweltbelastungen durch Verpackungsabfälle in allen Bereichen, also im produzierenden Gewerbe, im Dienstleistungsbereich, in der öffentlichen Verwaltung sowie in privaten Haushalten.

Verpackungsarten

Die Verordnung definiert **Verpackungsarten** (§ 3 VerpackV) und wer auf welche Art und Weise für die Entsorgung der jeweiligen Verpackungsart verantwortlich ist (Rücknahme-, Pfanderhebungs- und Verwertungspflicht gemäß §§ 4 – 6 VerpackV).

<table>
<tr><th>Verkaufsverpackungen</th><th>Umverpackungen</th><th>Transportverpackungen</th></tr>
<tr><td>Verpackungen, die als eine Verkaufseinheit angeboten werden (= Gut + Verpackung) und beim Endverbraucher anfallen. Sie dienen der Hygiene, dem Schutz und der Haltbarkeit der Güter.</td><td>Verpackungen, die als zusätzliche Verpackungen zu Verkaufsverpackungen verwendet werden, um Verkaufsverpackungen zusammenzufassen oder um Werbung zu machen.</td><td>Verpackungen, die den Transport von Gütern erleichtern, die Güter auf dem Transport vor Schäden bewahren oder die aus Gründen der Sicherheit des Transports verwendet werden und beim Vertreiber anfallen.</td></tr>
<tr><td>Beispiel</td><td>Beispiel</td><td>Beispiel</td></tr>
<tr><td>
</td><td>
</td><td></td></tr>
<tr><td colspan="3">Rücknahmepflicht von Verpackungen</td></tr>
<tr><td>Rücknahmepflicht:
Hersteller und Vertreiber
(v. a. Einzelhandel)
Vertreiber müssen Endverbraucher auf diese Pflicht ausdrücklich hinweisen, die entleerte Verkaufsverpackung zurücknehmen und diese einer Verwendung/Verwertung zuführen bzw. dem Hersteller zurückgeben.</td><td>Rücknahmepflicht:
Vertreiber
(v. a. Einzelhandel)
Vertreiber müssen die Umverpackungen bei der Abgabe an den Endverbraucher entfernen oder dem Endverbraucher Gelegenheit geben, die Umverpackung zu entfernen und im Verkaufsraum oder auf dem Gelände des Verkäufers die Umverpackung getrennt in Behältern kostenlos zu sammeln.</td><td>Rücknahmepflicht:
Hersteller und Vertreiber
(v. a. Einzelhandel)
Hersteller und Vertreiber müssen die Transportverpackungen zurücknehmen und erneut verwenden (Mehrwegverpackungen), verwerten oder beseitigen.</td></tr>
</table>

Aufgrund des großen Abfallvolumens ist für Hersteller und Vertreiber die Rücknahmepflicht vor allem bei Verkaufsverpackungen nur sehr schwierig zu organisieren. Die Art und Weise der Rücknahme wird daher nach dem Rechtsstatus des Endabnehmers unterschiedlich geregelt:

Endabnehmer „Unternehmer"	Endabnehmer „Privatperson"
Restentleerte Verkaufsverpackungen sind am Ort, in unmittelbarer Nähe oder an einem anderen vereinbarten Ort der tatsächlichen Übergabe der Güter unentgeltlich zurückzunehmen und zu verwerten.	Flächendeckende Rücknahme und Verwertung müssen durch die Beteiligung an einem Rücknahmesystem (z. B. Duales System – Grüner Punkt, siehe S. 438) gewährleistet werden.

Pfanderhebungspflicht bei Einweggetränkeverpackungen

Eine besondere Regelung betrifft die Rücknahme für ökologisch nicht vorteilhafte Einweggetränkeverpackungen, die bestimmte Getränke enthalten (z. B. Bier, Mineralwasser). Vertreiber sind verpflichtet, diese nur gegen die Erhebung eines Pfandes in Höhe von mindestens 0,25 € einschließlich Umsatzsteuer je Verpackung in Umlauf zu bringen. Das Pfand darf nur gegen Rückgabe der entsprechenden Verpackungen wieder ausgezahlt werden.

Rücknahmesysteme **Duales System**

Die flächendeckende Rücknahme und Verwertung der Verkaufsverpackungen wird in Deutschland durch das **Duale System** gesichert. Es wird als „dual" bezeichnet, weil es als zusätzliches Entsorgungssystem neben der kommunalen Abfallentsorgung existiert. Insgesamt existieren derzeit in Deutschland neun Rücknahmesysteme. Hersteller und Vertreiber müssen sich an einem Rücknahmesystem durch die Zahlung der Lizenzgebühren beteiligen. Das bekannteste System wurde durch die *Duales System Deutschland GmbH* etabliert. Diese haben Hersteller und Vertreiber gegründet, um die Rücknahme gebrauchter Einwegverpackungen (z. B. Kunststoffbecher, Dosen) zu gewährleisten. Wichtigstes Kennzeichen dieses System ist der „Grüne Punkt".

Die Hersteller und Vertreiber von Gütern zahlen für jede Verkaufsverpackung Lizenzgebühren an die *Duales System Deutschland GmbH*. Dafür können (kein Muss!) die Verpackungen mit dem Logo „Grüner Punkt" gekennzeichnet werden. In jedem Fall müssen aber Hersteller und Vertreiber die Verpackungen registrieren lassen, damit eine Abrechnung der Lizenzgebühren möglich wird.

Als Gegenleistung organisiert die *Duales System Deutschland GmbH* die Rücknahme der Verkaufsverpackungen bei den Verbrauchern. Dies geschieht in der Regel durch das Bereitstellen von gelben Tonnen, gelben Säcken und/oder Wertstoffcentern. Alle Varianten müssen für die Verbraucher kostenlos sein. Durch das Kennzeichen „Grüner Punkt" wird dem Verbraucher angezeigt, dass die Kosten für die Rücknahme der Verpackung bezahlt sind.

Die Leistungen des Rücknahmesystems „Grüner Punkt" lassen sich für das Jahr 2011 durch folgende Größen beschreiben:

Der Verwertung zugeführte Verkaufsverpackungen:	rund 2 Mio. t
Durch das Recycling von Verkaufsverpackungen eingesparte Primärenergie:	44 Mrd. Megajoule
Vermiedene Emission an CO_2-Äquivalenten:	1,1 Mio. t

Die Einsparungen für 2011 entsprechen in etwa der entstehenden CO_2-Emission für den jährlichen Stromverbrauch von 750 000 Zwei-Personen-Haushalten.

Aus Sicht des Unternehmens sind viele Aufgaben der Entsorgungslogistik an Dienstleister vergeben worden, die für die umweltgerechte Entsorgung der Rückstände sorgen. Im Zusammenspiel mit der Produktenwicklung und dem Marketing ist aber darauf zu achten, dass auf die 1. Priorität des KrWG und der VerpackV Rücksicht genommen wird. Das heißt: Ein ressourcenschonender Einsatz für die Herstellung und Vermeidung von Abfällen als oberstes Ziel vor maximaler Marketingwirkung durch eine aufwendige Verkaufsverpackung.

Mehrwegsystem

Zur Vermeidung von Rückständen im Verpackungsbereich etablieren Unternehmen häufig auch Mehrwegsysteme. Die Verpackungen müssen vom Lieferanten wieder zurückgenommen und wieder verwendet werden. Während dieses Prinzip beim Verkauf an den Verbraucher häufig bei Mehrwegflaschen angewendet wird, finden sich beim Verkauf an Unternehmen für Paletten, Gitterboxen und Container Mehrwegsysteme.

6101438

Beispiel

Der *UIC (International Union of Railways)* hat den sogenannten „Palettenpool" gegründet. Hierdurch können innerhalb des Pools beladene Paletten gegen leere Paletten getauscht oder leere Paletten zurückgegeben werden. Das Poolsystem wird durch die *European Pallet Association (EPAL)* organisiert.

Ziel dieser Organisation ist, dass jeder Teilnehmer einen hinreichenden Bestand an funktionsfähigen Mehrwegpaletten rechtzeitig zur Verfügung hat.

Vorteile/
Nachteile

Der Vorteil von derartigen Mehrwegsystemen liegt in der Ressourcenschonung der Umwelt. Jedoch ist zu bedenken, dass für den Transport der leeren Paletten an den Bestimmungsort unter Umständen Zusatzfahrten erforderlich sind. Außerdem ist der Verwaltungsaufwand für die Bestandsführung der verfügbaren Paletten im Pool nicht zu unterschätzen.

Aufgaben

› Kap. 3.4

1. Nennen Sie zwei Vorteile und zwei Nachteile, die durch Verpackungen für Unternehmen und Verbraucher entstehen.
2. Nennen und beschreiben Sie kurz, welche Funktionen eine Verpackung generell für ein Packgut übernehmen kann.
3. Die nachfolgend abgebildeten Produkte werden per Luftfracht im März 20.. von Österreich nach Thailand bzw. von Thailand nach Österreich transportiert:

   a) Beschreiben Sie kurz, welche Funktionen die abgebildete Verpackung der Mozartkugeln übernimmt.
   b) Beschreiben Sie, welchen Beanspruchungen die Verpackung des T-Shirts von Thailand nach Österreich ausgesetzt ist.
4. Beschreiben Sie den Stoffkreislauf für Wellpappe (siehe S. 436).
5. Erläutern Sie anhand von drei Argumenten, warum Verpackungen logistische Prozesse rationalisieren helfen.
6. Grenzen Sie die Distributionslogistik und die Entsorgungslogistik von der Unternehmenslogistik ab, indem Sie die jeweiligen Aufgaben kurz beschreiben.
7. Führen Sie vier Kriterien für die Auswahl eines geeigneten Verkehrsträgers an. Mit welchem Verkehrsträger werden aktuell die meisten Transporte getätigt?
8. Nennen Sie Verkehrsträger und geben Sie jeweils ihre Vor- und Nachteile an.
9. Erläutern Sie das Prinzip des Sammelgutverkehrs und das Prinzip von Güterverkehrszentren.
10. Unterscheiden Sie zwischen gebrochenem und kombiniertem Verkehr mit Hilfe eines selbst gewählten Beispiels. Führen Sie Vorteile des kombinierten Verkehrs an.
11. Geben Sie Beispiele für Produktions-, Konsum- und Transferrückstände für ein Produkt Ihres Ausbildungsbetriebes an.

› **Recherche**

Wiederholungsaufgaben

› Kap. 3

› Recherche

1. Im Zuge der Auftragsabwicklung von Neukunden ist die Bonitätsprüfung von besonderem Interesse, um Forderungsausfälle frühzeitig ausschalten zu können. Beschreiben Sie wesentliche Aspekte und Informationsquellen im Zuge einer Bonitätsprüfung.

Recherchieren Sie dazu bei Bedarf im Internet. Tauschen Sie Ihre Ergebnisse im Klassenverband aus.

2. Bei einer persönlichen oder telefonischen Auftragserteilung wird in der Regel ein Kundenprotokoll verfasst. Nennen Sie mindestens fünf Inhalte eines solchen Protokolls und begründen Sie die Notwendigkeit eines Kundenprotokolls.

3. Die logistische Aufgabe „Umschlagen“ spielt in der Distributionslogistik eine wichtige Rolle.

a) Erläutern Sie den Begriff „Umschlagen“.

b) Erklären Sie die Wichtigkeit dieser logistischen Aufgabe.

4. Erläutern Sie den Unterschied zwischen Frachtführer und Spediteur anhand der jeweiligen Aufgaben.

5. Beschreiben Sie die unterschiedlichen Funktionen der Verpackung aus der Sicht des Marketings.

6. Erklären Sie den Begriff „Sekundärrohstoff“ und nennen Sie drei Beispiele.

7. Erläutern Sie die Funktionen der Verpackung innerhalb der Supply Chain.

8. Differenzieren Sie zwischen Verkaufs-, Um- und Transportverpackung und nennen Sie jeweils ein Beispiel.

9. Erläutern Sie die Funktionsweise der flächendeckenden Rücknahme und Verwertung der Verkaufsverpackungen in Deutschland (Duales System).

10. Lesen Sie den nachfolgenden Artikel und bearbeiten Sie folgende Arbeitsaufträge:

Emmi-Joghurt hat neuen Fahrer

Emmi, der größte Schweizer Milchverarbeiter, hat sich für einen neuen Logistikdienstleister entschieden. Künftig übernimmt die Dachser GmbH & Co. KG, Kempten, die deutsche Lager- und Distributionslogistik.

Ab 1. Juli wird Emmi die Logistik von Molkerei- und Frischprodukten sowie Schweizer Käse über Dachser Food Logistics abwickeln. Dazu bezieht Emmi Deutschland rund 3 000 Palettenplätze im Logistikzentrum Allgäu in Memmingen. Dort werden die Produkte, die zu über zwei Dritteln aus der Schweiz stammen, mit jenen aus Deutschland, Italien oder anderen Ländern konsolidiert, kommissioniert und an die Kunden in Deutschland und Teilen von Belgien, Luxemburg und den Niederlanden geliefert.

Darüber hinaus erbringt Dachser für den Milchverarbeiter verschiedene Zusatzleistungen wie Displaybau, Konfektionierung, Etikettierung, webbasierte Auftragsverfolgung sowie die Auslieferung von Muster- und Messesendungen. Mit dem neuen Geschäft werden laut Unternehmensangaben in Memmingen im Sommer rund 30 neue Arbeitsplätze entstehen.

In dem 2008 nach hygienischen und Umweltaspekten errichteten Distributionszentrum lagern heute auf 20 000 Quadratmetern gekühlter Fläche bereits die Bestände vieler Lebensmittelkunden. Darunter finden sich auch die Produkte vieler namhafter Unternehmen der Milch verarbeitenden Industrie. Dank dieses Portfolios profitiert das Schweizer Unternehmen von Synergien im Lager und in der täglichen, gebündelten Distribution an den deutschen Handel. Als weiteren Pluspunkt sieht Emmi die langjährige Erfahrung des Logistikdienstleisters in der Kontraktlogistik mit temperatursensiblen Lebensmitteln.

Laut Dr. Elisabeth Wagner-Wehrborn, Geschäftsführerin von Emmi Deutschland, habe das Unternehmen mit dem Dachser-Logistikzentrum in Memmingen einen sehr guten Standort für die Anbindung an das europäische Netzwerk der Unternehmensgruppe sowie die Distribution in Deutschland gefunden. „Dachser versorgt uns mit allen Logistikleistungen aus einer Hand, von der Übernahme der Ware ab der Produktion bis zur Auslieferung – inklusive elektronischem Ablieferbeleg. Wir sind überzeugt, unsere Marktpräsenz in Deutschland – auch dank Dachsers hohem Service Level – weiter ausbauen zu können.“

Quelle: www.beschaffung-aktuell.de, erschienen am 27.01.2012, abgerufen am 01.02.2013

a) Nennen Sie Aufgaben, die der Logistikdienstleister Dachser GmbH & Co. KG für Emmi übernimmt.

b) Erläutern Sie Vorteile, die Emmi in der Auftragsvergabe an die Dachser GmbH & Co. KG sieht.

11. a) Im Kaufvertrag ist kein Termin für die Bezahlung der Lieferung genannt. Wann muss der Käufer die Rechnung bezahlen?

b) Unter welchen Voraussetzungen befindet sich der Käufer im Fall a) im Zahlungsverzug?

c) Angenommen, der Käufer befindet sich im Zahlungsverzug. Der Verkäufer besteht auf die Bezahlung der Rechnung. Welche weiteren Forderungen kann er stellen? Unter welcher Voraussetzung kann er auch zusätzlich Schadensersatz fordern?

12. Entscheiden Sie, ob die im Folgenden genannten Termine kalendarisch bestimmbar sind oder nicht.

a) *zahlbar bis zum 01.01. des Folgejahres*

b) *zahlbar 20 Tage nach Erhalt der Rechnung*

c) *zahlbar spätestens bis Ablauf 30. Kalenderwoche*

d) *zahlbar bis Ende September*

e) *zahlbar nach Lieferung*

f) *zahlbar im Laufe des Monats Juni (im gleichen Jahr)*

g) *zahlbar nicht vor Lieferung*

h) *zahlbar 14 Tage nach Rechnungsdatum*

13. Heute (30.12.01) wurde Ihnen in der Buchhaltung folgende Offene-Posten-Liste zur Bearbeitung vorgelegt:

Offene-Posten-Liste					
Kunde	**Forderung**	**Rechnungsdatum**	**Rechnungseingang**	**Zahlungsbedingung**	**Zahlungseingang**
Mann GmbH	54.345,00 €	02.11.01	05.11.01	Zahlbar innerhalb von 8 Tagen	noch offen
Amelang Büro KG	45.324,00 €	29.10.01	02.11.01	Überweisung bis zum 20.12.01	noch offen
Pennartz GmbH	1.456,00 €	08.11.01	10.11.01	Mahnung datiert zum 14.12.01	noch offen
Niko Schuh	135,00 €	22.11.01	25.11.01	Lieferung am 27.12.01 Zahlung Zug um Zug	noch offen

a) Begründen Sie, ob die Kunden jeweils im Zahlungsverzug sind.

b) Falls ein Zahlungsverzug vorliegt, ermitteln Sie bitte jeweils die Höhe der Verzugszinsen.

4 Marketingkontrolle

Einführung

› Teil A, Kap. 3 Management-Regelkreis

Die Marketingkontrolle beinhaltet eine andauernde, systematische Überwachung und Überprüfung der Marketingzielsetzungen, der Marketingstrategien sowie die operative Umsetzung der konkreten Marketinginstrumente im Marketingmix. Grundlage dieses Prozesses ist der Management-Regelkreis: Durch einen Soll-Ist-Vergleich mit anschließender Abweichungsanalyse wird überprüft, ob die angestrebten Zielvorgaben erreicht wurden oder gegebenenfalls der Einsatz der Instrumente korrigiert werden muss.

Beispiel

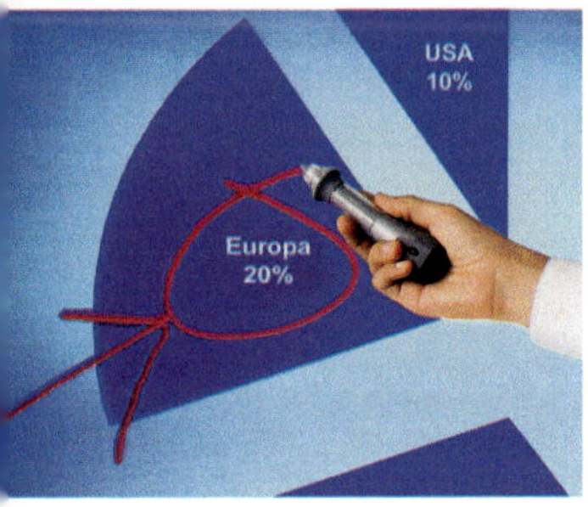

Im Qualitätshandbuch der Marketingabteilung der Heidtkötter KG ist der Kontrollprozess des eingesetzten Marketinginstrumentariums wie folgt dokumentiert:

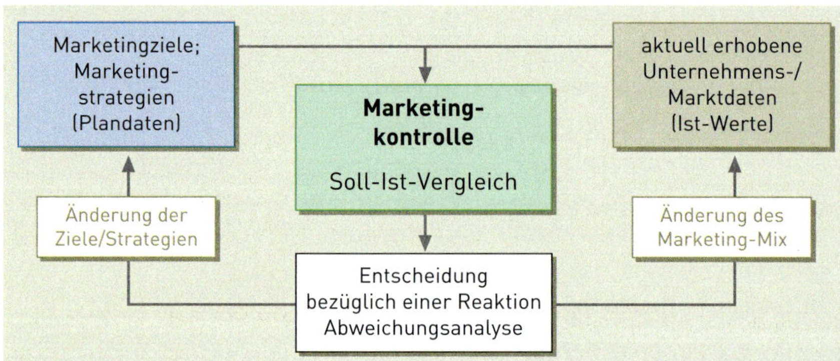

Die folgenden Ausführungen unterscheiden zwischen einer kurzfristig (operativen) und einer langfristig angelegten (strategischen) Marketingkontrolle und bieten eine kurze Übersicht über gängige Messgrößen.

4.1 Operative Marketingkontrolle

Die operative **Marketingkontrolle** umfasst die Überprüfung des Instrumenteneinsatzes sowie der kurzfristig orientierten Marketingziele. Den Erfolg von konkreten Marketingaktionen festzustellen, ist schwierig, da viele andere Faktoren (Konjunktur, Mode, Trends, technische Entwicklungen, Veränderung der Einkommensverhältnisse) Einfluss auf das Kundenverhalten ausüben. Da der Kauf eines Produktes also nicht nur von Werbeaktionen abhängt, ist der Erfolg oder auch Misserfolg nicht alleine nur auf den Einsatz absatzpolitischer Instrumente zurückzuführen.

Ökonomischer Erfolg

Dennoch könnte man davon ausgehen, dass eine Werbeaktion dann erfolgreich war, wenn sich anschließend der Umsatz und/oder der eigene Marktanteil erhöht haben. Dieser **ökonomische Erfolg** kann anhand folgender Instrumente der **kurzfristigen Marketingkontrolle**, auch in Form von Kennziffern, in Zahlenwerten dokumentiert werden:

Umsatzrechnung

- Bei der **Umsatzrechnung** werden die Umsatzerlöse vor und nach dem Einsatz von Marketinginstrumenten miteinander verglichen. Zu beachten ist, dass sich der Umsatz aus der Multiplikation von Preis und Menge ergibt. Eine Abweichung der Soll-

und der Ist-Werte kann also durch eine Mengenänderung, durch eine Preisänderung oder durch beides begründet sein. Dies muss genau ermittelt werden.

Beispiel

Die Heidtkötter KG hat für die Bürostuhlserie *ongis* im abgelaufenen Geschäftsjahr eine Jubiläumskampagne durchgeführt, die von einem intensiven Marketingmix begleitet wurde.

Motto: „*10 Jahre ongis*", was bedeutet, dass es ein Jahr lang 10 % Rabatt gibt.

Nach Ablauf des Geschäftsjahres soll mit Hilfe der Umsatzrechnung der Erfolg der Jubiläumskampagne überprüft werden. Folgende Daten sind gegeben:

	Verkaufspreis (pro Stück)	Absatzmenge (Stück)	Umsatz
Vorjahr	190,00 €	10 000	190,00 € · 10 000 = 1.900.000,00 €
Kampagnenjahr	171,00 €	13 000	171,00 € · 13 000 = 2.223.000,00 €

Der Umsatz konnte im Kampagnenjahr um 323.000,00 € trotz der zehnprozentigen Preissenkung gesteigert werden. Dies ist auf den Absatzmengenzuwachs von 30 % zurückzuführen. Offenbar hat sich die Jubiläumskampagne gelohnt.

Wirtschaftlichkeit der Werbung

- Die Wirtschaftlichkeit einer Werbeaktion kann wie folgt ermittelt werden:

$$\textbf{Wirtschaftlichkeit der Werbung (Werberendite)} = \frac{\textbf{Umsatzzuwachs} \cdot 100}{\textbf{Werbeaufwand}}$$

Beispiel (Forts.)

Die Heidtkötter KG hat für die Jubiläumskampagne für die Bürostuhlserie *ongis* insgesamt 180.000,00 € für Werbung aufgewendet. Die Entwicklung der Umsatzzahlen ist dem Beispiel zuvor zu entnehmen.

$$\textbf{Wirtschaftlichkeit der Werbung (Werberendite)} = \frac{2.223.000,00 - 1.900.000,00 \cdot 100}{180.000,00} = \textbf{179,44 \%}$$

Der Umsatzzuwachs lag im Verhältnis zum Werbeaufwand um 179,44 % höher. Da der Umsatzzuwachs den zusätzlichen Werbeaufwand damit deutlich übersteigt, hat sich die Werbekampagne gelohnt.

Marktanteil

- Ebenso können die jeweils vor und nach der Werbeaktion ermittelten **Marktanteilswerte** verglichen werden. Dies ermöglicht Rückschlüsse auf den Erfolg der durchgeführten Werbeaktion.

$$\textbf{Marktanteil} = \frac{\textbf{Umsatz des eigenen Produktes}}{\textbf{Gesamtumsatz des Marktes}}$$

Dieser Anteil am Gesamtmarkt kann verändert werden, indem man gezielt Marketing betreibt. Eine Erhöhung des Marktanteils führt dazu, dass sich das Unternehmen in einer stärkeren Wettbewerbsposition befindet.

Deckungsbeitragsrechnung

- Ebenso kann bezüglich der **Deckungsbeiträge** ein **Soll-Ist-Vergleich** angestellt werden. Zugrunde gelegt wird ein zukünftiger Plandeckungsbeitrag eines Produktes. Dieser wird dann mit dem erreichten Deckungsbeitrag verglichen. Er zeigt an, wie viel ein Produkt zur Deckung der fixen Kosten beiträgt. Durch eine Erhöhung der Umsätze kann bei gleicher Kostenstruktur ein höherer Deckungsbeitrag erzielt werden. Ist der Deckungsbeitrag zu niedrig oder gar unter Null, sind weitere Entscheidungen (z. B. die Entscheidung zu einer Produktelimination) erforderlich. Bei der

› Teil C, Kap. 3.3 Optimales Fertigungsprogramm

Überprüfung der Marketingaktivitäten mit Hilfe der Deckungsbeitragsrechnung sollte eine intensive Abstimmung mit der Produktionsplanung erfolgen. Denn unter Berücksichtigung der Fertigungskapazitäten kann es sinnvoll sein, ein Produkt stärker am Markt zu positionieren, das nicht die höchsten absoluten, sondern die höchsten relativen Deckungsbeiträge aufweist.

Weitere Kennzahlen

Weitere ökonomische Kennzahlen zur Beurteilung der Wirtschaftlichkeit von einzelnen Tätigkeiten oder Bereichen im Rahmen des Marketing können ermittelt werden. Die erzielten Umsatzerlöse werden ins Verhältnis gesetzt zu den entsprechenden Aufwendungen, die aufgrund der Tätigkeiten in den einzelnen Bereichen angefallen sind. Diese von Zeit zu Zeit ermittelten Werte müssen anschließend miteinander verglichen werden.

Beispiele

$$\frac{\textbf{Umsatzerlöse}}{\textbf{Vertriebskosten}} \qquad \frac{\textbf{Umsatzerlöse}}{\textbf{Anzahl der Vertriebsmitarbeiter}}$$

$$\frac{\textbf{Umsatzerlöse}}{\textbf{Anzahl der Werbeaktionen}} \qquad \frac{\textbf{Umsatzerlöse}}{\textbf{Anzahl der Kundenbesuche}}$$

Weitere Kennzahlen der Marketingkontrolle sind hier beispielhaft aufgezählt:
- Vertriebskosten im Verhältnis zum Umsatz je Kundenbesuch
- Gesamtentwicklung des (Teil-)Marktes
- Kundenstruktur; z. B. Neukunden im Verhältnis zum Gesamtkundenstamm
- Anzahl der Angebote zur Anzahl der eingegangenen Aufträge

Außerökonomischer Erfolg

Wenn wir uns noch einmal die psychografischen Zielsetzungen[1] des Marketings ins Gedächtnis rufen, wird sehr schnell deutlich, dass ebenso **außerökonomische Indikatoren** für erfolgreiche Werbung eine große Rolle spielen.

Zur Kontrolle des Marketingerfolges können folgende außerökonomische Indikatoren überprüft werden:
- angestrebte Kundenzufriedenheit,
- Imagesteigerung für das Produkt und/oder das Unternehmen,
- Erhöhung des Bekanntheitsgrades des Unternehmens,
- verändertes Kaufverhalten der (potenziellen) Kunden,
- Wecken neuer Bedürfnisstrukturen,
- verbesserte Kundeneinstellung zu bestimmten Unternehmensaktivitäten,
- Kundenwahrnehmung der verbesserten Umweltorientierung des Unternehmens.

Probleme

Die Informationsbeschaffung zu diesen außerökonomischen Indikatoren ist problematisch. In diesem Zusammenhang wird erneut deutlich, wie wichtig ein aktueller, unternehmensinterner Informationsbestand sowie eine effektive, ergiebige und kontinuierliche Arbeit der Primärforschung[2] zur Erhebung aktueller Daten für Unternehmensentscheidungen im Bereich Marketing sind.

Im Rahmen der Auswertung von Informationen werden wissenschaftliche Erklärungsansätze für menschliches Verhalten benötigt, um die psychische Wirkung der Marketinginstrumente zu analysieren und eigene Verhaltensstrategien abzuleiten.

1 siehe Teil D, Kapitel 1.1
2 siehe Teil D, Kapitel 1.2

Aufgaben

› Kap. 4.1

1. Die Unternehmensleitung eines Industrieunternehmens erwartet, dass im Rahmen eines Marketingkonzepts konkrete Kennzahlen angegeben werden, mit deren Hilfe durch Soll-Ist-Vergleiche der Erfolg durchgeführter Marketingmaßnahmen gemessen und kontrolliert werden können. Beschreiben Sie vier Kennzahlen, die diese Erwartungen erfüllen.

2. Die Mitarbeiter der Marketingkontrolle haben festgestellt, dass sich die Kundenbesuchszahlen der betriebseigenen Außendienstmitarbeiter im letzten Halbjahr um 15 % verringert haben. Beschreiben Sie fünf Maßnahmen, wie die Vertriebsleitung auf diesen Rückgang reagieren könnte.

3. Eine Industrieunternehmung möchte den Erfolg einer durchgeführten Werbekampagne ermitteln. Folgende Daten sind nach Abwicklung der Werbekampagne gegeben:
   - Werbekosten: 2,5 Mio. €
   - Umsatzerlöse: 150 Mio. €
     (20 % Umsatzanstieg seit Beginn der Werbekampagne)
   - Gesamtumsatz des Marktes: 1 Mrd. €
     (25 % Marktwachstum seit der Werbekampagne)

   a) Ermitteln Sie geeignete Kennzahlen zur Bestimmung des Werbeerfolgs.

   b) Interpretieren Sie Ihre Ergebnisse und nehmen Sie hinsichtlich der Aussagekraft Stellung.

4. Die Heidtkötter KG bietet den Bürotisch *Konferenz* an. Die geschätzte Aufnahmefähigkeit des Marktes für dieses Produkt beträgt 10 000 Stück pro Geschäftsjahr. Zum Bürotisch *Konferenz* liegen folgende Angaben für das abgelaufene Geschäftsjahr vor:

Unternehmen	Absatz	Umsatz
Dose KG	1 500 Stück	900.000,00 €
Giese e. K.	2 000 Stück	1.100.000,00 €
Heidtkötter KG	4 000 Stück	2.000.000,00 €

   a) Ermitteln Sie für den Bürotisch den mengenmäßigen Sättigungsgrad des Marktes im abgelaufenen Geschäftsjahr in Prozent und den durchschnittlichen Verkaufspreis nach dem Verfahren des gewogenen Durchschnitts.

   b) Ermitteln Sie, um wie viel Prozent der Verkaufspreis der Heidtkötter KG niedriger war als der von Ihnen in a) ermittelte durchschnittliche Verkaufspreis (bitte auf zwei Stellen nach dem Komma runden).

5. Der Seifenhersteller Flartz GmbH will den Erfolg einer Jubiläumswerbung „50 Jahre seifen mit Flartz" analysieren. Folgende Daten werden hierzu berücksichtigt:

	Vorjahr		Jubiläumsjahr	
Kosten (in €)	Gesamtkosten	5.500.000,00	Gesamtkosten	6.500.000,00
			Kosten der Jubiläumswerbung	270.000,00
Verkaufszahlen	Absatzmenge (Liter)	850 000	Absatzmenge (Liter)	1 100 000
	Ø Verkaufspreis (€/l)	6,50	Ø Verkaufspreis (€/l)	5,95

Berechnen Sie die Werberendite der Jubiläumswerbung für das Jubiläumsjahr und beurteilen Sie kritisch den Erfolg der Werbemaßnahme

4.2 Strategische Marketingkontrolle

Gegenstand der strategischen Kontrolle sind

- die langfristigen Zielsetzungen,
- die Marketingstrategien sowie
- das Produktions-/Absatzprogramm.

Marketing-Audit

Ein Instrument der langfristigen **Marketingkontrolle** ist das **Marketing-Audit**.

Während die operativen Instrumente der Marketingkontrolle sich eher an den Ergebnissen eingesetzter Marketingmaßnahmen orientieren, ist das Marketing-Audit durch eine systematische, kritische Analyse aller Marketingtätigkeiten gekennzeichnet.

Das Marketing-Audit ist die systematische, zukunftsorientierte Untersuchung und Überprüfung der Marketingplanung und Marketingdurchführung, die auch die Umwelt des Unternehmens mit einbezieht. So sollen die Marketingziele, die Strategien und die einzusetzenden Instrumente andauernd den Umweltveränderungen angepasst werden. Bei stetigem Einsatz dient das Marketing-Audit praktisch als „Frühwarnsystem" für strategisch angelegte Entscheidungen.

Elemente

Ein Marketing-Audit besteht aus folgenden Elementen:

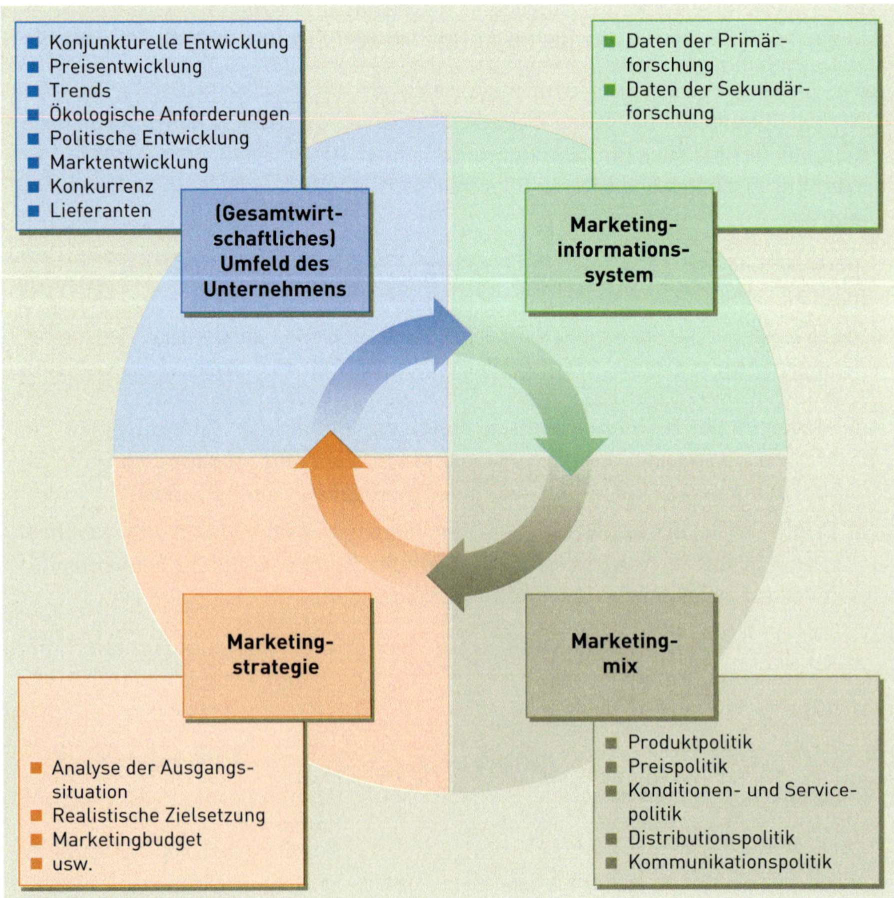

Ein Marketing-Audit wird nicht nur mit den Fachkräften innerhalb des Unternehmens durchgeführt, vielmehr wird auch externe Hilfe in Form eines Marketing-Auditors in Anspruch genommen. Dies verhindert „Betriebsblindheit" beim Audit und ermöglicht eine andere, zusätzliche Betrachtungsweise des Marketingbereiches.

Das Ergebnis eines Audits[1] ist eine bewertende Bestandsaufnahme sowie Empfehlungen für kurzfristig greifende, insbesondere aber auch für langfristige Maßnahmen im Bereich des Marketings.

Weitere Instrumente, die sich der strategischen Marketingkontrolle zuordnen lassen, kennen Sie aus anderen Zusammenhängen:

- SWOT-Analyse (siehe Kap. 1.3.3)
- Benchmarking (siehe Teil A, Kap. 3.2)
- Portfolio-Analyse (siehe Kap. 1.3.2) und Produktlebenszyklus (siehe Kap. 1.3.1)

Wiederholungsaufgaben

› Kap. 4

1. Erläutern Sie, was Sie unter Marketing-Audit als Instrument der strategischen Marketingkontrolle verstehen. Beschreiben Sie Zielsetzungen und Vorteile der Durchführung eines Marketing-Audits.

2. Ein Kaffeehersteller hat bezüglich einer bestimmten Kaffeesorte eine Befragung durchgeführt. Folgende Ergebnisse wurden ermittelt:

Befragungsmerkmal	gesamt	Männer	Frauen
Bekanntheit der Kaffeesorte	85 %	55 %	77 %
Sympathie/Vorliebe	35 %	38 %	33 %
Kaufbereitschaft	17 %	16 %	28 %
Kauf	12 %	9 %	22 %

a) Beschreiben Sie vier Erkenntnisse, die aus dem Ergebnis der Befragung abgeleitet werden können.

Die Vorliebe für die Kaffeesorte soll durch eine Werbekampagne gefördert werden.

b) Nennen Sie zwei Merkmale, an denen der Erfolg der Kampagne gemessen werden kann.

c) Beschreiben Sie zwei Maßnahmen, mit denen die Kaufbereitschaft an den Verkaufsstellen gesteigert werden kann.

E

Personalwirtschaft

Lernfeld 7
Personalwirtschaftliche Aufgaben wahrnehmen

1 Personalwirtschaft und Personalmanagement als Unterstützungsprozesse

Einführung

Ein Unternehmen kann sein Kerngeschäft, die Herstellung und den Verkauf von Gütern und Dienstleistungen nur gut erfüllen, wenn die begleitenden und unterstützenden Tätigkeiten reibungslos in den unternehmerischen Ablauf integriert sind. Diese Tätigkeiten bezeichnet man auch als Supportprozesse. Der wichtigste Supportprozess ist die Gewährleistung, dass die richtigen Mitarbeiter an den verschiedenen Stellen im Unternehmen arbeiten. Richtig heißt, dass sie die Anforderungen der Stelle mit ihrer Qualifikation und ihren Fähigkeiten erfüllen können und mit hoher Motivation ihre Aufgaben im Unternehmen erledigen. Für die dafür erforderliche offene Unternehmenskultur können das Personalmanagement und seine Mitarbeiter einen großen Beitrag leisten.

Beispiel

Frau Peters kennt als Leiterin der Personalabteilung viele Mitarbeiter persönlich und weiß um deren Stärken und Schwächen. Ihr Arbeitsgebiet ist trotz der Tatsache, dass die Heidtkötter KG „nur“ über rund 120 Mitarbeiter verfügt, sehr umfangreich. Zu Frau Peters Prinzipien gehört dennoch, die Tür zum Personalbüro immer für alle offen zu lassen, und dieses Angebot wird von der Belegschaft angenommen. Es kommen immer wieder Mitarbeiterinnen und Mitarbeiter zu ihr, um ihre Anliegen vorzutragen. Und auch die Geschäftsleitung ist auf das Wissen und die Kenntnisse von Frau Peters und der Personalabteilung angewiesen.

Im folgenden Kapitel werden kurz die Aufgaben und Ziele der Personalwirtschaft erläutert. Dabei wird auch ein Wandel von der „klassischen“ Personalverwaltung hin zum Human Resource Management beschrieben.

Personalwirtschaft

Hauptaufgabe

Die **Personalwirtschaft** umfasst alle Planungs-, Steuerungs- und Kontrollaufgaben, die die Beschäftigen eines Unternehmens und deren Einsatz im Unternehmen betreffen. **Hauptaufgabe** der Personalwirtschaft ist es, den Leistungsprozess möglichst optimal mit geeigneten Mitarbeiterinnen und Mitarbeitern zu versorgen. Optimal bedeutet: möglichst gut qualifizierte Mitarbeiter zu möglichst geringen Personalkosten zur richtigen Zeit am richtigen Ort für die richtige Aufgabe verfügbar zu haben.

Die Aufgabengebiete in der Personalwirtschaft sind vielfältig und umfassen alle Tätigkeiten von der Suche über die Einstellung neuer Mitarbeiter, den laufenden Aufgaben der Personalbuchführung und Entgeltabrechnung bis hin zur Unterstützung von Mitarbeitern in ihrer Weiterentwicklung innerhalb des Unternehmens.

6101448

Aufgabengebiete

› siehe folgende Kapitel

Im Einzelnen lassen sich diese Aufgabengebiete wie folgt beschreiben:

- die **Personalbedarfsplanung** (z. B. die Ermittlung und Analyse des Personalbestands, die Personaleinsatzplanung und auch die Planung zu Personalfreisetzungen),
- die **Personalbeschaffung(splanung)** (alle Tätigkeiten im Rahmen der Beschaffung, Auswahl und Einarbeitung von Personal),
- die **Personaleinsatzplanung** (optimale Bereitstellung unter Kostengesichtspunkten und unter Beachtung von Arbeitsrecht und Arbeits- und Gesundheitsschutz),
- die **Personalbeurteilung, Personalentwicklung und Personalführung** (z. B. über berufsbegleitende Maßnahmen zur Fortbildung),
- die **Personalentlohnung** (Berechnung von Lohn und Gehalt, Entgeltabrechnung),
- die **Personalfreisetzung** (z. B. die Beachtung aller vertragsrechtlichen und formalen Aspekte bei einer Kündigung),
- die übergreifende Aufgabe der **Verwaltung** (eine „Betreuung" der Mitarbeiter und ihrer Daten im Unternehmen, Hilfestellung bei Arbeitskonflikten) sowie
- das **Personalcontrolling** (z. B. durch die Analyse von Personalkennzahlen, die aus Personalinformationssystemen abgeleitet werden können; die Ergebnisse können als Grundlage für die Personalbedarfsplanung genutzt werden).

Ziele

Das vorrangige Ziel der Personalwirtschaft ist ein **ökonomisches Ziel**: Das Personal muss so eingestellt, eingesetzt, entwickelt und unter Umständen freigesetzt werden, dass das Unternehmen sein unternehmerisches Ziel (Gewinnmaximierung) möglichst gut erreichen kann. Weil dies aber auch von der Einstellung, den Erwartungen und den Bedürfnissen der Mitarbeiter abhängig ist, hat die Personalwirtschaft gleichermaßen ein **soziales Ziel**: Hier geht es z. B. um Normen und Werte im Unternehmen, das „Betriebsklima", die Gestaltung von Arbeitsbedingungen, Motivation und Führung, Entwicklungsmöglichkeiten, eine gerechte Entlohnung, Gesundheits- und Altersvorsorge, Arbeitsrecht, Flexibilität (zum Beispiel über Arbeitszeitmodelle) usw.

Zielkonflikte

Die beiden Ziele sind nicht immer miteinander vereinbar.

Beispiele

Hohe Löhne und Gehälter für die Mitarbeiter reduzieren gleichzeitig den Gewinn des Unternehmens. Sind die Entgelte jedoch zu niedrig, bekommt ein Unternehmen keine guten Mitarbeiter und hat eine hohe Fluktuation, was wiederum die Qualität der Leistung beeinträchtigt und ebenfalls den Unternehmenserfolg reduziert. Entwicklungs- oder Qualifizierungsmöglichkeiten, die sämtliche Wünsche der Mitarbeiter erfüllen, sind nicht effizient, weil nicht beliebig viel hochqualifiziertes Personal benötigt wird; darüber hinaus verursacht dies hohe Kosten.

Personalverwaltung

Die eher organisatorischen bzw. verwaltenden Aufgaben im Zusammenhang mit dem Personal werden in den meisten Unternehmen von der Personalabteilung erledigt. In der **Personalverwaltung** fallen vor allem die folgenden Tätigkeiten an:

- neue Mitarbeiter erfassen (Personalakte und/oder Stammdaten(satz) anlegen, Mitarbeiter zur Sozialversicherung anmelden),
- Arbeitszeitkonten führen, Fehlzeiten, Krankmeldungen, Urlaubsanträge aufnehmen,
- Lohn- und Gehaltsabrechnungen durchführen,
- Bescheinigungen erstellen und weiterleiten,
- Berechtigungen vergeben und überwachen,
- Hilfestellung bei Stellenausschreibungen und im Bewerbungsverfahren geben,
- Termine zu Auswahlverfahren organisieren, usw.

Neben die Personalverwaltung rücken verstärkt Aufgaben der Personalentwicklung sowie der Unterstützung der Führungskräfte bei der Personalführung und -beurteilung. Anstelle des Begriffes „Personalwirtschaft“ findet sich deshalb häufig der Begriff **„Personalmanagement“**. Dabei handelt es sich oft um eine andere Bezeichnung für denselben Inhalt. Die Veränderung in der Bezeichnung soll aber etwas anderes zum Ausdruck bringen: Während im Mittelpunkt des Begriffs „Personalwirtschaft“ eher die traditionellen Funktionen des Personalwesens stehen (Personalplanung, -beschaffung und -verwaltung), soll der Begriff „Personalmanagement“ ausdrücken, dass die Arbeit nicht nur als Produktionsfaktor im engeren Sinne unter dem Aspekt „Kosten“ zu sehen ist, sondern dass sie besonderen Bedingungen unterliegt, die über die rein wirtschaftliche Betrachtung hinausgehen. In modernen Unternehmen spricht man bezogen auf das Personal heute auch von **Human Resources** und hebt damit den sozialen, den „menschlichen“ Aspekt des Einsatzes von Arbeitskräften stärker hervor. Es geht vermehrt darum, dass Mitarbeiter als Humankapital angesehen werden. Das betriebliche Humankapital ist Teil des betrieblichen immateriellen Vermögens und trägt wesentlich zum langfristigen Erfolg des Unternehmens bei.

Personalmanagement

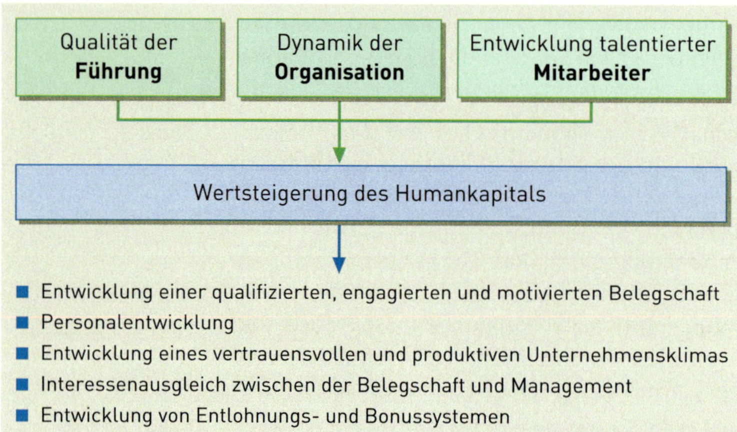

Die Gesamtheit aller Maßnahmen, die zielgerichtet darauf ausgerichtet sind, die Mitarbeiter in einem Unternehmen nicht mehr in erster Linie als Kostenfaktor zu betrachten, sondern in ihnen das Gefühl zu wecken, dass es sich lohnt, sich mit allem Einsatz, allen Fähigkeiten und Ideen in das Unternehmensgeschehen einzubinden oder einbinden zu lassen, bezeichnet man in der modernen betriebswirtschaftlichen Sprache als **Human Resource Management**. Diese Weiterentwicklung des Personalwesens hat das Ziel, sogenannte „weiche Erfolgsfaktoren“ wie etwa die Qualität der Führung, die Dynamik der Organisation und die Entwicklung talentierter Mitarbeiter zu stärken. Erfolgreiches Personalmanagement wird damit zu einer Quelle ständiger Erneuerung und Innovation, von der sowohl der Arbeitnehmer als auch der Arbeitgeber profitieren.

› Kap. 6

Die Mitarbeiterführung ist ein Teil der Unternehmenskultur. Hier geht es um gemeinsam getragene Grundüberzeugungen, Werte und Einstellungen im Sinne des Unternehmenszwecks. Unternehmenskultur drückt z. B. aus, welche Wertvorstellungen das Management hat, die Art und Weise seines Umgangs miteinander und mit seinen Mitarbeitern. Die Gestaltung der Unternehmenskultur muss vor allem die drei Hauptströmungen im Unternehmen in Einklang bringen: Unternehmensziele, Mitarbeiterzufriedenheit und Kundenorientierung. Je besser diese aufeinander abgestimmt sind, desto besser kann sich das Unternehmen langfristig am Markt behaupten.

Erfolgreiche Unternehmen

- setzen stärker als andere auf eine klar formulierte Personalstrategie, die konkrete Handlungsimpulse für die Personalarbeit generiert,
- sehen mehr als andere in der Personalarbeit einen klaren Wettbewerbsvorteil,
- unterstützen stärker als andere Unternehmen ihre Mitarbeiter strukturell bei der Personalentwicklung,
- beurteilen häufiger die individuelle Leistung bei allen Mitarbeitern,

- arbeiten wesentlich häufiger Zielvereinbarungen mit Mitarbeitern ab, die auch Konsequenzen beinhalten,
- verfolgen eine wesentlich umfangreichere Kontrolle der Zielvereinbarungen,
- haben eine umfangreichere und bessere Personalarbeit.

Die Arbeitsschwerpunkte im Personalbereich verlagern sich von der reinen Verwaltung und Einsatzplanung der Mitarbeiter in Richtung einer Einbindung in die unternehmerischen Abläufe und Prozesse. Dies kann im Einzelfall sogar so weit gehen, dass Mitarbeiter in Entscheidungsprozesse der Geschäftsleitung oder einzelner Projektleiter eingebunden werden. Leistung soll nicht als Zwang empfunden werden, sondern sie ist das Ergebnis einer guten Zusammenarbeit, einer gegenseitigen Achtung und eines Strebens nach einem gemeinsamen Ziel, von dem alle profitieren, ganz gleich, ob es für den Unternehmer um den Gewinn, den Arbeitnehmer um den Lohn oder die Sicherung des Arbeitsplatzes geht oder ganz einfach nur darum, dass die Arbeit mit Freude verbunden ist, motiviert getan wird und Zufriedenheit erzeugt.

Personalkosten

Auch **unter Kostenaspekten** ist ein mitarbeiterorientiertes Personalmanagement sinnvoll. Der Rückgang der durchschnittlich jährlichen krankheitsbedingten Fehltage um einen Tag pro 100 Beschäftigte bringt etwa ein halbes Jahresgehalt oder 20.000,00 €. Da zwischen Krankheit und Unzufriedenheit am Arbeitsplatz ein nachgewiesener Zusammenhang besteht, zahlen sich Maßnahmen zur Steigerung der Arbeitszufriedenheit auch direkt aus. Jeder neunte Fehltag geht immerhin auf psychische Erkrankungen zurück, und als Auslöser werden immer wieder hohes Arbeitspensum, schlechter Informationsfluss und mangelndes Feedback durch Vorgesetzte genannt.

Personalpolitik

Ergänzt man die Ziele, die das Personalmanagement im Unternehmen verfolgt, um die Methoden, mit denen diese Ziele erreicht werden sollen, und formuliert dies explizit, so bezeichnet man das Ergebnis als **Personalpolitik** des Unternehmens. Die Personalpolitik ist Teil der Unternehmenspolitik und sollte aus der Unternehmensphilosophie abgeleitet sein.

Aufgaben

› Kap. 1

1. Fassen Sie bitte in einem Satz zusammen, worin die Aufgabe der Personalwirtschaft besteht.
2. Ordnen Sie bitte die Teilaufgaben der Personalwirtschaft den Bereichen „Planung“, „Steuerung“ und „Kontrolle“ zu.
3. Wo ist die Personalverwaltung in Ihrem Ausbildungsbetrieb aus organisatorischer Sicht angesiedelt?
   Erklären Sie die verschiedenen Aufgabenbereiche, die dort von der Personalverwaltung bzw. vom Personalmanagement erfüllt werden.

   › Recherche
4. Versuchen Sie einen Zusammenhang zwischen Arbeitsbedingungen und Leistungsverhalten herzustellen und die sich daraus ergebenden Schlussfolgerungen für das Personalmanagement aufzuzeigen.
5. Auch das Personalmanagement unterliegt wirtschaftlichen Zwängen. Erläutern Sie, was damit gemeint ist.
6. Wo sehen Sie die entscheidenden Erfolgsfaktoren für eine gute Personalarbeit?
7. Die Förderung und Stärkung des Humankapitals in einem Unternehmen wird vermehrt als eine der wichtigsten Zukunftsinvestitionen betrachtet, die für den Bestand und den wirtschaftlichen Erfolg eine ganz entscheidende Rolle spielt. Was ist das „Humankapital“ und warum wird ihm eine solche Rolle beigemessen.

2 Personalplanung

Einführung

Das rechtzeitige Erkennen eines Personalbedarfs ist eine Notwendigkeit für ein Unternehmen. Nur dann kann gewährleistet werden, dass zum richtigen Zeitpunkt in der erforderlichen Anzahl Mitarbeiter eingesetzt werden können, die über die dazu nötigen Qualifikationen verfügen.

Ein Personalbedarf kann sowohl kurzfristig auftreten als auch langfristig festgelegt werden. Ein Mitarbeiter kann zum Beispiel schwer erkranken, eine Mitarbeiterin wird schwanger. In diesen Fällen muss kurzfristig geplant und besetzt werden. Will ein Unternehmen zum Beispiel langfristig eine neue Produktlinie in das Produktionsprogramm aufnehmen, hat dies einen zu ermittelnden Personalbedarf zur Folge.

Beispiel

Die Messen, auf denen die Heidtkötter KG im ersten Halbjahr ausgestellt hat, haben viele zusätzliche Aufträge gebracht. Aus vielen dieser Aufträge sind Folgeaufträge und langfristige Kooperationen absehbar. Man rechnet damit, dass die Umsätze im kommenden Jahr um 15 % gesteigert werden können. Über die kommenden drei Jahre soll ein durchschnittlicher Zuwachs von 20 % erzielt werden.

Die Geschäftsleitung möchte das erste Ziel mit einer Aufstockung des Personals von jetzt 120 auf dann 130 feste Mitarbeiter erreichen, d. h., dass der Umsatzsteigerung um 15 % nur rund 8 % mehr Personal gegenüberstehen. Die Ergebnisse der Personalstatistik haben in einigen Bereichen offengelegt, dass durch personelle Änderungen die Effizienz der Arbeit gesteigert werden kann. Da die Unternehmensleitung mittelfristig planen will, wird der Personalbedarf über das kommende Jahr hinaus für die beiden Folgejahre hochgerechnet.

Zurzeit verfügt die Heidtkötter KG über folgendes Personal:

Beschäftigte	insgesamt:	129
davon:	feste Mitarbeiter	120
	Auszubildende	9

(in jedem Ausbildungsjahr zwei Industriekaufleute und ein Möbelschreiner)

In diesem Kapitel lernen Sie die betrieblichen Ziele und Grundlagen der Personalbedarfsplanung kennen und anwenden.

Von der Personalbedarfsplanung grenzen wir dann die Personaleinsatzplanung ab.

2.1 Personalbedarfsplanung

Faktoren für die Höhe des Personalbedarfs

Viele Einflussfaktoren bestimmen den Personalbedarf eines Unternehmens. Zu unterscheiden sind hierbei **innere Faktoren**, die durch das Unternehmen selbst bestimmt werden, und **äußere Faktoren**, auf die das Unternehmen selbst keinen unmittelbaren Einfluss hat.

Beispiele

innere Faktoren	äußere Faktoren
■ Herstellungsmengen und Erzeugnisarten ■ durchschnittliche Leistung der Arbeitskräfte ■ vorgesehene Rationalisierungsmaßnahmen ■ Form der Arbeitsorganisation ■ Modernitätsgrad der Produktionsmittel ■ Fehlzeiten und Fluktuation der Beschäftigten	■ Entwicklung gesamtwirtschaftlicher Größen (Wachstum, Lohnquote usw.) ■ Konkurrenzsituation ■ Branchenentwicklung ■ tarifvertragliche Änderungen (z. B. bei Arbeitszeit und Urlaub) ■ Änderungen im Arbeits- und Sozialrecht ■ staatliche Wirtschaftspolitik

Personalbedarfsplanung

Die Aufgabe der **Personalbedarfsplanung** besteht darin, festzulegen, wie viele Arbeitskräfte (**quantitativer** Personalbedarf) mit welchen Qualifikationen (**qualitativer** Personalbedarf) zu welchem Zeitpunkt (**zeitlicher** Personalbedarf) an welchem Ort (**örtlicher** Personalbedarf) für betriebliche Zwecke zur Verfügung stehen sollten.

Personalbedarf

Der **Personalbedarf** ermittelt sich nach folgenden Gesichtspunkten:

- *Welche Tätigkeiten und Aufgaben sind zu erledigen?*
- *Wie viele Mitarbeiter werden dafür benötigt?*
- *Welche Qualifikation müssen die Mitarbeiter haben?*
- *Wann müssen diese Mitarbeiter verfügbar sein?*
- *Wo müssen diese Mitarbeiter verfügbar sein?*

Der Personalbedarf beschreibt die Anzahl der Mitarbeiter, die zur Erfüllung einer gegenwärtigen oder zukünftigen Aufgabe in einem Unternehmen nötig ist. Der Personalbedarf wird mit dem Personalbestand verglichen:

- Bei einer **Überdeckung** muss Personal freigestellt werden (quantitative Überdeckung) oder es muss entsprechend gefördert und darauf basierend anders eingesetzt werden (qualitative Überdeckung) oder es wird freigestellt.
- Bei einer **Unterdeckung** muss Personal beschafft werden (quantitative Überdeckung) oder das vorhandene Personal wird gefördert und entsprechend qualifiziert mit der Aufgabe, bei der ein Mangel herrscht, eingesetzt.

Quantitativer Personalbedarf

Der **quantitative Personalbedarf** lässt sich wie folgt ermitteln:

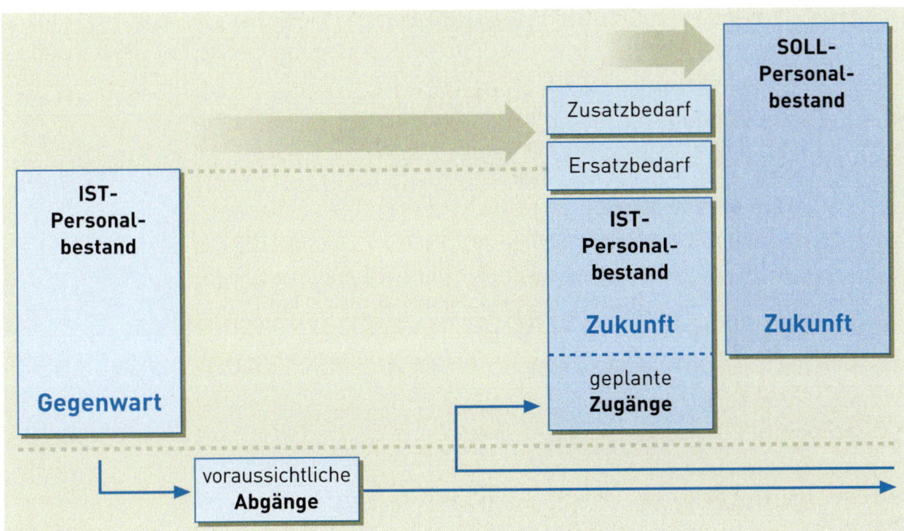

Brutto- und Nettopersonalbedarf

Die Personalbedarfsplanung vollzieht sich im Wesentlichen **in drei Schritten:**
① Feststellung des Bruttopersonalbedarfs (Personalsoll-Bestand)
② Prognose über die Entwicklung des Personalbestands
③ Ermittlung des Nettobedarfs als Differenz zwischen Bruttopersonalbedarf und Personalbestand

Feststellung des Bruttopersonalbedarfs

Schritt ①
Verfahren der Personalbedarfsplanung

Ein Unternehmen kann bei dieser Aufgabe unterschiedliche Methoden anwenden:
- **Schätzverfahren:** Die Bedarfszahlen beruhen auf Schätzwerten der Unternehmensleitung, die auf ihre bisherigen Erfahrungen im Personalbereich zurückgreift.
- **Kennzahlmethode:** Hierbei sind zunächst Beziehungen zwischen bestimmten betriebswirtschaftlichen Größen (z. B. Umsatz, Auftragseingänge) zu der Anzahl der Mitarbeiter herzustellen. Ausgehend von diesen Kennzahlen werden Zielsetzungen formuliert.

Beispiel 1

Ausgangslage: 1 000 Auftragseingänge pro Tag werden von 20 Mitarbeitern erledigt. Das heißt, dass auf einen Mitarbeiter 50 Auftragserledigungen entfallen.

Planung: Erhöhung der Auftragseingänge durch eine innovative Produktoffensive von jetzt 1 000 Einheiten auf 1 500 Einheiten

Auswirkungen auf den Personalbedarf:
1 500 : 50 Aufträge = 30 Mitarbeiter.
Das heißt, es werden zusätzlich zehn Mitarbeiter benötigt.

- **Stellenplanmethode:** Der zukünftige Personalbedarf wird aus den Stellenplänen und Stellenbeschreibungen ermittelt. Stellen sind Aufgabenbereiche, die von einem Aufgabenträger (Arbeiter, Angestellter) wahrgenommen werden.

Schritte ② und ③

Prognose der Personalentwicklung und Feststellung des Nettopersonalbedarfs

Die Ermittlung des Nettopersonalbedarfs beruht auf einer einfachen Rechnung. Sie geht von dem vorhandenen Personalbestand aus und verrechnet alle bekannten Zu- und Abgänge. Darüber hinaus fließen die betrieblichen Planungen in die Überlegungen ein. Das Ergebnis ist der **Nettopersonalbedarf.**

Bruttopersonalbedarf – Personalbestand = Nettopersonalbedarf

Beispiel 2

	Heidtkötter KG Personalbedarf **gewerblicher Bereich** Stand: 1. August 20.. (1. Folgejahr)	Personal
	Bruttopersonalbedarf	72
–	derzeitiger **Personalbestand**	66
–	bereits feststehende Zugänge (Übernahme von Auszubildenden, Rückkehr von Wehrpflichtigen, Einstellungsverträge usw.)	2
=	akuter (sofort zu deckender) Bedarf	4
+	anstehende Pensionierungen	4
+	vorliegende Kündigungen	2
+	statistisch zu ersetzende Todesfälle	2
=	Ersatzbedarf	12
+	Neubedarf für eine neu einzurichtende Produktionslinie	8
–	entfallende Stellen durch Absatzrückgang bei alten Produktlinien	3
=	**Nettopersonalbedarf**	**17**

Weitere Bedarfsarten

Der Personalbedarf lässt sich begrifflich in die folgenden Bedarfsarten unterteilen:

- **Einsatzbedarf:** Dies ist der Bedarf an Personal, der benötigt wird, um fortlaufend anfallende Arbeiten leisten zu können.
- **Neubedarf:** Es besteht Einstellungsbedarf, weil zum Beispiel Kapazitäten erweitert werden, Zweigstellen gegründet werden usw.
- **Freistellungsbedarf:** Bei Umstellungen, Rationalisierung oder Einsparungsmaßnahmen müssen Mitarbeiter gegebenenfalls freigestellt werden.
- **Ersatzbedarf:** Dies ist die Differenz aus von vorhandenen Stellen abgehenden und zugehenden Mitarbeitern. Stellen werden wiederbesetzt.
- **Reservebedarf:** Dies ist ein Überbrückungsbedarf, der auftritt, wenn Personal infolge von Krankheit, Urlauben, Unfällen usw. ausfällt.

Kritik an der Personalbedarfsrechnung

Die Personalbedarfsrechnung muss sich ständig den sich wandelnden Gegebenheiten anpassen, das heißt, sie muss laufend fortgeschrieben werden. Eine Personalbedarfsrechnung, wie sie oben schematisch erfolgt, stellt nur eine globale Größe dar und kann keineswegs alle Fragen klären, die mit dem Personalbedarf verbunden sind. Folgende Aspekte zeigen beispielhaft, wo die Grenzen der Personalbedarfsrechnung sind:

- Je größer ein Unternehmen ist, desto stärker wird die Personalbedarfsplanung nach einzelnen Abteilungen, Arbeitsbereichen, Einsatzgebieten oder sonstigen Gesichtspunkten differenziert werden müssen, um zu aussagefähigen Bewertungen der ermittelten Ergebnisse zu kommen.
- Für bestimmte Situationen und einzelne Unternehmensbereiche ist die Personalbedarfsrechnung überhaupt nicht sinnvoll anwendbar. Es gibt im allgemeinen Bereich **Unwägbarkeiten**, die in keiner Rechnung prognostiziert und schon gar nicht exakt erfasst werden können.

  Wie soll z. B. die Frage, wie viele der Mitarbeiterinnen aus welcher Abteilung möglicherweise in der prognostizierten Planungsperiode schwanger werden und/oder wie viele von ihnen für welchen Zeitraum Elternzeit in Anspruch nehmen oder vielleicht danach nur noch in Teilzeit arbeiten möchten, in eine mathematische Berechnung Eingang finden? Dies ist nur über allgemeine Zuschläge auf den Personalbedarf möglich, die auf allgemeinen Erfahrungswerten beruhen. Gleiches gilt auch für Kündigungen seitens der Arbeitnehmer, für Krankheitsfälle, vorzeitige Rentenanträge usw. Hier muss man Erfahrungswerte einbeziehen, die in der oben gezeigten Rechnung nicht vorkommen.
- Gänzlich ungeeignet ist die Personalbedarfsrechnung, wenn es um personelle Veränderungen bei Stellen mit besonderen Befugnissen geht.

Qualitativer Personalbedarf

Unmittelbar mit dem mengenmäßigen Personalbedarf sind auch die qualitativen Gesichtspunkte verbunden. Der **qualitative Personalbedarf** richtet sich nach den Anforderungen an die Mitarbeiter und nach deren Leistungsfähigkeit. Beides wird mit Hilfe von Arbeitsanalysen und Arbeitsbeschreibungen ermittelt bzw. beschrieben und durch Anforderungsprofile und Stellenbeschreibungen festgelegt. Es geht dabei um alle Fähigkeiten, die ein (zukünftiger) Mitarbeiter für eine Stelle mitbringen muss.

Aufgaben

› Kap. 2.1

1. Nannette Peters, Personalleiterin, soll der Geschäftsleitung berichten, wie aus ihrer Sicht die personelle Entwicklung in der Heidtkötter KG der nächsten drei Jahre verlaufen wird. Es geht darum, welcher Personalbedarf in den nächsten drei Jahren besteht. Frau Peters hat von der Geschäftsführung Vorgaben für den Mitarbeiterbedarf erhalten.
Nachdem sie die Personalstatistiken der Vorjahre durchgearbeitet hat, kommt Frau Peters zu folgender Einschätzung:

Jahr	Folgejahr 1	Folgejahr 2	Folgejahr 3
Mitarbeiterbedarf (Bruttopersonalbedarf)	130	135	150
	voraussichtliche Personalabgänge		
Einkauf	1	1	2
Produktion	3	5	3
Vertrieb	2	2	2
Rechnungswesen	3	1	2
Controlling	1	4	–
Summe	10	13	9

a) Wie groß ist nach diesen Berechnungen der Nettopersonalbedarf in jedem der nächsten drei Jahre?
b) Wie haben Sie die Auszubildenden (siehe Situation zu Beginn des Kapitels) in Ihrer Berechnung berücksichtigt und welche Überlegungen waren dabei maßgebend?

2. Definieren Sie die Begriffe „Nettopersonalbedarf“ und „Ersatzbedarf“.

3. Schauen Sie nochmals in die Situation und auf Ihre Ergebnisse aus Aufgabe 1. Die Heidtkötter KG macht zurzeit einen Umsatz von 25 Mio. €. Wie hoch ist der Umsatz pro Mitarbeiter und wie wird er sich absolut und prozentual verändern, wenn die dargestellten Planungen für das Folgejahr 1 und zusammengefasst für die danach folgenden beiden Geschäftsjahre 2 und 3 umgesetzt werden?

4. Am 02. Januar arbeiten 118 Personen (Personalbestand) bei der Schlosser GmbH, Köln. Für das laufende Jahr stehen folgende Veränderungen im Personalbestand an:
- zwei Mitarbeiter sind langfristig erkrankt, ihre Rückkehr steht nicht fest;
- zwei von vier Auszubildenden werden nach Abschluss ihrer Ausbildung eingestellt;
- zwei Mitarbeiterinnen gehen im Laufe des Jahres in Mutterschutz;
- ein Schlosser und ein Elektrotechniker sollen aus dem Unternehmen ausscheiden.

Ermitteln Sie den zusätzlichen Personalbedarf.

5. Es gibt verschiedene Faktoren und Unwägbarkeiten, die eine Prognose des Personalbedarfs erschweren. Welche sind das?

6. Erläutern Sie die Ihnen bekannten Verfahren der Personalbedarfsermittlung. Welche Informationen müssen jeweils vorliegen, damit das jeweilige Verfahren ein möglichst genaues Ergebnis liefert?

7. Welche der folgenden Aussagen ist richtig?
a) *Istbestand – Sollbestand = Nettopersonalbedarf*
b) *Istbestand + geplante Zugänge = Nettopersonalbedarf*
c) *Geschätzte Abgänge + geplante Abgänge = Nettopersonalbedarf*
d) *Bruttopersonalbedarf – Abgänge + Zugänge = Nettopersonalbedarf*
e) *Bruttopersonalbedarf + Abgänge - Zugänge = Nettopersonalbedarf*
f) *Sollbestand – Istbestand = Ersatzbedarf*

2.2 Personaleinsatzplanung und Arbeitszeitgestaltung

Personaleinsatzplanung

Zielsetzung

Die **Personaleinsatzplanung** verfolgt das Ziel, die vorhandenen Mitarbeiter bestmöglich den Arbeitsplätzen bzw. Stellen zuzuordnen, damit alle betrieblichen Prozesse optimal und ohne Unterbrechung ablaufen (quantitative Einsatzplanung). Sie stellt das Personal gemäß seiner Qualifikation bereit. Das Anforderungsprofil einer jeden Stelle soll durch die Fähigkeiten des jeweiligen Mitarbeiters erfüllt werden (qualitative Einsatzplanung). Dabei sollte gleichzeitig auf eine bestmögliche Nutzung der vorhandenen Betriebsmittel geachtet werden.

Geplant wird der Personaleinsatz für einen Bedarf in einem bestimmten Zeitraum. Problematisch kann dies zum Beispiel sein, wenn die Arbeitsmenge (= Personalbedarf) Schwankungen unterliegt oder wenn Arbeitsmengen umgehend bewältigt werden müssen.

Die Personaleinsatzplanung ist von der **Personaleinsatzsteuerung** zu unterscheiden:

- Die Personaleinsatzplanung beruht auf den Ergebnissen der Personalbedarfsplanung, die wiederum auf Absatz-, Produktions- und Investitionsplanung beruhen. Es geht hier um eine mittel- bis langfristige Planung, meist um die mehrmonatige oder jährliche Zuordnung des Personalbestands zu den Arbeitsplätzen.
- Die Personaleinsatzsteuerung erfolgt kurzfristig. Hier geht es um eine schnelle, bedarfsgerechte Zuordnung zu den Arbeitsplätzen. Diese erfolgt mitunter täglich, wöchentlich oder monatlich, zum Beispiel bei unvorhersehbaren Auftragsschwankungen (z. B. eilige Fertigungsaufträge).

Personaleinsatzsteuerung

Da gerade ein Industrieunternehmen den Leistungsprozess zu jeder Zeit an der Nachfrage des Marktes ausrichten muss, spielt der Faktor Zeit bzw. Arbeitszeit eine entscheidende Rolle für die Personaleinsatzplanung. Zwischen dem Ziel der Optimierung von Auslastung, Arbeitsabläufen, Betriebszeiten usw. und der Notwendigkeit, dabei auch die Interessen der Mitarbeiter und Mitarbeiterinnen zu wahren, besteht Potenzial für Konflikte. Hier seien zwei Beispiele genannt, die unvorhersehbar und planbar Einfluss auf die Personalplanung nehmen:

Beispiel 1

Für die Personalplanung ist schwer abschätzbar, wann Mitarbeiterinnen schwanger werden und in Mutterschutz gehen müssen. Auch ist meist recht kurzfristig klar, wann Elternteile von der Möglichkeit, in Elternzeit zu gehen, Gebrauch machen.

Mutterschutz und Elternzeit

Eine Arbeitnehmerin, die in Erwartung eines Kindes ist, sollte den Arbeitgeber von ihrer Schwangerschaft und dem voraussichtlichen Entbindungstermin sofort informieren. Nur dann können die gesetzlichen Schutzregelungen eingehalten werden. Nach Bekanntgabe der Schwangerschaft ist der Arbeitgeber verpflichtet,

- die für den Betrieb zuständige Aufsichtsbehörde, die für die Überwachung der gesetzlichen Vorschriften zuständig ist, über die Schwangerschaft zu informieren;
- eine sofortige Beurteilung der Arbeitsbedingungen durchzuführen (Gefährdungsbeurteilung);
- Schutzmaßnahmen unter Beachtung folgender Rangfolge zu ergreifen, wenn Gesundheit oder Leben von Mutter oder Kind gefährdet sind:
  1. Umgestaltung der Arbeitsbedingungen,
  2. Umsetzung/innerbetrieblicher Arbeitsplatzwechsel,
  3. Beschäftigungsverbot/Freistellung.

Nach Artikel 6 des Grundgesetzes hat jede Mutter Anspruch auf den Schutz und die Fürsorge der Gemeinschaft. Das **Mutterschutzgesetz** legt zugunsten schwangerer Frauen und junger Mütter Beschäftigungsverbote sowie Schutzfristen für die Zeit vor und nach der Entbindung fest. Es gilt für alle Frauen, die in einem Arbeitsverhältnis stehen. Die **Mutterschutzfrist**, in der die Schwangere nur noch auf ausdrücklich eigenen Wunsch beschäftigt werden darf, beginnt grundsätzlich sechs Wochen vor dem berechneten Geburtstermin. Die Mutterschutzfristen und anderen mutterschutzrechtlichen **Beschäftigungsverbote** zählen bei der Berechnung des Erholungsurlaubs als Beschäftigungszeiten mit. Nach der Entbindung gilt in den ersten acht Wochen (bei Früh- und Mehrlingsgeburten zwölf Wochen) ein absolutes Beschäftigungsverbot. Der wegen einer vorzeitigen Geburt ungenutzte Teil der Schutzfrist wird an die Zeit nach der Geburt angehängt. Während der Schwangerschaft und noch vier Monate nach der Entbindung besteht Kündigungsschutz.

© Bergmoser + Höller Verlag AG 141 213

Um den Eltern die Einteilung ihrer familiären Aufgaben auch nach Ablauf des Mutterschutzes zu erleichtern, haben Mütter und Väter einen Anspruch auf Elterngeld und Elternzeit. Wir beschränken uns für den Bereich Personalplanung hier auf Angaben zur Dauer der Elternzeit[1].

Die **Elternzeit** beträgt bis zu drei Jahre, sie kann von einem Elternteil oder von beiden gemeinsam zur Betreuung und Erziehung des Kindes bis zur Vollendung des dritten Lebensjahres genommen werden. Sie muss spätestens sieben Wochen vor Beginn schriftlich vom Arbeitgeber verlangt werden, es besteht ein Recht auf Elternzeit. Es muss dabei erklärt werden, wann innerhalb von zwei Jahren die Elternzeit genommen wird. Wenn die Elternzeit unmittelbar an die Mutterschutzfrist anknüpfen soll, muss die Meldung dazu spätestens sieben Wochen vor Ablauf der Mutterschutzfrist erfolgt sein. Innerhalb der Elternzeit muss das Elternteil keine Tätigkeiten im Unternehmen leisten, das Arbeitsverhältnis ruht, besteht aber weiter. Das Elternteil kann (in einem Unternehmen mit mehr als 15 Beschäftigten) aber auf eigenen Wunsch bis zu 30 Stunden pro Woche in Teilzeit weiter arbeiten.

Teilzeit/ Altersteilzeit

Das Altersteilzeitgesetz[2] ermöglicht Arbeitnehmerinnen und Arbeitnehmern ab Vollendung des 55. Lebensjahres eine Halbierung ihrer Arbeitszeit und somit einen gleitenden Übergang in die Altersrente ohne zwischenzeitliche Phasen der Arbeitslosigkeit.

Beispiel 2

Planbar sind die beiden folgenden Fälle für die Personalplanung der Heidtkötter KG: Herr Schreiber und Frau Schurmann sind beide 58 Jahre alt. Er möchte die Altersteilzeit ab Beginn des nächsten Jahres in Form des Blockmodells antreten. Sie möchte ihre Arbeitszeit reduzieren und ab dem nächsten Jahr zunächst nur noch 35 Stunden arbeiten, um dann die Stundenzahl jedes Jahr um weitere fünf Stunden bis zu ihrer Pensionierung zu reduzieren.

1 Weiterführende Information zu den Themen Mutterschutz und Elterngeld bzw. Elternzeit siehe Lehrbuch zur Wirtschafts- und Sozialkunde.
2 Auch hierzu finden Sie weitere Information im Lehrbuch zur Wirtschafts- und Sozialkunde.

Während der gesamten Zeit erhält der/die Beschäftigte das Altersteilzeiteinkommen unabhängig vom gewählten Modell. Man unterscheidet:

- **Teilzeitmodell**
  Der/die Arbeitnehmer/-in arbeitet durchgehend mit der Hälfte der regelmäßigen wöchentlichen Arbeitszeit.
- **Blockmodell**
  Im Rahmen des Blockmodells wird die bis zum Beginn der Rente zu erbringende Arbeitsleistung vollständig vorab geleistet und anschließend erfolgt eine volle Freistellung vom Dienst. Diejenigen, die beispielsweise sechs Jahre Altersteilzeit in Anspruch nehmen, werden in der ersten Hälfte der Altersteilzeit vollzeitbeschäftigt (drei Jahre) und in der zweiten Hälfte vollständig von ihren Arbeitsleistungspflichten befreit.

Teilzeitbeschäftigung

Viele Arbeitnehmer wollen aus familiären oder sonstigen privaten Gründen keine volle Arbeitsstelle ausüben. In Deutschland gehen mehr als sechs Millionen Menschen einer **Teilzeitbeschäftigung** nach. Damit arbeiten rund 16 % der beschäftigten Arbeitnehmer verkürzt.

Teilzeitarbeitsgesetz

Die Teilzeitarbeit wird durch das **Teilzeitarbeitsgesetz** geregelt. Es gründet sich auf eine EU-Richtlinie samt einer Rahmenvereinbarung der europäischen Sozialpartner, die in deutsches Recht umgesetzt worden ist.
Ziel des Gesetzes ist es, das Arbeitspotenzial von Menschen, die eine Teilzeitbeschäftigung anstreben, besser zu nutzen. Zugleich soll durch den Ausbau der Teilzeitarbeit auch die Chancengleichheit zwischen Männern und Frauen und die Vereinbarkeit beruflicher und familiärer Aufgaben verbessert werden.

Die wichtigsten Regelungen des Teilzeitarbeitsgesetzes

Anspruch auf Teilzeitarbeit

Arbeitnehmer in Betrieben mit mehr als 15 Beschäftigten können eine Verringerung ihrer Arbeitszeit verlangen. Der Arbeitgeber muss der gewünschten Verkürzung und Verteilung der Arbeitszeit zustimmen, wenn nicht dringende betriebliche Gründe dagegen sprechen.

Spätestens einen Monat vor dem gewünschten Übergang zur Teilzeit hat der Arbeitgeber dem Beschäftigten seine Entscheidung über die Arbeitszeitverteilung (ggf. auch eine Ablehnung) schriftlich mitzuteilen.

Ausschreibung von Teilzeitstellen

Arbeitsplätze, die sich dafür eignen, müssen auch als Teilzeitarbeitsplätze ausgeschrieben werden. Beschäftigte, die ihr Interesse an einer veränderten Arbeitszeitgestaltung angemeldet haben, müssen vom Arbeitgeber über entsprechende freie Arbeitsplätze im Unternehmen informiert werden.

Erhöhung der Arbeitszeit

Der Wunsch eines Teilzeitbeschäftigten auf eine Vollzeitstelle ist bei der Neubesetzung eines entsprechenden Arbeitsplatzes bevorzugt zu behandeln.

Diskriminierungsverbot

Teilzeitbeschäftigte dürfen wegen ihrer Teilzeitarbeit nicht schlechter behandelt werden als vergleichbare Vollzeitbeschäftigte.
(siehe auch „Allgemeines Gleichstellungsgesetz")

Teilzeitarbeit erhöht die Anzahl der Beschäftigten, der Organisationsaufwand für den Einsatz der Arbeitskräfte wird größer. Dadurch entstehen höhere Organisations- und Personalführungskosten. Dem größeren Organisationsaufwand steht eine größere Flexibilität gegenüber.

Arbeitszeitgestaltung

Über die dargestellten gesetzlichen Regelungen hinaus gibt es in den Unternehmen zum Teil sehr individuelle Vereinbarungen über die **Arbeitszeitgestaltung**.

Für die Personalplanung werfen die dargestellten Regelungen, die aus familienpolitischen und sozialen Gründen wünschenswert sind, doch einige Probleme auf, weil eine vorübergehende Freistellung Lücken reißt, die von den anderen Arbeitskräften nur in sehr begrenztem Maße aufgefangen werden können. Andererseits bieten die verschiedenen Formen der Teilzeitbeschäftigung die Möglichkeit, erfahrene Mitarbeiter im Unternehmen zu halten, auch wenn sie nicht mehr oder zeitweise nicht voll beschäftigt sein wollen. Für spätere Personalbedarfe ist dann bereits qualifiziertes Personal vorhanden, wenn die Teilzeitarbeit nur von beschränkter Dauer war.

Über die Teilzeitarbeit hinaus gibt es eine Vielzahl Möglichkeiten, die Arbeitszeit den individuellen Wünschen[1] und/oder betrieblichen Erfordernissen anzupassen. Die wichtigsten Modelle in Kurzform:

Arbeitszeitmodell	Funktionsweise
Arbeit auf Abruf	Es besteht keine feste Arbeitszeit. Je nach Bedarf wird die Arbeitskraft im Rahmen der vereinbarten Wochenarbeitszeit eingesetzt. Der Arbeitnehmer muss sich zu Hause für den Einsatz bereithalten.
Gleitzeit	Die tägliche Arbeitszeit richtet sich nach persönlichen Bedürfnissen und betrieblichen Erfordernissen. Es gibt Kernzeiten, in denen für alle Arbeitnehmer Anwesenheitspflicht besteht.
Halbtagesarbeit	Die individuelle Arbeitszeit wird auf die Hälfte reduziert. Dies ist das bekannteste Teilzeitmodell und wird vor allem von Frauen praktiziert.
Individuelle Arbeitszeit	Die vertragliche Arbeitszeit wird reduziert, während weiterhin Vollzeit gearbeitet wird. Die „überschüssigen" Stunden werden als zusätzliche freie Zeiten auf einem Arbeitszeitkonto angespart, um z. B. tageweise oder wochenweise als Freizeit ausgeglichen zu werden.
Jahresarbeitszeit	Die Arbeitszeit passt sich an den Arbeitsanfall im Jahresverlauf an. Spielraum besteht bei Tätigkeiten, die nicht unmittelbar erledigt werden müssen, sowie aufgrund von Tauschmöglichkeiten untereinander.
Job-Sharing	Zwei oder mehrere Arbeitnehmer teilen sich als Gemeinschaft einen oder mehrere Arbeitsplätze. Die Partner können Dauer und Lage ihrer individuellen Arbeitszeiten selbst festlegen.
Langzeitkonten/ Lebensarbeitszeitkonten	Anpassung der Arbeitszeit an Schwankungen im Arbeitsanfall, die über die Jahresarbeitszeit hinausgehen. Es werden Plusstunden angespart, damit in Lebensphasen, in denen z. B. mehr Zeit für die Familie oder für Weiterbildung gewünscht wird, die Arbeitszeit unter Beibehaltung eines gleichmäßigen Gehalts reduziert werden kann.
Modulare Arbeitszeit	Die Betriebszeit (Tag, Woche, Monat oder Jahr) wird in Zeitblöcke (Module) aufgeteilt. Die Beschäftigten teilen die Module unter Einhaltung der betrieblichen Besetzungsvorgaben beliebig untereinander auf.
Vertrauensarbeitszeit	Die herkömmliche Zeiterfassung entfällt mit dem Ziel, eine Vertrauenskultur mit „unternehmerisch denkenden Mitarbeiter/-innen" zu entwickeln. Im Allgemeinen wird davon ausgegangen, dass der (die) Mitarbeiter/-in seine vertraglich vereinbarte Arbeitszeit selbst managt.
Rollierende Wochenarbeit	Die Arbeitnehmer haben einen rollierenden freien Tag pro Woche. Die rollierende Wochenarbeit dient in erster Linie einer gerechten Verteilung der Arbeitszeit unter Einbeziehung des Samstags im Einzelhandel.
Sabbatjahr	Die Mitarbeiter/-innen verzichten trotz Vollzeitarbeitsplatz auf einen Teil ihres Jahresentgelts. Dadurch erzielen sie einen Freizeitanspruch, der als zusätzlicher längerer Urlaub abgegolten wird.
Teilzeitarbeit	Die Arbeitszeit wird individualvertraglich ohne Lohnausgleich gekürzt (Einzelheiten siehe oben).
Telearbeit	Die Arbeit wird von zu Hause aus erledigt. Es besteht keine Anwesenheitspflicht im Betrieb. Die Verbindung dorthin erfolgt über Datenleitungen.
Turnusteilzeiten	Die Arbeitszeit wird nach einem gewissen Arbeitszeitrhythmus verteilt. Es kann z. B. bei einer Halbtagsstelle eine Woche als Vollzeitkraft gearbeitet werden, die nächste Woche ist frei oder es wird in den einzelnen Wochen jeweils an verschiedenen Tagen gearbeitet (z. B. in der ersten Woche Montag bis Mittwoch, zweite Woche Mittwoch bis Freitag)
Vier-Tage-Woche	Die Arbeitszeit wird gegenüber der vollen Arbeitswoche um einen Tag reduziert. Dies ist mit einem anteiligen Entgeltverzicht verbunden.
Zeitautonome Arbeitsgruppen	Die Mitglieder eines Teams regeln die Dauer und Lage ihrer Arbeitszeit eigenständig unter Berücksichtigung bestimmter betrieblicher Vorgaben (z. B. minimale Präsenz- oder Ansprechzeiten, Lieferfristen, Durchlaufzeiten) Das Modell ist eine Erweiterung des Job Sharing-Prinzips.

Oft kommt eine Festanstellung zusätzlicher Arbeitnehmer nicht infrage. Dies ist ein Grund, warum die **Zeitarbeit** boomt. Mit Zeitarbeitskräften lassen sich zeitlich begrenzte Engpässe in der Personalversorgung ausgleichen. Die Zeitarbeit schafft jedoch leider eine Zweiklassengesellschaft im Unternehmen, wenn sie länger andauert. Zeitarbeiter verdienen häufig weniger als Festangestellte. Diese Praxis ist jedoch – auch aufgrund von EU-Vorgaben – rückläufig.

Zeitarbeit

Aufgaben

› Kap. 2.2

1. Erläutern Sie, welche Auswirkungen eine Schwangerschaft auf ein Arbeitsverhältnis und den Arbeitseinsatz hat. Beachten Sie dabei auch die verschiedenen Tätigkeitsbereiche (z. B. Tätigkeit in der Verwaltung, in der Produktion, in der Telefonzentrale, im Labor, als Gabelstaplerfahrerin, als Lackiererin).
2. Wie wirken sich Mutterschutz und Elternzeit auf die Personalplanung aus?
3. Was besagt der Begriff „Altersteilzeit“?
4. Erläutern Sie die verschiedenen Modelle der Altersteilzeit.
5. Prüfen Sie, ob ein Arbeitgeber dazu verpflichtet ist, einem Arbeitnehmer den Antrag auf Altersteilzeit zu genehmigen oder ob er ihn auch ablehnen kann. **› Recherche**
6. Wie wirkt sich die Inanspruchnahme der Altersteilzeit auf die Personalplanung aus?
7. Grenzen Sie flexible und starre Arbeitszeitmodelle voneinander ab. Wo sehen Sie bei beiden Formen Vorteile, wo Nachteile
   a) aus der Sicht des Unternehmens,
   b) aus der Sicht des Arbeitnehmers?
8. Definieren Sie bitte kur die Begriffe „Kernzeit“ und „Gleitzeit“. Recherchieren Sie dazu gegebenenfalls in Ihrem Ausbildungsbetrieb. Beurteilen Sie bitte das Modell „Gleitzeit“ aus Sicht des Arbeitgebers. **› Recherche**

Wiederholungsaufgaben

› Kap. 2

1. Stellen Sie dar, aus welchen Gründen und mit welchen Zielsetzungen eine Personalplanung betrieben wird.

2. Nennen Sie beispielhaft fünf Einflussgrößen, von denen die Personalplanung der Heidtkötter KG abhängt.

3. Berechnen Sie den Nettopersonalbedarf aufgrund der folgenden Angaben. Verfügbare Daten sind:
   - derzeitiger Personalbestand: 416
   - voraussichtlicher Bruttopersonalbedarf nach einer Produktionserweiterung: 444
   - Auszubildende, die übernommen werden sollen: 10
   - anstehende Pensionierungen: 15
   - vorliegende Kündigungen: 9

4. Worin sehen Sie die eigentliche Aufgabe des Modells zur Berechnung des Nettopersonalbedarfs und was kann so ein Modell nicht leisten?

5. Als Sachbearbeiter/-in in der Personalabteilung wurden Sie im Januar dieses Jahres von dem Personalleiter beauftragt, festzustellen, welche personellen Veränderungen im laufenden Jahr bei der Personalplanung berücksichtigt werden müssen.
   Ihre Überprüfung hat ergeben:
   - Folgende Arbeitsplätze werden aus Altersgründen kurzfristig frei:
     – Manfred Herbst, beschäftigt als gewerblicher Mitarbeiter an den Furnierpressen; Termin: 31. Juli in diesem Jahr (Altersrente);
     – Doris Schilling, beschäftigt als Sachbearbeiterin im Einkauf; Termin: 31. August in diesem Jahr (Eintritt in die Ruhephase Altersteilzeit);
     – Giovanni Varese, beschäftigt als Sachbearbeiter in der Finanzbuchhaltung; Termin: 30. September in diesem Jahr (vorgezogene Altersrente);
   - Marion Mellmann, beschäftigt als Sachbearbeiterin im Vertrieb, ist schwanger und hat ihrem Vorgesetzten mitgeteilt, dass sie im Anschluss an den Mutterschutz drei Jahre Elternzeit beantragen wird und nach Ablauf der Elternzeit wieder in Vollzeit arbeiten möchte,
   - der Leiter der Finanzbuchhaltung, Herr Dr. Ingo Cassack, wird in drei Jahren in den Ruhestand gehen,
   - Björn Schulte, Auszubildender zum Industriekaufmann, wird im Juni dieses Jahres seine Abschlussprüfung zum Industriekaufmann ablegen.

   a) Worin unterscheiden sich die fünf dargestellten Fälle in ihren grundsätzlichen Konsequenzen bezüglich der personellen Planung?
   b) Stellen Sie fest, für welche Stelle Björn Schulte nach seiner Abschlussprüfung am besten geeignet wäre (sofern er an einer Übernahme interessiert ist). Begründen Sie in jedem Fall Ihre Meinung.

6. a) Was genau muss die quantitative Personalbedarfsplanung leisten?
   b) Was genau muss die qualitative Personaleinsatzplanung leisten?

› Recherche

7. Welche Arbeitszeitmodelle gibt es in Ihrem Ausbildungsbetrieb? Stellen Sie bitte eine Übersicht dazu zusammen und erläutern Sie diese Ihren Mitschülern.

8. Welche Arbeitszeitmodelle sind geeignet, zusätzliche Arbeitsplätze zu schaffen?

9. Nennen Sie die Unterschiede zwischen der Stellenplanmethode und der Kennzahlenmethode.

3
Personalbeschaffung und Personalauswahl

Einführung

Die Leitung eines jeden Unternehmens ist darauf bedacht, bestens geeignete Arbeitskräfte für neu geschaffene oder wieder zu besetzende Stellen zu finden. Die Auswahl hängt von vielen Kriterien ab.

Der Personalabteilung wird im Rahmen der Personalbeschaffung und Personalauswahl eine wichtige Aufgabe zuteil. Sie steuert und begleitet den Prozess zur Umsetzung der Personalpolitik des Unternehmens. Von der Initiierung der Stellenanzeige bis hin zur Einweisung der neuen Mitarbeiter im Unternehmen begleitet sie den Prozess in Absprache mit der Geschäftsleitung oder den betreffenden Abteilungen, die die neue Kollegin oder den Kollegen aufnehmen wollen.

Beispiel

Der Leiter der Abteilung Absatz denkt an eine Erweiterung des Außendienstes der Heidtkötter KG. Der Geschäftsleitung kann er die Notwendigkeit einer zusätzlichen Stelle sicherlich leicht begründen, denn die derzeitige Entwicklung des Unternehmens ist positiv, die zu erwartenden Absatzzahlen sehen vielversprechend aus. – Aber: In den bisher erstellten Personalbedarfsrechnungen ist dieser zusätzliche Arbeitsplatz nicht eingeplant, sodass jetzt ein besonderer Erklärungsbedarf entstanden ist. Darum müssen die Stelle und ihre Zielsetzung nochmals genauer beschrieben werden. Wenn die Geschäftsleitung zustimmt, kann geprüft werden, ob die Stelle intern oder durch einen externen Bewerber besetzt wird.

In den folgenden Kapiteln werden die Möglichkeiten der Personalbeschaffung dargestellt. Der Prozess der Personalauswahl bringt ein Ergebnis, das zu einer Einstellung führt. Diese kann allerdings nicht willkürlich erfolgen.

Personalanforderung

Die Personalbeschaffung schließt sich unmittelbar an die Personalbedarfsermittlung und Personalplanung an. Die Personalbeschaffung reagiert in der Regel auf die **Personalanforderung.** Diese kommt aus dem Unternehmensbereich bzw. der Abteilung, für den bzw. die ein konkreter Bedarf ermittelt worden ist. Eine Personalanforderung sollte schriftlich erfolgen und eindeutig sein. Das heißt, dass ein eindeutiges Anforderungsprofil für die nachfolgenden Stellen/Schritte zu erkennen und zu nutzen ist:

- Anfordernde Abteilung (mit Namen, Datum)
- Bezeichnung der Stelle, interne Nummer der Planstelle
- Einstellungstermin (gewünschtes Datum)
- befristete/unbefristete Anstellung
- Beschäftigungsumfang (Voll-/Teilzeit)
- Begründung des Bedarfs (z. B. Ersatzbedarf, Zusatzbedarf)
- Stellenprofil (Aufgabengebiet(e), Art und Umfang der Tätigkeit(en), Verantwortung und Befugnisse, erwartete Kenntnisse, Fähigkeiten und Kompetenzen usw.)
- Bewerberprofil (z. B. Abschlüsse, besondere Fachkenntnisse, Berufserfahrung mindestens ..., Altersbereich usw.)

Beispiel

Personalanforderung

Personalanforderung

HEIDTKÖTTER

anfordernde Abteilung: *Vertrieb*
Kostenstelle: 123.Mö-1590
Stellenprofil: Handlungsreisender
Einstellungstermin: 1. Juni 20..

Anforderungsgrund:

- [ ] Ersatzbedarf
- [x] Zusatzbedarf

- [ ] Wegfallender Tätigkeitsausfall nicht zu kompensieren
- [ ] Arbeitsanfall wird sich in den nächsten 12 Monaten nicht verringern
- [ ] Besondere Einflüsse, die in absehbarer Zeit die Aufgaben der Abteilung verändern könnten, sind nicht bekannt
- [ ] Die Stelle muss zur Sicherstellung eines reibungslosen Arbeitsablaufes unbedingt erhalten bleiben
- [x] Aufgabenerweiterung in der Abteilung
- [ ] Kapazitätserweiterungen in der Produktion und/oder Kundenversorgung
- [ ] folgenden erweiterten Zielsetzungen/Zielvereinbarungen/neuen strategischen Ausrichtungen

Dauer/Umfang des Personalbedarfs:

Wochenstunden 40 unbefristet [x] befristet bis ______

Ausbildungsberuf/Qualifikation/Einsatzbereich: Industriekauffrau/-mann mit Erfahrungen im Außendienst

Fachkenntnisse:

- [ ] Berufsanfänger
- [ ] Berufserfahrung mindestens [ ] 1–2 Jahre [ ] 3–5 Jahre [x] mehr als 5 Jahre

Spezialkenntnisse/Branchenkenntnisse:
Berufserfahrung in der Möbelbranche erwünscht, Fachkenntnisse aus den Bereichen Büromöbel und Kommunikationstechnologie von Vorteil

Besondere Fähigkeiten/Eigenschaften:
Verhandlungsgeschick, selbstbewusstes Auftreten, eigenständige Arbeitsweise, möglichst auch schon Führungserfahrungen

Vorgesehene Vergütung/Einstufung Lohngruppe:
Lohngruppe III (ca. 2.500,00 €) plus Zulagen, Spesen, Abschlussprämien usw.

Bewerberkreis:

- [x] intern aus der Heidtkötter KG Abteilung/Person: ?
- [x] extern

Ergänzende Angaben:

______

______

Antragsteller ______ Datum/Unterschrift

Abteilungsleiter ______ Datum/Unterschrift

Die Personalabteilung kann jede Personalanforderung zunächst prüfen. Sie beachtet dabei neben der sachlichen Notwendigkeit der Stellenbesetzung die Dringlichkeit der Maßnahme und prüft, ob die gewünschten Angaben zum Volumen der Tätigkeiten sowie zum Zeitpunkt der Stellenbesetzung realistisch bzw. mit den Zielen des Unternehmens vereinbar sind.

3.1 Möglichkeiten der Personalbeschaffung

Es gibt unterschiedliche Möglichkeiten, das nötige Personal zu gewinnen und zu beschaffen:

- Erstausbilden von Jugendlichen und anschließende Übernahme in ein Arbeitsverhältnis,
- Einstellen von Arbeitssuchenden (z. B. über E-Recruiting),
- Abwerben von Mitarbeitern anderer Unternehmen (z. B. durch Headhunting),
- Einstellen von Berufsrückkehrern, z. B. nach der Familienphase,
- Beschäftigen von Zeitarbeitnehmern,
- Umschulungs- und interne Qualifikationsmaßnahmen.

Die hier genannten Möglichkeiten schließen einander nicht aus, sie ergänzen sich. Welche Maßnahmen ergriffen werden oder als geeignet erscheinen, hängt von der jeweiligen unternehmerischen Situation ab.

Stellenprofil

Um einen zu besetzenden Arbeitsplatz schnell und dem Bedarf optimal entsprechend besetzen zu können, muss man diesen Arbeitsplatz und die mit ihm verbundenen Aufgaben und Anforderungen eindeutig definieren. Dies ist in der Personalanforderung (siehe oben) geschehen. Für jeden Arbeitsplatz in einem Unternehmen gibt es ein darauf zugeschnittenes **Stellenprofil**.

Beispiel

Stellenbeschreibung

HEIDTKÖTTER

Stellenbezeichnung (KST): Sachbearbeiterin Haupt- und Nebenbuchhaltung
Vorgesetzte/r:
Stelleninhaber/in:
Unterstellung: –
Stellvertreter/in:
Ziel der Stelle: Ordnungsgemäße und zeitnahe Führung sämtlicher Bücher inkl. pünktlicher Berichterstattung

Aufgaben der Stelle:

Aufgabe:	Handlungsspielraum/ Verantwortung:							
	1	2	3	4	5	6	7	8
Monatliche/jährliche Ermittlung des Betriebsergebnisses (Führen der Debitoren-, Kreditoren- und Hauptbuchhaltung) Erstellung prüffähiger Abschlussunterlagen zum Jahresende				X				
Erstellung der monatlichen internen Berichtswesen an die GL wie G+V, Fixkostenermittlung und Bilanzstatusbericht und Kommentierung				X				
Vorbereitung und Abwicklung des Zahlungsverkehrs				X				
Pflegen der Kreditoren-, Debitoren- und Sachkontenstammdaten			X					
Externes Berichts- und Meldewesen Umsatzsteueranmeldung inkl. der Verprobung			X					

Der Stelleninhaber ist verpflichtet, neben den weiter oben aufgeführten Aufgaben Einzelaufträge seines Vorgesetzten durchzuführen, sofern diese dem Wesen der Stelle entsprechen oder sich aus betrieblicher Notwendigkeit ergeben. Im Schnitt erfolgen die Arbeitsdurchführungen gemäß Anweisung mit normalem Handlungsspielraum innerhalb der Arbeitsaufgabe.

Kommunikation: Abstimmung mit dem Vorgesetzten und verantwortlichen Geschäftsführer über routinemäßige Einzelfragen hinaus, bei häufig unterschiedlichen Voraussetzungen im direkten Zusammenhang (Abschluss- bzw. Bewertungsfragen) mit der Arbeitsaufgabe.

Denktätigkeit/Aufmerksamkeit: Nachvollziehbare schwierige Tätigkeiten, die eine schwieriger zu erfassende Aufnahme von Informationen beinhalten und es erfordern, bekannte Lösungswege auszuwählen und anzuwenden.

Besondere Befugnisse: Bankvollmacht WH-UK

Das Stellenprofil ist unabhängig von der Person, die diesen Arbeitsplatz besetzt, und enthält sowohl die Darstellung der einzelnen Tätigkeitsbereiche als auch die damit verbundenen Qualifikationen sowie die besonderen Verantwortungsbereiche und gegebenenfalls auch die Vollmachten, die mit der Stelle verbunden sind.

3.1.1 Interne Stellenausschreibungen und Personalumsetzungen

Innerbetriebliche Personalbeschaffung

Die innerbetriebliche Besetzung freier Stellen kann durch verschiedene Maßnahmen eingeleitet werden:

- **Versetzung** von Mitarbeitern in eine andere Abteilung,
- Wahrnehmung einer anderen Aufgabe mit gleichzeitiger **Beförderung**,
- interne **Stellenausschreibung** (z. B. mittels Mitarbeiterzeitschrift, Newsletter, „Schwarzes Brett", auch elektronisch im Intranet).

Zu beachten ist: Gemäß § 93 BetrVG muss, wenn der Betriebsrat dies verlangt, eine **innerbetriebliche Ausschreibung** der zu besetzenden Stelle erfolgen. Der Betriebsrat ist darüber hinaus (bei mehr als 20 wahlberechtigten Mitarbeitern im Unternehmen) vor jeder Einstellung, Umgruppierung oder Versetzung zu informieren. Er muss zustimmen.

Veränderungen innerhalb des Unternehmens haben viele Vor-, aber auch einige Nachteile. Ein Abwägen ist oft unvermeidbar.

Vorteile innerbetrieblicher Personalbeschaffung:	**Nachteile** innerbetrieblicher Personalbeschaffung:
■ Aufstiegschancen im Betrieb erhöhen die Bindung der Arbeitnehmer an das Unternehmen ■ geringere Beschaffungskosten ■ in aller Regel keine Probezeit ■ Betriebskenntnis, kurze Einarbeitungs- und Einfindungszeit ■ Fähigkeiten und Möglichkeiten des Mitarbeiters sind bekannt ■ Stelle kann ohne langes Suchen rascher besetzt werden ■ ursprüngliche Position des Arbeitnehmers wird frei, Chance für den Nachwuchs ■ äußerste Transparenz der Personalpolitik	■ weniger Auswahlmöglichkeiten durch geringes Kontingent an Bewerbern ■ möglicherweise „Betriebsblindheit" des Arbeitnehmers, keine Innovation von außen ■ innerbetriebliche Beschaffung löst den Personalbedarf rein quantitativ nicht; ein Loch wird gestopft, doch ein anderes aufgerissen ■ starke kollegiale Bindungen des Arbeitnehmers, Sachentscheidungen können dadurch beeinflusst werden ■ Neidfaktor bei Arbeitskollegen, die nicht bedacht werden

Wenn nötig, dann sollte eine innerbetriebliche Besetzung durch eine berufliche Weiterqualifizierung flankiert sein.

Die innerbetriebliche Besetzung frei werdender oder neu zu schaffender Stellen wird immer dann ein vorrangiges Ziel sein – auf das der Betriebsrat bestehen wird –, wenn es an anderen Stellen im Unternehmen Freisetzungen gibt und diese Mitarbeiter grundsätzlich auch geeignet sind, eine andere Stelle zu besetzen.

Übernahme von Auszubildenden

Ähnliche Argumente sprechen auch für die **Übernahme von Auszubildenden**, die sich bewährt und ein gutes Zeugnis ihrer Leistung abgegeben haben:

- geringe Einarbeitungskosten, denn das Unternehmen, seine Abteilungen und die Kolleginnen und Kollegen sowie Abläufe und Zielsetzungen sind bekannt;
- auch die Auszubildenden sind bekannt, man weiß um ihre Stärken und Schwächen, man kann sie von Beginn an gezielt fördern und auch gezielt fordern;
- die Auszubildenden sind gut und auf die Bedürfnisse des Unternehmens/der Abteilungen hin ausgebildet worden;
- sie sind sofort einsatzfähig;
- die Kosten für die Suche nach externen Fachkräften entfallen.

3.1.2
Externe Beschaffungswege

Wenn die Stellenbesetzung durch Interne nicht sinnvoll oder nicht möglich ist, bleibt der Weg auf den **freien Arbeitsmarkt**. Dies kann auf sehr unterschiedliche Weise geschehen.

Dazu gehört z. B.:
- Melden der freien Stelle bei der Agentur für Arbeit
- Einschalten privater Arbeitsvermittler
- Beauftragen von Zeitarbeitsfirmen[1] bei vorübergehender Personalknappheit
- Empfehlungen durch Mitarbeiter nutzen
- Zeitungsanzeigen in der regionalen oder überregionalen Presse
- Veröffentlichung in einer Internet-Jobbörse (z. B. www.monster.de)
- Einschalten sogenannter „Headhunter" bei besonders wichtigen Positionen

Stellenausschreibung

Mit einer externen Stellenbesetzung ist in einem noch höheren Maße als bei einer rein internen Maßnahme die Notwendigkeit einer klaren **Stellenausschreibung** verbunden.

Darin sollten folgende Gesichtspunkte enthalten sein:
- Informationen zum Unternehmen (Branche, Standort usw.)
- Begründung der Stellenausschreibung (z. B. Erweiterung eines Marktgebietes, Ausbau der Marktaktivitäten, Unterstützung der Geschäftsleitung)
- Informationen über die zu besetzende Stelle (Aufgaben-/Unternehmensbereich, Befugnisse, Kompetenzen, Perspektiven usw.)
- persönliche Anforderungen an den Stellenbewerber (schulischer Abschluss, fachliche Erfahrung, Marktkenntnisse, Persönlichkeitsmerkmale usw.)
- besondere soziale Leistungen des Unternehmens (tarifliche Einstufung, übertarifliche Leistungen usw.)
- Einstellungszeitpunkt
- Arbeitszeit (Voll- oder Teilzeitstelle), Befristung
- Art der Bewerbung, Hinweis auf die zu erbringenden Bewerbungsunterlagen
- Termin zum Eingang der Bewerbungsunterlagen
- Name und Anschrift dessen, an den die Bewerbung zu richten ist

Vorteile außerbetrieblicher Personalbeschaffung:	**Nachteile** außerbetrieblicher Personalbeschaffung:
■ breitere Auswahl an Arbeitnehmern ■ neue Impulse und Innovation von außen ■ keine innerbetrieblichen Verschiebungen erforderlich ■ positive Erwartungshaltung gegenüber der Leistungsbereitschaft des neuen Arbeitnehmers ■ keine negativen Reaktionen von nicht berücksichtigten internen Mitarbeitern	■ höhere Beschaffungskosten ■ hohe externe Einstellungsquote und häufiges Erscheinen auf dem Arbeitsmarkt kann dazu führen, dass die Fluktuation von Arbeitnehmern begünstigt wird ■ negative Einwirkungen auf das Betriebsklima durch Beförderungsfrust beim Stammpersonal ■ Risiko der Probezeit, in der es sich der neue Arbeitnehmer kurzfristig noch einmal anders überlegen könnte ■ Einarbeitungs- oder zumindest Einführungszeit ■ Stellenbesetzung mit entsprechenden Sondierungen ist zeitaufwendig

1 Als Zeitarbeit oder sogenannte Arbeitnehmerüberlassung gilt, wenn ein Arbeitgeber (Zeitarbeitsunternehmen) bei ihm angestellte Arbeitskräfte (Zeitarbeitnehmer) einem anderen Unternehmen (Kundenunternehmen) zur Verfügung stellt, das wiederum diese wie eigene Mitarbeiter einsetzt. Der Arbeitsvertrag der Zeitarbeitnehmer besteht mit dem Zeitarbeitsunternehmen.

Aufgaben

› Kap. 3.1

1. Was ist ein Stellenprofil und warum bezeichnet man es oft als eine Art „Lastenheft für die Personalabteilung“?

2. Warum werden Stellenprofile entwickelt?

3. Eine in der Personalabteilung tätige Auszubildende hat den Auftrag erhalten, für das Informationsbrett in der Nähe der Kantine eine interne Stellenausschreibung zu entwerfen. Das Ergebnis sieht so aus:

> **An alle, die weiterkommen möchten!**
>
> **Stellenbeschreibung**
>
> Für den Vertrieb wird zum 1. Juni 20.. **ein Reisender** gesucht.
>
> **Aufgabenbereich:** Kundenbesuche zur Vertragsanbahnung und zum Vertragsabschluss im eigenen Namen und für Rechnung der Heidtkötter KG
>
> **Anforderungen:**
> - Mindestalter 30 Jahre
> - selbstständige Arbeitsweise
> - Organisationstalent
>
> Wir bitten Sie, Ihre Bewerbung bis spätestens 28. Mai 20.. in der Personalabteilung einzureichen.
>
> Die Personalabteilung
>
> Bielefeld, 1. März 20..

Nehmen Sie begründet Stellung zu diesem Entwurf.

4. Bitte erstellen Sie für die Heidtkötter KG, die einen weiteren Außendienstmitarbeiter einstellen möchte (siehe Situation zu Beginn des Kapitels), eine Stellenanzeige. Prüfen Sie dabei zunächst, welche Informationen Ihnen bereits zur Verfügung stehen und welche Ihnen für eine erfolgversprechende Anzeige fehlen.

   Sie können Ihre fertigen Stellenanzeigen gerne im Anschluss Ihren Mitschülern geben und sich von ihnen ein begründetes Feedback einholen.

5. Nehmen wir an, dass die Stelle (siehe Situation zu Beginn des Kapitels) bewilligt ist. Sie muss intern durch eine Versetzung besetzt werden. Welche Nachteile könnte diese Art der Besetzung für das Unternehmen mit sich bringen?

6. Warum kann es für ein Unternehmen von Vorteil sein, eine freie Stelle mit einem externen Bewerber zu besetzen? Nennen Sie begründet zwei Argumente.

7. Zählen Sie drei Möglichkeiten auf, die ein Unternehmen hat, um einen neuen Mitarbeiter von außen zu finden. Nennen Sie jeweils die Vorteile aus Sicht des Unternehmens.

8. Das Internet bietet über Jobbörsen (z. B. www.monster.de) die Möglichkeit der Mitarbeitersuche. Obwohl die Inanspruchnahme solcher Dienste zunimmt, stellen sie noch eine Ausnahme dar. Was können mögliche Gründe dafür sein?

3.2
Bewerbung und Personalauswahlverfahren

Personalauswahl

Das Verfahren zur **Personalauswahl** gliedert sich in mehrere Stufen. Je nachdem, wie umfangreich die Anzahl der Bewerbungen und/oder wie unterschiedlich deren Qualität ist, können einzelne Stufen entfallen, aber auch ausgebaut oder ergänzt werden.

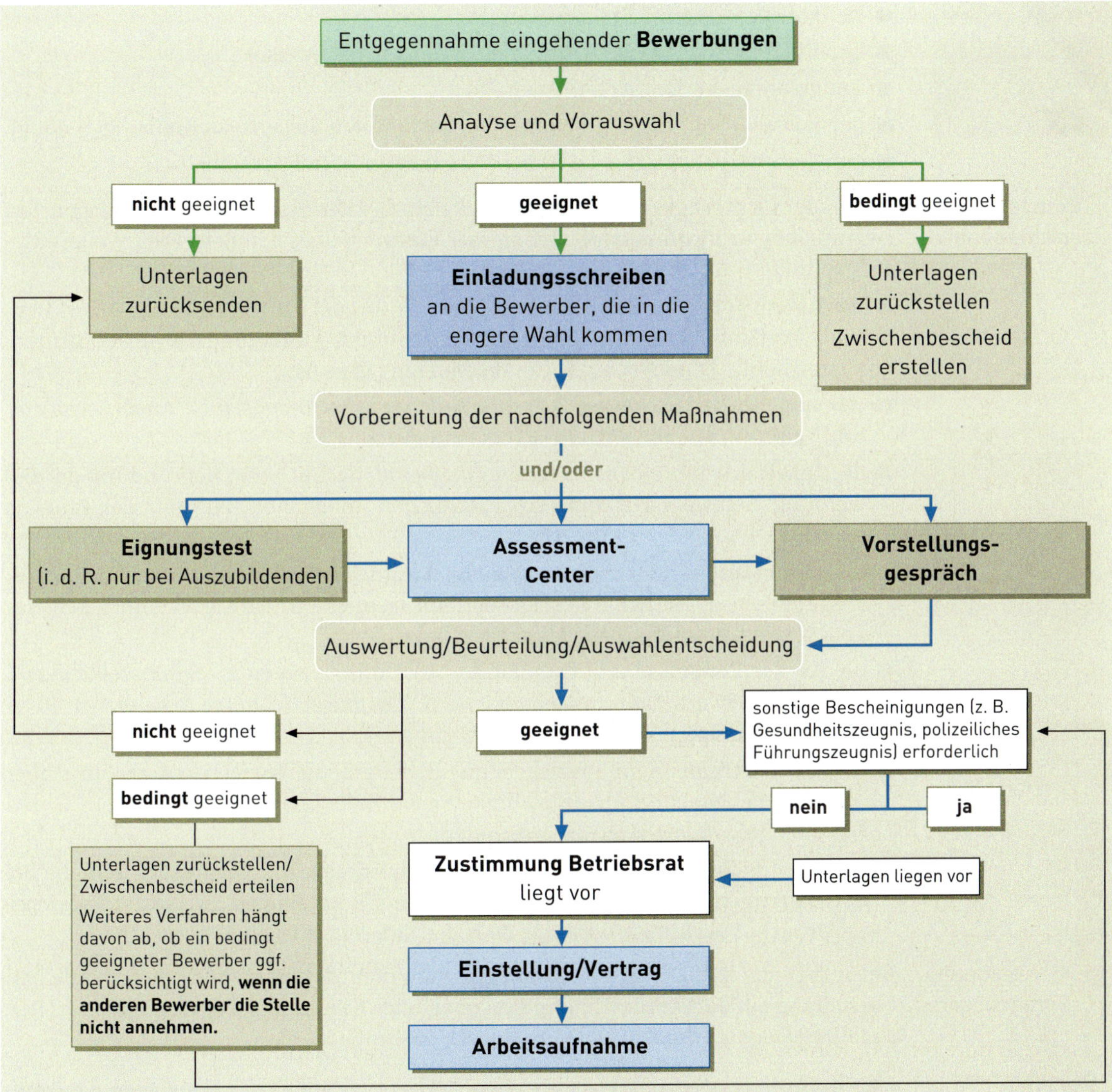

Bewertung von Bewerbungseingängen

Nach einer Stellenausschreibung wird in der Regel eine **Vorauswahl** getroffen. Die Mitarbeiter der Abteilung, die diese Aufgaben übernehmen, sollten

- die Bewerbungsunterlagen auf Vollständigkeit und ausreichende inhaltliche Aussagefähigkeit prüfen können,
- in der Lage sein, die Bewerbungsunterlagen nach systematischen Kriterien zu sichten, zu analysieren und zu sortieren,
- bei der Bearbeitung ein hohes Maß an Objektivität zeigen,
- alle Maßnahmen rechtzeitig mit dem jeweiligen Vorgesetzten und gegebenenfalls auch mit dem Betriebsrat abstimmen.

Bestandteile einer Bewerbung

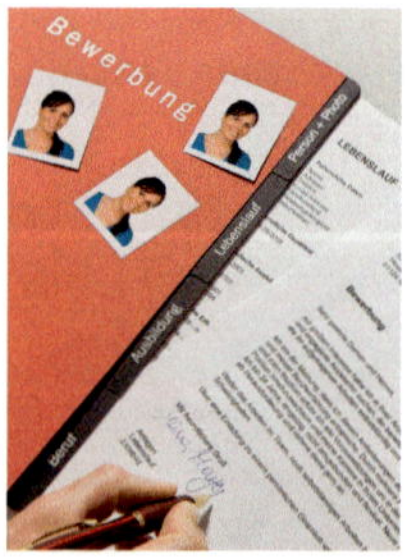

Eine **vollständige Bewerbung** sollte folgende Bestandteile haben:

- Anschreiben, in dem in einer nachvollziehbaren Weise begründet wird, warum sich jemand bewirbt. Hier kann man schon mit etwas Fingerspitzengefühl erkennen, ob jemand mit Floskeln arbeitet oder ob die Begründung ernst zu nehmen ist;
- vollständiger Lebenslauf,
- Bewerbungsfoto (Porträt),
- Zeugnis des letzten Schulabschlusses,
- Qualifikationsnachweise (Lehrgänge, Tätigkeitsnachweise),
- Zeugnisse bisheriger Arbeitgeber,
- ggf. polizeiliches Führungszeugnis (bei bestimmten Stellenausschreibungen nötig),
- ggf. Gesundheitszeugnis (z. B. bei Mitarbeitern in der Kantine).

Beurteilungsgesichtspunkte

Neben dem Kriterium Vollständigkeit entsteht bei der Sichtung der Unterlagen fast zwangsläufig schon ein **erster allgemeiner Eindruck** über den Bewerber. Weitere Gesichtspunkte sind

- die **äußere Form** des Bewerbungsschreibens: Art der Verpackung, Größe des Umschlages, Sauberkeit der Unterlagen, Schriftbild, Einhaltung von Briefnormen, ausreichende Frankierung, klare Absenderangaben usw.;
- das **sprachliche Niveau** des Anschreibens und des Lebenslaufs: Ausdrucksform, Stil, Satzbau, Zeichensetzung, Rechtschreibung;
- der **Inhalt** des Schreibens: Überzeugungsgrad, Sachlichkeit, Begründung der Bewerbung, Selbsteinschätzung der Fähigkeiten, möglicher Zeitpunkt des Eintritts usw.;
- der **Lebenslauf:** schulischer Werdegang, berufliche Ausbildung, Anzahl bisheriger Stellenwechsel, zeitliche Geschlossenheit bzw. erkennbare Lückenlosigkeit des Lebenslaufs, besondere Auffälligkeiten usw.;
- die Art der **Zeugnisse** und Qualität der Abschlüsse: Noten in „Schlüsselfächern", aber auch Bewertungen in Nebenfächern, Zeugnisse früherer Arbeitgeber, Referenzangaben usw.;
- die **Arbeitszeugnisse** im Speziellen: qualifizierte Zeugnisse geben Aufschluss über Tätigkeitsgebiete; ihre Aussagefähigkeit ist zum Teil begrenzt, weil andere Unternehmen ggf. andere Begriffe verwenden;
- vorliegende **Referenzen:** Auskunft über Sachverhalte und Qualifikationen, die bei der bisherigen Ausübung einer Tätigkeit keine Rolle spielten; wenn der Referenzgeber nicht bekannt ist, wird der Wert der Referenz allerdings eingeschränkt.

Personalfragebögen

Bevor man die in die engste Auswahl gekommenen Bewerber zu einer persönlichen Vorstellung einlädt, werden häufig Personal- oder Bewerbungsbögen zugesandt. Personalfragebögen müssen vom Betriebsrat genehmigt werden.

§§ Auszug aus dem Betriebsverfassungsgesetz

§ 94 Personalfragebogen

(1) Personalfragebögen bedürfen der Zustimmung des Betriebsrats. Kommt eine Einigung über ihren Inhalt nicht zustande, so entscheidet die Einigungsstelle. Der Spruch der Einigungsstelle ersetzt die Einigung zwischen Arbeitgeber und Betriebsrat.

(2) Absatz 1 gilt entsprechend für persönliche Angaben in schriftlichen Arbeitsverträgen, die allgemein für den Betrieb verwendet werden sollen, sowie für die Aufstellung allgemeiner Beurteilungsgrundsätze.

Erfragt werden darf nur das, was auch von betrieblichem Interesse ist und was im Zusammenhang mit der Ausübung der Tätigkeit im Interesse der Gesundheit des Arbeitnehmers sein kann. Die Bewerber sind grundsätzlich verpflichtet, die Fragen wahrheitsgemäß zu beantworten. Sie haben sogar die Pflicht, Dinge offenzulegen, die für den künftigen Arbeitgeber und den Arbeitseinsatz von Interesse sind. Werden solche Sachverhalte verschwiegen oder wird bewusst eine falsche Aussage gemacht, kann dies dazu führen, dass ein Arbeitsverhältnis wieder aufgelöst wird, weil es unter falschen Voraussetzungen zustande kam.

Zulässige Fragen[1]

Generell zulässig sind Fragen, die einen Bewerber nicht diskriminieren oder bewusst in seinen Persönlichkeitsmerkmalen benachteiligen.

Beispiele

- schulischer Abschluss und vorhandener Berufsabschluss
- bisherige berufliche Tätigkeit
- spezielle berufliche Kenntnisse und Fertigkeiten
- vorhandene Referenzen
- frühestmöglicher Eintrittstermin in das Unternehmen
- eventuelle Sperrfristen und Wettbewerbsverbote
- Schwerbehinderungen (wegen der evtl. verminderten Einsatzfähigkeit)
- Gehaltsvorstellungen

Problematische Fragen[1]

Dagegen sind Fragen **nicht oder nur bedingt zulässig**, die nichts oder nicht unmittelbar etwas mit der auszuübenden Tätigkeit zu tun haben und in erster Linie darauf ausgerichtet sind, Bewerber auszuschließen oder deren Chancen zu verringern.

Beispiele

- geschlechtsbezogene Fragen
- Fragen nach einer bestehenden Schwangerschaft
- erbetene Aussagen über einen Kinderwunsch
- Fragen nach der Gewerkschaftszugehörigkeit
- geforderte verbindliche Angaben über Heiratsabsichten
- Fragen nach Vorstrafen
- Angaben zu den allgemeinen Vermögensverhältnissen (z. B. Schulden)
- Angaben über die Religionszugehörigkeit
- Informationen über bevorzugte Freizeitbetätigungen
- Angaben zu chronischen Erkrankungen

Einschränkend gilt in allen Fällen jedoch, dass auch diese Fragen im Einzelfall möglich sind. So kann z. B. die Frage nach einer Vorstrafe oder nach vorhandenen Schulden für jemanden, der sich als Maurer bewirbt, völlig sachfremd sein, während diese Information für eine Firma, die Geldtransporte tätigt, eine ganz wichtige Sache darstellt.

Ebenso ist die Frage nach einer Schwangerschaft normalerweise nicht erlaubt, darf aber gestellt und muss wahrheitsgemäß beantwortet werden, wenn es sich um eine Tätigkeit handelt, die eine Schwangere nicht ausüben darf. Ähnliches gilt für Fragen nach dem Gesundheitszustand oder Behinderungen. Haben diese Aspekte mit der geplanten Tätigkeit zu tun, sind solche Fragen sogar unerlässlich.

Auch bei Zielvereinbarungsgesprächen oder Jahresgesprächen muss vom Vorgesetzten zwischen dem, was im engen betrieblichen Interesse liegt, und dem, was den privaten Bereich des Mitarbeiters betrifft, unterschieden werden. Es darf auch hier nicht alles erfragt werden.

1 Diese Angaben gelten auch für Vorstellungsgespräche.

E-Recruiting

Auch in Industrieunternehmen findet immer mehr das **E-Recruiting** Anwendung. Dazu bedient man sich eines online-basierten Bewerbermanagementsystems, das eine effektivere Personalbeschaffung als Ziel hat.

Das Anforderungsprofil der zu besetzenden Stelle kann durch verschiedene Anforderungsvorlagen definiert werden. Die Stellenbeschreibung wird beim Unternehmen, in Jobbörsen, Vermittlungsagenturen oder bei Printmedien online gestellt. Auch interne Bewerber können die Stellenbeschreibung einsehen.

Alle Bewerber geben alle erforderlichen Daten in eine strukturierte Maske ein und können zusätzlich Anschreiben, Lebenslauf, Zeugnisse usw. hochladen. Auch Initiativbewerbungen werden in das System aufgenommen. Das System erfasst und analysiert die Daten. Alle am Prozess der Personalbeschaffung beteiligten Stellen und Abteilungen können die Daten einsehen und mit ihnen arbeiten. Die Echtheit von Zeugnissen usw. lassen sich die Unternehmen dann bestätigen, wenn es zu einer Einladung zu einem Vorstellungsgespräch kommt.

Vorteile

Vorteile aus Sicht des Unternehmens

- Das Sammeln und Weitergeben von Bewerbungsunterlagen entfällt.
- Die Daten sind für alle beteiligten Stellen im Unternehmen zu jeder Zeit einsehbar.
- Der Zugriff auf die Daten ist ortsunabhängig.
- Möglich sind auch mehrsprachige Versionen der Software für einen Einsatz in multinationalen Unternehmen.
- Digitale Vorlagen vereinfachen das Starten einer Bewerbersuche, erleichtern die Annahme der Informationen des Bewerbers und verkürzen den Kommunikationsprozess zwischen Personalabteilung bzw. Fachabteilung und den Bewerbern (verkürzte Rücklaufzeiten, standardisierter Schriftverkehr).
- Hat eine Stelle die Bewerbung angenommen oder bearbeitet, ist dies für die vorgeschalteten und die nachfolgenden Stellen sichtbar. An Schnittstellen gehen keine Informationen verloren.
- Die Daten können nach bestimmten Kriterien sortiert und nach Suchfiltern abgefragt werden. Der Auswahlprozess wird somit stark erleichtert.
- Die Kosten für den Prozess der Personalbeschaffung werden deutlich reduziert.
- Es können Auswertungen über die Effizienz von Bewerbungskampagnen erstellt werden.

Nachteile

Häufig wünschen Unternehmen neben der Online-Bewerbung weiterhin eine Bewerbungsmappe, um zum Beispiel zu sehen, wie sorgsam ein Bewerber eine solche Mappe erstellt hat. Hier liegt ein Nachteil einer Bewerbung, die ausschließlich online erfolgt. Auch geht bei Online-Bewerbungen ein gewisser Grad an Individualität verloren.

Beispiel

Ein Beispiel für ein E-Recruiting-Tool ist CHECK IN (http://check-in.perbility.de/), das zum Beispiel Sparkassen nutzen.

Vorstellungsgespräche und Assessment-Center

Kommt eine Bewerberin oder ein Bewerber in die engere Auswahl, geht es im nächsten Schritt darum, die Person kennenzulernen. Über die Informationen aus den Schriftstücken hinaus versucht man nun, näher an den Menschen heranzukommen. Der potenzielle Arbeitgeber will sich dabei noch tiefer von der fachlichen, ganz besonders aber von der persönlichen Kompetenz einer Bewerberin oder eines Bewerbers überzeugen. Dazu gehören Auftreten und Ausstrahlung.
Man will wissen, ob eine Person

- sympathisch wirkt und in das Team passt und
- Motivation und Engagement,
- Integrität und Einfühlungsvermögen,
- das nötige Maß an Selbstsicherheit,
- Begeisterungsfähigkeit und Entschlossenheit sowie
- Glaubwürdigkeit mitbringt.

Ein erstes Kennenlernen erfolgt meist in einem Vorstellungsgespräch und/oder einem Assessment-Center. In der Regel wird dazu per Brief eingeladen, ein Termin wird telefonisch vereinbart. Wenn Sie aufgefordert sind, einen Einladungsbrief zu verfassen, beachten Sie nicht nur die einschlägigen DIN-Vorschriften für einen Geschäftsbrief, sondern denken Sie auch daran, dass es für den Eingeladenen wichtig ist, zu wissen

- **warum** er eingeladen wird (Betreff und Bezug),
- **wann** er sich in dem Unternehmen einfinden soll (Datum, Uhrzeit),
- **wo** er sich melden soll (Werksgebäude, Abteilung, Nummer des Raumes usw.)
- **bei wem** und unter welcher Telefonverbindung Rückfragen möglich sind (Ansprechpartner z. B. bei kurzfristiger Verhinderung).

Vorstellungsgespräch

Ein **Vorstellungsgespräch** ist in der Regel ein Einzelgespräch. Es wird jeweils nur ein Bewerber zu einem bestimmten Termin eingeladen. Wer seitens der Personalabteilung und der Bereiche teilnimmt, für die die Einstellung vorgesehen ist, liegt in der Entscheidung dieser Abteilungen.

Es muss sichergestellt sein, dass

- die nötigen räumlichen Voraussetzungen gegeben sind (ungestörte Atmosphäre),
- sich die Bewerber nicht unbedingt begegnen,
- genügend Zeit für ein informatives Gespräch vorhanden ist,
- das Gespräch anhand eines vorher erstellten Leitfadens geführt wird,
- schriftliche Aufzeichnungen und erste Vorentscheidungen in Form von Einstufungen direkt im Anschluss an die Gespräche getroffen werden können und dass auch dafür Zeit eingeplant ist,
- Puffer- und Pausenzeiten berücksichtigt werden.

Die Unterlagen der Bewerber müssen allen Beteiligten in der Reihenfolge vorliegen, wie die Gespräche erfolgen sollen. Der Raum sollte eine positive Ausstrahlung vermitteln und nicht zu groß sein, damit sich der Bewerber nicht zu verloren vorkommt.

Der Ablauf eines Vorstellungsgespräches gliedert sich in die folgenden Phasen:

1. Aufwärmphase (Begrüßung, Vorstellung)
2. Informationen über die ausgeschriebene Stelle und das Unternehmen
3. Fragen zur Ausbildung und Berufserfahrung
4. Motive der Bewerbung und fachliche Eignung
5. Persönliches Umfeld, Lebenslauf
6. Situative Fragen
7. Fragen des Bewerbers
8. Ausklangphase (weiteren Ablauf klären, Verabschiedung)
9. (ohne den Bewerber) Eindrücke festhalten und entscheiden, ob ein Einstellen der Person denkbar ist

Assessment-Center

Der Begriff **Assessment-Center** bedeutet soviel wie: *Beurteilungs- oder Einschätzungszentrum.*

Auswahltests, die bei einem Assessment-Center durchgeführt werden, unterscheiden sich von gängigen Testverfahren. Sie verlaufen in großen Teilen nicht nach dem üblichen Frage-Antwort-Schema und in der Regel nicht in Einzelgesprächen. In Rollenspielen, Gruppendiskussionen, bei Präsentationen usw. werden die Teilnehmer und Teilnehmerinnen mit praxisnahen Situationen konfrontiert, meist von mehreren geschulten Fachleuten beobachtet, und sie erhalten ein objektives und qualifiziertes Feedback. Neben Wissen und der Fähigkeit zur Problemlösung ist ein angemessenes Verhalten des Bewerbers gefragt.

Andere Testverfahren (z. B. Merkfähigkeit- oder Logiktests) können in ein Assessment-Center einbezogen werden. Je nach Anforderungen sollen die Bewerber ihre Schlüsselqualifikationen unter Beweis stellen.

Ein Assessment-Center kann allein oder in Gruppen ablaufen:

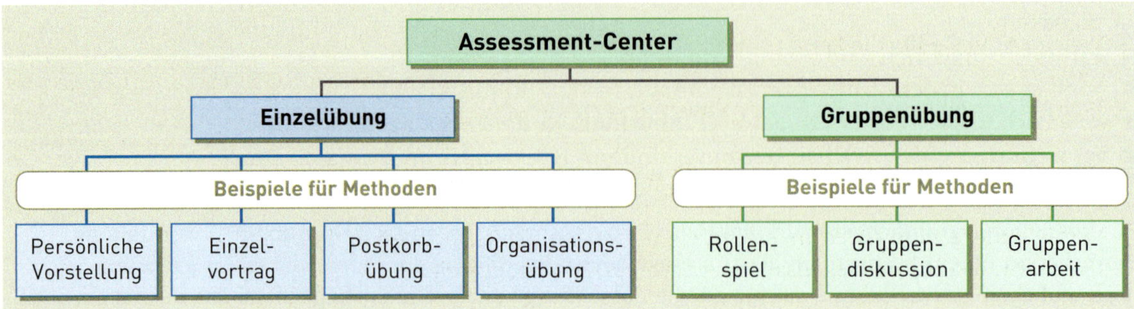

Beispiel

Die **Postkorbübung** simuliert die Bearbeitung von klassischen Posteingangskörben mit bis zu 20 Schriftstücken. Meist soll man sich in eine Person versetzen, die gerade aus dem Urlaub zurückkommt und in ihrem Postkorb Informationen zu lauter dringenden Angelegenheiten vorfindet. Es gilt, dass man kaum Zeit dafür hat, alle Aufgaben selbst zu erledigen und von daher einen Zeitplan nach Prioritäten erstellen muss. Die Bearbeitungszeit ist festgelegt, Rückfragen sind nicht zulässig. Gelegentlich werden Störungen eingebaut, Telefone klingeln, Schriftstücke werden nachgereicht, Teilnehmer abgezogen usw.

Auswahlkriterien

Folgende Gruppen sachgerechter Auswahlkriterien werden üblicherweise bei der Personalauswahl herangezogen, wobei je nach Art der zu besetzenden Stelle der Schwerpunkt auf der einen oder der anderen Kriteriengruppe liegen kann:

- physische Kriterien: objektivierbare Merkmale, die die körperlichen Anforderungen einer Arbeit kennzeichnen, z. B. Anforderungen an die Muskelkraft, die Sinnesorgane, die allgemeine Widerstandfähigkeit usw.;
- psychische Kriterien: Merkmale, die die geistigen und sonstigen nicht körperlichen Anforderungen einer Arbeit bezeichnen, z. B. Intelligenz, Reaktions-, Konzentrations- und Entscheidungsfähigkeit usw.; hinzu kommen Hinweise zu Leistungs- und Einsatzbereitschaft, Belastbarkeit usw.;
- sozial-psychologische Kriterien: z. B. zwischenmenschliches Verhalten, Fähigkeit zur Zusammenarbeit, Teamfähigkeit, Verhalten in der Gruppe, gegenüber Kollegen und Vorgesetzten, Kritikfähigkeit, Führungsverhalten usw.;
- fachliche Kriterien: Merkmale, die durch die Ausbildung und/oder Erfahrung erworben worden sind, z. B. Wissen, Kenntnisse, fachliches Können; auch hier geht es zusätzlich um die Integration in eine bestehende Arbeitsgruppe und um das Verhalten in dieser.

Sorgfaltspflicht und Kosten

Der Arbeitgeber muss mit Bewerbungsunterlagen sorgsam umgehen. Die Unterlagen dürfen nicht beliebigen Stellen im Unternehmen zugänglich gemacht werden. Auch dürfen die Unterlagen nicht an betriebsfremde Personen gegeben oder an andere Unternehmen übergeben werden. Der Arbeitgeber hat diese Pflichten zu beachten, bei Verstoß kann der Bewerber Schadenersatz einklagen. Bei einer Ablehnung der Bewerbung müssen die Unterlagen unverzüglich an den Bewerber zurückgesendet werden.

Bewerber haben keinen rechtlichen Anspruch auf die Erstattung der Kosten, die ihnen für die Bewerbung anfallen.

Aufgaben

› Kap. 3.2

1. Nennen Sie die grundlegenden Möglichkeiten der Personalbeschaffung und stellen Sie die wesentlichen Unterschiede heraus.

2. Stellen Sie den Ablauf einer Personalbeschaffung als EPK dar.

3. Welche Aufgabe hat die Personalbeschaffung?

4. Welche Zielsetzung hat ein Personalauswahlverfahren?

5. Wie sollte ein Personalauswahlverfahren durchgeführt werden?

6. Was ist unter einem Assessment-Center zu verstehen? Welche Erkenntnisse liefert es im Idealfall im Gegensatz zu einem Vorstellungsgespräch?

7. Welche Erkenntnisse über einen Bewerber können Übungen wie die oben dargestellte Postkorbübung (siehe Beispiel) liefern?

8. Sie suchen einen Sachbearbeiter im Einkauf und entschließen sich, hierzu eine Stellenanzeige in einer Zeitung aufzugeben.
   a) Welche Argumente sprechen für eine Zeitungsanzeige?
   b) Welche Anforderungen muss eine Stellenanzeige in einer Zeitung erfüllen, damit sie die gewünschte Resonanz hervorruft?
   c) Fertigen Sie einen Entwurf für eine Stellenanzeige an. Beachten Sie dabei sowohl inhaltliche als auch gestalterische Gesichtspunkte.
   d) Vergleichen Sie Ihr Arbeitsergebnis mit denen Ihrer Mitschüler. Welche Merkmale stechen in den einzelnen Entwürfen am stärksten positiv und negativ hervor?

9. Notieren Sie fünf Fragen, die Ihnen als Grundlage beim Vorstellungsgespräch der Bewerber um die Stelle aus Aufgabe 8 dienen können. Begründen Sie Ihre Auswahl.

10. Verfassen Sie ein Schreiben, mit dem Sie die in die engere Wahl gekommenen Bewerber zu für die Stelle aus Aufgabe 8 zu einem Vorstellungsgespräch einladen. Dabei sind Sie in der Wahl der Orts- und Zeitabgaben frei. Ihr Schreiben sollte aber in jedem Fall norm- und formgerecht sein und alle wichtigen Inhalte enthalten.

11. Sie planen eine Checkliste für die Durchführung der anstehenden Vorstellungsgespräche. Führen Sie Kriterien an, die Sie während der Gespräche für Ihre Personalentscheidung erfassen wollen.

12. Beschreiben Sie den idealtypischen Verlauf eines Vorstellungsgesprächs. Welche Phasen halten Sie für die entscheidenden Phasen innerhalb des Gesprächs? Begründen Sie bitte Ihre Einschätzung.

13. a) Beschreiben Sie kurz die wesentlichen Merkmale von E-Recruiting.
    b) Welche Vorteile hat E-Recruiting für ein Unternehmen, das Personal sucht?

    Sie können bei Bedarf vor der Beantwortung dieser Fragen eine Internetrecherche zum Thema „E-Recruiting“ durchführen.

→

14. Sie suchen zum 30. September einen Sachbearbeiter für die Finanzbuchhaltung. Auf die Stellenanzeige gehen zwei Bewerbungen ein. Die Lebensläufe sind recht unterschiedlich:

Lebenslauf:

Name:	Otto Frank
Anschrift:	Sachsenweg 9 33689 Bielefeld
geb.:	15. Mai 1962
Familienstand:	ledig
Schulbildung:	1968 – 1972 Grundschule Lipperland 1972 – 1979 Realschule Bielefeld
Ausbildung:	1979 – 1982 Ausbildung zum Industriekaufmann bei der Nordwest AG in Hamburg Abschlussprüfung am 30. Juni 1982 – Note „gut"
Beruflicher Werdegang:	1. Juli – 31. Dezember 1982 Übernahme in ein befristetes Arbeitsverhältnis 1. April 1983 – 30. Sept. 1995 Sachbearbeiter Personalabteilung bei der Firma ITARG – Computersysteme in Leipzig 1. Oktober 1995 bis heute Sachbearbeiter Rechnungsprüfung bei Fahrzeugbau Hans-Peters KG in Löhne
Besondere Kenntnisse:	MS-Office SAP
frühestmöglicher Arbeitsantritt:	1. August (aktuelles Jahr)

Lebenslauf:

Name:	Christian Kulle
Anschrift:	Am Gänseacker 18 59556 Lippstadt
geb.:	15. Oktober 1971
Familienstand:	verheiratet, 2 Kinder
Schulbildung:	1977 – 1981 Grundschule Lippstadt 1981 – 1988 Anne-Frank-Gesamtschule in Herford 1988 – 1990 Fachoberschule Ludwig Erhard in Lemgo Fachhochschulreife am 18. Juni 1992
Grundwehrdienst:	1. Juli 1992 – 31. März 1993
Ausbildung:	1993 – 1995 Ausbildung als Industriekaufmann bei Werkzeugbau Kulle & Sohn in Hannover Prüfung am 29. Mai 1995 Note „befriedigend"
Beruflicher Werdegang:	1. August 1995 – 30. Sept. 2001 Sachbearbeiter Lohnbuchhaltung der Heinzerling-Gerüstbau in Kassel Oktober 2001 bis heute Debitorenbuchhaltung in der Goldmann-Bilderrahmen OHG in Gütersloh
Berufliche Fortbildung:	IHK-Lehrgang und Prüfung zum Bilanzbuchhalter von 2002 bis 2003
frühestmöglicher Arbeitsantritt:	1. Januar (Folgejahr)

a) Erstellen Sie eine Übersicht mit den relevanten Daten der Bewerber.

b) Gewichten Sie die ermittelten Merkmale nun. Meist sind nicht alle Merkmale gleich zu gewichten. Zu welcher Reihenfolge der Kriterien kommen Sie bezogen auf die zu besetzende Stelle? Begründen Sie bitte Ihre Reihenfolge.

c) Entscheiden Sie sich begründet aufgrund der Lebensläufe für einen der beiden Bewerber.

d) Welche zusätzlichen Möglichkeiten haben Sie nun, um Ihre Entscheidung zu untermauern oder sie im Zweifel sogar begründet zu ändern?

3.3 Im Personalbereich zu beachtende Vorschriften und Beteiligungsrechte

Gleichbehandlungsgrundsatz

Für alle Stellenbesetzungen gilt der Grundsatz der Gleichbehandlung. Das **Allgemeine Gleichbehandlungsgesetz (AGG)** sichert zu, dass Personen weder bei den Auswahlkriterien zu einer Einstellung noch bei den Einstellungsbedingungen und auch nicht bei den Arbeitsbedingungen oder beim Arbeitsentgelt benachteiligt (diskriminiert) werden dürfen. **Ziel des Gesetzes** ist, Benachteiligungen aus Gründen der Rasse oder wegen der ethnischen Herkunft, des Geschlechts, der Religion oder Weltanschauung, einer Behinderung, des Alters oder der sexuellen Orientierung zu verhindern oder zu beseitigen (siehe § 1 AGG).

Benachteiligungen

Unmittelbar benachteiligt ist ein Beschäftigter, wenn er wegen eines in § 1 AGG genannten Grundes eine weniger günstige Behandlung erfährt, als sie ein anderer in einer vergleichbaren Situation erfahren hat oder erfahren würde (§ 3 Abs. 1 AGG). Einer Absicht desjenigen, der benachteiligt, bedarf es nicht. Eine unmittelbare Benachteiligung ist z. B. bei einer ungünstigeren Behandlung einer Frau wegen Schwangerschaft oder Mutterschaft gegeben, wenn ein Mensch wegen seiner Hautfarbe nicht eingestellt wird oder ein bereits Beschäftigter wegen seiner ethnischen Herkunft keine berufliche Förderung erfährt.

Eine **mittelbare Benachteiligung** betrifft Vorschriften, Kriterien oder Verfahren, die dem Anschein nach zwar neutral sind, gleichwohl aber geeignet sind, Beschäftigte gegenüber anderen Arbeitnehmern in besonderer Weise zu benachteiligen. Eine mittelbare Benachteiligung erfolgt häufig bei der Teilzeitarbeit, und zwar wegen des Geschlechts. Die mittelbare Benachteiligung liegt darin, dass Teilzeitarbeit in einem ungleich höheren Umfang von Frauen geleistet wird und partiell ungünstigere Arbeitsbedingungen gegeben sind, bis hin zur Benachteiligung beim Entgelt, wenn die Arbeitszeiten von Teilzeitbeschäftigten in Relation zum Entgelt bei Vollzeitbeschäftigung gesetzt werden oder bestimmte Vergütungsbestandteile an Teilzeitbeschäftigte nicht geleistet werden.

Der Arbeitgeber muss dafür sorgen, dass die Benachteiligungsverbote durchgesetzt und Benachteiligungen von vornherein unterbunden werden. Dies beginnt mit der Stellenausschreibung. Jede Form der Ausschreibung, die gegen ein Benachteiligungsverbot verstößt, ist unzulässig (§ 11 AGG).[1]

Es ist z. B. möglich, in einem Qualifikationsprofil darauf einzugehen, ob der Arbeitsplatz grundsätzlich auch für Bewerber mit Schwerbehinderungen geeignet ist. Das gilt insbesondere dann, wenn ein Unternehmen die Schwerbehindertenquote nicht erfüllt und daher Abgaben zu zahlen hat. Sollten sich schwerbehinderte Bewerber melden, wird die Aufgabe darin bestehen, die Art der Behinderung mit den betrieblichen Gegebenheiten und den speziellen Anforderungen des Arbeitsplatzes abzugleichen und dann eine Entscheidung über die Eignung zu treffen.

Beteiligung des Betriebsrates

Der Arbeitgeber hat **nach § 99 Abs. 1 BetrVG** den **Betriebsrat** vor jeder Einstellung, Eingruppierung, Umgruppierung und Versetzung zu **unterrichten**, ihm die erforderlichen Bewerbungsunterlagen vorzulegen und Auskunft über die beteiligte Person zu geben.

Informationspflicht bei Einstellungen

Die Unterrichtung bei einer Einstellung sollte mindestens eine Woche vor der Einstellung erfolgen, da der Betriebsrat der Einstellung zustimmen muss und ein Schweigen des Betriebsrates erst nach Ablauf einer Woche als Zustimmung angesehen wird.

1 Darüber hinaus ist der Arbeitgeber allgemein verpflichtet, erforderliche Maßnahmen zum Schutz der Beschäftigten vor Benachteiligungen zu treffen; auch solche vorbeugender Art (§ 12 Abs. 1 AGG). Zum AGG finden Sie weitere Informationen im Lehrbuch zur Wirtschafts- und Sozialkunde.

Darüber hinaus hat der Arbeitgeber Auskunft über alle Personen zu geben, die innerhalb und außerhalb des Betriebes an der Einstellung beteiligt sind. Dies sind insbesondere die weiteren Stellenbewerber.

Dem Betriebsrat sind sämtliche Unterlagen zur Verfügung zu stellen, die dieser benötigt, um sein Zustimmungsverweigerungsrecht ausüben zu können. Er ist demnach über die fachlichen und persönlichen Eignungen der Bewerber und auf die Auswirkungen der Einstellung auf den Betrieb zu informieren.

Schließlich hat der Arbeitgeber den Betriebsrat förmlich zur Zustimmung zu der geplanten Einstellung aufzufordern. Mit dieser Aufforderung beginnt für den Betriebsrat die Frist von einer Woche, innerhalb derer er die Zustimmung zur Einstellung verweigern kann.

Verweigerung

Wenn bestimmte Gründe vorliegen, kann der Betriebsrat die **Zustimmung zur Einstellung verweigern** (§ 99 Abs. 2 BetrVG). Tut er dies, hat er es dem Arbeitgeber unter Angabe des Verweigerungsgrundes schriftlich mitzuteilen; ansonsten gilt die Zustimmung als erteilt (§ 99 Abs. 3 BetrVG).

Der Arbeitgeber kann bei einer Verweigerung das Arbeitsgericht anrufen, um die fehlende Zustimmung gerichtlich ersetzen zu lassen (§ 99 Abs. 4 BetrVG). In diesem Verfahren muss der Arbeitgeber darlegen, dass die vom Betriebsrat vorgetragenen Gründe nicht berechtigt sind.

Gründe für Einsprüche

- **Verstöße gegen Rechtsvorschriften (Gesetz, Verordnung, Tarifvertrag, Betriebsvereinbarung, Unfallverhütungsvorschrift usw.)**

Beispiel

- Das Gesetz untersagt eine Beschäftigung unter bestimmten Voraussetzungen.
- Die Einstellung erfolgt unter Diskriminierung anderer Bewerber/-innen.
- Die Beschäftigung soll nach gesetzlich oder tariflich unzulässigen Arbeitszeiten (z. B. Überschreitung der erlaubten täglichen oder wöchentlichen Arbeitszeiten) erfolgen.

- **Verstoß gegen Auswahlrichtlinien**

Beispiel

Der Arbeitgeber verstößt gegen die mit dem Betriebsrat festgelegten Richtlinien in der Weise, dass nicht die vereinbarte Anzahl von Langzeitarbeitslosen oder älteren Bewerbern eingestellt wird.

- **Benachteiligung von bereits beschäftigten Arbeitnehmern ohne Vorliegen betrieblicher oder persönlicher Gründe**

Beispiel

- Durch die vermehrte Einstellung von Ein-Euro-Jobbern besteht die Gefahr der Entlassung bereits Beschäftigter.
- Jemand soll befristet eingestellt werden, obwohl für diese Tätigkeit ein gleich geeigneter, bereits beschäftigter Mitarbeiter mit einem befristeten Arbeitsvertrag vorhanden ist. (Achtung: Bei einer Zustimmungsverweigerung zur Einstellung wegen Benachteiligung bereits Beschäftigter müssen konkrete Tatsachen vom Betriebsrat vorgebracht werden.)

- **Benachteiligung des Bewerbers ohne Vorliegen betrieblicher oder persönlicher Gründe**

Beispiel

Der Einzustellende würde gegenüber anderen Beschäftigten erhebliche Nachteile erleiden. **Aber:** Liegt lediglich eine falsche Eingruppierung vor, kann der Betriebsrat nur dieser, nicht der Einstellung insgesamt die Zustimmung verweigern.

- **Fehlen einer Stellenauschreibung oder formaler Fehler bei einer Stellenausschreibung**

Beispiel

- Der Arbeitgeber hat die Stelle entgegen dem Verlangen des Betriebsrates innerbetrieblich nicht ausgeschrieben.
- Der Arbeitgeber hat in einer außerbetrieblichen Stellenausschreibung geringere Anforderungen gestellt als bei der innerbetrieblichen Ausschreibung.
- Die Ausschreibung verstößt gegen ein Diskriminierungsverbot des Gleichbehandlungsgesetzes.

- **Gefahr der Störung des Betriebsfriedens**

Beispiel

Es besteht die begründete Besorgnis, dass der Bewerber sich gesetzeswidrig verhält oder gegen Diskriminierungsverbote verstößt, etwa durch fremdenfeindliche Äußerungen oder sexuelle Belästigungen gegenüber Beschäftigten.

Aufgaben

› Kap. 3.3

1. Nennen Sie Gründe, die der Betriebsrat vorbringen kann, um einer geplanten Einstellungsmaßnahme zu widersprechen.

2. Bearbeiten Sie die folgende Aufgabe in Partnerarbeit:

   Auf eine Ausschreibung für eine Stelle als Sachbearbeiter bzw. Sachbearbeiterin in der Lohnbuchhaltung treffen drei Bewerbungen ein. Es bewerben sich eine 25-jährige Frau, die im dritten Monat schwanger ist, ein 35-jähriger Industriekaufmann, der zurzeit in ungekündigter Stelle arbeitet und gerne zur Heidtkötter KG wechseln möchte, und ein 40-jähriger Arbeitsloser, der wegen eines organischen Leidens zu 50 % schwerbehindert ist.

   › Recherche

   a) Recherchieren Sie im Internet zum Allgemeinen Gleichbehandlungsgesetz. Sehen Sie sich die Bestimmungen an und benennen Sie kurz die Zielsetzung des Gesetzes.

   b) Überlegen Sie, was die oben genannte Konstellation der Bewerber für die Einstellungsentscheidung bedeutet. Was konkret muss beachtet werden, damit es nicht zu einem Verfahrensfehler kommt?

   c) Welche Möglichkeiten hat der Betriebsrat, wenn es im Zuge der Einstellung zu einer Missachtung des Allgemeinen Gleichbehandlungsgesetzes kommt?

   d) Machen Sie an dem Beispiel deutlich, wo im Zuge einer Stellenbesetzung Interessenkonflikte zwischen Geschäftsleitung und Betriebsrat auftreten können.

   e) Wie ist zu bewerten, dass sich der Betriebsrat nach Mitteilung einer Einstellung und dem Zurverfügungstellen der nötigen Unterlagen auch nach einer Woche nicht gemeldet hat?

3.4 Ausfertigung des Arbeitsvertrages

Übereinstimmende Willenserklärung

Nach Ende des Bewerbungsverfahrens steht der Abschluss des Arbeitsvertrages an. Verträge kommen ganz allgemein dann zustande, wenn sich zwei Vertragspartner im Rahmen von geltenden Rechtsvorschriften einig werden.

Gesetzliche Grundlagen

Zu den wichtigsten **gesetzlichen Grundlagen**, die bei der Abfassung von Arbeitsverträgen zu beachten sind, gehören u. a.:

- **Bürgerliches Gesetzbuch** mit den allgemeinen Rechtsgrundlagen für die Ausgestaltung von Verträgen;
- **Jugendarbeitsschutzgesetz**, wenn es um die Beschäftigung von minderjährigen Arbeitnehmern geht;
- **Mutterschutzgesetz** für die Zeit vor und nach der Geburt des Kindes;
- **Bundesurlaubsgesetz** mit Mindestregelungen zur bezahlten Freistellung von der Arbeit;
- **Schwerbehindertengesetz**, welches die Mindestquoten für die Beschäftigung behinderter Arbeitnehmer sowie weitergehende Vorgaben für die Arbeitsplatzgestaltung enthält;
- **Arbeitszeitverordnung**, in der die täglichen Höchstarbeitszeiten sowie die grundsätzliche Verteilung der Arbeitszeit auf die einzelnen Wochentage festgeschrieben werden;
- **Kündigungsschutzgesetz** mit Ausführungen über Auflösungsgründe des Arbeitsverhältnisses sowie der damit verbundenen Fristen.

Darüber hinaus gelten auch die Vorschriften des Betriebsverfassungsgesetzes und der Mantel- und Lohntarifverträge ebenso wie Regelungen, die im Rahmen von Betriebsvereinbarungen getroffen wurden.[1]

Nachweisgesetz
§ 2 Abs. 1

Durch das **„Gesetz über den Nachweis der für ein Arbeitsverhältnis geltenden wesentlichen Bedingungen“** (NachwG) soll einem Arbeitnehmer, sofern kein schriftlicher Arbeitsvertrag vorliegt, der Nachweis bei streitigen Fragen aus dem Arbeitsverhältnis erleichtert werden. Deswegen wird verlangt, dass der Arbeitgeber **spätestens einen Monat nach** dem vereinbarten Beginn des Arbeitsverhältnisses die wesentlichen Vertragsbedingungen schriftlich niederlegen muss, wenn kein schriftlicher Arbeitsvertrag geschlossen wurde.

Niederschriftspflicht bei mündlich abgeschlossenen Arbeitsverträgen

In die **Niederschrift** sind mindestens aufzunehmen

1. der Name und die Anschrift beider Vertragsparteien,
2. der Zeitpunkt des Beginns des Arbeitsverhältnisses,
3. bei befristeten Arbeitsverhältnissen: die vorhersehbare Dauer des Arbeitsverhältnisses,
4. der Arbeitsort oder, falls der Arbeitnehmer nicht nur an einem bestimmten Arbeitsort tätig sein soll, ein Hinweis darauf, dass der Arbeitnehmer an verschiedenen Orten beschäftigt werden kann,
5. eine kurze Charakterisierung oder Beschreibung der vom Arbeitnehmer zu leistenden Tätigkeit,
6. die Zusammensetzung und die Höhe des Arbeitsentgelts einschließlich der Zuschläge, der Zulagen, Prämien und Sonderzahlungen sowie anderer Bestandteile des Arbeitsentgelts und deren Fälligkeit,
7. die vereinbarte Arbeitszeit,
8. die Dauer des jährlichen Erholungsurlaubs,

1 Weitere Informationen dazu finden Sie im Lehrbuch zur Wirtschafts- und Sozialkunde.

9. die Fristen für die Kündigung des Arbeitsverhältnisses,
10. ein in allgemeiner Form gehaltener Hinweis auf die Tarifverträge, Betriebs- oder Dienstvereinbarungen, die auf das Arbeitsverhältnis anzuwenden sind.

Pflichten von Arbeitnehmer und Arbeitgeber

Mit dem Abschluss des Vertrages übernehmen die Vertragspartner die Pflicht, den Vertrag einzuhalten. Der Arbeitnehmer bestätigt per Unterschrift die Pflicht, für den Arbeitgeber zu arbeiten, also eine Dienstleistung gegen Entgelt (Vergütung) zu erbringen. Hinzu kommt eine Fürsorgepflicht des Arbeitgebers, die vor allem das Treffen von Vorkehrungen zur Abwendung von Gefahren für Leben und Gesundheit des Arbeitnehmers beinhaltet.

Umgekehrt hat auch der Arbeitnehmer Pflichten, die über die Hauptpflicht der Arbeitsleistung hinausgehen, z. B. den Ruf des Arbeitgebers in der Öffentlichkeit zu wahren und die Schweigepflicht bei Betriebsgeheimnissen einzuhalten.

Wettbewerbsverbot

Neben der Schweigepflicht im weiteren Sinne gehört auch das **Wettbewerbsverbot** zu den Nebenpflichten. Es beinhaltet, dass ein Arbeitnehmer

- seinem Arbeitgeber nicht dadurch Konkurrenz macht, dass er nebenbei ein selbstständiges Handelsgewerbe in dem Geschäftszweig des Arbeitgebers betreibt und
- nach dem Ausscheiden aus dem Unternehmen keinen Gewerbebetrieb im gleichen Geschäftszweig oder der gleichen Branche eröffnet oder
- dass ein Arbeitnehmer, der z. B. als Handlungsreisender tätig ist, nach seinem Ausscheiden aus dem Unternehmen keine Kunden abwirbt.

In den beiden zuletzt genannten Fällen wird das Wettbewerbsverbot vertraglich auf eine bestimmte Zeit begrenzt.

Das Wettbewerbsverbot

- muss durch ein berechtigtes geschäftliches Interesse des Arbeitgebers begründet sein,
- bedarf einer schriftlichen Vereinbarung, wenn es auch nach Ablauf des Vertrages gelten soll,
- ist nicht mit Minderjährigen möglich,
- ist nur bis zu einer Dauer von maximal zwei Jahren zulässig und
- muss, wenn es auch nach dem Ausscheiden aus dem Arbeitsverhältnis gilt, durch eine Ausgleichszahlung des Arbeitgebers begleitet sein (mindestens 50 % des letzten Gehaltes).

Aufgaben

› Kap. 3.4

1. Unter der Führung von Herrn Klaus Heidtkötter senior galt ein Handschlag als bindendes Einverständnis bei Vertragshandlungen.
   a) Welche formalen Vorschriften gilt es heutzutage bei Arbeitsverträgen zu beachten?
   b) Welche Inhalte müssen in einem Arbeitsvertrag für beide Parteien fixiert sein?
2. Durch welche Regelungen wird die Gestaltungsfreiheit bei Inhalten von Arbeitsverträgen eingeschränkt?
3. Fassen Sie die Pflichten des Arbeitgebers und des Arbeitnehmers, die aus dem Abschließen eines Arbeitsvertrages entstehen, in einer Übersicht zusammen. Warum ist jede einzelne dieser Pflichten wichtig für die Dauer des Vertragsverhältnisses und darüber hinaus?

Wiederholungsaufgaben

› Kap. 3

1. Wann sind Ihrer Ansicht nach Bewerbungsunterlagen vollständig?

2. Schlagen Sie Methoden der Personalbeschaffung vor, die bei kurzfristigem Personalbedarf geeignet sind. Begründen Sie bitte Ihre Auswahl.

3. Welche Vorteile und welche Nachteile hat die interne Personalbeschaffung?

4. Grenzen Sie bitte die Begriffe „Stellenbeschreibung“ und „Anforderungsprofil“ voneinander ab.

5. Darf ein Unternehmen ohne die Erlaubnis des Betriebsrates eine vorläufige Personaleinstellung vornehmen? Begründen Sie bitte Ihre Antwort.

6. Frau Birgit Meyer wird von der Heidtkötter KG als Sachbearbeiterin in der Lohnbuchhaltung eingestellt.

a) Entwerfen Sie bitte einen Arbeitsvertrag zwischen Frau Meyer und der Heidtkötter KG. Achten Sie dabei auf die gesetzlichen und eventuell tarifvertraglichen Vorschriften.

b) Halten Sie fest, wo Sie bei der Bearbeitung der Teilaufgabe a) an Grenzen gestoßen sind. Tauschen Sie sich dazu mit Ihren Mitschülern aus.

7. Eine andere Möglichkeit, geeignetes Personal zu finden, besteht darin, die Agentur für Arbeit einzuschalten. Nennen Sie je zwei Gesichtspunkte, die dafür bzw. dagegen sprechen, dies zu tun.

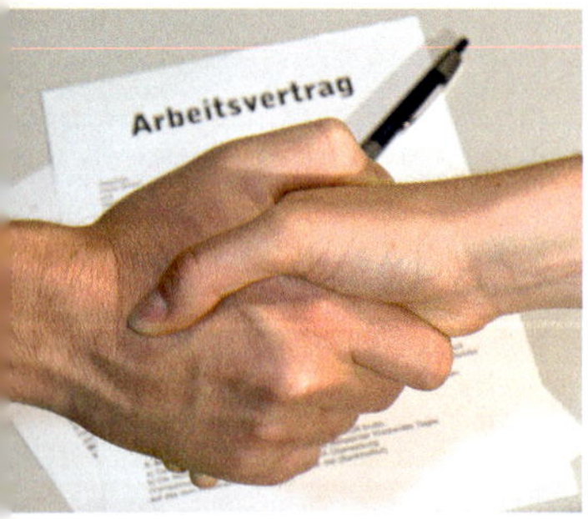

8. Welche Pflichten aus einem Arbeitsvertrag werden in den folgenden Fällen verletzt?

a) Ein Arbeitgeber weigert sich, einer Angestellten, die gekündigt hat, ein Zeugnis auszustellen.

b) Ein Arbeitgeber zahlt ein Monatsgehalt nicht fristgerecht aus.

c) Ein Außendienstler macht die Produkte seines Unternehmens vor Kunden schlecht.

d) Ein Arbeitgeber will einem Arbeitnehmer den Resturlaub streichen und diesen stattdessen durch eine einmalige Geldzahlung abgelten.

e) Am Messestand eines Konkurrenten plaudert ein Angestellter der Heidtkötter KG über zukünftige Programmplanungen seines Arbeitgebers.

9. Im Arbeitsvertrag für einen Mitarbeiter der Produktentwicklung wird festgehalten, dass „sich der Arbeitnehmer wegen der Kenntnis von Betriebsgeheimnissen damit einverstanden erklärt, dass er bei einer Kündigung bis zu drei Jahre nach seinem Ausscheiden in keinem anderen Unternehmen der Büromöbelbranche tätig sein darf“. Als Ausgleichszahlung werden dafür 10.000,00 € festgesetzt, die – so im Vertrag fixiert – „von der Heidtkötter KG in zwei Raten innerhalb des ersten Jahres nach dem Ausscheiden zu zahlen sind“.

a) Was verbirgt sich hinter einem solchen Wettbewerbsverbot? Welche Gründe sprechen für ein Wettbewerbsverbot?

b) Wie beurteilen Sie die Rechtmäßigkeit der hier getroffenen Vereinbarung, die auch vom Arbeitnehmer unterzeichnet wurde?

4
Bewertung und Entlohnung der Arbeitsleistung

Einführung

Die Höhe einer gerechten Entlohnung für eine bestimmte Tätigkeit ist schon immer die zentrale Streitfrage zwischen Arbeitgebern und Arbeitnehmern. Sie wird z. B. bei den regelmäßigen Tarifverhandlungen jeweils neu aufgeworfen. Je höher die Arbeitseinkommen der Arbeitnehmer sind, desto weniger bleibt dem Unternehmen als Gewinn bzw. als Entlohnung für das eingesetzte Eigenkapital. Neben der absoluten Höhe ist das Verhältnis der Entgelte für unterschiedliche Tätigkeiten von zentraler Bedeutung dafür, ob die Entlohnung als gerecht empfunden wird.

Beispiel

Auch für den Unternehmer Heidtkötter steht die Höhe der Personalkosten im Vordergrund. In der Heidtkötter KG werden die Angestellten in fünf verschiedene Gehaltsgruppen eingeteilt, die einfachsten Tätigkeiten erfolgen rein schematisch nach festen Vorgaben. Die höchste Gehaltsgruppe ist für die kaufmännischen Leitungsbereiche vorgesehen. Eine entsprechende Einteilung der Mitarbeiter im Betrieb erfolgt in insgesamt neun Lohngruppen, beginnend mit Hilfsarbeiten bis hin zu den Aufgaben eines Vorarbeiters mit langjähriger Berufserfahrung in seinem Arbeitsgebiet. Diese Lohngruppen sollen nun einer Überprüfung unterzogen werden, da beim technischen Leiter und bei der Geschäftsführung Zweifel daran bestehen, dass die bestehenden Eingruppierungen noch der betrieblichen Realität entsprechen.

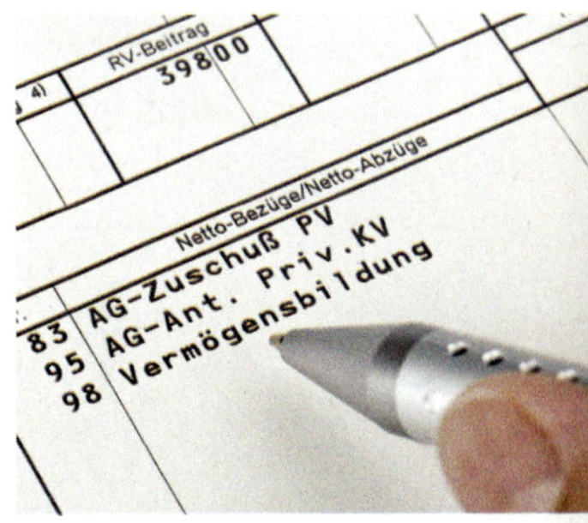

In diesem Kapitel werden zunächst die verschiedenen Verfahren der Arbeitsbewertung dargestellt. Außerdem geht es darum, wie die an einem Arbeitsplatz erbrachte Leistung gemessen wird und der Lohn bzw. das Gehalt in Abhängigkeit zur erbrachten Leistung errechnet wird. Abschließend geht es um das Ermitteln des Nettoentgelts.

4.1
Arbeitswertstudien und Lohngruppen als Grundlage einer Entlohnung

Die Entlohnung stellt für die Arbeitnehmer ein Einkommen, für die Arbeitgeber aber einen Kostenfaktor dar. Während die Arbeitnehmer ein möglichst hohes Arbeitsentgelt beanspruchen, will der Arbeitgeber für eine bestimmte Leistung die gesamten Lohnkosten (= Aufwendungen) möglichst gering halten.

Entscheidend ist die Frage, ob der gezahlte bzw. für eine bestimmte Leistung zu zahlende Lohn als angemessen, gerecht und wirtschaftlich tragbar empfunden wird. Zwischen Lohn und Leistung sollte ein ausgeglichenes Verhältnis bestehen, die Höhe der gesamten Lohnkosten darf dabei aber nicht den Erfolg und Fortbestand des Unternehmens gefährden.

Arbeitsbewertung

Die Arbeitsplätze in einem Unternehmen stellen nicht alle die gleichen Anforderungen an die Arbeitnehmer. Welche Arbeit ist wie viel wert? Eine Frage, die – wenn überhaupt – nur beantwortet werden kann, wenn man sich mit den Grundlagen der **Arbeitsbewertung** auseinandersetzt. Arbeitsplätze zu bewerten bedeutet, dass man nach möglichst objektiven Gesichtspunkten sucht, nach denen man die Anforderungen eines Arbeitsplatzes messen kann. Hierzu werden **Arbeitsstudien** vorgenommen. Arbeitswertstudien sind Bestandteil von Arbeitsstudien im Unternehmen. Zu diesen zählen auch

Arbeitsstudien

- **Arbeitsablaufstudien** zur Optimierung von Arbeitsschritten (Untersuchen einzelner Abschnitte von Arbeitsabläufen),
- **Arbeitsplatzstudien** (Prüfen von Bedingungen und Verfahren an einzelnen Arbeitsplätzen) und
- **Arbeitszeitstudien**[1] (Ermitteln von Zeitverlusten mit dem Ziel, Zeitbedarfe zu optimieren).

Arbeitswert

Im Folgenden konzentrieren wir uns auf den Wert der Arbeit. Der **Arbeitswert** ist ein Maß zur Bestimmung der Arbeitsschwierigkeit. Er steht für die Gesamtheit der Anforderungen, die die Ausführung einer Arbeit an einem bestimmten Arbeitsplatz an den Arbeitnehmer stellt. Dabei unterscheidet man grundsätzlich **zwei Verfahren**:

Arbeitsbewertung

Verfahren siehe unten bei I. und II.

– Ein Arbeitsplatz wird als Ganzes gesehen und eingestuft (summarisches Verfahren) oder
– der Arbeitsplatz wird detailliert „durchleuchtet" (analytische Betrachtung).

Bei der Wahl des Verfahrens sind die Unternehmen frei. Oft geben aber tarifvertragliche Regelungen die Wahl vor, weil die Arbeitsbewertung direkt mit der Zuordnung von Lohn- oder Gehaltsgruppen in Verbindung steht. Die Höhe eines Lohns bzw. eines Gehalts wird durch den jeweiligen Einzelarbeitsvertrag, die Höhe von Löhnen und Gehältern gemäß Lohn- und Gehaltsgruppen wird durch Betriebsvereinbarungen oder durch Tarifverträge vereinbart.

Tarifarten

Es gibt verschiedene **Arten von Tarifverträgen**:

- **Verbandstarife** zwischen Arbeitgeberverbänden und den dazugehörigen Gewerkschaften,
- **Firmen- oder Haustarife** zwischen einzelnen Unternehmen und der zuständigen Gewerkschaft,
- **Branchentarife**, die überregional für einen ganzen Wirtschaftszweig gelten,
- **Flächentarife**, die als Orts-, Landes- oder Bundestarife unterschiedlich weit gefasst sein können.

Inhaltlich unterscheidet man zwei große Gruppen von Tarifverträgen:

- **Lohn- und Gehaltstarife**, die Lohn- und Gehaltstabellen ebenso wie Aussagen über Ausbildungsvergütungen, Zuschläge für Überstunden, Sonntags- und Feiertagsarbeit enthalten. Hier werden die Arbeitnehmer gemäß ihrer Qualifikation und ihrer Tätigkeit bestimmten Lohn- und Gehaltsgruppen zugeordnet. Das gesamte Tarifgefüge wird dabei von einem Ecklohn bestimmt.

  Lohn- und Gehaltstarife laufen in der Regel ein bis zwei Jahre und werden dann neu verhandelt.[2]

- **Mantel- oder Rahmentarife**, in denen es um die Festsetzung von Arbeitszeit, Urlaub, Kündigungsbedingungen usw. geht. In solchen Rahmentarifen sind z. B. auch die Eckdaten der Lohngruppen festgelegt.

  Die Laufzeit ist länger und häufig unbefristet.

1 Das zentrale Organ für Arbeitswertstudien in Deutschland ist die REFA. Schwerpunkt ihrer Arbeit sind Arbeitsstudien zur Arbeitsgestaltung und Betriebsorganisation. Weitere Informationen dazu finden Sie unter: www.refa.de.

2 Weitere Informationen zum Thema „Tarif" oder „Tarifverhandlungen" finden Sie im Lehrbuch zur Wirtschafts- und Sozialkunde.

6101484

Exkurs

Ein neuer Weg: Entgelt-Rahmen-Abkommen (ERA)

In der Metall- und Elektroindustrie wurde im Jahr 2003 ein neues System der Arbeitsbewertung eingeführt. Damit einhergehend fiel auch die Unterscheidung des Arbeitsentgelts in Form von „Lohn“ für die Arbeiter und „Gehalt“ für die Angestellten weg.

ERA-Tarifvertrag

Der **ERA-Tarifvertrag** enthält

- ein **Grundentgelt**, das sich aus den Anforderungen der Arbeitsaufgabe ergibt,
- ein **Belastungsentgelt** (Belastungszulage), das sich aus der Belastungssituation ergibt, und
- ein **Leistungsentgelt**, das die persönliche Leistung im Rahmen der Tätigkeit widerspiegelt.

Maßgebend ist – wie in anderen Modellen auch – die Arbeitsaufgabe. Diese kann eine Einzelaufgabe sein oder einen komplexen Aufgabenbereich umfassen. Ob Einzelaufgabe oder Aufgabenbereich: Entscheidend sind die jeweils betrieblichen Ausprägungsformen der Arbeitsorganisation und der damit verbundene Zuschnitt der Aufgabenbereiche. Die wichtigste betriebliche Aufgabe besteht deshalb darin, die Betriebs- und Arbeitsabläufe systematisch zu durchleuchten.

Anforderungsmerkmale

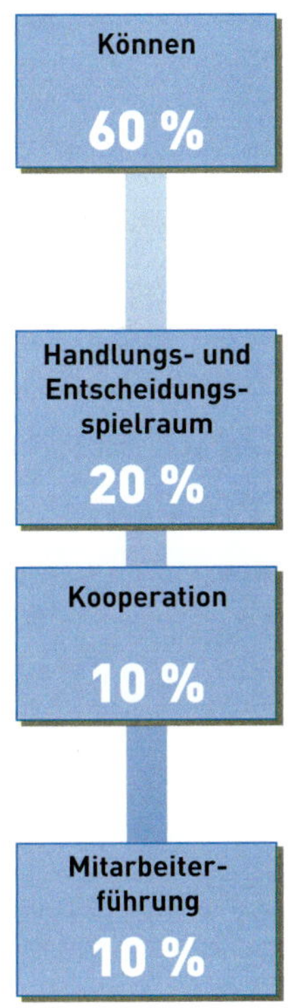

Die **Anforderungsmerkmale** des ERA-Arbeitsbewertungssystems sind:

Mit dem Anforderungsmerkmal **Können** wird die Gesamtheit der erforderlichen Kenntnisse, Fähigkeiten und Fertigkeiten beschrieben, über die ein Beschäftigter verfügen muss, um die übertragene Arbeitsaufgabe ausführen zu können. Die Bewertung des Könnens erfolgt durch die Merkmale „Arbeitskenntnisse“ (in der Regel erworben durch Anlernen), erforderliche „Fachkenntnisse“ (in der Regel erworben durch Ausbildung) sowie erforderliche „Berufserfahrungen“. Der Bereich des Könnens geht mit 60 % in die Gesamtbewertung ein.

Mit dem Anforderungsmerkmal **Handlungs- und Entscheidungsspielraum** wird der zur Erfüllung der Arbeitsaufgabe erforderliche Spielraum der Beschäftigten beschrieben, um eigene Vorgehensweisen bei der Arbeitsausführung und Aufgabenerledigung zu entwickeln und umzusetzen. Dieser Bereich wird mit 20 % berücksichtigt.

Mit dem Anforderungsmerkmal **Kooperation** werden die im Rahmen der übertragenen und auszuführenden Arbeitsaufgaben vom Beschäftigten geforderten Voraussetzungen beschrieben, die nötig sind, um mit anderen sachgerecht zu kommunizieren, zusammenzuarbeiten und/oder in vorgegebenem Rahmen die eigene Arbeit mit der Arbeit anderer abzustimmen. Die Anforderung an die Kooperationsfähigkeit geht mit 10 % in die Gesamtbewertung ein.

Das Anforderungsmerkmal **Mitarbeiterführung** sagt etwas darüber aus, in welchem Rahmen andere Beschäftigte fachlich angewiesen, angeleitet oder unterstützt werden müssen. Dazu kommt, in welchem Umfang ein Mitarbeiter die Aufgabe hat, die Kooperation zu fördern, Arbeitsziele vorzugeben oder zu vereinbaren, Beschäftigte zur Zielerfüllung einzusetzen, sie zu fördern und damit zu motivieren. Dieser Teilbereich macht ebenfalls 10 % der Gesamtbewertung aus.

I. **Summarische Verfahren** der Arbeitsbewertung →

Summarische Verfahren der Arbeitsbewertung zeichnen sich dadurch aus, dass ein Arbeitsplatz in der Gesamtheit seiner Herausforderungen gesehen und bewertet wird. Das Ergebnis ist eine pauschale Einteilung bzw. die Aufstellung einer Rangfolge. Die Methoden zur Einstufung der Arbeitsplatzanforderungen sind unterschiedlich. Beispielhaft werden hier das Lohngruppen- sowie das Rangfolgeverfahren dargestellt.

Lohngruppenverfahren

Am meisten verbreitet ist das **Lohngruppenverfahren**. Lohn- und Gehaltsgruppen sind meist in Tarifverträgen festgelegt und gelten daher über die Grenzen eines einzelnen Betriebes hinaus. In jeder Gruppe werden Tätigkeiten zusammengefasst, die von der erforderlichen Ausbildung bzw. dem erforderlichen Können her vergleichbar sind.

Beispiel

In der Heidtkötter KG gibt es Lohn- und Gehaltsgruppen, nach denen die Entlohnung erfolgt. Die Struktur und die Anwendung sind auf den ersten Blick recht einfach und klar. Genau darin liegen auch Vorteil und Stärke dieser summarischen Verfahren, bei denen die Arbeitsplätze nur in der Gesamtheit ihrer Anforderungen betrachtet werden. Es erfolgt lediglich eine Differenzierung zwischen kaufmännischen und gewerblichen Mitarbeitern und deren Eingruppierung.

Gehaltsgruppe, kaufmännisch (Angestellte)

Gehaltsgruppe	Tätigkeitsmerkmale	Gehalt
1	mechanische und schematische Tätigkeiten	1.877,44 €
2	einfache Tätigkeiten, die nach Anweisung erfolgen	2.035,52 €
3	Tätigkeiten, die nach allgemeiner Anweisung und z. T. selbstständig in einem Sachgebiet ausgeübt werden	2.426,18 €
4 **Ecklohn**	schwierige Tätigkeiten, die nach Richtlinien in einem Sachgebiet ausgeführt werden	3.019,06 €
5	schwierige Tätigkeiten, die im Rahmen allgemeiner Richtlinien selbstständig ausgeführt werden; begrenzte Aufsichtsbefugnis muss gegeben sein	3.235,87 €
6	selbstständige und verantwortliche Tätigkeiten, die nach allgemeinen Richtlinien ausgeführt werden und für die entweder Leitungs- oder Aufsichtsbefugnis vorausgesetzt wird oder durch die spezielle Aufgaben erfüllt werden	4.111,61 €
7	sehr schwierige Tätigkeiten, die nach allgemeinen Richtlinien selbstständig und verantwortlich ausgeführt werden und für die entweder erweiterte Leitungs- oder Aufsichtsbefugnis vorausgesetzt wird oder die in eigener Verantwortung Entscheidungen von Bedeutung für den Betriebs- oder Geschäftsablauf in einem Arbeitsbereich einschließen	4.499,22 €
8	Tätigkeiten, die über die Anforderungen der Gruppe 7 hinausgehen	5.195,69 €

Für die gewerblichen Arbeitnehmer in der Heidtkötter KG gilt ein vergleichbares Verfahren. Auch hier werden die geforderten Leistungen allgemein beschrieben und Lohngruppen zugeordnet:

Lohngruppe, gewerblich

Lohngruppe	Tätigkeitsmerkmale	Lohn pro Stunde	in % vom Ecklohn
1	einfache Arbeiten, die keine Fach- und Materialkenntnisse erfordern, geringe Beanspruchung	12,41 €	86,26 %
2	einfache Arbeiten, die geringe Fach- und Materialkenntnisse erfordern, leichte Beanspruchung	12,85 €	89,27 %
3	Arbeiten mit mäßigem Schwierigkeitsgrad, die Fach- und Materialkenntnisse erfordern oder Arbeiten der Lohngruppe 1 oder 2 mit erhöhter Beanspruchung	13,12 €	91,19 %
4	Arbeiten mit gesteigertem Schwierigkeitsgrad, die Fach- und Materialkenntnisse und größere Einsetzbarkeit verlangen oder die Beanspruchungen über denen der Lohngruppe 3 mit sich bringen	13,69 €	95,13 %
5	Arbeiten, die neben beruflicher Handfertigkeit und den für die Tätigkeit erforderlichen Kenntnissen über Werkstoffe und Betriebsmittel ein Können erfordern, wie es entweder durch eine entsprechende Berufsausbildung oder durch ein längeres Anlernen und Üben erworben wird. Als Facharbeiter gelten auch Arbeitnehmer, die mindestens drei Jahre als Maschinenarbeiter selbstständig tätig sind, sofern sie ihre Maschinen selbstständig warten und einrichten können. Dasselbe gilt für Gabelstaplerfahrer, soweit sie den Stapler vom Fahrzeug aus bedienen (Selbstfahrer).	14,39 € **Ecklohn**	100,00 %

5	Als Facharbeiter gelten Furnierer, die Furniere selbst zuschneiden und zusammenbauen, sowie genügend berufliche Erfahrung in der Leim-, Furnier-, Holz- und Zutatenverwendung besitzen, Beizer, die selbstständig die erforderlichen Zutaten zusammenstellen und nach Farbmustern arbeiten sowie selbstständige Polierer und Lackierer. Facharbeiter, die in ihrem Fach (auch wenn nur mit Teilarbeiten) als Facharbeiter beschäftigt werden, erhalten mindestens den Lohn der Lohngruppe 5.		
6	Facharbeiter im Zeitlohn, die Kenntnisse über die Lohngruppe 5 hinaus erfordern	16,51 €	114,72 %
7	Betriebshandwerker aller Art (darunter auch gelernte Tischler, sofern sie im Vorrichtungs- oder Modellbau beschäftigt sind, Holzbildhauer, Heizer, Maschinisten und Monteure), solange sie Arbeiten ihres Faches ausüben und nicht im Akkord tätig sind	17,21 €	119,60 %
8	Betriebshandwerker (wie Lohngruppe 7) nach zwei Gesellenjahren	18,20 €	126,49 %
9	Betriebshandwerker (wie Lohngruppe 7) nach zwei Gesellenjahren und einem Jahr Betriebszugehörigkeit als Betriebshandwerker	19,05 €	132,35 %
10	Vorarbeiter	20,04 €	138,24 %
11	Vorarbeiter nach drei Jahren Betriebszugehörigkeit und Tätigkeit als Vorarbeiter	21,45 €	149,04 %

Beim **Rangfolgeverfahren** werden alle Arbeitsplätze eines Betriebes nach ihrem Schwierigkeitsgrad geordnet, nach diversen Kriterien „bepunktet" und in eine **Rangfolge** gebracht, also mit den anderen Arbeitsplätzen verglichen. Diese stellt eine Abstufung vom einfachsten zum schwierigsten Arbeitsplatz dar. Je höher der Rang, desto höhere Anforderungen stellt ein Arbeitsplatz an den Arbeitnehmer.

Rangfolgeverfahren

Beispiel

Rangfolge, bei der jeder Arbeitsplatz mit jedem anderen verglichen wird und derjenige Platz, der als anspruchsvoller (höherwertiger) eingestuft wird, bis zu drei Punkte mehr als der darunter liegende Arbeitsplatz bekommt

	Personalsachbearbeiter/-in	**Pförtner/-in**	**Bürohelfer/-in in der Poststelle**	**Abteilungsleiter/-in**	**Prokurist/-in**	**Telefonist/-in Telefonzentrale**	**Punktwert**	**Rang**
Personalsachbearbeiter/-in		***	**	–	–	**	7	**3**
Pförtner/-in	–		*	–	–	*	2	**5**
Bürohelfer/-in in der Poststelle	–	**		–	–	*	3	**4**
Abteilungsleiter/-in	***	***	***		–	***	12	**2**
Prokurist/-in	***	***	***	**		***	14	**1**
Telefonist/-in	–	*	*	–	–		2	**5**

Während Arbeitsplätze im kaufmännischen Bereich fast ausschließlich nach der summarischen Methode bewertet werden, ist dies im gewerblichen Bereich anders. Hier dominieren die **analytischen Verfahren**. Ein Arbeitsplatz wird in seinen einzelnen Anforderungskategorien genau untersucht und anschließend bewertet. Die Anforderungen einer Stelle werden aufgeschlüsselt und detailliert bewertet. Da die einzelnen Merkmalsgruppen nicht gleichwertig sind, muss zwischen ihnen ein Wertverhältnis festgelegt werden. Das kann z. B. durch die Vergabe von Höchstpunktzahlen für die einzelnen Merkmalsgruppen erfolgen. Diese Punktzahlen geben den Schwierigkeits-

II. Analytische Verfahren der Arbeitsbewertung

grad und damit den Arbeitswert an. Je größer die Differenz zwischen den Höchstpunktzahlen und den tatsächlich vergebenen Punkten ist, desto niedriger wurde der Arbeitswert eingestuft (**Rangreihenverfahren**). Der Punktvergabe vorausgehen kann auch eine Rangfolgeuntersuchung in den einzelnen Anforderungsarten. Der jeweilige Rang wird mit einem vorgegebenen Gewichtungsfaktor multipliziert.

Rangreihenverfahren

Zusätzlich zum Rangreihenverfahren wird jede einzelne Anforderungsart nochmals hinsichtlich des Intensitätsgrades und der zeitlichen Belastung untersucht. Das heißt, dass es nicht mehr genügt, z. B. bei der Anforderungsart „Umgebungseinflüsse" die Schmutzbelästigung global zu bewerten, sondern es erfolgt eine weitere Unterteilung mittels **Stufenwertzahlen** je nachdem, wie selten oder wie oft unter solchen Belastungen gearbeitet werden muss.

Stufenwertzahlen

Beispiel

	Anforderungsart: Schmutzbelästigung							
Anforderungsstufen	Stufenwertzahl	zeitliche Belastung in Stunden						
		1,0	1,1	1,2	1,3	1,4	1,5	1,6
		korrigierte Stufenwertzahl (Stufenwertzahl · Belastungsdauer)						
keine Belastung	0	–	–	–	–	–	–	–
geringe Belastung	1	1,0	1,1	1,2	1,3	1,4	1,5	1,6
mittlere Belastung	2	2,0	2,2	2,4	2,6	2,8	3,0	3,2
hohe Belastung	3	3,0	3,3	3,6	3,9	4,2	4,5	4,8
Schutzkleidung vorgeschrieben	4	4,0	4,4	4,8	5,2	5,6	6,0	6,4

Beispiel: Genfer Schema

Das **Genfer Schema** der Arbeitsplatzbewertung unterscheidet **vier Anforderungsgruppen**, die teils miteinander verzahnt sind:

Bereich **Können**

- Welche Fähigkeiten muss ein Arbeitnehmer haben, um die mit seinem Arbeitsplatz verbundenen Anforderungen zu bewältigen? Dazu gehört u. a.
  - die Frage, welche Ausbildung erforderlich ist,
  - die Frage, über welche Kenntnisse und Erfahrungen jemand verfügen muss,
  - bei handwerklichen Tätigkeiten die Frage des Geschicks und der körperlichen Gewandtheit,
  - der Umfang, in dem das eigenständige Denken und Problemlösen gefordert ist.

Bereich **Verantwortung**

- Ist ein Arbeitnehmer nur ausführend tätig und arbeitet auf Anweisungen? Oder umfasst sein Tätigkeitsfeld auch eigenständige und von ihm selbst zu verantwortende Entscheidungen? Dabei kann die Bandbreite sehr groß sein und erfasst z. B. die Verantwortung für
  - den reibungslosen Ablauf von Geschäftsprozessen,
  - die technische Sicherheit beim Einsatz von Maschinen,
  - die Sicherheit der gesundheitlichen Unversehrtheit von Mitarbeitern,
  - qualitativ einwandfreie und fehlerlose Produkte,
  - die ordnungsgemäße Umsetzung kaufmännischer Aufgaben.

Bereich **Belastung**

- Verstand man hierunter lange Zeit fast ausschließlich die körperlichen oder geistigen Anstrengungen, die mit der Arbeit verbunden waren, so geht es heute auch um die psychosozialen Belastungsfaktoren. Dazu gehört in erster Linie der mit bestimmten Arbeitsbedingungen einhergehende Stress, der sich mit herkömmlichen Mitteln kaum messen lässt und sich daher einer konkreten Bewertung weitgehend entzieht.

Bereich **Arbeits/ bedingungen**

- Hierunter fallen alle Faktoren, die mehr oder weniger unveränderbar vorgegeben sind und sich der Einflussnahme des einzelnen Mitarbeiters entziehen. Dazu gehören insbesondere bei gewerblichen Arbeitnehmern die Umgebungseinflüsse

(Hitze, Kälte, Nässe, Lärm, Lichtmangel usw.) ebenso wie das Umfeld des Arbeitsplatzes (Öle, Fette, Staub, Gase, Schmutz usw.)
Des Weiteren wird hierunter erfasst, welche körperlichen Anforderungen mit der Arbeit verbunden sind. Konkret geht es darum, ob z. B. in unnatürlichen Haltungen (gebückt, liegend) gearbeitet wird. Bei kaufmännischen Tätigkeiten spielt insbesondere die Ergonomie des Arbeitsplatzes eine wichtige Rolle.

Bereich **Arbeits/ bedingungen**

Arbeitsplatzbewertung nach dem Genfer Schema – Beispiel Maschinenschlosser

Beispiel

Arbeitsanforderung		**max. Punktzahl**	**Bewertung**	**erteilte Punkte**
Können	Kenntnisse	10	Erforderlich ist eine abgeschlossene Ausbildung und zusätzlich eine Berufserfahrung von mindestens 2 Jahren.	7
	Geschicklichkeit	4	Geschicklichkeit ist bei z. T. schwierigen Arbeiten unabdingbar.	3
	Summe I	14		**10**
Anstrengung	geistig	5	Erhöhte überdurchschnittliche Aufmerksamkeit ist bei der Arbeitsausführung nötig. Hohe Anforderungen bestehen an eigenes Überlegen bei der Suche nach Problemlösungen.	3,5
	körperlich	5	Eine besondere körperliche Anstrengung gibt es kaum, aber die Arbeit muss oft in unnatürlicher Haltung ausgeführt werden (gebückt, liegend, über dem Kopf arbeitend).	2,5
	Summe II	10		**6**
Verantwortung	eigene Arbeit	5	Eigenverantwortliche Tätigkeit erfordert i. d. R. eigenes Entscheiden und Übernahme der Verantwortung für die fehlerfreie Ausführung der Arbeiten.	4
	Gesundheit, Sicherheit anderer	5	Fehlerhafte Ausführungen der Arbeit können zu Unfallgefahren oder sonstigen sicherheitsgefährdenden Situationen für die an den Maschinen arbeitenden anderen Mitarbeiter führen. Mitverantwortlich für die Sicherheit der zugeteilten Helfer und Auszubildenden	4
	Summe III	10		**8**
Umgebungseinflüsse	Schmutz, Öle, Fette, Staub	4	Verschmutzung der Hände, sonst keine besonderen Belastungen	1
	Temperatur	2	zeitweise etwas Strahlungshitze bei Schweißarbeiten	0,5
	Lärm, Blendung, Lichtmangel	3	teilweise höherer Lärmpegel, der das Tragen von Gehörschutz erforderlich macht; Blendungsgefahr bei Schweißarbeiten	1,5
	Gase, Dämpfe, Erschütterungen	2	bei Schweißarbeiten leichte Belastungen durch Gase und Dämpfe	0,5
	Unfallgefährdung	2	Trotz Beachtung der Unfallverhütungsvorschriften sind Unfallgefahren nicht ganz auszuschließen.	1
	Gesundheitsgefahren	3	keine besonders hervorzuhebenden Belastungen	0,5
	Summe IV	16		**5**
			Gesamtwert	**29**
			Arbeitswert-/Lohngruppe	**V**
Bielefeld, 14. September 20.. ausgestellt: Heinz Raschk			zur Kenntnis genommen: Michael Blüm	

Kritik

Einer grundsätzlichen Kritik müssen sich die analytischen Verfahren stellen: Sie sind zwar bewährt, aber sie enthalten z. T. nicht die Kriterien, die aus heutiger Sicht berücksichtigt werden müssten, um dem Wandel in der Arbeitswelt auch Rechnung zu tragen. Schlanke Produktion setzt auf Motivation und die verantwortliche Beteiligung der Mitarbeiter am Arbeitsprozess. Die Inhalte der Arbeit werden angereichert und aufgewertet. Die Raster der Eingruppierung in Lohn- und Gehaltsgruppen honorieren auch den neuen dynamischen Charakter der Arbeit, die zunehmend im Team abläuft. Dies ist in vielen Rahmentarifen und Tarifgruppen nur unzureichend berücksichtigt.

Aufgaben

› Kap. 4.1

1. Nennen Sie Anforderungsarten, die den Schwierigkeitsgrad einer Arbeit bzw. Tätigkeit bestimmen. Geben Sie zu jeder Anforderungsart zwei Beispiele an.
2. Warum ermittelt man den Wert einer Arbeit? Welchen Zweck haben Arbeitswertstudien?
3. Nennen Sie bitte die wesentlichen Unterschiede zwischen summarischen und analytischen Arbeitsbewertungsverfahren.
4. Hat das analytische Verfahren Vorteile gegenüber dem summarischen Verfahren? Wenn dies so sein sollte, erläutern Sie diese Vorteile bitte kurz.
5. Beschreiben Sie kurz das Lohngruppenverfahren.
6. Beschreiben Sie kurz das Rangreihenverfahren.
7. Welche Vorteile und welche Nachteile hat das Rangfolgeverfahren?
8. Bringen Sie die folgenden Begriffe in eine sinnvolle Reihenfolge. Definieren Sie dann jeden Begriff kurz.
   a) *Anforderungsanalyse*
   b) *Arbeitsbewertung*
   c) *Arbeitsbeschreibung*
9. Informieren Sie sich in Ihrem Ausbildungsbetrieb darüber, ob dort Verfahren der Arbeitsbewertung angewendet werden.
   a) Nach welchem Verfahren werden die Anforderungen quantifiziert?
   b) Wie ist das Schema der Anforderungsarten aufgebaut?
   c) Wie sind die Anforderungsarten gewichtet?
   d) Wie wird eine ermittelte Wertsummenzahl in eine Lohn- bzw. Gehaltsstufe umgewandelt?
10. Der Schwerpunkt des Genfer Schemas liegt in den Bereichen „Können" und „Belastung". Es wurde 1950 entwickelt. Nennen Sie Kriterien, die Sie aus heutiger Sicht dem Genfer Schema hinzufügen würden.
11. In der folgenden Begriffserklärung ist offenbar etwas durcheinandergeraten. Ordnen Sie den einzelnen „Gerechtigkeitsbegriffen" die jeweils richtigen Erläuterungen zu und erklären Sie, was sich dahinter jeweils verbirgt.

    Eine gerechte Entlohnung wird an folgenden Kriterien festgemacht:

1	**Marktgerechtigkeit**	Der Lohn berücksichtigt soziale Verpflichtungen und sichert in jedem Falle das Existenzminimum.
2	**Leistungsgerechtigkeit**	Die Produktivität des Sektors bestimmt die Löhne.
3	**Situationsgerechtigkeit**	Der Lohn vergütet Anstrengungen z. B. für die Ausbildung.
4	**Aufwandsgerechtigkeit**	Der Lohn bemisst sich nach den unterschiedlichen Lebenshaltungskosten.
5	**Bedarfsgerechtigkeit**	Gleicher Lohn wird für gleiche Leistung gewährt.

4.2
Zeitlohn und Leistungslohn im Vergleich

4.2.1
Zeitlohn und Gehalt

Zeitlohn

Leistungslohn

Beim **Zeitlohn** ist die Höhe des Entgeltes an die persönliche Anwesenheit am Arbeitsplatz, in der der zu Entlohnende dem Betrieb seine Arbeitskraft zur Verfügung stellt, geknüpft. Beim **Leistungslohn** ist das Entgelt abhängig von dem konkreten (in Mengeneinheiten messbaren) Arbeitsergebnis.
Beide Formen sind verknüpft mit der erbrachten Leistung bzw. der Leistungsfähigkeit oder Leistungsbereitschaft. Diese ist allerdings nicht immer konkret messbar.

Die Unterschiede zwischen Zeit- und Leistungslohn werden in der folgenden Übersicht deutlich:

Zeitlohn	Leistungslohn
Ausschlaggebend ist die Zeit der Anwesenheit im Betrieb bzw. die Zeit, in der der Arbeitnehmer seine Arbeitskraft am Arbeitsplatz zur Verfügung stellt.	Es handelt sich um ein leistungsbezogenes Entgeltsystem. Der Arbeitnehmer erhält nur das als Menge messbare Arbeitsergebnis vergütet.
Zur Arbeitsleistung besteht kein unmittelbarer Bezug. Leistungsfähigkeit und -bereitschaft können allerdings in unterschiedlichen Stundenlöhnen oder Gehältern zum Ausdruck kommen.	Je höher die erbrachte Leistung ist, desto höher kann der Verdienst sein.
Diese Entlohnungsform ist besonders zweckmäßig, wenn ▪ der Arbeitsablauf eine bestimmte Leistung voraussetzt, wie es z. B. bei der Fließbandfertigung der Fall ist, ▪ die zu verrichtende Tätigkeit besonders schwierig oder gefährlich ist und daher große Sorgfalt voraussetzt, ▪ der Arbeitsgang nicht in Einzelschritte zerlegbar ist.	Diese Entlohnungsform ist besonders zweckmäßig, wenn ▪ der Arbeitsauftrag in einzelne, zeitlich bewertbare Tätigkeiten oder Arbeitsgänge zerlegbar ist, ▪ sich die Tätigkeiten sehr oft wiederholen, sodass sich der Aufwand für die Festlegung der Arbeitszeiten der einzelnen Tätigkeiten lohnt, ▪ die Arbeitsgeschwindigkeit nicht fest vorgegeben ist, sondern sich individuell steuern lässt.
Es gibt verschiedene Möglichkeiten, die Anwesenheit im Betrieb zu erfassen. Eine der bekanntesten Formen ist die elektronische Zeiterfassung, bei der die Arbeitnehmer bei Beginn und Ende der Arbeitszeit registriert werden.	Auf eine Erfassung der Anwesenheit im Betrieb kann auch hier nicht verzichtet werden. Sie hat aber keine direkten Auswirkungen auf den Lohn.
Kosten: Der Lohn bleibt bei unterschiedlichen Leistungen immer gleich. Die Lohnkosten pro Stück steigen, wenn die Leistung sinkt, und sie sinken, wenn die Leistung steigt.	**Kosten:** Je höher die Leistung, desto höher der Lohn und umgekehrt. Die Lohnkosten pro Stück bleiben aber immer gleich.
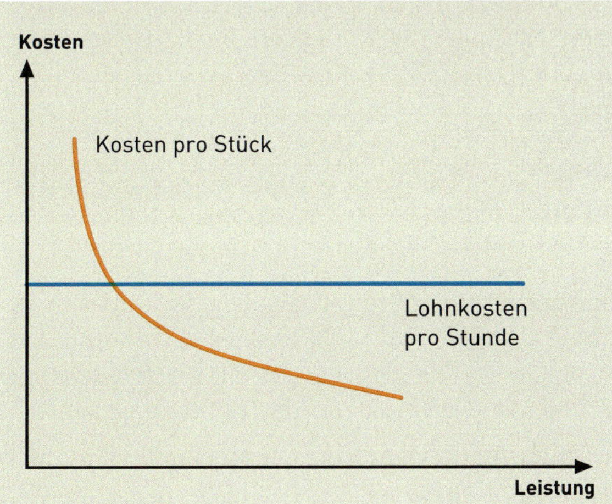	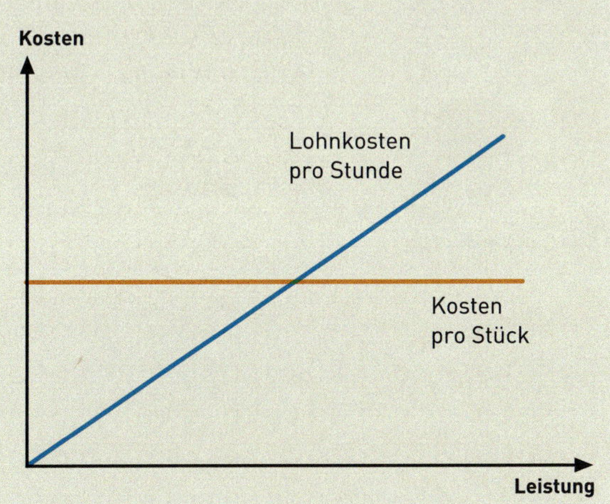

Prämienzahlung

Eine Kombination von Zeit- und Leistungslohn stellt die Zahlung von Prämien dar. Sie werden dem Arbeitnehmer für besondere Leistungen bezahlt. Prämien sollen qualitative und/oder quantitative Leistungsanreize bieten.

Die **Prämienzahlung** erfolgt nur dann, wenn eine bestimmte Normalleistung überschritten, d. h., wenn besser oder schneller gearbeitet wurde.

Man unterscheidet verschiedene Prämienarten, wie z. B.:

- **Qualitätsleistungsprämien** (geringe Ausschussquoten, wenig Garantiefälle, keine Reklamationen usw.)
- **Ersparnisprämien** (hohe Materialausbeute, geringer Energieverbrauch, sparsamer Rohstoffeinsatz usw.)
- **Nutzungsgradprämien** (Reduzierung der Reparaturzeiten, Herabsetzung der Rüstzeiten usw.)

Weitere Anlässe zur Prämienzahlung können das Einhalten von Terminen, ein vorzeitiges Fertigstellen einer Aufgabe, das Entwickeln von Maßnahmen zur Unfallverhütung, Beiträge zum betrieblichen Vorschlagswesen usw. sein.

4.2.2 Grundlagen einer leistungsbezogenen Entlohnung

Geldakkord

Bei der Entlohnung auf Basis des **Geldakkords** erhalten die Arbeiter für jedes hergestellte Teil oder für jeden Arbeitsgang, der an einem Werkstück verrichtet wird, einen festen Geldbetrag.

Stückakkordsatz

Mit der vorausberechneten Zeitdauer einer Tätigkeit liegt auch die erwartete Normalleistung eines Arbeitnehmers fest. Sie drückt sich in der Anzahl der Leistungseinheiten pro Stunde oder Arbeitstag aus. Auf der Grundlage eines vorgegebenen Akkordrichtsatzes und der errechneten Normalleistung wird der **Stückakkordsatz** ermittelt. Er ist das Arbeitsentgelt pro Stück, Tätigkeit oder Arbeitsgang.

Beispiel

In der Heidtkötter KG werden die Sitzflächen von Stühlen mit einer Schaumstoffauflage versehen und anschließend mit Stoff überzogen. Dabei liegt die Normalleistung eines Arbeitnehmers bei 40 Stück pro Stunde. Diese Tätigkeit wird mit Lohngruppe III bewertet: Lohn pro Stunde = 13,12 €. Da es sich aber um eine Akkordarbeit handelt, wird unabhängig von der Leistung ein Akkordzuschlag von 10 % gezahlt, sodass der Akkordrichtsatz hier bei 14,432 € liegt.

$$\textbf{Stückakkordsatz} = \frac{\textbf{Akkordrichtsatz}}{\textbf{Normalleistung}} = \frac{14{,}432\ €}{40} = 0{,}3608\ €/\text{Leistungseinheit}$$

Der Stückakkordsatz ist von Tätigkeit zu Tätigkeit verschieden. Er wird von der Arbeitsvorbereitung jeweils errechnet und dem Arbeiter vorgegeben. Dazu muss zunächst der Zeitbedarf für die entsprechende Tätigkeit festgestellt werden. Je länger der Arbeitsvorgang dauert, desto höher ist der Stückakkordsatz (und umgekehrt).

Bruttolohnberechnung

Der Akkordarbeiter kann seinen Lohn unmittelbar errechnen, indem er den Stückakkordsatz mit seiner Arbeitsleistung multipliziert.

Beispiel (Forts.)

Ein Arbeitnehmer fertigt nicht 40, sondern 45 Stühle pro Stunde bzw. 360 Stühle pro Tag. Sein Lohn steigt damit auf 16,236 €/Stunde (45 Stück · 0,3608 €) oder 129,88 € bei einem 8-Stunden-Tag.

Bruttolohn = Anzahl der Leistungseinheiten · Geldakkordsatz

= 45 · 0,3608 = 16,236 € · 8 Std. = 129,88 €/Tag

Wenn zusätzlich Rüstzeiten zu berücksichtigen sind (und das ist die Regel), dann wird es etwas komplizierter, weil man diese Zeiteinheiten erst in Geldeinheiten umrechnen muss.

Beispiel (Forts.)

Es kommen noch 36 Minuten Rüstzeit dazu. In Geldeinheiten ausgerückt sind dies $^{36}/_{60}$ des Akkordrichtsatzes.

Rüstzeit · Akkordrichtsatz

Bruttolohn

= Anzahl der Leistungseinheiten · Geldakkordsatz + Rüstzeit · Akkordrichtsatz

$$= 129{,}88\,€ + \frac{36 \cdot 14{,}432\,€}{60} = 138{,}54\,€$$

Jede Tätigkeit hat einen anderen Stückakkordsatz. Dadurch wird die Lohnberechnung bei sehr unterschiedlichen Arbeitseinsätzen erschwert. Bei einer veränderten Entlohnungsgrundlage (Tariferhöhung o. Ä.) müssen sämtliche Stückakkordsätze geändert werden.

Zeitakkord

Im Gegensatz zum Geldakkord erhält der Arbeiter beim **Zeitakkord** für jeden beendeten Arbeitsgang keinen festen Geldbetrag (Stückakkordsatz), sondern nur einen Zeitwert angerechnet. Jede Minute hat dabei den Wert des festgelegten Minutenfaktors. Der Lohn errechnet sich aus der Summe der geleisteten Akkordminuten multipliziert mit dem Minutenfaktor. Eine Arbeits- oder Akkordminute hat damit den Wert von $^{1}/_{60}$ des Akkordrichtsatzes. Diesen Betrag bezeichnet man als **Minutenfaktor**.

Minutenfaktor

Beispiel (Forts.)

$$\textbf{Minutenfaktor} = \frac{\textbf{Akkordrichtsatz}}{\textbf{60}} = \frac{14{,}432\,€}{60} = 0{,}24053\,€/\text{Min.}$$

Auch beim Zeitakkord wird vor Beginn der Tätigkeit ermittelt, welcher Zeitaufwand dafür erforderlich sein wird. Die Vorgabezeit wird i. d. R. in Minuten und Sekunden ausgedrückt. Die **Vorgabezeit** wird mithilfe von Arbeitszeitstudien sowie durch direkte Beobachtungen des Arbeitsablaufes am Arbeitsplatz ermittelt.

Vorgabezeit

Beispiel (Forts.)

$$\textbf{Vorgabezeit} = \frac{\textbf{60}}{\textbf{Normalleistung/Std.}} = \frac{60}{40} = 1{,}5\ \text{Min./Stück}$$

Wie beim Geldakkord gibt es auch hier den Akkordrichtsatz als Stundenlohn für die durchschnittliche Akkordleistung. Eine Leistungssteigerung hat zur Folge, dass der Arbeiter pro Stunde oder Tag mehr Stück und damit mehr Akkordminuten erbringt.

Der Arbeiter kann seinen Lohn ohne größere Umrechnungen direkt aus seiner Leistung ermitteln und erkennt offen die direkte Abhängigkeit von Leistung und Lohn.

Bruttolohnberechnung

Bei der Ermittlung des Bruttolohnes pro Tag sind über die Leistungseinheiten in Verbindung mit den Vorgabezeiten hinaus noch die Rüstzeiten einzubeziehen.

Beispiel (Forts.)

$$\textbf{Bruttolohn} = \underbrace{\text{Vorgabezeit} \cdot \text{Anzahl der Leistungseinheiten} + \text{Rüstzeit}}_{\text{verrechnete Minuten}}$$

$$= (1{,}5 \text{ Minuten} \cdot 360 \text{ Stück} + 36 \text{ Minuten Rüstzeit})$$

$$= 576 \cdot 0{,}24503 = 138{,}54\ €$$

Vorteile des Zeitakkords

Bei Tarifveränderungen muss lediglich der Minutenfaktor angepasst werden und nicht die Vielzahl einzelner Stückakkordsätze. Der Minutenfaktor ist für alle Tätigkeiten gleich. Bei der Lohnberechnung müssen die Akkordminuten addiert und mit dem Minutenfaktor multipliziert werden.

Gruppenakkord

Eine Sonderform der Akkordentlohnung ist der **Gruppenakkord**. Der Bruttolohn, der von den Mitgliedern der Gruppe gemeinsam erwirtschaftet wurde, wird nach einem vorher ermittelten Schlüssel auf die Gruppenmitglieder verteilt. Der Verteilungsschlüssel wird in der Regel aufgrund von Arbeitswertstudien ermittelt.

Ermittlung des Leistungsgrades

Beim **Leistungslohn** sind die Aufwendungen für die Lohnzahlungen abhängig von der Leistung der Arbeitnehmer. Der Vorteil für den Unternehmer und die Kalkulation ist jedoch, dass die Lohnkosten pro Einheit gleich bleiben.

Sowohl beim Geld- wie auch beim Zeitakkord wird zwischen der Normalleistung und der tatsächlichen Arbeitsleistung unterschieden:

- Die Normalleistung wird beim Geldakkord durch die Vorgabe einer bestimmten Stückzahl pro Stunde festgelegt.
- Beim Zeitakkord wird nicht die Anzahl der Leistungseinheiten, sondern die Vorgabezeit als Normalleistung angegeben.

Das Verhältnis zwischen Ist- und Soll-Leistung eines Arbeiters ergibt den **Leistungsgrad** (100 % = Normalleistung). Unter- oder überschreitet der Leistungsgrad diese Grenzen in erheblichem Maße, sollte die vorgegebene Normalleistung kontrolliert werden.

$$\textbf{Leistungsgrad} = \frac{\overset{\text{(verrechnete Minuten)}}{\textbf{Ist-Leistung}}}{\underset{\text{(Vorgabezeit · Anzahl der Leistungseinheiten + Rüstzeit)}}{\textbf{Normalleistung}}} = \frac{576}{480} = \textbf{120 \%}$$

Berechnet werden kann auch das Verhältnis von Vorgabezeit und der tatsächlich benötigten Zeit. Das Ergebnis ist der **Zeitgrad**.

Sonderfall: Akkordlohn mit Mindestlohn

Um dem Arbeitnehmer die Sicherheit zu geben, dass er bei ungünstigen Bedingungen, z. B. dann, wenn er aus besonderen Gründen nicht die volle Leistung erbringen kann, bei der Einkommenserzielung nichts verliert, gibt es die Kombination von Akkord- und Mindestlohn. Es wird nach der erbrachten Leistung entlohnt. Wenn aber ein bestimmter Leistungsgrad unterschritten wird, greift der Mindestlohn. Ein Beispiel dazu finden Sie auf der folgenden Seite.

Beispiel (Forts.)

Ein Arbeitnehmer ist gesundheitlich angeschlagen. Während er normalerweise durchschnittlich einen Leistungsgrad von 105 % erreicht, schafft er heute nur 75 %. Damit erreicht er nur 360 Akkordminuten zur Verrechnung. Das bedeutet, dass der Lohn an diesem Tag auf 86,59 € sinken würde.

Die Heidtkötter KG hat aber einen Mindestlohn vorgesehen. Damit ist dem Akkordarbeiter ein Lohn von 80 % des Akkordrichtsatzes garantiert. Dies sind 11,55 €/Std. bzw. 92,40 €/Tag.

Zusammenfassende Darstellung der Kostenstrukturen:

Normalleistung: 40 Stück pro Stunde/320 Stück pro Tag
Stundenlohn: 13,120 €
Akkordrichtsatz: 14,432 €
Mindestlohn: 80 % des Akkordrichtsatzes

Zur Vereinfachung werden keine Rüstzeiten berücksichtigt.

Beispiel (Forts.)

Vergleich der Auswirkungen unterschiedlicher Leistungen bei verschiedenen Lohnformen

Leistungsgrad	Ist-Leistung	Stundenlohn			Lohnkosten pro Stück		
		Zeitlohn	Akkordlohn		Zeitlohn	Akkordlohn	
			ohne Mindestlohn	Mindestlohn 80 % des Akkordrichtsatzes		ohne Mindestlohn	Mindestlohn 80 % des Akkordrichtsatzes
200	80	13,12 €	28,85 €	28,85 €	0,164 €	0,361 €	0,361 €
150	60	13,12 €	21,65 €	21,65 €	0,219 €	0,361 €	0,361 €
125	50	13,12 €	18,04 €	18,04 €	0,264 €	0,361 €	0,361 €
110	44	13,12 €	15,88 €	15,88 €	0,298 €	0,361 €	0,361 €
100	40	13,12 €	14,43 €	14,43 €	0,328 €	0,361 €	0,361 €
90	36	13,12 €	12,99 €	12,99 €	0,364 €	0,361 €	0,361 €
80	32	13,12 €	11,55 €	11,55 €	0,410 €	0,361 €	0,361 €
75	30	13,12 €	10,83 €	11,55 €	0,437 €	0,361 €	0,385 €
60	24	13,12 €	8,66 €	11,55 €	0,547 €	0,361 €	0,481 €
50	20	13,12 €	7,22 €	11,55 €	0,656 €	0,361 €	0,578 €

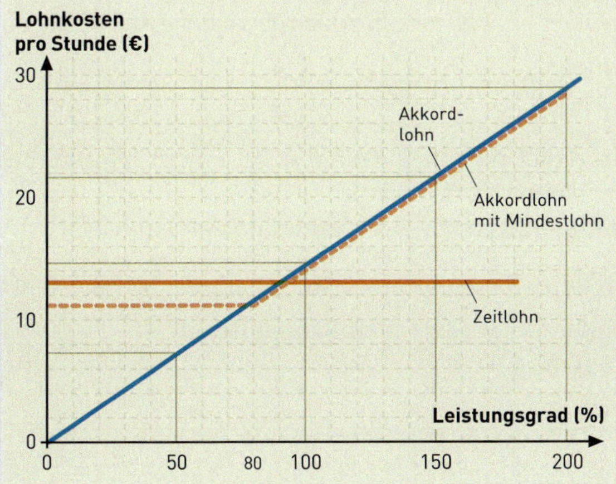

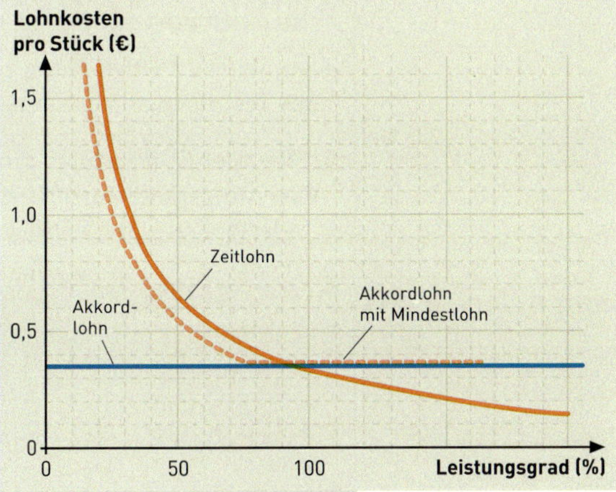

Aufgaben

› Kap. 4.2

1. Welche der folgenden Aussagen ist richtig?
   a) *Im Zeitlohn sind die Lohnkosten pro Stück immer gleich.*
   b) *Beim Akkordlohn wird nach Zeit entlohnt.*
   c) *Leistungslohn ist für alle Arbeitnehmer gleich.*
   d) *Im Akkordlohn sind die Lohnkosten pro Stück unabhängig von dem Leistungsgrad.*
   e) *Zeitlohn ist der Leistungslohn pro Zeiteinheit.*

2. Welche Aussage passt zu nebenstehender Grafik?

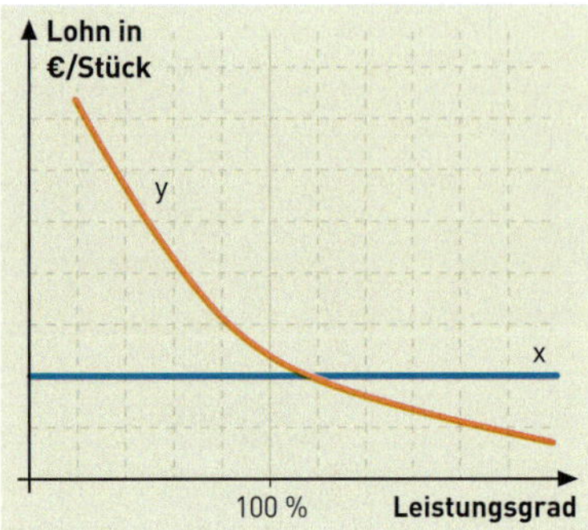

   a) *Die Funktion x zeigt, dass die Lohnkosten pro Stück im Akkord immer gleich sind.*
   b) *Die Funktion x zeigt den Verlauf des leistungsunabhängigen Zeitlohnes.*
   c) *Bei einer Leistung von 100 % sind die Lohnkosten pro Stück in beiden Fällen gleich hoch.*
   d) *Der Akkordrichtsatz ist genauso groß wie der Stundenlohn in dieser Lohngruppe.*
   e) *Die Leistung liegt immer bei 100 %.*
   f) *Die degressiv verlaufende Kurve y zeigt die sinkenden Lohnstückkosten im Leistungslohn.*

3. Wie hoch ist der Lohn und der Leistungsgrad der folgenden Arbeitnehmer,
   a) deren Grundlohn 12,00 € beträgt,
   b) die für die Akkordarbeit einen Zuschlag von 5 % erhalten und
   c) für deren Akkordarbeiten die jeweils angegebenen Rüst- und Vorgabezeiten ermittelt wurden:

Arbeiter	Arbeitszeit in Std.	davon Rüstzeit in Min.	Arbeitsleistung (Menge) im Akkord	Vorgabezeit	verrechnete Min.	Lohn	Leistungsgrad
Kielmann	8	20	3 120	10 Sek.			
Krones	9	30	600	45 Sek.			
Baader	10	10	265	2 Min.			
Mandel	10	50	140	5 Min.			
Claussen	5	15	120	3 Min.			
	3	Zeitlohn	–	–	180		

4. Ein Arbeitnehmer erhält bei einer 8-stündigen Arbeitszeit einen Bruttolohn von 96,30 € bei
   - einem Minutenfaktor von 0,175 €,
   - einer Rüstzeit von 12 Min.,
   - einer Vorgabezeit von 4,5 Min./Stück,
   - einem Akkordzuschlag von 5 %.

   a) Wie viel Stück hat er produziert?
   b) Wie hoch ist sein Leistungsgrad?

5. Wie viel Stück muss ein Arbeitnehmer in 8 Stunden bei einem angestrebten Leistungsgrad von 110 % von einem Werkstück produzieren, wenn die Vorgabezeit 30 Sekunden beträgt und die Rüstzeit mit 30 Minuten angesetzt wird?

6. Wie verhalten sich bei einer Normalleistung von 5 Stück/Std. die Lohnkosten?

   Lohnkosten pro Leistungseinheit unter folgenden Bedingungen:
   - Stundenlohn: 10,00 €
   - Akkordzuschlag: 8 %
   - Mindestlohn im Akkord: 75 % des Akkordrichtsatzes

7. Stellen Sie die in Aufgabe 6 berechneten Ergebnisse grafisch dar.

4.3 Personalentlohnung – Vom Bruttolohn zur Nettoauszahlung

Die Personalkosten eines Unternehmens setzen sich wie folgt zusammen:

1. **Löhne und Gehälter** einschließlich Urlaubs- und Weihnachtsgeld, Überstundenvergütung, Sachbezüge u. a.
2. **Gesetzliche soziale Aufwendungen**, wie der Arbeitgeberanteil (50 %, Ausnahmen siehe unten) zur gesetzlichen Kranken-, Pflege-, Renten- und Arbeitslosenversicherung und der Beitrag zur gesetzlichen Unfallversicherung (Berufsgenossenschaft).
3. **Freiwillige soziale Aufwendungen**, wie z. B. Essen- und Fahrtkostenzuschüsse u. a.

Für den Arbeitgeber sind die Personalkosten Aufwendungen, der Arbeitnehmer möchte ein möglichst hohes Entgelt erzielen. Grundsätzlich sind alle Einnahmen, die ein Arbeitnehmer aus einem Arbeitsverhältnis erzielt, lohnsteuerpflichtig.

Das folgende Beispiel zeigt für die bei der Heidtkötter KG im Außendienst angestellte Rita Meyer, wie zu dem vereinbarten Bruttoentgelt weitere Einnahmen hinzukommen können und sich der steuer- und sozialversicherungspflichtige Bruttoverdienst ergibt.[1]

Beispiel

Rita Meyer, I/0; 45 Jahre alt, ev.; wohnhaft in Bielefeld, Monat Juli 01

	Bruttoentgelt	3.200,00 €
+	Urlaubsgeld	100,00 €
+	Privatnutzung Firmen-Pkw (200,00 € netto + 38,00 € USt)	238,00 €
+	vermögenswirksame Leistungen (Arbeitgeberanteil)	19,00 €
=	steuer- und sozialversicherungspflichtiger Bruttoverdienst	3.557,00 €

Ermittlung des Nettoentgelts

Zur **Ermittlung des Nettoentgelts** sind gesetzlich festgelegte Bestandteile zu berücksichtigen, die vom Bruttoverdienst abgezogen werden müssen:

Bruttolohn/-gehalt	Abzüge
– Steuern	Lohnsteuer (LSt)[2] Solidaritätszuschlag (5,5 % der LSt) Kirchensteuer (8 % bzw. 9 % der LSt)
– Arbeitnehmeranteil zur gesetzlichen Sozialversicherung zuzüglich Zuschläge[2]	Krankenversicherung Pflegeversicherung Rentenversicherung Arbeitslosenversicherung
= Nettolohn/-gehalt	

› Erläuterung ab Seite 498, I. bis III.

› Seite 499 f., IV.

Auszahlungsbetrag

Der **Auszahlungsbetrag** muss nicht mit der oben ermittelten Netto-Angabe identisch sein. Dies ist zum Beispiel dann der Fall, wenn der Arbeitnehmer einen Vorschuss erhält. Vorschüsse sind Darlehen, die Arbeitnehmern kurzfristig gewährt und die bei späteren Lohn- und Gehaltszahlungen verrechnet werden. Im Gegensatz dazu ist auch eine Pfändung des gesamten Arbeitsentgeltes oder von Teilen denkbar.

Sonstige geldliche Bezüge umfassen **einmalige Arbeitslohnzahlungen**, die **zusätzlich** zum laufenden Arbeitslohn gezahlt werden. Sie werden auf den Lohn- oder Gehaltskonten der Arbeitnehmer gebucht und unterliegen der Lohnsteuer. Zu ihnen zählen u. a.: Weihnachtsgeld, Urlaubsgeld, 13. und 14. Monatsgehalt, Gratifikationen, Jubiläumszuwendungen, Heiratsbeihilfe, Geburtsbeihilfe, sonstige Beihilfen.

1 Hier sind nur Zulagen gezeigt. Es sind auch Abzüge möglich.
2 Die Lohnsteuer ist eine sogenannte Quellensteuer, da sie direkt an der Quelle erhoben wird, d. h., noch bevor der Lohn oder das Gehalt an den Arbeitnehmer ausbezahlt wird.

Zuwendungen des Arbeitgebers zu Firmenjubiläen, Betriebsveranstaltungen sowie zu betrieblichen Fort- und Weiterbildungsmaßnahmen liegen im eigenbetrieblichen Interesse und gehören deshalb in der Regel nicht zu den sonstigen Bezügen.

Wenn Arbeitnehmer zu ihrem Lohn oder Gehalt noch **Sachbezüge** erhalten, wie z. B. die ständige private Nutzung von Dienstfahrzeugen, freie oder verbilligte Mahlzeiten und Wohnungen sowie die kostenlose Überlassung von eigenen Erzeugnissen, erhöhen diese **geldwerten Vorteile** die lohnsteuer- und sozialversicherungspflichtigen Bruttobezüge. Für den Arbeitgeber ist die Gewährung solcher geldwerten Vorteile grundsätzlich umsatzsteuerpflichtig (vgl. Beispiel oben).

Erwerben Mitarbeiter Erzeugnisse oder Waren des eigenen Betriebes zum Vorzugspreis, werden diese mit ihrem Nettolohn oder -gehalt verrechnet.

Vermögenswirksame Leistungen

Mit dem „Gesetz zur Förderung der Vermögensbildung der Arbeitnehmer" wird schon seit mehreren Jahrzehnten **aktive Vermögensbildung** gefördert. Die Arbeitnehmer erhalten vom Staat Zuschüsse, wenn sie einen Teil ihres Einkommens in bestimmten Anlageformen sparen. Die Mindestvertragslaufzeit beträgt sieben Jahre. Wird vorher über das Geld verfügt, muss der staatliche Zuschuss zurückgezahlt werden bzw. wird nicht gewährt. Die gängigsten Anlageformen sind Bausparverträge und Aktienfonds. Häufig unterstützt der Arbeitgeber die Vermögensbildung dadurch, dass er die vermögenswirksamen Leistungen des Arbeitnehmers ganz oder teilweise übernimmt. Der jeweilige Betrag wird einbehalten und direkt an das Vertragsunternehmen (z. B. Bausparkasse) abgeführt.

Die vermögenswirksame Leistung des Arbeitgebers erhöht das Bruttoentgelt des Arbeitnehmers und ist somit steuer- und sozialversicherungspflichtig (siehe Beispiel oben).

Steuerliche Abzüge: **I. Lohnsteuer**

Die **Lohnsteuer wird aus Einkünften aus nicht selbstständiger Arbeit erhoben.** Der Arbeitnehmer ist der Lohnsteuerschuldner, aber die Verpflichtung zum Abzug der Lohnsteuer vom Lohn und zu deren Abführung liegt ausschließlich beim Arbeitgeber.

Grundsätzlich sind alle Einnahmen, die ein Arbeitnehmer aus einem Arbeitsverhältnis erzielt, lohnsteuerpflichtig. Die **Höhe der Lohnsteuer** richtet sich nach der Höhe des Arbeitsentgelts, der Steuerklasse, dem Einkommensteuertarif und möglichen Freibeträgen. Das Existenzminimum (Grundfreibetrag) ist steuerfrei: 8.130,00 € für Ledige und 16.260,00 € für Verheiratete.[1] Neben dem Existenzminimum sind weitere Anteile des Arbeitseinkommens von der Lohnsteuer freigestellt:

- Für die dem Arbeitnehmer durch seine Arbeit entstehenden Werbungskosten (z. B. Kosten für Fahrten zur Arbeit) erhält er einen **Arbeitnehmerpauschbetrag** in Höhe von 1.000,00 €, der steuerfrei ist.
- **Zuschläge für Sonn-, Feiertags- oder Nachtarbeit** sind zu einem gewissen Grad steuerfrei.

Nachtarbeit ist jede Arbeit, die mehr als zwei Stunden zwischen 23:00 Uhr und 06:00 Uhr (bei Bäckereien/Konditoreien 22:00 Uhr bis 05:00 Uhr) umfasst.[2]

Für Sonntags-, Feiertags- und Nachtarbeit können folgende Zuschläge (auf den Grundlohn) steuerfrei gezahlt werden:

25 %	bei Nachtarbeit zwischen 20:00 Uhr und 24:00 Uhr
40 %	für Nachtarbeit zwischen 0:00 Uhr und 4:00 Uhr, wenn sie vor 0:00 Uhr begonnen wird
50 %	bei Sonntagsarbeit
125 %	bei Feiertagsarbeit und am 31.12. ab 14:00 Uhr
150 %	bei Arbeiten am 24.12. ab 14:00 Uhr, am 25.12., 26.12. und am 01.05.

Wird an Sonn- und Feiertagen auch nachts gearbeitet, kann der Nachtarbeitszuschlag zusätzlich gewährt werden.

1 Stand 2013
2 Davon zu unterscheiden sind sogenannte „Nachtarbeitnehmer", die aufgrund ihrer Arbeitszeitgestaltung normalerweise Nachtarbeit in Wechselschicht leisten oder in Nachtarbeit an mindestens 48 Tagen im Kalenderjahr tätig sind.

Das deutsche Steuersystem unterscheidet sechs Steuerklassen:

Steuerklassen

Steuer-klasse	Zuordnung
I	gilt für Ledige, Geschiedene, Verheiratete, die dauerhaft getrennt leben, sowie Verwitwete, jedoch nur wenn die Voraussetzungen für die Steuerklassen III oder IV nicht erfüllt sind und ihnen kein Haushaltsfreibetrag zusteht.
II	gilt für Personen aus Steuerklasse I, wenn ihnen ein Haushaltsfreibetrag zusteht, weil in ihrer Wohnung im Inland mindestens ein Kind gemeldet ist, das einen Kinderfreibetrag oder Kindergeld erhält.
III	gilt für verheiratete Arbeitnehmer, wenn nur ein Ehegatte Arbeitslohn bezieht oder der Ehegatte in die Steuerklasse V einzureihen ist. Voraussetzung ist weiterhin, dass sie nicht dauerhaft getrennt leben und im Inland wohnen. Verwitwete Arbeitnehmer sind nur dann in die Steuerklasse III einzureihen, wenn der Ehegatte im Vorjahr verstorben ist, beide am Todestag im Inland gewohnt und nicht dauerhaft getrennt gelebt haben.
IV	gilt nur für Verheiratete, wenn beide Ehegatten unbeschränkt steuerpflichtig sind, im Inland wohnen, nicht dauerhaft getrennt leben und beide Ehegatten Arbeitslohn beziehen. Die Höhe der Lohnsteuer ist identisch mit der Steuerklasse I.
V	gilt für Verheiratete, die die Voraussetzungen für die Steuerklasse IV erfüllen, wenn der Ehegatte des Arbeitnehmers auf Antrag beider Ehegatten in die Steuerklasse III eingereiht wird.
VI	Bezieht ein Arbeitnehmer von mehreren Arbeitgebern Arbeitslohn, so braucht er eine sogenannte Ersatzbescheinigung mit der Steuerklasse VI, die das Finanzamt auf Antrag ausstellt; sie berücksichtigt keine Freibeträge mehr.

II. Solidaritätszuschlag

Die Idee hinter dem **Solidaritätszuschlag** ist die Finanzierung der Kosten der deutschen Wiedervereinigung. Er wird als Zuschlag von 5,5 % auf die Einkommen-, Körperschaft- und Kapitalertragsteuer erhoben.

III. Kirchensteuer

Die Höhe der **Kirchensteuer** beträgt in der Regel 9 % der Lohnsteuer, in Baden-Württemberg und Bayern beträgt der Satz 8 %. Kirchen, die Körperschaften öffentlichen Rechts sind, dürfen Kirchensteuer erheben und sie vom Staat einziehen lassen. Im Gegensatz zur Lohnsteuer wird bei der Bemessung der Kirchensteuer und des Solidaritätszuschlages die Anzahl der Kinder einbezogen. Jedes Kind wird mit dem Zähler 0,5 (= 292,00 € monatlicher Kinderfreibetrag einschließlich Bedarfsfreibetrag) berücksichtigt. Der Zähler erhöht sich auf 1,0 (= 584,00 €) bei verheirateten und nicht dauernd getrennt lebenden Arbeitnehmern. Kindergeld wird von der Familienkasse der Agentur für Arbeit ausgezahlt. Es beträgt für das erste und das zweite Kind je 184,00 €, für das dritte Kind 190,00 € und für jedes weitere Kind je 215,00 €.[1] Die Höhe der Lohnsteuer ist von den Kinderfreibeträgen unabhängig.

Kinderfreibetrag und Kindergeld

IV. Sozialversicherungsabzüge

Die **gesetzliche Sozialversicherung** setzt sich aus Kranken-, Pflege-, Renten- und Arbeitslosenversicherung zusammen. Für die Berechnung der **Sozialversicherungsbeiträge** werden in der Regel von Jahr zu Jahr bestimmte **Beitragsprozentsätze** und **Beitragsbemessungsgrenzen** (= Höchstgrenzen) festgelegt. Die Beiträge werden unter Beachtung der Beitragsbemessungsgrenzen vom Bruttoarbeitsentgelt berechnet und vom Arbeitnehmer und Arbeitgeber mit Ausnahme der Zuschläge für Kranken- und Pflegeversicherung zu gleichen Teilen getragen.[2]

Versicherungszweig	Beitragssatz in %	AN-Anteil in %	AG-Anteil in %	Beitragsbemessungsgrenze[3]
Krankenversicherung (KV)	15,5 %	8,2 %	7,3 %	3.937,50 € monatlich
Pflegeversicherung (PV)[2]	2,05 %	1,025 %	1,025 %	3.937,50 € monatlich
Rentenversicherung (RV)	18,9 %	9,45 %	9,45 %	5.800,00 € monatlich
Arbeitslosenversicherung (AV)	3,0 %	1,5 %	1,5 %	5.800,00 € monatlich

1 Stand 2013
2 In Sachsen wird die Pflegeversicherung von 2,05 % zu 1,525 % vom Arbeitnehmer und zu 0,525 % vom Arbeitgeber getragen.
3 In den neuen Bundesländern beträgt die Bemessungsgrenze für die Renten- und Arbeitslosenversicherung zurzeit 4.900,00 € (Stand 2013).

Für gesetzlich versicherte Arbeitnehmer beträgt der Krankenkassenbeitragssatz ab 1. Januar 2011 einheitlich 15,5 %. Davon haben der Arbeitgeber einen festgeschriebenen Anteil von 7,3 % und der Arbeitnehmer 8,2 % (einschließlich 0,9 % Zuschläge vom Bruttoarbeitsentgelt, wobei 0,4 % für Zahnersatz und 0,5 % für Krankengeld; kinderlose Arbeitnehmer zwischen 23 und 64 Jahren leisten einen um 0,25 % erhöhten Beitrag zur Pflegeversicherung, also einen Arbeitnehmeranteil von 1,275 % statt 1,025 %). Der **Arbeitnehmeranteil** (AN-Anteil) wird vom Bruttoverdienst einbehalten. Der **Arbeitgeberanteil** (AG-Anteil) zum Sozialversicherungsbeitrag gehört zum Personalaufwand, ebenso die Beiträge zur gesetzlichen Unfallversicherung der Arbeitnehmer bei der Berufsgenossenschaft. Die Sozialversicherungsbeiträge (Arbeitnehmer- und Arbeitgeberanteil) sind spätestens am drittletzten Bankarbeitstag des laufenden Monats fällig. Die Arbeitgeber sind gesetzlich verpflichtet, die fälligen Sozialbeiträge rechtzeitig und papierlos, also durch Datenübertragung, zu melden.

Beispiel (Forts.)

Gehaltsabrechnung

Die 45-jährige Rita Meyer ist bei der Heidtkötter KG, Bielefeld, im Außendienst angestellt. Sie erhält ein Bruttogehalt von 3.200,00 € je Monat, ist ledig, hat keine Kinder und gehört der evangelischen Kirche an.

Zusätzlich zu ihrem Bruttogehalt hat sie im zugrunde liegenden Abrechnungsmonat ein Urlaubsgeld von 100,00 € erhalten. Sie benutzt einen firmeneigenen Pkw (Anschaffungskosten einschl. Umsatzsteuer 23.800,00 €) auch privat. Die private Nutzung wird ihr mit 1 % des auf volle Hundert Euro abgerundeten Bruttolistenpreises angerechnet (= 238,00 €). Der Arbeitgeber führt die darin enthaltene Umsatzsteuer (= 38,00 €) an das Finanzamt ab. In ihren vermögenswirksamen Sparvertrag zahlt sie monatlich 39,00 € ein. Ihr Arbeitgeber beteiligt sich an der vermögenswirksamen Leistung mit einem Zuschuss von 19,00 €.

Im Abrechnungsmonat hat Frau Meyer im innerbetrieblichen Werksverkauf einen Schreibtisch zum Sonderpreis von 178,50 € (einschließlich 19 % Umsatzsteuer) erworben. Im vergangenen Monat hatte sie einen Gehaltsvorschuss von 480,00 € bar erhalten. In ihrer Gehaltsabrechnung für diesen Monat werden für den gezahlten Vorschuss 120,00 € einbehalten.

Gehaltsabrechnung		
Bruttogehalt	3.200,00 €	
Urlaubsgeld	100,00 €	
Privatnutzung des Firmen-Pkw (200,00 € netto + 38,00 € USt)	238,00 €	
Arbeitgeber-Zuschuss zur vermögenswirksamen Leistung	19,00 €	
Steuer- und sozialversicherungspflichtiges Gehalt		**3.557,00 €**
– Lohnsteuer (laut Lohnsteuertabelle)	624,16 €	
– davon Solidaritätszuschlag	34,32 €	
– Kirchensteuer 9 %	56,17 €	714,65 €
– Krankenversicherung (8,2 %)	291,67 €	
– Pflegeversicherung	45,35 €	
– Rentenversicherung	336,14 €	
– Arbeitslosenversicherung	53,36 €	726,52 €
Nettogehalt		**2.115,83 €**
– Sachbezug Pkw (200,00 € netto + 38,00 € USt)	238,00 €	
– Sachbezug Schreibtisch (150,00 € netto + 28,50 € USt)	178,50 €	
– Vorschuss	120,00 €	
– vermögenswirksame Sparleistung	39,00 €	
= Auszahlungsbetrag/Überweisung		**1.540,33 €**
Arbeitgeberanteil zur Sozialversicherung		**685,61 €**

Übersicht über die von Rita Meyer und ihrem Arbeitgeber zu zahlenden Sozialversicherungsbeiträge:

Steuer- und sozialversicherungspflichtiges Gehalt 3.557,00 €	**Arbeitnehmer**		**Arbeitgeber**		**insgesamt**
Krankenversicherung	8,2 %	291,67 €	7,3 %	259,66 €	551,33 €
Pflegeversicherung	**1,275 %**	45,35 €	1,025 %	36,45 €	81,81 €
Rentenversicherung	9,45 %	336,14 €	9,45 %	336,14 €	672,28 €
Arbeitslosenversicherung	1,5 %	53,36 €	1,5 %	53,36 €	106,72 €
Summe		**726,52 €**		**685,61 €**	**1.412,13 €**

Ermitteln der Abzüge

Die Abzüge werden in der Regel nicht mehr aus offiziellen Lohnsteuer- und Sozialversicherungstabellen abgelesen, sondern online mit Hilfe von Abgabenrechnern oder PC-Programmen, z. B. Lexware Lohnauskunft, für jeden Lohn bzw. jedes Gehalt berechnet.
Für die schnelle Ermittlung der Steuerlast steht unter **www.abgabenrechner.de** ein Werkzeug des Bundesministeriums der Finanzen zur Verfügung. Hier lässt sich unter Berücksichtigung der jeweiligen Steuerklasse, der Freibeträge und der zu berücksichtigenden Familienangehörigen die persönliche Lohnsteuer errechnen, ebenso wie die Gesamtbelastung, bei der die individuellen Sozialversicherungsbeiträge berücksichtigt werden.

Auf der sogenannten „elektronischen Lohnsteuerkarte" werden die **E**lektronischen **L**ohn**St**euer**A**bzugs**M**erkmale (ELStAM; daher auch ELStAM-Verfahren) in einer **Datenbank der Finanzverwaltung** beim Bundeszentralamt für Steuern zur Verfügung gestellt.[1]

Organisatorische Aspekte

Zu Beginn des Arbeitsverhältnisses hat der Arbeitnehmer dem Arbeitgeber sein Geburtsdatum und seine steuerliche Identifikationsnummer mitzuteilen. Auch muss fixiert sein, ob es sich bei dem Arbeitsverhältnis um ein Hauptarbeitsverhältnis (Steuerklasse I bis V) oder ein Nebenarbeitsverhältnis (Steuerklasse VI) handelt. Der Arbeitgeber benötigt die Lohnsteuerabzugsmerkmale seines Arbeitnehmers, um die Lohnsteuer und gegebenenfalls die Kirchensteuer berechnen und an das Finanzamt abführen zu können.

Der Arbeitgeber muss den Arbeitnehmer im ELStAM-Verfahren anmelden, dessen Lohnsteuerabzugsmerkmale abrufen und diese in das Lohnkonto übernehmen. Nach Beendigung des Arbeitsverhältnisses meldet der Arbeitgeber den Arbeitnehmer ab. Eine Änderung der Lohnsteuerabzugsmerkmale (z. B. Steuerklassenänderung, Eintragung von Freibeträgen) muss der Arbeitnehmer seinem Finanzamt mitteilen. Anschriftenänderungen und standesamtliche Veränderungen wie Eheschließung, Geburt eines Kindes, Kirchenein- oder Kirchenaustritt werden von den Bürgerbüros der Städte und Gemeinden an die Finanzverwaltung übermittelt. Der Arbeitgeber wird durch Änderungslisten von der Finanzverwaltung darüber informiert.

Lohnkonten

Für jeden Arbeitnehmer ist ein **Lohn- oder Gehaltskonto** zu führen. Bei jeder Lohnzahlung sind die an den Arbeitnehmer gezahlten Bezüge einschließlich eventueller steuerfreier Beträge sowie der einbehaltenen und an das Finanzamt abzuführenden Lohnsteuer auf dem Lohnkonto festzuhalten.

1 Bis zum 1. Januar 2013 wurden alle Merkmale auf einer Lohnsteuerkarte aus Papier eingetragen. Seit dem 1. Januar 2013 muss das neue elektronische Verfahren wenigstens für einen Lohnzahlungszeitraum des Jahres 2013 angewendet werden. Die Papierkarte behält ihre Gültigkeit, sie ist vom Arbeitgeber bis Ende 2014 aufzubewahren bzw. dem Arbeitnehmer auszuhändigen, falls das Arbeitsverhältnis innerhalb dieses Zeitraums endet.

Die wesentlichen **Inhalte eines Lohnkontos** sind:

- persönliche Daten eines Arbeitnehmers
- Höhe steuerfreier Bezüge
- Tag der Lohnzahlung
- Angaben über Zeiträume, in denen dem Arbeitnehmer kein Lohn gezahlt wurde (z. B. unbezahlter Urlaub)
- Höhe des Bruttoarbeitslohnes einschließlich der Angabe von evtl. gewährten „geldwerten Vorteilen" (z. B. kostenfreie Nutzung eines Dienstwagens für private Zwecke, Zuschüsse zum Kantinenessen usw.)
- Höhe der abgeführten Lohn-, Kirchensteuer sowie des Solidaritätszuschlages
- Angaben über steuerfreie Bezüge. Hierzu zählen u. a. Leistungen von Kranken- oder gesetzlichen Unfallversicherungen, Reisekostenerstattung, Kindergeld und Wohngeld.
- Bezüge, die zur Vermeidung einer Doppelbesteuerung nicht der Lohnsteuer unterliegen (dies ist z. B. bei ausländischen Arbeitslöhnen der Fall)
- pauschal besteuerte Lohnbezüge, die z. B. bei einer Umwandlung eines Teils des Verdienstes in eine Lebensversicherung des Arbeitnehmers anzurechnen sind oder die bei den sogenannten Minijobs anfallen können

Abschluss der Lohnkonten[1]

Am Jahresende oder wenn der Arbeitnehmer aus dem Unternehmen ausscheidet sind die Lohnkonten abzuschließen. Der Arbeitnehmer erhält einen Ausdruck einer elektronischen Lohnsteuerbescheinigung vom Arbeitgeber. In der Bescheinigung sind enthalten:

- die Beschäftigungsdauer,
- der steuerpflichtige Bruttolohn (einschließlich aller Sachbezüge),
- die einbehaltenen steuerlichen Abzüge (Lohn- und Kirchensteuer, Soli-Zuschlag),
- die Beiträge zur gesetzlichen Sozialversicherung,
- die Höhe von z. B. Kurzarbeitergeld, Schlechtwettergeld usw.,
- bestimmte steuerfreie Arbeitgeberleistungen.

Lohnsteuervoranmeldung

Die **Lohnsteuervoranmeldung** erfolgt spätestens am 10. Tag nach Ablauf des jeweiligen Anmeldezeitraumes in elektronischer Form an das zuständige Finanzamt.

Lohnsteuerabführung

Der Arbeitgeber hat die Lohn- und Kirchensteuer sowie den Solidaritätszuschlag monatlich, vierteljährlich oder jährlich anzumelden und **in einer Summe abzuführen.** Der zeitliche Rhythmus hängt von der Höhe des Lohnsteuerbetrages ab, den der Arbeitgeber insgesamt abzuführen hat:

- Kalendervierteljahr, wenn die abzuführende Lohnsteuer für das vorangegangene Kalenderjahr mehr als 1.000,00 €, aber nicht mehr als 4.000,00 € betragen hat.
- Kalenderjahr, wenn die abzuführende Lohnsteuer für das vorangegangene Kalenderjahr nicht mehr als 1.000,00 € betragen hat.

1 Alle grundlegenden Informationen zu Buchungen im Personalbereich finden Sie im Lehrbuch zum Rechnungswesen.

Aufgaben

› Kap. 4.3

1. Was zählt im Einzelnen zum steuerpflichtigen Arbeitseinkommen?

2. Erläutern Sie die Bestandteile einer Entgeltabrechnung und erklären Sie dabei,
   a) wovon die Höhe der Lohnsteuer abhängt und
   b) was der Unterschied zwischen Nettolohn und Auszahlungsbetrag ist.

3. Welche Merkmale liegen vor, wenn ein Arbeitnehmer
   a) in Steuerklasse I besteuert wird,
   b) in Steuerklasse III besteuert wird?

4. In der Schokoladenfabrik Süßli AG, Aachen, sind sieben Angestellte beschäftigt. Die folgende Tabelle weist für den Monat Mai das jeweilige Bruttogehalt und die persönlichen Daten der Angestellten aus:

Nr.	Name	Tarifgehalt	Familienstand	Sonstige Hinweise
1	W. Marz	2.990,00 €	verheiratet, 1,0 Kinder-Freibetrag	Steuerklasse V für Ehefrau
2	A. Zuck	2.970,00 €	ledig	–
3	B. Gluco	2.985,00 €	geschieden, 0,5 Kinder-Freibetrag	–
4	G. Lasour	3.200,00 €	verheiratet, keine Kinder	Steuerklasse IV für Ehefrau
5	R. Teig	2.975,00 €	ledig	–
6	J. Zimmer	2.995,00 €	verheiratet, keine Kinder	–
7	H. Form	2.980,00 €	verwitwet, keine Kinder	–

   a) Bestimmen Sie für jeden Angestellten die Lohnsteuerklasse.
   b) Ermitteln Sie anhand von www.abgabenrechner.de für jeden Angestellten
      – die Lohnsteuer,
      – den Solidaritätszuschlag und
      – die Kirchensteuer.

5. Das Unternehmen Fischer GmbH beschäftigt den Angestellten Armin Geiger im Außendienst. Herr Geiger ist 38 Jahre alt (St.-Kl. I/0). Sein Tarifgehalt beträgt 4.255,00 €. Zusätzlich erhält er einen steuerpflichtigen Zuschuss für Kleidung von monatlich 50,00 €. Als Sachbezug sind monatlich 195,00 € für die kostenlose Unterkunft in einer Werkswohnung anzusetzen. Für die Berechnung der Sozialversicherungsbeiträge wird das steuerpflichtige Bruttogehalt zugrunde gelegt.
   a) Berechnen Sie das steuerpflichtige Bruttogehalt.
   b) Ermitteln Sie das Nettogehalt und den Auszahlungsbetrag.

6. Welche der folgenden Aussagen sind richtig?
   a) *Durch eine gesetzliche Vorschrift ist der Arbeitgeber zur Beteiligung an den vermögenswirksamen Leistungen seiner Arbeitnehmer verpflichtet.*
   b) *Ledige werden nach Steuerklasse III besteuert.*
   c) *Sozialversicherungsbeiträge zur Renten- und Arbeitslosenversicherung werden je zur Hälfte vom Arbeitnehmer und Arbeitgeber getragen.*
   d) *Beiträge zur Unfallversicherung trägt der Arbeitnehmer.*
   e) *Auf vermögenswirksame Sparleistungen erhält der Arbeitnehmer eine staatliche Sparzulage, deren Höhe von der Art der Sparanlage und vom Familienstand des Arbeitnehmers abhängt.*
   f) *Die Arbeitnehmersparzulage wird auf Antrag (Antragsveranlagung/Einkommensteuererklärung) vom Finanzamt ausgezahlt.*
   g) *Die Beiträge zur gesetzlichen Krankenversicherung sind für Arbeitgeber und Arbeitnehmer unterschiedlich hoch.*

7. Arbeitgeber haben für jeden Arbeitnehmer ein Lohnkonto zu führen. Was sind die Bestandteile von Lohnkonten und warum müssen sie geführt werden?

Wiederholungs-aufgaben

› Kap. 4

1. Warum gibt es verschiedene Lohnformen?

2. Worin besteht der Unterschied zwischen Zeit- und Leistungslohn?

3. Im Metallwerk Hein e. Kfm. sind in der Lackiererei je Arbeitstag durchschnittlich fünf Stahlblechgehäuse fehlerhaft lackiert. Das ergibt bei 20 Arbeitstagen im Monat Juni eine Anzahl von 100 Stück. Zur Verringerung dieser Ausschussquote wird eine Prämie von 2,50 € je Stück ausgesetzt. Der Facharbeiter Heinz Schnell hat im Abrechnungszeitraum Juni lt. Beleg nur 85 Stahlblechgehäuse fehlerhaft lackiert.

Wie hoch ist der Prämienlohn für Heinz Schnell im Monat Juni?

4. Vergleichen Sie Akkordlohn und Prämienlohn. Welche Lohnform bietet mehr Anreiz für die Arbeitnehmer?

5. Ein Schreiner erhält für den Zusammenbau von genormten Regalteilen eine Vorgabezeit von 12 Stunden. Der Akkordrichtsatz beträgt 11,80 €. Die Arbeit wird von ihm in 10 Stunden erledigt.

a) Mit welchem Leistungsgrad hat er gearbeitet?
b) Wie hoch ist sein Bruttolohn?

6. Ein Arbeitnehmer erhält bei einem Minutenfaktor von 0,16 €, einer Rüstzeit von 12 Minuten, einer Vorgabezeit von 4,5 Minuten pro Stück einen Bruttolohn von 82,80 € nach einer Arbeitszeit von 8 Stunden.

Wie viel Stück hat er produziert, wie hoch war der Leistungsgrad?

7. Im Metallwerk Hein e. Kfm. erfolgt die Verpackung der Stahlblechgehäuse im Gruppenakkord durch die Gruppenmitglieder Beimer, Hansemann und Taube gemeinsam. Die Stahlblechgehäuse werden mit einer Schutzfolie versehen und einzeln in Kartons verpackt. Diese werden zu je 20 Stück auf Paletten gestapelt und befestigt. Für jede Palette erhält die Gruppe 30,00 €. Im März wurden 246 Paletten für den Transport verladen. Der Akkordlohn soll auf die drei Gruppenmitglieder im Verhältnis 1,6 : 1,4 : 1 verteilt werden.

Wie hoch ist der Akkordlohn der einzelnen Gruppenmitglieder?

8. Ein Angestellter, ledig, kinderlos, 38 Jahre alt, verdient brutto 2.750,00 € monatlich (Jahr: 2013). An Abzügen hat er:

Krankenversicherung (8,2 %)	225,50 €	Lohnsteuer (laut Tabelle)	397,58 €
Pflegeversicherung (____ %)	______ €	Kirchensteuer (9 % der Lohnsteuer)	35,78 €
Rentenversicherung (____ %)	______ €	Solidaritätszuschlag (5,5 % der Lohnsteuer)	21,86 €
Arbeitslosenversicherung (1,5 %)	41,25 €		

a) Ergänzen Sie die fehlenden Angaben zu den Sozialversicherungsabzügen.
b) Welche der folgenden Aussagen sind richtig?
   1. *Seine Gesamtabzüge betragen 1.016,90 €.*
   2. *Seine Gesamtabzüge machen mehr als 45 % des Bruttogehaltes aus.*
   4. *Netto überweist ihm der Arbeitgeber 1.733,10 €.*
   5. *Der Arbeitgeber hat damit einen ebenso hohen Anteil zur Sozialversicherung zu leisten wie der Arbeitnehmer.*
   6. *Der Arbeitgeber zahlt weniger in die Sozialversicherung ein als der Arbeitnehmer, weil sein Beitrag zur Krankenversicherung niedriger ist.*
   7. *Der Arbeitgeber zahlt weniger in die Sozialversicherung ein als der Arbeitnehmer, weil seine Beiträge zur Krankenversicherung und zur Pflegeversicherung niedriger sind.*
   8. *Die monatlichen Personalkosten des Arbeitnehmers betragen für den Arbeitgeber 3.288,31 €.*

5
Beendigung von Arbeitsverhältnissen

Einführung

Die Beendigung eines Arbeitsverhältnisses ist häufig ein brisantes Thema, vor allem, wenn sie nicht einvernehmlich erfolgt. Im arbeitsvertraglichen Bereich ist die freie Vertragsgestaltung durch das Arbeitsrecht erheblich eingeschränkt. Insbesondere die Möglichkeit ein Arbeitsverhältnis zu beenden, bedarf der Beachtung einer Reihe von Vorschriften, wenn der Wunsch dazu vom Arbeitgeber ausgeht. Für eine Kündigung durch den Arbeitgeber gibt es viele Gründe, sie liegen manchmal in der Person des Mitarbeiters und manchmal in der Situation, in der sich ein Unternehmen befindet.

Beispiel

Ein langjähriger Kunde hat Insolvenz angemeldet. Bei der Heidtkötter KG bricht somit ein großer, jährlich fest eingeplanter Auftrag weg. Für die Spezialanfertigungen, um die es dabei geht, findet man keine neuen Kunden, neue Aufträge sind mittelfristig nicht in Sicht. An der entsprechenden Fertigungsstraße sind sieben Mitarbeiter mit der Montage der Büromöbel beschäftigt. Nach ersten Schätzungen können höchstens fünf von ihnen anderweitig im Betrieb eingesetzt werden. Die beiden übrigen Personen sollen entlassen werden.

In den folgenden Abschnitten werden die verschiedenen Kündigungsgründe und wie dabei jeweils vorzugehen ist, behandelt.

Mitarbeiter müssen Kündigungen nicht einfach hinnehmen, der Kündigungsschutz ist aber mit den individuellen Gegebenheiten im Unternehmen und beim Mitarbeiter eng verknüpft, und auch der Betriebsrat muss einbezogen werden.

5.1
Kündigungsgründe und Kündigungsarten

Kündigung

Die **Kündigung** ist eine einseitige, empfangsbedürftige Willenserklärung zur Beendigung eines Arbeitsverhältnisses. Bei Vorlage eines wichtigen Grundes kann sie mit sofortiger Wirkung ausgesprochen werden. In den übrigen Fällen wird sie nach Ablauf einer Kündigungsfrist wirksam. Wirksam wird eine Kündigung, wenn nicht innerhalb von drei Wochen ab Zugang vom Arbeitnehmer vor dem Arbeitsgericht eine Kündigungsschutzklage erhoben wird (Ausschlussfrist) und bei der Kündigung keine Formfehler gemacht wurden sowie der Betriebsrat, falls vorhanden, gehört wurde (siehe Kapitel 5.2).

Wirksamkeit

Personalfreisetzung

Eine Kündigung mündet in einer Personalfreisetzung, aber nicht jede Personalfreisetzung ist mit einer Kündigung verbunden. Personal wird auch durch eine Versetzung (eventuell verbunden mit einer Änderungskündigung) innerhalb des Unternehmens oder durch eine Verringerung der Arbeitszeit (z. B. Teilzeit- oder Kurzarbeit) freigesetzt. Als Ergebnis einer Kündigung verlässt zumeist der Arbeitnehmer das Unternehmen.

Kündigungen **können personen-, verhaltens- oder betriebsbedingt** erfolgen (siehe I. bis III. auf den folgenden Seiten).

I. personenbedingte Kündigung

Gründe

Eine **personenbedingte Kündigung** kommt insbesondere bei Krankheit des Arbeitnehmers in Betracht (siehe unten). Weitere Kündigungsgründe sind z. B. die fehlende Eignung bzw. Befähigung des Arbeitnehmers, Trunksucht, Drogensucht, ausländischer Wehrdienst von mehr als zwei Monaten, die fehlende Arbeitserlaubnis oder die Verbüßung einer Freiheitsstrafe.

Im Folgenden werden die krankheitsbedingten Gründe beschrieben. Dabei unterscheidet man zwischen lang anhaltender Krankheit, häufigen Kurzerkrankungen, dauernder Arbeitsunfähigkeit und Leistungsminderung.

- Die **krankheitsbedingte Arbeitsunfähigkeit** rechtfertigt grundsätzlich nur eine ordentliche personenbedingte Kündigung. Die Prüfung, ob ausnahmsweise eine Kündigung wegen häufiger Fehlzeiten ausgesprochen werden darf bzw. gerechtfertigt ist, erfolgt in drei Stufen:
  - Es muss eine negative Prognose hinsichtlich des Gesundheitszustandes vorliegen.
  - Die betrieblichen Interessen müssen erheblich beeinträchtigt sein (Störungen im Betriebsablauf oder wirtschaftliche Belastungen).
  - Die erheblichen Beeinträchtigungen müssen zu einer nicht mehr hinzunehmenden Belastung des Arbeitgebers führen (Interessenabwägung).
- Bei einer **dauernden Arbeitsunfähigkeit** ist der Arbeitnehmer aufgrund einer Erkrankung auf Dauer nicht mehr in der Lage, seine Arbeitsleistung zu erbringen. Eine Kündigung ist möglich, denn es liegt eine erhebliche Beeinträchtigung der betrieblichen Interessen vor, der Arbeitgeber muss mit einem dauernden Ausfall des Arbeitnehmers rechnen.
- Auch die **krankheitsbedingte Minderung der Leistungsfähigkeit** des Arbeitnehmers kann eine Kündigung rechtfertigen, wenn sie zu einer erheblichen Beeinträchtigung der betrieblichen Interessen führt. Es führt jedoch nicht jede geringfügige Minderleistung zu einer erheblichen Beeinträchtigung betrieblicher Interessen.

II. verhaltensbedingte Kündigung

Eine **verhaltensbedingte Kündigung** kommt bei arbeitsvertraglichen Pflichtverletzungen in Betracht. Durch sein Verhalten belastet der Arbeitnehmer den betrieblichen Ablauf. Vor einer verhaltensbedingten Kündigung ist das zu missbilligende Verhalten in der Regel zunächst abzumahnen. Bei einer Kündigung durch den Arbeitgeber spielt die Dauer der Betriebszugehörigkeit des Arbeitnehmers eine Rolle: Je länger das Arbeitsverhältnis bisher störungsfrei war, umso strengere Anforderungen sind an eine verhaltensbedingte Kündigung zu stellen.

Gründe

Gründe für eine verhaltensbedingte Kündigung können Selbstbeurlaubung, Nichteinhaltung betrieblicher Rauch- und Alkoholverbote, Verletzung von Vertragspflichten und die Kritik an Arbeitgeber und Vorgesetzten sein. Wiederholtes unentschuldigtes Fehlen eines Arbeitnehmers ist nach einer Abmahnung ebenfalls ein verhaltensbedingter Kündigungsgrund. Das gilt auch für wiederholt schuldhaftes nicht rechtzeitiges Erscheinen zum Arbeitsantritt.

Abmahnung

Eine **Abmahnung** ist die Aufforderung an eine Person, ein bestimmtes Verhalten künftig zu unterlassen. Bei Arbeitsverhältnissen kann diese auch mündlich ausgesprochen werden, in der Regel wird jedoch eine Abmahnung schriftlich mitgeteilt und findet Eingang in die Personalakte. Damit dient die Abmahnung nicht nur der Ermahnung, sich künftig vertragsgemäß zu verhalten, sondern sie ist als ernsthafte Warnung zu verstehen, dass weiteres Zuwiderhandeln zu einer Kündigung führt. Sie ist sozusagen die „Gelbe Karte" und bei schwerem Fehlverhalten kann eine Wiederholung die sofortige Kündigung nach sich ziehen. Bei kleineren Vergehen braucht es mehr als eine Abmahnung, um eine rechtswirksame Kündigung auszusprechen. Schriftliche Abmahnungen ermöglichen darüber hinaus bei einer Kündigungsschutzklage des Arbeitnehmers den Nachweis, dass er mehrfach darauf hingewiesen wurde, sein Verhalten zu ändern. Allerdings kann bei sehr schwerwiegenden Pflichtverletzungen auch eine sofortige Kündigung ausgesprochen werden – auch einer roten Karte muss nicht zwangsläufig eine gelbe Karte vorhergehen.

Beispiele

Die Ankündigung einer Krankheit – *„Dann bin ich eben ab morgen krank!"* – kann eine verhaltensbedingte Kündigung rechtfertigen. In solchen Fällen kann sogar eine fristlose Kündigung ohne Abmahnung in Betracht kommen.

Das Bundesarbeitsgericht hat klargestellt, dass bei besonders ausschweifender privater Nutzung des Internets durch den Arbeitnehmer der Arbeitgeber ohne Abmahnung fristlos kündigen kann. Dies gilt unter bestimmten Umständen selbst dann, wenn die private Nutzung des Internets im Betrieb nicht untersagt ist (vgl. Bundesarbeitsgericht, Urteil vom 31. Mai 2007 – 2 AZR 200/06).

III. betriebsbedingte Kündigung
Gründe

Eine **betriebsbedingte Kündigung** setzt zunächst einen betriebsbedingten Kündigungsgrund voraus. Dieser kann sich aus **innerbetrieblichen Umständen** (z. B. Rationalisierungsmaßnahmen, Einstellung oder Einschränkung der Produktion) oder aus **außerbetrieblichen Umständen** (z. B. Auftragsmangel, Umsatzrückgang) ergeben.

Eine betriebsbedingte Kündigung ist nach der Rechtsprechung des Bundesarbeitsgerichtes aus **innerbetrieblichen Gründen** gerechtfertigt, wenn sich der Arbeitgeber im Unternehmensbereich zu einer organisatorischen Maßnahme entschließt, bei deren innerbetrieblicher Umsetzung das Bedürfnis für die Weiterbeschäftigung eines oder mehrerer Arbeitnehmer entfällt. Bei innerbetrieblichen Gründen muss der Arbeitgeber im Einzelnen darlegen, welche organisatorischen und technischen Maßnahmen er angeordnet hat. Er muss darlegen, wie sich diese Maßnahmen auf die Beschäftigungsmöglichkeit im Hinblick auf den gekündigten Mitarbeiter auswirken und dass die Beschäftigungsgrundlage durch die Maßnahme auf Dauer entfällt.

Für die betriebsbedingte Kündigung müssen dringende betriebliche Erfordernisse gegeben sein. Diese sind nicht gegeben, wenn es eine **Weiterbeschäftigungsmöglichkeit** gibt. Der Arbeitgeber ist nicht verpflichtet, für den freigestellten Arbeitnehmer einen neuen Arbeitsplatz zu schaffen. Er hat aber zu prüfen, ob ein gleichwertiger oder ungleichwertiger Arbeitsplatz nicht nur im betroffenen Betrieb, sondern im gesamten Unternehmen vorhanden sein könnte.

Sozialauswahl

› Kap. 5.2 Kündigungsschutzgesetz

Nach der geltenden Regelung des Kündigungsschutzgesetzes (KSchG) ist trotz Vorliegens dringender betrieblicher Gründe eine betriebsbedingte Kündigung sozial ungerechtfertigt, wenn der Arbeitgeber bei der Auswahl der Arbeitnehmer die Dauer der **Betriebszugehörigkeit**, das **Lebensalter**, die **Unterhaltspflichten** und die gegebenenfalls vorhandene **Schwerbehinderung** des Arbeitnehmers nicht oder nicht ausreichend berücksichtigt hat (§ 1 Abs. 3 KSchG). Die **soziale Auswahl** ist zwischen Arbeitnehmern mit vergleichbaren Arbeitsplätzen und desselben Ranges (horizontale Vergleichbarkeit) vorzunehmen. **Vergleichbarkeit** bedeutet Austauschbarkeit (ohne längere Einarbeitungszeit) der Arbeitnehmer, ohne dass es einer Änderungskündigung bedarf. Die Sozialauswahl soll die Mitarbeiter herausfinden, für die die Kündigung die geringste Härte darstellt. Sie darf dafür nur die oben genannten Kriterien zugrunde legen. Allerdings darf der Arbeitgeber diese nach seinem Ermessen gewichten, also z. B. die Betriebszugehörigkeit und die Unterhaltspflichten stärker gewichten als das Alter. Das Unternehmen kann Mitarbeiter, die durch besondere Fähigkeiten oder Kenntnisse unverzichtbar sind, von der Sozialauswahl freistellen. Wenn eine Sozialauswahl unzureichend vorgenommen oder schlichtweg unterlassen wurde, kann der Betriebsrat Widerspruch gegen eine Kündigung einlegen.

In der Praxis werden die einzelnen Sozialauswahlkriterien dafür häufig mit einer Punkteskala versehen.

Beispiel

pro Jahr der Betriebszugehörigkeit:	ein Punkt
pro Lebensjahr über 40:	ein Punkt
pro unterhaltsberechtigter Person:	zehn Punkte
pro Grad der Behinderung:	0,2 Punkte

Personal-nummer	Name/Alter	Eintritt	Lohn-gruppe	Sonstige persönliche Angaben	Besonderheiten der letzten drei Jahre
85.778-m	Franz Meyer geb.: 03.02.1965	15.01.1990	V	verheiratet, 2 Kinder, Schwerbehind. 50 %, Ehefrau berufstätig	insgesamt 30 Krankheitstage (längerfristig), ein Kuraufenthalt, bedingt belastbar
66.876-m	Kurt Siebald geb.: 18.05.1970	01.01.1991	V	verheiratet, kinderlos, Ehefrau nicht berufstätig	insgesamt 15 Fehltage wegen Krankheit, flexibel einsetzbar
01.876-w	Sylvia Neusüß geb.: 26.03.1984	01.07.2004	V	verwitwet, ein Kind (6 Jahre)	Ehemann bei Unfall vor einem Jahr ums Leben gekommen, hohe Kreditbelastung durch Hypotheken
03.457-w	Carina Lambsbach geb.: 31.07.1980	01.02.2007	IV	geschieden, 3 Kinder im Alter von 3, 8 und 10 Jahren	eine Abmahnung wegen Rauchens am Arbeitsplatz, insg. 10 Fehltage wegen Krankheit, 5 Tage Sonderurlaub aufgrund von Betreuung der Kinder
25.780-m	Carsten Alpers geb.: 23.05.1988	15.10.2009	IV	ledig	keine Fehlzeiten, Abmahnung wegen mehrfachen Zuspätkommens am Wochenanfang, macht nach Aussage des Meisters oft müden Eindruck

Die erreichten Punkte werden für jeden Mitarbeiter, der für eine betriebsbedingte Kündigung in Betracht kommt, addiert und diejenigen mit den geringsten Punkten zuerst entlassen.[1]

Wie oben gesagt, können sowohl Arbeitgeber als auch Arbeitnehmer das Beschäftigungsverhältnis lösen.

Kündigung des Arbeitsverhältnisses

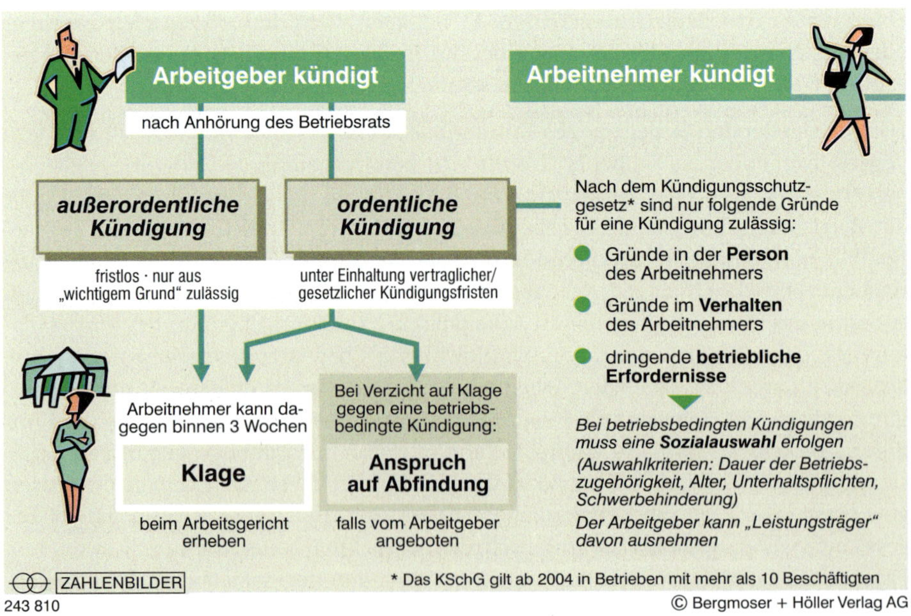

1 siehe dazu auch Aufgabe 10 auf Seite 512

Man unterscheidet dabei in ordentliche und außerordentliche Kündigung.

Ordentliche fristgerechte Kündigung:

- die geordnete Auflösung des Arbeitsverhältnisses unter Einhaltung der vereinbarten oder gesetzlichen Kündigungsfristen.

Ablauf
1. Beachtung von Kündigungsverboten (z. B. bei Betriebsratsmitgliedern) 2. Beachtung besonderer Kündigungsausschlüsse (z. B. bei Auszubildenden) 3. Beachtung von Kündigungsfristen und Kündigungsschutz 4. soziale Rechtfertigung 5. Überprüfung der Weiterbeschäftigungsmöglichkeiten 6. Gründe für personen-, verhaltens- oder betriebsbedingte Kündigung 7. Abmahnung insbesondere bei verhaltensbedingter Kündigung 8. soziale Auswahl bei betriebsbedingten Kündigungen 9. Anhörung des Betriebsrates 10. Abgabe und Zugang einer Kündigungserklärung 11. Kündigungsschutzklage binnen drei Wochen nach Zugang der Kündigung möglich

Außerordentliche fristlose Kündigung:

- die sofortige Auflösung des Arbeitsverhältnisses ohne Einhaltung von Fristen, aber nur, wenn ein wichtiger Grund vorliegt; die Aufrechterhaltung des Arbeitsverhältnisses ist nicht weiter zumutbar bei beispielsweise Straftaten, Beleidigungen, Arbeitsverweigerung, Verletzung der Verschwiegenheitspflicht usw. (siehe § 626 BGB).

Ablauf
1. Beachtung von Kündigungsverboten (z. B. bei Betriebsratsmitgliedern) 2. Beachtung besonderer Kündigungsausschlüsse (z. B. bei Auszubildenden) 3. Beachtung von Kündigungsfristen und Kündigungsschutz – Einhaltung einer Kündigungsfrist von zwei Wochen, innerhalb derer die Kündigung erfolgen muss – Interessenabwägung, ob Fortsetzung des Arbeitsverhältnisses bis zum Ablauf der regulären Frist möglich ist 4. Anhörung des Betriebsrates 5. Abgabe und Zugang einer Kündigungserklärung 6. Kündigungsschutzklage binnen drei Wochen nach Zugang der Kündigung möglich

Kündigungsfristen

§ 622 BGB schreibt eine gesetzliche Mindestkündigungsfrist vor. Sie beträgt vier Wochen zum 15. oder zum Ende eines Kalendermonats.[1] Bei den weiteren gesetzlichen Kündigungsfristen wird die Betriebszugehörigkeit des Arbeitnehmers von seinem 25. Lebensjahr an berücksichtigt[2]:

Betriebszugehörigkeit	unter 2 Jahre	ab 2 Jahre	ab 5 Jahre	ab 8 Jahre	ab 10 Jahre	ab 12 Jahre	ab 15 Jahre	ab 20 Jahre
Kündigungsfrist	**4 Wochen zum 15. des Monats oder zum Monatsende**	**1 Monat**	**2 Monate**	**3 Monate**	**4 Monate**	**5 Monate**	**6 Monate**	**7 Monate**
		jeweils zum Ende des Kalendermonats						

Die Verlängerung der voranstehenden Fristen über die gesetzlichen Vorschriften hinaus ist in Tarifverträgen oder individuellen Verträgen problemlos möglich, eine Verkürzung ist jedoch nur in eng begrenzten Ausnahmen erlaubt, wenn

- ein Arbeitnehmer zur vorübergehenden Aushilfe eingestellt ist und das Arbeitsverhältnis nicht länger als drei Monate dauert;
- der Arbeitgeber einschließlich der Auszubildenden nicht mehr als zwanzig Arbeitnehmer beschäftigt und die Kündigungsfrist vier Wochen nicht unterschreitet.

1 In der Probezeit beträgt sie statt vier nur zwei Wochen.
2 Der EuGH hat 2010 entschieden, dass alle Jahre angerechnet werden. Vor Gericht ist dieses Unionsrecht anzuwenden.

Kündigung durch den Arbeitnehmer

Auch für die Kündigung durch den Arbeitnehmer gilt eine Kündigungsfrist. Sie kann vertraglich vereinbart werden, darf aber nicht länger sein als die Frist für die Kündigung durch den Arbeitgeber.

Auch der Arbeitnehmer kann das Arbeitsverhältnis fristlos kündigen. Voraussetzung dafür ist, dass ihm die Fortsetzung des Arbeitsverhältnisses bis zum Ablauf der Kündigungsfrist nicht zugemutet werden kann. Dabei sind jeweils alle Umstände des Einzelfalls zu berücksichtigen und die Interessen beider Seiten gegeneinander abzuwägen. In einem solchen Fall kann die Kündigung innerhalb von zwei Wochen zu einer Beendigung des Arbeitsverhältnisses führen.

Kündigungsgründe

Ein **Arbeitnehmer kündigt**, z. B. wenn er

- sich örtlich verändern will (z. B. Umzug),
- in eine veränderte familiäre Situation kommt,
- in einem anderen Unternehmen bessere Verdienst-/Aufstiegsmöglichkeiten hat,
- ein anderes (besseres) Stellenangebot hat und/oder
- sich im Betrieb nicht mehr wohlfühlt.

Anders als bei Kündigung durch den Arbeitgeber muss der Arbeitnehmer keine besonderen Gründe anführen. Er ist niemandem darüber Rechenschaft schuldig, warum er das Arbeitsverhältnis auflösen will.

Im gegenseitigen Einvernehmen

Möglich ist auch eine Auflösung des Arbeitsverhältnisses **im gegenseitigen Einvernehmen**. Hier zieht man eine gütliche Beendigung des Arbeitsverhältnisses einer Kündigung, die nie ganz frei von Folgen ist, vor. Kommt man zu einer solchen einvernehmlichen Lösung, werden die Bedingungen in einem sogenannten „Aufhebungsvertrag" oder „Auflösungsvertrag" festgehalten.

Ist eine Kündigung rechtskräftig oder haben sich beide Parteien auf einen Auflösungsvertrag verständigt, gibt es eine Reihe von Formalitäten beim Ausscheiden des Mitarbeiters zu beachten.

Arbeitspapiere

Vor dem letzten Arbeitstag des aus dem Unternehmen ausscheidenden Arbeitnehmers sollten die folgenden **Arbeitspapiere** bereitgestellt werden:

- Urlaubsbescheinigung (der bereits gewährte Urlaub wird ersichtlich),
- Arbeitsbescheinigung (zeigt den Grund für die Lösung des Vertragsverhältnisses, dient der Ermittlung von Folgeleistungen (Arbeitslosengeld), kann Sperrfristen auslösen),
- Lohnsteuerbescheinigung, also der Nachweis über die im laufenden Jahr abgeführte Lohn- und Kirchensteuer sowie den Solidaritätszuschlag,
- Sozialversicherungsnachweis, also die Bescheinigung über die im laufenden Jahr abgeführten Beiträge und die Abmeldung des Beschäftigungsverhältnisses bei der gesetzlichen Sozialversicherung,
- gegebenenfalls eine Ausgleichsquittung (siehe nächste Seite).

Der Arbeitnehmer muss sich die Arbeitspapiere beim Arbeitgeber holen. Der Arbeitgeber darf sie nicht zurückbehalten.

Arbeitszeugnis

Arbeitnehmer haben darüber hinaus ein Recht auf ein **Arbeitszeugnis**, wenn sie ihren Arbeitsplatz verlieren oder wechseln. Das Arbeitszeugnis kann entweder ein einfaches Zeugnis sein, in dem der Zeitraum und die Art der Tätigkeit bescheinigt werden, oder es kann sich um ein qualifiziertes Zeugnis handeln, in dem auch Angaben zur Qualität der Arbeit (Leistung und Verhalten) enthalten sind.

Der **Inhalt** eines Arbeitszeugnisses **muss der Wahrheit entsprechen**, das Zeugnis darf aber nichts enthalten, was das berufliche Fortkommen eines Arbeitnehmers unnötig oder unangemessen erschwert. Das hat dazu geführt, dass sich in Arbeitszeugnissen einer „Geheimsprache" bedient wurde/wird, bei der die Bewertungen zwar alle einen positiven Charakter aufweisen, aber unterschwellig etwas anderes ausgedrückt werden soll. So war/ist z. B. die Bemerkung *„Er hat stets versucht, seinen Pflichten in dem erforderlichen Maß nachzukommen"* nichts anderes, als mit positiven Worten auszudrücken, dass der Mitarbeiter die Anforderungen nicht erfüllt hat (denn er hat dies nur versucht) und dass von dem Arbeitnehmer offenbar über die Pflichterfüllung hinaus nicht mehr zu erwarten ist. Ähnlich ist die Bemerkung zu bewerten, dass ein Arbeitnehmer *„stets pünktlich"* war, womit gemeint ist, dass er sich sehr exakt an die Arbeitszeiten hielt, aber nicht oder nur begrenzt bereit war, bei entsprechenden Erfordernissen z. B. auch zur Mehrarbeit bereit zu sein.

Da mittlerweile die geheimen „Zensuren" nicht mehr so geheim sind, werden sie auch immer weniger angewendet. Einfacher ist es für einen Arbeitgeber, zu Sachverhalten, die man in einem qualifizierten Zeugnis erwartet, gar nichts auszusagen. Eine solche Lücke ist für einen erfahrenen Begutachter Hinweis genug.

Ausgleichsquittung

Endet das Arbeitsverhältnis wie oben beschrieben, verlangt mancher Arbeitgeber, dass der ausscheidende Arbeitnehmer eine **Ausgleichsquittung** unterzeichnet. Hier wird u. a. vom Arbeitgeber quittiert, dass der Arbeitnehmer z. B. seinen Dienstwagen oder alle Schlüssel ordnungsgemäß übergeben hat. Auch ist aus Sicht des Arbeitnehmers rechtlich unbedenklich zu unterzeichnen, dass man mit der Beendigung des Arbeitsverhältnisses einverstanden ist. Der Arbeitnehmer hat auch die Höhe des empfangenen Lohnes zu bestätigen.

In einer Ausgleichsquittung kann aber zum Beispiel auch stehen, dass der Arbeitnehmer keine weiteren Ansprüche an seinen ehemaligen Arbeitgeber geltend machen wird, was z. B. noch ausstehende Zulagen wie übertarifliche Zulagen, Überstundengelder, Urlaubs- oder Weihnachtsgeld betreffen kann. Das Unterzeichnen einer Ausgleichsquittung mit einem solchen Inhalt ist problematisch. Ansprüche, die kraft Gesetz unverzichtbar sind, müssen unberührt bleiben. Auf Rechte, die aus einer Betriebsvereinbarung resultieren oder auf tarifliche Ansprüche darf ebenso nicht verzichtet werden wie auf Ansprüche aus dem Entgeltfortzahlungsgesetz. Ein Verzicht auf Kündigungsschutz von vornherein ist unwirksam.

Ein Widerruf der Unterzeichnung einer Ausgleichsquittung hat nur eine Chance, wenn bewiesen werden kann, dass der Arbeitgeber dem Arbeitnehmer widerrechtlich gedroht oder ihn arglistig getäuscht hat.

Aufgaben

› Kap. 5.1

1. Wie können Arbeitsverhältnisse beendet werden?
2. Grenzen Sie die ordentliche und die außerordentliche Kündigung in mindestens drei Punkten voneinander ab.
3. Bei ordentlichen Kündigungen spricht man davon, dass sie sozial gerechtfertigt sein müssen. Was bedeutet dies konkret?
4. Ein Mitarbeiter der Versandabteilung hat in der Frühstückspause privat im Internet gesurft. Wie stehen Sie zu der Frage, ob dies wirklich ein rechtlich haltbarer Kündigungsgrund ist?
5. Nennen Sie Beispiele dafür, wann ein Arbeitnehmer gegen seine arbeitsvertraglichen Pflichten verstößt.
6. Herbert Johannes ist seit ist 19 Jahren bei der Heidtkötter KG. Mit welcher Frist kann ihm ordentlich gekündigt werden? Mit welcher Frist kann er kündigen?
7. Jens D. hat vor drei Wochen seine Tätigkeit in der Druckerei Buschfeld GmbH begonnen. Man hat ihn heute Vormittag mit hochprozentigem Alkohol hinter einer Druckmaschine erwischt. Wann kann die Druckerei das Arbeitsverhältnis beenden?
8. Herr Posipal möchte sich beruflich verändern, er sieht bei der Franz Kniep GmbH keine Aufstiegschancen. Er reicht seine Kündigung am 07.02. bei der Personalabteilung ein. Herr Posipal ist 32 Jahre alt, er ist seit vier Jahren bei der Franz Kniep GmbH. Wann endet das Arbeitsverhältnis von Herrn Posipal bei der Franz Kniep GmbH frühestens?
9. Frank legt den Begriff „Kernzeit“ sehr häufig eigen aus, er kommt oft zu spät und verlässt das Unternehmen auch gerne mal vor dem Ende der Kernzeit, ohne seinem Vorgesetzten darüber Bescheid zu geben. Welche Möglichkeiten hat der Vorgesetzte, um auf Franks Verhalten zu reagieren?

   Nehmen Sie bitte an, dass Frank auch weiterhin falsch handeln wird.
10. In einem konkreten Fall geht es um eine Entscheidung, für welchen der folgenden Arbeitnehmer eine Kündigung am ehesten gerechtfertigt wäre:
    a) *Karl Kunze, 42 Jahre alt, seit 25 Jahren im Unternehmen, verheiratet, Ehefrau nicht berufstätig*
    b) *Carmen Hiller, 34 Jahre, seit vier Jahren im Unternehmen, verwitwet, alleinerziehend, zwei Kinder im schulpflichtigen Alter*
    c) *Heiko Mosbach, 58 Jahre, seit der Ausbildung im Unternehmen, ledig, Altersteilzeit nach dem Blockmodell beantragt (Beginn im nächsten Jahr)*
    d) *Sandra Jakob, 39 Jahre, seit 12 Jahren im Unternehmen, ein behindertes Kind, Ehemann selbstständiger Versicherungskaufmann*

    Wie fällt Ihre Entscheidung aus und wie begründen Sie diese?
11. Wann ist der letzte Arbeitstag in den folgenden Fällen?
    a) *Ein Arbeitnehmer, der seit 19 Jahren im Betrieb beschäftigt war, will eine neue Stelle antreten und kündigt am 16. Februar.*
    b) *Wegen wiederholten Alkoholgenusses am Arbeitsplatz erhält ein Arbeitnehmer nach einer vorausgegangenen Abmahnung am 28. Juni seine Kündigung.*
    c) *Wegen starker Auftragseinbrüche wird einem seit drei Jahren in der Heidtkötter KG arbeitenden 29-jährigen Lackierer am 3. September mitgeteilt, dass er nicht mehr weiterbeschäftigt werden kann.*

5.2
Kündigungsschutz und die Rolle des Betriebsrates bei Kündigungen

Eine Kündigungserklärung ist empfangsbedürftig, sie muss der anderen Vertragspartei schriftlich zugehen. Die Kündigung ist dabei nur gültig, wenn sie der anderen Vertragspartei schriftlich mit der Originalunterschrift zugestellt wurde. Eine Kündigung per E-Mail, Fax oder Telegramm entspricht nicht den Anforderungen, die in § 623 BGB als Schriftform festgelegt sind. Das Schreiben muss zweifelsfrei ausdrücken, dass gekündigt wird. Auch muss die Art der Kündigung (ordentlich oder außerordentlich) genannt werden. Die Gründe für die Kündigung müssen nicht genannt werden. Lediglich bei einer fristlosen Kündigung müssen gemäß Kündigungsschutzgesetz die Gründe genannt werden. Das ergibt sich unmittelbar daraus, dass die Interessen der beiden Parteien gegeneinander abgewogen werden müssen.

Wichtig ist, ob die Kündigungsfrist richtig ermittelt worden ist (siehe Kapitel 5.1) und die Kündigung fristgerecht zugestellt wurde. Der Kündigende muss den Zugang beweisen. Zugang bedeutet, dass der Empfänger die Möglichkeit hat, Kenntnis von der Kündigung zu nehmen. Neben der persönlichen Übergabe des Kündigungsschreibens vor Zeugen ist ein Einschreiben ein geeigneter Weg der Zustellung.

Kündigungsschutz

Beim **Kündigungsschutz** ist zwischen dem allgemeinen und dem besonderen zu unterscheiden.

Allgemeiner Kündigungsschutz

Die Vorschriften für den **allgemeinen Kündigungsschutz** gelten für alle Arbeitnehmer. Sie finden allerdings nur Anwendung für Arbeitsverhältnisse, die länger als sechs Monate bestehen und für Betriebe mit mehr als zehn ständig beschäftigten Arbeitnehmern/-innen, wobei Auszubildende nicht dazuzählen und teilzeitbeschäftigte Arbeitnehmer/-innen nur teilweise berücksichtigt werden. War der Arbeitnehmer bereits vor dem 1. Januar 2004 in dem Unternehmen beschäftigt, gilt für ihn der Kündigungsschutz bereits bei einer Zahl von mehr als fünf ständig Beschäftigten. Diese Regelung besteht fort, allerdings nur solange mehr als fünf Beschäftigte im Unternehmen sind, die vor dem 1. Januar 2004 dort angefangen haben.

Besonderer Kündigungsschutz

Für einzelne Gruppen gelten zusätzlich **besondere Kündigungsschutzvorschriften**:

- **Werdende Mütter:** während der Schwangerschaft, wenn diese dem Arbeitgeber bekannt ist bzw. nach einer Kündigung bekannt wird; während einer Frist von vier Monaten nach Entbindung; während der Elternzeit, also maximal drei Jahre;
- **Auszubildende:** während der Ausbildungszeit nach Beendigung der Probezeit;
- **Betriebsratsmitglieder** und **Mitglieder der Jugend- und Auszubildendenvertretung**: während der Amtszeit und bis ein Jahr danach;
- **Schwerbehinderte** (mind. 50 % Erwerbsminderung): nur mit behördlicher Zustimmung kündbar, die Frist beträgt vier Wochen.

Ebenso ist die Kündigung von Mitarbeitern, die sich mit dem Unternehmen auf ein Altersteilzeitmodell geeinigt haben, im Normalfall ausgeschlossen.

Kündigungsschutzklage

Ein Mitarbeiter kann innerhalb von drei Wochen nach Zugang der Kündigung beim zuständigen Arbeitsgericht klagen. Örtlich zuständig ist das Gericht, an dem der Beklagte seinen Wohnsitz hat bzw. dort, wo die jeweilige Verpflichtung aus dem Vertrag zu erfüllen ist. Hat der Arbeitnehmer **Kündigungsschutzklage** eingereicht, hat er bis zum Abschluss des Verfahrens das Recht auf Weiterbeschäftigung. Der Arbeitgeber allerdings hat das Recht, den Arbeitnehmer unter Fortzahlung des Arbeitsentgeltes bis zum Abschluss des Verfahrens von der Beschäftigung freizustellen.[1]

1 Weitere Informationen zum Kündigungsschutzgesetz und zum Arbeitsrecht siehe Lehrbuch zur Wirtschafts- und Sozialkunde.

Anhörung des Betriebsrates

Der Betriebsrat ist vor jeder Kündigung zu hören. Das heißt nicht, dass er mitbestimmen kann, aber er hat das Recht, einer Kündigung zu widersprechen, wenn sie

- nicht gerechtfertigt ist oder
- nicht den Grundsätzen der Sozialauswahl entspricht.

Die Information hat schriftlich zu erfolgen. Wenn eine Auswahl unter mehreren Arbeitnehmern erfolgt ist, dann sind auch die angewendeten Kriterien offenzulegen. Eine Kündigung ohne vorherige Anhörung des Betriebsrates ist unwirksam. Im Betriebsverfassungsgesetz ist diese Mitwirkung geregelt.

§§ Gesetzestext aus dem Betriebsverfassungsgesetz

§ 102 [Mitbestimmung bei Kündigungen]

(1) Der Betriebsrat ist vor jeder Kündigung zu hören. Der Arbeitgeber hat ihm die Gründe für die Kündigung mitzuteilen. Eine ohne Anhörung des Betriebsrats ausgesprochene Kündigung ist unwirksam.

(2) Hat der Betriebsrat gegen eine ordentliche Kündigung Bedenken, so hat er diese unter Angabe der Gründe dem Arbeitgeber spätestens innerhalb einer Woche schriftlich mitzuteilen. Äußert er sich innerhalb dieser Frist nicht, gilt seine Zustimmung zur Kündigung als erteilt. Hat der Betriebsrat gegen eine außerordentliche Kündigung Bedenken, so hat er diese unter Angabe der Gründe dem Arbeitgeber unverzüglich, spätestens jedoch innerhalb von drei Tagen, schriftlich mitzuteilen. Der Betriebsrat soll, soweit dies erforderlich erscheint, vor seiner Stellungnahme den betroffenen Arbeitnehmer hören. § 99 Abs. 1 Satz 3 gilt entsprechend.

(3) Der Betriebsrat kann innerhalb der Frist des Abs. 2 Satz 1 der ordentlichen Kündigung widersprechen, wenn

1. der Arbeitgeber bei der Auswahl des zu kündigenden Arbeitnehmers soziale Gesichtspunkte nicht oder nicht ausreichend berücksichtigt hat,
2. die Kündigung gegen eine Richtlinie nach § 95 verstößt,
3. der zu kündigende Arbeitnehmer an einem anderen Arbeitsplatz im selben Betrieb oder in einem anderen Betrieb des Unternehmens weiterbeschäftigt werden kann,
4. die Weiterbeschäftigung des Arbeitnehmers nach zumutbaren Umschulungs- oder Fortbildungsmaßnahmen möglich ist oder
5. eine Weiterbeschäftigung des Arbeitnehmers unter geänderten Vertragsbedingungen möglich ist und der Arbeitnehmer sein Einverständnis hiermit erklärt hat.

(4) Kündigt der Arbeitgeber, obwohl der Betriebsrat nach Abs. 3 der Kündigung widersprochen hat, so hat er dem Arbeitnehmer mit der Kündigung eine Abschrift der Stellungnahme des Betriebsrats zuzuleiten.

(5) Hat der Betriebsrat einer ordentlichen Kündigung frist- und ordnungsgemäß widersprochen, und hat der Arbeitnehmer nach dem Kündigungsschutzgesetz Klage auf Feststellung erhoben, dass das Arbeitsverhältnis durch die Kündigung nicht aufgelöst ist, so muss der Arbeitgeber auf Verlangen des Arbeitnehmers diesen nach Ablauf der Kündigungsfrist bis zum rechtskräftigen Abschluss des Rechtsstreits bei unveränderten Arbeitsbedingungen weiterbeschäftigen. Auf Antrag des Arbeitgebers kann das Gericht ihn durch einstweilige Verfügung von der Verpflichtung zur Weiterbeschäftigung nach Satz 1 entbinden, wenn

1. die Klage des Arbeitnehmers keine hinreichende Aussicht auf Erfolg bietet oder mutwillig erscheint oder
2. die Weiterbeschäftigung des Arbeitnehmers zu einer unzumutbaren wirtschaftlichen Belastung des Arbeitgebers führen würde oder
3. der Widerspruch des Betriebsrats offensichtlich unbegründet war.

(6) Arbeitgeber und Betriebsrat können vereinbaren, dass Kündigungen der Zustimmung des Betriebsrats bedürfen und dass bei Meinungsverschiedenheiten über die Berechtigung der Nichterteilung der Zustimmung die Einigungsstelle entscheidet.

(7) Die Vorschriften über die Beteiligung des Betriebsrats nach dem Kündigungsschutzgesetz bleiben unberührt.

Sind von betriebsbedingten Kündigungen mehrere oder sogar eine Vielzahl von Mitarbeitern betroffen, so wird mit dem Betriebsrat in einer Betriebsvereinbarung ein **Sozialplan** ausgehandelt, der die Maßnahmen zur Milderung der Nachteile für die Mitarbeiter enthält, also bei Entlassungen die Abfindungen.

§§ Gesetzestext aus dem Betriebsverfassungsgesetz

§ 112 [Interessenausgleich über die Betriebsänderung, Sozialplan]

(1) Kommt zwischen Unternehmer und Betriebsrat ein Interessenausgleich über die geplante Betriebsänderung zustande, so ist dieser schriftlich niederzulegen und vom Unternehmer und Betriebsrat zu unterschreiben. Das Gleiche gilt für eine Einigung über den Ausgleich oder die Milderung der wirtschaftlichen Nachteile, die den Arbeitnehmern infolge der geplanten Betriebsänderung entstehen (Sozialplan). Der Sozialplan hat die Wirkung einer Betriebsvereinbarung. […][1]

1 Hier gehen wir von einer Einigung aus. Erfolgt diese nicht, sind die Absätze (2) bis (5) des Paragrafen zu beachten.

Ab einer gewissen Anzahl der freizusetzenden Arbeitnehmer kann der Betriebsrat gemäß § 112 a BetrVG einen Sozialplan erzwingen.

§§ Gesetzestext aus dem Betriebsverfassungsgesetz

§ 112 a [Erzwingbarer Sozialplan bei Personalabbau, Neugründungen]

(1) Besteht eine geplante Betriebsänderung im Sinne des § 111 Satz 3 Nr. 1 allein in der Entlassung von Arbeitnehmern, so findet § 112 Abs. 4 und 5 nur Anwendung, wenn

1. in Betrieben mit in der Regel weniger als 60 Arbeitnehmern 20 vom Hundert der regelmäßig beschäftigten Arbeitnehmer, aber mindestens 6 Arbeitnehmer,
2. in Betrieben mit in der Regel mindestens 60 und weniger als 250 Arbeitnehmern 20 vom Hundert der regelmäßig beschäftigten Arbeitnehmer oder mindestens 37 Arbeitnehmer,
3. in Betrieben mit in der Regel mindestens 250 und weniger als 500 Arbeitnehmern 15 vom Hundert der regelmäßig beschäftigten Arbeitnehmer oder mindestens 60 Arbeitnehmer,
4. in Betrieben mit in der Regel mindestens 500 Arbeitnehmern 10 vom Hundert der regelmäßig beschäftigten Arbeitnehmer, aber mindestens 60 Arbeitnehmer aus betriebsbedingten Gründen entlassen werden sollen.

Als Entlassung gilt auch das vom Arbeitgeber aus Gründen der Betriebsänderung veranlasste Ausscheiden von Arbeitnehmern aufgrund von Aufhebungsverträgen.

(2) § 112 Abs. 4 und 5 findet keine Anwendung auf Betriebe eines Unternehmens in den ersten vier Jahren nach seiner Gründung. Dies gilt nicht für Neugründungen im Zusammenhang mit der rechtlichen Umstrukturierung von Unternehmen und Konzernen. Maßgebend für den Zeitpunkt der Gründung ist die Aufnahme einer Erwerbstätigkeit, die nach § 138 der Abgabenordnung dem Finanzamt mitzuteilen ist.

§ 113 [Nachteilsausgleich]

(1) Weicht der Unternehmer von einem Interessenausgleich über die geplante Betriebsänderung ohne zwingenden Grund ab, so können Arbeitnehmer, die infolge dieser Abweichung entlassen werden, beim Arbeitsgericht Klage erheben mit dem Antrag, den Arbeitgeber zur Zahlung von Abfindungen zu verurteilen; § 10 des Kündigungsschutzgesetzes gilt entsprechend.

(2) Erleiden Arbeitnehmer infolge einer Abweichung nach Absatz 1 andere wirtschaftliche Nachteile, so hat der Unternehmer diese Nachteile bis zu einem Zeitraum von zwölf Monaten auszugleichen.

(3) Die Absätze 1 und 2 gelten entsprechend, wenn der Unternehmer eine geplante Betriebsänderung nach § 111 durchführt, ohne über sie einen Interessenausgleich mit dem Betriebsrat versucht zu haben, und infolge der Maßnahme Arbeitnehmer entlassen werden oder andere wirtschaftliche Nachteile erleiden.

Aufgaben

› Kap. 5.2

1. Nennen Sie die Merkmale einer rechtswirksamen Kündigung.
2. Unter welchen Voraussetzungen greifen die Bestimmungen des allgemeinen Kündigungsschutzes?
3. Welche Gruppen sind durch einen besonderen Kündigungsschutz geschützt und warum?
4. Unter welchen Umständen kann der Betriebsrat Widerspruch gegen eine ausgesprochene Kündigung einlegen?
5. Welche der folgenden Aussagen ist/sind richtig?
   a) *Gegen eine ungerechtfertigte Kündigung kann man innerhalb von vier Wochen vorgehen.*
   b) *Eine Kündigungsschutzklage ist nur bei ordentlichen Kündigungen möglich.*
   c) *Kündigungsschutzklagen werden vor dem Arbeitsgericht verhandelt.*
   d) *Einem mehr als zehn Jahre beschäftigten Arbeitnehmer kann nicht mehr gekündigt werden.*

6. Welche Möglichkeiten hat ein Arbeitnehmer, wenn seine Kündigungsschutzklage erfolgreich ist?
7. Was sagt Absatz 1 des § 102 BetrVG bezogen auf die Wirksamkeit einer Kündigung aus?
8. Wann muss ein Sozialplan erstellt werden?
9. Recherchieren Sie im Internet bzw. in der Tagespresse nach einem Fall, in dem ein Unternehmen einen Sozialplan erstellen musste. Nennen Sie die Maßnahmen, die der Sozialplan enthalten hat.[1]

› **Recherche**

1 Sollten Sie nicht fündig werden: E.ON und Opel können als Beispiel gewählt werden.

Wiederholungsaufgaben

› Kap. 5

1. Welche Arten von Kündigungen sind zu unterscheiden?

2. Nennen Sie je mindestens drei Gründe für die von Ihnen in Aufgabe 1 ermittelten Arten von Kündigungen.

3. Ein kaufmännischer Angestellter der Heidtkötter KG mit gesetzlicher Kündigungsfrist möchte seinen Arbeitsvertrag zum 30.09. lösen. Wann muss die Kündigung erfolgen?

4. Die Heidtkötter KG möchte Jochen Olesen, 24 Jahre alt und seit zwei Jahren im Unternehmen, fristgerecht kündigen. Wann muss die Heidtkötter KG Herrn Olesen kündigen, wenn sie die gesetzliche Frist einhalten will?

5. Welche Arbeitnehmer genießen einen besonderen Kündigungsschutz? Geben Sie hier auch die Ihnen bekannten Einzelheiten an.

6. Grenzen Sie bitte die Begriffe „Personalfreisetzung" und „Kündigung" voneinander ab. Geben Sie bitte vier Beispiele für Personalfreisetzungen an. Nennen Sie auch mögliche Gründe für diese.

7. Prüfen Sie bitte folgenden Fall:
Gabi und ihre Chefin verstehen sich gut, da ist sich Gabi sicher. Während eines Meetings sind sich beide über eine neue Strategie uneins. Nach längerer Diskussion sagt Gabi mit einem Lächeln in die Runde: *So können wir nicht mehr zusammenarbeiten!* Zwei Tage später wird Gabi gekündigt.

8. Einem Mitarbeiter muss gekündigt werden, weil sich die Auftragslage verschlechtert hat.

a) Was ist zu beachten bzw. welche Fragen müssen geklärt werden, bevor die Kündigung ausgesprochen wird?

b) Stellen Sie den Ablauf des Verfahrens mit den voranstehend skizzierten Einzelschritten als geschäftsprozessartigen Verfahrensablauf dar.

9. Was kann gegebenenfalls zu einer verhaltensbedingten Kündigung führen?

a) *nötige Rationalisierungsmaßnahmen*

b) *Teilnahme an einem gewerkschaftlichen Streik*

c) *Kandidatur auf einer Parteiliste*

d) *Besuch eines Schwimmbades während eines krankheitsbedingten Fehlens im Betrieb*

10. Bei betriebsbedingten Kündigungen sind bestimmte Fristen einzuhalten. Welche sind dies bei:

a) einem seit zwei Jahren im Unternehmen tätigen 23-jährigen Mitarbeiter?

b) einer 32-jährigen Angestellten, die seit ihrem 20. Lebensjahr im Unternehmen arbeitet?

c) einem 45-jährigen Monteur, der eine Betriebszugehörigkeit von 18 Jahren hat?

11. Der von Ihnen in Aufgabe 10 von Seite 512 ausgewählte Mitarbeiter ist nicht mit der Kündigung einverstanden und wendet sich an den Betriebsrat.

a) Welche Möglichkeiten gibt es, gegen eine Kündigung vorzugehen und welche Rolle hat dabei der Betriebsrat?

› Recherche

b) Welche Folgen hat es, wenn ein Arbeitnehmer gegebenenfalls gegen seine Kündigung klagt? Recherchieren Sie hierzu auch zum Thema „Arbeitsgerichtsverfahren". Stellen Sie Ihre Ergebnisse kurz vor.

6
Personalführung und Personalentwicklung

Einführung

Schon die Bezeichnung „Mitarbeiter" für die Arbeitnehmer eines Unternehmens zeigt, dass es nicht einer Person allein gelingen kann, die unternehmerischen Ziele in einem Industrieunternehmen zu erreichen. Wenn es gelingt, die Wertvorstellungen der Mitarbeiter in Einklang mit den Zielvorstellungen des Unternehmens zu bringen, profitieren alle davon. Wie das Miteinander zwischen Vorgesetzten und Mitarbeitenden gestaltet wird, ist nicht nur eine Frage der Unternehmenskultur, sondern zeigt sich auch in der Werteorientierung der Mitarbeiterführung. Die Grundsätze, nach denen in einem Unternehmen geführt wird, finden sich im Leitbild wieder, wobei grundsätzlich verschiedene Stile der Führung zur Zielerreichung möglich sind. Geprägt wird ein Führungsstil auch von der Führungsaufgabe und der dahinter stehenden Führungspersönlichkeit.

Beispiel

Die Heidtkötter KG hat bei einem sehr guten Angebot für Stellmotoren nicht zugeschlagen. 60,00 € pro Stück Nachlass, Abnahme von 2 000 Stück, Kauf sofort, aber alle auf einmal.

Normalerweise sollen die Lagerhaltungskosten gering gehalten werden, und die Heidtkötter KG bestellt diese Motoren darum gemäß Bestellrhythmusverfahren fünf Mal über das Jahr verteilt. Alle Entscheidungsträger sind im Urlaub gewesen, der Abteilungsleiter Einkauf konnte nicht allein entscheiden. Herr Heidtkötter tobt, als er aus dem Urlaub kommt: *„Herr Schäfer, das war ein Angebot, das Sie als Leiter des Einkaufs einfach wahrnehmen mussten! Pro Stück 60,00 € weniger, das sind ja 120.000,00 €, die Sie unserer Firma haben entgehen lassen! Abmahnung, mein Lieber!"*

Das folgende Kapitel zeigt verschiedene Führungsstile, Führungsmethoden und -instrumente auf, deren Einsatz immer abhängig von Situationen und Personen bleibt. Neben dem Aspekt der Führung von Mitarbeitern darf die Entwicklung der Mitarbeiter nicht außer Acht gelassen werden.

6.1
Vom Unternehmensleitbild zum Führungsleitbild

Der Erfolg eines Unternehmens ist nicht allein das Ergebnis einer geschickten Beschaffungs-, Produktions- und Marketingstrategie, er wird ebenso von einer guten Unternehmenskultur beeinflusst. Die Unternehmenskultur wird nach außen und nach innen durch das **Unternehmensleitbild** abgebildet. Das Leitbild bildet die Grundlage der Unternehmensführung gegenüber den Mitarbeitern, indem es ihnen die Hauptziele und die Rahmenbedingungen für das gesamte Unternehmensgeschehen aufzeigt. Das Leitbild stellt gewissermaßen die Klammer für den gesamten unternehmerischen Handlungsrahmen dar. Ein klares Leitbild beantwortet die Frage: *„Wer wollen wir sein?"* Es ist ein schriftlicher Ausdruck der Zielsetzungen des Unternehmensselbstverständnisses.

› Teil A, Kap. 1.2.1 Leitbild

Leitbilder bzw. Leitideen erfüllen in der Praxis sehr unterschiedliche Ansprüche. Sie sollen nicht nur ausformuliert und niedergeschrieben sein, sondern ein Leitbild muss erkennbar gelebt und durch die eigene Arbeit mit Leben erfüllt werden.

Daher werden Leitbilder auf verschiedenen Ebenen wirksam:

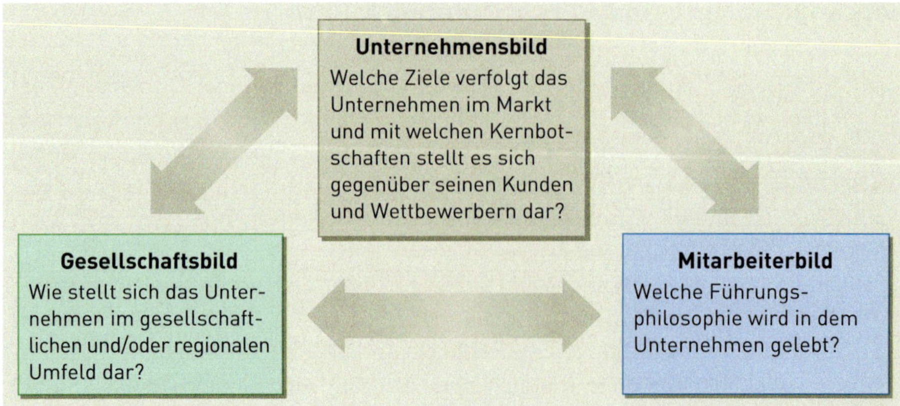

Eine Voraussetzung für die Umsetzung des Unternehmensleitbildes ist auch das Verhalten der Führungskräfte im Unternehmen. Sie müssen zeigen, dass das im Leitbild Geschriebene umsetzbar ist. Dabei kann die Einbeziehung der Mitarbeiter in den Geschäftsprozess zu einem Stück gelebter Unternehmenskultur werden. Unternehmen, die mitarbeiterorientiert handeln, berücksichtigen auch persönliche Belange ihrer Beschäftigten.

Ein Leitbild ist idealerweise das Ergebnis eines längeren Prozesses, an dem alle Leitungsebenen und auch der Betriebsrat beteiligt waren und wird nicht von oben verordnet. Es sollte

- eine einheitliche **Unternehmensphilosophie** geben, die von den Führungsgremien sichtbar „gelebt“ und umgesetzt wird (siehe Teil A, Kap. 1.2.1),
- sichergestellt werden, dass Mitarbeiter ihre **Ideen einbringen** können,
- ein **funktionierendes Vorschlagswesen** geben,
- ein **kooperativer Führungsstil** (siehe unten, Kap. 6.2) angewendet werden, der das Vertrauen der Mitarbeiter sicherstellt,
- regelmäßige **Mitarbeitergespräche** und nicht nur formelle Betriebsversammlungen geben,
- dafür Sorge getragen werden, dass es **Personalentwicklungskonzepte** (siehe unten, Kap. 6.4) gibt, die Perspektiven für die Mitarbeiter eröffnen, sowie
- eine umfassende und **offene Informationspolitik** gegeben sein.

Zielsetzungen

Von einer **mitarbeiterorientierten Unternehmenskultur** wird erwartet, dass

- die Motivation der Mitarbeiter für ihre zu leistende Arbeit gestärkt wird,
- sich ein Zusammengehörigkeitsgefühl der Mitarbeiter entwickelt,
- Identifikationsmöglichkeiten der Mitarbeiter mit dem Unternehmen entstehen oder gestärkt werden,
- sich die Einstellung zum Produkt und zum Arbeitsprozess verbessert.

Aufgaben

› Kap. 6.1

1. Nennen Sie Beispiele für Wertvorstellungen von Mitarbeitern.
2. Stellen Sie die Zusammenhänge zwischen der Unternehmenskultur, dem Unternehmensleitbild und der Corporate Identity in einer Übersicht dar.
3. Nennen Sie die Ebenen, auf denen das Leitbild eines Unternehmens wirksam wird. Nennen Sie im nächsten Schritt je zwei Beispiele für Ziele, die das Unternehmen auf den Ebenen verfolgt. Wo kann es bei der Umsetzung dieser Ziele zu Zielkonflikten kommen?

6.2 Führungsstile

Führen heißt: **Erfolge durch die Mitarbeit anderer erzielen.** Führungskräfte haben es mit zumindest drei Bedingungen zu tun:

- mit Menschen (mit sich selbst und den zu führenden Menschen),
- mit Begleitumständen (dazu zählen Aufgaben, Ressourcen, Regeln, Strukturen),
- mit Beurteilungskritierien (oder Erfolgsmaßstäben, z. B. Qualität, Kosten, Schnelligkeit, Profit).

Unternehmerische Führung ist darauf ausgerichtet, das Verhalten der Mitarbeiter so zu steuern, dass sowohl die wirtschaftlichen Ziele des Unternehmens wie auch die persönlichen Ziele der im Betrieb wirkenden Menschen verwirklicht werden.

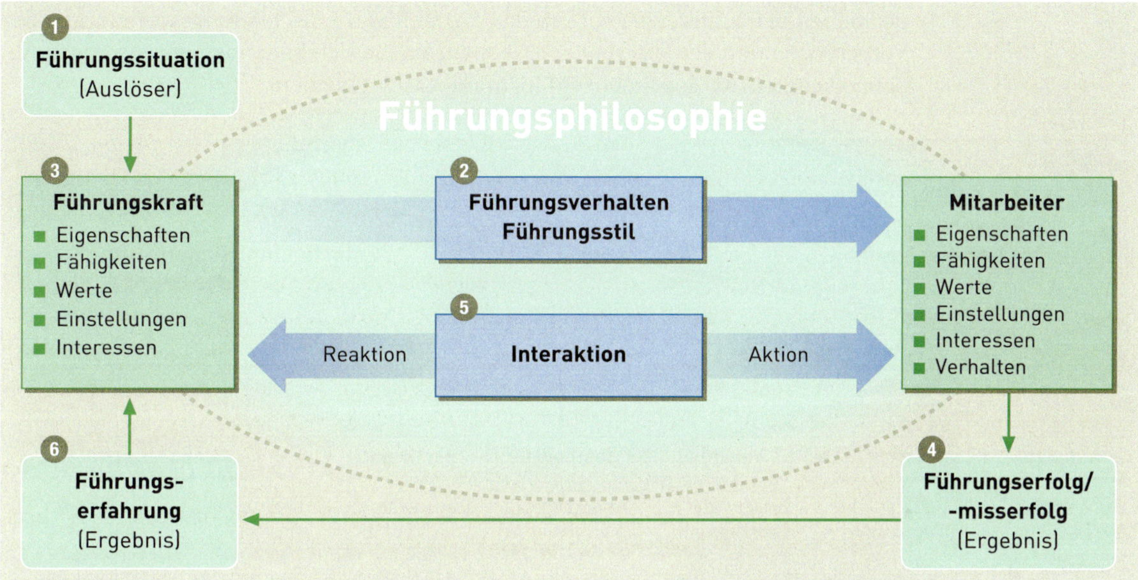

Der unternehmerische Alltag wird durch ganz unterschiedliche **Situationen** ❶ bestimmt, in denen vor allem Führungskräfte Entscheidungen treffen müssen. Nach dem oben gezeigten Modell sind der **Führungsstil** und das **Führungsverhalten** ❷ der Vorgesetzten in einem Unternehmen entscheidend für das Ergebnis der Tätigkeit der Mitarbeiter und damit für den Führungserfolg. Das Führungsverhalten hängt von der **Führungskraft** ❸ der jeweiligen Person ab. Von besonderer Bedeutung sind dabei neben allgemeinen Führungseigenschaften insbesondere die Verlässlichkeit der Führungskraft und die Nachhaltigkeit ihrer Arbeit. Das Führungsverhalten sollte klare Strukturen aufweisen. Für die Mitarbeiter muss klar sein, wie sich die bzw. der Vorgesetzte verhält und was von ihnen selbst erwartet wird.

Die Führungsstärke, die Überzeugungskraft von Vorgesetzten und die Art, wie Anweisungen weitergegeben werden, tragen wesentlich dazu bei, dass Mitarbeiter ihre Aufgaben verstehen und akzeptieren. Das Umsetzen der Anweisungen der Führungskräfte führt dann zum gewünschten Ergebnis, das man auch als **Führungserfolg** ❹ bezeichnen kann. Aus dem Wechselspiel der **Interaktion** ❺ und dem Ergebnis der Arbeit lassen sich **Rückschlüsse** ❻ ziehen, wie sich der Prozess in ähnlichen Führungssituationen verbessern lässt. Je größer der spürbare Führungserfolg ist und je mehr an **Erfahrungen** ❻ aus diesem Prozess abgeleitet werden, desto stärker werden in der Rückkopplung Autorität und Führungskraft eines vorgesetzten Mitarbeiters. Schließlich hat dies auch Rückwirkungen auf die Führungsphilosophie.

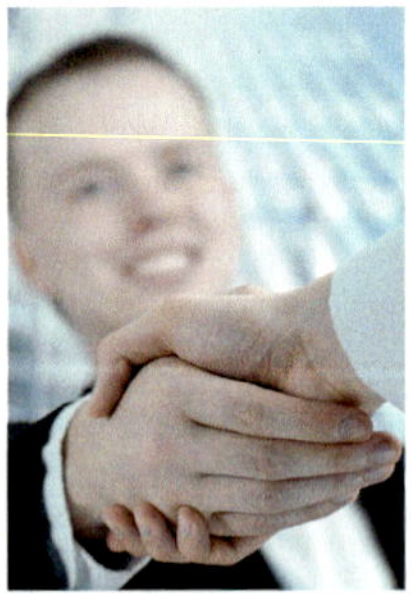

Der **Führungsstil** ist sehr eng mit der Persönlichkeit des Vorgesetzten verbunden. Er drückt die Art und Weise aus, mit der eine Weisungsbefugnis ganz persönlich ausgeübt wird. Führung und spezielle Führungserfolge sind eng verknüpft mit der Bereitschaft, soziale Kontakte und Verbindungen wahrzunehmen, soziale Beziehungen aufzunehmen und sie zu analysieren. Dazu sind u. a. nötig:

- **Empathie** (Gespür für Bedürfnisse und Probleme einer Person oder Gruppe)
- **Flexibilität** (Fähigkeit, eigenes Verhalten geänderten Situationen anzupassen)
- **Verantwortlichkeit** (Bereitschaft zur Übernahme von Verantwortung)

Gerade diese drei Eigenschaften müssen immer unter den besonderen Bedingungen der Gruppe, deren Aktivitäten, Zielen und Konflikten gesehen und zu diesen in Beziehungen gesetzt werden.

Personalführung lässt sich in dem folgenden Modell von verschiedenen Ausgangspositionen betrachten. Es geht um das Ausmaß von Entscheidungsspielräumen des Vorgesetzten und der Mitarbeiter. Dabei dürfen die sich bildenden gegenseitigen Abhängigkeiten (Interdependenzen) nicht unbeachtet bleiben.

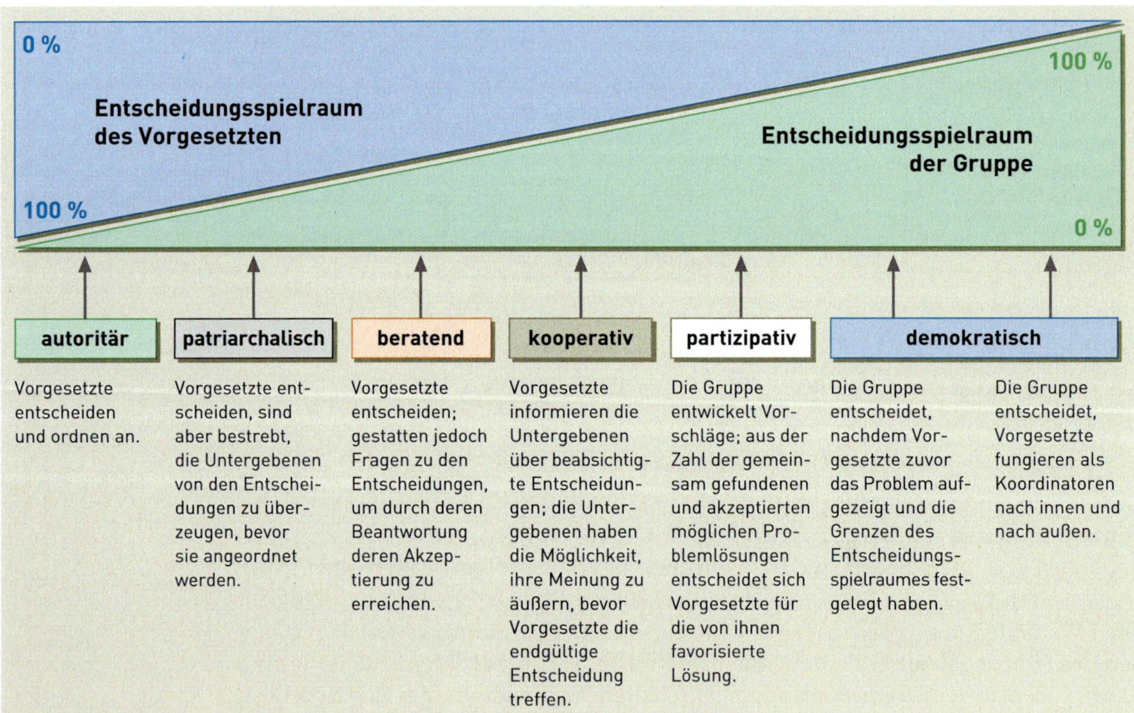

vgl.: Tannenbaum, R.; Schmidt, W. H.: How must to chosse a leadership pattern, Harvard Review, März/April 1958, S. 58

Der **autoritäre bzw. autokratische Führungsstil** lässt den Mitarbeitern keine bzw. wenig Entscheidungsfreiheit. Meist erhalten die Mitarbeiter nur die Informationen, die sie für ihre Aufgabe benötigen. Die Kontrolle durch den Vorgesetzten ist sehr stark und die Führung ist straff und hierarchisch organisiert, sodass Eigeninitiative der Mitarbeiter kaum oder gar nicht zum Tragen kommt.

Der **demokratische oder kooperative Führungsstil** stellt den Gegenpol dazu dar. Er orientiert sich an den Bedürfnissen der Mitarbeiter und den Erkenntnissen über die soziale Struktur eines Betriebes. Hier wird durch ein kollegiales Verhalten der Führungsebene die Zusammenarbeit gefördert, die Mitarbeiter sind gut informiert und werden in die Verantwortung einbezogen. Verlangt wird konstruktive Kritik. Das gegenseitige Vertrauen ist eine wichtige Grundlage der gemeinsamen Arbeit.

Erwartete Auswirkungen auf die Mitarbeiter können sein:

- sachliche Arbeitsatmosphäre, Offenheit und Vertrauen
- Gruppenbewusstsein, gegenseitige Unterstützung
- selbstständige und verantwortungsbewusste Arbeit
- Informationsbereitschaft und Selbstkontrolle
- positive Verarbeitung von Kritik

Der Übergang zwischen demokratischem und autoritärem Führungsstil ist fließend.

Beim **Laissez-faire-Stil** bestimmen die Mitarbeiter ihre Aufgaben und organisieren sich selbst. Der einzelne Mitarbeiter ist nicht an Anweisungen gebunden und entscheidet frei. Für den betrieblichen Bereich hat der Laissez-faire-Stil, gekennzeichnet durch weitgehende Planlosigkeit und wenig Kooperationsbereitschaft, keine Bedeutung.

Führungsverhaltensgitter

Als eine weitere Möglichkeit, das häufig komplexe Führungsverhalten darzustellen, ist ein zweidimensionales Modell wie das **Führungsverhaltensgitter** geeigneter.

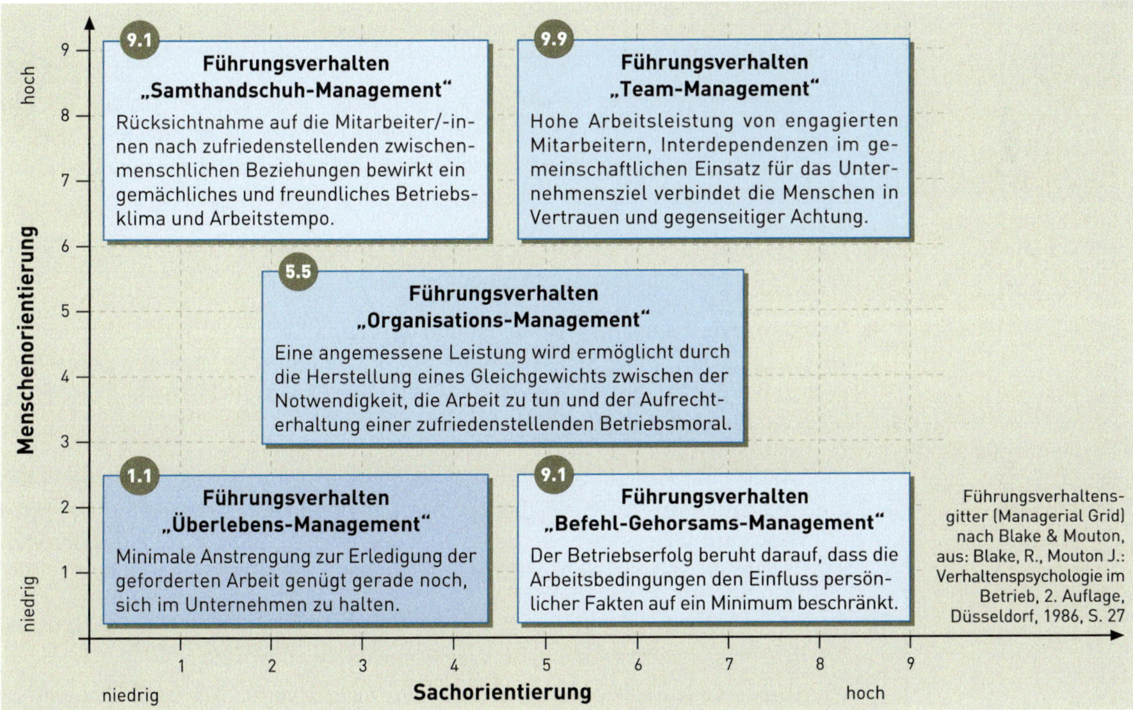

Führungsverhaltensgitter (Managerial Grid) nach Blake & Mouton, aus: Blake, R., Mouton J.: Verhaltenspsychologie im Betrieb, 2. Auflage, Düsseldorf, 1986, S. 27

Die zwei Dimensionen, an denen sich in diesem Modell das Führungsverhalten orientiert, sind **Sache** und **Mitarbeiter**. Insgesamt werden für jede Dimension neun Ausprägungen dargestellt, sodass sich insgesamt 9 x 9 = 81 Führungsstile beschreiben lassen. Man beschränkt sich aber auf fünf Führungsstile, indem man jeweils die extremen Ausprägungen miteinander kombiniert, wie z. B. eine hohe Sachorientierung mit einer hohen Mitarbeiterorientierung: das „Team-Management" (siehe Abbildung oben).

Der in der Mitte angesiedelte Führungsstil zeichnet sich durch eine eher durchschnittliche Sachorientierung und Menschenorientierung aus. Er stellt die Kompromisslösung dar und wird als „Organisations-Management" bezeichnet.

Zweifelsohne ist der 9.9-Führungsstil anzustreben. Führungsstile, die rechts von der Diagonalen, die von 9.1 nach 1.9 führt, zu finden sind, zeichnen eine erfolgreiche Personalführung aus; je weiter der Führungsstil links unten im Verhaltensgitter liegt, desto geringer ist der Beitrag der Personalführung zum Unternehmenserfolg.

Aufgaben

› Kap. 6.2

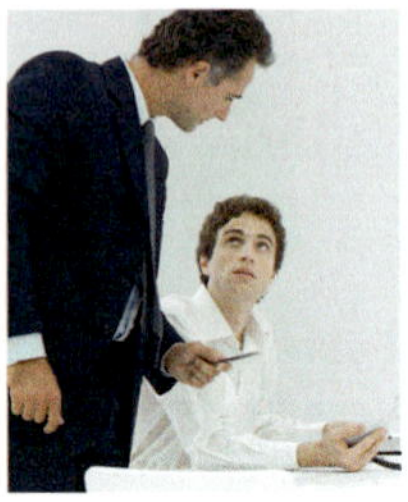

1. Welche Kriterien zählen für Sie in Ihrem Arbeitsleben? Nennen Sie mindestens fünf Kriterien, gewichten Sie diese (1 Punkt = das unwichtigste Ihrer fünf Kriterien, 5 Punkte = das wichtigste Ihrer Kriterien) und tauschen Sie Ihre Ergebnisse mit Ihren Mitschülern aus.

2. Grenzen Sie bitte Führungsverhalten und Führungsstil anhand von zwei Beispielen voneinander ab.

3. Vergleichen Sie die beiden Führungsstile „autoritäre Führung“ und „kooperative Führung“ anhand der folgenden Kriterien:
   - Sicht der beteiligten Personen,
   - Eignung in bestimmten Situationen und bei bestimmten Aufgaben,
   - Anforderungen an die Organisationsstruktur.

4. Bei welchen Arbeiten ist eher der kooperative, bei welchen eher der autoritäre Führungsstil zu wählen?

5. Welche Faktoren wirken auf den Führungsstil von Vorgesetzten ein?

6. „Ein guter Vorgesetzter“ – Welche Eigenschaften bzw. Kompetenzen sollte ein guter Vorgesetzter Ihrer Ansicht nach haben? Nennen Sie mindestens fünf Eigenschaften/Kompetenzen und vergleichen Sie Ihre Ergebnisse mit denen Ihrer Mitschüler.

7. Was verbinden Sie mit den Begriffen „Leitungsspanne“ und „flache Hierarchien“?

8. Welche der im Führungsverhaltensgitter gezeigten fünf Positionen halten Sie für am geeignetsten, wenn Sie als neuer Vorgesetzter eines bestehenden Teams eingesetzt werden? Begründen Sie bitte Ihre Antwort und tauschen Sie Ihre Ergebnisse in der Klasse aus.

9. Autoritäre Führung gilt zwar nicht als zeitgemäß, kann aber in der einen oder anderen Situation Vorteile haben oder sogar nötig sein. Nennen Sie Beispiele für Vorkommnisse oder Ereignisse, in denen es nicht ohne klare Anweisungen geht, auch wenn diese Anweisungen als autoritär empfunden werden.

10. Der Sachbearbeiter Kreuter sagt seinem Vorgesetzten, dass er ein Problem bei der Bearbeitung einer Akte habe. Der Vorgesetzte antwortet:

    A: *„Habe mir ja gleich gedacht, dass Sie das nicht schaffen. Da kann und will ich Ihnen jetzt auch nicht helfen!“*

    B: *„Gut, dass Sie fragen, Herr Kreuter. Versuchen Sie, die Akte so weit wie möglich zu bearbeiten. Wir können die danach noch offenen Fragen, die Sie haben, gemeinsam heute Nachmittag klären.“*

    C: *„Ach, Herr Kreuter, das macht doch nichts. Lassen Sie mir die Akte gleich hier, ich erledige das dann schon allein!“*

    D: *„Ist mal wieder typisch für Sie, dass Sie nicht wissen, was zu tun ist. Für das nächste Mal merken Sie sich bitte, wie Sie vorgehen müssen: Zunächst vergleichen Sie die beiden Formulare, dann ...“*

    Lesen Sie sich die Aussagen A bis D kritisch durch. Worin unterscheiden sich die Reaktionen des Vorgesetzten, welcher Führungsstil verbirgt sich hinter den Aussagen? Berücksichtigen Sie bei Ihrer Antwort neben den herkömmlichen Klassifizierungen auch die voranstehend dargestellte Abbildung zum Führungsverhalten.

6.3 Führungsmethoden und Führungsinstrumente

Während der Führungsstil die persönliche Art der Mitarbeiterführung eines Vorgesetzten beschreibt, sollen **Führungsmethoden** ein geschlossenes Konzept für alle Weisungsbefugten eines Unternehmens bilden. Die Führungsmethoden bezeichnet man vielfach auch als **Management-Systeme**.

Management-Systeme

Die wichtigsten Formen werden nachfolgend kurz beschrieben:

- **Management by Objectives** (Führung durch Zielvereinbarungen): Ausgehend von den obersten Zielen des Unternehmens, die die Unternehmensleitung formuliert, setzen Angestellte mit ihren Vorgesetzten diese Ziele in ihrem Arbeitsbereich um. Es werden Aufgaben für die einzelnen Stellen festgelegt. Da der einzelne Stelleninhaber an der Aufgabenerstellung beteiligt war, wird er besonderen Ehrgeiz entwickeln, diese Aufgaben zu bewältigen.

  Management by Objectives

- **Management by Delegation** (Führung durch Übertragung von Verantwortung und Entscheidungsbefugnis): Die Mitarbeiter dürfen innerhalb ihres Aufgabenbereiches selbstständig Entscheidungen treffen. Sie unterliegen zwar der Kontrolle des Vorgesetzten, dieser greift aber nicht in den Entscheidungsprozess ein, es sei denn, er kann Fehlentwicklungen verhindern. Basis dieses Führungsgrundsatzes ist eindeutig ein kooperativer Führungsstil.

  Management by Delegation

  Das nach der Führungsakademie in Bad Harzburg benannte *Harzburger Führungsmodell* (häufig gleichgesetzt mit *Management by Delegation*) wurde immer weiterentwickelt. Ziel ist die „Führung im Mitarbeiterverhältnis" und die Motivation der Mitarbeiter.

- **Management by Exception** (Führung nach dem Ausnahmeprinzip): Alle üblicherweise anfallenden Entscheidungen werden von den zuständigen Stellen selbstständig getroffen. Die Vorgesetzten greifen nur dann ein, wenn über außergewöhnliche Maßnahmen entschieden werden soll. Durch diese Führungstechnik wird die Unternehmensleitung von alltäglichen Arbeiten befreit. Ihr obliegen nur noch die Anordnungen und die Kontrolle über diese Tätigkeiten.

  Management by Exception

- **Management by Systems** (Führung durch Systemsteuerung): Hierbei handelt es sich um eine Führung mittels Delegieren und weitestgehender Selbstregelung auf der Grundlage computergestützter Informations- und Steuerungssysteme wie beim *Management by Objectives.*

  Management by Systems

Die Führungsmethoden werden durch **Führungsinstrumente** unterstützt. Diese dienen neben der Definition von gemeinsamen Zielen dem Aufbau von Vertrauen, aber auch der Kontrolle der Umsetzung von Aufgaben.

Führungsinstrumente

Mitarbeitergespräche dienen dazu, die Vertrauensbasis zwischen Mitarbeiter und Vorgesetztem zu stärken.

Mitarbeitergespräche

Zielsetzungen	Voraussetzungen
■ Angleichen des Informationstands von Mitarbeiter und Vorgesetztem (gleicher Stand zu Arbeitsfortschritten und Problemen) ■ Erfassung des Ist-Stands bezogen auf die Aufgabenbereiche des Mitarbeiters (Rückblick auf erledigte Aufgaben, Möglichkeit zu Lob und Kritik) ■ Einbringen von Ideen des Mitarbeiters ■ eventuell Aufstiegsmöglichkeiten bzw. Erweiterungen des Aufgabengebiets besprechen ■ auch Vereinbarung von Reduzierung der Aufgaben möglich	■ offene Atmosphäre ■ Bereitschaft zum strukturierten Gespräch und zum gegenseitigen Zuhören ■ Einhalten von „Grenzen" (der Vorgesetzte bleibt der Vorgesetzte) ■ Konzentration auf Schwerpunkte (es geht nur um den Aufgabenbereich des Mitarbeiters; rechtzeitige Ankündigung erleichtert die Vorbereitung)

Zielvereinbarungen

Ergebnis von Mitarbeitergesprächen können auch **Zielvereinbarungen** sein.

› Teil A

Zielsetzungen	Voraussetzungen
■ Festlegung konkreter Aufgabenschwerpunkte und messbarer Ziele (strategische oder operative, mit unterschiedlicher zeitlicher Dimension; meist über ein Jahr oder die Dauer eines Projekts, bezogen auf ein Umsatzziel usw.) ■ Motivationsschub durch Anreiz(e) für den Mitarbeiter	■ Das zu erreichende Ziel muss messbar sein. ■ Die Zielsetzung sollte realistisch sein, die Voraussetzungen für die zielgerichtete Arbeit des Mitarbeiters müssen gegeben sein. ■ Als Zusatz zum Arbeitsvertrag sollte die Zielvereinbarung mit diesem und den anderen Aufgaben des Mitarbeiters vereinbar sein. ■ Eine Fokussierung auf das gesetzte Ziel darf nicht zu Egoismus führen und das Gesamtziel gefährden. ■ Der Vorgesetzte muss die Möglichkeit zur Kontrolle und zum Eingreifen behalten.

Beispiele

- Reduzieren der Reklamationsquote bei Bürostühlen der Serie *ongis* auf unter 2 %
- Festlegen eines Umsatzziels für den *communicTable* im Absatzbereich Osteuropa im ersten Jahr nach Markteinführung
- Entwickeln eines Marketingkonzeptes für den Bereich *Konferenzmöbel* bis Ende des 2. Quartals

Auf der Grundlage von Zielvereinbarungen lassen sich leistungsabhängige Entgeltbestandteile festlegen.

Beurteilungen

Bei **Beurteilungen** unterscheidet man planmäßige und anlassbezogene. Ein Beispiel für eine planmäßige ist die Beurteilung der Auszubildenden am Ende ihrer Ausbildungszeit. Ziel ist die Entscheidung, ob sie (unter Hinzunahme der Beurteilung der schulischen Leistung) übernommen werden oder nicht. Anlassbezogen können Beurteilungen erfolgen, wenn ein Mitarbeiter z. B. für eine Aufgabe in einer anderen Abteilung geeignet erscheint. Beurteilungen dienen also primär der Personalentwicklung. Aber auch Fehlverhalten oder vermeintliche Leistungsdefizite können Anlass für eine Beurteilung sein.

Voraussetzungen für Beurteilungen sind:

- Die Stelle bzw. der Aufgabenbereich muss klar definiert sein.
- Die Beurteilung muss objektiven Gesichtspunkten (Kriterien) folgen, Sympathie oder Antipathie dürfen keine Rolle spielen.
- Der Beurteilende muss über die zur Beurteilung nötigen Kenntnisse verfügen.

Für die Bewertung von Leistungen lassen sich viele Kriterien finden, die wie folgt in **Kategorien** zusammengefasst werden können:

- Arbeitsergebnisse und Leistungsverhalten; enthält auch Arbeitsstil und Belastbarkeit in außergewöhnlichen Situationen;
- wirtschaftliches Gespür und kostenorientiertes Verhalten; enthält auch den Umgang mit Betriebsmitteln;
- Fachkenntnisse; enthält auch das Verständnis über Zusammenhänge betrieblicher Prozessabläufe und zu Anforderungen anderer Arbeitsplätze;
- Persönlichkeit und Erscheinungsbild; betrifft die sozialen Kompetenzen des Mitarbeiters, die sowohl nach innen als auch nach außen sichtbar sind.

Um zu objektiven und vergleichbaren Ergebnissen zu gelangen, nutzt man z. B. Beurteilungsbögen.[1]

1 § 82 (1) BetrVG schreibt vor: Der Arbeitnehmer hat das Recht, in betrieblichen Angelegenheiten, die seine Person betreffen, von den nach Maßgabe des organisatorischen Aufbaus des Betriebs hierfür zuständigen Personen gehört zu werden. Er ist berechtigt, zu Maßnahmen des Arbeitgebers, die ihn betreffen, Stellung zu nehmen sowie Vorschläge für die Gestaltung des Arbeitsplatzes und des Arbeitsablaufs zu machen.

Beispiel

Beurteilungsbogen

Beurteilungsbogen Auszubildende (kaufmännischer Bereich)

Name: ______________ Vorname: ______________

Abteilung: ______________

Beurteilungzeitraum: ______________ bis ______________

Grund der Beurteilung: ______________

Einsatz-/Aufgabenbereiche: ______________

____

Beurteilende(r): ______________

Punkte	1	2	3	4	5	6	Summe
Beurteilung	stark verbesserungswürdig	verbesserungswürdig	ausreichend	befriedigend	gut	sehr gut	
Arbeitsverhalten							
Arbeitsergebnisse			x				**3**
Sorgfalt					x		**5**
Ausdauer/Belastbarkeit		x					**2**
Zuverlässigkeit					x		**5**
Pünktlichkeit					x		**5**
Sozialverhalten							
gegenüber Vorgesetzten					x		**5**
gegenüber Kollegen				x			**4**
Ergänzende Hinweise:							
Empfehlung:							

Aufgaben

› Kap. 6.3

1. Grenzen Sie die oben genannten Management-Systeme voneinander ab. Versetzen Sie sich dabei in die Perspektive
   a) des Vorgesetzten,
   b) des Mitarbeiters.
2. Worin sehen Sie Stärken und Schwächen des „Management by Objectives“?
3. Nennen Sie drei Anlässe für Mitarbeitergespräche und drei Aufgaben von Mitarbeitergesprächen.
4. Wann und warum kann man bei Mitarbeitergesprächen von einer „Win-Win-Situation“ sprechen?
5. Sie sollen ein Mitarbeitergespräch vorbereiten. Nennen Sie fünf Arbeitsschritte in logischer Reihenfolge, die dazu notwendig sind.
6. Oben sind vier Kategorien genannt, in die man Kriterien für die Beurteilung eines Mitarbeiters einordnen kann. Nennen Sie bitte je Kategorie fünf Kriterien und geben Sie dabei an, wie wichtig diese sind. Begründen Sie Ihre Auswahl.
7. Die vier Kategorien zur Beurteilung eines Mitarbeiters sind nicht einheitlich auf kaufmännische und gewerblich-technische Berufe anzuwenden. Warum ist das so? Bitte begründen Sie Ihre Einschätzung.

6.4 Personalentwicklung

Die Personalentwicklung verfolgt die folgenden **Ziele**:
- Zielsetzungen des Unternehmens und des Mitarbeiters zusammenbringen,
- Mitarbeiterqualifikationen erhalten, fördern, erweitern,
- Mitarbeiter motivieren,
- Mitarbeiter für Entwicklungsmaßnahmen auswählen und vorbereiten.

Laufbahnplanung

Neben der oben aufgezeigten Beurteilung, die eine Beurteilung bezüglich der Entwicklungsperspektiven einschließen sollte, zielt z. B. auch das Instrument **Laufbahnplanung** darauf, dass ermittelt wird, wie ein Mitarbeiter zukünftig eingesetzt, gefördert und in seiner Entwicklung bestärkt werden kann.

Häufig liegen die besten personellen Reserven im Unternehmen selbst. Mit einer klaren Laufbahnplanung ist nicht nur den Mitarbeitern, sondern insbesondere der Personalabteilung und dem ganzen Unternehmen gedient.

Modell einer Laufbahnplanung

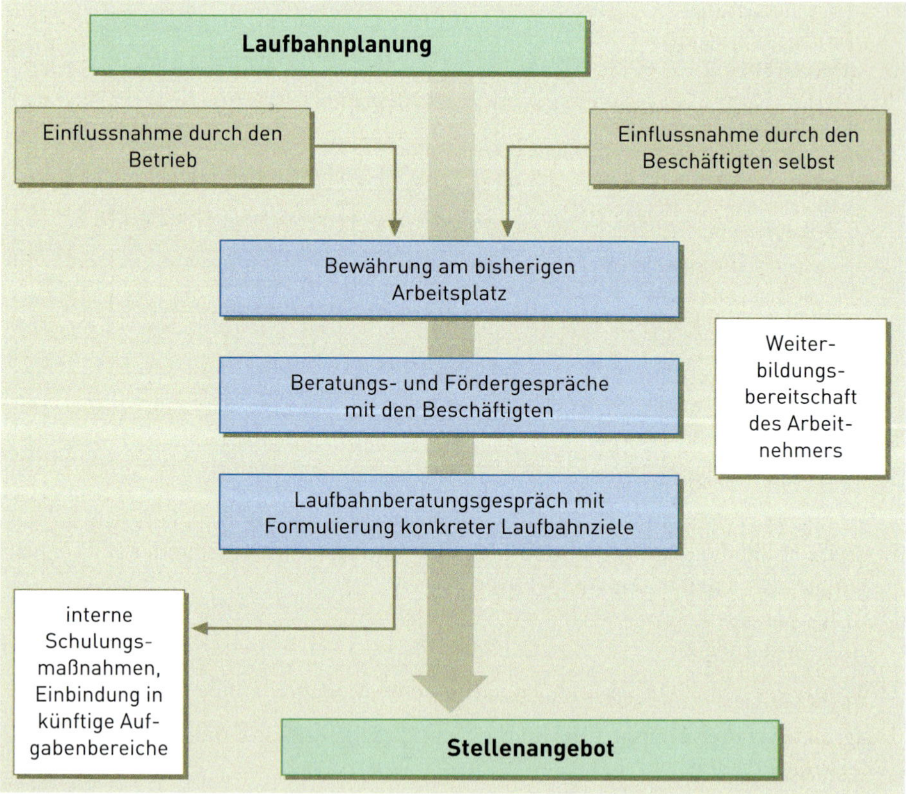

Maßnahmen

Beruflicher Aufstieg verbindet sich oft mit einer vorausgehenden Fort- und Weiterbildung. Sie kann ein Teil der voranstehend skizzierten Laufbahnplanung sein, die daher auch vom Betrieb unterstützt wird. Es kann sich aber auch um individuelle **Maßnahmen** handeln, die mehr oder weniger losgelöst von dem Betrieb durchgeführt und finanziert werden. Der Vorteil liegt darin, dass sich nach Abschluss einer solchen Fortbildung ggf. auch unternehmensextern neue Tätigkeitsfelder eröffnen.

Zu unterscheiden sind:
- innerbetriebliche Förderung; am Arbeitsplatz (z. B. Ausbildung, aber auch durch Unterweisungen, Job-Rotation oder Job-Enrichment) oder außerhalb (Aus- und Aufstiegs-)Fortbildung, berufliche Umschulung oder Weiterbildung, Seminare usw.);

- zwischenbetriebliche Förderung (Kooperation von Unternehmen);
- außerbetriebliche Förderung (z. B. durch Bildungsangebote der IHK, private Bildungsträger).

Die Planung von Maßnahmen zur Personalentwicklung muss immer die folgenden Fragen einbeziehen:

- *Welche Ziele hat die Maßnahme? (Zielsetzung)*
- *Wer kommt für die Maßnahme infrage? (Bedarfsermittlung)*
- *Was kann in welcher Zeit und zu welchen Kosten realisiert werden? (Durchführungsplanung)*
- *Sind geeignete Instrumente zur Zielerreichung vorhanden? (Kontrolle)*

Beteiligte Stellen bei Entwicklungsmaßnahmen sind die Unternehmensleitung (legt die Ziele fest), die Mitarbeiter (zeigen Bereitschaft und Einsatz) und der Betriebsrat (hat Mitbestimmungsrecht bezüglich Personalauswahl und Dauer der Maßnahme, fördert oftmals das Einrichten von Maßnahmen).

Aufgaben

› Kap. 6.4

1. Welche Ziele verfolgt die Personalentwicklung in einem Industrieunternehmen?
2. Informieren Sie sich über die Fortbildungsmöglichkeiten in Ihrem Ausbildungsbetrieb. Ordnen Sie die oben genannten Kriterien (Zielsetzung, innerbetrieblich/außerbetrieblich, beteiligte Personen bzw. Stellen) zu. **› Recherche**
3. Was kann die Personalabteilung tun, um rechtzeitig die Weichen dafür zu stellen, dass Stellen intern besetzt werden können, und welche Rolle spielt dabei eine Laufbahnplanung für die einzelnen Mitarbeiter/-innen?
4. Erkundigen Sie sich bei der für Ihren Ausbildungsbetrieb zuständigen IHK zu den für Industriekaufleute interessanten Fort- und Weiterbildungskonzepten. Stellen Sie eine Übersicht zusammen, die Sie Ihren Mitschülern präsentieren und erläutern können. **› Recherche**
5. Welche Anbieter von Fort- und Weiterbildungsmöglichkeiten gibt es neben der IHK in Ihrem Berufsfeld?
6. Es gibt eine Vielzahl von Maßnahmen für die unterschiedlichen Mitarbeiter im Industrieunternehmen. Finden Sie bitte für die folgenden Mitarbeiter und Mitarbeiterinnen geeignete Maßnahmen und begründen Sie, warum sie diese als wichtig ansehen.
   a) *Buchhalterin*
   b) *Außendienstmitarbeiter*
   c) *Vorarbeiter in der Fertigung*
   d) *Abteilungsleiter im Marketing*
7. Erläutern Sie anhand von Beispielen (aus Ihrem Ausbildungsbetrieb), was unter Maßnahmen
   a) *on the job*
   b) *off the job* und
   c) *near the job*
   zu verstehen ist.
8. Beschreiben Sie kurz das Konzept „Job-Rotation". Welche Vorteile hat es für
   a) das Unternehmen und
   b) den Mitarbeiter bzw. die Mitarbeiterin?

Wiederholungsaufgaben

› Kap. 6

› Recherche

1. Finden Sie ein Beispiel für ein Unternehmensleitbild. Untersuchen Sie es hinsichtlich der folgenden Aspekte:
   a) Welche Unternehmenskultur wird hier gezeigt?
   b) Welche Worte/Begriffe spiegeln besonders die Philosophie des Unternehmens wider?
   c) Welche konkreten Handlungsanweisungen sind enthalten?

   Präsentieren Sie Ihren Mitschülern Ihre Ergebnisse.

2. Diese Aufgabe basiert auf der Aufgabe 10 auf Seite 522.

   Nachfolgend finden Sie vier Aussagen, die darstellen sollen, welche Auswirkungen das von dem Vorgesetzten in Aufgabe 10 auf Seite 522 jeweils gezeigte Verhalten (Aussagen A bis D) haben kann.

   Ordnen Sie die hier genannten Auswirkungen den Reaktionen A bis D aus der Aufgabe von Seite 522 zu.
   1) *Das Resultat dieses auf Dauer durchgeführten Stils wird eine „innere Kündigung" des Mitarbeiters sein. Er fühlt sich nicht mehr der Organisation und seinem Vorgesetzten verpflichtet und wird dies in unmotivierten und dadurch unterdurchschnittlichen Leistungen zeigen.*
   2) *Der Mitarbeiter wird hierbei aktiv in die Problemlösung mit einbezogen, sodass er Möglichkeiten bekommt, dazuzulernen. Aber er wird nicht alleingelassen, sondern der Vorgesetzte steht ihm bei Fragen zur Seite, ohne dass der Mitarbeiter für sein Problem entwürdigt wird. Motivationssteigerung und Mut, durch Fragen sich selbst weiterzuentwickeln, werden die Folgen sein.*
   3) *Das Resultat wird sein, dass sich der Vorgesetzte unselbstständige Mitarbeiter „heranzieht" und ihnen keine Möglichkeit gibt, sich weiterzuentwickeln und dazuzulernen. Der Vorgesetzte lenkt das Geschehen allein, ohne die Mitarbeiter mit einzubeziehen. Auf Dauer wird dies für die Mitarbeiter unbefriedigend werden und der Vorgesetzte wird sich in kürzester Zeit übernehmen.*
   4) *Der Mitarbeiter wird hier in den Lösungsweg nicht einbezogen. Er bleibt deswegen unselbstständig und fühlt sich durch den „rüden" Ton verletzt. Auch hier wird auf Dauer eine „innere Kündigung" des Mitarbeiters auftreten.*

3. *„Führung heißt: Erfolge durch andere zu erzielen".* Wie interpretieren Sie diesen Ausspruch?

4. Unternehmerische Führung findet im Spannungsfeld von Machtausübung und Mitgestaltung statt. Diskutieren Sie, von welchen Kriterien ein Führungsstil bestimmt wird und wie sich Führungsstil und Führungsverhalten auf die Mitarbeiter auswirken können. Lassen Sie dabei Ihre Erfahrungen aus Ihrer Arbeit in Ihrem Ausbildungsbetrieb einfließen.

5. Nennen Sie drei Kriterien, die aus Ihrer Sicht einen kooperativen Führungsstil ausmachen. Erläutern Sie, warum der kooperative Führungsstil gegenüber einem autoritären Stil und einer Laissez-faire-Haltung in der Regel den größeren Führungs- und damit auch Unternehmenserfolg verspricht.

6. Führungsstile und -methoden haben unmittelbar mit der Frage zu tun, wie man miteinander kommuniziert.
   a) Nennen Sie drei Regeln, die aus Ihrer Sicht wichtige Grundlagen für eine erfolgreiche Kommunikation sind.
   b) Vergleichen Sie Ihre Ergebnisse mit denen Ihrer Mitschüler. Stellen Sie eine Übersicht zusammen. Sind bestimmte Regeln häufiger genannt worden?

6101528

7. Warum ist es notwendig, dass sich Industriekaufleute nach Abschluss ihrer Berufsausbildung weiterbilden?

8. Beschreiben Sie Möglichkeiten, sich am Arbeitsplatz fortzubilden bzw. neue Kenntnisse und Fähigkeiten zu erwerben.

9. Welche Möglichkeiten hat ein Industrieunternehmen, die Motivation seiner Arbeitnehmerinnen und Arbeitnehmer zu steigern? Nennen Sie mindestens drei Beispiele. Tauschen Sie Ihre Ergebnisse mit denen Ihrer Mitschüler aus.

10. Welche sind Ihrer Ansicht nach die wichtigsten Kriterien für eine Mitarbeiterbeförderung?

11. Grenzen Sie die folgenden Begriffe voneinander ab:
- *Fortbildung,*
- *Weiterbildung,*
- *berufliche Umschulung,*
- *betriebliche Berufsausbildung,*
- *Berufsausbildung im dualen System.*

12. Was versteht man unter einem „Qualitätszirkel“? Welche Leitidee steckt hinter diesem Instrument?

Recherchieren Sie zum Thema im Internet. Beachten Sie Aspekte wie „soziale Qualität“, „Verfahrensqualität“, „technische Qualität“, „Mitgestaltung“ und „Mitverantwortung“.

› **Recherche**

13. Nennen Sie Ziele, die ein Unternehmen mit dem Konzept „Qualitätszirkel“ verfolgt.

14. Ordnen Sie die folgenden Aspekte 1) bis 8) den Management-by-Methoden a) bis d) zu.

Management-by-Methoden:

a) *Management by Objectives*
b) *Management by Delegation*
c) *Management by Systems*
d) *Management by Exception*

Aspekte:

1) *Handlungsverantwortung an die Mitarbeiter weitergeben*
2) *mit dem Mitarbeiter Ziele in Kooperation fortschreiben*
3) *als Vorgesetzter den Handlungsspielraum vorgeben, aber den Mitarbeiter innerhalb des Handlungsspielraums selbstständig entscheiden lassen*
4) *Entscheidungsbefugnisse an die Mitarbeiter übertragen*
5) *Zielvereinbarungen einsetzen*
6) *computergestützte Informations- und Steuerungssysteme einsetzen*
7) *nur in Ausnahmen eingreifen*
8) *Kooperation und Motivation in den Vordergrund stellen*

15. a) Nennen die Voraussetzungen für die Beurteilung von Mitarbeitern.
b) Welchen Zweck haben Beurteilungen von Mitarbeitern?

7 Personalinformationssysteme und Personalcontrolling

Einführung

Die Personalakte eines Mitarbeiters enthält alle arbeitsrechtlich relevanten Informationen. Um für die verschiedensten Aufgabenstellungen nicht immer die Papierakte zur Hand nehmen zu müssen, arbeitet man heute mit elektronischen Datenbanksystemen, die sämtliche für das Unternehmen wichtigen Mitarbeiterdaten enthalten. Das Interesse des Unternehmens an einer möglichst umfassenden Kenntnis der persönlichen Daten wird durch die Rechte eines jeden Arbeitnehmers am Schutz seiner personenbezogenen Daten begrenzt.

Beispiel

Die Heidtkötter KG plant den Aufbau eines neuen Geschäftsfeldes. In diesem Zusammenhang sind einige Stellen neu zu besetzen, nicht nur in der Fertigung. Da Heidtkötter innerbetriebliche Karrieren grundsätzlich fördert und interessante neue Positionen ebenso wie frei gewordene Stellen am liebsten mit Mitarbeitern aus den eigenen Reihen besetzen möchte, will Klaus M. Heidtkötter eine Aufstellung der für die zu besetzenden Stellen in Frage kommenden Mitarbeiter. Schließlich besteht nicht nur der Betriebsrat auf dem Vorrang interner Bewerber, sondern das Wissen um die Möglichkeiten, innerhalb des Unternehmens weiterzukommen, motiviert die Mitarbeiter sehr. Für die weitere Personalplanung ist es deshalb wichtig, zu wissen, wie schnell neue Stellen besetzt werden können und an welcher Stelle dadurch möglicherweise Lücken entstehen.

In diesem Kapitel werden die Informationen, die ein Unternehmen über seine Mitarbeiter speichert und die verschiedenen Speicher- und Auswertungsmöglichkeiten sogenannter Personalinformationssysteme dargestellt. Mit deren Hilfe lassen sich die Aufgaben der Lohn- und Gehaltsabrechnung ebenso erledigen wie die Erstellung von Übersichten zu den unterschiedlichsten Aufgabenstellungen. Nicht nur zu Controllingzwecken, sondern auch bei Stellenneubesetzungen lassen sich Informationen über die Mitarbeiter aus dem Personalinformationssystem gewinnen.

Personalakten

Unternehmen haben auch vor der Unterstützung durch Datenverarbeitungssysteme für jeden Mitarbeiter eine **Personalakte** geführt, um dessen Unterlagen und Daten zu verwalten. In der Personalakte sind alle Unterlagen über die dienstlichen und die persönlichen Verhältnisse des Mitarbeiters, sofern sie in einem direkten Zusammenhang mit dem Arbeitsverhältnis stehen, enthalten.

Neben den Angaben zur Person, den vertraglichen Vereinbarungen und den Angaben zu den verschiedenen Tätigkeiten des Mitarbeiters im Unternehmen werden auch Informationen zu seinen Bezügen und Arbeitszeiten gesammelt. Zwischenzeugnisse, Abmahnungen, Bewerbungsschreiben auf interne Stellenausschreibungen usw. finden sich ebenfalls in der Personalakte. Die Personalakte dient sowohl der Entgeltabrechnung, als auch der Personalführung.

Zum Zweck der **Personalführung** dienen die folgenden Daten:

- Vertragsdaten (alle Angaben zum Arbeitsvertrag oder zu Änderungen in diesem, Vereinbarungen, Vollmachten, Abmahnung, Kündigung),
- vorvertragliche Daten (Bewerbungsunterlagen, Eignungstests, ärztliche Tauglichkeitsuntersuchungen, gegebenenfalls Kopien von Führerscheinen),

- Angaben zur Personalentwicklung (Aus- und Weiterbildung, Beurteilungen, Abmahnungen, Beförderung(svorschläge), Erwerb von Sprachkenntnissen),
- Daten zu Fehlzeiten, Jubiläen usw.

Für die **Abrechnung** sind folgende Daten relevant:

- Stammdaten (alle für die Lohn- und Gehaltsabrechnung relevanten Angaben, insbesondere zur Berechnung der Lohnsteuer, zur Krankenversicherung, zu Zulagen und Abzügen, gegebenenfalls Pfändungs- und Überweisungsbeschlüsse, Urlaubsanspruch),
- Resturlaubsanspruch,
- Angaben zu Sonderzahlungen, Prämien, Aufwandserstattungen,
- Angaben zu Vermögensbildung, Arbeitgeberdarlehen, Direktversicherungen.

Nebenakten

Angaben, die einen dienstlichen Bezug haben, müssen in der Personalakte vollständig verzeichnet sein. Bei Betrieben, deren Personalverwaltung vom Hauptsitz des Unternehmens durchgeführt wird, werden häufig sogenannte **Nebenakten** geführt. Ist dies der Fall, dann muss sich dazu in der Hauptakte ein Verweis auf die Nebenakte finden.

Einsichtnahme

Die Personalakte ist **vertraulich zu behandeln**. Gesetzliche Vorschriften, wer Zugang zu den Personalakten hat, finden sich nur in den verschiedenen Beamtengesetzen. In den meisten Unternehmen wird das jedoch ähnlich gehandhabt. Danach dürfen neben dem Mitarbeiter nur der Geschäftsführer/Inhaber, der Personalleiter, der Personalsachbearbeiter und der unmittelbare Vorgesetzte Einsicht in die Personalakte bekommen. Der Mitarbeiter kann bei der Einsicht ein Mitglied des Betriebsrates hinzuziehen. Der Betriebsrat hat kein eigenständiges Recht auf Einsicht. Weder Familienmitglieder noch Kreditinstitute oder Gläubiger des Mitarbeiters haben Recht auf Einsicht.

Weitergabe von Daten

› Seite 534

Personenbezogene Daten dürfen nur mit Zustimmung des Mitarbeiters weitergegeben werden. Die Beschränkungen im Umgang mit personenbezogenen Daten ergeben sich insbesondere aus dem Datenschutzgesetz. Dort ist z. B. geregelt, dass Mitarbeiter, die Zugang zu personenbezogenen Daten haben, auf das Datengeheimnis verpflichtet werden, das z. B. für Mitarbeiter der Personalabteilung auch nach deren Ausscheiden aus dem Unternehmen weiter bestehen bleibt.

Personalinformationssysteme

Personalinformationssysteme (PIS) sind in der Regel computergestützte Verfahren, durch die die Daten der Beschäftigten (Personaldateien) erfasst, gespeichert, bearbeitet und für unterschiedliche betriebliche Zwecke bereitgestellt werden.
Personalinformationssysteme gehen weit über die Funktion einfacher Lohn- und Gehaltsabrechnungssysteme hinaus. Sie dienen der Erfassung und der Sicherung von Informationen zu Arbeitsplätzen und Personaleinsatz im Unternehmen. Aus den Informationen lassen sich Erkenntnisse für die Personalplanung und das Personalcontrolling ableiten.

PIS können eingesetzt werden im Rahmen

- der Personalbedarfsplanung (z. B. bei hohen Fehlzeiten im Betrieb oder bei der Planung und Durchführung von Produktionserweiterungen),
- der Personalbeschaffung (z. B. zur Auskunft über die Anzahl der Bewerbungen auf eine Stellenausschreibung),
- des Personaleinsatzes (z. B. zur Beurteilung des Aufkommens von Überstunden),
- der Personalentwicklung (z. B. zur Auskunft über die Teilnahme an Fortbildungen),
- aber auch bei der Freisetzung von Personal.

In der Personalverwaltung unterstützen PIS die Stammdatenverwaltung. Häufig ist die Arbeitszeiterfassung direkt an das PIS gekoppelt. Entgeltabrechnungen werden direkt aus dem PIS erstellt. PIS ermöglichen zu all diesen Bereichen Auswertungen, die wiederum der Planung dienen.

Grundstruktur

Die **Grundstruktur** eines computergestützten Personalinformationssystems besteht in der Regel aus den folgenden Komponenten:

- **Personaldatenbank:** Hier erfolgt die Verwaltung der Stammdaten der Mitarbeiter. Zu diesen Daten zählen Personenmerkmale der Mitarbeiter, die konstant sind oder sich nicht kurzfristig ändern. Beispiele für Personalstammdaten sind:
  - Name und Nachname
  - Personalnummer
  - Kostenstelle
  - Lohn-/Gehaltsgruppe
  - Anschrift
  - Familienstand
  - Steuerklasse
  - Steueridentifikationsnummer
  - Krankenversicherung

  usw.
- **Stellendatenbank:** Sie enthält Informationen über Tätigkeitsbereiche und Arbeitsplätze. Auch Arbeitsanforderungen, die an die Mitarbeiter durch eine zu erledigende Sachaufgabe gestellt werden, sind der Stellendatenbank zu entnehmen.

Kategorien

Unabhängig davon unterscheidet man grundsätzlich zwei **Kategorien** von Personalinformationssystemen:

Berichtssysteme ⟷ **Entscheidungssysteme**

Sie liefern auf der Grundlage der vorhandenen Daten die Basis für statistische Auswertungen, z. B.

1 = 100 %

- Fehlzeitenquote → $\frac{\text{Fehlzeiten in Stunden}}{\text{Sollarbeitszeit}}$
- Fluktuationsquote → $\frac{\text{Zahl personeller Abgänge}}{\text{durchschnittlicher Personalbestand}}$
- Einstellungsquote → $\frac{\text{Zahl der Einstellungen}}{\text{Anzahl der Bewerbungen}}$
- Personalabdeckungsquote → $\frac{\text{Ist-Personalbestand}}{\text{planmäßiger Personalbedarf}}$
- Mehrarbeitsquote → $\frac{\text{tatsächlich geleistete Arbeitsstunden}}{\text{planmäßige Arbeitsstunden}}$
- Schwerbehindertenquote → $\frac{\text{Zahl der schwerbehinderten Mitarbeiter}}{\text{Gesamtbelegschaft}}$
- Auszubildendenquote → $\frac{\text{Zahl der Auszubildenden}}{\text{Gesamtbelegschaft}}$

Die dargestellten Berichtsdaten haben einen eher statistischen Charakter und sind oft kurzfristigen Schwankungen unterworfen, wie dies z. B. bei der Fehlzeitenquote der Fall ist.

Ihnen gegenüber stehen Kennzahlen, die eher langfristigen Entscheidungscharakter mit Auswirkungen auf die Personalwirtschaft haben.

Hierzu gehören insbesondere zwei statistische Größen:

$$\text{Personalintensität} = \frac{\text{Personalkosten}}{\text{Umsatz}}$$

$$\text{Umsatz je Mitarbeiter} = \frac{\text{Gesamtumsatz}}{\text{Mitarbeiterzahl}}$$

Diese beiden Kennziffern sind besonders wichtig für einen Vergleich zu den Wettbewerbern – sofern man deren Daten kennt. Je geringer die Personalkosten im Vergleich zum Umsatz sind oder je höher der anteilig pro Mitarbeiter erzielte Umsatz im Vergleich zu den Umsätzen von Konkurrenten ist, desto größer können die Kalkulationsspielräume eines Unternehmens sein.

Personalstatistik

Ausgangspunkt für viele Entscheidungen in der Personalwirtschaft ist die **Personalstatistik** als ein Instrument der Personalverwaltung. In einer Personalstatistik werden alle Belegschaftsmitglieder erfasst. Sie hat schwerpunktmäßig folgende Aufgaben:

- **Information:** Durch einen unmittelbaren Zugriff hat die Geschäftsleitung oder ein anderer dazu befugter Personenkreis die Möglichkeit, Kenntnisse über alle jeweils wichtigen Daten des Personalbereichs zu erlangen.
- **Entscheidungshilfe:** Daten der Personalstatistik dienen dazu, bestimmte Entscheidungen vorzubereiten. Dabei kann es sich ebenso um Personalbeschaffungen, verstärkte Maßnahmen zur Personalförderung wie auch um die Vorbereitung eines notwendigen Personalabbaus handeln.
- **Dokumentation:** Die Personalstatistik hält Daten fest, deren Beobachtung für einen längeren Zeitraum sinnvoll ist. So können z. B. Fehl- oder Arbeitsausfallzeiten über mehrere Jahre verfolgt und innerbetrieblich zwischen Abteilungen sowie extern mit denen anderer Unternehmen verglichen werden, um die Ursachen im eigenen Unternehmen besser erforschen zu können.
- **Kontrollfunktion:** Eng verbunden mit den vorausgehenden Aufgaben ist die Kontrolle der Umsetzung personalwirtschaftlicher Entscheidungen auf mittel- und langfristige Sicht. Dies gilt umso mehr, als der Personalbereich aufgrund des relativ hohen Lohnkostenanteils in einem hohen Maße zu der Wettbewerbsfähigkeit eines Unternehmens beiträgt.

Personalcontrolling

Personalstatistiken und Personalinformationssysteme geben sowohl der Personalabteilung als auch der Unternehmensleitung und den Vorgesetzten der einzelnen betrieblichen Abteilungen **Informationen, die für den Steuerungsprozess wichtig sein können**. Auch der Betriebsrat erhält wichtige Informationen, z. B. über die Arbeitsbelastung der Mitarbeiter.

Bereiche

Je nachdem, welche Sachverhalte aus dem Personalwesen erfasst und ausgewertet werden, unterscheidet man folgende **Bereiche des Personalcontrollings**:

Operatives Personalcontrolling

Das **operative Personalcontrolling** ist kurz- und mittelfristig angelegt und beschäftigt sich mit den „harten Kennzahlen" wie z. B.

- Mitarbeiterzahl,
- Altersstruktur im Unternehmen,
- Kosten- und Ertragsstruktur im Personalbereich.

Strategisches Personalcontrolling

Das **strategische Personalcontrolling** enthält mittel- und langfristige Betrachtungen und konzentriert sich eher auf die „weichen" Kennzahlen.

Dazu gehören z. B. die

- Motivation der Mitarbeiter,
- Ziele der Mitarbeiter,
- Fähigkeiten und Potenziale der Mitarbeiter und damit zusammenhängend die
- Weiterbildung und Weiterentwicklung des Personals.

Gerade beim strategischen Personalcontrolling geht es darum, die Personalentwicklung entsprechend der Unternehmensstrategie zu steuern, d. h., die Mitarbeiter entsprechend ihrer Potenziale und den zukünftigen Anforderungen, die sich aus der Unternehmensstrategie und ihren persönlichen Zielen ergeben, auf lange Sicht weiter zu qualifizieren und zu entwickeln. Leistungsstarke Mitarbeiter werden möglicherweise stärker gefördert, wobei dies gemäß ihrem Entwicklungspotenzial erfolgen sollte und nicht zu Überforderungen führen darf. Leistungsschwache werden eventuell gefördert oder auf andere Aufgabenbereiche versetzt, vielleicht sogar freigesetzt.

Datenschutz-vorschriften

Bei der Erfassung und Verarbeitung von Arbeitnehmerdaten sind eine Reihe von Gesetzen und die daraus abgeleiteten Bestimmungen zu beachten. An oberster Stelle stehen das **Bundesdatenschutzgesetz (BDSG)** und die **Datenschutzgesetze** der einzelnen Bundesländer. Sie sehen z. B. vor, dass Mitarbeiter das Recht haben,

- Auskunft über ihre gespeicherten Daten zu erlangen,
- Daten, die unrichtig sind, berichtigen zu lassen, und
- Daten löschen zu lassen, wenn eine Speicherung nicht erfolgen durfte.

Außerdem muss zwingend sichergestellt sein, dass Unbefugte keinen Zugang zu den entsprechenden Datenverarbeitungsanlagen haben. Wenn ein Betrieb, der personenbezogene Daten automatisch verarbeitet, mehr als fünf Arbeitnehmer beschäftigt, muss ein **Datenschutzbeauftragter** bestellt werden.

Nach § 87 Abs. 6 des Betriebsverfassungsgesetzes hat der Betriebsrat ein **Mitbestimmungsrecht** bei der Einführung und Auswertung technischer Einrichtungen, mit deren Hilfe das Verhalten oder die Leistung überwacht werden können. Durch interne Betriebsvereinbarungen werden häufig **Negativlisten** zwischen Unternehmensleitung und Betriebsrat vereinbart, die festlegen, welche Daten nicht in computergestützten Systemen gespeichert werden dürfen. Dazu gehören z. B.:

- Angaben über gesundheitliche Verhältnisse,
- Daten über frühere Beschäftigungsverhältnisse,
- Parteizugehörigkeiten,
- erhaltene Kredite,
- Daten über strafbare Handlungen.

Hierbei handelt es sich nur um eine allgemeine Darstellung, die nicht unbedingt in jedem Fall gelten muss. Immer dann, wenn solche Daten für bestimmte Berufsgruppen oder die Ausübung einer bestimmten Tätigkeit von besonderer Bedeutung sind, ist es auch erlaubt, diese zu erheben und zu speichern.

Beispiel

So können z. B. von einem Geldtransportfahrer, einem Lkw-Fahrer, einer Krankenschwester oder einem in einem Forschungslabor tätigen Mitarbeiter gegebenenfalls persönliche Daten verlangt werden, über die ein Lagerarbeiter oder eine Mitarbeiterin im Versand keine Auskunft geben muss.

Aufgaben

› Kap. 7

1. Welche Ziele verfolgt man mit einem Personalinformationssystem und worin liegen die besonderen Vorteile von Datenbanken im Vergleich zu herkömmlichen Personalakten und -karteien?
2. Unterscheiden Sie zwischen Berichts- und Entscheidungssystemen im Bereich der Personalwirtschaft.
3. Im Rahmen der Personalstatistik wird die Personalstruktur ermittelt und beobachtet. Personalwirtschaftliche Entscheidungen werden in der Regel nicht ohne das Heranziehen von geeigneten Kennzahlen getroffen, zu denen u. a. gehören:
   - die Personaldeckungsquote,
   - die Mehrarbeitsquote,
   - die Fehlzeitenquote,
   - die Fluktuationsquote,
   - die Einstellungsquote,
   - die Schwerbehindertenquote und
   - die Auszubildendenquote.

a) Was steckt hinter diesen Kennzahlen und wie werden sie berechnet?
b) Was ist aus Ihrer Sicht die wichtigste Kennziffer bzw. welche Kennzahl könnte in einem Bericht an die Geschäftsleitung von besonderer Bedeutung sein?
c) Um welche Kennzahlen könnte man eine Auflistung zur Personalstruktur erweitern?

4. Inwiefern dienen Personalstatistiken als Informationssystem für die Managementebene in einem Unternehmen? Nennen Sie Beispiele.

5. Was steht in einer Personalakte und wer darf Einblick in sie nehmen?

6. Nennen Sie Beispiele für Informationen über Mitarbeiterinnen und Mitarbeiter, die nicht in Personalstatistiken oder Personalakten geführt werden dürfen.

7. Unterscheiden Sie zwischen dem eher kurzfristig und dem langfristigen Personalcontrolling. Nennen Sie dabei die jeweilige(n) Zielsetzung(en).

8. Nennen Sie drei Kennzahlen des operativen Personalcontrollings. Welche Informationen liefern diese Kennzahlen?

9. Welche externen Stellen benötigen welche Personaldaten aus einem Unternehmen?

10. Bitte schauen Sie in das Bundesdatenschutzgesetz (BDSG).
a) Welches Ziel verfolgt das BDSG?
b) Erläutern Sie kurz, was gemäß BDSG personenbezogene Daten sind.
c) Nennen Sie schutzwürdige Daten und nicht schutzwürdige Daten.
d) Welche Rechte zum Schutz seiner Daten im Unternehmen hat ein Mitarbeiter?

› Recherche

Wiederholungsaufgabe

› Kap. 7

Die Anzahl der Fehltage in einem Unternehmen zeigte im letzten Geschäftsjahr folgenden Verlauf:

Monat	Jan.	Febr.	März	April	Mai	Juni	Juli	Aug.	Sept.	Okt.	Nov.	Dez.
Fehltage (ohne urlaubsbedingte Abwesenheit)	80	110	90	75	82	50	60	80	90	120	140	68
vorhandene Arbeitstage (um urlaubsbedingtes Fehlen bereinigt)	2 760	2 478	2 530	2 100	2 530	2 508	2 185	2 254	2 662	2 760	2 706	2 178

a) Ermitteln Sie auf der Grundlage der vorgegebenen Soll-Arbeitszeiten, wie hoch die Fehlzeitenquote in den einzelnen Monaten und die jahresdurchschnittliche Fehlquote unabhängig von den Urlaubstagen der Mitarbeiter war.
b) Stellen Sie den Verlauf der Fehlzeiten in einem Diagramm dar.
c) Erläutern Sie zum einen, welche Bedeutung ein Ausfallen von Mitarbeitern für die Personalplanung und die Personalkosten hat, und zum anderen, was getan werden kann, um die Fehlzeiten zu minimieren.

F

Investition und Finanzierung

Lernfeld 11
Investitions- und Finanzierungsprozesse planen

1 Betriebswirtschaftliche Grundlagen

Einführung

Ein Industrieunternehmen steht in einem ständigen Wettbewerb mit seinen Konkurrenten. Um dauerhaft bestehen zu können und wettbewerbsfähig zu bleiben, muss das Unternehmen leistungsfähig bleiben.

Die Leistungsfähigkeit bleibt erhalten, wenn die eingesetzten Maschinen funktionieren, ausreichend Roh-, Hilfs- und Betriebsstoffe für die Produktion zur Verfügung stehen, genügend qualifizierte Arbeitskräfte vorhanden sind usw. Die technischen Anlagen, das Lager, der Fuhrpark, all das muss instand gehalten und bei Bedarf gemäß dem technischen Fortschritt angepasst werden. Auch können Investitionen in zusätzliche Produktionsanlagen erforderlich werden. Für all diese Notwendigkeiten und Maßnahmen benötigt das Unternehmen Geldmittel.

Beispiel

Die Heidtkötter KG steht ständig vor der Herausforderung zu entscheiden, welche Investitionsmaßnahmen durchgeführt werden müssen und wie die dazu nötigen finanziellen Mittel aufgebracht werden können.

- Zum Beispiel verfügt sie über einen großen Fuhrpark, zu dem auch mehrere Fahrzeuge gehören, die der Außendienst nutzt. Diese Fahrzeuge werden in der Regel über einen Zeitraum von drei Jahren gefahren und danach durch neue ersetzt. Obwohl die Geschäftsleitung auf eine bestimmte Markentreue setzt, unterliegt die Beschaffung wirtschaftlichen Kriterien.
- Der Markterfolg des *communicTable* erfordert eine Erweiterung der Produktionsanlagen. Aufgrund der großen Nachfrage und der Ausweitung des Absatzes in osteuropäische Länder soll die Fertigungsmenge von zurzeit 30 Stück auf 45 Stück pro Monat erhöht werden. Für die Einrichtung eines neuen Montageplatzes werden Kosten in Höhe von rund 50.000,00 € veranschlagt. Gleichzeitig erhöht sich der Bedarf an Rohstoffen und Vorprodukten um 50 %.

Weil Kapital, das zu einem bestimmten Zweck im Unternehmen verwendet werden soll, zunächst beschafft oder bereitgestellt werden muss, stehen Investition und Finanzierung in direktem Zusammenhang. Im Investitions- bzw. Finanzierungsbereich zeigt sich die geldliche Seite der Betriebsprozesse. Die folgenden Unterkapitel sollen einen ersten Einblick geben, wie Investition und Finanzierung als unterstützende Prozesse dazu dienen, den Leistungsprozess (Kernprozess) im Unternehmen aufrechtzuerhalten.

6101536

1.1
Modell der betrieblichen Prozesse

Betriebliche Prozesse

Unternehmen können auf Dauer nur existieren, wenn der ständige Zufluss an Werkstoffen und Betriebsmitteln sowie die Nutzung der Arbeitskraft über entsprechend hohe Verkäufe fertiger Erzeugnisse an Kunden bezahlt werden kann.

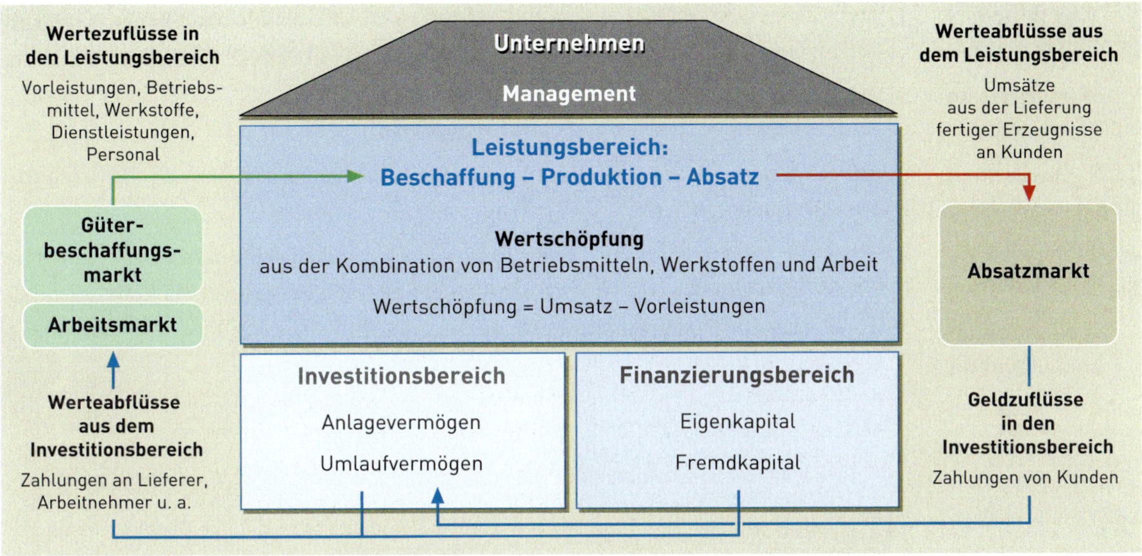

Das Unternehmensmodell verdeutlicht die zwei Seiten der betrieblichen Prozesse:

Güterwirtschaftliche Prozesse

1. Im Leistungsbereich **Beschaffung – Produktion – Absatz** zeigt sich die **güterwirtschaftliche Seite** der Betriebsprozesse. Hier werden die Produktionsfaktoren (Betriebsmittel, Werkstoffe, Arbeitskraft) so kombiniert und eingesetzt, dass marktfähige Erzeugnisse entstehen. Der Wert der eingesetzten Faktoren (= betriebliche Aufwendungen/Kosten) ist im Allgemeinen niedriger als der Wert der zu Marktpreisen absetzbaren Erzeugnisse (= betriebliche Erträge, Umsatzerlöse). Die Differenz aus Erlösen und Kosten, also der Betriebsgewinn, wird umso höher sein, je stärker die Nachfrage nach den Erzeugnissen ist.
   Ihren wertmäßigen Niederschlag finden die güterwirtschaftlichen Prozesse in den Erfolgskonten der Buchführung. Ein Gewinn wird dem Eigenkapital im Finanzbereich zugerechnet.

› Rechnungswesen

Geldwirtschaftliche Prozesse

2. Im **Investitions- bzw. Finanzierungsbereich** zeigt sich die **geldliche Seite** der Betriebsprozesse. Für die eingekauften Werkstoffe, Betriebsmittel und Dienstleistungen sowie für die Nutzung der Arbeitskraft sind in Höhe der vereinbarten Entgelte Zahlungen zu leisten. Dies führt zu **Geldabflüssen**. Sie werden in der Buchführung als Kassenabgänge, Abbuchungen von Bankkonten und/oder Verbindlichkeiten a. LL erfasst. Auf der Absatzseite treten **Geldzuflüsse** dadurch ein, dass Kunden die von ihnen gekauften Erzeugnisse bezahlen. Die Geldzuflüsse finden im Umlaufvermögen des Unternehmens in Form von Kassenzugängen, Zugängen auf den Bankkonten und/oder Forderungen a. LL ihren Ausdruck. Sie umfassen auch die erwirtschafteten Gewinne und stehen wiederum für den Kauf von Produktionsfaktoren zur Verfügung. Darüber hinaus setzt der Unternehmer z. B. zur Erneuerung, zur Verbesserung und/oder zur Erweiterung seiner Betriebsmittel auch das von Kreditinstituten zur Verfügung gestellte Fremdkapital (= Darlehen) ein.
   Ihren wertmäßigen Niederschlag finden die geldlichen Prozesse in den Bestandskonten der Buchführung.

› Rechnungswesen

1.2 Begriffe „Finanzierung“ und „Investition“

Das obige Modell gestattet es, die Begriffe **Investition** und **Finanzierung** klarer zu fassen. Hierbei sollen folgende Fragen helfen, die sich ein Unternehmer zu Beginn seiner unternehmerischen Tätigkeit stellen muss:

Kapitalbedarf (Kapital ermitteln)

1. *Welche und wie viele Betriebsmittel, Werkstoffe und Arbeitskräfte benötige ich, um meine unternehmerische Idee umzusetzen? Und wie viel Geld werde ich dafür benötigen?*

Finanzierung (Kapital beschaffen)

2. *Woher bekomme ich das Geld?*

Investition (Kapital verwenden)

3. *Wie setze ich das Geld zweckmäßig und effektiv bei der Anschaffung der Betriebsmittel und Werkstoffe ein?*

Störungsfreie Produktion

4. *Wird der Geldrückfluss aus dem Verkauf meiner Erzeugnisse ausreichen, um neue Betriebsmittel und Werkstoffe einzukaufen und die Arbeitskräfte zu bezahlen?*

Rentabilität und Liquidität

5. *Wird sich meine Tätigkeit für mich lohnen und meinen Betrieb dauerhaft sichern?*

Zu **1.**:	Zu Beginn der unternehmerischen Tätigkeit oder eines betrieblichen Vorhabens steht die Frage nach dem **Kapitalbedarf**. Wobei hier mit Kapital die Geldsumme gemeint ist, die für die Beschaffung der Produktionsfaktoren notwendig ist. Anhand eines **Kapitalbedarfsplans** wird der Unternehmer seine einmaligen und laufenden Ausgaben (bezogen auf einen bestimmten Zeitraum) zusammenstellen und die Gesamtsumme errechnen.
Zu **2.**:	Diese Frage zielt auf die **Finanzierung** des Unternehmens oder von einzelnen Vorhaben. Mit „Finanzierung“ ist also die Beschaffung der finanziellen Mittel gemeint. Grundsätzlich können eigene Mittel, z. B. in Form von Einlagen und Beteiligungen (= **Eigenfinanzierung**) oder fremde Mittel, z. B. in Form von Krediten (= **Fremdfinanzierung**) eingesetzt werden. Beide Möglichkeiten werden in der Praxis genutzt und als **Außenfinanzierung** bezeichnet. Verfügt der (zukünftige) Unternehmer z. B. über ein privates Bankguthaben, das er betrieblich einsetzen will, so wird dieser Betrag in seiner Bilanz als Eigenkapital auf der Passivseite und als Bankguthaben auf der Aktivseite dargestellt.
Zu **3.**:	In dieser Frage wird die **Investition** angesprochen. Unter Investition in einem weiten Sinn wird die Verwendung der finanziellen Mittel zur Beschaffung des geplanten Umlauf- und Anlagevermögens verstanden. In einem engeren Verständnis wird der Begriff auf die Verwendung finanzieller Mittel zur Beschaffung des Anlagevermögens begrenzt. Verfügt der Unternehmer z. B. über ein (betriebliches) Bankguthaben, so kann er es zum Kauf von Werkstoffen und Betriebsmitteln verwenden. Er investiert dann in das Umlauf- und Anlagevermögen.
Zu **4.**:	Diese Frage zielt auf die ständige **Wechselbeziehung** zwischen den güterwirtschaftlichen und den geldwirtschaftlichen Prozessen: Kapitalbedarfsplanung, Beschaffung der finanziellen Mittel und deren Verwendung im Vermögen gehen der Leistungserstellung und Leistungsverwertung im Produktions- und Absatzprozess voran. Dabei ist entscheidend, dass der Rückfluss finanzieller Mittel so geplant wird, dass eine störungsfreie Produktion möglich ist.
Zu **5.**:	In dieser Frage werden die **Rentabilität** des Kapitaleinsatzes (Eigen- und Gesamtkapitalrentabilität) und die **Liquidität** des Unternehmens angesprochen. Von einer gelungenen Finanzierung kann nur gesprochen werden, wenn beide Aspekte hinreichend erfüllt sind. Der Einsatz des Eigenkapitals lohnt sich auf Dauer nur dann, wenn dessen Rentabilität wenigstens so hoch ist wie der Zins auf das eingesetzte Fremdkapital. Viele neu gegründete Unternehmen werden nur deshalb bereits nach kurzer Zeit insolvent, weil sich die „Jungunternehmer“ keinen ausreichenden finanziellen Spielraum für die ersten sechs Monate nach der Unternehmensgründung geschaffen haben.

› Rechnungswesen

› Rechnungswesen

6101538

1.3
Kreislauf der finanziellen Mittel

Das Unternehmensmodell auf Seite 537 macht auf folgenden Kreislauf der finanziellen Mittel aufmerksam:

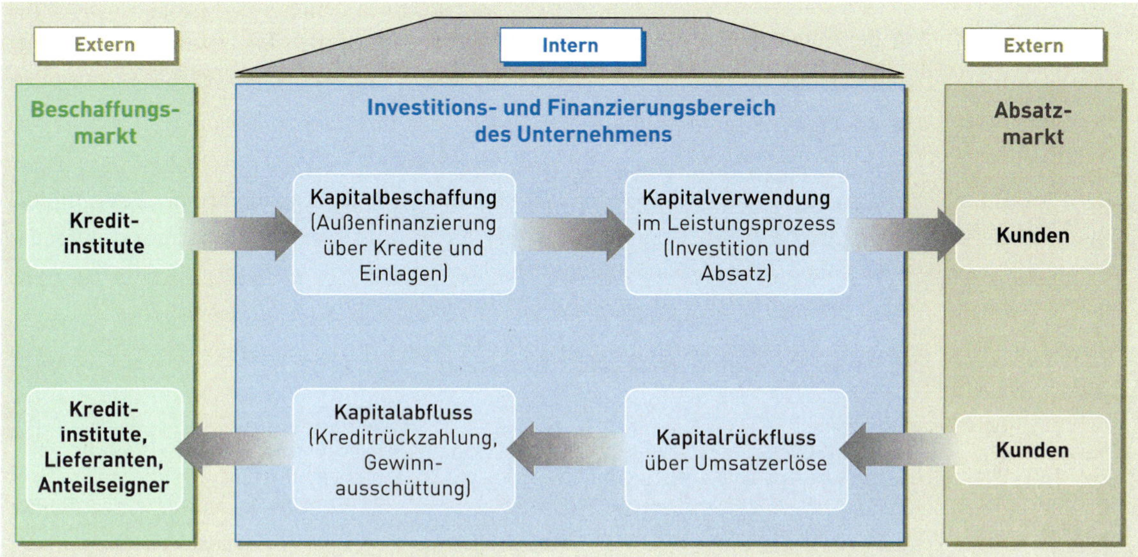

Diese Darstellung verdeutlicht die Kapitalflüsse, die die betrieblichen Prozesse aufrechthalten:

- Der Kreislauf beginnt in der Darstellung mit der **Kapitalbeschaffung** durch z. B. Kreditaufnahme bei Kreditinstituten, durch Einlagen von Unternehmenseigentümern und/oder durch Beteiligungen von Gesellschaftern. *(Kapitalbeschaffung)*
- Die beschafften Mittel werden im Leistungsprozess eingesetzt. Dies geschieht dadurch, dass Betriebsmittel und Werkstoffe gekauft werden (= Ausgaben für Produktionsfaktoren). Aus der **Kombination der Produktionsfaktoren im Leistungsprozess** entstehen fertige Erzeugnisse, die – bewertet zu Marktpreisen – an die Kunden weitergegeben werden. Es findet ein Werte-(Kapital)abfluss aus dem Unternehmen statt. *(Kapitalverwendung)*
- Über die **Umsatzerlöse** (= Einnahmen) fließen finanzielle Mittel in Form von Bargeld, Zugängen auf den Bankkonten und Erhöhung der Forderungen a. LL in das Unternehmen zurück. *(Kapitalrückfluss)*
- Die Einnahmen werden zur Kredittilgung, zur Bezahlung von Liefererrechnungen und zur Gewinnausschüttung verwendet. In diesen Fällen treten **Kapitalabflüsse** ein. *(Kapitalabfluss)*

In der Regel sind die dem Unternehmen über Umsatzerlöse zufließenden Mittel höher als die zur Kredittilgung und zur Gewinnausschüttung aus dem Unternehmen abfließenden Mittel. Die somit im Unternehmen verbleibenden Gewinne können unmittelbar zur Finanzierung von Investitionen im Leistungsprozess eingesetzt werden (siehe dazu die Übersicht im folgenden Kapitel).

1.4 Kapitalbeschaffung als Innen- und Außenfinanzierung

Finanzierungsarten

Kapitalherkunft

In diesem Kapitel werden die **Finanzierungsarten** übersichtlich dargestellt. Gegliedert sind die Finanzierungsarten in der folgenden **Übersicht danach, woher das Kapital stammt**. Hauptgliederungspunkte sind hierbei einerseits

- die **Innen- und Außenfinanzierung**,

andererseits

- die **Eigen- und Fremdfinanzierung**.

Einzelne **Finanzierungsarten** werden diesen Oberbegriffen zugeordnet. Eine solche Zuordnung macht die Ausführungen in den nachfolgenden Kapiteln verständlicher. Wenn also z. B. im Folgenden von der Eigen- und Fremdfinanzierung gesprochen wird, so macht die Übersicht deutlich, dass beide Formen in unterschiedlicher Weise als Außen- oder Innenfinanzierung auftreten können.

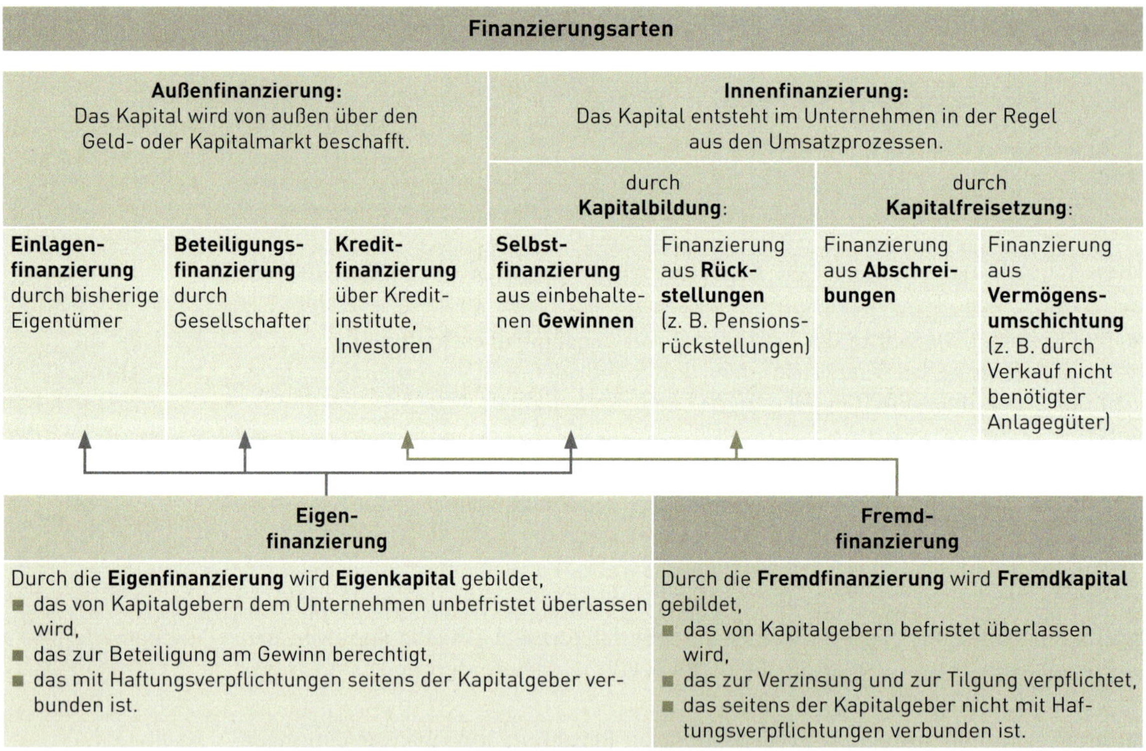

Die Innenfinanzierung durch Kapitalfreisetzung (Finanzierung aus Abschreibungen, Finanzierung aus Vermögensumschichtungen[1]) lässt sich nicht eindeutig der Eigen- oder Fremdfinanzierung zuordnen. In manchen Darstellungen werden diese Finanzierungsarten daher einem besonderen Oberbegriff zugewiesen, z. B. „Finanzierung aus innerbetrieblicher Freisetzung des gebundenen Vermögens“. Das „gebundene Vermögen“ (z. B. Gegenstände des Anlagevermögens) kann sowohl eigen- als auch fremdfinanziert sein.

1 siehe dazu auch Kap. 4.5

Besondere Finanzierungsarten

In der obigen Übersicht sind besondere Finanzierungsarten, z. B. **Leasing, Factoring** sowie die **Finanzierung über Subventionen** oder aus **Kundenanzahlungen** nicht enthalten. Das hat seinen Grund darin, dass diese Finanzierungsarten nicht unter das gewählte Gliederungsschema der Kapitalherkunft passen.

Leasing (› Kap. 5.2.4)

- **Leasing** ist eine Finanzierungsart, bei der der Leasingnehmer ein Anlagegut vom Leasinggeber zur Nutzung erhält und dafür ein Entgelt zahlt. Dem Leasinggeschäft fehlt damit das charakteristische Merkmal einer Kreditfinanzierung. Über das Leasen von Anlagegegenständen „spart" der Unternehmer das für Investitionen sonst erforderliche Eigen- oder Fremdkapital.

Factoring (› Kap. 5.2.4)

- Dem **Factoring** liegt der Verkauf von Forderungen a. LL vor deren Fälligkeit an ein Finanzierungsinstitut (= Factor) zugrunde. Das Factoringgeschäft ist damit ein Kaufgeschäft und kein Kreditgeschäft, wenngleich der Finanzierungsaspekt im Vordergrund steht. Der Unternehmer erhält liquide Mittel, die er zur Investition einsetzen kann.

Subventionen und Kundenanzahlungen

- **Subventionen** werden vom Subventionsgeber (in der Regel öffentlich-rechtliche Körperschaften) direkt an ein Unternehmen geleistet. Bei **Kundenanzahlungen** „spart" das Unternehmen die investive Kreditaufnahme für ein Projekt.

Aufgaben

› Kap. 1

1. Vollziehen Sie die geldwirtschaftlichen und die güterwirtschaftlichen Prozesse in einem Industrieunternehmen anhand eines Beispiels nach. Welche Wechselbeziehungen zwischen den beiden Seiten können Sie erkennen?

2. Definieren Sie kurz die Begriffe „Investition" und „Finanzierung". Stellen Sie einen Zusammenhang zwischen Investition und Finanzierung her.

3. Ordnen Sie die Begriffe „Investition" und „Finanzierung" folgenden Aussagen und Begriffen zu:
   a) *Aktivseite der Bilanz*
   b) *Der Begriff gibt Auskunft darüber, woher die finanziellen Mittel kommen.*
   c) *Mittelverwendung*
   d) *Mittelherkunft*
   e) *Der Begriff gibt Auskunft darüber, wofür die finanziellen Mittel ausgegeben wurden.*
   f) *Passivseite der Bilanz*

4. Ordnen Sie die Beispiele a) bis d) den Finanzierungsarten zu:

	Innen-finanzierung	Außen-finanzierung	Eigen-finanzierung	Fremd-finanzierung
a) Das Unternehmen nimmt einen Kredit auf.				
b) Die Gesellschafter verzichten auf eine Gewinnausschüttung.				
c) Die Kaufmann OHG nimmt einen neuen Gesellschafter auf.				
d) Die Gründe GmbH kauft Rohstoffe auf Rechnung.				

2 Investitionsplanung und Investitionsrechnung

Einführung

Die wirtschaftliche Betätigung von Unternehmen, vor allem von Industrieunternehmen, erfordert immer eine gewisse Ausstattung mit Gebäuden, Maschinen und Werkzeugen. Diese Gegenstände des Anlagevermögens müssen aus den verschiedensten Gründen immer wieder neu beschafft werden. In regelmäßigen Abständen sind Beschaffungsentscheidungen zu treffen.

Beispiel

Die geplante Ausweitung der Produktion des *communicTable* lässt sich nicht innerhalb der vorhandenen Kapazitäten der Heidtkötter KG umsetzen. Die notwendigen Erweiterungen können auf ganz unterschiedliche Weise vorgenommen werden. Zum Beispiel gibt es als Alternative zu einem Erweiterungsbau auch die Möglichkeit, eine Halle anzumieten. Auch für die nötigen Maschinen stehen mehrere Alternativen zur Auswahl. Da es hier um Investitionen von erheblichem Umfang geht, müssen sie sorgfältig geplant werden. Für die einzelnen Alternativen sind genaue Investitionsrechnungen zwingend.

Wie ein Unternehmen seine Investitionsentscheidungen vorbereitet, ist von der Art der Investition abhängig. Sollen, wie oben im Beispiel, ein neues Geschäftsfeld eröffnet und die dafür nötigen Investitionen geplant werden, erfordert dies einen größeren Aufwand als z. B. „nur" das Ersetzen einer technisch veralteten Maschine. Im Rahmen einer Investitionsplanung werden die Kriterien festgelegt, an denen sich die Entscheidung ausrichtet. Teilweise lassen sich für die verschiedenen Investitionsalternativen Kriterien finden, die in Zahlen ausgedrückt und direkt miteinander verglichen werden können. Oftmals gibt es aber auch Kriterien, die nicht in Zahlen ausgedrückt werden können.

In Kapitel 2.1 werden zunächst die verschiedenen Arten von Investitionen und deren Anlässe näher betrachtet. In Kapitel 2.2 werden die statischen Investitionsrechnungen erläutert.

2.1 Investitionsanlässe

Investitionsbegriff

Investition im engeren Sinne ist die zielgerichtete Verwendung finanzieller Mittel zur Beschaffung von Gütern des Anlagevermögens. Fasst man den Begriff der Investition weiter, so kann man auch die Beschaffung von Gütern des Umlaufvermögens oder die Beschaffung von Finanzwerten dazuzählen.

Ziel jeder Investition ist es, durch den Einsatz von finanziellen Mitteln künftige Einzahlungsüberschüsse zu erzielen. Einzahlungsüberschüsse werden erzielt, wenn die Einzahlungen (Einnahmen) größer als die Auszahlungen sind. Bei der Betrachtung von Investitionen sieht man sich deshalb die Zahlungsströme an, die mit dieser Investition verbunden sind.

Eine Investition beginnt grundsätzlich mit einer Auszahlung, ihr folgen dann Einzahlungen. Während der Nutzungsdauer kann es zu weiteren Auszahlungen, z. B. aufgrund von Reparaturen kommen. In diesen Perioden kann es sein, dass die Einzahlungen geringer als die Auszahlungen sind.

Investitionsobjekte

Investitionen lassen sich nach der **Art des Investitionsobjekts** in

- Sachinvestitionen,
- Finanzinvestitionen und
- immaterielle Investitionen

Zweck der Investition

oder nach dem **Zweck der Investition** in

- Ersatzinvestitionen,
- Erweiterungsinvestitionen und
- Rationalisierungsinvestitionen

einteilen.

Unterscheidung nach Art des Investitionsobjektes

Sachinvestitionen

Wenn es sich um Gegenstände des Anlage- oder Umlaufvermögens handelt, spricht man von einer **Sachinvestition**. Hierunter fällt die Beschaffung von Werkzeugen, maschinellen Anlagen, Fahrzeugen usw. ebenso wie die Investition in Grundstücke oder Gebäude und die Beschaffung von Roh-, Hilfs- und Betriebsstoffen.

Finanzinvestitionen

Zu den **Finanzinvestitionen** gehören Beteiligungen an anderen Unternehmen, z. B. in Form von Aktien, die längerfristig und nicht nur zu Spekulationszwecken erworben werden, oder in Anteilen an einer GmbH, aber auch langfristige Kapitalanlagen wie z. B. Anleihen oder Obligationen.

Immaterielle Investitionen

Zu den **immateriellen Investitionen** gehören z. B. der Kauf von Patenten, Lizenzen, Software, Know-how, Firmenwert oder Kundenstamm.

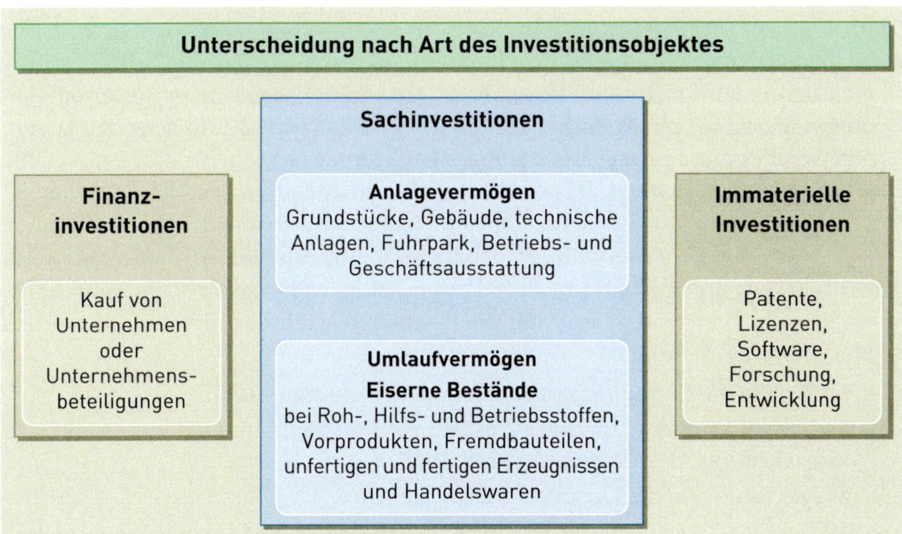

Unterscheidung nach Zweck

Ersatzinvestitionen

Von einer **Ersatzinvestition** spricht man, wenn die Anschaffung eines Anlagegutes dem Ersatz eines ausscheidenden Anlagegutes dient. Ersatzinvestitionen sind häufig auch mit einer Rationalisierung und/oder einer Erweiterung verbunden, weil z. B. die alte Maschine durch eine neue ersetzt wird, die insgesamt weniger Kosten verursacht, weniger Personal benötigt und einen größeren Output hat.

Desinvestitionen

Wenn Anlagegüter aus dem Produktionsprozess genommen werden, ohne dass dafür eine Ersatzbeschaffung erfolgt, spricht man auch von einer **Desinvestition**, weil sich das Anlagevermögen verringert.

Brutto- und Nettoinvestition

Die Summe aller angeschafften Investitionsgüter einer Periode und die eventuell selbst erstellten Anlagen werden als **Bruttoinvestitionen** bezeichnet; reduziert um die Abschreibungen ergeben sich die **Nettoinvestitionen**.

Investitionen binden das Kapital langfristig. Führen sie nicht zu den erwarteten oder notwendigen Einnahmen, kann sich die Liquiditätslage eines Unternehmens deutlich verschlechtern. Daher ist eine Investitionsentscheidung umso sorgfältiger abzuwägen, je größer ihr Investitionsvolumen ist.

Investitionsplanung

Unter **Investitionsplanung** versteht man die gedankliche Vorbereitung der Investitionsentscheidung und die Auswahl einer bestimmten Investitionsalternative. Dieser Prozess vollzieht sich meist in drei Schritten:

1. Man erkennt die **Notwendigkeit einer Investition.**
2. Es folgt die Entscheidung, welche **Kriterien** eine Investition erfüllen sollte. Anhand dieser Kriterien können die verschiedenen Investitionsmöglichkeiten bewertet werden.
3. Die konkreten **Investitionsalternativen** werden genau untersucht und bewertet.

Danach folgt die Auswahl der Investition, die die Kriterien am besten erfüllt.

An die Investitionsplanung schließt sich die Umsetzung der ausgewählten Investition einschließlich der Finanzierung an. Danach wird laufend kontrolliert, ob die vorausschauenden Planungen und Berechnungen durch die tatsächlichen Ergebnisse bestätigt werden (Investitionscontrolling).

Investitionsbewertung

Investitionsvorhaben wirken regelmäßig relativ lange in die Zukunft. Die zukünftigen Bedingungen für die Investition können nur vermutet werden und sind deshalb besonders sorgfältig abzuwägen. Für die Abwägung der zukünftigen Rahmenbedingungen der Investition gibt es zwei verschiedene Arten von Kriterien:

- **Qualitative Kriterien** entziehen sich einer konkreten, in Geld ausgedrückten Bewertung. So wird sich z. B. die konkrete Auswirkung einer modernisierten Heizungsanlage zwar relativ exakt als Energieersparnis messen und bewerten lassen, aber wenn es um die Frage des Beitrages zum Klimaschutz geht, stößt man an die Grenzen der Messbarkeit. Das Gleiche gilt für die Messung des Nutzens einer gesteigerten Produktqualität, der auch nicht centgenau berechnet werden kann.

  Bei qualitativen Kriterien geht es in erster Linie um den **Nutzen**, der mit einer Investition verbunden ist und nicht in kostenmäßiger Einsparung oder einer höheren Produktivität besteht, und um die **Qualität**, die mit der Investition erworben wird. Beispiele dafür sind:
  - *Wie lang ist die Garantiezeit auf die Anlage oder einzelne Teile?*
  - *Wie schnell kann der Hersteller/Verkäufer vor Ort sein, um die Heizungsanlage zu warten bzw. gegebenenfalls zu reparieren?*
  - *Wie gut ist der Ruf des Herstellers/Verkäufers?*
  - *Werden bei der Produktion im Herstellerland alle Arbeits- und Umweltschutzvorschriften eingehalten?*
- **Quantitative Kriterien** umfassen in einer Investition begründete Veränderungen, die sich konkret in Zahlen ausdrücken lassen, wie z. B.:
  - *Wie hoch sind die Kosten der Investition?*
  - *Wie hoch ist der durch die Investition erzielbare Gewinn?*
  - *Wie hoch ist die Einsparung laufender Kosten durch die Investition?*
  - *Wie hoch ist die Verzinsung des investierten Kapitals (= Rentabilität)?*
  - *Wie lange dauert es, bis das eingesetzte Kapital durch Überschüsse zurückgeflossen ist (= Amortisationsdauer)?*

Zur Bewertung dieser quantitativen Kriterien werden Investitionsrechnungen durchgeführt. In Kapitel 2.2 werden die statischen Verfahren erläutert.

Nachdem die Entscheidungskriterien festgelegt wurden, wird nach verschiedenen Investitionsalternativen gesucht. Die dazu eingehenden Angebote werden mit Hilfe der oben beschriebenen Kriterien bewertet und die beste Investitionsalternative wird ausgewählt.

Entscheidungsdilemma

Die Ergebnisse der Einzelbewertungen weisen nicht immer in die gleiche Richtung. So kann z. B. eine Investition, die nach reinen Kostenbetrachtungen (quantitatives Kriterium) nicht infrage käme, dank der Qualitätssteigerung für die Erzeugnisse doch zum Zuge kommen (qualitatives Kriterium). Möglicherweise ist ein inländischer Maschinenbauer als Lieferant teurer (quantitatives Kriterium), man schätzt an ihm aber die räumliche Nähe und die gute Serviceleistung (qualitative Kriterien). Das kann dazu führen, dass die einzelnen Bewertungskriterien einer Gewichtung unterworfen werden müssen. Eine Methode dafür ist die Nutzwertanalyse.

› Teil B, Kap. 2.5

KO-Kriterien

Bevor eine Investitionsrechnung durchgeführt wird, erfolgt eine Vorauswahl aus den gefundenen Alternativen. Aufgrund der vorliegenden Angebote scheiden möglicherweise Alternativen aus, weil sie festgelegte Voraussetzungen nicht erfüllen (sogenannte „KO-Kriterien"). Solche Voraussetzungen können zum Beispiel sein:

- zeitliche Verfügbarkeit,
- Kaufpreisgrenze,
- technische Mindestanforderungen (z. B. Mindestleistung),
- Nichteinhaltung von Unfall- oder Umweltschutzgesetzen.

Aufgaben

1. Geben Sie fünf Gründe für die Notwendigkeit von Investitionen an.

› Kap. 2.1

2. Oftmals geben Einflüsse von außen den Anstoß, um über eine Investition nachzudenken. Geben Sie vier dieser Einflüsse an.

3. Nennen Sie Beispiele aus Ihrem Ausbildungsbetrieb für
   a) Sachinvestitionen und
   b) Ersatzinvestitionen.

› Recherche

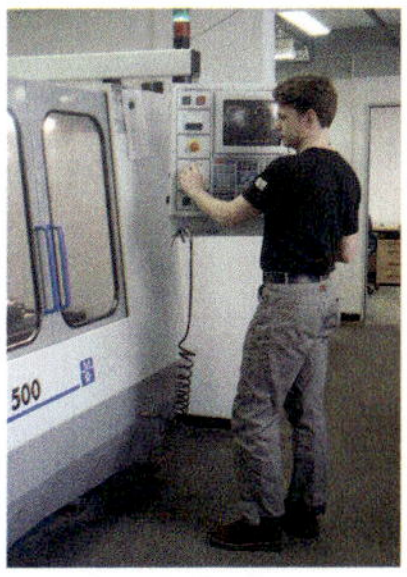

4. Im Bereich des Anlagevermögens ergeben sich für ein Unternehmen folgende Veränderungen (Anfangsbestand: 1.000.000,00 €):

Jahr	Vermögenszugänge	Vermögensabgänge/ Abschreibungen
01	150.000,00 €	150.000,00 €
02	80.000,00 €	130.000,00 €
03	200.000,00 €	125.000,00 €
04	120.000,00 €	140.000,00 €
05	255.000,00 €	160.000,00 €

Berechnen Sie die Veränderungen des Anlagevermögens in den einzelnen Jahren und bringen Sie dies in Zusammenhang mit den Begriffen „Bruttoinvestition", „Ersatzinvestition" und „Nettoinvestition".

5. Geben Sie bitte für die in a) bis e) getätigten Investitionen die Investitionsart an.
   a) *Lkw-Kauf*
   b) *Bau einer neuen Lagerhalle*
   c) *Einrichten einer zusätzlichen Fertigungsstraße*
   d) *neue Filteranlage ersetzt eine veraltete*
   e) *neue PC-Anlage*

2.2 Statische Verfahren der Investitionsrechnung

Wirtschaftlichkeit

Ob ein Unternehmen Investitionen tätigt, hängt von verschiedenen Faktoren ab. Ein wesentliches Entscheidungskriterium ist die **Wirtschaftlichkeit der geplanten Investitionen.** Die Minimalforderung besteht darin, dass die aus einem Investitionsvorhaben zu erwartenden Einnahmen mindestens die mit ihm verbundenen Ausgaben decken. Hilfreichere Orientierungspunkte bieten der Kapitalmarktzins und der Vergleich mit anderen alternativen Investitionsmöglichkeiten. Mit Hilfe mathematischer Investitionsrechnungen können Vergleiche angestellt und Investitionsentscheidungen gestützt werden.

Einschränkende Bedingungen

Dabei ist zu beachten, dass das Ergebnis und der Aussagewert aller rechnerischen Verfahren davon abhängen, wie gut und sicher die dahinterstehenden Prognosen über das Marktgeschehen und den betrieblichen Wertschöpfungsprozess sind. Je länger der Prognosezeitraum ist, desto unsicherer sind in der Regel die in die Berechnungen einfließenden Daten.
So sind z. B. die Prognosen über die Absatz- und Wettbewerbssituation ebenso wie die Situation auf dem Beschaffungsmarkt oder die allgemeine Wirtschaftslage für die nächsten ein oder zwei Geschäftsjahre wesentlich einfacher und sicherer gegenüber einer Prognose über einen Zeitraum, der z. B. den gesamten Zeitraum der Investitionsmaßnahme umfasst.

Relevanz des Zeitraumes

Investitionen werden in der Regel für einen längeren Zeitraum als ein Jahr getätigt. Stellt man Einnahmen und Ausgaben einer Investition gegenüber, sind bei einer genaueren Rechnung deshalb nicht nur die absoluten Beträge der Einnahmen und Ausgaben von Bedeutung. Es geht auch darum, in welchen Geschäftsjahren die Geldströme in welcher Höhe fließen. Eine Einnahme ist umso mehr wert, je näher sie am Investitionszeitpunkt liegt, weil das Kapital dann schneller zurückfließt. Bei den Ausgaben ist dies umgekehrt.

Statische Verfahren der Investitionsrechnung[1]

Die statischen Verfahren lassen diesen Gesichtspunkt im Gegensatz zu den hier nicht behandelten dynamischen Verfahren außer Acht. Sie werden daher auch als **„einfache“ Verfahren** bezeichnet. Ihr Vorteil ist zum einen die schnelle Anwendbarkeit, zum anderen reichen die Ergebnisse – gerade vor dem Hintergrund, dass viele Unsicherheitsfaktoren in den Prognosen ohnehin nicht ausgeschaltet werden können – in vielen Fällen als Entscheidungsgrundlage.

Die statischen Verfahren orientieren sich jeweils an einem bestimmten Vergleichskriterium. Je nach ausgewähltem Kriterium erfolgt dies mit Hilfe

- der Kostenvergleichsrechnung (Kap. 2.2.1),
- der Gewinnvergleichsrechnung (Kap. 2.2.2),
- der Rentabilitätsrechnung (Kap. 2.2.3) oder
- der Amortisationsrechnung (Kap. 2.2.4).

1 Da die dynamischen Verfahren der Investitionsrechnung (z. B. Kapitalwertmethode, interne Zinsfußmethode, Marktzinsmethode) nicht prüfungsrelevant sind, verzichten wir hier auf eine Darstellung.

2.2.1 Kostenvergleichsrechnung

Die Kostenvergleichsrechnung ist ein statisches Verfahren der Investitionsrechnung, bei dem der alleinige Beurteilungsmaßstab die **Kosten** sind, **die durch eine Investition** entstehen. Es müssen mindestens zwei Alternativen miteinander verglichen werden. Die Rechnung kann sich auf die gesamte Nutzungsdauer oder auf einzelne Abschnitte beziehen. Sie wird insbesondere dann angewandt, wenn man für eine Investition zwar die Kosten kennt, ihr aber keine konkreten Erträge gegenüberstellen kann.

Beispiel

		Maschine A	Maschine B
Anschaffungskosten:		100.000,00 €	150.000,00 €
Kapazität:	50 000 Einheiten p. a.		
Abschreibung:	12,5 % linear	12.500,00 €	18.750,00 €
Reparatur- und Instandhaltungskosten pro Jahr:		10.000,00 €	12.000,00 €
variable Kosten pro Einheit:		2,00 €	1,70 €
Ergebnis:			
Kosten pro Jahr:		**122.500,00 €**	**115.750,00 €**
Kosten während der gesamten Nutzungsdauer:		**980.000,00 €**	**926.000,00 €**
Kosten pro Stück bei voller Auslastung:		**2,45 €**	**2,315 €**

Ergebnis: Die Maschine B ist unter den gegebenen Bedingungen die kostengünstigere Alternative. Wenn die Kapazitätsauslastung sinkt, kann sich das Ergebnis umkehren. Die kritische Menge liegt bei 27 500 Einheiten:

Kritische Menge

Herstellkosten für die Produktion auf Maschine A	=	Herstellkosten für die Produktion auf Maschine B
22.500,00 + 2,00 x	=	30.750,00 + 1,70 x
0,3 x	=	8 250
x	**=**	**27 500 Einheiten**

Wie die Rechnung auch zeigt, ist die kritische Produktionsmenge, bei der die Kosten beider Maschinen identisch sind, 27 500 Stück pro Jahr. Da die variablen Kosten bei Maschine B geringer sind, ist diese bei einer höheren Produktionsmenge kostengünstiger und A bei einer geringeren.

Bei der Kostenvergleichsrechnung geht man davon aus, dass sich die Investitionsalternativen direkt miteinander vergleichen lassen und die gleichen Erträge erzielt werden. Es werden nur die Kosten betrachtet. Dies kann entweder als **Gesamtkosten-** oder als **Stückkostenbetrachtung** erfolgen. Die Stückkostenrechnung ist sinnvoll, wenn Investitionen mit unterschiedlichen Kapazitäten miteinander verglichen werden sollen. Berücksichtigt werden die fixen und die variablen Kosten.

Fixkosten

- **Fixkosten** sind die Kosten, die unabhängig von der produzierten Menge sind. Auch wenn eine klare Trennung von fixen und variablen Kosten nicht immer ganz einfach ist, zählen in erster Linie **Raumkosten, Instandhaltungskosten und Lohngemeinkosten** und **Verwaltungskosten** zu den fixen Kostenbestandteilen:
  - **kalkulatorische Abschreibungen:**
    Die Anlagen verlieren unabhängig von der Nutzungsintensität jährlich an Wert. Die kalkulatorischen Abschreibungen verteilen diesen Wertverlust abzüglich eines eventuellen Restwertes auf die Nutzungsdauer. Sie gehen dabei vom Wiederbeschaffungswert aus:

$$\textbf{kalkulatorische Abschreibungen} = \frac{\text{Wiederbeschaffungskosten} - \text{Restwert}}{\text{Nutzungsdauer}}$$

– **kalkulatorische Zinsen:**
Das eingesetzte Kapital muss verzinst werden. Dies gilt auch, wenn es sich um Eigenkapital handelt. Wenn Fremdkapital aufgenommen wird, setzt man hier die zu zahlenden Zinsen ein. Als kalkulatorischer Zins für Eigenkapital wird z. B. der Zinssatz angesetzt, der für ein Darlehen zu zahlen wäre.

$$\textbf{kalkulatorische Zinsen} = \frac{\text{Anschaffungswert}}{2} \cdot \text{kalkulatorischer Zinssatz}$$

Man setzt das durchschnittlich gebundene Kapital an. Bei linearer Abschreibung auf Null ist das die Hälfte der Anschaffungskosten.

Variable Kosten

- **Variable Kosten** sind mengenabhängige Kosten. Sie beziehen sich auf die laufenden Kosten der Fertigung mit der betreffenden Anlage und umfassen Fertigungslöhne, Kosten für Roh-, Hilfs- und Betriebsstoffe, Energiekosten und sonstige Betriebskosten.

Zweck der Kostenvergleichsrechnung

Die Kostenvergleichsrechnung ist ein recht einfaches Verfahren. Es wird in erster Linie zur Lösung von **zwei Problemfeldern** herangezogen:

1. **Alternativenvergleich (Auswahlproblem):** Es geht um die Ermittlung des vorteilhaftesten Investitionsobjektes aus einer Vielzahl von Alternativen. Im Sinne der Kostenvergleichsrechnung wird diejenige Investition gewählt, die die geringsten Gesamt- bzw. Stückkosten verursacht.
2. **Ersatzproblem:** Hierbei wird die Frage erörtert, ob ein bereits vorhandenes Investitionsobjekt ersetzt oder weitergenutzt werden soll. Dazu werden die jeweils durchschnittlichen Kosten pro Periode ermittelt und einander gegenübergestellt. Ein Ersatz ist nur dann sinnvoll, wenn die Investition zu einer dauerhaft günstigeren Kostenentwicklung beiträgt.

Kritik an der Kostenvergleichsrechnung

Der relativ einfachen Anwendung der Kostenvergleichsrechnung stehen folgende **Einschränkungen** gegenüber:

- Das Verfahren beschränkt sich ausschließlich auf die Kosten. Weitere Gesichtspunkte werden bei der Beurteilung der Investitionsalternativen außer Acht gelassen.
- Die betrachtete Periode gilt als repräsentativ für alle folgenden Perioden. Für die Berechnung dieser repräsentativen Periode werden Durchschnittswerte angenommen. Diese Vorgehensweise führt zu einer starken Vereinfachung und ist deshalb ungenau. Eventuelle Qualitätsunterschiede werden ebenfalls nicht berücksichtigt.
- Die Zurechnung der Kosten ist in der Praxis nicht immer ganz einfach zu lösen. Dies betrifft insbesondere z. B. die fixen Stückkosten, die bei unterschiedlichen Kapazitätsauslastungen stark variieren können.

Die Kostenvergleichsrechnung ist immer mit einer Darstellung der derzeitigen Kostensituation, aber auch einer Prognose der möglichen Entwicklung dieser Kosten für die Folgeperioden verbunden. Je länger die Prognosezeiträume sind, desto größer sind die damit verbundenen **Unsicherheiten** bei der Schätzung der Kostenentwicklung (z. B. für Energie- und Rohstoffpreise oder bezüglich der Lohnentwicklung). Diese Einschränkung gilt allerdings nicht nur für die Kostenvergleichsrechnung, sondern auch für alle anderen Methoden der statischen Investitionsrechnungen.

2.2.2 Gewinnvergleichsrechnung

Der Kostenvergleich ist bei einer Investition zwar eine wichtige Entscheidungsgrundlage, er gibt aber keine Auskunft darüber, ob sich eine Investition überhaupt in dem Sinne lohnt, dass sie auch einen Gewinn „abwirft". Die Suche nach der Investitionsalternative mit den geringsten Kosten gibt hierüber keine Auskunft.

Gewinnvergleichsrechnung

Bei der **Gewinnvergleichsrechnung** werden neben den Kosten auch die mit der Investition verbundenen Erträge bzw. die damit zu erwirtschaftenden Leistungen berücksichtigt. Dies ist nur dann exakt möglich, wenn einer Investition solche Kapitalzuflüsse direkt zurechenbar sind. Das wird in dem folgenden Beispiel, das sich auf die schon im Beispiel zur Kostenvergleichsrechnung einander gegenüberstehenden Maschinen A und B bezieht, als Voraussetzung angenommen.

Beispiel

	Maschine A	Maschine B
Anschaffungskosten	100.000,00 €	150.000,00 €
Kapazität: 50 000 Einheiten		
Abschreibung: 12,5 % linear	12.500,00 €	18.750,00 €
Reparatur- und Instandhaltungskosten pro Jahr	10.000,00 €	12.000,00 €
variable Kosten pro Einheit	2,00 €	1,70 €
Verkaufserlöse pro Einheit	2,60 €	2,60 €
Kosten pro Jahr	122.500,00 €	115.750,00 €
Umsatz pro Jahr	130.000,00 €	130.000,00 €
Gewinn pro Jahr	**7.500,00 €**	**14.250,00 €**
Kosten während der gesamten Nutzungsdauer	980.000,00 €	926.000,00 €
Umsatzerlöse	1.040.000,00 €	1.040.000,00 €
gesamter Gewinn während der Nutzungsdauer	**60.000,00 €**	**114.000,00 €**
Gewinn pro Stück bei voller Auslastung	0,15 €	0,285 €

Ergebnis: Maschine B ist unter den gegebenen Bedingungen die Alternative mit den höheren Gewinnerwartungen. Da bei beiden Maschinen die Umsatzerlöse identisch sind, führt hier die Gewinnvergleichsrechnung natürlich zum selben Ergebnis wie die Kostenvergleichsrechnung. Von Vorteil ist dieses Verfahren, wenn die Erlöse z. B. aufgrund unterschiedlicher Kapazitäten variieren. Interessant ist die Berechnung, ab welcher Produktionsmenge bei beiden Maschinen überhaupt ein Gewinn erwirtschaftet wird. Das ist insbesondere dann von Bedeutung, wenn die Absatz- und damit die Produktionsmenge Schwankungen unterworfen ist:

Gewinnschwelle bei **Maschine A:**

Umsatz	=	Kosten
2,60 x	=	22.500,00 + 2,00 x
0,60 x	=	22.500,00
x	=	**37 500 Stück**

Gewinnschwelle bei **Maschine B:**

Umsatz	=	Kosten
2,60 x	=	30.750,00 + 1,70 x
0,90 x	=	30.750,00
x	=	**34 166,67 Stück**

Danach wird bei der Maschine B schon ab einer Menge von rund 34 200 Stück ein Gewinn erzielt, während man mit der Maschine A erst bei einer Produktionsmenge von 37 500 Stück (und damit rund 3 300 Stück mehr) in die Gewinnzone kommt.

Vorteile

Da die Gewinnvergleichsrechnung im Gegensatz zur Kostenvergleichsrechung auch die Erlöse unterschiedlicher Investitionsvorhaben berücksichtigt, deckt sie ein größeres Anwendungsspektrum ab und gewährleistet eine differenzierte Ausgestaltung. Auch dieses Verfahren ist einfach zu handhaben.

Kritik an der Gewinnvergleichsrechnung

Diesen Vorteilen stehen folgende **Nachteile** gegenüber:

- Die Gewinnbetrachtung ist in der Regel auf einen begrenzten Zeitraum ausgerichtet und lässt Marktveränderungen und damit auch mögliche Preis- und Ertragsveränderungen unberücksichtigt.
- Die Zuordnung der anfallenden Erträge auf ein einzelnes Investitionsobjekt ist nur bedingt möglich. Wird ein Produkt z. B. auf mehreren Maschinen gefertigt, ist die Zuordnung der einzelnen Erträge zu den einzelnen Maschinen nur schwer zu leisten.
- Das Verfahren beschränkt sich ausschließlich auf den Vergleich absoluter Gewinne. Die Gewinne werden nicht in Verbindung zum Kapitaleinsatz gebracht. Dadurch erfolgt keine Aussage über die Verzinsung (Rentabilität) des eingesetzten Kapitals.
- Analog zur Kostenvergleichsrechnung stellt sich auch hier die konkrete Ermittlung und verursachungsgerechte Zurechnung der Gemeinkosten als problematisch dar.

2.2.3 Rentabilitätsvergleichsrechnung

Eine Schwäche der Gewinnvergleichsrechnung ist die fehlende Berücksichtigung des eingesetzten Kapitals. Bei Geldanlageformen ist es üblich, eine Verzinsung in Prozent pro Jahr anzugeben. Anhand des Zinssatzes wird ersichtlich, wie hoch der Gewinn pro Hundert Euro angelegten Geldes ist. Analog dazu kann in der Investitionsrechnung mit Hilfe der **Rentabilität** angegeben werden, wie viel Euro Gewinn pro Hundert Euro eingesetzten Kapitals erzielt werden können. Je höher die Rentabilität ist, desto besser ist die Investition.

Rentabilität

Dafür definieren wir die Rentabilität wie bei Kapitalanlagen auch als:

Berechnung der Rentabilität

$$\textbf{Rentabilität} = \frac{\textbf{Gewinn}}{\textbf{eingesetztes Kapital}}; \qquad \textbf{Gewinn = Erlöse – Kosten}$$

Bei der Berechnung des eingesetzten Kapitals gibt es zwei Möglichkeiten:

1. Es wird nur das durchschnittlich gebundene Kapital als Anschaffungskosten abzüglich des Resterlöses betrachtet.
2. Es wird der gesamte Zahlungsstrom, der durch die Investition ausgelöst wird, betrachtet. Das heißt: Die weiteren Zahlungen in Form der fixen und variablen Kosten (außer den kalkulatorischen Abschreibungen) werden ebenfalls einbezogen.

So ergibt sich für das nachfolgende Beispiel diese Berechnung:

Berechnung

$$\textbf{Rentabilität} = \frac{\textbf{Erlöse – Kosten}}{\textbf{(Anschaffungskosten – Resterlös) : 2}}$$

Beispiel 1

Durchschnittliche Kapitalbindung als Hälfte des Anschaffungswertes:

Fertigungsvollautomat in der Heidtkötter KG

Anschaffungswert: 200.000,00 €

Nutzungsdauer: 10 Jahre, danach Ersatzinvestition

Wertverlust pro Jahr: 19.000,00 €

Restwert: 10.000,00 €

erzielter Jahresgewinn: 10.500,00 €

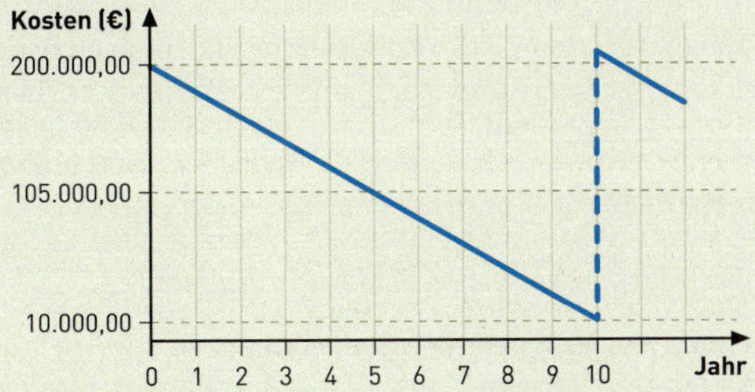

Das durchschnittlich gebundene Kapital liegt bei 105.000,00 €.

$$\textbf{Rentabilität: } \frac{\text{Gewinn}}{\text{durchschnittlich gebundenes Kapital}} = \frac{10.500,00}{105.000,00} = 0,1\ (= 10\ \%)$$

durchschnittlich gebundenes Kapital ↓ (Anschaffungswert + Restwert) : 2

105.000,00 ↓ (200.000,00 + 10.000,00) : 2

Beispiel 2

Für das eingangs bei der Gewinnvergleichsrechnung herangezogene Beispiel sähe die Rentabilitätsrechnung so aus:

	Maschine A	Maschine B
Anschaffungskosten	100.000,00 €	150.000,00 €
Gewinn pro Jahr	**7.500,00 €**	**14.250,00 €**
gesamter Gewinn während der Nutzungsdauer	**60.000,00 €**	**114.000,00 €**

$$\textbf{Rentabilität}\text{ der Investition in Maschine A} = \frac{7.500,00\ €}{50.000,00\ €} = 0,15\ (= 15,00\ \%)$$

$$\textbf{Rentabilität}\text{ der Investition in Maschine B} = \frac{14.250,00\ €}{75.000,00\ €} = 0,19\ (= 19,00\ \%)$$

Ergebnis: Maschine B ist unter den gegebenen Bedingungen die Alternative mit der höheren Rentabilität. Wenn die Kapazitätsauslastung sinkt, kann sich das Ergebnis umkehren.

Maximale Rentabilität

Das beste Ergebnis bei der Rentabilität ist erreicht, wenn

- **mit dem eingesetzten Kapital ein möglichst großer Gewinn erzielt wurde**

  oder

- **ein bestimmter angestrebter Gewinn mit möglichst geringem Kapitalaufwand erwirtschaftet** wurde.

Damit steht hinter der Rentabilitätsberechnung die praktische Anwendung des Ökonomischen Prinzips.

Einflussfaktoren der Rentabilität

Welche Rentabilität erreicht werden kann, hängt von vielen Faktoren ab. Dazu gehören z. B. die Branchenzugehörigkeit, der Marktanteil des Unternehmens, aber auch das Entwicklungsstadium. Es ist in der Regel so, dass Unternehmen, die sich in der Gründungsphase befinden, oder solche, die einen außerordentlich hohen Investitionsbedarf haben, mit verhältnismäßig niedrigen Rentabilitäten auskommen müssen, die erst nach und nach mit zunehmendem Umsatz oder optimierten Kostenstrukturen ansteigen.

Die Bedeutung der Rentabilitätswerte für das Unternehmen wird dann offensichtlich, wenn man die Ergebnisse mit denen gleichartiger Unternehmen oder dem am Kapitalmarkt erzielbaren Zinssatz vergleicht.

Je höher die Rentabilität, desto besser ist die Investition zu bewerten. Maßgeblich ist dabei der Vergleich mit dem allgemeinen Marktzinssatz. Die Rentabilität sollte mindestens dem entsprechen, was eine gute Kapitalanlage auf dem Kapitalmarkt an Zinsen bringen würde, wobei die Rentabilität für die Investition um einen gewissen Risikozuschlag höher sein müsste.

Rentabilität des Umsatzes

Zusätzlich zu den dargestellten Berechnungen der Rentabilität des eingesetzten Kapitals kann auch die **Umsatzrentabilität** interessante und wichtige Informationen für den Finanzbereich eines Unternehmens liefern. Sie beschreibt das Verhältnis von Gewinn zu Umsatz und gibt somit an, wie viele Cent Gewinn auf jeden Euro Verkaufserlös entfallen:

$$\textbf{Rentabilität des Umsatzes} = \frac{\text{Gewinn}}{\text{Umsatz}}$$

Umsatzrentabilität als Durchschnittswert

Die Umsatzrentabilität bildet nur einen Durchschnittswert. Ebenso wie die Rentabilität für einzelne Investitionen berechnet werden kann, ist auch eine aufgeteilte Berechnung der Umsatzrentabilität für einzelne Warengruppen möglich. Schwierigkeiten treten dabei allerdings in der Zurechenbarkeit der Gewinn- und Kostenbestandteile auf.

Kritik an der Rentabilitätsrechnung

Wie bei der Kosten- und Gewinnvergleichsrechnung auch, liegen die Schwächen der Rentabilitätsrechnung in den zugrunde liegenden Zahlen. Sie beziehen sich nur auf ein Jahr und sind geschätzte Werte. Die Erlöse werden nicht nur von der Maschine erwirtschaftet, über die zu entscheiden ist, sondern von verschiedenen Maschinen, die nichts mit der neuen Investitionsentscheidung zu tun haben.

2.2.4 Amortisationsvergleichsrechnung

Amortisationsdauer

Die **Amortisationsdauer** ist der Zeitraum zwischen der Zahlung des Anschaffungspreises und dem Rückfluss dieses Betrages durch die mit der Investition erzielten Umsatzerlöse.

Wie bei den anderen statischen Verfahren rechnet man bei der Amortisationsvergleichsrechnung auch nicht mit den tatsächlichen Umsatzerlösen, sondern mit den durch die Investition erzielten Gewinnen plus dem kalkulierten Abschreibungsbetrag.

Die kalkulatorischen Abschreibungen müssen addiert werden, weil sie den errechneten Gewinn mindern, da sie als Aufwendungen bei der Gewinnermittlung abgezogen wurden. Sie fließen aber durch die Umsatzerlöse dem Unternehmen wieder zu. Je schneller der Rückfluss des Kapitals erfolgt, desto sicherer ist die Investition. Je länger die Amortisationsdauer[1] ist, desto unsicherer sind die Kenntnisse über zukünftige Ertragsentwicklungen.

Die Amortisationsdauer gibt an, wie lange das für die Investition aufgenommene Fremdkapital finanziert werden muss. Bei Eigenfinanzierung kann mit Hilfe der Amortisationsdauer ermittelt werden, wie lange das durch den Rückfluss der Abschreibungsbeträge eingegangene Kapital anderweitig angelegt werden kann: vom Zeitpunkt der vollständigen Amortisation bis zum Ende des Investitionszeitraums. Danach müssen die gesammelten Abschreibungsbeträge für eine Ersatzinvestition zur Verfügung stehen.

Berechnung

$$\textbf{Amortisationszeit/-dauer (Kapitalrückflusszeit)} = \frac{\textbf{Anschaffungskosten – Resterlös}}{\textbf{durchschnittlicher Gewinn + Abschreibung}}$$

Beispiel

Für das eingangs bei der Gewinnvergleichsrechnung herangezogene Beispiel sieht die Amortisationsrechnung so aus:

		Maschine A	Maschine B
Anschaffungskosten		100.000,00 €	150.000,00 €
Abschreibung:	12,5 % linear	12.500,00 €	18.750,00 €
Gewinn pro Jahr		**7.500,00 €**	**14.250,00 €**
gesamter Gewinn während der Nutzungsdauer		**60.000,00 €**	**114.000,00 €**

$$\textbf{Kapitalrückflusszeit}\text{ Maschine A} = \frac{100.000{,}00\ €}{7.500{,}00\ € + 12.500{,}00\ €} = \textbf{5,00 Jahre}$$

$$\textbf{Kapitalrückflusszeit}\text{ Maschine B} = \frac{150.000{,}00\ €}{14.250{,}00\ € + 18.750{,}00\ €} = \textbf{4,55 Jahre}$$

Ergebnis: Unter Amortisationsgesichtspunkten ist Maschine B die bessere Alternative. Der Unterschied liegt bei 0,45 Jahren, d. h., das investierte Kapital ist etwa fünf Monate früher in das Unternehmen zurückgeflossen.

Sinnvoll ist, die einzelnen Gewinne und Abschreibungen aufzuaddieren und daraus den Zeitpunkt zu bestimmen, an dem die angesammelten Gewinne plus Abschreibungen so hoch wie die Anschaffungskosten (abzgl. des Resterlöses) der Investition sind. Abweichungen zur Durchschnittsbildung können sich z. B. ergeben, wenn die Gewinne zu Beginn der Investition niedriger als gegen Ende sind. Dann kommt der tatsächliche Amortisationszeitpunkt später als mit dem Durchschnittsgewinn errechnet. Ist es umgekehrt, so errechnet man mit dem durchschnittlichen Gewinn einen späteren Amortisationszeitpunkt als der tatsächlich eintretende.

Nachteil

Da die Amortisationsvergleichsrechnung keine Auskunft über die Wirtschaftlichkeit einer Investition gibt, ist es sinnvoll, gleichzeitig einen Rentabilitätsvergleich durchzuführen.

1 auch Kapitalrückflussdauer oder Pay-Off-Periode genannt

Aufgaben

› Kap. 2.2

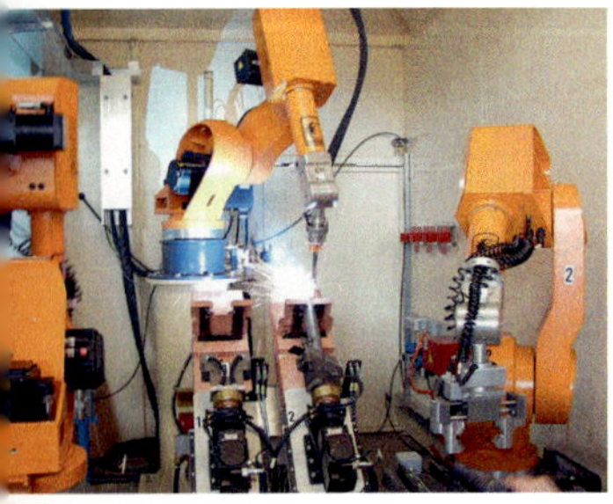

1. Stellen Sie die einzelnen Arten der statischen Kostenvergleichsrechnung kurz einander gegenüber. Achten Sie dabei darauf, dass Sie sich die Vorteile und die Nachteile der einzelnen Verfahren vergegenwärtigen.

2. Ein Unternehmen benötigt für die Herstellung eines neuen Produktes einen zusätzlichen Schweißroboter. Die derzeitige Produktionsmenge liegt bei 20 000 Stück pro Jahr. Das Unternehmen rechnet aber mit einem im günstigsten Fall bis zu 50 % höheren Absatz.

   Zwei unterschiedliche Roboter stehen zu Wahl:
   - Das Modell TF 8, das eine Multifunktionshalterung besitzt, mit der neben Schweißarbeiten auch Hebe- und Nietarbeiten durchgeführt werden können, und
   - das Modell TF 7, das ausschließlich für Schweißarbeiten konzipiert wurde und für keine anderen Arbeitsgänge eingesetzt werden kann.

   TF 7 ist in der Anschaffung wesentlich günstiger. Der geringere Automatisierungsgrad macht jedoch einen höheren Einsatz an Arbeitskräften erforderlich.

   Die relevanten technischen und betriebswirtschaftlichen Daten sind in der nachfolgenden Tabelle zusammengefasst:

Modell	TF 7	TF 8
Investitionsvolumen	200.000,00 €	80.000,00 €
Nutzungsdauer	10 Jahre	10 Jahre
Restwert	0,00 €	0,00 €
Zinssatz für das durch die Investition durchschnittlich gebundene Kapital	10 %	10 %
Kapazität (Mengeneinheiten pro Jahr)	30 000	25 000
Abschreibungen pro Jahr		
kalkulatorische Zinsen pro Jahr		
Raumkosten	1.500,00 €	1.500,00 €
sonstige fixe Kosten	5.000,00 €	3.000,00 €
Lohnkosten pro Stück	0,35 €	0,80 €
Materialkosten pro Stück	2,00 €	2,20 €
sonstige variable Kosten pro Stück	0,25 €	0,50 €

   a) Wie hoch sind bei einer Produktionsmenge von 20 000 Stück pro Jahr
      - die fixen Kosten,
      - die variable Kosten,
      - die Gesamtkosten und
      - die jeweiligen Kosten pro Stück?

   b) Für welche der beiden Investitionsalternativen entscheiden Sie sich, wenn Sie die berechneten Zahlen betrachten?

   c) Berechnen Sie die kritische Menge, bei der die Kosten der beiden Investitionsalternativen gleich groß sind.

   d) Welche Rolle könnte die Absatzprognose des Unternehmens (bis zu 50 % höher) bei der anstehenden Investitionsentscheidung spielen?

   e) Nennen Sie drei weitere Gesichtspunkte, die außer den bereits genannten Fakten eine Investitionsentscheidung maßgeblich beeinflussen können.

3. Für die Produktion eines neuen Produktes benötigt ein Unternehmen eine neue Spezialmaschine. Die folgenden Investitionsalternativen stehen zur Wahl. Mit jeder lassen sich unterschiedlich hohe Gewinne realisieren.

	Alternative I	Alternative II		Besonderheiten
	Maschine A	**Maschine B**	**Maschine C**	Maschine A kann allein genutzt werden. Die beiden Maschinen B und C sind so aufeinander abgestimmt, dass sie sowohl parallel als auch einzeln betrieben werden können. Damit ist eine Anpassung an die jeweiligen Produktionserfordernisse möglich.
Investitionsvolumen	1.750.000,00 €	1.200.000,00 €	400.000,00 €	
Kapazität/Jahr (Einheiten)	2000	1500	500	
variable Kosten pro Einheit	100,00 €	150,00 €	200,00 €	
Abschreibung linear	350.000,00 €	240.000,00 €	80.000,00 €	
Produktionswert	380,00 € pro Herstellungsgang			

a) Der Unternehmensleiter hat zwar optimistische Erwartungen, neigt aber dennoch dazu, die Maschinen B und C zu beschaffen. Nennen Sie zwei Gesichtspunkte, die für diese Entscheidung sprechen könnten.

b) Führen Sie eine Gewinnvergleichsrechnung für eine Produktionsmenge von 2 000 Stück durch. Berücksichtigen Sie dabei, dass eine Maschine auch mehrmals angeschafft werden kann, um das Produktionsergebnis zu erzielen.

4. Welcher Alternative aus Aufgabe 3 würden Sie bei gleicher Ausbringungsmenge unter Rentabilitätsgesichtspunkten den Vorzug geben?

5. Ein Unternehmen benötigt eine weitere Metallpresse. Dabei stehen zwei unterschiedliche Pressen zur Wahl: Das Modell „Kompakt plus", das ein patentiertes Schienensystem für einen schnelleren Werkzeugwechsel besitzt, sowie das Standardmodell „Kompakt" mit herkömmlichen Halterungen für die verschiedenen Werkzeuge.

Die nachstehende Tabelle fasst die technischen und betriebswirtschaftlichen Daten zusammen:

Modell	**Kompakt**	**Kompakt plus**
Investitionsvolumen	180.000,00 €	210.000,00 €
Nutzungsdauer	6 Jahre	6 Jahre
Restwert	20.000,00 €	30.000,00 €
Zinssatz für das durch die Investition durchschnittlich gebundene Kapital	8 %	8 %
Kapazität (Mengeneinheiten pro Jahr)	9000	12000
Abschreibungen pro Jahr	26.666,67 €	30.000,00 €
kalkulatorische Zinsen pro Jahr		
sonstige fixe Kosten	9.000,00 €	9.500,00 €
variable Kosten	18.000,00 €	18.000,00 €
Erlöse	72.000,00 €	96.000,00 €

Sie sollen nun anhand der Ergebnisse aus der Kosten-, Gewinn-, Rentabilitäts- und Amortisationsrechnung eine Investitionsentscheidung treffen, sie in geeigneter Form präsentieren und Ihre Entscheidung dabei begründen.

→

6. Es geht um eine Investition für den Planungszeitraum der nächsten fünf Jahre. Als Alternativen stehen zur Verfügung:

Maschine, Typ	bellum	alpha
Anschaffungskosten	400.000,00 €	600.000,00 €
Nutzungsdauer	5 Jahre	5 Jahre
Kapazität	60 000 Stück	100 000 Stück
sonstige fixe Kosten/Jahr	60.000,00 €	170.000,00 €
variable Kosten pro Stück	6,00 €	5,00 €

Der Marktpreis für die Produkte liegt zurzeit bei ca. 10,00 €. Der Investor will linear abschreiben und setzt einen kalkulatorischen Zinssatz von 5 % auf das durchschnittlich gebundene Kapital an. Am Ende der Nutzungsdauer haben die Anlagen nur noch Schrottwert, gehen also nicht mehr in die Berechnungen ein.

Nach derzeitigen Markteinschätzungen werden voraussichtlich in den nächsten fünf Jahren insgesamt bis zu 500 000 Stück, d. h. durchschnittlich ca. 100 000 Stück pro Jahr, am Markt absetzbar sein. Die Geschäftsleitung erwartet von Ihnen einen begründeten Vorschlag für eine Investitionsentscheidung.

a) Wie bewerten Sie die beiden Investitionsalternativen unter Kosten-, Gewinn-, Rentabilitäts- und Amortisationsgesichtspunkten?

b) Stellen Sie dar, wie sich die unterschiedlichen Kapazitäten der beiden Maschinen unter Berücksichtigung der Marktprognosen auf Ihre Entscheidung ausgewirkt haben.

c) Wie wäre Ihre Entscheidung ausgefallen, wenn die Absatzprognose bei durchschnittlich 60 000 Stück pro Jahr liegen würde?

7. In einem weiteren Fall geht es um die Wahl eines Fertigungsverfahrens bei der Produktion einer neuen Produktserie. Es stehen die Alternativen A, B und C zur Wahl.

Folgende Angaben liegen vor:

Produktionsmenge:	ca. 60 000 Einheiten pro Jahr
Verkaufspreis der Endprodukte:	7,25 €
Zinssatz für das durchschnittlich gebundene Kapital:	5,0 %

Fertigungsverfahren	A	B	C
Investitionsumfang	150.000,00 €	250.000,00 €	280.000,00 €
Nutzungsdauer	4 Jahre	4 Jahre	4 Jahre
Restwert	50 %	35 %	20 %
sonstige fixe Kosten/Jahr	5.000,00 €	7.500,00 €	10.000,00 €
variable Kosten pro Stück	6,70 €	6,10 €	5,90 €

Führen Sie

a) einen Kostenvergleich,

b) einen Gewinnvergleich und

c) einen Rentabilitätsvergleich

durch.

6101556

3 Finanzplanung

Einführung

Eine Investition benötigt Kapital, das finanziert werden muss. Finanzierung umfasst alle Maßnahmen zur Beschaffung der Mittel, die ein Unternehmen zur Gründung und auch für die betriebliche Leistungserstellung und -verwertung benötigt.

Beispiel

Die Heidtkötter KG hat mit ihrer Neuentwicklung *communicTable* großen Erfolg am Markt und muss nun die Produktionsanlagen erweitern, um die gestiegene Nachfrage bedienen zu können.

Insgesamt sollen 15 Stück pro Monat zusätzlich hergestellt werden. Der dafür benötigte Montageplatz kostet 50.000,00 €. Der Bedarf für Rohstoffe und Vorprodukte erhöht sich entsprechend. Die Kosten für Rohstoffe, Vorprodukte Fertigung, Verwaltung und Vertrieb betragen 450,00 € pro Tisch. Davon entfallen 200,00 € auf die verwendeten Materialien, die durchschnittlich zehn Tage auf Lager liegen, bevor sie verarbeitet werden. Allerdings geben die Lieferanten ein Zahlungsziel von 14 Tagen. Der Fertigungsdurchlauf benötigt einschließlich aller Qualitätskontrollen acht Tage. Schließlich lagern die fertigen Tische ca. 12 Tage bei der Heidtkötter KG, bevor sie an den Kunden ausgeliefert werden. Den Kunden gewährt die Heidtkötter KG ein Zahlungsziel von 30 Tagen.

Um diese Produktionserweiterung zu finanzieren, müssen neben dem Investitionsbetrag für die Anlage auch finanzielle Mittel zur Finanzierung aller Kosten bereitgestellt werden.

Kosten pro Einheit *(communicTable)*	
Rohstoffkosten (ohne Monitor)	200,00 €
Fertigungslöhne	120,00 €
Vertriebskosten	80,00 €
anteilige Verwaltungskosten (pauschal)	50,00 €
Summe	**450,00 €**

Um festzulegen, welche Mittel finanziert werden müssen, wird eine Kapitalbedarfsplanung anlassbezogen für geplante Investitionen und laufend durchgeführt.

Geplant werden muss aber nicht nur der Bedarf an Kapital, um die Leistungserstellung und Leistungsverwertung mittel- und langfristig sicherzustellen, sondern es muss auch kurzfristig gewährleistet sein, dass ein Unternehmen seinen Verbindlichkeiten nachkommen kann. Der taggenaue Abgleich zwischen Einzahlungen und Auszahlungen zur Sicherstellung jederzeitiger Zahlungsbereitschaft erfolgt in der Liquiditätsplanung.

Die Kapitalbedarfsplanung und die Liquiditätsplanung ergänzen sich zur Finanzplanung eines Unternehmens und werden in den beiden Abschnitten dieses Kapitels vorgestellt.

3.1 Kapitalbedarfsplanung

Kapitalbedarfsplanung

Um festzulegen, welche Mittel finanziert werden müssen, wird eine **Kapitalbedarfsplanung** anlassbezogen für geplante Investitionen und laufend durchgeführt.

Ziel

Ziel der Kapitalbedarfsplanung ist die **Sicherung eines finanziellen Gleichgewichts:** Es steht weder zu viel noch zu wenig Kapital zur Verfügung.

Aus den unternehmerischen Zielsetzungen kann der Kapitalbedarf zwar abgeleitet werden, allerdings hängen die Ergebnisse der Berechnungen stark von den zukünftigen, nicht exakt voraussagbaren Marktgeschehen ab. So können z. B. Angebots- und Nachfrageschwankungen, Marktsättigungen, Preisveränderungen, außergewöhnliche Ereignisse wie Streiks, Katastrophen u. Ä. die Berechnungsgrundlagen kurz- oder langfristig entscheidend verändern.

Mit dieser Einschränkung sind auch folgende Überlegungen zu betrachten:

- Vor Aufnahme der eigentlichen Betriebstätigkeit werden zahlreiche vorbereitende Maßnahmen getroffen. Dazu gehört neben dem organisatorischen Aufbau auch die Bereitstellung des Anlagevermögens. Die dafür zu tätigenden **Ausgaben** sind **einmalig** und müssen finanziert werden. Der Kapitalbedarf bei der Gründung ist in der Regel sehr hoch und Einnahmen fließen noch nicht.
- **Laufende Ausgaben** entstehen mit der Produktionsaufnahme. Roh-, Hilfs- und Betriebsstoffe müssen ebenso finanziert werden wie bezogene Fertigteile. Außerdem müssen Löhne und Gehälter gezahlt werden.

Güter- und Geldströme im Wertschöpfungsprozess

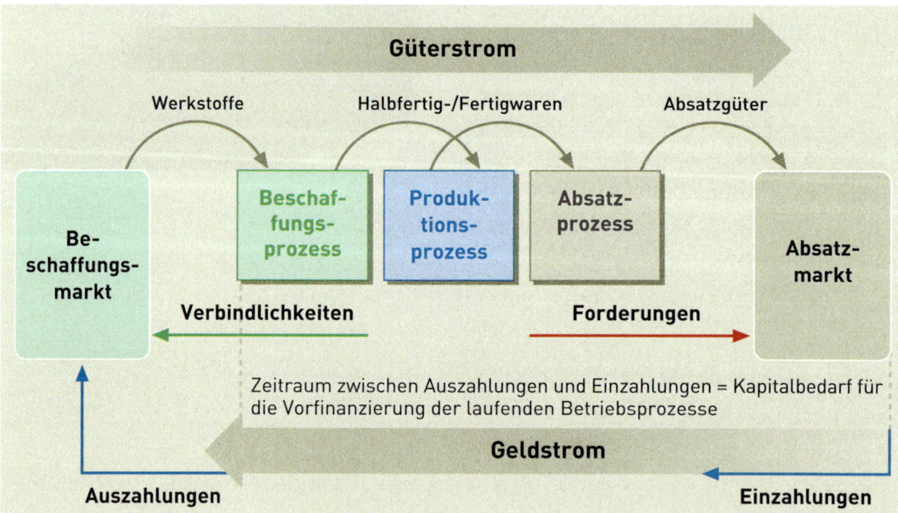

Grundfinanzierung, Anlagekapitalbedarf
› Kap. 3.1.1

Die Kapitalbeschaffung für die Durchführung der vorbereitenden Tätigkeiten und die **Anschaffung des Anlagevermögens** bezeichnet man als **Grundfinanzierung.** Während Rohstoffe normalerweise zum Umlaufvermögen zählen, wird der eiserne Bestand bei der Grundfinanzierung berücksichtigt, da er immer im Unternehmen verbleiben sollte. Er muss ständig als Sicherheitsreserve zur Aufrechterhaltung der Betriebsbereitschaft vorhanden sein.

Umlauffinanzierung, Umlaufkapitalbedarf
› Kap. 3.1.2

Der Kapitalbedarf für die **Finanzierung der laufenden Betriebstätigkeit** hängt vom Umfang und der Dauer des Produktions- und Umsatzprozesses ab. Dabei müssen auch Nebenfaktoren wie z. B. Lieferanten- und Kundenziele berücksichtigt werden. Prognosen über die zukünftige Entwicklung auf den Beschaffungs- und Absatzmärkten spielen im Gegensatz zur Grundfinanzierung hier eine große Rolle.

Normalerweise finanziert sich ein Unternehmen mit dem Eingang der Verkaufserlöse für die produzierten und abgesetzten Güter selbst. Dennoch liegt dazwischen ein **Zeitraum, der finanziell überbrückt werden muss**, denn die Ausgaben fallen früher an, als die Einnahmen die finanziellen Mittel in das Unternehmen zurückfließen lassen. Deshalb muss die **Kapitalbindungsdauer im Umsatzprozess** einschließlich aller in diesem Zeitraum anfallenden Kosten berücksichtigt werden.

Kapitalbindungsdauer

Höhe und Zeitspanne des Kapitalbedarfs ergeben sich daraus, wann das Unternehmen die Erlöse für den Verkauf der produzierten Güter erhält.

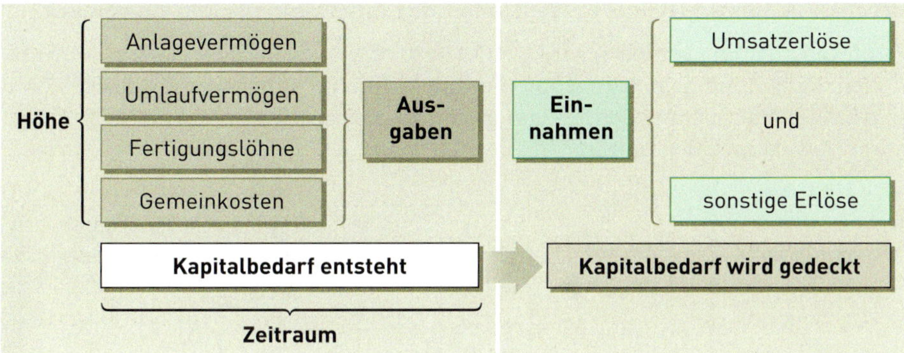

Mit einer Kapitalbedarfsplanung versucht man einen Überblick darüber zu gewinnen, wie viele finanzielle Mittel für Investitionsvorhaben benötigt werden. Dabei geht es bei der einfachen Kapitalbedarfsplanung zunächst nur um einen Überblick, bei dem von konstanten Berechnungsgrundlagen ausgegangen wird und wo z. B. Veränderungen im Bedarf und/oder der Beschaffungspreise unberücksichtigt bleiben.

Ermittlung des Gesamtkapitalbedarfs bei Investitionsentscheidungen

Grundfinanzierung

Anlage- und Einrichtungsgegenstände
- Grundstückserwerb
- Erstellung von Gebäuden
- Beschaffung von Maschinen
- Ergänzung der Werkzeuge
- Eiserne Bestände
- ...

einmalige Ausgaben, die über kalkulierte Abschreibungsbeträge erst im Laufe mehrerer Geschäftsjahre zurückfließen

Umlauffinanzierung

- Materialkosten
- Fertigungskosten
- Verwaltungskosten
- Vertriebskosten
- Erweiterung des Fuhrparks

laufende Ausgaben, die bis zum jeweiligen Zahlungsvorgang vorfinanziert werden müssen

Kapitalbedarf für das Anlagevermögen
\+ Kapitalbedarf für das Umlaufvermögen
= Gesamtkapitalbedarf für Investitionsvorhaben

3.1.1 Kapitalbedarf zur Grundfinanzierung

Anlagekapital

Das **Anlagekapital** ist langfristig gebunden. Es setzt sich zusammen aus dem zu finanzierenden Anlagevermögen und dem Mindestbestand an Vorräten. Der Kapitalbedarf für das Anlagevermögen entspricht seinen Anschaffungskosten.

Anschaffungsnebenkosten

Ausgehend vom Listenpreis, der durch nachträgliche Preisminderungen wie z. B. Skonti reduziert wird, müssen alle **Anschaffungsnebenkosten** wie z. B. Bezugs-, Montage-, Umbau-, Versicherungs-, Notar- und Gerichtskosten oder auch Provisionen, Grunderwerbssteuern o. Ä. hinzugerechnet werden, um zu den Anschaffungskosten zu gelangen.

Berechnung des Anlagekapitalbedarfs

Wenn Lagerhaltung betrieben wird, gehört dazu ebenso der Mindestbestand an Werkstoffen. Er wird mit dem Bezugspreis bewertet. Hinzugerechnet wird er deshalb, weil er zur Aufrechterhaltung des Fertigungsprozesses immer vorhanden sein muss und nur in Ausnahmefällen unterschritten werden darf.

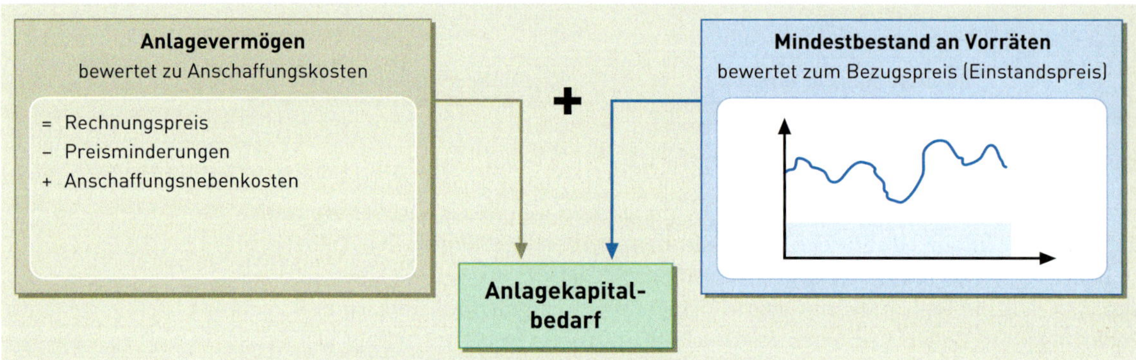

Beispiel

Die Heidtkötter KG benötigt zur Herstellung des neuen Multifunktionstisches einen Fertigungsautomaten. Er wird von einem Spezialmaschinenhersteller zum **Listenpreis** von 200.000,00 € angeboten.

Da es sich um eine völlige Neuentwicklung handelt, bietet der Lieferant einen **Einführungs-** und „**Testrabatt**" von 10 %. Das großzügig bemessene **Zahlungsziel** liegt bei zwei Monaten. Zahlt die Heidtkötter KG aber innerhalb von 20 Tagen, kann sie weitere 2 % **Skonto** abziehen.
Es ist mit **Transportkosten** in Höhe von 5.000,00 € zu rechnen. Hinzu kommt die **Transportversicherung** in Höhe von 1.000,00 €. Die **Montage** der Maschine in den Werkhallen der Heidtkötter KG wird mit 3.000,00 € veranschlagt. Der **Mindestbestand** an Materialien für den neuen Multifunktionstisch wird mit rund 2.000,00 € kalkuliert.
Aus diesen Angaben lässt sich der **Anlagekapitalbedarf** berechnen:

Angebotspreis des Fertigungsautomaten:	200.000,00 €	Anlagevermögen
– Rabatt	– 20.000,00 €	
= Anschaffungspreis (Zieleinkaufspreis)	= 180.000,00 €	
– Skonto (2 % von 180.000,00 €)	– 3.600,00 €	
+ Transportkosten	+ 5.000,00 €	
+ Transportversicherung	+ 1.000,00 €	
+ Montagekosten	+ 3.000,00 €	
= Bezugspreis	= 185.400,00 €	
+ Kosten Mindestbestand	+ 2.000,00 €	→ langfristiges Umlaufvermögen
= Anlagekapitalbedarf	**= 187.400,00 €**	

3.1.2
Ermittlung des Umlaufkapitalbedarfs

Wie Sie im Kapitel zuvor gesehen haben, stellt der Anlagekapitalbedarf die Betriebsbereitschaft her. Zur Produktion selbst werden neben der Bereitstellung von Betriebsmitteln insbesondere Werkstoffe und Arbeitskräfte benötigt. Hinzu kommen die allgemeinen Kosten für die Fertigung, die Lagerung, die Verwaltung und den Vertrieb.

Die **Ermittlung des Umkaufkapitalbedarfs** ist wesentlich umfangreicher als die Kapitalbedarfsrechnung für das Anlagekapital, denn dafür müssen die Höhe der täglichen Auszahlungen für Rohstoffe, Fertigungslöhne und Gemeinkosten und die Kapitalbindungsdauer bekannt sein. Die **Kapitalbindungsdauer** ergibt sich aus der Dauer der Rohstofflagerung, der Produktion und der Lagerung der Fertigerzeugnisse sowie dem Zahlungsziel der Kunden. Bei den Materialien muss das Zahlungsziel der Lieferanten abgezogen werden. Die Kapitalbindungsdauer ergibt sich in diesem Fall als Zeitraum vom Tag der Ausgabe der Materialien bis zu dem Tag, an dem die Umsatzerlöse zurückgeflossen sind.

Kapitalbindungs-dauer

Die folgenden Beispiele 1 bis 5 zeigen, wie die Kapitalbedarfsrechnungen für die einzelnen Positionen aussehen:

Beispiel 1

Ermittlung der **Kapitalbindungsdauer** für das **Material**:

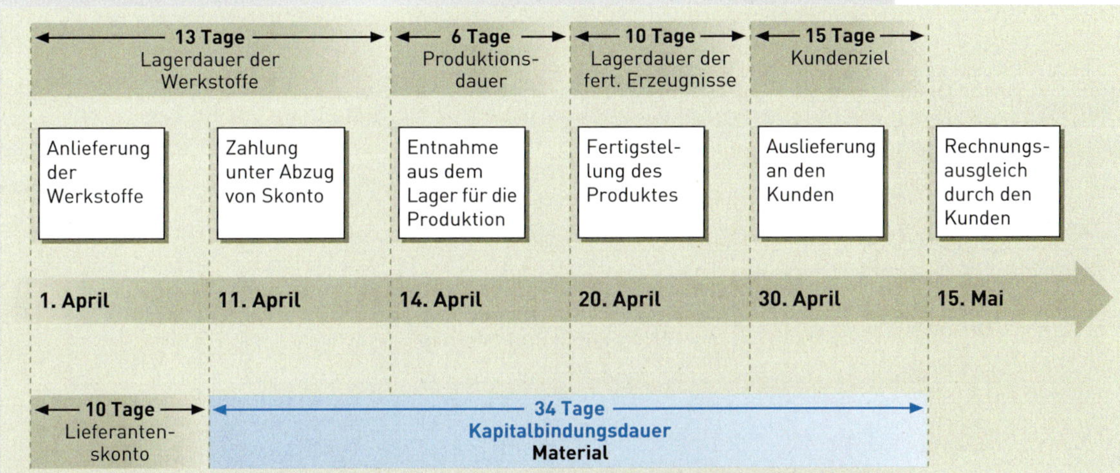

Am 1. April treffen die bestellten Fertigungsmaterialien ein. Die Rechnung dafür kann bis zum 11. April unter Abzug von Skonto beglichen werden. Da es in der Regel lohnenswert ist, die Rechnung unter Ausnutzung von Skonto zu bezahlen, ist der Tag der Ausgabe der 11. April.

Die durchschnittliche Lagerdauer für alle Materialien der Fertigung beträgt in diesem Beispiel 13 Tage. Daraus folgt, dass die Materialien am 14. April in der Produktion verarbeitet werden. Die Fertigung nimmt durchschnittlich 6 Tage in Anspruch. Am 20. April ist das Erzeugnis also fertiggestellt.

Die fertigen Produkte liegen durchschnittlich 10 Tage auf Lager, bevor sie verkauft sind und dem Lager entnommen werden.

In diesem Beispiel wird das Produkt somit am 30. April verkauft. Nach durchschnittlich 15 Tagen werden die Ausgangsrechnungen von den Kunden bezahlt.

Das bedeutet, dass am 11. April die Ausgaben getätigt wurden und am 15. Mai die Einnahme erfolgt. Die **Kapitalbindungsdauer** beträgt demnach 34 Tage.

Beispiel 2

Ermittlung der **Kapitalbindungsdauer** für die **Produktionslöhne** und die **Gemeinkosten der Fertigung**:

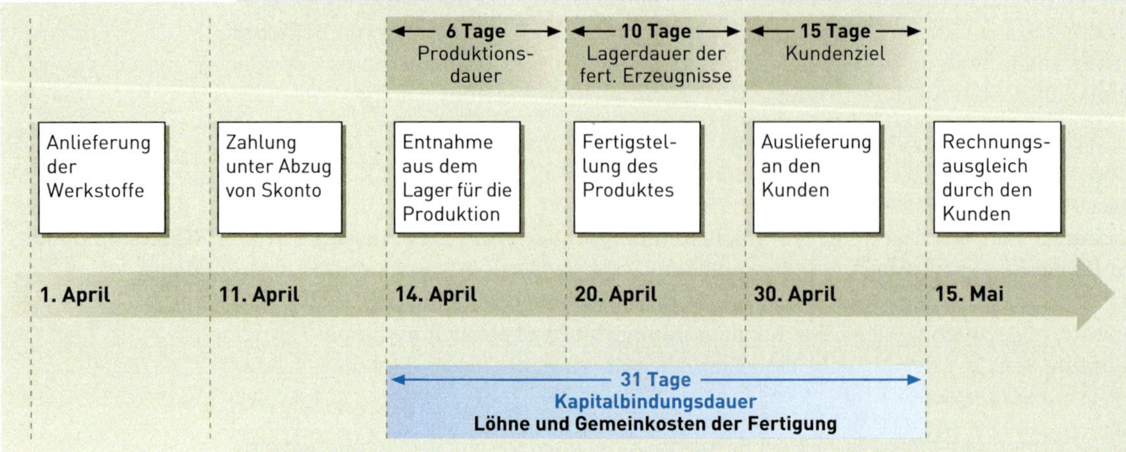

Die Fertigung beginnt am 14. April. Ab diesem Tag müssen Kosten für die Fertigung gezahlt werden, z. B. Löhne, Miete sowie Energie. Durch die Produktions- und Lagerdauer und das Einräumen eines Zahlungsziels für den Kunden erfolgt die Einnahme am 15. Mai, also 31 Tage nach dem Beginn der Fertigung.

Beispiel 3

Ermittlung der **Kapitalbindungsdauer** für die **Gemeinkosten der Lagerung**:

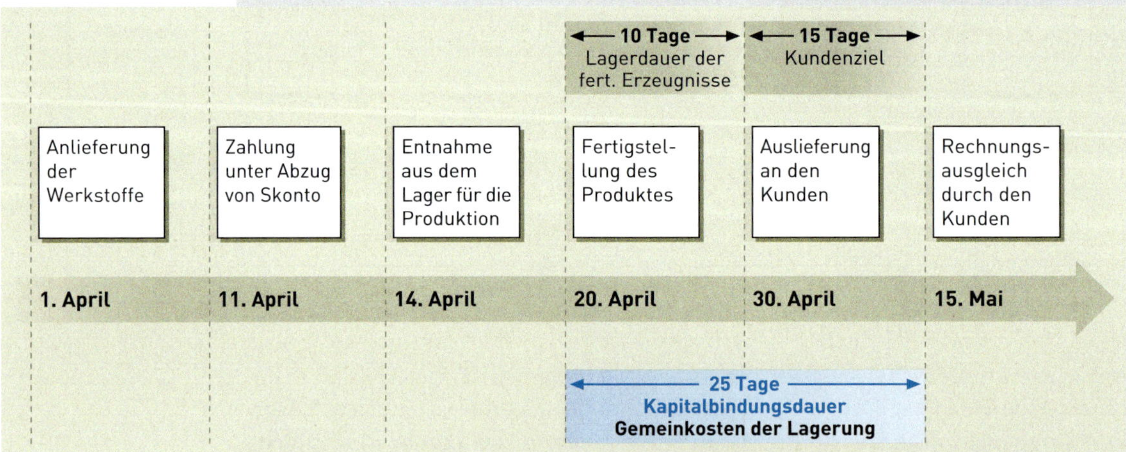

Das Produkt wird am 20. April fertiggestellt. Da es nicht sofort verkauft werden kann, wird es für durchschnittlich 10 Tage gelagert. Ab diesem Tag entstehen Kosten für die Lagerung. 15 Tage nach dem Verkauf wird der Rechnungsbetrag auf dem Bankkonto gutgeschrieben. Die Kapitalbindungsdauer für den Bereich Lagerung beträgt also 25 Tage.

Beispiel 4

Ermittlung der **Kapitalbindungsdauer** für die **Gemeinkosten der Verwaltung**:

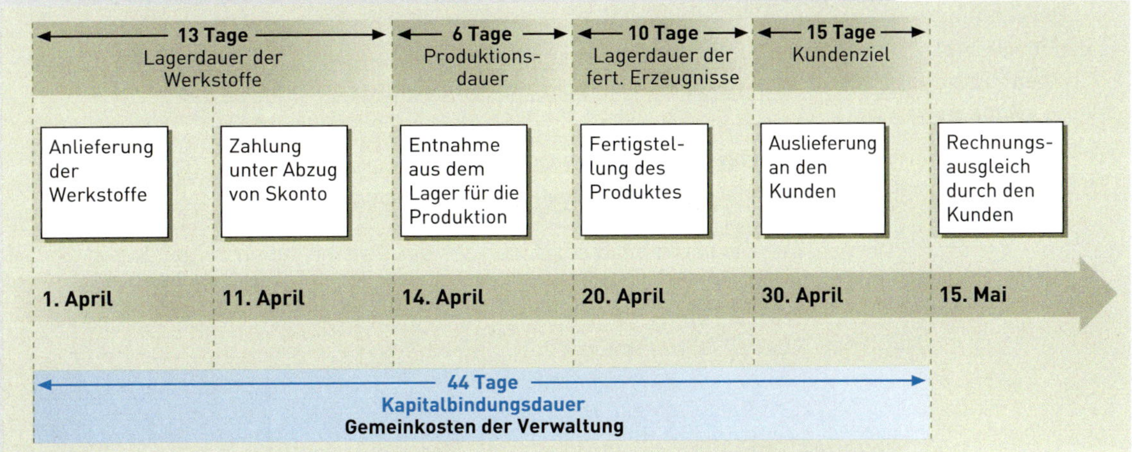

Die Arbeiten der Verwaltung[1] beschränken sich nicht auf ein einziges Produkt, sondern kommen der Fertigung aller Produkte zugute. Die Kosten für die Verwaltung werden anteilsmäßig auf die einzelnen Erzeugnisse umgelegt. Während des gesamten Prozesses – angefangen von der Anlieferung der Werkstoffe am 1. April bis zum Rechnungsausgleich durch den Kunden am 15. Mai – ist die Verwaltung des Unternehmens tätig. Die **Kapitalbindungsdauer** für die Verwaltung beträgt daher 44 Tage.

Beispiel 5

Ermittlung der **Kapitalbindungsdauer** für die **Gemeinkosten des Vertriebs**:

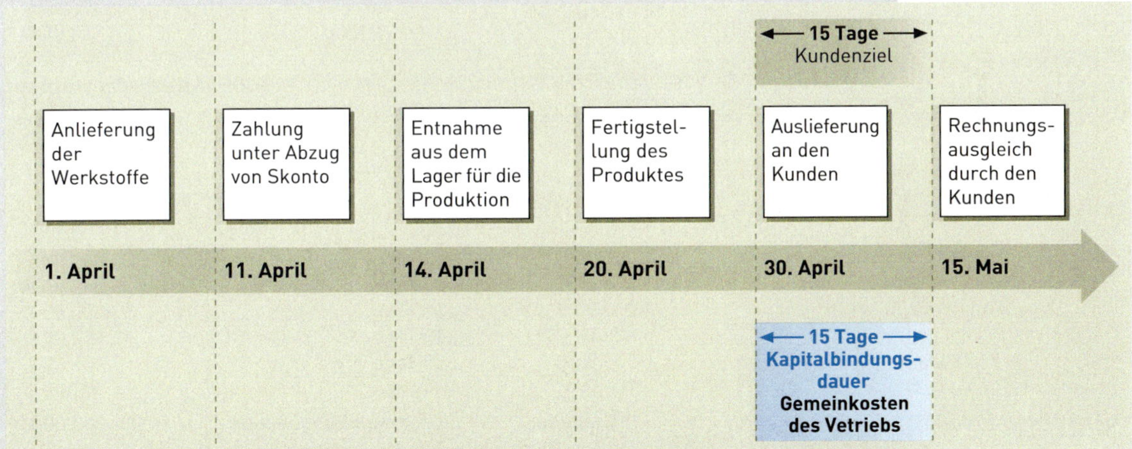

Am 30. April wird der Kaufvertrag durch die Auslieferung der Ware erfüllt. Da den Kunden ein Zahlungsziel eingeräumt wird, erfolgt die Bezahlung erst nach durchschnittlich 15 Tagen. Die **Kapitalbindungsdauer** für die Gemeinkosten des Vertriebs entspricht dem Zeitraum des Zahlungsziels von 15 Tagen.

1 Darunter fallen z. B. die Abteilungen Kreditoren- und Debitorenbuchhaltung, Personal, Sekretariat, Marketing, Einkauf und Verkauf.

Zusammenfassende Berechnung des insgesamt benötigten Kapitals

Da die Kapitalbindungsdauer unterschiedlich lang ist und in Tagen bemessen wird, muss für jede Position neben der Kapitalbindungsdauer die **Höhe der täglichen Ausgaben** ermittelt werden.

Der Kapitalbedarf für jeden einzelnen Bereich wird berechnet, indem man die Höhe der täglichen Ausgaben mit der Kapitalbindungsdauer multipliziert:

Kapitalbedarf für das Material =
tägliche Ausgaben für Material · Kapitalbindungsdauer für das Material

Der gesamte Umlaufkapitalbedarf wird aus der Summe der einzelnen Kapitalbedarfsbeträge gebildet:

Kapitalbedarf für das **Material**
\+ Kapitalbedarf für die **Fertigungslöhne**
\+ Kapitalbedarf für die **Gemeinkosten der Fertigung**
\+ Kapitalbedarf für die **Gemeinkosten der Lagerung**
\+ Kapitalbedarf für die **Gemeinkosten der Verwaltung**
\+ Kapitalbedarf für die **Gemeinkosten des Vertriebs**
= **Umlaufkapitalbedarf**

Beispiel
(vgl. Beispiele 1 bis 5)

Die Heidtkötter KG fertigt pro Tag 200 Bürostühle.
Dabei fallen folgende Kosten (Durchschnittswerte aller Modelle) an:

Einzelkosten pro Stück		Gemeinkosten pro Tag	
■ Fertigungsmaterial	30,00 €	Fertigung	2.000,00 €
■ Fertigungslöhne	15,00 €	Lagerung	1.500,00 €
		Vertrieb	500,00 €
		Verwaltung	100,00 €

Der Kapitalbedarf für das Umlaufvermögen ergibt sich aus der Summe der Kapitalbedarfswerte der einzelnen Kostenarten für die entsprechende Kapitalbindungsdauer:

Kapitalbedarf pro Tag		·	Kapitalbindungsdauer	=	Kapitalbedarf für die Zeit der Kapitalbindung
Fertigungsmaterial	200 · 30	= 6.000,00 €	34 Tage		204.000,00 €
Fertigungslöhne	200 · 15	= 3.000,00 €	31 Tage		93.000,00 €
Fertigungsgemeinkosten		2.000,00 €	31 Tage		62.000,00 €
Gemeinkosten der Lagerung		600,00 €	25 Tage		15.000,00 €
Vertriebsgemeinkosten		500,00 €	15 Tage		7.500,00 €
Verwaltungsgemeinkosten		100,00 €	44 Tage		4.400,00 €
Kapitalbedarf für das Umlaufvermögen	**=**	**Tagesbedarf**	**· Kapitalbindungsdauer**	**=**	**385.900,00 €**

Ergänzt wird die Kapitalbedarfsplanung durch die Liquiditätsplanung. Sie ist allerdings mehr kurzfristig und dient dazu, die jederzeitige Zahlungsbereitschaft eines Unternehmens aufrechtzuerhalten, also dafür zu sorgen, dass die in der Kapitalbedarfsplanung errechneten Mittel auch zur Verfügung stehen.

Aufgaben

› Kap. 3.1

1. Unterscheiden Sie zwischen Grund- und Umlauffinanzierung.

2. Welche Rolle spielt die Kapitalbindungsdauer bei der Kapitalbedarfsplanung?

3. Ermitteln Sie den Kapitalbedarf für folgende Erweiterungsinvestition unter den genannten Voraussetzungen und für die vier unterschiedlichen Varianten (s. u.), bei denen Lieferanten- oder Kundenskonto genutzt werden oder nicht:

   Produktionsplanung bisher: 1 200 Einheiten
   Planung: 1 800 Einheiten (+ 50 %)

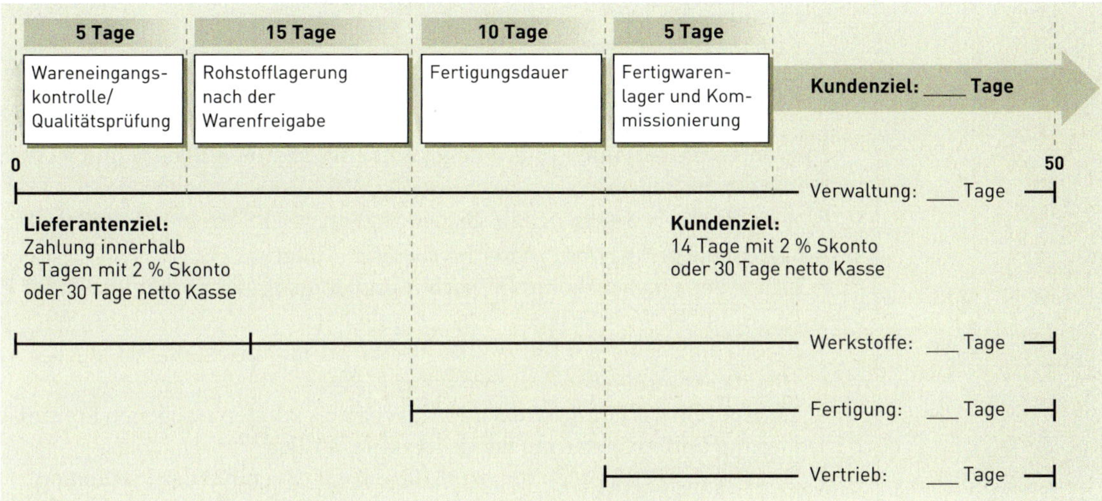

Variante A: Weder wir noch der Kunde nutzen den Skontoabzug.

	Kosten pro Stück	Kapital-bindungsdauer in Tagen	Kapitalbedarf pro Tag	gesamter Kapitalbedarf
Werkstoffe	7,50 €			
Fertigungslöhne	22,00 €			
Verwaltung	2,50 €			
Vertrieb	5,00 €			
Summe	37,00 €			
	+ Erweiterungsinvestition = gesamter Kapitalbedarf			

Variante B: Ein Skontoabzug wird sowohl von uns als auch vom Kunden in Anspruch genommen.

Variante C: Ein Skontoabzug wird von uns in Anspruch genommen, der Kunde nutzt aber das Zahlungsziel.

Variante D: Ein Skontoabzug wird von uns nicht in Anspruch genommen, der Kunde nutzt diesen aber.

→

4. Ein Möbelunternehmen produziert im Monat 800 Drehstühle.

Ermitteln Sie den Kapitalbedarf für die Produktion der 800 Drehstühle, für die folgende Teile zugekauft werden:
- ein Drehkreuz mit 5 Armen und 5 Stuhlrollen pro Stuhl zum Stückpreis von 20,00 €,
- eine Gasdruckfeder pro Stuhl zum Preis von 12,00 €,
- 1,5 m^2 Leder zum Preis von 18 €/m^2,
- zwei Armlehnen pro Stuhl zum Preis von 6,00 € pro Stück.

Die Lieferung der einzelnen Teile erfolgt frei Haus. Es gelten folgende Zahlungsbedingungen:
- Lieferantenrabatt: 10 %
- Lieferantenskonto:
  2 % bei Zahlung innerhalb von 10 Tagen, andernfalls Zahlung binnen 30 Tagen

Das Unternehmen nutzt in der Regel den eingeräumten Skonto und weist den Betrag am 10. Tag an.
Es geht für alle bezogenen Teile gleichermaßen von folgendem Zeitplan aus:
- Warenanlieferung vor Produktionsbeginn: 5 Tage
- Dauer der Qualitätskontrolle nach Wareneingang bis zur Freigabe und Einlagerung der Ware: 2 Tage
- Produktionsdauer der Bürostühle für das Fertigungslos von 800 Stück: 3 Tage
- Qualitätskontrolle der Fertigprodukte: 2 Tage
- Transport in das Fertigwarenlager mit späterer kundenbezogenen Kommissionierung und Auslieferung der Bürostühle: 10 Tage
- Versand der Fertigprodukte: ca. 15 Tage nach Abschluss der Produktion

Neben den aus obigen Angaben ableitbaren Werkstoffkosten werden weiterhin folgende Kosten in Ansatz gebracht:

– Fertigungslöhne:	30,00 €
– anteilige Verwaltungskosten:	2,00 €
– Vertriebskosten:	4,00 €

Das Zahlungsziel beträgt im Normalfall 30 Tage. Die Kunden erhalten 2 % Skonto, wenn die Rechnungen innerhalb von 14 Tagen beglichen werden. Dies ist meist der Fall.

a) Erstellen Sie anhand der oben genannten Vorgaben einen Zeitstrahl. Tragen Sie hier auch den Zeitpunkt
   - der Zahlung der Eingangsrechnung (mit Skonto) und
   - der Zahlung der Ausgangsrechnung (mit Skonto) ein.

b) Ermitteln Sie anhand der oben gemachten Angaben die Summe der Materialkosten je Stuhl.

c) Ermitteln Sie je Kostenart die Kapitalbindungsdauer in Tagen und die Kosten pro Stück.

d) Wie hoch ist der Kapitalbedarf für das Fertigungslos?

3.2
Finanz- und Liquiditätsplanung

Das Hauptziel fast jeder Unternehmung ist die Erzielung von Gewinn. Bei der Erreichung dieses Ziels muss aber die Liquidität des Unternehmens jederzeit sichergestellt sein. Zahlungsunfähigkeit (Illiquidität) ist der häufigste Grund für Unternehmensinsolvenzen und der darauf folgenden Unternehmensauflösung. Also ist die Liquiditätssicherung nicht nur eine notwendige Bedingung, um Gewinn zu erzielen, sondern eines der wichtigsten Ziele eines Unternehmens.

Kurzfristige Liquiditätsplanung

Finanzplan

Die Planung der Liquidität umfasst einen Zeitraum von drei bis sechs Monaten. Für diesen Zeitraum werden alle erwarteten Einnahmen und Ausgaben (z. B. für Materialien, Personal, Investitionen) in einem **Finanzplan** gegenübergestellt. Übersteigen die Ausgaben die Einnahmen, wird in dem Finanzplan die Finanzierung dieses Defizites (z. B. durch Bankguthaben, Kreditaufnahmen, Liquidierung von Finanzanlagen) aufgezeigt. Kreditlinien und die sich daraus ergebende Liquiditätsreserve werden dargestellt. Als Faustregel gilt, dass diese Reserve für drei Monate ausreichen sollte.[1]

Beispiel

Quartalsplanung der Einzahlungen und Auszahlungen mit liquiditätssichernder Kreditaufnahme

Liquiditätsplan						
Planungszeitraum: 1. Quartal .. (Angaben in T€)	**Januar**		**Februar**		**März**	
	Soll	*Ist*	*Soll*	*Ist*	*Soll*	*Ist*
AB Anfangsbestand Zahlungsmittel (Kasse, Bank)	15,56	15,56	55,00	55,00	15,00	
1. Einnahmen/Einzahlungen						
Forderungseingänge/Umsatzerlöse	335,00	338,23	340,00	338,50	340,00	
eingehende Schecks	–	–	3,50	3,50	4,50	
Zinseinkünfte	1,23	1,43	1,20	1,20	1,20	
Mieteinkünfte	2,88	2,88	2,88	2,88	2,88	
Provisionen	2,44	2,21	2,40	2,25	2,40	
Privateinlagen (Eigenkapital)	–	–	–	–	–	
Kreditaufnahme (Fremdkapital)	75,00	75,00	25,00	25,00	–	
Sonstige Einnahmen	–	–	0,50	0,60	0,50	
E = Summe der Einnahmen	416,55	419,75	375,48	373,93	351,48	
2. Ausgaben/Auszahlungen						
Waren-/Materialeinkauf	206,45	208,35	209,00	209,50	177,00	
Löhne und Gehälter	156,66	156,66	156,66	156,66	156,66	
Steuern und Abgaben	2,02	2,02	2,05	2,04	2,05	
Miete, Pacht	2,25	2,25	2,25	2,25	2,25	
Versicherungen	2,55	2,55	2,55	2,55	2,55	
Energiekosten	1,85	1,95	1,80	1,95	1,80	
Kfz-Kosten	1,24	1,24	1,24	1,24	1,24	
Büro-/Verwaltungskosten	1,69	1,72	1,70	1,73	1,70	
Werbung	2,15	2,15	2,15	2,15	2,15	
Fremdkapitalzins und -tilgung	3,54	3,55	3,54	3,54	3,54	
Investitionen	4,55	4,55	40,00	40,00	5,00	
Privatentnahmen	–	–	–	–	–	
Sonstige betriebliche Ausgaben	1,35	1,37	1,50	2,00	1,50	
A = Summe der Ausgaben	386,30	388,36	424,44	425,61	357,44	
EB = Endbestand Zahlungsmittel [EB = AB + E – A] Überdeckung (+)/Unterdeckung (–)	45,81 (+)	46,95 (+)	6,04 (+)	3,32 (+)	9,04 (+)	

→

1 Informationen zum Thema „Liquidität“ finden Sie in diesem Buch am Ende von Kapitel 3 in Teil A auf den Seiten 53 und 54.

Beispiel (Forts.)

Die für den Januar festgelegte Überdeckung von 45.810,00 € wurde tatsächlich noch geringfügig überschritten. Aus Rentabilitätsgründen wurde im Februar 40.000,00 € Liquidität abgebaut und in eine neue technische Anlage investiert.

Viele mögliche Zahlungsverpflichtungen sind bei der Erstellung eines Finanzplans noch nicht entstanden und müssen dann aufgrund von Erfahrungswerten geschätzt werden.

Die Zahlungsfähigkeit innerhalb eines bestimmten Zeitraums bezeichnet man als Periodenliquidität. Die Zahlungsfähigkeit zu einem bestimmten Zeitpunkt bezeichnet man als Stichtagsliquidität.

Langfristige Liquiditätsplanung

Um eine strukturelle, d. h. langfristige Liquiditätssicherung zu erreichen, ist im Wesentlichen auf eine ausgewogene Bilanzstruktur zu achten und entsprechend zu planen.

Plan-Bilanz

› Rechnungswesen

Um diese zu überprüfen, erstellt das Finanzcontrolling Planbilanzen und ermittelt daraus Bilanzkennzahlen. Zu den maßgeblichen Bilanzkennzahlen gehören die Eigen- bzw. Fremdkapitalquote, die die Finanzierungskraft eines Unternehmens ausdrückt. Grundsätzlich ist auf ein Gleichgewicht zwischen Eigen- und Fremdkapital abzuzielen. Je mehr Fremdkapital zur Finanzierung eines Unternehmens eingesetzt wird, desto geringer ist der zusätzliche Finanzierungsspielraum des Unternehmens. Hinzu kommt, dass Fremdkapital in der Zukunft zu Liquiditätsabflüssen durch Zahlung der vertraglich vereinbarten Zinsen und durch Tilgung des Kreditbetrages führt.

Goldene Bilanzregel

› Rechnungswesen

Aus der „Goldenen Bilanzregel" ergibt sich eine weitere Bilanzkennziffer zur Planung der Liquidität: der Anlagedeckungsgrad I (= Verhältnis von Eigenkapital zu Anlagevermögen). Dabei ist ein Wert von 1 anzustreben. Liegt diese Bilanzkennziffer unter 1, kann der Anlagedeckungsgrad II hinzugezogen werden. Bei dieser Bilanzkennziffer wird zu dem Eigenkapital noch das langfristige Fremdkapital addiert. Diese Bilanzkennziffer muss mindestens 1 betragen.

Aufgaben

› Kap. 3.2

1. Was versteht man unter Liquidität?
2. Wann spricht man von „optimaler Liquidität", wann von einer „Unterliquidität", wann von einer „Überliquidität"?
3. Worin besteht das Ziel einer Finanzplanung?
4. Erläutern Sie kurz die Ihnen bekannten Finanzierungsgrundsätze. Greifen Sie dabei auch auf Ihre Kenntnisse aus dem Rechnungswesen zurück.
5. Nehmen Sie Stellung zu folgender Aussage: *„Risikoreiche Investitionen sollen mit Fremdkapital finanziert werden."*
6. Welche der Aussagen a) bis d) sind richtig?
   a) *Die Zeitdauer einer Kapitalbindung muss der Fristigkeit des Kapitals entsprechen.*
   b) *Langfristig gebundenes Kapital sollte aus Fremdkapital finanziert werden.*
   c) *Die Fristigkeit des aufgenommenen Fremdkapitals soll der Nutzungsdauer entsprechen.*
   d) *Umlaufvermögen ist am sichersten aus Eigenkapital zu finanzieren.*
7. Was besagt die „Goldene Bilanzregel"?

8. Erläutern Sie die zentrale Bedeutung der Liquiditätsplanung für das Fortbestehen eines Unternehmens.

9. Begründen Sie, warum die Faustregel gilt, dass ein Unternehmen eine Liquiditätsreserve für die Zahlungsverpflichtungen der nächsten drei Monate halten sollte.

10. Ein Unternehmen erstellt für die kommende Planungsperiode folgende Plan-Bilanz (Werte in T€):

Aktiva	**Bilanz 01**		*Passiva*
Anlagevermögen		**Eigenkapital**	320
Grundstücke und Gebäude	200		
Techn. Anlagen und Maschinen	170	**Fremdkapital**	
Fuhrpark	80	Darlehen	80
Betriebs- und Geschäftsausstattung	50	Rückstellungen	50
Finanzanlagen	30	Verbindlichkeiten a. LL	375
Umlaufvermögen			
Roh-, Hilfs- und Betriebsstoffe	50		
Unfertige Erzeugnisse	60		
Fertige Erzeugnisse	20		
Forderungen a. LL	120		
Kasse	5		
Bank	40		
	825		**825**

Beurteilen Sie diese Planung im Hinblick auf die Eigenkapitalquote und die Goldene Bilanzregel.

11. Das Finanzcontrolling einer Unternehmung stellt die Liquiditätsplanung für das 4. Quartal des laufenden Jahres auf. Ermitteln Sie den Liquiditätsüberschuss bzw. das Liquiditätsdefizit jeweils für die drei Monate unter Berücksichtigung folgender Zahlen:

Zum Ende des dritten Quartals weist die Kasse einen Bestand von 1.500,00 € aus. Das Bankguthaben beträgt 15.300,00 €. Auf diesem Konto ist ein Kontokorrentkredit von 40.000,00 € eingeräumt.

Für das zu planende Quartal werden folgende Ein- und Auszahlungen erwartet:

Einzahlungen:
- 70 % der Monatsumsätze aus dem 3. Quartal (Juli 90.000,00 €, August 120.000,00 €, September 100.000,00 €)
- 20 % der voraussichtlichen Umsätze aus dem 4. Quartal (Oktober 120.000,00 €, November 150.000,00 €, Dezember 110.000,00 €)
- Zinseinnahmen pro Monat 8.000,00 €
- Einnahme aus Anlagenabgang im Oktober 15.000,00 €

Auszahlungen:
- Roh- und Hilfsstoffe pro Monat 40.000,00 €
- Betriebsstoffe pro Monat 10.000,00 € (erwartete Preissteigerung im November um 8 %)
- Löhne und Gehälter pro Monat 12.000,00 € (Weihnachtssonderzahlung im Dezember von 50 %)
- betriebliche Steuern pro Monat 5.000,00 € (Oktober zusätzlich 3.000,00 €)
- sonstiger Aufwand pro Monat 2.000,00 €
- Investitionen: November 20.000,00 €, Dezember 25.000,00 €

4 Die Innenfinanzierung mit Hilfe selbst erwirtschafteter Mittel

Einführung

Tätigt ein Unternehmen Investitionen mit Mitteln, die es selbst erwirtschaftet hat, ist das ein Zeichen für eine starke Finanzkraft. Das Unternehmen präsentiert sich als vergleichsweise unabhängig von Dritten, ein positives Signal für Anteilseigner und Fremdkapitalgeber.

Beispiel

Die Heidtkötter KG beabsichtigt die Anschaffung einer weiteren Fertigungsmaschine zur Produktion des *communicTable*. Auch eine notwendige Erweiterung einer Fertigungshalle um ca. 180 m² ist absehbar, wenn man im Segment „Konferenzmöbel" in den asiatischen Markt einsteigen möchte. Die Heidtkötter KG möchte diese Investitionen finanzieren, ohne dass sie dafür Kapitel von außerhalb des Unternehmens benötigt.

Nach einer kurzen Übersicht über die Formen der Innenfinanzierung werden diese in diesem Kapitel grundsätzlich und unter Zuhilfenahme von Beispielen erläutert.

Innenfinanzierung

Unter **Innenfinanzierung** versteht man die Zuführung von finanziellen Mitteln in das Unternehmen aus dessen Umsatzprozessen. Das Kapital kommt aus dem Unternehmen selbst. Die Versorgung mit selbst erwirtschaftetem Kapital ist für das Unternehmen die vorteilhafteste Finanzierungsart, denn:

- Das so gebildete Eigenkapital steht dem Unternehmen unbefristet zur Verfügung. Es muss also im Gegensatz zum Fremdkapital nicht zurückgezahlt werden. Es findet daher auch kein Liquiditätsabfluss durch Tilgungen statt. Außerdem leidet die Liquidität nicht durch Zinszahlungen. Es fallen keine Zinsen an.
- Die bisherigen Beteiligungsverhältnisse verändern sich nicht. Es müssen keine weiteren Gesellschafter aufgenommen werden, die möglicherweise über die Unternehmensgeschäfte mitbestimmen möchten oder diese kontrollieren wollen.

Wenn ein Unternehmen aus der eigenen wirtschaftlichen Tätigkeit heraus Eigenkapital schafft, dann geschieht das grundsätzlich in folgenden Formen:

Kapitalbildung

- **Kapitalbildung** durch
  - Selbstfinanzierung aus einbehaltenen Gewinnen,
  - Bildung stiller Reserven im Rahmen rechtlicher Bewertungsvorschriften durch Unterbewertung von Aktiva oder Überbewertung von Passiva,
  - Finanzierung aus Rückstellungen, die im Rahmen handelsrechtlicher Vorschriften gebildet werden.

Kapitalfreisetzung

- **Kapitalfreisetzung** durch
  - Finanzierung aus zurückfließenden Abschreibungsbeträgen,
  - Finanzierung durch Vermögensumschichtung, z. B. durch den Verkauf nicht benötigter Vermögensgegenstände.

Ein im Verhältnis zum Fremdkapital hohes Eigenkapital verschafft einem Unternehmen gegenüber Fremdkapitalgebern (Investoren) eine günstige Verhandlungsposition. Aus Sicht der Fremdkapitalgeber ist eine gute Eigenkapitalausstattung – neben der Rentabilität des Gesamtkapitals und der Liquidität des Unternehmens – ein wichtiges Entscheidungskriterium für die Kapitalüberlassung. Denn je größer die Eigenkapitalbasis ist, desto höher ist die Sicherheit für die Fremdkapitalgeber, dass sie das dem Unternehmen überlassene Kapital auch wieder zurückerhalten.

4.1 Selbstfinanzierung aus einbehaltenen Gewinnen

Selbstfinanzierung

Die Finanzierung aus nicht entnommenen Gewinnen wird als **Selbstfinanzierung** bezeichnet. Grundlage dieser Finanzierungsart ist der betriebswirtschaftliche Gewinn, so wie er sich aus der Gewinn- und Verlustrechnung als Jahresüberschuss ergibt.

Beispiel

Die folgende stark verkürzte Gewinn- und Verlustrechnung eines Unternehmens zeigt die Ermittlung des Jahresüberschuss:

Rohergebnis	12.000.000,00 €
– Personalaufwand	5.840.000,00 €
– Abschreibungen auf Sachanlagen	1.100.000,00 €
– Sonstige Aufwendungen	2.825.000,00 €
= Ergebnis der gewöhnlichen Geschäftstätigkeit	2.235.000,00 €
– Steuern vom Ertrag	135.000,00 €
= Jahresüberschuss	**2.100.000,00 €**

Je nachdem, welche Unternehmensform vorliegt, wird der Jahresüberschuss unterschiedlich verwendet:

- In Einzelunternehmen und Personengesellschaften fließt er den Eigentümern zu und erhöht deren Eigenkapital (bei Kommanditgesellschaften nur bei den Vollhaftern!).
- In Kapitalgesellschaften werden offene Rücklagen gebildet, die entweder auf gesetzlichen Vorschriften (siehe z. B. § 150 AktG) oder der Satzung beruhen oder freiwillig für bestimmte Maßnahmen (Ersatz-, Erweiterungs-, Neuinvestitionen) geschaffen werden. Der verbleibende Restgewinn kommt den Gesellschaftern und Aktionären zugute (= Gewinnausschüttung).

Gewinnthesaurierung

Durch die Zuführung des Gewinns zum Eigenkapital und durch die Einbringung des Gewinns in Rücklagen (= **Gewinnthesaurierung**[1]) wird die Kapitalausstattung des Unternehmens verbessert.

Beispiel

Im obigen Beispiel könnte die Gewinnverwendung für eine Aktiengesellschaft wie folgt aussehen:

Jahresüberschuss	2.100.000,00 €
+ Gewinnvortrag aus dem Vorjahr	150.000,00 €
Zu verteilender Gewinn	2.250.000,00 €
– Einstellung in gesetzliche Rücklage (5 %)	105.000,00 €
– Einstellung in andere Rücklagen	350.000,00 €
= Bilanzgewinn	1.795.000,00 €
– Dividende an Aktionäre	620.000,00 €
– weitere freiwillige Rücklagen	150.000,00 €
= Gewinnvortrag	1.025.000,00 €

Aus freiwilligen Rücklagen kann die Aktiengesellschaft über Finanzierungsmittel in Höhe von 500.000,00 € (350.000,00 € + 150.000,00 €) für Investitionszwecke verfügen. Dieser Betrag ist ausschließlich im abgelaufenen Geschäftsjahr erwirtschaftet worden. Über die insgesamt durch Gewinnthesaurierung angesammelten Finanzmittel gibt die Bilanz Auskunft.

→

1 griech. *thesauros* = Schatz, lat. *thesaurus* = Tresor

Passiva:	**A.**	**Eigenkapital**	
	I.	Gezeichnetes Kapital	4.000.000,00 €
	II.	Kapitalrücklage	400.000,00 €
	III.	Gewinnrücklagen:	
		1. Gesetzliche Rücklage	315.000,00 €
		2. andere Gewinnrücklagen	1.870.000,00 €
	IV.	Gewinnvortrag	1.025.000,00 €

Der obige Bilanzauszug wurde nach der Gewinnverwendung erstellt und zeigt, dass einschließlich der Zuführung zu freiwilligen Rücklagen (s. o. 500.000,00 €) insgesamt 1.870.000,00 € aus angesammelten Gewinnen für Investitionszwecke eingesetzt werden können.

Bei Personengesellschaften und Einzelunternehmen ergeben sich die Selbtfinanzierungsbeträge für das abgelaufene Geschäftsjahr aus der Differenz von Jahresüberschuss minus Privatentnahmen plus Privateinlagen.

Beispiel

Das Beispiel zeigt die Gewinn- und Verlustrechnung der Harms KG. Die Gewinnverteilung (siehe folgende Seite) zeigt auf, wie der (in diesem Fall) Vollhafter berücksichtigt werden muss.

Gewinn- und Verlustrechnung der Harms KG, Braunschweig, zum 31. Dezember 01

			31.12.01 (in €)	**31.12.00** (in €)
1		Umsatzerlöse	25.895.000,00	23.675.000,00
2		Erhöhung oder Verminderung des Bestandes an Erzeugnissen	38.300,00	36.550,00
3		Andere aktivierte Eigenleistungen	46.700,00	31.450,00
		Gesamtleistung	**25.980.000,00**	**23.743.000,00**
4		Sonstige betriebliche Erträge	285.000,00	122.000,00
5	a	Aufwendungen für Roh-, Hilfs-, Betriebsstoffe, Vorprodukte/Fremdbauteile, Waren	11.950.000,00	10.510.000,00
	b	Aufwendungen für bezogene Leistungen	655.000,00	485.000,00
			12.605.000,00	**10.995.000,00**
		Rohergebnis	**13.660.000,00**	**12.870.000,00**
6		Personalaufwand		
	a	Löhne und Gehälter	5.840.000,00	5.490.000,00
	b	Soziale Abgaben	1.660.000,00	1.555.000,00
		Summe Personalaufwand	7.500.000,00	7.045.000,00
7		Abschreibungen auf Sachanlagen	1.100.000,00	1.050.000,00
8		Sonstige betriebliche Aufwendungen	2.640.000,00	2.597.000,00
11		Zins-/Dividendenerträge	125.000,00	112.000,00
13		Zinsaufwendungen	410.000,00	435.000,00
14		**Ergebnis der gewöhnlichen Geschäftstätigkeit**	**2.135.000,00**	**1.855.000,00**
18		Steuern vom Ertrag	135.000,00	107.000,00
20		**Jahresüberschuss/Jahresfehlbetrag**	**2.000.000,00**	**1.748.000,00**

In der Harms KG gibt es neben dem **Vollhafter** Gerd Harms auch die **Teilhafterin** Anke Harms. Bei der Gewinnverwendung wird der Gewinnanteil des Vollhafters seinem Eigenkapital zugerechnet. Die Kapitaleinlage des Teilhafters ist dagegen fix, d. h., sie darf durch Gewinnzuschreibungen nicht verändert werden. Der dem Teilhafter zustehende Gewinn wird bis zur Auszahlung als „Verbindlichkeit gegenüber Gesellschaftern" geführt. Im Gesellschaftsvertrag ist geregelt, wie der Gewinn zu verteilen ist.

6101572

Gewinnverteilung im Geschäftsjahr 01							(in €)
Gesell-schafter	Kapital zum 01.01.01	Arbeits-entgelt	Kapitalzins 5 %	Restgewinn 3:1	Gesamt-gewinn	Privat-entnahmen	Kapital zum 31.12.01
Gerd Harms	6.600.000,00	80.000,00	330.000,00	1.050.000,00	1.460.000,00	85.000,00	7.975.000,00
Anke Harms	3.800.000,00	–	190.000,00	350.000,00	540.000,00	–	3.800.000,00
	10.400.000,00	80.000,00	520.000,00	1.400.000,00	2.000.000,00	85.000,00	11.775.000,00

Aktiva	Verkürzte Bilanz zum 31. Dezember 01 Harms KG, Braunschweig				*Passiva*
	€	€		€	€
Anlagevermögen		9.560.000,00	**Eigenkapital**		11.775.000,00
Umlaufvermögen:			**Fremdkapital:**		
langfristig gebunden		1.880.000,00	langfristig, darunter Pensions-rückstellung	3.200.000,00	6.305.000,00
kurzfristig gebunden		9.285.000,00	kurzfristig, darunter sonstige Rückstellungen	450.000,00	2.645.000,00
Gesamtvermögen		**20.725.000,00**	**Gesamtkapital**		**20.725.000,00**

Aufgabe

› Kap. 4.1

Ihnen liegen die folgende stark verkürzte Gewinn- und Verlustrechnung, die Gewinnverwendungsrechnung sowie ein Auszug aus der Bilanz einer AG vor. Stellen Sie fest, wie hoch die Finanzierung aus Gewinnen im abgelaufenen Geschäftsjahr und insgesamt ist.

Kurzfassung der Gewinn- und Verlustrechnung

	Rohergebnis	58.230.000,00 €
–	Personalaufwand	33.810.000,00 €
–	Abschreibungen auf Sachanlagen	6.300.000,00 €
–	Sonstige Aufwendungen	7.720.000,00 €
=	Ergebnis der gewöhnlichen Geschäftstätigkeit	10.400.000,00 €
–	Steuern vom Ertrag	4.100.000,00 €
=	**Jahresüberschuss**	**6.300.000,00 €**

Gewinnverwendungsrechnung

	Jahresüberschuss	6.300.000,00 €
+	Gewinnvortrag aus dem Vorjahr	450.000,00 €
	Zu verteilender Gewinn	6.750.000,00 €
–	Einstellung in gesetzliche Rücklage (5 %)	315.000,00 €
–	Einstellung in andere Rücklagen	3.350.000,00 €
=	Bilanzgewinn	3.085.000,00 €
–	Dividende an Aktionäre	3.400.000,00 €
=	**Verlustvortrag**	**315.000,00 €**

Auszug aus der Bilanz

A.	**Eigenkapital**	***Passiva***
I.	Gezeichnetes Kapital	8.500.000,00 €
II.	Kapitalrücklage	650.000,00 €
III .	Gewinnrücklagen:	
	1. Gesetzliche Rücklage	720.000,00 €
	2. andere Gewinnrücklagen	5.870.000,00 €
IV.	Verlustvortrag	315.000,00 €

4.2
Stille Rücklagen als verdeckte Form der Selbstfinanzierung

Stille Rücklagen

Im Gegensatz zu den offen ausgewiesenen gesetzlichen und freiwilligen Rücklagen stellen **stille Rücklagen** – auch „Stille Reserven" genannt – finanzielle Mittel dar, die in den Vermögenswerten und Schulden der Bilanz aufgrund rechtlich zulässiger Bewertungsmaßnahmen enthalten und nicht offen ausgewiesen sind. Erst mit der Liquidierung oder Neubewertung der Vermögens- und Schuldenposten, in denen sie stecken, werden sie sichtbar.

› Rechnungswesen

Ihre Entstehung hat verschiedene Ursachen:

- **Unterbewertung der Aktiva durch Einhaltung des Niederstwertprinzips**
  Finanzanlagen sind bei ihrer Anschaffung (Zugang) mit ihren Anschaffungskosten zu bewerten. Steigt der Marktpreis dieser Anlagen, so darf diese Werterhöhung nicht berücksichtigt werden. Das heißt, dass diese Vermögensgegenstände tatsächlich einen höheren Wert haben, als es aus der Bilanz ersichtlich ist. Erst bei ihrer Veräußerung werden die stillen Rücklagen aufgedeckt.

  Ähnlich verhält es sich bei allen anderen Gegenständen des Sachanlagevermögens.

- **Unterbewertung der Aktiva durch planmäßige Abschreibungen**
  Abnutzbare Gegenstände des Sachanlagevermögens sind laut HGB nach einem mathematischen Plan linear oder degressiv abzuschreiben. Die sich dabei ergebenden Restwerte stimmen in aller Regel nicht mit den Marktpreisen für gebrauchte Anlagegüter überein. Es entstehen stille Rücklagen, die erst beim Verkauf der Anlagen sichtbar werden.

  Ähnlich verhält es sich bei außerplanmäßigen Abschreibungen auf das Sachanlagevermögen bei voraussichtlich dauernder Wertminderung oder bei der wahlweise vorzunehmenden außerplanmäßigen Abschreibung auf Finanzanlagen bei nur vorübergehender Wertminderung.

- **Bewertung der Aktiva und Passiva nach dem Vorsichtsprinzip**
  Der Unternehmer hat vorsichtig zu bewerten, indem er alle bis zum Abschlussstichtag vorhersehbaren Risiken und Verluste berücksichtigt. Das führt dazu, dass Vermögensgegenstände eher zu niedrig als zu hoch und Schulden eher zu hoch als zu niedrig angesetzt werden.

- **Überbewertung der Passiva nach dem Höchstwertprinzip**
  Bei Fremdwährungsverbindlichkeiten mit einer Restlaufzeit von mehr als einem Jahr sind bei der Bewertung die Wertansätze im Zugangszeitpunkt und am Bilanzstichtag miteinander zu vergleichen. Bei Abweichung ist der höhere Wert anzusetzen. Gilt der höhere Wert für den Zugangszeitpunkt, entsteht eine stille Rücklage, die erst dann zum Vorschein kommt, wenn die Verbindlichkeit beglichen wird. Es ist dann ein geringerer Wert zu zahlen als der, der in der Bilanz vermerkt ist.

  Ähnlich verhält es sich bei Fremdwährungsverbindlichkeiten mit einer Restlaufzeit bis zu einem Jahr. Sie sind ohne Rücksicht auf den Zugangswert zum Devisenkassamittelkurs am Abschlussstichtag zu bewerten.

■ Überbewertung von Rückstellungen

Beispiel

Auf der Grundlage von § 249 HGB und § 253 Abs. 1 HGB bildet ein Hersteller von Spanplatten eine Rückstellung für drohende Verluste aus schwebenden Geschäften. Das Unternehmen hat Anfang Dezember den Bedarf an Fichtenholz für das erste Quartal des folgenden Jahres bei einem Forstbetrieb bestellt. Ende Dezember zerstört ein Sturm weite Waldflächen. Als Folge fallen große Holzmengen an und die Preise für Fichtenholz sinken beträchtlich, das Unternehmen muss jedoch den vereinbarten höheren Preis bei Lieferung bezahlen. Zum Abschlussstichtag wird eine Rückstellung „in Höhe des nach vernünftiger kaufmännischer Beurteilung notwendigen Erfüllungsbetrags" angesetzt.

Wird der drohende Verlust zu hoch geschätzt, entsteht eine stille Rücklage, die bei der Auflösung der Rückstellung im nächsten Jahr freigesetzt wird. Die bei der Bildung der Rückstellung gebuchte Aufwendung verhindert, dass Gewinne an nicht voll haftende Anteilseigner ausgeschüttet werden, wenn im Folgejahr Verluste drohen.

Aufgabe

› Kap. 4.2

Unterscheiden Sie die Innenfinanzierung von der Selbstfinanzierung und nennen Sie diejenigen Finanzierungsarten, die beiden zugeordnet werden können.

4.3 Rückstellungen werden zur Finanzierung von Investitionen verwendet

Rückstellungen

Rückstellungen sind Verbindlichkeiten, die als Aufwand dem aktuellen Geschäftsjahr zuzuordnen sind, in ihrer Höhe und/oder ihrem Fälligkeitstermin jedoch am Bilanzstichtag noch nicht feststehen.

Der Gesetzgeber schreibt die Bildung von Rückstellungen **für bestimmte Fälle** vor:

§§ Auszug aus dem HGB

§ 249 Rückstellungen

(1) Rückstellungen sind für ungewisse Verbindlichkeiten und für drohende Verluste aus schwebenden Geschäften zu bilden. Ferner sind Rückstellungen zu bilden für

1. im Geschäftsjahr unterlassene Aufwendungen für Instandhaltung, die im folgenden Geschäftsjahr innerhalb von drei Monaten, oder für Abraumbeseitigung, die im folgenden Geschäftsjahr nachgeholt werden,
2. Gewährleistungen, die ohne rechtliche Verpflichtung erbracht werden.

(2) Für andere als die in Absatz 1 bezeichneten Zwecke dürfen Rückstellungen nicht gebildet werden. Rückstellungen dürfen nur aufgelöst werden, soweit der Grund hierfür entfallen ist.

Rückstellungen sind **Schulden** und daher zählen sie in der Bilanz zum Fremdkapital. Rückstellungen werden für Aufwendungen gebildet (siehe folgendes Beispiel), sie vermindern den ausgewiesenen Gewinn und somit auch die Gewinnausschüttung. Die Gegenbuchung erfolgt auf dem entsprechenden Rückstellungskonto.

Bei der Finanzierung über Rückstellungen handelt es sich um eine **Fremdfinanzierung**, auch wenn kein externer Kredit aufgenommen wird. Das so genutzte Fremdkapital muss zwar zurückgezahlt werden, aber es fallen dafür keine Zinsen an.

Beispiel

Ein Unternehmen verpflichtet sich vertraglich, den Arbeitnehmern eine Altersversorgung zu gewähren. Um diese Pensionsanwartschaften aufzubauen, bildet das Unternehmen während der aktiven Betriebszugehörigkeit der Arbeitnehmer jährliche Rückstellungen (Pensionsrückstellungen). Dies geschieht über die gewinnschmälernde Buchung von Aufwendungen für Altersversorgung. Die Rückstellung selbst erscheint als Passivposten (= Schulden, Rückstellungen für Pensionen) in der Bilanz. Die Höhe der Rückstellung wird nach versicherungsmathematischen Regeln berechnet und entsprechend geprüft. Erst mit dem altersbedingten Ausscheiden eines Arbeitnehmers aus dem Betrieb beginnt die Auszahlung der betrieblichen Rente.

Während der Aufbauphase solcher Pensionsrückstellungen, in der noch keine Auszahlungen vorzunehmen sind, liegt der **Finanzierungseffekt** darin, dass in Höhe der zurückbehaltenen Gewinne Vermögenswerte angehäuft werden, die für mittel- oder langfristige Investitionen verwendet werden können. Hierbei ist darauf zu achten, dass genügend Deckungsvermögen, also Vermögen, das ausschließlich zur Deckung der Pensionsverpflichtungen dient (z. B. in Form von Wertpapieren), vorhanden ist.

Ein zusätzlicher Finanzierungseffekt gegenüber Gewinnen, die nicht den Pensionsrückstellungen zugeführt werden, liegt in der Einsparung von Ertragssteuern, da die Aufwendungen für Rückstellungen den Gewinn schmälern.

Aufgabe

› Kap. 4.3

Neben den Pensionsversprechen gibt es noch weitere Gründe, um Rückstellungen zu bilden.

Welche Rückstellungen eignen sich als Finanzierungsinstrument und welche eher nicht? Begründen Sie bitte jeweils.

4.4 Finanzierung aus Abschreibungsrückflüssen

Die Aufwendungen für den Wertverlust des Anlagevermögens gehen als bilanzielle Abschreibungen in die Gewinn- und Verlustrechnung des Unternehmens ein. Für die Zwecke der Kostenrechnung werden sogenannte „Kalkulatorische Abschreibungen" berechnet. Über die Umsatzerlöse fließen diese kalkulatorischen Abschreibungen in das Unternehmen zurück. Somit erfolgt ein ständiger Rückfluss finanzieller Mittel. Diese Mittel stehen dann für investive Zwecke zur Verfügung (Innen- und Eigenfinanzierung). Sie können für spätere Ersatzinvestitionen bereitgehalten oder auch für laufende, vom eigentlichen Abschreibungsobjekt unabhängige Investitionen genutzt werden.

Unter der Voraussetzung, dass die Kapazitäten teilbar sind, können zurückfließende Abschreibungsbeträge schon früher, gegebenenfalls laufend für Ersatz- und Erweiterungsinvestitionen eingesetzt werden. Einen solchen Kapazitätserweiterungseffekt (= Lohmann-Ruchti-Effekt) zeigt das folgende Beispiel.

Beispiel

Die Heidtkötter KG hat vier CNC-Hobelmaschinen mit einem Anschaffungspreis von jeweils 50.000,00 € im Einsatz. Sie sollen mit 20 % linear abgeschrieben werden, d. h., nach fünf Jahren ist das investierte Kapital über die Abschreibungsbeträge zurückgeflossen und steht zur Beschaffung neuer Maschinen zur Verfügung.

Die Heidtkötter KG stellt während dieser Nutzungsdauer einen steigenden Absatz und damit einhergehend den Bedarf nach zusätzlichen Maschinenkapazitäten fest. Investiert wird, sobald die nötigen Finanzmittel dafür vorhanden sind. Nun ergibt sich folgendes Investitionsbild:

Jahr	Anzahl CNC-Hobel-maschinen 01.01.	Gesamtwert in € 01.01.	durch Abschreibung zurückgeflossene Mittel in € 31.12.	Abgang 31.12.	Zugang 31.12.	Restmittel in €
0					4	
1	4	200.000,00	40.000,00	0	0	40.000,00
2	4	200.000,00	40.000,00	0	1	30.000,00
3	5	250.000,00	50.000,00	0	1	30.000,00
4	6	300.000,00	60.000,00	0	1	40.000,00
5	7	350.000,00	70.000,00	4	2	10.000,00
6	5	250.000,00	50.000,00	0	1	10.000,00
7	6	300.000,00	60.000,00	1	1	20.000,00
8	6	300.000,00	60.000,00	1	1	30.000,00
9	6	300.000,00	60.000,00	1	1	40.000,00
10	6	300.000,00	60.000,00	2	2	0

Der Maschinenpark wird durch die ständige Investition des zurückfließenden Kapitals erweitert (hier von vier auf sieben CNC-Hobelanlagen im Jahr 5, d. h. um 75 % auf dann 175 %). Diese Rechnung gilt aber nur, wenn die Anschaffungskosten gleich bleiben.

Eine solche Vorgehensweise ist nur sinnvoll, wenn die zusätzlichen Maschinen auch benötigt werden. Ist das nicht der Fall, können die Mittel natürlich auch anderweitig investiert werden.

Abschreibungsrückflüsse zeigen ihre Finanzierungswirkung auf dreierlei Weise, wobei unterstellt wird, dass die in die Preise eingerechneten kalkulatorischen Abschreibungen durch den Verkauf der Produkte in voller Höhe vom Markt erstattet werden:

- **Die bilanzmäßigen und die kalkulatorischen Abschreibungen stimmen wertmäßig überein.**
  In diesem Fall findet eine Vermögensumschichtung vom Anlagevermögen zum Umlaufvermögen statt. Auf Dauer wird die Substanz nur nominell erhalten.
- **Die bilanzmäßigen Abschreibungen sind höher als die kalkulatorischen Abschreibungen.**
  In diesem Fall führt der gebuchte Mehraufwand zu einer verdeckten Finanzierung aus dem Gewinn. Auf Dauer wird die Substanz aufgezehrt.
- **Die bilanzmäßigen Abschreibungen sind niedriger als die kalkulatorischen Abschreibungen.**
  In diesem Fall führt der erzielte Mehrerlös zu einer offenen Finanzierung aus dem Gewinn. Dem Unternehmen stehen zusätzliche Mittel zur Finanzierung zur Verfügung.

Aufgabe

› Kap. 4.4

Begründen Sie, warum sich die Finanzierung aus Abschreibungen nicht eindeutig der Eigenfinanzierung bzw. der Fremdfinanzierung zuordnen lässt.

4.5 Finanzierung aus Vermögensumschichtungen

Die betrieblichen Prozesse können nur durch einen ständigen Strom von Gütern, fertigen Erzeugnissen und finanziellen Mitteln aufrechterhalten werden. Dieser Strom an zufließenden und abfließenden Werten wird im Gewinn- und Verlustkonto deutlich.

Beispiel

Aufwendungen (in T€)	**Gewinn- und Verlustkonto**		*Erträge (in T€)*
Werkstoffaufwendungen	70.000	Umsatzerlöse	220.000
Personalaufwendungen	60.000		
Abschreibungen auf Sachanlagen	40.000		
Aufwendungen für Altersversorgung	20.000		
Gewinn	30.000		
	220.000		220.000

Das Gewinn- und Verlustkonto zeigt, dass ein **Zuwachs** an finanziellen Mitteln in Höhe von 50.000 T€ eingetreten ist: Gewinn und Pensionsrückstellungen stehen für zusätzliche Investitionen zur Verfügung.

Die übrigen Aufwendungen für Werkstoffe, Personal und Abschreibungen (170.000 T€) stammen aus **Vermögensumschichtungen**: Das Unternehmen hat in der abgelaufenen Periode für Werkstoffe 70.000 T€ und für Personal 60.000 T€ ausgegeben und die Abschreibungen mit 40.000 T€ angesetzt (bilanzmäßige Abschreibungen = kalkulatorische Abschreibungen). Über den Verkauf fertiger Erzeugnisse sind 220.000 T€ in das Unternehmen zurückgeflossen, die in der nächsten Abrechnungsperiode für den Kauf von Werkstoffen und die Bezahlung des Personals zur Verfügung stehen. Die über die Umsatzerlöse „verdienten" Abschreibungen können angesammelt und am Ende der Nutzungsdauer für die Ersatzbeschaffung von Sachanlagegütern verwendet werden, vorausgesetzt, es treten keine Preiserhöhungen auf.

In der Bilanz machen sich diese Vermögensumschichtungen als **Aktivtausch** bemerkbar.

Werden kurzfristig Finanzmittel benötigt, für die die zuvor geschilderten Vermögensumschichtungen nicht ausreichen, stehen dem Unternehmen die folgenden **weiteren Möglichkeiten** zur Finanzierung aus dem Vermögen offen:

- der **Verkauf von Wertpapieren des Umlaufvermögens**,
- der **Verkauf nicht im Leistungsprozess eingebundener Vermögensteile** (z. B. vermietete Gebäude, ungenutzte Grundstücke, nicht benötigte Produktionsanlagen),
- der **Verkauf von Forderungen** in Form des Factoring oder der Forfaitierung[1].

Werden zu viele Vermögensteile verkauft, kann bei Außenstehenden, insbesondere bei Fremdkapitalgebern (z. B. Banken und Lieferanten), der Eindruck entstehen, das Unternehmen brauche dringend Geld und habe Liquiditätsprobleme. Dies kann zu Einschränkungen in den Möglichkeiten der Fremdkapitalbeschaffung führen.

Aufgabe

› Kap. 4.5

Unterscheiden Sie die Innenfinanzierung durch Kapitalbildung von der Innenfinanzierung durch Kapitalfreisetzung.

1 Durch den Verkauf von Forderungen kann der Verkäufer sofort über den Gegenwert der Forderung (nach Abzug einer Provision für den Verwaltungsaufwand und das Ausfallrisiko) verfügen. Factoring und Forfaitierung unterscheiden sich hinsichtlich Art und Umfang der zu verkaufenden Forderung, der Risikoabdeckung, des Zahlungsziels und der verkauften Warenarten, durch die die Forderungen entstanden sind.

6101578

5 Außenfinanzierung

Einführung

Durch unternehmerische Tätigkeit erwirtschaftete Mittel reichen nicht immer aus, um den Finanzbedarf eines Unternehmens zu decken, vor allem, wenn es um größere Investitionsmaßnahmen geht. Diese werden regelmäßig durch Mittel finanziert, die von außen in das Unternehmen eingebracht werden. Wie bei der Innenfinanzierung gibt es auch bei der Außenfinanzierung verschiedene Möglichkeiten, das benötigte Kapital zu bekommen.

Beispiel

Die Heidtkötter KG benötigt für verschiedene Vorhaben weiteres Kapital.

- Sie benötigt für den Aufbau der neuen Produktlinie *communicTable* einen Betrag in Höhe von 1.750.000,00 €, um eine dafür notwendige Fertigungsmaschine zu beschaffen.
- Zusätzlich sind gebäudetechnische Maßnahmen in einer Größenordnung von ca. 500.000,00 € notwendig.
- Die anstehende Neuanschaffung eines weiteren Außendienstfahrzeugs schlägt mit weiteren 30.000,00 € zu Buche.

Insgesamt müssen 2,3 Mio. € aufgebracht werden. Die Analyse der Möglichkeiten einer Innenfinanzierung für neues Kapital hat zwar grundsätzlich ein positives Ergebnis gebracht, aber der Betrag von 2,3 Mio. € lässt sich unmöglich aus dem laufenden Geschäftsbetrieb finanzieren.

Mittelfristig muss die Heidtkötter KG auch über „Nachwuchs" für die Geschäftsführung nachdenken, der Klaus M. Heidtkötter zunächst unterstützen soll und irgendwann ablösen kann. Ob jemand aus der Familie Heidtkötter dafür zur Verfügung steht, ist offen. Deshalb denkt man darüber nach, ob die Rechtsform der KG, deren Anteile ausschließlich im Familienbesitz sind, zukunftsträchtig ist, oder ob die anstehende Kapitalbeschaffung nicht zum Anlass genommen werden sollte, dass neue Gesellschafter in das Unternehmen eintreten und frisches Kapital mitbringen. Das Unternehmen könnte für neue Teilhaber äußerst interessant sein. Einen solchen Weg würde Klaus M. Heidtkötter in jedem Fall der Aufnahme größerer Kredite vorziehen. Er überlegt sich, eine Wirtschaftsprüfungsgesellschaft mit einem Gutachten über die Rechtsformgestaltung bei einem Eintritt familienfremder Gesellschafter zu beauftragen.

In den nachfolgenden Abschnitten wird zunächst erläutert, wie sich ein Unternehmen Eigenkapital von alten bzw. neuen Gesellschaftern zuführen kann. Neben der Beteiligungsfinanzierung gibt es als weitere Alternative die Beschaffung von Fremdkapital, d. h. Kreditfinanzierung.

Vor allem die Möglichkeiten der Beteiligungsfinanzierung sind stark von der Rechtsform des Unternehmens abhängig.

Wie sicher die Rückzahlung von Fremdkapital im Unternehmen ist, prüfen die Kreditgeber bei der Vergabe des Kredits, und auch dafür spielt die Rechtsform des Unternehmens eine Rolle. Sie entscheidet darüber, wer mit welchen Sicherheiten für die Schulden haftet.

5.1 Beteiligungsfinanzierung

Bei der **Beteiligungsfinanzierung** handelt es sich um eine Form der langfristigen Eigenfinanzierung, bei der das Kapital von außen zufließt. Es wird zu Eigenkapital und die Kapitalgeber haften mit ihrer Einlage.

Die **Zuführung von Eigenkapital** kann geschehen durch

- **Erhöhung der Einlagen** der bisherigen Eigentümer/Inhaber oder
- **Aufnahme von neuen Gesellschaftern**, die das benötigte Kapital in das Unternehmen einbringen. Dabei muss man allerdings die Unterschiede bei den verschiedenen Rechtsformen beachten. Die Einflussnahme neuer Gesellschafter (Teilhaber) auf den Entscheidungsprozess in einem Unternehmen hängt ebenfalls stark von der Rechtsform ab.

Vorteile

Mit der Eigenfinanzierung sind einige **Vorteile** verbunden:

- Je mehr Eigenkapital zur Verfügung steht, desto geringer ist die Verschuldung und damit das Risiko, in eine finanzielle Schieflage zu geraten.
- Die Unabhängigkeit von Kreditgebern ist umso größer, je höher der Eigenkapitalanteil ist.
- Die Zahlung von Fremdkapitalzinsen entfällt bei Eigenkapital, angesetzt werden sollten jedoch die kalkulatorischen Zinsen.
- Für den Fall, dass weiterer Kapitalbedarf besteht, wird der Kreditspielraum aufrechterhalten.

Nachteile

Schwierigkeiten können entstehen, wenn

- man keine neuen Teilhaber findet, weil entweder kein Interesse besteht oder die nötigen finanziellen Mittel für eine Beteiligung nicht vorhanden sind,
- die Festlegung der Höhe der Kapitalbeteiligung und der sich daraus abzuleitenden Rechte der neuen Teilhaber nicht gelingt oder
- die bisherigen Teilhaber Probleme haben, wenn es darum geht, dass sie Kompetenzen an neue Gesellschafter abgeben müssen.

Wahl der Rechtsform

Die Wahl der „richtigen" Rechtsform stellt bereits in der Gründungsphase eine äußerst schwierige Entscheidung dar, denn es geht um eine Vielzahl rechtlicher, finanzieller, struktureller und persönlicher Konsequenzen.

Die erste grundlegende Unterscheidung hängt davon ab, ob nur eine Person allein oder mehrere Personen gemeinschaftlich tätig werden. Man unterscheidet deshalb in

- **Einzelunternehmen** (eine Person) und
- **Gesellschaften** (Personenmehrheit) in Form von
  - **Personengesellschaften** und
  - **Kapitalgesellschaften**.

Die Beteiligungsfinanzierung wird im Folgenden für diese Gesellschaftsformen[1] dargestellt (siehe Kapitel 5.1.1 bis 5.1.4).

1 weitere Informationen zu Rechtsformen von Unternehmen siehe Lehrbuch zur Wirtschafts- und Sozialkunde

5.1.1 Beteiligung an Einzelunternehmen

Eigentümer

Privateinlagen/ -entnahmen, Haftung

Das Eigenkapital wird in einem Einzelunternehmen **nur vom Unternehmer selbst** aufgebracht. Er kann den Eigenkapitalbestand theoretisch durch Einlagen aus dem bzw. Entnahmen in das Privatvermögen beliebig verändern, haftet aber auch mit seinem gesamten Privatvermögen für die Verbindlichkeiten des Unternehmens. Die notwendigen finanziellen Mittel für eine Expansion des Unternehmens kann er häufig nicht allein aufbringen. Als Möglichkeit der Eigenfinanzierung bleibt ihm dann nur der Weg, Teilhaber als „Stille Gesellschafter" ohne Möglichkeit der Mitbestimmung aufzunehmen.

5.1.2 Beteiligung an Personengesellschaften

Gesellschafter, zusätzliche Teilhaber

Personengesellschaften werden häufig mit dem Ziel einer Verbreiterung der Eigenkapitalbasis aus Einzelunternehmen entwickelt. Dabei steht die **persönliche Mitarbeit und Mithaftung der zusätzlichen Teilhaber** im Vordergrund.

OHG

Die einfachste Form einer Personengesellschaft ist die **Offene Handelsgesellschaft (OHG)**. Sie hat mindestens zwei Gesellschafter. Mit der Teilhaberschaft verbinden sich das Recht und die Pflicht zur Geschäftsführung und Vertretung der Gesellschaft. Die Teilhaber haften sowohl mit ihrer Kapitaleinlage als auch mit ihrem Privatvermögen.

KG

Quasi eine Erweiterung der OHG ist die **Kommanditgesellschaft (KG)**. Hier gibt es neben den wie bei der OHG vollhaftenden Gesellschaftern, die regelmäßig die Geschäfte führen (Komplementäre) Gesellschafter, die nur mit ihrer Kapitaleinlage haften und mit der Geschäftsführung nichts zu tun haben (Kommanditisten oder Teilhafter). Um Eigenkapital für eine Kommanditgesellschaft zu beschaffen, wird man zunächst versuchen, weitere Kommanditisten aufzunehmen oder das Kapital der bestehenden Kommanditisten zu erhöhen.

Während bei Personengesellschaften die persönliche Mitarbeit im Unternehmen bzw. in der Geschäftsführung eine entscheidende Rolle spielt, steht bei Kapitalgesellschaften die finanzielle Beteiligung der Gesellschafter im Vordergrund.

5.1.3 Beteiligung an Kapitalgesellschaften

Im Gegensatz zu Personengesellschaften haben Kapitalgesellschaften eine eigene Rechtspersönlichkeit: Sie sind juristische Personen. Bei Personengesellschaften werden die Gewinne bzw. Verluste den dahinterstehenden Personen direkt zugerechnet und von diesen versteuert. Die Gewinne einer Kapitalgesellschaft werden mit der Körperschaftssteuer direkt bei der Gesellschaft besteuert.

GmbH

Eine **Gesellschaft mit beschränkter Haftung (GmbH)** kann ihr Eigenkapital von außen durch Erhöhung des Stammkapitals erhöhen. Das **Stammkapital** muss mindestens 25.000,00 € betragen (§ 5 I GmbHG), der Nennbetrag jedes Anteils mindestens 1,00 €. Ein Gesellschafter kann bei der Gründung der Gesellschaft mehr als einen Geschäftsanteil[1] übernehmen, auch müssen die einzelnen Nennbeträge nicht übereinstimmen. Die Summe aller Nennbeträge muss allerdings mit dem Stammkapital übereinstimmen.

---

1 Streng genommen müsste man zwischen Stammeinlage und Geschäftsanteil des Gesellschafters unterscheiden, allerdings wird der Begriff „Stammeinlage" (= die von jedem Gesellschafter auf das Stammkapital zu leistende Einlage) seit dem GmbH-Modernisierungsgesetz von 2008 kaum mehr verwendet, sondern fast nur noch der Begriff „Geschäftsanteil".

Das Stammkapital allein sagt noch nicht viel darüber aus, wie viel Eigenkapital zur Finanzierung von Investitionen zur Verfügung steht, denn es muss nicht in voller Höhe eingezahlt werden. Entscheidend für Finanzierungszwecke ist **der eingezahlte Anteil des Stammkapitals**. Seit der GmbH-Reform von 2008 gibt es keinen Mindestbetrag mehr, der auf das Stammkapital eingezahlt werden muss (§ 5 a GmbHG), die Einlagen müssen lediglich im Verhältnis der Geschäftsanteile zueinander geleistet werden (§ 19 GmbHG). Theoretisch kann eine Einpersonen-GmbH mit einem Euro gegründet werden. Eine solche **„Mini-GmbH“** muss dann so lange die Bezeichnung „Unternehmergesellschaft (haftungsbeschränkt)“ führen, bis das Stammkapital auf mindestens 25.000,00 € angewachsen ist. Ist dies der Fall, wird sie automatisch zur „normalen“ GmbH. Damit das Stammkapital auf den Mindestbetrag anwächst, müssen 25 % des um den Verlustvortrag bereinigten Jahresüberschusses in eine gesetzliche Rücklage eingestellt werden.

Mini-GmbH (1-€-GmbH)

Eine Erhöhung des Stammkapitals kann schon im Gesellschaftsvertrag festgelegt werden, wonach die Gesellschafter ermächtigt werden, neue Geschäftsanteile gegen Einlage auszugeben. Diese Möglichkeit ist allerdings zeitlich (höchstens fünf Jahre nach Eintragung) und der Höhe nach (höchstens 50 % des zum Zeitpunkt der Festlegung vorhandenen Stammkapitals) beschränkt (§ 55 a GmbHG). Die Aufnahme neuer Gesellschafter, die durch ihre Einlage das Stammkapital entsprechend erhöhen, kann weiterhin über eine Änderung des Gesellschaftsvertrags erfolgen. Diese muss ebenso wie eine Erhöhung durch Einlagen der bestehenden Gesellschafter notariell beurkundet werden.

Die Haftung der GmbH-Gesellschafter ist auf die Kapitaleinlage begrenzt. Wenn die Stammeinlagen noch nicht voll geleistet wurden, haften die Gesellschafter in jedem Fall mit der Höhe der rückständigen Einlage. Der Gesellschaftsvertrag kann aber auch eine **Nachschusspflicht** vorsehen. Ist diese unbegrenzt, so kann jeder Gesellschafter bei Aufforderung zum Nachschießen seinen Geschäftsanteil an die Gesellschaft zurückgeben und ist damit jeder weitergehenden Haftung enthoben. Alles andere wäre auch ein Widerspruch zur „beschränkten“ Haftung.

Die Möglichkeit, seine Geschäftsanteile zurückzugeben oder an einen anderen Gesellschafter zu verkaufen, wird meist im Gesellschaftsvertrag geregelt. Die Veräußerung von Teilen eines Geschäftsanteils kann nur mit Zustimmung der anderen Gesellschafter erfolgen.

AG

Aktiengesellschaften (AG) haben die Funktion, Eigenkapital anzusammeln. Die Trennung zwischen den Gesellschaftsanteilen (den Aktien) und der Mitwirkung an der Geschäftsführung ist bei einer AG in der Regel vollständig.

Das Eigenkapital einer AG heißt **Grundkapital** und muss mindestens 50.000,00 € betragen. Die Höhe des Grundkapitals wird im Handelsregister eingetragen und stellt gleichzeitig die Haftungsgrenze dar. Das Grundkapital ist in Aktien aufgeteilt, die mindestens einen Nennwert von 1,00 € haben müssen. Die Aktiengesellschaft gilt erst dann als errichtet, wenn Gesellschaftsanteile von Aktionären übernommen wurden. Das Grundkapital der AG ist somit immer komplett eingezahlt.

Die Beteiligung an einer börsennotierten Aktiengesellschaft erfolgt normalerweise völlig anonym durch den Kauf von Aktien. Eine AG kann sich **zusätzliches Eigenkapital** durch die **Ausgabe neuer Aktien** beschaffen. Dieser Vorgang wird als **Kapitalerhöhung** bezeichnet und benötigt die Zustimmung der bisherigen Eigentümer (Altaktionäre), da sich dadurch ihr Bruchteilsanteil am Eigenkapital verändert. Deshalb muss den Altaktionären ein Vorkaufsrecht für die neuen Aktien eingeräumt werden, das Bezugsrecht, bevor bisherige Außenstehende neue Aktien kaufen können. Da der Börsenkurs der Aktien regelmäßig deutlich über dem Nennwert liegt, verkörpert das Bezugsrecht einen Wert, der auch an der Börse gehandelt wird. Ist der Nennwert höher als der Börsenkurs, wird sich niemand finden, der die neuen Aktien kauft und in einem solchen Fall wird eine Kapitalerhöhung nicht einmal erwogen. Die neuen Aktien erhöhen mit ihrem Nennwert das Grundkapital der AG, die Differenz zwischen Aktienkurs und Nennwert wird in die Kapitalrücklagen der AG eingestellt.

Aktiengesellschaften haben darüber hinaus die Möglichkeit, Fremdkapital in Eigenkapital umzuwandeln. Das Instrument dafür sind **Anleihen** oder **Obligationen**, d. h. **festverzinsliche Schuldverschreibungen des Unternehmens**. Sie geben dem Eigentümer der Anleihe das Recht, diese innerhalb einer bestimmten Frist in Aktien umzuwandeln und werden am Kapitalmarkt gehandelt.

Genussscheine sind eine weitere Möglichkeit für Aktiengesellschaften, sich Kapital ohne Stimmrechte zu beschaffen. Ähnlich wie Anleihen beinhalten sie das Recht darauf, am Ende der Laufzeit das Kapital zurückbezahlt zu bekommen. Im Unterschied zu Anleihen ist die Verzinsung aber nicht fest, sondern hängt vom erzielten Gewinn der Aktiengesellschaft ab.

Aufgaben

› Kap. 5.1

1. *„Heidtkötter bleibt Heidtkötter!"* – Dies ist die knappe sowie klare Antwort des Chefs, als wiederholt darüber diskutiert wird, ob die Heidtkötter KG nicht weitere Gesellschafter aufnehmen soll. Klaus M. Heidtkötter lehnt die Aufnahme zusätzlicher Gesellschafter, die nicht der Familie Heidtkötter angehören, ebenso ab wie eine Umwandlung der KG in eine GmbH oder AG.

   Was könnten seine Gründe dafür sein?
2. Was unterscheidet grundsätzlich die Möglichkeiten der Beteiligungsfinanzierung einer Personengesellschaft von denen einer Kapitalgesellschaft?
3. Warum spricht man bei der Aufnahme von neuen Gesellschaftern oder einer Erhöhung der Einlagen bisheriger Gesellschafter von einer Außenfinanzierung?
4. Nehmen Sie an, Herr Heidtkötter will sein Unternehmen in eine AG umwandeln. Was würden Sie ihm empfehlen, wenn er sicherstellen will, dass die Familie trotzdem weiterhin „das Sagen" hat?
5. Herrn Heidtkötter ist das alles zu langwierig und zu kompliziert. Er will die neue Produktlinie zügig auf die Beine stellen. Welche Möglichkeiten, zusätzliches Eigenkapital von außen zu bekommen gibt es für ihn, außer sein Privatvermögen zu belasten?
6. Welche Schritte muss eine Aktiengesellschaft unternehmen, wenn sie zusätzliches Eigenkapital in das Unternehmen bekommen will?
7. Kann eine GmbH auch Wandelschuldverschreibungen ausgeben?
8. Handelt es sich bei Genussscheinen um Fremdkapital oder Eigenkapital?

5.2 Kreditfinanzierung

5.2.1 Voraussetzungen für die Kreditfinanzierung

Gründe für Fremdfinanzierung

Ein Unternehmen ist immer dann auf **Kapital von Unternehmensfremden** angewiesen, wenn es selbst das benötigte Kapital nicht erwirtschaftet hat und/oder die Eigentümer/Gesellschafter nicht genügend Kapital in das Unternehmen einbringen können oder wollen. In diesem Fall benötigt das Unternehmen Fremdkapital, das ihm gegen (schrittweise) Tilgung und gegen die Zahlung von Zinsen überlassen wird.

Zinsen als fixe Kosten

Die **Kapitalgeber erhalten keine Beteiligungsrechte** an dem Unternehmen. Im Gegenzug zu der Eigenfinanzierung, bei der keine festen Zinsen zu zahlen sind, sondern die Kapitalgeber nur Anteile am erwirtschafteten Gewinn bekommen, belasten die Fremdkapitalzinsen die Gewinn- und Verlustrechnung auch in wirtschaftlich schwierigen Zeiten und fallen insbesondere ins Gewicht, wenn die Erträge nicht ausreichen, um die Aufwendungen abzudecken.

Kreditfähigkeit

Jeder, der Fremdkapital zur Verfügung stellt, tut dies nur, wenn er für die Rückzahlung auch die nötigen Sicherheiten bekommt. Grundsätzliche Voraussetzung für die Gewährung eines Kredites ist, dass der Kreditnehmer auch **kreditfähig** ist. Dies ist dann der Fall, wenn die Rechts- und Geschäftsfähigkeit[1] uneingeschränkt vorhanden ist.

Kreditfähig sind:

- **Natürliche Personen** mit unbeschränkter Geschäftsfähigkeit. Geschäftsunfähige Personen können keine Kredite aufnehmen. Beschränkt Geschäftsfähigen sind Kreditaufnahmen nur mit Zustimmung des gesetzlichen Vertreters und des Vormundschaftsgerichts erlaubt.
- **Inhaber oder Gesellschafter von Unternehmen**
  - **Einzelunternehmen:** Der Inhaber ist kreditfähig, er allein kann über die Aufnahme von Krediten entscheiden.
  - **Personengesellschaften:** Alle persönlich haftenden Gesellschafter sind kreditfähig, sofern sie nicht von der Vertretung ausgeschlossen sind. Kommanditisten dürfen keine Kredite aufnehmen, da sie keine Vertretungsbefugnis haben.
  - **Kapitalgesellschaften:** Alle Geschäftsführer und Vorstandsmitglieder mit Gesamtvertretungsvollmacht sind kreditfähig.
- **Angestellte mit besonderen Rechten.** Da sich eine Handlungsvollmacht auf gewöhnliche Geschäfte erstreckt, muss einem Handlungsbevollmächtigten zur Aufnahme von Krediten eine Spezial- oder Sondervollmacht erteilt werden. Der Prokurist mit Einzelprokura darf dagegen Kreditverpflichtungen ohne besondere Vollmacht eingehen.

Kreditwürdigkeit

Nach der Prüfung der Kreditfähigkeit wird der Kreditnehmer auf seine **Kreditwürdigkeit** überprüft. Das Vertrauen in die Person des Kreditnehmers ist für ein Kreditinstitut eine wichtige Voraussetzung zur Vergabe eines Kredites, da es vom Willen und der Fähigkeit des Kreditnehmers abhängt, ob er seinen Verpflichtungen zur Rückzahlung nachkommen kann. Ein Kreditnehmer muss sich des Kredites würdig erweisen.

- **Personelle Kreditwürdigkeit.** Sie gibt Hinweise über Charakter, Ruf sowie Zuverlässigkeit und berufliches Können des Kreditnehmers. Die personelle Kreditwürdigkeit ist nur bedingt überprüfbar. Es geht hier in erster Linie um einen allge-

1 zur Rechts- und Geschäftsfähigkeit siehe Lehrbuch zur Wirtschafts- und Sozialkunde

6101584

meinen Eindruck von der Person des Kreditnehmers oder um Informationen, die man von externer Seite über ihn hat.

- **Wirtschaftliche Kreditwürdigkeit.** Deren Überprüfung erfolgt insbesondere durch eine Offenlegung der Jahresabschlüsse von den Kredit suchenden Unternehmungen. Dabei genügt es in der Regel nicht, nur den letzten Jahresabschluss vor der Kreditgewährung einzusehen. Um einen einfachen Zeitvergleich vornehmen zu können, sind auch frühere Jahresabschlüsse in die Überprüfung einzubeziehen.

Grundlagen zur Beurteilung der Kreditfähigkeit

Grundlage für die Beurteilung der personellen und wirtschaftlichen Kreditwürdigkeit können folgende **Auskünfte** sein:

- **Bankauskünfte.** Hier ist die Befragung von Kreditinstituten, mit denen der Kreditnehmer zusammenarbeitet, gemeint. Aufgrund des Bankgeheimnisses sind den Möglichkeiten hier aber enge Grenzen gesetzt. Wenn der Kreditnehmer einer Einholung von Auskünften nicht zustimmt, ist diese nicht möglich.
- **Büroauskünfte.** Hierunter versteht man Auskünfte, die von gewerbsmäßigen Auskunfteien gegen Gebühr erteilt werden.
- **SCHUFA-Auskünfte.** Der „Schutzgemeinschaft für allgemeine Kreditsicherung GmbH" (SCHUFA) werden von ihren Mitgliedern, die aus Kreditinstituten, Finanzdienstleistern und Nicht-Finanzdienstleistern (z. B. Handelsbetrieben) bestehen, kreditrelevante Informationen gemeldet.

  Neben personenbezogenen Verbraucherdaten werden auch Informationen zu vorhandenen Krediten, Kreditbeantragungen und/oder -ablehnungen, Bankkartenmissbräuchen, Zwangsvollstreckungen, Mahnbescheiden u. a. gespeichert.

  Die angeschlossenen Mitglieder können nur nach schriftlicher Einverständniserklärung des Verbrauchers (sog. *SCHUFA-Klausel*) eine SCHUFA-Auskunft erhalten. Jeder Verbraucher hat die Möglichkeit, die über ihn gespeicherten Daten einzusehen (Eigenauskunft) und bei falschen Eintragungen eine kostenlose Berichtigung zu beantragen (siehe im Internet unter www.meineSCHUFA.de).
- **Auskünfte von Geschäftspartnern.** Der Kreditnehmer nennt Geschäftspartner, die dem Kreditgeber Referenzen angeben.
- **Auskünfte aus öffentlichen Registern.** Aus dem Handelsregister geht die Rechtsform eines Unternehmens sowie deren Inhaber- und Haftungsverhältnisse hervor. Grundbuchauszüge enthalten Angaben über das Grundvermögen und dessen Belastung.
- **Auskünfte aus Jahresabschlüssen.** Für die Prüfung der wirtschaftlichen Kreditwürdigkeit sind die Abschlüsse der letzten zwei bis fünf Geschäftsjahre wichtig. Hier werden – besonders bei größeren Krediten – von Wirtschaftsprüfern oder Steuerberatern die Bilanzen und GuV-Rechnungen sowie die Umsatz- und Geschäftsentwicklungen überprüft.
- **Rating.** Unternehmen werden einem sogenannten Rating unterzogen. Dabei werden aufgrund der geschäftlichen Daten die Bonität und das Risiko bewertet, das mit der Vergabe eines Kredites verbunden ist oder verbunden sein könnte. Es gibt die Ratingcodes *AAA* für die höchste bis *DDD* für die schlechteste Bonität. Schuldner mit schlechterem Rating erhalten Bankkredite nur zu höheren Zinssätzen.

Kreditarten
› Kap. 5.2.2

Die verschiedenen **Kreditarten** lassen sich nach mehreren Merkmalen unterscheiden. Das Kriterium, das auch in der Bilanz angewendet wird, ist die **Fristigkeit**, also die **Laufzeit eines Kredites**.

→

5.2.2
Kurzfristige Kreditarten

Zu den wichtigsten kurzfristigen Krediten (siehe I. bis III.) gehören
- der **Lieferantenkredit**,
- der **Diskont-/Wechselkredit** und
- der **Kontokorrentkredit**

mit einer Laufzeit von unter einem Jahr.

I. Lieferantenkredit

Ein **Lieferantenkredit** (Handelskredit) entsteht immer dann, wenn der Lieferant seinem Kunden ein Zahlungsziel einräumt. Der Kunde kann dadurch einen kurzfristigen Engpass seiner Liquidität überbrücken, ohne einen Bankkredit in Anspruch nehmen zu müssen.

Der Lieferantenkredit wird besonders von kleineren und mit wenig Kapital ausgestatteten Unternehmen in Anspruch genommen, um die Wareneinkäufe zu finanzieren und gegebenenfalls selbst Lieferantenkredite einräumen zu können.

Aufgrund des gewährten Zahlungszieles hat der Einkäufer die Möglichkeit, innerhalb des Kreditzeitraumes den Bezugspreis durch den Verkauf der eigenen Leistungen zu verdienen.

Der Lieferantenkredit gehört zu den teuersten Krediten. Das bei Zahlung innerhalb eines bestimmten Zeitraumes (Skontozeitraum) abziehbare Skonto entfällt, wenn ein Zahlungsziel (Kreditzeitraum) in Anspruch genommen wird. Unter Berücksichtigung dieser Zeiträume lässt sich das Skonto (= Prozentsatz) in einen effektiven Jahreszinssatz ($p_{effektiv}$) umwandeln:

Umrechnung Skonto in Zinssatz (Faustformel)

$$p_{effektiv} = \frac{\text{Skontosatz} \cdot 360 \text{ Tage}}{\text{Skontozeitraum} - \text{Zielzeitraum}^{1}}$$

Beispiel

Rechnung mit folgender Zahlungsbedingung:
„Zahlbar innerhalb von 14 Tagen mit 2 % Skonto oder innerhalb von 30 Tagen netto Kasse"

$$p_{effektiv} = \frac{2\,\% \cdot 360}{30 - 14} = 45\,\%$$

Wenn man berücksichtigt, dass unter Skontoabzug keine 100 % gezahlt werden müssen, dann ist der effektive Zinssatz noch höher:

$$p_{effektiv} = \frac{45\,\% \cdot 100}{98} = 45{,}92\,\%$$

Der von dem Lieferanten gewährte Kredit ist deshalb so teuer, weil er dem Kunden/Käufer einen Anreiz bieten soll, den fälligen Rechnungsbetrag möglichst schnell zu zahlen. Das gewährte Skonto wird zudem in der Regel bei der Preisbildung im Rahmen der Verkaufspreiskalkulation berücksichtigt.

1 Anzahl der Tage zwischen dem letztmöglichen Tag des Skontoabzugs und dem Tag, an dem spätestens ohne Skontoabzug gezahlt werden muss

II. Diskont-/Wechselkredit

Ein **Wechsel** ist eine durch eine Urkunde verbriefte Zahlungsaufforderung eines Gläubigers, die vom Schuldner mit seiner Unterschrift akzeptiert und damit anerkannt wird.

Das ist eigentlich nichts Besonderes, denn es gilt für einen gewöhnlichen Schuldschein ebenso. Der entscheidende Unterschied ist aber, dass der Wechsel eine Urkunde ist und es ein eigenes Wechselgesetz gibt, in dem alle Einzelheiten der Wechselschulden festgelegt sind.

Das Diskontkreditgeschäft ist aufgrund der Strenge des Wechselgesetzes eines der sichersten Kreditgeschäfte. In der Regel geht ihm ein Warenhandelsgeschäft voraus. Die Vorteile des Diskontkredites für den Kreditgeber liegen in der einfachen Handhabung, der weitreichenden Sicherung und der Möglichkeit, die Wechsel diskontieren zu können. Das bedeutet, dass der Wechsel vor dem eigentlichen Verfalltag bei einer Bank eingereicht werden kann. Im Gegenzug erhält der Einreicher die Wechselsumme abzüglich der anteiligen Kreditzinsen für die Restlaufzeit (Diskont) ausgezahlt.

Akzeptkredit

Der **Akzeptkredit** ist eine Sonderform des Wechselkredites. Die Bank akzeptiert einen von dem Kunden auf sie gezogenen Wechsel und verlangt von ihm, dass der Gegenwert des Wechsels vor Fälligkeit zurückgezahlt wird (Bankakzept). Dieser Wechsel kann weitergegeben oder aber von der akzeptierenden oder einer anderen Bank diskontiert werden.

Basiszinssatz

Wechselkredite sind **in der Praxis relativ selten** geworden. Mit dem Übergang der Zuständigkeit der Geldpolitik von der Bundesbank auf die Europäische Zentralbank (EZB) wurde der Diskontsatz, der auch ein Instrument der Geldmengenpolitik war, mit Wirkung vom 1. Januar 1999 nach dem Diskontsatz-Überleitungsgesetz durch den Basiszinssatz abgelöst. Dieser wird jedes Jahr neu festgelegt und lag im Januar 2013 bei –0,13 %. Dennoch ist der Begriff „Diskontsatz" noch durchaus gebräuchlich. Er ist in der Realität verhandelbar und richtet sich nach den Kontokorrentzinssätzen und dem EURIBOR, das ist der Zinssatz für Termingelder, die zwischen Banken ausgeliehen werden.

Kreditleihe

Da die Bank hierbei nicht unmittelbar flüssige Mittel zur Verfügung stellt, liegt ein Kreditleih- und kein Geldleihgeschäft vor.

Beispiel

Ein Kunde der Heidtkötter KG bittet, eine Rechnungssumme in Höhe von 50.000,00 € mit einem Wechsel zahlen zu können. Die Laufzeit soll 90 Tage betragen. Die Geschäftsleitung der Heidtkötter KG ist damit einverstanden. Der Diskontsatz liegt bei 3 %. Zehn Tage nachdem der Wechsel eingegangen ist, reicht ihn die Heidtkötter KG bei ihrer Hausbank zum Diskont[1] ein:

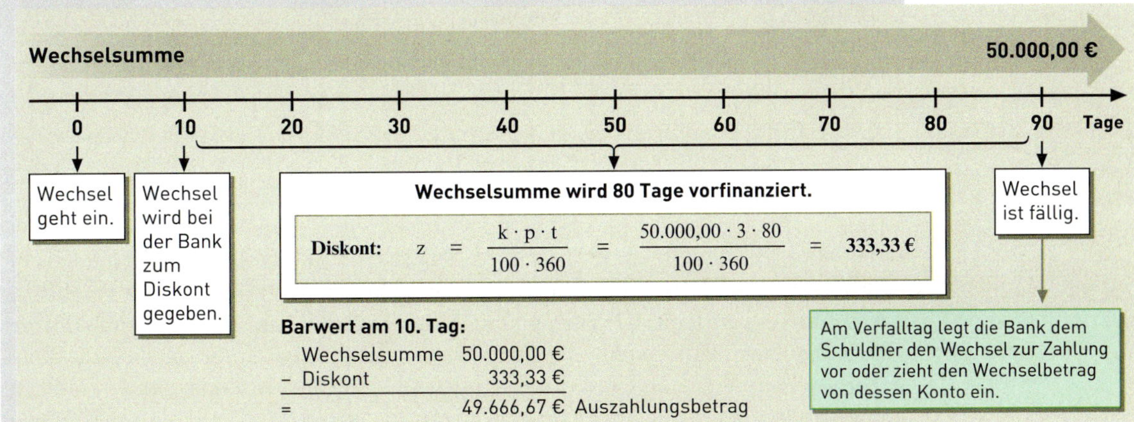

1 In diesem Beispiel sind Wechselspesen bewusst außer Acht gelassen.

III. Kontokorrentkredit

Unternehmen benötigen oft sehr zeitnah, aber nur für einen kurzen Zeitraum zusätzliche Liquidität. Der Liquiditätsbedarf entsteht z. B. beim Ausgleich von Rechnungen, wenn man Skonto ausnutzen will, das Girokonto aber keine Deckung aufweist.

Auf Antrag stellen Kreditinstitute ihren Kunden Kontokorrentkredite auf dem Girokonto zur Verfügung. Dabei räumen sie Höchstgrenzen (Kreditlimits) ein, die nicht überschritten werden sollten. Bis zu diesem Limit kann der Kunde über das bereitgestellte Geld verfügen.

Im Gegenzug berechnet das Kreditinstitut folgende Posten:

- **Soll-Zinsen**
  Die Verzinsung des tatsächlich in Anspruch genommenen Kredites; die Zinsen steigen und fallen i. d. R. mit den Vorgaben der Europäischen Zentralbank.
- **Bereitstellungsprovision oder Kreditprovision**
  Hier gibt es unterschiedliche Möglichkeiten. Am gebräuchlichsten sind höchstens 3 % vom zugesagten, aber nicht beanspruchten Kredit. Die Kreditprovision ist in diesem Fall eine Bereitstellungsgebühr. Die Bank muss nämlich die zugesicherte Kreditsumme ständig bereithalten. Wenn bei Nichtinanspruchnahme des gesamten Kredits der Bank Soll-Zinsen entgehen, soll die Kreditprovision das ausgleichen.
- **Überziehungsprovision**
  Wird das von der Bank eingeräumte Kreditlimit überschritten, so wird zusätzlich zu dem Soll-Zins noch eine Überziehungsprovision berechnet.
- **Nebenkosten**
  Letztlich können auch Porti, Spesen, Bearbeitungsgebühren usw. berechnet werden.

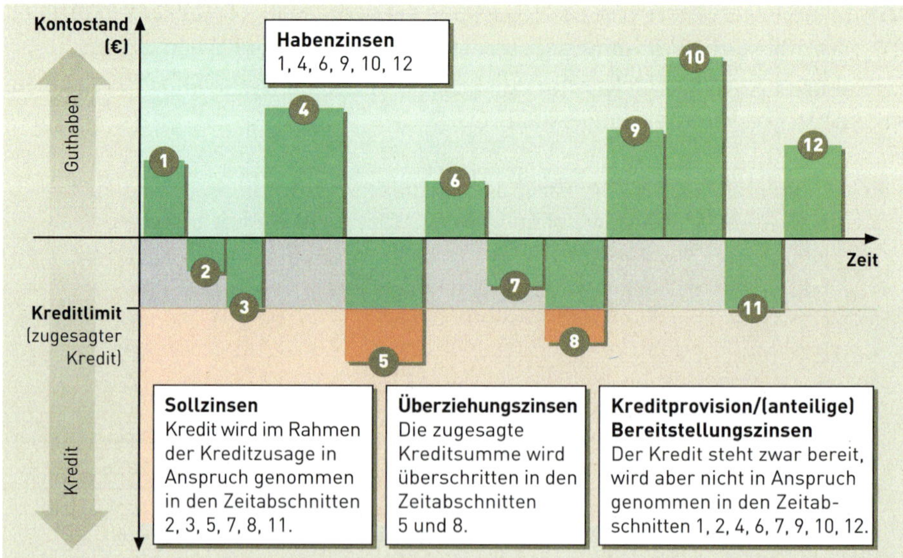

Der Kontokorrentkredit ist deshalb recht „teuer“, weil die Bank ständig Liquidität für den Kontoinhaber bereithalten muss, denn er kann jederzeit über den eingeräumten Kreditrahmen verfügen. Gleiches gilt auch für ein Guthaben auf dem Kontokorrentkonto. Die Bank zahlt – wenn überhaupt – nur sehr geringe Zinsen, weil der Kontoinhaber jederzeit über sein Guthaben verfügen kann. Wenn ein Kontokorrentkredit für den überwiegenden Teil eines Jahres in Anspruch genommen wird, dann sollte man sich überlegen, ob nicht die Umwandlung in ein Darlehen kostengünstiger ist. Hinzu kommt das Risiko, dass die Bank den Kontokorrentkredit jederzeit kündigen kann.

5.2.3 Mittel- und langfristige Kreditarten

Wenn ein längerfristiger Bedarf an Fremdkapital besteht, reichen die bisher dargestellten Möglichkeiten nicht aus, denn sie sind nur als kurzfristige Überbrückung von finanziellen Engpässen geeignet. Das betrifft zumindest den Lieferanten-, den Wechsel-/Diskontkredit sowie den Kontokorrentkredit. Der **Ratenkredit** ist hingegen mittelfristig angelegt und läuft in der Regel bis zu 48 Monate. Alle Kredite, die darüber hinausgehen, gelten als langfristig (siehe I. und II.).

I. Obligationen als Gläubigerpapiere

Gläubigerpapiere können sowohl von privaten als auch öffentlichen Unternehmen herausgegeben werden. Es sind vermögensrechtliche Urkunden, in denen sich das herausgebende Unternehmen als Schuldner verpflichtet, den auf der Urkunde ausgewiesenen Geldbetrag (Nennwert) innerhalb einer bestimmten Frist zurückzuzahlen und regelmäßig Zinsen zu entrichten.

Gläubigerurkunde

Der Inhaber der Urkunde ist ein Gläubiger mit dem Recht auf Rückzahlung des aufgedruckten Nennwertes. Bei allen Gläubigerpapieren wird ein fester Zinssatz vereinbart (festverzinsliche Wertpapiere). Sie können an der Wertpapierbörse gehandelt werden.

Industrieobligationen sind verbriefte Anleihen eines Unternehmens. Die Laufzeit der Anleihen beträgt in der Regel sieben Jahre. Die Rückzahlung wird durch die Verpfändung von Grundstücken oder Gebäuden gesichert.

Umtausch in Aktien

Wandelschuldverschreibungen sind Industrieobligationen, die zusätzlich das Recht verbriefen, innerhalb einer bestimmten Frist unter festgelegten Bedingungen in Aktien der ausgebenden Gesellschaft umgetauscht werden zu können. So besteht die Möglichkeit, Gläubigerpapiere, die einen Rückzahlungsanspruch verbriefen, in Aktien umzuwandeln, die dann eine Beteiligung am Unternehmen und damit Eigenkapital ausweisen. Die Ausgabe solcher Papiere ist an einen Beschluss der Hauptversammlung gebunden, da beim Umtausch eine Erhöhung des Grundkapitals erfolgt.

II. Darlehen von Geldinstituten

Das Darlehen ist je nach vereinbarter Laufzeit ein mittel- oder ein langfristiger Kredit. Bei einer Laufzeit von ein bis vier Jahren spricht man von mittelfristig, darüber von langfristig. Sein Zinssatz ist in der Regel niedriger als bei den Kontokorrentkrediten und hängt von der jeweiligen Lage auf dem Kapitalmarkt ab.

Nach der Art der Rückzahlung unterscheidet man folgende Darlehensarten:

Fälligkeitsdarlehen

- **Fälligkeitsdarlehen (Festdarlehen).** Während seiner Laufzeit werden in regelmäßigen Abständen lediglich die Zinsen entrichtet. Die Darlehenssumme muss am Ende der Laufzeit am Fälligkeitstag in voller Höhe zurückgezahlt werden.

Beispiel

Beispiel:	Darlehen über 20.000,00 €		Laufzeit: 5 Jahre	Zinssatz: 7 % p. a.
Jahr	**Restschuld in €**	**Zinsen in €**	**Tilgung in €**	**Summe in €**
1	20.000,00	1.400,00	–	1.400,00
2	20.000,00	1.400,00	–	1.400,00
3	20.000,00	1.400,00	–	1.400,00
4	20.000,00	1.400,00	–	1.400,00
5	20.000,00	1.400,00	20.000,00	21.400,00
	Summe	**7.000,00**	**20.000,00**	**27.000,00**

Annuitätendarlehen

■ **Annuitätendarlehen.** Hier zahlt der Schuldner von Beginn bis zum Ende der Laufzeit gleiche Raten. Sie bestehen aus Zinsen und dem Tilgungsbetrag. Da die Zinsen mit jedem Tilgungsbetrag geringer werden, wird bei den gleichbleibenden Raten (Annuitäten) der Tilgungsanteil immer größer.

Beispiel

Beispiel:	Darlehen über 20.000,00 €	Laufzeit: 5 Jahre		Zinssatz: 7 % p. a.
Jahr	**Restschuld in €**	**Zinsen in €**	**Tilgung in €**	**Summe in €**
1	20.000,00	1.400,00	4.000,00	5.400,00
2	16.000,00	1.120,00	4.280,00	5.400,00
3	11.720,00	820,40	4.579,60	5.400,00
4	7.140,40	499,83	4.900,17	5.400,00
5	2.240,23	156,82	2.240,23	2.397,05
	Summe	**3.997,05**	**20.000,00**	**23.997,05**

Die letzte Rate fällt geringer aus, da die Restschuld nur weniger als die Hälfte der Annuität beträgt. Annuitätendarlehen beginnen häufig mit einem festen Prozentsatz des Darlehensbetrages als Tilgungsrate (z. B. 2 %). Alternativ dazu kann man bei sogenannten Volltilgerdarlehen die anfängliche Tilgungsrate so bestimmen, dass am Ende der Laufzeit das Darlehen zurückgezahlt ist.

Abzahlungsdarlehen

■ **Abzahlungsdarlehen.** Bei dieser Form wird vereinbart, dass das Darlehen mit immer gleichbleibenden Tilgungsbeträgen zurückgezahlt wird. Die Zinsen nehmen auch hier mit jeder Tilgung ab, sodass die zu zahlende Rate (Zins + Tilgung) immer geringer wird.

Beispiel

Beispiel:	Darlehen über 20.000,00 €	Laufzeit: 5 Jahre		Zinssatz: 7 % p. a.
Jahr	**Restschuld in €**	**Zinsen in €**	**Tilgung in €**	**Summe in €**
1	20.000,00	1.400,00	4.000,00	5.400,00
2	16.000,00	1.120,00	4.000,00	5.120,00
3	12.000,00	840,00	4.000,00	4.840,00
4	8.000,00	560,00	4.000,00	4.560,00
5	4.000,00	280,00	4.000,00	4.280,00
	Summe	**4.200,00**	**20.000,00**	**24.200,00**

Statt der 7.000,00 € Zinsen beim Fälligkeitsdarlehen sind hier nur 4.200,00 € Zinsen zu zahlen. Damit liegen sie ähnlich hoch wie die 3.997,05 € beim Annuitätendarlehen (siehe Beispiel oben).

Angabe des Effektivzinssatzes

Damit ein Vergleich unterschiedlicher Darlehensangebote erleichtert wird und die tatsächlich anfallenden Kosten in einer Größe erkennbar sind, müssen die Kreditgeber den effektiven (tatsächlich) zu zahlenden Zinssatz angeben.
Während der Nominalzinssatz lediglich die zu zahlenden Zinsen festlegt, berücksichtigt der **Effektivzinssatz** alle im Zusammenhang mit der Darlehensgewährung anfallenden Kosten, wie z. B. Disagio, Zinsen, Provisionen oder Bearbeitungsgebühren.

Schuldscheindarlehen

Schuldscheindarlehen sind eine weitere Möglichkeit der Fremdkapitalzuführung. Hierbei handelt es sich um Urkunden, mit denen sich der Kreditnehmer zur Rückzahlung einer Geldsumme verpflichtet.
Schuldscheindarlehen spielen immer dann eine Rolle, wenn der Kreditbedarf über Kapitalsammelstellen (z. B. Versicherungen) gedeckt wird. Wenn die Bank eine Darlehenszusage hat, schließt sie mit dem Kreditnehmer einen Vertrag und überlässt ihm das Geld. In einem zweiten Schritt wird der Vertrag an den Kreditgeber übertragen, auf den dann auch die Darlehensforderungen übergehen.

5.2.4
Leasing und Factoring als Sonderformen der Finanzierung

Leasing

Leasing ist eine Finanzierungsform, bei der eine Sache gegen Zahlung einer Gebühr dem Leasingnehmer überlassen wird.

Leasingverträge existieren in unterschiedlichster Ausgestaltung. Grundsätzlich unterscheidet man zwischen zwei Leasingvertragsformen:

- Operate-Leasing
- Finance-Leasing

Diese beiden Varianten stellen aber nur Eckpfeiler eines breiten Spektrums von Möglichkeiten dar.

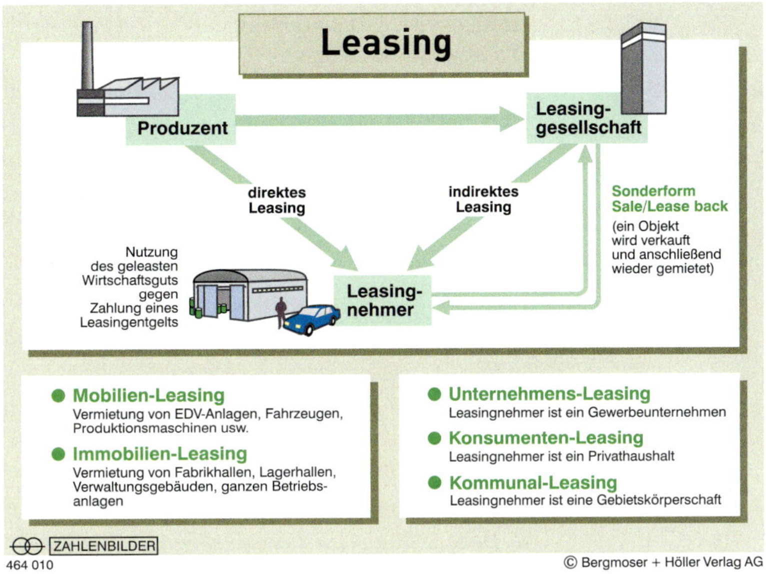

Operate-Leasing

Beim **Operate-Leasing** erwirbt der Leasingnehmer ein kurzfristiges, meist jederzeit kündbares Nutzungsrecht an einem Objekt. Der **Leasingvertrag** entspricht größtenteils dem zivilrechtlichen Mietvertrag. Im Gegensatz zur mittel- und langfristigen Finanzierung steht beim Operate-Leasing die **kurzfristige Nutzung des Investitionsgutes** im Vordergrund. So können Engpässe in der Produktion oder im Vertrieb überbrückt werden. Das Investitionsrisiko trägt der Leasinggeber, der nach Ablauf des Leasingvertrages die Sache weiterhin dem Leasingnehmer zur Verfügung stellen kann. Ein wesentliches Merkmal von Operate-Leasing-Verträgen ist, dass die Finanzierungskosten des Leasinggebers in einer Vertragsperiode in der Regel nicht getilgt werden. Die vollständige Amortisation lässt sich erst dadurch erzielen, dass das Objekt mehrfach „verleast" und schließlich verkauft wird.

Finance-Leasing

Beim **Finance-Leasing** (Finanzierungsleasing) haben die Verträge mittel- oder langfristigen Charakter und legen eine **Grundleasingzeit** fest. Innerhalb dieser Zeit kann der Leasingvertrag nicht gekündigt werden. Nach Ablauf dieser Zeitspanne entscheidet sich der Leasingnehmer, ob er den Vertrag verlängert oder die geleaste Sache vom Leasinggeber kauft. Das Investitionsrisiko (z. B. Wertminderung) trägt in erster Linie der Leasingnehmer.

Vorteile des Leasings

Es gibt eine Reihe von **wirtschaftlichen und steuerlichen Gründen**, die für das Leasing sprechen:

- Der **Kapitalbedarf wird reduziert.** Statt den ganzen Investitionsbetrag auf einmal aufzubringen, lassen sich die Leasingraten über die gesamte Mietzeit verteilen. Außerdem können sie aus den mit dem Leasinggut erwirtschafteten Erträgen gezahlt werden.
- **Kreditsicherheiten sind nicht erforderlich,** da der Leasinggeber grundsätzlich Eigentümer des Objektes bleibt.
- **Leasingraten** können als **Aufwendungen** steuerlich geltend gemacht werden, wenn das Leasingobjekt steuerlich dem Leasinggeber zugeordnet ist.
- Leasingraten werden als **fester Betrag** vereinbart. Da während der Grundmietzeit Erhöhungen ausgeschlossen sind, bilden die monatlichen Raten eine klare Kalkulationsgrundlage.

- Die **Rückgabe des Leasinggegenstandes** an den Leasinggeber erfordert keine eigenen Verkaufs- oder Entsorgungsbemühungen.
- **Kurze Laufzeiten** ermöglichen stets die Nutzung technisch aktueller und innovativer Gegenstände.
- Bei entsprechender Gestaltung erscheinen die Leasinggegenstände **nicht in der Bilanz** des Leasingnehmers (keine Aktivierung). Lediglich die Leasingraten werden als Betriebsausgaben in der Gewinn- und Verlustrechnung verbucht. Die Eigenkapitalquote und der Verschuldungsgrad verändern sich nicht.
- Da die Leasingraten parallel zur Nutzung des Gegenstands anfallen, finanziert sich das Leasingobjekt quasi selbst (Kostenkongruenz). Der Finanzierungsaufwand verteilt sich auf die Nutzungsdauer und damit auch auf den Zeitraum, in dem Erträge aus dem Objekt erwirtschaftet werden. Eine Vorausfinanzierung wird somit vermieden – **„Pay as you earn"**-Gedanke.

Nachteile des Leasings

Folgende Aspekte sprechen eher gegen das Leasing:

- Die **Gesamtkosten** des Leasings sind i. d. R. höher als bei dem fremdfinanzierten Kauf des Leasinggegenstandes.
- **Ein Leasingvertrag ist i. d. R. unkündbar** und über eine lange Grundmietzeit abgeschlossen. Die Leasingraten stellen somit einen Fixkostenblock über einen langen Zeitraum dar. Daher sollte der Leasinggegenstand über die gesamte Grundmietzeit genutzt werden, da die Leasingraten ständig weitergezahlt werden müssen.
- Der Leasinggeber kann den Vertrag fristlos kündigen, wenn der Leasingnehmer in Zahlungsverzug ist. Hinzu kommen eventuell Schadenersatzforderungen.

Factoring

Factoring ist der laufende Verkauf von kurzfristigen Forderungen aus Lieferungen und Leistungen an eine **Factoring-Gesellschaft (Factor)**. Diese Forderungen entstehen dadurch, dass das Unternehmen seinen Kunden ein Zahlungsziel und somit einen Lieferantenkredit gewährt.

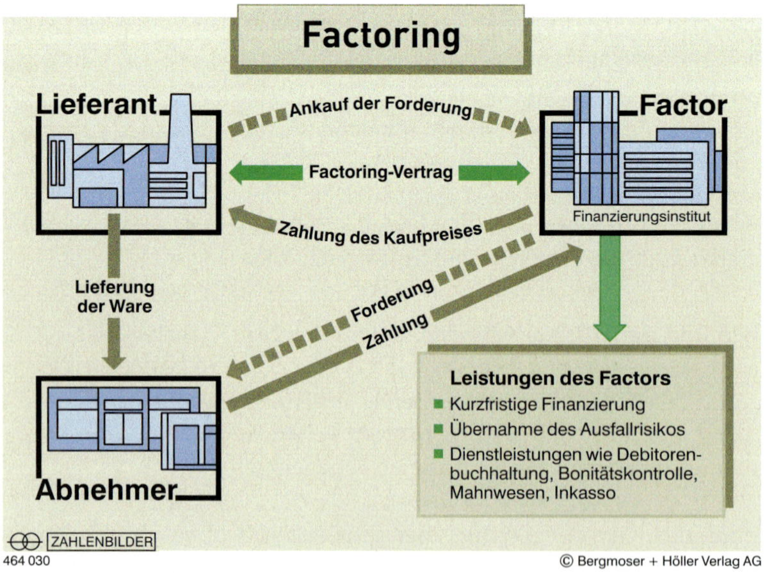

Der Factoring-Vertrag ist rechtlich gesehen ein Kaufvertrag.

In der Regel bietet der Factor die sofortige Auszahlung von 80 % bis 90 % des Wertes der an ihn abgetretenen (verkauften) Forderungen an. Das verbessert schnell die Liquidität des Unternehmens.

Die Differenz zum vollen Rechnungsbetrag behält der Factor als **Sicherheitsabschlag** für Forderungsausfälle zurück. Der Restbetrag wird unter Abzug von Zinsen und Provisionen nach Eingang der Zahlung (Factoring) vom Factor an den Factoring-Nehmer gezahlt.

Delkredere- und Servicefunktionen

Gegen eine zusätzliche Provision befreit die Factoring-Gesellschaft den Kunden vom Ausfallrisiko und verzichtet auf Regressansprüche. Ebenso übernimmt sie **Servicefunktionen** wie z. B. Bonitätsprüfung, Kunden-/Debitorenbuchhaltung, Mahnwesen oder Inkassotätigkeiten.

Factoring-Kosten

Die **Factoring-Kosten** sind abhängig vom jeweiligen Finanzierungsvolumen. Die Höhe der Gebühr liegt i. d. R. zwischen **0,5 % und 2,5 % des Rechnungsbetrages.** Für den in Anspruch genommenen Betrag sind zusätzlich an den Factor bankübliche **Kontokorrentzinsen** für die Vorausfinanzierung der Forderungen zu bezahlen. Diesem Aufwand stehen aber Ersparnisse gegenüber, insbesondere durch den Wegfall von Forderungsausfällen und die Verbesserung der Liquidität.

Vorteile des Factorings

Factoring **eignet sich insbesondere**,

- wenn es sich bei den Abnehmern um gewerbliche Kunden handelt;
- der Debitorenbestand breit gestreut ist;
- die Zahlungsfristen maximal 90 Tage betragen;
- die der Forderung gegenüberstehende Leistung vollständig erbracht worden ist;
- keine Gegenforderungen existieren;
- keine Forderungsabtretung (Zession) oder andere Rechte Dritter bestehen.

Wesentlicher Vorteil ist die Erhöhung der Liquidität durch den Verkauf der Außenstände und deren sofortige Bezahlung durch die Factoring-Gesellschaft. Der Forderungsbestand sinkt, gleichzeitig steigt die finanzielle Flexibilität.

Factoring ist ein zuverlässiger Schutz vor Forderungsausfällen, wenn die Factoring-Gesellschaft mit dem Kauf der Forderung auch das Ausfallrisiko übernimmt.

Die Übernahme der Debitorenbuchhaltung und des Mahnwesens durch die Factoring-Gesellschaft ermöglicht die Einsparung von Personal- und Sachkosten.

Die aus dem Forderungsverkauf resultierende Liquidität kann zum Abbau von Verbindlichkeiten genutzt werden.

Nachteile des Factorings

Factoring ist nicht frei von **Nachteilen**. Die Factoring-Gesellschaft übernimmt das Inkasso- und Mahnwesen. Das erfolgt i. d. R. im Standardverfahren ohne kundenspezifische Steuerung. Persönliche Beziehungen des Unternehmers zu wichtigen Kunden – die oft Grundlage für eine langfristige und vertrauensvolle Zusammenarbeit sind – können dadurch unter Umständen beeinträchtigt werden.

Ein weiterer Nachteil ist die mitunter noch mangelnde Bekanntheit dieses Instruments bei den Abnehmern des Factoring-Kunden. Die Zahlung der Forderung an eine Factoring-Gesellschaft kann mit einem gewissen Negativsignal verbunden sein. Die Befürchtung, dass ein Unternehmen, das seine Forderungen verkauft, in finanziellen Schwierigkeiten steckt, ist aber meistens unbegründet: Der Verkauf von Forderungen sowie die Nutzung der Serviceleistung ist mit den Zinsen, Provisionen und sonstigen Kosten relativ teuer. Unsichere Forderungen werden nach einer Bonitätsprüfung nicht gekauft.

Forfaitierung

Die **Forfaitierung** ist ein Forderungsverkauf ähnlich dem Factoring. Der entscheidende Unterschied liegt darin, dass hier jeweils einzelne, in der Regel mittel- bis langfristige Forderungen verkauft werden und nicht – wie beim Factoring – alle zukünftig entstehenden, vor allem kurzfristigen Forderungen.

Aufgaben

› Kap. 5.2

1. Unterscheiden Sie zwischen Eigenkapital und Fremdkapital, indem Sie bitte beide Begriffe kurz definieren.

2. Was spricht für eine Aufnahme von Fremdkapital, was spricht dagegen?

3. Nach welchen Kriterien lassen sich Fremdfinanzierungsarten unterscheiden? Erstellen Sie eine Übersicht, in der Sie die Fremdfinanzierungsarten nach den von Ihnen gewählten Kriterien darstellen.

4. Es gibt nur wenige Unternehmen, die ganz auf Fremdkapital verzichten können. Was können die Gründe dafür sein?

5. Die Heidtkötter KG weist in ihrer Bilanz Verbindlichkeiten aus Lieferungen und Leistungen in Höhe von 1.750.000,00 € aus. Bisher wurde das Zahlungsziel von 30 Tagen nicht abgewartet, die Eingangsrechnungen wurden in der Regel innerhalb der mit den Lieferanten ausgehandelten Frist von 14 Tagen ausgeglichen. Der Einkauf soll mit den Lieferanten verhandeln, das Zahlungsziel entweder um mindestens 7 Tage zu verlängern oder den Skontoabzug von jetzt durchschnittlich 2 % auf 3 % zu erhöhen. Am besten wäre, wenn beide Ziele erreicht werden.
   a) In der Abteilung Einkauf wird darüber diskutiert, ob es sich überhaupt lohnt, wegen einem Prozent oder sieben Tagen zusätzlichen Zahlungsziels zu verhandeln. Es ginge dabei um so geringe Beträge, dass dies doch unerheblich sei. – Was meinen Sie dazu?
   b) Berechnen Sie den konkreten Betrag, um den es hier geht, wenn angenommen wird, dass die Verbindlichkeiten im Jahresdurchschnitt immer bei dem genannten Betrag liegen und es gelingt,
      - den Skontoabzug bei gleichbleibendem Zahlungsziel um 1 % anzuheben,
      - die Zahlungsfrist bei gleichbleibendem Skontosatz um sieben Tage zu verlängern,
      - sowohl den höheren Skontosatz zu bekommen als auch die verlängerte Zahlungsfrist durchzusetzen.

6. Es heißt, der Barzahlungsrabatt (Skonto) sei ein sehr teurer Kredit, den der Lieferant einem Kunden einräumt. Wie kommt man zu dieser Aussage und wie lässt sie sich rechnerisch belegen?

7. Wie groß ist der finanzielle Unterschied (Finanzierungsvorteil oder -nachteil?), wenn die Franz Kniep GmbH eine Rechnung über 12.000,00 € am 14. Tag unter Abzug von 2 % Skonto begleicht, dabei aber das Kontokorrentkonto um den zu überweisenden Betrag überziehen und dafür 15 % Zinsen zahlen muss?

8. Wie sieht das Ergebnis aus Aufgabe 7 aus, wenn das Kontokorrentkonto einen Haben-Saldo von 15.000,00 € ausweisen würde und man auf das als Geldmarktkonto geführte Guthaben 3,5 % Jahreszinsen bekäme?

9. Erläutern Sie kurz und präzise, was ein Kontokorrentkredit ist.

10. Das Geschäftskonto der Heidtkötter KG weist für den letzten Monat folgende Abrechnung aus:

Haben-Zinsen:	0,50 €	Bereitstellungsprovision:	8,00 €
Soll-Zinsen:	100,00 €	Überziehungszinsen:	120,00 €

Erläutern Sie, was hinter diesen Begriffen steht.

6101594

11. Das Kontokorrentkonto der Heidtkötter KG steht für einen Zeitraum von fünf Tagen mit einem Betrag von 12.000,00 € im Minus.

Berechnen Sie, wie hoch die dafür zu zahlenden Zinsen sind, wenn die in Aufgabe 10 gemachten Angaben gelten.

12. Der Leiter des Rechnungswesens der Heidtkötter KG sieht überhaupt nicht ein, dass er eine Kreditprovision zahlen soll, obwohl das Konto ein Guthaben aufweist, und bittet auch Sie um Ihre Meinung. Sie sollen ihm zumindest einen Grund für diese – in seinen Augen – „Abzocke" nennen.

Und nun? Was antworten Sie bzw. welche Gründe könnten aus Sicht der Bank diese Kreditprovision rechtfertigen?

13. Am Monatsende wird ein Kontokorrentkonto mit 25,00 € Soll-Zinsen belastet. Gehen Sie davon aus, dass auf dem Konto sonst keine Bewegungen stattgefunden haben.

a) Berechnen Sie, mit wie viel Euro das Konto in diesen 30 Tagen überzogen wurde, wenn der Soll-Zinssatz bei 10 % liegt.

b) Stellen Sie darauf aufbauend fest, wie hoch die Kreditprovision sein muss, wenn ein Kreditrahmen von 5.000,00 € eingeräumt worden ist und dabei die Bereitstellungsprovision für nicht in Anspruch genommene Kredite bei 5 % liegt.

14. Berechnen Sie den Saldo des folgenden Kontokorrentkontos, wenn diese Konditionen gelten:

- Haben-Zinssatz: 0,5 %
- Soll-Zinssatz: 8 %
  (bis zur Höhe des eingeräumten Kreditrahmens von 10.000,00 €)
- Bereitstellungsprovision: 3 %
- Überziehungszinsen: 12 %

Tag	Vorgang		Saldo				Berechnungen			
	Haben-Buchung in €	Soll-Buchung in €		H	S	Tage	Soll-Zinsen in €	Kreditprovision in €	Überziehungszinsen in €	Haben-Zinsen in €
0			5.000,00	X						
3	2.000,00		7.000,00							
6		11.000,00	4.000,00							
8		6.000,00								
12		4.000,00								
15	3.000,00									
21	2.000,00									
24		12.000,00								
25	15.000,00									
29	4.000,00									
30		8.000,00								

→

15. Ihr Unternehmen benötigt 800.000,00 €. Ihre Bank unterbreitet Ihnen drei Vorschläge mit alternativen Darlehensarten.

a) Stellen Sie heraus, worin sich das Fälligkeitsdarlehen, das Abzahlungsdarlehen und das Annuitätendarlehen jeweils voneinander unterscheiden.

b) Wie entwickeln sich die Zinsen und die Tilgungsraten in den einzelnen Jahren? Wie hoch ist die jährliche Gesamtbelastung bei den drei Varianten jeweils?

c) Für welche der Alternativen würden Sie sich entscheiden? Begründen Sie Ihre Wahl. Gehen Sie auch darauf ein, welche Erwartungshaltungen Sie bezüglich des Kapitalrückflusses aus der Investition dabei jeweils zugrunde legen.

Fälligkeitsdarlehen

Ende des Jahres	Restschuld	Zinsen	Tilgung	Gesamt
01	800.000,00 €	48.000,00 €	–	48.000,00 €
02	800.000,00 €	48.000,00 €	–	48.000,00 €
03	800.000,00 €	48.000,00 €	–	48.000,00 €
04	800.000,00 €	48.000,00 €	–	48.000,00 €
05	800.000,00 €	48.000,00 €	–	48.000,00 €
06	800.000,00 €	48.000,00 €	–	48.000,00 €
07	800.000,00 €	48.000,00 €	–	48.000,00 €
08	800.000,00 €	48.000,00 €	–	48.000,00 €
09	800.000,00 €	48.000,00 €	–	48.000,00 €
10	800.000,00 €	48.000,00 €	800.000,00 €	848.000,00 €
Summe		**480.000,00 €**	**800.000,00 €**	**1.280.000,00 €**

Annuitätendarlehen

Ende des Jahres	Restschuld	Zinsen	Tilgung	Gesamt
01	800.000,00 €	48.000,00 €	80.000,00 €	128.000,00 €
02	720.000,00 €	43.200,00 €	84.800,00 €	128.000,00 €
03	635.200,00 €	38.112,00 €	89.888,00 €	128.000,00 €
04	545.312,00 €	32.718,72 €	95.281,28 €	128.000,00 €
05	450.030,72 €	27.001,84 €	100.998,16 €	128.000,00 €
06	349.032,56 €	20.941,95 €	107.058,05 €	128.000,00 €
07	241.974,51 €	14.518,47 €	113.481,53 €	128.000,00 €
08	128.492,98 €	7.709,58 €	120.290,42 €	128.000,00 €
09	8.202,55 €	492,15 €	8.202,55 €	8.694,70 €
10	–	–	–	–
Summe		**232.694,71 €**	**799.999,99 €**	**1.032.694,70 €**

Abzahlungsdarlehen

Ende des Jahres	Restschuld	Zinsen	Tilgung	Gesamt
01	800.000,00 €	48.000,00 €	80.000,00 €	128.000,00 €
02	720.000,00 €	43.200,00 €	80.000,00 €	123.200,00 €
03	640.000,00 €	38.400,00 €	80.000,00 €	118.400,00 €
04	560.000,00 €	33.600,00 €	80.000,00 €	113.600,00 €
05	480.000,00 €	28.800,00 €	80.000,00 €	108.800,00 €
06	400.000,00 €	24.000,00 €	80.000,00 €	104.000,00 €
07	320.000,00 €	19.200,00 €	80.000,00 €	99.200,00 €
08	240.000,00 €	14.400,00 €	80.000,00 €	94.400,00 €
09	160.000,00 €	9.600,00 €	80.000,00 €	89.600,00 €
10	80.000,00 €	4.800,00 €	80.000,00 €	84.800,00 €
Summe		**264.000,00 €**	**800.000,00 €**	**1.064.000,00 €**

16. Wie wirkt sich eine Darlehensaufnahme in Verbindung mit einer Eigenkapitalerhöhung und der Reduzierung von Rückstellungen auf die Bilanz aus, wenn alle anderen Sachverhalte (zunächst) gleichbleiben, weil sich die Investition auf die Ertragslage erst im nächsten Geschäftsjahr auswirkt?

17. a) Was versteht man unter „Leasing"?
b) Unterscheiden Sie die Arten des Leasings.

18. Nehmen Sie das folgende Leasing-Angebot einmal kritisch unter die Lupe.

Kaufen Sie noch oder leasen Sie schon?!

Geschäftsfahrzeug-Leasing
Warum Kapital ins Auto stecken, das viel lukrativer in den Geschäftszweck investiert werden kann? Für Kunden, die niedrige Monatsraten wünschen und das Auto nicht erwerben, sondern nutzen möchten, ist das Geschäftsfahrzeug-Leasing ein attraktives Angebot. Für einen festgelegten Zeitraum „mieten" Sie ein Fahrzeug Ihrer Wahl und zahlen dafür **niedrige Leasingraten.** Am Vertragsende geben Sie Ihr Auto bei Ihrem Händler einfach wieder ab und leasen ein neues Fahrzeug.

Unser Beispiel für Sie:

Modell	*Cross Touran*
	1,4 TSI
	103 kw
	6-Gang
Preis	*27.175,00 €*
Leasing	*Laufzeit: 36 Monate*
jährliche Fahrleistung	*20 000 km*
Sonderzahlung zu Beginn:	*2.717,50 € (= 10 % des Listenpreises)*
	inkl. 433,89 € MWSt
Leasingraten	***416,00 € pro Monat***

a) Was sind die offensichtlichen Vorteile und wo sehen Sie eventuelle Nachteile?
b) Wie hoch sind die Gesamtkosten, die in diesem Beispiel während der Nutzungsdauer von drei Jahren entstehen würden? Was müsste man dem als Kosten gegenüberstellen, wenn man das Fahrzeug kauft?

19. Die Heidtkötter KG plant, eine neue Maschine zu kaufen. Die neue Anlage kann durch einen Kredit fremdfinanziert oder geleast werden. Gegeben sind folgende Daten:

Anschaffungskosten	900.000,00 €
Nutzungsdauer: 6 Jahre	
Grundmietzeit: 4 Jahre	
Leasinggebühr pro Monat:	3 % = 36 %/Jahr
Optionsrecht (Kauf der Maschine nach Ablauf der Grundmietzeit):	150.000,00 €
Kreditzinsen: 5 %	
Kredittilgung: 6 gleiche Raten	
Verkaufswert der Produktionsleistung: 1 000 Stück à 220,00 € = 220.000,00 €/Jahr	

→

a) Berechnen Sie, wie hoch der jährliche Kapitalbedarf für die Fremdkapitalzinsen und die Tilgungsleistung bei einer Fremdfinanzierung wäre.

b) Wie viel Kapital benötigt die Heidtkötter KG in den einzelnen Jahren der Nutzungsdauer, wenn sie die Maschine least?

c) Wie hoch ist der Liquiditätsbedarf bei beiden Alternativen insgesamt und zu welchem Ergebnis kommen Sie, wenn Sie unter diesem Aspekt das Leasing und den Kauf auf Kreditbasis einander gegenüberstellen?

20. Nennen Sie Vor- und Nachteile des Leasings aus Sicht eines Unternehmens.

21. In der Franz Kniep GmbH werden durchschnittlich pro Monat 500 Ausgangsrechnungen bearbeitet, deren Mittelwert bei einer Rechnungssumme von ca. 300,00 € liegt. Dies sind Rechnungen, die an kleinere Kunden gehen, die in der Summe nur rund 7 % des Gesamtumsatzes ausmachen.

In der Debitorenbuchhaltung sind drei Mitarbeiter und Mitarbeiterinnen beschäftigt. Deren Gehaltskosten einschließlich aller Nebenkosten belaufen sich jährlich auf ca. 42.000,00 € pro Mitarbeiter. Nachdem eine Mitarbeiterin aus dem Unternehmen ausscheidet, überlegt die Geschäftsleitung, ob die Debitorenbuchhaltung nicht verkleinert werden kann.

Interessant ist in diesem Zusammenhang das Angebot einer namhaften Factoring-Gesellschaft. An sie sollen rund 60 % der oben angegebenen Forderungen an die kleinen, aus der Sicht der Geschäftsführung eher unbedeutenden Kunden verkauft werden.

Die Franz Kniep GmbH räumt ihren Kunden ein Zahlungsziel von 30 Tagen ein. Die Factoring-Gesellschaft überweist die abgetretenen Forderungen innerhalb von 10 Tagen nach Rechnungsdatum an die Franz Kniep GmbH. Für die Vorfinanzierung werden 8 % Kontokorrentzinsen einbehalten, 2 % der jeweiligen Rechnungssumme werden als Bearbeitungsgebühr in Rechnung gestellt. Wenn auch das Kreditausfallrisiko von der Factoring-Gesellschaft übernommen werden soll, sind weitere 2,5 % der abgetretenen Forderung fällig.

Sie werden nun gebeten, die beiden Alternativen (Forderungsverkauf und Einsparung der ausscheidenden Mitarbeiterin oder Neueinstellung bei einem Verzicht auf das Factoring) rechnerisch einander gegenüberzustellen.

a) Zu welchem rechnerischen Ergebnis kommen Sie und welche Entscheidung werden Sie demnach treffen, wenn es darum geht, die kostengünstigste Vorgehensweise zu wählen?

b) Überlegen Sie, warum die Delkredereprovision als Kostenfaktor erst in einem zweiten Schritt mit einbezogen wird und was gegebenenfalls dagegensprechen könnte, sie überhaupt als Kostenfaktor mit einzubeziehen.

5.3 Kreditsicherheiten

Eine **Kreditsicherheit** soll dafür Sorge tragen, dass der Kapitalgeber (Gläubiger) das an den Kreditnehmer (Schuldner) verliehene Geld tatsächlich zurückbekommt. Falls der Kreditnehmer seinen Rückzahlungsverpflichtungen nicht nachkommt, ist der Kapitalgeber berechtigt, die Kreditsicherheit zu verwerten (also z. B. zwangsversteigern zu lassen), um daraus die fälligen Rückzahlungen zu erhalten.

Arten

Die Kreditsicherheiten lassen sich nach verschiedenen Merkmalen unterscheiden:

Haftung

- *Wer oder was haftet?*
  - Personen haften und werden bei Nichtzahlung des Schuldners in Anspruch genommen (**Personensicherheit**).
  - Die Sicherheit wird durch eine Sache dargestellt (**Realsicherheit** oder **dingliches Recht**).

Hauptschuld

- *Ist die Sicherheit abhängig von der Hauptschuld?*
  - Das Bestehen der Sicherheit ist abhängig vom Bestehen und von der Höhe des zu besichernden Kredites (**akzessorische Sicherheit**).
  - Die Höhe des Wertes der Sicherheit ist nicht abhängig von der Hauptschuld (**abstrakte Sicherheit**).

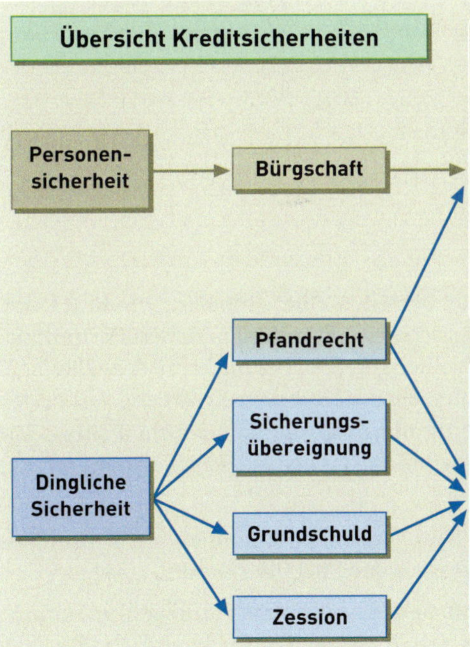

Akzessorische Sicherheit

Die Pflicht des Sicherungsgebers zur Zahlung an den Kreditgeber für den Fall, dass der Kreditnehmer dazu nicht in der Lage sein sollte, ist hier immer begrenzt auf die Höhe der tatsächlich bestehenden Hauptschuld des Kreditnehmers.
Ist die Schuld ganz oder teilweise getilgt, so erlischt auch das Recht zum Rückgriff auf die Sicherheit.

Darüber hinaus stehen dem Sicherungsgeber alle Rechte im Rahmen einer Einrede zu. Er hat also das Recht auf Stundung, die Geltendmachung von Verjährungsfristen oder der Aufrechnung mit anderen Forderungen.

Abstrakte Sicherheit

Es besteht hier kein unmittelbarer Zusammenhang mit einer konkreten Forderung. Der Sicherungsgeber könnte theoretisch z. B. bei einer schon zurückgezahlten und damit ausgeglichenen Schuld trotzdem noch die Sicherheit verwerten, also z. B. ein Grundstück versteigern (lassen).

Damit der Sicherungsgeber (Schuldner) davor geschützt ist, verpflichtet sich der Sicherungsnehmer (Kreditgeber) im Sicherungsvertrag, die Sicherheit nach Treu und Glauben einzusetzen. Dies wird auch als „treuhänderische“ oder „fiduziarische“ Sicherheit bezeichnet.

Abstrakte Sicherheiten haben für den Sicherungsgeber den Vorteil, dass sie auch für neue Kredite herangezogen werden können, ohne dass neue Sicherheiten bestellt werden müssen.

Beispiel

Wenn z. B. ein Haus gekauft oder gebaut wird, ist es üblich, eine Grundschuld als Sicherheit zu bestellen. Nach einigen Jahren ist ein Teil des Kredites durch die monatlichen Tilgungen zurückgezahlt.

Nun stehen aufwendige Renovierungsarbeiten an, sodass der Hauseigentümer erneut einen Kredit aufnehmen möchte, um diese Arbeiten durchführen zu lassen. Da die Grundschuld in ihrem Wert durch die Tilgung des ersten Kredites nicht ab-

› Teil F, Kap. 5.3.4 Grundschuld

→

genommen hat, kann diese Sicherheit für die Besicherung des neuen Kredites bis zu der Höhe des bereits getilgten Betrages herangezogen werden.[1]

Die Eintragung einer neuen Grundschuld ist mit weiteren Kosten verbunden und in diesem Beispiel nicht erforderlich.

Beleihungswert/ Beleihungsgrenze

Für die Frage, wie hoch der Wert der Sicherheit ist, sind der **Beleihungswert** und der Beleihungssatz ausschlaggebend. Aus beiden wird die **Beleihungsgrenze** errechnet. Dabei orientiert sich der Beleihungswert an dem reinen Marktwert eines Objektes. Dies ist der Preis, der im Rahmen eines öffentlichen Verkaufs unter Berücksichtigung der besonderen Situation im Falle eines solchen „Notverkaufes" erzielt werden könnte. Ausgehend vom Marktwert gibt es sogenannte Beleihungssätze. Bei Grundstücken und Gebäuden liegen diese z. B. bei 60 % des Verkehrswertes (= Marktwert) für erstrangig[2] abgesicherte Kredite.

Berechnung

Beleihungsgrenze (Wert zur Absicherung des Kredites/Kredithöhe) = **Beleihungswert · Beleihungssatz**

Beispiel

Beleihungswert: 150.000,00 €
vom Sicherungsgeber in Ansatz gebrachter
Beleihungssatz: 40 % (z. B. wegen zurzeit schwieriger Situation auf dem Immobilienmarkt)
Beleihungsgrenze: 60.000,00 €

5.3.1 Bürgschaft

Schriftform bei Privatpersonen
§ 76 BGB
Freie Form bei Kaufleuten
§ 350 HGB

Voraussetzung für eine Bürgschaft ist das Bestehen einer fremden Schuld (Hauptschuld). Dieser Kredit wird durch das Bürgschaftsversprechen gesichert. Kommt der Schuldner mit den Zins- oder Tilgungszahlungen in Verzug, kann der Gläubiger den Bürgen in Anspruch nehmen. Die Bürgschaft ist mit dem Kredit eng verbunden (akzessorisch) und kann nur in Verbindung mit ihm geltend gemacht werden. Die Bürgschaft endet mit Ablauf einer vereinbarten Frist. Die Bürgschaft erlischt mit der Rückzahlung des Kredites.

Die Bürgschaft bedarf der Schriftform. Nur Vollkaufleute können auch mündlich bürgen, die Schriftform ist aber aus Beweisgründen auch hier ratsam.

Da der Bürge anstelle des Schuldners mit seinem gesamten Vermögen in Haftung genommen werden kann, stellt eine Bürgschaft ein großes Risiko dar. Die Qualität der Bürgschaft hängt von der Kreditwürdigkeit des Bürgen ab und somit wird diese von den Kreditinstituten sehr genau geprüft.

Formen

Formen der Bürgschaft sind:

- Bei der **selbstschuldnerischen Bürgschaft** haftet der Bürge neben dem Hauptschuldner unbeschränkt. Der Gläubiger bzw. die Kredit gebende Bank ist berechtigt, den Bürgen in gleicher Weise für die Rückzahlung des Kredits in Anspruch zu nehmen wie den Hauptschuldner. Es entfällt hier insbesondere die Einrede des

1 Im Gegensatz dazu erlischt eine Hypothek, wenn der Kredit zurückgezahlt ist, automatisch, sie ist akzessorisch zum Kredit.
2 Erstrangig bedeutet, dass der Inhaber dieser Sicherheit bei einer Verwertung zuerst bedient wird.

6101600

Bürgen auf die Vorausklage und die erfolglose Zwangsvollstreckung gegen den Kreditnehmer. Die Bank ist nicht verpflichtet, zuerst beim Hauptschuldner mit allen Mitteln die Schuld einzutreiben, bevor sie den Bürgen in Anspruch nimmt.

- Die **Höchstbetragsbürgschaft** hat die gleichen Merkmale wie die selbstschuldnerische Bürgschaft, allerdings ist hier der Höchstbetrag bestimmt.
- Wird die Haftung des Bürgen auf den Ausfall beschränkt, den ein Kreditgeber erleidet, so spricht man von einer **Ausfall- oder Schadlosbürgschaft**. Der Bürge kann erst in Anspruch genommen werden, wenn der Gläubiger versucht hat, vom Hauptschuldner das Geld zu erhalten und dabei einen Ausfall erlitten hat. Bis zu diesem Zeitpunkt hat der Bürge das Recht der „Einrede auf Vorausklage“.
- Verbürgen sich mehrere Personen für einen Kredit, handelt es sich um eine **Gesamtbürgschaft**. Im Falle einer Inanspruchnahme werden nicht alle Bürgen gleichmäßig „zur Kasse gebeten“, der Gläubiger kann sich beliebig an jeden der Bürgen wenden.
- Verbürgen sich mehrere Personen für Teilbeträge, so ist dies eine **Teilbürgschaft**. Wird die Bürgschaft wider Erwarten fällig, kann die Bank alle Bürgen für Teilbeträge, aber auch einen Bürgen für den Gesamtbetrag in Anspruch nehmen. Nimmt sie nur einen Bürgen in Anspruch, hat er gegenüber den anderen einen Ausgleichsanspruch.

Erlöschen

Das Bürgschaftsverhältnis erlischt auch, wenn der Gläubiger eine weitere Sicherheit, die den Kredit sichern sollte, ohne Zustimmung des Bürgen aufgibt bzw. auflöst oder wenn die Verbindlichkeit des Kreditnehmers von einem Dritten, z. B. im Rahmen einer Geschäftsübernahme, übernommen wurde.

Kein Grund für die Beendigung der Bürgschaft sind der Tod des Bürgen oder der Tod des Schuldners. Bürgschaftsverbindlichkeiten gehören zu den Nachlassverbindlichkeiten. Im Falle des Todes des Schuldners beschränkt sich die Höhe der Bürgschaft jedoch auf die Verbindlichkeit, die zum Zeitpunkt des Todes bestand.

Wenn der Schuldner bei Fälligkeit der Schuld nicht zahlt, kann der Gläubiger seinen Anspruch in der oben dargestellten Abfolge (selbstschuldnerische Bürgschaft oder Ausfallbürgschaft) gegenüber dem Bürgen geltend machen. Wenn der Bürge anstelle des Schuldners zahlt, geht die Forderung vom Gläubiger auf ihn über. Der Bürge kann also dann seinerseits die Ansprüche gegenüber dem Schuldner (für den er gebürgt hat) geltend machen.

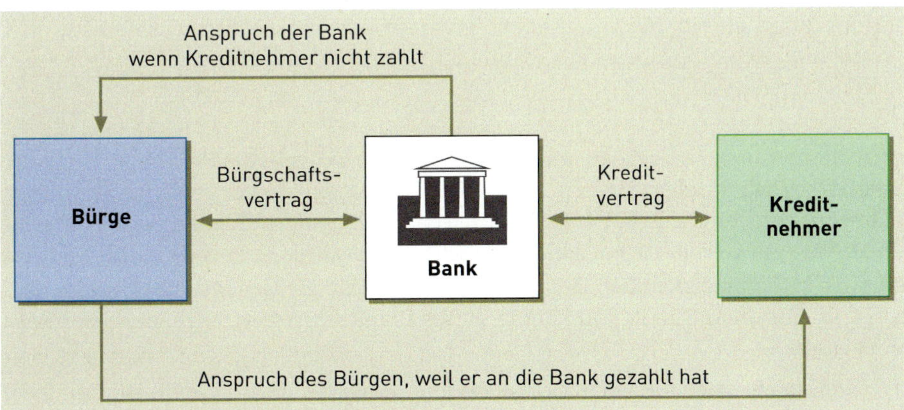

Banken geben u. a. Bürgschaften für

- die Erfüllung eines Vertrags (Vertragserfüllungsbürgschaft oder Ausführungsaval). Hierbei verpflichtet sich die Bank, für die Vertragserfüllung eines Kunden einem Dritten gegenüber zu sorgen und die Sicherheit für die Vertragserfüllung (einen Prozentsatz der Vertragssumme) aufzubringen,
- vorgesehene Vertragsstrafen ihrer Kunden, wenn sie einen Vertrag nicht erfüllen,
- eventuelle Gewährleistungsansprüche aus Arbeiten ihrer Kunden (Gewährleistungsbürgschaft),
- geleistete Anzahlungen. Die Bank bürgt für die Leistung, die sich mit der Anzahlung verbindet (Anzahlungsbürgschaften),
- die Stundung von Steuern, Zöllen und Frachten,
- Prozessverpflichtungen und
- Wechselschulden (Akzeptkredit).

Avalkredit

Eine Sonderform der Bürgschaft entsteht, wenn eine Bank als selbstschuldnerischer Bürge ihres Kunden auftritt. Mit einem **Avalkredit** verbürgt sich die Bank für die Zahlungsverpflichtungen (Verbindlichkeiten) des Kunden gegenüber Dritten. Diese Kreditart zählt wie der Akzeptkredit zu den **Kreditleihgeschäften**. Die Funktion des Avalkredits liegt demnach nicht in der Überlassung flüssiger Mittel, sondern in der besonderen Zahlungsfähigkeit und Kreditwürdigkeit der Bank.

5.3.2 Verpfändung

Verwertungsbefugnis

Von einer **Verpfändung** spricht man, wenn ein Gegenstand aus dem Besitz des Schuldners in den Besitz des Gläubigers übergeht. Der Kreditgeber erhält gleichzeitig eine **Verwertungsbefugnis** über den Pfandgegenstand. Er darf das Pfand veräußern (versteigern), wenn der Schuldner seinen Zahlungspflichten nicht nachkommt.

Bei einer Verpfändung haften dingliche Gegenstände oder Rechte dafür, dass der Schuldner seinen Zahlungspflichten am Fälligkeitstag nachkommt. Von Bedeutung ist, dass mit der Verpfändung zwar die Eigentumsverhältnisse unberührt bleiben, das Pfand aber im Normalfall den Besitzer wechselt. Wichtig ist, dass der Pfandgeber nach wie vor Eigentümer der Sache bleibt und das Eigentumsrecht nur dann verliert, wenn er die geschuldeten Leistungen gegenüber dem Gläubiger nicht erbringt.

Beispiel

Bekannt ist dies z. B. aus Pfand- bzw. Leihhäusern, in denen Privatpersonen einen (in der Regel teuren) Kredit erhalten, wenn sie persönliche Wertgegenstände als Pfand hinterlegen. Lösen sie das Pfand nicht innerhalb einer festgelegten Frist ein, wird es versteigert.

Ein Unternehmen hat gegebenenfalls in seinen Vermögenswerten Dinge, die zwar einen Wert haben, aber für den konkreten Produktions- oder Verwaltungsprozess nicht benötigt werden; z. B. ein im Seminarraum hängendes Gemälde eines bekannten Malers. Ein solcher Gegenstand kann verpfändet werden, ohne dass dies Einfluss auf die Geschäftstätigkeit hat. Der Kreditgeber bekäme die Gegenstände in seine Obhut, d. h. in seinen Besitz, und könnte dieses Pfand verwerten, wenn der Schuldner nicht zahlt.

Das Pfandrecht entsteht durch einen Vertrag zwischen dem Verpfänder und dem Pfandnehmer (Gläubiger). Das Pfandrecht ist akzessorisch, d. h., es entfällt, wenn die Forderung nicht mehr besteht. Der Wert des Pfandes darf auch nicht erheblich über dem Wert der Forderung liegen, denn sonst gilt er als übersichert und das Pfandrecht des Gläubigers ist nichtig.

6101602

Pfandgegenstände

Bei der **Entstehung des Pfandrechtes** wird unterschieden zwischen dem Pfandrecht an

- **beweglichen Sachen:** Es gilt das **Faustpfandprinzip**, der Pfandgegenstand muss an den Gläubiger übergeben werden. Befindet er sich schon bei ihm, erübrigt sich die Übergabe. Es wird dann nur der entsprechende Vertrag geschlossen. Befindet sich ein Pfand bei einer dritten Person, wird es entweder von dieser übergeben oder man teilt der Person mit, dass der Gegenstand verpfändet wurde und ein Anspruch auf Herausgabe besteht.
- **unbeweglichen Sachen:** Auch Immobilien können verpfändet werden, aber hier kann keine Übergabe stattfinden. Es erfolgt eine Eintragung im Grundbuch, die das Pfandrecht dokumentiert. Im Grundbuch stehen alle wichtigen Daten zu einem Grundstück, u. a. der Eigentümer und eventuelle Grundpfandrechte an diesem Grundstück. Es wird unterschieden zwischen einer Hypothek und einer Grundschuld.
- **Rechten:** Dabei kann es sich um Forderungen oder um Wertpapiere handeln. Pfandgeber und Pfandnehmer müssen sich über die Entstehung des Pfandrechtes einigen. Dem Schuldner der Forderung muss die Verpfändung angezeigt werden, um sicherzustellen, dass der Forderungsbetrag im Verwertungsfall nur an den Sicherungsnehmer ausgezahlt werden darf.

Pfandrecht an beweglichen Sachen

Folgende Situationen für die Bestellung des Pfandes **bei beweglichen Sachen** sind denkbar:

- **Das Pfand befindet sich noch beim Pfandgeber.** Nach der Einigung über die Entstehung des Pfandrechtes wird das Pfand an den Pfandgläubiger/Pfandnehmer übergeben. Erst danach ist das Pfandrecht auch wirklich entstanden (§ 1204 Abs. 1 Satz 1 BGB).
- **Das Pfand befindet sich bereits beim Pfandnehmer.** Wenn das Pfand sich schon beim Pfandnehmer befindet, braucht die Übergabe nicht stattzufinden. Dann genügt es zum Entstehen des Pfandrechtes, den Pfandvertrag (= Einigung) abzuschließen (§ 1204 Abs. 1 Satz 2 BGB).
- **Das Pfand befindet sich bei einem Dritten, der ansonsten nichts mit der Bestellung des Pfandrechtes zu tun hat.** In diesem Fall kann die Übergabe des Pfandes ersetzt werden durch eine Anzeige dem unmittelbaren Besitzer (Dritter) gegenüber, dass der Gegenstand nun als Pfand dienen soll. Außerdem tritt der Pfandgeber seinen Herausgabeanspruch an den Pfandnehmer ab. Erst durch die Übertragung dieses Anspruchs hat der Pfandnehmer im Falle einer Verwertung des Pfandes das Recht, das Pfand vom unmittelbaren Besitzer (Dritter) zu erhalten (§ 1205 Abs. 2 BGB).
- **Das Pfand soll weiterhin beim Pfandgeber bleiben.** In diesem Fall einigen sich die beiden Vertragspartner darauf, dass der Pfandgegenstand beim Pfandgeber bleiben soll. Zur Absicherung, dass das Pfand nicht vom Pfandgeber veräußert wird, wird dem Pfandnehmer ein Mitbesitz eingeräumt. Die Herausgabe des Pfandes an einen Dritten kann dann nur gemeinschaftlich von Pfandgeber und Pfandnehmer erfolgen (= Mitverschluss; § 1206 BGB).

Für die **Verpfändung von Wertpapieren** gelten grundsätzlich die gleichen Regeln wie für das Pfandrecht an beweglichen Sachen. Eine Ausnahme hiervon bildet die Verpfändung von Orderwertpapieren. Das sind Wertpapiere, die nur an den auf dem Wertpapier angegebenen Berechtigten ausgezahlt werden dürfen bzw. bei denen die Ware nur an den auf dem Wertpapier Genannten übergeben werden darf (z. B. Namensaktien, Ladescheine, Orderlagerscheine). Auf dem Wertpapier muss ein **Weitergabevermerk** (= **Indossament**) angebracht werden, der den Pfandnehmer berechtigt, im Fall der Verwertung den Gegenwert zu erhalten.

Wird eine **Forderung verpfändet**, müssen sich auch hier Pfandgeber und Pfandnehmer zunächst über die Entstehung eines Pfandrechts einigen. Darüber hinaus muss dem Forderungsschuldner die Verpfändung angezeigt werden. So wird sichergestellt, dass der Forderungsbetrag im Verwertungsfall nur an den Sicherungsnehmer ausgezahlt werden darf (§ 1273 f. BGB). Gläubiger der Forderung bleibt weiterhin der Sicherungsgeber. Die Eigentumsverhältnisse ändern sich nicht.

Pfandverwertung

Wenn eine gesicherte Forderung fällig ist und nicht gezahlt wird, muss die **Pfandverwertung** angedroht werden (§ 1228 und § 1234 BGB). Nach Ablauf einer Wartefrist (bei Privatleuten einen Monat nach der Androhung der Pfandverwertung [§ 1234 BGB] und bei Kaufleuten eine Woche nach der Androhung [§ 368 HGB]) kann die Verwertung erfolgen.

Bewegliche Sachen werden grundsätzlich öffentlich versteigert. Dabei kann jeder mitbieten, also auch Pfandnehmer und Pfandgeber (§ 1235 ff. BGB). Gibt es einen Börsen- oder Marktpreis (z. B. für Rohöl, Getreide, Gold, Wertpapiere), kann auch ein freihändiger Verkauf erfolgen (§ 1221 und § 1235 BGB).

Forderungen werden an den Pfandnehmer ausgezahlt. Nur die Auszahlung an den Pfandnehmer erfolgt mit schuldbefreiender Wirkung, d. h., wenn der Forderungsschuldner an jemand anderen als den Pfandnehmer auszahlt, hat der Pfandnehmer das Recht, den gesicherten Betrag nochmals vom Drittschuldner zu verlangen (§ 1282 BGB).

5.3.3 Sicherungsübereignung

Wenn ein Gegenstand nicht für eine Verpfändung geeignet ist, weil bei dem Kreditgeber z. B. nicht die Möglichkeit einer Aufbewahrung besteht oder der Kreditnehmer den Gegenstand für die Ableistung seiner Tätigkeit benötigt, dann besteht die Möglichkeit, Gegenstände des Anlagevermögens an einen Gläubiger zu übereignen.

Beispiel

Ein Taxifahrer kann z. B. nicht sein Taxi verpfänden, weil er sonst kein Fahrzeug mehr hat, mit dem er Umsätze tätigen kann.

Der Eigentümer kann mit dem sicherungsübereigneten Gegenstand aber nicht beliebig verfahren. Er hat **nur das treuhänderische Eigentum**, d. h., er hat die Interessen und das Rückgaberecht des Kreditnehmers bzw. des Besitzers des sicherungsübereigneten Gegenstandes zu beachten.

Beispiel

Wenn z. B. der oben genannte Taxifahrer das Fahrzeug an einen Kreditgeber sicherungsübereignet und ihm dazu den Kfz-Brief überlässt, kann der Kreditgeber das Taxi nicht veräußern, es sei denn, der Kreditnehmer kommt am Fälligkeitstag seinen Zahlungspflichten nicht nach.

Nach Tilgung des Kredites muss das Eigentum zurückübertragen werden.

Voraussetzung für die Sicherungsübereignung eines Gegenstandes ist, dass der Sicherungsgegenstand von anderen Gegenständen, die im Besitz des Sicherungsgebers sind, genau zu unterscheiden ist (= **Individualisierung des Sicherungsgutes**).

6101604

Um die Sicherungsrechte (z. B. Verkauf des Gegenstandes durch den Sicherungsnehmer) geltend machen zu können, müssen **zwei Voraussetzungen** erfüllt sein:

- Die gesicherte Forderung muss fällig sein und
- der Sicherungsnehmer muss in die tatsächliche Herrschaft (= unmittelbarer Besitz) des Gegenstandes kommen, notfalls auch durch eine Klage oder Pfändung.

Ziel der Verwertung ist in erster Linie die Erzielung eines möglichst hohen Verkaufserlöses durch eine möglichst günstige Verwertungsart (Verkauf, Versteigerung oder Zwangsvollstreckung).

Die Sicherungsübereignung ist **abstrakt**, d. h., sie ist nicht abhängig von dem Bestehen einer Forderung. Auch wenn die Forderung getilgt ist, erlischt nicht automatisch das Eigentum des Sicherungsnehmers. Sie erlischt erst durch die **Rückübereignung**, d. h. durch die Erklärung des Sicherungsnehmers, dass der Gegenstand wieder in das Eigentum des Sicherungsgebers zurückgeht.

Das Eigentum an dem Sicherungsgut geht unter, wenn das Sicherungsgut gutgläubig von jemandem erworben wurde. **Gutgläubiger Erwerb** liegt vor, wenn der Erwerber nach gutem Menschenverstand annehmen konnte, dass der Verkäufer auch Eigentümer der Sache ist und der Gegenstand nicht abhandengekommen war.

Das Eigentum an dem Sicherungsgegenstand kann dem Sicherungsnehmer nicht übertragen werden oder geht verloren. Das Sicherungsgut

- wurde gutgläubig von einer anderen Person erworben (s. o.),
- ist einem hohen Werteverfall unterworfen. Dadurch ist nur ein geringer Beleihungswert möglich;
- wird beschädigt oder zerstört,
- wird gestohlen,
- wird verarbeitet,
- unterliegt einem Pfandrecht oder ist bereits sicherungsübereignet,
- unterliegt noch nicht dem Eigentum des Sicherungsgebers (z. B. bei Lieferung unter Eigentumsvorbehalt).

Diese Risiken können durch Vereinbarungen in dem Sicherungsübereignungsvertrag gemindert werden.

5.3.4
Grundschuld und Hypothek

Grundschuld

Die **Grundschuld** stellt die Belastung eines Grundstücks und somit die Einräumung eines Grundpfandrechts an den Gläubiger dar. Aus der Grundschuld entsteht dem Gläubiger der Anspruch auf eine bestimmte Geldsumme aus dem Grundstück.

Die Grundschuld ist nicht an eine bestimmte Forderung gebunden und daher eine **abstrakte, vom Kredit losgelöste Verpflichtung des Schuldners**. Sie bleibt selbst dann noch eine Fremdgrundschuld in der Hand des Gläubigers, wenn dieser keine persönlichen Ansprüche mehr gegen den Grundstückseigentümer hat. Dem Grundstückseigentümer steht jedoch das Recht auf Rückübertragung oder Löschung der Grundschuld zu.

Bei der Grundschuld haften neben dem Grundstück alle Gebäude auf dem Grundstück, alles Zubehör (z. B. Maschinen) und Forderungen, die aus dem Grundstück entstehen können (z. B. Mietforderungen, Versicherungsforderungen). Wie beim Pfandrecht an beweglichen Sachen bleibt der Sicherungsgeber Eigentümer des Sicherungsgutes, also des Grundstückes, dabei bleibt das Grundstück aber im Besitz des Sicherungsgebers. Er darf es weiterhin nutzen.

Grundbuch

Die Sicherungsrechte an dem Grundstück werden in das **Grundbuch** eingetragen. Dies ist ein öffentliches Register, das jedermann zugänglich ist, der ein Interesse an dem Grundstück nachweisen kann. Im Grundbuch werden alle rechtlichen Verhältnisse eines Grundstückes dargelegt. Zu den rechtlichen Verhältnissen gehören insbesondere

- die Eigentumsverhältnisse,
- die Lasten (z. B. ein Vorkaufsrecht) und Beschränkungen (z. B. Vermerk über die Anordnung einer Zwangsvollstreckung) und
- die Grundpfandrechte.

Mit der Einigung über die Entstehung eines Grundpfandrechtes und der Eintragung des Grundpfandrechtes in das Grundbuch hat der Sicherungsnehmer die Rechte aus der Grundschuld erworben.[1] Diese Rechte dürfen aber nur zur Sicherung von Forderungen ausgeübt werden. Der Sicherungsnehmer erhält die Rechte nur sicherungshalber.[2]

Verwertung

Aufgrund der Abstraktheit der Grundschuld bleibt sie auch nach Rückzahlung der Forderungen bestehen. Da der Gläubiger aber keine Forderungen mehr geltend machen kann, stehen nun dem Grundstückseigentümer die Rechte aus der Grundschuld zu. Er könnte sie z. B. an einen anderen Gläubiger abtreten. Dadurch kann er dem zweiten Gläubiger schnell und kostengünstig eine werterhaltende Sicherheit anbieten.

Eine Grundschuld erlischt erst, wenn sie im Grundbuch gelöscht wird. Dazu muss der Sicherungsnehmer eine Löschungsbewilligung abgeben, er ist dazu verpflichtet. Die Löschungsbewilligung ist abzugeben, weil das Grundbuchamt nicht prüfen kann, ob die Löschung zu Recht erfolgt.

Vorteile

Die Grundschuld hat viele **Vorteile** aufzuweisen:

- Sie kann für alle Arten von Krediten als Sicherheit dienen.
- Das Sicherungsgut ist keinem Werteverfall unterworfen;
- daher kann ein hoher Beleihungswert angesetzt werden.
- Die Grundschuld erlischt nicht und kann schnell und kostengünstig für andere Kredite herangezogen werden.
- Durch die Eintragung der Zwangsvollstreckungsklausel ist sie schnell zu verwerten.
- Der Sicherungsgeber bleibt Eigentümer, unmittelbarer Besitzer und Nutzer des Grundstückes.

Hypothek

Im Gegensatz zur Grundschuld ist die **Hypothek** an das Bestehen einer Forderung geknüpft. Die Forderung ist das Hauptrecht und die Hypothek ein Nebenrecht. Wird z. B. eine Quittung vorgelegt, durch die bewiesen werden kann, dass alle Forderungen erloschen sind, können keine Rechte mehr aus einer mit diesen Forderungen verbundenen Hypothek geltend gemacht werden. Dies ist auch dann der Fall, wenn sie noch im Grundbuch eingetragen ist.

Voraussetzungen für das Entstehen einer Hypothek sind:

- bestehende oder mit Sicherheit entstehende persönliche Forderungen,
- Einigung zwischen Schuldner und Gläubiger, dass eine Hypothek begründet werden soll,
- Eintragung im Grundbuch.

---

1 Aus Kosten- und Verwaltungsgründen wird in der Regel auf die Ausstellung einer zusätzlichen Urkunde verzichtet. Dann spricht man von einer **Buchgrundschuld**. Wird dennoch eine Urkunde ausgestellt, handelt es sich um eine **Briefgrundschuld**. In diesem Fall ist zum Erwerb der Rechte aus der Grundschuld auch die Übergabe der Urkunde erforderlich.

2 Fiduziarische Sicherheit. Damit wird ausgeschlossen, dass der Sicherungsnehmer sich ohne Grund zulasten des Sicherungsgebers bereichert.

Ganz gleich, ob es sich um eine Grundschuld oder eine Hypothek handelt, kann bereits beim Entstehen eine **Zwangsvollstreckungsklausel** vereinbart werden. Dadurch unterwirft sich der Grundstückseigentümer im Fall der Nichtzahlung seiner Zins- oder Tilgungsleistungen der sofortigen Zwangsvollstreckung, ohne dass der Sicherungsnehmer erst eine Klage zur Zwangsvollstreckung erfolgreich bestreiten muss. Die Zwangsvollstreckung kann als Zwangsversteigerung oder als Zwangsverwaltung (z. B. Übernahme der Vermietung eines Hauses) durchgeführt werden. Bei der Zwangsversteigerung verliert der Sicherungsgeber sein Eigentum an dem Grundstück. Bei der Zwangsverwaltung behält er das Eigentum, er verliert jedoch (vorübergehend) die Nutzungs- und Verwaltungsrechte. Neben der freiwilligen Vereinbarung der Eintragung einer Hypothek oder einer Grundschuld in das Grundbuch kann dies aber auch das Ergebnis einer Zwangsvollstreckung sein.

5.3.5 Zession

Nicht selten stehen den Verbindlichkeiten, die ein Unternehmen hat, mindestens ebenso große oder noch höhere Außenstände in Form von Forderungen gegenüber. Wenn diese Forderungen sicher sind, können auch sie als Sicherheit an einen Kreditgeber abgetreten werden.

(Beispiel am Ende des Kapitels)

Forderungsabtretung/ Zession

§§

§ 398 BGB Abtretung
Eine Forderung kann von dem Gläubiger durch Vertrag mit einem anderen auf diesen übertragen werden (Abtretung). Mit dem Abschluss des Vertrags tritt der neue Gläubiger an die Stelle des bisherigen Gläubigers.

Die Forderungsabtretung wird auch Zession genannt. Sie kommt der Verpfändung sehr nahe. Dennoch gibt es einige wichtige Unterschiede:

- Bei der Zession wird die Gläubigereigenschaft auf den Sicherungsnehmer übertragen.
- Es handelt sich um eine abstrakte Sicherheit, während eine Verpfändung einen konkreten Gegenstand oder ein konkretes Recht betrifft.
- Damit das Pfandrecht entsteht, wird bei der Verpfändung der Schuldner darüber in Kenntnis gesetzt. Bei der Zession ist dies nicht der Fall.

Zedent und Zessionar

Derjenige, der die Forderung abtritt, ist der **Zedent**. Derjenige, an den sie abgetreten wird, ist der **Zessionar**.

Zessionsarten

Je nachdem, worüber sich die beiden Vertragspartner einigen, unterscheidet man nach dem Umfang einer Zession und der Frage, ob sie offen oder still erfolgt.

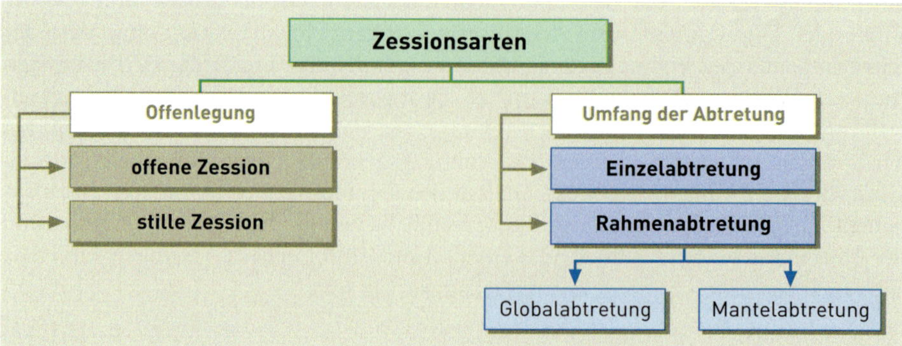

Offene Zession

- **Offene Zession.** In diesem Falle wird derjenige, gegenüber dem eine Forderung besteht, über die Abtretung informiert. Das bedeutet, dass der Ausgleich der Forderung am Fälligkeitstag direkt an den Drittschuldner (Zessionar) erfolgt.

Stille Zession

- **Stille Zession.** Es ist durchaus nachvollziehbar, dass der Schuldner nicht möchte, dass jemand von der Abtretung der Forderung Kenntnis erlangt. In diesem Fall erfährt derjenige, gegenüber dem die Forderung besteht (also z. B. ein Kunde), nichts von der Abtretung. Man spricht von einer stillen Zession. Das heißt, dass der Schuldner die Zahlung „ganz normal" an den Gläubiger leistet und der das Geld dann direkt an den Drittschuldner weiterleitet.

Einzelzession

- **Einzelzession.** Wird nur eine bestimmte Forderung zur Besicherung eines Kredites abgetreten, spricht man von einer **Einzelabtretung.**

Rahmenabtretung

- **Rahmenabtretung.** Oft reicht eine Einzelzession für eine Kreditsicherung nicht aus. Dann bietet sich ggf. eine Rahmenzession an, bei der ein Kreditnehmer für einen Bankkredit zur Sicherheit Kundenforderungen in bestimmbarer Größenordnung abtritt. Werden daraus einzelne Forderungen beglichen, so muss der Zedent immer wieder neue Forderungen vorlegen. Innerhalb der Rahmenabtretung wird unterschieden zwischen der Mantelabtretung und der Globalabtretung. Das wichtigste Unterscheidungsmerkmal besteht hinsichtlich der Übertragung der Gläubigerrechte an den Sicherungsnehmer.
  - Bei der **Mantelabtretung** geht die Forderung auf den Sicherungsnehmer in dem Moment über, in dem der Sicherungsgeber ihm die Rechnungskopien der abgetretenen Forderungen übergibt.
  - Bei der **Globalabtretung** gehen die zukünftigen Forderungen bereits mit ihrem Entstehen, also durch den Abschluss des Kauf- oder Werkvertrages auf den Zessionar über und nicht erst mit dem Einreichen einer Rechnungskopie, wie es bei der Mantelzession der Fall ist. Die Globalzession ist das typische Kreditsicherungsmittel der Geld gebenden Banken.

Nachteile einer Zession

Nachteile einer Zession sind:

- Eine angetretene Forderung ist nur dann eine Sicherheit, wenn der Drittschuldner auch zahlungsfähig ist. Hierüber hat der Zessionar keine direkte Beurteilungsmöglichkeit (es sei denn, es handelt sich um allgemein bekannte, solide Unternehmen).
- Die (abgetretene) Forderung eines Gläubigers gegenüber einem Schuldner kann im Nachhinein verändert bzw. geschmälert werden. Dies ist z. B. der Fall bei einer mangelhaften Lieferung. Damit reduzieren sich auch der Anspruch und die Sicherheit des Kreditgebers gegenüber dem Drittschuldner.
- Bei einer stillen Zession besteht die Gefahr, dass eine Forderung mehrfach abgetreten wird.

6101608

Beispiel

Beispielhafter Ablauf eines durch eine Zession gesicherten Kredites:

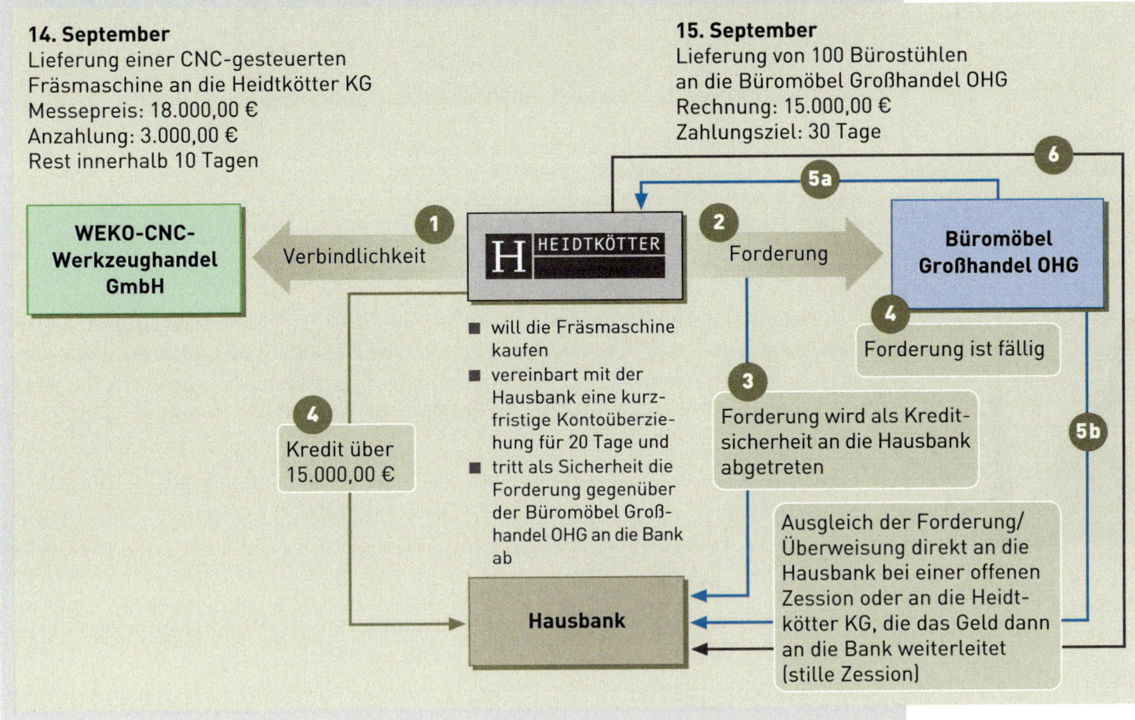

Aufgaben

› Kap. 5.3

1. Jeder Kreditgeber ist daran interessiert, dass die Rückzahlung seines Kredites bzw. seiner Forderung abgesichert ist. Welche Möglichkeiten der Kreditsicherung gibt es?

2. Wodurch unterscheiden sich persönliche und dingliche Sicherheiten?

3. Ein Industrieunternehmen benötigt einen Investitionskredit.

a) Inwiefern können aus der Bilanz des Unternehmens Aussagen über dessen Kreditwürdigkeit abgeleitet werden?

b) Wo liegen die Grenzen solch einer Analyse?

4. Ein Kunde der Heidtkötter KG ist aufgrund eines besonderen Ereignisses kurzfristig in einen Liquiditätsengpass geraten. Die Banken des Kunden sind nur dann bereit, die nötigen zusätzlichen Finanzmittel bereitzustellen, wenn für die Rückzahlung ein Bürge gefunden wird. Es geht um einen Betrag in Höhe von 150.000,00 €.

Man tritt an die Heidtkötter KG mit der Bitte heran, diese Bürgschaft zu übernehmen. Die Hausbank des Kunden sieht die Heidtkötter KG als solides Unternehmen an und würde eine selbstschuldnerische Bürgschaft über den Betrag von 150.000,00 € akzeptieren.

a) Erläutern Sie, was der Begriff „selbstschuldnerisch“ bedeutet und wie die Haftung der Heidtkötter KG im Zweifelsfall aussähe.

b) Was könnte die Heidtkötter KG dazu bewegen, die Bürgschaft zu übernehmen? Welchem Risiko setzt sie sich dabei aus? Welche Gründe sprechen gegen die Übernahme der Bürgschaft?

c) Wer aus der Heidtkötter KG könnte überhaupt die Bürgschaftsverpflichtung eingehen?

5. Erläutern Sie, worin das Wesen des Faustpfandkredites besteht. Welche Gegenstände eignen sich als Faustpfand, welche scheiden für diese Form des Kredites aus?

6. Die Grundschuld ist eine besondere Form des Faustpfandkredites. Erklären Sie, worin die beiden Kreditsicherungen grundsätzlich übereinstimmen und wo sie sich voneinander unterscheiden.

7. Stellen Sie die Unterschiede zwischen einer Grundschuld und einer Hypothek übersichtlich zusammen. Erläutern Sie die Gründe, die dazu geführt haben, dass heute die Hypothek gegenüber der Grundschuld nur noch eine sehr untergeordnete Rolle spielt.

8. Die Heidtkötter KG will ihren Fuhrpark um einen Sattelschlepper erweitern. Die Kosten für die Anschaffung des Fahrzeuges liegen bei ca. 300.000,00 €, von denen rund zwei Drittel fremdfinanziert werden müssen.

a) Welche Art der Fremdfinanzierung halten Sie generell für sehr, weniger oder gar nicht geeignet?

b) Wie stellen Sie sich dabei jeweils die erforderliche Kreditsicherung vor?

9. Ein Grundstück ist nacheinander mit vier Grundschuldeintragungen in Höhe von 50.000,00 €, 30.000,00 €, 15.000,00 € und 5.000,00 € belastet. Bei einer Zwangsversteigerung wird ein Erlös von 60.000,00 €, also 60 % der Beleihungswerte erzielt. In welcher Höhe werden die einzelnen Gläubiger befriedigt?

6
Vorgehen bei Zahlungsunfähigkeit und Überschuldung

Einführung

Wenn Unternehmen ihren Zahlungsverpflichtungen nicht mehr nachkommen können oder bei Kapitalgesellschaften die Verbindlichkeiten größer sind als die Vermögensgegenstände und somit kein Eigenkapital mehr vorhanden ist und die Unternehmen überschuldet sind, droht eine Insolvenz[1].

außergerichtliche Verfahren

Wenn ein Unternehmen sich aus eigener Kraft nicht mehr aus einer solchen Schieflage befreien kann, weil dafür die wirtschaftliche Grundlage fehlt, können Schuldner und Gläubiger zunächst versuchen, sich **außergerichtlich zu einigen**:

- Die Gläubiger **verzichten** (teilweise) **auf ihre Forderung** (Erlassvergleich), was aber eher selten der Fall ist, oder
- die Gläubiger **stunden** dem verschuldeten Unternehmen **die Rückzahlung** der fälligen Verbindlichkeiten und stimmen einem Tilgungsplan zu (Stundungsvergleich oder Moratorium).

Außergerichtlich kann man sich schneller einigen als in einem Gerichtsverfahren, vor allem aber kostengünstiger, weil keine Gerichtskosten anfallen, und unauffälliger, da die Veröffentlichung entfällt.

gerichtliches Verfahren
Insolvenzverfahren

Das gerichtliche Verfahren zur Sanierung eines Unternehmens durch teilweisen Verzicht aller Gläubiger auf ihre Forderungen ist das **Insolvenzverfahren**. Es verhindert, dass einzelne Gläubiger durch eine schnelle Zwangsvollstreckung ihre Forderung begleichen können und die anderen leer ausgehen. Um das Insolvenzverfahren eröffnen zu können, muss ein Grund (Eröffnungsgrund) bestehen. Insolvenzeröffnungsgründe sind Zahlungsunfähigkeit, drohende Zahlungsunfähigkeit und Überschuldung.

Eröffnungsgründe

- **Zahlungsunfähigkeit, § 17 InsO[2]**

  Der Schuldner[3] ist zahlungsunfähig, wenn er nicht in der Lage ist, fällige Zahlungspflichten zu erfüllen. Davon ist in der Regel auszugehen, wenn der Schuldner seine Zahlungen eingestellt hat. Typische Indizien für eine Zahlungsunfähigkeit sind:
  - Nichtzahlung von Lieferantenrechnungen,
  - Nichtzahlung von Löhnen, Gehältern und Sozialversicherungsbeiträgen,
  - Hingabe ungedeckter Schecks,
  - Wechselproteste,
  - Zwangsvollstreckungen bzw. ein Vorliegen von Vollstreckungsanträgen,
  - Anträge zur Abgabe einer eidesstattlichen Versicherung.

Von der Zahlungsunfähigkeit zu unterscheiden ist die **Zahlungsstockung**. Diese liegt vor, wenn der Schuldner berechtigt davon ausgeht, dass er die Forderungen seiner Gläubiger in Kürze erfüllen kann. Der Schuldner muss kurzfristig (Richtwert: innerhalb von etwa zwei bis drei Wochen) imstande sein, sich die erforderlichen flüssigen Mittel zu beschaffen, um die Verbindlichkeiten zu begleichen. Nur dann kann von einer bloßen Zahlungsstockung ausgegangen werden, die **noch keinen Insolvenzgrund** darstellt.

1 lat. *solvere* = zahlen
2 InsO = Insolvenzordnung
3 Als Schuldner sehen wir hier nur Unternehmen; zum Thema „Verbraucherinsolvenz" siehe Lehrbuch zur Wirtschafts- und Sozialkunde.

- **Drohende Zahlungsunfähigkeit, § 18 InsO**

  Der Schuldner kann schon bei absehbarer bzw. drohender Zahlungsunfähigkeit die Eröffnung eines Insolvenzverfahrens beantragen. Zu warten, könnte die Chance auf eine Sanierung des Unternehmens nur verschlechtern, weil die Schulden weiter steigen und möglicherweise Arbeitnehmer das Unternehmen verlassen. Von der Möglichkeit des Eigenantrags des Schuldners wegen drohender Zahlungsunfähigkeit sollte deshalb dann Gebrauch gemacht werden, wenn Sanierungschancen für das angeschlagene Unternehmen in Aussicht sind.

- **Überschuldung, § 19 InsO**

  Bei juristischen Personen kann auch die Überschuldung Eröffnungsgrund für ein Insolvenzverfahren sein. Überschuldung liegt vor, wenn das Vermögen des Schuldners die bestehenden Verbindlichkeiten nicht mehr deckt, es sei denn, die Fortführung des Unternehmens ist nach den Umständen überwiegend wahrscheinlich.[1] Neben der rechnerischen Überschuldung – wenn also das auf der Aktivseite der Bilanz ausgewiesene Vermögen kleiner ist als die auf der Passivseite ausgewiesenen Verbindlichkeiten – ist die positive Fortführungsprognose für die Beurteilung der Überschuldung maßgeblich; rechnerisch überschuldete Unternehmen können also der Insolvenzantragspflicht entgehen, wenn sie eine positive Fortführungsprognose aufstellen können.

Antragstellung

Der **Antrag auf ein Insolvenzverfahren** kann vom Schuldner selbst und vom Gläubiger beim zuständigen Amtsgericht (Insolvenzgericht) gestellt werden. Bei Zahlungsunfähigkeit oder Überschuldung müssen die Vertretungsorgane einer Kapitalgesellschaft einen Insolvenzantrag stellen. Tun sie das nicht, machen sie sich strafbar wegen Insolvenzverschleppung.[2]

- Stellt der Schuldner selbst einen **Schuldnerantrag**, hat das Insolvenzgericht alle Umstände zu ermitteln, die für das Insolvenzverfahren von Bedeutung sind. Dem Antrag ist ein **Vermögensverzeichnis** beizufügen, damit ein vollständiger Überblick über die Vermögenslage gewonnen werden kann. Ein **Gläubiger- und Schuldnerverzeichnis** ist mit genauer Bezeichnung der Gläubiger und Schuldner sowie deren Anschriften beizufügen. Bei jeder Forderung und Verbindlichkeit sind Betrag und Schuldgrund anzugeben. Auch muss ersichtlich sein, ob seitens Dritter Ansprüche auf Herausgabe oder abgesonderte Befriedigung besteht.
- Stellt ein Gläubiger einen **Gläubigerantrag auf Insolvenz**, muss er nachweisen, dass er ein rechtliches Interesse an der Eröffnung des Insolvenzverfahrens hat. Dies fehlt immer dann, wenn die Befriedigung des Gläubigers auf einfachere, schnellere und zweckmäßigere Weise erreicht werden kann. Wenn durch die Einleitung des gerichtlichen Mahnverfahrens auf dem Weg der Zwangsvollstreckung die Ansprüche des Gläubigers abgedeckt werden können, dann ist kein Grund für die Beantragung eines Insolvenzverfahrens gegeben.

  Ist der Gläubigerantrag zulässig, hat das Insolvenzgericht den Schuldner anzuhören.

Vorläufige Sicherungsmaßnahmen

Bis zur Entscheidung über den Insolvenzantrag durch Beschluss hat das Gericht alle Maßnahmen zu treffen, die erforderlich scheinen, um eine den Gläubigern nachteilige Veränderung in der Vermögenslage des Schuldners zu verhindern, d. h., als **vorläufige Sicherungsmaßnahmen** insbesondere

1 Diese Regelung des zweistufigen Überschuldungsbegriffs gemäß § 19 InsO gilt bis zum 31.12.2013. Ab dem 01.01.2014 gilt: „Bei der Bewertung des Vermögens des Schuldners ist jedoch die Fortführung des Unternehmens zugrunde zu legen, wenn diese nach den Umständen überwiegend wahrscheinlich ist."

2 Im Falle der Zahlungsunfähigkeit oder der Überschuldung einer juristischen Person haben die Mitglieder der Vertretungsorgane ohne schuldhaftes Zögern, spätestens jedoch nach drei Wochen einen Insolvenzantrag zu stellen, sonst drohen Freiheitsstrafen bis zu drei Jahren oder Geldstrafen (§ 15a InsO).

- einen vorläufigen **Insolvenzverwalter** zu bestellen,
- einen vorläufigen **Gläubigerausschuss** zu bestellen, sofern das Unternehmen im vorangegangenen Geschäftsjahr mindestens zwei der drei folgenden Merkmale erfüllt hat, muss ein vorläufiger Gläubigerausschuss bestellt werden:
  - 4,84 Mio. € Bilanzsumme
  - 9,69 Mio. € Umsatzerlöse und
  - 50 Arbeitnehmer im Jahresdurchschnitt

  Der (vorläufige) Gläubigerausschuss kann einen (vorläufigen) Insolvenzverwalter vorschlagen; tut er das einstimmig, kann das Insolvenzgericht nur dann von diesem Vorschlag abweichen, wenn der Insolvenzverwalter für das Amt ungeeignet ist.
- dem Schuldner ein **allgemeines Verfügungsverbot** über sein Vermögen aufzuerlegen oder anzuordnen, dass die Verfügungen des Schuldners nur mit Zustimmung des vorläufigen Insolvenzverwalters wirksam sind,
- Maßnahmen der **Zwangsvollstreckung** gegen den Schuldner zu **untersagen** oder einstweilen einzustellen, soweit nicht unbewegliche Gegenstände betroffen sind,
- eine **vorläufige Postsperre** anzuordnen.

Es wird geprüft, ob das Vermögen des Schuldners die Kosten für das Verfahren auch deckt. Diese Prüfung nimmt ein Insolvenzgutachter oder ein vorläufiger Insolvenzverwalter vor und sorgt dafür, dass das Vermögen des Schuldners gesichert und erhalten wird. Ein vorläufiger Insolvenzverwalter kann das Unternehmen bis zur Entscheidung über die Eröffnung des Insolvenzverfahrens fortführen oder es mit der Zustimmung des Insolvenzgerichts stilllegen.

Entscheidung über den Antrag

Wenn das Gericht seine Ermittlungen – meist unter Hinzuziehen eines Insolvenzgutachters – abgeschlossen hat, kann es entweder

- den Insolvenzantrag mangels Vorliegens eines Eröffnungstatbestandes (Zahlungsunfähigkeit, drohende Zahlungsunfähigkeit, Überschuldung) abweisen,
- den Insolvenzantrag mangels einer die Kosten des Verfahrens deckenden Vermögensmasse abweisen oder
- das Insolvenzverfahren eröffnen.

Wird ein Antrag **als unbegründet** abgewiesen, trägt der Antragsteller die Kosten des Verfahrens. Weitere Konsequenzen für das Unternehmen gibt es nicht.

Die Antragsabweisung **mangels Masse** führt bei juristischen Personen zu deren Auflösung. Sie werden dann kraft Gesetzes aus dem Handelsregister gelöscht. Natürliche Personen (z. B. Kaufleute oder persönlich haftende Komplementäre) werden in das Schuldnerverzeichnis eingetragen. Die Frist zur Löschung dieser Eintragung beträgt fünf Jahre (§ 26 Abs. 2 InsO).

Ein Insolvenzantrag kann auch zurückgenommen werden, wenn das Verfahren noch nicht eröffnet ist. Vor Gericht wird darüber in einem Zeitraum von vier bis acht Wochen entschieden. Wird ein Antrag zurückgenommen, werden die Verfahrenskosten auch hier dem Antragsteller auferlegt.

Eröffnung des Verfahrens

Der **Insolvenzeröffnungsbeschluss** wird erteilt, wenn alle Voraussetzungen für die Eröffnung eines Insolvenzverfahrens gegeben sind. Der Beschluss weist den Zeitpunkt der Eröffnung des Verfahrens aus. Das Gericht bestimmt den Insolvenzverwalter und die Gläubiger werden aufgefordert, ihre Forderungen innerhalb einer bestimmten Frist bei ihm anzumelden. Diese Frist beträgt mindestens zwei Wochen und höchstens drei Monate. Gleichzeitig wird das Vermögen des Schuldners beschlagnahmt, er verliert das Verwaltungs- und Verfügungsrecht über sein unternehmerisches Vermögen. Der Insolvenzverwalter nimmt zu diesem Zeitpunkt nach außen wie auch innerbetrieblich die Rechtsstellung des Unternehmers ein.

Dies bezieht sich auch auf die innerbetriebliche Rechtsstellung und die arbeitsrechtlichen Verpflichtungen als Arbeitgeber:

Die Eröffnung eines Insolvenzverfahrens führt nicht zu einer Auflösung der **Arbeitsverträge**, sie bestehen zunächst fort. Der Insolvenzverwalter hat sämtliche Arbeitgeberrechte und -pflichten, kann also auch Kündigungen aussprechen. Wenn zwischen den Vertragspartnern nicht ohnehin eine kürzere Kündigungsfrist gilt, beträgt die **Kündigungsfrist** drei Monate zum Monatsende. Eine so verkürzte Kündigungsfrist setzt sich gegenüber sämtlichen längeren Kündigungsfristen, Befristungen oder Unkündbarkeitsregelungen durch, gleichgültig, ob sie auf Gesetz, Tarifvertrag oder Einzelarbeitsvertrag beruht.

Die **Verpflichtung zur Beitragszahlung** zur Kranken-, Renten-, Pflege- und Arbeitslosenversicherung (Sozialversicherung des Arbeitnehmers) besteht auch während des Insolvenzfahrens. Die Beiträge zur Unfallversicherung können entfallen, wenn die Arbeitnehmer nach der Eröffnung des Insolvenzverfahrens bis zur fristgerechten Beendigung ihres Arbeitsverhältnisses von der Arbeit freigestellt wurden.

Das von der Bundesagentur für Arbeit ausgezahlte **Insolvenzgeld** schützt die Arbeitnehmer vor dem Risiko des Lohnausfalls: Innerhalb einer Ausschlussfrist von zwei Monaten nach dem Insolvenzereignis kann bei der zuständigen Arbeitsagentur Insolvenzgeld beantragt werden (§ 324 Abs. 3 Satz 1 SGB[1] III). Zuständig ist die Arbeitsagentur, in deren Bezirk die für den Arbeitgeber zuständige Lohnabrechnungsstelle liegt. Hat der Arbeitnehmer aus Gründen, die er nicht zu vertreten hat, die Ausschlussfrist versäumt, kann er innerhalb von zwei Monaten nach Wegfall des Hindernisses den Antrag nachholen. Insolvenzgeld wird maximal für die letzten drei Monate vor der Eröffnung des Insolvenzverfahrens oder einem anderen Insolvenzereignis bezahlt.

Ablauf eines Insolvenzverfahrens

Zwei grundlegende Aspekte sind zu Beginn eines Insolvenzverfahrens zu beachten: Die Gläubiger müssen über die Situation des Unternehmens informiert werden und es ist sicherzustellen, wie ihre Ansprüche befriedigt werden können. Letzteres setzt voraus, dass eindeutig geklärt ist, was zur Insolvenzmasse gehört und was nicht.

Der Beschluss zur Eröffnung eines Insolvenzverfahrens ist öffentlich bekannt zu machen.

	Insolvenzverfahren
Eröffnungsbeschluss →	3 N 3/100 Über das Vermögen der Reiser GmbH Bürosysteme, Thälmannstraße 79–85 in 04159 Leipzig ist am 10. Juli 20.. auf Antrag des zahlungsunfähigen Gemeinschuldners das Insolvenzverfahren eröffnet worden.
Insolvenzverwalter →	Zum Insolvenzverwalter wird bestellt: Rechtsanwältin Frau Dr. Luisa Weinert, Brunnenstraße 2 in 04628 Leipzig
Anmeldefrist für Forderungen →	Forderungen an den Gemeinschuldner sind bis zum 15. August 20.. zweifach schriftlich mit Angaben der Zinsen beim Insolvenzgericht anzumelden. Gleiches gilt für Sicherungsrechte, die die Gläubiger an beweglichen Sachen und Rechten in Anspruch nehmen wollen.
Termine →	Die erste Gläubigerversammlung als Berichts- und Prüfungstermin findet am 27. August 20.. um 10:00 Uhr in Zimmer 509 des Amtsgerichtes, Bernhard-Göring-Straße 64 in 04275 Leipzig statt. Alle Personen, die Verpflichtungen gegenüber dem Schuldner haben, sind aufgefordert, nicht mehr an den Schuldner, sondern an den Insolvenzverwalter zu leisten.
	Leipzig, 10. Juli 20.. AMTSGERICHT

1 SGB = Sozialgesetzbuch

Grundsätzlich verliert der Schuldner mit der Eröffnung des Insolvenzverfahrens das Recht, über sein (bisheriges) Firmenvermögen zu verfügen. Der Insolvenzverwalter hat im Rahmen der Prüfung, ob das Vermögen zur Deckung der Verfahrenskosten überhaupt ausreicht, nach § 151 der Insolvenzordnung ein Verzeichnis der einzelnen Gegenstände zu erstellen. Bei jedem Gegenstand ist der Wert anzugeben.

Allerdings gehört nicht alles, was sich an Gegenständen in dem Betrieb befindet, zwangsläufig auch zur Insolvenzmasse. So werden z. B. Gegenstände ausgesondert, die sich zwar im Besitz des Gläubigers, aber nicht in dessen Eigentum befinden. Dies ist z. B. bei Lieferungen unter Eigentumsvorbehalt der Fall, wenn die Ware noch nicht bezahlt wurde. Der Lieferant hat Anspruch darauf, dass die entsprechende Ware ausgesondert wird und er sie zurückbekommt.

Daneben kann es sein, dass ein Lieferant aufgrund einer noch nicht beglichenen Schuld ein Pfandrecht oder ein pfandähnliches Recht an einem Vermögensgegenstand des insolventen Schuldners hat. Das ist z. B. bei Sicherungsübereignungen, Forderungsabtretungen oder auch bei Grundpfandrechten der Fall. Solchermaßen belastete Gegenstände werden einer **Absonderung** unterzogen. Das heißt, dass der in einer Verwertung erzielte Erlös nur dem Gläubiger zusteht, der das Recht an dem jeweiligen Gegenstand hatte.

Die Verfahrensweise ist unterschiedlich, je nachdem, ob es sich um einen Gegenstand aus dem beweglichen oder aus dem unbeweglichen Vermögen handelt.

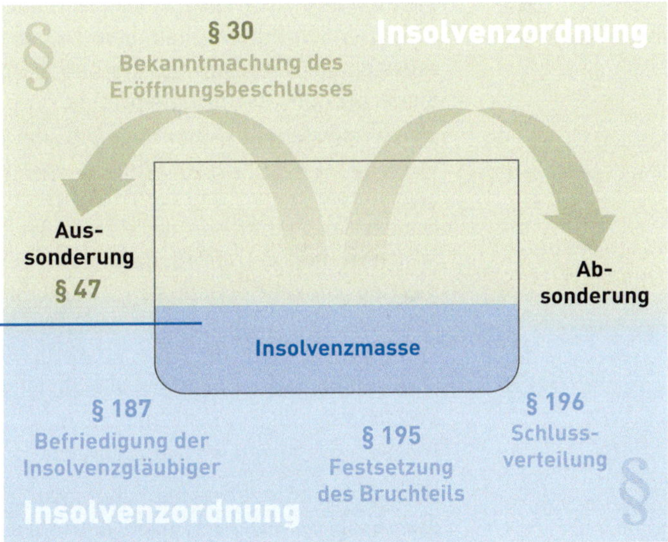

Das verbleibende Vermögen bildet die Insolvenzmasse. Es wird versucht, sie durch Verkäufe oder Versteigerungen zu verwerten. Was nach Abzug der Kosten des Insolvenzverfahrens übrig bleibt, wird an die Insolvenzgläubiger verteilt.

Die Gläubiger können in der Regel nicht damit rechnen, dass sie ihre gesamte Forderung erhalten. Die Insolvenzmasse reicht meist nur aus, um einen Bruchteil zu zahlen.

Abschluss des Insolvenzverfahrens

Allerdings ist auch nicht gänzlich auszuschließen, dass sich bei der Schlussverteilung herausstellt, dass ein Rest an Insolvenzmasse bzw. an Geld übrig bleibt. Das ist z. B. dann möglich, wenn Versteigerungserlöse durch inzwischen eingetretene Wertsteigerungen des Insolvenzvermögens unerwartet hoch ausfallen. In einem solchen Fall erhält der Schuldner den verbleibenden Überschuss.

Sobald die Schlussverteilung vollzogen ist, beschließt das Insolvenzgericht die Aufhebung des Insolvenzverfahrens. Der Beschluss und der Grund der Aufhebung sind öffentlich bekannt zu machen.

Haftet der **Schuldner** für die Unternehmensschulden mit seinem privaten Vermögen, ist nicht ausgeschlossen, dass er nach dem Insolvenzverfahren auf einem Schuldenberg sitzen bleibt. Er kann einen Antrag auf **Restschuldbefreiung** stellen. Dem redlichen Schuldner kann nach einer Wohlverhaltensperiode von sechs Jahren die sogenannte Restschuldbefreiung erteilt werden. Voraussetzung ist i. d. R., dass er einer Erwerbstätigkeit nachgeht und sich ernsthaft bemüht, seine Gläubiger zumindest teilweise zu befriedigen. Eine Restschuldbefreiung kann insbesondere versagt werden, wenn der Schuldner Insolvenzstraftaten begangen hat (z. B. die Insolvenzmasse veruntreut, beschädigt oder zerstört, die Buchführungspflicht verletzt).

ESUG

Das Ziel des Insolvenzverfahrens ist nicht, das Unternehmen zu liquidieren, sondern vorrangig geht es darum, durch einen teilweisen Verzicht der Gläubiger auf ihre Forderungen das Unternehmen zu sanieren und fortzuführen. Dieses Ziel einer Insolvenz wird durch das **„Gesetz zur weiteren Erleichterung der Sanierung von Unternehmen" (ESUG)**, das am 1. März 2012 in Kraft trat, noch stärker fokussiert.

Zielsetzung dieser Änderung in der Insolvenzordnung (§ 270 InsO) ist, die Möglichkeiten für eine Sanierung und Fortführung des Unternehmens zu eröffnen, sofern die Aussicht darauf gut ist (Schutzschirmverfahren, § 270 b InsO neu).

Sofern noch keine Zahlungsunfähigkeit eingetreten ist, kann das Unternehmen bei Stellung des Insolvenzantrags beantragen, dass es in Eigenverwaltung weitergeführt wird. Der Schuldner erhält dann längstens drei Monate Vollstreckungsschutz. Dafür muss er mit dem Antrag eine Bescheinigung eines in Insolvenzsachen erfahrenen Steuerberaters, Wirtschaftsprüfers oder Rechtsanwalts oder einer Person mit vergleichbarer Qualifikation vorlegen, die ihm bescheinigt, dass drohende Zahlungsunfähigkeit oder Überschuldung, aber keine Zahlungsunfähigkeit vorliegt und die angestrebte Sanierung nicht offensichtlich aussichtslos ist. Das Insolvenzgericht bestellt dann einen von der Person des Bescheinigenden verschiedenen vorläufigen Sachverwalter, den der Schuldner vorschlagen kann, unter dessen Aufsicht ein Sanierungskonzept erstellt wird. Das Unternehmen kann weiter eigenverantwortlich arbeiten, ihm wird nicht die Verfügungsgewalt über sein Vermögen entzogen. Im Hintergrund wird innerhalb einer durch das Gericht gesetzten Frist ein Insolvenzplan erstellt. Dieser legt fest, wie die Gläubiger abgefunden werden sollen. Stimmen die Gläubiger dem Insolvenzplan zu, kann das Unternehmen saniert werden und das Insolvenzverfahren wird aufgehoben.

Kommt kein Sanierungskonzept zustande, muss nach dem Schutzschirmverfahren das Insolvenzverfahren nach den oben beschriebenen Regeln doch noch eröffnet werden.

Aufgaben

› Kap. 6

1. Erläutern Sie kurz, welche Möglichkeiten Gläubiger haben, ihre Forderungen zu erhalten.

2. Nennen Sie „Signale“, die eine (drohende) Zahlungsunfähigkeit und eine Überschuldung eines Unternehmens anzeigen.

3. Angenommen, es zeichnet sich ab, dass ein Unternehmen seinen Zahlungsverpflichtungen gegenüber allen Lieferanten tatsächlich nicht mehr nachkommen kann.
   a) Wer beantragt dann die Insolvenz für das Unternehmen?
   b) Wo wäre dieser Antrag zu stellen und wer würde über ihn entscheiden?
   c) Wie läuft ein Insolvenzverfahren im Regelfall ab?
   d) Welche Folgen hat ein eröffnetes Insolvenzverfahren für den Schuldner, aber auch für den bzw. die Gläubiger?

4. Seit vier Wochen sind Rechnungen der Reiser GmbH Bürosysteme überfällig. Das Unternehmen ist eines der Hauptkunden der Heidtkötter KG. Die Forderungen der Heidtkötter KG gegenüber der Reiser GmbH Bürosysteme in Leipzig belaufen sich auf insgesamt 495.500,00 €, aufgeteilt in zwei Lieferungen (200.000,00 € und 295.500,00 €). Setzen wir voraus, dass das Unternehmen Insolvenz angemeldet hat, und nehmen wir ferner an, dass die beiden Lieferungen nicht nach einheitlichen Lieferungs- und Zahlungsbedingungen erfolgt sind, sondern unterschiedlich waren:

   Die zweite Lieferung mit einem Volumen von 200.000,00 € ist unter Eigentumsvorbehalt erfolgt. Eine solche Klausel galt für die erste Lieferung mit dem noch offenstehenden Betrag von 295.500,00 € nicht.
   a) Welche Auswirkungen hat dieser Tatbestand auf die rechtliche Position der Heidtkötter KG gegenüber der Reiser GmbH Bürosysteme und was muss dem Insolvenzverwalter gemeldet bzw. angezeigt werden?
   b) Giovanni Varese, Sachbearbeiter in der Debitorenbuchhaltung der Heidtkötter KG, meint, dass die Büromöbel aus der zweiten Lieferung nicht zur Insolvenzmasse gehören und von ihr abgesondert werden müssen.
      Prüfen Sie, ob er damit recht hat.
   c) Die Reiser GmbH Bürosysteme hat aus einer anderen Lieferung Büromöbel im Gesamtwert von 15.000,00 € an die Heidtkötter KG zurückgegeben, weil es sich dabei um eine Falschlieferung gehandelt hat. Dieser Irrtum ist der Reiser GmbH Bürosysteme allerdings erst aufgefallen, nachdem der Rechnungsausgleich schon durch eine Überweisung an die Heidtkötter KG erfolgt war.
      Was hat die Heidtkötter KG nun zu tun, nachdem die Reiser GmbH Bürosysteme Insolvenz angemeldet hat?
   d) Im Rahmen der Schlussverteilung wird eine Insolvenzquote von 45 % festgestellt. Was bedeutet das? Mit welcher Zahlung kann somit die Heidtkötter KG für ihre noch offene Forderung von 295.500,00 € rechnen (Lieferung ohne Eigentumsvorbehalt)?

5. Wenn Unternehmen insolvent werden, geht das an den Beschäftigten nicht spurlos vorbei. Finden Sie heraus, welche Regelungen es gibt, um Arbeitnehmer möglichst weitgehend vor den Folgen der Insolvenz ihres Arbeitgebers zu schützen.

Sachwortverzeichnis

A
ABC-Analyse 116, 190
Abfallbeseitigung 214
Abfallhierarchie 214
Abfallvermeidung 214
Abfallwirtschaftliche Ziele (KrWG) 437
Ablauforganisation 58, 65
Ablaufplanung, Dilemma der 240
Abmahnung 506
Absatzforschung 349
Absatzhelfer 390
Absatzleistungen 31
Absatzmittler 389
Absatzpotenzial 353
Absatzprogramm 219
Absatzprozesse, logistische 427
Absatzvolumen 353
Absatzwege,
– direkte 384
– indirekte 389
Absatzwerbung 397
Abschreibungen 540, 547, 574
Abschreibungsrückflüsse 576
Abschreibungsvermerk 185
Abteilung 60
Abwasserabgabengesetz (AbwAG) 209
Abweichungsanalyse 310
Administration to Business (A2B) 386
After-sales-Leistungen 405
AIDA-Konzept 397
Akkordlohn 493
Akkordrichtsatz 493
Akkreditiv 416
Aktiengesellschaft (AG) 582
Akzeptkredit 587
Alleinstellung, Streben nach 359
Alleinstellungsmerkmale 69
Allgemeine Geschäftsbedingungen (AGB) 149
Allgemeiner Kündigungsschutz 513
Allowable costs 375
Altersteilzeit 458
A-Materialien 118
Amortisationsdauer 552
Amortisationsvergleichsrechnung 552
Anfrage 130
Angebote 130
Angebotsvergleich 120 f.
Angewandte Forschung 203
Anlagekapitalbedarf 560
Anlagevermögen 560
Anleihen 583
Annahme 129, 132
Annahmeverzug 423
Annuitätendarlehen 590
Anpassung,
– intensitätsmäßige 295
– quantitative 295
– stufenweise 284
Anpreisungen 130
Anschaffungsnebenkosten 560
Antrag 129
Anzahlungsdarlehen 590
Arbeit auf Abruf 460
Arbeitnehmerpauschbetrag 498
Arbeitsablaufstudien 250, 484
Arbeitsbewertung 483 ff.
– analytische Verfahren 487
– summarische Verfahren 485
Arbeitsentgelt 483 ff.
Arbeitsgruppen, zeitautonome 461
Arbeitspapiere 510
Arbeitsplatzbewertung 489
Arbeitsplatzstudien 484
Arbeitsproduktivität 51
Arbeitsteilung 330
Arbeitsstudien 484
Arbeitsunfähigkeit 506
Arbeitsvertrag 480
Arbeitsvorbereitung 224
Arbeitswertstudien 483
Arbeitszeitgestaltung 457, 459
Arbeitszeitmodelle 460
Arbeitszeitstudien 250, 484
Arbeitszeitverordnung 480
Arbeitszerlegung 330
Arbeitszeugnis 510
Arealkonzept 83
Arme Hunde 358
Artteilung 330
Assessment-Center 472 f.
Aufbauorganisation 58
Aufgabenanalyse 59
Aufgabensynthese 59
Aufgabenträger 59
Aufhebungsvertrag 510
Auflösungsvertrag 510
Auftragsabwicklung 412
Auftragsarbeitsplan 258
Auftragsbeschaffung 114
Auftragsbestätigung 132
Auftragsfreigabe 287
Auftragszeit 253
Auktion, elektronische 90
Ausfallbürgschaft 601
Ausführungsstellen 60
Ausführungszeit 252
Ausgleichsquittung 511
Auskunfteien 412
Ausschließlichkeitsrecht 205
Ausschreibung, elektronische 89
Außenfinanzierung 540, 579 ff.
Außenhandelsgeschäfte 414
Außerordentliche Kündigung 509
Auszahlungsbetrag 497
Auszubildendenquote 532
Autokratischer Führungsstil 520
Autoritärer Führungsstil 520
Avalkredit 602

B
Balkendiagramm 267
Barcode 174
Bareinkaufspreis 121
Barverkaufspreis 374
Barliquidität 53
Basisarbeitsplan 258
Basiszinssatz 424, 587
Baukastenstückliste 99, 257
Baukastensystem 238, 333
Baustellenfertigung 242
Bearbeitungszentren 243
Bedarfsermittlung 102 f.
– programmorientierte 102
– subjektive 103
– verbrauchsorientierte 103
Bedarfsforschung 349
Bedarfsplanung 97
Bedienvorgänge 176
Beförderungskosten 139
Befragungen 350
Beitragsbemessungsgrenzen 499
Belastungsentgelt 485
Belastungsübersichten 287
Beleihungsgrenze 600
Beleihungswert 600
Benachteiligungen 477
Benchmarking 48, 190, 338
Beobachtung 351
Bereitstellungsprinzipien 114
Berichte (Reporting) 50
Berichtssysteme 532
Beschaffung 78 ff.
Beschaffungscontrolling 46
Beschaffungskontrolle 188
Beschaffungskosten 103
Beschaffungslogistik 166 ff.
Beschaffungsmarkt 191, 539
Beschaffungsobjekt 191
Beschaffungszeit 110
Beschaffungszeitplanung 110
Beschäftigungsgrad 232, 279
Bestätigungsschreiben 132
Bestellanforderung 179
Bestellmenge, optimale 104, 190
Bestellmengenplanung, Dilemma der 104
Bestellpunktverfahren 110
Bestellrhythmusverfahren 111
Bestellung 131
Beteiligungsfinanzierung 540, 580 f.
Betriebliche Leistungen 30
Betriebliches Vorschlagswesen (BVW) 315
Betriebsbedingte Kündigung 507
Betriebsgewinn 23
Betriebsmittel 29
Betriebsmittelplanung 232
Betriebsrat 477, 513
Betriebsstoffe 28
Betriebsverfassungsgesetz (BetrVG) 477
Beurteilungen 524
Beurteilungsbogen 525
Bewerbung 469 ff.
– Bestandteile 470
– Bewertung von 469 f.
Bezugspreis 121
Bezugsquellenermittlung 120
Bindungsfristen 130
Blocklagerung 178
Blockmodell 459
Bodenlagerung 178
Break-even-Point 227
Bringprinzip 179
Bringschuld 137
Bruttogewicht 142
Bruttoinvestition 543
Bruttolohn 492 f., 497
Bruttolohnberechnung 492
Bruttopersonalbedarf 454
Bruttoprimärbedarf 102
Bruttosekundärbedarf 102
Budgetierung 50
Bundesdatenschutzgesetz (BDSG) 534
Bundesimmissionsschutzgesetz (BImSchG) 209
Bundesurlaubsgesetz (BUrlG) 480
Bürgerlicher Kauf 133
Bürgerliches Gesetzbuch (BGB) 480
Bürgschaft 600
Business Process Reengineering (BPR) 337 f.
Business to Administration (B2A) 386
Business to Business (B2B) 87, 386
Business to Consumer (B2C) 87, 386
Buy-Side 90

C
Cash before delivery (CBD) 417
Cash in advance (CIA) 417
Cash on delivery (COD) 417

CAX-Techniken 245
Chargenfertigung 235
Chemikaliengesetz (ChemG) 209
C-Materialien 118
Computer Aided Design (CAD) 247
Computer Aided Engineering (CAE) 247
Computer Aided Manufacturing (CAM) 247
Computer Aided Planning (CAP) 247
Computer Aided Quality Assurance (CAQ) 247
Computer Integrated Manufacturing (CIM) 226, 245
Controlling 44 ff.
- Aufgabenbereiche 46
- Instrumente 46
- operatives 46, 50
- strategisches 46
- Ziele 44
Consumer to Consumer (C2C) 386
Corporate Behaviour 20
Corporate Communication 20
Corporate Design 20
Corporate Identity 20
Corporate Identity-Konzept 20
Customer Relationship Management (CRM) 409, 420

D

Darlehen 589
Datenschutzvorschriften 534
Deckungsbeitrag 292 f., 443
- absoluter 292
- relativer 293
Delkrederefunktionen 592
Demokratischer Führungsstil 520
Desinvestitionen 543
Desktop Purchasing 91
Deutscher Werberat 402
Dezentrale Lagerung 173
Dezentralisation 60
Dienstleistungen 30
Dienstleistungsmarken 370
Dienstleistungsunternehmen 17
Digitale Signatur 90
DIN-Normen 215, 315
Dingliche Sicherheit 599
Direktmarketing 395
Diskontkredit 587
Dispositiver Faktor 29
Distributionslogistik 166, 427 f.
Distributionspolitik 347, 384
Diversifikation,
- horizontale 368
- laterale 368
- vertikale 368
Documents against acceptance (D/A) 415
Documents against payment (D/P) 415
Dokumentenakkreditiv 415
Dokumenteninkasso 414
Doppelt geknickte Preis-Absatz-Funktion 377
Drifting costs 375
Duales System 438
Durchlaufterminierung 287
Durchlaufzeit 250

E

E-Business 86
E-Commerce 86, 386
Effektivzinssatz 146
Eigenfertigung 106, 190
Eigenfinanzierung 540
Eigenkapital 540
Eigenkapitalrentabilität 52
Eigenlagerung 184
Eigentümer 581
Eigentumsvorbehalt 148
Einkaufsorganisation 81
Einkaufsrichtlinien 83
Einlagenfinanzierung 540
Einliniensystem 61
Einsatzbedarf 455
Einstandspreis 121
Einstellungsquote 532
Einzelbeschaffung 114
Einzelfertigung 234
Einzelhandel 389
Einzelzession 608
Eiserner Bestand 110
Elektronischer Marktplatz 89
Elementarfaktoren 28
ELStAM-Verfahren 501
Elternzeit 457 f.
Emanzipation 284
EMAS III 216
Emissionen 208
End-of-pipe-Technologie 210
Energetische Verwertung 214
Enterprise-Resource-Planning-System (ERP-System) 88, 225
Entgelt-Rahmen-Abkommen (ERA) 485
Entlohnung 483, 491 ff.
Entscheidungssysteme 532
Entscheidungswerttabelle 121
Entsorgungslogistik 166, 427 ff.
E-Ordering 89
E-Procurement 87
E-Purchasing 87
E-Recruiting 472
Ereignis (in EPK) 71
Ereignisgesteuerte Prozesskette (EPK) 70
- erweiterte (eEPK) 71
Erfüllungsgeschäft 129
Erfüllungsort 137
Ersatz vergeblicher Aufwendungen 424
Ersatzbedarf 455
Ersatzinvestitionen 543
Ersparnisprämien 492
Erweiterte Ereignisgesteuerte Prozesskette (eEPK) 71
E-Shop 91
E-Sourcing 89
Exportquote 414
Extranet 86

F

Factoring 541, 591 ff.
Factoring-Kosten 593
Factory-Outlet-Center (FOC) 388
Fälligkeitsdarlehen 589
Feedback 310
Fehler 311
Fehlerfolgekosten 322
Fehlerkosten 322
Fehlermöglichkeits- und Einflussanalyse (FMEA) 314
Fehlerquote, optimale 322
Fehlervermeidungskosten 322
Fehlzeitenquote 532
Feiertagsarbeit 498
Fernabsatzrecht 387
Fertigteile 29
Fertigungsaufträge 198, 276
Fertigungsinseln 242
Fertigungslose 240
Fertigungsorganisation 239
Fertigungsplanung 224
Fertigungssteuerung 224
Fertigungsstraßen, flexible 244
Fertigungsstückliste 257
Fertigungssystem, flexibles 243
Fertigungstypen 234
Fertigungsverfahren 234
Fertigungszellen, flexible 243
Festplatzsystem 176
Finance-Leasing 591
Finanzierung 536 ff., 576
Finanzierungsarten 540
Finanzierungsbereich 539
Finanzinvestitionen 543
Finanzplan 567
Finanzplanung 557 ff.
Fixkauf 143
Fixkosten 236, 280, 547
Fixkostendegression 236, 281
Fließbandfertigung 241
Fließfertigung 240
Fließprinzip 239
Fluktuationsquote 532
Forfaitierung 593
Formalziel 17
Fracht 139
Frachtführer 430
Fragezeichen 358
Franchising 389
Freie Puffer 271
Freiplatzsystem 176
Freistellungsbedarf 455
Freizeichnungsklausel 130
Fremdbezug 106, 190
Fremdfinanzierung 540 ff.
Fremdlagerung 184
FuE-Abteilung 202
Führungsinstrumente 523
Führungsmethoden 523
Führungsstile 519
Führungsverhaltensgitter 521
Funktion (in EPK) 71

G

Gattungskauf 151
Gebietsspediteur 431
Gebrauchsmuster 206
Gebrochener Verkehr 433
Gefahr des Untergangs 423
Gefahrstoffverordnung 210
Gefahrübergang 137
Gehaltsabrechnung 500
Gehaltsgruppen 486
Geldakkord 492
Geldflüsse 35
Geldschuld 137
Geldwirtschaftliche Prozesse 537
Gemeinkostenarten 562 ff.
Genfer Schema 488
Genussscheine 583
Gerichtsstand 138
Gesamtbürgschaft 601
Gesamtkapitalbedarf 559
Gesamtkapitalrentabilität 52
Gesamtkostenverlauf, degressiver 282
Gesamtpuffer 270
Geschäftsfähigkeit 129
Geschäftsprozess 69
Geschäftsprozessmodellierung 70
Geschmacksmuster 206
Gesellschafter 581
Gesetz der Massenproduktion 236
Gesetz gegen unlauteren Wettbewerb (UWG) 401
Gewährleistungsfrist 155
Gewerbliche Schutzrechte 205
Gewinn 23
Gewinn- und Verlustkonto 578
Gewinn- und Verlustrechnung 572
Gewinnschwelle 227, 549
Gewinnthesaurierung 571

Gewinnvergleichsrechnung 549
Gewinnverteilung 573
Gewinnverwendung 571
Gläubigerpapiere 589
Gläubigerverzug 423
Gleichbehandlungsgesetz (AGG) 477
Gleichbehandlungsgrundsatz 477
Gleitzeit 460
Global Sourcing 83
Gesellschaft mit beschränkter Haftung (GmbH) 581
Goldene Bilanzregel 568
Großhändler 389
Großserien 235
Grundentgelt 485
Grundfinanzierung 559 f.
Grundlagenforschung 203
Grundnutzen 366
Grundsatz der Logistik 168
Grundsätze der Werbung 397
Grundschuld 605
Gruppenarbeit, autonome 331
Gruppenfertigung 242
Güterarten 168
Güterflüsse 35
Güterverkehrszentren 431 f.
Güterwirtschaftliche Prozesse 537

H

Haftungsgründe 371
Halbtagesarbeit 460
Handelskauf,
- einseitiger 133
- zweiseitiger 133

Handelsmakler 392
Handelsmarken 370
Handelsvertreter 390
Handelswaren 30
Handlungsreisende 384
Hauptfehler 311
Hauptschuld 599
Herstellermarken 370
Hilfsstoffe 28
Hochpreisstrategie 379
Höchstbestand 110
Höchstbetragsbürgschaft 601
Höchstwertprinzip 574
Holprinzip 179, 297
Holschuld 137
House of Quality 313
Human Resource Management 450
Humanisierung der Arbeitsbedingungen 330
Humankapital 450
Hypothek 606

I

IKEA-Klausel 153
Immaterielle Investitionen 543
Immissionen 208
Incoterms 139
Indossament 185
Industrieobligation 589
Industrieroboter 244
Industrieunternehmen 10, 28
Informationsflüsse 35
Inhaberlagerschein 185
Innenfinanzierung 540, 570 ff.
Innovation 202, 319
Input,
- mengenmäßiger 30
- wertmäßiger 30

Insolvenzverfahren 611 ff.
Instanzen 60
Interessengruppen 11
Internationale Handelskammer 139
Internet 86
Interview 351
Intranet 86
Invention 203
Investition 536 ff.
Investitionsanlässe 542
Investitionsbegriff 542
Investitionsbereich 539
Investitionsbewertung 544
Investitionsobjekte 543
Investitionsplanung 542 ff.
Investitionsrechnung 542 ff.
Investitionszweck 543
Irreführende Werbung 401
Ishikawa-Diagramm 314
ISO-9000-Familie 315

J

Jahresarbeitszeit 460
Job-Enlargement 331
Job-Enrichment 331
Job-Rotation 331
Job-Sharing 460
Jugendarbeitsschutzgesetz (JArbSchG) 480
Junktoren 71
Just-in-time-Beschaffung 114
Just-in-time-Lager 431

K

Kaizen 318
Kanban-Verfahren 297
Kapazität,
- qualitative 232
- quantitative 231

Kapazitätsabgleich 287, 295
Kapazitätsausnutzungsgrad 279
Kapazitätsengpässe 292
Kapazitätsplanung 231, 279
Kapazitätsterminierung 287
Kapitalabfluss 539
Kapitalbedarf 538, 558 f., 564
Kapitalbedarfsplanung 558
Kapitalbeschaffung 539 f.
Kapitalbildung 540, 570
Kapitalbindungsdauer 559, 561 ff.
Kapitalfreisetzung 540, 570
Kapitalherkunft 540
Kapitalproduktivität 51
Kapitalrückfluss 539
Kapitalverwendung 539
Kauf auf Abruf 143
Kauf auf Probe 151
Kauf nach Probe 151
Kauf wie gesehen 151
Kauf zur Probe 151
Kauf, bürgerlicher 133
Käufermarkt 10
Kaufvertrag 128
Kaufvertragsarten 151
Kaufvertragsstörungen 423
Kennzahlen 50, 192, 340, 454
Kennzahlmethode 454
Kernprozesse 69
Key Account Manager 393
Kinderfreibetrag 499
Kindergeld 499
Kirchensteuer 499
Klage auf Abnahme der Ware 423
Kleinserien 235
Kombinierter Verkehr 433
Kommanditgesellschaft (KG) 581
Kommissionär 391
Kommissionierung 179
Kommissionslager 392
Kommunikationspolitik 347, 395
Konditionenpolitik 347, 373, 380
Konkurrenzforschung 349
Konnossement 414
Konstruktionszeichnungen 256
Konsumrückstände 434
Kontinuierlicher Verbesserungsprozess (KVP) 318
Kontokorrentkredit 588
Kontrollzeit 251
Konventionalstrafe 156
Kooperativer Führungsstil 520
Kosten 30, 280 f., 374, 548
- fixe 236, 280
- proportionale variable 281
- sprungfixe Kosten 280
- variable 281, 374, 548
- überproportionale variable 283
- unterproportionale variable 282

Kostenremanenz 281
Kostenvergleichsrechnung 547
Kreditarten 585 ff.
Kreditfähigkeit 584
Kreditfinanzierung 540, 584
Kreditleihe 587
Kreditsicherheiten 599
Kreditwürdigkeit 584
Kreislauf der finanziellen Mittel 539
Kreislaufwirtschaftsgesetz (KrWG) 211, 434
Kritische Menge 547
Kritischer Vorgang 271
Kritischer Weg 271
Kundenanzahlungen 541
Kundenaufträge 198
Kundenmanagement 420
Kündigung,
- außerordentliche 509
- betriebsbedingt 505
- gegenseitiges Einvernehmen 510
- ordentliche 509
- personenbedingt 505
- verhaltensbedingt 505

Kündigungsarten 505 ff.
Kündigungsfristen 509
Kündigungsschutz 480, 513 ff.
Kündigungsschutzklage 513
Kuppelprodukte 208
Kuppelproduktion 208, 236

L

Lageraufträge 198
Lagerbestand, durchschnittlicher 181
Lagerbestandsgröße 190
Lagerbestandsmanagement 180
Lagerdauer, durchschnittliche 181
Lagereinheit 435
Lagereinrichtung 177
Lagerhaltung 172
Lagerkennziffern 180, 190
Lagerkosten 180
Lagerleistungen 31
Lagerorganisation 173
Lagerplatznummer 176
Lagerplatznutzungsgrad 181
Lagerprinzipien 176
Lagerschein 185
Lagertechnik 177
Lagertypen 178
Lagervertrag 185
Lagervorgänge 176
Lagerzinsen 181
Lagerzinssatz 181
Laissez-faire-Stil 521
Lastenheft 203
Laufbahnplanung 526
Lean Management 336
Lean Production 336

Leasing 541, 591
Lebensarbeitszeitkonten 460
Leerkosten 279
Leistungsentgelt 485
Leistungserstellung 32, 196 ff.
- Einflussgrößen 197
Leistungsfluss 32, 35
Leistungsgrad 254, 494 f.
Leistungslohn 491, 494
Leistungsort 137
Leitbild 14
Leitungsspanne 60
Leitungssystem 60
Letter of credit (L/C) 417
Lieferantenkonzept 83
Lieferantenkredit 144 f., 586
Liefertermin 143
Lieferung, mangelhafte 153
Lieferungsbedingungen 138
Liegezeit 251
Liquidität 52 f., 538 f., 567
Liquiditätsgrade 53
Liquiditätsplanung 567 f.
Listenpreis 121
Listenverkaufspreis 374
Lizenzmarken 370
Local Sourcing 83
Logistik 165, 429 ff.
Logistikdienstleister 429
Logistikkonzepte 431
Lohnformen 495
Lohngruppen 483, 486
Lohngruppenverfahren 486
Lohnkonten 501 f.
Lohnkosten 491
Lohnsteuer 498 f.
Lohnsteuerabführung 502
Lohnsteuerabzugsmerkmale 501
Lohnsteuervoranmeldung 502
Losgröße, optimale 276
Lossplitting 288

M

Mahnung 156
Management by-Methoden 523
Managementprozesse 70
Management-Regelkreislauf 45
Mängel 153, 311
Mangelhafte Lieferung 153
Mängelrüge 154
Marke(n) 206, 369
Markenpolitik 369
Markenprodukt 368
Markenschutz 370
Markenstrategien 370
Markenzeichen 370
Marketing 345 ff.
Marketing-Audit 446 f.
Marketingcontrolling 46
Marketinginstrumente 347
Marketingkontrolle,
- operative 442
- strategische 446
- Kennzahlen 444
Marketingmaßnahmen 407 f.
Marketing-Mix 407
Marketingprozess 345
Marketingstrategien 408
Marketingziele 346
Marktabschöpfungsstrategie 379
Marktanalyse 349
Marktanteil 353, 442
- relativer 356 f.
Marktauswahl, Einflussgrößen 346
Marktbeobachtung 349
Marktdurchdringungsstrategie 380
Markterkundung 349
Marktforschung 349 f.
- demoskopische 350
- ökoskopische 350
- Analyse von Daten 360
Marktgrößen 351
Marktplatz,
- elektronischer 89
- katalogbasierter 91
Marktpotenzial 352
Marktprognose 349
Marktsegmentierung 346
Markttest 351
Marktvolumen 352
Marktwachstum 357
Maschinenbelegungsplan 285
Mass Customization 238
Massenfertigung 235
Massenmarketing 409
Materialbedarf 97
Materialbedarfsplanung 231
Materialflussoptimierung 166
Materiallogistik 79, 166 ff.
- Aufgaben 167
- Kostenkonflikte 167
Materialwirtschaft 79
Matrixorganisation 63
Maximalkapazität 231
Maximalprinzip 32, 201
Mehrarbeitsquote 532
Mehrfachfertigung 235
Mehrliniensystem 61
Mehrwegsystem 438
Meldebestand 110
Mengenplanung 102
Mengenteilung 330
Mengenübersichtsstückliste 98, 257
Mietlagerung 185
Milchkühe 358
Mindestbestand 110
- an Vorräten 560
Mindestkapazität 231
Mindestlohn 494
Mini-GmbH 582
Minimalkostenkombination 32
Minimalprinzip 32, 201
Minutenfaktor 493
Mischkalkulation 374
Mitarbeitergespräche 523
Mitbestimmungsrecht 534
Modular Sourcing 83
Multiple Sourcing 83
Mutterschutz 457 f., 480

N

Nachbesserung 154
Nacherfüllung 154
Nachhaltiges Wirtschaften 208
Nachtarbeit 498
Nachweisgesetz 480
Namenslagerschein 185
Nebenakten 531
Nebenfehler 311
Negativlisten 534
Nettoauszahlung 497
Nettoentgelt 497
Nettogewicht 142
Nettoinvestition 543
Nettopersonalbedarf 454
Nettoprimärbedarf 102
Nettosekundärbedarf 102
Netzplan 269
Neubedarf 455
Nicht-Rechtzeitig-Lieferung 156
Nicht-Rechtzeitig-Zahlung 424
Niederstwertprinzip 574
Niedrigpreisstrategie 379
No-Name-Produkt 368
Normalleistung 493
Normung 332
Notverkauf 423
Nullserie 204
Nutzkosten 279
Nutzungsgradprämien 492
Nutzungsintensität 295
Nutzwertanalyse 121, 190

O

Oberziele 19
Objektkonzept 83
Objektprinzip 60, 240
Obligationen 583, 589
Öffentlichkeitsarbeit 396
Offene Handelsgesellschaft (OHG) 581
Ökologischer Produktlebenszyklus 211
Ökonomisches Prinzip 32, 200, 551
Operate-Leasing 591
Optimale Bestellmenge 104, 190
Optimale Fehlerquote 322
Optimale Losgröße 276
Optimalkapazität 231
Orderlagerschein 185
Organigramm 60
Organisation 58
- prozessorientierte 67
Output 31
Outsourcing 331

P

Packgut 435
Packhilfsmittel 435
Packmittel 435
Packung 435
Panel 351
Partiefertigung 235
Patent 206
PDCA-Zyklus 75
Penetrationsstrategie 380
Personalabdeckungsquote 532
Personalakten 530
Personalanforderung 463 f.
Personalauswahl 463 ff.
Personalauswahlverfahren 469
Personalbedarf 453 ff.
Personalbedarfsplanung 452 ff.
Personalbedarfsrechnung 455
Personalbeschaffung 463 ff.
- Beteiligung des Betriebsrates 477
- externe 467
- innerbetriebliche 466
Personalcontrolling 46, 530 ff.
Personaldatenbank 532
Personaleinsatzplanung 457 ff.
Personalentlohnung 483 ff., 497
Personalentwicklung 454, 517, 526
Personalentwicklungskonzepte 518
Personalfragebögen 470
Personalfreisetzung 505
Personalführung 517
Personalinformationssysteme 530 f.
Personalintensität 532
Personalkosten 451
Personalmanagement 448 f.
Personalplanung 232, 452 ff.
Personalpolitik 451
Personalstatistik 533
Personalumsetzungen 466
Personalverwaltung 449 f.
Personalwirtschaft 448 ff.
Personenbedingte Kündigung 506
Personensicherheit 599
Pfanderhebungspflicht 438

Pfandgegenstände 603
Pfandrecht an beweglichen Sachen 603
Pfandverwertung 604
Pflichtenheft 204
Plan-Bilanz 568
Portfolio-Analyse 356, 360,
Portfolio-Matrix 357, 407
Positionierungsanalyse 359 f.
Potenzialanalyse 360
Prämienzahlung 492
Preisbildung 373 ff.
Preisdifferenzierung 378
Preisgrenzen 376
Preiselastizität der Nachfrage 376
Preisnachlässe 144
Preispolitik 347, 373 f.
Preissetzung,
- auf Teilkostenbasis 374
- konkurrenzorientierte 374 f.
- kostenorientierte 373
- nachfrageorientierte 375 f.
Preisstrategien 379
Premiumstrategie 379
Pre-sales-Leistungen 405
Primärbedarf 98
Privateinlagen 581
Privatentnahmen 581
Product-Placement 400
Produktaudit 317
Produktdifferenzierung 367
Produktdiversifikation,
- horizontale 368
- laterale 368
- vertikale 368
Produktelimination 369
Produktentwicklung 202
- rechtlicher Rahmen 205
Produkterprobung 204
Produktforschung 203
Produktgestaltung 369
Produkthaftung 370 f.
Produktherstellung 204
Produktion,
- Zieldreieck der 200
- Hauptaufgabe 199
Produktinnovation 203, 367
Produktionscontrolling 46
Produktionsfaktoren 28 ff.
- betriebliche 29
- limitationale 33
- substitutionale 33
Produktionskontrolle 199, 306 f.
Produktionslogistik 166, 168
Produktionsplanung 199, 223
Produktionsprogramm 218 ff.
Produktionsprogrammplanung,
- operative 220, 285
- strategische 218
- taktisch-strukturelle 219
Produktionsrückstände 434
Produktionssteuerung 199, 224
Produktivität 51, 340
Produktkataloge 90 f.
Produktkonstruktion 204
Produktkonzept 204
Produktlebenszyklus 355, 360, 408
- ökologischer 211
Produktmodifikation 367
Produktplanung 203
Produktpolitik 347, 366 f.
Produktstandardkosten 375
Produktvariation 368
Proficenter 64
Programmbreite 218
Programmtiefe 218
Prototyp 204
Prozess 68
Prozessbreite 69
Prozessdimensionen 69
Prozesskontrolle 74
Prozesslänge 69
Prozessmanagement 74
Prozessoptimierung 74
Prozessorientierung 67 ff.
Prozessplanung 74
Prozesssteuerung 74
Prozesstiefe 69
Prüfkosten 322
Public Relations 396
Puffer 271
Pullprinzip 297

Q

Qualität 307
Qualitätsaudit 317
Qualitätskontrolle 307, 310
Qualitätskosten 322
Qualitätsleistungsprämien 492
Qualitätsmanagement 310 ff.
Qualitätsplanung 310
Qualitätsprämie 315
Qualitätsregelkarte 312
Qualitätssicherung 312
Qualitätssteuerung 310
Qualitätszirkel 315
Quality Function Deployment (QFD) 313

R

Rahmenabtretung 608
Ramschkauf (Kauf in Bausch und Bogen) 151
Rangfolgeverfahren 487
Rangreihenverfahren 488
Ratenkauf 146
Rationalisierung 326 ff., 336
Rechtsfähigkeit 129
Recycling 214
REFA 250, 252, 484
Regalbediengeräte 171
Reihenfertigung 241
Relaunch 356
Rentabilität 340, 538, 550 ff.
- des Umsatzes 552
- maximale 551
- Einflussfaktoren 552
Rentabilitätsvergleichsrechnung 550 f.
Reservebedarf 455
Restlager 178
Risiko-Prioritätszahl (RPZ) 314
Rohstoffe 28
Rollgeld 139
Rollierende Wochenarbeit 460
Rückstellungen 540, 575
Rückwärtsrechnung 270
Rückwärtsterminierung 267
Rundfunkstaatsvertrag 401
Rüstzeit 251

S

Sabbatjahr 460
Sachinvestitionen 543
Sachleistungsunternehmen 17
Sachmängel 153
Sachorientierung 521
Sachziel 17
Salespromotion 395
Sammelgutverkehr 431
Schadenersatz 424
Schadensberechnung 156
Schadlosbürgschaft 601
Schätzverfahren 454
Schickschuld 137
Schlechtleistung 153
Schleichwerbung 401
Schlüssiges Handeln 133
Schuldnerverzug 424
Schuldscheindarlehen 590
Schuldverhältnis 129
Schuldverschreibungen 583
Schutzgesetze 205
Schwachstellenanalyse 74
Schwerbehindertengesetz 480
Schwerbehindertenquote 532
Segmentmarketing 409
Sekundärbedarf 98
Sekundärrohstoffe 427
Selbstfinanzierung 540, 571, 574
Selbsthilfeverkauf 423
Selbstkosten 374
Selbstschuldnerische Bürgschaft 600
Sell-Side 90
Serienfertigung 235
Servicefunktionen 592
Serviceleistungen 405
Servicepolitik 347, 405
Shareholder 12, 22
Shareholder-Konzept 22
Sicherheitsbestand 110
Sicherungsübereignung 604
Silolager 178
Single Sourcing 83
Skimmingstrategie 379
Skonto 145, 586
SMART 15
Solidaritätszuschlag 499
Soll-Ist-Vergleich 50, 443
Sonntagsarbeit 498
Sonstige geldliche Bezüge 497
Sortenfertigung 235
Sourcing-Konzepte 82 f.
Sozialauswahl 507
Sozialplan 514
Sozialversicherungsabzüge 499
Soziotechnische Systeme 11
Spartenorganisation 64
Spediteur 430
Spezialisierung 332
Spezialistenstrategie 218
Spezifikationskauf 151
Sponsoring 397
Sprungfixe Kosten 280
Stabliniensystem 62
Stabsstellen 60
Stakeholder 12, 22
Stakeholder-Konzept 22
Stammdaten 531
Standardisierung 332
Stauzeit 251
Stelle 59
Stellenarten 60
Stellenausschreibung 466 f.
Stellenbeschreibung 59, 465
Stellendatenbank 532
Stellenprofil 465
Sterne 358
Stetigförderer 170
Steuerklassen 499
Steuerliche Abzüge 497
Stichprobenkontrolle 312
Stille Rücklagen 574
Stille Zession 608
Streugebiet 398
Streukreis 398
Streuweg 398
Streuzeit 398
Strichcode 174
Strukturnetzplan 269
Strukturstückliste 257

Stückakkordsatz 492
Stückkauf 151
Stückliste 256
Stufenwertzahlen 488
Stundenlohn 495
Supply Chain 41
Supply Chain-Management (SCM) 92, 169
SWOT-Analyse 360
Synchronisation 284
Systemaudit 317

T

Taktzeit 240
Tanklager 178
Tara 142
Target Costing 375
Tausend-Kontakte-Preis (TKP) 399
Technische Kapazität 231
Teilbürgschaft 601
Teilefamilien 333
Teileverwendungsnachweis 99, 256
Teilhaber 581
Teilmärkte 346
Teilzeit 458
Teilzeitarbeitsgesetz (TzBfG) 459
Teilzeitmodell 459
Telearbeit 460
Terminkauf 143
Terminplanung 250, 267
- retrograde 267
- progressive 267

Tertiärbedarf 98
Testmarkt 351
Tilgung 146
Total Quality Management (TQM) 318, 339
Transferrückstände 434
Transferstraßen, flexible 244
Transport,
- innerbetrieblicher 170
- überbetrieblicher 170

Transporteinheit 435
Transportgut 170
Transporthilfsmittel 170
Transportkosten 139
Transportkostenminimierung 170
Transportmittel 170, 428
Transportverpackungen 437
Transportweg 170
Transportzeit 251
Tratte 415
Turnusteilzeiten 460
Typung 333

U

Überlappung 288
Überschuldung 611
Umlauffinanzierung 558 f.
Umlaufkapitalbedarf 558, 561
Umsatzrechnung 442
Umsatzrentabilität 52, 552
Umschlag, Tätigkeiten 431
Umschlagshäufigkeit 181
Umverpackungen 437
Umweltbelastungen 208
Umweltmanagementsysteme (UMS) 215
Umweltressourcen 208
Umweltschutz,
- additiver 210
- nachsorgender 210
- vorsorgender 211

Unfertige Erzeugnisse 30
Unit Sourcing 83
Universalistenstrategie 218
Universalmaschine 240
Unstetigförderer 171
Unternehmensgewinn 23
Unternehmensidentität 20
Unternehmensimage 21
Unternehmenskultur 14, 450, 518
Unternehmensleitbild 517
Unternehmenslogistik 165
Unternehmensphilosophie 13, 518
Unternehmensstrategie 14
Unternehmensübergreifende Wertschöpfungskette 40
Unternehmensziele 16
Unterstützungsprozesse 70
Unterziele 19
Unzumutbare Werbung 401
Ursache-Wirkungsdiagramm 314

V

Variable Kosten 374, 548
Variantenstücklisten 257
Verbandsnormen 332
Verbrauchsgüterkauf 133, 138
Verbrauchsmenge 117
Verbrauchsregelmäßigkeit 118
Verbrauchsvorhersagegenauigkeit 118
Verbrauchswert 117
Verfahrensaudit 317
Verfahrensinnovation 203
Vergleichende Werbung 401
Verhaltensbedingte Kündigung 506
Verjährungseinrede 155
Verjährungsfristen 155
Verkäufermarkt 10
Verkaufsförderung 395
Verkaufskalkulation 374
Verkaufsverpackungen 437
Verkehrsträger 170, 428 f.
Vermögensumschichtung 540, 578
Vermögenswirksame Leistungen 498
Verpacken, Arbeitsschritte 436
Verpackung 430, 434 f.
- Rücknahmepflicht 437

Verpackungsarten 437
Verpackungsbegriffe 434 f.
Verpackungsfunktionen 435
Verpackungskosten 142
Verpackungsverordnung 210, 436
Verpfändung 602
Verpflichtungsgeschäft 129
Verrichtungsprinzip 60, 239
Versendungskauf 137
Vertragshändler 389
Vertrauensarbeitszeit 460
Vertriebsweg, Wahl des 386
Verwertungsbefugnis 602
Vier-Tage-Woche 460
Vollkontrolle 312
Vorgabezeit 252, 493
Vorgangskettendiagramm (VKD) 73
Vorgangsknoten-Netzplan 269
Vorgangsliste 267
Vorratsbeschaffung 114
Vorsichtsprinzip 574
Vorstellungsgespräche 472 f.
Vorwärtsrechnung 270
Vorwärtsterminierung 267

W

Wandelschuldverschreibungen 589
Warenausgang 179
Wareneingang 175
Warenschuld 137
Wartezeit 251
Wasserhaushaltsgesetz (WHG) 209
Wechselkredit 587
Weisungssystem 60
Werbebotschaft 398
Werbebudget 398
Werbeinhalt 398
Werbemittel 398
Werbeobjekt 398
Werbeplanung 398
Werbesubjekt 398
Werbeträger 398
Werbung 397 ff.
- irreführende 401
- unzumutbare 401
- vergleichende 401
- Wirtschaftlichkeit 442

Werksnormen 332
Werkstattfertigung 239
Werkstoffe 28
Werkstoffproduktivität 51
Werteabflüsse 537
Werteflüsse 35
Wertezuflüsse 537
Wertschöpfung 38 ff.
Wertschöpfungskette, unternehmensübergreifende 40
Wertschöpfungsstufen 40
Wettbewerbsverbot 481
Willenserklärungen 129
Wirtschaftlichkeit 52, 340

X

XYZ-Analyse 118, 190

Z

Zahlung bei Leistung 144
Zahlung nach Leistung 144
Zahlung vor Leistung 144
Zahlungsbedingungen 144
- im Außenhandel 417

Zahlungsunfähigkeit 611
Zahlungsverzug 424
Zeitakkord 493
Zeitautonome Arbeitsgruppen 460
Zeitkonzept 83
Zeitlohn 491
Zeitplanung 250
Zentralisation 60
Zertifizierung 317
Zession 607
Zessionsarten 608
Zielbeziehungen 19
Zieldreieck
- der Kundenorientierung 67
- der Produktion 200

Zieleinkaufspreis 121
Zielharmonie 19
Zielkauf 144
Zielkonflikt 19
Zielkosten 375
Zielkostenrechnung 375
Ziellücke 375
Zielneutralität 19
Zielsysteme 15
Zielvereinbarungen 524
Zielverkaufspreis 374
Zusatznutzen 366
Zuschläge 498
Zwangsablauffertigung 240
Zweckkauf 156
Zwei-Punkte-Klausel 142

Bildquellenverzeichnis

A. L. Verhey, Rotterdam: 85.1; **ADAC e. V., München:** 370.4; **adpic Bildagentur, Bonn:** 13.1 (S. Redel), 13.2 (M. Jordan), 13.3 (E. Romanov), 57.1 (H. Richter), 87.1 (W. Bulgar), 120.1 (R. Berold), 263.1 (H. Richter), 265.1, 266.1, 273.1, 288.1, 294.1, 343.1, 395.1 (A. Trautmann), 570.1; **Apple Inc. Deutschland, Haar:** 11.1; **argus Fotoagentur GbR, Hamburg:** 388.1 (Peter Frischmuth); **AUDI AG, Ingolstadt:** 36.1; **Bergmoser + Höller Verlag AG, Aachen:** 458.1, 508.1, 581.1, 582.1; **Bettermann, Antje, Wendhausen:** 372 (beide); **Brennet AG, Bad Säckingen:** 425.1; **Carl Cloos Schweißtechnik GmbH, Haiger:** 244.1, 560.1; **Caro Fotoagentur GmbH, Berlin:** 171.2 (Oberhaeuser); **Cinetext Bildarchiv, Frankfurt am Main:** 400.1; **Corbis, Düsseldorf:** 112.1 (Ocean); **Der Grüne Punkt – Duales System Deutschland GmbH, Köln-Porz-Eil:** 438.1; **dreamstime.com, Brentwood:** 116.1; **Druwe & Polastri, Cremlingen/Weddel:** 525.1, 551.1; **Dägling, Rüdiger, Rastede:** 94.1, 95.1, 134.1, 255.1; **Dürkopp Fördertechnik GmbH, Bielefeld:** 170.1; **EURO ID Identifikationssysteme Gmbh & Co KG, Weilerswist:** 171.1; **FERBEDO – Ferdinand Bethäuser GmbH & Co KG, Fürth:** 39.1; **fotolia.com, New York:** 13.4 (tom), 27.2 (in-foto-backgrounds), 44.1 (Marco2811), 54.1, 74.1, 76.1, 108.1, 113.1, 128.1 (Franjo), 133.1, 136.1, 146.1, 152.1, 160.1, 167.1, 177.1, 178.1 (Jürgen Effner), 180.1, 187.1, 188.1, 196.1, 204.2 (Visual Concepts), 206.2 (beermedia), 229.1 (Kzenon), 239.1, 242.1, 253.1, 254.1, 299.1, 302.1, 306.1, 325.1, 328.1, 331.1, 340.1, 341.1, 347.1, 348.1, 349.1, 351.1, 353.1, 362.1, 380.1, 393.1, 452.1, 463.1 (eccolo), 467.1 (Kzenon), 470.1 (bilderbox), 473.1 (Dan Race), 483.1 (Franjo), 505.1 (FM2), 517.1 (Birgit Reitz-Hofmann), 520.1 (Konstantin Yuganov), 530.1 (DOC RABE Media), 533.1 (Ioana Davies (Drutu)), 534.1 (Stefan Rajewski), 542.1 (Ulf Gähme), 548.1 (Sebastiano Fancellu), 550.1 (Picture-Factory), 560.1 (picture-avenue.de), 561.1 (G. Sanders), 561.2 (FotoLyriX), 569.1 (Falko Matte), 572.1 (Kzenon), 575.1 (bilderbox), 578.1 (contrastwerkstatt), 587.1 (Kzenon), 588.1 (ArTo), 600.1 (Gina Sanders), 602.1 (G. Sanders), 607.1 (Markus Bormann); **Fraunhofer-Institut für Fabrikbetrieb und -automatisierung IFF, Magdeburg:** 165.1 (Dirk Mahler); **FREELENS Pool, Hamburg:** 27.3 (Olaf Doering); **Helga Lade Fotoagenturen GmbH, Frankfurt/Main:** 178.2; **Hild, Claudia, Angelburg:** 27.4, 100.1, 259.1–3; **Imago, Berlin:** 222.1; **Jochen Tack Fotografie, Essen:** 448.1; **Jung, Dieter, Hannover:** 142.1; **Keystone Pressedienst, Hamburg:** 126.1 (David Claude Boucherie); **laif, Köln:** 201.1 (Paul Langrock/Zenit); **mauritius images GmbH, Mittenwald:** 103.1; **mediacolors Bildagentur & -Produktion, Zürich:** 206.4; **Nürnberg Luftbild/Hajo Dietz Fotografie, Nürnberg:** 388.2; **Peter Wirtz Fotografie, Dormagen:** 435.1–3, 437 (alle), 439.1, 439.2; **Picture-Alliance GmbH, Frankfurt/M.:** 9.1, 186.1, 195.1 (Zentralbild/Peter Förster), 208.1, 214.1, 241.1 (Xinhua/Photoshot), 329.1, 370.1, 370.2 (UPPA/M. Fairhurst), 482.1, 513.1 (ZB/M. Gröning), 515.1 (Bernd Thissen), 516.1, 522.1 (MAXPPP/Frèdèric Cirou); **ratioform Verpackungen GmbH, Pliening:** 435.4; **Raupach, Thomas, Hamburg:** 157.1; **Reuters, Berlin:** 402.1; **Simper, Manfred, Wennigsen:** 150.1; **ThyssenKrupp Steel AG, Duisburg:** 555.1; **transtec AG, Tübingen:** 175.1 (Susanne Gnamm); **Trusted Shops GmbH, Köln:** 387.1; **Umweltgutachterausschuss (UGA), Berlin:** 216.1; **vario images, Bonn:** 492.1; **Vischer & Bolli Werkzeug- und Spanntechnik GmbH, Lindau:** 230.1; **Visum Foto GmbH, Hamburg:** 206.3; **Volkswagen AG, Wolfsburg:** 206.1, 367 (alle), 368 (alle), 370.3, 396.1; **Vorwerk GmbH & Co. KG, Wuppertal:** 394.1; **WFB Wirtschaftsförderung Bremen GmbH, Bremene:** 432.1, 432.2; **Wilkhahn Wilkening+Hahne GmbH & Co. KG, Bad Münder:** 27.1, 27.5, 32.1, 43.1, 58.1, 78.1, 101.1, 223.1, 290.1, 344.1, 357.1, 359.1, 365.1, 365.2, 366.1, 382.1, 412.1, 442.1, 443.1, 445.1, 547.1; **Zentis GmbH & Co. KG, Aachen:** 37.1.

Grafiken: Daniela Ringhut Mediengestaltung, Dreieich
Layout und Umschlag: GUD – Agentur für Kommunikation und Design, Braunschweig

Trotz intensiver Nachforschungen ist es uns in manchen Fällen nicht gelungen, die Rechteinhaber zu ermitteln. Wir bitten diese, sich mit dem Verlag in Verbindung zu setzen.

Dieses Buch entstand mit freundlicher Unterstützung von

Wilkhahn	Telefon +49 5042 999-0
Wilkening+Hahne GmbH+Co.KG	Telefax +49 5042 999-226
Fritz-Hahne-Straße 8	www.wilkhahn.com
31848 Bad Münder	info@wilkhahn.de

Unser besonderer Dank gilt der Unternehmensentwicklung, Presse + PR.

Wir bedanken uns außerdem für die freundliche Unterstützung bei der Erstellung einiger Fotos bei Expert Neuss-Gröblinghoff Elektronikfachmarkt GmbH, Neuss.